李宗侗（一八九五—一九七四）

字文伯，河北省高陽縣人。自幼聰明過人。十七歲時到法國留學，畢業於法國巴黎大學。一九二四年返國，受聘於國立北京大學，兼法文系主任，曾出任故宮博物院秘書長等職。一九四八年，受聘為國立臺灣大學歷史系教授。後歷兼國史館史料審查委員、編譯館編審委員、臺灣省文獻委員會顧問、中華文化復興運動推行委員會委員等職。對中國古代史頗有研究，在學術上時有獨特見解。

夏德儀（一九〇一—一九九八）

號卓如，為臺灣大學歷史系文史淵博精深知名教授。一九〇一年出生於江蘇，北大歷史系畢業，一九四六年來臺任教，先後開授中國通史、中國近代史、中國外交史等課程。教學之餘並擔任中學歷史教科書編委，以及參與臺灣文獻叢刊的史料編纂工作。一九九四年完成《百吉老人自訂年譜》一書。退休後定居美國，一九九八年去世於美國。

國立編譯館中華叢書編審委員會 主編

資治通鑑今註

第十冊

隋紀 唐紀

李宗侗 夏德儀等 校註

臺灣商務印書館

目次 【第十冊】

卷一百七十七　隋紀一

司馬光編集
曲守約註

起屠維作噩，盡重光大淵獻，凡三年。（己酉至辛亥，西元五八九年至五九一年）

高祖文皇帝上之上

開皇九年（西元五八九年）

㈠春，正月，乙丑朔，陳主朝會羣臣，大霧四塞[一]，入人鼻，皆辛酸[二]，陳主昏睡，至晡時[三]，乃寤[四]。是日，賀若弼自廣陵引兵[五]濟江。先是，弼以老馬多買陳船，而匿之[六]；買弊船[七]五六十艘，置於瀆[八]內，陳人覘之，以為內國[九]無船。弼又請緣江防人，每交代[一〇]之際，必集廣陵，於是大列旗幟，營幕被野[一一]；陳人以為隋兵大至，急發兵為備，既知防人交代，其衆復散，後以為常[一二]，不復設備[一三]；又使兵緣江時獵[一四]，人馬喧譟，故弼之濟江，陳人不覺[一五]。韓擒虎將五百人，自橫江宵濟采石[一六]，守者皆醉，遂克之。晉王廣帥大軍屯六合[一七]，鎮桃葉山。丙寅，采石戍主[一八]徐子建馳啟告變⑲，丁卯，召公卿入議軍旅⑳。戊辰，陳主下詔曰：「犬羊㉑陵縱㉒，侵竊郊畿㉓，蜂蠆㉔有毒，宜時掃定㉕。朕當親御㉖六師㉗，廓清㉘八表㉙，內外並可戒嚴㉚。」以驃騎將軍蕭摩訶、護軍將軍樊毅、中領軍魯廣達並㉛為都督；司空司馬消難、湘州刺史施文慶並為大監軍；遣南豫州刺史樊猛帥舟師，出白下㉜，散騎常侍皐文奏將兵鎮南豫州。重立賞格㉝，僧尼㉞、道士，盡令執役㉟。

庚午，賀若弼攻拔京口㊱，執南徐州刺史黃恪。弼軍令嚴肅，秋毫不犯，有軍士於民間酤酒者，弼立斬之㊲。所俘獲六千餘人，弼皆釋之，給糧勞遣㊳，付以敕書㊴，令分道宣諭；於是所至風靡㊵。樊猛在建康，其子巡攝行南豫州事㊶；辛未，韓擒虎進攻姑孰，半日拔之，執巡及其家口。皐文奏敗還。江南父老素聞擒虎威信㊷，來謁軍門者㊸，晝夜不絕㊹，魯廣達之子世真在新蔡，與其弟世雄及所部降於擒虎，遣使致書招廣達；廣達時屯建康，自劾㊺，詣廷尉請罪，陳主慰勞之，加賜黃金，遣還營。樊猛與左衛將軍蔣元遜將青龍八十艘，於白下遊弈㊻，以禦六合兵。陳主以猛妻子在隋軍，懼有異志，欲使鎮東大將軍任忠代之，令蕭摩訶徐諭(四七)猛，猛不悅，陳主重傷其意(四八)而止(四九)。

於是賀若弼自北道，韓擒虎自南道(五〇)並進，緣江諸戍望風盡走(五一)。弼分兵斷曲阿之衝而入(五二)。陳主命司徒、豫章王叔英屯朝堂(五三)，蕭摩訶屯樂遊苑，樊毅屯耆闍(五四)寺，魯廣達屯白土岡，忠武將軍(五五)孔範屯寶田寺。乙卯，任忠自吳興入赴，仍屯朱雀門(五六)。辛未，賀若弼進據鍾山(五七)，頓白土岡之東。晉王廣遣總管杜彥與韓擒虎，合將步騎二萬，屯于新林(五八)。蘄州總管(五九)王世積以舟師出九江，破陳將紀瑱(六〇)於蘄口(六一)。陳人大駭，降者相繼(六二)。晉王廣上狀(六三)，帝大悅，宴賜羣臣。

時建康甲士尚十餘萬人，陳主素怯懦，不達軍士(六四)，唯日夜啼泣，臺內處分(六五)，一以委(六六)施文慶；文慶既知諸將疾己(六七)，恐其有功，乃奏曰：「此輩快快(六八)，素不伏官(六九)，迫此事機，那可(七〇)專信！」由是諸將凡有啟請(七一)，率皆不行。賀若弼之攻京口也，蕭摩訶請將兵逆戰，陳主不許；及弼至鍾山，摩訶又曰：「弼懸軍(七二)深入，壘塹(七三)未堅(七四)，出兵掩襲(七五)，可以必克。」又不許(七六)。陳主召摩訶、任忠於內殿，議軍事。忠曰：「兵法：『客貴速戰，主貴持重(七七)。』今國家足兵足食，宜固守臺城(七八)，緣淮立柵(七九)，北軍雖來，勿與交戰，分兵斷江路(八〇)，無令彼信(八一)得通；給臣精兵一萬，金翅(八二)三百艘，下江徑掩(八三)六合。彼大軍必謂其渡江將士，已被俘獲，自然挫氣(八四)。淮南土人(八五)與臣舊相知悉(八六)，今聞臣往，必皆景從(八七)；臣復揚聲(八八)，欲往徐州，斷彼歸路，則諸軍不擊自去。待春水既漲，上江周羅睺等眾軍必沿(八九)流赴援，此良策也(九〇)。」陳主不能從。明日欻然(九一)曰：「兵久不決(九二)，令人腹煩(九三)，可呼蕭郎一出擊之(九四)。」任忠叩頭，苦請(九五)勿戰。孔範又奏：「請作一決(九六)，當為官勒石燕然(九七)。」陳主從之，謂摩訶曰：「公可為我一決。」摩訶曰：「從來行陳(九八)，為國為身(九九)，今日之事，兼為妻子。」陳主多出金帛，賦諸軍(一〇〇)以充賞。甲申，使魯廣達陳於白土岡，居諸軍之南，任忠次之，樊毅、孔範又次之，蕭摩訶軍最在北；諸軍南北亙二十里，首尾進退不相知(一〇一)。賀若弼將輕騎登山，望見眾軍，因馳下[二]，與所部七總管楊牙、員[三]明等，甲士凡八千，勒陳以待之。陳主通[四]於蕭摩訶之妻，故摩訶初無戰意；唯魯廣達以其徒[五]力戰，與弼相當[六]，隋師退走者數四[七]，弼麾下死者二百七十三人，弼縱煙以自隱[八]，窘而復振[九]。陳兵得人頭，皆走獻陳主求賞。弼知其驕惰，更引兵趣孔範，範兵暫交[一〇]即走，陳諸軍顧之，騎卒亂潰[一一]，不可復止[一二]，死者五千人。員明擒蕭摩訶，送於弼，弼命牽斬之[一三]，摩訶顏色自若[一四]，弼乃釋而禮之[一五]。任忠馳入臺[一六]，見陳主，言敗狀曰：「官好住[一七]，臣無所用力矣[一八]。」陳主與之金兩縢[一九]，使募人出戰，忠曰：「陛下唯當具舟楫，就上流眾軍[二〇]，臣以死奉衛[二一]。」陳主信之，敕忠出部分[二二]，令宮人裝束以待之；怪其久不至。時韓擒虎自新林進軍，忠已帥數騎，迎降於石子岡[二三]。領軍蔡徵守朱雀航，聞擒虎將至，眾懼而潰。忠引擒虎軍直入朱雀門，陳人欲戰，忠揮之[二四]曰：「老夫尚降，諸軍何事[二五]！」眾皆散走。於是城內文武百司[二六]皆遁，唯尚書僕射袁憲在殿中，尚書令江總等數人居省中；陳主謂袁憲曰：「我從來接遇卿，不勝餘人㉗，今日但以追愧㉘，非唯朕無德，亦是江東衣冠道盡㉙。」陳主遑遽㉚，將避匿，憲正色曰：「北兵之入，必無所犯，大事如此，陛下去欲安之㉛？臣願陛下正衣冠㉜，御正殿，依梁武帝見侯景故事㉝。」陳主不從，下榻馳去，曰：「鋒刃之下，未可交當㉞，吾自有計。」從宮人十餘出後堂景陽殿，將自投於井㉟，憲苦諫不從，後閣舍人夏侯公韻以身蔽井㊱，陳主與爭，久之，乃得入。既而軍人窺井呼之，不應，欲下石，乃聞叫聲，以繩引之，驚其太重，及出，乃與張貴妃、孔貴嬪同束㊲而上。沈后居處如常㊳，太子深年十五，閉閣而坐，舍人㊴孔伯魚侍側；軍士叩閣㊵而入，深安坐㊶勞之曰：「戎旅在塗，不至勞也㊷！」軍士咸致敬焉㊸。時陳人宗室、王侯在建康者百餘人，陳主恐其為變，皆召入，令屯朝堂㊹，使豫章王叔英總督之，又陰㊺為之備；及臺城失守，相帥出降。

賀若弼乘勝至樂遊苑，魯廣達猶督餘兵，苦戰不息，所殺獲數百人㊻；會日暮㊼，乃解甲㊽，面臺㊾再拜，慟哭謂眾曰：「我身㊿

不能救國，負罪深矣！」士卒皆流涕歔欷(五一)，遂就擒(五二)。諸門衛皆走。弼夜燒北掖門入(五三)，聞韓擒虎已得陳叔寶，呼視之，叔寶惶懼，流汗股栗(五四)，向弼再拜；弼謂之曰：「小國之君，當大國之卿拜，乃禮也(五五)。入朝不失作歸命侯(五六)，無勞恐懼。」既而恥功在韓擒虎後，與擒虎相詢(五七)，挺刃而出(五八)(五九)，欲令蔡徵為叔寶作降箋(六〇)，命乘騾車歸已；事不果，弼置叔寶於德教殿，以兵衛守。高熲先入建康，熲子德弘為晉王廣記室(六一)，廣使德弘馳詣熲所，令留張麗華。熲曰：「昔太公蒙面(六二)以斬妲己(六三)，今豈可留麗華！」乃斬之於青溪。德弘還報，廣變色曰：「昔人云：『無德不報(六四)』，我必有以報高公矣。」由是恨熲。

丙戌，晉王廣入建康，以施文慶受委(六五)不忠，曲為諂佞(六六)，以蔽耳目(六七)，沈客卿重賦厚斂，以悅其上；與太市令陽慧朗、刑法監徐析、尚書都令史暨慧(六八)，皆為民害，斬於石闕下，以謝三吳。使高熲與元帥府記室裴矩，收圖籍，封府庫資財，一無所取。天下皆稱廣以為賢。矩，讓之之弟子也(六九)。廣以賀若弼先期決戰(七〇)，違軍令，收以屬吏(七一)；上驛召之，詔廣曰：「平定江表，弼與韓擒虎之力也。」賜物萬段(七二)。又賜弼與擒虎詔，美其功。開府儀同三司王頒，僧辯之子，夜發陳高祖陵，焚骨取灰，投水而飲之(七三)；既而自縛，歸罪於晉王廣，廣以聞，上命赦之。詔陳高祖、世祖、高宗陵，總給五戶，分守之。

上遣使，以陳亡告許善心，善心衰服號哭於西階(七四)之下，藉草(七五)東向坐三日，敕書唁(七六)焉，明日有詔，就館(七七)拜通直散騎常侍(七八)，賜衣一襲(七九)。善心哭盡哀，入房改服(八〇)，復出北面立，垂泣再拜受詔，明日乃朝，伏泣於殿下，悲不能興(八一)。上顧左右曰：「我平陳國，唯獲此人，既能懷其舊君(八二)，即我之誠臣(八三)也。」敕以本官直門下省(八四)(八五)。

(三)陳水軍都督周羅睺與郢州刺史荀法尚守江夏(八六)，秦王俊督三十總管，水陸十餘萬，屯漢口(八七)，不得進，相持踰月(八八)。陳荊州刺史陳慧紀遣南康內史呂忠肅屯岐亭(八九)【考異】隋書作呂仲肅，南史作呂肅，今從陳書。據巫峽(九〇)，於北岸鑿巖(九一)，綴鐵鎖三條(九二)【考異】南史作五條，今從隋書。，橫截上流，以遏(九三)隋船；忠肅竭其私財(九四)，以充軍用。楊素、劉仁恩奮兵擊之，四十餘戰，忠肅守險力爭，隋兵死者五千餘人，陳人盡取其鼻(九五)，以求功賞。既而，隋師屢捷，獲陳之士卒，三縱之，忠肅棄柵而遁，素徐去其鎖。忠肅復據荊門之延洲，素遣巴蜑(九六)千人乘五牙(九七)四艘，以拍竿碎其十餘艘(九八)，遂大破之，俘甲士二千餘人，忠肅僅以身免(九九)。陳信州刺史顧覺屯安蜀城(一〇〇)，棄城走，陳慧紀屯公安，悉燒其儲蓄，引兵東下，於是巴陵以東，無復城守者(一〇一)(一〇二)。陳慧紀帥將士三萬人、樓船千餘，沿江而下，欲入援建康，為秦王俊所拒，不得前(一〇三)。是時，陳晉熙王叔文罷湘州還，至巴州(一〇四)，慧紀推叔文為盟主，而叔文已帥巴州刺史畢寶等致書請降於俊，俊遣使迎勞之(一〇五)(一〇六)。會建康平，晉王廣命陳叔寶手書招上江諸將，使樊毅詣周羅睺，陳慧紀子正業詣慧紀諭指(一〇七)。時諸城皆解甲，羅睺乃與諸將大臨(一〇八)三日，放兵散(一〇九)，然後詣俊降；陳慧紀亦降，上江皆平(一一〇)。楊素下至漢口，與俊會，王世積在蘄口，聞陳已亡，告諭江南諸郡，於是江州司馬黃偲(一一一)棄城走，豫章諸郡太守皆詣世積降(一一二)。癸巳，詔遣使者巡撫陳州郡。二月，乙未，廢淮南行臺省㉓。

㈣蘇威奏請五百家置鄉正，使治民間辭訟㉔。李德林以為：「本廢鄉官判事㉕，為其閭里親識㉖剖斷不平㉗，今令鄉正專治五百家，恐為害更甚；且要荒小縣㉘，有不至五百家者，豈可使兩縣共管一鄉㉙㉚！」帝不聽，丙申，制五百家為鄉，置鄉正一人，百家為里，置里長一人。

㈤陳吳州刺史蕭瓛能得物情㉛，陳亡，吳人推瓛為主。右衛大將軍、武川宇文述帥行軍總管元契、張默言等討之，落叢公㉜燕榮以舟師自東海至㉝，陳永新侯㉞陳君範自晉陵奔瓛，幷軍拒述。述軍且至，瓛立柵於晉陵城東，留兵拒述，遣其將王褒守吳州㉟；自義興入太湖，欲掩述後。述進破其柵，迴兵擊瓛，大破之；又遣兵別道襲吳州，王褒衣道士服，棄城走。瓛以餘眾保包山㊱，燕榮擊破之，瓛將左右數人匿民家，為人所執，述進至奉公埭，陳東揚州刺史蕭巖以會稽降，與瓛皆送長安斬之㊲。

㈥楊素之下荊門也，遣別將龐暉將兵略地㊳，南至湘州，城中將士，莫有固志[29]；刺史、岳陽王叔慎，年十八，置酒，會文武僚吏[30]，酒酣，叔慎歎曰：「君臣之義，盡於此乎[31]！」長史謝基伏而流涕，湘州助防[32]遂興侯[33]正理在坐，乃起曰：「主辱臣死，諸君獨[34]非陳國之臣乎！今天下有難，實致命之秋[35]也，縱其無成[36]，猶見臣節[37]，青門之外，有死不能[38]。今日之機，不可猶豫，後應者斬[39]。」眾咸許諾，乃刑牲結盟[40]，仍遣人[41]詐奉降書於龐暉，暉信之，克期[42]入城；叔慎伏甲待之，暉至，執之以狥[43]，并其眾[44]皆斬之。叔慎坐於射堂，招合士眾，數日之中得五千人，衡陽太守[45]樊通、武州刺史[46]鄔居業，皆請舉兵助之。隋所除湘州刺史薛冑將兵適至，與行軍總管劉仁恩共擊之，叔慎遣其將陳正理與樊通拒戰，兵敗，冑乘勝入城，禽叔慎，仁恩破鄔居業於橫橋，亦擒之，俱送秦王俊，斬於漢口[47]。

(七)嶺南未有所附，數郡共奉高涼郡太夫人冼[48]氏為主，號聖母，保境拒守。詔遣柱國韋洸等安撫嶺外，陳豫章太守徐璒據南康拒之，洸等不得進。晉王廣遣陳叔寶遺夫人書，諭以國亡[49]，使之歸隋；夫人集首領數千人，盡日慟哭㉚，遣其孫馮魂帥眾迎洸，洸擊斬徐璒，入至廣州，說諭嶺南，諸州皆定，【考異】隋帝紀：「十年八月壬申，遣洸等巡撫嶺南，百越皆服。」按陳以九年正月亡，至來年八月，幷閏計之二十一月，豈有洗氏猶不知者？洗氏傳又云：「晉王遣陳主遺夫人書。」則事在九年三月前也。帝紀所云，蓋謂百越已服，奏到朝廷之日也。表馮魂為儀同三司，冊洗氏為宋康郡夫人㉛㉜。洸，夐之子也。

【今註】㊀大霧四塞：謂霧氣瀰漫四方。㊁入人鼻，皆辛酸：謂入鼻腔，使人覺辛酸難忍。㊂晡時：日加申為晡時。㊃寤：醒寤。㊄引兵：猶率兵。㊅匿：藏匿而不使人見。㊆弊船：破弊之船。㊇瀆：《爾雅》：「水注澮曰瀆。」㊈內國：即中國，隋避諱，改曰內。㊉交代：謂前者交後者代，亦即官吏之交接。⑪營幕被野：軍營之帳幕，蔽於原野。⑫後以為常：後陳人以為此乃隋交代之常事。⑬弼又請緣江防人……後以為常，不復設備：按此段乃錄自《隋書．賀若弼傳》，字句大致相同。⑭時獵：謂時時田獵。⑮不覺：謂不知。⑯自横江宵濟采石：胡三省曰：「横江浦在和州界，采石磯在今太平州北三十里對岸津渡處。」⑰六合：今江蘇省六合縣。⑱戍主：戍守軍之將領，以其主持戍守所在之一切事宜，故名曰戍主。⑲馳啟告變：謂遣人齎表啟，馳馬至都，告有敵人進侵。⑳入議軍旅：謂入朝會議軍旅防禦之事。㉑犬羊：詈敵人之辭，意謂其劣弱而不足畏懼。㉒陵縱：陵轢縱恣。㉓侵竊郊畿：謂侵竊郊畿之地。㉔蠆：蠍屬，尾長，音ㄔㄞˋ。㉕宜時掃定：謂宜應時掃除平定之。㉖親御：猶親帥。㉗六師：《周禮》：「王六軍。」〈大雅．文王》：「周王于邁，六師及之。」故六軍六師，皆指天子之軍旅而言。㉘廓清：謂掃蕩無遺。㉙八表：猶云八荒，謂八方以外。㉚內外並可戒嚴：謂京內京外皆應戒備。㉛並：皆。㉜白下：胡三省曰：「陳南豫州治宣城，時徙鎮姑孰，白下城今白石壘，唐武德時移江寧縣於此，名白下縣。」㉝賞格：獎賞標準。㉞尼：女僧。㉟執役：謂服有關軍旅之勞役。㊱賀若弼攻拔京口：按《陳書・後主紀》禎明三年文作：「賀若弼攻陷南徐州。」二書所述，雖似有異，然陳南徐州治乃在京口，故實際乃同指一地方。㊲賀若弼攻拔京口……弼立斬之：按此段乃錄自《隋書・賀若弼傳》，字句大致相同。㊳勞遣：慰勞而遣還之。㊴敕書：天子所發之文告。㊵所至風靡：謂敕書所至之地，居民皆如隨風之倒而歸服之。㊶攝行南豫州事：謂兼攝代行南豫州之事。㊷威信：威武信譽。㊸來謁軍門者：來至營門謁見者。㊹韓擒虎進攻姑孰……晝夜不絕：按此段乃錄自《隋書・韓擒傳》，而間有溢出。㊺自劾：自行糾劾。㊻遊弈：猶遊弋，謂巡邏也。㊼諭：曉諭。㊽重傷其意：謂難傷其意。㊾樊猛與左衛將軍蔣元遜……陳主重傷其意而止：按此段乃錄自《陳書・樊毅附猛傳》，字句大致相同。㊿賀若弼自北道，韓擒虎自南道：京口於建康為北，姑孰於建康為南。(51)望風盡走：望見敵人之風塵，即皆遁走。(52)弼分兵斷曲阿之衝而入：胡三省曰：「弼分兵斷其衝，恐三吳之兵入救建康，掎其後也。」(53)朝堂：陳主視朝之堂。(54)闍：音都。(55)忠武將軍：《隋書・百官志》上：「忠武將軍擬官品第四，秩中二千石。」(56)仍屯朱雀門：仍，因；屯，駐。胡三省曰：「晉孝武帝建朱雀門，上有兩銅雀，前直大航，謂之朱雀航。」(57)鍾山：在今南京市中山門外，亦名紫金山、聖遊山。山勢險峻，為歷來軍事之所必爭。(五八)新林：胡三省曰：「新林浦去今建康城二十里，西直白鷺洲。」(五九)蘄州總管：《隋書・地理志》下：「蘄春郡，後周改曰蘄州，開皇初置總管府，九年府廢。」蘄音其。(六〇)瑱：音鎮。(六一)蘄口：蘄水入江之口。(六二)降者相繼：謂降者繼續不絕。(六三)上狀：謂上書言其經過情形。(六四)不達軍士：按應作不達軍事，謂不懂戰爭之事。(六五)臺內處分：謂臺省內所有需處分之事。(六六)一以委：全以委任。(六七)疾己：恨己。(六八)怏怏：心不滿足。(六九)官：為漢代縣官之首，即天子也。(七〇)那可：猶怎可。(七一)啟請：表啟請求。(七二)懸軍：猶提軍。(七三)壘塹：壘，營壘；塹，營外之濠溝。(七四)堅：堅固。(七五)掩襲：掩攻襲擊。(七六)賀若弼之攻京口也……可以必克，又不許：按此段乃錄自《陳書・蕭摩訶傳》，字句大致相同。(七七)持重：持之以穩重，謂不輕出作戰。(七八)臺城：《陳書・任忠傳》作：「宮城」，以其在宮內，故又名宮城。(七九)柵：六朝多名營曰柵，《陳書・留異傳》：「異聞兵至，大恐，棄郡奔於桃支嶺，於嶺口立柵自固。明年春，安都大破其柵。」同書〈陳寶應傳〉：「寶應據建安之湖際，逆拒王師，水陸為柵。昭達命軍士伐木為簰，俄而水盛，乘流放之，突其水柵，仍水步薄之。」皆柵即營之證。且由文知柵乃周樹木材，以為藩籬，藉資拒守，宛如土石砌成之墻垣，特其所用材料與營壘頗不同耳。(八〇)斷江路：截斷其在長江上經行之路。(八一)彼信：彼之信使。(八二)金翅：船名，冀其飛能如金翅鳥之迅捷。(八三)徑掩：直襲。(八四)挫氣：謂氣勢挫折。(八五)淮南土人：謂淮南本地人士。(八六)知悉：謂知諗。(八七)必皆景從：景古影字，謂必皆如影之從形。(八八)揚聲：猶揚言，凡云揚聲，多含言而不實踐之意。(八九)㳂：即沿。(九〇)陳主召摩訶任忠於內殿議軍事……此良策也：按此段雖本於《陳書・任忠傳》，而文多溢出，《通鑑》於隋紀中所述諸事，文字率較其根據之正史有關資料為多，足知《通鑑》於脩隋紀及以下諸紀時，公私稗官野乘存於天壤而得取以參稽者，固甚多也。(九一)歘然：忽然，音ㄏㄨ。(九二)兵久不決：謂戰爭勝負久不決定。(九三)腹煩：猶心煩。(九四)可呼蕭郎一出擊之：按《陳書・蕭摩訶傳》作：「公可為我一決。」知蕭郎乃指蕭摩訶也。惟一作公，一作郎，且《通鑑》下文亦作公，稱呼口吻，重輕大不相同。核摩訶歷事數王，年已老邁，且爵位高崇，似不應稱之為郎，當以從《陳書》稱公為是。(九五)苦請：謂苦苦請求。(九六)請作一決：謂請決一戰。(九七)為官勒石燕然：竇憲破匈奴，遂登燕然山，刻石勒功紀漢威德，令班固作銘。(九八)從來行陣：謂自參與行伍以來。(九九)為國為身：謂即抱為國之志，為身乃連帶言之，此處意義並不重要。(一〇〇)賦諸軍：分畀諸軍。(一〇一)首尾進退不相知：首尾兩端於相對端之或進或退，皆不獲知悉。(一〇二)陳主從之，謂摩訶曰……望見眾軍，因馳下：按此段乃錄自《陳書・蕭摩訶傳》，字句大致相同。(一〇三)員：音云，姓也。(一〇四)通：私通。(一〇五)以其徒：以其徒屬。(一〇六)相當：相對。(一〇七)隋師退走者數四：按六朝喜用數四，以示其多。《世說・文學》支道林條：「支初作改轍遠之，數四交，不覺入其玄中。」同書同篇：「孫安國往殷中軍許共論，往反精苦，左右進食，冷而復煖者數四。」《晉書・苻堅載記》上：「羌跨馬運矛，馳入評軍，出入數四，傍若無人。」同書〈盧循傳〉：「贛石水急，出船甚難，皆儲之，如是者數四，故船版大積。」《陳書・魯廣達傳》：「廣達率勵敢死，冒刃而前，隋軍退走，廣達逐北至營，殺傷甚眾，如是者數四焉。」皆盛用數四之證。原三本常作虛數，以表其多，而茲復以三為不足，而益之為四，名曰數四，亦足見六朝對此辭語觀念之特殊矣。⑱縱煙以自隱：放火生煙，使自得隱匿，而不被敵人所知。⑲窘而復振：瀕於困窘而又復振起。⑳暫交：謂稍一交鋒。㉑亂潰：紊亂崩潰。㉒不可復止：謂不能再加以制止。㉓命牽斬之：謂命令牽出斬之。㉔自若：自如，謂毫不改變。㉕員明擒蕭摩訶……弼乃釋而禮之：按此數句乃錄自《隋書・賀若弼傳》，字句大致相同。㉖馳入臺：臺、此處指臺城言。㉗官好住：胡三省曰：「好，宜也；住，止也。今南人猶有是言。」㉘臣無所用力矣：謂臣無能為力。㉙縢：謂以繩約物，兩縢猶兩束也。㉚就上流眾軍：謂往就周羅睺等。㉛臣以死奉衛：謂臣定以死力奉衛乘輿。㉜部分：此處謂處理戎事。㉝任忠馳入臺……忠已帥數騎，迎降於石子岡：按此段乃本於《陳書・任忠傳》，而間有溢出。㉞忠揮之：謂忠揮之令散。㉟諸軍何事：謂諸軍欲為何事，意欲使之降也。㊱百司：百官。㊲不勝餘人：謂不勝過餘人，《陳書・袁憲傳》作：「不先餘人。」亦佳，可不煩改易。㊳但以追愧：謂只堪以追悔慚愧。㊴江東衣冠道盡：衣冠指士紳之流，謂江東士紳道義之行，掃地盡矣，此乃為城內文武百司皆遁而發。㊵逴遽：驚駭急迫。㊶安之：何至。㊷正衣冠：端正衣冠，謂穿著整齊。㊸依梁武帝見侯景故事：事見卷一百六十二梁武帝太清三年。㊹未可交當：交當謂相交相當，全句為不可與之相對。㊺於是城內文武百司皆遁……將自投於井：按此段乃錄自《陳書・袁表憲傳》，而間有溢出。㊻蔽井：胡三省曰：「祝穆云：『景陽井在法寶寺；或云白蓮閣下，有小池，面方丈餘；或云在寶寧寺覽輝亭側。舊傳云欄有石脈，以帛拭之作胭脂痕，一名胭脂井，又名辱井。』」㊲同束：同繫。㊳居處如常：居處謂居止，亦即動靜如常。㊴舍人：《隋書・百官志》上：「梁制，太子中舍人四人，掌其坊之禁令。舍人十六人，掌文記。陳制，太子中舍人六百石。」㊵叩閤：敲擊閤門。㊶安坐：謂坐而不起。㊷不至勞也：謂不甚勞苦乎！㊸太子深年十五……軍士咸致敬焉：按此段乃錄自《陳書・後主諸子皇太子深傳》，字句大致相同。㊹令屯朝堂：謂令集居於朝堂。㊺陰：暗。㊻所殺獲數百人：《陳書・魯廣達傳》作：「斬獲數十百人。」按數十百乃為數十以至一百，其極限乃為一百，與數百頗有差異。《通鑑》或隨意刪去十字，而作數百。數十百計數之法，篇牘中亦常用之，此以當從原始資料所載之數目為宜。㊼會日暮：謂遇日暮。㊽解甲：謂解下甲杖。㊾面臺：面向臺城。㊿我身：身亦我也，六朝常以身為我，此我身乃係複合語，以加強我之語意，猶今語之我自己。(51)歔欷：悲泣氣咽而抽息。(52)魯廣達猶督餘兵……遂就擒：按此段乃錄自《陳書・魯廣達傳》，字句大致相同。(53)北掖門：為陳臺城北門之名。《顏氏家訓・慕賢》：「侯景之亂，太子左衞率羊侃坐東掖門，部分經略，一宿皆辦。」知臺城之門，以近宮掖，故以掖為名，因其方位不同，而有東西南北掖之稱焉。又此名自梁代已有之。(54)股栗：栗通慄，謂雙腿戰慄不止。(55)小國之君，當大國之卿拜，乃禮也：小國之君，率與大國之卿品位相埒，而大國之卿乃事天子者，故云向之拜乃合於禮儀。又《隋書・賀若弼傳》作：「小國之君，當大國卿拜，禮也。」文雖簡而意亦明。(56)入朝不失作歸命侯：孫皓降，晉封歸命侯。(57)詬：罵，音ㄍㄡˋ。(58)挺刃而出：拔劍而出室門。(59)弼夜燒北掖門入……挺刃而出：按此段乃錄自《隋書・賀若弼傳》，字句大致相同。

(六〇)作降箋：作投降之表啟。(六一)為晉王廣記室：記室即掌書記。胡三省曰：「隋制，諸王記室參軍，在錄事功曹之下。」(六二)蒙面：謂以袖掩面，不欲觀之。(六三)妲己：《史記・殷本紀》：「嬖於婦人，愛妲己。（集解：「皇甫謐曰，『有蘇氏美女』」。）周武王遂斬紂頭，殺妲己。」(六四)無德不報：《詩・大雅》抑之詞，謂無行不回報也。(六五)受委：受任。(六六)諂佞：諂諛佞媚。(六七)以蔽耳目：以杜蔽君主之耳目。(六八)尚書都令史暨慧：胡三省曰：「暨慧之下逸景字。」(六九)矩，讓之之弟子也：裴讓之見卷一百五十八梁武帝大同四年。(七〇)先期決戰：謂提前作戰。(七一)收以屬吏：收錄而交吏鞫之。(七二)廣以賀若弼先期決戰……賜物萬段：按此段乃錄自《隋書・賀若弼傳》，而字句間有不同，以情揣之，乃《通鑑》故加改易所致。(七三)王頒，僧辯之子，夜發陳高祖陵，焚骨取灰，投水而飲之：報讎也，陳高祖殺僧辯事，見卷一百六十六梁敬帝紹泰元年。(七四)西階：賓階。(七五)藉草：謂藉草而坐，衰服藉草，皆喪禮。(七六)唁：弔生曰唁。(七七)就館：就客館。(七八)拜通直散騎常侍：此職乃許善心在陳為使所任之官位，今仍以其原爵拜之。(七九)賜衣一襲：衣單複具曰襲。(八〇)改服：改衰服服賜服。(八一)興：起。(八二)懷其舊君：謂懷念其舊君。(八三)誠臣：誠節之臣。按此本應作忠臣，特以隋避忠諱，而改作誠，凡《隋書》言誠節者，多係忠節之意。(八四)以本官直門下省：直，應值也。胡三省曰：「通直散騎常侍屬門下省，今敕善心以本官直門下省，何也？按唐六典：『晉始有門下省。』散騎常侍雖隸門下，別為一省，潘岳云：『寓直散騎之省。』是也。此隋所以命許善心以通直散騎常侍直門下省歟！」(八五)上遣使以陳亡告許善心……敕以本官直門下省：按此段乃錄自《隋書・許善心傳》，字句幾全相同。（八六）江夏：陳郢州治所。（八七）漢口：漢水入江之口。（八八）踰月：越過一月。（八九）岐亭：胡三省曰：「按楊素傳：『忠肅屯岐亭，正據江峽。』則岐亭在西陵峽口也。」（九〇）據巫峽：胡三省曰：「按水經：『江水出巫峽，過秭歸、夷陵，逕流頭狼尾灘，而後東逕西陵峽。』去年冬楊素破戚昕，其舟師已過狼尾而東，呂忠肅所據者，蓋西陵峽也。當從楊素傳作江峽為通。」（九一）鏨巖：鏨巖壁之石。（九二）綴鐵鎖三條：綴連綴，本此，則於北岸鏨巖，應作於南北岸鏨巖。（九三）遏：阻止。（九四）竭其私財：謂輸出其自己所有財物。（九五）陳人盡取其鼻：按古代斬殺敵人，則取其左耳，以為求功賞之憑證，至六朝時則割其鼻，以為證驗，除見此文外，又載於《隋書・麥鐵杖傳》，云：「鐵杖取賊刀，亂斬衞者，殺之皆盡，悉割其鼻，懷之以歸。」此因時代而不同者也。（九六）巴蜑：胡三省曰：「蜑亦蠻也，居巴中，老曰巴蜑，此水蜑之習於用舟者也。」音但。（九七）五牙：按《隋書・楊素傳》：「素居永安，造大艦，名曰五牙，上起樓五層，高百餘尺，左右前後置六拍竿，並高五十尺，容戰士八百人。」（九八）以拍竿碎其十餘艘：謂碎呂忠肅之船十餘艘。（九九）以身免：以本身免。（一〇〇）陳信州刺史顧覺屯安蜀城：胡三省曰：「梁置信州於巴東，西魏取之，其地時屬隋，故陳信州刺史屯於安蜀城。」（一〇一）無復城守者：謂無復嬰城而拒守者。（一〇二）南康內史呂忠肅屯岐亭……無復城守者：按此段乃錄自《隋書・楊素傳》，而稍有溢出。（一〇三）陳慧紀帥將士三萬人……為秦王俊所拒，不得前：按此段乃錄自《陳書・陳慧紀傳》，字句大致相同。（一〇四）至巴州：巴州治巴陵。（一〇五）迎勞之：迎迓而慰勞之。（一〇六）是時陳晉熙王叔文……俊遣使迎勞之：按此段乃錄自《陳書・高宗諸王晉熙王叔文傳》，字句大致相同。（一〇七）詣慧紀諭指：謂至慧紀處曉諭以後主令降之旨意。㉘大臨：謂與諸將共臨哭也。㉙放兵散：謂放令兵士各自歸家。《隋書・周羅睺傳》作：「放兵士散。」文意較足。㉚上江皆平：謂長江上游皆告平定。㉛偲：音思。㉜王世積在蘄口……皆詣世積降：按此段乃錄自《隋書・王世積傳》，字句大致相同。㉝廢淮南行臺省：以陳已平，無需要故也。㉞辭訟：按即獄訟及訴訟也。三者名雖不同，而其實則同。㉟判事：謂判斷訟事。㊱閭里親識：謂鄰里親戚舊識。㊲不平：不公平。㊳要荒小縣：謂要服荒服僻遠之小縣。㊴豈可使兩縣共管一鄉：謂豈可使兩縣而共為一鄉所管。㊵蘇威奏請五百家置鄉正……豈可使兩縣共管一鄉：按此段乃錄自《隋書・李德林傳》，字句大致相同。㊶物情：物即人物，物情謂人情也。㊷落叢公：《隋書・地理志》上：「順政郡鳴水縣，西魏置曰落叢，並置落叢郡。」㊸以舟師自東海至：胡三省曰：「東海郡、海州，燕榮舟師自海道入湖，可至吳州，陳置吳州於吳郡。」㊹永新侯：胡三省曰：「沈約志：『永新縣、吳立，屬安成太守。』隋廢安成郡為安復縣。」㊺遣其將王褒守吳州：按《隋書・外戚蕭巋附瓛傳》作：「遣王哀守吳州。」以人名率取吉祥之原則核之，當以作王褒為是。㊻包山：胡三省曰：「包山在太湖中，其地西北距吳縣北二十里，又名洞庭山。四面皆水地，占三鄉，環四十里，土宜橘柚。」㊼陳吳州刺史蕭瓛能得物情……皆送長安斬之：按此段乃併合《隋書・宇文述傳》及〈蕭巋附瓛傳〉二文而成，字句大致相同。㊽略地：侵略地。㊾莫有固志：莫有固守之志。㊿僚吏：僚佐及屬吏。(51)君臣之義盡於此乎：言湘州以無人抗拒，行將陷落，叔慎謂己與其僚吏之誼，豈絕盡於此乎！意乃為激勵僚屬，共起而守禦也。

㉜湘州助防：謂協助防守湘州。㉝遂興侯：胡三省曰：「沈約志：『盧陵郡有遂興縣，吳立曰新興，晉武帝太康元年更名。』」㉞獨：豈。㉟致命之秋：謂效性命之時。㊱縱其無成：縱不成功。㊲臣節：為臣之節操。㊳青門之外有死不能：召平秦時東陵侯，秦亡為民，種瓜青門外。正理自謂陳亡之後，不能編於民伍，以求苟活。㊴後應者斬：謂言參加稍遲者，即斬之。㊵刑牲結盟：謂殺牲畜以資歃血，然後共結盟誓。㊶仍遣人：因遣人。㊷克期：謂約定日期。㊸狥：狥眾。㊹抍其眾：抍其士眾。㊺衡陽太守：《隋書・地理志》下：「長沙郡、衡山縣，舊置衡陽郡，平陳郡廢。」㊻武州刺史：《隋書・地理志》下：「武陵郡，梁置武州。」㊼楊素之下荊門也……俱送秦王俊，斬於漢口：按此段乃錄自《陳書・高宗諸王岳陽王叔慎傳》，字句大致相同。㊽洗：音ㄒㄧㄢˇ。㊾諭以國亡：曉諭以陳國已亡。㊿盡日慟哭：謂慟哭一整日。(51)宋康郡夫人：《隋書・地理志》下：「高涼郡杜原縣，有永寧、永康二郡，平陳並廢為縣」。(52)嶺南未有所附……冊洗氏為宋康郡夫人：按此段乃錄自《隋書・列女譙國夫人傳》，字句大致相同。

㈠衡州司馬(53)任瓌勸都督王勇據嶺南，求陳氏子孫，立以為帝，勇不能用，以所部來降；瓌棄官去。瓌，忠之弟子也。

㈡於是陳國皆平，得州三十、郡一百、縣四百。詔建康城邑宮室，並平蕩(54)耕墾，更於石頭置蔣州(55)。晉王廣班師，留王韶鎮石頭，委以後事。

㈢三月，己丑，陳叔寶與其王公百司發建康，詣長安，大小在路五百里，纍纍不絕。帝命權分長安士民宅以俟之，內外修整，遣使迎勞，陳人至者如歸㊱。夏，四月，辛亥，帝幸驪山，親勞旋師㊲。乙巳，諸軍凱入㊳，獻俘於太廟，陳叔寶及諸王侯將相并乘輿服御㊴天文圖籍等，以次行列㊵，仍以鐵騎圍之，從晉王廣、秦王俊入列於殿庭。拜廣為太尉，賜輅車、乘馬、袞冕之服，玄圭、白璧。丙辰，帝坐廣陽門觀㊶，引陳叔寶於前，及太子諸王二十八人，司空司馬消難以下至尚書郎，凡二百餘人。帝使納言宣詔㊷勞之，次使內史令宣詔，責以君臣不能相輔，乃至滅亡；叔寶及其群臣並愧懼伏地，屏息㊸不能對，既而宥之。

㈣初武元帝迎司馬消難，與消難結為兄弟，情好甚篤，帝每以叔父禮事之；及平陳，消難至，特免死，配為樂戶，二旬而免，猶以舊恩引見㊹，尋卒於家。

㈤庚戌，帝御廣陽門㊺，宴將士，自門外夾道列布帛之積㊻，達于南郭[一七]，班賜各有差[一八]，凡用三百餘萬段。故陳之境內[一九]，給復十年[二〇]，餘州免其租賦。

㈥樂安公元諧進曰：「陛下威德遠被[二一]，臣前請以突厥可汗為候正[二二]，陳叔寶為令史，今可用[二三]臣言矣。」帝曰：「朕平陳國，本以除逆[二四]，非欲誇誕[二五]，公之所奏，殊非朕心。突厥不知山川[二六]何能警候[二七]？叔寶昏醉，寧堪驅使[二八]！」諧默然而退[二九]。

㈦辛酉，進楊素爵為越公，以其子玄感為儀同三司，玄奬為清河郡公，賜物萬段，粟萬石[三〇]；命賀若弼登御坐[三一]，賜物八千段，加位上柱國，進爵宋公；仍各加賜金寶[三二]及陳叔寶妹為妾。賀若弼、韓擒虎爭功於帝前，弼曰：「臣在蔣山死戰，破其銳卒，擒其驍將，震揚威武，遂平陳國。韓擒虎略不交陳[三三]，豈臣之比[三四]。」擒虎曰：「本奉明旨[三五]，令臣與弼同時合勢，以取偽都，弼乃敢先期[三六]，逢賊遂戰，致令將士傷死甚多，臣以輕騎五百，兵不血刃[三七]，直取金陵，降任蠻奴[三八]，執陳叔寶，據其府庫[三九]，傾其巢穴[四〇]；弼至夕方扣北掖門，臣啟關[四一]而納之。斯乃救罪不暇[四二]，安得與臣相比。」帝曰：「二將俱為上勳。」於是進擒虎位上柱國，賜物八千段。有司劾擒虎放縱(253)士卒，淫汙陳宮(254)，坐此，不加爵邑(255)。加高熲上柱國，進爵齊公，賜物九千段。帝勞之曰：「公伐陳後，人言公反(256)，朕已斬之。君臣道合，非青蠅所能間也(257)(258)。」帝從容命熲與賀若弼論平陳事，熲曰：「賀若弼先獻十策，後於蔣山苦戰破賊，臣文吏耳，焉敢與大將論功(259)！」帝大笑，嘉其有讓(260)(261)。帝之伐陳也，使高熲問方略(262)於上儀同三司李德林，以授晉王廣，至是，帝賞其功，授柱國，封郡公，賞物三千段，已宣敕訖(263)，或說高熲曰：「今歸功於李德林，諸將必當憤惋(264)，且後世觀公(265)有若虛行(266)。」熲入言之，乃止(267)。以秦王俊為揚州總管四十四州諸軍事，鎮廣陵，晉王廣還并州。

(八)晉王廣之戮陳五佞(268)也，未知都官尚書孔範、散騎常侍王瑳、王儀、御史中丞沈瓘(269)之罪，故得免；及至長安，事並露，乙未，帝暴其過惡(270)，投之邊裔(271)，以謝吳越之人。瑳刻薄貪鄙，忌害(272)才能；儀傾巧側媚(273)，獻二女以求親昵(274)；瓘險慘苛酷，發言邪諂，故同罪焉。

(九)帝給賜陳叔寶甚厚，數得引見，班同三品〔二五〕，每預宴，恐致傷心〔二六〕，為不奏吳音。後監守者奏言叔寶云：「既無秩位〔二七〕，每預朝集〔二八〕，願得一官號。」帝曰：「叔寶全無心肝〔二九〕。」監者又言：「叔寶常醉，罕有醒時。」帝問：「飲酒幾何〔三〇〕？」對曰：「與其子弟日飲一石。」帝大驚，使節其酒〔三一〕，既而曰：「任其性，不爾，何以過日〔三二〕。」帝以陳氏子弟既多，恐其在京城為非，乃分置邊州，給田業使為生〔三三〕，歲時〔三四〕賜衣服，以安全之。

(十)詔以陳尚書令江總為上開府儀同三司，僕射袁憲、驃騎蕭摩訶、領軍任忠皆為開府儀同三司，吏部尚書、吳興姚察為秘書丞。上嘉袁憲雅操〔三五〕，下詔以為江表稱首〔三六〕，授昌州刺史〔三七〕。聞陳散騎常侍袁元友數直言於陳叔寶，擢拜主爵侍郎〔三八〕。謂羣臣曰：「平陳之初，我悔不殺任蠻奴，受人榮祿〔三九〕，兼當重寄〔四〇〕，不能橫尸殉國〔四一〕，乃云無所用力，與弘演納肝〔四二〕何其遠也〔四三〕！」帝見周羅睺，慰諭之，許以富貴；羅睺垂泣對曰：「臣荷陳氏厚遇，本朝淪亡，無節可紀(三四),得免於死,陛下之賜也,何富貴之敢望!」賀若弼謂羅睺曰:「聞公郢漢捉兵(三五),即知揚州可得,王師利涉(三六),果如所量(三七)。」羅睺曰:「若得與公周旋(三八),勝負未可知。」頃之,拜上儀同三司(三九)。先是(四〇)陳將羊翔來降,伐陳之役,使為鄉導(四一),位至上開府儀同三司,班在羅睺上。韓擒虎於朝堂(四二)戲之曰:「不知機變(四三),乃立在羊翔之下,能無愧乎(四四)!」羅睺曰:「昔在江南,久承令問(四五),謂公天下節士(四六),今日所言,殊非所望(四七)。」擒虎有愧色(四八)。帝之責陳君臣也,陳叔文獨欣然有得色(四九),既而復上表自陳:「昔在巴州,已先送款(五〇)乞知此情,望異常例(五一)。」帝雖嫌其不忠,而欲懷柔(五二)江表,乃授叔文開府儀同三司,拜宜州刺史(五三)。

(十一)初陳散騎常侍韋鼎聘於周(五四),遇帝而異之,謂帝曰:「公當大貴,貴則天下一家(五五)、歲一周天(五六),老夫當委質(五七)於公。」及至德之初,鼎為太府卿,盡賣田宅,大匠卿毛彪問其故,鼎曰:「江東王氣(五八),盡於此矣(五九),吾與汝當葬長安。」及陳平,上召鼎為開府儀同三司(六〇)。鼎,叡之孫也(六一)。

(十二)壬戌，詔曰：「今率土[262]大同，含生[263]遂性[264]太平之法，方可流行，凡我臣民，澡身浴德[265]，家家自脩，人人克念[266]。兵可立威，不可不戢[267]，刑可助化[268]，不可專行[269]，禁衛九重之餘[270]，鎮守四方之外，戎旅[271]軍器，皆宜停罷[272]。世路既夷[273]，羣方[274]無事，武力之子[275]，俱可學經，民間甲仗[276]，悉皆除毀[277]。頒[278]告天下，咸悉此意[279]。」

(十三)賀若弼撰其所畫策，上之，謂為御授平陳七策[280]；帝弗省[281]，曰：「公欲、發揚我名，我不求名；公宜自載家傳[282]。」弼位望隆重，兄弟並封郡公，為刺史列將[283]，家之珍玩[284]，不可勝計，婢妾曳羅綺者數百，時人榮之[285][286]。

(十四)其後突厥來朝[287]，上謂之曰：「汝聞江南有陳國天子乎？」對曰：「聞之。」上命左右引突厥詣韓擒虎前，曰：「此是執得陳國天子者。」擒虎厲色顧之[288]，突厥惶恐，不敢仰視[289][290]。

(十五)左衛將軍龐晃等短高熲於上，上怒，皆黜[291]之，親禮逾密[292]，因謂熲曰：「獨孤公[293]猶鏡也，每被磨瑩[294]，皎然[295]益明。」初熲父賓為獨孤信僚佐，賜姓獨孤氏，故上常呼為獨孤而不名[296]。

(十六)樂安公元諧性豪俠(三七)，有氣調(三八)，少與上同學，甚相愛，及即位，累歷顯仕(三九)；諧好排詆(四〇)，不能取媚左右(四一)，與上柱國王誼善，誼誅，上稍疏忌之。或告諧與從父弟上開府儀同三司滂、臨澤侯田鸞、上儀同三司祈緒(四三)等謀反，下有司案驗(四四)，奏：「諧謀令祈緒勒(四五)党項兵，斷巴蜀(四六)。」又諧嘗與滂同謁上，諧私謂滂曰：「我是主人，殿上者賊也。」因令滂望氣，滂曰：「彼雲似蹲狗走鹿(四七)，不知我輩有福德雲(四八)。」上大怒，諧、滂、鸞、緒並伏誅(四九)。

【考異】李德林傳云：「德林以梁士彥、元諧、頗有逆意，江南抗衡上國，乃著天命論上之。」諧傳云：「平陳後數歲，人告諧謀反。」按諧請以叔寶為內史，則陳亡時猶在，楊雄方用事，諧欲譖去之，則雄未為司空，故附於此。」

(十七)閏月，己卯，以吏部尚書蘇威為右僕射。六月，乙丑，以荊州總管楊素為納言。

(十八)朝野皆稱封禪(四〇)，秋，七月，丙午，詔曰：「豈可命一將軍，除一小國，遐邇注意(四一)，便謂太平(四二)，以薄德(四三)而封名山，用虛言而干上帝(四四)，非朕攸聞。而今而後，言及封禪，宜即禁絕(四五)(四六)。」

(十九)左衛大將軍、廣平王雄(四七)貴寵特盛，與高熲、虞慶則、蘇威稱為四貴(四二八)；雄寬容(四二九)下士(四三〇)，朝野傾屬(四三一)。上惡其得眾，陰忌之(四三二)，不欲其典兵馬(四三三)，八月，壬戌，以雄為司空，實奪之權(四三四)。雄既無職務，乃杜門(四三五)不通賓客(四三六)。

(廿)帝踐阼之初，柱國、沛公鄭譯請脩正雅樂，詔太常卿牛弘、國子祭酒辛彥之、博士何妥等議之，積年(四三七)不決。譯言古樂十二律，旋相為宮(四三八)，各用七聲，世莫能通；譯因龜茲(四三九)人蘇祇婆善琵琶，始得其法，推演為十二均，八十四調，以校太樂所奏，例皆乖越(四四〇)。譯又於七音之外，更立一聲，謂之應聲。作書宣示朝廷，與邳公世子蘇夔議累黍定律。時人以音律久無通者，非譯夔一朝可定(四四一)。帝素不悅學(四四二)，而牛弘不精音律，何妥自恥宿儒反不逮譯等，常欲沮壞(四四三)其事，乃立議非十二律旋相為宮及七調。競為異議，各立朋黨。或欲令各造樂，待成，擇其善者而從之。妥恐樂成，善惡易見，乃請帝張樂(四四四)試之，先白帝云：「黃鍾象人君之德。」及奏黃鍾之調，帝曰：「滔滔(四四五)和雅，甚與我心會(四四六)。」妥因奏止用黃鍾一宮，不假餘律。帝悅，從之(四四七)。時又有樂工萬寶常妙達(四四八)鍾律，譯等為黃鍾調成，奏之；帝召問寶常，寶常曰：「此亡國之音也。」帝不悅。寶常請以水尺為律，以調樂器（三九），上從之。寶常造諸樂器，其聲率下（四〇），鄭譯調二律，損益樂器，不可勝紀，其聲雅淡，不為時人所好，太常善聲者多排毀（四一）之；蘇夔尤忌寶常，夔父威方用事，凡言樂者皆附之，而短寶常，寶常樂竟為威所抑，寢（四二）不行（四三）。及平陳，獲宋齊舊樂器，幷江左樂工，帝令廷奏之，歎曰：「此華夏正聲也。」乃調五音為五夏（四四）、二舞（四五）、登歌（四六）、房內（四七）十四調（四八），賓祭用之，仍詔太常置清商署以掌之。時天下既壹，異代器物，皆集樂府。牛弘奏：「中國舊音多在江左（四九），前克荊州，得梁樂，今平蔣州，又得陳樂，史傳（五〇）相承，以為合古，請加脩緝，以備雅樂（五一）。其後魏之樂及後周所用，雜有邊裔之聲，皆不可用，請悉停之。」冬，十二月，詔弘與許善心、姚察（五二）及通直郎（五三）虞世基參定雅樂（五四）。世基，荔之子也。

(廿)己巳，以黃州總管（五五）周法尚為永州總管（五六），安集嶺南，給黃州兵三千五百人為帳內。陳桂州刺史（五七）錢季卿等皆詣法尚降，定州刺史（五八）呂子廓據山洞，不受命，法尚擊斬之（五九）。

(廿一)以駕部侍郎(六〇)狄道(六一)辛公義為岷州刺史(六二)。岷州俗畏疫，一人病疫，闔家避之，病者多死。公義命皆輿置己之廳事(六三)，暑月，病人或至數百，聽廊(六四)皆滿，公義設榻，晝夜處其間，以秩祿(六五)具醫藥，身自(六六)省問(六七)；病者既愈，乃召其親戚諭之曰：「死生有命，豈能相染(六八)，若相染者，吾死久矣。」皆慙謝而去。其後人有病者，爭就使君(六九)，其家親戚固留養之(七〇)，始相慈愛，風俗遂變。後遷幷州刺史，下車(七一)先至獄中，露坐(七二)，親自驗問(七三)，十餘日間，決遣咸盡，方還聽事，受領新訟，事皆立決(七四)；若有未盡，必須禁者(七五)，公義即宿聽事，終不還閤(七六)。或諫曰：「公事有程(七七)，使君何自苦！」公義曰：「刺史無德，不能使民無訟，豈可禁人在獄(七八)，而安寢於家乎！」罪人聞之，咸自款服(七九)。後有訟者，鄉閭(八〇)父老遽曉之(八一)曰：「此小事，何忍勤勞(八二)使君。」訟者多兩讓(八三)而止(八四)。

【今註】(五一)衡州司馬：《隋書・地理志》下：「南海郡含洭縣，梁置衡州。」(五二)平蕩：謂夷毀。(五三)於石頭置蔣州：蓋以蔣山名州。(五四)陳人至者如歸：如歸謂如歸市。(五五)旋師：還師。(五六)凱入：奏凱樂而入。(五七)服御：指陳主服用之物。(五八)以次行列：依次第而排成行列。(五九)廣陽門觀：廣陽門之觀闕。㉒宣詔：宣敷詔書。㉓屏息：謂屏除呼吸。㉔引見：接見。㉕御廣陽門：御謂駕幸，胡三省曰：「廣陽門，大興宮城正南門也。」㉖列布帛之積：謂置列堆積之布帛。㉗郭：外城。㉘各有差：各有等差。㉙故陳之境內：謂舊屬陳國土內。㉚給復十年：賞給其民十年之租賦。㉛遠被：猶遠及。㉜候正：候司之長，意為給國家於邊境候望。㉝用：聽用。㉞除逆：謂平除不聽命者。㉟非欲誇誕：《隋書・元諧傳》作：「非欲誇誕，取威天下。」是誇誕乃好大喜功之意。㊱不知山川：謂不知山川形勢及其道里。㊲何能警候：謂如何能警戒伺候。㊳寧堪驅使：豈堪任驅使。㊴樂安公元諧進曰……諧默然而退：按此段乃錄自《隋書・元諧傳》，字句幾全相同。㊵賜物萬段，粟萬石：按隋代天子賞賜中之物，非泛指各物，乃係專指絹帛而言。爰由《隋書》抽取例據，以證明之。〈楊義臣傳〉：「賜物二千段，雜綵五百段，女妓十人。」〈張定和傳〉：「賞物二千段，良馬二匹，金百兩。」〈王韶傳〉：「賜奴婢三百口，綿絹五千段。」〈史祥傳〉：「賜縑綵七千段，女妓十人，良馬二十匹。」〈周法尚傳〉：「賜良馬五匹，綵物五百段……入朝以本官宿衞，賜綵三百段，絹五百匹。」〈藝術庾季才傳〉：「因賜粟三百石，帛二百段。」例證中率物與他物對舉，足知所言之物，乃係專指一種物品；而在六朝之季，公私所通用之交易媒介，除金錢外，則為絹帛，《顏氏家訓・治家》：「近世嫁娶，遂有賣女納財，買婦輸絹。」之說，可為明證。既若此，則此物乃指絹帛，斷無疑矣。又段之為度，書亦未明言。《文選・張衡四愁詩》：「美人贈我錦繡段，何以報之青玉案。」詩中已有段字之說法矣，惟此段字表面之意，乃為一塊，而其長度究竟若干，則由文中，實難窺出。然古代於絹帛亦有言端者，《文選・古詩十九首》：「客從遠方來，遺我一端綺。」而段與端之音相近，知段亦即端也。至端之為長，《小爾雅・度》：「倍丈謂之端。」《集韻》：「布帛六丈曰端」。《六書故》：「布帛一丈六尺曰端。」諸說皆不相同，然以《儀禮・士冠禮》：「束帛儷皮。」注之：「束帛，十端也。」及《周禮・春官・大宗伯》疏：「束者十端，每端丈八尺，皆兩端合卷，總為五匹，故云束帛也。」核之，知每端實係長四丈之匹（《漢書・食貨志》：「布帛廣二尺二寸為幅，長四丈為匹。」）之半。由知隋代賜物一段，乃係言絹帛半匹，而或為段，或為匹者，乃賜物時，君主意念不同，而度量單位遂因之有變異耳。〔二八一〕御坐：謂天子所坐之座。〔二八二〕金寶：金銀珍寶。〔二八三〕略不交陳：陳古陣字，謂甚少交戰。〔二八四〕豈臣之比：猶豈能與臣相比擬。〔二八五〕明旨：此謂晉王之旨意。〔二八六〕先期：謂先期進發。〔二八七〕兵不血刃：血刃喻交戰血染於刃。全句意謂敵人毫未抗拒。〔二八八〕任蠻奴：蠻奴乃任忠之小名。〔二八九〕據其府庫：占據其府庫。〔二九〇〕傾其巢穴：猶傾覆其根本。〔二九一〕啟關：猶開門。〔二九二〕救罪不暇：猶謝罪不及。〔二九三〕放縱：謂任令縱恣。〔二九四〕淫汙陳宮：謂淫汙陳宮之婦女。〔二九五〕賀若弼韓擒虎爭功於帝前……坐此不加爵邑：按此段乃錄自《隋書・韓擒傳》，字句幾全相同。〔二九六〕人言公反：謂有人言公欲反叛。〔二九七〕非青蠅所能間也：青蠅《詩・小雅》篇名，青蠅以諭讒言。意謂非讒言所能離間。〔二九八〕加高熲上柱國……非青蠅所能間也：按此段乃錄自《隋書・高熲傳》，字句幾全相同。〔二九九〕與大將論功：按《隋書・高熲傳》，大將作大將軍。核〈賀若弼傳〉：「征陳還，拜右領軍大將軍，尋轉右武侯大將軍。」是大將下當從添軍字。〔三〇〇〕嘉其有讓：謂嘉其有謙讓之德。〔三〇一〕帝從容命熲與賀若弼論平陳事……嘉其有讓：按此段乃錄自《隋書・高熲傳》，字句幾全相同。㉒方略：猶策略。㉓已宣敕訖：已宣詔完畢，意謂已正式生效。㉔憤惋：謂憤怒惋恨。㉕觀公：視公。㉖有若虛行：謂似無功績。㉗帝之伐陳也……熲入言之，乃止：按此段乃錄自《隋書・李德林傳》，字句大致相同。㉘五佞：謂施文慶、沈客卿、陽慧朗、徐析、暨慧景。㉙御史中丞沈瓘：按《隋書・高祖紀》下開皇九年文，沈瓘作沈觀。㉚乙未，帝暴其過惡：按《隋書・高祖紀》下開皇九年文，乙未作己未，以下之辛酉核之，乙當改作己。又暴，暴露也。㉛邊裔：裔，亦邊，二字為複合辭。㉜忌害：嫉害。㉝側媚：邪側佞媚。㉞親昵：親近。㉟班同三品：班位與三品者相同。㊱恐致傷心：謂恐使其傷心。㊲秩位：品秩爵位。㊳朝集：朝會。㊴全無心肝：謂凡事不知留心去懷。㊵幾何：猶多少。㊶使節其酒：謂使節制其酒量，不令沈醉。㊷過日：猶度日，或過活。㊸使為生：使為生計。㊹歲時：謂年節及四季。㊺雅操：操行雅正。㊻以為江表稱首：以為江表有稱譽者之冠。㊼昌州刺史：《隋書・地理志》下：「舂陵郡，後魏置南荊州，西魏改曰昌州。」㊽主爵侍郎：《隋書・百官志》下：「吏部尚書統吏部侍郎二人，主爵侍郎一人。」㊾受人榮祿：謂受人之爵俸。㊿重寄：重要之寄任。(51)橫尸狥國：謂橫尸疆場，以殉國難。(52)弘演納肝：衞懿公與狄人戰於熒澤，為狄人所殺，弘演剖腹出腹實，納公之肝而死。詳載《呂氏春秋・忠廉》。(53)何其遠也：謂相距何其遠也！(54)無節可紀：謂無節行可述。(55)捉兵：胡三省曰：「捉，把也。」按捉字《隋書》時常用之，〈劉昉傳〉：「欲於蒲州起事，即斷河橋，捉黎陽之關，塞河陽之路。」又〈李穆附渾傳〉：「渾大臣也，家代隆盛，身捉禁兵，不宜如此。」又〈周羅睺傳〉：「賀若弼謂之曰：『聞公郢漢捉兵，即知揚州可得。』」又〈房陵王勇傳〉：「恆飼馬千匹，云經往捉城門，自然餓死。」按捉固可釋為把，然《通鑑・陳紀》世宗天嘉元年文，於錄《北齊書・楊愔傳》時，三捉字皆改為執，知亦可釋為執。其實，把與執之意酷相類近，特微有文俗之不同耳。㉖王師利涉：謂隋師必可順利渡江。㉗量：度。㉘周旋：意謂作戰。㉙帝見周羅睺慰諭之……頃之，拜上儀同三司：按此段乃錄自《隋書・周羅睺傳》，字句大致相同。㉚先是：謂先此，與初之意相同。㉛鄉導：鄉讀曰嚮。㉜朝堂：天子與大臣議事之所。㉝機變：謂應機變化。㉞能無愧乎：謂豈能不愧慚乎。㉟久承令問：令，美；《隋書・周羅睺傳》，問作聞，謂久聞君之美譽。㊱節士：忠節之士。㊲殊非所望：謂殊出意望之外。㊳先是，陳將羊翔來降……擒虎有愧色：按此段乃錄自《隋書・周羅睺傳》，字句幾全相同。㊴有得色：謂有得意之色。㊵送款：謂送誠款。㊶望異常例：謂封賞時，異於常例。㊷懷柔：柔，順、安。㊸宜州刺史：《隋書・地理志》上：「京兆郡、華原縣，後魏置北雍州，西魏改為宜州。」㊹初陳散騎常侍韋鼎聘於周：據《隋書・藝術韋鼎傳》作：「陳太建中為聘周主使。」㊺天下一家：謂天下一統。㊻歲一周天：歲、木星，十二年一周天。㊼委質：質猶贄，謂納贄而侍奉之。㊽江東王氣：謂江東王者氣數。㊾此：指此時。㊿召鼎為開府儀同三司：按《隋書・韋鼎傳》作：「授上儀同三司。」考《隋書・百官志》下：「高祖又採後周之制，置上開府儀同三司，開府儀同三司，上儀同三司。」是上儀同三司乃在開府儀同三司之下，當以改從本傳為是。

(二四一)初陳散騎常侍韋鼎聘於周……鼎，叡之孫也：按此段乃錄自《隋書・藝術韋鼎傳》，除次序間有顛倒外，字句則大致相同。(二四二)率土：謂全宇內。(二四三)含生：指黎民及萬物言，意謂含有生機及意識也。(二四四)遂性：謂得遂濟其本性之所欲求。(二四五)澡身浴德：謂身體浸浴於道德之中。(二四六)人人克念：書曰：「惟狂克念作聖。」是克念乃謂思為聖賢。(二四七)戢：止。(二四八)刑可助化：謂法律可輔助教化。(二四九)不可專行：謂不可專用法律。(二五〇)禁衞九重之餘：九重指天子所居之處，餘、猶外，謂除護衞天子之禁旅外。(二五一)戎旅：軍旅。(二五二)停罷：停止罷休。(二五三)夷：平。(二五四)羣方：猶四方。(二五五)武力之子：謂軍士之子。(二五六)甲仗：鎧甲器仗。(二五七)除毀：銷除毀廢。(二五八)頒：頒布。(二五九)壬戌詔曰……咸悉此意：按此段乃錄自《隋書・高祖紀》下開皇九年文，字句大致相同。(二六〇)謂為御授平陳七策：御謂天子。按《隋書・高熲傳》：「上嘗從容命熲與賀若弼言及平陳事，熲曰：『賀若弼先獻十策，後於蔣山苦戰。』」又《通鑑》上文亦作十策，是七乃十之訛。(二六一)省：視。(二六二)自載家傳：謂宜載於所修之家傳中。(二六三)列將：諸將。(二六四)珍玩：珍寶服玩。(二六五)時人榮之：時人以其為最光榮。(二六六)弼位望隆重……時人榮之：按此段乃錄自《隋書・賀若弼傳》，字句大致相同。(二六七)其後突厥來朝：按作突厥固可，若書為突厥使者，則於下面行文，更為妥當，故應添增使者二字。(二六八)厲色顧之：謂嚴厲其色而顧視之。(二六九)不敢仰視：謂畏懼之。(二七〇)其後突厥來朝……不敢仰視：按此段乃錄自《隋書・韓擒傳》，字句幾全相同。(二七一)黜：貶斥。(二七二)逾密：逾通愈。(二七三)獨孤公：按《隋書・高熲傳》：「父賓，大司馬獨孤信引為寮佐，賜姓獨孤氏。」是上乃以賜姓呼熲。(二七四)每被磨瑩：謂每被磨光。(二七五)皎然：明亮貌。(二七六)左衞將軍龐晃等……故上常呼為獨孤而不名：按此段乃錄自《隋書・高熲傳》，除次序有移植外，字句則大致相同。(三七)豪俠：豪爽任俠。(三八)氣調：猶氣韻。(三九)顯仕：顯宦。(四〇)排詆：謂排斥詆毀。(四一)取媚左右：謂取得君主左右侍從之歡心。(四二)臨澤侯：《隋書・地理志》下：「毗陵郡、義興縣，舊有臨澤縣。」(四三)祈緒：按《隋書・元諧傳》，祈作祁。(四四)案驗：案，案問；驗，考察。(四五)勒：部勒，亦即率領。(四六)斷巴蜀：截斷巴蜀通京師之路，意謂占據巴蜀之地。(四七)彼雲似蹲狗走鹿：謂君上之雲氣，狀似狗之蹲及鹿之走。(四八)不知我輩有福德雲：按〈元諧傳〉，知作如，當改從之。(四九)樂安公元諧性豪俠……諧、滂、鸞、緒並伏誅：按此段乃錄自《隋書・元諧傳》，字句大致相同。(五〇)朝野皆稱封禪：謂朝野人士皆言宜封泰山。(五一)遐邇注意：謂遠近重視。(五二)便謂太平：便謂已臻太平。(五三)薄德：謂寡德。(五四)用虛言而干上帝：謂以空言而干冒上帝。(五五)宜即禁絕：謂宜立即禁止斷絕。(五六)閏月己卯，以吏部尚書……宜即禁絕：按此段乃錄自《隋書・高祖紀》開皇九年文，字句幾全相同。(五七)左衛大將軍廣平王雄：按《隋書・觀德王雄傳》，左衛作右衛。(五八)四貴：四顯貴。(五九)寬容：寬弘容眾。(六〇)下士：謂折節居士之下，即禮賢也。(六一)傾屬：謂傾向矚目。(六二)陰忌之：謂暗嫉之。(六三)典兵馬：謂掌兵馬。按兵馬一辭，乃為齊隋所喜用者。《北齊書・唐邕傳》：「外兵曹騎兵曹，分掌兵馬。」同書〈傅伏傳〉：「帝謂後主曰：『朕前三年，教習兵馬。』」同書〈段榮附韶傳〉：「時事既倉卒，兵馬未整，世祖見如此，亦欲避之。……至太和谷，便值周軍，即遣馳告諸營，追集兵馬。」同書〈上樂王思宗傳〉：「責云：『以鄴城兵馬抗幷州，幾許不智！』」《隋書・李德林傳》：「劉昉鄭譯，初矯詔召高祖受顧命，輔少主，總知內外兵馬事。」同書〈史祥傳〉：「晉王兵馬，即入建業。」同書〈元胄傳〉：「高祖猶不悟，謂曰：『彼無兵馬，復何能為？』胄曰：『兵馬悉他家物，一先下手，大事便去。』」同書〈長孫覽附晟傳〉：「遇楊諒作逆，勑以本官為相州刺史，發山東兵馬，與李雄等共經略之。」皆其證也。核兵馬一辭，漢代已有之。《漢書・趙充國傳》：「今罕羌欲為敦煌、酒泉寇，飭兵馬，練戰士，以須其至。」又同書〈百官表〉：「邊郡有長史，掌兵馬。」然其兵字，率指兵器而言，洵與六朝之兵馬含意有殊。而六朝所行之兵馬，實乃自士馬衍變而成，故兵馬一辭，非特為齊隋所喜使用，且亦為該時所新鑄者。㉔實奪之權：按之猶其，古書常有如此用法。㉕杜門：《隋書・觀德王雄傳》，作閉門，是杜應釋作閉。㉖左衛大將軍廣平王雄……乃杜門不通賓客：按此段乃錄自《隋書・觀德王雄傳》，字句大致相同。㉗積年：猶累年。㉘旋相為宮：謂轉相為宮。㉙龜茲：音丘慈。㉚乖越：猶乖違。㉛時人以音律久無通者，非譯夔一朝可定：按《隋書・音樂志》中：「作時以音律久不通，譯夔等一朝能為之，以為樂聲可定。」文雖未言不能，然究含不相信之意，《通鑑》為貫串下文，遂故如上書。㉜帝素不悅學：按《隋書・音樂志》中，不悅學下有：「不知樂。」三字，不可刪，當從添。㉝沮壞：沮亦壞，二字為複合辭。㉞張樂：設樂。㉟滔滔：流暢貌。㊱會：相合。㊲帝踐阼之初……不假餘律，帝悅從之：按此段乃節錄自《隋書・音樂志》中，字句大致相同。㊳妙達：猶精通。㊴請以水尺為律，以調樂器：按《隋書・藝術萬寶常傳》，樂器作樂音，蓋以水尺為律，主旨為調樂音，故器當改作音。㊵下：低。㊶排毀：排斥詆毀。

㊷寢：息止。㊸時又有樂工萬寶常……竟為威所抑，寢不行：按此段乃錄自《隋書・藝術萬寶常傳》，字句大致相同。㊹五夏：《隋書・音樂志》下：「皇帝入出皆奏皇夏，羣官入出皆奏肆夏，食舉上壽奏需夏，迎送神奏昭夏，薦獻郊廟奏誠夏。」㊺二舞：〈音樂志〉下：「文舞武舞。」㊻登歌：〈音樂志〉下：「其登歌法，準禮郊特牲，歌者在上，匏竹在下。」㊼房內：胡三省曰：「帝龍潛時，倚琵琶作歌二首，名曰地厚天高，託言夫妻之義，因即取之為房內。」㊽十四調：胡三省曰：「後周故事，懸鍾磬法，七正七倍，合為十四，蓋準變宮變徵，凡為七聲，有正有倍，為十四也。」㊾中國舊音，多在江左：胡三省曰：「典午南渡，未能備樂，石氏之亡，樂人頗有自鄴而南者。苻堅淮淝之敗，晉始獲樂工，備金石。慕容垂破西燕，盡獲苻氏舊樂，子寶喪敗，其鍾律令李佛等將太樂細伎奔慕容德，德子超獻之姚秦以贖其母，宋武平姚泓，收歸建康，故云多在江左。」㊿史傳：謂史冊書傳。(五一)以備雅樂：謂以備雅樂之數。(五二)冬十二月詔弘與許善心姚察：按《隋書・高祖紀》開皇九年文作：「十二月甲子詔曰……仍詔太常牛弘。」是此詔乃係同日所頒，故十二月下，當添甲子二字。又許善心時為通直散騎常侍，姚察則為祕書丞，當依書虞世基為通直郎例，將二人之官銜添入。(五三)通直郎：胡三省曰：「按煬帝始置通直郎，從六品，屬謁者臺。〈虞世基傳〉云，『以通直郎直內使省。』其通直散騎侍郎歟！品從五。」(五四)牛弘奏，中國舊音……虞世基參定雅樂：按此段乃節錄自《隋書・音樂志》下，字句大致相同。(五五)黃州總管：《隋書・地理志》下：「永安郡，後齊置衡州，開皇五年，改曰黃州。」(五六)永州總管：《隋書・地理志》下：「零陵郡，平陳初

置永州總管府，尋廢府。」(四四七)桂州刺史：《隋書・地理志》下：「始安郡，梁置桂州。」(四四八)定州刺史：《隋書・地理志》下：「鬱林郡，梁置定州。」(四四九)以黃州總管周法尚……法尚擊斬之：按此段乃錄自《隋書・周法尚傳》，字句大致相同。(四五〇)駕部侍郎：《隋書・百官志》下：「兵部尚書，統駕部、庫部侍郎各一人。」(四五一)狄道：《隋書・地理志》上：「狄道縣，屬金城郡。」(四五二)岷州刺史：《隋書・地理志》上：「臨洮郡，臨洮縣，西魏置曰溢樂，幷置岷州。」(四五三)公義命皆輿置己之廳事：按《隋書・循吏辛公義傳》作：「凡有疾病，皆以牀輿來，安置廳事。」此句若作：「公義命凡有疾病，皆以牀輿來，置於己廳事之上，」似較為連貫，且使字字有據。(四五四)聽廊：聽，廳事；廊，走廊。(四五五)秩祿：為宦之俸祿。(四五六)身自：猶躬自，亦即親自之意。(四五七)省問：候問。(四五八)相染：謂傳染。(四五九)使君：刺史之稱。(四六〇)固留養之：謂固留家侍養，而不令之就刺史。(四六一)下車：謂到任。(四六二)先至獄中露坐：《隋書・辛公義傳》作：「先至獄中，因露坐牢側。」是露坐乃使囚露坐也，露坐當作使囚露坐，然後文意方明。(四六三)驗問：考驗訊問。(四六四)立決：立即決斷。(四六五)必須禁者：謂必須囚禁者。(四六六)閤：同閣，居住之處。(四六七)公事有程：謂公事多少，有一定限度。(四六八)禁人在獄：謂拘囚人於牢獄之中。(四六九)款服：誠服。(四七〇)鄉閭：猶鄉里，指鄰近之人。(四七一)遽曉之：立即曉諭之。(四七二)勤勞：勤亦勞，二字為複合辭。(四七三)兩讓：兩方互相讓步。(四七四)以駕部侍郎狄道辛公義……訟者多兩讓而止：按此段乃錄自《隋書・循吏辛公義傳》，《隋書》文字甚冗贅蕪雜，《通鑑》則頗簡明，可取而對勘，以悟作文之法。

十年（西元五九〇年）

㈠春，正月，乙未，以皇孫昭為河南王，楷為華陽王。昭，廣之子也。

㈡二月，上幸晉陽(一)，命高熲居守(二)。夏，四月，辛酉，至自晉陽(三)。

㈢成安文子(四)李德林恃其才望(五)，論議好勝，同列多疾(六)之，由是以佐命元功(七)，十年不徙級(八)，德林數與蘇威異議(九)，高熲常助威，奏德林狠戾(一〇)，上多從威議。上賜德林莊店(一一)，使自擇之，德林請逆人高阿那肱(一二)衞國縣(一三)市店，上許之。及幸晉陽，店人訴稱：「高氏強奪民田，於內造店賃(一四)之。」蘇威因奏德林誣罔，妄奏自入(一五)，司農卿李圓通等復助之，曰：「此店收利，如食千戶(一六)，請計日追贓(一七)。」上自是益惡之。虞慶則等奉使關東，巡省(一八)還，皆奏稱：「卿正專理辭訟，黨與愛憎(一九)，公行貨賄，不便於民。」上令廢之。德林曰：「茲事臣本以為不可，然置來始爾(二〇)，復即停廢，政令不一(二一)，朝成暮毀(二二)，深非帝王設法之義(二三)。臣望陛下，自今羣臣於律令輒欲改張(二四)，即以軍法從事，不然者，紛紜(二五)未已。」上遂發怒，大詬云：「爾欲以我為王莽邪(二六)！」先是，德林稱父為太尉諮議，以取贈官，給事黃門侍郎、猗氏陳茂等密奏：「德林父終於校書，妄稱諮議(二七)。」上甚銜之(二八)。至是上因數之(二九)曰：「公為內史，典朕(三〇)機密，比不可豫計議者(三一)，以公不弘(三二)耳，寧自知乎(三三)，又罔冒(三四)取店，妄加父官，朕實忿之，而未能發，今當以一州相遣耳(三五)。」因出為湖州刺史(三六)。德林拜謝，曰：「臣不敢復望內史令，請但預散參(三七)。」上不許，遷懷州刺史(三八)，而卒(三九)(四〇)。

(四)李圓通本上微時(四一)家奴，有器幹(四二)，及為隋公，以圓通及陳茂為參佐，由是信任之。梁國之廢也，上以梁太府卿柳莊為給事黃門侍郎，莊有識度(四三)，博學善辭令，明習典故(四四)，雅達(四五)政事，上及高熲皆重之；與陳茂同僚，不能降意(四六)，茂譖之於上，上稍疏之，出為饒州刺史(四七)(四八)。

(五)上性猜忌(四九)，不悅學(五〇)，既任智以獲大位，因以文法自矜(五一)，明察臨下(五二)，恒令左右覘視(五三)內外，有過失，則加以重罪；又患令史贓汙(五四)，私使人以錢帛遺之，得犯，立斬。每於殿庭捶人，一日之中或至數四(五五)。嘗怒問事(五六)揮楚(五七)不甚，即命斬之。尚書左僕射高熲、治書侍御史柳彧等諫，以為朝堂非殺人之所，殿廷非決罰(五八)之地。上不納。熲等乃盡詣朝堂請罪，上顧謂領左右都督(五九)田元曰：「吾杖重乎？」元曰：「重。」帝問其狀(六〇)，元舉手曰：「陛下杖大如指，捶人三十者，比常杖數百(六一)，故多死。」上不懌(六二)，乃令殿內去杖，欲有決罰，各付所由(六三)。後楚州行參軍(六四)李君才上言：「上寵高熲過甚。」上大怒，命杖之，而殿內無杖，遂以馬鞭捶殺之。自是殿內復置杖，未幾，怒甚，又於殿廷殺人。兵部侍郎(六五)馮基固諫，上不從，竟於殿廷殺之；上亦尋悔(六六)，宣慰馮基(六七)，而怒羣臣之不諫者(六八)。

(六)五月，乙未，詔曰：「魏末喪亂，軍人(六九)權置坊府(七〇)，南征北伐，居處無定(七一)，家無完堵(七二)，地罕包桑(七三)，朕甚愍(七四)之。凡是軍人，可悉屬州縣，墾田籍帳(七五)一與民同，軍府統領，宜依舊式。」

罷山東、河南及北方緣邊之地，新置軍府(七六)。

(七)六月，辛酉，制民年五十免役(七七)收庸(七八)。

(八)秋，七月，癸卯，以納言楊素為內史令。

(九)冬，十一月，辛丑，上祀南郊(七九)(八〇)。

(十)江表(八一)自東晉已來，刑法疏緩(八二)，世族(八三)陵駕(八四)寒門；平陳之後，牧民者(八五)盡更變(八六)之。蘇威復作五教，使民無長幼(八七)悉誦之，士民嗟怨(八八)。民間復訛言(八九)隋欲徙之入關(九〇)，遠近驚駭。於是婺州(九一)汪文進、越州(九二)高智慧、蘇州(九三)沈玄懀皆舉兵反，自稱天子，署置(九四)百官；樂安(九五)蔡道人(九六)、蔣山李悛、饒州吳世華、溫州(九七)沈孝徹、泉州(九八)王國慶、杭州(九九)楊寶英、交州李春等，皆自稱大都督，攻陷州縣。陳之故境，大抵皆反，大者有眾數萬，小者數千，共相影響(一〇〇)，執縣令，或抽其腸，或臠其肉食之，曰：「更能使儂(一〇一)誦五教邪！」詔以楊素為行軍總管，以討之。素將濟江，使始興(一〇二)麥鐵杖、戴束藁(一〇三)夜浮渡江，覘賊還，而復往，為賊所擒，遣兵仗三十人(一〇四)防之；鐵杖取賊刀亂斬防者，殺之皆盡，割其鼻，懷之以歸(一〇五)。

素大奇之〔〇六〕，奏授儀同三司。素帥舟師自楊子津入，擊賊帥朱莫問於京口〔〇七〕，破之，進擊晉陵賊帥顧世興，無錫〔〇八〕賊帥蔡略，皆平之。【考異】北史楊素傳作葉皓，今從隋書。沈玄懀敗走，素追擒之。高智慧據浙江東岸為營，周亘〔〇九〕百餘里，船艦被江〔一〇〕，素擊之；子總管〔一一〕南陽來護兒〔一二〕言於素曰：「吳人輕銳〔一三〕，利在舟楫〔一四〕，必死之賊，難與爭鋒，公宜嚴陳以待之，勿與接刃〔一五〕；請假奇兵數千，潛渡江，掩破其壁〔一六〕，使退無所歸，進不得戰，此韓信破趙之策也〔一七〕。」素從之。護兒以輕舸數百，直登江岸，襲破其營，因縱火，煙焰漲天〔一八〕，賊顧火而懼，素因縱兵奮擊〔一九〕，大破之，賊遂潰，智慧逃入海，素躡〔二〇〕之〔二一〕，至海曲。召行軍記室封德彝計事，德彝墜水，人救，獲免，易衣〔二二〕見素，竟不自言；素後知之，問其故，曰：「私事也〔二三〕，所以不白〔二四〕。」素嗟異〔二五〕之。德彝，名倫，以字行，隆之之孫〔二六〕也〔二七〕。

汪文進以蔡道人為司空，守樂安，素進討，悉平之。素遣總管史萬歲帥眾二千，自婺州別道〔二八〕踰嶺越海，攻破溪洞，不可勝數。前後七百餘戰，轉鬭〔二九〕千餘里，寂無聲問〔三〇〕者十旬，遠近皆以萬歲為沒(三一)，萬歲置書竹筒中，浮之於水，汲者得之，言於素，素上其事，上嗟歎，賜萬歲家錢十萬(三二)。素又破沈孝徹於溫州，步道向天台，指臨海(三三)，逐捕遺逸(三四)，前後百餘戰，高智慧走保閩越。上以素久勞於外，令馳傳(三五)入朝，素以餘賊未殄(三六)，恐為後患，復請行，遂乘傳至會稽。王國慶自以海路艱阻(三七)，非北人所習(三八)，不設備，素泛海奄至(三九)，國慶惶遽(四〇)，棄州走，餘黨散入海島，或守溪洞，素分遣諸將，水陸追捕，密令人說國慶，使斬送智慧以自贖，國慶乃執送智慧，斬於泉州，餘黨悉降。江南大定(四一)，素班師。上遣左領軍將軍獨孤陀至浚儀迎勞(四二)，比到京師(四三)，問者(四四)日至，拜素子玄獎為儀同三司，賞賜甚厚。陀，信之子也。

楊素用兵多權略，馭眾(四五)嚴整，每將臨敵，輒求人過失而斬之，多者百餘人，少不下十數，流血盈前，言笑自若(四六)。及其對陳，先令一二百人赴敵(四七)，陷陳(四八)則已，如不能陷而還者，無問多少(四九)，悉斬之。又令二三百人復進，還如向法(五〇)。將士股慄(五一)，有必死之心(五二)。由是戰無不勝，稱為名將，素時貴幸，言無不從，其從素行者，微功必錄(五三)；至佗將，雖有大功，多為文吏所譴卻(五四)。故素雖殘忍，士亦以此願從焉(五五)。

(十)以并州總管、晉王廣為揚州總管，鎮江都，復以秦王俊為并州總管。

(十一)番禺(五六)夷王仲宣反，嶺南首領多應之，引兵圍廣州(五七)，韋洸中流矢卒；詔以其副慕容三藏檢校廣州道行軍事(五八)，又詔給事郎(五九)裴矩巡撫嶺南。矩至南康，得兵數千人，仲宣遣別將周師舉圍東衡州(六〇)，矩與大將軍鹿愿擊斬之(六一)；進至南海，高涼洗夫人遣其孫馮暄將兵救廣州，暄與賊將陳佛智素善，逗留(六二)不進，夫人知之，大怒，遣使執暄繫州獄，更遣孫盎(六三)出討佛智，斬之，進會鹿愿於南海，與慕容三藏合擊仲宣，仲宣眾潰，廣州獲全。洗氏親被甲，乘介馬(六四)，張錦繖(六五)，引彀騎(六六)，衛從裴矩，巡撫二十餘州。蒼梧首領陳坦等皆來謁見(六七)，矩承制(六八)署為刺史、縣令，使還統其部落，嶺表遂定。矩復命，上謂高熲、楊素曰：「韋洸將二萬兵，不能早度嶺，朕每患(六九)其兵少；裴矩以三千弊卒，徑至(七〇)南海。有臣若此，朕亦何憂。」以矩為民部侍郎(七一)(七二)，拜馮盎高州刺史，追贈馮寶廣州總管、譙國公，冊冼氏(七三)為譙國夫人，開譙國夫人幕府，置長史以下官屬，官給印章(七四)，聽發部落六州兵馬，若有機急(七五)，便宜行事(七六)；仍敕以夫人誠效(七七)之故，特赦暄逗留之罪，拜羅州刺史(七八)。皇后賜夫人首飾及宴服一襲，夫人並盛於金篋，并梁陳賜物，各藏一庫，每歲時(七九)大會，陳之於庭以示子孫，曰：「我事三代主(八〇)，惟用一忠順之心，今賜物具存(八一)，此其報也(八二)。汝曹皆念之，盡赤心(八三)於天子。」番州總管趙訥貪虐(八四)，諸俚獠多亡叛，夫人遣長史張融上封事(八五)，論安撫之宜(八六)，并言訥罪，不可以招懷(八七)遠人。上遣推訥(八八)，得其贓賄(八九)，竟致於法(九〇)，委夫人招慰亡叛，夫人親載詔書，自稱使者(九一)，歷十餘州，宣述上意，諭諸俚獠，所至皆降。上嘉之，賜夫人臨振縣(九二)為湯沐邑(九三)，贈馮僕崖州(九四)總管、平原公(九五)。

【今註】(一)二月上幸晉陽：按《隋書・高祖紀》開皇十年文作：「二月庚申，幸并州。」當從添庚申二字。(二)居守：猶留守。(三)正月乙未以皇孫昭……四月辛酉，至自晉陽：按此段乃錄自《隋書・

高祖紀》開皇十年文，字句大致相同。㊃成安文子：《隋書・地理志》中：「成安縣屬魏郡。」文，謚；子，爵名。㊄才望：才華位望。㊅疾：恨。㊆元功：首功。㊇不徙級：不徙轉品級，亦即不升遷也。㊈異議：謂議論相異。㊉狠戾：謂狠毒乖戾。⑪莊店：謂莊園店舍。⑫逆人高阿那肱：高阿那肱與王謙舉兵誅。⑬衞國縣：胡三省曰：「衞國縣本漢觀縣，屬東郡，光武改曰衞國。隋開皇六年，改曰觀城，屬武陽郡。」⑭賃：出租以取值。音ㄌㄧㄣˋ。⑮妄奏自入：謂妄奏民田為高阿那肱之市店，以歸於己。⑯如食千戶：如食千戶之賦。⑰計日追贓：計算其日數，而將其所收之租追還之。⑱巡省：巡視。⑲黨與愛憎：黨與指里閭親戚而言，文視〈李德林傳〉；愛憎、謂所愛所憎。⑳置來始爾：謂設置以來，剛纔如此。㉑政令不一：謂政令不劃一。㉒暮毀：猶暮廢。㉓設法之義：猶設法之正道。㉔輒欲改張：輒、專輒，謂專欲改易張設。㉕紛紜：紛亂。㉖爾欲以我為王莽邪：王莽篡漢，以變更法令而亡，疑德林以況己，故怒。㉗德林父，終於校書，妄稱諮議：按《隋書・百官志》中：「後齊之制，三公府諮議參軍，從第四品，校書郎，第九品。」㉘甚銜之：甚銜恨之。㉙數之：責之。㉚典：掌。㉛比不可豫計議者：謂近來不使汝參豫計議者。㉜弘：恢弘。㉝寧自知乎：謂豈自知乎。㉞罔冒：欺罔蒙冒。㉟今當以一州相遣耳：謂遣斥之為一州之長。㊱湖州刺史：《隋書・地理志》下：「吳郡烏程縣，舊置吳興郡，仁壽中置湖州。」㊲散參：謂散官無職務，而預朝參者。㊳懷州刺史：《隋書・地理志》中：「河內郡，舊置懷州。」㊴遷懷州刺史而卒：按〈李德林傳〉作：「轉懷州刺史，歲餘卒官。」是開皇十年所述德林事，自虞慶則等奉使關東，巡省還以下，俱係連類而及，核其實，皆非本年之事。㊵成安文子李德林……遷懷州刺史而卒：按此段乃錄自《隋書・李德林傳》，字句大致相同。㊶微時：賤微時。㊷器幹：才器能幹。㊸識度：《隋書・柳莊傳》：「蘇威重莊器識。」是識為器識而度乃度量也。㊹明習典故：謂明熟典章故事。㊺雅達：深通。㊻降意：猶低心下氣。㊼出為饒州刺史：按〈柳莊傳〉：「十一年徐璒等反於江南，以行軍總管長史隨軍討之，璒平，即授饒州刺史。」是柳莊之授饒州刺史，亦非在本年之內，特以述陳茂之故，而將陳茂之譖柳莊，連帶及之，故幷書於此年之內。然連類而及之義，不可用之太濫，否則將不成其為編年體矣。又柳莊之事跡頗多，理應改書於十一年出為饒州刺史項內，方為妥當。㊽上以梁太府卿柳莊……出為饒州刺史：按此段乃錄自《隋書・柳莊傳》，字句大致相同。㊾猜忌：猜疑忌嫉。㊿不悅學：不喜學術。(51)以文法自矜：謂以刑法自持。(52)臨下：猶治下。(53)覘視：伺視。(54)贓汙：按與贓汙意義相類之辭，六朝時施用者頗多，爰錄之以明其時代意蘊。1.贓汙。《陳書・蔡景歷傳》：「為飛章所劾，以在省之日，贓汙狼藉。」《隋書・柳彧傳》：「奏免長吏贓汙不稱職者，二百餘人。」2.貪穢。《北齊書・斛律羌舉傳》：「自趙彥深死，朝貴典機密者，唯孝卿一人，差居雅道，不至貪穢。」《隋書・煬三子越王侗傳》：「下書曰：『本性兇狠，恣其貪穢。』」3.貪汙。《陳書・蔡景歷傳》：「逐乃專擅貪汙，彰於遠近。」4.貪濁。《世說・方正》：「王含作廬江郡，貪濁狼藉。」5.貪殘。《北齊書・蘭陵王長恭傳》：「其屬尉相願謂曰：『王既受朝寄，何得如此貪殘！』長恭未答。相願曰：『豈不由芒山大捷，恐以威武見忌，欲自穢乎！』」按貪殘又可作貪叨，《後漢書・岑晊傳》：「以貪叨誅死。」注：「方言曰：『叨，殘也。』」6.贓賄。《陳書・蔡景歷傳》：「御史中丞宗元饒奏曰：『天嘉之世，贓賄狼藉。』」7.黷貨。《北齊書・薛循義傳》：「尋除齊州刺史，以黷貨除名。」8.穢黷。《南史・蕭思話傳》：「歷十二州，所至雖無皎潔清節，亦無穢黷之累。」按以貪為辭根之穢、汙、濁、殘，皆係汙穢之意，是字雖不同，而為意則一。又以贓為本之贓汙、贓賄，及黷貨、穢黷，皆為妄取貨賄，而行為汙濁之意，是亦皆以汙為其主要特徵。由之可知貪汙一辭，為字雖殊，而其大要乃在鍼砭其行為之汙穢。此研究貪汙一辭，所應瞭然於胸者也。(五五)或至數四：喻次數之多，數四說已見上。(五六)問事：行杖之人。(五七)揮楚：楚，荊，以之箠人，謂揮動荊楚箠人時。(五八)決罰：行決處罰。(五九)領左右都督：胡三省曰：「後齊之制，有領左右府將軍之下，置正副都督，隋蓋因之。」(六〇)問其狀：謂問其原因。(六一)比常杖數百：謂比之常杖，等於數百。(六二)懌：悅。(六三)所由：猶所主。(六四)楚州行參軍：《隋書・地理志》下：「江都郡，山陽縣，舊置山陽郡，開皇十二年置楚州。」又《隋書・百官志》下：「隋州置刺史、長史、司馬、錄事、參軍事、行參軍。」(六五)兵部侍郎：《隋書・百官志》下：「隋兵部尚書統兵部，職方侍郎各二人，駕部、庫部侍郎各一人。」(六六)尋悔：謂不久。悔悟。(六七)宣慰馮基：謂宣佈已過而撫慰馮基遺屬。(六八)上性猜忌，不悅學……而怒羣臣之不諫者：按此段乃錄自《隋書・刑法志》，字句大致相同。(六九)軍人：按軍人為六朝常用之辭語，《文選・王粲從軍詩》：「軍人多飫饒，人馬皆溢肥。」《魏書・公孫表傳》：「法令不整，為胡所敗，軍人大被傷殺。」同書〈叔孫建傳〉：

「呼仲德軍人與語，詰其侵境之意。」《隋書・高祖紀》：「開皇十年詔曰：『凡是軍人，可悉屬州縣。』」核此辭乃自漢代之軍士（《漢書・趙充國傳》：「日饗軍士，士皆欲為用。」）一辭演化而成，而較軍士之範疇，則更為廣泛焉。(七〇)權置坊府：權，權宜。胡三省曰：「元魏之季，兵制有六坊，後齊因之，亦曰六府。」(七一)居處無定：謂無固定居處。(七二)家無完堵：堵，屋垣，此完堵言完屋。(七三)包桑：胡三省曰：「包桑多根，植桑至於根多，民安其居之驗。」(七四)愍：憐。(七五)籍帳：謂田籍帳簿。(七六)五月乙未詔曰……緣邊之地，新置軍府：按此段乃錄自《隋書・高祖紀》開皇十年文，字句完全相同。(七七)免役：免其勞役。(七八)收庸：謂收其勞役之代金。(七九)上祀南郊：《隋書・禮儀志》一：「隋南郊，為壇於國之南太陽門外道西一里，去宮十里，壇高七尺，廣四丈。孟春上辛祠所感帝赤熛怒於其上，以太祖武元皇帝配。」(八〇)六月辛酉，制民年五十免役……冬十一月辛丑，上祀南郊：按此段乃錄自《隋書・高祖紀》開皇十年文，字句幾全相同。(八一)江表：江外，此指江東或江左言。(八二)刑法疏緩：刑法疏濶弛緩。(八三)世族：謂世家大姓。(八四)陵駕：謂欺陵而高踞寒微平民之上。(八五)牧民者：指刺史、郡守、縣令而言。(八六)更變：更換。(八七)民無長幼：謂庶民不管長幼。(八八)嗟怨：嗟嘆怨恨。(八九)訛言：猶誤言。(九〇)徙之入關：遷徙江南之民於關中。(九一)婺州：《隋書・地理志》下：「東陽郡，平陳，置婺州。」(九二)越州：《隋書・地理志》下：「會稽郡，梁置東揚州，平陳，改曰吳州，大業初置越州。」(九三)蘇州：《隋書・地理志》下：「陳置吳州，平陳，改曰蘇州。」(九四)署置：署任設置。(九五)樂安：胡三省曰：「考隋志無樂安，下曰陳之故境，則當於陳境求之。沈約志：

『鄱陽太守有樂安縣，吳立。』新唐志：『台州有樂安縣，唐初析臨海置。』以下文汪文進令蔡道人守樂安觀之，蓋台州之樂安。」(九六)道人：僧之稱。《智度論》：「得道者名為道人，餘出家未得道者，亦名道人。」《石林燕語》：「晉宋間佛教初行，未有僧稱，通曰道人。」按道士道人，俱指得道之人而言，而在古代及六朝人之意識中，士之地位遠較人為高，故道士與道人二稱，遂成為道釋二教強烈爭奪之對象，而其結果，道士成為信道家者之專擅品，而釋家則不得不屈而採用道人之稱。此由採用道士道人名稱之情形，而可測知六朝道釋二教勢力消長之一斑。又此事於佛教經典中，亦可尋得憑證。《盂蘭盆經》疏：「佛教傳此方，呼僧為道士。」《行事鈔資持記》：「道士本釋氏之美稱，後為黃巾濫竊，遂不稱之。」由之，可知名義之為用大矣，烏可不努力以爭取乎。(九七)溫州：胡三省曰：「永嘉郡，開皇九年置處州，十二年改括州，唐高宗上元元年，始析括州之永嘉、安固，置溫州。安陸郡、京山縣有溫州，非陳境，當是永嘉之溫州，史追書耳。」按《通鑑》下文之：「素又破沈孝徹於溫州。」《隋書・楊素傳》作：「又破永嘉賊帥沈孝徹。」是溫州二字，或係《通鑑》之所改書。(九八)泉州：《隋書・地理志》下：「建安郡，陳置閩州，平陳，改曰泉州。」(九九)杭州：《隋書・地理志》下：「餘杭郡，平陳，置杭州。」(一〇〇)影響：謂如影之隨形，響之應聲。(一〇一)儂：南人所謂之我。(一〇二)始興：《隋書・地理志》下：「始興縣屬南海郡。」(一〇三)戴束藁：束藁，謂一束藁草；戴之，以助浮游而渡。(一〇四)遣兵仗三十人：謂遣執兵仗之軍人三十人。(一〇五)殺之皆盡，割其鼻，懷之以歸：按《隋書・麥鐵杖傳》，割上有悉字，意更明豁。(一〇六)使始興麥鐵杖……懷之以歸，素大奇之：

按此段乃錄自《隋書・麥鐵杖傳》，字句大致相同。⑦京口：在今江蘇省鎮江縣治。⑧無錫：今江蘇省無錫縣。⑨周亘：周繞綿亘。⑩被江：猶蔽江。⑪子總管：裨將，領兵，屬總管。⑫南陽來護兒：按《隋書・來護兒傳》，南陽作江都，下又言：「護兒所住白土村，密邇江岸，賀若弼之鎮壽州也，常令護兒為間諜。」是南陽無疑當作江都。⑬輕銳：謂輕捷銳利。⑭利在舟楫：猶長於舟楫。⑮接刃：謂交鋒。⑯掩破其壁：謂掩襲而攻破其營壘。⑰此韓信破趙之策也：韓信破趙，見卷十漢高帝三年。⑱煙焰漲天：煙氣火焰，上沖霄漢。⑲縱兵奮擊：令兵士盡力攻擊。⑳躡：追躡。㉑素帥舟師自楊子津入……智慧逃入海，素躡之：按此段乃揉合《隋書》楊素及來護兒二傳而成，而字句刪削甚烈。㉒易衣：更衣。㉓私事也：指上墜水而言，謂此乃己之私事。㉔白：告。㉕嗟異：嗟賞歎異。㉖隆之之孫：封隆之高齊佐命臣。㉗至海曲召行軍記室封德彝……隆之之孫也。按此段乃錄自《舊唐書・封倫傳》，字句稍有改易，然大致尚屬相同。㉘自婺州別道：《隋書・史萬歲傳》作：「自東陽別道。」按《隋書・地理志》下：「東陽郡，平陳，置婺州。」是所言乃係指一地。㉙轉鬭：謂輾轉戰鬭。㉚寂無聲問：聲問猶音問，亦即信息，謂沈寂而無信息。㉛為沒：為死。㉜素遣總管史萬歲……賜萬歲家錢十萬：按此段乃錄自《隋書・史萬歲傳》，字句大致相同。㉝步道向天台，指臨海：按《隋書・地理志》下：「永嘉郡、臨海縣，有天台山。」是天台乃係山名。㉞逐捕遺逸：追逐搜捕遺漏及逃逸者。㉟馳傳：乘驛站之急速傳車。㊱殄：滅。㊲艱阻：謂艱難險阻。㊳所習：所習慣。㊴奄至：猝至。㊵惶遽：惶恐驚懼。㊶大定：猶全定。㊷迎勞：

迎接慰勞。〔四三〕比到京師：謂及將到京師。〔四四〕問者：指天子所遣問候之使者。〔四五〕馭眾：帥馭士眾。〔四六〕自若：自如。〔四七〕赴敵：謂前進攻擊敵人。〔四八〕陷陳：謂擊潰敵人之行陣。〔四九〕無問多少：不問人數之多少。〔五〇〕向法：以前之辦法。〔五一〕股慄：腿股戰慄。〔五二〕必死之心：謂有與敵人決死之心。〔五三〕微功必錄：謂雖微功必錄敍之。〔五四〕為文吏所譴却：為文墨之吏所譴責却還。〔五五〕素又破沈孝徹於溫州……士亦以此願從焉：按此一大段乃錄自《隋書・楊素傳》，字句大致相同。〔五六〕番禺：《隋書・地理志》下：「南海郡、南海縣，舊置南海郡。平陳，郡廢。又分置番禺縣，尋廢入焉。」〔五七〕廣州：《隋書・地理志》下：「南海郡，舊置廣州，平陳，置總管府。」〔五八〕番禺夷王仲宣反……檢校廣州道行軍事：按此段乃錄自《隋書・慕容三藏傳》，字句大致相同。〔五九〕給事郎：胡三省曰：「隋志，煬帝滅給事黃門侍郎員，去給事之名，移吏部給事郎名為門下之職，位次黃門下。此時裴矩蓋為吏部給事郎。」〔六〇〕東衡州：《隋書・地理志》下：「南海郡、始興縣，又置安遠郡，置東衡州，平陳，於此置廣州總管。」〔六一〕又詔給事郎裴矩巡撫嶺南……與大將軍鹿愿擊斬之：按此段乃錄自《隋書・裴矩傳》，字句大致相同。〔六二〕逗留：遲留。〔六三〕更遣孫盎：謂改遣其孫馮盎。〔六四〕乘介馬：全身披挂皮甲之馬曰介馬。〔六五〕繖：形與傘相似，而下垂飄帶。〔六六〕引轂騎：帥領張弓待射之騎卒。〔六七〕高涼洗夫人遣其孫馮暄……蒼梧首領陳坦等皆來謁見：按此段乃錄自《隋書・列女譙國夫人傳》，字句大致相同。〔六八〕承制：謂承君主制命，先行封任，而後再以奏聞。〔六九〕恚：憂。〔七〇〕徑至：直至。〔七一〕以矩為民部侍郎：按《通鑑・陳紀》，至德元年（開皇三年）四月，改度支尚書為民部尚書。是民部即後來之戶部也。

(七二)矩承制署為刺史、縣令……以矩為民部侍郎：按此段乃錄自《隋書・裴矩傳》，字句大致相同。(七三)冊洗氏：謂以璽書冊封。(七四)印章：印信。(七五)機急：機宜緊急。(七六)便宜行事：謂苟於事機便宜，即可先擅行之，然後再付奏聞。(七七)誠效：謂誠心效忠。(七八)羅州刺史：宋白曰：「羅州本招義郡，元嘉二年，檀道濟於綾羅江口築石城，因置羅州。」(七九)歲時：謂正旦及四時重要節日。(八〇)三代主：指梁陳隋言。(八一)具存：皆存。(八二)此其報也：《隋書・譙國夫人傳》作：「此忠孝之報也。」意較明顯。(八三)赤心：謂血誠之心。(八四)番州總管趙訥貪虐：《隋書・地理志》下：「南海郡，舊置廣州，仁壽元年置番州。」知趙訥貪虐，必非是年事，特連類而附書於是年中。(八五)封事：奏議而外以皁囊封緘者。(八六)論安撫之宜：謂論安撫之事宜。(八七)招懷：招安。(八八)推訥：謂推問訥。(八九)贓賄：謂所納之財賄。(九〇)致於法：謂以法繩之。(九一)自稱使者：自稱天子使者。(九二)臨振縣：胡三省曰：「漢朱崖地，隋煬帝置臨振郡」。(九三)湯沐邑：謂供沐浴之封邑，亦即憩息之地。(九四)崖州：《隋書・地理志》下：「珠崖郡，梁置崖州。」(九五)拜馮盎高州刺史……崖州總管、平原公：按此段乃錄自《隋書・列女譙國夫人傳》，字句大致相同。

十一年（西元五九一年）

(一)春，正月，皇太子妃元氏薨(一)。

㈡二月，戊午，吐谷渾遣使入貢，吐谷渾可汗夸呂㈡聞陳亡，大懼，遁逃保險㈢，不敢為寇。夸呂卒，子世伏立，使其兄子無素奉表稱藩㈣，并獻方物㈤，請以女備後庭㈥。上謂無素曰：「若依來請，佗㈦國聞之，必當相傚，何以拒之！朕情存安養㈧，各令遂性㈨，豈可聚斂子女，以實後宮乎㈩！」竟不許。

㈢平鄉令㈡劉曠有異政，以義理㈢曉諭訟者，皆引咎而去㈢，獄中草滿，庭可張羅㈣，遷臨潁令㈤。高熲薦曠清名善政，為天下第一，上召見，勉之，謂侍臣曰：「若不殊獎㈥，何以為勸㈦㈧！」

㈣辛巳，晦，日有食之。

㈤初帝微時，與滕穆王瓚不協，帝為周相，以瓚為太宗伯，瓚恐為家禍，陰欲圖帝㈡，帝隱之。瓚妃、周高祖妹順陽公主也，與獨孤后素不平，陰為呪詛㈢，帝命出之㈢，瓚不可。秋，八月，瓚從帝幸栗園㈣，暴薨，時人疑其遇鴆㈤。乙亥，帝至自栗園。

㈥沛達公鄭譯卒。

丙子，優詔擢㈨為莒州刺史㈩。

【今註】㊀正月皇太子妃元氏薨：按《隋書・高祖紀》：「開皇十一年正月景午，皇太子妃元氏薨。」景午乃避唐諱，實即丙午，此丙午二字，理應書入。㊁吐谷渾可汗夸呂：按《隋書・吐谷渾傳》，夸呂皆作呂夸，當改從之。㊂保險：保據險阻之地。㊃稱藩：稱為藩屬之國。㊄方物：該方之物。㊅備後庭：謂充後庭，亦即侍奉君上。㊆佗：同他。㊇情存安養：謂意在安養夷夏之民。㊈各令遂性：謂各使得遂成其本性之欲。㊉吐谷渾可汗夸呂……以實後宮乎，竟不許：按此段乃錄自《隋書・吐谷渾傳》，字句大致相同。⑪平鄉令：《隋書・地理志》中：「平鄉縣屬襄國郡。」⑫義理：猶道理。⑬皆引咎而去：皆自承有罪而退去。⑭獄中草滿，庭可張羅：庭可張羅，謂禽鳥見庭無人跡，故時來集，而可張網以捕之。二句皆喻獄無繫囚，政化大行之情形。⑮臨潁令：《隋書・地理志》中：「臨潁縣，屬潁川郡。」⑯殊獎：殊異之獎。⑰勸：勸勉。⑱平鄉令劉曠有異政……何以為勸：按此段乃錄自《隋書・循吏劉曠傳》，字句大致相同。⑲擢：引拔。⑳莒州刺史：《隋書・地理志》下：「琅琊郡、沂水縣，舊置南青州，後周改為莒州。」㉑瓚恐為家禍，陰欲圖帝：按《隋書・滕穆王瓚傳》：「瓚見高祖執政，群情未一，恐為家禍，陰有圖高祖之計。」㉒咒詛：謂以符咒詛其將遭凶險。㉓出之：謂休逐之。㉔栗園：胡三省曰：「栗園，在長安南。」㉕初帝微時與滕穆王瓚不協……時人疑其遇鴆：按此段乃錄自《隋書・滕穆王瓚傳》，字句大致相同。

卷一百七十八　隋紀二

起玄黓困敦，盡屠維協洽，凡八年。（壬子至己未，西元五九二年至五九九年）

司馬光編集
曲守約註

高祖文皇帝上之下

開皇十二年（西元五九二年）

㈠春，二月，己巳，以蜀王秀為內史令兼右領軍大將軍。

㈡國子博士何妥與尚書右僕射、邳公蘇威爭議事，積不相能㊀。威子夔為太子通事舍人㊁，少敏辯㊂，有盛名，士大夫多附之；及議樂，夔與妥各有所持㊃，詔百僚署其所同㊄，百僚以威故，同夔者什八九。妥恚㊅曰：「吾席間函丈四十餘年㊆，反為昨暮兒㊇之所屈邪！」遂奏：「威與禮部尚書盧愷、吏部侍郎薛道衡、尚書右丞王弘、考功侍郎李同和㊈等共為朋黨，省中㊉呼弘為世子，同和為叔，言二人如威之子弟也。」復言威以曲道任其從父弟徹肅，罔冒為官㊁等數事。上命蜀王秀、上柱國虞慶則等雜案之㊂，事頗有狀⑬。上大怒，秋，七月，乙巳，威坐免官爵，以開府儀同三司就第；盧愷除名，知名之士坐威得罪者百餘人⑭。初周室以來，選無清濁⑮，及愷攝吏部⑯，與薛道衡甄別⑰士流⑱，故涉朋黨之謗，以至得罪。未幾，上曰：「蘇威德行者⑲，但為人所誤耳。」命之通籍⑳。威好立條章㉑，每歲責民間五品不遜㉒。或答云：「管內無五品之家㉓。」其不相應領㉔，類多如此。又為餘糧簿，欲使有無相贍㉕；民部侍郎郎茂以為煩迂不急㉖，皆奏罷之。茂，基之子也，嘗為衞國令，有民張元預兄弟不睦，丞尉㉗請加嚴刑；茂曰：「元預兄弟本相憎疾㉘，又坐得罪㉙，彌益其忿，非化民㉚之意也。」乃徐諭之以義㉛，元預等各感悔，頓首請罪，遂相親睦，稱為友悌㉜㉝。

㈢己巳，上享太廟㉞。

㈣壬申，晦，日有食之。

㈤帝以天下用律者多踳駮㉟，罪同論異㊱，八月，甲戌，制：「諸州死罪，不得輒決㊲，悉移大理㊳，案覆事盡㊴，然後上省奏裁(四一)。」

㈥冬，十月，壬午，上享太廟；十一月，辛亥，祀南郊。

己未，新義公韓擒虎卒。

㈦十二月，乙酉，以內史令楊素為尚書右僕射，與高熲專掌朝政。素性疏辯(四二)，高下在心(四三)，朝臣之內，頗推高熲，敬牛弘，厚接(四四)薛道衡，視蘇威蔑如(四五)也，自餘朝貴，多被陵轢(四六)，其才藝(四七)風調(四八)，優於熲，至於推誠體國(四九)，處物平當(五〇)，有宰相識度(五一)，不如熲遠矣(五二)。右領軍大將軍賀若弼(五三)自謂功名出朝臣之右(五四)，每以宰相自許(五五)，既而楊素為僕射，弼仍為將軍，甚不平(五六)，形於言色(五七)，由是坐免官，怨望愈甚。久之，上下弼獄(五八)，謂之曰：「我以高熲、楊素為宰相，汝每昌言(五九)曰：『此二人惟堪啗飯耳(六〇)。』是何意也？」弼曰：「熲、臣之故人(六一)，素、臣之舅子，臣並知其為人，誠有此語。」公卿奏：「弼怨望，罪當死(六二)。」上曰：「臣下守法不移(六三)，公可自求活理(六四)。」弼曰：「臣恃至尊威靈，將八千兵度江，擒陳叔寶，竊以此望活(六五)。」上曰：「此已格外重賞，何用追論(六六)！」弼曰：「臣已蒙格外重賞，今還格外望活(六七)。」既而上低回數日(六八)，惜其功，特令除名(六九)，歲餘，復其爵位。上亦忌之，不復任使，然每宴賜，遇之(七〇)甚厚(七一)。

(八)有司上言府藏皆滿(七二)，無所容(七三)，積於廊廡(七四)。帝曰：「朕既薄賦於民，又大經賜用(七五)，何得爾(七六)也？」對曰：「入者常多於出，略計每年賜用至數百萬段，曾無減損。」於是更闢左藏院(七七)以受之。詔曰：「寧積於人(七八)，無藏府庫。河北、河東，今年田租三分減一，兵減半(七九)，功調(八〇)全免。」時天下戶口歲增，京輔及三河(八一)，地少而人眾，衣食不給(八二)，帝乃發使四出均天下之田，其狹鄉(八三)每丁纔至二十畝，老少又少(八四)焉(八五)。

【今註】(一)積不相能：謂積累而不相和睦。(二)太子通事舍人：《隋書‧百官志》下：「通事舍人八人，屬典書坊。」(三)敏辯：敏捷辯給。(四)各有所持：謂各持一見。(五)署其所同：謂署名於其所同之說之下。(六)恚：怒。(七)吾席間函丈四十餘年：《禮記‧曲禮》：「侍坐於先生，席間函丈。」按《禮記‧文王世子》：「凡侍坐於大司成者，遠近間三席，可以問。」注：「席之制，廣三尺三寸三分，則是所謂函丈也。」猶云講席。何妥周武帝時已為太學博士，故云然。(八)昨暮兒：極言其受學之晚也。⑨吏部侍郎薛道衡，尚書右丞王弘，考功侍郎李同和：《隋書・百官志》下：「隋制尚書省屬官，左右丞各一人，分司管轄。吏部尚書統吏部侍郎二人，考功侍郎一人。」⑩省中：尚書省中。⑪罔冒為官：欺罔冒替而為官員，謂其資格之不實也。⑫雜案之：共同案治之。⑬事頗有狀：《隋書・蘇威傳》作：「事皆驗。」謂事皆信而有徵。⑭國子博士何妥與尚書右僕射……坐威得罪者百餘人：按此段乃錄自《隋書・蘇威傳》，字句大致相同。⑮選無清濁：謂清濁不分，甚為淆亂。⑯及愷攝吏部：按《隋書・盧愷傳》：「開皇九年拜禮部尚書，攝吏部尚書。」攝，兼理。⑰甄別：甄選鑑別。⑱士流：士大夫之輩。⑲蘇威德行者：〈蘇威傳〉作：「蘇威有德行者。」意較充足。⑳命之通籍：通籍殿中，則得預朝清。㉑條章：謂條問章教。㉒責民間五品不遜：孔安國曰：「五品謂五常。」遜，順也。㉓管內無五品之家：謂管區之內，無為五品官之家，蓋五品二字雖同，而意則迥殊。㉔不相應領：領，錄，謂所為不相合者。㉕相贍：互相贍給。㉖煩迂不急：謂煩瑣迂濶而非當務之急。㉗丞尉：《隋書・百官志》下：「縣置令、丞、尉。」丞尉乃令以下之官吏。㉘憎疾：憎恨。㉙坐得罪：謂因而得罪。㉚化民：教化黎民。㉛以義：以道義。㉜悌：善事兄長。㉝威好立條章……稱為友悌：按此段乃錄自《隋書・郎茂傳》，字句大致相同。㉞七月己巳，上享太廟：隋立四親廟，各以孟月，享以太牢。㉟踳駁：踳乖，駁錯。㊱罪同論異：謂罪雖同而論斷各異。㊲輒決：謂便自決斷。㊳悉移大理：皆移交大理寺。㊴案覆事盡：謂案治覆審，至獄事盡竟。㊵上省奏裁：中上尚書省，奏請裁決。㊶帝以天下用律者多踳駁……然後上省奏裁：按此段乃錄自《隋書・刑法志》，字句大致相同。㊷素性疏辯：《隋書・楊素傳》作：「素性疏而辯。」是疏者疏濶，辯為辯捷。㊸高下在心：猶高低損益，隨己之意。㊹厚接：猶厚交。㊺蔑如：蔑，無，視之如無，即輕易之也。㊻陵轢：陵，侮；轢，陵踐，音歷。㊼才藝：才能技藝。㊽風調：謂風度格調。㊾體國：盡忠國事。㊿處物平當：處事平允妥當。(51)識度：器識度量。(52)以內史令楊素為尚書右僕射……不如頲遠矣：按此段乃錄自《隋書・楊素傳》，字句幾全相同。(53)右領軍大將軍賀若弼：按《隋書・賀若弼傳》：「平陳，拜右領軍大將軍，尋轉右武候大將軍。」核《隋書・百官志》下，隋制左右武候，領左右大將軍，雖同為正三品，而右武候則在領軍之前。故當從本傳，而改作右武候大將軍。(54)朝臣之右：朝臣之上。(55)自許：自期許。(56)甚不平：謂甚怨望。(57)形於言色：謂現露於言語神色之間。(58)久之，上下弼獄：按〈賀若弼傳〉：「後數年，下弼獄。」由後數年諸字，知非此時之事，乃連帶而及者，然亦未免連書太濶隔矣。下弼獄，謂下弼於獄。(59)昌言：明言於廣眾之中。(60)此二人惟堪啗飯耳：啗同啖，食也。謂二人只能食飯，而無他用，今人言無用之人為飯桶，殆起於此。(61)故人：故舊。(62)罪當死：罪合死。(63)守法不移：守法不可移易。(64)活理：謂活之理由。(65)竊以此望活：竊以此事希冀能活。(66)何用追論：何能追而論之。(67)今還格外望活：今又格外望能活。(68)低回數日：胡三省曰：「低，降意也；回，轉心也。」按胡說雖是，然究其所以用低回之辭，乃為古人於斟酌事理時，率用低回沈吟之式。《文選・古詩十九首》：「馳情整中帶，沈吟聊躑躅。」《楚辭・九思・悼亂》：「意欲兮沈吟，迫日兮黃昏。」《舊唐書・劉文靜傳》：「於是部署賓客，潛圖起義，候機當發，恐高祖不從，沈吟者久之。」皆以沈吟為低吟斟酌之意，而低回亦係低吟而回環思之，故遂選用此一辭焉。(六九)除名：除去仕宦之名籍。(七〇)遇之：待遇之。(七一)右領軍大將軍賀若弼……遇之甚厚：按此段乃錄自《隋書・賀若弼傳》，字句大致相同。(七二)府藏皆滿：謂府庫所藏皆滿。(七三)無所容：無處容納。(七四)積於廊廡：謂堆積於走廊及堂下周屋之中。(七五)大經賜用：指賞平陳將士。(七六)爾：如此。(七七)更闢左藏院：《隋書・百官志》下：「太府寺統右藏、黃藏，各置令丞。」(七八)寧積於人：寧為選擇辭，謂二者中宜偏重於此。(七九)兵減半：兵受田，計畝為功，以其所出，脩器械，備糗糧，今亦減其半。(八〇)調：丁出調。(八一)京輔及三河：京輔謂關內，三河謂河東、河南、河北。(八二)不給：猶不足。(八三)其狹鄉：其土地狹窄之鄉。(八四)老少又少：老少又少於二十畝。(八五)有司上言府藏皆滿……老少又少焉：按此段乃錄自《隋書・食貨志》，字句幾全相同。

十三年（西元五九三年）

㈠春，正月，壬子，上祀感生帝㊀。

壬戌，行幸岐州㊁。

㈡二月，丙午，詔營仁壽宮㊂於岐州之北㊃，使楊素監之。素奏前萊州刺史[五]宇文愷檢校[六]將作大匠[七]，記室封德彝為土木監[八]。於是夷山堙谷[九]，以立宮殿，崇臺累榭[一〇]，宛轉相屬[一一]，役使嚴急[一二]，丁夫多死，疲頓顛仆[一三]，推填坑坎[一四]，覆以土石[一五]，因而築為平地，死者以萬數[一六][一七]。

丁亥，上至自岐州。

己卯，立皇孫暕為豫章王，陳、廣之子也。

丁酉，制私家不得藏緯候圖讖[一八]。

㈢秋，七月，戊辰晦，日有食之[一九]。

㈣是歲，上命禮部尚書牛弘等議明堂制度，宇文愷獻明堂木樣[二〇]，上命有司規度安業里[二一]地，將立之，而諸儒異議，久之不決，乃罷之[二二]。

㈤上之滅陳也，以陳叔寶屏風賜突厥大義公主，公主以其宗國之覆[二三]，心常不平，書屏風，為詩敘陳亡以自寄[二四]，上聞而惡之，禮賜漸薄[二五]。彭公劉昶先尚周公主，流人[二六]楊欽亡入突厥，詐言昶欲與其妻作亂攻隋，遣欽密告大義公主發兵擾邊；都藍可汗信之，乃不脩職貢[二七]，頗為邊患。上遣車騎將軍[二八]長孫晟使於突厥，微[二九]觀察之。公主見晟，言辭不遜[三〇]；又遣所私[三一]胡人安遂迦與楊欽計議，扇惑都藍。晟至京師，具以狀聞。上遣晟往索欽，都藍不與，曰：「檢校客內[三二]，無此色人[三三]。」晟乃賂其達官，知欽所在，夜掩獲[三四]之，以示都藍；因發公主私事[三五]，國人大以為恥，都藍執安遂迦等并以付晟。上大喜，加授開府儀同三司，仍遣入突厥廢公主[三六]。內史侍郎裴矩請說都藍，使殺公主。時處羅侯之子染干號突利可汗，【考異】突厥傳云沙鉢略子，今從長孫晟傳。居北方，遣使求婚，上使裴矩謂之曰：「當殺大義公主，乃許婚。」突利復譖之於都藍，都藍因發怒，殺公主[三七]，更表請婚。朝議將許之，長孫晟曰：「臣觀雍虞閭反覆無信，直以[三八]與玷厥[三九]有隙，所以欲依倚國家，雖與為婚，終當叛去。今若得尚公主，承藉威靈，玷厥染干必受其徵發[四〇]，彊而更反，後恐難圖。且染干者，處羅侯之子，素有誠款，於今兩代，前乞通婚，不如許之，招令南徙，兵少力弱，易可撫馴[四一]，使敵雍虞閭，以為邊捍[四二]。」上曰：「善。」復遣晟慰諭染干，許尚公主[四三]。

㈥牛弘使協律郎㊹、范陽㊺祖孝孫等參定雅樂。從陳陽山太守㊻毛爽受京房律法，布管飛灰，順月皆驗；又每律生五音十二律，為六十音，因而六之㊼，為三百六十音，分直一歲之日，以配七音，而旋相為宮之法，由是著名㊽。弘等乃奏請復用旋宮法㊾，上猶記何妥之言，注弘奏下㊿，不聽作旋宮，但用黃鍾一宮。於是弘等復為奏，附順上意，其前代金石(51)並銷毀之，以息異議。弘等又作武舞，以象隋之功德，郊廟饗用一調(52)，迎氣用五調(53)，舊工稍盡(54)，其餘聲律皆不復通。

【今註】㈠感生帝：謂君上感之而生之天帝。胡三省曰：「隋以火德王，以赤帝赤熛怒為感生帝。」㈡岐州：《隋書．地理志》上：「扶風郡，舊置岐州。」㈢二月丙午、詔營仁壽宮：按《隋書．高祖紀》開皇十三年文，作二月景子，以下之丁亥推之，作丙子是。㈣詔營仁壽宮於岐州之北：《隋書．地理志》上：「扶風郡、普閏縣，有仁壽宮。」㈤萊州刺史：《隋書．地理志》中：「東萊郡，舊置光州，開皇五年改曰萊州。」㈥檢校：胡三省曰：「未除授正官，而領其務者為檢校。」按此一名稱，盛用於隋代，說已見上。㈦將作大匠：《隋書．百官志》下：「隋制，將作寺有大匠一人。」掌工作。㈧土木監：掌土木之事，以營宮暫置之，非常設之官。㈨夷山堙谷：謂平山填谷。[一〇]崇臺累榭：高臺層榭。[一一]宛轉相屬：謂蜿蜒相連。[一二]役使嚴急：勞使嚴苛急切。[一三]疲頓顛仆：其疲乏困頓因而踣仆者。[一四]推填坑坎：皆推填於坑坎之中。[一五]覆以土石：上以土石掩蓋之。[一六]以萬數：以萬為單位而計數之。[一七]於是夷山堙谷……死者以萬數：按此段雖本於《隋書・楊素傳》，（《北史・楊敷附素傳》，文全與《隋書》同，）而文多溢出，未知其何所本。[一八]制私家不得藏緯候圖讖：為恐不軌之徒，藉之惑眾，以謀圖變亂。[一九]丁亥，上至自岐州……日有食之：按此段乃錄自《隋書・高祖紀》開皇十三年文，字句大致相同。[二〇]明堂木樣：謂以木所製之明堂模樣。由之，足知古代宮殿及重要工程之建築，率皆先製模型，其尺寸款式，皆與所建成者之各部比例，完全相同。此亦有關營造之一珍貴資料也。[二一]安業里：《隋書・禮儀志》一，言在長安郭內。[二二]是歲上命禮部尚書牛弘等……久之不決，乃罷之：按此段乃錄自《隋書・禮儀志》一，字句大致相同。[二三]公主以其宗國之覆：謂周亡也。[二四]以自寄：謂以自寄懷。[二五]上之滅陳也……禮賜漸薄：按此段乃錄自《隋書・突厥傳》，字句大致相同。[二六]流人：流徙之人。[二七]職貢：職事及貢物。[二八]車騎將軍：《隋書・百官志》下：「隋制，車騎將軍階正五品。」[二九]微：猶暗。[三〇]不遜：不遜順。[三一]所私：所私通者。[三二]檢校客內：謂檢察外來之賓客中。[三三]無此色人：謂無此模樣之人。[三四]掩獲：掩襲而捕獲之。[三五]因發公主私事：謂因揭發公主陰私事跡。凡言陰私者，率為醜惡而不可告人者。[三六]彭公劉昶先尚周公主……仍遣入突厥廢公主：按此段乃錄自《隋書・長孫覽附晟傳》，字句大致相同。[三七]時處羅侯之子染干號突利可汗……都藍因發怒殺公主：按此段乃錄自《隋書・突厥傳》，字句大致相同。㊳直以：只以。㊴雍虞閭玷厥：雍虞閭、都藍，玷厥、達頭。㊵受其徵發：謂聽其徵發士卒。㊶撫馴：安撫馴擾。㊷邊捍：邊疆之捍衛。㊸長孫晟曰，臣觀雍虞閭反覆無信……許尚公主：按此段乃錄自《隋書・長孫覽附晟傳》，字句大致相同。㊹協律郎：《隋書・百官志》下：「太常有協律郎二人。」㊺范陽：《隋書・地理志》中：「涿郡，涿縣：舊置范陽郡，開皇初郡廢。」㊻從陳陽山太守：胡三省曰：「從字上更有孝孫二字，文意乃明。」《隋書・地理志》下：「南海郡、含洭縣，梁置陽山郡。」㊼因而六之：謂因而以六乘之。㊽牛弘使協律郎范陽祖孝孫……而旋相為宮之法，由是著名：按此段乃錄自《舊唐書・祖孝孫傳》，字句大致相同。㊾旋宮法：即上旋相為宮法之簡凝。㊿注弘奏下：謂於弘之奏疏下端書己意見。(51)前代金石：金石謂以金石所鑄製之樂器。(52)郊廟饗用一調：謂止用黃鍾一宮。(53)迎氣用五調：謂春用角，夏用徵，中央用宮，秋用商，冬用羽。(54)舊工稍盡：謂舊日樂工漸趨稀絕。

十四年（西元五九四年）

㈠春，三月，樂成。夏，四月，乙丑，詔行新樂；且曰：「民間音樂流僻㊀日久，棄其舊體㊁，競造繁聲，宜加禁約㊂，務存其本㊃。」萬寶常聽太常所奏樂，泫然㊄泣曰：「樂聲淫厲㊅而哀，天下不久將盡〔七〕。」時四海全盛，聞者皆謂不然，大業之末，其言卒驗〔八〕。寶常貧而無子，久之竟餓死，且死〔九〕，悉取其書燒之〔一〇〕，曰：「用此何為〔一一〕〔一二〕！」

(二)先是，臺省、府寺〔一三〕及諸州，皆置公廨〔一四〕錢，收息取給〔一五〕；工部尚書蘇孝慈以為：「官司出舉興生〔一六〕，煩擾百姓，敗損風俗，請皆禁止，給地以營農〔一七〕〔一八〕。」上從之。六月，丁卯，始詔：「公卿以下，皆給職田〔一九〕，毋得治生〔二〇〕，與民爭利〔二一〕。」

(三)秋，七月，乙未，以邳公蘇威為納言。

(四)初張賓曆既行，廣平〔二二〕劉孝孫、冀州〔二三〕秀才劉焯，並言其失，賓方有寵於上，劉暉附會〔二四〕之，共短孝孫〔二五〕，斥罷之。後賓卒，孝孫為掖縣丞〔二六〕，委官〔二七〕入京，上其事；詔留直太史〔二八〕，累年〔二九〕不調〔三〇〕，乃抱其書使弟子輿櫬〔三一〕來詣闕下，伏而慟哭，執法拘〔三二〕而奏之。帝異〔三三〕焉，以問國子祭酒何妥，妥言其善，乃遣與賓曆比校短長〔三四〕。直太史、勃海張胄玄，與孝孫共短賓曆，異論鋒起〔三五〕，久之不定。上令參問〔三六〕日食事，楊素等奏：「太史凡奏日食二十有五，率皆無驗，胄玄所刻[37]，前後妙中[38]，孝孫所刻，驗[39]亦過半。」於是上引孝孫、胄玄等，親自勞徠[40]。孝孫請先斬劉暉，乃可定曆，帝不懌，又罷之，孝孫尋卒[41]。

㈤關中大旱，民飢，上遣左右視民食，得豆屑雜糠[42]以獻；上流涕，以示群臣，深自咎責，為之不御酒肉[43]，殆將一朞[44]。八月，辛未，上帥民就食於洛陽，勑斥候[45]不得輒有驅逼，男女參厠於仗衞之間[46]，遇扶老攜幼者，輒引馬避之[47]，慰勉而去，至艱險之處，見負擔[48]者，令左右扶助之[49]。

㈥冬，閏十月，甲寅，詔以齊、梁、陳宗祀廢絕，命高仁英、蕭琮、陳叔寶以時脩祭，所須器物，有司給之[50]。陳叔寶從帝登邙山[51]，侍飲賦詩曰：「日月光天德[52]，山河壯帝居。太平無以報[53]，願上東封書[54]。」幷表[55]請封禪。帝優詔[56]荅之。它日，復侍宴，及出，帝目之曰[57]：「此敗豈不由酒！以作詩之功[58]，何如思安時事[59]！當賀若弼度京口，彼人密啟告急[60]，叔寶飲酒，遂不之省[61]，高熲至日，猶見啟在牀下未開封，此誠可笑，蓋天亡之也。昔苻氏征伐(六二)，所得國皆榮貴其主，苟欲求名(六三)，不知違天命與之官(六四)，乃違天也(六五)。」

(七)齊州刺史(六六)盧賁(六七)坐(六八)民飢，閉民糴(六九)，除名；帝後復欲授以一州，賁對詔失旨，又有怨言，帝大怒，遂不用。皇太子為言：「此輩並有佐命功(七〇)，雖性行輕險(七一)，誠不可棄(七二)。」帝曰：「我抑屈之，全其命也(七三)。微(七四)劉昉、鄭譯、盧賁、柳裘、皇甫績等，則我不至此(七五)，然此等皆反覆子(七六)也。當周宣帝時，以無賴得幸(七七)，及帝大漸(七八)，顏之儀等請以趙王輔政，此輩行詐，顧命(七九)於我，我將為政，又欲亂之，故昉謀大逆，譯為巫蠱，【考異】盧賁傳云：「昉為大逆於前，譯為巫蠱於後。」案譯傳，譯以開皇元年坐巫蠱廢，昉以六年坐謀反誅。賁傳誤也。如賁之例(八〇)，皆不滿志。任之則不遜(八一)，置之(八二)則怨望，自為難信(八三)，非我棄之。眾人見此，謂我薄於功臣，斯不然矣(八四)。」賁遂廢卒於家(八五)。

(八)晉王廣帥百官抗表(八六)固請封禪，帝令牛弘創定儀注(八七)，既成，帝視之曰：「茲事體大(八八)，朕何德以堪之(八九)！但當東巡，因致祭(九〇)泰山耳。」十二月，乙未，車駕東巡。

(九)上好禨祥(九一)小數(九二)，上儀同三司蕭吉上書曰：「甲寅乙卯，天地之合也(九三)，今茲甲寅之年，以辛酉朔旦冬至(九四)，來年乙卯，以甲子夏至，冬至陽始(九五)，郊天之日(九六)，即至尊(九七)本命，夏至陰始(九八)，祀地之辰(九九)，即皇后本命，至尊德並乾之覆育(一〇〇)，皇后仁同地之載養(一〇一)，所以二儀元氣(一〇二)，並會(一〇三)本辰。」上大悅，賜物五百段。吉，懿之孫也(一〇四)(一〇五)。員外散騎侍郎王劭言上有龍顏戴干之表(一〇六)，指示羣臣，上悅，拜著作郎(一〇七)。劭前後上表，言上受命符瑞(一〇八)甚眾，又採民間歌謠，引圖書讖緯，捃摭佛經(一〇九)，回易文字(一一〇)，曲加誣飾(一一一)，撰皇隋靈感志(一一二)三十卷，奏之。上令宣示(一一三)天下。劭集諸州朝集使(一一四)，盥手(一一五)焚香而讀之，曲折其聲，有如歌詠(一一六)，經涉旬朔(一一七)，徧而後罷(一一八)，上益喜，前後賞賜優洽(一一九)(一二〇)。

【今註】(一)流僻：流蕩邪僻。(二)舊體：猶舊制。(三)禁約：禁止約束。(四)乙丑詔行新樂……務存其本：按此段乃錄自《隋書・高祖紀》開皇十四年文，字句幾全相同。(五)泫然：淚潸流。(六)淫厲：淫亂悽厲。(七)將盡：將亡。(八)卒驗：終驗。(九)且死：將死。(一〇)悉取其書燒之：據《隋書・萬寶常傳》，寶常嘗撰樂譜六十四卷。(一一)用此何為：按〈萬寶常傳〉作：「何用也。」意為有何用哉。(一二)萬寶常聽太常所奏樂……曰用此何為：按此段乃錄自《隋書・藝術萬寶常傳》，字句大致相同。㊂臺省府寺：謂中樞之官署。據《隋書・百官志》下，臺如御史臺、都水臺。省如尚書省、門下省。府如左右監門府、左右領軍府。寺如太常寺、光祿寺等皆是。㊃公廨：廨、公舍，公廨亦即官署。㊄收息取給：收取利息以供署內之用。㊅官司出舉興生：謂官署出錢舉借，以獲利息。㊆給地以營農：謂給地以使種植，而將所獲者供給官署之用。㊇先是臺省府寺及諸州……給地以營農：按此段乃錄自《隋書・食貨志》，字句大致相同。㊈職田：胡三省曰：「職分田起於後周，頃畝以品為差，下至隋唐，代有增減。」㊉治生：治生產。㊁六月丁卯始詔……與民爭利：按此段乃錄自《隋書・高祖紀》開皇十四年文，字句大致相同。㊂廣平：《隋書・地理志》中：「武安郡、永年縣，舊曰廣平，置廣平郡。」㊂冀州：《隋書・地理志》中：「信都郡，舊置冀州。」㊃附會：附合，謂牽強而以為是也。㊄共短孝孫：共言孝孫之短。㊅掖縣丞：《隋書・地理志》中：「掖縣屬東萊郡。」丞在縣令之下。㊆委官：棄官。㊇留直太史：以他官入太史曹為直太史，直同值，謂奉值於太史曹也。㊈累年：多年。㊉不調：不遷調。㊁輿櫬：以車載櫬，示將得罪而死。㊂拘：繫。㊂異：奇異。㊃短長：猶優劣。㊄鋒起：謂如鋒刃之銳利。㊅參問：謂使朝臣參預，共同加以質訊。㊆刻：刻定。㊇妙中：精中。㊈驗：靈驗。㊉勞徠：猶勞慰。㊁初張賓曆既行……孝孫尋卒：按此段乃錄自《隋書・律曆志》中，字句大致相同。㊂豆屑雜糠：謂豆屑中雜有糠皮。㊂不御酒肉：不進酒肉。㊃一朞：一年。㊄斥候：偵察放哨之士卒。㊅男女參厠於仗衞之間：謂饑民男女雜行於君主儀仗衞士之間。㊼輒引馬避之：便勒馬避去，讓路以便其行。㊽負擔：背物曰負，肩物曰擔。㊾闕中大旱民饑……令左右扶助之：按此段乃錄自《隋書・高祖紀》開皇十四年及其紀末之文，字句大致相同。㊿冬閏十月甲寅詔……有司給之：按此段乃錄自《隋書・高祖紀》開皇十四年文，字句大致相同。(51)邙山：在洛陽城北。(52)日月光天德：謂日月可光大蒼天之德行。(53)太平無以報：謂太平時無可為報。(54)願上東封書：願上請東封泰山之書。(55)幷表：幷上表。(56)優詔：謂詔書所言，對之甚為優渥。(57)目之曰：謂視而批評之曰。(58)以作詩之功：謂以作詩所耗費之功夫。(59)何如思安時事：何如用之以籌思安世之事。(60)彼人密啟告急：彼人謂陳叔寶文武臣屬，彼等曾上密啟告軍事之緊急情形。(61)遂不之省：謂竟不視之。(62)苻氏征伐：苻氏指苻堅言。(63)苟欲求名：謂苻氏此舉，不過欲苟且以求名耳。(64)違天命與之官：謂違背天命（指上諸亡國之君）者，而與之官。(65)乃違天也：謂乃係違背天意。(66)齊州刺史：《隋書・地理志》中，齊郡舊曰齊州，治歷城。(67)賁：音ㄅㄣ。(68)坐：猶當，指犯法而言。(69)坐民饑，閉民糴：按《隋書・盧賁傳》作：「閉人糴而自糶之，坐是除名。」謂不許民間糶賣，而專自營糶賣，以牟重利。糶音眺，賣穀。(70)佐命功：輔佐王命之功勳。(71)性行輕險：謂性情行為，輕躁險戾。(72)棄：棄絕之。(73)全其命也：謂乃為全其性命。(74)微：猶無。(75)不至此：謂不能至此尊崇之地。(76)反覆子：子猶人，古代常如此用之。反覆子謂反覆無常之人。(77)以無賴得幸：按無賴謂其行為不可信賴，乃古代之砭譏語。《史記・高祖紀》：「大人常以臣亡賴。」按亡讀作無。〈高祖紀〉注：「或曰江淮之間，謂小兒多詐狡猾為無賴。」《晉書・

殷浩傳》：「溫上疏曰：『收合無賴，以自強衛』。」《周書・衛王直傳》：「直高祖母弟，性浮詭，貪狠無賴」。《隋書・李穆附渾傳》：「入白皇太子曰：『偏觀其子孫，皆無賴，不足以當榮寵』。」同書〈樊子蓋傳〉：「帝顧謂子蓋曰：『無賴不軌者，便誅鋤之』。」同書〈隱逸李士謙傳〉：「無賴之人，竄之邊裔，職為亂階，適所以召戎矣。」由之，可知無賴一辭通行之一斑，及其時代之意義矣。(七八)大漸：謂將死之際。(七九)顧命：按此顧命與《書》之顧命意義有殊，〈顧命篇〉序疏曰：「言臨將死去，迴顧而為語也。」而六朝時之顧命，則係以詔命，相顧託之意。《晉書・阮籍附孚傳》：「及帝疾大漸，溫嶠入受顧命，過孚，要與同行。升車乃告之曰：『今欲屈卿，同受顧託。』」同書〈郗鑒傳〉：「乃大會僚佐，責納曰：『吾蒙先帝厚顧，荷託付之重。』」《隋書・盧賁傳》：「及帝大漸，顏之儀等請以宗王輔政，此輩行詐，顧命於我。」皆顧為顧託之證。(八〇)如賁之例：按〈盧賁傳〉作：「如賁之徒。」此例宜作徒或列，而絕不應作例。(八一)任之則不遜：任用之則不遜順。(八二)置之：棄置之。(八三)自為難信：〈盧賁傳〉作：「自難信也。」意謂自是難以信任。(八四)斯不然矣：謂此實謬矣。(八五)齊州刺史盧賁……賁遂廢卒於家：按此段乃錄自《隋書・盧賁傳》，字句大致相同。(八六)抗表：猶上表。(八七)創定儀注：謂創製規定禮儀紀錄。按儀注為古代著述之一類，《隋書・經籍志》二特闢儀注一篇，以簿錄有關儀注之著述，足知此類著作之繁夥矣。(八八)茲事體大：猶此事重大。(八九)以堪之：謂以堪任之。(九〇)因致祭：謂因之而致祭。(九一)禨祥：鬼神吉凶之事。(九二)小數：小術。(九三)天地之合也：謂天地相合。(九四)以辛酉朔旦冬至：按《隋書・藝術蕭吉傳》，辛酉為十一月辛酉。(九五)冬至陽始：謂冬至為陽氣之始，蓋陽氣至是始生。(九六)郊天之日：謂至南郊祭天之日。(九七)至尊：指天子言。(九八)夏至陰始：謂夏至為陰氣之始，蓋陰氣至是始萌。(九九)辰：時。(一〇〇)至尊德並乾之覆育：謂人君之德，同於蒼天之覆育萬物。(一〇一)皇后仁同地之載養：謂皇后之仁，同於大地之載養眾生。(一〇二)二儀元氣：謂天地陰陽之氣。(一〇三)並會：咸皆會合。(一〇四)吉，懿之孫也：蕭懿、梁武帝之兄，追封長沙王。(一〇五)上好禨祥小數……吉，懿之孫也：按此段乃錄自《隋書・藝術蕭吉傳》，字句大致相同。(一〇六)上有龍顏戴干之表：按《隋書・王劭傳》云：「上表言符命曰，乾鑿度曰：『泰表戴干。』鄭玄注云：『表者人形體之彰識也，干，盾也，泰人之表戴干。』臣伏見至尊有戴干之表。」又龍顏指天子之顏而言。(一〇七)著作郎：《隋書・百官志》下：「祕書監領著作、太史二曹，著作曹置郎二人。」(一〇八)受命符瑞：謂受天命之符信瑞徵。(一〇九)捃摭佛經：搜集佛經之說。(一一〇)回易文字：回轉改易文字所載。(一一一)誣飾：誣罔裝飾。(一一二)皇隋靈感志：皇隋，大隋也。按古代尊稱本國之名，除冠以大字外，亦有冒以皇字者。《晉書・荀晞傳》：「晞從事中郎明預乃輿病諫晞曰：『皇晉遭百六之數，當危難之機。』」《舊唐書・經籍志》下，皇隋瑞文十卷，許善心撰。皆其例也。靈感者謂神靈感應。(一一三)宣示：謂宣佈告示。(一一四)諸州朝集使：謂諸州正旦奉朝賀之使者。(一一五)盥手：洗手以示虔潔。(一一六)有如歌詠：謂有如歌詠之聲。(一一七)旬朔：謂旬月。(一一八)徧而後罷：謂讀誦徧滿而後方罷。(一一九)洽：霑，音狹。(一二〇)員外散騎侍郎王劭言……前後賞賜優洽：按此段乃錄自《隋書・王劭傳》，而稍有溢出。

十五年（西元五九五年）

㈠春，正月，壬戌，車駕頓㊀齊州。庚午，為壇於泰山，柴燎㊁祀天，以歲旱謝愆咎㊂，禮如南郊；又親祀青帝壇，赦天下。

㈡二月，丙辰，收天下兵器，敢私造者坐之㊃，關中緣邊，不在其例。

㈢三月，己未，至自東巡㊄。仁壽宮成，丁亥，上幸仁壽宮。時天暑，役夫㊅死者相次於道㊆，楊素悉焚除之㊇；上聞之，不悅，及至，見制度壯麗，大怒曰：「楊素殫㊈民力為離宮㊉為吾結怨天下[一一]。」素聞之，惶恐，慮獲譴[一二]，以告封德彝，曰：「公勿憂，俟皇后至，必有恩詔。」【考異】隋書北史皆曰：「宮成，上令高熲前視，奏稱頗傷綺麗，太損人丁。」帝不悅。素懼，即於北門啟獨孤皇后曰：「帝王法，有離宮別館，今天下太平，造一宮，何足損廢。」後以此理諭上，上乃解。今從唐書。[一三]明日，上果召素入，對獨孤后勞之曰[一四]：「公知吾夫婦老，無以自娛[一五]，盛飾此宮[一六]豈非忠孝[一七]！」賜錢百萬，錦絹三千段。素負貴[一八]恃才，多所陵侮，唯賞重[一九]德彝，每引之與論宰相職務，終日忘倦，因撫其牀[二〇]曰：「封郎[二一]，必須據吾此坐㉒。」屢薦於帝，帝擢為內史舍人㉓。

㈣夏，四月，己丑朔，赦天下。

㈤六月，戊子，詔鑿底柱㉔。

㈥庚寅，相州刺史㉕豆盧通貢綾文布，命焚之於朝堂㉖。

㈦秋，七月，納言蘇威坐從祠泰山不敬，免，俄而㉗復位。上謂羣臣曰：「世人言㉘蘇威詐清㉙，家累金玉㉚此妄言㉛也，然其性狠戾㉜，不切世要㉝，求名太甚，從己則悅，㉞違之必怒㉟，此其大病耳㊱㊲。」

戊寅，上至自仁壽宮。

㈧冬，十月，戊子，以吏部尚書韋世康為荊州總管。世康，洸之弟也，和靜謙恕㊳，在吏部十餘年㊴，時稱廉平㊵。常有止足之志㊶，謂子弟曰：「祿豈須多，防滿則退㊷，年不待暮，有疾便辭。」因懇乞骸骨㊸，帝不許，使鎮荊州。時天下惟有四總管幷、揚、益、荊，以晉秦蜀三王及世康為之，當時以為榮㊹。

㈨十一月，辛酉，上幸溫湯㊺。

(十)十二月，戊子，勑盜邊糧(四六)一升已上皆斬，【考異】刑法志事在十六年，今從帝紀。仍籍沒其家(四七)。

(十一)己丑，詔文武官以四考受代(四八)(四九)。

(十二)汴州刺史(五〇)令狐熙來朝，考績為天下之最(五一)，賜帛三百匹，頒告天下。熙，整之子也。

【今註】(一)頓：停駐。(二)柴燎：燔柴。(三)愆咎：謂罪過。(四)坐之：謂坐之於法。(五)正月壬戌，車駕頓齊州……三月己未，至自東巡：按此段乃錄自《隋書・高祖紀》開皇十五年文，字句大致相同。(六)役夫：充役之丁夫。(七)相次於道：謂相銜接於道路之間。(八)焚除之：謂焚燒而除去之。(九)殫：竭。(一〇)離宮：京城以外之宮名曰離宮，通常與別館連稱，曰離宮別館。(一一)為吾結怨天下：謂使天下之人怨我。(一二)譴：罪責。(一三)考異曰：「隋書北史皆曰：『造一宮，何足損廢。』」按《隋書・楊素傳》作：「造此一宮，何足損費。」意較符切，當改從之。(一四)對獨孤后勞之曰：謂對獨孤后之面而慰勞楊素曰。(一五)無以自娛：猶無可為娛。(一六)盛飾此宮：謂修飾此宮，特為壯麗。(一七)豈非忠孝：謂用心豈非甚忠孝乎。(一八)負貴：依貴。(一九)賞重：謂激賞器重。(二〇)撫其牀：謂撫摩其牀。(二一)封郎：指稱封德彝而言，郎含有年少俊發之意。(二二)必須據吾此坐：按《舊唐書・封倫傳》，必須作必當，較富含蓄，當改從之。(二三)上大怒曰，楊素殫民力為離宮……帝擢為內史舍人：按此段乃錄自《舊唐書・封倫傳》，字句大致相同。㉔鑿底柱：底柱山在陝縣北大河中。《水經》曰：「河水過砥柱間。」注云：「砥柱、山名也。昔禹治洪水，山陵當水者，鑿之，故破山以通河，河水分流，包山而過，山見水中，若柱然，故曰砥柱。三穿既決，水流疏分，指狀表目，亦謂之三門。」㉕相州刺史：《隋書・地理志》中：「魏郡，後魏置相州，東魏改曰司州牧，後周又改曰相州。」㉖夏四月己丑朔赦天下……命焚之於朝堂：按此段乃錄自《隋書・高祖紀》開皇十五年文，字句大致相同。㉗俄而：謂不久。㉘世人言：世上人言。㉙蘇威詐清：謂蘇威假為清廉。㉚家累金玉：家中積有金玉。㉛妄言：胡亂之言。㉜狠戾：兇狠暴戾。㉝不切世要：猶不合世情。㉞從己則悅：凡隨從己者，則喜悅之。㉟違之必怒：若不從之，則必怒恨。㊱此其大病耳：此乃彼之重大毛病。㊲納言蘇威坐從祠泰山……此其大病耳：按此段乃錄自《隋書・蘇威傳》，字句完全相同。㊳謙恕：謙遜寬恕。㊴在吏部十餘年：按《隋書・韋世康傳》，世康自禮部尚書轉吏部尚書，在開皇四年之前，七年拜襄州刺史，歷安州信州總管，十三年入朝，復拜吏部尚書。是前後十餘年，不專在吏部也。㊵廉平：清廉公平。㊶常有止足之志：常有知足知止之意。㊷防滿則退：防懼盈滿，則急勇退。㊸乞骸骨：謂致仕，乞骸骨為漢代求致仕之常用語。㊹以吏部尚書韋世康為荊州總管……當時以為榮：按此段乃錄自《隋書・韋世康傳》，字句大致相同。㊺上幸溫湯：胡三省曰：「驪山溫湯也。程大昌曰：『皇堂石井，後周宇文護所造。隋文帝又脩屋宇，幷植松柏千餘株。』」㊻邊糧：指邊境之軍糧而言。㊼仍籍沒其家：仍，因，《隋書・高祖紀》開皇十五年文，仍作並，字異，而事則相同。

㊽詔文武官以四考受代：胡三省曰：「唐虞以三年為一考，後世以一年為一考。」謂滿四考始改調也。㊾辛酉，上幸溫湯……以四考受代：按此段乃錄自《隋書・高祖紀》開皇十五年文，字句大致相同。㊿汴州刺史：《隋書・地理志》中：「滎陽郡，浚儀縣，東魏置梁州陳留郡，後周改曰汴州。」(51)考績為天下之最：其政績之考核，為天下之最優者。

十六年（西元五九六年）

㈠春，正月，丁亥，以皇孫裕為平原王，筠為安成王，嶷為安平王，恪為襄城王，該為高陽王，韶為建安王，煚為潁川王，皆勇之子也。

㈡夏，六月，甲午，初制工商不得仕進㊀。

㈢秋，八月，丙戌，詔決死罪者㊁三奏然後行刑㊂。**【考異】**刑法志在十五年，今從帝紀。

㈣冬，十月，己丑，上幸長春宮㊃。十一月，壬子，還長安㊄。

㈤党項寇會州㊅，詔發隴西兵討降之。

㈥帝以光化公主妻吐谷渾可汗世伏，世伏上表請稱公主為天后㊆，上不許㈧。

【今註】 ㈠制工商不得仕進：謂規定為工商者，不得仕宦。㈡決死罪者：決斷死罪之囚徒。㈢三奏然後行刑：謂須三次上奏，俟詔可，然後行刑，蓋所以重人命也。㈣長春宮：《隋書．地理志》上：「馮翊郡，後魏置華州，西魏改曰同州。所統朝邑縣，有長春宮。」㈤正月丁亥，以皇孫裕為平原王……十一月壬子，還長安：按此段乃錄自《隋書．高祖紀》開皇十六年文，字句大致相同。㈥會州：《隋書．地理志》上：「汶山郡，後周置汶州，開皇初改曰蜀州，尋為會州。」㈦世伏上表請稱公主為天后：以公主為天子之女，故擬呼之曰天，又以其為可汗之妻，故稱之曰后，拚此二者，而曰天后，意本示尊崇，然不知殊陷僭分不倫之誚，故隋主駭而拒焉。㈧帝以光化公主妻吐谷渾可汗世伏……上不許：按此段乃錄自《隋書．西域吐谷渾傳》，字句大致相同。

十七年（西元五九七年）

㈠春，二月，癸未，太平公㈠史萬歲擊南寧羌㈡，平之。初梁睿之克王謙也，西南夷獠㈢莫不㈣歸附，唯南寧州酋帥爨震恃遠不服，睿上疏以為：「南寧州、漢世牂㈤柯之地，戶口殷眾㈥，金寶富饒㈦，梁南寧州刺史徐文盛為湘東王徵赴荊州㈧，屬東夏尚阻㈨，未遑遠略〔一〇〕，土民〔一一〕爨瓚遂竊據一方，國家遙授刺史〔一二〕，其子震相承至今，而震臣禮多虧〔一三〕，貢賦不入，乞因平蜀之眾，略定〔一四〕南寧〔一五〕。」其後南寧夷爨翫來降，拜昆州刺史〔一六〕，既而復叛；乃以左領軍將軍史萬歲為行軍總管，帥眾擊之，入自蜻蛉川〔一七〕，至於南中，夷人前後屯據要害〔一八〕，萬歲皆擊破之，過諸葛亮紀功碑，度西洱河〔一九〕入渠濫川，行千餘里，破其三十餘部，虜獲男女二萬餘口。諸夷大懼，遣使請降，獻明珠徑寸〔二〇〕。於是勒石〔二一〕頌美隋德，萬歲請將〔二二〕爨翫入朝，詔許之。爨翫陰有貳心，不欲詣闕〔二三〕，賂萬歲以金寶，萬歲於是捨翫而還〔二四〕。

(二)庚寅，上幸仁壽宮。

(三)桂州〔二五〕俚帥李光仕作亂，帝遣上柱國王世積與前桂州總管周法尚討之，法尚發嶺南〔二六〕兵，世積發嶺北兵，俱會尹州〔二七〕，世積所部遇瘴不能進，頓於衡州〔二八〕，法尚獨討之，光仕戰敗，帥勁兵〔二九〕走保白石洞〔三〇〕，法尚大獲家口，其黨有來降者，輒〔三一〕以妻子還之，居旬日，降者數千人，光仕眾潰而走，追斬之〔三二〕。帝又遣員外散騎侍郎何稠募兵討光仕，稠諭降其黨莫崇等，承制署首領為州縣官。稠，妥之兄子也[34]。上以嶺南夷越[35]數反，以汴州刺史令狐熙為桂州總管、十七州諸軍事，許以便宜從事[36]，刺史以下官得承制補授[37]。熙至部[38]，大弘恩信。其溪洞渠帥[39]更相謂曰：「前時總管皆以兵威相脅[40]，今者乃以手教[41]相諭[42]，我輩其可違乎[43]！」於是相帥歸附。先是州縣生梗[44]，長吏[45]多不得之官[46]，寄政於總管府[47]，熙悉遣之，為建城邑，開設學校，華夷感化[48]焉。俚帥甯猛力在陳世已據南海，隋因而撫之，拜安州刺史[49]，猛力恃險驕倨，未嘗參謁[50]，熙諭以恩信，猛力感之[51]，詣府請謁，不敢為非。熙奏改安州為欽州[52]。

㈣帝以所在屬官不敬憚其上，事難克舉。三月，壬辰，詔[53]：「諸司[54]論屬官[55]罪，有律輕情重者，聽於律外斟酌決杖[56]。」於是上下相驅[57]，迭行[58]捶楚[59]，以殘暴為幹能[60]，以守法為懦弱[61]。帝以盜賊繁多，命盜一錢以上皆棄市[62]，或三人共盜一瓜，事發[63]即死。於是行旅皆晏起早宿[64]，【考異】刑法志作晚宿，必早字誤耳。天下懔懔[65]，有數人劫執事(六六)而謂之曰：「吾豈求財者邪，但為枉人(六七)來耳，而為我奏至尊(六八)，自古以來，體國(六九)立法，未有盜一錢而死者也，而(七〇)不為我以聞(七一)，吾更來，而屬無類矣(七二)。」帝聞之，為停此法。帝嘗乘怒(七三)，欲以六月杖殺人；大理少卿(七四)河東(七五)趙綽固爭，曰：「季夏之月，天地成長庶類(七六)，不可以此時誅殺。」帝報曰：「六月雖曰生長，此時必有雷霆(七七)，我則天而行，有何不可！」遂殺之。

大理掌固(七八)來曠上言：「大理官司太寬。」帝以曠為忠直，遣每旦於五品行中參見(七九)。曠又告少卿趙綽濫免徒囚，帝使信臣(八〇)推驗，初無阿曲(八一)，帝怒，命斬之；綽固爭，以為曠不合死，帝拂衣入閤(八二)，綽矯言臣更不理曠(八三)，自有佗事，未及奏聞，帝命引入閤，綽再拜請曰：「臣有死罪三：臣為大理少卿，不能制御(八四)掌固，使曠觸挂天刑(八五)，一也；囚不合死，而臣不能死爭(八六)，二也；臣本無佗事，而妄言(八七)求入，三也。」帝解顏(八八)。會獨孤后(八九)在坐，命賜綽二金盃酒，并盃賜之，曠因免死，徙廣州(九〇)。蕭摩訶子世略在江南作亂，摩訶當從坐(九一)；上曰：「世略年未二十，亦何能為(九二)，以其名將之子，為人所逼耳〔九三〕。」因赦摩訶。綽固諫不可，上不能奪，欲綽去而赦之，因命綽退食〔九四〕。綽曰：「臣奏獄未決，不敢退。」上曰：「大理〔九五〕其為朕特赦摩訶也。」因命左右釋之。刑部侍郎辛亶嘗衣緋褌〔九六〕，俗云利官，上以為厭蠱〔九七〕，將斬之；綽曰：「法不當死，臣不敢奉詔〔九八〕。」上怒甚曰：「卿惜辛亶，而不自惜也〔九九〕！」命引〔〇〇〕綽斬之。綽曰：「陛下寧殺臣，不可殺辛亶〔〇一〕。」至朝堂，解衣當斬，上使人謂綽曰：「竟何如！」對曰：「執法一心〔〇二〕，不敢惜死〔〇三〕。」上拂衣而入，良久，乃釋之，明日謝綽，勞免之，賜物三百段〔〇四〕。時上禁行惡錢，有二人在市以惡錢〔〇五〕易好者，武候〔〇六〕執以聞，上令悉斬之。綽進諫曰：「此人所坐當杖，殺之非法。」上曰：「不關卿事〔〇七〕。」綽曰：「陛下不以臣愚暗〔〇八〕，置在法司〔〇九〕，欲妄殺人，豈得不關臣事〔一〇〕。」上曰：「撼大木不動者，當退〔一一〕。」對曰：「臣望感天心，何論動木〔一二〕！」上復曰：「啜羹者，熱則置之〔一三〕，天子之威，欲相挫邪〔一四〕！」綽拜而益前〔一五〕，訶之不肯退，上遂入。治書侍御史柳彧復上奏切諫〔一六〕，上乃止。上以綽有誠直之心，每引入閤中，或遇上與皇后同榻〔二七〕，即呼綽坐，評論得失，前後賞賜萬計。與大理卿薛胄同時俱名平恕〔二八〕，然胄斷獄以情〔二九〕，而綽守法，俱為稱職〔三〇〕〔三一〕。胄，端之子也。

帝晚節用法益峻〔三二〕，御史於元日不劾武官衣劍之不齊者〔三三〕，帝曰：「爾為御史，縱捨自由〔三四〕，命殺之。」諫議大夫〔三五〕毛思祖諫，又殺之。將作寺丞〔三六〕以課〔三七〕麥麲〔三八〕遲晚，武庫令〔三九〕以署庭荒蕪，左右出使或授牧宰〔四〇〕馬鞭鸚鵡，帝察知，並親臨〔四一〕斬之。

帝既喜怒不恒〔四二〕，不復依準科律〔四三〕。信任楊素，素復任情不平〔四四〕，與鴻臚少卿陳延有隙〔四五〕，嘗經蕃客館〔四六〕，庭中有馬屎，又眾僕於氈上樗蒲〔四七〕，以白帝，帝大怒，主客令及樗蒲者，皆杖殺之〔四八〕，捶陳延，幾死。帝遣親衛大都督〔四九〕、長安屈突通往隴西檢覆〔五〇〕羣牧〔五一〕，得隱匿馬二萬餘匹，帝大怒，將斬太僕卿〔五二〕慕容悉達及諸監官〔五三〕千五百人。通諫曰：「人命至重，陛下柰何以畜產之故〔五四〕，殺千有餘人。臣敢以死請〔五五〕。」帝瞋目〔五六〕叱之，通又頓首曰：「臣一身分死〔五七〕，就陛下匄〔五八〕千餘人命。」帝感寤〔五九〕曰：「朕之不明，以至於此！賴有卿忠言耳。」於是悉達等皆減死論[五〇]，擢通為左武候將軍[五一][五二]。

(五)上柱國劉昶與帝有舊[五三]，帝甚親之，其子居士任俠[五四]，不遵法度，數[五五]有罪，上以昶故，每原之[五六]；居士轉驕恣[五七]，取公卿子弟雄健者，輒將[五八]至家，以車輪括其頸而棒之，殆死能不屈者[五九]，稱為壯士，釋而與交，黨與三百人，毆[六〇]擊路人，多所侵奪，至於公卿妃主，莫敢與校[六一]。或告居士謀為不軌，帝怒，斬之[六二]，公卿子弟坐居士除名者[六三]甚眾。

(六)楊素、牛弘等復薦張胄玄曆術，上令楊素與術數人[六四]，立議六十一事，皆舊法久難通者[六五]，令暉等與胄玄等辯析[六六]，暉杜口一無所答[六七]，胄玄通者五十四。上乃拜胄玄員外散騎侍郎兼太史令，賜物千段，令參定[六八]新術[六九]。至是，胄玄曆成。夏，四月，戊寅，詔頒新曆，前造曆者劉暉四人並除名。

(七)秋，七月，桂州人李世賢反，上議討之；諸將數人請行，上不許，顧右武候大將軍虞慶則曰：「位居宰相[七〇]，爵乃上公[七一]，國家有賊，遂[七二]無行意，何也？」慶則拜謝恐懼，乃以慶則為桂州道行軍總管，討平之[七三]。

(八)秦王俊幼仁恕，喜佛教，嘗請為沙門[七四]，不許；及為并州總管，漸好奢侈，違越[七五]制度，盛治宮室，俊好內[七六]，其妻崔氏，弘度之妹也，性妬，於瓜中進毒，由是得疾，徵還京師。上以其奢縱，丁亥，免俊官，以王就第[七七]：崔妃以毒王，廢絕[七八]，賜死於家[七九]。左武衛將軍劉昇諫曰：「秦王非有佗過，但費官物[八〇]營廨舍[八一]而已。臣謂可容[八二]。」上曰：「法不可違[八三]。」楊素諫曰：「秦王之過，不應至此[八四]，願陛下詳之[八五]。」上曰：「我是五兒之父[八六]，非兆民之父[八七]，若如公意，何不別制天子兒律[八八]！以周公之為人，尚誅管蔡，我誠不及周公遠矣，安能虧法[八九]乎！」卒不許[九〇]。

(九)戊戌，突厥突利可汗來逆女[九一]。上舍之大常[九二]，教習六禮[九三]，妻以宗女[九四]安義公主。上欲離間都藍，故特厚其禮，遣太常卿牛弘、納言蘇威、民部尚書[九五]斛律孝卿，相繼為使。突利本居北方，既尚主，長孫晟說其帥眾南徙，居度斤舊鎮[九六]，錫賚[九七]優厚。都藍怒曰：「我大可汗[九八]也，反不如染干！」於是朝貢遂絕，亟來[九九]抄掠邊鄙⑳㉑，突利伺知動靜㉒，輒遣奏聞，由是邊鄙每先有備㉓。

(十)九月，甲申，上至自仁壽宮。

(十一)何稠之自嶺南還也，甯猛力請隨稠入朝，稠見其疾篤㉔，遣還欽州㉕，與之約曰：「八九月間，可詣京師相見。」使還，奏狀，上意不懌㉖。冬，十月，猛力病卒，上謂稠曰：「汝前不將猛力來，今竟死矣。」稠曰：「猛力與臣約，假令身死㉗，當遣子入侍。越人性直㉘，其子必來。」猛力臨終，果戒其子長真曰：「我與大使㉙約，不可失信，汝葬我畢，宜即登路。」長真嗣為刺史，如言入朝。上大悅曰：「何稠著信蠻夷，乃至㉚於此㉛。」

(十二)魯公虞慶則之討李世賢也，以婦弟趙什住為隨府長史㉜，什住通㉝於慶則愛妾，恐事泄㉞，乃宣言慶則不欲此行。上聞之，禮賜甚薄，慶則還至潭州㉟臨桂嶺，觀眺山川形勢，曰：「此誠險固㊱，加以足糧，若守得其人，攻不可拔。」使什住馳詣京師奏事，觀上顏色㊲；什住因告慶則謀反，下有司案驗。十二月，壬子，慶則坐死㊳，拜什住為柱國㊴。

（十三）高麗王湯聞陳亡，大懼，治兵積穀，為拒守之策。是歲，上賜湯璽書，責以雖稱藩附⑳，誠節㉑未盡；且曰：「彼之一方㉒，雖地狹㉓人少，今若黜王㉔，不可虛置㉕，終須更選官屬，就彼安撫㉖；王若洒心㉗易行，率由憲章㉘，即是朕之良臣，何勞別遣才彥㉙。王謂遼水之廣，何如長江㉚！高麗之人，多少陳國㉛？朕若不存含育㉜，責王前愆，命一將軍，何待多力㉝！殷勤曉示，許王自新耳㉞！」湯得書，惶恐，將奉表陳謝，會病卒；子元嗣立，上使使拜元為上開府儀同三司，襲爵遼東公，元奉表謝恩，因請封王，上許之㉟。

（十四）吐谷渾大亂，國人殺世伏，立其弟伏允為主，遣使陳廢立之事㊱，并謝專命之罪㊲，且請依俗尚主㊳。上從之，自是朝貢歲至㊴㊵。

【今註】　㈠太平公：《隋書・史萬歲傳》：「襲爵太平縣公。」《隋書・地理志》中：「太平縣屬絳郡。」　㈡南寧羌：胡三省曰：「南寧之地，漢屬牂柯，蜀漢屬南中，晉屬寧州，梁為南寧州。其後為爨氏所據，自云：『本安邑人，七世祖晉南寧太守，中國亂，逐王蠻中。』考之晉志，未始有南寧郡。西爨蠻也，非羌也，通鑑因隋紀成文。」㊂夷獠：二種族名。㊃莫不：無不。㊄牂：音臧。㊅殷眾：殷亦眾，二字為複合辭。㊆金寶富饒：謂金銀珍寶豐富饒多。㊇為湘東王徵赴荊州：徵兵以討侯景，文盛赴之。㊈屬東夏尚阻：東夏指關東言，此處則以指陳，謂適當陳國尚梗阻違命。(一〇)未遑遠略：遑，暇，謂未暇經略遠方。(一一)士民：謂該處本地之人。(一二)國家遙授刺史：國家指隋天子或朝廷言，謂朝廷遙授以刺史之任。(一三)臣禮多虧：為臣之禮數，多有虧缺。(一四)略定：謂經略平定。(一五)初梁睿之克王謙也……略定南寧：按此段乃錄自《隋書・梁睿傳》，字句大致相同。(一六)拜昆州刺史：就其地，置昆州。(一七)蜻蛉川：漢蜻蛉縣之地。(一八)要害：《漢書・西南夷傳》：「大司農豫調穀積要害處。」注：「要害者，在我為要，於敵為害也。」按要害即險要之地。《禮記・月令》：「備邊境，完要塞。」注：「要塞邊城要害處也。」是其明證。不應要與害分釋言之。(一九)西洱河：胡三省曰：「按唐史太宗擊西爨，開蜻蛉、弄棟為縣，弄棟西有大勃弄、小勃弄二州蠻，其西與黃瓜、葉榆、西洱河接。西洱河即葉榆河也。蘇軾曰，『南詔有西洱河，即牂柯江也，河形如月抱珥，故名之為西洱河。』」(二〇)獻明珠徑寸：徑寸，謂珠直徑有一寸之長。(二一)勒石：刻石。(二二)請將：請率。(二三)闕：京城之宮闕。(二四)以左領軍將軍史萬歲為行軍總管……於是捨翫而還：按此段乃錄自《隋書・史萬歲傳》，字句大致相同。(二五)桂州：《隋書・地理志》下：「始安郡，梁置桂州。」(二六)嶺南：指大庾嶺以南而言。(二七)尹州：《隋書・地理志》下：「鬱林郡，梁置定州，平陳改為尹州。」(二八)衡州：《隋書・地理志》下：「衡山郡，平陳置衡州。」(二九)勁兵：猶銳兵。(三〇)白石洞：胡三省曰：「白石洞，在今尋州南六十里。」(31)輒：便。(32)居旬日，降者數千人，光仕眾潰而走，追斬之：按《隋書・周法尚傳》，降者數千人下有：「法尚遣兵列陣以當光仕，親率奇兵，蔽林設伏，兩陣始交，法尚馳擊其柵，柵中人皆走散，光仕大潰，追斬之。」是光仕之眾潰而走，乃由作戰失敗之故，非因居旬日，降者數千人而潰。光仕眾潰之上，自應將該次戰爭，酌加敍出，以期符契當時之真正事實。(33)桂州俚帥李光仕作亂……光仕眾潰而走，追斬之：按此段乃錄自《隋書・周法尚傳》，字句大致相同。(34)帝又遣員外散騎侍郎何稠……稠，妥之兄子也：按此段乃錄自《隋書・何稠傳》，事實經過，刪節處甚多。(35)夷越：兩種落名，古通以西南為夷，閩甌為越。(36)許以便宜從事：謂苟便於事宜，即可自行處分，而不必俟奏請報可，始執行之。(37)補授：闕者補之，未有者授之。(38)熙至部：謂熙至所部屬之地。(39)渠帥：大帥。(40)相脅：相脅迫。(41)手教：親自書寫之教令。(42)諭：曉諭。(43)我輩其可違乎：謂我輩豈可違抗之乎，其猶豈。(44)生梗：謂生悍梗阻。(45)長吏：指刺史縣令諸官員言。(46)之官：謂至其所轄之土。(47)寄政於總管府：謂僅在總管府治所，處決政務。(48)華夷感化：《隋書・令狐熙傳》作：「華夷感敬，稱為大化。」是為此辭原含意之所在。(49)安州刺史：《隋書・地理志》下：「寧越郡，梁置安州，開皇十八年改曰欽州。」(50)參謁：謂下屬參見長官。朝參之參，即係此意。(51)猛力感之：謂猛力為之感動。(52)上以嶺南夷越數反……熙奏改安州為欽州：按此段乃錄自《隋書・令狐熙傳》，字句大致相同。(53)三月壬辰詔：按《隋書・高祖紀》開皇十七年三月文，壬辰作景辰，以下之辛酉推之，當以作丙（唐以避諱而改丙作景）辰為是。(54)諸司：謂諸有司。

(五五)屬官：部屬之官員。(五六)決杖：謂決斷而捶之以杖。(五七)上下相驅：謂在上者及在下者，驅使其部屬。(五八)迭行：猶屢行。(五九)捶楚：擊打。(六〇)幹能：即能幹。(六一)以守法為懦弱：以守法者為性情怯懦。(六二)棄市：殺而徇尸於市。(六三)事發：事覺。(六四)行旅皆晏起早宿：晏，晚，謂恐邂逅觸罪。(六五)懍懍：畏懼貌。(六六)執事：指執政之大臣而言。(六七)枉人：受冤枉之人。(六八)至尊：謂天子。(六九)體國：猶經國。(七〇)而：汝。(七一)以聞：謂以聞於君上。(七二)而屬無類矣：而屬，汝輩；類，噍類。(七三)乘怒：謂乘怒氣正盛之時。(七四)大理少卿：《隋書・百官志》下：「大理等九寺，並置卿、少卿各一人。」(七五)河東：《隋書・地理志》中：「河東縣屬於河東郡，為郡治所在。」(七六)庶類：謂眾類，亦即萬物。(七七)雷霆：雷電。(七八)大理掌固：胡三省曰：「掌固蓋即漢之掌故，唐省、臺、寺、監，皆有掌固，因隋制也。」(七九)每日於五品行中參見：謂每旦朝參時，居於五品官職之行列中，蓋以示優獎也。(八〇)信臣：親信之臣。(八一)初無阿曲：謂曾無濫免徒囚之事。(八二)拂衣入閤：謂擺衣而起身入閤，以示不欲留聞其言。(八三)綽矯言臣更不理曠：謂趙綽假託言曰，臣不再為來曠申理。(八四)制御：控制駕御。(八五)觸挂天刑：謂觸嬰國家刑典。(八六)臣不能死爭：謂不能以死命爭，使上不殺囚。(八七)妄言：詐言。(八八)帝顏解：謂帝顏色和解，亦即不怒也。(八九)獨孤后：即文獻獨孤皇后。(九〇)三月壬辰，詔諸司論屬官罪……曠因免死，徙廣州：按此一大段乃錄自《隋書・刑法志》，字句大致相同。(九一)當從坐：當從連坐。(九二)年未二十，亦何能為：謂年未二十，亦何能作亂。(九三)以其名將之子，為人所逼耳：蓋逼之為亂，以為號召耳。(九四)因命綽退食：謂命綽退朝而歸食。(九五)大理：司刑獄者，其長官為卿。(九六)緋褌：緋，紅；

褌，褻衣。（九七）上以為厭蠱：謂君上認為此乃厭勝巫蠱一類之事。（九八）奉詔：謂奉詔旨。（九九）卿惜辛亶，而不自惜也：謂卿惜辛亶之命，而不惜己命也。（一〇〇）引：牽引。（一〇一）陛下寧殺臣，不可殺辛亶：按《隋書・趙綽傳》作：「陛下寧可殺臣，不得殺辛亶。」一語較明顯。（一〇二）執法一心：謂一心執法，亦即堅決執法。（一〇三）惜死：亦即畏死。（一〇四）賜物三百段：即賜絹三百段，段半匹也，說已見上。（一〇五）惡錢：惡劣之錢，即錢之偷工減料，不合規定者。（一〇六）武候：武候屬左右武候將軍，掌晝夜巡察，執捕姦非者。（一〇七）不關卿事：猶不關涉卿事。（一〇八）不以臣愚暗：謂不以臣為愚蠢暗昧。（一〇九）法司：法官。（一一〇）豈得不關臣事：謂豈得不與臣之職事有關。（一一一）撼大木不動者，當退：謂知撼大樹而不能動搖者，自當退止。（一一二）臣望感天心，何論動木：謂臣所希冀者，為感動天子之心，豈敢搖動大樹乎！（一一三）啜羹者熱則置之：啜，嚐、食，音輟。謂嚐羹者，若熱則置而不食。（一一四）天子之威，欲相挫邪：謂竟欲挫天子之威耶。（一一五）益前：益復前進。（一一六）切諫：殷切諫諍。（一一七）同榻：謂同床而坐。（一一八）平恕：公平仁恕。（一一九）以情：謂憑據情理。（一二〇）稱職：猶言勝任。（一二一）蕭摩訶子世略在江南作亂……而綽守法，俱為稱職：按此一大段乃錄自《隋書・趙綽傳》，字句大致相同。又文中所述諸事，諒非一時所發生者，特以其皆係趙綽所為，故遂連類而悉書於此。（一二二）帝晚節用法益峻：謂帝晚年用法益為峻厲。又按《隋書・刑法志》，帝以年齡晚暮下有：「尤崇尚佛道，又素信鬼神，二十年，詔沙門道士壞佛像天尊。」是用法益峻下之諸事實，顯係開皇二十年以後，而絕非開皇十七年者。故此下諸事，理應移書於開皇二十年或二十年以後，而不應悉附書於此年內。（一二三）御史於元日，不劾武官衣劍之不齊者：元日，謂正月元旦。劾，糾劾。衣劍，謂著衣佩劍。不齊，謂不整齊。㉔縱捨自由：按《隋書・刑法志》作：「何縱捨自由。」意為何縱捨隨意乃爾。㉕諫議大夫：《隋書・百官志》下：「門下省有諫議大夫七人。」㉖將作寺丞：《隋書・百官志》下：「將作寺大匠一人，丞二人。」㉗課：徵收。㉘麯：《類篇》：「麥莖也。」㉙武庫令：《隋書・百官志》下：「武庫令屬衛尉寺。」㉚或授牧宰：或授當作或受。牧，州牧；宰，縣宰。㉛親臨：親自監臨。㉜不恒：不常。㉝依準科律：科亦律，謂不復依據法律。㉞素復任情不平：按《隋書・刑法志》作：「素又稟性高下。」是不平即高下，亦即上下其手。㉟有隙：有嫌隙。㊱蕃客館：蕃客至長安所住之客館。㊲樗蒱：古博戲，即今之賭博，樗音ㄕㄨ。㊳杖殺之：以杖捶殺之。㊴親衛大都督：《隋書・百官志》下：「隋制，左右衛各統親衛，置開府、左右勳衛、左右翊衛、大都督、帥督都、都督。」㊵檢覆：謂重覆檢校之。㊶羣牧：謂各牧馬之苑。㊷將斬太僕卿：太僕卿掌牧畜之政，故欲誅之。㊸監官：監牧馬之官。㊹畜產之故：謂生畜牧畜之故。㊺臣敢以死請：謂臣敢冒死為之請命。㊻瞋目：怒目，音ㄔㄣ。㊼臣一身分死：謂臣一身本分應死。㊽匄：乞，音蓋。㊾感寤：謂感動覺寤。㊿皆減死論：謂皆減去死刑，而以輕論斷。(51)左武候將軍：《隋書・百官志》下：「左右武候掌車駕出，先驅後殿，晝夜巡察，執捕姦非，烽候道路，水草所置，巡狩師田，則掌其營禁。」(52)帝遣親衛大都督長安屈突通……擢通為左武候將軍：按此段乃錄自《舊唐書・屈突通傳》，字句大致相同。(53)與帝有舊：謂與帝有故舊之誼。(54)任俠：《漢書・季布傳》，師古曰：「任，謂任使其氣力。俠之言挾也，以權力挾輔人也。」(五五)數：屢。(五六)每原之：每原宥之。(五七)轉驕恣：謂愈驕倨恣肆。(五八)輒將：輒領。(五九)殆死能不屈者：謂受苦幾死而能不屈服者。(六〇)毆：同毆，打。(六一)與校：與之計較。(六二)或告居士謀為不軌，帝怒斬之：按《隋書・高祖紀》開皇十七年文作：「上柱國劉昶以罪伏誅。」是斬者乃昶及居士。而文僅言斬之，所斬者為誰，頗不明晰。當改書作斬昶及居士。(六三)坐居士除名者：謂坐居士犯罪故，除去名籍者。(六四)術數人：指明曆術之人。(六五)皆舊法久難通者：謂皆舊法年久而難明者。(六六)辯析：駮辯剖析。(六七)暉杜口一無所答：謂暉閉口絲毫不能回答。(六八)參定：參加制定。(六九)上令楊素與術數人……令參定新術：按此段乃錄自《隋書・藝術張胄玄傳》，字句大致相同。(七〇)位居宰相：開皇初慶則嘗為尚書右僕射，宰相之職也。(七一)爵乃上公：授上柱國，封魯國公，上公也。(七二)遂：竟。(七三)七月，桂州人李世賢反……為桂州道行軍總管，討平之：按此段乃錄自《隋書・虞慶則傳》，字句大致相同。(七四)沙門：即僧人。(七五)違越：猶違踰。(七六)俊好內：謂俊好內幸。(七七)以王就第：以王爵歸其私第。(七八)廢絕：謂黜廢而斷絕其屬籍。(七九)賜死於家：賜死於其父母家中。(八〇)官物：公家之物。(八一)廨舍：廨署之房舍。(八二)可容：可寬容之。(八三)法不可違：謂不可違背法令。(八四)不應至此：謂不應至此之甚。(八五)詳之：詳察之。(八六)我是五兒之父：上五子：太子勇、晉王廣、秦王俊、蜀王秀、漢王諒。(八七)非兆民之父：按此句《隋書・秦王俊傳》不載，試詳核之，不添書此一句，亦可。(八八)何不別制天子兒律：謂何不另制天子子女之法律，以資優容之乎！(八九)虧法：虧違法憲。(九〇)秦王俊幼仁恕……安能虧法乎，卒不許：按此段乃錄自《隋書・秦王俊傳》，字句大致相同。(九一)逆女：迎女。

(九二)太常：即太常寺，乃學習禮儀之處。(九三)習六禮：六禮：納采、問名、納吉、納徵、請期、親迎。(九四)宗女：宗室之女。(九五)民部尚書：《通鑑》至德元年（即開皇三年）四月：「隋改度支尚書為民部尚書。」(九六)度斤舊鎮：胡三省曰：「度斤舊鎮蓋即都斤山，突厥沙鉢略舊所居也。」(九七)賚：賜。(九八)大可汗：謂最大之可汗。(九九)亟來：屢來。(一〇〇)抄掠邊鄙：謂搶刼邊鄙之人財生畜。(一〇一)突厥突利可汗來逆女……亟來抄掠邊鄙：按此段乃錄自《隋書・突厥傳》，字句大致相同。(一〇二)伺知動靜：謂窺伺獲知其行動。(一〇三)每先有備：謂每得先有準備。(一〇四)疾篤：病重。(一〇五)欽州：《隋書・地理志》下：「寧越郡，梁置安州，開皇十八年改曰欽州。」(一〇六)懌：悅。(一〇七)假令身死：謂假使已死。(一〇八)越人性直：古代廣東，乃百越之地，故亦稱之曰越人。性直、謂其賦性爽直。(一〇九)大使：何稠為使者，率兵討俚獠，故遂尊稱之曰大使。(一一〇)乃至：竟至。(一一一)何稠之自嶺南還也……著信蠻夷，乃至於此：按此段乃錄自《隋書・何稠傳》，字句幾全相同。(一一二)隨府長史：按《隋書・虞慶則傳》，斯時命為桂州道行軍總管。是隨府長史即隨侍為總管府長史。(一一三)通：私通。(一一四)恐事泄：恐事情泄露。(一一五)潭州：《隋書・地理志》下：「長沙郡，舊置湘州，平陳，置潭州。」(一一六)此誠險固：此地實為險阻牢固。(一一七)加以足糧：加以糧食充足。(一一八)慶則坐死：謂慶則坐謀反而死。(一一九)魯公虞慶則之討李世賢也……拜什住為柱國：按此段乃錄自《隋書・虞慶則傳》，字句大致相同。(一二〇)雖稱藩附：謂雖稱藩歸附。(一二一)誠節：按誠節一辭，為六朝所流行者。《世說・德行》桓南郡既破殷荊州條，注引《中興書》：「或謂曰：『玄性猜急，未能取卿誠節，若遂不詣，禍必至焉。』」《隋書・麥鐵杖傳》：「二人相謂曰：

『吾等世荷國恩，門著誠節，今賊臣弒逆，社稷淪亡，無節可紀，何面目視息世間哉！』」同書〈高麗傳〉：「上賜湯璽曰：『雖稱藩附，誠節未盡。』」又《隋書》特闢有〈誠節傳〉，以述忠義死節之士，由之，更可知此辭之受器賞焉。至誠節之意，則乃係指忠誠貞節而言。㉒彼之一方：乃指高麗而言。㉓地狹：地窄。㉔黜王：黜免高麗今王。㉕不可虛置：謂不可置而不理。㉖就彼安撫：至彼地安撫其吏民。㉗洒心：猶洗心。㉘率由憲章：遵循憲典。㉙何勞別遣才彥：何煩另遣才智俊彥之士。㉚遼水之廣，何如長江：謂遼水之廣，較之長江如何！正意言其決不如長江之廣。㉛高麗之人，多少陳國：謂高麗之人口，較之陳國，多少如何！意亦言其決不如陳國之多。㉜不存含育：謂不存含包養育之懷。㉝何待多力：何待多費兵力。㉞許王自新耳：謂允許王以自新之路耳。㉟高麗王湯聞陳亡大懼……因請封王，上許之：按此段乃錄自《隋書·高麗傳》，雖多有刪削，而字句則大致相同。㊱陳廢立之事：陳述廢舊主立新君之事。㊲謝專命之罪：陳謝專輒而未請示王命之罪。㊳請依俗尚主：請依夷狄習俗，與其嫂光化公主結為夫妻。㊴朝貢歲至：朝貢每歲不絕，極言其感激與殷勤之狀。㊵吐谷渾大亂……自是朝貢歲至：按此段乃錄自《隋書·吐谷渾傳》，字句幾全相同。

十八年（西元五九八年）

㈠春，二月，甲辰，上幸仁壽宮。

㈡高麗王元帥靺鞨㊀之眾萬餘，寇遼西，營州總管㊁韋沖擊走之。上聞而大怒。乙巳，以漢王諒、王世積並為行軍元帥，將水陸三十萬伐高麗㊂，以尚書左僕射高熲為漢王長史，周羅睺為水軍總管。

㈢延州刺史㊃獨孤陀有婢曰徐阿尼，事猫鬼，能使之殺人，云：「每殺人，則死家㊄財物，潛移於畜猫鬼家。」會獨孤后及楊素妻鄭氏俱有疾，醫皆曰：「猫鬼疾也㊅。」上以陀，后之異母㊆弟，陀妻，楊素異母妹，由是意陀所為㊇，令高熲等雜治之㊈，具得其實。上怒，令以犢車㊉載陀夫妻，將賜死，獨孤后三日不食，為之請命⑪，曰：「陀若蠹政⑫害民者，妾不敢言，今坐為妾身⑬，敢請其命。」陀弟司勳侍郎⑭整詣闕求哀，於是免陀死，除名為民⑮，以其妻楊氏為尼。先是有人訟其母為猫鬼所殺者，上以為妖妄，怒而遣之，至是詔誅被訟行猫鬼家⑯⑰。夏，四月，辛亥，詔：「畜猫鬼⑱、蠱毒⑲、厭媚⑳，野道之家㉑，並投於四裔㉒。」

㈣六月，丙寅，下詔黜高麗王元官爵㉓。漢王諒軍出臨渝關㉔，值水潦㉕，餽運不繼㉖，軍中乏食，復遇疾疫㉗；周羅睺自東萊泛海，趣平壤城㉘，亦遭風，船多飄沒。秋，九月，己丑，師還，死者什八九。高麗王元亦惶懼，遣使謝罪，上表稱遼東糞土臣元㉙，上於是罷兵，待之如初㉚。百濟王昌遣使奉表請為軍導㉛，帝下詔諭以高麗服罪，朕已赦之，不可致伐㉜，厚其使而遣之。高麗頗知其事，以兵侵掠其境㉝㉞。

㈤辛卯，上至自仁壽宮。

㈥冬，十一月，癸未，上祀南郊。

㈦十二月，自京師至仁壽宮，置行宮十有二所㉟。

㈧南寧夷爨翫復反，蜀王秀奏史萬歲受賂縱賊，致生邊患，上責萬歲，萬歲詆讕㊱，上怒，命斬之，高熲及左衞大將軍元旻等固請曰：「萬歲雄略㊲過人，將士樂為致力㊳，雖古名將，未能過也㊴。」上意少解，於是除名為民㊵。

【今註】㈠靺鞨：《隋書・靺鞨傳》：「靺鞨在高麗之北，邑落有酋長，不相總一。凡有七種，而黑水部尤為勁健，自拂涅以東，矢皆石鏃，即古之肅慎氏也。」音末曷。㈡營州總管：《隋書・地理志》中：「遼西郡，舊置營州，開皇初置總管府。」㈢高麗王元帥靺鞨之眾萬餘……將水陸三十萬伐高麗：按此段乃揉合《隋書・高祖紀》開皇十八年文及〈高麗傳〉二文而成，字句大致相同。㊃延州刺史：《隋書・地理志》上：「延安郡，後魏置東夏州，西魏改為延州。」㊄死家：死者之家。㊅猫鬼疾也：謂猫鬼所製之疾。㊆異母：父之妻妾，非生己者，謂之異母。㊇意陀所為：以意度之，必陀所為。㊈雜治之：共案治之。㊉犢車：牛犢所引之車。⑪為之請命：為之請留其性命。⑫蠹政：猶敗政。蠹為害蟲，故引以為喻。⑬今坐為妾身：按古代雖皇后亦自謙稱曰妾，意謂今坐為妾身之故。⑭司勳侍郎：《隋書・百官志》下：「吏部尚書統司勳侍郎二人。」⑮除名為民：除去其名籍，而免為平民。⑯詔誅被訟行猫鬼家：下詔誅戮被訟曾行使猫鬼之家。⑰延州刺史獨孤陀……至是詔誅被訟行猫鬼家：按此段乃錄自《隋書・文獻獨孤皇后》及〈外戚獨孤陀傳〉二文而成，字句大致相同。⑱夏四月辛亥，詔畜猫鬼：按《隋書・高祖紀》開皇十八年文作：「夏四月癸卯，以蔣州刺史郭衍為洪州總管。五月辛亥，詔畜猫鬼。」是四月辛亥明係五月辛亥之訛。⑲蠱毒：胡三省曰：「隋書志：『江南諸郡往往畜蠱，而宜春偏甚。其法，以五月五日聚百種蟲，大者至蛇，小者至蝨，合置器中，令自相啖，餘一種存者，留之，蛇則曰蛇蠱，蝨則曰蝨蠱，行以殺人，因食，入人腹內，食其五藏。死則其產移入蠱主之家。三年不殺他人，則畜者自鍾其弊，累世子孫相傳不絕，亦有隨女子嫁者。』」《文選・鮑照苦熱行》，注引顧野王《輿地志》：「江南數郡有畜蠱者，主人行之以殺人，行飲食，中人不覺也。其家絕滅者，則飛遊妄走，中之則斃。」⑳厭媚：《隋書・高祖紀》開皇十八年文，作厭魅。㉑野道之家：殆猶左道之家。㉒並投於四裔：謂皆放逐投置於邊陲之地。

㉓詔畜猫鬼蠱毒……下詔黜高麗王元官爵：按此段乃錄自《隋書・高祖紀》開皇十八年文，字句大致相同。㉔臨渝關：胡三省曰：「在柳城西四百八十里，所謂盧龍之險也。」按即今之山海關。㉕水潦：謂雨量過多，洪水泛濫。㉖餽運不繼：餉運不克繼續不斷。㉗疾疫：疾病時疫。㉘平壤城：《隋書・高麗傳》：「平壤城東西六里，隨山屈曲，南臨浿水。」㉙上表稱遼東糞土臣元：糞土乃賤惡之喻。《論語・公治長》：「糞土之牆，不可杇也。」是其證。㉚漢王諒軍出臨渝關……待之如初：按此段乃揉合《隋書・高祖紀》開皇十八年文、〈周羅睺傳〉及〈高麗傳〉三文而成，字句大致相同。㉛軍導：大軍之嚮導。㉜致伐：謂致之以討伐，亦即行討。㉝百濟王昌遣使奉表……以兵侵掠其境：按此段乃錄自《隋書・百濟傳》，字句幾全相同。㉞按《通鑑》於資料取捨，亦有可議之處，特以如此，則喋喋費辭，故循例闕而不言。即以開皇十八年〈高祖紀〉所載之資料言之，是年載有：「秋七月景子，詔京官五品已上、總管刺史，以志行修謹、清平幹濟二科舉人。」及「九月庚寅，勑舍客無公驗者，坐及刺史縣令。」此事於人材甄選及治安秩序，關係影響何等重大，而均付刊削，誠未免令人百思莫解。又是年中每次幸還仁壽宮，則必按月日詳為書載，若非欲以顯彰文帝之喜逸樂，（然文帝實乃最功勤宵旰之主）則其外實無絲毫意義。由之，可見《通鑑》取材之當否，亦實大可注意，及須重行評估也。㉟辛卯，上至自仁壽宮……置行宮十有二所：按此段乃錄自《隋書・高祖紀》開皇十八年文，字句大致相同。㊱詆讕：詆、拒諱，讕、逸辭。㊲雄略：雄武謀略。㊳致力：效其死力。㊴未能過也：即未能過之。㊵南寧夷爨翫復反……於是除名為民：按此段乃錄

自《隋書·史萬歲傳》，字句大致相同。

十九年（西元五九九年）

㈠春，正月，癸酉，赦天下。

㈡二月，甲寅，上幸仁壽宮。

㈢突厥突利可汗因㊀長孫晟奏言：「都藍可汗作攻具，欲攻大同城㊁。」詔以漢王諒為元帥，尚書左僕射高熲出朔州㊂道，右僕射楊素出靈州㊃道，上柱國燕榮出幽州㊄道，以擊都藍，皆取漢王節度㊅；然漢王竟不臨戎㊆。都藍聞之，與達頭可汗結盟，合兵掩襲突利，大戰長城下，突利大敗，都藍盡殺其兄弟子姪，遂度河入蔚州㊇。突利部落散亡，夜與長孫晟以五騎南走㊈，比旦㊉，行百餘里，收得數百騎。突利與其下謀曰：「今兵敗入朝，一降人耳⑪，大隋天子，豈禮我乎⑫！玷厥雖來，本無寃隙⑬，若往投⑭之，必相存濟⑮。」晟知之，密遣使者入伏遠鎮，令速舉烽，突利見西烽俱發，以問晟，晟紿⑯之曰：「城高地迥⑰，必遙見賊來，我國家法，若賊少舉二烽(一八)，來多舉三烽，大逼(一九)舉四烽，彼見賊多而又近耳。」突利大懼，謂其眾曰：「追兵已逼，且可投城。」既入鎮，晟留其達官(二〇)執室領其眾，自將突利馳驛入朝。夏，四月，丁酉，突利至長安，帝大喜，以晟為左勳衞驃騎將軍(二一)、持節(二二)護突厥(二三)(二四)。上令突利與都藍使者因頭特勒相辯詰，突利辭直，上乃厚待之，都藍弟郁速六(二五)棄其妻子，與突利歸朝，上嘉之，使突利多遺之珍寶，以慰其心(二六)。

高熲使上柱國趙仲卿將兵三千為前鋒，至族蠡(二七)山，與突厥遇，交戰七日，大破之，追奔至乞伏泊(二八)，復破之，虜千餘口，雜畜萬計(二九)。突厥復大舉而至，仲卿為方陳，四面拒戰，凡五日，會高熲大兵至，合擊之，突厥敗走，追度白道，踰秦山七百餘里而還(三〇)。楊素軍與達頭遇，先是諸將與突厥戰，慮其騎兵奔突(三一)，皆以戎車步騎相參(三二)，設鹿角(三三)，為方陳，騎在其內；素曰：「此乃自固之道，未足以取勝也(三四)。」於是悉除舊法，令諸軍為騎陳，達頭聞之，大喜曰：「天賜我也。」下車(三五)，仰天而拜，帥騎兵十餘萬直前，上儀同三司周羅睺曰：「賊陳未整，請擊之。」帥精騎逆戰，素以大兵繼之，突厥大敗，達頭被重創而遁，殺傷不可勝計，其眾號哭而去㊱。

㈣六月，丁酉，以豫章王暕為內史令。

㈤宜陽公王世積為涼州總管㊲，其親信安定皇甫孝諧有罪；吏捕之，亡抵世積㊳，世積不納，孝諧配防㊴桂州，因上變，稱：「世積嘗令道人㊵相其貴不，道人答曰：『公當為國主㊶，』又將之涼州。』其所親謂世積曰：『河西天下精兵處，可圖大事。』世積曰：『涼州土曠人希，非用武之國㊷。』」世積坐誅，拜孝諧上大將軍㊸。

㈥獨孤后性妬忌，後宮莫敢進御㊹，尉遲迥女孫有美色，先沒宮中㊺，上於仁壽宮見而悅之，因得幸㊻；后伺上聽朝，陰殺之。上由是大怒，單騎從苑中出，不由徑路㊼，入山谷間二十餘里，高熲、楊素等追及上，扣馬㊽苦諫㊾；上太息曰：「吾貴為天子，不得自由㊿。」高熲曰：「陛下豈以一婦人而輕天下[51]！」上意少解，駙馬良久，中夜[五二]方還宮。后俟上於閤內，及至，后流涕拜謝，熲、素等和解之[五三]，因置酒極歡[五四]。先是后以高熲父之家客[五五]，甚見親禮，至是聞熲謂己為一婦人，遂銜之[五六][五七]。

時太子勇失愛於上，潛有[五八]廢立之志[五九]，從容謂熲曰：「有神告晉王妃言：『王必有天下，若之何？』」熲長跪[六〇]曰：「長幼有序，其可廢乎[六一]！」獨孤后知熲不可奪[六二]，陰欲去之[六三]，會上令選東宮衞士以入上臺[六四]，熲奏稱：「若盡取彊者，恐東宮宿衞太劣[六五]。」上作色[六六]曰：「我有時出入，宿衞須得勇毅[六七]，太子毓[六八]德春宮[六九]，左右何須壯士，此極弊法[七〇]。如我意者[七一]，恒於交番之日[七二]，分向東宮[七三]，上下團伍不別[七四]，豈非佳事。我熟見前代[七五]，公不須仍踵舊[七六]風。」熲子表仁娶太子女，故上以此言防之[七七][七八]。

熲夫人卒，獨孤后言於上曰：「高僕射老矣，而喪夫人，陛下何能不為之娶！」上以后言告熲，熲流涕謝曰：「臣今已老，退朝唯齋居讀佛經而已，雖陛下垂哀之深，至於納室[七九]，非臣所願。」上乃止。既而熲愛妾生男，上聞之極喜，后甚不悅；上問其故，后曰：「陛下尚復信高熲邪！始陛下欲為熲娶，熲心存愛妾，面欺陛下(八〇)，今其詐已見，安得信之！」上由是疏熲。伐遼之役，熲固諫不從，及師無功，后言於上曰：「熲初不欲行，陛下強遣之，妾固知其無功矣。」又上以漢王年少，專委軍事於熲，熲以任寄隆重，每懷至公(八一)，無自疑之意(八二)，諒所言多不用，諒甚銜之；及還，泣言於后曰：「兒幸免高熲所殺(八三)。」上聞之，彌不平(八四)(八五)。及擊突厥，出白道，進圖入磧(八六)，遣使請兵，近臣緣此(八七)言熲欲反，上未有所答，熲已破突厥而還。

及王世積誅，推覈(八八)之際，有宮禁中事，云於熲處得之。上大驚(八九)。有司又奏熲及左右衞大將軍元旻、元冑並與世積交通，受其名馬之贈，旻冑坐免官(九〇)。上柱國賀若弼、吳州總管(九一)宇文弢、刑部尚書(九二)薛冑、民部尚書斛律孝卿、兵部尚書柳述等明熲無罪(九三)，上愈怒，皆以屬吏(九四)。自是朝臣無敢言者。秋，八月，癸卯，熲坐免上柱國、左僕射，以齊公就第(九五)。

未幾上幸秦王俊第，召熲侍宴，熲歔欷悲不自勝，獨孤后亦對之泣，上謂熲曰：「朕不負公(九六)，公自負也。」因謂侍臣曰：「我於高熲，勝於兒子，雖或不見，常似目前(九七)，自其解落(九八)，瞑然(九九)忘之，如本無高熲(〇〇)。人臣不可以身要君(〇一)，自云第一(〇二)也。」頃之，熲國令(〇三)上熲陰事，稱其子表仁謂熲曰：「司馬仲達初託疾不朝(〇四)，遂有天下，公今遇此，焉知非福！」於是上大怒，囚熲於內史省(〇五)而鞫之。憲司(〇六)復奏沙門真覺嘗謂熲云：「明年，國有大喪(〇七)。」尼令暉復云：「十七十八年(〇八)，皇帝有大厄，十九年不可過。」上聞而益怒，顧謂羣臣曰：「帝王豈可力求(〇九)，孔子以大聖之才，猶不得天下，熲與子言，自比晉帝，此何心乎！」有司請斬之，上曰：「去年殺虞慶則，今茲(一〇)斬王世積，如更誅熲，天下其謂我何(一一)！」於是除名為民。熲初為僕射，其母戒之曰：「汝富貴已極，但有一斫頭耳(一二)，爾其慎之。」熲由是常恐禍變(一三)，至是熲歡然無恨色(一四)(一五)。先是國子祭酒元善言於上曰：「楊素麤疏，蘇威怯懦(一六)，元冑元旻，正似鴨耳(一七)，可以付社稷者，唯獨高熲。」上初然之，及熲得罪，上深責之，善憂懼而卒(一八)。

㈦九月，以太常卿牛弘為吏部尚書⑲，弘選舉先德行而後文才⑳，務在審慎，雖致停緩㉑，其所進用，並多稱職。吏部侍郎高孝基鑒賞機晤㉒清慎㉓絕倫㉔，然爽俊㉕有餘，迹似輕薄㉖，時宰㉗多以此疑之，唯弘深識其真㉘，推心㉙任委，隋之選舉得人，於斯為最㉚，時論彌服弘識度之遠㉛㉜。

㈧冬，十月，甲午，以突厥突利可汗為意利珍豆啟民可汗，華言意智健也。突厥歸啟民者，男女萬餘口，上命長孫晟將五萬人，於朔州㉝築大利城㉞，以處之。時安義公主已卒，復使晟持節送宗女義成公主以妻之。晟奏：「染干部落，歸者益眾，雖在長城之內，猶被雍虞閭抄掠，不得寧居㉟，請徙五原㊱，以河為固，於夏勝兩州㊲之間，東西至河，南北四百里，掘為橫塹㊳，令處其內，使得任情㊴畜牧。」上從之㊵。又令上柱國趙仲卿屯㊷兵二萬，為啟民防達頭。代州總管㊶韓洪等將步騎一萬，鎮恒安㊸。達頭騎十萬來寇，韓洪軍大敗，仲卿自樂寧鎮邀擊，斬首千餘級㊹。

㈨帝遣越公楊素出靈州㊺，行軍總管韓僧壽出慶州㊻，太平公史萬歲出燕州㊼，大將軍、武威姚辯出河州㊽，以擊都藍，師未出塞；十二月，乙未，都藍為部下所殺，達頭自立為步迦可汗，其國大亂㊾。長孫晟言於上曰：「今官軍臨境，戰數有功，虜內自攜離㊿，其主被殺，乘此招撫，可以盡降，請遣染干部下，分道招慰(五一)。」上從之，降者甚眾(五二)。

【今註】㊀因：憑藉。㊁大同城：胡三省曰：「唐志：『自夏州北度烏水，行五百三十餘里，過橫水，又行百一十九里，至安樂戍，戍在河西壖，東壖有古大同城，今大同城古永濟柵也。』」㊂朔州：《隋書・地理志》中：「馬邑郡，舊置朔州，開皇初置總管府。」㊃靈州：《隋書・地理志》上：「靈武郡，後魏置靈州。」㊄幽州：《隋書・地理志》中：「涿郡，舊置幽州。」㊅皆取漢王節度：謂皆聽取漢王節制規度。㊆臨戎：臨軍。㊇蔚州：《隋書・地理志》中：「鴈門郡、靈丘縣，後周置蔚州。」㊈詔以漢王諒為元帥……夜與長孫晟以五騎南走：按此段乃錄自《隋書・突厥傳》，及〈長孫覽附晟傳〉，字句大致相同。㊉比旦：至旦。(一一)一降人耳：謂毫無勢力，可為人所敬重。(一二)豈禮我乎：謂豈肯敬禮我乎！(一三)寃隙：寃，寃仇；隙，瑕隙。(一四)投：投奔。(一五)存濟：存卹濟扶。(一六)紿：詐，音殆。(一七)城高地迥：按迥乃係曠遠之意，以地勢高曠，故可遙見來者。(一八)賊少舉二烽：賊至者少，則舉二烽燧。(一九)大逼：謂大舉來犯。(二〇)達官：顯達之官。(二一)驃騎將軍：《隋書・百官志》下：「隋制，驃騎將軍正四品。」㉒持節：持符節。㉓護突厥：監護突厥。㉔比旦，行百餘里……持節護突厥：按此段乃錄自《隋書・長孫覽附晟傳》，字句大致相同。㉕都藍弟郁速六：按《隋書・突厥傳》，郁速六皆作都速六。㉖上令突利與都藍使者……多遺之珍寶，以慰其心：按此段乃錄自《隋書・突厥傳》，字句大致相同。㉗蠡：音黎。㉘乞伏泊：泊為池澤之意。㉙萬計：以萬為單位而計之。㉚高熲使上柱國趙仲卿將兵三千……踰秦山七百餘里而還：按此段乃錄自《隋書・酷吏趙仲卿傳》，字句幾全相同。㉛奔突：奔，衝突。㉜皆以戎車步騎相參：謂皆以兵車及步騎參合於一起。㉝設鹿角：舊時軍營之防禦物，用帶枝樹木削尖，埋植地上，以阻敵人之行近，形如鹿角，故名。《三餘贅筆》：「鹿性警，羣居則環其角，圓圍如陣，以防人物之害；故軍中寨柵埋樹木外向，名曰鹿角。」㉞此乃自固之道，未足以取勝也：按《隋書・楊素傳》作：「此乃自固之道，非取勝之方也。」意較含蓄符恰。㉟下車：〈楊素傳〉作下馬，較為切合。㊱楊素軍與達頭遇……其眾號哭而去：按此段乃錄自《隋書・楊素傳》，字句大致相同。㊲涼州總管：《隋書・地理志》下：「武威郡，舊置涼州。」㊳亡抵世積：逃亡而抵至世積之處。㊴配防：謂配隸軍伍，使之防守。㊵道人：僧人。㊶國主：一國之主。㊷用武之國：即用武之地。㊸宜陽公王世積為涼州總管……拜孝諧上大將軍：按此段乃錄自《隋書・王世積傳》，字句大致相同。㊹後宮莫敢進御：謂後宮宮人，莫敢進於天子，而被御幸。㊺先沒宮中：先被籍沒而配於宮中。㊻因得幸：因得進幸。㊼徑路：猶道路。㊽扣馬：攔馬。㊾苦諫：苦苦諫諍。㊿吾貴為天子，不得自由：按《隋書・文獻獨孤后傳》，不得上有一而字，此而字甚重要，絕不可省除。(五一)陛下豈以一婦人而輕天下：謂陛下豈以一婦人之故，而輕棄天下。(五二)中夜：夜半。(五三)和解之：調和解勸之。(五四)極歡：盡極歡樂。(五五)先是后以高熲父之家客：熲父賓為獨孤信參佐，信被誅，后以賓父之故吏，數往來其家。(五六)銜之：銜恨之。(五七)獨孤后性妬忌……謂己為一婦人，遂銜之：按此段乃錄自《隋書・文獻獨孤皇后傳》，字句大致相同。(五八)潛有：陰有。(五九)廢立之志：謂廢而另立之志，《隋書・高熲傳》作之意，蓋志猶意也。(六〇)長跪：謂跪而軀體聳直。(六一)其可廢乎：猶豈可廢乎！(六二)知熲不可奪：謂知熲之意不可奪改。(六三)時太子勇失愛於上……陰欲去之：按此段乃錄自《隋書・高熲傳》，字句大致相同。(六四)以入上臺：謂以入宮禁及省臺。(六五)太劣：猶甚弱。(六六)作色：變色。(六七)須得勇毅：謂須得勇毅之士。(六八)毓：養。(六九)春宮：太子所居之宮。(七〇)此極弊法：謂此乃最有弊端之法制。(七一)如我意者：依我之意見。(七二)恒於交番之日：常於交接番代之時。(七三)分向東宮：分一部份宿衞東宮。(七四)上下團伍不別：胡三省曰：「三百人為團，五人為伍。」謂上臺與東宮之衞士，無有區別。(七五)我熟見前代：謂我熟見前代關於此事之利弊。(七六)仍踵舊：仍沿舊制。(七七)以此言防之：謂以此言防遏之。(七八)會上令選東宮衞士……故上以此言防之：按此段乃錄自《隋書・房陵王勇傳》，字句大致相同。(七九)納室：納妻室。(八〇)面欺陛下：謂當面欺騙陛下。(八一)每懷至公：謂每懷至公之心。(八二)無自疑之意：無自避嫌疑之意。(八三)兒幸免高熲所殺：謂兒子幸免為高熲所殺。(八四)彌不平：愈不平。(八五)熲夫人卒……上聞之，彌不平：按此段乃錄自《隋書・高熲傳》，字句幾全相同。(八六)磧：

大漢。(八七)緣此：由此。(八八)推覈：推問考覈。(八九)及王世積誅……云於熲處得之，上大驚：按此段乃錄自《隋書・高熲傳》，字句大致相同。(九〇)有司又奏熲及左右衛大將軍……旻胄坐免官：按此段乃錄自《隋書・王世積傳》，字句大致相同。(九一)吳州總管：《隋書・地理志》下：「吳郡，陳置吳州。」(九二)刑部尚書：開皇三年改都官尚書為刑部尚書。(九三)明熲無罪：謂申明高熲無罪。(九四)屬吏：屬於吏，亦即下獄。(九五)就第：謂歸其私第。(九六)朕不負公：朕不違負公。(九七)我於高熲勝於兒子，雖或不見，常似目前：按常似目前，乃謂常似在目前。《隋書・高熲傳》，兒子上及目前上俱不加於字，乃係直錄原來口吻，以存其真，而《通鑑》以其與普通字句結構不同，逐依慣例於兒子上加一於字。殊不知既於兒子上加一於字，則於目前上亦當加一在字或於字，方完全合於慣例。今僅加一句，實未見其可。若為保存原形，則全如《隋書》之無於字，亦無不當。又《隋書》此二句，以係直錄當時口語，故於古口語結構之研究，價值自甚巨大。(九八)解落：解官落職。(九九)瞑然：猶茫然。(一〇〇)如本無高熲：謂猶如原來無有高熲其人一般。(一〇一)要君：要脅君主。(一〇二)自云第一：意謂離他不可。(一〇三)熲國令：按《隋書・百官志》下，王國公國，皆有令，有尉。(一〇四)司馬仲達初託疾不朝：仲達司馬懿字，事見魏邵陵《厲公紀》。(一〇五)內史省：內史令省。(一〇六)憲司：法司。(一〇七)大喪：指皇帝崩。(一〇八)十七十八年：即開皇十七年，開皇十八年。(一〇九)力求：謂盡力求得。(一一〇)今茲：今年。(一一一)天下其謂我何：謂天下人將謂我為何如之君。(一一二)但有一斫頭耳：謂只剩有一斫頭之事，未知汝能避免否？(一一三)禍變：禍患變故。(一一四)歡然無恨色：謂歡然而無恨色。(一一五)上柱國賀若弼……至是熲歡然無恨色：按此一大段乃錄自《隋書・高熲傳》，字句大致相同。⑯怯懦：畏怯懦弱。⑰元冑元旻，正似鴨耳：謂隨波上下，而無主見。⑱先是國子祭酒元善……善憂懼而卒：按此段乃錄自《隋書・儒林元善傳》，字句大致相同。⑲九月以太常卿牛弘為吏部尚書：按《隋書・高祖紀》開皇十九年文作：「九月乙丑，以太常卿牛弘為吏部尚書。」當從添乙丑二字。⑳先德行而後文才：謂以德行為重而文才為輕。㉑雖致停緩：雖陷於停滯遲緩。㉒鑒賞機晤：謂鑒識人才，機譬明晤。㉓清慎：清平謹慎。㉔絕倫：絕於倫儕。㉕爽俊：爽利英俊。㉖迹似輕薄：行迹有嫌輕薄。㉗時宰：謂當時執政者。㉘深識其真：深知其真情。㉙推心：推心置腹，謂竭誠也。㉚於斯為最：於斯時為最得人才。㉛識度之遠：識見器度之卓遠。㉜九月，以太常卿牛弘為吏部尚書……時論彌服弘識度之遠：按此段乃錄自《隋書・牛弘傳》，字句幾全相同。㉝朔州：《隋書・地理志》中：「馬邑郡，舊置朔州，開皇初置總管府。」㉞大利城：《隋書・地理志》中：「定襄郡統大利縣。」㉟寧居：安居。㊱五原：鹽州五原之地。㊲夏勝兩州：《隋書・地理志》上：「朔方郡，後魏置夏州。榆林郡，開皇二十年置勝州。」㊳塹：濠溝。㊴任情：隨意。㊵上命長孫晟將五萬人……使得任情畜牧，上從之：按此段乃錄自《隋書・長孫覽附晟傳》，字句幾全相同。㊶屯：駐屯。㊷代州總管：《隋書・地理志》中：「鴈門郡，後周置肆州，開皇五年改為代州，置總管府。」㊸恒安：《舊唐書・地理志》二河東道：「雲州，隋馬邑郡之雲內縣界恒安鎮也。雲中今治，即後魏所都平城也。」㊹又令上柱國趙仲卿屯兵二萬……自樂寧鎮邀擊，斬首千餘級：按此段乃錄自《隋書・酷吏趙仲卿傳》，字句幾全相同。㊺靈州：《隋書・地理志》上：「靈武郡，後魏置靈州。」㊻慶州：《隋書・地理志》上：「弘化郡，西魏置朔州，開皇十六年置慶州。」㊼燕州：《隋書・地理志》中：「涿郡、懷戎縣，後齊置北燕州，後周去北字。」㊽河州：《隋書・地理志》上：「枹罕郡，舊置河州。」㊾帝遣越公楊素出靈州……自立為步迦可汗，其國大亂：按此段乃錄自《隋書・突厥傳》，字句幾全相同。㊿攜離：攜貳。㊿分道招慰：《隋書・長孫覽附晟傳》，分道作分頭，頭字雖俗，而於此則甚新鮮切合，宜沿從之。㊿長孫晟言於上曰……降者甚眾：按此段乃錄自《隋書・長孫覽附晟傳》，字句大致相同。

卷一百七十九　隋紀三

司馬光編集
曲守約註

起上章涒灘，盡昭陽大淵獻，凡四年。（庚申至癸亥，西元六〇〇年至六〇三年）

高祖文皇帝中

開皇二十年（西元六〇〇年）

㈠春，二月，熙州㊀人李英林反。三月，辛卯，以揚州總管司馬㊁、河內張衡為行軍總管，帥步騎五萬討平之㊂。

㈡賀若弼復坐事下獄，上數㊃之曰：「公有三太猛㊄：嫉妬心太猛，自是非人心太猛㊅，無上心㊆太猛。」既而釋之。它日，上謂侍臣曰：「弼將伐陳，謂高熲曰：『陳叔寶可平也，不作高鳥盡，良弓藏邪㊇！』熲云：『必不然。』及平陳遽索㊈內史，又索僕射，我語熲曰：『功臣正宜授勳官㊉，不可預朝政㊁。』弼後語熲：『皇太子於己，出口入耳㊂無所不盡，公終久何必不得弼力㊂，何脉㊃邪！』意圖廣陵，又圖荊州，皆作亂之地，意終不改也㊄㊅。」

㈢夏，四月，壬戌，突厥達頭可汗犯塞，詔命晉王廣、楊素出靈武道⑰，漢王諒、史萬歲出馬邑道，以擊之；長孫晟帥降人為秦州⑱行軍總管，受晉王節度。晟以突厥飲泉，易可行毒，因取諸藥，毒水上流，突厥人畜，飲之多死，於是大驚曰：「天雨惡水⑲，其亡我乎⑳！」因夜遁，晟追之，斬首千餘級㉑。【考異】煬帝紀曰：「出靈武，無虜而還。」突厥傳曰：「晉王出靈州，達頭遁逃而去。」晟傳曰：「達頭與王相抗。」蓋達頭聞王來而遁，晟將兵從別道與達頭相遇耳。史萬歲出塞至大斤山，與虜相遇，達頭遣使問：「隋將為誰？」候騎㉒報：「史萬歲也。」突厥復問：「得非敦煌戍卒乎㉓？」候騎曰：「是也。」達頭懼而引去，萬歲馳追百餘里，縱擊，大破之，斬數千級，逐北入磧數百里，虜遠遁，而還㉔。【考異】帝紀：「十九年六月，史萬歲破賊。」據本傳，在今年，紀誤。㉕詔遣長孫晟復還大利城，安撫新附。達頭復遣其弟子俟利伐從磧東攻啟民，上又發兵助啟民守要路，俟利伐退走入磧。啟民上表陳謝曰：「大隋聖人可汗㉖，憐食百姓，如天無不覆，地無不載，染干如枯木更葉，枯骨更肉㉗，千世萬世，常為大隋典羊馬㉘也㉙。」帝又遣趙仲卿為啟民築金河、定襄二城㉚。

㈣秦孝王俊久疾未能起，遣使奉表陳謝，上謂其使者曰：「我戮力[31]創茲大業，作訓垂範[32]，庶[33]臣下守之，汝為吾子，而欲敗[34]之，不知何以責汝！」俊慚怖[35]，疾遂篤[36]，乃復拜俊上柱國。六月，丁丑，俊薨，上哭之，數聲而止[37]。俊所為侈麗之物，悉命焚之。王府僚佐[38]請立碑[39]，上曰：「欲求名，一卷史書足矣，何用碑為！若子孫不能保家，徒與人作鎮石耳[40]。」俊子浩，崔妃所生也，庶子曰湛，羣臣希旨[41]奏：「漢之栗姬子榮[42]，郭后子彊[43]，皆隨母廢，今秦王二子，母皆有罪，不合承嗣。」上從之，以秦國官為喪主[44][45]。

㈤初，上使太子勇參決[46]軍國政事，時有損益[47]，上皆納之。勇性寬厚，率意任情[48]，無矯飾[49]之行。上性節儉，勇嘗文飾蜀鎧[50]，上見而不悅，戒之曰：「自古帝王，未有好奢侈而能久長者[51]！汝為儲后[52]，當以儉約為先[53]！乃能奉承宗廟。吾昔日衣服，各留一物，時復觀之，以自警戒。恐汝以今日皇太子[54]之心，忘昔時之事，故賜汝以我舊所帶刀一枚[55]，幷葅醬[56]一合。汝昔作上士時[57]，常所食也。若存記前事，應知我心（五八）（五九）。」後遇冬至，百官皆詣勇（六〇），勇張樂（六一）受賀，上知之，問朝臣曰：「近聞至日，內外百官相帥朝東宮，此何禮也？」太常少卿辛亶對曰：「於東宮，乃賀也，不得言朝。」上曰：「賀者正可三數十人（六二），隨情各去（六三），何乃有司徵召，一時普集（六四），太子法服（六五）設樂以待之，可乎！」因下詔曰：「禮有等差（六六），君臣不雜（六七），皇太子雖居上嗣，義兼臣子（六八），而諸方岳（六九）正冬（七〇）朝賀，任土作貢（七一），別上（七二）東宮，事非典則，宜悉停斷（七三）。」自是恩寵始衰，漸生猜阻。勇多內寵，昭訓雲氏尤幸，其妃元氏無寵，遇心疾，二日而薨；獨孤后意有佗故（七四），甚責望（七五）勇。自是雲昭訓專內政（七六），生長寧王儼、平原王裕、安成王筠，高良娣生安平王嶷、襄城王恪，王良媛生高陽王該、建安王韶，成姬生潁川王煚，后宮生孝實、孝範。后彌不平，頗遣人伺察（七七），求勇過惡。

晉王廣彌自矯飾，唯與蕭妃居處，後庭有子皆不育（七八）。后由是數稱廣賢。大臣用事者，廣皆傾心與交（七九）（八〇），上及后每遣左右至廣所，無貴賤，廣必與蕭妃迎門接引〔八一〕，為設美饌，申以厚禮〔八二〕，婢僕往來者，無不稱其仁孝。上與后嘗幸其第，廣悉屏匿〔八三〕美姬於別室，唯留老醜者，衣以縵〔八四〕綵，給事〔八五〕左右，屏帳改用縑素，故絕〔八六〕樂器之絃，不令拂去塵埃〔八七〕。上見之，以為不好聲色，還宮以語侍臣，意甚喜。侍臣皆稱慶，由是愛之，特異諸子。上密令善相者來和〔八八〕徧視諸子，對曰：「晉王眉上雙骨隆起，貴不可言〔八九〕〔九〇〕。」上又問上儀同三司韋鼎：「我諸兒誰得嗣位？」對曰：「至尊皇后所最愛者，當與之，非臣敢預知也。」上笑曰：「卿不肯顯言〔九一〕邪〔九二〕。」晉王廣美姿儀〔九三〕，性敏慧，沈深嚴重，好學，善屬文〔九四〕，敬接朝士，禮極卑屈，由是聲名藉甚〔九五〕，冠於諸王〔九六〕。

廣為揚州總管，入朝，將還鎮〔九七〕，入宮辭后〔九八〕，伏地流涕，后亦泫然〔九九〕泣下。廣曰：「臣性識愚下〔一〇〇〕，常守平生昆弟〔一〇一〕之意，不知何罪，失愛東宮，恒蓄盛怒〔一〇二〕，欲加屠陷〔一〇三〕，每恐讒譖生於投杼〔一〇四〕，鴆毒遇於杯勺〔一〇五〕，是以勤憂〔一〇六〕積念，懼履〔一〇七〕危亡。」后忿然曰：「睍地伐〔一〇八〕漸不可耐〔一〇九〕，我為之娶元氏女，竟不以夫婦禮待之，專寵阿雲[一〇]，使有如許[一一]豚犬[一二]。前新婦[一三]遇毒而夭，我亦不能窮治[一四]，何故復於汝發如此意！我在尚爾，我死後，當魚肉汝[一五]乎！每思東宮竟無正嫡[一六]，至尊千秋萬歲之後[一七]，遣汝等兄弟向阿雲兒[一八]前，再拜問訊[一九]，此是幾許苦痛邪[二〇]！」廣又拜，嗚咽[二一]不能止，后亦悲不自勝[二二][二三]，自是后決意欲廢勇立廣矣。

廣與安州總管[二四]宇文述素善，欲述近己，奏為壽州刺史[二五]。廣尤親任總管司馬張衡，衡為廣畫奪宗之策。廣問計於述，述曰：「皇太子失愛已久，令德[二六]不聞於天下，大王仁孝著稱，才能蓋世[二七]，數經將領，頻有大功[二八]，主上之與內宮[二九]，咸所鍾愛[三〇]，四海之望[三一]，實歸大王。然廢立[三二]者，國家大事，處人父子骨肉之間[三三]，誠未易謀也。然能移[三四]主上意者，唯楊素耳，素所與謀者，唯其弟約；述雅知約[三五]，請朝京師，與約相見，共圖之。」廣大悅，多齎金寶[三六]，資述[三七]入關。約時為大理少卿，素凡有所為，皆先籌於約，而後行之。述請約，盛陳[三八]器玩，與之酣暢[三九]，因而共博，每陽[四〇]不勝，所齎金寶，盡輸之約[四一]，約所得既多，稍以謝述，述因曰：「此晉王之賜，令述與公為歡樂耳[42]。」約大驚曰：「何為爾[43][44]！」述因通廣意[45]，說之曰：「夫守正履道[46]，固人臣之常致[47]，反經合義[48]，亦達者之令圖[49]。自古賢人君子，莫不與時消息[50]，以避禍患。公之兄弟，功名蓋世，當塗[51]用事[52]有年矣，朝臣為足下家所屈辱者，可勝數哉[53]！又儲后以所欲不行，每切齒[54]於執政，公雖自結[55]於人主，而欲危公者，固亦多矣。主上一旦棄群臣[56]，公亦何以取庇[57]？今皇太子失愛於皇后，主上素有廢黜[58]之心，此公所知也。今若請立晉王，在賢兄[59]之口耳。誠能因此時建大功，王必永銘骨髓[60]，斯則去累卵之危，成太山之安也。」約然之，因以白素，素聞之大喜，撫掌[61]曰：「吾之智思[62]，殊不及此[63]，賴汝啟予[64]。」約知其計行，復謂素曰：「今皇后之言，上無不用，宜因機會，早自結託[65]，則長保榮祿[66]，傳祚[67]子孫。兄若遲疑，一旦有變，令太子用事，恐禍至無日[68]矣。」素從之[69]。

後數日，素入侍宴，微稱[70]：「晉王孝悌恭儉，有類至尊。」用此揣[71]后意。后泣曰：「公言，是也。吾兒大孝愛[72]，每聞至尊及我遣內使到，必迎於境首（七三），言及違離（七四），未嘗不泣。又其新婦亦大可憐，我使婢去，常與之同寢共食（七五），豈若睍地伐與阿雲對坐，終日酣宴，昵近（七六）小人，疑阻骨肉（七七）。我所以益憐阿麼（七八）者，常恐其潛殺之（七九）。」素既知后意，因盛言（八〇）太子不才，后遂遺素金，使贊（八一）上廢立。勇頗知其謀，憂懼計無所出，使新豐（八二）人王輔賢造諸厭勝（八三），又於後園作庶人村，室屋卑陋，勇時於中寢息，布衣草褥，冀以當之（八四）。

上知勇不自安，在仁壽宮使楊素觀勇所為，素至東宮，偃息（八五）未入，勇束帶（八六）待之，素故久不進，以激怒勇，勇銜之，形於言色（八七）。素還言：「勇怨望，恐有佗變，願深防察（八八）。」上聞素譖毀（八九），甚疑之。后又遣人伺覘（九〇）東宮，纖芥（九一）事皆聞奏（九二），因加誣飾（九三），以成其罪（九四）。上遂疏忌（九五）勇，廼於玄武門達至德門（九六），量（九七）置候人，以伺動靜（九八），皆隨事奏聞（九九）；又東宮宿衛之人，侍官以上（一〇〇），名籍（一〇一）悉令屬諸衛府，有勇健者，咸屏去（一〇二）之（一〇三），出左衛率蘇孝慈為浙州刺史。勇愈不悅。

【今註】㈠熙州：《隋書・地理志》下：「同安郡，梁置豫州，後改曰晉州，開皇初曰熙州。」蓋因晉熙郡以名州也。㈡揚州總管司馬：隋制，總管府置長史、司馬。㈢二月，熙州人李英林反。三月，辛卯，以揚州總管司馬、河內張衡為行軍總管，帥步騎五萬討平之：按《隋書・高祖紀》開皇二十年文作：「三月辛卯，熙州人李英林反，遣行軍總管張衡討平之。」核此記載義法，甚可注意，正史於述討逆事時，其所言之月日，皆係任拜受命大臣或行軍之日，而於其事故發生之月日，則率略而不書，以其事必起於實施討伐之前，故雖不書亦足知之。而《通鑑》此處，則多撰有二月熙州人李英林反一句，以示其事乃發生於二月時。殊不知苟無特殊重要，則斯類敍述方法，實可屏而不用，而僅如正史記載之義法即可。又〈高祖紀〉所言帥步騎五萬討平之，所云帥步騎五萬，乃係辛卯日之事，而討平之乃為連事而及，則絕非辛卯日之事，特以其無甚重要，遂不另詳書，而只以討平之三字，以宣示該事之結局焉。此正史敍事緊要義法，而讀時所不可不知者也。（本條係本自李玄伯先生之說。）㈣數：責。㈤猛：猶烈，亦即甚。㈥自是非人心太猛：謂批評旁人是非之心太甚。㈦無上心：目無君上之心。㈧不作高鳥盡，良弓藏邪：謂陳平而將不用之。㈨遽索：立即求索。㈩功臣正宜授勳官：《隋書・百官志》下：「高祖又採後周之制，置上柱國、柱國……都督總十一等，以酬勤勞。」⑪預朝政：謂參預朝廷政事。⑫出口入耳：出於彼口，入於我耳，謂雖私密之事，亦無所不談。⑬終久何必不得弼力：按此指高熲言，謂焉知汝最後不憑依弼。⑭脉脉：有含蓄未吐之意。⑮意終不改也：謂弼作亂之意，終不更改。⑯賀若弼復坐事下獄……意終不改也：按此段乃錄自《北史・賀若敦附弼傳》，字句幾全相同。又《隋書．賀若弼傳》，不載此文，北史乃自他書而移錄者。⑰靈武道：即上之靈州道。⑱秦州：《隋書．地理志》上：「天水郡，舊秦州。」⑲天雨惡水：天降毒惡之水。⑳其亡我乎：謂豈欲亡滅我突厥乎。㉑長孫晟帥降人為秦州行軍總管……晟追之，斬首千餘級：按此段乃錄自《隋書．長孫覽附晟傳》，字句大致相同。㉒候騎：司斥候之騎卒。㉓得非敦煌戍卒乎：史萬歲戍敦煌事，見陳長城公至德元年。㉔史萬歲出塞，至大斤山……虜遠遁，而還：按此段乃錄自《隋書．史萬歲傳》，字句大致相同。㉕考異曰，帝紀，十九年六月，史萬歲破賊：按《隋書．高祖紀》開皇十九年文作：「四月，達頭可汗犯塞，遣行軍總管史萬歲擊破之。」是六月當作四月，破賊當作破達頭。㉖大隋聖人可汗：此乃啟民表奏之原譯文，意猶大隋聖天子也。㉗染干如枯木更葉，枯骨更肉：染干乃啟民可汗之名。此二句，《隋書．突厥傳》作：「譬如枯木，重起枝葉，枯骨重生皮肉。」語雖平淺，而意義闡發，則甚透盡。㉘典羊馬：掌管牧畜羊馬之事。㉙達頭復遣其弟子俟利伐……為大隋典羊馬也：按此段乃錄自《隋書．突厥傳》，字句大致相同。㉚築金河定襄二城：《隋書．地理志》上：「榆林郡，金河縣，開皇三年置，曰陽壽。十八年，改陽壽曰金河。」定襄，即馬邑郡雲內縣之恒安鎮。㉛勠力：勉力。㉜作訓垂範：興作格訓，垂示模範。㉝庶：庶幾，亦即希冀之意。㉞敗：敗壞。㉟慙怖：愧慙懼怖。㊱篤：重。㊲上哭之，數聲而止：謂心懷忿怒，毫不哀憐。㊳王府僚佐：《隋書．百官志》下：「親王置師友、文學、長史、司馬、諮議參軍、掾屬、主簿、錄事、功曹、記室、戶倉兵等曹、騎兵、城局等參軍、東西閤祭酒參軍事、法田水鎧士等曹行參軍、行參軍、長兼行參軍、典籤等。」〔三九〕請立碑：《釋名》：「碑者葬時所設，臣子追述君父之功，以書其上。」〔四〇〕徒與人作鎮石耳：謂只與人家作鎮壓東西之石頭耳。〔四一〕希旨：承望意旨。〔四二〕漢之栗姬子榮：事見卷十六漢景帝六年七年。〔四三〕郭后子彊：事見卷四十三漢光武建武十七年十九年。〔四四〕以秦國官為喪主：蓋二子以母罪不合承嗣，理喪無主，遂不得不以秦國官攝之。〔四五〕秦孝王俊久疾……以秦國官為喪主：按此段乃錄自《隋書·秦孝王俊傳》，字句大致相同。〔四六〕參決：參預斷決。〔四七〕損益：損減增益。〔四八〕率意任情：率循意思，任憑感情，即極端真率之意。〔四九〕矯飾：矯揉粉飾。〔五〇〕文飾蜀鎧：蜀人工造鎧甲，而勇於蜀鎧，復更加以裝飾。〔五一〕而能久長：謂而能享祚久長。〔五二〕儲后：后亦君，儲后即儲君。〔五三〕為先：猶為重。〔五四〕皇太子：普通多稱天子之世子為太子，而此則曰皇太子，乃為以前所未見者。猶君上不稱君上，而陸機則呼為皇上；而此皇太子自當係祖襲皇上而成。〔五五〕賜汝以我舊所帶刀一枚：按《北史·隋宗室文四王傳》，刀一枚作刀子一枚。《通鑑》以刀子為俗語，未免村粗，遂刪去子字，以求雅正。殊不知刀子一稱，乃隋代所常用者，且屢見於史冊。《隋書·元胄傳》：「酒酣，趙王欲生變，以佩刀子刺瓜，連啗高祖。」同書〈薛道衡傳〉：「太常丞胡仲操曾在朝堂，就孺借刀子，劃爪甲；孺以仲操非雅士，竟不與之。」夫既頻見史冊，則自可據以入書，故《通鑑》刪之，實屬多事而固執也。又子字為俗名詞語尾之使用，六朝時已逐漸抬頭。爰舉數例以為佐證。《晉書·孫楚附綽傳》：「鄰人謂之曰：『樹子非不楚楚可憐，但恐永無棟梁日耳。』」《文選·任昉奏彈劉整》：「二月九日夜，婢采音偷車欄夾杖龍牽。范問失物之意。

……范今年二月九日夜，失車欄子夾杖龍牽等。」《舊唐書・張公謹傳》：「有司奏言：『準陰陽書，日子在辰，不可哭泣。』」尤其《文選》所錄，前作車欄而後作車欄子，其子為名詞語尾，豈不甚彰彰乎！又上引三則，皆為通俗名詞，而全加有子字，足知自六朝起，子字附於名詞尾端，其風習已漸昌盛矣。(五六)菹醬：醃菜為菹；醬，醢也，肉醬豉醬，皆謂之醢。(五七)作上士時，謂勇仕周時。(五八)應知我心：謂應知我儉約之心。(五九)恐汝以今日皇太子之心……若存記前事，應知我心：按此段乃錄自《北史・隋宗室文四王傳》，字句幾全相同。(六〇)詣勇：至勇處。(六一)張樂：設樂。(六二)賀者正可三數十人：正，只；可，猶宜。三數十乃數目不定之辭，隋唐時常有此語。《舊唐書・張嘉貞傳》：「又嘗奏曰：『今志力方壯，是效命之秋，更三數年，即衰老，無能為也。』」三數與三數十，意頗相似。又三數與三五，所指亦約略相同。《隋書・楊素傳》：「勅曰：『僕射國之宰輔，不可躬親細務，但三五日一度向省，評論大事。』」同書〈藝術庾季才傳〉：「陛下宜鎮撫關內，使百姓畢力歸農，三五年間，令四海少得豐實。」《舊唐書・盧懷慎傳》：「在任多者一二年，少者三五月，遽即遷除。」而三數一辭，視為三二，亦無不可。《北齊書・武成子南陽王綽傳》：「後主即夜索蠍一斗，比曉得三二升，置諸浴斛。」《隋書・楊素傳》：「又令三二百人復進，還如向法，將士股慄，有必死之心。」《舊唐書・裴耀卿傳》：「對曰：『若能更廣陝運，支粟入京，倉廩常有三二年糧，即無憂水旱。』」核三二亦即三兩，而三兩一辭，則起源頗早。《漢書・蕭何傳》：「且諸君獨以身從我，多者三兩人，蕭何舉宗數十人皆隨我，功不可忘也。」凡此，皆不定數辭三數之相類辭語也。(六三)隨情各去：按《隋書·房陵王勇傳》作：「逐情各去。」核逐情為隋代之常用語，同傳下文之：「俯仰逐情，因循成俗。」逐亦係隨意，當以保存原來辭字時代意義，而不加更改為宜。(六四)普集：俱集。(六五)太子法服：《隋書·禮儀志》七：「皇太子衮冕，垂白珠九旒，青纊充耳，犀笄，玄衣纁裳。衣山龍華蟲火宗彝五章，裳藻粉米黼黻四章，織成為之。白紗內單黼領、青褾、襈裾、革帶、金鈎䚢、大帶，素帶不朱，裏亦紕以朱綠黻，隨裳色，火山二章。玉貝劍、火珠鏢首，瑜玉雙佩朱組，雙大綬四采，赤白縹紺，純朱質，長一丈八尺，三百二十，首廣九寸，小雙綬長二尺六寸，色同大綬，而首半之，間施二玉環、朱韈、赤舄，以金飾。」(六六)等差：等級差別。(六七)不雜：不同。(六八)義兼臣子：謂於關係上，兼有為臣為子之份。(六九)諸方岳：〈房陵王勇傳〉作：「諸方岳牧。」岳牧乃謂四岳九州牧，指朝內外諸大臣而言，當從添牧字。(七〇)正冬：即冬至，以係冬日正式來臨，故又名曰正冬。(七一)任土作貢：依方土所生，而為貢獻。(七二)別上：謂另外奉與。(七三)停斷：停止斷絕。(七四)意有佗故：謂揣度其死，或有他因。(七五)責望：望亦責意。(七六)專內政：專東宮內之政。(七七)伺察：窺伺調察。(七八)皆不育：謂皆棄之而不養育，以示除蕭妃外，無所近幸。(七九)傾心與交：〈房陵王勇傳〉作：「敬接朝臣，禮極卑屈。」是傾心猶降心也。(八〇)初上使太子勇參決軍國政事……大臣用事者，廣皆傾心與交：按此一大段，除中間採用《北史》一段，已另行指出外，餘則均錄自《隋書·房陵王勇傳》，字句大致相同。(八一)迎門接引：謂迎迓於門，而接引之。(八二)申以厚禮：謂外再附以厚重禮物。(八三)屏匿：屏去匿藏。(八四)縵：繒無文者。(八五)給事：供事。(八六)故絕：特意絕去。(八七)不令拂去塵埃：不令拂去樂器之塵埃，以示許久未曾作樂。(八八)令善相者來和：來和識帝於潛躍，故深信之，具見《隋書・藝術來和傳》。(八九)貴不可言：意謂最貴，亦即當為天子。(九〇)上密令善相者來和……貴不可言：按此段乃錄自《隋書・煬帝紀》，字句大致相同。(九一)顯言：明白言之。(九二)上又問上儀同三司韋鼎……卿不肯顯言邪：按此段乃錄自《隋書・藝術韋鼎傳》，字句大致相同。(九三)姿儀：姿態儀表。(九四)晉王廣美姿儀……好學，善屬文：按此數句乃錄自《隋書・煬帝紀》，字句大致相同。(九五)藉甚：狼藉甚盛。(九六)冠於諸王：謂過於諸王。(九七)將還鎮：將還鎮守之所，此指揚州言。(九八)辭后：向后辭行。(九九)泫然：潛流。(一〇〇)性識愚下：賦性才識，愚闇卑下。(一〇一)昆弟：昆、兄，謂兄弟。(一〇二)恒蓄盛怒：常抱盛怒。(一〇三)屠陷：屠害傾陷。(一〇四)讒譖生於投杼：曾參居費，費有同姓名者殺人，人遽告曾子之母曰：「曾參殺人。」母初不信；俄而告者有三，其母投杼踰墻而走。具見《國策・秦策》。(一〇五)杯勺：皆飲器，《周禮》：「梓人為飲器，勺一升。」音ㄕㄨㄛˋ。(一〇六)勤憂：勞憂。(一〇七)履：蹈。(一〇八)睍地伐：勇小字。(一〇九)漸不可耐：謂其行為漸至不能令人容忍。(一一〇)阿雲：即昭訓雲氏，此則僅稱其姓，而冠以通俗稱人常用之阿字。(一一一)如許：謂如許多。(一一二)豚犬：胡三省曰：「曹操曰：『如袁本初、劉景升兒，豚犬耳。』」(一一三)新婦：按新婦為六朝流行之稱謂，雖結婚多年者，亦如此呼之。洵屬頗饒興越。細按之，新婦一稱，其含意可有四種：一、指子婦而言。《後漢書・列女周郁妻傳》：「周郁妻者，同郡趙孝之女也，字阿，閑於婦道；而郁多行無禮。郁父偉謂阿曰：『新婦賢者女，當以道匡夫，郁之不改，新婦過也。』」《世說・賢媛》賈充條注引《晉諸公贊》曰：「充母柳氏將亡，充問所欲言者，柳曰：『我教汝迎李新婦，尚不肯，安問他事！』」《隋書．房陵王勇傳》：「皇后忿然曰：『前新婦本無病痛，忽爾暴亡，遣人投藥，致此夭逝。』」二、指新嫁女郎。《世說．賢媛》：「王公淵娶諸葛誕女，入室言語始交，王謂婦曰：『新婦神色卑下，殊不似公休。』」三、婦人自謙之稱。《世說．文學》林道人詣謝公條：「王夫人因自出云：『新婦少遭家難，一生所寄，唯在此兒。』因流涕抱兒以歸。」同書〈賢媛〉許允婦條：「婦曰：『新婦所乏唯容爾，然士有百行，君有幾？』」四、與媳婦之意相類。《世說．賢媛》許允為吏部郎條：「初允被收，舉家號哭，阮新婦自若，云：『勿憂，尋還。』作粟粥待，頃之，允至。」《隋書．房陵王勇傳》：「后曰：『又其新婦亦大可憐，我使婢去，常與之同寢共食。』」新婦之指新娘與媳婦，已宣示於辭語之表，而無庸加以闡述。玆所欲言者，即何以稱子婦曰新婦，以及何以婦人示謙挹時，則自稱曰新婦。細繹尋之，賦新婦以此二意，實含有深邃之意旨。呼子婦曰新婦者，蓋子婦在其舅姑及長者眼中，永遠宛如初來之時，其容貌之嫩皙，經驗之乏缺，識見之淺稚，雖無論歷若干年，而仍視之與初入門時無異，故遂名子婦為新婦，以示其對之永遠愛憐教撫之意。由此觀之，則此辭豈非甚饒有愛護幼小之情愫乎！至婦人自謙而曰新婦者，則甚易窺出，乃自認為對於作婦之道，毫無心得，而其膚淺，全與初為新婦時相同。尤其中國古代家庭風習意識，新婦在家庭中以無功德，故毫無地位，因之休棄放逐，皆可隨意行之，故婦人自稱曰新婦，實謙示己於夫家，毫無建樹，宛與初來之新婦相類。則此辭之為謙遜，誠可謂至深且巨矣。古人命辭，率有所蘊，玆於新婦，特不過聊舉一例而已。㊃窮治：

謂窮究其原委，而處治之。㉕魚肉汝：猶殘殺汝。㉖東宮竟無正嫡：謂太子竟無正妃。㉗至尊千秋萬歲之後：謂天子壽考而終之後，亦即天子死後。㉘阿雲兒：兒為輕蔑之辭，此與今之丫頭頗相類。㉙再拜問訊：臣下對皇后行再拜之禮，問訊即問候。㉚此是幾許苦痛耶：按〈房陵王勇傳〉作：「此是幾許大苦痛邪。」核幾許與幾許大，意俱相同，正意皆指甚大而言，若直譯之，則可作多大。《通鑑》之刪幾許大作幾許，非係杜撰，實亦有所本。《北齊書・上樂王思宗傳》：「責云：『爾在鄴城，說我以弟反兄，幾許不義！以鄴城兵馬抗幷州，幾許無智！』」《顏氏家訓・歸心》：「一人修道，濟度幾許蒼生。」皆其所本之根原也。㉛嗚咽：悲泣之聲。㉜悲不自勝：即不勝其悲。㉝廣為揚州總管……后亦悲不自勝：按此段乃錄自《隋書・房陵王勇傳》，字句大致相同。㉞安州總管：《隋書・地理志》下：「安陸郡，梁置南司州，西魏置安州總管府。」㉟壽州刺史：《隋書・地理志》下：「淮南郡，梁曰南豫州，後周曰揚州，開皇九年曰壽州。」㊱令德：美德。㊲蓋世：謂冠於世間。㊳數經將領，頻有大功：謂南平陳北伐突厥。又將領即將帥也，此名稱諒或起於此。㊴內宮：即中宮，以避國諱，故改。㊵鍾愛：謂慈愛之所專聚。㊶四海之望：四海人士之所仰望。㊷廢立：廢舊立新。㊸處人父子骨肉之間：位於他人父子骨肉間之廢立大事。㊹移：移動。㊺述雅知約：謂述深與約相知，亦即兩人交誼甚深。㊻金寶：按金寶一辭，乃為斯時新興而流行者，爰略舉數則以明之。《隋書・宇文述傳》：「晉王大悅，多齎金寶，資述入關。……因而共博，每佯不勝，所齎金寶盡輸之。」同書〈楊素附約傳〉：「於是用張衡計，遣宇文述大以金寶賂遺於約。」

《舊唐書・高祖二十二王江王元祥傳》：「性貪鄙，多聚金寶，營求無厭，為人吏所患。」同書〈劉文靜傳〉：「願與可汗兵馬，同入京師，人眾土地入唐公，財帛金寶入突厥。」同書〈丘和傳〉：「和初未知隋亡，皆不就。林邑之西諸國，並遣遺和明珠文犀金寶之物，富埒王者。」核金寶即金銀珠寶也。而銀之為飾及持以餽贈，至隋而始漸盛，故知此辭當約略起於隋代。㊲資述：資謂資給。㊳盛陳：猶大陳。㊴酣暢：酣飲為樂。㊵陽：猶佯。㊶盡輸之約：謂因博負之故，而盡輸之於約。㊷與公為歡樂耳：謂與公為歡樂之資耳。㊸何為爾：謂何為如此。《隋書・宇文述傳》作：「何為者。」含意頗為相同。㊹廣問計於述，述曰……約大驚曰，何為爾：按此段乃錄自《隋書・宇文述傳》，字句大致相同。㊺因通廣意：謂因達晉王廣之意。㊻夫守正履道：猶夫守行正道。㊼常致：猶常行。㊽反經合義：違反常道而合於義理。㊾達者之令圖：明達者之美謀。㊿與時消息：與時機而為消長。(51)當塗：即當道。(52)用事：執掌政事。(53)可勝數哉：正意謂不可勝數。(54)切齒：痛恨。(55)自結：自結納。(56)棄羣臣：乃死之代語。(57)取庇：取得庇護。(58)廢黜：廢替貶黜。(59)賢兄：指約兄素言，賢為六朝流行之尊人語，例已見前。(60)王必永銘骨髓：按《隋書・楊素附約傳》作：「王必鎮銘於骨髓。」是鎮即永也。核唐音癸籤謂六朝及唐人詩，多用鎮字，蓋有常之意。褚亮詩：「莫言春稍晚，自有鎮開花。」除褚詩外，此豈非鎮含常意永意之另一例證乎！又鎮既係六朝時之特殊用語，則自應予以保存，而勿行更改為是。(61)撫掌：撫通拊，擊掌。(62)智思：智慧思慮。(63)殊不及此：謂絕未及於廢立之事。(64)啟予：啟發於予。(65)結託：結納託附。(66)榮祿：榮華福祿。

(六七)傳祚：傳祿位。(六八)禍至無日：謂禍至甚速。(六九)逝因通廣意，說之曰……恐禍至無日矣，素從之：按此一大段，乃錄自《隋書・楊素附約傳》，字句幾全相同。(七〇)微稱：謂稍言數語，蓋尚不敢多言，以免涉有嫌疑。(七一)揣：揣度。(七二)大孝愛：〈房陵王勇傳〉作：「大孝順。」此處以用大孝順為佳。(七三)境首：謂境之邊界處，亦即境頭。(七四)言及違離：此指內使言將違別還返。(七五)常與之同寢共食：謂新婦與后所使之婢，同寢共食。(七六)昵近：親近。(七七)疑阻骨肉：使父子兄弟猜疑間阻。(七八)阿麼：廣之小字。(七九)常恐其潛殺之：〈房陵王勇傳〉作：「常恐暗地殺之。」暗地為俗語，而《通鑑》則改為文言之潛字。(八〇)盛言：猶極言。(八一)贊：助。(八二)新豐：《隋書・地理志》上：「新豐縣，屬京兆郡。」(八三)厭勝：謂以呪詛厭伏其人。(八四)冀以當之：蓋藉此以轉移於庶人，而太子則固仍自若也。(八五)偃息：謂坐而休息。(八六)束帶：謂衣冠齊整，而不敢怠忽之意。(八七)形於言色：表露於言語容色之間。(八八)防察：提防伺察。(八九)譖毀：誣罔謗毀。(九〇)伺覘：窺伺覘候。(九一)纖芥：謂極細小。(九二)皆聞奏：皆聞之奏之於君上。(九三)誣飾：誣罔增飾。(九四)以成其罪：〈房陵王勇傳〉作：「構成其罪。」當從添構字。(九五)疏忌：疏遠疑忌。(九六)玄武門達至德門：胡三省曰：「玄武門，隋大興宮城正北門；至德門，在宮城東北隅。」(九七)量：酌量。(九八)動靜：猶舉止。(九九)隨事奏聞：謂有事時，則隨以奏聞。(一〇〇)侍官以上：胡三省曰：「侍官，謂直閤、直寢、直齋、直後、備身、直長等，蓋東宮率府所統，略同十二衞府。」(一〇一)名籍：姓名簿籍。(一〇二)屏去：屏絕除去。(一〇三)後數日，素入侍宴……有勇健者，咸屏去之：按此段乃錄自《隋書・房陵王勇傳》，字句大致相同。

㈠太史令袁充言於上曰：「臣觀天文，皇太子當廢。」上曰：「玄象㊀久見，羣臣不敢言耳㊁。」充，君正之子也。

晉王廣又令督王府軍事姑臧㊂段達，私賂東宮幸臣姬威，令伺太子動靜，密告楊素，於是內外諠謗㊃，過失日聞。段達因脅姬威曰：「東宮過失，主上皆知之矣，已奉密詔，定當廢立，君能告之，則大富貴。」威許諾，即上書告之。

秋，九月，壬子，上至自仁壽宮，【考異】帝紀丁未至自仁壽宮，今從太子勇傳。翌日，御大興殿㊄，謂侍臣曰：「我新還京師，應開懷㊅歡樂，不知何意，翻邑然㊆愁苦。」吏部尚書牛弘對曰：「臣等不稱職，故至尊憂勞。」上既數聞譖毀，疑朝臣悉知之㊇，故於眾中發問，冀聞太子之過，弘對既失旨，上因作色謂東宮官屬曰：「仁壽宮此去不遠，而令我每還京師，嚴備仗衛㊈，如入敵國，我為下利[一〇]，不解衣臥，昨夜欲近廁，故在後房，恐有警急，還移就前殿[一一]，豈非爾輩欲壞我家國邪！」於是執太子左庶子[一二]唐令則等數人，付所司訊鞫。命楊素陳東宮事狀以告近臣，素乃顯言[一三]之曰：「臣奉勑向京(一四)，令皇太子檢校(一五)劉居士餘黨，太子奉詔，作色奮厲(一六)，骨肉飛騰(一七)，語臣云：『居士黨盡伏法(一八)，遣我何處窮討(一九)！爾作右僕射，委寄(二〇)不輕，自檢校之，何關我事(二一)。』又云：『昔大事不遂(二二)，我先被誅，今作天子，竟乃令我不如諸弟，一事以上，不得自遂(二三)。』因長歎回視云：『我大覺身妨(二四)。』」上曰：「此兒不堪承嗣久矣，皇后恒勸我廢之，我以布衣時所生，地復居長(二五)，望其漸改，隱忍(二六)至今，勇嘗指皇后侍兒謂人曰：『是皆我物。』此言幾許異事(二七)。其婦初亡，我深疑其遇毒，嘗責之，勇即懟(二八)曰：『會殺元孝矩(二九)。』此欲害我，而遷怒耳(三〇)。長寧(三一)初生，朕與皇后共抱養之，自懷彼此(三二)，連遣來索，且雲定興女(三三)在外私合而生，想此由來(三四)，何必是其體胤(三五)。昔晉太子取屠家女，其兒即好屠割(三六)，今儻(三七)非類，便亂宗祏(三八)。我雖德慚堯舜(三九)，終不以萬姓(四〇)付不肖子。我恒畏其加害(四一)，如防大敵，今欲廢之，以安天下。」

左衛大將軍、五原公元旻(四二)諫曰：「廢立大事，詔旨若行，後悔無及。讒言罔極(四三)，惟陛下察之。」上不應，命姬威悉陳太子罪惡，威對曰：「太子由來〔四四〕與臣語，唯意在驕奢，且云：『若有諫者，正當〔四五〕斬之，不殺百許人〔四六〕，自然永息〔四七〕。』營起臺殿，四時〔四八〕不輟。前蘇孝慈解左衞率，太子奮髯揚肘〔四九〕曰：『大丈夫會當〔五〇〕有一日終不忘之，決當快意〔五一〕。』又宮內所須〔五二〕，尚書多執法〔五三〕不與，輒怒曰：『僕射以下〔五四〕，吾會戮一二人，使知慢我之禍〔五五〕。』每云：『至尊惡我多側庶〔五六〕，高緯、陳叔寶豈孽子乎〔五七〕！』嘗令師姥〔五八〕卜吉凶，語臣云：『至尊忌〔五九〕在十八年，此期促〔六〇〕矣。』」上泫然曰：「誰非父母生〔六一〕，乃至於此！朕近覽齊書〔六二〕；見高歡縱〔六三〕其兒子，不勝忿憤，安可效尤〔六四〕邪！」於是禁勇及諸子，部分〔六五〕收其黨與。

楊素舞文巧詆〔六六〕，鍛鍊〔六七〕以成其獄。居數日，有司承素意奏：「元旻常曲事於勇，情存附託〔六八〕，在仁壽宮，勇使所親裴弘以書與旻，題云〔六九〕：『勿令人見。』」上曰：「朕在仁壽宮，有纖介事，東宮必知，疾於驛馬〔七〇〕，怪之甚久，豈非此徒〔七一〕邪！」遣武士執旻於仗〔七二〕。右衞大將軍元胄時當下直〔七三〕，不去，因奏曰：「臣向〔七四〕不下直者，為防元旻(七五)耳。」上以旻及裴弘付獄。先是(七六)勇見老枯槐，問此堪何用，或對曰：「古槐尤宜取火。」時衞士皆佩火燧，勇命工造數千枚，欲以分賜左右，至是，獲於庫；又藥藏局(七七)貯艾數斛，索得之，大以為怪(七八)，以問姬威，威曰：「太子此意，別有所在。至尊在仁壽宮，太子常飼馬千匹，云：『徑往守城門(七九)，自然餓死。』」素以威言詰勇，勇不服，曰：「竊聞公家(八〇)馬數萬匹，勇忝備太子(八一)，馬千匹，乃是反乎！」素又發東宮服玩似加琱(八二)飾者，悉陳之於庭，以示文武羣臣，為太子之罪。上及皇后迭(八三)遣使責問勇，勇不服。

冬，十月，乙丑，上使人召勇，勇見使者，驚曰：「得無殺我邪(八四)？」上戎服陳兵，御武德殿(八五)，集百官立於東面，諸親(八六)立於西面，引勇及諸子列於殿庭，命內史侍郎薛道衡宣詔(八七)，廢勇及其男女為王、公主者。勇再拜言曰：「臣當伏尸都市(八八)，為將來鑒戒。幸蒙哀憐，得全性命。」言畢，泣下流襟(八九)，既而舞蹈(九〇)而去。左右莫不閔默(九一)。長寧王儼上表乞宿衞(九二)，辭情哀切(九三)，上覽之，閔然。楊素進曰：「伏望聖心，同於螫手(九四)，不宜復留意(九五)。」

己巳，詔元旻、唐令則、及太子家令(九六)鄒文騰、左衛率司馬夏侯福、典膳監(九七)元淹、前吏部侍郎蕭子寶、前主璽下士何竦，並處斬(九八)，妻妾子孫皆沒官(九九)；車騎將軍榆林閻毗、東郡公崔君綽、游騎尉(一〇〇)沈福寶、瀛州(一〇一)術士章仇太翼(一〇二)，特免死，各杖一百，身及妻子資財田宅皆沒官(一〇三)；副將作大匠高龍乂、率更令(一〇四)晉文建、通直散騎侍郎元衡、皆處盡(一〇五)。於是集羣官於廣陽門外，宣詔戮之，乃移勇於內史省，給五品料食(一〇六)。賜楊素物三千段；元冑、楊約並千段，賞鞫勇之功也。

文林郎楊孝政上書諫曰：「皇太子為小人所誤，宜加訓誨，不宜廢黜。」上怒，撻其胷(一〇七)。初，雲昭訓父定興出入東宮無節(一〇八)，數進奇服異器，以求悅媚(一〇九)，左庶子(一一〇)裴政屢諫，勇不聽，政謂定興曰：「公所為，不合法度。又元妃暴薨，道路籍籍(一一一)，此於太子，非令名(一一二)也。公宜自引退(一一三)，不然，將及禍。」定興以告勇，勇益疏政，由是出為襄州總管(一一四)(一一五)。唐令則為勇所昵狎(一一六)，每令以弦歌教內人⑰，右庶子劉行本⑱責之曰：「庶子當輔太子以正道，何有取媚於房帷之間⑲哉！」令則甚慙，而不能改。時沛國劉臻⑳、平原明克讓㉑、魏郡陸爽，並以文學為勇所親；行本怒其不能調護㉒，每謂三人曰：「卿等正解讀書耳㉓。」夏侯福嘗於閤內與勇戲，福大笑，聲聞於外，行本聞之，待其出，數之曰：「殿下寬容，賜汝顏色㉔，汝何物小人㉕，敢為褻慢㉖！」因付執法者治之，數日勇為福致請㉗，乃釋之。勇嘗得良馬，欲令行本乘而觀之，行本正色曰：「至尊置臣於庶子，欲令輔導殿下，非為殿下作弄臣㉘也。」勇慙而止。及勇敗，二人已卒，上歎曰：「向使㉙裴政、劉行本在㉚，勇不至此㉛㉜。」

勇嘗宴宮臣，唐令則自彈琵琶，歌娬媚娘㉝，洗馬㉞李綱起白勇曰㉟：「令則身為宮卿㊱，職當調護㊲，乃於廣坐㊳自比倡優㊴，進淫聲㊵，穢視聽㊶，事若上聞，令則罪在不測㊷，豈不為殿下之累㊸邪！臣請速治其罪。」勇曰：「我欲為樂耳，君勿多事。」綱遂趨出。及勇廢，上召東宮官屬切責之㊹，皆惶懼，無敢對者，綱獨曰：「廢立大事，今文武大臣，皆知其不可，而莫肯發言，臣何敢畏死，不為陛下別白言之㊺，乎！太子性本中人，可與為善，可與為惡，嚮使㊻陛下擇正人輔之，足以嗣守鴻基㊼，今乃以唐令則為左庶子，鄒文騰為家令，二人唯知以絃歌鷹犬㊽娛悅太子，安得不至於是邪！此乃陛下之過，非太子之罪也。」因伏地流涕嗚咽㊾。上慘然㊿，良久曰：「李綱責我，非為無理，然徒知(51)其一，未知其二。我擇汝為宮臣，而勇不親任，雖更得正人，何益哉！」對曰：「臣所以不被親任者，良由姦人在側故也。陛下但斬令則、文騰，更選賢才以輔太子，安知臣之終見疏棄也！自古廢立家嫡(52)，鮮不傾危，願陛下深留聖思，無貽後悔。」上不悅，罷朝，左右皆為之股栗(53)。會(54)尚書右丞缺(55)，有司請人，上指綱曰：「此佳右丞也。」即用之(56)。

太平公史萬歲還自大斤山，楊素害其功，言於上曰：「突厥本降(57)，初不為寇(58)，來塞上畜牧耳(59)。」遂寢之(60)。萬歲數抗表陳狀(61)，上未之悟，上廢太子，方窮東宮黨與(62)，上問萬歲所在，萬歲實在朝堂，楊素曰：「萬歲謁東宮矣。」以激怒上。上謂為信然，令召萬歲；時所將將士在朝堂稱寃者數百人，萬歲謂之曰：「吾今日為汝極言(六三)於上，事當決(六四)矣。」既見上，言將士有功，為朝廷所抑(六五)，詞氣憤厲(六六)，上大怒，令左右摽(六七)殺之。既而追之不及(六八)，因下詔陳其罪狀，天下共寃惜之(六九)。

(二)十一月，戊子，立晉王廣為皇太子。天下地震，太子請降章服(七○)，宮官不稱臣(七一)。十二月，戊午，詔從之。

(三)以宇文述為左衛率。

(四)始太子之謀奪宗(七二)也，洪州總管(七三)郭衍預焉，由是徵衍為左監門率(七四)。

(五)帝因故太子勇於東宮，付太子廣掌之，勇自以廢非其罪，頻請見上申寃(七五)，而廣遏(七六)之不得聞。勇於是升樹大叫，聲聞帝所，冀得引見(七七)。楊素因言勇情志(七八)昏亂，為癲鬼所著(七九)，不可復收(八○)。帝以為然，卒不得見(八一)。

(六)初，帝之克陳也，天下皆以為將太平，監察御史房彥謙私謂所親曰：「主上忌刻而苛酷，太子卑弱，諸王擅權[82]，天下雖安，方憂[83]危亂[84]。」其子玄齡亦密言於彥謙曰：「主上本無功德[85]，以詐取天下，諸子皆驕奢不仁，必自相誅夷[86]，今雖承平[87]，其亡可翹足[88]待[89]。」彥謙，法壽之玄孫也。玄齡與杜果之兄孫如晦[90]皆預選[91]，吏部侍郎高孝基名知人[92]，見玄齡歎曰：「僕閱人多矣，未見如此郎者[93]，異日必為偉器，恨不見其大成耳[94][95]。」見如晦，謂曰：「君有應變[96]之才，必任棟梁之重[97]。」俱以子孫託之。

(七)帝晚年深信佛道[98]鬼神，辛巳，始詔：「有毀佛及天尊[99]、嶽[100]鎮[101]海瀆[102]神像[103]者，以不道論[104]。沙門毀佛像，道士毀天尊像者，以惡逆論[105][106]。」

(八)是歲，徵同州刺史[107]蔡王智積入朝。智積，帝之弟子也[108]，性脩謹[109]，門無私謁[110]，自奉簡素[111]，帝甚憐之[112]。智積有五男，止教讀論語，不令交通賓客；或問其故，智積曰：「卿非知我者[113]。」其意蓋恐諸子有才能以致禍[114]也[115]。

㈨齊州〔二六〕行參軍〔二七〕章武〔二八〕王伽，送流囚〔二九〕李參等七十餘人詣京師，行至滎陽，哀其辛苦〔三〇〕，悉呼謂〔三一〕曰：「卿輩自犯國刑，身嬰縲紲〔三二〕，固其職也〔三三〕，重勞援卒〔三四〕，豈不愧心哉〔三五〕！」參等辭謝〔三六〕，伽乃悉脫其枷鎖，停援卒〔三七〕，與約曰：「某日當至京師，如至前却〔三八〕，吾當為汝受死。」遂捨之〔三九〕而去，流人感悅〔四〇〕，如期而至，一無離叛〔四一〕。上聞而驚異，召見與語，稱善久之，於是悉召流人，令攜負妻子，俱入賜宴於殿庭，而赦之，因下詔曰：「凡在有生〔四二〕，含靈稟性〔四三〕，咸知善惡，並識〔四四〕是非，若臨以至誠，明〔四五〕加勸導，則俗必從化〔四六〕，人皆遷善〔四七〕。往〔四八〕以海內亂離〔四九〕，德教〔五〇〕廢絕，吏無慈愛之心，民懷姦詐之意，朕思遵〔五一〕聖法，以德化民，而伽深識朕意，誠心宣導〔五二〕，參等感寤〔五三〕，自赴憲司〔五四〕，明是率土之人〔五五〕，非為難教，若使官盡王伽之儔〔五六〕，民皆李參之輩，刑厝〔五七〕不用，其何遠哉〔五八〕！」乃擢伽為雍令〔五九〕。

㈩太史令袁充表稱：「隋興已後，晝日漸長，開皇元年冬至之景〔六〇〕，長一丈二尺七寸二分，自爾〔六一〕漸短，至十七年，短於舊三寸七分(二五二)。日去極近，則景短而日長，去極遠，則景長而日短，行內道則去極近，行外道則去極遠(二五三)。謹按元命包(二五四)曰：『日月出內道，璇璣(二五五)得其常。』京房別對曰：『太平(二五六)日行上道，升平行次道，霸代(二五七)行下道。』伏惟大隋啟運(二五八)，上感乾元(二五九)，景短日長，振古(二六〇)希(二六一)有。」上臨朝，謂百官曰：「景長之慶，天之祐(二六二)也，今太子新立，當須改元，宜取日長之意，以為年號。」是後百工作役，並加程課(二六三)，以日長故也，丁匠苦之(二六四)。

【今註】(一)玄象：上玄之象，亦即天象。(二)太史令袁充言於上曰……羣臣不敢言耳：按此段雖載於〈房陵王勇傳〉，而次序則較勇傳為移前。(三)姑臧：《隋書．地理志》上：「姑臧縣，屬武威郡。」(四)諠謗：猶騰謗。(五)御大興殿：胡三省曰：「開皇三年上入新都，名其城曰大興城，正殿曰大興殿，宮曰大興宮，宮北苑曰太興苑。或曰：『帝由大興郡襲封隨公，以登大位，故以名新都、宮、殿、城、苑。』」(六)開懷：猶開心。(七)飜邑然：飜同翻，謂恰正相反，邑通悒，悒然憂愁貌。

(八)疑朝臣悉知之：〈房陵王勇傳〉作：「疑朝臣皆具委。」皆具委謂皆具知原委，亦即悉知之意。

(九)仗衞：器仗宿衞。(一〇)我為下利：〈房陵王勇傳〉作：「我為患利。」是利即痢，乃下泄之病症也。

(一一)還移就前殿：謂因恐有警急發生，故轉又移至前殿，而不得居於後房。(一二)太子左庶子：《隋書．

百官志》下：「隋制，太子左庶子正四品。」㊂顯言：對眾朗聲言之。㊃奉勅向京：言奉勅自仁壽宮，向京城長安。又京之為名，稱謂甚繁，今彙而錄之，條而類之，亦不失為一有意義之舉。1.京。《世說・文學》：「桓玄下都，羊孚時為兗州別駕，從京來詣門，牋云。」《隋書・房陵王勇傳》：「楊素顯言之曰：『臣奉勅向京，令皇太子檢校劉居士餘黨。』」2.京邑。《世說・雅量》支道林還東條，注引高逸《沙門傳》：「遁為哀帝所迎，游京邑久，心在故山。」同書〈棲逸〉：「孟萬年及弟少孤……少孤未嘗出，京邑人士，思欲見之。」《晉書・袁甫傳》：「甫曰：『黃霸馳名於州郡，而息譽於京邑。』」3.京都。《文選・應璩與從弟君苗書》：「來還京都，塊然獨處。」《世說・排調》桓公既廢海西條，注引《晉陽秋》：「大司馬溫自廣陵還姑孰，過京都。」《晉書・郄鑒傳》：「既而錢鳳攻逼京都，假鑒節加衞將軍。於是遣司馬劉矩領三千人，宿衞京都。」《陳書・江總傳》：「侯景寇京都，詔以總權兼太常卿，守小廟。」4.京師。《公羊傳》桓九年：「京師者何？天子之居也；京者何？大也；師者何？眾也。天子之居，必以眾大言之。」《漢書・賈誼傳》：「景帝立三年，而吳楚趙與四齊王合從舉兵，西鄉京師。」同書〈儒林傳序〉：「故教化之行也，建首善，自京師始，繇內及外。」《後漢書・楊終傳》：「年十三為郡小吏，太守奇其才，遣詣京師，受業，習春秋。」5.京城。《文選・鮑照詠史詩》：「京城十二衢，飛甍各鱗次。」《周書・宣帝紀》：「大陳雜戲，令京城士民縱觀。……大象二年，令京城士女於衢巷作音樂以迎候。」《唐書・地理志》：「上都京城，前直子午谷，後枕龍首山。」6.京輦。《後漢書・袁紹傳》：「子弟生長京輦。」《晉書・元帝紀》：「凶胡敢帥犬羊，逼迫京輦。」7.京華。《文選・郭璞遊仙詩》：「京華遊俠窟，山林隱遯棲。」同書〈謝靈運齋中讀書〉：「昔余遊京華，未嘗廢丘壑。」同書〈陸機文賦〉下注引臧榮緒《晉書》：「與弟雲勤學，積十一年，譽流京華。」《北齊書・李元忠傳》後史臣曰：「京華人士，莫不畏其舌端。」按京華之所以得名，乃因京師為文物精華之所萃聚，既若此，故京華亦有倒置作華京者，《文選・謝靈運酬從弟惠連詩》：「務協華京想，詎存空谷期。」注：「華京猶京華。」是其例證。8.都邑。《文選・張衡歸田賦》：「遊都邑以永久，無明略以佐時。」潘岳〈河陽縣作〉：「揔揔都邑人，擾擾俗化訛。」同詩：「昔倦都邑游，今掌河朔徭。」《舊唐書・李林甫傳》：「城東有薛王別墅，林亭幽邃，甲於都邑，特以賜之。」9.都輦。《世說・文學》郭景純詩條，注引《璞別傳》：「敦縱兵都輦，乃咨以大事，宏應聲答曰。」10.都城。《漢書・段會宗傳》：「若子之材，可優遊都城，而取卿相。」11.都。《釋名・釋州國》：「國城曰都，都者國君所居。」《世說・棲逸》：「孟萬年及弟少孤……狼狽至都，時賢見之者，莫不嗟重。」12.天邑。《世說・文學》支道林初從東出，注引高逸《沙門傳》：「遁遂辭丘壑，高步天邑。」《晉書・王導等傳》論：「王敦內侮，憑天邑而狼顧。」13.皇邑。《文選・謝靈運鄰里相送詩》：「祇役出皇邑，相期憩甌越。」李善注：「曹植詩：『清晨發皇邑。』」凡此，乃京一稱歧出之概略也。由上所列，其中亦有可得而言者，即輦乃謂天子之輦轂，而天子輦轂所在之處，非京師而何？故京輦、都輦，皆綴以輦字，以示其為帝王之都。又天邑謂天子之邑，皇邑則指大邑（實與京邑酷相同），都邑則示其為全國之首邑，亦實皆為京師所獨具之特徵，故遂構鑄之，以為京師之代語。至京與都二稱，係上引京及都二系列名辭之簡省，則一望而可知也。⑮檢校：檢點考察。⑯作色奮厲：謂變色而奮眉厲目。⑰骨肉飛騰：狀其全身骨肉激怒之況。⑱伏法：即伏誅。⑲遣我何處窮討：謂遣我至何處盡加討懲，正意謂無可討懲者。⑳委寄：委任寄託。㉑何關我事：猶何干我事。㉒昔大事不遂：謂禪代時事，然此非真有，乃係假設者，故〈房陵王勇傳〉作：「若大事不遂。」此於昔上亦當添一若字，以示其為虛擬。㉓不得自遂：〈房陵王勇傳〉作：「不得自由。」意較恰符。㉔我大覺身妨：謂我深覺行動之受妨礙。㉕地復居長：地位復居最長。㉖隱忍：隱匿容忍。㉗此言幾許異事：謂此言多麼奇特。㉘懟：怨，音隊。㉙會殺元孝矩：孝矩元妃之父，會猶合，當，謂將來當殺元孝矩。㉚此欲害我，而遷怒耳：謂此欲害我（文帝自謂），而遷怒於元孝矩耳。㉛長寧：勇長子儼封長寧王。㉜自懷彼此：謂懷有彼此分別之心。㉝雲定興女：即勇妃雲昭訓。㉞想此由來：想此經過。㉟體胤：其本人之子女。㊱昔晉太子取屠家女，其兒即好屠割：事見卷八十三晉惠帝元康九年。㊲儻：儻若。㊳宗祏：祏，宗廟主，音石；宗祏，猶宗祧。㊴德慚堯舜：謂德行不如堯舜。㊵萬姓：與兆民百姓同意。㊶畏其加害：謂畏其加害黎元。㊷旻：音珉。㊸罔極：無盡。㊹由來：從來。㊺正當：只當。㊻不殺百許人：〈房陵王勇傳〉作：「不過殺百許人。」此過字絕不能少，當添入。㊼永息：謂永無諫者。㊽四時：四季。㊾奮髯揚肘：猶吹鬚舉臂，乃怒態也。㊿會當：合當。(51)決當快意：謂決當殺讒毀蘇孝慈之人，以快心意。(52)所須：所求。(53)執法：執行規程。(54)僕射以下：尚書省爵位最高者，為左右僕射。（五五）慢我之禍：怠慢而不聽我命令之禍殃。（五六）惡我多側出之庶子。（五七）高緯、陳叔寶豈孽子乎：孽子即庶子，言二君皆嫡子而非庶子，然仍不免於亡國。（五八）師姥：巫嫗，姥女老之稱，音姆。（五九）忌：忌諱，亦即死也。（六〇）期促：期限短促。（六一）誰非父母生：謂誰非父母所生。（六二）近覽齊書：胡三省曰：「是時李百藥所撰齊書未出，帝所覽者，蓋崔子發齊紀也。」（六三）縱：縱容。（六四）效尤：效其錯誤。（六五）部分：處理分派。（六六）舞文巧詆：舞弄文法，巧加詆毀。（六七）鍛鍊：謂幾經冶鑄。（六八）情存附託：謂意含攀附結託。（六九）題云：書云。（七〇）疾於驛馬：其速迅於驛馬。（七一）此徒：此輩。（七二）執旻於仗：指左衞仗言。（七三）下直：直同值，下直，猶今言下班。（七四）向：向來。（七五）防元旻：防範元旻之逆行。（七六）先是：先此，與初之作用相同。（七七）藥藏局：《隋書・百官志》下：「門下坊，統司經、宮門、內直、典膳、藥藏、齋帥等六局。」（七八）大以為怪：猶甚以為怪。（七九）徑往守城門：〈房陵王勇傳〉作：「徑往捉城門。」按捉為六朝之特殊用語，其意為執或把。《隋書・劉昉傳》：「欲於蒲州起事，即斷河橋，捉黎陽之關，塞河陽之路。」同書〈李穆附渾傳〉：「渾大臣也，家代隆盛，身捉禁兵，不宜如此。」《北齊書・源彪傳》：「專委王琳，淮南招募三四萬人，風俗相通，能得死力，兼令舊將淮北捉兵，足堪固守。」此諸捉字皆非守意，而乃係執意。且《通鑑・陳紀》世宗天嘉元年文，於《北齊書・楊愔傳》捉酒之三捉字，皆改為執，是捉當釋為執，洵屬確鑿不易。又執字之意與把頗相似，遂亦有釋捉為把者。《通鑑・隋紀》開皇九年文：「聞公郢漢捉兵。」胡三省注：「捉、把也。」且釋捉為把，更與《唐書・兵志》：「兵之戍邊者，大曰軍，小曰守捉」。之捉字命意相合。故六朝之捉，實應釋為執為把，而不可釋為守也。(八〇)公家：指楊素言。(八一)忝備太子：謂辱備太子之位。(八二)琱：同雕。(八三)迭：屢。(八四)得無殺我邪：謂豈非欲殺我乎！(八五)御武德殿：御猶坐。武德殿，胡三省曰：「在延恩殿西。」(八六)諸親：謂屬籍宗親。(八七)宣詔：宣讀詔文。(八八)伏尸都市：謂陳尸於國都之市廛。(八九)流襟：猶沾襟。(九〇)舞蹈：跪拜而距踊，為古臣拜君之儀禮。(九一)閔默：哀之而不敢言。(九二)乞宿衛：謂乞宿衛於君上左右。(九三)辭情哀切：言辭情感哀悽懇切。(九四)同於螫手：蝮蛇螫手，壯士斷腕。(九五)不宜復留意：不宜復留心於皇太孫。(九六)太子家令：《隋書．百官志》下：「家令，掌刑法、食膳、倉庫、什物、奴婢等事。」(九七)典膳監：《隋書．百官志》下：「門下坊典膳置監丞各二人。」(九八)處斬：處斷為斬刑。(九九)皆沒官：皆沒收而為官奴婢。(一〇〇)游騎尉：胡三省曰：「開皇六年置武騎、屯騎、驍騎、游騎、飛騎、旅騎、雲騎、羽騎八尉，其品則正六品以下，從九品以上。」(一〇一)瀛州：《隋書．地理志》中：「河間郡，舊置瀛州。」(一〇二)章仇太翼：按《隋書．藝術庾季才附盧太翼傳》：「盧太翼河間人，本姓章仇氏。煬帝謂太翼曰：『卿姓章仇，四岳之胄，與盧同源。』於是賜姓為盧氏。」此一作盧太翼，一作章仇太翼之原由也。(一〇三)身及妻子皆沒官：本人及妻子，皆沒收入官。(一〇四)率更令：《隋書．百官志》下：「率更令，掌伎樂漏刻。」(一〇五)處盡：處其罪使自盡。(一〇六)給五品料食：給五品官爵之俸料廩食。(一〇七)晉王廣又令督王府軍事姑臧段達……不宜廢黜，上怒撻其胷：按此一大段乃錄自《隋書．房陵王勇傳》，字句大致相同。(一〇八)無節：無節度。(一〇九)悅媚：悅愛。(一一〇)左庶子：《隋書．百官志》下：「門下坊，置左庶子二人。」

㈢道路籍籍：謂道路之人，語聲喧聒，皆評論此事。㈢令名：美名。㈢引退：引咎辭退。㈣襄州總管：《隋書・地理志》下：「襄陽郡，江左並僑置雍州，西魏改曰襄州，置總管府。」㈤初雲昭訓父定興……出為襄州總管：按此段乃錄自《隋書・裴政傳》，字句大致相同。㈥昵狎：親昵狎習。㈦內人：即宮人。㈥右庶子劉行本：按《隋書・劉行本傳》作：「拜太子左庶子，時唐令則亦為左庶子。」是右當改作左。㈨取媚於房帷之間：謂非正大光明之事。㈩沛國劉臻：胡三省曰：「隋志無沛國。劉臻先世仕於江南，江南僑置中原郡縣，猶以沛國為貫。」㈢平原明克讓：胡三省曰：「克讓以平原為貫，猶劉臻也。」㈢調護：調理護持。㈢卿等正解讀書耳：謂但能讀書，而不能行其所學。㈣賜汝顏色：猶賜汝青睞。㈤汝何物小人：按何物為表驚異之責斥語，六朝常用之。《北齊書・後主胡后傳》：「其後於太后前作色而言曰：『何物親姪女，作如此言語！』」同書〈漁陽王紹信傳〉：「長命欲起，紹信不聽曰：『此何物小人，而主人公為起！』」皆其比。何物猶今言什麼樣。㈥褻慢：狎褻怠慢。㈦致請：謂請宥其罪。㈧弄臣：戲弄之臣。㈨向使：假設語。㈩在：存在，亦即活著。㈢勇不至此：謂勇不至此地步。㈢唐令則為勇所昵狎……劉行本在，勇不至此：按此段乃錄自《隋書・劉行本傳》，字句大致相同。㈢歌娬媚娘：《舊唐書・李綱傳》，娬作武。是娬音武。㈣洗馬：《隋書・百官志》下：「門下坊、司經局，置洗馬四人。」㈤起白勇曰：起身而對勇言曰。㈥宮卿：左右庶子，謂之宮卿。㈦職當調護：《史記・留侯世家》：「高祖謂四皓曰：『煩公幸卒調護太子。』」故言東宮官職當調護。㈧廣坐：〈李綱傳〉，廣坐作宴坐，二字俱可通，廣坐謂大庭廣眾之間。(39)自比倡優：今則彈琵琶，歌娬媚娘，全為倡優之行，故云自比倡優。(40)淫聲：淫邪之聲。(41)穢視聽：汙穢耳目。(42)罪在不測：謂其罪深不可測。(43)累：疵累。(44)切責之：厲切責之。(45)別白言之：獨陳言之。(46)鄉使：猶向使，為假設語。(47)鴻基：國家巨大基本。(48)鷹犬：指田獵而言。(49)嗚咽：悲泣之聲。(50)慘然：悽然。(51)徒知：但知。(52)廢立冢嫡：冢嫡，長嫡，謂廢冢嫡而另立他子。(53)栗：通慄，戰慄。(54)會：適逢。(55)尚書右丞缺：謂尚書右丞出缺。(56)勇嘗宴宮臣，唐令則自彈琵琶……此佳右丞也，即用之：按此段雖本於《舊唐書．李綱傳》，而溢出甚多。(57)突厥本降：突厥本已降伏。(58)初不為寇：初本非為入寇。(59)來塞上畜牧耳：其來塞上，乃為畜牧耳。(60)寢之：寢置之。(61)陳狀：陳其功狀。(62)窮東宮黨與：追究東宮黨與。(63)極言：盡量言之。(64)決：決斷。(65)朝廷所抑：朝廷大臣所抑壓。(66)憤厲：憤激嚴厲。(67)摽：擊。(68)既而追之不及：《隋書．史萬歲傳》作：「既而悔，追之不及。」悔字決不可省，當添入。(69)太平公史萬歲還自大斤山……天下共寃惜之：按此段乃錄自《隋書．史萬歲傳》，字句幾全相同。(70)降章服：降減徽章輿服。(71)宮官不稱臣：昔東京官屬見太子，則自稱曰臣，自此改更之。(72)奪宗：爭奪宗子之位。(73)洪州總管：《隋書．地理志》下：「豫章郡，平陳，左置洪州總管府。」(74)左監門率：《隋書．百官志》下：「左右監門各率一人，掌諸門禁。」(75)申寃：申明寃屈。(76)遏：止。(77)引見：接見。(78)情志：猶神志。(79)為癲鬼所著：謂為狂病鬼所附著，故行動瘋狂。(80)復收：復收為太子。(81)帝因故太子勇於東宮……帝以為然，卒不得見：按此段乃錄自《隋書．房陵王勇傳》，字句大致相同。(八二)諸王擅權：謂秦晉蜀三王，分據方面。(八三)方憂：正將憂。(八四)初帝之克陳也……天下雖安，方憂危亂。按此段乃錄自《隋書・房彥謙傳》，字句大致相同。(八五)功德：功績恩德。(八六)誅夷：誅殺。(八七)承平：《舊唐書・房玄齡傳》作清平，核承平者，乃世代太平，而相承續之謂。今隋初得天下，自不能謂之承平，當以從原文作清平為宜。(八八)翹足：舉足，謂甚短促而迅速也。(八九)其子玄齡亦密言於彥謙曰……其亡可翹足待：按此數句乃錄自《舊唐書・房玄齡傳》，意同而文字多異。(九〇)玄齡與杜果之兄孫如晦：按《舊唐書・杜如晦傳》：「如晦祖果，周溫州刺史。」是果乃如晦之祖，兩文有異。(九一)預選：參預吏部之選。(九二)名知人：有知人之名。(九三)如此郎者：以玄齡年少，且有才器，故遂以郎稱之。(九四)恨不見其大成耳：《舊唐書・房玄齡傳》作：「但恨不覩其聳壑凌霄耳。」意者《通鑑》或以其太為藻飾，不合質素之體，而遂改如上文歟！(九五)吏部侍郎高孝基名知人……恨不見其大成耳：按此段乃錄自《舊唐書・房玄齡傳》，意同而文字稍有改易。(九六)應變：應付變化。(九七)見如晦謂曰……必任棟梁之重：按此段乃錄自《舊唐書・杜如晦傳》，字句大致相同。又按玄齡與如晦之預選，非必為開皇二十年事，亦未必二人於是年同時應選，特以文中移錄房彥謙論隋之必亡，因而及其子玄齡之言，又因而將玄齡與如晦之預選事，附而書之，皆所謂連類而及者也。(九八)佛道：謂佛教道教。(九九)天尊：道教稱天神為天尊。《道經》云：「有元始天尊者，生於太元之先，稟自然之氣，沖虛凝遠，莫知其極，天地淪壞，刧數終盡，而天尊之體，常存不滅。」是其佐證。(一〇〇)嶽：嶽者五嶽，東嶽泰山，西嶽華山，南嶽衡山，北嶽恒山，中嶽嵩山。隋五嶽各置令，又有吳山令，蓋吳山亦謂之吳嶽也。㉑鎮：《隋書・禮儀志》二：「隋開皇十四年詔：『東鎮沂山，南鎮會稽山，北鎮醫無閭山，冀州鎮霍山，並就山立祠。』」㉒海瀆：《隋書・禮儀志》二：「隋開皇十四年詔：『東海於會稽縣界，南海於南海鎮南，並近海立祠。及四瀆吳山，並取側近巫一人，主知灑掃。』」四瀆謂江、河、淮、濟。㉓神像：謂神之塑像。㉔以不道論：謂以大逆不道之科論處。㉕以惡逆論：謂以惡逆之科論處。㉖辛巳，始詔有毀佛及天尊……以惡逆論：按此段乃錄自《隋書・高祖紀》開皇二十年文，字句大致相同。㉗同州刺史：《隋書・地理志》上：「馮翊郡，後魏置華州，西魏改曰同州。」㉘智積，帝之弟子也：《隋書・蔡王智積傳》：「智積，高祖弟整之子也。」㉙脩謹：脩飭謹慎。㉚門無私謁：蓋非有公事，不得私自謁見，亦即不通賓客之意。㉛簡素：簡單樸素。㉜憐之：《蔡王智積傳》作：「哀憐之。」是憐含哀意。㉝卿非知我者：謂卿不知我意。㉞致禍：召致禍患。㉟是歲徵同州刺史蔡王智積……有才能以致禍也：按此段乃錄自《隋書・蔡王智積傳》，字句大致相同。㊱齊州：《隋書・地理志》中：「齊郡，舊曰齊州。」㊲行參軍：據《隋書・百官志》下，行參軍在諸曹行參軍之下，典籤之上。㊳章武：《隋書・地理志》中：「河間郡、平舒縣，舊置章武郡。」㊴流囚：犯罪而流放於各處之囚徒。㊵辛苦：辛勞痛苦。㊶悉呼謂：謂盡呼集而謂之曰。㊷縲紲：縲，黑索；紲，攣也。所以拘罪人。㊸固其職也：猶固其分也。㊹援卒：援送之卒。㊺豈不愧心哉：《隋書・循吏王伽傳》作：「豈獨不愧於心哉。」文氣較足。㊻辭謝：皆係謝罪之意。㊼停援卒：停止援卒援送。㊽如至前却：胡三省曰：「謂或前或却，不能如期。」㉙捨之：捨放之。㉚感悅：感激喜悅。㉛一無離叛：猶一無逃遁。㉜凡在有生：凡在有生之倫。㉝含靈稟性：含有靈感，稟具性情。㉞識：知。㉟明：清晰。㊱俗必從化：習俗必從而變化。㊲遷善：遷於至善。㊳往：往者。㊴亂離：喪亂流離。㊵德教：道德教化。㊶遵：循。㊷宣導：宣諭教導。㊸感寤：感激醒寤。㊹憲司：法司。㊺明是率土之人：謂十分明顯，此合境之民。㊻儔：徒，輩。㊼刑厝：刑法廢置。㊽其何遠哉：正意謂日期必不遙遠。㊾齊州行參軍章武王伽……乃擢伽為雍令：按此段乃錄自《隋書・循吏王伽傳》，字句大致相同。㊿冬至之景：景即古影字。(51)自爾：自此。(52)至十七年，短於舊三寸七分：《隋書・天文志》上日晷條作：「十七年，冬至之景，短於舊三寸七分。」意義較為明詳，《通鑑》乃力求節省，而將《隋書》之文，刪刊為上式云。(53)極：北極。(54)元命包：胡三省曰：「六緯之書，有春秋元命包。」(55)璇璣：孔安國曰：「璇，美玉；璣者，正天文之器。」(56)太平：太平之世。(57)霸代：即霸權之世。(58)啟運：開拓祿運。(59)乾元：天德之大始。(60)振古：毛傳：「振，自也。」謂自上古以來。(61)希：同稀，少。(62)祐：福祐。(63)加程課：謂工作時限加長。(64)太史令袁充表稱……丁匠苦之：按此段乃錄自《隋書・天文志》上晷景像，字句幾全相同。

仁壽元年（西元六〇一年）

㈠春，正月，乙酉朔，赦天下，改元。

㈡以尚書右僕射楊素為左僕射，納言蘇威為右僕射。

㈢丁酉，徙河南王昭為晉王。

㈣突厥步迦可汗犯塞，敗代州總管㊀韓弘於恒安㊁，以晉王昭為內史令。

㈤二月，乙卯朔，日有食之。

㈥夏，五月，己丑，突厥男女九萬口來降。

㈦六月，乙卯，遣十六使巡省㊂風俗。

㈧乙丑，詔以天下學校生徒㊃，多而不精，唯簡留㊄國子學生七十人，太學四門及州縣學㊅並廢㊆，殿內將軍㊇河間劉炫上表切諫，不聽。秋七月，改國子學為太學㊈。

㈨初，帝受周禪，恐民心未服，故多稱符瑞以耀之㊉，其偽造而獻者，不可勝計。冬十一月，己丑，有事於南郊，如封禪禮，板文⑪備述前後符瑞，以報謝云。

㈩山獠作亂，以衞尉少卿、洛陽衞文昇為資州刺史⑫，鎮撫之，文昇名玄，以字行，初到官，獠方攻大牢鎮⑬，文昇單騎造其營⑭，謂曰：「我是刺史，銜天子詔⑮，安養汝等，勿驚懼也。」羣獠莫敢動⑯，於是說以利害⑰，渠帥⑱感悅，解兵⑲而去，前後歸附者十餘萬口，帝大悅，賜縑二千匹。壬辰，以文昇為遂州總管⑳㉑。

(十)潮成等五州㉒獠反，高州㉓酋長馮盎㉔馳詣京師請討之，帝勅楊素與盎論賊形勢，素歎曰：「不意㉕蠻夷中有如是人。」即遣盎發江嶺兵㉖擊之，事平，除盎漢陽太守。

(十一)詔以楊素為雲州道行軍元帥，長孫晟為受降使者，挾啟民可汗北擊步迦㉗。

【今註】　㊀代州總管：《隋書・地理志》中：「鴈門郡，後周置肆州，開皇五年，改為代州。」㊁恒安：即後魏之平城。㊂巡省：巡撫省察。㊃生徒：即學生。㊄簡留：選留。㊅太學四門及州縣學：胡三省曰：「漢置太學，晉武帝立國子學，後國子太學各置博士，以授生徒。後魏太和二十年於四門置學，立四門博士，自漢以來，郡有文學，隋郡縣皆置博士。」㊆正月乙酉朔赦天下……太學四門及州縣學並廢：按此段乃錄自《隋書・高祖紀》仁壽元年文，字句大致相同。㊇殿內將軍：即殿中將軍，隋避諱改屬左右衛。㊈秋七月，改國子學為太學：《隋書・高祖紀》仁壽元年文作；

「七月戊戌，改國子為太學。」當從添戊戌二字。⑩以耀之：以炫耀之。⑪板文：祭文書於玉板，故命之曰板文。⑫資州刺史：《隋書・地理志》上：「資陽郡，西魏置資州。」⑬大牢鎮：胡三省曰：「開皇十三年置太牢縣。宋白曰：『榮州應靈縣，本漢南安縣，隋置大牢鎮。』」⑭造其營：至其營。⑮銜天子詔：奉含天子詔書。⑯莫敢動：謂無敢動者。⑰說以利害：謂說以降服之利害。⑱渠帥：大帥，多用以指稱蠻夷。⑲解兵：猶解圍。⑳遂州總管：《隋書・地理志》上：「遂寧郡，後周置遂州，仁壽二年置總管府。」㉑山獠作亂……以文昇為遂州總管：按此段乃錄自《隋書・衛玄傳》，字句大致相同。㉒潮成等五州：《隋書・地理志》下：「義安郡，梁置東揚州，平陳置潮州。蒼梧郡，梁置成州。」㉓高州：《隋書・地理志》下：「高涼郡，梁置高州。」㉔酋長馮盎：按馮盎乃譙國夫人之孫，夫人有大功於嶺南，具詳《隋書・列女譙國夫人傳》。㉕不意：不料。㉖江嶺兵：謂江南嶺南之兵士。㉗詔以楊素為雲州道行軍元帥……挾啟民可汗北擊步迦：按此段乃錄自《隋書・長孫覽附晟傳》，字句大致相同。

二年（西元六〇二年）

㈠春，三月，己亥，上幸仁壽宮。

㈡突厥思力俟斤等南度河，掠啟民男女六千口，雜畜二十餘萬而去。楊素帥諸軍追擊，轉戰[一]六十餘里，大破之[二]；突厥北走，素復進追，夜及之，恐其越逸[三]，令其騎稍後，親引兩騎，幷[四]降突厥二人，與虜並行[五]，虜不之覺，候其頓舍未定[六]，趣[七]後騎掩擊，大破之，悉得人畜[八]，以歸啟民。自是突厥遠遁，磧南[九]無復寇抄[一〇]。素以功進子玄感爵柱國，賜玄縱爵淮南公[一一][一二]。

（三）兵部尚書柳述，慶之孫也，尚蘭陵公主，怙寵使氣[一三]，自楊素之屬皆下之。帝問符璽直長[一四]、萬年韋雲起，外間有不便事[一五]可言之。述時侍側，雲起奏曰：「柳述驕豪[一六]，未嘗經事[一七]，兵機要重，非其所堪[一八]；徒以[一九]主婿，遂居要職，臣恐物議[二〇]，以為陛下官不擇賢[二一]，專私所愛[二二]，斯亦不便之大者。」帝甚然其言[二三]，顧謂述曰：「雲起之言，汝藥石也[二四]，可師友之[二五][二六]。」秋，七月，丙戌，詔內外官各舉所知。柳述舉雲起，除通事舍人[二七]。

（四）益州總管蜀王秀，容貌瓌[二八]偉，有膽氣[二九]，好武藝，帝每謂獨孤后曰：「秀必以惡[三〇]終，我在[三一]當無慮，至兄弟[三二]必反矣。」大將軍劉噲之討西爨也，帝令上開府儀同三司楊武通將兵繼進，秀以嬖人(三三)萬智光為武通行軍司馬，帝以秀任非其人，譴責之，因謂羣臣曰：「壞我法者，子孫也(三四)，譬如猛虎，物不能害(三五)，反為毛間蟲所損食耳(三六)。」遂分秀所統。自長史元巖卒後，秀漸奢僭，造渾天儀，多捕山獠充宦者(三七)，車馬被服，擬於乘輿(三八)。及太子勇以讒廢，晉王廣為太子，秀意甚不平，太子恐秀終為後患，陰令楊素求其罪而譖之(三九)，上遂徵秀，秀猶豫欲謝病不行(四〇)，總管司馬源師諫，秀作色曰：「此自我家事，何預卿也(四一)！」師垂涕對曰：「師忝參府幕(四二)，敢不盡忠聖上！有勑追王，以淹時月(四三)，今乃遷延(四四)未去，百姓不識王心，儻生異議(四五)，內外疑駭(四六)，發雷霆(四七)之詔，降一介(四八)之使，王何以自明(四九)！願王熟計之(五〇)。」朝廷恐秀生變，戊子，以原州總管(五一)獨孤楷為益州總管，馳傳(五二)代之，楷至，秀猶未肯行，楷諷諭(五三)久之，乃就路(五四)。楷察秀有悔色，因勒兵(五五)為備，秀行四十餘里，將還襲楷，覘知有備，乃止(五六)。

㈤八月，甲子，皇后獨孤氏崩(五七)，太子對上及宮人，哀慟(五八)絕氣(五九)，若不勝喪者；其處私室，飲食言笑如平常。又每朝令進二溢米(六〇)，而私令取肥肉脯鮓(六一)，置竹筩中，以蠟閉口(六二)，衣襆(六三)裹而納之。著作郎王劭上言：「佛說(六四)人應生天上，及生無量壽國(六五)之時，天佛放大光明，以香花妓樂(六六)來迎。伏惟大行皇后福善禎符(六七)，備諸祕記(六八)，皆云是妙善菩薩(六九)。臣謹按八月二十二日，仁壽宮內再雨(七〇)金銀花(七一)，二十三日大寶殿(七二)後夜有神光，二十四日卯時永安宮北有自然種種音樂(七三)，震滿虛空(七四)，至夜五更，奄然如寐(七五)，遂即升遐(七六)，與經文(七七)所說事皆符驗。」上覽之悲喜(七八)(七九)。

(六)九月，丙戌，上至自仁壽宮。

(七)冬，十月，癸丑，以工部尚書楊達為納言。達，雄之弟也。

(八)閏月甲申，詔楊素、蘇威與吏部尚書牛弘等，脩定五禮(八〇)。

(九)上令上儀同三司蕭吉為皇后擇葬地，得吉處，云：「卜年(八一)二千，卜世二百。」上曰：「吉凶由人，不在於地。高緯葬父，豈不卜乎(八二)！俄而國亡。正如我家墓田(八三)，若云不吉，朕不當為天子，若云不凶，我弟不當戰沒(八四)。」然竟從吉言。吉退告族人蕭平仲曰：「皇太子遣宇文左率(八五)深謝余云：『公前稱我(八六)當為太子，竟有其驗(八七)，終不忘也。今卜山陵，務令我早立(八八)，我立之後，當以富貴相報。』吾語之云後四載(八九)，太子御天下(九〇)，若太子得政，隋其亡乎(九一)！吾前紿(九二)云，卜年二千者，三十字也，卜世二百者，取世二傳也(九三)，汝其識之(九四)。」壬寅葬文獻皇后(九五)於大陵(九六)，詔以楊素經營葬事，勤求吉地，論素此心，事極誠孝，豈與夫平戎定寇比其功業(九七)，可別封一子義康公(九八)，邑萬戶(九九)，幷賜田三十頃，絹萬段，米萬石，金珠綾錦稱是(一〇〇)(一〇一)。

(十)蜀王秀至長安，上見之不與語，明日使使切讓(一〇二)之，秀謝罪，太子諸王流涕庭謝(一〇三)。上曰：「頃者秦王糜費(一〇四)財物，我以父道(一〇五)訓之，今秀蠹害(一〇六)生民，當以君道繩之(一〇七)。」於是付執法者。開府儀同三司慶整諫曰：「庶人勇既廢，秦王已薨，陛下見(一〇八)子無多，何至如是！蜀王性甚耿介(一〇九)，今被重責，恐不自全。」上大怒，欲斷其舌，因謂羣臣曰：「當斬秀於市，以謝百姓。」乃令楊素等推治(一一〇)之。太子陰作偶人(一一一)，縛手釘心，枷鎖杻(一一二)械，書上及漢王姓名，仍云：「請西嶽慈父聖母(一一三)，收楊堅楊諒神魂(一一四)，如此形狀⑮，勿令散蕩⑯。」密埋之華山下。楊素發之，又云：「秀妄述圖讖，稱京師妖異⑰，造蜀地徵祥⑱。」幷作檄文云：「指期問罪⑲。」置秀集中⑳。俱以聞奏。上曰：「天下寧有㉑是邪！」

十二月，癸巳，廢秀為庶人，幽之內侍省，不聽與妻子相見，唯獠婢二人驅使㉒，連坐者百餘人。秀上表摧謝㉓曰：「伏願慈恩㉔，賜垂矜愍㉕，殘息㉖未盡之間，希與瓜子相見，請賜一穴㉗，令骸骨有所。」瓜子，其愛子也。上因下詔數其十罪，且曰：「我不知楊堅、楊諒是汝何親㉘。」後乃聽與其子同處㉙㉚。

初，楊素嘗以少譴㉛，勑送南臺㉜，命治書侍御史柳彧治之，素恃貴坐彧牀，彧從外來，於階下端笏整容㉝謂素曰：「奉勑治公之罪。」素遽下㉞，彧據案而坐㉟，立素於庭，辨詰㊱事狀，素由是銜之。蜀王秀嘗從彧求李文博所撰治道集㊲，彧與之，秀遺㊳彧奴婢十口，及秀得罪，素奏彧以內臣交通諸侯，除名㊴為民，配戍㊵懷遠鎮㊶。

帝使司農卿趙仲卿往益州，窮按㊷秀事，秀之賓客經過之處㊸，仲卿必深文致法(四四)，州縣長吏(四五)坐者(四六)大半，上以為能，賞賜甚厚(四七)。久之，貝州(四八)長史裴肅遣使上書，稱：「高熲以天挺(四九)良才，元勳佐命(五〇)，為眾所疾(五一)，以至廢棄，願陛下錄(五二)其大功，忘其小過。又二庶人(五三)得罪已久，寧無革心(五四)，願陛下弘君父之慈(五五)，顧天性之義(五六)，各封小國，觀其所為，若能遷善(五七)，漸更增益(五八)，如或不悛(五九)，貶削非晚(六〇)。今者自新之路永絕(六一)，愧悔之心莫見(六二)，豈不哀哉！」書奏，上謂楊素曰：「裴肅憂我家事，此亦至誠也。」於是徵肅入朝。

太子聞之，謂左庶子張衡曰：「使勇自新，欲何為也？」衡曰：「觀肅之意，欲令如吳太伯漢東海王(六三)耳。」肅至，上面諭(六四)以勇不可復收之意，而罷遣之(六五)。肅，俠之子也。

(十)楊素弟約及從父文思、文紀、族父忌(六六)，並為尚書列卿，諸子無汗馬之勞(六七)，位至柱國、刺史，廣營(六八)資產，自京師及諸方都會處，邸店(六九)碾磑(七〇)，便利田宅(七一)，不可勝數，家僮千數(七二)，後庭妓妾曳綺羅者以千數，第宅(七三)華侈，制擬宮禁(七四)，親故吏(七五)布列清顯(七六)；

既廢一太子及一王，威權愈盛，朝臣有違忤〔七七〕者，或至誅夷〔七八〕，有附會〔七九〕及親戚，雖無才用，必加進擢〔八〇〕，朝廷靡然〔八一〕，莫不畏附，敢與素抗而不橈〔八二〕者，獨柳彧及尚書右丞李綱、大理卿梁毗而已〔八三〕。

〔十一〕始，毗為西寧州刺史〔八四〕，凡十一年，蠻夷酋長皆以金多者為豪雋，遞相〔八五〕攻奪，略無寧歲〔八六〕，毗患之。後因諸酋長相帥以金遺毗，毗置金坐側，對之慟哭，而謂之曰：「此物飢不可食，寒不可衣，汝等以此相滅，不可勝數；今將此來〔八七〕，欲殺我邪！」一無所納。於是蠻夷感悟〔八八〕，遂不相攻擊。上聞而善之，徵為大理卿，處法平允〔八九〕。毗見楊素專權，恐為國患，乃上封事〔九〇〕曰：「臣聞臣無有作威作福，其害於而家〔九一〕，凶於而國。竊見左僕射越國公素，幸遇〔九二〕愈重，權勢日隆〔九三〕，搢紳之徒，屬其視聽〔九四〕，忤旨者，嚴霜夏零〔九五〕，阿旨〔九六〕者，甘雨冬澍〔九七〕，榮枯由其脣吻〔九八〕，興廢候〔九九〕其指麾〔一〇〇〕，所私皆非忠讜〔一〇一〕，所進〔一〇二〕咸是親戚，子弟布列，兼州〔一〇三〕連縣，天下無事，容息異圖〔一〇四〕，四海有虞，必為禍始〔一〇五〕。夫姦臣擅命，有漸而來，王莽資之於積年，桓玄基之於易世〔一〇六〕，而卒殄漢祀〔一〇七〕，終傾晉祚〔一〇八〕。陛下若以素為阿衡(一九)，臣恐其心未必伊尹也。伏願揆鑒(二〇)古今，量為處置(二一)，俾洪基(二二)永固，率土(二三)幸甚。」書奏，上大怒，收毗繫獄(二四)，親詰之，毗極言(二五)：「素擅寵弄權，將領之處(二六)，殺戮無道(二七)，又太子蜀王罪廢之日，百僚無不震竦，唯素揚眉奮肘(二八)，喜見容色，利國家有事(二九)，以為身幸(三〇)。」上無以屈，乃釋之。其後上亦浸(三一)疏忌素(三二)，乃下勅曰：「僕射國之宰輔，不可躬親細務(三三)，但三五日(三四)一向省(三五)，評論大事。」外示優崇(二六)，實奪之權(二七)也。素由是終仁壽之末(三六)，不復通判省事(二九)(三〇)，出楊約為伊州刺史。

⒀素既被疏，吏部尚書柳述益用事(三一)，攝兵部尚書，參掌機密(三二)，素由是惡之。

⒁太子問於賀若弼曰：「楊素、韓擒虎、史萬歲皆稱良將，其優劣何如？」弼曰：「楊素猛將，非謀將(三三)；韓擒虎鬭將，非領將(三四)；史萬歲騎將(三五)，非大將(三六)。」太子曰：「然則大將誰也？」弼拜曰：「唯殿下所擇(三七)。」弼意自許也(三八)(三九)。

⒂交州(四〇)俚(四一)帥李佛子作亂，據越王故城(四二)，遣其兄子大權據龍編

城㊸，其別帥李普鼎據烏延城；楊素薦瓜州刺史㊹、長安劉方有將帥之略㊺，詔以方為交州道行軍總管，統二十七營而進。方軍令嚴肅，有犯必斬，然仁愛士卒，有疾病者親臨撫養㊻，士卒亦以此懷之㊼。至都隆嶺遇賊，擊破之，進軍臨佛子營，先諭以禍福，佛子懼，請降，送之長安㊽。

【今註】㊀轉戰：輾轉戰鬬。㊁突厥思力俟斤等……轉戰六十餘里，大破之：按此段乃錄自《隋書・突厥傳》，字句大致相同。㊂越逸：越險逃逸。㊃幷：合。㊄並行：齊行。㊅頓舍未定：安頓居停未妥當之際。㊆趣：讀曰促。㊇悉得人畜：謂悉獲其人畜。㊈磧南：沙漠以南。㊉無復寇抄：謂無復寇抄之患。〈楊素傳〉此句作：「無復虜庭。」頗饒有意致。⑪淮南公：淮南郡公。⑫突厥北走，素復進追……賜玄縱爵淮南公：按此段乃錄自《隋書・楊素傳》，字句大致相同。⑬怙寵使氣：怙恃寵幸，任使意氣。⑭符璽直長：《隋書・百官志》下：「符璽局屬門下省，直長四人。」⑮不便事：不便宜之事。⑯驕豪：驕傲豪奢。⑰經事：經歷事故。⑱所堪：所堪任。⑲徒以：但以。⑳物議：人物之評議，六朝時常以物指人。㉑官不擇賢：命官不擇賢良之士。㉒專私所愛：專偏私於所愛幸之人。㉓然其言：謂以其言為是。㉔汝藥石也：謂可療汝之疾缺。㉕可師友之：可以之為師友。㉖帝問符璽直長萬年韋雲起……可師友之：按此段乃錄自《舊唐書・韋雲起傳》，字句大致相同。㉗通事舍人：胡三省曰：「曹魏中書置通事一人，掌呈奏案章。正始中改為通事舍人，屬中書省。隋改中書省為內史省。」㉘瓌：同瑰，奇特。㉙膽氣：猶膽量。㉚惡：凶惡。㉛我在：我存在時。㉜至兄弟：至兄弟執政時。㉝嬖人：嬖幸之小人。㉞壞我法者，子孫也：敗壞我之法紀者，乃我之子孫。㉟物不能害：他物不能害之。㊱反為毛間蟲所損食耳：謂反為猛虎毛間所生之蟲之所損戕。㊲多捕山獠充宦者：《隋書．元巖傳》：「蜀王性好奢侈，嘗欲取獠口，以為閹人。巖不奉教。」是秀屢欲取山獠為宦者，特元巖在時為所峻拒，而不得逞耳。㊳乘輿：即天子。㊴益州總管蜀王秀……陰令楊素求其罪而譖之：按此段乃錄自《隋書．庶人秀傳》，字句大致相同。㊵謝病不行：以病為名，辭而不行。㊶何預卿也：謂與卿何干。㊷忝參府幕：謂辱蒙參預王府幕佐。㊸以淹時月：胡三省曰：「以當從隋書源師傳作已，蜀本作已。」㊹遷延：遷更遲延。㊺異議：不同議論。㊻內外疑駭：朝廷內外疑惑震駭。㊼雷霆：霆，雷，此處以喻嚴厲。㊽一介：一個。㊾王何以自明：謂將何以明王之本心。㊿上遂徵秀……王何以自明，願王熟計之：按此段乃錄自《隋書．源師傳》，字句大致相同。(51)原州總管：《隋書．地理志》上：「平涼郡，舊置原州。」(52)馳傳：乘急驛傳。(53)諷諭：規諷勸諭。(54)就路：登路。(55)勒兵：率兵。(56)朝廷恐秀生變……覘知有備，乃止：按此段乃錄自《隋書．獨孤楷傳》，字句大致相同。(57)八月甲子，皇后獨孤氏崩：按《隋書》及《北史．高祖紀》，皆作八月己巳，皇后獨孤氏崩，《通鑑》所載，較早前五日。(58)慟：大哭。(59)絕氣：呼吸斷絕。(60)溢：二十兩為溢，同鎰。(61)脯鮓：乾肉為脯，釀魚肉為鮓。(62)以蠟閉口：以蠟封閉竹筩之口，以免油汁外溢。(六三)樸：帊。(六四)佛說：佛家之說。(六五)無量壽國：謂享壽無量之國土。(六六)妓樂：女樂。(六七)禎符：禎祥符瑞。(六八)備諸祕記：備載於諸祕錄。(六九)菩薩：胡三省曰：「釋典：『菩，普也，薩，濟也；菩薩，言能普濟眾生。』」(七〇)再雨：再降落。(七一)金銀花：以金銀所製之花。(七二)大寶殿：胡三省曰：「大寶殿在仁壽宮中，寢殿也。」(七三)有自然種種音樂：有天然之各種音樂。(七四)震滿虛空：樂聲震動整個天空。(七五)奄然如寐：奄息如入寐寢。(七六)升遐：謂皇后薨。(七七)經文：佛經文字。(七八)悲喜：既悲且喜。(七九)著作郎王劭上言……上覽之，悲喜：按此段乃錄自《隋書・王劭傳》，字句大致相同。(八〇)閏月甲申，詔楊素、蘇威與吏部尚書牛弘等脩定五禮：按《隋書・高祖紀》仁壽二年：「閏月甲申詔：『尚書左僕射楊素與諸術者，刊定陰陽舛謬。』己丑詔：『尚書左僕射楊素、尚書右僕射蘇威、吏部尚書牛弘，可並脩定五禮。』」是詔楊素脩定五禮乃己丑之事，而非甲申。《通鑑》將此段己丑滑讀過去，遂誤皆以為甲申日事。甲申當改作己丑。(八一)卜年：據占卜，得享年。(八二)豈不卜乎：豈不卜擇葬地乎！(八三)墓田：墳塋。(八四)我弟不當戰沒：帝弟整，從周武帝伐齊，至幷州，力戰而死。(八五)宇文左率：宇文述時為左衞率。(八六)稱我：猶謂我。(八七)驗：靈驗。(八八)今卜山陵，務令我早立：謂今選擇營山陵地域，務須選能令我早立為天子之地。(八九)後四載：以後四年。(九〇)御天下：御臨天下。(九一)隋其亡乎：謂隋將亡乎！(九二)紿：欺、詐，音殆。(九三)卜世二百者，取世二傳也：按《隋書・藝術蕭吉傳》作：「卜世二百者，取三十二運也。」《隋書》詮釋，意較晦澀，《通鑑》則稍明顯。(九四)上令上儀同三司蕭吉……汝其識之：按此段乃錄自《隋書・藝術蕭吉傳》，字句大致相同。(九五)葬文獻皇后：按諸字均應大書，而作葬文獻皇后。(九六)大陵：《隋書・高祖紀》仁壽二年文作太陵，大讀作太。(九七)豈與夫平戎定寇比其功業：豈可與其平定戎寇之功業相比較，謂此更偉大也。(九八)義康公：《隋書・地理志》下：「高涼郡、杜原縣，舊有宋康郡，平陳，改曰義康。」一(九九)邑萬戶：食邑萬戶。(一〇〇)稱是：與之相仿。(一〇一)詔以楊素經營葬事……金珠綾錦稱是：按此段乃錄自《隋書・楊素傳》，字句大致相同。(一〇二)切讓：切責。(一〇三)太子諸王流涕庭謝：謂楊廣及諸王於庭流涕，代為蜀王謝罪。(一〇四)糜費：耗費。(一〇五)父道：為父之道。(一〇六)蠹害：猶殘害。(一〇七)當以君道繩之：當以為君之道以繩治之。(一〇八)見：通現。(一〇九)耿介：守正不阿。(一一〇)推治：推問處治。(一一一)偶人：以木所為之人。(一一二)杻：械。(一一三)西嶽慈父聖母：謂西嶽男女二神。(一一四)神魂：靈魂。(一一五)如此形狀：如此縛束式樣。(一一六)勿令散蕩：勿令其神魂散逸遊蕩。(一一七)稱京師妖異：稱京師妖異諸事。(一一八)徵祥：祥瑞之徵。(一一九)指期問罪：剋期興問罪之師。(一二〇)置秀集中：集，文集。《隋書・經籍志》四：「別集之名，蓋漢東京之所創也。自靈均已降，屬文之士眾矣，然其志尚不同，風流殊別，後之君子欲觀其體勢，而見其心靈，故別聚焉，名之為集。辭人景慕，並自記載，以成書部。」於其源流及內涵，可謂詳哉言之。(一二一)寧有：豈有。(一二二)唯獠婢二人驅使：按獠婢上當添一給字，意方充足。(一二三)摧謝：按《隋書・庶人秀傳》作：「秀既幽逼，憤懣不知所為，乃上表曰。」摧乃《通鑑》所新撰者，其意乃謂伏首流血而告謝曰。(一二四)慈恩：隋代稱君上恩澤時，率曰慈恩。(一二五)矜愍：矜哀愍憐。(一二六)殘息：謂殘餘之呼吸。(一二七)一穴：即埋葬之墓穴。(一二八)是汝何親：是汝何種親屬。(一二九)同處：同居。(一三〇)蜀王秀至長安……

乃聽與其子同處：按此段乃錄自《隋書・庶人秀傳》，字句大致相同。㉑少譴：些微譴責。㉒南臺：胡三省曰：「南臺者，御史臺也。立國面朝後市，臺省皆在南，尚書省曰南省，御史臺曰南臺。」㉓端笏整容：端正其笏，整飭其容，意為非苟狎也。㉔遽下：立即下床。㉕據案而坐：謂坐於案後，蓋案乃用以放置文書簿籍者。㉖辨詰：辨別詰問。㉗李文博所撰治道集：按李文博《隋書》有傳，史稱其：「本為經學，後讀史書，於諸子及論尤所該洽。性長議論，亦善屬文，著治道集十卷，大行於世。」㉘遺：贈。㉙除名：除去名籍。㊵配戍：謂分配而使之屯戍。㊶初楊素嘗以少譴……配戍懷遠鎮：按此段乃錄自《隋書・柳彧傳》，字句大致相同。㊷窮按：窮治。㊸經過之處：謂所往來之家。㊹致法：羅之以法。㊺州縣長吏：指州刺史、縣長及諸上佐而言。㊻坐者：連坐者。㊼帝使司農卿趙仲卿……上以為能，賞賜甚厚：按此段乃錄自《隋書・酷吏趙仲卿傳》，字句大致相同。㊽貝州：《隋書・地理志》中：「清河郡，後周置貝州。」㊾天挺：天所挺生。㊿元勳佐命：首勳輔佐王命。㊿疾：疾惡。㊿錄：收錄。㊿二庶人：指勇、秀。㊿寧無革心：豈無革心之行。㊿弘君父之慈：弘大為君為父之慈愛。㊿顧天性之義：胡三省曰：「經曰：『父子之道，天性也。』」謂顧念父子之道。㊿遷善：遷於善道。㊿漸更增益：漸更改封大國。㊿悛：改。㊿貶降削除不晚：貶削非晚。㊿自新之路永絕：自新之路，永遠斷絕。㊿愧悔之心莫見：愧悔之心，無從昭見。㊿欲令如吳太伯、漢東海王：漢東海王彊事見〈光武紀〉，此張衡為裴肅解也。㊿諭：曉諭。㊿貝州長史裴肅……以勇不可復收之意，而罷遣之：按此段乃錄自《隋書・裴肅傳》，字句大致相同。

(一六六)楊素族父忌：按《隋書・楊素傳》及《北史・楊敷附昇傳》，忌乃昇之訛。(一六七)汗馬之勞：謂軍功。(一六八)營：營置。(一六九)邸店：邸舍莊店。(一七〇)碾磑：碾，所以轢物器，音ㄋㄧㄢˇ。碾與磑並指磨言。(一七一)便利田宅：即良好田宅。(一七二)家僮千數：《隋書・楊素傳》，千數作數千，若作千數，則與下之以千數相重，故當以改作數千為是。(一七三)第宅：第原指屋宇之等第，此則與宅合言宅室。(一七四)制擬宮禁：規模制度擬於宮庭。(一七五)親故吏：〈楊素傳〉作：「親戚故吏。」當從添戚字。(一七六)布列清顯：布列於清要顯達之位。(一七七)忤：逆。(一七八)誅夷：誅戮。(一七九)附會：謂夤緣附會。(一八〇)進擢：陞拔。(一八一)靡然：如隨風而偃。(一八二)橈：屈。(一八三)楊素弟約及從父……大理卿梁毗而已：按此段乃錄自《隋書・楊素傳》，雖次第稍有顛倒，而字句則大致相同。(一八四)西寧州刺史：《隋書・地理志》上：「越巂郡，後周置嚴州，開皇六年改曰西寧州。」(一八五)遞相：猶迭相。(一八六)略無寧歲：毫無安寧之時。(一八七)今將此來：猶今以此來。(一八八)感悟：醒悟。(一八九)允：信，當。(一九〇)封事：奏疏封於囊中。(一九一)而家：汝家。(一九二)幸遇：親幸恩遇。(一九三)隆：盛。(一九四)屬其視聽：謂注耳目。(一九五)嚴霜夏零：若寒霜夏降。(一九六)阿旨：阿承旨意。(一九七)澍：注，音樹。(一九八)由其唇吻：謂由其唇舌，亦即由其言語。(一九九)候：聽候。(二〇〇)指麾：猶指揮。(二〇一)讜言：直言，音黨。(二〇二)所進：所進用者。(二〇三)兼州：猶連州。(二〇四)容息異圖：謂容或息止變異之謀。(二〇五)必為禍始：必為禍亂之創始者。(二〇六)桓玄基之於易世：謂桓溫與玄兩世始得篡晉祚。(二〇七)殄漢祀：殄滅漢之宗祀。(二〇八)祚：位。(二〇九)阿衡：官名。阿，依；衡，平。猶後之宰輔。(二一〇)揆鑒：度鑒。(二一一)處置：處理安置。(二一二)洪基：國家洪大基業。(二一三)率土：猶合境。(二一四)繫獄：繫之於獄。(二一五)極言：盡其所知而言之。

㉖將領之處：謂領兵所至之處。㉗殺戮無道：殺戮甚慘，不顧人道。㉘揚眉奮肘：皆喜悅之狀。㉙利國家有事：以國家有事故為利。㉚身幸：己幸。㉛寖：漸。㉜始毗為西寧州刺史……其後上亦寖疏忌素：按此段乃錄自《隋書・梁毗傳》，字句大致相同。㉝躬親細務：身親細小之務。㉞三五日：謂三天或五天，乃不定數之辭。㉟一向省：一次至尚書省。㊱優崇：優異尊崇。㊲奪之權：之猶其，謂奪其權。㊳終仁壽之末：仁壽為文帝年號，共四年。㊴通判省事：通總判斷尚書省事。㊵其後上亦寖疏忌素……不復通判省事：按此段乃錄自《隋書・楊素傳》，字句大致相同。㊶益用事：愈用事。㊷素既被疏……參掌機密：按此段乃錄自《隋書・柳述傳》，字句大致相同。㊸楊素猛將非謀將：謂楊素乃勇猛之將，而非智謀之將。㊹領將：帥領諸將之將。㊺騎將：擅長領騎兵作戰。㊻大將：猶元帥之材。㊼唯殿下所擇：唯殿下之所選擇。㊽弼意自許也：弼意蓋以自期許，謂己乃大將之材。㊾太子問於賀若弼曰……弼意自許也：按此段乃錄自《隋書・賀若弼傳》，字句大致相同。㊿交州：《隋書・地理志》下：「交趾郡，舊曰交州。」(51)俚：乃嶺南種落之名。(52)據越王故城：胡三省曰：「此城蓋秦漢間駱越之王所築。」(53)龍編城：《隋書・地理志》下：「舊置交趾郡，平陳郡廢。」(54)瓜州刺史：《隋書・地理志》上：「敦煌郡，舊置瓜州。」(55)將帥之略：將帥之才略。(56)撫養：撫慰療養。(57)懷之：感懷之。(58)交州俚帥李佛子作亂……佛子懼，請降，送之長安：按此段乃錄自《隋書・劉方傳》，字句大致相同。

三年（西元六〇三年）

㈠秋，八月，壬申，賜幽州總管燕榮死，榮性嚴酷，鞭撻左右，動至千數，嘗見道次㊀叢荊，以為堪作杖，命取之，輒以試人，人或自陳無罪，榮曰：「後有罪，當免汝㊁。」既而有犯，將杖之，人曰：「前日被杖，使君㊂許以有罪宥㊃之。」榮曰：「無罪尚爾㊄，況有罪邪！」杖之自若㊅。觀州長史㊆元弘嗣遷幽州長史，懼為榮所辱，固辭，上勑榮曰：「弘嗣杖十已上罪，皆須奏聞。」榮忿曰：「豎子㊇何敢玩我㊈！」於是遣弘嗣監納倉粟，颺得一糠一粃㊉，皆罰之，每笞雖不滿十，然一月之中，或至三數，如是歷年，怨隙日構⑪。榮遂收弘嗣付獄，禁絕其糧，弘嗣抽絮雜水咽之⑫，其妻詣闕稱寃，上遣使案驗⑬，奏榮暴虐，贓穢⑭狼籍⑮，徵還賜死。元弘嗣代榮為政，酷又甚之⑯。

㈡九月，壬戌，置常平官⑰。

㈢是歲，龍門王通詣闕獻太平十二策，上不能用，罷歸，通遂教授於河汾之間(一八)，弟子自遠至者甚眾，累徵(一九)不起。楊素甚重之，勸之仕，通曰：「通有先人之弊廬(二〇)，足以蔽風雨(二一)，薄田(二二)足以具饘(二三)粥，讀書談道(二四)，足以自樂，願明公正身(二五)以治天下，時和(二六)歲豐，通也受賜多矣，不願仕也。」或譖通於素曰：「彼實慢(二七)公，公何敬焉(二八)！」素以問通，通曰：「使公可慢(二九)，則僕得矣(三〇)，不可慢，則僕失矣，得失在僕(三一)，公何預焉(三二)！」素待之如初。弟子賈瓊問息謗(三三)，通曰：「無辯(三四)。」問止怨，曰：「不爭(三五)。」通嘗稱：「無赦之國，其刑必平，重斂之國，其財必削(三六)。」又曰：「聞謗而怒者，讒之囮(三七)也，見譽而喜者，佞之媒也(三八)，絕囮去媒，讒佞遠矣(三九)。」大業末，卒於家，門人謚曰文中子(四〇)。

(四)突厥步迦可汗所部大亂，鐵勒僕骨等十餘部(四一)皆叛，步迦降於啟民，步迦眾潰，西奔吐谷渾，長孫晟送啟民置磧口，啟民於是盡有步迦之眾。

【今註】(一)道次：道間。(二)後有罪，當免汝：謂先行鞭打，後有罪，則以此抵充。(三)使君：稱刺史之稱。(四)宥：寬。(五)尚爾：尚且如此。(六)杖之自若：《隋書・酷吏燕榮傳》作：「棒棰如舊。」

意較符切。㊆觀州長史：《隋書‧地理志》中：「平原郡、東光縣，舊置勃海郡，開皇初郡廢，九年置觀州。」杜佑曰：「開皇三年改別駕、治中，為長史、司馬。」㊇豎子：詈人辭。㊈玩我：《燕榮傳》作：「弄我。」玩即弄也。⑩颺得一糠一粃：謂納倉之粟，皆須碩實，粃乃穀之不實者，若颺簸出一有糠一不實之穀。⑪構：成。⑫咽之：吞之。⑬案驗：案問勘驗。⑭贓汙。⑮狼籍：甚多。⑯賜幽州總管燕榮死……酷又甚之：按此段乃錄自《隋書‧酷吏燕榮傳》，字句大致相同。⑰置常平官：開皇初置義倉，今置常平官掌之。⑱河汾之間：黃河汾水之間。⑲累徵：屢加徵召。⑳弊廬：弊陋之屋。㉑蔽風雨：遮蔽風雨。㉒薄田：瘠薄之田。㉓⿱衍食：厚粥，同饘，音ㄓㄢ。㉔談道：談聖賢之道。㉕正身：猶正行。㉖時和：謂四時風雨和順。㉗慢：怠慢。㉘公何敬焉：謂公何為敬之。㉙使公可慢：設公可以怠慢。㉚則僕得矣：則僕之怠慢為是矣。㉛得失在僕：得失全在於僕身。㉜公何預焉：謂於公何干？㉝問息謗：問止息謗毀之法。㉞無辯：不要駁辯。㉟不爭：不與之爭。㊱其財必削：其財貨必然減削。㊲囮：鳥媒，指率鳥者繫生鳥以來之，音訛。㊳佞之媒也：召致諂佞之媒介。㊴遠矣：猶去矣。㊵門人諡曰文中子：胡三省曰：「通卒，門人議曰：『禮、男子生有字，所以昭德，死有諡，所以易名。仲尼既沒，文不在茲乎，易曰，黃裳元吉，文在中也。請諡曰文中子。』」㊶鐵勒僕骨等十餘部：鐵勒《隋書》有傳，可參看。

卷一百八十　隋紀四

司馬光編集
曲守約註

起閼逢困敦，盡彊圉單閼，凡四年。（甲子至丁卯，西元六〇四年至六〇七年）

高祖文皇帝下

仁壽四年（西元六〇四年）

㈠春，正月，丙午，赦天下㊀。

㈡帝將避暑於仁壽宮，術士章仇太翼固諫，不聽。太翼曰：「是行恐鑾輿㊁不返。」帝大怒，繫之長安獄，期㊂還而斬之㊃。甲子，幸仁壽宮。乙丑，詔賞賜支度㊄，事無巨細㊅，並付皇太子㊆。夏，四月，乙卯，帝不豫。六月，庚申，赦天下。秋，七月，甲辰，上疾甚，臥與百僚辭訣，竝握手歔欷㊇㊈，命太子赦章仇太翼，丁未，崩於太寶殿㊉。

高祖性嚴重⑪，令行禁止⑫，每旦聽朝，日昃⑬忘倦，雖嗇⑭於財，至於賞賜有功，即無所愛⑮，將士戰沒，必加優賞⑯，仍遣使者勞問(一七)其家，愛養百姓，勸課(一八)農桑，輕徭薄賦。其自奉養(一九)，務為儉素(二〇)，乘輿御物(二一)，故弊(二二)者隨宜(二三)補用，自非享宴，所食不過一肉，後宮皆服澣(二四)濯之衣，天下化之(二五)。開皇、仁壽之間，丈夫(二六)率衣絹布，不服綾綺(二七)，裝帶(二八)不過銅鐵骨角，無金玉之飾，故衣食滋殖，倉庫盈溢。受禪之初，民戶不滿四百萬，末年踰八百九十萬(二九)，獨冀州已一百萬戶(三〇)。然猜忌苛察(三一)，信受讒言，功臣故舊(三二)無始終保全者，乃至(三三)子弟皆如仇敵，此其所短也(三四)。

初，文獻皇后(三五)既崩，宣華夫人陳氏、容華夫人蔡氏皆有寵。陳氏，陳高宗之女；蔡氏，丹楊人也。上寢疾於仁壽宮，尚書左僕射楊素、兵部尚書柳述、黃門侍郎(三六)元巖(三七)，皆入閤侍疾，召皇太子入居大寶殿，太子慮上有不諱(三八)，須預防擬(三九)，手自(四〇)為書，封出問素，素條錄事狀(四一)，以報太子，宮人誤送上所，上覽而大恚(四二)。陳夫人平旦出更衣(四三)，為太子所逼，拒之得免，歸於上所，上怪其神色有異，問其故，夫人泫然曰：「太子無禮(四四)。」上恚，抵床(四五)曰：「畜生(四六)何足付大事(四七)！獨孤誤我。」乃呼柳述、元巖曰：「召我兒。」述等將呼太子，上曰：「勇也。」述巖出閣為勑書，楊素聞之，以白太子(四八)(四九)，矯詔(五〇)執述巖繫大理獄(五一)，追東宮兵士帖上臺宿衛(五二)，門禁出入，竝取宇文述、郭衍節度(五三)，令右庶子張衡入寢殿侍疾，盡遣後宮出就別室，俄而上崩，故中外頗有異論(五四)(五五)。【考異】趙毅大業略記曰：「高祖在仁壽宮，病甚，追帝侍疾，而高祖美人尤嬖幸者唯陳蔡二人而已，帝乃召蔡於別室，既還，面傷而髮亂。高祖問之，蔡泣曰，皇太子為非禮。高祖大怒，齧指出血，召兵部尚書柳述、黃門侍郎元巖等，令發詔追庶人勇，即令廢立帝。事迫，召左僕射楊素、左庶子張衡進毒藥，帝簡驍健官奴三十人，皆服婦人之服，衣下置仗，立於門巷之間，以為之衞。素等既入，而高祖暴崩。」馬總通曆曰：「上有疾，於仁壽殿與百僚辭訣，竝握手歔欷。是時唯太子及陳宣華夫人侍疾，太子無禮，宣華訴之，帝怒曰，死狗，那可付後事！遽令召勇，楊素秘不宣，乃屏左右，令張衡入拉帝，血濺御屏，寃痛之聲，聞於外。」今從隋書。

陳夫人與後宮聞變，相顧戰栗失色(五六)，晡後(五七)太子遣使者賫(五八)小金合(五九)，帖紙於際(六〇)，親署封字(六一)，以賜夫人，夫人見之惶懼，以為鴆毒，不敢發，使者促(六二)之，乃發，合中有同心結數枚(六三)，宮人咸悅，相謂曰：「得免死矣。」陳氏恚而却坐(六四)，不肯致謝，諸宮人共逼之，乃拜使者，其夜太子烝(六五)焉(六六)。乙卯發喪。【考異】大業略記曰：「十八日發喪。」杜寶大業雜記曰：「甲戌，文帝崩，辛巳，發喪，壬午，煬帝即位。」案長曆是月乙未朔，乙卯二十一日也，無甲戌、辛巳、壬午日。今從隋書。

太子即皇帝位，會伊州刺史楊約來朝，太子遣約入長安易留守者(六七)，矯稱高祖之詔，賜故太子勇死，縊殺之，然後陳兵集眾(六八)，發高祖凶問(六九)。煬帝(七〇)聞之曰：「令兄(七一)之弟，果堪大任(七二)。」追封勇為房陵王，不為置嗣。【考異】大業略記云：「庶人勇八男，亦陰加酖害，恐其為厲，皆倒埋之。」按隋書北史皆云：「煬帝踐極，儼嘗從行，卒於道，實酖之也。諸弟分徙嶺表，仍敕在所皆殺焉。」今從之。八月，丁卯，梓宮至自仁壽宮，丙子，殯於大興前殿(七三)。

柳述元巖竝除名，述徙龍川，巖徙南海。帝令蘭陵公主與述離絕(七四)，欲改嫁之，公主以死自誓，不復朝謁(七五)，上表請與述同徙；帝大怒，公主憂憤而卒，臨終上表，請葬於柳氏(七六)，帝愈怒，竟不哭，葬送甚薄(七七)(七八)。

(三)太史令袁充奏言：「皇帝即位，與堯受命年合(七九)。」諷百官表賀(八〇)，禮部侍郎許善心議以為國哀甫爾(八一)，不宜稱賀。左衞大將軍宇文述素惡(八二)善心，諷御史劾(八三)之，左遷給事郎，降品二等(八四)(八五)。

(四)漢王諒有寵於高祖，為幷州總管，自山以東(八六)，至於滄海，南距黃河，五十二州皆隸(八七)焉，特許以便宜從事，不拘律令(八八)。諒自以所居天下精兵處(八九)，見太子勇以讒廢，居常怏怏(九〇)；及蜀王秀得罪，尤不自安，陰蓄異圖(九一)；言於高祖，以突厥方彊，宜修武備(九二)，於是大發工役，繕治[九三]器械，招集亡命[九四]，左右私人殆將數萬[九五]。突厥嘗寇邊，高祖使諒禦之，為突厥所敗，其所領將帥坐除解者[九六]八十餘人，皆配防[九七]嶺表；諒以其宿舊[九八]，奏請留之，高祖怒曰：「爾為藩王，惟當敬依朝命，何得私論宿舊[九九]，廢國家憲法[一〇〇]邪！嗟乎小子[一〇一]，爾一旦無我，或欲妄動，彼[一〇二]取爾如籠內雛雞[一〇三]耳，何用腹心為！」王頍[一〇四]者，僧辯之子，倜儻[一〇五]好奇略[一〇六]，為諒諮議參軍[一〇七]，蕭摩訶陳氏舊將，二人俱不得志，每鬱鬱[一〇八]思亂，皆為諒所親善[一〇九]，贊成其陰謀。會熒惑守東井[一一〇]，儀曹[一一一]鄴人傅奕曉星曆[一一二]，諒問之曰：「是何祥也？」對曰：「天上東井，黃道所經[一一三]，熒惑過之，乃其常理，若入地上井，則可怪耳。」諒不悅。及高祖崩，煬帝遣車騎將軍屈突通以高祖璽書徵之。先是，高祖與諒密約，若璽書召汝，敕字傍別加[一一四]一點，又與玉麟符[一一五]合者，當就徵；及發書無驗[一一六]，諒知有變，詰通，通占對[一一七]不屈[一一八]，乃遣歸長安[一一九]，諒遂發兵反。

總管司馬、安定皇甫誕切諫，諒不納，誕流涕曰：「竊料大王兵資(二〇)，非京師之敵，加以君臣位定(二一)，逆順勢殊(二二)，士馬雖精，難以取勝，一旦陷身叛逆，絓於刑書(二三)，雖欲為布衣(二四)，不可得也。」諒怒囚之(二五)。

嵐州刺史(二六)喬鍾葵將赴諒，其司馬、京兆陶模拒之曰：「漢王所圖不軌，公荷國厚恩，當竭誠効命(二七)，豈得身為厲階(二八)乎！」鍾葵失色曰：「司馬反邪！」臨之以兵(二九)，辭氣不撓(三〇)，鍾葵義而釋之(三一)；軍吏曰：「若不斬模，無以壓(三二)眾心。」乃囚之(三三)。於是從諒反者凡十九州。

王頍說諒曰：「王所部將吏家屬，盡在關西(三四)，若用此等，則宜長驅深入，直據京都，所謂疾雷不及掩耳(三五)；若但欲割據舊齊之地(三六)，宜任東人(三七)。」諒不能決，乃兼用二策，唱言(三八)：「楊素反，將誅之。」

總管府兵曹(三九)、聞喜裴文安說諒曰：「井陘以西，在王掌握之內，山東士馬亦為我有，宜悉發之，分遣羸兵(四〇)屯守要害(四一)，仍命(四二)隨方(四三)略地，帥其精銳，直入蒲津(四四)，文安請為前鋒，王以大軍繼後，風行雷擊(45)，頓於霸上，咸陽以東，可指麾(46)而定。京師震擾，兵不暇集，上下相疑，羣情離駭(47)，我陳兵號令(48)，誰敢不從！旬日之間，事可定矣。」【考異】大業略記云：「司兵參軍裴文安說諒曰，今梓宮尚在仁壽宮，比其徵兵，動移旬月，今若簡驍勇萬騎，令文安督領，不淹十五日，徑據長安；其在京被黜停私之徒，並擢授高位，付以心膂，共守京城，則咸陽以東府縣，非彼之有。然後大王總兵鼓行而西，聲勢相接，天下可指麾而定也。諒不從。」大業雜記云：「文安又說曰，先人有奪人之心，殿下選精騎一萬，徑往京師奔喪，曉夜兼行，誰敢止約，至京徑掩仁壽宮，彼縱徵召，未暇禦我，大軍絡繹隨王而至，此則次計；王直資河北，彼率天下之兵，百道攻我，則難為主人，此下計也。」今從隋書。諒大悅，於是遣所署(49)大將軍余公理出大谷，趣河陽(50)，大將軍綦良出滏口，趣黎陽(51)，大將軍劉建出井陘(52)，略燕趙，柱國喬鍾葵出鴈門，署文安為柱國，與柱國紇單貴、王聃等直指京師(53)。

帝以右武衛將軍、洛陽丘和為蒲州刺史，鎮蒲津。諒選精銳數百騎戴羃䍦(54)，詐稱諒宮人(55)還長安，門司(56)弗覺(57)，徑入蒲州，城中豪傑亦有應之者，丘和覺其變，踰城逃歸長安，蒲州長史勃海高義明、司馬北平榮毗，皆為反者所執。

裴文安等未至蒲津百餘里，諒忽改圖，令紇單貴斷河橋守蒲州，而召文安還；文安至，謂諒曰：「兵機詭速，本欲出其不意，王既不行，文安又返，使彼計成，大事去矣。」諒不對，以王聃為蒲州刺史，裴文安為晉州刺史，薛粹為絳州刺史，梁菩薩為潞州刺史，韋道正為韓州刺史，張伯英為澤州刺史(五八)。代州總管(五九)、天水李景發兵拒諒，諒遣其將劉暠(六〇)襲景，景擊斬之；諒復遣喬鍾葵帥勁勇(六一)三萬攻之，景戰士不過數千，加以城池不固，為鍾葵所攻，崩毀(六二)相繼，景且戰且築，士卒皆殊死鬬(六三)，鍾葵屢敗，司馬馮孝慈、司法呂玉(六四)竝驍勇善戰，儀同三司侯莫陳乂多謀畫，工(六五)拒守之術，景知三人可用，推誠(六六)任之，己無所關預(六七)，唯在閤持重(六八)，時撫循而已(六九)(七〇)。

楊素將輕騎五千襲王聃、紇單貴於蒲州，夜至河際(七一)，收商賈船得數百艘，船內多置草，踐之無聲，遂銜枚(七二)而濟，遲明(七三)擊之，紇單貴敗走，聃懼，以城降(七四)。有詔徵素還。初，素將行，計日(七五)破賊，皆如所量(七六)，於是以素為并州道行軍總管、河北道安撫大使(七七)，帥眾數萬以討諒。

諒之初起兵也，妃兄豆盧毓為府主簿(七八)，苦諫不從，私謂其弟懿曰：「吾匹馬(七九)歸朝，自得免禍，此乃身計(八〇)，非為國也(八一)；不若且偽從之（八二），徐伺其便（八三）。」毓，勣之子也。毓兄顥州刺史賢（八四）言於帝曰：「臣弟毓，素懷志節，必不從亂，但逼兇威（八五），不能自遂（八六），臣請從軍（八七），與毓為表裏（八八），諒不足圖（八九）也。」帝許之。賢密遣家人齎敕書至毓所，與之計議，諒出城將往介州（九〇），令毓與總管屬（九一）朱濤留守，毓謂濤曰：「漢王構逆（九二），敗不旋踵（九三），吾屬豈可坐受夷滅（九四），孤負國家邪！當與卿出兵拒之。」濤驚曰：「王以大事相付（九五），何得有是語！」因拂衣（九六）而去，毓追斬之，出皇甫誕於獄，與之協計（九七），及開府儀同三司宿勤武等，閉城拒諒；部分（九八）未定，有人告諒，諒襲擊之，【考異】皇甫誕傳云：「楊素將至，諒屯清源以拒之。」按諒屯清源時，素軍已迫，何暇自還襲毓？今從毓傳。毓見諒至，紿（九九）其眾曰：「此賊軍也。」諒攻城南門，稽胡（一〇〇）守南城，不識諒，射之，矢下如雨，諒移攻西門，守兵識諒，即開門納之，毓、誕皆死（一〇一）。

綦良攻慈州刺史（一〇二）上官政不克，引兵攻行相州事（一〇三）薛冑，又不克，遂自滏口攻黎州（一〇四），塞白馬津（一〇五），余公理自太行下河內。帝以右衛將軍史祥為行軍總管，軍於河陰，祥謂軍吏曰：「余公理輕而無謀，恃眾而驕，不足破也。」公理屯河陽，祥具舟南岸，公理聚兵當之，祥簡精銳於下流潛濟，公理聞之，引兵拒之，戰於須水㉖，公理未成列㉗，祥擊之，公理大敗，祥東趣黎陽，綦良軍不戰而潰㉘。祥，寧之子也。

帝將發幽州兵，疑幽州總管竇抗有貳心，問可使取抗者於素，素薦前江州刺史㉙、勃海李子雄，授上大將軍，拜廣州刺史㉚㉛，又以左領軍將軍㉜長孫晟為相州刺史，發山東兵，與李子雄共經略之。晟辭以男行布在諒所部㉝，帝曰：「公體國㉞之深，終不以兒害義㉟，朕今相委，公其勿辭㊱。」李子雄馳至幽州，止傳舍㊲，召募得千餘人，抗來詣子雄，子雄伏甲㊳擒之。抗，榮定之子也。子雄遂發幽州兵步騎三萬，自井陘西擊諒。時劉建圍戍將京兆張祥於井陘，子雄破建於抱犢山下㊴㊵，建遁去。

李景被圍月餘，詔朔州刺史㊶、代人楊義臣救之，義臣帥馬步二萬，夜出西陘㊷，喬鍾葵悉眾拒之，義臣自以兵少，悉取軍中牛驢得數千頭，復令兵數百人，人持一鼓，潛驅之，匿於澗谷間，晡後，義臣復與鍾葵戰，兵初合[33]，命驅牛驢者疾進，一時[34]鳴鼓，塵埃漲天，鍾葵軍不知，以為伏兵發，因而奔潰，義臣縱擊[35]，大破之[36]。

晉絳呂[37]三州皆為諒城守，楊素各以二千人縻之[38]而去。諒遣其將趙子開擁眾十餘萬，柵絕徑路[39]，屯據高壁[40]，布陳五十里，素令諸將以兵臨之[41]，自引奇兵潛入霍山[42]，緣[43]崖谷而進。素營於谷口，自坐營外，使軍司[44]入營，簡留三百人守營，軍士憚北兵之彊，不欲出戰，多願守營，因爾致遲[45]；素責所由，軍司具對[46]，素即召所留三百人出營，悉斬之，更令簡留人，皆無願留者。素乃引軍[47]馳進，出北軍之北，直指[48]其營，鳴鼓縱火[49]，北軍不知所為[50]，自相蹂踐[51]，殺傷數萬。諒所署介州刺史梁脩羅，屯介休，聞素至，棄城走[52]。諒聞趙子開敗，大懼，自將眾且十萬[53]，拒素於蒿澤。會大雨，諒欲引軍還，王頍諫曰：「楊素縣軍[54]深入，士馬疲弊，王以銳卒[55]自將擊之，其勢必克，今望敵[56]而退，示人以怯，沮戰士之心[57]，益西軍之氣[58]，願王勿還。」諒不從，退守清源（二四九）（二五〇）。王頍謂其子曰：「氣候殊不佳（二五一），兵必敗，汝可隨我。」楊素進擊諒，大破之，擒蕭摩訶，諒退保晉陽，素進兵圍之，諒窮蹙（二五二）請降，餘黨悉平。

帝遣楊約齎手詔（二五三）勞素（二五四）。

王頍將奔突厥，至山中，徑路斷絕，知必不免，謂其子曰：「吾之計數（二五五），不減楊素（二五六），但坐（二五七）言不見從（二五八），遂至於此。不能坐受擒獲，以成豎子名（二五九），吾死之後，汝慎勿過親故（二六〇）。」於是自殺，瘞之石窟中。其子數日不得食，遂過其故人，竟為所擒，幷獲頍尸，梟於晉陽。

羣臣奏漢王諒當死（二六一），帝不許，除名（二六二）為民，絕其屬籍（二六三），竟以幽死（二六四）（二六五）。諒所部吏民坐諒死徙（二六六）者，二十餘萬家。

初，高祖與獨孤后甚相愛重，誓無異生之子（二六七），嘗謂羣臣曰：「前世天子，溺於嬖幸（二六八），嫡庶分爭（二六九），遂有廢立，或至亡國。朕旁無姬侍，五子同母，可謂真兄弟也，豈有此憂邪！」帝又懲（二七〇）周室諸王微弱，故使諸子分據大鎮，專制方面（二七一），權侔（二七二）帝室，及其晚節[二七三]，父子兄弟迭相[二七四]猜忌，五子皆不以壽終[二七五]。

臣光曰：「昔辛伯諗[二七六]周桓公曰：『內寵竝后[二七七]，外寵貳政[二七八]，嬖子配嫡[二七九]，大都偶國[二八〇]，亂之本也[二八一]。人主誠能慎此四者，亂何自生哉！』隋高祖徒知[二八二]嫡庶之多爭，孤弱之易搖[二八三]，曾不知勢鈞位逼[二八四]，雖同產[二八五]至親，不能無相傾奪[二八六]。考諸辛伯之言，得其一[二八七]而失其三乎[二八八]。」

㈤冬，十月，己卯，葬文皇帝於太陵，廟號高祖，與文獻皇后同墳異穴。

㈥詔除婦人及奴婢部曲之課，男子二十二成丁[二八九]。

㈦章仇太翼言於帝曰：「陛下木命，雍州為破木之衝[二九〇]，不可久居。又讖云：『脩治洛陽還晉家[二九一]。』」帝深以為然[二九二]。十一月，乙未，幸洛陽，留晉王昭守長安。楊素以功拜其子萬石、仁行、姪玄挺為儀同三司，賚物五萬段[二九三]，綺羅千匹，諒妓妾二十人[二九四][二九五]。

㈧丙申，發丁男數十萬，掘塹[二九六]，自龍門[二九七]東接長平汲郡，抵臨清關[二九八]，度河至浚儀、襄城，達於上洛，以置關防[二九九][三〇〇]。

(九)壬子，陳叔寶卒，贈大將軍、長城縣公㉛，謚曰煬㉜。

(十)蜀王秀之得罪也，右衛大將軍元冑坐與交通㉝，除名，久不得調㉞，時慈州刺史上官政坐事徙嶺南，將軍丘和以蒲州失守，除名，冑與和有舊，酒酣，謂和曰：「上官政，壯士也，今徙嶺表，得無大事乎㉟！」因自拊腹㊱曰：「若是公者，不徒然矣㊲。」和奏之，冑竟坐死。於是徵政㊳為驍衛將軍㊴，以和為代州刺史㊵。

【今註】㊀正月丙午，赦天下：按《隋書・高祖紀》仁壽四年文作：「正月景辰大赦。」以下文之甲子核之，當以作丙辰為是。㊁鑾輿：大駕。㊂期：擬定日期。㊃帝將避暑於仁壽宮……期還而斬之：按此段乃錄自《隋書・藝術盧太翼傳》，字句大致相同。㊄詔賞賜支度：按《隋書・高祖紀》仁壽四年文作：「賞罰支度。」此罰與賜，事權頗為不同，未審《通鑑》何據而更易之？支度猶度支，即度量審核而後支給。㊅巨細：猶大小。㊆並付皇太子：謂並付皇太子處理之。㊇臥與百僚辭訣，竝握手歔欷：按握手之禮，中國古代亦盛行之。其見於經傳者，《史記・藺相如傳》：「繆賢曰：『燕王私握臣手，曰願結交。』」《文選・江淹別賦》：「朝露溘至，握手何言！」《北齊書・杜弼傳》：「世宗大悅曰：『言雖不多，於理甚要。』握手而別。」《顏氏家訓・名實》：「鄴下有一少年，出為襄國令，凡遣兵役，握手送離，或齎梨棗餅餌，人人贈別。」《隋書・梁睿傳》：「命睿上殿，握手極歡。」惟握手一辭，亦多有作執手者，其例證為：《詩・邶風》、〈擊鼓〉：「執子之手，與子偕老。」《文選・曹植贈白馬王彪詩》：「離別永無會，執手將何時。」《世說・傷逝》：「王東亭與謝公交惡，……直前哭甚慟，不執末婢手而退。」《北齊書・慕容儼傳》：「儼望帝悲不自勝，帝呼令至前，執其手，持儼鬚鬢，脫帽看髮，歎息久之。」同書〈安德王延宗傳〉：「延宗見士卒，皆親執手陳辭，自稱名，流涕嗚咽。……延宗見禽，周武帝自投下馬，執其手。延宗辭曰：『死人手，何敢迫至尊！』」《周書・宇文孝伯傳》：「高祖遂寢疾，驛召孝伯赴行在所，帝執其手曰：『吾自量必無濟理，以後事付君。』」以握與攜意義相似，故亦有作攜手者。《詩・齊風》：「攜手同行。」《文選・潘岳金谷集作詩》：「何以叙離思？攜手游郊畿。」同書〈陸機赴洛〉：「撫膺解攜手，永歎結遺音。」又攜手亦即把臂之意，《文選・劉孝標廣絕交論》：「自昔把臂之英，金蘭之友。」而與交腕，亦實相同。《文選・江淹別賦》注引潘岳〈邢夫人誄〉曰：「臨命相決，交腕握手。」由上所引，知表握手之禮，共有五辭，其所用辭語及所指部位，雖不相同，而其示親悅及戀眷，則固相同也。竝，同並；歔欷，悲泣氣咽而抽息也。㊈甲子，幸仁壽宮……竝握手歔欷：按此段乃錄自《隋書・高祖紀》仁壽四年文，字句大致相同。㊉太寶殿：高祖紀作大寶殿。又《通鑑》本年下文亦作大寶殿，當改從之。㈡嚴重：嚴厲沈重。㈢令行禁止：所令者皆行，所禁者皆止。㈢日昃：日西偏。㈣嗇：猶吝。㈤至於賞賜有功，即無所愛：即猶則，《隋書・高祖紀》末作：「亦無所愛。」亦通。㈥優賞：優渥之賞賜。㈦勞問：慰勞候問。㈧勸課：勸獎督課。

㈨奉養：指服用而言。㈩儉素：節儉樸素。㈡御物：用物。㈢故弊：故舊破弊者。㈢隨宜：隨顧事宜。㈣澣：濯衣垢，音緩。㈤天下化之：天下從風而化，謂皆力事勤儉。㈥丈夫：謂男子。㈦綾綺：絹之精緻華麗者。㈧裝帶：裝飾及佩帶。㈨受禪之初，民戶不滿四百萬，末年踰八百九十萬：胡三省曰：「此以開皇初元戶口之數，比較仁壽末年大業初之數，而言之也。按周之平齊，得戶三百三萬，而隋受周禪，戶不滿四百萬，則周氏初有關中，西幷巴蜀，南兼江漢，見戶不滿百萬也。陳氏之亡，戶六十萬。大約隋氏混壹天下，見戶未及五百萬，及其盛也，蓋幾倍之。」㈩獨冀州已一百萬戶：胡三省曰：「隋以信都郡為冀州，此以古冀州之域言之也。然禹之冀州，兼有幽、幷、營三州地。隋志以信都、清河、魏、汲、河內、長平、上黨、河東、絳、文城、臨汾、龍泉、西河、離石、鴈門、馬邑、定襄、樓煩、太原、襄國、武安、趙、恒山、博陵、河間、涿、上谷、漁陽、北平、安樂、遼西等郡為冀州，則其地亦兼有幽、幷、營三州地，故其戶最多。」㈡苛察：苛細察察。㈢故舊：故亦舊，謂舊人。㈢乃至：竟至。㈣高祖性嚴重……此其所短也：按此段雖本於《隋書・高祖紀》末，而多有顛倒及溢出，為雜揉各文而成者也。㈤文獻皇后：獨孤后崩謚文獻。㈥黃門侍郎：《隋書・百官志》下：「門下省，納言二人，給事黃門侍郎四人。」㈦元巖：此元巖乃蜀王秀長史元巖外之另一人，封龍涸縣公，其事跡略見於《隋書・列女華陽王楷妃傳》。㈧上有不諱：有不諱為死之代語，謂有不可諱言者。㈨防擬：防備準擬。㈩手自：親自。㈠條錄事狀：依條錄出處事之狀。㈡上寢疾於仁壽宮……上覽而大恚：按此段乃錄自《隋書・楊素傳》，字句大致相同。

㊸更衣：如厠。㊹太子無禮：與為太子所逼，指同一事言。㊺抵床：猶擊床。㊻畜生：為詈人語，言其無知無禮，若馬牛犬豕然。㊼付大事：付以國家大事。㊽述巖出閤為勅書，楊素聞之，以白太子：按《隋書・宣華夫人陳氏傳》：「述巖出閤，為勅書，訖，示左僕射楊素，素以其事白太子」。核楊素知為勅書召勇一事之關節，甚為重要，《通鑑》以為勅書時，文帝與述巖所最提防者，乃為楊素，焉能為訖而以示之，此理之絕不可有者，遂刪去原文之「訖、示左僕射楊素。」諸字，而改作楊素聞之，以白太子。《通鑑》此種改易，較為符合事理。㊾陳夫人平旦出更衣……楊素聞之，以白太子：按此段乃錄自《隋書・宣華夫人陳氏傳》，字句大致相同。㊿矯詔：假託詔書。(51)大理獄：即大理寺所掌之獄。(52)追東宮兵士帖上臺宿衛：胡三省曰：「帖，褌也。」按帖疑指軍帖而言，謂按東宮兵士軍帖，追其兵士赴臺省宿衛。(53)節度：節制調度。(54)故中外頗有異論：按令右庶子張衡入寢殿侍疾，所為之事，《隋書・張衡傳》曾隱約道出，文云：「衡臨死大言曰：『我為人作何物事，而望久活！』監刑者塞耳，促令殺之。」是張衡之入侍疾，明為弒帝無疑。中外頗有異論，即言文帝之死，說法各有不同，不肯明白言之，而以委婉之筆表出，亦史家述事所時用之義法也。(55)矯詔追東宮兵士帖上臺宿衛……故中外頗有異論：按此段乃錄自《隋書・楊素傳》，字句大致相同。(56)失色：戰慄貌。(57)晡後：申時以後。(58)齎：持。(59)小金合：合同盒。(60)帖紙於際：帖同貼，謂貼紙於盒上下兩扇之縫際。(61)親署封字：親書一封字。(62)促：催促。(63)合中有同心結數枚：《隋書・宣華夫人陳氏傳》，合上有一見字，意較連貫。同心結乃結名，以示結同心之意。(64)却坐：退

而就坐。(六五)蒸：上淫曰蒸。(六六)陳夫人與後宮聞變，……其夜太子烝焉：按此段乃錄自《隋書・宣華夫人陳氏傳》，字句大致相同。(六七)易留守者：更易京師留守之人。(六八)陳兵集眾：陳列兵士，召集吏民。(六九)發高祖凶問：發佈高祖逝世消息。(七〇)煬帝：胡三省曰：「書煬帝以別大行。」(七一)令兄：指楊素言。(七二)會伊州刺史楊約來朝……果堪大任：按此段乃錄自《隋書・楊素附約傳》，字句大致相同。(七三)大興前殿：大興宮正殿。(七四)離絕：離異斷絕關係。(七五)朝謁：猶朝見。(七六)葬於柳氏：謂葬於柳氏之塋。(七七)葬送甚薄：《隋書・列女蘭陵公主傳》作：「乃葬主於洪瀆川，資送甚薄。」此二事實，應全錄之。(七八)帝令蘭陵公主與述離絕……葬送甚薄：按此段乃錄自《隋書・列女蘭陵公主傳》，字句大致相同。(七九)與堯受命年合：受命即受禪，所云與堯受命年合者，其說具詳於《隋書・袁充傳》，以無關大體，故不錄。(八〇)諷百官表賀：諷示百官拜表奉賀。(八一)國哀甫爾：甫，纔，此謂方有國哀。(八二)素惡：夙惡。(八三)劾：糾劾。(八四)左遷給事郎，降品二等：左遷，謂降黜，品指品級，隋之官階共有九品，每品則有正從二等。(八五)禮部侍郎許善心議……左遷給事郎，降品二等：按此段乃錄自《隋書・許善心傳》，字句大致相同。(八六)自山以東：指幷州之山言。(八七)隸：隸屬。(八八)不拘律令：謂不受法律命令之所拘束。(八九)天下精兵處：天下精兵所在之處。(九〇)怏怏：心不滿足。(九一)異圖：異謀。(九二)武備：軍事設備。(九三)繕治：繕，補，治，直。(九四)亡命：《史記・張耳傳》索隱：「崔浩曰：『亡，無也；命，名也。逃匿則削除名籍，故以逃為亡命。』」(九五)漢王諒有寵於高祖……左右私人，殆將數萬：按此段乃錄自《隋書・庶人諒傳》，字句大致相同。(九六)坐除解者：除，除名。解，解官。

謂坐敗而罷免官爵者。(九七)配防：猶配戍，隋代常用配戍之語，蓋戍乃指屯兵防守而言。(九八)宿舊：宿亦舊，此謂老舊部屬。(九九)何得私論宿舊：謂何得私論宿舊關係。(一〇〇)憲法：即法律。(一〇一)小子：父呼子之稱。(一〇二)彼：指太子廣言。(一〇三)雛雞：雛，小雞，此通指雞言。(一〇四)頍：音ㄎㄨㄟˇ。(一〇五)倜儻：不羈。倜音惕。(一〇六)奇略：奇異之謀略。(一〇七)諮議參軍：《隋書・百官志》下：「國王、郡王，置長史、司馬、諮議參軍事、掾屬，各一人。」(一〇八)鬱鬱：不得志貌。(一〇九)王頍者、僧辯之子……皆為諒所親善：按此段乃錄自《隋書・庶人諒傳》，字句大致相同。(一一〇)熒惑守東井：胡三省曰：「熒惑，罰星；東井，秦分。」(一一一)儀曹：按《隋書・百官志》下王府諸曹，無儀曹，蓋不在諸參軍之數。(一一二)星曆：星占曆術。(一一三)天上東井、黃道所經：《晉書・天文志》：「東井八星，天之南門，黃道所經。」(一一四)別加：謂外加。(一一五)玉麟符：胡三省曰：「開皇七年，頒青龍符於東方總管、刺史，西方以騶虞，南方以朱雀，北方以玄武。是後三子分居方面，幷、揚、益三總管，統屬甚廣，故為玉麟符。漢王諒既敗，惟留守東西兩都用玉麟符，至唐猶然。」(一一六)無驗：猶不符。(一一七)占對：占有隱度義，即心中先隱度其辭，而後對答之。(一一八)不屈：不撓。(一一九)煬帝遣車騎將軍屈突通……乃遣歸長安：按此段乃錄自《舊唐書・屈突通傳》，字句幾全相同。(一二〇)兵資：兵眾軍資。(一二一)君臣位定：君臣之名位，已告確定。(一二二)逆順勢殊：逆順之形勢殊異。(一二三)絓於刑書：絓，止，礙，謂為法律所制裁。音卦。(一二四)布衣：平民。(一二五)總管司馬安定皇甫誕切諫……不可得也，諒怒囚之：按此段乃錄自《隋書・誠節皇甫誕傳》，字句大致相同。(一二六)嵐州刺史：按《隋書・地理志》上樓煩郡條中，不載置嵐州之文，《舊唐書・地理志》二：「嵐州，隋樓煩郡之嵐城縣，武德四年，平劉武周，置東會州，其年仍自故郡城移嵐州於廢東會州，置嵐州。」核後魏置嵐州，見《魏書・地形志》，《隋書》言嵐州，乃沿襲後魏之稱。㉗効命：致性命。㉘厲階：階、階梯，厲階謂惡端。㉙兵：兵器。㉚撓：屈。㉛義而釋之：以為義人而捨之。㉜壓：鎮壓。㉝嵐州刺史喬鍾葵將赴諒……無以壓眾心，乃囚之：按此段乃錄自《隋書・誠節陶模傳》，字句大致相同。㉞關西：此關西謂蒲津關以西。㉟疾雷不及掩耳：疾雷來時，人每不及掩耳為備。㊱舊齊之地：南距大河，北盡燕代，皆高齊之地。㊲東人：對上之關西而言。㊳唱言：聲言。㊴丘曹：據《隋書・百官志》下，即兵曹參軍。㊵羸兵：弱兵。㊶要害：險阻之地。㊷仍命：因命。㊸隨方：隨應方便。㊹蒲津：黃河津渡名。在山西省永濟縣，西接陝西省朝邑縣東境，亦曰蒲坂津，又稱夏陽津。㊺風行雷擊：按《隋書・庶人諒傳》，雷作電，此乃與風俱取其迅速，故雷斷為電之誤無疑。㊻指麾：猶指揮。㊼群情離駭：眾情離異震駭。㊽我陳兵號令：我陳列兵士而發號施令。㊾所署：所署任。㊿出大谷，趣河陽：胡三省曰：「水經注：『大谷名，在祁縣東南。』河陽縣屬懷州，欲由此渡孟津。」(51)出滏口，趣黎陽：此二軍皆欲使渡河，略河南。滏音釜。(52)陘：音刑。(53)王頍說諒曰……王聃等直指京師：按此段乃錄自《隋書・庶人諒傳》，字句大致相同。(54)冪䍦：胡三省曰：「新唐志：『婦人施冪䍦以蔽身，永徽中，始用帷冒，施帬及頸。武皇時帷冒日盛，中宗後無復冪䍦矣。』」按帷冒起於隋。(55)諒宮人：諒之宮人。(56)門司：司門者。(57)弗覺：未發覺。(58)裴文安為晉州刺史，薛粹為絳州刺史，梁菩薩為潞州刺史，韋道正為韓州刺史，張伯英為澤州刺史：《隋書・地理志》中：「臨汾郡，後魏置唐州，改曰晉州。絳郡，後魏置東雍州，後周改曰絳州。上黨郡，後周置潞州。上黨郡、襄垣縣，後周置韓州。長平郡，舊曰建州，開皇初改為澤州。」(五九)代州總管：《隋書・地理志》中：「鴈門郡，後周置肆州，開皇五年改為代州，置總管府。」(六〇)暠：音皓。(六一)勁勇：勁健勇敢之士。(六二)崩毀：崩圮毀壞。(六三)殊死鬭：猶拼命作戰。(六四)司法呂玉：按《隋書・百官志》下，其官職全稱為司法曹行參軍。(六五)工：巧。(六六)推誠：推施誠心。(六七)關預：關涉干預。(六八)持重：謂持重自守。(六九)時撫循而已：按《隋書・李景傳》作：「時出撫循而已。」此出乃對上在閤而言，出謂出閤，故出字決不可少，當從添入。(七〇)代州總管天水李景……時撫循而已：按此段乃錄自《隋書・李景傳》，字句大致相同。(七一)河際：河間。(七二)銜枚：使馬口中銜枚而不得作聲。(七三)遲明：待明。(七四)楊素將輕騎五千襲王聃紇單貴於蒲州，遲明擊之，紇單貴敗走，聃懼，以城降：按《隋書・楊素傳》作：「漢王諒反，遣茹茹天保來據蒲州，又遣王聃子率數萬人幷力拒守，素將輕騎五千襲之，潛於渭口宵濟，遲明擊之，天保敗走，聃子懼而以城降。」又〈庶人諒傳〉：「煬帝遣楊素率騎五千襲王聃、紇單貴於蒲州，破之。」是《通鑑》乃以庶人諒文為主體也。(七五)計日：計算日期。(七六)所量：所量度。(七七)河北道安撫大使：按安撫大使之名，為隋代所興創。《隋書・楊素傳》：「於是以素為幷州道行軍總管，河北安撫大使。」同書〈周法尚傳〉：「尋轉桂州總管，仍為嶺南安撫大使。」安撫者即安慰而撫循之，此稱頗具仁愛之忱，故自隋以降頻襲用焉。(七八)府主簿：《隋書・百官志》下：「國王郡王置長史、司馬、諮議參軍事掾屬各一人，主簿二人。」(七九)匹馬：即單人。(八〇)此乃身計：謂此乃為一身計。(八一)非為國也：謂而非為國家計也。(八二)偽從之：假從之。(八三)徐伺其便：徐伺其便宜之機。(八四)顯州刺史賢：《隋書・地理志》中：「淮安郡，後魏置東荊州，西魏改為淮州，開皇五年又改為顯州。」(八五)但逼凶威：謂但為凶勢所逼。(八六)自遂：自遂其意。(八七)從軍：加入軍中。(八八)表裏：猶裏外。(八九)諒不足圖：謂諒不足計算，言其必敗。(九〇)介州：《隋書・地理志》中：「西河郡，後魏置汾州，後齊置南朔州，後周改曰介州。」(九一)總管屬：屬在掾之下，參看上文。(九二)構逆：造逆。(九三)敗不旋踵：謂敗甚速，不旋踵即速之意。(九四)夷滅：平滅。(九五)相付：相託。(九六)拂衣：為起身行動之狀。(九七)協計：協同計議。(九八)部分：猶處分，謂處置部署。(九九)紿：詐騙。(一〇〇)稽胡：即步落稽，散居介石二州。(一〇一)諒之初起兵也，妃兄豆盧毓……毓誕皆死：按此段乃錄自《隋書・豆盧勣附毓傳》，字句大致相同。(一〇二)慈州刺史：《隋書・地理志》中：「魏郡、滏陽，後周置，開皇十年置慈州。」(一〇三)行相州事：行，代理。《隋書・地理志》中：「魏郡，後魏置相州，東魏改曰司州牧，後周又改曰相州。」(一〇四)黎州：《隋書・地理志》中：「汲郡、黎陽，開皇十六年又置黎州。」(一〇五)塞白馬津：胡三省曰：「白馬津在東郡白馬縣北，對黎陽岸，塞之使不得渡。」(一〇六)須水：胡三省曰：「按九域志鄭州滎陽縣有須水鎮，然其地在河南，史祥既濟河擊余公理，當遇戰於河陽界。水經注：『溴水出原城西北原山勳掌谷，東南流，過河陽無辟城，又南入於河。』疑須水當作溴水。」(一〇七)列：行列。(一〇八)遂自滏口攻黎州……綦良軍不戰而潰：按此段乃錄自《隋書・史祥傳》，而間有溢出。(一〇九)江州刺史：《隋書・地理志》下：「九江郡，舊置江州。」⑩拜廣州刺史：拜李子雄廣州，而使之往幽州，未得之廣州。⑪帝將發幽州兵……授上大將軍，拜廣州刺史：按此段乃錄自《隋書・楊玄感附李子雄傳》，字句大致相同。⑫左領軍將軍：《隋書・百官志》下：「左右領軍府，各掌十二軍籍帳、差科、辭訟之事。」⑬所部：謂所部領之處。⑭體國：猶憂念國家。⑮終不以兒害義：害義謂妨害義理。《隋書・長孫覽附晟傳》作：「終不可以兒害義。」多一可字，則其行為非係自然，而乃出於勉強，與文意甚相違忤。此可字與晟之行誼，關係至巨，《通鑑》刪之甚當。⑯又以左領軍將軍長孫晟……朕今相委，公其勿辭：按此段乃錄自《隋書・長孫覽附晟傳》，字句大致相同。⑰止傳舍：止居於傳舍。⑱伏甲：埋伏甲兵。⑲破建於抱犢山下：《隋書・地理志》中：「恒州石邑縣，有抱犢山。」⑳子雄遂發幽州兵……破建於抱犢山下：按此段乃錄自《隋書・楊玄感附李子雄傳》，字句大致相同。㉑朔州刺史：《隋書・地理志》中：「馬邑郡，舊置朔州。」㉒西陘：胡三省曰：「新唐志：『代州鴈門縣，有東陘關、西陘關。』」㉓兵初合：兵初交鋒。㉔一時：猶同時。㉕縱擊：縱兵擊之。㉖李景被圍月餘……義臣縱擊，大破之：按此段乃錄自《隋書・楊義臣傳》，字句大致相同。㉗呂州：《隋書・地理志》中：「臨汾郡、霍邑，後魏置永安郡，開皇十六年置汾州，十八年改為呂州。」㉘縻之：羈牽之。㉙柵絕徑路：於徑路設柵，以斷絕之。㉚高壁：嶺名。㉛臨之：自上而下曰臨。㉜霍山：在今山西省霍縣東南，亦曰霍太山，即古太岳，《書・禹貢》：「壺口雷首至於太岳。」是也。㉝緣：循。㉞軍司：即軍司馬。亦曰軍司。㉟因爾致遲：謂因此致遲延時日。㊱具對：詳以實對。〔三七〕引軍：率軍。〔三八〕直指：直指向。〔三九〕縱火：放火。〔四〇〕不知所為：不知如何應付。〔四一〕蹂踐：蹂躪踐踏。〔四二〕晉絳呂三州，皆為諒城守……聞素至，棄城走：按此段乃錄自《隋書・楊素傳》，而間有溢出。〔四三〕且十萬：將十萬。〔四四〕縣軍：縣同懸，謂提軍。〔四五〕銳卒：銳利之卒。〔四六〕望敵：見敵。〔四七〕沮戰士之心：沮喪戰士之戰意。〔四八〕益西軍之氣：楊素軍自長安來，故謂之西軍。全句謂增益西軍之勇氣。〔四九〕清源：胡三省曰：「開皇十六年分晉陽置清源縣，在晉陽西南。」〔五〇〕諒聞趙子開敗……諒不從，退守清源：按此段乃錄自《隋書・庶人諒傳》，字句大致相同。〔五一〕氣候殊不佳：此氣候指望氣之氣候而言，與普通所云之氣候有殊。〔五二〕窮蹙：謂勢力窮絀。〔五三〕手詔：親自所書之詔。〔五四〕楊素進擊諒，大破之……遣楊約齎手詔勞素：按此段乃錄自《隋書・楊素傳》，字句大致相同。〔五五〕計數：猶計術。〔五六〕不減楊素：不下於楊素。〔五七〕坐：猶因。〔五八〕言不見從：猶所言不從。〔五九〕豎子名：豎子之名。〔六〇〕親故：親戚故舊。〔六一〕當死：合死。〔六二〕除名：除削名籍。〔六三〕絕其屬籍：斷絕其宗屬之簿籍。〔六四〕幽死：幽囚而死。〔六五〕群臣奏漢王諒當死……竟以幽死：按此數句乃錄自《隋書・庶人諒傳》，字句大致相同。〔六六〕坐諒死徙：坐諒之故而死亡及配徙者。〔六七〕誓無異生之子：謂誓其子女皆為一母所生，相愛重程度，於帝后間，可謂深矣。〔六八〕溺於嬖幸：沈溺於嬖幸之姬妾。〔六九〕嫡庶分爭：嫡庶互相分立爭奪。〔七〇〕懲：戒。〔七一〕方面：謂一方一面。〔七二〕侔：等擬。〔七三〕晚節：晚年。〔七四〕迭相：更相。〔七五〕壽終：平順而死，與兇橫有別。〔七六〕諗：諫，告，音審。〔七七〕內寵竝后：所寵之妃姬，與后相埒。〔七八〕外寵貳政：所寵之佞幸，並參國政。〔七九〕嬖子配嫡：嬖幸之庶孽與嫡子相列。〔八〇〕大都偶國：巨大都城與國都相等。按此上四句，乃載於《左傳》閔公二年。㉑亂之本也：亂之源也。㉒徒知：但知。㉓易搖：易搖蕩。㉔勢鈞位逼：勢力同等，地位逼迫。鈞，同也。㉕同產：猶同胞。㉖傾奪：傾軋爭奪。㉗得其一：指無內寵並后而言。㉘而失其三乎：謂除無辛伯所言之內寵外，餘則皆有誤失。㉙詔除婦人及奴婢部曲之課，男子二十二成丁：課，徵課，亦即賦稅。胡三省曰：「隋因周齊之制，婦人及奴婢部曲課役，各隨給田為差，軍人以二十二成丁。至是以戶口益多，府庫盈溢，故有是詔。是後兵役繁興，盜賊群起，而是詔為具文矣。」按此文乃錄自《隋書・食貨志》，字句完全相同。㉚雍州為破木之衝：胡三省曰：「木旺在卯，雍州在西，西位也，故為破木之衝。」㉛脩治洛陽還晉家：晉家即晉氏，亦即晉朝，謂還於晉朝所治之洛陽也。㉜章仇太翼言於帝曰，陛下木命……帝深以為然：按太翼此段言語，不見於《隋書》及《北史・藝術盧太翼傳》，未知《通鑑》錄自何書。㉝賚物五萬段：賚，賜，物乃指絹帛而言，段為半匹，說具已見上。㉞諒妓妾二十人：此乃籍沒庶人諒之妓妾也。上既有賜物二種，則最末之賜予上，當有及字，而成為及諒之妓妾二十人，方妥。㉟楊素以功拜其子萬石……諒妓妾二十人：按此段乃錄自《隋書・楊素傳》，字句大致相同。㊱塹：壕溝。㊲龍門：漢皮氏縣，後魏改曰龍門，故城在今山西省河津縣西。㊳臨清關：胡三省曰：「唐志：『衞州新鄉縣東北，有臨清關。』」㊴以置關防：謂以置關隘及防守之所。㊵丙申，發丁男數十萬……以置關防：按此段乃錄自《隋書・煬帝紀》仁壽四年文，字句完全相同。㊶長城縣公：《隋書・地理志》下：「長城縣屬吳郡。」㊷謚曰煬：謚法，好內怠政曰煬。㊸交通：交往。㉞調：陛調。㉟得無大事乎：謂得無乘機舉大事乎！㊱拊腹：擊腹。㊲若是公者，不徒然矣：謂余若是公，絕不徒然而無所動作。㊳徵政：徵召上官政。㊴驍衛將軍：《唐六典》：「隋煬帝改左右備身為左右驍衛。」㊵蜀王秀之得罪也……以和為代州刺史：按此段乃錄自《隋書・元胄傳》，字句幾全相同。

煬皇帝上之上

大業元年（西元六〇五年）

㈠春，正月，壬辰朔，赦天下，改元。立妃蕭氏為皇后。廢諸州總管府㊀。

㈡丙辰，立晉王昭為皇太子㊁㊂。

㈢高祖之末，羣臣有言林邑多奇寶者，時天下無事，劉方新平交州，乃授方驩州道㊃行軍總管，經略林邑。方遣欽州刺史㊄寧長真等，以步騎萬餘出越裳㊅，方親帥大將軍張愻等以舟師出比景，是月，軍至海口㊆㊇。

㈣二月，戊辰，勑有司大陳㊈金寶、器物、錦綵、車馬，引楊素及諸將討漢王諒有功者立於前，使奇章公牛弘宣詔稱揚功伐⑩，賜賚各有差，素等再拜舞蹈⑪而出。己卯，以素為尚書令⑫。

㈤詔天下公除，惟帝服淺色黃衫、鐵裝帶。

㈥三月，丁未，詔楊素與納言楊達、將作大匠宇文愷營建東京，每月役丁二百萬人，徙洛州郭內居民⑬及諸州富商大賈數萬戶以實之⑭，廢二崤道，開葼冊道。

㈦戊申，詔曰：「聽採輿頌⑮，謀⑯及庶民，故能審⑰刑政之得失。今將巡歷⑱淮海，觀省風俗⑲。」

㈧勅宇文愷與內史舍人封德彝等營顯仁宮⑳，南接皁澗，北跨洛濱㉑，發大江之南，五嶺以北，奇材異石，輸之洛陽；又求海內嘉木、異草、珍禽、奇獸，以實園苑㉒。辛亥，命尚書右丞皇甫議發河南、淮北諸郡民，前後百餘萬，開通濟渠㉓。【考異】雜記作皇甫公儀，又云：「發兵夫五十餘萬。」今從略記。自西苑㉔引穀洛水達於河，復自板渚引河，歷滎澤入汴㉕，又自大梁之東，引汴水入泗，達於淮㉖。又發淮南民十餘萬開邗溝，自山陽至楊子入江㉗，渠廣四十步，渠旁皆築御道，樹以柳，自長安至江都，置離宮四十餘所。庚申，遣黃門侍郎王弘等往江南造龍舟及雜船數萬艘，東京官吏督役嚴急，役丁死者什四五，所司㉘以車載死丁，東至城皐㉙，北至河陽，相望於道。又作天經宮㉚於東京，四時祭高祖。

(九)林邑王梵志遣兵守險，劉方擊走之，師度闍黎江，林邑兵乘巨象，四面而至，方戰不利，乃多掘小坑，草覆其上，以兵挑之㉛，既戰，偽北㉜，林邑逐之，象多陷地顛躓㉝，轉相驚駭，軍遂亂；方以弩射象，象却走，蹂㉞其陳，因以銳師繼之，林邑大敗，俘馘㉟萬計，方引兵追之，屢戰皆捷，過馬援銅柱南㊱，八日至其國都。夏，四月，梵志棄城，走入海，方入城，獲其廟主㊲十八，皆鑄金為之，刻石紀功而還，士卒腫足死者什四五，方亦得疾，卒於道㊳。初，尚書右丞李綱數以異議㊴忤㊵楊素及蘇威，素薦綱於高祖，以為方行軍司馬，方承素意，屈辱之，幾死㊶，軍還，久不得調㊷；威復遣綱詣南海，應接林邑㊸，久而不召㊹。綱自歸奏事，威劾奏綱擅離㊺所職，下吏㊻按問，會赦㊼免官，屏居於鄠㊽㊾。

(十)五月，築西苑，周二百里[50]，其內為海，周十餘里，為蓬萊、方丈、瀛洲[51]諸山，高出水百餘尺，臺觀殿閣，羅絡[52]山上，向背如神[53]。北有龍鱗渠，縈紆[54]注海內，緣渠作十六院，門皆臨渠，每院以四品夫人[55]主之，堂殿樓觀，窮極[56]華麗，宮樹秋冬彫落，則剪綵[57]為華葉，綴於枝條，色渝[58]則易以新者，常如陽春。沼[59]內亦剪綵為荷芰菱芡[60]，乘輿遊幸，則去冰而布之[61]。十六院競以殽羞[62]精麗相高[63]，求市[64]恩寵[65]。上好以月夜從宮女數千騎遊西苑，作清夜遊曲，於馬上奏之。

(十一)帝待諸王恩薄，多所猜忌，滕王綸、衞王集內自憂懼，呼術者問吉凶及章醮[66]求福。或告其怨望咒詛[67]，有司奏請誅之。秋，七月，丙午，詔除名為民，徙邊郡。綸，瓚之子[68]；集，爽之子[69]也[70]。

(十二)八月，壬寅，上行幸江都。【考異】雜記作九月，今從隋帝紀及略記。發顯仁宮[71]，王弘遣龍舟奉迎，乙巳，上御小朱航[72]，自漕渠出洛口[73]，御龍舟[74]，【考異】略記云：「甲子，進龍舟。」按長曆是月戊子朔，無甲子。龍舟四重[75]，高四十五尺，【考異】略記云高五丈，雜記言其制度尤詳，今從之。

長二百尺，上重有正殿內殿，東西朝堂(七六)，中二重有百二十房(七七)，皆飾以金玉，下重內侍處之(七八)。皇后乘翔螭(七九)舟，制度差小(八〇)，而裝飾無異，別有浮景(八一)九艘，三重，皆水殿也，又有漾彩、朱鳥、蒼螭、白虎、玄武、飛羽(八二)、青鳧、陵波、五樓、道場、玄壇(八三)、板艙(八四)、黃篾等數千艘，後宮諸王、公主、百官、僧尼、道士、蕃客乘之，及載內外百司供奉(八五)之物。共用挽船士八萬餘人，其挽，漾彩以上者九千餘人，謂之殿腳(八六)，皆以錦綵為袍。又有平乘、青龍、艨艟(八七)、艚(八八)䑵、八櫂、艇舸(八九)等數千艘，竝十二衞兵(九〇)乘之，幷載兵器帳幕，兵士自引(九一)，不給夫(九二)。舳艫(九三)相接，二百餘里，照燿川陸。騎兵翊(九四)兩岸而行，旌旗蔽野(九五)，所過州縣，五百里內，皆令獻食，多者一州至百轝(九六)，極水陸珍奇，後宮厭飫(九七)，將發之際，多棄埋之(九八)。

(一三)契丹寇營州(九九)，詔通事謁者(一〇〇)韋雲起，護突厥兵(一〇一)討之，啟民可汗發騎二萬，受其處分(一〇二)。雲起分為二十營，四道俱引(一〇三)，營相去一里(一〇四)，不得交雜(一〇五)，聞鼓聲而行，聞角聲而止，自非公使(一〇六)，勿得走馬，三令五申，擊鼓而發。有紇干犯約(〇七)，斬之，持首以狥(〇八)，於是突厥將帥入謁(〇九)，皆膝行股栗(一〇)，莫敢仰視。契丹本事突厥，情(一一)無猜忌，雲起既入其境，使突厥詐云向柳城(一二)，與高麗交易，敢漏泄事實者斬。契丹不為備，去其營五十里，馳進襲之，盡獲其男女四萬口，殺其男子，以女子及畜產之半賜突厥，餘皆收之以歸。帝大喜，集百官曰：「雲起用突厥平契丹，才兼文武，朕今自舉之。」擢(一三)為治書侍御史(一四)(一五)。

(十四)初，西突厥阿波可汗為葉護可汗所虜(一六)，國人立鞅素特勒之子，是為泥利可汗，泥利卒，子達漫立，號處羅可汗(一七)，其母向氏本中國人，更嫁泥利之弟婆實特勒，開皇末，婆實與向氏入朝，遇達頭之亂，遂留長安，舍於鴻臚寺(一八)。處羅多居烏孫故地，撫御失道，國人多叛，復為鐵勒所困(一九)。鐵勒者，匈奴之遺種，族類最多，有僕骨同羅契苾薛延陀等部，其酋長皆號俟斤，族姓雖殊，通謂之鐵勒，大抵(二〇)與突厥同俗(二一)，以寇抄為生(二二)，無大君長，分屬東西兩突厥(二三)。是歲，處羅引兵擊鐵勒諸部，厚稅其物(二四)，又猜忌㉟薛延陀，恐其為變，集其酋長數百人，盡殺之，於是鐵勒皆叛，立俟利發俟斤契苾歌楞為莫何可汗，又立薛延陀俟斤字也咥為小可汗，與處羅戰，屢破之，莫何勇毅絕倫㊱，甚得眾心，為鄰國所憚，伊吾、高昌、焉耆㊲皆附之㊳㊴。

【今註】㊀廢諸州總管府：後周置諸州總管，隋因之，又有增置，今廢之。㊁丙辰，立晉王昭為皇太子：按《隋書・煬帝紀》大業元年文作：「正月景申，立晉王昭為皇太子。」以下之丁酉推之，當以作丙申為是。㊂正月壬辰朔……立晉王昭為皇太子：按此段乃錄自《隋書・煬帝紀》大業元年文，字句大致相同。㊃驩州道：《隋書・地理志》下：「日南郡，梁置德州，開皇十八年改曰驩州。」㊄欽州刺史：《隋書・地理志》下：「寧越郡，梁置安州，開皇十八年改曰欽州。」㊅越裳：按《隋書・劉方傳》作越常。又同書〈地理志〉下，日南郡統縣中，亦作越常。是裳當改作常。㊆海口：林邑出海之口。㊇劉方新平交州，乃授方驩州道行軍總管……是月，軍至海口：按此段乃錄自《隋書・劉方傳》，字句大致相同。㊈大陳：猶盛陳。㊉伐：積功曰伐。⑪舞蹈：即古之距踊，為再拜後所行之禮儀。⑫尚書令：《唐六典》：「秦變周法，天下之事，皆決丞相府，置尚書於禁中，有令丞，掌通章奏而已。漢初因之。武宣之後，稍以委任。及光武親總吏職，天下事皆上尚書，與人主參決，乃下三府，尚書令為端揆之官。魏晉已來，其任尤重。」⑬洛州郭內居民：《隋書・煬帝紀》大業元年文作：「徙豫州郭下居人。」此豫州即洛州。《隋書・地理志》中：「河南郡舊置洛州，大業元年移都，改曰豫州。」是其力證。郭下即郭中，是下為中之又一明證。⑭以實之：以充實之。⑮輿頌：眾人之歌謠。⑯謀：商議。⑰審：確知。⑱巡歷：巡行經歷。⑲戊申詔曰聽採輿頌……觀省風俗：按此段乃錄自《隋書・煬帝紀》大業元年文，字句大致相同。⑳顯仁宮：《隋書・地理志》中：「河南郡，壽安縣，有顯仁宮。」㉑南接皁澗，北跨洛濱：《水經注》：「洛水逕宜陽縣故城南，又東與黑澗水合，水出陸渾西山，歷黑澗，西北入洛。」皁意為黑，故皁澗亦即黑澗也。㉒敕宇文愷與內史舍人封德彝……以實園苑：按《隋書・煬帝紀》大業元年，及同書〈食貨志〉，俱載此事，而文皆不及《通鑑》之詳贍，疑《通鑑》或別有所據。㉓通濟渠：杜佑曰：「陳留郡城西有通濟渠，煬帝開以通江淮漕運，兼引汴水，即莨蕩渠也。」㉔西苑：胡三省曰：「是歲營建東京，東去故都十八里，南直伊闕之口，北倚邙山之塞，東出瀍水之東，西出澗水之西。其城西面連苑，距上陽宮七里，苑牆周迴一百二十六里，北拒北邙，西至孝水，南帶洛水，支渠穀洛二水會於其間，故自苑引之為渠，以達於河。」㉕板渚引河，歷滎澤入汴：板渚在虎牢之東。《水經》：「河水東合汜水，又東過板城北，有津，謂之板城渚口。又東過滎陽縣，莨蕩渠出焉。是渠南出為汴水，漢之滎陽石門，即其地也。」㉖又自大梁之東，引汴水入泗，達於淮：胡三省曰：「大梁即浚儀也，引河入汴，汴入泗，蓋皆故道。」㉗開邗溝，自山陽至楊子，入江：胡三省曰：「春秋吳城邗溝，通江淮，此亦因故道也。」邗音寒。㉘所司：司此事之官。㉙城皐：《隋書・地理志》中：

「滎陽郡滎陽縣，舊置滎陽郡，後改曰成皋郡。」㉚天經宮：《孝經》曰：「夫孝，天之經也。」故以名宮。㉛以兵挑之：謂以兵挑之使戰。㉜偽北：假敗。㉝顛躓：顛仆倒地。㉞蹂：蹂踐。㉟馘：截左耳。音ㄍㄨㄛˇ。㊱過馬援銅柱：《新唐書・林邑傳》：「奔浪陀州，其南大浦，有五銅柱山，形若倚蓋，西重巖，東涯海，漢馬援所植也。」㊲廟主：廟中之神主。㊳林邑王梵志遣兵守險……方亦得疾，卒於道：按此段乃錄自《隋書・劉方傳》，而間有溢出。㊴異議：持相異之議。㊵忤：逆。㊶幾死：幾瀕於死。㊷調：遷調。㊸應接林邑：謂應接林邑使者。㊹不召：不召還。㊺擅離：專自離開。㊻下吏：下之於吏。㊼會赦：逢赦。㊽屏居於鄠：謂屏絕人事而居於鄠。鄠音戶。㊾初尚書右丞李綱……屏居於鄠：按此段乃錄自《舊唐書・李綱傳》，字句大致相同。㊿周二百里：謂苑周圍共二百里。(51)為蓬萊方丈瀛洲：象海中三神山。(52)羅絡：謂如星羅棋佈，絡繹不絕。(53)向背如神：謂三山前後，皆如神山一般。(54)縈紆：環繞。(55)以四品夫人：內命婦之品視百官。(56)窮極：盡極。(57)綵：采色之綢。(58)色渝：色變。(59)沼：池沼。(60)荷芰菱芡：芰、菱，音騎。芡，有雞頭、鳥頭等別名，音儉。(61)去冰而布之：除去冰淩，而將剪製之荷芰菱芡布於其中。(62)殽羞：殽，菹醢；羞，食物之有滋味者。(63)相高：以相高尚。(64)求市：猶求取。(65)恩寵：恩澤寵幸。(66)章醮：道家法術，焚章表而設壇祈禱。(67)咒詛：咒亦詛，謂詛之使遇凶事。(68)綸，瓚之子：瓚，高祖母弟。(69)集，爽之子：爽，高祖異母弟。(70)帝待諸王恩薄……集，爽之子也：按此段乃錄自《隋書・滕穆王瓚》及〈衞昭王爽〉二傳，字句大致相同。(71)發顯仁宮：即發自顯仁宮。

(72)小朱航：航為船之異名，小朱航乃船之小者。(73)洛口：洛水入河之口。(74)御龍舟：猶駕龍舟。(75)四重：四層。(76)朝堂：為議政事之所，有東西二處，今於上層中亦設之。(77)有百二十房：此房猶今言之房間。(78)內侍處之：謂內侍居之。(79)螭：若龍而黃，音彳。(80)制度差小：猶規模稍小。(81)浮景：景同影，浮影狀船之疾。(82)飛羽：猶飛翅，取其速意。(83)道場、玄壇：二種舟名，蓋於舟中以營章醮。(84)艗：大船。(85)供奉：猶使用。(86)謂之殿腳：以漾彩以上諸船，皆水殿也，故挽此水殿之人，遂名曰殿腳，殿腳、挽殿之腳夫也。(87)艨艟：《釋名・釋船》：「外狹而長曰艨衝。」音蒙衝。(88)艚：船，音曹。(89)舸：江湖凡大船曰舸。(90)十二衛兵：據《隋書・百官志》下，十二衛為左右衛，左右武衛，左右武候，左右領，左右監門，左右領軍。(91)兵士自引：即兵士自挽。(92)不給夫：不供給夫役。(93)舳艫：舳，船後持柁處；艫，船前頭刺櫂處。音逐盧。(94)翊：輔，衛。(95)蔽野：遮蔽原野。(96)轝：同輿。(97)厭飫：飽足。(98)多棄埋之：將所獻水陸珍奇之食，多棄而埋之。(99)營州：《隋書・地理志》中：「遼西郡，舊置營州。」(100)通事謁者：《隋書・百官志》下：「謁者臺置通事謁者二十人，從六品。」(101)護突厥兵：謂監突厥兵。(102)處分：處理。(103)俱引：猶俱進。(104)營相去一里：每營相距一里。(105)不得交雜：謂不得交併混雜。(106)公使：謂公事使之。(107)犯約：犯約束。(108)以狥：以狥於眾。(109)謁：拜見。(110)膝行股栗：謂跪行而腿股戰慄。(111)情：實。(112)柳城：胡三省曰：「此古柳城也。隋志遼西郡營州並治柳城縣，乃龍城縣，龍城本和龍城，自後魏以來，營州治焉。開皇元年改為龍山縣，十八年改為柳城。」(113)擢：拔。(114)擢為治書侍御史：按

《舊唐書・韋雲起傳》作：「擢為治書御史。」核《隋書・百官志》下，御史臺有治書侍御史二人，而無治書御史之職。《通鑑》遂於御史上添一侍字，其所添甚確。㊄契丹寇營州……擢為治書侍御史：按此段乃錄自《舊唐書・韋雲起傳》，字句大致相同。㊅初西突厥阿波可汗為葉護可汗所虜：見卷一百七十六陳長城公禎明元年。㊆子達漫立，號處羅可汗：按《隋書・西突厥傳》作：「子達漫立，號泥撅處羅可汗。」下俱云處羅可汗者，處羅可汗乃其簡稱，而其全名乃為泥撅處羅可汗，此處當從添入泥撅二字。㊇鴻臚寺：主蕃客，臚音閭。㊈初西突厥阿波可汗為葉護可汗所虜……復為鐵勒所困：按此段乃錄自《隋書・西突厥傳》，字句大致相同。㊉大抵：大致。㉑同俗：風俗相同。㉒以寇抄為生：以寇侵抄略為其生涯。㉓鐵勒者，匈奴之遺種……無大君長，分屬東西兩突厥：按此段乃錄自《隋書・鐵勒傳》，字句大致相同。㉔厚稅其物：重稅其財物。㉕猜忌：猜疑忌妬。㉖勇毅絕倫：勇敢強毅，冠於儕輩。㉗伊吾、高昌、焉耆：皆西域國名。㉘附之：歸附之。㉙是歲處羅引兵擊鐵勒諸部……高昌焉耆皆附之：按此段乃錄自《隋書・鐵勒傳》，字句大致相同。

二年（西元六〇六年）

㈠春，正月，辛酉，東京成，進將作大匠宇文愷位開府儀同三司。

丁卯，遣十使併省州縣㈠。

㈡二月，丙戌，詔吏部尚書牛弘等議定輿服儀衛制度。【考異】帝紀云：「尚書令牛弘、禮部侍郎許善心。」按弘未嘗為尚書令，善心於帝即位之初，已左遷，蓋紀誤也。㊁以開府儀同三司何稠為太府少卿，使之營造㊂送江都，稠智思㊃精巧，博覽圖籍㊄，參會㊅古今，多所損益，衮冕畫日月星辰㊆，皮弁用漆沙為之㊇，又作黃麾三萬六千人仗㊈，及輅輦、車輿、皇后鹵簿、百官儀服(一〇)，務為華盛，以稱上意。課州縣送羽毛(一一)，民求捕之，網羅被水陸(一二)，禽獸有堪氅毦(一三)之用者，殆無遺類(一四)(一五)。烏程有高樹踰百尺，旁無附枝，上有鶴巢，民欲取之，不可上，乃伐其根，鶴恐殺其子，自拔氅毛投於地，時人或稱以為瑞，曰：「天子造羽儀，鳥獸自獻羽毛。」所役工十萬餘人，用金銀錢帛鉅億(一六)計。帝每出遊幸，羽儀(一七)填街溢路(一八)，亘(一九)二十餘里。三月，庚午，上發江都。夏，四月，庚戌，自伊闕(二〇)陳法駕(二一)，備千乘萬騎，入東京。辛亥，御端門(二二)，大赦，免天下今年租賦(二三)。制五品已上文官乘車，在朝弁服佩玉(二四)，武官馬加珂(二五)，戴幘(二六)服袴褶(二七)，文物之盛，近世莫及也。

㈢六月，壬子，以楊素為司徒，進封豫章王暕為齊王。

㈣秋，七月，庚申，制百官不得計考增級㉘，必有德行功能㉙，灼然㉚顯著者，進擢之㉛。帝頗惜名位㉜，羣臣當進職者，多令兼假㉝而已，雖有闕員，留而不補㉞。時牛弘為吏部尚書，不得專行其職，別勑納言蘇威、左翊衛大將軍㉟宇文述、左驍衛大將軍張瑾、內史侍郎虞世基、御史大夫裴蘊、黃門侍郎裴矩，參掌㊱選事，時人謂之選曹七貴，雖七人同在坐，然與奪之筆㊲，虞世基獨專之，受納賄賂，多者超越等倫㊳，無者注色而已㊴。蘊，邃之從曾孫也。

㈤元德太子昭自長安來朝，數月將還，欲乞少留，帝不許，拜請無數，體素肥，因致勞疾㊵，甲戌薨㊶。【考異】雜記云：「初太子之遘疾也，時與楊素同在侍宴，帝既深忌於素，竝起二卮，同至傳酒者，不悟是藥酒，錯進太子，既飲，二日而毒發，下血二斗餘。宮人聞素平常，始知毒酒誤飲太子，祕不敢言。太子知之，歎曰，豈意代楊素死乎！數日而薨，後素亦竟以毒斃。」按它書皆無此說，蓋時人見太子與素相繼薨，妄有此論耳。帝哭之，數聲而止，尋奏聲伎㊷，無異平日。

㈥楚景武公楊素雖有大功，特為帝所猜忌，外示殊禮，內情㊸甚薄。太史言隋分野㊹有大喪，乃徙素為楚公，意言楚與隋同分，欲以厭之㊺。素寢疾㊻，帝每令名醫診候㊼，賜以上藥㊽，然密問醫者，恒恐不死。素亦自知名位已極，不肯餌藥(49)，亦不將慎(50)，謂其弟約曰：「我豈須更活邪(51)！」乙亥，素薨，贈太尉公、弘農等十郡太守(52)，葬送甚盛(53)。

(七)八月，辛卯，封皇孫倓(54)為燕王，侗為越王，侑為代王，皆昭之子也。

(八)九月，乙丑，立秦孝王子浩為秦王。

(九)帝以高祖末年，法令峻刻(55)。冬，十月，詔改修律令。

(十)置洛口倉於鞏東南原上(56)，築倉城，周回(57)二十餘里，穿三千窖(58)，窖容八千石以還(59)，置監官(60)并鎮兵(61)千人。十二月，置回洛倉於洛陽北七里，倉城周回十里，穿三百窖。

(十一)初齊溫公之世(62)，有魚龍山車等戲，謂之散樂，周宣帝時，鄭譯奏徵之，高祖受禪，命牛弘定樂，非正聲清商及九部四舞(63)之色，悉放遣之。帝以啟民可汗將入朝，欲以富樂(64)誇之，太常少卿裴蘊希旨(65)，奏：「括天下(66)周、齊、梁、陳樂家子弟皆為樂戶，其六品以下至庶人，有善音樂者，皆直太常(67)。」帝從之。於是四方散樂大集東京，閱之(六八)於芳華苑(六九)積翠池側，有舍利獸先來跳躍，激水滿衢，黿鼉、龜鱉、水人、蟲魚，徧覆於地；又有鯨魚噴霧翳日(七〇)，倏忽(七一)化成黃龍，長七八丈；又二人戴竿(七二)，上有舞者，欻然(七三)騰過，左右易處(七四)；又有神鼇負山(七五)，幻人吐火(七六)，千變萬化，伎人皆衣錦繡繒(七七)綵，舞者鳴環佩(七八)，綴花毦(七九)，課京兆、河南製其衣(八〇)，兩京錦綵為之空竭(八一)。帝多製豔篇，令樂正(八二)白明達造新聲播之(八三)，音極哀怨，帝甚悅，謂明達曰：「齊氏偏隅(八四)，樂工曹妙達猶封王(八五)，我今天下大同，方且貴汝(八六)，宜自脩謹(八七)(八八)。」

【今註】㊀併省州縣：將州縣之面積或戶口少者，加以合併或省廢。㊁〔考異〕帝紀云：「尚書令牛弘、禮部侍郎許善心。」按弘未嘗為尚書令，善心於帝即位之初已左遷，蓋紀誤也：按《隋書・煬帝紀》大業二年文作：「詔尚書令楊素、吏部尚書牛弘、禮部侍郎許善心，制定輿服。」是明云尚書令乃楊素，非牛弘也。考異之說，於此有誤。又《隋書・許善心傳》：「大業元年轉禮部侍郎。」後雖以議國哀甫爾，不宜稱賀而左遷給事郎，降品二等，然制定輿服，正在未降之前，自得以禮部侍郎為稱，故本紀所載，實皆不誤，而錯誤者，乃考異也。㊂營造：經營製造。㊃智思：智慧思慮。㊄圖籍：圖書典籍。㊅參會：參稽會合。㊆兗冕畫日月星辰：《隋書・禮儀志》七：「予欲觀古人之服，日月星辰、山龍華蟲、作會宗彝、藻火粉米、黼黻絺繡，具依此。」㈧皮弁用漆沙為之：《隋書・禮儀志》七：「弁之制，案五經通義：『高五寸，前後玉飾。』詩云：『璯弁如星。』董巴曰：『以鹿皮為之。通用烏漆紗而為之。』案禮圖有結纓而無笄導，少府少監何稠請施象牙簪導，詔許之，弁加簪導，自兹始也。」又沙當改作紗。㈨又作黃麾三萬六千人仗：胡三省曰：「黃麾仗迄唐遵而用之，大朝會大駕。」㈩以開府儀同三司何稠為太府少卿……皇后鹵簿，百官儀服：按此段乃錄自《隋書・何稠傳》，次序雖有顛倒，字句則大致相同。⑪課州縣送羽毛：課，稅斂；令州縣送羽毛，以充稅斂。⑫被水陸：被及水陸各地。⑬氅毦：羽毛飾。⑭殆無遺類：謂皆捕捉淨盡。⑮課州縣送羽毛……殆無遺類：按此數句乃錄自《隋書・煬帝紀》大業二年文，字句幾全相同。⑯鉅億：萬億。⑰羽儀：羽葆儀仗。⑱溢路：滿路。⑲亘：綿亘。⑳伊闕：《隋書・地理志》中：「河南郡伊闕縣，舊曰新城，開皇十八年，縣改名焉，有伊闕山。」㉑陳法駕：陳列天子規制之車駕。㉒御端門：《唐六典》：「東京皇城南面三門，中曰端門。」按端，正也，故歷代皇城正門，率曰端門。㉓三月庚午……免天下今年租賦：按此段乃錄自《隋書・煬帝紀》大業二年文，字句大致相同。㉔五品已上文官，在朝弁服佩玉：《隋書・禮儀志》七：「五品已上，佩水蒼玉。」㉕珂：《本草綱目・介部珂》下：「別錄曰：『珂生南海，白如蚌。』恭曰：『珂，貝類也，皮黃黑而骨白，堪以為飾。』」㉖幘：《隋書・禮儀志》七：「董巴云：『幘起於秦人，施於武將，初為絳帕，以表貴賤。』」㉗褶：夾衣，音牒。㉘計考增級：隋代每年一考績，通為三考而增升級等，今詔廢此制。㉙功能：功績能幹。㉚灼然：鮮明貌。㉛六月壬子，以楊素為司徒……灼然顯著者，進擢之：按此段乃錄自《隋書・煬帝紀》大業二年文，字句完全相同。㉜惜名位：愛惜名號爵位。㉝兼假：兼攝代理。㉞留而不補：保留其闕額而不除補。㉟左翊衞大將軍：帝改左右衞為左右翊衞。㊱參掌：參預知掌。㊲與奪之筆：猶與與不與之權。㊳多者超越等倫：納賄多者，則所得官職，超越儕輩。㊴無者注色而已：不納賄者，則注其入仕所歷之色。胡三省曰：「宋末參選者，具腳色狀，今謂之根腳。」蓋注色者，乃僅錄其呈報時所言之資格特徵，而不加以陞遷之謂。㊵因致勞疾：謂因勞成疾。㊶元德太子昭自長安來朝……甲戌薨：按此段乃錄自《隋書・煬三子元德太子昭傳》，字句大致相同。㊷尋奏聲伎：謂不久即令女伎奏樂。㊸內情：內中之情誼。㊹隋分野：分野原指星之分野，此言隋之境內。㊺厭之：當之。㊻寢疾：臥疾。㊼診候：診視候望。㊽上藥：良藥。㊾餌藥：《隋書・楊素傳》作服藥，此餌係服意。㊿將慎：將養謹慎。(51)我豈須更活邪：《隋書・楊素傳》作：「我豈須與活耶！」二文皆可通。蓋前句意為我豈須再活耶！後則謂我豈圖稍活些時耶！(52)楚景武公楊素……贈太尉公、弘農等十郡太守：按此段乃錄自《隋書・楊素傳》，字句大致相同。(53)葬送甚盛：葬送之儀甚盛。(54)倓：音談。(55)峻刻：嚴峻苛刻。(56)洛口倉於鞏東南原上：鞏今河南省鞏縣。洛水至鞏縣入河，謂之洛口，所築倉因以名之。原，原野。(57)周回：周圍。(58)窖：地藏，音教。(59)窖容八千石以還：窖容、謂每窖容納。以還猶以往，而此以往乃指以上而言。(60)監官：監督之官。(61)鎮兵：鎮守之兵。(62)齊溫公之世：齊主緯周封為溫公。(63)正聲清商及九部四舞：正聲謂鄭譯等所定之樂。開皇九年平陳，置清商署，管宋齊舊樂，即清樂也。杜佑曰：「清樂者，其始即清商三調是也，並漢氏以來舊典，樂器形制幷歌章古調，與魏三祖所作者，皆備於史籍。屬晉朝遷播，夷羯竊據，其音分散，苻堅蕩平張氏，於涼州得之，宋武平關中，因而入南。及隋平陳後，文帝聽而善其節奏，曰：『此華夏正聲也。』因置清商署，總謂之清樂。帝定清樂、西涼、龜茲、天竺、康國、疏勒、安國、高麗、禮畢為九部。」《隋書・音樂志》下：「開皇初定，牛弘請存鞞、鐸、巾、拂等四舞。」〔六四〕富樂：富庶安樂。〔六五〕希旨：逢迎旨意。〔六六〕括天下：搜括天下。〔六七〕高祖受禪，命牛弘定樂……皆直太常：按此段乃錄自《隋書・裴蘊傳》，字句大致相同。〔六八〕閱之：檢閱之。〔六九〕芳華苑：蓋即西苑。〔七〇〕翳日：蔽日。〔七一〕倏忽：謂時間短促。〔七二〕戴竿：謂以頭或手頂持長竿。〔七三〕欻然：忽也，迅疾之義，應作歘。〔七四〕左右易處：向左右更易所立之處。〔七五〕神鼇負山：神鼇背負山丘。〔七六〕幻人吐火：幻人口中吐火。〔七七〕繒：帛之總名，音增。〔七八〕環佩：身上所佩之環玉。〔七九〕毦：羽毛飾，音餌。〔八〇〕課京兆河南製其衣：謂稅斂京兆河南，使製其衣。〔八一〕於是四方散樂，大集東京……兩京錦綵，為之空竭。按此段乃錄自《隋書・音樂志》下，字句大致相同。〔八二〕樂正：《隋書・百官志》下：「太常寺之太樂署、清商署，各有樂師員。帝改樂師為樂正，置十人。」〔八三〕造新聲播之：播之謂播之於管絃。〔八四〕齊氏偏隅：齊朝偏處一隅。〔八五〕樂工曹妙達猶封王：《隋書・音樂志》中雜樂章：「齊後主唯賞胡戎樂，耽愛無已，於是繁手淫聲，爭新哀怨。故曹妙達、安未弱、安馬駒之徒，至有封王安府者。」〔八六〕方且貴汝：方將使汝富貴。〔八七〕脩謹：脩勑謹慎。〔八八〕帝甚悅，謂明達曰……汝宜自脩謹：按此段乃錄自《隋書・音樂志》下，字句大致相同。

三年（西元六〇七年）

㈠春，正月朔旦，大陳文物，時突厥啟民可汗入朝，見而慕之，請襲冠帶㊀，帝不許；明日，又率其屬上表固請，帝大悅，謂牛弘等曰：「今衣冠大備㊁，致單于解辮，卿等功也。」各賜帛甚厚。

㈡三月，辛亥，帝還長安。

㈢癸丑，帝使羽騎尉㊂朱寬入海，求訪異俗，至流求國㊃而還㊄。

㈣初雲定興、閻毗坐媚事太子勇，與妻子皆沒官為奴婢㊅，上即位，多所營造，聞其有巧思，召之使典其事㊆，以毗為朝請郎㊇。時宇文述用事，定興以明珠絡帳㊈賂述，幷以奇服新聲求媚㊉於述，述大喜，兄事之。上將有事四夷，大作兵器，述薦定興可使監造，上從之。述謂定興曰：「兄所作器仗，竝合⑪上心，而不得官者，為長寧兄弟⑫猶未死耳。」定興曰：「此無用物⑬，何不勸上殺之。」述因奏：「房陵諸子，年竝成立⑭，今欲興兵誅討，若使之從駕，則守掌[二五]為難，若留於一處，又恐不可，進退無用，請早處分[二六]。」帝然之，乃鴆殺長寧王儼，分徙其七弟於嶺表[二七]，仍遣間使[二八]於路盡殺之[二九]。襄城王恪之妃柳氏自殺以從恪。

㈤夏，四月，庚辰，下詔欲安輯河北，巡省趙魏。

㈥牛弘等造新律成，凡十八篇[三〇]，謂之大業律，甲申，始頒行之。民久厭嚴刻[三一]，喜於寬政，其後征役繁興，民不堪命[三二]，有司臨時迫脅，以求濟事[三三]，不復用律令矣[三四]。旅騎尉[三五]劉炫預修律令，弘嘗從容問炫曰：「周禮士多而府史[三六]少，今令史百倍於前，減則不濟[三七]，其故何也？」炫曰：「古人委任責成[三八]，歲終考其殿最[三九]，案不重校[四〇]，文不繁悉[四一]，府史之任，掌要目[四二]而已。今之文簿[四三]，恒慮覆治[四四]，若鍛鍊不密[四五]，則萬里追證百年舊案[四六]，故諺云：『老吏抱案死[四七]。』事繁政弊[四八]，職此之由[四九]也。」弘曰：「魏齊之時，令史從容[五〇]而已，今則不遑寧處[五一]，何故？」炫曰：「往者州唯置綱紀[五二]，郡置守丞[五三]，縣置令而已，其餘具僚[五四]，則長官自辟[五五]，受詔赴任[五六]，每州不過數十。今則不然，大小之官，悉由吏部[五七]，纖介之迹㊽，皆屬考功㊾，省官不如省事㊿，官事不省，而望從容，其可得乎！」弘善其言，而不能用(51)。

㈦壬辰，改州為郡，改度量權衡竝依古式，改上柱國以下官為大夫(52)(53)，置殿內省(54)，與尚書、門下、內史，祕書為五省，增謁者司隸臺(55)(56)，與御史為三臺，分太府寺(57)置少府監(58)，與長秋(59)、國子、將作、都水為五監，又增改左右翊衛等為十六府(60)，廢伯子男爵，唯留王公侯三等。

㈧丙寅，車駕北巡，己亥，頓赤岸澤。五月，丁巳，突厥啟民可汗遣其子拓特勒來朝。戊午，發河北十餘郡丁男鑿太行山，達於并州，以通馳道。丙寅，啟民遣其兄子毗黎伽特勒來朝。辛未，啟民遣使請自入塞，奉迎輿駕。上不許(61)。

㈨初高祖受禪，唯立四親廟(62)，同殿異室而已。帝即位，命有司議七廟之制，禮部侍郎(63)攝(64)太常少卿許善心等奏：「請為太祖、高祖各立一殿，準(65)周文武二祧(66)與始祖而三，餘竝分室而祭，從迭毀之法(67)。」至是有司請如前議，於東京建宗廟。帝謂祕書監柳習[六八]曰：「今始祖及二祧已具[六九]，後世子孫，處朕[七〇]何所？」六月，丁亥，詔為高祖建別廟，仍修月祭禮，既而方事巡幸，竟不果立[七一][七二]。

(十)帝過鴈門，鴈門太守丘和獻食甚精[七三]，至馬邑，馬邑太守楊廓獨無所獻，帝不悅，以和為博陵太守[七四]，仍使廓至博陵，觀和為式[七五]；由是所至獻食，競為豐侈[七六]。戊子，車駕頓榆林郡。帝欲出塞耀兵，徑突厥中[七七]，指於涿郡[七八]，恐啟民驚懼，先遣武衛將軍長孫晟諭旨[七九]，啟民奉詔，因召所部諸國奚[八〇]、霫[八一]、室韋[八二]等酋長數十人，咸集。晟見牙帳[八三]中草穢[八四]，欲令啟民親除之[八五]，示諸部落，以明威重[八六]，乃指前草曰：「此根大香[八七]。」啟民遽嗅之，曰：「殊不香也[八八]。」晟曰：「天子行幸，所在諸侯[八九]，躬自[九〇]灑掃，耕除御路[九一]，以表至敬之心。今牙內蕪穢，謂是留香草耳[九二]。」啟民乃悟[九三]曰：「奴之罪也[九四]，奴之骨肉，皆天子所賜，得効筋力[九五]，豈敢有辭[九六]。特以邊人不知法耳[九七]，賴將軍教之。將軍之惠，奴之幸[九八]也。」遂拔所佩刀，自芟[九九]庭草，其貴人及諸部爭效之[一〇〇]，於是發榆林北境至其牙，東達於薊[一〇一]，長三千里，廣百步，舉國就役[22]，開為御道。帝聞晟策，益嘉之[23]。丁酉，啟民及義成公主來朝行宮[24]。己亥，吐谷渾、高昌竝遣使入貢。

甲辰，上御北樓[25]，觀漁於河，以宴百僚[26]。定襄太守周法尚朝於行宮。太府卿元壽言於帝曰：「漢武出關，旌旗千里[27]，今御營之外，請分為二十四軍，日別遣一軍發[28]，相去三十里，旗幟相望[29]，鉦[30]鼓相聞，首尾相屬[31]，千里不絕，此亦出師之盛者也[32]。」法尚曰：「不然，兵亘千里[33]，動間山川[34]，猝有不虞[35]，四分五裂[36]，腹心有事[37]，首尾未知，道路阻長[38]，難以相救，雖有故事[39]，乃取敗之道也。」帝不懌[40]曰：「卿意如何？」法尚曰：「結為方陳[41]，四面外拒，六宮及百官家屬竝在其內，若有變起，所當之面[42]，即令抗拒，內引奇兵[43]，出外奮擊[44]，車為壁壘，重設鉤陳[45]，此與據城，理亦何異[46]。若戰而捷，抽騎[47]追奔，萬一不捷，屯營[48]自守，臣謂此萬全之策也。」帝曰：「善。」因拜法尚左武衛將軍[49]。

啟民可汗復上表以為：「先帝可汗憐臣[50]，賜臣安義公主，種種無乏㉜，臣兄弟嫉妒，共欲殺臣，臣當是時，走無所適，仰視唯天，俯視唯地㉝，奉身委命㉞，依歸先帝，先帝憐臣且死，養而生之，以臣為大可汗，還撫㉞突厥之民；至尊今御天下，還如先帝養生㉟臣及突厥之民，種種無乏，臣荷戴聖恩㊱，言不能盡。臣今非昔日突厥可汗，乃是至尊臣民，願率部落，變改衣服，一如華夏㊲。」帝以為不可。秋，七月，辛亥，賜啟民璽書，諭以：「磧北㊳未靜，猶須征戰㊴，但存心恭順㊵，何必變服！」帝欲誇示突厥，令宇文愷為大帳，其下可坐數千人。甲寅，帝於城東御大帳㊶，備儀衞，宴啟民及其部落，作散樂㊷，諸胡駭悅，爭獻牛羊駝馬數千萬頭，帝賜啟民帛二千萬段㊸，其下各有差；又賜啟民路車㊹、乘馬、鼓吹、幡㊺旗，贊拜不名㊻，位㊼在諸侯王上。又詔發丁男百餘萬築長城，西拒榆林，東至紫河㊽。尚書左僕射蘇威諫，上不聽，築之，二旬而畢㊾。

(十)帝之徵散樂也，太常卿高熲諫不聽，熲退謂太常丞㊿李懿曰：「周天元51以好樂而亡，殷鑒不遠52，安可復爾53。」熲又以帝遇54

啟民過厚，謂太府卿何稠曰：「此虜頗知中國虛實[55]，山川險易[56]，恐為後患。」又謂觀王雄[57]曰：「近來朝廷殊無綱紀[58][59]。」禮部尚書宇文弼[60]私謂熲曰：「天元之侈，以今方之，不亦甚乎[61]！」又言長城之役，幸非急務[62][63]。光祿大夫賀若弼亦私議[64]宴可汗太侈，竝為人所奏，帝以為誹謗[65]朝政，丙子，高熲、宇文弼、賀若弼皆坐誅[66]，熲諸子徙邊，弼妻子沒官為奴婢，事連蘇威，亦坐免官。熲有文武大略[67]，明達[68]世務，自蒙寄任[69]，竭誠盡節[70]，進引貞良[71]，以天下為己任[72]，蘇威、楊素、賀若弼、韓擒虎皆熲所推薦，自餘[73]立功立事者，不可勝數，當朝執政，將二十年，朝野推服[74]，物無異議[75]，海內富庶[76]，熲之力也。及死，天下莫不傷之[77][78]。

(十二)先是蕭琮以皇后故，甚見親重，為內史令，改封梁公，宗族緦麻[79]以上，皆隨才[80]擢用，諸蕭昆弟[81]，布列[82]朝廷。琮性澹雅[83]，不以職務為意[84]，身雖羇旅[85]，見北間豪貴[86]，無所降下[87]，與賀若弼善，弼既誅，又有童謠曰：「蕭蕭亦復起。」帝由是忌之，遂廢於家，未幾而卒[88]。

(十三)八月，壬午，車駕發榆林，歷雲中，泝金河(八九)，時天下承平(九〇)，百物豐實(九一)，甲士五十餘萬，馬十萬匹，旌旗輜重，千里不絕。令宇文愷等造觀風行殿(九二)，上容侍衛者數百人，離合為之(九三)，下施輪軸，倏忽推移(九四)(九五)；又作行城(九六)，周二千步(九七)，以板為幹(九八)，衣之以布，飾以丹青(九九)，樓櫓(一〇〇)悉備，胡人驚以為神(一〇一)，每望御營(一〇二)十里之外，屈膝稽顙(一〇三)，無敢乘馬。啟民奉廬帳(一〇四)，以俟車駕。乙酉，帝幸其帳，啟民奉觴上壽(一〇五)，跪伏恭甚(一〇六)，王侯以下，袒割(一〇七)於帳前，莫敢仰視。帝大悅，賦詩曰：「呼韓(一〇八)頓顙至，屠耆(一〇九)接踵來，何如漢天子(一一〇)，空上單于臺(一一一)。」皇后亦幸義成公主帳，帝賜啟民及公主金甕各一，幷(一一二)衣服、被褥、錦綵，特勒(一一三)以下受賜各有差(一一四)。帝還，啟民從入塞，己丑，遣歸國。

(十四)癸巳，入樓煩關(一一五)，壬寅，至太原，詔營晉陽宮。帝謂御史大夫張衡曰：「朕欲過公宅，可為朕作主人(一一六)。」衡乃先馳至河內，具牛酒(一一七)。帝上太行，開直道九十里(一一八)。九月，己未，至濟源(一一九)，幸衡宅，帝悅其山泉(一二〇)，留宴三日，賜賚(一二一)甚厚，衡復獻食，帝令頒賜公卿，下至衞士，無不霑洽㉝。己巳，至東都。

㈤壬申，以齊王暕為河南尹。癸酉，以民部尚書楊文思為納言。

㈥冬，十月，勅河南諸郡送一藝戶㉞，陪東都三千餘家㉟，置十二坊㊱於洛水南以處之。

㈦西域諸胡多至張掖交市㊲，帝使吏部侍郎裴矩掌之。矩知帝好遠略㊳，商胡至者，矩誘訪諸國山川風俗，王及庶人儀形㊴服飾，撰西域圖記三卷，合四十四國，入朝奏之。仍㊵別造地圖，窮其要害㊶，從西傾以去㊷，縱橫所亘㊸，將二萬里，發自敦煌，至於西海㊹，凡為三道：北道從伊吾，中道從高昌，南道從鄯善，總湊㊺敦煌。且云：「以國家威德，將士驍雄㊻，汎濛汜㊼而越㊽崑崙，易如反掌㊾。但突厥吐渾，分領羌胡之國㊿，為其壅遏(51)，故朝貢不通。今竝因商人(52)，密送誠款，引領翹首(53)，願為臣妾，若服而撫之(54)，務存安輯，皇華(55)遣使，弗動兵車，諸蕃既從，渾厥(56)可滅，混壹戎夏(57)，其在茲乎(58)！」帝大悅，賜帛五百段，日引矩至御坐，親問西域事；矩盛言(59)胡中多諸珍寶(60)，吐谷渾易可幷吞。

帝於是慨然，慕秦皇漢武之功，甘心將通西域㉛，四夷經略㉜，咸以委之，以矩為黃門侍郎，復使至張掖，引致㉝諸胡，啗之以利㉞，勸令入朝㉟。自是西域胡往來相繼，所經郡縣，疲於送迎㊱，糜費㊲以萬萬計，卒令中國疲弊㊳，以至於亡，皆矩之唱導㊴也。

㈥鐵勒寇邊，帝遣將軍馮孝慈出敦煌擊之，不利，鐵勒尋㊵遣使謝罪請降，帝使裴矩慰撫之㊶。

【今註】㊀請襲冠帶：謂請解辮而襲用冠帶之制，以戴冠結帶。㊁衣冠大備：謂衣冠文物大備。㊂羽騎尉：《隋書・百官志》下：「開皇六年，又別置武騎、屯騎、驍騎、游騎、飛騎、旅騎、雲騎、羽騎八尉，其品則正六品以下，從九品以上。」㊃流求國：《隋書・流求國傳》：「流求國居海島之中，當建安郡東，水行五日而至。」㊄帝使羽騎尉朱寬入海，求訪異俗，至流求國而還：按朱寬至流求求訪之經過，《隋書・流求傳》言之最詳，文云：「三年，煬帝令羽騎尉朱寬入海，求訪異俗。何蠻（上文言海帥何蠻。）言之，遂與蠻俱往。因到流求國，言不相通，掠一人而返。明年，帝復令寬慰撫之，流求不從，寬取其布甲而還。時倭國使來朝，見之曰：『此夷邪久國人所用也。』」㊅妻子皆沒官為奴婢：妻子皆沒於官而為奴婢。㊆典其事：掌其事。《隋書・百官志》下：「開皇六年別置八郎，朝請第三，其品則正六品以下，從九品以上。」㊇上即位，多所營造……以毗為朝請郎：按此段乃錄自《隋書．閻毗傳》，本為閻毗而設，而《通鑑》則兼用於雲定興身上，亦頗有趣之事也。⑨明珠絡帳：以明珠穿絡之帳。⑩求媚：求媚幸。⑪竝合：皆合。⑫長寧兄弟：長寧兄弟乃房陵王勇之子，而定興之甥也。⑬此無用物：含有輕蔑詬詈之意。⑭成立：謂已成人。⑮守掌：猶監視。⑯處分：處置。⑰嶺表：即嶺南。⑱間使：秘使。⑲時宇文述用事……仍遣間使於路盡殺之：按此段乃錄自《隋書．宇文述附雲定興傳》，字句大致相同。又此段所述，非同月同年之事，乃連類而附及者。⑳牛弘等造新律成，凡十八篇：十八篇之名，具載《隋書．刑法志》，計為：一曰名例，二曰衞宮，三曰違制，四曰請求，五曰戶，六曰婚，七曰擅興，八曰告劾，九曰賊，十曰盜，十一曰鬬，十二曰捕亡，十三曰倉庫，十四曰廐牧，十五曰關市，十六曰雜，十七曰詐偽，十八曰斷獄。㉑嚴刻：嚴峻苛刻。㉒不堪命：不能負荷其命令之所要求。㉓濟事：完成使事。㉔牛弘等造新律成……不復用律令矣：按此段乃錄自《隋書．刑法志》，字句大致相同。㉕旅騎尉：已見同卷註③，其品為正六品以下，從九品以上。㉖府史：指員吏而言。㉗不濟：不濟於事；濟，成也。㉘委任責成：委任一官，則只責求其成績。㉙殿最：殿，甚劣；最，甚優。㉚案不重校：案件不再重校勘。㉛文不繁悉：文不繁多瑣悉。㉜要目：重要綱目。㉝文簿：文書簿籍。㉞恒慮覆治：常懼重復案治。㉟鍛鍊不密：謂考慮治理若不周密。㊱萬里追證：百年舊案：雖地距萬里，亦追而訊證，雖事隔百年，亦舊案重提。㊲老吏抱案死：老吏抱案牘而死，謂為治案牘而累死也。㊳政弊：政治衰弊。㊴職此之由：主此之故。㊵從容：閑暇不逼。㊶不遑寧處：無暇安居。

[42]州唯置綱紀：此綱紀謂長史司馬。[43]郡置守丞：郡守郡丞。[44]具僚：備僚。[45]自辟：自行徵辟。[46]受詔赴任：指天子任命之官。[47]悉由吏部：皆由吏部尚書，加以銓衡。[48]纖介之跡：極細小之歷覆。[49]考功：胡三省曰：「考功侍郎掌內外文武官吏之功課，皆具錄當年功過行能，而考校之。」[50]省事：使事務減少。[51]旅騎尉劉炫預修律令，弘嘗從容問炫曰……弘善其言，而不能用：按此段乃錄自《隋書・儒林劉炫傳》，字句大致相同。[52]改上柱國以下官為大夫：按《隋書・百官志》下，高祖又採後周之制，置上柱國以下迄都督，凡十一等，今改為光祿、左右光祿、金紫銀青光祿、正議、通議、朝請、朝散九大夫。[53]壬辰改州為郡……改上柱國以下官為大夫：按此段乃錄自《隋書・煬帝紀》大業三年文，字句大致相同。[54]殿內省：《隋書・百官志》下：「殿內省，掌諸供奉。」[55]謁者司隸臺：《隋書・百官志》下：「謁者臺掌受詔勞問，出使慰撫，持節察授，（《通鑑》胡注引作察按，似較確。）及受冤枉而申奏之，駕出，對御史引駕。」[56]司隸臺：《隋書・百官志》下：「掌諸巡察。」[57]太府寺：《隋書・百官志》下：「管京都市五署，及平準左右藏等凡八署。」[58]少府監：《隋書・百官志》下：「統左尚、右尚、內尚、司織、司染、鎧甲、弓弩、掌冶等署。」[59]長秋：《隋書・百官志》下：「大業三年，改內侍省為長秋監。」[60]又增改左右翊衛等為十六府：《隋書・百官志》下：「大業三年改左右衛為左右翊衛，左右備身為左右騎尉，左右武衛依舊名，改領軍為左右屯衛，加置左右禦，改左右武候為左右候衛，是為十二衛。又改領左右府為左右備身府，左右監門依舊名，凡十六府。」[61]丙寅，車駕北巡……奉迎輿駕、上不許：按此段乃錄自《隋書・煬帝

紀》大業三年文，字句幾全相同。（六二）唯立四親廟：《隋書・禮儀志》二：「四親廟：一曰皇高祖太原府君廟，二曰皇曾祖康王廟，三曰皇祖獻王廟，四曰皇考太祖武元皇帝廟。」（六三）禮部侍郎：《隋書・百官志》下：「煬帝即位，多所改革，尚書省六曹，各侍郎一人，以貳尚書之職。諸曹侍郎，並改為郎。」（六四）攝：兼攝。（六五）準：準擬。（六六）祧：杜預注：「諸侯以始祖之廟為祧。」（六七）從迭毀之法：迭毀，更迭毀廢，蓋後每添一主，則將其最先之一祖撤去，以永保七廟之數。（六八）柳䛒：按《隋書・柳䛒傳，當改作䛒，䛒與辯同。（六九）已具：謂其廟已備。（七〇）處朕：置朕。（七一）竟不果立：結果、竟未建立。（七二）初高祖受禪……既而方事巡幸，竟不果立：按此段乃錄自《隋書・禮儀志》二，字句大致相同。（七三）獻食甚精：獻饌食甚精粹。（七四）以和為博陵太守：丘和自邊郡遷內郡，以示賞擢。（七五）觀和為式：觀和之所獻，以為程式。（七六）豐侈：豐富奢侈。（七七）徑突厥中：取徑於突厥之中。（七八）指於涿郡：直達於涿郡。（七九）諭旨：宣諭帝之旨意。（八〇）奚：《隋書・奚傳》：「奚本曰庫莫奚，東部胡之種也，為慕容氏所破，遺落者竄匿松漠之間。」（八一）霫：《舊唐書・北狄傳》：「霫，匈奴之別種也，居於潢水北，鮮卑之故地，東接靺鞨，西至突厥，南至契丹，北接烏羅渾。地周二千里，四面有山。」音習。（八二）室韋：《隋書・契丹附室韋傳》：「契丹之類也，其南者為契丹，在北者號室韋，分為五部，不相總一。」（八三）牙帳：突厥可汗所居之帳，名曰牙帳。（八四）草穢：謂深草蕪穢。（八五）除之：刪除之。（八六）威重：威勢。（八七）大香：甚香。（八八）殊不香也：甚不香也。（八九）所在諸侯：所在地之諸侯。（九〇）躬自：親自。（九一）耕除御路：耕，治；御路，天子車駕所行之路。（九二）謂是留香草耳：言以為乃是保留香草以供御耳，否則何以不去耶？(九三)悟：覺悟。(九四)奴之罪也：自稱曰奴，為此稱之初見者，厥後之奴才一辭，即導襲於此。(九五)筋力：按筋力一辭，雖起於東漢王充《論衡・物勢》之：「夫物之相勝，或以筋力，或以氣勢。」然六朝末則更盛用之。《顏氏家訓・勉學》：「思魯嘗謂吾曰：『朝無祿位，家無積財，當肆筋力，以申供養。』」《北齊書・慕容儼傳》：「范舍樂有武藝，筋力絕人。」《隋書・高祖紀》下：「仁壽四年詔：『年踰六十，不復稱夭，但筋力精神，一時勞竭。』」同書〈李穆傳〉：「詔曰：『公年既耆舊，筋力難煩，今勒所司，敬蠲朝集。』」同書〈元孝矩傳〉：「後數載，自以年老，筋力漸衰，不堪軍旅，上表乞骸骨。」同書〈長孫覽附晟傳〉：「染干乃悟曰：『奴之骨肉，皆天子賜也，得效筋力，豈敢有辭！』」核人體力之所出，皆原自筋骨，文士有鑒於此，遂以筋力為辭，而此辭以含意恰當，表象鮮明，故遂沿用而不衰焉。(九六)有辭：謂有辭以推諉之。(九七)不知法耳：不知法度耳。(九八)幸：幸運。(九九)芟：除。(〇〇)爭效之：爭效仿之。(〇一)薊：《隋書・地理志》中：「涿郡薊縣，舊置燕郡，大業初置涿郡。」(〇二)舉國就役：謂全國參加役作。(〇三)車駕頓榆林郡……帝聞晟策，益嘉之：按此段乃錄自《隋書・長孫覽附晟傳》，字句大致相同。(〇四)行宮：行在所之宮。(〇五)上御北樓：榆林城北門之樓。(〇六)丁酉、啟民及義成公主來朝行宮……觀漁於河，以宴百僚：按此段乃錄自《隋書・煬帝紀》大業三年文，字句大致相同。(〇七)旌旗千里：旌旗綿亘千里。(〇八)日別遣一軍發：每日分遣一軍進發。(〇九)旗幟相望：旗幟前後互相可以望見。(一〇)鉦：鐃，音征。(一一)相屬：互相連屬。(一二)此亦出師之盛者也：意謂此亦出師罕有之盛況也。(一三)兵亘千里：軍隊綿亘千里。㉔動間山川：動，一動，亦即時也，謂時為山川之所間隔。㉕猝有不虞：突有不及料之事。㉖四分五裂：支離破碎之意。㉗腹心有事：謂中間之處，遭遇攻擊。㉘道路阻長：道路險阻且又悠長。㉙故事：舊曾有此事。㉚懌：悅。㉛方陳：陳讀曰陣。㉜所當之面：謂所當有變之面。㉝內引奇兵：於內部勒奇兵。㉞奮擊：奮力疾擊。㉟重設鉤陳：重，又、再。鉤陳，曲陳如鉤，象天之鉤陳星。㊱此與據城理亦何異：此與據城而戰之道理，復有何異？㊲抽騎：抽調騎兵。㊳屯營：謂據營。㊴定襄太守周法尚朝於行宮……拜法尚左武衛將軍：按此段乃錄自《隋書．周法尚傳》，字句大致相同。㊵啟民可汗復上表，以為先帝可汗憐臣：按此表原文，全為語體，《通鑑》以其不雅，而盡行改易，今爰將其錄而對參之，以明隋代語體文之真象，及語文對譯之情形，亦一甚有意義之舉動也。《隋書．突厥傳》文云：「大業三年，啟民上表曰：『已前聖人先帝、莫緣可汗存在之日，憐臣，賜臣安義公主，種種無少短。臣種末為聖人先帝憐養，臣兄弟妬惡，相共殺臣，臣當時無處去，向上看只見天，下看只見地，實憶聖人先帝言語，投命去來，聖人先帝見臣，大憐臣死命，養活勝於往前，遣臣作大可汗坐著也，其突厥百姓，死者以外，還聚作百姓也。至尊今還如聖人先帝，捉天下四方坐也，還養活臣及突厥百姓，實無少短。臣今憶想聖人及至尊養活事，具奏不可盡，並至尊聖心裏，在臣、今非是舊日邊地突厥可汗，臣即是至尊臣民，至尊憐臣時，乞依大國，服飾法用一同華夏，臣今率部落，敢以上聞。伏願天慈，不違所請。』」㊶種種無乏：種種物品，皆無缺乏。㊷仰視唯天，俯視唯地：極言其無所適之狀。㊸委命：委任性命。㊹還撫：還國安撫。㊺還如先帝養生：謂仍如先帝養活臣子。㊱荷戴聖恩：負荷仰戴聖主之恩德。㊲一如華夏：全如華夏之服制。㊳磧北：沙漠之北。㊴猶須征戰：尚須要征戰。㊵但存心恭順：謂只存心恭順已足。㊶帝於城東御大帳：謂帝於榆林郡城東，坐於大帳之內。㊷作散樂：即魚龍百戲之樂。㊸帝賜啟民帛二千萬段：《隋書・突厥傳》作：「帝享啟民及其部落酋長三千五百人，賜物二十萬段。」二千作二十。又賜物《通鑑》作賜帛，是又隋代賜物即賜帛之又一力證。㊹路車：即大輅之車。㊺幡：幟。㊻贊拜不名：拜而呼時，不自稱其名。㊼位：爵位。㊽東至紫河：《隋書・地理志》中：「定襄郡、大利縣，有長城，有紫河。」《通典》：「紫河發源朔州善陽縣，金河上承紫河。」㊾築之，二旬而畢：《隋書・煬帝紀》大業三年文作：「發丁男百餘萬築長城，一旬而罷。」二旬作一旬。㊿太常卿、太常丞：《隋書・百官志》下：「太常置太卿、少卿各一人，置丞二人。」是太常卿即太常太卿之省稱。(51)周天元：即周宣帝。(52)殷鑒不遠：《詩・大雅・蕩》：「殷鑒不遠，在夏后之世。」謂殷人滅夏，殷之子孫，宜以覆亡為誡也。(53)復爾：復再如此。(54)遇：恩遇。(55)中國虛實：謂中國國勢之虛實。(56)山川險易：山川形勢之險易。(57)觀王雄：雄自安德郡王改封觀王。(58)綱紀：猶紀綱，亦即紀律。(59)帝之徵散樂也，太常卿高熲諫不聽……近來朝廷，殊無綱紀：按此段乃錄自《隋書・高熲傳》，字句大致相同。(60)弜：古弼字。(61)不亦甚乎：謂不更甚乎！(62)長城之役，幸非急務：築長城之役作，希冀不列為急務，蓋若列為急務，則徵發將更繁眾也。(63)禮部尚書宇文弜……幸非急務：按此段乃錄自《隋書・宇文弜傳》，字句大致相同。(64)私議：謂私下議論。(65)誹謗：誹訕謗毀。(六六)坐誅：坐誹謗之罪而被誅戮。(六七)略：謀略。(六八)明達：明通。(六九)自蒙寄任：自蒙受寄任以後。(七〇)盡節：盡忠節。(七一)進引貞良：推進引薦貞幹賢良之士。(七二)以天下為己任：以治天下為己之責任。(七三)自餘：猶其餘。(七四)朝野推服：按朝野一辭，為六朝所興起及盛行者。《文選・張景陽詠史詩》：「昔在西京時，朝野多歡娛。」（李善注引《漢書》劉向上疏曰：「眾賢和於朝，萬物和於野。」然朝野二字，並非連於一起，其連於一處者，當以張詩為始。）《北齊書・彭城王浟傳》：「大呼不從，遂遇害，時年三十二，朝野痛惜焉。」《顏氏家訓・慕賢》：「朝野晏如，各得其所。」同書〈雜藝〉：「朝野翕然，以為楷式。」《周書・韋孝寬傳》：「親族有孤遺者，必加振贍，朝野以此稱焉。」《隋書・元諧傳》：「下詔曰：『諧文規武略，流譽朝野。』」同書〈齊王暕傳〉：「俄而元德太子薨，朝野注望，咸以暕當嗣。」同書〈高熲傳〉：「朝野推服，物無異議。」皆其證也。(七五)物無異議：六朝時常視物為人，物無異議，即人無異論。(七六)富庶：富、富裕，指財貨言；庶、庶眾，指人口言。(七七)傷之：傷悼之。(七八)頗有文武大略……及死，天下莫不傷之：按此段乃錄自《隋書・高熲傳》，字句大致相同。(七九)宗族緦麻以上：喪服名，為五服中之最輕者，以熟布為之，期為三月。緦音思。(八〇)隨才：按才。(八一)昆弟：兄弟。(八二)布列：散布而立列。(八三)澹雅：恬澹方雅。(八四)不以職務為意：不以職位事務縈懷。(八五)身雖羇旅：身雖係羇旅之人。(八六)見北間豪貴：見北土豪右權貴。(八七)降下：屈降折下。(八八)先是蕭琮以皇后故……遂廢於家，未幾而卒：按此段乃錄自《隋書・外戚蕭巋附琮傳》，字句大致相同。(八九)泝金河：逆流而上曰泝，《隋書・地理志》

中：「榆林郡有金河縣。」杜佑曰：「縣有金河，上承紫河。」(九〇)承平：世世相承，皆為太平。(九一)百物豐實：百物豐富充實。(九二)觀風行殿：觀風指君上觀風問俗而言，行殿、此特指可活動之殿。(九三)離合為之：謂行殿可以拆開，又可合之。(九四)倏忽推移：《隋書・宇文愷傳》作：「推移倏忽，有若神功。」謂推移時，則倏忽而動。(九五)令宇文愷等造觀風行殿……倏忽推移：按此段乃錄自《隋書・宇文愷傳》，字句大致相同。(九六)又作行城：謂活動之城。(九七)周二千步：周圍二千步。(九八)以板為幹：謂以木柱為支幹。(九九)飾以丹青：以丹青藻繪之。(一〇〇)樓櫓：櫓，望樓。(一〇一)驚以為神：謂驚以為神工。(一〇二)御營：天子之營。(一〇三)稽顙：以額伏地而稍稽留。(一〇四)奉廬帳：準備廬帳。(一〇五)奉觴上壽：捧觴敬酒。(一〇六)跪伏恭甚：謂叩拜甚恭。《隋書・突厥傳》，恭甚作甚恭，較順。(一〇七)袒割：袒衣割肉。(一〇八)呼韓：即呼韓邪，漢元帝時，郅支為副都護陳湯所誅，呼韓邪喜，復入朝，願壻漢以自親。(一〇九)屠耆：《漢書・匈奴傳》：「匈奴謂賢曰屠耆，故常以太子為左屠耆王。」此指夷狄名王而言。(一一〇)何如漢天子：謂漢天子竟復何如！(一一一)空上單于臺：謂不過只能上單于臺，以北望匈奴而已。含藏之意，為己之武功遠軼於漢天子。(一一二)并：及。(一一三)特勒：《隋書・突厥傳》：「官有葉護，次設特勒，次俟利發，次吐屯發，下至小官，凡二十八等。」特勒即設特勒之簡稱。(一一四)帝大悅，賦詩曰……特勒以下，受賜各有差：按此段乃錄自《隋書・突厥傳》，字句大致相同。(一一五)樓煩關：《隋書・地理志》中：「樓煩郡，治靜樂縣，有長城，有關官。」(一一六)可為朕作主人：謂可作主人以款待朕。(一一七)牛酒：肥牛與醇酒。(一一八)開直道九十里：開直道抵張衡所居。(一一九)濟源：《隋書・地理志》中：「濟源縣屬河內郡。」

⑳悅其山泉：悅其山泉之勝。㉑賚：亦賜。㉒霑洽：霑受渥洽。㉓帝謂御史大夫張衡曰……無不霑洽：按此段乃錄自《隋書・張衡傳》，字句大致相同。㉔藝戶：擅伎藝之戶。㉕陪東都三千餘家：胡三省曰：「陪，助。」㉖坊：邑里之名，隋唐時，其都市中分畫之單位曰坊。㉗交市：互市。㉘帝好遠略：帝喜經略遠方。㉙儀形：儀表形狀。㉚仍：猶又。㉛窮其要害：盡其山川險阻。㉜從西傾以去：胡三省曰：「西傾山在隴西臨洮縣西南，洮水之所出也。」以去猶以往，此則指以西言。㉝所亘：所綿亘。㉞至於西海：胡三省曰：「此西海在條支西。」㉟總湊：皆輻輳，亦即皆匯合。㊱驍雄：驍勇雄豪。㊲濛汜：蒙谷之水，日所入處。㊳越：踰過。㊴反掌：喻事之易為。㊵並因商人：謂皆藉依商人。㊶分領羌胡之國：謂羌胡之國，由突厥吐谷渾二國分別率領。㊷壅遏：壅塞遏止。㊸引領翹首：領，頸，翹，舉，喻冀望之殷切。㊹服而撫之：若聽其歸服，而撫慰之。㊺皇華：皇、大，皇華即大中華，此辭甚新穎有致。㊻渾厥：吐谷渾、突厥。㊼戎夏：戎狄華夏。㊽其在茲乎：其在此時乎！㊾盛言：猶極言。㊿諸珍寶：諸種珍寶。(51)甘心將通西域：以通西域為快意。(52)西域諸胡，多至張掖交市……啗之以利，勸令入朝：按此一大段乃錄自《隋書・裴矩傳》，字句大致相同。(53)經略：經營攻略。(54)引致：引誘招致。(55)啗之以利：以利餌人。(56)疲於送迎：咸疲困於送迎蕃客之事。(57)糜費：損耗。(58)疲弊：疲困弊壞。(59)皆矩之唱導：皆裴矩所提倡領導。(60)尋：不久。(61)鐵勒寇邊……帝使裴矩慰撫之：按此段乃錄自《隋書・吐谷渾傳》，字句幾全相同。

卷一百八十一　隋紀五

起著雍執徐，盡玄黓涒灘，凡五年。（戊辰至辛未，西元六〇八年至六一一年）

司馬光編集
曲守約註

煬皇帝上之下

大業四年（西元六〇八年）

㈠春，正月，乙巳，詔發河北諸軍百餘萬，穿永濟渠(一)(二)，引沁水(三)南達於河，北通涿郡。【考異】雜記：「三年六月，敕開永濟渠，引汾水入河，於汾水東北開渠，合渠水至於涿郡，二千餘里，通龍舟。」按永濟渠即今御河，未嘗通汾水，雜記誤也。丁男不供，始役婦人(四)。

㈡壬申，以太府卿元壽為內史令(五)。

㈢裴矩聞西突厥處羅可汗思其母(六)，請遣使招懷之。二月，己卯，帝遣司朝謁者崔君肅(七)齎詔書慰諭之，【考異】隋帝紀作崔毅，今從西突厥傳。處羅見君肅甚踞(八)，受詔不肯起(九)。君肅謂之曰：「突厥本一國，中分為二(一〇)，每歲交兵，積數十歲，而莫能相滅者，明知其勢敵耳(一一)。然啟民舉其部落百萬之眾，卑躬折節(一二)，入臣天子(一三)者，其故何也？正以切恨可汗[14]不能獨制[15]，欲借兵於大國，共滅可汗耳。羣臣咸欲從啟民之請，天子既許之[16]，師出有日矣[17]，顧[18]可汗母向夫人，懼西國[19]之滅，旦夕[20]守闕[21]，哭泣哀祈[22]，匍匐[23]謝罪[24]，請發使召可汗，令入內屬[25]，天子憐之，故復遣使至此。今可汗乃踞慢如此，則向夫人為誑天子[26]，必伏尸都市[27]，傳首虜庭[28]，發大隋之兵，資東國之眾[29]，左提右挈[30]，以擊可汗，亡無日矣[31]。奈何愛[32]兩拜之禮[33]，絕慈母之命[34]，惜一語稱臣[35]，使社稷為墟乎[36]！」處羅矍然[37]而起，流涕再拜，跪受詔書，因遣使者隨君肅貢汗血馬[38][39]。

㈣三月，壬戌，倭王多利思比孤[40]入貢，遺帝書曰：「日出處天子[41]致書日沒處天子[42]，無恙[43]。」帝覽之，不悅，謂鴻臚卿[44]曰：「蠻夷書無禮者[45]，勿復以聞[46]。」

㈤乙丑，車駕幸五原，因出塞巡長城[47]，行宮設六合板城[48]，【考異】雜記云：「帝幸啟民帳，造行城周二千步，高二十餘丈。」今從隋禮儀志。載以槍車[49]，每頓舍[50]則外其轅以為外圍，內布鐵菱[51]，次施弩牀，皆插鋼錐，外向，上施旋機弩[52]，以繩連機，人來觸繩，則弩機旋轉，向所觸而發，其外又以矰[53]周圍，施鈴柱槌磬，以知所警。帝募能通絕域[五四]者，屯田主事[五五]常駿等請使赤土[五六]，帝大悅，丙寅，命駿齎物五千段以賜其王[五七]，赤土者、南海中遠國也[五八]。

㈥帝無日不治宮室，兩京[五九]及江都，苑囿[六〇]亭殿雖多，久而益厭[六一]，每遊幸，左右顧矚[六二]，無可意[六三]者，不知所適[六四]；乃備責天下山川之圖[六五]，躬自[六六]歷覽[六七]，以求勝地[六八]可置宮苑者。夏，四月，詔於汾州之北，汾水之源，營汾陽宮[六九]。

㈦初元德太子薨，河南尹[七〇]齊王暕次當為嗣[七一]，元德吏兵二萬餘人悉隸於暕，帝為之妙選[七二]僚屬，以光祿少卿柳謇之為齊王長史，且戒之曰：「齊王德業[七三]脩備，富貴自鍾[七四]卿門，若有不善，罪亦相及[七五]。」謇之，慶之從子也。暕寵遇[七六]日隆，百官趨謁[七七]，闐咽道路[七八]，暕以是驕恣[七九]，昵近[八〇]小人，所為多不法。遣左右喬令則、庫狄仲錡、陳智偉求聲色[八一]，令則等因此放縱，訪人家有美女[八二]，輒矯暕命[八三]，呼之載入暕第，淫而遣之[八四]。仲錡、智偉詣隴西撾炙諸胡，責其名馬[八五]，得數匹以進暕，暕令還主[八六]，仲錡等詐言王賜，取歸其家(八七)，暕不知也。樂平公主(八八)常奏帝言柳氏女美，帝未有所荅，久之，主復以柳氏進暕，暕納之；其後帝問主：「柳氏女安在？」主曰：「在齊王所。」帝不悅。暕從帝幸汾陽宮，大獵，詔暕以千騎入圍(八九)，暕大獲麋鹿以獻，而帝未有得也，乃怒，從官皆言：「為暕左右(九〇)所遏(九一)，獸不得前。」帝於是發怒，求暕罪失。時制(九二)縣令無故不得出境，有伊闕令皇甫詡得幸於暕，違禁(九三)攜之，至汾陽宮，御史韋德裕希旨(九四)劾(九五)奏暕。帝令甲士千餘人大索(九六)暕第，因窮治其事。暕妃韋氏早卒，暕與妃姊元氏婦(九七)通，產一女，暕召相工(九八)，令徧視後庭，相工指妃姊曰：「此產子者當為皇后。」暕以元德太子有三子(九九)，恐不得立，因挾左道(一〇〇)為厭勝(一〇一)，至是皆發。帝大怒，斬令則等數人，賜妃姊死，暕府僚(一〇二)皆斥之邊遠(一〇三)，柳謇之坐不能匡正(一〇四)，除名(一〇五)。時趙王杲尚幼，帝謂侍臣曰：「朕唯有暕一子，不然者，當肆諸市朝(一〇六)，以明國憲(一〇七)。」暕自是恩寵日衰，雖為京尹(一〇八)，不復關預(一〇九)時政。帝恒令虎賁郎將(一一〇)一人監其府事，暕有微失，虎賁輒奏之(一一一)；帝亦常慮暕生變，所給左右，皆以老弱，備員而已㉒㉓。

太史令庾質，季才之子也，其子為齊王屬㉔，帝謂質曰：「汝不能一心事我，乃使兒事齊王，何向背如此㉕！」對曰：「臣事陛下，子事齊王，實是一心㉖，不敢有二。」帝猶怒㉗，出為合水令㉘㉙。

(八)乙卯，詔以突厥啟民可汗，遵奉朝化㉚，思改戎俗㉛，宜於萬壽戍置城㉜造屋，其帷帳牀褥以上，務從優厚㉝㉞。

(九)秋，七月，辛巳，發丁男二十餘萬築長城，自榆谷而東㉟。

(十)裴矩說鐵勒使擊吐谷渾，大破之。吐谷渾可汗伏允東走，入西平境內，遣使請降求救，帝遣安德王雄㊱出澆河㊲，許公宇文述出西平，迎之。述至臨羌城㊳，吐谷渾畏述兵盛，不敢降，帥眾西遁，述引兵追之，拔曼頭、赤水二城㊴，斬三千餘級，獲其王公以下二百人，虜男女四千口而還。伏允南奔雪山㊵，其故地皆空，東西四千里，南北二千里，皆為隋有，置州縣鎮戍㊶，天下輕罪徙居之㊷㊸。

(十一)八月，辛酉，上親祠恒岳㊹，赦天下，河北道郡守畢集㊺，裴矩所致㊱西域十餘國皆來助祭。【考異】裴矩傳云三年，誤也。今從帝紀。

(十二)九月，辛未，徵天下鷹師㊲，悉集東京，至者萬餘人。

(十三)冬，十月，乙卯，頒新式㊳㊴。

(十四)常駿等至赤土境，赤土王利富多塞遣使以三十舶迎之，進金鏁㊵以纜駿船㊶，凡汎海百餘日，入境，月餘，乃至其都㊷。其王居處，器用窮極珍麗㊸，待使者禮亦厚，遣其子那邪迦隨駿入貢㊹。

(十五)帝以右翊衛將軍㊺、河東薛世雄為玉門道行軍大將㊻，與突厥啟民可汗連兵擊伊吾，【考異】世雄擊伊吾，帝紀無之，本傳前有從帝征吐谷渾，後二歲餘，以世雄為玉門大將，與突厥啟民可汗擊伊吾。然則似在大業六七年也。按是時啟民已卒，伐吐谷渾之歲，伊吾吐屯設獻地數千里，恩寵甚厚，隋何故伐之？今移在獻地之前。師出玉門，啟民不至，世雄孤軍度磧㊼。伊吾初謂隋軍不能至，皆不設備㊽，聞世雄軍已度磧，大懼，請降。世雄乃於漢故伊吾城東築城㊾，留銀青光祿大夫㊿王威以甲卒千餘人戍(五一)之，而還(五二)。

【今註】㈠詔發河北諸軍百餘萬，穿永濟渠：按《隋書．煬帝紀》大業四年正月文：「詔發河北諸郡男女百餘萬開永濟渠。」同書〈食貨志〉作：「四年發河北諸郡百餘萬眾，引沁水南達於河。」且《通鑑》下文云：「丁男不供，始役婦人。」皆不得為諸軍之證。諸軍當改作諸郡。㈡穿永濟渠：

穿、開。永濟渠取名之義，蓋期冀此渠成後，永遠通濟無湮。㊂沁水：《辭海・沁水條》：「亦曰沁河，即古少水。源出山西省沁源縣北緜山；南流經安澤、沁水、陽城、晉城等縣，東南流入河南省境，至武涉縣折南入黃河。」㊃丁男不供，始役婦人：謂丁男不足供給，於是始以婦人充役。㊄詔發河北諸軍百餘萬……以太府卿元壽為內史令：按此段乃錄自《隋書・煬帝紀》大業四年文，除稍有溢出外，字句大致相同。㊅聞西突厥處羅可汗思其母：《隋書・西突厥傳》：「泥利可汗卒，子達漫立，號泥撅處羅可汗；其母向氏本中國人，生達漫而泥利卒，向氏又嫁其弟婆實特勒。開皇末，婆實共向氏入朝，遇達頭亂，遂留京師。」㊆司朝謁者崔君肅：《隋書・百官志》下：「謁者臺大夫一人，掌受詔勞問，出使慰撫，置司朝謁者二人以貳之。從五品。」崔君肅，〈西突厥傳〉作此名，〈煬帝紀〉大業四年文則作崔毅，蓋君肅乃毅之字，而晚後以字行也。㊇甚踞：踞猶倨，傲慢。㊈不肯起：謂不肯起拜。㊉中分為二：此中指時間言，謂突厥最初乃係一國，中間分而為二。⑪明知其勢敵耳：謂清楚知道乃因二者勢均力敵，不相上下。⑫折節：猶屈軀。⑬入臣天子：入塞而向隋天子稱臣。⑭正以切恨可汗：《隋書・西突厥傳》作：「但以切恨可汗。」足知但與正之意，固相同也。切恨謂切齒痛恨，乃恨之最深者。⑮不能獨制：不能獨自制服。⑯既許之：已許之。⑰有日矣：謂有期矣。⑱顧：但。⑲西國：指西突厥言。⑳旦夕：朝夕。㉑守闕：留闕庭間。㉒哀祈：哀號祈求。㉓匍匐：跪而爬行。㉔謝罪：自認有罪，而拜謝求宥。㉕令入內屬：令入朝歸屬。㉖為誑天子：為欺騙天子。㉗伏尸都市：陳尸於京都之市廛。㉘傳首虜庭：傳其首級於啟民可汗之庭。

㉙資東國之眾：借啟民之旅。㉚左提右挈：謂兩國之軍，互相輔助呼應。㉛亡無日矣：謂滅亡之日，將無幾何矣，亦即不久也。㉜愛：猶吝。㉝兩拜之禮：即再拜之禮。核北周時命行三拜，而此仍言兩拜，知隋時三拜之禮，以周之亡而告衰替。㉞絕慈母之命：斷絕慈母之性命。㉟惜一語稱臣：謂吝惜說一句稱臣之言。㊱使社稷為墟乎：墟，丘墟，亦即空虛國亡之意。㊲矍然：驚視貌，音ㄐㄩㄝ。㊳汗血馬：《漢書・武帝紀》：「將軍李廣利斬大宛王首，獲汗血馬來，作西極天馬之歌。」注：「大宛舊有天馬種，汗從前肩髆出，如血，號一日千里。」㊴帝遣司朝謁者崔君肅……隨君肅貢汗血馬：按此段乃錄自《隋書・西突厥傳》，字句多有改易，而改易處率較原文為佳，對而核之，可悟潤色修訂之法。㊵倭王多利思比孤：《隋書・東夷傳》，倭作俀。又比孤作北孤，乃形近而訛書。〈俀國傳〉云：「俀國在百濟新羅東南，水陸三千里，於大海之中，依山島而居。魏時譯通中國。其地勢則東高西下，都於邪靡堆，則魏志所謂邪馬臺者也。」㊶日出處天子：日所出地方之天子。杜佑云：「倭自謂太伯之後，一名日本，自云：『國在日邊，因以為稱。』」（《通鑑》胡注引）由此國書觀之，亦知於其居處，自認為乃日之本也。㊷日沒處天子：即日落處之天子，乃指中國而言。㊸無恙：乃古人相見之問候語，蓋古代榛莽叢穢，有毒昆蟲，易於滋潛，而常為人患，故人每相見及通書問，輒以無恙為詢。㊹鴻臚卿：鴻臚寺主典蕃客，卿為寺中最高之長官。㊺蠻夷書無禮者：謂蠻夷上書，措辭無禮貌者。㊻倭王多利思比孤……勿復以聞：按此段乃錄自《隋書・俀國傳》，字句大致相同。㊼因出塞巡長城：去年所築者。㊽行宮設六合板城：《隋書・禮儀志》

七曾細載之，云：「大業四年，煬帝北巡出塞，行宮設六合城，方一百二十步，高四丈二尺。六合以木為之，方六尺，外面一方有板，離合為之，塗以青色。壘六板為城，高三丈六尺，上加女牆，板高六尺，開南北門。又於城四角起樓，敵二門觀，門樓檻皆丹青綺畫。又造六合殿、千人帳，載以槍車，車載六合，三板，其車軨解合交叉，即為馬槍。每車上張幕，幕下張平一弩，傅矢，五人更守兩車之門，施車軨馬槍，皆外其轅，以為外圍；次內布鐵菱，次內施蟄鞬，每一蟄鞬，中施弩牀，長六尺，闊三尺。牀桄陛插鋼錐，皆長五寸，謂之蝦鬚，皆施機關，張則錐皆外向；其牀上施璇機弩，以繩連弩機，人從外來，觸繩則弩機旋轉，向觸所而發。其外又以矰周圍行宮，二丈一鈴一柱，柱舉矰去地二尺五寸，當行宮南北，門施槌磬連矰，以機發之，有人觸矰，則眾鈴發響，槌擊兩磬，以知所警，名為擊磬。」㊾槍車：以車載槍而得名。㊿頓舍：每停頓舍止。(51)鐵菱：《爾雅·翼》：「今軍旅以鐵作茨，以布敵路，謂之鐵茨蔾。或云：『鐵茨蔾菱角起於煬帝征遼為之。』然六韜中已有此物，晁錯傳謂之渠荅。」(52)旋機弩：弩可以旋轉者。(53)矰：弋射之矢，音增。(54)絕域：謂人跡不至之域，亦即最荒僻夐遠之國家。(55)屯田主事：胡三省曰：「屯田曹屬工部尚書，尚書諸曹各有主事，流外吏職也。」(56)赤土：《隋書·赤土傳》：「赤土國，扶南之別種也，在南海中，水行百餘日，而達所都。土色多赤，因以為號。」杜佑曰：「崖州直南，水行便風，十餘日到赤土國。其國到五月，日亭午，物影都在南。一日三食，飯皆旋炊，不然，逡巡過時，即便臭敗，熱氣特甚。」核今謂日所直射之處為赤道，其氣候最為炎熱，此赤土殆亦此意，乃指最炎熱之地而言。(57)三月丙寅，命駿齎物五千段以賜其王：按《隋書・赤土傳》：「大業三年，屯田主事常駿、虞部主事王君政等，請使赤土；帝大悅。其年十月，駿等自海郡乘舟。」是明言為大業三年，而常駿之出發，乃在十月。且《通鑑》上文所載之：「三月壬戌，倭王多利思比孤入貢。」核之《隋書・倭國傳》，則作大業三年，俱與〈隋紀〉所載不符。又〈隋紀〉四年文之：「三月壬戌，百濟、倭、赤土、迦邏舍國，並遣使貢方物。」亦難與事實相通，蓋諸國決不可能於同日抵達長安，而朝貢方物，其抵達時期，必前後參差不同。由此觀之，則〈倭國〉〈赤土〉二傳，既皆言為大業三年，自諒非無據而不足置信。今《通鑑》全依本紀，列於大業四年，實頗有值得商榷在也。(五八)南海中遠國也：謂位於南海中遼遠之國。(五九)兩京：謂長安及洛陽。(六〇)苑囿：《淮南子》本經高注：「有牆曰苑，無牆曰囿。」音有。(六一)厭：惡。(六二)矚：視，音燭。(六三)可意：猶滿意，然程度較淺。(六四)不知所適：謂不知至何處而可得之。(六五)乃備責天下山川之圖：謂乃備責天下，令獻其居邑山川之地圖。(六六)躬自：親自。(六七)歷覽：經營閱覽。(六八)勝地：形勝之地。(六九)四月，詔於汾州之北，汾水之源，營汾陽宮：按《隋書・煬帝紀》：「大業四年四月景午，以離石之汾源、臨泉、鴈門之秀容為樓煩郡，起汾陽宮。」於詔上當添丙午二字。又《隋書・地理志》中：「樓煩郡統靜樂縣，舊曰岢嵐，開皇十八年改為汾源，大業四年改焉。有汾陽宮，汾水。」(七〇)河南尹：《隋書・地理志》中：「河南郡，大業元年移都，改曰豫州，三年改為郡，置尹。」(七一)次當為嗣：依次當為儲嗣。(七二)妙選：精選。(七三)德業：德行業績。(七四)鍾：聚。(七五)相及：連及。(七六)寵遇：寵幸恩遇。(七七)趨謁：趨赴叩謁。(七八)闐咽道路：盛貌，謂盛滿於道路之中，音田。(七九)驕恣：驕傲縱恣。(八〇)昵近：親近。(八一)聲色：謂音樂美女。(八二)訪人家有美女：此人家當係民家避諱而改者。核人家一辭，通常乃指旁人之家或旁人而言，於六朝時，已賦有此義。《世說・方正》：「羅君章在人家，主人令與坐上客共語。」《北齊書・杜弼傳》：「高祖大怒曰：『小人都不知避人家諱。』杖之於前。」此二人家皆謂旁人之家。至言人家乃旁人者，緣家亦有視為人者。《世說・文學》有北來道人條：「孫問深公：『上人常是逆風家，向來何以都不言？』」同書同篇支通林條：「支通一義，四坐莫不厭心；許送一難，眾人莫不抃舞。但共嗟詠二家之美，不辯其理之所在。」尤其後者，二家明係二人之義，故知人家即旁人也。人家之涵義既如此，而此人家則與上述者迥異，知此人乃民之改，而其原文及真義乃為民家也。(八三)矯敕命：假託敕命。(八四)淫而遣之：淫而遣回之。(八五)責其名馬：謂責其獻納名馬。(八六)敕令還主：敕令其還於馬之舊主。(八七)取歸其家：取馬歸於己家。(八八)樂平公主：周天元后。(八九)以千騎入圍：以千騎入於圍獵之內。(九〇)為敕左右：即為敕之吏卒。(九一)遏：阻止。(九二)時制：當時制度。(九三)違禁：違犯禁制。(九四)希旨：逢迎上旨。(九五)劾：彈劾。(九六)索：搜索。(九七)妃姊元氏婦：妃姊出嫁元氏，故曰元氏婦。(九八)相工：即通常所云之相者。(九九)元德太子有三子：三子為侑、倓、侗。(一〇〇)左道：猶邪道。(一〇一)厭勝：以呪詛厭伏其人。(一〇二)敕府僚：敕府中之僚佐。(一〇三)邊遠：邊陲僻遠。(一〇四)匡正：匡，糾正。(一〇五)除名：除去名籍。(一〇六)市朝：與市井、市廛同義。(一〇七)國憲：國法。(一〇八)京尹：京兆尹之簡稱。(一〇九)關預：關通干預。(一一〇)虎賁郎將：《隋書・百官志》下：「十二衛每衛置護軍四人，掌副貳將軍，將軍無則一人攝。尋改護軍為武賁郎將，正四品。」㉑輒奏之：便奏之。㉒備員而已：備充員數而已。㉓初元德太子薨……皆以老弱備員而已：按此段乃錄自《隋書‧齊王暕傳》，字句大致相同。㉔其子為齊王屬：據《隋書‧藝術庾季才附質傳》其子名儉。隋制，王府有掾有屬。㉕何向背如此：按向背乃為連類辭，此處著重背字，而向為連及，無意。全句謂何背離如此。㉖臣事陛下，子事齊王，實是一心：蓋齊王為皇帝子，今質父子共事彼父子，恰正是一心，故云然。㉗帝猶怒：謂帝怒尚不解。㉘合水令：《隋書‧地理志》上：「弘化郡，統合水縣，開皇十六年置。」㉙太史令庾質，季才之子也……出為合水令：按此段乃錄自《隋書‧藝術庾質傳》，字句大致相同。㉚朝化：朝廷之政化。㉛戎俗：戎狄之俗。㉜置城：設城。㉝其帷帳牀褥以上，務從優厚：《隋書‧煬帝紀》大業四年文，務從優厚，上有「隨事量給」四字，不可省，當從添。㉞乙卯，詔以突厥啟民可汗……務從優厚：按此段乃錄自《隋書‧煬帝紀》大業四年文，字句大致相同。㉟築長城，自榆谷而東：按《隋書‧煬帝紀》大業四年文，榆谷作榆林谷。蓋謂自榆林郡之一山谷，當從添林字。㊱安德王雄：胡三省曰：「前已書觀王雄，此復書安德王雄，何也？按雄傳雄從帝征吐谷渾還，方徙封觀王，以至於卒。則此安德王雄，當改作觀王雄。」㊲澆河：郡名，《隋書‧地理志》上，屬雍州。㊳臨羌城：漢臨羌縣城。㊴拔曼頭赤水二城：《隋書‧地理志》上：「河源郡，置在古赤水城，有曼頭城。」㊵南奔雪山：胡三省曰：「此即蜀西山之西雪山也。」㊶皆為隋有，置州縣鎮戍：《隋書‧地理志》上：「鄯善郡，大業五年平吐谷渾置，幷置且末、西海、河源，總四郡。統縣共為：顯武、濟遠、肅寧、伏戎、宣德、威定、遠化、赤水。」

鎮戍，為駐守之單位名稱。（三二）天下輕罪徙居之：《隋書・吐谷渾傳》作：「發天下輕罪徙居之。」發字應從添入。（三三）裴矩說鐵勒使擊吐谷渾……天下輕罪徙居之：按此段乃錄自《隋書・吐谷渾傳》，字句大致相同。（三四）恒岳：恒岳，北岳恒山。（三五）河北道郡守畢集：河北道所屬之諸郡郡守皆來會。（三六）所致：所召致。（三七）鷹師：善調習鷹隼之人。（三八）頒新式：去年四月壬辰，改度量權衡，並依古式，今頒於天下。（三九）上親祠恒岳……乙卯，頒新式：按此段乃錄自《隋書・煬帝紀》大業四年文，除稍有溢出外，其餘字句，幾全相同。（四〇）鏁：同鎖。（四一）以纜駿船：纜，所以繫船者，謂進金鎖以備繫駿船。（四二）乃至其都：據《隋書・赤土傳》，其都名僧祇城。（四三）窮極珍麗：盡極珍貴華麗。（四四）常駿等至赤土境……遣其子那邪迦隨駿入貢：按此段乃錄自《隋書・赤土傳》，字句大致相同。（四五）右翊衞將軍：《隋書・百官志》下：「煬帝即位，改左右衞為左右翊衞，為十二衞之一。」（四六）玉門道行軍大將：《隋書・地理志》上：「敦煌郡統玉門縣，後魏置會稽郡，開皇中改為玉門。」同書〈百官志〉下：「改行軍總管為行軍大將。」（四七）磧：沙漠。（四八）皆不設備：全不設備。（四九）漢故伊吾城東築城：漢曰伊吾盧，今為新疆省哈密縣。（五〇）銀青光祿大夫：《隋書・百官志》下：「銀青光祿大夫從三品。」（五一）戍：戍守。（五二）帝以右翊衞將軍河東薛世雄……千餘人戍之，而還：按此段乃錄自《隋書・薛世雄傳》，字句大致相同。

五年（西元六〇九年）

㈠春，正月，丙子，改東京為東都。

㈡突厥啟民可汗來朝，禮賜益厚㊀。

㈢癸未，詔天下均田㊁。戊子，上自東都西還。

㈣己丑，制民間鐵叉、搭鉤㊂、穳㊃刃之類，皆禁之。

㈤二月，戊申，車駕至西京㊄。

㈥三月，己巳，西巡河右㊅，乙亥，幸扶風舊宅。夏，四月，癸亥，出臨津關㊆，度黃河，至西平，陳兵講武㊇，將擊吐谷渾。五月，乙亥，上大獵於拔延山㊈，長圍亘二十里㊉【考異】隋帝紀作二千里，疑二十里字誤。庚辰，入長寧谷(一一)，度星嶺，丙戌，至浩亹川(一二)；以橋未成，斬都水使者(一三)黃亘及督役者(一四)九人，【考異】隋帝紀云：「梁浩亹，御馬度而橋壞。」今從略記。數日橋成，乃行。

㈦吐谷渾可汗伏允帥眾保覆袁川，帝分命內史元壽(一五)南屯金山，兵部尚書段文振北屯雪山，太僕卿楊義臣東屯琵琶峽，將軍張壽西屯泥嶺，四面圍之，伏允以數十騎遁出，遣其名王詐稱伏允，保車我真山(一六)。壬辰，詔右屯衛大將軍(一七)張定和往捕之，定和輕其眾少〔一八〕，不被甲，挺身〔一九〕登山，吐谷渾伏兵射殺之；其亞將〔二〇〕柳武建擊吐谷渾，破之〔二一〕。甲午，吐谷渾仙頭王窮蹙〔二二〕，帥男女十餘萬口來降。六月，丁酉，遣左光祿大夫梁默等追討伏允，兵敗，為伏允所殺〔二三〕。衞尉卿劉權出伊吾道，擊吐谷渾，至青海〔二四〕，虜獲千餘口，乘勝追奔至伏俟城〔二五〕〔二六〕。

(八)辛丑，帝謂給事郎蔡徵曰：「自古天子有巡狩〔二七〕之禮，而江東諸帝多傅脂粉〔二八〕，坐深宮，不與百姓相見，此何理也？」對曰：「此其所以不能長世〔二九〕。」

(九)丙午，至張掖。帝之將西巡也，命裴矩說高昌〔三〇〕王麴伯雅，及伊吾吐屯設〔三一〕等，啗以厚利，召使入朝。壬子，帝至燕支山〔三二〕，伯雅、吐屯設等及西域二十七國，謁於道左〔三三〕，皆令佩金玉，被錦罽〔三四〕，焚香奏樂，歌舞諠譟〔三五〕，帝復令武威、張掖士女，盛飾縱觀〔三六〕，衣服車馬不鮮〔三七〕者，郡縣督課之〔三八〕，騎乘〔三九〕填咽〔四〇〕，周亘〔四一〕數十里，以示中國之盛〔四二〕〔四三〕。吐屯設獻西域數千里之地，上大悅，癸丑，置西海、河源、鄯善、且末等郡〔四四〕，讁〔四五〕天下罪人為戍卒以守之。命劉權鎮河源郡、積石鎮㊻，大開屯田，扞禦吐谷渾，以通西域之路。是時天下凡有郡一百九十，縣一千二百五十五，戶八百九十萬有奇㊼，東西九千三百里，南北萬四千八百一十五里，隋氏㊽之盛，極於此矣。

㈩帝謂裴矩有綏懷之略㊾，進位銀青光祿大夫。自西京諸縣及西北諸郡，皆轉輸㊿塞外，每歲鉅億(五一)萬計，經途險遠，及遇寇鈔(五二)，人畜死亡不達者(五三)，郡縣皆徵破其家(五四)，由是百姓失業，西方先困矣(五五)。

㈩㈠初，吐谷渾伏允使其子順來朝，帝留順不遣，伏允敗走，無以自資(五六)，帥數百騎客於党項(五七)，帝立順為可汗，送至玉門，令統其餘眾，以其大寶王尼洛周為輔；至西平，其部下殺洛周，順不果入而還(五八)。

㈩㈡丙辰，上御觀風殿(五九)，大備文物(六〇)，引高昌王麴伯雅及伊吾吐屯設升殿宴飲，【考異】略記在六月壬寅，今從隋帝紀。其餘蠻夷使者陪階庭者，二十餘國，奏九部樂(六一)，及魚龍戲以娛之，賜賚(六二)有差。戊午，赦天下(六三)。吐谷渾有青海，俗傳置牝馬於其上，得龍種(六四)，秋，七月，置馬牧(六五)於青海，縱牝馬二千匹於川谷，以求龍種，無效而止。

(十三)車駕東還，經大斗拔谷(六六)，山路隘險(六七)，魚貫而出(六八)，風雪晦冥(六九)，文武饑餒沾濕，夜久，不逮前營(七〇)，士卒凍死者大半(七一)，【考異】帝紀在六月癸卯。按西邊地雖寒，不容六月大雪，凍死人畜。今從略記。略記作達十拔谷，今從帝紀。馬驢什八九，後宮妃主或狼狽相失(七二)，與軍士雜宿山間。九月，乙未，車駕入西京(七三)。冬十一月，丙子，復幸東都。

(十四)民部侍郎(七四)裴蘊以民間版籍(七五)，脫滿戶口及詐注老小(七六)尚多，奏令貌閱(七七)，若一人不實，則官司解職(七八)，又許民糾(七九)得一丁者，令被糾之家代輸賦役(八〇)，是歲諸郡計帳(八一)，進丁(八二)二十萬三千(八三)，新附口六十四萬一千五百(八四)。帝臨朝覽狀(八五)，謂百官曰：「前代無賢才，致此罔冒(八六)，今戶口皆實，全由裴蘊。」由是漸見親委，未幾，擢授御史大夫(八七)，與裴矩、虞世基參掌機密。蘊善候伺(八八)人主微意(八九)，所欲罪者則曲法鍛成其罪，所欲宥(九〇)者，則附從輕典(九一)，因而釋之。是後大小之獄，皆以付蘊，刑部大理(九二)莫敢與爭，必禀承進止(九三)然後決斷(九四)。蘊有機辯(九五)，言若懸河(九六)，或重或輕，皆由其口(九七)，剖析(九八)明敏，時人不能致詰(九九)(一〇〇)。

(十五)突厥啟民可汗卒(一〇一)，上為之廢朝三日(一〇二)，立其子咄吉(一〇三)，是為始畢可汗，表請尚公主(一〇四)，詔從其俗。

(十六)初內史侍郎(一〇五)薛道衡以才學有盛名，久當樞要(一〇六)，高祖末，出為襄州總管(一〇七)，帝即位，自番州刺史(一〇八)召之，欲用為秘書監。道衡既至，上高祖文皇帝頌(一〇九)，帝覽之不悅，顧謂蘇威曰：「道衡致美先朝(一一〇)，此魚藻之義也(一一一)。」拜司隸大夫(一一二)將置之罪(一一三)，司隸刺史房彥謙勸道衡杜絕賓客(一一四)，卑辭下氣(一一五)，道衡不能用(一一六)。會議新令，久不決(一一七)，道衡謂朝士曰：「向使(一一八)高熲不死，令決當久行(一一九)。」有人奏之，帝怒曰：「汝憶高熲邪！」付執法者推(一二〇)之(一二一)。裴蘊奏：「道衡負才恃舊(一二二)，有無君之心，推惡於國(一二三)，妄造禍端，論其罪名，似如隱昧(一二四)原其情意(一二五)，深為悖逆(一二六)。」帝曰：「然，我少時與之行役(一二七)，輕我童稚，與高熲、賀若弼等，外擅(一二八)威權，及我即位，懷(一二九)不自安，賴天下無事，未得反耳。公論其逆，妙體本心㉚㉛。」道衡自以所坐㉜非大過，促憲司㉝早斷㉞，冀奏日，帝必赦之，敕㉟家人具饌，以備賓客來候者㊱。及奏，帝令自盡，道衡殊不意㊲，未能引決㊳，憲司重奏，縊而殺之，妻子徙且末㊴，天下冤之㊵。

㈦帝大閱軍實㊶，稱器甲之美㊷，宇文述因進言㊸：「此皆雲定興之功。」帝即擢定興為太府丞㊹㊺。

【今註】㊀禮賜益厚：禮賜較前更厚。㊁詔天下均田：按〈食貨志〉，隋於文帝開皇十二年，曾發使均天下之田，其狹鄉每丁纔至二十畝，老小又少焉。諒該次未能貫澈，故於本年又復行均田之舉。㊂搭鉤：指兵器罩鉤、雙鉤等物。㊃穳：當係鑽鑿之類。㊄車駕至西京：按《隋書．煬帝紀》，皆作京師，核斯時隋建國都於此，當以稱京師為較恰當。㊅河右：指河西武威諸郡地。㊆出臨津關：當在枹罕界，臨河津。《水經注》：「河水自澆河東流，逕邯川城南，又東逕臨津城北，白土城南，為緣河濟渡之地。」㊇陳兵講武：陳列兵士，講習武事。㊈拔延山：《隋書．地理志》上：「西平郡化隆縣，有拔延山。」杜佑曰：「拔延山在廓州廣威縣，隋煬帝征吐谷渾，經此山。」㊉長圍亘二十里：所設長圍，周回綿亘二十里。(一一)長寧谷：《水經注》：「湟水逕臨羌縣故城南，又東，長寧川水注之。長寧水東南流，逕晉昌州。又有長寧亭，亭北有養女嶺，即浩亹西平之北山。」

⑫浩亹川：《水經注》：「浩亹河出塞外，逕西平之鮮谷塞，又東逕養女北山東南。」⑬都水使者：《隋書・百官志》下：「煬帝即位，改都水監為使者，增為正五品。」⑭督役：監督工役者。⑮分命內史元壽：按《隋書・元壽傳》，大業四年為內史令。是內史下當添一令字。《通鑑》乃從《隋書・煬帝紀》而脫。⑯正月丙子，改東京為東都……保車我真山：按此一大段除稍有溢出及不同外，餘均錄自《隋書・煬帝紀》大業五年文。⑰右屯衞大將軍：按《隋書・張定和傳》，右作左。⑱眾少：兵少。⑲挺身，謂毫不畏避。⑳亞將：次將，亦即副將。㉑詔右屯衞大將軍張定和往捕之……柳武建擊吐谷渾破之：按此段乃錄自《隋書・張定和傳》，字句大致相同。㉒吐谷渾仙頭王窮蹙：《隋書・煬帝紀》大業五年文作：「其仙頭王被圍窮蹙。」是其所以窮蹙者，乃為被圍之故。㉓吐谷渾仙頭王窮蹙……兵敗，為伏允所殺：按此段乃錄自《隋書・煬帝紀》大業五年文，字句大致相同。㉔青海：《隋書・地理志》上：「西海郡，置在古伏俟城，有青海。」同書〈吐谷渾傳〉：「青海在伏俟城東，周回千餘里。」㉕追奔至伏俟城：《隋書・吐谷渾傳》：「都伏俟城，在青海西十五里。」㉖衞尉卿劉權出伊吾道……追奔至伏俟城：按此段乃錄自《隋書・劉權傳》，字句大致相同。㉗巡狩：謂巡諸侯所守之土。㉘傅脂粉：塗抹胭脂鉛粉。㉙所以不能長世：謂所以不能享國甚久。㉚高昌：《隋書・高昌傳》：「高昌國者，則漢車師前王庭也，去敦煌十三日行。」㉛伊吾吐屯設：吐屯設意突厥所置，以守伊吾。㉜燕支山：《隋書・地理志》上：「武威郡番和縣有燕支山。」㉝伯雅、吐屯設等謁於道左：古代於道中迎迓，率處於左側，此乃普遍遵行之禮儀也。爰

舉數事以明之。《晉書・江統傳》：「及太子廢，徙許昌，賈后諷有司不聽宮臣追送；統與宮臣冒禁至伊水，拜辭道左，悲泣流漣。」同書〈石苞附崇傳〉：「廣城君每出，崇降車路左，望塵而拜，其卑佞如此。」《隋書・宇文述傳》：「蕭巖、陳君範以會稽請降，述許之，二人面縛路左，吳會悉平。」同書〈裴矩傳〉：「西蕃胡二十七國，謁於道左。」《舊唐書・宋璟傳》：「二十二年，駕幸東都，璟於路左迎謁，上遣榮王親勞問之。」且由之而知，凡簡牘所言道側者，亦率指道左而言，《世說・雅量》桓公伏甲設饌條，注引《晉安帝紀》曰：「溫入赴山陵，百官拜於道側，在位望者，戰慄失色。」其道側當係指道左無疑。㉞罽：毛織布，音計。㉟歌舞諠譟：諠譟乃以示歡忭之意。㊱盛飾縱觀：盛加裝飾，縱人觀覽。㊲鮮：鮮明。㊳郡縣督課之：謂郡督責之，令其改正。㊴騎乘：車騎。㊵填咽：盛貌。㊶周亘：周圍綿亘。㊷盛：隆盛。㊸命裴矩說高昌王麴伯雅……以示中國之盛：按此段乃錄自《隋書・裴矩傳》，字句大致相同。㊹置西海、河源、鄯善、且末等郡：按《隋書・地理志》上，西海郡置於古伏俟城，河源郡置於古赤水城，鄯善郡置於古樓蘭城，且末郡置於古且末城。㊺謫：貶謫。㊻積石鎮：《隋書・地理志》上：「河源郡積石山，河所出。」㊼有奇：有餘。㊽隋氏：猶隋家，隋室。㊾綏懷之略：安綏懷來之謀略。㊿轉輸：轉運委輸。(51)鉅億：萬億。(52)寇鈔：敵寇抄掠。(53)不達者：不克達指定地者。(54)徵破其家：復責徵其家，坐是自多致破亡。(55)西方先困矣：西方之居民先困弊矣。(56)無以自資：無以自給。(57)党項：《隋書・党項傳》：「党項羌者，三苗之後也。其中有宕昌、白狼，皆自稱獼猴種。東接臨洮、西平，西拒葉護，南北數千里，處山谷間，每姓別為部落。」(五八)初吐谷渾伏允使其子順來朝……順不果入而還：按此段乃錄自《隋書・吐谷渾傳》，字句大致相同。(五九)觀風殿：《隋書・煬帝紀》大業五年文作：「觀風行殿。」行殿謂殿之可活動者也。(六〇)大備文物：盛備輿服器玩諸物。(六一)奏九部樂：杜佑曰：「煬帝立清樂、龜茲、西涼、天竺、康國、疏勒、安國、高麗、禮畢為九部。」(六二)賚：亦賜。(六三)上御觀風殿……戊午赦天下：按此段乃錄自《隋書・煬帝紀》，字句大致相同。(六四)吐谷渾有青海，俗傳置牝馬於其上，得龍種：《隋書・吐谷渾傳》：「青海周迴千餘里，中有小山，其俗至冬輒放牝馬於其上，言得龍種。吐谷渾嘗得波斯草馬放入海，因生驄駒，能日行千里，故時稱青海驄焉。」(六五)馬牧：牧馬之場。(六六)大斗拔谷：《新唐書・地理志》：「涼州西二百里有大斗軍，本赤水守捉，因大斗拔谷為名。」(六七)隘險：狹險。(六八)魚貫而出：軍行相次，若貫魚然。(六九)晦冥：晦暗，極言風雪之大。(七〇)不逮前營：不能抵達前面之營壘。(七一)士卒凍死者大半：大半謂三分之二。惟《隋書・食貨志》作：「遇天霖雨，經大斗拔谷，死卒死者十二三焉。」兩者相核，似以〈食貨志〉所載之數目為近確。又志既言霖雨，則下考異所言不容六月大雪，為冗贅矣。(七二)或狼狽相失：謂或因狼狽不堪，而與輿駕相離失。(七三)九月乙未，車駕入西京：按《隋書・煬帝紀》大業五年文，乙未作癸未。(七四)民部侍郎：隋之民部即後代之戶部。(七五)版籍：即方板與籍簿。(七六)詐注老小：謂記注老小不實。(七七)貌閱：閱其貌以驗老小。(七八)官司解職：執其事之官員有司，解削職位。(七九)糾：糾劾。(八〇)代輸賦役：替代糾者輸納賦稅及服力役。(八一)計帳：帳名，載諸郡戶口等項數字，以上奉臺省。(八二)進丁：進新加之丁男。(八三)進丁二十萬三千：按《隋書・裴蘊傳》作：「進丁二十四萬二千。」當從添四字。(八四)新附口六十四萬一千五百：按〈裴蘊傳〉，五百作二百。(八五)覽狀：省覽奏狀。(八六)致此罔冒：召致此種誣罔蒙冒。(八七)御史大夫：《隋書・百官志》下：「御史大夫為從三品。」(八八)候伺：候望窺伺。(八九)人主微意：人主深微之意。(九〇)宥：捨。(九一)附從輕典：附會而採從輕章。(九二)刑部大理：刑部曹及大理寺。(九三)必稟承進止：必先行稟告及承受其重輕之意旨。(九四)決斷：決亦斷，二者為複合辭。(九五)機辯：機智明辨之才。(九六)懸河：謂若河水自懸空而下，奔騰澎湃，一瀉千里。(九七)皆由其口：謂皆由其口，以為依據。(九八)剖析：剖，剖裂；析，分析。此二釋，實有憑據，可為支柱，《文選・王正長雜詩》：「胡寧久分析，靡靡忽至今。」《世說・文學》注引《鄭玄別傳》：「季長又不解，剖裂七事，玄思得五，子幹得三。季長謂子幹曰：『吾與汝皆弗如也。』」二辭若併省言之，則為剖析，《顏氏家訓・歸心》：「原夫四塵五廕剖析，形有六舟三駕，運載群生。」實早已施用之矣。(九九)不能致詰：謂不能提出詰問，而使其無辭以對。(一〇〇)民部侍郎裴蘊以民間版籍……時人不能致詰：按此段乃錄自《隋書・裴蘊傳》，字句大致相同。(一〇一)突厥啟民可汗卒：按《隋書・突厥傳》作：「是歲疾終，上為之廢朝三日。」是啟民可汗卒殂月日，史書俱未詳言，（〈煬帝紀〉於此事則闕而不載，實屬疏忽。）《通鑑》迫不得已，遂附書於五年之末，然突厥上亦應添書是歲二字，以明不知其卒之真日月；否則，列書於十一月後，令讀者覽之，誤認其係卒於十一月，則殊不可也。（本條係採錄李玄伯先生之說。）(一〇二)上為之廢朝三日：謂為之廢止視朝聽政。隋唐君主於勳舊大臣卒時，率為之廢朝，以示哀悼，具見於《舊唐書》諸列傳中。㉓立其子咄吉：《隋書・突厥傳》作：「立其子咄吉世。」當從添世字。㉔表請尚公主：公主即義成公主，於名分上，乃始畢可汗之母，而胡俗則子於父死，娶蒸其母，故上表請求於隋君，而隋君詔答從其俗，以許之焉。㉕內史侍郎：《隋書・百官志》下：「內史省置令二人，侍郎四人。」㉖樞要：中樞機要之事。㉗襄州總管：《隋書・地理志》下：「襄陽郡，西魏改曰襄州，置總管府。」㉘番州刺史：《隋書・地理志》下：「南海郡，舊置廣州，仁壽元年置番州。」同書〈薛道衡傳〉作潘州，《通鑑》改潘為番，甚諟。㉙頌：頌為文體之一，乃頌美傳主之功德也。㉚致美先朝：效致美譽於先君。㉛此魚藻之義也：魚藻，《詩・小雅》篇名。詩序謂：「刺幽王也，言萬物失其性，王居鎬京，將不能以自樂，故君子思古之武王焉。」㉜拜司隸大夫：《隋書・百官志》下：「司隸臺大夫一人，正四品，掌諸巡察；刺史十四人，正六品，巡察畿外諸郡。」㉝將置之罪：謂將置之於罪。㉞杜絕賓客：謂閉門而斷絕賓客。㉟卑辭下氣：措辭謙卑，聲氣低下，亦即恒言之低聲下氣。㊱不能用：不能用其言。㊲決：決斷。㊳向使：二字皆假設意。㊴令決當久行：舊法令決當久行而無須變革。㊵推：尋繹，推考而尋繹其事也。㊶初內史侍郎薛道衡……付執法者推之：按此段乃錄自《隋書・薛道衡傳》，字句大致相同。㊷恃舊：恃為舊臣。㊸推惡於國：按此國即國家，乃指天子而言。國家一辭，賦具此意，自兩漢時，已行萌牙。《漢書・陳湯傳》：「湯曰：『國家與公卿議，大策非凡所見。』」《文選・任昉奏彈曹景宗》注引《東觀漢記》：「詔書到，興已為覽所殺，長史得檄，以為國家坐知千里也。」遞至六朝，更為盛行。

《晉書・何曾傳》：「初曾侍武帝宴，退而告遵等曰：『國家應天受禪，創業垂統，吾每宴見，未嘗聞經國遠圖。』」同書〈傅玄附祗傳〉：「祗請與尚書武茂聽國家消息，揖而下階，茂猶坐，祗顧曰：『君非天子臣邪！今內外隔絕，不知國家所在，何得安坐？』……二十九日早入見國家，須臾遣至中宮。」同書〈陸雲傳〉：「上書曰：『今與國家協崇大化，追闡前蹤者，實在殿下。』」此諸例之國家，既皆指天子言，而國家一辭，國字占主要部份，故因省去家字，而以國代指天子焉。㉔似如隱昧：似如隱昧不彰。㉕原其情意：推原其所含之用意。㉖悖逆：謂悖逆無道。㉗我少時與之行役：謂伐陳時。㉘外擅：於外專擅。㉙懷：指心言，六朝常如此用之。㉚妙體本心：精妙體會其本意。㉛裴蘊奏道衡負才恃舊……妙體本心：按此段乃錄自《隋書・裴蘊傳》，字句幾全相同。㉜所坐：所坐之罪。㉝憲司：猶法司。㉞早斷：早予決斷。㉟敕：命，六朝時普通人之命令，亦可曰敕。㊱來候者：來探候者。㊲不意：不料。㊳引決：自引決絕，亦即自盡。㊴徙且末：《隋書・地理志》上：「且末郡，置在古且末城。」為大業五年平吐谷渾所置四郡之一。㊵道衡自以所坐非大過……天下冤之：按此段乃錄自《隋書・薛道衡傳》，字句大致相同。㊶大閱軍實：大檢閱軍中之物資。㊷稱器甲之美：《隋書・宇文述傳》作：「稱甲仗為佳。」原文頗通順無疵，今若不用原文而改易之，則稱上應加盛字，方為妥帖。㊸進言：即奏曰。㊹為太府丞：按〈雲定興傳〉作：「擢授少府丞。」核《隋書・百官志》下：「太府寺統左藏、左尚方、內尚方、右尚方、司染、右藏、黃藏、掌冶、甄官等署，各置令二人，丞四人。」同志：「太府寺既分為少府監，而但管京都市五署、及平準、左右藏等，凡八署。」又同志：「少府監置監從三品，丞從五品、二人，統左尚、右尚、內尚、司織、司染、鎧甲、弓弩、掌治等署。」是煬帝未即位之前，名曰太府寺，而即位之後，則鎧甲等務，皆分撥於少府監，而雲定興之擢任，乃在煬帝大業五年，為符恰計，自以作少府丞為是。[四五]帝大閱軍實……即擢定興為太府丞：按此段乃錄自《隋書・宇文述附雲定興傳》，字句大致相同。又《通鑑》所以載於此者，以〈雲定興傳〉有：「五年大閱軍實。」之文，然亦未載其確切月日，故《通鑑》不得已，遂列於此年之末端焉。

六年（西元六一〇年）

㈠春，正月，癸亥朔，未明三刻，有盜數十人，素冠㊀練衣，焚香持華，自稱彌勒佛㊁，入自建國門㊂，【考異】雜紀在五年正月，又云三百人。今從隋書。監門者皆稽首㊃，既而㊄奪衛士仗，將為亂，齊王暕遇而斬之。於是都下㊅大索㊆，連坐㊇者千餘家㊈。

㈡帝以諸蕃酋長畢集洛陽，丁丑，於端門街盛陳百戲[一〇]，戲場周圍五千步，執絲竹者[一一]萬八千人，聲聞數十里，自昏至旦，燈火光燭天地[一二]，終月[一三]而罷，所費巨萬[一四]，自是歲以為常[一五]。諸蕃請入豐都市[一六]交易，帝許之。先命整飾店肆[一七]，簷宇[一八]如一，盛設帷帳[一九]，珍貨充積，人物華盛[二〇]，賣菜者亦藉以龍須席[二一]，胡客[二二]或過酒食店，悉令邀延[二三]就坐，醉飽而散，不取其直，紿[二四]之曰：「中國豐饒，酒食例不取直[二五]。」胡客皆驚歎；其黠者[二六]頗覺之[二七]，見以繒[二八]帛纏樹，曰：「中國亦有貧者。衣不蓋形[二九]，何如以此物與之，纏樹何為[三〇]？」市人慙，不能荅[三一]。

(三)帝稱裴矩之能，謂羣臣曰：「裴矩大識朕意，凡所陳奏，皆朕之成筭，未發之頃[三二]，矩輒以聞[三三]，自非奉國[三四]盡心，孰能[三五]若是[三六]！」

(四)是時，矩與右翊衛大將軍宇文述、內史侍郎虞世基、御史大夫裴蘊、光祿大夫郭衍，皆以諂諛[三七]有寵。述善於供奉[三八]，容止[三九]便辟[四〇]，侍衛者咸取則焉[四一][四二]。郭衍嘗勸帝五日一視朝[四三]，曰：「無效高祖空自勤苦[四四]。」帝益以為忠，曰：「唯有郭衍，心與朕同[四五]。」

(五)帝臨朝凝重[四六]，發言降詔，辭義[四七]可觀，而內存[四八]聲色，其在兩都及巡遊，常以僧尼、道士、女官[四九]自隨，謂之四道場[五〇]。梁公蕭鉅，琮之弟子，千牛左右[五一]宇文皛，慶之孫也，皆有寵於帝，帝每日於苑中林亭間(五二)，盛陳酒饌(五三)，敕燕王倓與鉅、晶及高祖嬪御(五四)為一席，僧尼、道士、女官為一席，帝與諸寵姬為一席，略相連接(五五)，罷朝即從之宴飲，更相勸侑(五六)，酒酣殽亂(五七)，靡所不至，以是為常。楊氏婦女之美者，往往進御(五八)，晶出入宮掖(五九)，不限門禁(六〇)，至於妃嬪公主，皆有醜聲(六一)，帝亦不之罪也。

(六)帝復遣朱寬招撫流求，流求不從，帝遣虎賁郎將、廬江陳稜、朝請大夫(六二)同安張鎮周(六三)，發東陽(六四)兵萬餘人，自義安(六五)汎海擊之，行月餘，至其國，以鎮周為先鋒，流求王渴剌兜遣兵逆戰(六六)，屢破之，遂至其都(六七)；渴剌兜自將出戰，又敗，退入柵，稜等乘勝攻拔之，斬渴剌兜，虜其民萬餘口而還(六八)。二月，乙巳，稜等獻流求俘，頒賜百官，進稜位右光祿大夫(六九)，鎮周金紫光祿大夫(七〇)(七一)。

(七)乙卯詔以：「近世茅土(七二)妄假(七三)，名實相乖(七四)，自今唯有功勳，乃得賜封，仍令子孫承襲。」於是舊賜五等爵，非有功者，皆除之(七五)。

(八)庚申，以所徵周、齊、梁、陳散樂，悉配太常，皆置博士弟子，以相傳授，樂工至三萬餘人。

(九)三月，癸亥，帝幸江都宮[七六]。

(十)初，帝欲大營汾陽宮[七七]，令御史大夫張衡具圖[七八]奏之。【考異】張衡傳云：「帝幸衡宅之明年，幸汾陽宮。」又云：「明年復幸汾陽宮。」按今紀皆無其事，恐傳誤。衡乘間[七九]進諫曰：「比年[八〇]勞役繁多，百姓疲弊[八一]，伏願留神，稍加抑損[八二]。」帝意甚不平[八三]，後目衡[八四]謂侍臣曰：「張衡自謂由其計畫，令我有天下也。」乃錄[八五]齊王暕攜皇甫詡從駕，及前幸涿郡祠恒岳時，父老謁見者，衣冠多不整[八六]，譴衡以憲司不能舉正[八七]，出為榆林太守。久之，衡督役[八八]築樓煩城[八九]，因帝巡幸，得謁帝，帝惡衡不損瘦，以為不念咎[九〇]，謂衡曰：「公甚肥澤[九一]，宜且[九二]還郡。」復遣之榆林，未幾，敕衡督役江都宮。禮部尚書楊玄感使至[九三]江都，衡謂玄感曰：「薛道衡真為枉死[九四]。」玄感奏之，江都郡丞[九五]王世充又奏衡頻減頓具[九六]，帝於是發怒，鎖詣江都市，將斬之[九七]，久乃得釋，除名為民，放還田里[九八][九九]。

(十一)以王世充領江都宮監[一〇〇]。世充本西城胡人，姓支氏，父收，幼從其母嫁王氏（〇二），因冒（〇三）其姓，世充性譎（〇三）詐，有口辯，頗涉書傳（〇四），好兵法，習（〇五）律令，帝數幸江都，世充能伺候（〇六）顏色，為阿諛，雕飾池臺（〇七），奏獻珍物，由是有寵（〇八）。

（十二）夏，六月，甲寅，制江都太守秩同京尹（〇九）。

（十三）冬，十二月，己未，文安憲侯（一〇）牛弘卒。弘寬厚恭儉，學術精博（一二），隋室舊臣，始終信任，悔吝（一一）不及者，唯弘一人而已。弟弼好酒而酗（一三），嘗因醉射殺弘駕車牛，弘來還宅，其妻迎謂之曰：「叔（一四）射殺牛。」弘無所怪問（一五），直荅（一六）云：「作脯（一七）。」坐定，其妻又曰：「叔忽（一八）射殺牛，大是異事。」弘曰：「已知之矣。」顏色自若（一九），讀書不輟（二〇）。

（十四）敕穿（二一）江南河（二二），自京口（二三）至餘杭（二四）八百餘里，廣十餘丈，使可通龍舟，并置驛宮草頓（二五），欲東巡會稽。

（十五）上以百官從駕，皆服袴褶（二六），於軍旅間不便，是歲始詔從駕涉遠者，文武官皆戎衣，五品以上通著（二七）紫袍，六品以下兼用緋（二八）綠，胥史（二九）以青，庶人以白，屠商以皁（三〇），士卒以黃（三一）。

（十六）帝之幸啟民帳也，高麗使者在啟民所，啟民不敢隱㉜，與之見帝，黃門侍郎裴矩說帝曰：「高麗本箕子所封之地，漢晉皆為郡縣㉝，今乃不臣㉞，別為異域㉟，先帝欲征之久矣，但楊諒不肖，師出無功㊱，當陛下之時，安可不取！使冠帶之境㊲，遂為蠻貊㊳之鄉乎！今其使者親見啟民，舉國從化㊴，可因其恐懼，脅使㊵入朝㊶。」帝從之，敕牛弘宣旨曰：「朕以啟民誠心奉國，故親至其帳，明年當往涿郡，爾還日語高麗王，勿自疑懼，存育㊷之禮，當如啟民，苟或不朝，將帥啟民往巡彼土㊸㊹。」高麗王元懼藩禮頗闕㊺，帝將討之，課㊻天下富人買武馬㊼，匹至十萬錢，簡閱㊽器仗，務令精新，或有濫惡㊾，則使者㊿立斬。

【今註】㊀素冠：白色之冠。㊁彌勒佛：菩薩名。彌勒、梵語，義譯曰慈氏。生南天竺婆羅門家，釋迦佛懸記其將來繼紹佛位，於華林園龍華樹下三會說法，廣度一切人天。㊂建國門：胡三省曰：「蓋東都皇城端門也。唐六典云：『武德五年，平王世充，惡其壯麗，焚乾陽殿及建國門。』」㊃監門者皆稽首：以認其為彌勒佛，故向之膜拜稽首。㊄既而：已而，意猶接著。㊅都下：即都中，下賦中意，說已見上。㊆大索：大事搜索。㊇連坐：相連坐罪者。㊈癸亥朔，未明三刻……連坐者千餘家：按此段乃錄自《隋書・煬帝紀》大業六年文，字句幾全相同。⑩丁丑，於端門街盛陳百戲：胡三省曰：「丁丑、正月十五日，今人元宵行樂，蓋始盛於此。」按正月元宵燃燈嬉戲，已早創始於北齊。《北齊書・任延敬傳》：「乃陰圖殺逆，武定三年正月十五日，因高祖夜戲，謀將竊發，有人告之，令捕窮其事，皆得實。」降至隋代，而漸大盛。《隋書・長孫平傳》：「轉相州刺史。會正月十五日，百姓大戲，畫衣裳為鍪甲之象。上怒而免之。」同書〈柳彧傳〉：「或見近代以來，都邑百姓，每至正月十五日，作角抵之戲，遞相誇競，至於糜費財力，上奏請禁絕之，曰：『竊見京邑，爰見（似當作及）外州，每以正月望夜，充街塞陌，聚戲朋遊，鳴鼓聒天，燎炬照地，人戴獸面，男為女服，倡優雜技，詭狀異形，以穢嫚為歡娛，用鄙褻為笑樂，內外共觀，曾不相避。高棚跨路，廣幕凌雲，袨服靚粧，車馬填噎，肴醑肆陳，絲竹繁會。竭貲破產，競此一時，盡室并孥，無問貴賤。男女混雜，緇素不分。』」由上所述，可知隋人之如何重視元宵矣。然〈柳彧傳〉所言，尚為開皇間事，至生性奢侈華靡之煬帝御位，兼復欲向蕃夷誇耀華夏之豐饒，則其大事鋪陳，而成為史所罕有之富麗豪華，自更屬意料中事。又端街乃為洛陽皇城端門外之街。⑪執絲竹者：即奏樂者。⑫燈火光燭天地：謂燈火之光映照天地。⑬終月：此處之終月，與滿月不同，乃指正月之終。蓋元宵設戲，延至月終，亦堪為久長矣。⑭巨萬：萬萬。⑮歲以為常：每歲以為常例。⑯豐都市：《隋書・百官志》下：「太府寺但管京都市五署。東都、東市曰豐都，南市曰大同，北市曰通遠。」⑰整飾店肆：整理裝飾，店肆二字之意相類。⑱簷宇：簷，屋簷；宇，屋邊。⑲盛設帷帳：此帷帳乃設於室外曠地者。⑳人物華盛：人物華麗盛多。㉑龍須席：須同鬚，龍須席乃以龍須草織成者。㉒胡客：亦即蕃客。㉓邀延：邀約延請。㉔紿：欺。㉕酒食例不取直：直同值，謂用酒食，照例不用付錢。㉖黠者：狡黠者。㉗覺之：覺知之。㉘繒：帛之總名。㉙衣不蓋形：謂衣不掩體。㉚纏樹何為：謂纏樹有何用哉。㉛帝以諸蕃酋長，畢集洛陽……市人慙不能荅：按此段雖本諸《隋書・裴矩傳》，而字句多有出入，乃《通鑑》據以改撰者。㉜未發之頃：謂未發之時，或未發之際。㉝矩輒以聞：輒、便，六朝文章所用之便字，部分係輒字之改譯。㉞奉國：猶忠於國家。㉟孰能：何能。㊱帝稱裴矩之能……孰能若是：按此段乃錄自《隋書・裴矩傳》，字句大致相同。㊲諂諛：諂媚阿諛。㊳供奉：供給侍奉。㊴容止：容貌舉止。㊵便辟：恭敬太過。㊶侍衞者咸取則焉：侍衞之士卒，皆仿效之。《隋書・宇文述傳》，侍衞作宿衞，知此侍衞乃專指士卒而言。㊷述善於供奉……咸取則焉：按此數句乃錄自《隋書・宇文述傳》，字句大致相同。㊸勸帝五日一視朝：通例，君上每日皆視朝。今竟勸其五日一視朝。㊹空自勤苦：空，徒；勤，勞。謂徒自勞苦。㊺郭衍嘗勸帝五日一視朝……心與朕同：按此段乃錄自《隋書・郭衍傳》，字句大致相同。㊻凝重：態度嚴重。㊼辭義：文辭義理。㊽內存：猶內好。㊾女官：即女道士。㊿道場：《維摩經》肇注：「閑宴修道之處，謂之道場也。」(51)千牛左右：《隋書・百官志》下：「左右領左右府改為左右備身府，統千牛左右、司射左右各十六人，並正六品。千牛掌執千牛刀宿衞，司射掌供御弓箭。」(52)林亭間：芳林亭榭之間。(53)饌：具食。(54)嬪御：妃嬪及御幸者。(55)略相連接：猶頗相連接。(56)侑：勸。(57)殺亂：猶杯盤狼藉。(五八)楊氏婦女之美者，往往進御：即所謂敗亂人倫之行為。(五九)宮掖：宮庭禁掖。(六〇)不限門禁：不受門禁之限。(六一)醜聲：穢醜之聲。(六二)朝請大夫：《隋書・百官志》下：「朝請大夫正五品。」(六三)張鎮周：《隋書・煬帝紀》大業六年文，作張鎮州，此乃從〈陳稜傳〉及〈流求傳〉文而作張鎮周。(六四)東陽：《隋書・地理志》下：「東陽郡，平陳置婺州。」在今浙江省境。(六五)義安：《隋書・地理志》下：「義安郡，平陳置潮州。」(六六)逆戰：迎戰。(六七)遂至其都：《隋書・流求傳》：「國王所居曰波羅檀洞，塹柵三重，環以流水，樹棘為藩。」(六八)虜其民萬餘口而還：按《隋書・陳稜傳》及〈流求傳〉，皆作男女數千人，〈煬帝紀〉則作獻俘萬七千口，此乃從〈煬帝紀〉文入錄。(六九)進稜位右光祿大夫：《隋書・百官志》下：「右光祿大夫，從二品。」(七〇)鎮周金紫光祿大夫：《隋書・百官志》下：「金紫光祿大夫，正三品。」(七一)帝復遣朱寬招撫流求……鎮周金紫光祿大夫：按此段乃錄自《隋書・陳稜傳》，字句大致相同。(七二)茅土：《漢舊制》：「天子大社，以五色土為壇，封諸侯者取方面土，苴以白茅授之，故謂之授茅土。」(七三)妄假：猶濫予。(七四)名實相乖：名器與實績，互相乖違。(七五)皆除之：皆免除之。(七六)乙卯，詔以近世……癸亥，帝幸江都宮：按此段乃錄自《隋書・煬帝紀》大業六年文，除稍有溢出外，字句大致相同。(七七)初帝欲大營汾陽宮：按《隋書・張衡傳》作：「帝欲大汾陽宮。」按汾陽宮已早築成，今不過欲擴充之而已，故用大已足，不必多用營字。(七八)圖：圖樣。(七九)乘間：乘間隙，亦即乘機。(八〇)比年：近年。(八一)疲弊：疲乏困弊。(八二)抑損：抑制減損。(八三)甚不平：猶甚怒。(八四)目衡：以目視衡。(八五)錄：收錄其罪。(八六)不整：不整齊。

(八七)譴衡以憲司不能舉正：衡為御史大夫，職司糾彈，故譴責之以不能糾舉匡正之罪。(八八)督役：監督役夫。(八九)築樓煩城：《隋書・地理志》中：「樓煩郡，大業四年置。統靜樂縣，開皇十八年改為汾源。」時築汾陽宮，故築城。(九〇)帝惡衡不損瘦，以為不念咎：蓋念過則心憂而不思飲食，體貌自必瘦減。(九一)肥澤：肥胖而放光澤。(九二)且：暫且。(九三)使至：為使而至。(九四)枉死：寃枉而死。(九五)江都郡丞：《隋書・百官志》下：「郡置太守、丞、尉。」(九六)頻減頓具：屢屢減少供頓所用器具。(九七)帝於是發怒，鎖詣江都市，將斬之：按隋代拘押罪人，皆繫之以鎖，以免逃逸。其例證有下列諸文。《隋書・王韶傳》：「嘗奉使檢行長城，其後王穿池起三山，韶既還，自鎖而諫，王謝而罷之。」同書〈魚俱羅傳〉：「帝復令大理司直梁敬真就鎖，將詣東都。」同書〈張衡傳〉：「王世充又奏衡頻減頓具，帝於是發怒，鎖衡詣江都市，將斬之，久而乃釋。」(九八)田里：謂家鄉。(九九)初帝欲大營汾陽宮……除名為民，放還田里：按此段乃錄自《隋書・張衡傳》，字句大致相同。(一〇〇)江都宮監：《隋書・百官志》下：「行宮所在，皆立總監以司之。上宮正五品，中宮從五品，下宮正七品。」(一〇一)幼從其母嫁王氏：據《隋書・王充（以避唐諱，省世字）傳》，王氏為儀司王粲。(一〇二)冒：冒充，謂本非真而假充之。(一〇三)譎：詭詐。(一〇四)頗涉書傳：涉，涉獵；書傳，謂經書史傳，亦即經傳。(一〇五)習：熟習。(一〇六)伺候：窺伺候望。(一〇七)池臺：池沼樓臺。(一〇八)以王世充領江都宮監……由是有寵：按此段乃錄自《隋書・王充傳》，字句大致相同。(一〇九)制江都太守秩同京兆尹：《隋書・百官志》下：「京兆尹為正三品。」(一一〇)文安侯：《隋書・地理志》中：「文安縣，屬河間郡。」(一一一)精博：精深廣博。(一一二)悔吝：

《易・繫辭》疏：「悔者、其事已過，意有追悔之也，吝者、當時之事可輕鄙恥，故云吝也。」⑬酗：醉怒，音煦。⑭叔：《爾雅・釋親》：「夫之弟為叔。」⑮無所怪問：無所奇怪而發問。⑯直答：只回答。⑰脯：乾肉。⑱忽：猶突。⑲顏色自若：顏色自如，亦即顏色不改。⑳文安憲侯牛弘卒……讀書不輟：按此段乃錄自《隋書・牛弘傳》，字句大致相同。㉑穿：掘。㉒江南河：大江以南之運河。㉓京口：今江蘇省鎮江縣治。㉔餘杭：即今浙江杭州。㉕驛宮草頓：驛站，行宮及簡單頓次之所。㉖袴褶：《通雅》：「古袴上連衣，故戎衣謂之袴褶。呂範自請為孫策都督，出便釋構，著袴褶；師古所解重衣在上，正謂今之罩甲，半臂而短，戎衣也。」褶音習。㉗通著：謂皆穿。㉘緋：赤色。㉙胥史：按《隋書・禮儀志》七，胥史作胥吏，當改從之。㉚屠商以皁：屠戶商賈以黑色。㉛上以百官從駕……士卒以黃：按此段乃錄自《隋書・禮儀志》七，字句幾全相同。㉜隱：隱匿。㉝高麗本箕子所封之地，漢晉皆為郡縣：胡三省曰：「周武王封箕子於朝鮮，秦末，衞滿據之，傳國至孫右渠，漢武帝滅之，開為四郡。漢末，公孫度據之，傳國至孫淵，魏滅之。至晉皆為郡縣。高麗之先出自夫餘，朱蒙建國，自號高句麗，以高為氏。魏晉以來，中國兵亂，高麗內侵，併有遼東地。」㉞不臣：不臣伏於我。㉟異域：《隋書・裴矩傳》，作外域，正釋異字。㊱楊諒不肖，師出無功：不肖，不似其父，意猶不賢。事見卷一百七十八開皇十八年。㊲冠帶之境：冠帶與衣冠、冠裳、冠冕之意相同，乃指衣裳楚楚，冠帶整齊，文化頗高之國家而言。㊳蠻貊：貊為野蠻種落之稱，音陌。㊴舉國從化：全國奉從突厥之政化。㊵脅使：脅迫而令之。㊶帝之幸啟民帳也……脅使入朝：按此段乃錄自《隋書・裴矩傳》，字句大致相同。[四二]存育：存卹撫育。[四三]將帥啟民，往巡彼土：意謂將帥啟民往征討之。[四四]敕牛弘宣旨曰……帥啟民往巡彼土：按此段乃錄自《隋書・突厥傳》，字句大致相同。[四五]藩禮頗闕：藩邦之禮，多有短闕。[四六]課：征課。[四七]武馬：即戰馬。[四八]簡閱：揀選檢閱。[四九]濫惡：雜濫粗惡。[五〇]使者：監造軍械之使者。

七年（西元六一一年）

㈠春，正月，壬寅，真定襄侯㊀郭衍卒。

㈡二月，己未，上升釣臺，臨楊子津㊁，大宴百僚。乙亥，帝自江都行幸涿郡，御龍舟度河㊂，入永濟渠，仍敕選部㊃門下、內史、御史、四司之官，於船前選補，其受選者三千餘人，或徒步㊄隨船，三千餘里，不得處分㊅，凍餒疲頓㊆，因而致死者什一二。

㈢壬午，下詔討高麗，敕幽州總管元弘嗣㊇往東萊海口，造船三百艘，官吏督役㊈，晝夜立水中[一〇]，略[一一]不敢息，自腰以下皆生蛆[一二]，死者什三四。夏，四月，庚午，車駕至涿郡之臨朔宮[一三]，【考異】記略曰：「丙午，幸涿郡之新宮。」按長曆是月丙辰朔，無丙午，今從帝紀。文武從官，九品以上，並令給宅安置[一四]。

先是詔總徵天下兵，無問㉕遠近，俱會於涿，又發江淮以南水手㉖一萬人，弩手㉗三萬人，嶺南排鑹手㉘三萬人，於是四遠奔赴如流㉙。五月，敕河南、淮南、江南造戎車㉚五萬乘，送高陽㉛，供載衣甲幔幕㉜，令兵士自挽之。發河南北民夫，以供軍須㉝。秋，七月，發江淮以南民夫及船，運黎陽㉞及洛口㉟諸倉米至涿郡。舳艫相次㊱千餘里，載兵甲及攻取之具，往還在道，常數十萬人，填咽於道㊲，晝夜不絕，死者相枕㊳，臭穢㊴盈路，天下騷動㊵。

㈣山東河南大水，漂沒㉛三十餘郡。冬，十月，乙卯，底柱㉜崩，偃河㉝，逆流㉞數十里㉟。

㈤初，帝西巡，遣侍御史韋節召西突厥處羅可汗㊱，令與車駕會大斗拔谷㊲，國人不從，處羅謝使者，辭以佗㊳故。帝大怒，無如之何㊴。會其酋長射匱遣使來求婚，裴矩因奏曰：「處羅不朝，恃彊大耳㊵，臣請以計弱之，分裂其國，即易制㊶也。射匱者都六之子，達頭之孫，世為可汗，君臨西面㊷，今聞其失職，附屬處羅，故遣使來，以結援耳㊸。願厚禮其使，拜為大可汗㊹，則突厥勢分，兩從我矣(45)。」帝曰：「公言是也。」因遣矩朝夕至館(46)，微諷諭之(47)，帝於仁風殿召其使者，言處羅不順之狀(48)，稱射匱向善，吾將立為大可汗，令發兵誅處羅，然後為婚。帝取桃竹白羽箭(49)一枚，以賜射匱，因謂之曰：「此事宜速，使疾如箭也。」使者返，路經處羅，處羅愛箭，將留之，使者譎(50)而得免。射匱聞而大喜，興兵襲處羅，處羅大敗，棄妻子，將數千騎東走，緣道(51)被劫，寓(52)於高昌，東保時羅漫山(53)。高昌王麴伯雅上狀(54)，帝遣裴矩與向氏親要左右(55)馳至玉門關、晉昌城，曉諭(56)處羅，使入朝。十二月，己未，處羅來朝於臨朔宮，帝大悅，接以殊禮(57)。帝與處羅宴，處羅稽首謝入見之晚，帝以溫言(58)慰勞之，備設天下珍膳(59)，盛陳女樂(60)，羅綺(61)絲竹，眩曜(62)耳目，然處羅終有怏怏(63)之色(64)。

(六)帝自去歲謀討高麗，詔山東置府，令養馬以供軍役，又發民夫運米，積於瀘河、懷遠二鎮(65)，車牛往者皆不返，士卒死亡過半，耕稼失時，田疇(66)多荒(67)，加之饑饉(68)，穀價踊貴(69)，東北邊尤甚，斗米直(70)數百錢。所運米或粗惡(71)，令民糴而償之(72)；又發鹿車(七三)夫六十餘萬，二人共推米三石，道途險遠，不足充餱(七四)糧，至鎮無可輸(七五)，皆懼罪亡命(七六)。重以(七七)官吏貪殘(七八)，因緣侵漁(七九)，百姓困窮，財力俱竭(八〇)，安居(八一)則不勝凍餒，死期交急(八二)，剽掠則猶得延生(八三)，於是始相聚為羣盜。

(七)鄒平(八四)民王薄擁眾據長白山(八五)，剽掠齊濟之郊(八六)，自稱知世郎(八七)，言事可知矣；又作無向遼東浪死歌(八八)，以相感勸(八九)，避征役(九〇)者，多往歸之。

(八)平原東有豆子䴚(九一)，負海帶河(九二)，地形深阻(九三)，自高齊以來，羣盜多匿(九四)其中。有劉霸道者，家於其旁，累世(九五)仕宦，貲產富厚，霸道喜遊俠(九六)，食客(九七)常數百人，及羣盜起，遠近多往依之，有眾十餘萬，號阿(九八)舅賊。

(九)漳南(九九)人竇建德，少尚氣俠(一〇〇)，膽力(一〇一)過人，為鄉黨(一〇二)所歸附，會(一〇三)募人征高麗，建德以勇敢，選為二百人長(一〇四)；同縣孫安祖亦以驍勇，選為征士，安祖辭以家為水所漂(一〇五)，妻子餒死，縣令怒笞之(一〇六)，安祖刺殺令，亡抵建德(一〇七)，【考異】杜儒童隋季革命記云：「安祖以盜羊為縣令所考。」今從舊唐書建德傳。建德匿之，官司逐捕⑱，蹤跡至⑲建德家，建德謂安祖曰：「文皇帝時，天下殷盛⑳，發百萬之眾，以伐高麗，尚為所敗㉑，今水潦為災，百姓困窮，加之往歲西征㉒，行者不歸，瘡痍未復㉓，主上不恤㉔，乃更發兵，親擊高麗，天下必大亂。丈夫不死，當立大功，豈可但為亡虜㉕邪！」乃集無賴少年㉖，得數百人，使安祖將之，入高雞泊㉗中為羣盜，安祖自號將軍。時鄃㉘人張金稱聚眾河曲，蓨㉙人高士達聚眾於清河境內為盜，郡縣疑建德與賊通㉚，悉收其家屬，殺之，建德帥麾下㉛二百人，亡歸㉜士達，士達自稱東海公，以建德為司兵㉝，頃之，孫安祖為張金稱所殺，其眾盡歸建德，兵至萬餘人。建德能傾身接物㉞，與士卒均勞逸㉟，由是人爭附之，為之致死㊱㊲。自是所在羣盜蜂起，不可勝數，徒眾多者至萬餘人，攻陷城邑。甲子，敕都尉鷹揚㊳與郡縣相知追捕㊴，隨獲斬決㊵，然莫能禁止。

【今註】 ㊀真定侯：《隋書・地理志》中：「真定縣屬恒山郡。」㊁楊子津：臨江之津渡，殆在江都。㊂度河：渡黃河。㊃選部：指尚書省之吏部。㊄徒步：步行。㊅處分：處置，此則謂選補。㊆疲頓：疲乏困頓。㊇幽州總管元弘嗣：《隋書・地理志》中：「涿郡，舊置幽州。」大業初已廢諸州總管府，此乃書元弘嗣前官。㊈督役：監督工役。㊉晝夜立水中：以係造船，故立水中。⑪略不敢息：略猶絕。⑫自腰以下皆生蛆：以久立水中故。⑬臨朔宮：胡三省曰：「唐志：『幽州薊縣，有故隋臨朔宮。』」⑭給宅安置：供給房屋，以資安歇。⑮無問：猶不管。⑯水手：習使船者。⑰弩手：善射箭者。⑱排鑹手：鑹，小稍，意謂善使小稍而排擊敵人者。⑲四遠奔赴如流：四方遠地之人，奔馳赴命如流水焉。⑳戎車：兵車。㉑高陽：《隋書・地理志》中：「高陽縣屬河間郡。」今河北省高陽縣。㉒幔幕：帷幕。㉓軍須：軍中所須用者。㉔黎陽倉：《隋書・地理志》中：「黎陽倉在汲郡黎陽縣。」㉕洛口倉：在河南省鞏縣洛水入河之口。㉖相次：猶相接繼。㉗填咽於道：謂舟車人夫之盛多。填，滿；咽，哽咽而不通暢。而哽咽不暢，正為人眾擁塞之象，故因以填咽以示盛多之意。㉘相枕：尸體互相枕藉。㉙臭穢：臭氣惡穢。㉚騷動：騷亂擾動。㉛漂沒：漂流淹沒。㉜底柱：底同砥。《水經・河水注》：「砥柱，山名也。昔禹治洪水，山陵當水者鑿之，故破山以通河。河水分流包山而過，山見水中若柱然，故曰砥柱也。」在今陝縣黃河中。㉝偃河：杜塞河道。㉞逆流：向上倒流。㉟山東河南大水……逆流數十里：按此段乃錄自《隋書・煬帝紀》大業七年文，字句大致相同。㊱遣侍御史韋節召西突厥處羅可汗：《隋書・百官志》下：「御史臺，侍御史八人。」又遣韋節西使，同書〈西突厥傳〉云係大業六年。㊲令與車駕會大斗拔谷：按《隋書・西突厥傳》，作大升拔谷。同書〈煬帝紀〉大業五年文，則作大斗拔谷，《通鑑》遂本之而改升為斗。(38)佗：同他。(39)無如之何：今語為不能把他怎樣。(40)恃彊大耳：憑恃彊大之故耳。(41)易制：容易制服。(42)君臨西面：為君而蒞臨西面。(43)以結援耳：以結交而求援助耳。(44)大可汗：謂眾可汗之首，亦即統屬諸可汗者。(45)兩從我矣：謂射匱、處羅將皆從隋。(46)朝夕至館：朝夕至客館，以示款待之殷切。(47)微諷諭之：稍諷示曉諭之。(48)不順之狀：不順從之情形。(49)桃竹白羽箭：胡三省曰：「桃竹，桃枝竹也，今江南有之。」(50)譎：詭言。(51)緣道：謂在所經行道路之各處。(52)寓：寄居。(53)東保時羅漫山：《新唐書・地理志》：「伊州、伊吾縣有折羅漫山，亦曰天山。」(54)上狀：上表言其狀。(55)向氏親要左右：向氏乃處羅可汗之母，謂率向氏親要之隨從。(56)曉諭：曉告勸諭。(57)殊禮：殊異之禮。(58)溫言：溫和之言，與冷峻者有殊。(59)珍膳：珍貴之膳羞。(60)女樂：奏樂者乃係女妓。(61)羅綺：指女妓所著之衣裳。(62)眩曜：眩昏花曜。(63)快快：不平貌。(64)初帝西巡，遣侍御史韋節……然處羅終有快快之色：按此一大段乃錄自《隋書・西突厥傳》，字句大致相同。(65)瀘河懷遠二鎮：《新唐書・地理志》：「隋於營州之境，汝羅故城，置遼西郡，領遼西、瀘河、懷遠三縣。」(66)田疇：疇，耕治之田。(67)荒：荒蕪。(68)饉：蔬不熟為饉。(69)踊貴：踊，跳躍，謂穀價躍起。(70)直：同值。(71)粗惡：粗糙惡劣。(72)糴而償之：另糴好米以賠償之。(73)鹿車：《後漢書・趙熹傳》注引《風俗通》：「俗說鹿車窄小，裁容一鹿。」(74)餱：乾食，音侯。(75)無可輸：無可輸納。(76)亡命：《史記・張耳傳》索隱崔浩曰：「亡，無也；命，名也。逃匿則削除名籍，故以逃為亡命。」(77)重以：加以。(78)貪殘：貪汙殘暴。(79)因緣侵漁：因，藉；緣，由；侵，占；

漁，取。謂藉此機會而剝削百姓。(八〇)俱竭：皆盡。(八一)安居：謂在家為良善平民。(八二)死期交急：猶死期甚迫。(八三)延生：延長生命。(八四)鄒平：《隋書・地理志》中：「鄒平屬齊郡，舊曰平原，開皇十八年改名焉。」(八五)長白山：在今山東省鄒平縣南，為泰山之副嶽，以山中雲氣長白，故名。(八六)齊濟之郊：齊，齊郡；濟，濟北郡。(八七)自稱知世郎：知世謂知世運之盛衰。至郎之一稱，在六朝時實具有英年才俊，地胄清華，風流倜儻之高尚身份。爰摘例以明之。《晉書・王導附悅傳》：「導性儉節，帳下甘果爛敗，令棄之，云：『勿使大郎知。』」同書〈列女王凝之妻傳〉：「初適凝之，還甚不樂。安曰：『王郎逸少子，不惡，汝何恨也！』答曰：『一門叔父則有阿大中郎，不意天壤之中，乃有王郎！』……道韞遣婢白獻之曰：『欲為小郎解圍。』」同書〈苻堅載記〉：「高平徐統遇堅於路，異之，執其手曰：『苻郎，此官之御街，小兒敢戲於此，不畏司隸縛邪？』……後又遇之，統下車屏人密謂之曰：『苻郎骨相不恒，後當大貴，但僕不見，如何！』」同書〈食貨志〉：「吳興沈充又鑄小錢，謂之沈郎錢。」《世說・文學》：「謝鎮西少時，聞殷浩能清言，故往造之。殷徐語左右，取手巾與謝郎拭面。」同書〈文學〉：「裴郎作語林，始出，大為遠近所傳。」同書〈輕詆〉：「庾道季詫謝公曰：『裴郎云，謝安謂裴郎，乃可不惡，何得為復飲酒！』」同書〈尤悔〉：「太傅語胡兒曰：『世人以此謗中郎，亦言我共作此。』」同書〈假譎〉諸葛令女條：「江郎暮來，女哭詈彌甚，積日漸歇。……女乃呼婢女喚江郎覺。」《北齊書・彭城王湝傳》：「韓毅教湝書，見湝筆跡未工，戲湝曰：『五郎書畫如此！』」《陳書・世祖沈后傳》：「后曰：『今伯宗年幼，政事並委二郎。』」（按文帝居長，項居次，故稱為二郎。）《隋書・滕穆王瓚傳》：「瓚貴公子，又尚公主，美姿儀，好書愛士，甚有令名於當世。時人號曰楊三郎。」同書〈文學虞綽傳〉：「傅縡見綽詞賦，歎謂人曰：『虞郎之文，無以尚也。』」夫郎既具有如此高尚成份，則王薄以郎為稱，自其宜矣。(八八)作無向遼東浪死歌：按此浪猶言濫也，為隋唐新萌生之意。佐證為：《舊唐書・李勣傳》：「勣曰：『修短必是有期，寧容浪就醫人求活！』竟拒而不進。」同書〈江夏王道宗傳〉：「太宗曰：『不可億度，浪生猜貳。』」同書〈越王貞傳〉：「不可虛生浪死，取笑於後代。」韓愈詩：「慎勿浪信常兢兢。」（《辭海》浪字浪信條引。）尤其〈越王貞傳〉，亦同有浪死之語，更知浪死乃為濫死，亦即無意義無價值之死。全句意為撰勸征卒勿向遼東濫死之歌。(八九)感勸：感動勸導。(九〇)征役：謂出征及負勞役者。(九一)䴚：鹽澤。(九二)負海帶河：背海繞河。(九三)地形深阻：地之形勢，幽深險阻。(九四)匿：藏。(九五)累世：積世，亦即數世。(九六)遊俠：謂好交遊以立強於世者。(九七)食客：在其家中飲食之賓客。(九八)阿：為稱人發聲之辭，無意。(九九)漳南：《隋書・地理志》中：「漳南縣屬清河郡，開皇六年置，曰東陽，十八年改為漳南。」(一〇〇)少尚氣俠：少年時崇尚意氣任俠。(一〇一)膽力：膽量氣力。(一〇二)鄉黨：猶鄉里。(一〇三)會：適逢。(一〇四)建德以勇敢，選為二百人長：《舊唐書・竇建德傳》作：「本郡選勇敢尤異者，以充小帥，遂補建德為二百人長。」(一〇五)所漂：所漂沒。(一〇六)笞之：擊之。(一〇七)亡抵建德：逃亡而至建德之家。(一〇八)逐捕：追逐捕捉。(一〇九)蹤跡至：循其蹤跡而尋至。(一一〇)殷盛：殷實興盛。(一一一)文皇帝時，伐高麗尚為所敗：謂開皇十八年事。(一一二)往歲西征：謂西征吐谷渾。(一一三)瘡痍未復：體創曰痍，音夷。謂瘡傷尚未平復。㉔恤：憂。㉕豈可但為亡虜：但，只。《舊唐書・竇建德傳》，亡虜作逃亡之虜，正釋亡虜二字。㉖無賴少年：行為惡劣而不可信賴之少年。㉗高雞泊：《舊唐書・竇建德傳》：「高雞泊中，廣大數百里，莞蒲阻深，可以逃難。」㉘鄃：《隋書・地理志》中：「鄃縣屬清河郡，舊廢，開皇十六年置。」㉙蓨：《隋書・地理志》中：「蓨縣屬信都郡，舊曰修，開皇五年改。」音條。㉚郡縣疑建德與賊通：《舊唐書・竇建德傳》：「時諸盜往來漳南者，所過皆殺掠居人，焚燒舍宅，獨不入建德之閭，由是郡縣意建德與賊徒交結。」㉛麾下：猶部下。㉜亡歸：逃亡而歸。㉝司兵：猶軍旅中之司馬。㉞傾身接物：物，人士，謂能卑躬屈節以接待人士。㉟均勞逸：猶共勞逸。㊱致死：致死力。㊲漳南人竇建德少尚氣俠……人爭附之，為之致死：按此段乃錄自《舊唐書・竇建德傳》，字句大致相同。㊳敕都尉鷹揚：胡三省曰：「隋置奉車駙馬都尉，屬三衞，帝並廢之。此蓋置都尉以討羣盜。帝又改驃騎為鷹揚郎將。」㊴與郡縣相知追捕：謂與郡縣互相關知，而行追捕。㊵隨獲斬決：隨所獲而斬決之。

八年（西元六一二年）

㈠春，正月，【考異】略紀云：「癸丑，帝御前殿。」按長曆是月辛巳朔，無癸丑，略記甲子多差誤，今不取，皆從隋書。帝分西突厥處羅可汗之眾為三，使其弟闕度設將羸弱萬餘口，居於會寧㈠，

【考異】隋西突厥傳作達度闕設，今從裴矩傳。㈡又使特勒大奈㈢別將餘眾，居於樓煩，命處羅將五百騎，常從車駕巡幸，賜號曷婆那可汗㈣，【考異】唐李軌傳作曷婆那可汗，今從隋書。賞賜甚厚。

㈡初，嵩高㈤道士潘誕自言三百歲，為帝合煉金丹㈥，帝為之作嵩陽觀㈦，華屋㈧數百間，以童男童女各一百二十人，充給使㈨，位視〔一〇〕三品，常役數千人，所費巨萬〔一一〕，云：「金丹應用石膽、石髓。」發石工鑿嵩高大石，深百尺者數十處，凡六年，丹不成，帝詰〔一二〕之，誕對以：「無石膽石髓，若得童男女膽髓各三斛〔一三〕六斗，可以代之。」帝怒，鎖詣涿郡，斬之；且死〔一四〕，語人曰：「此乃天子無福，值我兵解〔一五〕時至，我應生梵摩天〔一六〕云。」

㈢四方兵皆集涿郡，帝徵合水令庾質問曰：「高麗之眾不能當我一郡，今朕以此眾伐之，卿以為克不〔一七〕？」對曰：「伐之可克，然臣竊有愚見，不願陛下親行。」帝作色〔一八〕曰：「朕今摠兵〔一九〕至此，豈可未見賊而先自退邪！」對曰：「戰而未克，懼損威靈，若車駕留此，命猛將勁卒，指授方略〔二〇〕，倍道兼行〔二一〕，出其不意，克之必矣。事機在速，緩則無功。」帝不悅曰：「汝既憚㉒行，自可留此㉓。」右尚方署監事㉔耿詢上事切諫㉕，帝大怒，命左右斬之，何稠苦救㉖得免。

壬午，詔左十二軍出鏤方、長岑、溟海㉗、蓋馬㉘、建安、南蘇、遼東㉙、玄菟、扶餘㉚、朝鮮、沃沮㉛、樂浪等道，右十二軍出黏蟬、含資、渾彌㉜、臨屯、候城㉝、提奚、蹋頓、肅慎、碣石㉞、東暆、帶方、襄平等道，駱驛引途㉟，總集平壤㊱，凡一百一十三萬三千八百人，號二百萬，其餽運者倍之㊲。宜社於南桑乾水，上類上帝於臨朔宮南㊳，祭馬祖㊴於薊城北。帝親授節度㊵，每軍大將、亞將各一人，騎兵四十隊，隊百人，十隊為團，步卒八十隊，分為四團，團各有偏將一人，其鎧冑㊶、纓拂㊷、旗旛，每團異色，受降使者一人，承詔慰撫㊸，不受大將節制㊹。其輜重散兵等，亦為四團，使步卒挾之㊺而行，進止立營，皆有次敍儀法㊻。癸未，第一軍發，日遣一軍，相去四十里，連營漸進，終四十日，發乃盡，首尾相繼，鼓角相聞㊼，旌旗亘九百六十里。御營㊽內合十二衛、三臺、五省、九寺(四九)，分隸內外前後，左右六軍次後發(五〇)，又亘八十里。近古出師之盛，未之有也(五一)。

㈣甲辰，內史令元壽薨。

㈤二月，壬戌，觀德王雄薨。

㈥北平襄侯段文振為兵部尚書，上表(五二)以為：「帝寵待突厥太厚(五三)，處之塞內(五四)，資以兵食(五五)。戎狄之性，無親(五六)而貪，異日(五七)必為國患，宜以時諭，遣(五八)令出塞外，然後明設烽候(五九)，緣邊鎮防(六〇)，務令嚴重(六一)，此萬歲(六二)之長策也。」兵曹郎(六三)斛斯政，椿之孫也，以器幹明悟(六四)，為帝所寵任，使專掌兵事。文振知政險薄，不可委以機要(六五)，屢言於帝，帝不從，及征高麗，以文振為左候衛大將軍(六六)，出南蘇道，文振於道中疾篤(六七)，上表曰：「竊見遼東小醜(六八)，未服嚴刑(六九)，遠降六師(七〇)，親勞萬乘(七一)，但夷狄多詐，深須防擬(七二)。口陳降款(七三)，毋宜遽受(七四)。水潦(七五)方降，不可淹遲(七六)。唯願嚴勒(七七)諸軍，星馳(七八)速發，水陸俱前，出其不意(七九)，則平壤孤城，勢可拔也(八〇)。若傾(八一)其本根(八二)，餘城自克；如不時定(八三)，脫(八四)遇秋霖，深為艱阻(八五)，兵糧既竭，彊敵在前，靺鞨(八六)出後。遲疑不決，非上策也。」三月，辛卯，文振卒，帝甚惜之(八七)。

(七)癸巳，上始御師(八八)，進至遼水，眾軍總會，臨水為大陳，高麗兵阻水拒守，隋兵不得濟。左屯衛大將軍麥鐵杖(八九)謂人曰：「丈夫性命，自有所在(九〇)，豈能然艾灸頞，瓜蔕歕鼻，治黃不差(九一)，而臥死兒女手中乎！」乃自請為前鋒，謂其三子曰：「吾荷國恩，今為死日，我得良殺，汝當富貴(九二)。」帝命工部尚書宇文愷造浮橋(九三)三道(九四)於遼水西岸，既成，引橋趣東岸(九五)，橋短不及岸丈餘，高麗兵大至，隋兵驍勇者，爭赴水接戰(九六)，高麗兵乘高(九七)擊之，隋兵不得登岸，死者甚眾。麥鐵杖躍登岸，與虎賁郎將錢士雄、孟义等皆戰死；【考異】雜記作錢英，孟金釵。今從隋帝紀。(九八)乃斂兵(九九)引橋，復就西岸。詔贈鐵杖宿公(一〇〇)，使其子孟才襲爵，次子仲才、季才竝拜正議大夫。更命少府監何稠接橋(一〇一)，二日而成，諸軍相次(一〇二)繼進，大戰於東岸，高麗兵大敗，死者萬計，諸軍乘勝，進圍遼東，城即漢之襄平城也(一〇三)，車駕度遼，【考異】隋帝紀：「癸巳，上御師，甲子，臨遼水橋。戊戌，麥鐵杖死。甲午，車駕度遼，乙未，大頓，丙申，大赦。」按長曆是月庚辰朔，不容有甲子，又戊戌之下，不容有甲午、乙未、丙申，此必誤也。今竝除之。⑭引曷薩那可汗及高昌王伯雅⑮觀戰處，以懾憚⑯之，因下詔赦天下，命刑部尚書衞文昇、尚書右丞劉士龍撫遼左之民，給復十年⑰，建置郡縣，以相統攝⑱。

(八)夏，五月，壬午，納言楊達薨。

(九)諸將之東下也，帝親戒之曰：「今者弔民⑲伐罪，非為功名，諸將或不識⑳朕意，欲輕兵掩襲㉑，孤軍獨鬭，立一身之召，以邀㉒勳賞㉓，非大軍行法㉔。公等進軍，當分為三道㉕，有所攻擊，必三道相知㉖，毋得輕軍獨進，以致失亡。又凡軍事進止，皆須奏聞待報㉗，毋得專擅。」遼東數出戰㉘不利，乃嬰城㉙固守，帝命諸軍攻之。又敕諸將，高麗若降，即宜撫納，不得縱兵㉚。遼東城將陷，城中人輒言請降，諸將奉旨，不敢赴機㉛，先令馳奏，比報至㉜，城中守禦亦備㉝，隨出拒戰，如此再三，帝終不寤㉞。既而，城久不下。六月，己未，帝幸遼東城南，觀其城池形勢，因召諸將，詰責之曰：「公等自以官高，又恃家世㉟，欲以暗懦㊱待我邪！在都之日㊲，公等皆不願我來，恐見病敗耳㊳。我今來此，正欲觀公等所為，斬公輩耳。公今畏死，莫肯盡力，謂我不能殺公邪！」諸將咸戰懼失色㉙，帝因留城西數里，御六合城㉚。高麗諸城，各堅守不下。

右翊衛大將軍㉛來護兒帥江淮水軍，舳艫數百里，浮海先進，入自浿水㉜，去平壤六十里，與高麗相遇，進擊，大破之；護兒欲乘勝趣其城，副總管周法尚止之，請俟諸軍至俱進，護兒不聽，簡㉝精甲㉞四萬直造㉟城下，高麗伏兵於羅郭㊱內空寺中，出兵與護兒戰而偽敗，護兒逐之，入城，縱兵俘掠㊲，無復部伍㊳，伏兵發，護兒大敗，僅而獲免，士卒還者不過數千人，高麗追至船所㊴，周法尚整陳待之，高麗乃退。護兒引兵還，屯海浦㊵，不敢復留應接㊶諸軍㊷。【考異】北史云：「護破高麗，斬高元弟建武㊸，因破其郭，營於城外，以待諸軍。」今從隋書及革命記。

左翊衛大將軍宇文述出扶餘道，右翊衛大將軍于仲文㊹出樂浪道，左驍衛大將軍荊元恒出遼東道，右翊衛將軍㊺薛世雄出沃沮道，左屯衛將軍辛世雄出玄菟道，右禦衛將軍張瑾出襄平道，右武候將軍趙孝才出碣石道，涿郡太守、檢校左武衛將軍㊻崔弘昇出遂城道，檢校右禦衛虎賁郎將衛文昇出增地道(47)，皆會於鴨綠水西。述等兵自瀘河、懷遠二鎮，人馬皆給(48)百日糧，又給排甲槍矟，幷衣資、戎具(49)、火幕(50)，人別三石已上(51)，重莫能勝致(52)，下令軍中：「士卒有遺棄(53)米粟者斬。」軍士皆於幕下掘坑(54)埋之，纔行及中路，糧已將盡。高麗遣大臣乙支文德詣其營詐降，【考異】革命記作尉支文德，今從隋書及北史。實欲觀虛實。于仲文先奉密旨，若遇高元及文德來者，必擒之(55)，仲文將執之；尚書右丞劉士龍為慰撫使，固止之，仲文遂聽文德還。既而悔之，遣人紿(56)文德曰：「更欲(57)有言，可復來。」文德不顧(58)，濟鴨綠水而去。仲文與述等既失文德，內不自安(59)，述以糧盡欲還，仲文議以精銳追文德，可以有功。述固止(60)，仲文怒曰：「將軍仗十萬之眾，不能破小賊，何顏(61)以見帝！且仲文此行，固知無功，何則？古之良將能成功者(62)，軍中之事，決在一人，今人各有心(63)，何以勝敵！」時帝以仲文有計劃，令諸軍諮稟節度(64)，故有此言。由是述等不得已而從之(65)，與諸將度水追文德，文德見述軍士有飢色，故欲疲之，每戰輒走(66)，述一日之中，七戰皆捷，既恃驟勝(六七)，又逼羣議，於是遂進，東濟薩水，去平壤城三十里，因山(六八)為營。文德復遣使詐降，請於述曰：「若旋師(六九)者，當奉高元朝行在所(七〇)。」述見士卒疲弊，不可復戰，又平壤城險固，度(七一)難猝拔(七二)，遂因其詐而還。【考異】革命記云：「許公即至平壤，城頭即樹降幡，約至五日，檢錄簿籍圖書，開門待命，期過五日，無一言。許公頻催，竟無報答。又十數日，乃云船糧敗卻廻，公今更欲何待？然始抗旌拒守，分兵以據險要。許公知被欺，即卷甲歸，每日常設方陳而行，四面俱時受敵，傷殺既眾，糧食又盡，過遼水者，什無二三。」按煬帝驕暴，高麗若明言不降，述等必不敢還，今從隋書。述等為方陳而行，高麗四面鈔擊(七三)，述等且戰且行，秋，七月，壬寅，至薩水，軍半濟，高麗自後擊其後軍，右屯衛將軍辛世雄戰死(七四)，於是諸軍俱潰，不可禁止(七五)，將士奔還，一日一夜，至鴨綠水，行四百五十里(七六)，將軍天水王仁恭為殿，擊高麗，却之。來護兒聞述等敗，亦引還，唯衛文昇一軍獨全。初，九軍度遼，凡三十萬五千，及還至遼東城，唯二千七百人(七七)，資儲(七八)器械巨萬計，失亡蕩盡(七九)。帝大怒，鎖繫述等，癸卯，引還。【考異】雜記：「七月，帝自涿郡還東都，十一月，宇文述等糧盡遁歸，高麗出兵邀截，亡失蕩盡。帝怒，敕所司鎖將隨行，無幾斬劉士龍等於軍市，特赦述。」今從隋書。

初，百濟王璋(八〇)遣使請討高麗，帝使之覘(八一)高麗動靜(八二)，璋內與高麗潛通(八三)，隋軍將出，璋使其臣國智牟來請師期，帝大悅，厚加賞賜，遣尚書起部郎(八四)席律詣百濟，告以期會。及隋軍度遼，百濟亦嚴兵(八五)境上，聲言助隋，實持兩端(八六)(八七)。是行也，唯於遼水西拔高麗武厲邏(八八)，置遼東郡，及通定鎮而已(八九)。

(十)八月，敕運黎陽、洛口、太原等倉穀(九〇)，向望海頓(九一)，使民部尚書樊子蓋留守涿郡。九月，庚寅，車駕至東都(九二)。【考異】雜記：「十月，車駕幸涿郡，徵召兵馬，將遂度遼之功。」蓋誤，今不取。

(十一)冬，十月，甲寅，工部尚書宇文愷卒。

(十二)十一月，己卯，以宗女為華容公主，嫁高昌。

(十三)宇文述素有寵(九三)於帝，且其子士及尚帝女南陽公主，故帝不忍誅，甲申，與于仲文等皆除名為民，斬劉士龍以謝天下(九四)。薩水之敗，高麗追圍薛世雄於白石山，世雄奮擊破之，由是獨得免官(九五)。以衛文昇為金紫光祿大夫(九六)，諸將皆委罪(九七)於于仲文，帝既釋諸將，獨繫仲文，仲文憂恚發病，困篤乃出之(九八)，卒於家(九九)。【考異】略記：「于仲文以下斬於市。」今從隋書。

(十四)是歲，大旱疫，山東尤甚。

(十五)張衡既放廢⑳，帝每令親人覘衡所為，帝還自遼東，衡妾告衡怨望，謗訕㉑朝政，詔賜盡於家㉒。衡臨死大言㉓：「我為人作何等事㉔，而望久活！」監刑者塞耳㉕，促令殺之㉖。

【今註】㊀使其弟闕度設將羸弱萬餘口，居於會寧：按《隋書・西突厥傳》作：「達度關牧畜會寧郡。」《北史・突厥傳》則作：「達度闕設牧事會寧郡。」《隋書》《北史》除關闕因形近而異外，餘則均相同。又核《北史》之文，設乃動辭，非官爵名，《通鑑》視為官爵，而與上連文，殆誤。胡三省曰：「靈州（即隋之靈武郡，見《隋書・地理志》上。）鳴沙縣，後周置會州會寧郡，尋廢，唐復置。」㊁〔考異〕隋西突厥傳作達度闕設，今從裴矩傳：按《隋書・裴矩傳》作：「因之會寧，存問曷薩那部落，遣闕達度設寇吐谷渾。」未言其為處羅可汗之弟，且亦多一達字，與《通鑑》不全相符。㊂又使特勒大奈：據《隋書・突厥傳》，突厥之官，子弟為特勒。㊃賜號曷婆那可汗：按《隋書・西突厥傳》、〈裴矩傳〉及《北史・突厥傳》，皆作曷薩那，當改從之。㊄嵩高：即嵩山，在今河南省登封縣北，為五嶽中之中嶽。㊅合鍊金丹：《抱朴子內篇・金丹》：「老子之訣言云：『子不得還丹金液，虛自苦耳。』夫丹之為物，燒之愈久，變化愈妙；黃金入火，百鍊不消；服此二物，鍊人身體，故能令人不老不死。」據此金即黃金液，丹即由丹砂煉成之還丹也。㊆觀：樓觀，後世多名道士所居者為觀。（八）華屋：華麗之屋。（九）充給使：供充支使。（一〇）位視：位比。（一一）巨萬：萬萬。（一二）詰：詰問。（一三）斛：十斗。（一四）且死：將死。（一五）兵解：胡三省曰：「學仙者謂蛻骨登仙為尸解，故其徒謂死為解化。今誕謂兵死為兵解。」兵解二字之詳釋，乃為學仙者死於兵刃，藉此解脫軀殼而登仙也。（一六）梵摩天：佛典稱三界中色界之初禪天為梵天。梵者，淨也，此天離欲界之淫欲，寂靜清淨，故曰梵天。此中有三天，一梵眾天，二梵輔天，三大梵天，最後者乃梵王所居。潘誕所言之梵摩天，上文中雖無此名，然以事理核之，殆相當於大梵天。（一七）克不：能攻下否。（一八）作色：變色。（一九）揔兵：揔同總，謂總領兵。（二〇）指授方略：指畫授與作戰之方略。（二一）倍道兼行：謂晝夜不停而行，則自一日而可行平常二日之路。（二二）憚：畏懼。（二三）帝徵合水令庾質問曰……汝既憚行，自可留此：按此段乃錄自《隋書・藝術庾質傳》，字句大致相同。（二四）右尚方署監事：《隋書・百官志》下：「太府寺統右尚方等署，各置令丞等員。」監事乃監作者。（二五）上事切諫：謂向君主奏事，因而切諫伐高麗之舉。（二六）苦救：苦苦解救。（二七）左十二軍出鏤方、長岑、溟海、朝鮮：此俱用漢代之名，《漢書・地理志》上，四地屬樂浪郡。惟溟海《漢書》作海冥，《隋書・煬帝紀》大業八年文亦作海冥，當從乙正。（二八）蓋馬：《漢書・地理志》屬玄菟郡。（二九）遼東：漢有遼東郡。（三〇）建安、南蘇、扶餘：皆高麗城守之處。（三一）沃沮：是時其地為新羅所有。（三二）右十二軍出黏蟬、含資、渾彌、提奚、東暆、帶方：《漢書・地理志》屬樂浪郡。（三三）候城、襄平：《漢書・地理志》屬遼東郡。（三四）臨屯、蹋頓、肅慎、碣石：胡三省曰：「臨屯，亦漢武帝所置郡名。蹋頓即漢之遼西烏丸蹋頓所居。肅慎，古肅慎氏之國，其地時為靺鞨所居。碣石，禹貢之碣石也，杜佑以為此碣石在高麗中。」㉟駱驛引途：駱驛，相繼不絕；引途，猶進發。㊱平壤：《隋書・高麗傳》：「都於平壤城，亦曰長安城，東西六里，隨山屈曲，南臨浿水。復有國內城、漢城，並其都會之所，其國中呼為三京。」㊲餽運者倍之：任餽給運輸者，其人數倍於上。㊳宜社於南桑乾水，上類上帝於臨朔宮南：《禮記・王制》：「天子將出，類乎上帝，宜乎社。」鄭玄注：「類，宜皆祭名。」孔穎達曰：「天道遠，以事類而祭告之也。社主殺戮，故求便宜。社主陰，萬物於此斷殺，故曰宜。」桑乾河逕薊城南。《水經》：「㶟水出雁門陰館縣，東北過代郡、桑乾縣，謂之桑乾水。東過廣陽薊縣北，今在薊城南，城邑有變遷也。」㊴祭馬祖：《周禮・夏官・校人》：「春祭馬祖。」注：「馬祖，天駟也。」㊵親授節度：節度與規模之意頗相似，乃指方略而言。㊶鎧胄：鎧甲兜鍪。㊷纓拂：纓，冠系；拂，未詳，疑係拂塵。㊸承詔慰撫：承詔慰撫降者。㊹節制：猶統轄。㊺挾之：在兩旁夾持之。㊻儀法：猶法度。㊼鼓角相聞：鼓角之聲互相聽聞。㊽御營：天子之營。㊾合十二衛、三臺、五省、九寺：《隋書・百官志》下：「改左右衛為左右翊衛，左右備身為左右騎尉，左右武衛依舊名。改領軍為左右屯衛，加置左右禦，改左右武候為左右候衛，是為十二衛。又增置謁者、司隸二臺，幷御史為三臺。又取殿內監名以為殿內省，幷尚書、門下、內史、秘書以為五省。太常、光祿、衛尉、宗正、太僕、大理、鴻臚、司農、太府為九寺。」㊿次後發：依次在後繼發。(五一)壬午詔左十二軍……近古出師之盛，未之有也：按此段雖本諸《隋書・煬帝紀》大業八年文，然述事多有溢出。(五二)北平襄侯段文振為兵部尚書，上表：按《通鑑》義例，於書一大臣卒時，則書其爵位及謚號，然惟其如此，故於爵謚下，例不言其另任他職，此固情理之所當然。乃此則云北平襄侯段文振為兵部尚書，實與義例大相違忤，且與情理亦頗難通。為免除此疵病計，北平襄侯段文振為兵部尚書上表，應改易為兵部尚書段文振上表，而將北平襄侯四字，索性刪去，則自可無此失矣。(53)大厚：即太厚。(54)塞內：邊塞之內。(55)資以兵食：《隋書・段文振傳》作：「資其兵食。」若如《通鑑》之文，則兵應釋作兵器，依《隋書》所載，則兵當解作兵卒。(56)無親：謂其所具者，乃豺狼之性。(57)異日：他日，此指未來而言。(58)宜以時論遣：按〈段文振傳〉，論作諭，謂曉諭而遣歸之，論當改作諭。(59)明設烽候：謂嚴設烽燧斥候。(60)鎮防：鎮守防禦。(61)嚴重：猶嚴密。(62)萬歲：即萬載。(63)兵曹郎：據《隋書・百官志》下，煬帝更尚書諸曹侍郎為郎，兵曹郎即開皇時之兵部侍郎。(64)明悟：聰明警悟。(65)委以機要：任以機密重要之事。(66)以文振為左候衛大將軍：為十二衛大將軍之一。(67)疾篤：病重。(68)遼東小醜：指高麗言，小醜乃詬詈之辭。(69)嚴刑：重刑。(70)六師：指天子之師旅言。(71)萬乘：天子之國，出車萬乘。(72)防擬：防備揣擬。(73)降款：降伏之誠。(74)遽受：立予接受。(75)水潦：潦、水大貌。(76)淹遲：淹滯遲留。(77)勒：猶率。(78)星馳：如流星之馳，喻迅速。(79)不意：不料。(80)勢可拔也：以形勢言之，可以攻拔。(81)傾：傾覆。(82)傾其本根：本根指平壤城言，蓋京師乃一國之根本也。(83)如不時定：如不應時而定。(84)脫：假設或然之辭。(85)艱阻：艱難困阻。(86)靺鞨：為東夷之一，《隋書》有傳。(87)北平襄侯段文振為兵部尚書……文振卒，帝甚惜之：按此段乃錄自《隋書・段文振傳》，字句大致相同。（八八）御師：親臨而統帥師旅。（八九）左屯衞大將軍麥鐵杖：按《隋書・麥鐵杖傳》及〈煬帝紀〉，左皆作右，當改從之。又此乃十二衞大將軍之一。（九〇）丈夫性命自有所在：性命即生命，謂丈夫自有其適當死所。（九一）豈能然艾灸頞，瓜蔕歕鼻，治黃不差：胡三省曰：「黃，熱病也，熱則頭痛，故燃艾以灸之；熱則上壅，瓜蔕味苦寒，故噴鼻以通關鬲。差，愈也；然，與燃同；歕，同噴；頞，鼻莖。」（九二）左屯衞大將軍麥鐵杖謂人曰……我得良殺，汝當富貴：按此段乃錄自《隋書・麥鐵杖傳》，字句大致相同。（九三）浮橋：乃浮船於水面，而連接之，如橋梁然，以度往來人畜。（九四）三道：三座。（九五）引橋趣東岸：引牽連結之浮舟，趣向水之東岸。（九六）爭赴水接戰：爭由橋上跳入水中，以與敵人作戰。（九七）乘高：憑藉高處。（九八）與錢士雄、孟乂等皆戰死。考異曰：「雜記作錢英、孟金釵，今從隋帝紀。」按《隋書・煬帝紀》大業八年文及〈麥鐵杖傳〉，俱作錢士雄孟金乂，是孟乂當添作孟金乂，又錢士雄之與錢英，疑英乃其名，士雄乃其字，而後以字行，故逕稱為錢士雄焉。（九九）斂兵：收兵。（一〇〇）贈鐵杖宿公：《隋書・麥鐵杖傳》作宿國公。是宿乃國名。（一〇一）接橋：謂連浮橋於東西兩岸。（一〇二）相次：依次。（一〇三）進圍遼東，城即漢之襄平城也：《漢書・地理志》：「遼東郡襄平縣。」補注先謙曰：「續志：『後漢因郡治，大遼水注。大遼水自望平來，屈而西南流，逕襄平縣故城西，下入遼隊。又小遼水注。小遼水自遼陽來，西南逕襄平縣為淡淵，下入遼隊。』」（一〇四）〔考異〕隋帝紀：『癸巳，上御師，甲子，臨遼水橋。戊戌，麥鐵杖死。甲午，車駕度遼。乙未，大頓，丙申，大赦：按長曆是月庚辰朔，不容有甲子。又戊戌之下不容有甲午、乙未、丙申，此必誤也，今並除之。」按《隋書・煬帝紀》大業八年文，三月甲子臨遼水橋作：「甲午臨戎于遼水橋。」以上之癸巳推之，知此甲午不誤。至下之：「甲午車駕度遼，大戰於東岸。」以一月內不能有二甲午，則自屬訛誤。而甲午下之乙未、丙申，以係緊相連接，今甲午誤，則其下二者亦自相連而誤。又考異言丙申大赦，核之〈隋紀〉，並無此文，未知考異何所據而云然？㉕引曷薩那可汗及高昌王伯雅：按此伯雅當書其全名作麴伯雅。㉖懾憚：畏懼。㉗給復十年：免租賦徭役十年。㉘統攝：統轄控攝。㉙弔民：恤民。㉚不識：不知。㉛掩襲：乘其不備而暗襲之。㉜邀：求。㉝勳賞：勳爵賞賜。㉞非大軍行法：謂非大軍征行之法。㉟三道：即三路。㊱三道相知：三路互相通知。㊲奏聞待報：奏聞天子，而待詔報可。㊳遼東數出戰：遼東指高麗之守軍言。㊴嬰城：憑據城。㊵不得縱兵：不得縱兵攻擊。㊶諸將奉旨，不敢赴機：謂不敢赴城將陷之機宜，而進攻也。㊷比報至：及所報之詔書至。㊸城中守禦亦備：城中之守禦又告補充完備。㊹遼東數出戰不利……帝終不寤：按此段乃錄自《隋書・高麗傳》，字句大致相同。㊺又恃家世：謂又恃家世貴崇。㊻暗懦：昏暗怯懦。㊼在都之日：在京師之時。㊽恐見病敗耳：恐被發現汝等之毛病缺陷。㊾戰懼失色：戰慄畏懼，面無人色。㊿御六合城：胡三省曰：「此六合城，略如三年行城之制，周回八里，城及女垣高十仞。」(51)右翊衛大將軍：乃十二衛大將軍之一。(52)浿水：《漢書・地理志》：「浿水，西至增地縣入海，皆在樂浪界。」《一統志》：「浿水今大同江，在平壤城東，西流至三和城入海。」(53)簡：揀選。(54)精甲：精銳甲卒。(55)造：至。(56)羅郭：城外周羅之郭，亦即郛郭。(57)俘掠：俘虜劫掠。(58)無復部伍：猶行列大亂。㊴船所：泊船之所。㊵海浦：浦，水濱，海浦謂海濱。㊶應接：亦即接應。㊷右翊衞大將軍來護兒帥江淮水軍……不敢復留應接諸軍：按此段乃錄自《隋書·來護兒傳》，而字句間有溢出。㊸〔考異〕北史云：「護破高麗，斬高元弟建武。」：按《北史·來護兒傳》，護作護兒，建武作建，當從添刪。㊹右翊衞大將軍于仲文：胡三省曰：「隋制，十二衞各置大將軍一人，來護兒、于仲文並書右翊衞大將軍，何也？考二人本傳，于仲文帝即位之初，為右翊衞大將軍，征吐谷渾時來護兒已為右翊衞大將軍；通鑑蓋追書仲文官也。」㊺右翊衞將軍：《隋書·百官志》下，十二衞各置大將軍一人，將軍二人。故右翊衞大將軍外，又有右翊衞將軍。㊻檢校左武衞將軍：原意為檢校左武衞將軍事，乃謂未除授正官，而領其務者。㊼崔弘昇出遂城道，衞文昇出增地道：按《漢書·地理志》，遂成縣、增地縣，皆屬樂浪郡。《一統志》：「遂成故城，在平壤南境。」《紀要》：「增地故城在平壤南境，隋伐高麗，分軍出增地道，即此。」㊽給：給與。㊾戎具：戰具。㊿火幕：帳幕以寢息及為炊事。(51)人別三石已上：每人所負者，各在三石已上。(52)重莫能勝致：其重量不勝負擔，及運致至指定地域。(53)遺棄：拋棄。(54)坑：窟穴。(55)若遇高元及文德來者，必擒之：按《隋書·于仲文傳》，無來字，若如此，則範圍較為廣泛，除來擒外，即戰敗亦擒之。故以刪去來字為宜。(56)紿：詐騙。(57)更欲：另欲。(58)文德不顧：謂文德不顧念其言，亦即不從其言。(59)內不自安：猶心不自安。(60)固止：堅決阻止之。(61)何顏：有何面目。(62)古之良將能成功者：按仲文所舉良將之實例，為周亞夫，〈于仲文傳〉云：「仲文曰：『昔周亞夫之為將也，見天子軍容不變。

此決在一人，所以功成名遂。』」（六三）今人各有心：謂今每人各有其意見。（六四）令諸軍諮稟節度：謂令諸軍向仲文諮詢稟商行軍計劃。（六五）遣大臣乙支文德詣其營詐降……由是述等不得已而從之：按此段乃錄自《隋書・于仲文傳》，字句大致相同。（六六）輒走：便走。（六七）驟勝：屢勝。（六八）因山：憑藉山。（六九）旋師：還師。（七〇）行在所：天子出巡所在之地，謂行在所。（七一）度：度量。（七二）猝拔：急下。（七三）鈔擊：鈔奪攻擊。（七四）七月壬寅，右屯衞將軍辛世雄戰死：按《隋書・煬帝紀》大業八年七月文作：「右屯衞將軍薛世雄死之。」核同書〈薛世雄傳〉，薛世雄乃於討竇建德之役，兵敗後慙恚發病而卒。足知此次死者非薛世雄。《通鑑》有鑒於此，遂改〈隋紀〉薛世雄為辛世雄焉。（七五）諸軍俱潰，不可禁止：潰，敗散，謂諸軍潰散，欲禁止之，而不可得。（七六）文德見述軍士有饑色……至鴨綠水，行四百五十里。按此段乃錄自《隋書・宇文述傳》，字句大致相同。（七七）初九軍度遼……唯二千七百人：按此數句，乃錄自《隋書・宇文述傳》，文字大致相同。（七八）資儲：資藏。（七九）蕩盡：蕩然無存。（八〇）初百濟王璋：按《隋書・百濟傳》，作百濟王餘璋，又《隋書》稱其王，率於首見其名之王，上加一餘字，如餘昌、餘宣。則此於初稱述時，亦當加一餘字，而作餘璋。（八一）覘：伺。（八二）動靜：舉止。（八三）潛通：暗通。（八四）尚書起部郎：按《隋書・百官志》下，起部郎屬工部尚書。（八五）嚴兵：備兵。（八六）實持兩端：亦即實持觀望。（八七）初百濟王璋遣使請討高麗……聲言助隋，實持兩端：按此段乃錄自《隋書・百濟傳》，字句大致相同。（八八）武厲邏：高麗置邏於遼水之西，以警察渡遼者。（八九）是行也，唯於遼水西……及通定鎮而已：按此段乃錄自《隋書・高麗傳》，字句大致相同。（九〇）敕運黎陽、洛口、太原等倉穀：《隋書・食貨志》：「開皇三年，於衞州置黎陽倉，洛州置河陽倉，漕關東及汾晉之粟，以給京師。」汾晉以北諸州，則輸之太原倉。(九一)望海頓：當在遼西界。(九二)九月庚寅，車駕至東都：按《隋書・煬帝紀》大業八年文，庚寅作庚辰，以下之己丑推之，作庚辰為是。(九三)素有寵：平常有寵幸。(九四)斬劉士龍以謝天下：以其縱乙支文德故。(九五)高麗追圍薛世雄於白石山，世雄奮擊破之，由是獨得免官：按遼東之敗，除劉士龍以縱乙支文德而被戮斬外，餘則多被免官，如上所述宇文述于仲文皆是，非薛世雄一人而已。《隋書・薛世雄傳》作：「因而縱擊，遂破之而還，所亡失多，竟坐免。」是獨字於當時事實有違，由是獨得免官一句，似應改作然因亡失多，由之亦免官。(九六)金紫光祿大夫：《隋書・百官志》下：「金紫光祿大夫，正三品。」(九七)委罪：諉卸罪責。(九八)困篤乃出之：直至困篤時，乃放出之。(九九)諸將皆委罪於于仲文……卒於家：按此段乃錄自《隋書・于仲文傳》，字句大致相同。(一〇〇)放廢：放還田里而告廢罷。(一〇一)訕：謗毀，音山。(一〇二)詔賜盡於家：詔賜自盡於家。蓋古代為恩顧大臣，於其有罪當誅時，不顯戮之於市朝，而多賜自盡於其家中。(一〇三)大言：大聲言曰，其目的乃在使人知聞。(一〇四)我為人作何等事：《隋書・張衡傳》作：「我為人作何物事。」核何等何物，二者含意相同，且在六朝時，亦隨意施用，爰舉例以明之。《北齊書・後主胡后傳》：「其後於太后前作色而言曰：『何物親姪女，作如此語言！』」同書〈漁陽王紹信傳〉：「長命欲起，紹信不聽曰：『此何物小人，而主人公為起！』」《隋書・劉行本傳》：「汝何物小人，敢為褻慢！」同書〈張衡傳〉：「臨死，大言曰：『我為人作何物事，而望久活！』」此採用何物者。《北齊書・唐邕傳》：「顯祖嘗登童子佛寺，望幷州城曰：『此是何等城？』或曰：『此是金城湯池。』」《顏氏家訓・書證》：「又問東宮舊事，六色罽緵是何等物？」考何等亦有僅作等者。《文選・應璩百一詩》：「用等稱才學？往往見歎譽。」注：「謂用何等而稱才學，往往而見譽，問者之辭。」此使用何等者。由之，足知二辭含意之相同矣。故《通鑑》為示不鈔襲計，遂改用同意異文之何等焉。又張衡所言之何等事，乃係指仁壽四年弒文帝之案件。㉟監刑者塞耳：謂監刑者自塞其耳，以免聞之，而令天子知而懷怒。㊱張衡既放廢……促令殺之：按此段乃錄自《隋書・張衡傳》，字句大致相同。

卷一百八十二　隋紀六

司馬光編集
曲守約　註

起昭陽作噩，盡旃蒙大淵獻，凡三年。（癸酉至乙亥，西元六一三年至六一五年）

煬皇帝中

大業九年（西元六一三年）

㈠春，正月，丁丑，詔徵天下兵集涿郡，始募民為驍果㈠，修遼東古城㈡，以貯軍糧。

㈡靈武賊帥白瑜娑，【考異】隋書作白楡妄，今從略記。劫掠牧馬㈢，北連突厥，隴右多被其患㈣，謂之奴賊。

㈢戊戌，赦天下。

㈣己亥，命刑部尚書衞文昇等輔代王侑，留守西京㈤。

㈤二月，壬午，詔：「宇文述以兵糧不繼，遂陷王師㈥，乃軍吏失於支科㈦，非述之罪，宜復其官爵。」【考異】雜記在去年十二月，今從隋書。尋又加開府儀同三司。

㈥帝謂侍臣曰：「高麗小虜，侮慢上國㊇，今拔海移山，猶望克果㊈，況此虜乎！」乃復議伐高麗。左光祿大夫㊉郭榮諫曰：「戎狄失禮⑪，臣下之事⑫；千鈞⑬之弩，不為鼷鼠⑭發機⑮，奈何親辱萬乘⑯，以敵小寇⑰乎！」帝不聽⑱。

㈦三月，丙子，濟陰孟海公起為盜，保據周橋，眾至數萬，見人稱引書史，輒殺之⑲。

㈧丁丑，發丁男十萬城大興⑳。

㈨戊寅，帝幸遼東，命民部尚書樊子蓋等輔越王侗留守東都㉑。

㈩時所在盜起，齊郡王薄、孟讓，北海郭方預㉒，清河張金稱㉓，平原郝孝德，河間格謙，勃海孫宣雅，各聚眾攻剽，多者十餘萬，少者數萬人，山東苦之。天下承平日久，人不習戰，郡縣吏每與賊戰，望風沮敗㉔；唯齊郡丞閺鄉㉕張須陀得士眾心，勇決善戰，將郡兵擊王薄於泰山下，薄恃其驟勝，不設備，須陀掩擊㉖，大破之。薄收餘兵北度河，須陀追擊於臨邑㉗，又破之。薄北連孫宣雅、郝孝德等十餘萬，攻章丘㉘，須陀帥步騎二萬擊之，賊眾大敗。賊帥裴長才等眾二萬掩至城下，大掠，須陀未暇集兵，帥五騎與戰，賊競赴㉙之，圍百餘重，身中數創，勇氣彌厲㉚，會城中兵至，賊稍却，須陀督眾擊之，長才等敗走。庚子，郭方預等合軍攻陷北海，大掠而去。須陀謂官屬曰：「賊恃其彊，謂我不能救，吾今速行，破之必矣。」乃簡精兵，倍道進擊，大破之，斬數萬級，前後獲賊輜重，不可勝計㉛。歷城㉜羅士信，年十四，從須陀擊賊於濰水上㉝，賊始布陳，士信馳至陳前，刺殺數人，斬一人首，擲空中，以矟盛之㉞，揭以略陳㉟，賊徒愕眙㊱，莫敢近；須陀因引兵奮擊，賊眾大潰。士信逐北，每殺一人，劓其鼻懷之，還以驗殺賊之數㊲，須陀歎賞，引置左右。每戰，須陀先登，士信為副。帝遣使慰諭㊳，幷畫須陀士信戰陳之狀而觀之㊴。

㈩夏，四月，庚午，車駕度遼。壬申，遣宇文述與上大將軍楊義臣㊵趣平壤。

(十一)左光祿大夫王仁恭出扶餘道，仁恭進軍至新城，高麗兵數萬拒戰，仁恭帥勁騎一千擊破之，高麗嬰城固守㊶。帝命諸將攻遼東，聽以便宜從事，飛樓(42)橦(43)雲梯(44)地道，四面俱進，晝夜不息，而高麗應變拒之(45)，二十餘日不拔，主客(46)死者甚眾。衝梯(47)竿長十五丈，驍果吳興(48)沈光升其端，臨城，與高麗戰，短兵(49)接，殺數十人，高麗競擊之，而墜，未及地，適遇竿有垂絙(50)，光接而復上(51)，帝望見，壯之，即拜朝散大夫(52)，恒置左右(53)。

(十三)禮部尚書楊玄感驍勇便騎射(54)，好讀書，喜賓客，海內知名之士，多與之遊(55)(56)，與蒲山公李密(57)善；密，弼之曾孫也，少有才略(58)，志氣雄遠(59)，輕財好士(60)，為左親侍(61)，帝見之，謂宇文述曰：「向者左仗下(62)黑色小兒，瞻視異常(63)，勿令宿衛(64)。」述乃諷(65)密使稱病(66)自免。密遂屏人事(67)，專務讀書，嘗乘黃牛讀漢書(68)，楊素遇而異之，因召至家，與語大悅，謂其子玄感等曰：「李密識度(69)如此，汝等不及也。」由是玄感與為深交(70)；時或侮之(71)，密曰：「人言當指實，寧可面諛(72)。若決機(73)兩陳之間，喑嗚咄嗟(74)，使敵人震慴(75)，密不如公；驅策(76)天下賢俊，各申其用(77)，公不如密。豈可以階級(78)稍崇，而輕天下士大夫邪！」玄感笑而服之。

素恃功驕倨㊆，朝宴之際㊇，或失臣禮，帝心銜㊈而不言，素亦覺之。及素薨，帝謂近臣曰：「使素不死㊉，終當族滅。」玄感頗知之，且自以累世貴顯㊁，在朝文武多父之故吏㊃，見朝政日紊㊄，而帝多猜忌，內㊅不自安，乃與諸弟潛謀作亂。帝方事征伐，玄感自言世荷㊆國恩，願為將領，帝喜曰：「將門必有將，相門必有相，固不虛也。」由是寵遇日隆㊇，頗預㊈朝政。

帝伐高麗，命玄感於黎陽督運，遂與虎賁郎將㊉王仲伯、汲郡贊治㊀趙懷義等謀，故逗遛漕運，不時進發，欲令度遼諸軍乏食。帝遣使者促之，玄感揚言：「水路多盜，不可前後而發㊁。」玄感弟虎賁郎將玄縱、鷹揚郎將㊂萬石並從幸遼東㊃，玄感潛遣人召之，二人皆亡還㊄，萬石至高陽㊅，為監事㊆許華所執，斬於涿郡。時右驍衛大將軍來護兒以舟師㊇自東萊將入海，趣平壤，玄感遣家奴偽為使者從東方來，詐稱護兒反。六月，乙巳，玄感入黎陽，閉城大索男夫㊈，取帆布㊀為牟甲㊁，署官屬，皆準㊂開皇之舊，移書㊂傍郡，以討護兒為名，各令發兵，會於倉所㊃。郡縣官有幹用(五)者，玄感皆以運糧追集之(六)，以趙懷義為衞州刺史(七)，東光尉(八)元務本為黎州刺史，河內郡主簿唐禕為懷州刺史(九)。【考異】雜記作懷州司功書佐，今從隋書。治書侍御史(一〇)游元督運在黎陽，玄感謂曰：「獨夫(一一)肆虐(一二)，陷身絕域(一三)，此天亡之時也。我今親帥義兵，以誅無道(一四)，卿意如何？」元正色(一五)曰：「尊公(一六)荷國寵靈(一七)，近古無比，公之弟兄青紫交映(一八)，當謂竭誠盡節(一九)，上答鴻恩(二〇)，豈意墳土未乾(二一)，親圖反噬(二二)，僕有死而已，不敢聞命。」玄感怒而囚之，屢脅以兵(二三)，不能屈，乃殺之。元，明根之孫也(二四)(二五)。玄感選運夫少壯者，得五千餘人，丹楊、宣城篙梢(二六)三千餘人，刑三牲(二七)，誓眾(二八)，且諭(二九)之曰：「主上無道，不以百姓為念，天下騷擾(三〇)，死遼東者以萬計，今與君等起兵，以救兆民之弊(三一)，何如？」眾皆踴躍稱萬歲，乃勒兵部分(三二)，唐禕自玄感所逃歸河內。

先是玄感陰遣家僮至長安，召李密及弟玄挺赴黎陽，及舉兵，密適至，玄感大喜，以為謀主(三三)，謂密曰：「子常以濟物(三四)為己任(三五)，今其時矣。計將安出？」密曰：「天子出征，遠在遼外(三六)，去幽州猶隔千里，南有巨海(37)，北有彊胡，中間一道，理極艱危(38)，公擁兵出其不意，長驅入薊(39)，據臨渝(40)之險，扼其咽喉(41)，歸路既絕，高麗聞之，必躡(42)其後，不過旬月(43)，資糧皆盡，其眾不降則潰(44)，可不戰而擒。此上計也。」玄感曰：「更言(45)其次。」密曰：「關中四塞(46)，天府之國(47)，雖有衛文昇，不足為意。今帥眾鼓行(48)而西，經城勿攻，直取長安，收其豪傑，撫其士民，據險而守之，天子雖還，失其根本，可徐圖也。」玄感曰：「更言其次。」密曰：「簡精銳，晝夜倍道(49)，襲取東都，以號令四方，但恐唐禕告之，先已固守，若引兵攻之，百日不克，天下之兵四面而至，非僕所知也(50)。」玄感曰：「不然，今百官家口(51)竝在東都，若先取之，足以動其心(52)。且經城不拔(53)，何以示威！公之下計，乃上策也(54)。」遂引兵向洛陽，遣楊玄挺將驍勇千人為前鋒，先取河內，唐禕據城拒守，玄挺無所獲。

禕又使人告東都越王侗與樊子蓋等，勒兵(55)為備。脩武(56)民相帥守臨清關，玄感不得度，乃於汲郡南度河，從之者如市(57)。使弟積善將兵三千自偃師[五八]南緣洛水西入，玄挺自白司馬坂逾邙山南入[五九]，玄感將三千餘人隨其後，相去十里許，自稱大軍，其兵皆執單刀[六〇]柳楯[六一]，無弓矢甲冑。東都遣河南令達奚善意將精兵五千人拒積善，將作監[六二]河南贊治裴弘策將八千人拒玄挺，善意度洛南營於漢王寺，明日積善兵至，不戰自潰，鎧仗[六三]皆為積善所取。弘策出至白司馬坂，一戰敗走，棄鎧仗者大半，玄挺亦不追，弘策退三四里，收散兵[六四]，復結陳以待之。玄挺徐至，坐息[六五]良久，忽起擊之，弘策又敗，如是五戰，丙辰，玄挺直抵太陽門[六六]。弘策將十餘騎馳入宮城，自餘無一人返者，皆歸於玄感。玄感屯上春門[六七]，【考異】玄感傳云：「屯兵上春門。」又云：「屯兵尚書省。」按劉仁軌河洛記：「東都羅郭東面北頭第一門曰上春門，唐改曰上東門。」又尚書省在宣仁門內，玄感不容至此。每誓眾曰：「我身為上柱國[六八]，家累鉅萬[六九]金，至於富貴，無所求也[七〇]。今不顧[七一]滅族者，但為天下解倒懸之急耳。」眾皆悅，父老爭獻牛酒，子弟詣軍門請自效者[七二]，日以千數。內史舍人[七三]韋福嗣，洸之兄子也，從軍出拒玄感，為玄感所獲，玄感厚禮之，使與其黨胡師耽共掌文翰[七四]，玄感令福嗣為書遺樊子蓋，數帝罪惡[七五]云：「今欲廢昏立明，願勿拘小禮(七六)，自貽伊戚(七七)。」

樊子蓋新自外藩入為京官(七八)，東都舊官多慢之(七九)，至於部分軍事，未甚承禀(八〇)。裴弘策與子蓋同班(八一)，前出討賊失利，子蓋更使出戰，不肯行，子蓋命引出(八二)斬之，以狥；國子祭酒、河東楊汪小(八三)有不恭，子蓋又將斬之，汪頓首(八四)流血乃得免。於是將吏震肅(八五)，無敢仰視(八六)，令行禁止。玄感盡銳攻城，子蓋隨方(八七)拒守，玄感不能克(八八)，然達官子弟應募從軍者，聞弘策死，皆不敢入城。韓擒虎子世咢、觀王雄子恭道、虞世基子柔、來護兒子淵、裴蘊子爽、大理卿鄭善果子儼、周羅睺子仲等四十餘人，皆降於玄感，玄感悉以親重要任委之。善果，譯之兄子也。玄感收兵得五萬餘人；分五千守慈礀道(八九)，五千守伊闕(九〇)道，遣韓世咢將三千人圍滎陽，顧覺將五千人取虎牢(九一)，虎牢降，以覺為鄭州刺史，鎮虎牢。

代王侑使刑部尚書衞文昇帥兵四萬救東都，【考異】隋書云：「步騎七萬。」按玄感眾不過十萬，而下云眾寡不敵，今從雜記。文昇至華陰，掘楊素冢(九二)，焚其骸骨，示士卒以必死(九三)；遂鼓行出崤澠(九四)，直趨東都城北，玄感逆拒之，文昇且戰且行，屯於金谷[九五][九六]。遼東城久不拔，帝遣造布囊百餘萬口，滿貯土，欲積為魚梁大道[九七]，闊三十步，高與城齊，使戰士登而攻之，又作八輪樓車[九八]，高出於城，夾魚梁道，欲俯射城內，指期[九九]將攻，城內危蹙。

會楊玄感反書至，帝大懼，引納言蘇威入帳中，謂曰：「此兒聰明，得無為患[一〇〇]！」威曰：「夫識是非，審[一〇一]成敗，乃謂之聰明，玄感麤疏，必無所慮[一〇二]，但恐因此寖成亂階[一〇三]耳[一〇四]。」

【今註】㊀驍果：意取其驍勇果決。㊁修遼東古城：胡三省曰：「漢晉以來，遼東郡皆治襄平，慕容氏始鎮平郭。前伐高麗，圍遼東，言即漢襄平城；今言復修古城，蓋城郭有遷徙也。」㊂劫掠牧馬：隋於隴右，設大規模牧場，以牧養軍馬，並命官以掌之。《隋書．百官志》下：「隴右牧置總監、副監、丞，以統諸牧。其驊騮牧及二十四軍馬牧，每牧置儀同及尉、大都督、帥都督等員。」㊃患：禍患。㊄詔徵天下兵集涿郡……留守西京：按此段乃錄自《隋書．煬帝紀》大業九年文，字句大致相同。㊅遂陷王師：遂使王師淪陷。㊆支科：疑當作支料，謂度支也。㊇上國：亦即大國。㊈今拔海移山，猶望克果：拔海移山，極謂其艱難而不可能；克果猶克敵致果，此謂能獲得成果。二句意為今雖拔海移山，極不可能，然猶望其獲有成果。㊉左光祿大夫：《隋書．百官志》下：「左光祿大夫，正二品。」㈡戎狄失禮：謂戎狄不奉朝貢及不遵命令。㈢臣下之事：對戎狄加以撻伐，乃臣下之職。㈢鈞：三十斤。㈣鼷鼠：小鼠，音奚。㈤機：弩牙，此謂放箭。㈥萬乘：謂天子。㈦以敵小寇：謂以與小寇為敵。㈧左光祿大夫郭榮諫曰……帝不聽：按此段乃錄自《隋書・郭榮傳》，字句大致相同。㈨見人稱引書史，輒殺之：稱引書史者，乃士大夫及搢紳之倫。㈩城大興：大興城，亦即西京城。㈡三月丙子，濟陰孟海公起為盜……輔越王侗留守東都：按此段乃錄自《隋書・煬帝紀》大業九年文，字句大致相同。㈢北海郭方預：按《隋書・煬帝紀》作：「北海人郭方頂，聚徒為盜。」同書〈誠節張須陀傳〉則作：「郭方預。」《通鑑》所載，乃係從列傳之文。㈢清河張金稱：按《舊唐書・竇建德傳》作：「鄃人張金稱。」核《隋書・地理志》中，清河郡，統鄃縣。蓋一稱其郡，一稱其縣，其所言固相同也。惜《通鑑》大業七年文，則云鄃人張金稱，而此則書清河張金稱，以所依資料言郡言縣有殊，而遂陷前後未能一律之失疵耳。㈣望風沮敗：謂望風塵而沮喪敗逃。㈤閿鄉：《隋書・地理志》中：「河南郡統閿鄉縣，舊曰湖城，開皇十六年改。」同書〈張須陀傳〉作：「弘農閿鄉人。」是閿當作閿。又一言屬河南郡，一云屬弘農郡，核《隋書・地理志》中，弘農郡大業三年置。意者其原隸河南，而後弘農置郡，則轉屬弘農，兩文各據其一，遂致文字不同。㈥掩擊：掩襲擊之。㈦臨邑：《隋書・地理志》中：「臨邑，屬齊郡。」㈥章丘：《隋書・地理志》中：「章丘舊曰高唐，開皇十六年改焉，屬齊郡。」㈨競赴：爭赴。㈢彌厲：愈為奮厲。㈢天下承平日久……前後獲賊輜重，不可勝計：按此段乃錄自《隋書・誠節張須陀傳》，字句大致相同。㉜歷城：《隋書・地理志》中：「歷城屬齊郡，為郡之治所。」㉝濰水上：亦曰濰河。源出山東省莒縣西北箕屋山，東北流，經諸城、高密、安丘、濰諸縣，至昌邑縣入海。按古言水上，乃指水畔而言。《史記・淮陰侯傳》：「於是信張耳詳棄鼓旗，走水上軍，韓信張耳已入水上軍，軍皆殊死戰，不可敗。……於是漢兵夾擊，大破虜趙軍，斬成安君泜水上。」《漢書・趙充國傳》：「七月二十二日擊罕羌，入鮮水北句廉上。」同書〈陳湯傳〉：「明日前至郅支城都賴水上，離城三里，止營傅陳。」《呂氏春秋・遇合》：「人有大臭者，其親戚兄弟妻妾知識，無能與居者，自苦而居海上，海上人有說其臭者，晝夜隨之而弗能去。」核此海上，《文選・曹植與楊德祖書》則作：「蘭茝蓀蕙之芳，眾人之所好，而海畔有逐臭之夫。」竟改作海畔。尤足證古之所謂水上，即水畔也。㉞以稍盛之：以稍承受之。㉟揭以略陳：擔揭之以經略敵陣。㊱愕眙：驚遽而目瞪口呆。㊲士信逐北，每殺一人，劓其鼻懷之，還以驗殺賊之數：按殺死敵人，劓其鼻以為驗，乃隋代之俗，見《隋書・麥鐵杖傳》及《通鑑・隋紀》開皇九年文，說已見上，茲不詳具。㊳慰諭：撫慰獎諭。㊴而觀之：謂而傳觀之。㊵上大將軍楊義臣：《隋書・百官志》下：「高祖又採後周之制，置上柱國、柱國、上大將軍……十一等。」又同志：「煬帝三年，舊都督已上至上柱國凡十一等，並省。」是上大將軍乃大業三年以前之舊稱，此則仍沿襲舊稱，而為文也。㊶左光祿大夫王仁恭出扶餘道……高麗嬰城固守：按此段乃錄自《隋書・王仁恭傳》，字句大致相同。㊷飛樓：樓高聳空中，如飛騰然，故曰飛樓。㊸橦：陷陣車，音衝。㊹雲梯：以梯高入雲霄而得名。㊺應變拒之：隨機應變，以禦拒之。㊻主客：守者為主，攻者為客。㊼衝梯：衝城之梯。㊽吳興：《隋書・地理志》下：「吳郡、烏程縣，舊置吳興郡，平陳郡廢。」史以舊郡為名。㊾短兵：謂刀劍之屬。㊿垂絙：絙，索，竿頭下垂之繩。(51)接而復上：接握手中，緣而復上。(52)朝散大夫：《隋書・沈光傳》作：「拜朝請大夫。」《北史・麥鐵杖附沈光傳》則作：「拜朝散大夫。」《通鑑》乃據《北史》而入書者也。核《隋書・百官志》下：「朝請大夫正五品，朝散大夫從五品。」是其等階，固相差甚微。(53)衝梯竿長十五丈……即拜朝散大夫，恒置左右：按此段乃錄自《隋書・沈光傳》，字句大致相同。(54)便騎射：猶長於騎射。(55)多與之遊：謂多與之交遊。(56)禮部尚書楊玄感……多與之遊：按此段乃錄自《隋書・楊玄感傳》，字句大致相同。(57)與蒲山公李密：《舊唐書・李密傳》：「父寬，隋上柱國蒲山公。密襲之。」(58)才略：才器謀略。(59)志氣雄遠：志氣雄偉遠大。(60)好士：猶好賓客。(61)為左親侍：《隋書・百官志》下：「翊衛又加有親侍，其府領親、勳、武三侍，非翊衛府皆無三侍。」左親侍屬左翊衛。(62)左仗下：左儀衛仗下。(63)瞻視異常：謂眼神視瞻異於常人。(64)宿衛：謂日夜侍衛，亦即侍衛之意。(65)諷：暗示。(66)稱病：自言有病。(67)屏人事：屏絕世務。(68)嘗乘黃牛讀漢書：《舊唐書・李密傳》述其乘黃牛讀《漢書》經過云：「嘗欲尋包愷，乘一黃牛，被一蒲韉，仍將漢書一帙，掛於角上，一手捉牛靷，一手翻卷書讀之。」其專心致志，可謂甚矣。(69)識度：見識器度。(70)與蒲山公李密善……由是玄感與為深交：按此段乃錄自《舊唐書・李密傳》，字句大致相同。(71)侮之：侮辱之。(72)人言當指實，寧可面諛：謂人之所言，當求其誠實，豈可面加阿諛。(73)決機：

決勝敗之機運。(七四)暗嗚咄嗟：《史記・淮陰侯傳》：「項王喑噁叱咤，千人皆廢。」索隱：「喑噁，懷怒氣；叱吒，發怒聲。」《漢書・韓信傳》作：「意烏猝嗟。」注：「晉灼曰：『意烏，恚怒聲也。』師古曰：『猝嗟，暴猝嗟歎也。』」由知文雖不同，而其含意則頗相類。(七五)震懾：震動懾懼。(七六)驅策：驅馳而鞭策之，亦即驅使之意。(七七)各申其用：各發揮其才用。(七八)階級：官階。(七九)驕倨：驕傲倨慢。(八〇)際：間。(八一)心銜：心銜恨。(八二)使素不死：謂假使令楊素不死。(八三)貴顯：尊貴顯赫。(八四)故吏：舊吏。(八五)日紊：日形紊亂。(八六)內：謂心。(八七)世荷：謂世世荷承。(八八)日隆：日盛。(八九)預：參預。(九〇)虎賁郎將：《隋書・百官志》下：「尋改護軍為武賁郎將，正四品。」武乃虎之避諱。(九一)汲郡贊治：《隋書・百官志》下：「罷州置郡，郡置太守，罷長史、司馬，置贊務一人以貳之。」務乃避唐高宗治諱而改。(九二)不可前後而發：謂須俟一起，而始能進發。(九三)鷹揚郎將：《隋書・百官志》下：「又加有親侍鷹揚府，每府置鷹揚郎將一人，正五品。」(九四)從幸遼東：從君上幸臨遼東。(九五)亡還：逃亡而還。(九六)高陽：《隋書・地理志》中：「高陽縣屬河間郡。」(九七)監事：胡三省曰：「按唐六典，武庫署、大倉署皆有監事，蓋因隋制也。」(九八)時右驍衛大將軍來護兒以舟師：按《隋書・來護兒傳》作右翊衛大將軍，《通鑑》大業八年文，亦作右翊衛大將軍。此右驍衛當改作右翊衛。(九九)男夫：可充兵役之男子。(一〇〇)帆布：帆施於船上以汎風，時軍興，織蒲不給，擬布為之。(一〇一)牟甲：兜牟、鎧甲。(一〇二)準：準依。(一〇三)移書：官文書之一種，謂行移書於傍郡。(一〇四)倉所：謂黎陽倉之處。(一〇五)幹用：強幹有才用者。(一〇六)皆以運糧追集之：皆以運糧為名，而召合之。(一〇七)以趙懷義為衛州刺史：

此乃係恢復開皇之制，以郡為州，以太守為刺史。(一八)東光尉：《隋書・地理志》中：「東光縣屬平原郡。」同書〈百官志〉：「縣置令、丞、尉。」(一九)玄感頗知之……唐禕為懷州刺史：按此段乃錄自《隋書・楊玄感傳》，字句大致相同。(二〇)治書侍御史：《隋書・百官志》下：御史臺、治書侍御史二人，煬帝增之為正五品。」(二一)獨夫：指煬帝言。(二二)肆虐：縱肆暴虐。(二三)絕域：荒遠之域。(二四)無道：無道之君。(二五)正色：嚴正其色。(二六)尊公：指玄感父楊素言，此式恭維語，六朝時有採用，《晉書・袁宏傳》：「宏窘急答曰：『我已盛述尊公，何乃言無！』」即其證也。(二七)寵靈：寵幸靈光。(二八)青紫交映：《漢書・夏侯勝傳》補注葉夢得云：「漢丞相皆金印紫綬，御史大夫銀印青綬，此三府官之極崇者。」交映謂互相輝映。(二九)竭誠盡節：原當作竭忠盡節，忠乃避隋諱而改。(三〇)鴻恩：大恩。(三一)壙土未乾：指楊素新死不久。(三二)反噬：反咬。(三三)屢脇以兵：屢以兵刃威脅之。(三四)元，明根之孫也：按《隋書・游元傳》作：「元，魏五更明根之玄孫也。」當從添玄字。(三五)治書侍御史游元……元，明根之孫也：按此段乃錄自《隋書・誠節游元傳》，字句大致相同。(三六)篙梢：習於用舟者，篙進船竿，音高。(三七)三牲：牛、羊、豕。(三八)誓眾：與眾盟誓。(三九)諭：告諭。(四〇)騷擾：騷動擾亂。(四一)兆民之弊：天下平民之困弊。(四二)部分：處置。(四三)謀主：主謀劃者。(四四)濟物：猶濟民，六朝常以物為人。(四五)己任：己之責任。(四六)遼外：遼水之外。(四七)南有巨海：指今之渤海言。(四八)艱危：艱難危險。(四九)薊：《隋書・地理志》中：「薊縣、大業初置涿郡，屬涿郡。」(五〇)臨渝：臨渝關，隋屬北平郡盧龍縣，有長城，有關官。具見《隋書・地理志》中。(五一)扼其咽喉：即所謂扼其要害。(五二)躡：追躡。(四三)不過旬月：謂不過十天或一月。(四四)不降則潰：謂不投降，則必崩潰。(四五)更言：再言。(四六)關中四塞：關中四面皆為關塞。(四七)天府之國：謂人物阜盛。(四八)鼓行：擊鼓而行，意為明目張膽，毫無畏懼。(四九)晝夜倍道：謂晝夜兼行，而所行較晝倍之。(五〇)非僕所知也：乃含蓄語，意謂其必敗，特不肯明言，而云不知其勝敗結果。(五一)家口：猶家屬。(五二)動其心：搖動其心。(五三)經城不拔：經過城池而不攻拔。(五四)密曰天子出征……公之下計，乃上策也：按此段乃錄自《隋書・李密傳》，字句大致相同。(五五)勒兵：猶部分兵。(五六)脩武：《隋書・地理志》中：「脩武屬河內郡。」(五七)從之者如市：謂從之者如歸市。(五八)偃師：縣名，屬河南省，在洛陽縣東。(五九)自白司馬坂逾邙山南入：白司馬坂在邙山北，邙山在洛城北。音反。(六〇)單刀：刀長三尺許。(六一)楯：干，以扞弓矢。(六二)將作監：書將作監而不言其官職者，率指將作監之大監而言。據《隋書・百官志》下，大監正四品。(六三)鎧仗：鎧甲器仗。(六四)收散兵：收集潰散之兵。(六五)坐息：坐而休息。(六六)太陽門：胡三省曰：「隋志，河南郡無太陽門，當考。」(六七)屯上春門：《隋書・地理志》中：「河南郡舊置洛州，大業元年移都，改曰豫州。東面三門：北曰上春，中曰建陽，南曰永通。」(六八)我身為上柱國：《隋書・百官志》下：「上柱國為從一品。」僅居三師、王、三公正一品之下，可謂高矣。(六九)鉅萬：萬萬。(七〇)至於富貴，無所求也：謂於富貴，已達極端，自無所更求。(七一)顧：念。(七二)子弟詣軍門請自效者：軍門即轅門，謂青年子弟至轅門請求効力者。(七三)內史舍人：《隋書・百官志》下：「內史省置舍人八人，通事舍人十六人。」(七四)文翰：文書筆墨。(七五)玄感令福嗣為書遺樊子蓋，數帝罪惡：按所為書全文，具載《隋書・

楊玄感傳》，可取以參看。(七六)勿拘小禮：勿為小禮數所拘。(七七)自貽伊戚：自遺其憂。(七八)新自外藩入為京官：《隋書・樊子蓋傳》，子蓋以涿郡留守轉為東都留守。(七九)慢之：輕慢之。(八〇)未甚承稟：未甚承奉諮稟之。(八一)裴弘策與子蓋同班：河南贊治從四品，留守品階殆與之相埒。(八二)引出：牽出。(八三)小：稍。(八四)頓首：伏首於地。(八五)震肅：震動畏肅。(八六)仰視：乃些微不敬之態。(八七)隨方：依隨情形。(八八)分(八九)樊子蓋新自外藩……玄感不能克：按此段乃錄自《隋書・樊子蓋傳》，字句大致相同。(九〇)伊闕：《隋書・地理志》中：「河南郡壽安縣，有慈澗。」(九〇)伊闕：《隋書・地理志》中：「河南郡伊闕縣，有伊闕山。」(九一)虎牢：《隋書・地理志》中：「滎陽郡汜水縣，舊曰成皐，即武牢也。大業初置武牢都尉府。」(九二)至華陰掘楊素冢：《隋書・地理志》上：「華陰縣，屬京兆郡。」楊素世居於此，死亦葬焉。(九三)示士卒以必死：謂示士卒以必死之意。(九四)崤澠：崤谷、澠池。(九五)屯於金谷：金谷即晉石崇之金谷。《水經注》：「穀水自千金堨，東逕罣門橋，又東左會金谷水。水出太白原，東南流，歷金谷，謂之金谷澗。」(九六)代王侑使刑部尚書衞文昇……屯於金谷：按此段乃錄自《隋書・衞玄傳》，字句大致相同。(九七)積為魚梁大道：築道若魚梁然。(九八)八輪樓車：樓車下施八輪。(九九)指期：猶刻期。(一〇〇)得無為患：謂豈不為患乎。(一〇一)審：熟知。(一〇二)必無所慮：謂必不值顧慮。(一〇三)寖成亂階：謂漸成變亂之原由。(一〇四)會楊玄感反書至……因此寖成亂階耳：按此段乃錄自《隋書・蘇威傳》，字句大致相同。

㈠帝又聞達官子弟皆在玄感所，益憂之。兵部侍郎斛斯政素與玄感善，玄感之反，政與之通謀㊀，玄縱兄弟亡歸，政潛遣之，帝將窮治玄縱等黨與㊁，政內不自安，戊辰，亡奔高麗。

㈡庚午夜二更㊂，帝密召諸將使引軍還，軍資器械攻具，積如丘㊃山，營壘帳幕，案堵不動㊄，皆棄之而去，眾心恟㊅懼，無復部分㊆，諸道分散。高麗即時㊇覺之，然不敢出，但於城內鼓譟，至來日㊈午時，方漸出外，四遠覘偵㊉，猶疑隋軍詐之，經二日，乃出數千兵追躡，畏隋兵之眾，不敢逼，常相去八九十里。將至遼水，知御營畢度，乃敢逼後軍，時後軍猶數萬人，高麗隨而抄擊，最後羸弱數千人，為所殺略⑪。初帝再征高麗，復問太史令庾質曰：「今段⑫何如？」對曰：「臣實愚迷⑬，猶執前見，陛下若親動萬乘⑭，勞費實多。」帝怒曰：「我自行，猶不克⑮，直遣人去⑯，安得有功？」及還，謂質曰：「卿前不欲我行，當為此耳。玄感其有成乎？」質曰：「玄感地勢⑰雖隆，素非人望⑱，因百姓之勞，冀幸成功⑲，今天下一家，未易可動⑳㉑。」帝遣虎賁郎將陳稜攻元務本於黎陽，又遣左翊衛大將軍宇文述、右候衛將軍屈突通乘傳㉒發兵，以討玄感。

來護兒至東萊，聞玄感圍東都，召諸將議旋軍㉓救之，諸將咸以無敕，不宜擅還，固執㉔不從。護兒厲聲㉕曰：「洛陽被圍，心腹之疾㉖，高麗逆命，猶疥癬耳㉗。公家㉘之事，知無不為，專擅在吾，不關諸人㉙，有沮議㉚者，軍灋從事㉛。」即日廻軍，令子弘整㉜馳驛奏聞。帝時還至涿郡，已敕護兒救東都，見弘整甚悅，賜護兒璽書曰：「公旋師之時，是朕敕公㉝之日，君臣意合，遠同符契㉞㉟。」

先是右武候大將軍李子雄坐事除名㊱，令從軍自効㊲，從來護兒在東萊，帝疑之，詔鎖子雄送行在所；子雄殺使者，逃奔玄感㊳。

衛文昇以步騎二萬度瀍水㊴，與玄感戰，玄感屢破之，玄感每戰，身先士卒，所向摧陷㊵，又善撫悅㊶，其下皆樂為致死㊷，由是每戰多捷，眾益盛，至十萬人。文昇眾寡不敵，死傷大半，且盡，【考異】雜記曰：「每戰，刃纔接，官軍皆坐地棄甲，以白布裹頭，聽賊所掠，前後十三戰，皆不利。」今從文昇傳。乃更進屯邙山之陽，與玄感決戰，一日十餘合，會楊玄挺中流矢死，玄感軍乃稍却㊸。

㈢秋，七月，癸未，餘杭民劉元進起兵以應玄感，元進手長尺餘㊹，臂垂過膝㊺，自以相表㊻非常，陰有異志。會帝再發三吳兵征高麗，三吳兵皆相謂曰：「往歲天下全盛㊼，吾輩父兄征高麗者，猶太半㊽不返，今已罷弊，復為此行，吾屬無遺類㊾矣。」由是多亡命，郡縣捕之急，聞元進舉兵，亡命者雲集，旬月間眾至數萬㊿。

㈣始楊玄感至東都，自謂天下響應(51)，得韋福嗣委以心膂(52)，不復專任李密，福嗣每畫策，皆持兩端(53)，密揣(54)知其意，謂玄感曰：「福嗣元非同盟，實懷觀望。明公初起大事，而姦人在側，聽其是非(55)，必為所誤，請斬之。」玄感曰：「何至於此。」密退謂所親曰：「楚公(56)好反，而不欲勝，吾屬今為虜矣(57)。」

李子雄勸玄感速稱尊號(58)，玄感以問密，密曰：「昔陳勝自欲稱王，張耳諫而被外(59)，魏武將求九錫，荀彧止而見誅(60)，今者密欲正言(61)，還恐(62)追蹤二子(63)，阿諛順意，又非密之本圖(64)。何者？兵起以來，雖復頻捷，至於郡縣，未有從者。東都守禦尚彊，天下救兵益至，公當挺身㊅㊄力戰，早定關中，廼亟欲自尊，何示人不廣也㊅㊅！」玄感笑而止㊅㊆。

屈突通引兵屯河陽，宇文述繼之，玄感問計於李子雄，子雄曰：「通曉習兵事㊅㊇，若一得度河，則勝負難決；不如分兵拒之，通不能濟，則樊衛㊅㊈失援。」玄感然之，將拒通。樊子蓋知其謀，數擊其營，玄感不得往。通濟河，軍於破陵㊆〇，玄感分為兩軍，西抗文昇，東拒通，子蓋復出兵大戰，玄感軍屢敗，與其黨謀之。李子雄曰：「東都援軍益至，我軍數敗，不可久留，不如直入關中，開永豐倉㊆㊀以振貧乏，三輔㊆㊁可指麾㊆㊂而定。據有府庫，東面而爭天下，亦霸王之業也㊆㊃。」李密曰：「弘化留守元弘嗣握彊兵，在隴石，可聲言㊆㊄其反，遣使迎公，因此入關，可以紿眾㊆㊅。」會華陰諸楊㊆㊆請為鄉導。壬辰，玄感解東都圍，引兵西趣潼關㊆㊇，宣言：「我已破東都，取關西矣㊆㊈。」宇文述等諸軍躡之，至弘農宮㊇〇，父老遮說玄感曰：「宮城空虛，又多積粟，攻之易下。」玄感以為然㈧。

弘農太守㈢蔡王智積謂官屬曰：「玄感聞大軍將至，欲西圖關中㈢，若成其計，則難克也，當以計縻㈣之，使不得進，不出一旬，可以成擒。」及玄感軍至城下，智積登陴㈤詈㈥之，玄感怒，留攻之㈦。李密諫曰：「公今詐眾西入，軍事貴速，況乃追兵將至，安可積留㈧，若前不得據關，退無所守，大眾一散，何以自全？」玄感不從，遂攻之㈨，燒其城門，智積於內益火，玄感兵不得入，三日不拔。乃引而西，至閿鄉㈩；宇文述、衛文昇、來護兒、屈突通等軍，追及於皇天原㊈，玄感上槃豆，布陳亘㊈五十里，且戰且行，玄感一日三敗。八月，壬寅，玄感陳於董杜原，諸軍擊之，玄感大敗，獨與十餘騎奔上洛，追騎至，玄感叱之，皆反走，至葭蘆戍，獨與弟積善徒步走，自度㊈不免，謂積善曰：「我不能受人戮辱，汝可殺我。」積善抽刀斫殺之，因自刺不死，為追兵所執，與玄感首俱送行在所，磔玄感尸於東都市，三日復臠而焚之。玄感弟玄獎為義陽太守，將赴玄感，為郡丞周旋玉㊈所殺。仁行為朝請大夫(九五)，伏誅於長安。

玄感之圍東都也，梁郡民韓相國舉兵應之，玄感以為河南道元帥，旬月間眾十餘萬，攻剽(九六)郡縣，至襄城，聞玄感敗，眾稍散，為吏所獲，傳首東都(九七)。

(五)帝以元弘嗣、斛斯政之親也，留守弘化郡(九八)，遣衛尉少卿李淵馳往執之，因代為留守，關右十三郡兵(九九)皆受徵發。淵御眾寬簡(〇〇)，人多附之。帝以淵相表奇異，又名應圖讖(〇一)，忌之，未幾，徵詣行在所。淵遇疾未謁，其甥王氏在後宮(〇二)，帝問曰：「汝舅來何遲？」王氏以疾對，帝曰：「可得死否(〇三)？」淵聞之，懼，因縱酒納賂以自晦(〇四)(〇五)。

(六)癸卯，吳郡朱爕、晉陵(〇六)管崇聚眾寇掠江左，爕本還俗道人(〇七)，涉獵經史，頗知兵灋，形容眇小(〇八)，為崑山縣(〇九)博士(一〇)，與數十學生起兵，民苦役者赴之如歸(一一)，崇長大(一二)美姿容，志氣倜儻(一三)，隱居常孰(一四)，自言有王者相(一五)，故羣盜相與奉之。時帝在涿郡，命虎牙郎將趙六兒將兵萬人屯楊子(一六)，分為五營，以備南賊，崇遣其將陸顗度江，夜襲六兒，破其兩營，收其器械軍資㉗而去，眾益盛，至十萬。

㈦辛酉，司農卿雲陽㉘趙元淑坐楊玄感黨，伏誅。帝使大理卿鄭善果、御史大夫裴蘊、刑部侍郎骨儀與留守樊子蓋，推㉙玄感黨與。【考異】雜記作滑儀，今從隋書。雜記推玄感黨在十月，疑太晚，今因誅趙元淑言之。儀，本天竺胡人也。帝謂蘊曰：「玄感一呼而從者十萬，益知天下人不欲多，多即㉚相聚為盜耳，不盡加誅，無以懲後㉛。」子蓋性既殘酷，蘊復受此旨，由是峻灋治之，所殺三萬餘人，皆籍沒其家㉜㉝，枉死㉞者大半，流徙者六千餘人。玄感之圍東都也，開倉賑給百姓，凡受米者，皆阬㉟之於都城之南。玄感所善文士會稽虞綽、琅邪王胄，俱坐徙邊；綽胄亡命，捕得誅之。

㈧帝善屬文㊱，不欲人出其右㊲，薛道衡死，帝曰：「更能作空梁落燕泥㊳否？」王胄死，帝誦其佳句，曰：「庭草無人隨意綠㊴，復能作此語邪！」帝自負才學㊵，每驕天下之士，嘗謂侍臣曰：「天下皆謂朕承籍緒餘㊶，而有四海，設令朕與士大夫高選㊷，亦當為天子矣。」帝從容謂秘書郎虞世南曰：「我性不喜人諫，若位望通顯㉝，而諫以求名，彌㉞所不耐；至於卑賤之士，雖少寬假㉟，然不置之地上㊱，汝其知之。」世南，世基之弟也。

(九)帝使裴矩安集隴石，因之會寧，存問曷薩那可汗部落，遣闕度設寇掠吐谷渾以自富㊲，還而奏狀㊳，帝大賞之㊴。

(十)九月，己卯，東海民彭孝才起為盜，有眾數萬。

(十一)甲午，車駕至上谷，以供費不給㊵，免太守虞荷等官。閏月，己巳，幸博陵。

(十二)冬，十月，丁丑，賊帥呂明星圍東郡，虎賁郎將費青奴擊破之㊶。

(十三)劉元進帥其眾將度江，會楊玄感敗，朱燮、管崇共迎元進，推以為主，據吳郡，稱天子，燮、崇俱為尚書僕射，署置㊷百官，毗陵、東陽、會稽、建安㊸豪傑，多執長吏㊹以應之。帝遣左屯衛大將軍代㊺人吐萬緒、光祿大夫下邽魚俱羅，將兵討之㊻。

(十四)十一月，己酉，右候衛將軍馮孝慈討張金稱於清河，孝慈敗死。

(十五)楊玄感之西也，韋福嗣亡詣東都歸首[47]，是時如其比者[48]，皆不問[49]。樊子蓋收玄感文簿[50]，得其書草[51]，封以呈帝，帝命執送行在。李密亡命，為人所獲，亦送東都。【考異】隋書密傳云：「密間行入關，與玄感從叔詢相隨，匿於馮翊詢妻之舍，尋為隣人所告，遂捕獲，囚於京兆獄。又云，「及出關外，防禁漸弛。」又云，「至邯鄲，密等七人皆穿牆而遁。」唐書雖不云囚於京兆獄，亦云出關。按密若自關中送高陽，不當與韋福嗣同行，今從賈閏甫蒲山公傳，及劉仁軌河洛行年記。樊子蓋鎖送福嗣、密及楊積善、王仲伯等十餘人詣高陽，密與王仲伯等竊謀亡去，悉使出其所齎金[52]，以示使者，曰：「吾等死日，此金並留付公[53]，幸用相瘞[54]，其餘即皆報德[55]。」使者利其金[56]，許諾，防禁漸弛[57]，密請通市酒食[58]，每宴飲，諠譁竟夕，使者不以為意，行至魏郡石梁驛，飲防守者[59]，皆醉，穿墻[60]而逸[61][62]。【考異】河洛記曰左梁驛，今從蒲山公傳。密呼韋福嗣同去，福嗣曰：「我無罪，天子不過一面責我耳[63]。」至高陽，帝以書草示福嗣，收付大理。宇文述奏：「凶逆之徒，臣下所當同疾[64]，若不為重灋，無以肅將來[65]。」帝曰：「聽公所為。」十二月，甲申，述就野外，縛諸應刑者於格上，以車輪括其頸，使文武九品以上，皆持兵斫射，亂發矢如蝟毛，支體糜碎，猶在車輪中。積善、福嗣仍加車裂，皆焚而揚之。積善自言手殺玄感，冀得免死，帝曰：「然則梟類耳(六六)！」因更其姓曰梟氏。

(十六)唐縣(六七)人宋子賢善幻術(六八)，能變佛形(六九)，自稱彌勒(七〇)出世，遠近信惑(七一)，遂謀因無遮大會(七二)，舉兵襲乘輿，事泄伏誅，并誅黨與千餘家。扶風桑門(七三)向海明亦自稱彌勒出世，人有歸心者，輒獲吉夢，由是三輔(七四)人翕然(七五)奉之(七六)，因舉兵反，眾至數萬。丁亥，海明自稱皇帝，改元白烏，詔大僕卿楊義臣擊破之。

(十七)帝召衛文昇、樊子蓋詣行在，慰勞之，賞賜極厚，遣還所任(七七)。

(十八)劉元進攻丹陽(七八)，吐萬緒濟江擊破之，元進解圍去，緒進屯曲阿，元進結柵拒緒，相持百餘日，緒擊之，賊眾大潰，死者以萬數，元進挺身(七九)夜遁，保其壘。朱燮、管崇屯毗陵，連營百餘里，緒乘勝進擊，復破之，賊退保黃山(八〇)，緒圍之，元進、燮僅以身免(八一)，於陳斬崇及其將卒五千餘人，收其子女三萬餘口(八二)，進解會稽圍。魚俱羅與緒偕行，戰無不捷，然百姓從亂者如歸市，賊敗而復聚，其勢益盛，元進退據建安。帝令緒進討，緒以士卒疲弊，請息甲，待來春，【考異】帝紀云：「緒與俱羅連年不能克。」按緒請待來春，而王世充十年又擊孟讓，然則元進敗，正在今年冬春之交矣。元進退據建安，而得拒世充於江上者，蓋復來也。帝不悅(八三)。俱羅亦以賊非歲月可平(八四)，諸子在洛京(八五)，俱潛(八六)遣家僕迎之。帝怒，有司希旨(八七)，奏緒怯懦，俱羅敗衄(八八)，俱羅坐斬(八九)，徵緒詣行在，緒憂憤，道卒。帝更遣江都丞(九〇)王世充發淮南兵數萬人討元進，世充度江，頻戰(九一)皆捷，元進、爕敗死於吳，其餘眾或降或散。世充召先降者於通玄寺瑞像前(九二)，焚香為誓，約降者不殺。散者始欲入海為盜，聞之，旬月之間，歸首略盡(九三)，世充悉阬(九四)之於黃亭澗，死者三萬餘人。【考異】略記：「阬其眾二十餘萬於黃亭澗，澗長數里，深澗數丈，積屍與之平。」雜記：「世充貪而無信，利在子女資財，竝阬所首八千餘人於黃山之下。」今從隋書。由是餘黨復相聚為盜，官軍不能討，以至隋亡。帝以世充有將帥才，益加寵任(九五)。

(十九)是歲詔為盜者籍沒其家(九六)，時羣盜所在皆滿，郡縣官因之(九七)，各專威福，生殺任情矣(九八)。

(廿)章丘杜伏威與臨濟(九九)輔公祏為刎頸交(一〇〇)，俱亡命為羣盜(一〇一)，伏威年十六，每出則居前，入則殿後(一〇二)，由是其徒推以為帥(一〇三)。下邳苗海潮亦聚眾為盜，伏威使公祏謂之曰：「今我與君同苦隋政(一〇四)，各舉大義，力分勢弱，常恐被擒，若合為一，則足以敵隋矣。君能為主㉕，吾當敬從，自揆不堪㉖，宜來聽命；不則一戰以決雌雄㉗。」海潮懼，即帥其眾降之。伏威轉掠淮南，自稱將軍，江都留守遣校尉㉘宋顥討之，伏威與戰，陽㉙為不勝，引顥眾入葭葦中㉚，因從上風㉛縱火㉜，顥眾皆燒死。海陵賊帥趙破陳以伏威兵少，輕之，召與幷力㉝，伏威使公祏嚴兵㉞居外，自與左右十人，齎牛酒，入謁，於座殺破陳，幷其眾㉟。

【今註】㊀通謀：互通謀議。㊁黨與：同黨及相與之人。㊂夜二更：胡三省曰：「二更，乙夜。甲乙丙丁戊分為五夜，守卒分番守漏，鳴鼓以相警，謂之持更。」㊃丘山：丘，山之小者。㊄案堵不動：《漢書．高帝紀》注：「應劭曰：『按，次第；堵，墻堵也。』師古曰：『言不遷動也。』」按案同。㊅恟：擾恐。㊆無復部分：猶無復部伍。㊇即時：立時。㊈來日：次日。㊉覘偵：覘視偵察。⑪殺略：殺戮劫略。⑫今段：謂自今以後一段。⑬愚迷：愚蠢迷固，乃自謙語。⑭萬乘：謂大駕。⑮猶不克：尚不能勝。⑯直遣人去：謂只派他人前去。⑰地勢：地位勢力。⑱素非人望：平素無人仰望。⑲因百姓之勞，冀幸成功：《隋書．藝術庾質傳》作：「因百姓之勞苦，冀僥倖而成功。」此乃係二句之完全意蘊。⑳未易可動：謂未易動搖。㉑初帝再征高麗……今天下一家，未易可動：按此段乃錄自《隋書・藝術庾質傳》，字句大致相同。㉒乘傳：乘驛站之傳車。㉓旋軍：還軍。㉔固執：謂固持己見。㉕厲聲：嚴厲其聲。㉖心腹之疾：謂切要之疾。㉗猶疥癬耳：謂乃係小疾。㉘公家：即國家。㉙不關諸人：猶與諸人無干。㉚沮議：有沮遏之議論。㉛從事：處理。㉜令子弘整：弘整乃二人之名。㉝是朕敕公：謂是朕敕公還救。㉞遠同符契：符契用相對合，以驗真偽，此謂相距雖遠，而知符契之相合無間。㉟來護兒至東萊……遠同符契：按此段乃錄自《北史・來護兒傳》，而《隋書》不載，字句與《北史》大致相同。㊱坐事除名：坐處事不當，除去宦籍。㊲坐事除名，令從軍自効：按除名下當添遼東之役四字，方與事實全相符合。㊳先是右武候大將軍李子雄坐事除名……子雄殺使者，逃奔玄感：按此段乃錄自《隋書・楊玄感附李子雄傳》，字句大致相同。㊴瀍水：《水經》：「瀍水出河南穀城縣北山，東過洛陽偃師，而入於洛。」㊵摧陷：摧折陷落。㊶撫悅：《隋書・楊玄感傳》，撫悅作撫馭，較佳。㊷致死：致死力。㊸衛文昇以步騎二萬度瀍水……玄感軍乃稍卻：按此段乃錄自《隋書・楊玄感傳》，字句大致相同。㊹手長尺餘：胡三省曰：「言自指至掌腕，橫紋之長。」㊺臂垂過膝：言臂垂則手過膝。㊻相表：相貌儀表。㊼往歲天下全盛：此指八年之事。《隋書・楊玄感附劉元進傳》，作去年，不若仍用原文，較為明確。㊽太半：謂三分之二。㊾遺類：遺留之族類。㊿餘杭民劉元進起兵……旬月間眾至數萬：按此段乃錄自《隋書・楊玄感附劉元進傳》，字句大致相同。(51)始楊玄感至東都，自謂天下響應：按《隋書・李密傳》作：「玄感既至東都，皆捷，自謂天下響應，功在朝夕。」較符原來意旨情理，當酌添為是。(五二)心膂：猶腹心。(五三)持兩端：謂觀望。(五四)揣：測。(五五)聽其是非：聽其撥弄是非。(五六)楚公：玄感襲爵楚國公，故以此稱之。(五七)今為虜矣：今將為所俘虜矣。(五八)尊號：即帝號。(五九)陳勝自欲稱王，張耳諫而被外：事見卷七秦二世元年。(六〇)魏武將求九錫，荀彧止而見誅：事見卷六十六漢獻帝建安十七年。(六一)正言：根據事理而直言之。(六二)還恐：轉恐。(六三)追蹤二子：追二子之遺蹤，謂被疏誅。(六四)本圖：本意。(六五)挺身：謂挺起身軀，亦即振作之意。(六六)何示人不廣也：謂為何示人以志氣之不廣大也。(六七)始楊玄感至東都……玄感笑而止：按此一大段乃錄自《隋書・李密傳》，字句大致相同。(六八)兵事：即軍事。(六九)樊衞：謂樊子蓋、衞文昇。(七〇)破陵：胡三省曰：「當在河陽南岸，洛城東北。」(七一)永豐倉：《新唐書・地理志》：「華陰縣有永豐倉，蓋隋所置也。」(七二)三輔：此指言漢三輔之地。(七三)指麾：麾，舉手，謂一舉手，一點指。(七四)屈突通引兵屯河陽……亦霸王之業也：按此段乃錄自《隋書・楊玄感傳》，字句大致相同。(七五)聲言：揚言。(七六)李密曰弘化留守……可以給眾：按此段乃錄自《隋書・李密傳》，字句大致相同。(七七)華陰諸楊：乃玄感之宗黨。(七八)潼關：在華陰縣。(七九)取關西矣：指詐言元弘嗣反而迎公。(八〇)弘農宮：《隋書・地理志》中：「河南郡、陝縣，後魏置，及置陝州弘農郡，大業初，置弘農宮。」(八一)會華陰諸楊，請為鄉導……玄感以為然：按此段乃錄自《隋書・楊玄感傳》，字句大致相同。(八二)弘農太守：《隋書・地理志》中：「弘農郡，大業三年置。」(八三)西圍關中：《隋書・蔡王智積傳》，圍作圖，較佳，當改從之。(八四)縻：羈縻。(八五)陴：城上女垣。(八六)詈：罵。(八七)弘農太守蔡王智積……玄感怒，留攻之：按此段乃錄自

《隋書・蔡王智積傳》，字句大致相同。(八八)稽留：稽遲停留。(八九)李密諫曰：公今詐眾西入……玄感不從，遂攻之：按此段乃錄自《隋書・李密傳》，字句大致相同。(九〇)閿鄉：《隋書・李密傳》及其他紀志，皆作閿鄉。(九一)皇天原：《水經注》：「玉澗水南出王溪，北流，逕皇天原西。周固記：『開山東首上平博，方可里餘，三面壁立，高千許仞，漢世祭天於其上，名之為皇天原，上有漢武思子臺。』」(九二)亘：綿亘。(九三)度：料。(九四)周旋玉：《隋書・楊玄感傳》，作周琁玉，琁玉為美玉，當改從之。(九五)仁行為朝請大夫：《楊玄感傳》，仁行作民行。《隋書・百官志》下：「朝請大夫正五品。」(九六)攻剽：攻擊剽掠。(九七)玄感之圍東都也……為吏所獲，傳首東都：按此段乃錄自《隋書・楊玄感傳》，字句幾全相同。(九八)帝以元弘嗣留守弘化郡：《隋書・酷吏元弘嗣傳》作：「弘嗣屯兵安定。」(九九)關右十三郡兵：十三郡謂：天水、隴西、金城、枹罕、臨洮、漢陽、靈武、朔方、平涼、弘化、延安、雕陰、上郡。(一〇〇)寬簡：寬恕清簡。(一〇一)圖讖：圖籙讖緯。(一〇二)其甥王氏在後宮：甥，甥女也，古男女甥，統稱曰甥。(一〇三)帝曰可得死否：謂其病能致死乎？乃欲其速死之意。(一〇四)以自晦：以自隱晦。(一〇五)未幾，徵詣行在所……因縱酒納賂以自晦：按此段乃錄自《舊唐書・高祖紀》，而字句稍有不同。(一〇六)晉陵：《隋書・地理志》下：「晉陵縣屬毗陵郡。」(一〇七)還俗道人：謂昔曾出家為僧，而今還俗復為平民。(一〇八)形容眇小：謂軀體瘦小。(一〇九)崑山縣：《舊唐書・地理志》：「崑山、漢婁縣，屬會稽郡，梁分婁縣置崑山，取縣界山名。屬吳郡。」(一一〇)為崑山縣博士：胡三省曰：「隋制，縣博士不見于志，蓋在曹、佐、市令之下。」(一一一)赴之如歸：謂赴之如歸市。(一一二)崇長大：長猶高。

⑬倜儻：不羈。⑭常熟：《隋書・地理志》下：「常熟縣，屬吳郡。」⑮有王者相：有王者之相貌。⑯楊子：地名，時屬江都縣。⑰軍資：軍中所用之物資。⑱雲陽：《隋書・地理志》上：「雲陽縣，屬京兆郡。」⑲推：尋、考。⑳多即：按即猶則。㉑無以懲後：無以懲戒來者。㉒籍沒其家：謂按依簿籍而沒收其妻孥及財產。㉓帝謂蘊曰……皆籍沒其家：按此段乃錄自《隋書・裴蘊傳》，字句大致相同。㉔枉死：冤枉而死。㉕阬：同坑。㉖屬文：綴文，然六朝時則多習用屬文一辭。㉗出其右：謂出其上。㉘空梁落燕泥：為薛道衡之詩句，燕泥乃燕子築巢所落之泥。㉙庭草無人隨意綠：隨意猶任意，詩中蘊有一片寧謐閒逸，逍遙舒泰意象，令人為之嚮往。㉚負才學：負恃才學。㉛承籍緒餘：籍似當作藉，謂承藉餘業。㉜高選：謂爭為高選。㉝通顯：通達顯赫。㉞彌：愈。㉟少寬假：稍寬容假借之。㊱不置之地上：謂置之地下，亦即令之死也。㊲以自富：謂使闕度設寇掠吐谷渾所得之牲畜財物，盡歸闕度設所有，以使之富饒。㊳還而奏狀：謂還而奏陳其經過情形。㊴大賞之：大稱獎之。㊵以供費不給：以所供之費用不足。㊶九月己卯，東海民彭孝才……費青奴擊破之：按此段乃錄自《隋書・煬帝紀》大業十年文，字句幾全相同。㊷署置：署任設置。㊸毗陵、東陽、會稽、建安：按上均係郡名，具載《隋書・地理志》下。㊹長吏：指郡守以下之縣令、丞、尉等官。㊺代：《隋書・地理志》中：「馬邑郡善陽縣，後齊置縣曰招遠，大業初縣改曰善陽，置代郡。」㊻劉元進帥其眾將度江……魚俱羅將兵討之：按此段乃錄自《隋書・楊玄感附劉元進傳》，字句大致相同。㊼詣東都歸首：謂至東都歸降自首。㊽如其比者：如其類者。

(49)皆不問：皆不案問，亦即皆不懲其罪。(50)文簿：為文書簿籍之省。(51)書草：謂福嗣遺子蓋書之草稿。(52)所齎金：所攜帶之金銀。(53)公：公乃李密等呼使者之稱，稱之曰公，乃以示尊敬之意。(54)幸用相瘞：瘞、埋葬，謂希用此金，購棺槨以埋葬之。(55)其餘即皆報德：謂用剩之金銀，則即以奉贈，以報恩待之德。(56)利其金：猶貪其金。(57)弛：鬆懈。(58)密請通市酒食：謂李密請使者通融，許其市買酒食。(59)飲防守者：飲防守者以酒。(60)穿墻：穿鑿垣牆。(61)逸：逃逸。(62)密與王仲伯等竊謀亡去……穿墻而逸：按此段乃錄自《隋書．李密傳》，字句大致相同。(63)天子不過一面責我耳：謂天子不過召見我而斥責之耳。(64)同疾：同恨。(65)肅將來：肅戒將來。(66)然則梟類耳：《說文》，梟不孝鳥，以積善言手殺其兄玄感，故遂視為梟類。(67)唐縣：《隋書．地理志》中：「唐縣屬博陵郡。」(68)幻術：幻術者，化無為有，以眩惑人。(69)能變佛形：能變為佛之形像。(70)彌勒：菩薩名，《釋迦佛懸記》其將來繼紹佛位。(71)遠近信惑：謂遠近之人，信而惑之。(72)無遮大會：梵語般闍於瑟，義譯曰無遮會。無遮者，寬容無阻之意，即賢聖、道俗、貴賤、上下一律參預，平等行財法二施之大法會也。(73)桑門：僧人。(74)三輔：此乃襲漢之舊稱，漢三輔為京兆、馮翊、扶風，在今陝西省中部。(75)翕然：變動隨從之貌，音吸。(76)奉之：供奉之。(77)賞賜極厚，遣還所任：賞其拒討楊玄感之功，遣各還留臺。(78)攻丹陽：胡三省曰：「隋書吐萬緒傳云：『時元進以兵攻潤州。』按唐志，武德三年，始以延陵縣地置潤州，而潤州管下丹楊縣，本曲阿，亦唐改名。元進所攻，蓋此丹楊非隋志之丹陽郡，隋之丹陽郡治石頭城，隋書成於武德之後，書潤州，書丹楊，皆以唐州縣書之也。」

（七九）挺身：猶奮身。（八〇）黃山：《隋書・地理志》下：「吳郡、吳縣，有黃山。」（八一）僅以身免：謂僅以本人免。（八二）子女三萬餘口：謂男女三萬餘口。（八三）劉元進攻丹陽……請息甲待來春，帝不悅：按此段乃錄自《隋書・吐萬緒傳》，字句大致相同。（八四）非歲月可平：謂非一歲數月，可以平定。（八五）諸子在洛京：《隋書・魚俱羅傳》作：「諸子並在京洛。」核京洛乃西晉之常用語，本指長安洛陽而言；《通鑑》以文言其在東都，遂顛倒之而作洛京，以示其為在東都焉。（八六）潛：暗。（八七）希旨：希承君主旨意。（八八）敗衄：敗北。（八九）俱羅亦以賊非歲月可平……俱羅坐斬：按此段乃錄自《隋書・魚俱羅傳》，字句大致相同。（九〇）江都丞：即江都郡丞，煬帝又改郡贊治為丞，見《隋書・百官志》下。（九一）頻戰：屢戰。（九二）瑞像前：謂佛像前。（九三）略盡：幾盡。（九四）阬：同坑。（九五）寵任：寵幸信任。（九六）是歲詔為盜者，籍沒其家：按《隋書・煬帝紀》大業九年文：「八月戊申，制盜賊籍沒其家。」是此詔之頒佈確期，乃為八月戊申日也。（九七）郡縣官因之：按縣官二字應大書，而作郡縣官因之。（九八）生殺任情矣：生殺皆任隨其喜怒愛憎。（九九）章丘臨濟：二縣名，據《隋書・地理志》中，俱屬齊郡。（一〇〇）刎頸交：顏師古曰：「刎，斷也，刎頸交、言託契深重，雖斷頸絕頭，無所顧也。」亦即通言之生死交。（一〇一）俱亡命為羣盜：《舊唐書・杜伏威傳》：「公祏姑家以牧羊為業，公祏數攘羊以餽之，姑有憾焉，因發其盜事。郡縣捕之急，伏威與公祏遂俱亡命，聚眾為羣盜。」（一〇二）殿後：居於最後。（一〇三）推以為帥：推奉以為魁帥。（一〇四）同苦隋政：謂同苦隋之暴政。（一〇五）為主：猶為領袖。（一〇六）自揆不堪：謂自度不能勝任。（一〇七）以決雌雄：猶言以決定高下。（一〇八）校尉：《隋書・百官志》下：「煬帝又加有親侍鷹揚府，每府置鷹揚郎將一人。鷹揚每府置越騎校尉二人，掌騎士，步兵校尉二人，領步兵。並正六品。」㉙陽：猶佯，詐也。㉚葭葦中：蒹葭蘆葦中。㉛上風：風向之上方。㉜縱火：放火。㉝并力：合力。㉞嚴兵：備兵。㉟章丘杜伏威與臨濟輔公祏……於座殺破陳，并其眾：按此段乃錄自《舊唐書・杜伏威傳》，字句大致相同。

十年（西元六一四年）

㈠春，【考異】雜記：「是年正月，又以許公宇文述為元帥，將兵十六萬，刻到鴨綠水。乙支文德遣行人偽請降，以緩我師，又求與述相見，以觀我軍形勢；述與之歡飲，良久乃去。停五日，王師食盡，燒甲札食之，病不能興，文德乃縱兵大戰，敗績，死者十餘萬。」此蓋序八年事，誤在此耳。二月，辛未，詔百僚議伐高麗，數日無敢言者㊀。戊子，詔復徵天下兵，百道俱進㊁。

㈡丁酉，扶風賊帥唐弼立李弘芝為天子，【考異】隋帝紀作李弘，今從唐書薛舉傳。有眾十萬，自稱唐王。

㈢三月，壬子，帝行幸涿郡，士卒在道亡者相繼㊂。癸亥，至臨渝宮㊃，禡祭黃帝㊄，斬叛軍者以釁鼓㊅㊆，亡者亦不止。

㈣夏，四月，榆林太守成紀㊇董純，與彭城賊帥張大虎㊈，戰於昌慮㊉，大破之，斬首萬餘級。

㈤甲午，車駕至北平。

㈥五月，庚申，延安賊帥劉迦論【考異】唐書作安定人，按安定去上郡大遠，今從隋書。自稱皇王，建元大世，有眾十萬，與稽胡相表裏㈡為寇㈢，詔以左驍衛大將軍屈突通為關內討捕大使，發兵擊之，戰於上郡，斬迦論將卒萬餘級，虜男女數萬口，而還㈢。

㈦秋，七月，癸丑，車駕次懷遠鎮，時天下已亂，所徵兵多失期不至㈣，高麗亦困弊㈤。來護兒至畢奢城㈥，高麗舉兵逆戰，護兒擊破之，將趣平壤，高麗王元懼，甲子，遣使乞降，囚送斛斯政。帝大悅，遣使持節召護兒還，護兒集眾㈦曰：「大軍三出，未能平賊，此還不可復來，勞而無功，吾竊㈧恥之。今高麗實困，以此眾擊之，不日㈨可克。吾欲進兵徑㈩圍平壤，取高元獻捷而歸，不亦善乎！」荅表請行㈡，不肯奉詔㈢。長史崔君肅固爭，護兒不可曰：「賊勢破矣，獨以相任，自足辦之㈢。吾在閫外㈣，事當專決，寧得㈤高元還而獲譴㈥，捨此成功，所不能矣。」君肅告眾曰：「若從元帥違拒詔書，必當聞奏㈦，皆應獲罪。」諸將懼，俱請還，乃始奉詔㉘。

八月，己巳，帝自懷遠鎮班師，邯鄲㉙賊帥楊公卿帥其黨八千人，抄駕後㉚第八隊，得飛黃上廄馬㉛四十二匹而去。冬，十月，丁卯，上至東都，己丑，還西京。以高麗使者及斛斯政告太廟，仍徵高麗王元入朝，元竟不至，敕將帥嚴裝㉜，更圖後舉，竟不果行。初開皇之末，國家殷盛㉝，朝野皆以高麗為意㉞，劉炫獨以為不可，作撫夷論以刺之㉟，至是其言始驗㊱。十一月，丙申，殺斛斯政於金光門㊲外，如楊積善之法，仍烹其肉，使百官噉之，佞者或噉之至飽，收其餘骨，焚而揚之。

㈧乙巳，有事於南郊，上不齋於次㊳，詰朝㊴備法駕㊵，至即行禮，是日大風，上獨獻上帝，三公，分獻五帝，禮畢，御馬疾驅而歸㊶。

㈨乙卯，離石胡劉苗王反，自稱天子，眾至數萬，將軍潘長文討之，不克。

㈩汲郡賊帥王德仁擁眾數萬，保林慮山為盜㊷㊸。

(十)帝將如東都，太史令庾質諫曰：「比歲(四四)伐遼(四五)，民實勞弊，陛下宜鎮撫(四六)關內，使百姓盡力農桑，三五年間，四海稍豐實(四七)，然後巡省，於事為宜(四八)。」帝不悅，質辭疾不從，帝怒，下質獄，竟死獄中(四九)。十二月，壬申，帝如東都，赦天下，戊子，入東都。

(十一)東海賊帥彭孝才轉掠沂水(五〇)，彭城留守董純討擒之，純戰雖屢捷，而盜賊日滋(五一)，或譖(五二)純怯懦，帝怒，鎖純詣東都，誅之(五三)。

(十二)孟讓自長白山寇掠諸郡，至盱眙(五四)，眾十餘萬，據都梁宮(五五)，阻淮為固(五六)。江都丞王世充將兵拒之，為五柵，以塞險要(五七)，羸形示弱(五八)。讓笑曰：「世充文法小吏(五九)，安能將兵(六〇)，吾今生縛取(六一)，鼓行(六二)入江都耳。」時民皆結堡(六三)自固，野無所掠，賊眾漸餒，乃少留兵圍五柵，分人於南方抄掠，世充伺其懈(六四)，縱兵出擊，大破之，讓以數十騎遁去，斬首萬餘級(六五)(六六)。

(十三)齊郡賊帥左孝友眾十萬，屯蹲狗山(六七)，郡丞張須陀列營逼之，孝友窘迫出降。須陀威振東夏(六八)，以功遷齊郡通守(六九)，領河南道十二郡黜陟(七〇)討捕大使。涿郡賊帥盧明月眾十餘萬，軍祝阿(七一)(七二)，

【考異】唐秦叔寶傳作下邳，今從隋書。須陀將萬人邀之⑬，相持十餘日，糧盡，將退，謂將士曰：「賊見吾退，必悉眾來追，若以千人襲據其營，可有大利，此誠危事，誰能往者？」眾莫對，唯羅士信及歷城⑭秦叔寶請行，於是須陀委柵⑮而遁，使二人分將千兵，伏葭葦中，明月悉眾⑯追之，士信、叔寶馳至其柵，柵門閉，二人超升其樓⑰，各殺數人，營中大亂，二人斬關⑱以納外兵，因縱火焚其三十餘柵，煙焰漲天⑲，明月奔還，須陀回軍奮擊，大破之，明月以數百騎遁去，所俘斬無算⑳。叔寶名瓊，以字行。

【今註】㊀詔百僚議伐高麗，數日無敢言者：蓋伐高麗，百官皆深知其不可，特畏帝之威，而不敢言，而百僚之不敢言，正足宣示百官之不贊同。㊁百道俱進：百道特不過極言其多耳，事實上固決無百道也。㊂亡者相繼：逸亡者相繼不絕。㊃臨渝宮：《隋書．地理志》中：「北平郡、盧龍縣，有臨渝宮。」㊄禡祭黃帝：《禮記．王制》：「天子出征，禡於所征之地。」注：「禡，師祭也，為兵禱。」應劭曰：「黃帝戰於阪泉，以定天下，故祭以求福祥。」至六朝禡祭之典，則具載於《隋書．禮儀志》三，文云：「北齊之君將屆戰所，卜剛日，備玄牲，列軍容，設柴，於辰地為壝，而禡祭，大司馬奠矢，有司奠毛血，樂奏大濩之音。禮畢，徹牲，柴燎。」同志又云：「開皇二十年，太尉晉王廣北伐突厥，四月己未，次於河上，禡祭軒轅黃帝以太牢，制幣，陳甲兵，行三獻之禮。」由之，齊隋禡祭禮儀，可概知矣。㊅以釁鼓：斬人，以血塗鼓。㊆春二月辛未，詔百僚議伐高麗……斬叛軍者以釁鼓：按此段乃錄自《隋書・煬帝紀》大業十年文，字句大致相同。㊇成紀：《隋書・地理志》上：「成紀縣，屬天水郡。」㊈張大虎：按《隋書・煬帝紀》大業十年文作張大彪。意者修《隋書》史臣，以避唐諱而改虎作彪，《通鑑》則求復原，而又改為虎，以致有此歧殊歟！㊉昌慮：胡三省曰：「昌慮、漢縣，晉宋魏志皆有之，隋已廢省，其地當入彭城郡蘭陵縣界。」⑪相表裏：謂互相呼應協助。⑫甲午，車駕至北平……與稽胡相表裏為寇：按此段乃錄自《隋書・煬帝紀》大業十年文，字句大致相同。⑬詔以左驍衞大將軍屈突通……虜男女數萬口而還：按此段乃節錄自《舊唐書・屈突通傳》，字句大致相同。⑭多失期不至：此謂多後期而不來至。⑮困弊：困乏疲弊。⑯畢奢城：胡三省曰：「即卑沙城，自登萊海道趨平壤，先至卑沙城，唐貞觀末，程名振亦由此道。」又按《隋書・來護兒傳》，作卑奢城，是畢乃卑之訛無疑。⑰集眾：召集士眾。⑱竊私。⑲不日：猶無幾時。⑳徑：直。㉑答表請行：謂上表章請求出軍。㉒不肯奉詔：不肯奉從詔書令其還師之旨。㉓自足辦之：自足完成之。㉔閫外：郭外，亦即國都之外。㉕寧得：於二者間，決心加以選取之意。㉖譴：責罪。㉗聞奏：謂上奏而聞於人君。㉘來護兒自畢奢城……諸將懼俱請還，乃始奉詔：按此段乃錄自《隋書・來護兒傳》，字句大致相同。㉙邯鄲：今河北省邯鄲縣。㉚抄駕後：抄掠車駕後。㉛得飛黃上廄馬：《隋書・百官志》下：「殿內省又有奉車都尉十二人，掌進御輿馬，統尚食、尚藥、尚衣、尚舍、尚乘、尚輦等六局。尚乘局置左右六閑：一左右飛黃閑，二左右吉良閑，三左右龍媒閑，四左右騊駼閑，五左右駃騠閑，六左右天苑閑。」上廐亦即左閑之意。㉜嚴裝：備裝。㉝殷盛：殷眾阜盛。㉞朝野皆以高麗為意：謂朝野皆以經營高麗為意。㉟作撫夷論以刺之：作宜安撫夷狄之論，以譏刺之。㊱其言始驗：其言方皆應驗。㊲金光門：《隋書・地理志》上：「京兆郡，開皇三年置雍州城，西面延平、金光、開遠三門。」是金光乃西面三門之中門。㊳不齋於次：鄭氏曰：「次，自脩正之處。」㊴詰朝：平旦。㊵備法駕：胡三省曰：「漢仍秦制，大駕八十一乘，法駕三十六乘。隋開皇中，大駕十二乘，法駕減半；帝更定其制，大駕用三十六，法駕用十二。」㊶有事於南郊……御馬疾驅而歸：按此段乃錄自《隋書・禮儀志》一，字句幾全相同。㊷保林慮山為盜：保謂憑依。林慮山，據《隋書・地理志》中，在魏郡林慮縣。㊸乙卯，離石胡劉苗王反……保林慮山為盜：按此段乃錄自《隋書・煬帝紀》大業十年文，字句大致相同。㊹比歲：近年。㊺伐遼：即伐高麗。㊻鎮撫：鎮守安撫。㊼豐實：豐足充實。㊽於事為宜：謂於事為便宜。㊾帝將如東都……下質獄，竟死獄中：按此段乃錄自《隋書・藝術庾質傳》，字句大致相同。㊿轉掠沂水：由他縣轉而刼掠沂水，沂水據《隋書・地理志》下，屬琅邪郡。(51)日滋：日益滋長。(52)譖：讒毀。(53)東海賊帥彭孝才……鎖純詣東都，誅之：按此段乃錄自《隋書・董純傳》，字句大致相同。(54)盱眙：《隋書・地理志》下：「盱眙縣，屬江都郡，有都梁山。」音吁怡。(55)都梁宮：乃以都梁山而為名。(56)阻淮為固：憑依淮水以為險固。(57)以塞險要：謂以居當險要之處。（五八）贏形示弱：按《隋書・王充傳》作：「而贏師示弱。」《舊唐書・王世充傳》作：「乃倡言兵走，贏師自弱。」是贏形以改作贏師為較勝。（五九）文法小吏：猶刀筆小吏。（六〇）將兵：領兵。（六一）吾今生縛取：乃示極端輕蔑之意。（六二）鼓行：謂擊鼓而進，含有明目張膽之意。（六三）結堡：構砌塢堡。（六四）伺其懈：伺其懈弛。（六五）斬首萬餘級：按《舊唐書・王世充傳》，萬餘級下又有俘虜十餘萬人六字，當從添入。（六六）孟讓自長白山寇掠諸郡……斬首萬餘級：按此段乃錄自《舊唐書・王世充傳》，字句大致相同。（六七）蹲狗山：蹲狗者，以形得名。（六八）威振東夏：中國、古籍有名為諸夏者，則於東方自名曰東夏焉。（六九）齊郡通守：《隋書・百官志》下：「煬帝時，諸郡各加置通守一人，位次太守。」（七〇）黜陟：貶升。（七一）祝阿：《隋書・地理志》中：「祝阿縣，屬齊郡。」（七二）齊郡賊帥左孝友……盧明月眾十餘萬，軍祝阿：按此段乃錄自《隋書・誠節張須陀傳》，字句大致相同。（七三）邀之：遮擊之。（七四）歷城：《隋書・地理志》中：「歷城帶齊郡。」（七五）委柵：棄柵。（七六）悉眾：盡其士眾。（七七）超升其樓：騰援而升其柵門上之門樓。（七八）斬關：砍開閉門之管鍵。（七九）煙焰漲天：煙氣火焰漲沖雲霄。（八〇）無筭：謂不可計數。（八一）須陀將萬人邀之……所俘斬無筭：按此段乃錄自《舊唐書・秦叔寶傳》，字句大致相同。

十一年（西元六一五年）

㈠春，正月，增秘書省官百二十員㊀，竝以學士補之。帝好讀書著述，自為揚州總管，置王府學士至百人，常令修撰，以至為帝，前後近二十載，修撰未嘗暫停，自經術、文章、兵農、地理、醫卜、釋道、乃至蒱博㊁鷹狗，皆為新書，無不精洽㊂，共成三十一部，萬七千餘卷。初西京嘉則殿有書三十七萬卷，帝命秘書監柳顧言等詮次㊃，除其複重㊄猥雜㊅，得正御本㊆三萬七千餘卷，納於東都修文殿，又寫五十副本㊇，簡為三品㊈，分置西京、東都宮省㊉官府，其正書皆裝翦華淨㊀，寶軸錦褾㊁，於觀文殿前為書室十四間，窗戶牀褥廚幔㊂，咸極珍麗，每三間開方戶，垂錦幔，上有二飛仙，戶外地中施機發㊃，帝幸書室，有宮人執香爐㊄前行，踐機則飛仙下，收幔而上，戶扉㊅及廚扉皆自啟；帝出，則垂閉復故㊆。

㈡帝以戶口逃亡，盜賊繁多。二月，庚午，詔民悉城居，田隨近給㊇，郡縣、驛亭、村塢皆築城。

㈢上谷賊帥王須拔自稱漫天王，國號燕，賊帥魏刀兒自稱歷山飛，眾各十餘萬，北連突厥，南寇燕趙㊈。

㈣初高祖夢洪水沒都城⑳，意惡之，故遷都大興。申明公李穆薨，孫筠襲爵，叔父渾忿㉑其吝嗇，使兄子善衡賊殺之，而證其從父弟瞿曇㉓，使之償死。渾謂其妻兄左衛率㉒宇文述曰：「若得紹封㉔，當歲奉國賦之半㉕。」述為之言於太子，奏高祖以渾為穆嗣，二歲之後，不復以國賦與述，述大恨之，帝即位，渾累官至右驍衛大將軍，改封郕公，帝以其門族彊盛忌之，會有方士安伽陁㉖言李氏當為天子，勸帝盡誅海內凡李姓者。渾從子將作監敏小名洪兒，帝疑其名應讖㉗，常面告㉘之，冀其引決㉙，敏大懼，數與渾及善衡屏人㉚私語，述譖之於帝，仍遣㉛虎賁郎將河東裴仁基表告㉜渾反，帝收渾等家，遣尚書左丞元文都、御史大夫裴蘊雜治㉝之，按問數日，不得反狀㉞，以實奏聞。帝更遣述窮治之，述誘教敏妻宇文氏為表，誣告：「渾謀因度遼，與其家子弟為將領者，共襲取御營，立敏為天子。」述持入奏之，帝泣曰：「吾宗社幾傾㉟，賴公獲全㊱耳。」三月，丁酉，殺渾、敏㊲、善衡及宗族三十二人㊳，自三從以上皆徙邊徼㊴。後數月，敏妻亦鴆死㊵。

㈤有二孔雀自西苑飛集寶城朝堂殿㊶，親衛校尉㊷高德儒等十餘人見之，奏以為鸞㊸，【考異】雜記云：「五年三月，馬德儒奏孔雀為鸞。」今年月及姓皆從略記，并溫大雅創業起居注。時孔雀已飛去，無可得驗㊹，於是百僚稱賀，詔以德儒誠心冥會㊺，肇見嘉祥，擢拜朝散大夫，賜物百段㊻，餘人皆賜束帛㊼，仍於其地造儀鸞殿㊽。

㈥己酉，帝行幸太原。夏，四月，幸汾陽宮避暑㊾，宮城迫隘㊿，百官士卒布散山谷間，結草為營而居之㊀。

㈦以衛尉少卿李淵為山西河東撫慰大使，【考異】創業注云：「帝自衛尉少卿轉右驍衛將軍，奉詔為太原道安撫大使，即隋大業十二年，煬帝幸樓煩時也。」按十二年，帝未嘗幸樓煩，今從高祖實錄，在幸汾陽宮時。承制黜陟㊁選補郡縣文武官，仍發㊂河東兵討捕羣盜。淵行至龍門㊃，擊賊帥毋端兒，破之㊄。

㈧秋，八月，乙丑，帝巡北塞。【考異】雜記：「六月，突厥賊入嵐城鎮抄掠，遣范安貴討擊之，王師敗績，安貴死，百司震懼。七月，帝幸鴈門，先至天池，值雨，山谷泥深二尺，從官狼狽，帳幕多不至，一夜立露坐雨中，至曉多死，官人無食，貸糒於衛士。」今從隋書。初，裴矩以突厥始畢可汗部眾漸盛，獻策分其勢，欲以宗女嫁其弟叱吉設㊅，拜為南面可汗，叱吉不敢受。始畢聞而漸怨，突厥之臣史蜀胡悉多謀略，為始畢所寵任㊆，矩詐與為互市㊇，誘至馬邑下㊈殺之，遣使詔始畢曰：「史蜀胡悉叛可汗來降，我已相為斬之（六〇）。」始畢知其狀，由是不朝（六一）。戊辰，始畢帥騎數十萬謀襲乘輿，義成公主先遣使者告變。壬申，車駕馳入鴈門，齊王暕以後軍保崞縣（六二），癸酉，突厥圍鴈門，上下恇怖，撤民屋（六三）為守禦之具，城中兵民十五萬口，食僅可支（六四）二旬，鴈門四十一城，突厥克其三十九，唯鴈門、崞不下，突厥急攻鴈門，矢及御前，上大懼，抱趙王杲（六五）而泣，目盡腫。

左衛大將軍宇文述勸帝簡精銳數千騎，潰圍（六六）而出。納言蘇威曰：「城守則我有餘力，輕騎（六七）乃彼之所長，陛下萬乘之主，豈宜輕動（六八）（六九）。」民部尚書樊子蓋曰：「陛下乘危徼幸（七〇），一朝狼狽（七一），悔之何及。不若據堅城以挫其銳，坐徵（七二）四方兵使入援，陛下親撫循（七三）士卒，諭以不復征遼，厚為勳格（七四），必人人自奮，何憂不濟（七五）（七六）！」內史侍郎蕭瑀以為：「突厥之俗，可賀敦（七七）預知（七八）軍謀，且義成公主以帝女嫁外夷，必恃大國之援，若使一介（七九）告之，借使（八〇）無益，庸有（八一）何損！又將士之意，恐陛下既免突厥之患，還事（八二）

高麗，若發明詔[八三]，諭以赦高麗，專討突厥，則眾心皆安，人自為戰矣[八四][八五]。」瑀，皇后之弟也。虞世基亦勸帝重為賞格[八六]，下詔停遼東之役。帝從之。帝親巡將士[八七]，謂之曰：「努力擊賊，苟能保全，凡在行陳，勿憂富貴。必不使有司弄刀筆[八八]，破汝勳勞[八九]。」乃下令守城，有功者，無官直除六品[九〇]，賜物百段，有官以次增益[九一]。使者慰勞，相望於道，於是眾皆踊躍[九二]，晝夜拒戰，死傷甚眾。甲申，詔天下募兵。守令[九三]競來赴難。

李淵之子世民年十六，應募，隸[九四]屯衞將軍雲定興，說定興多齎旗鼓為疑兵，曰：「始畢敢舉兵圍天子，必謂我倉猝不能赴援[九五]故也。宜晝則引[九六]旌旗，數十里不絕，夜則鉦[九七]鼓相應[九八]，虜必謂救兵大至，望風遁去[九九]；不然，彼眾我寡，若悉軍來戰，必不能支。」定興從之[一〇〇]。

帝遣間使求救於義成公主，公主遣使告始畢云：「北邊有急。」東都及諸郡援兵，亦至忻口[一〇一]。九月，甲辰，始畢解圍去，帝使人出偵，山谷皆空，無胡馬，乃遣二千騎追躡，至馬邑，得突厥老弱二千餘人而還。

㈨丁未，車駕還至太原。蘇威言於帝曰：「今盜賊不息，士馬疲弊，願陛下亟還西京，深根固本②，為社稷計。」帝初然之③④。宇文述曰：「從官妻子多在東都，宜便道⑤向洛陽，自潼關而入⑥。」帝從之。

㈩冬，十月，壬戌，帝至東都，【考異】略記九月辛未，帝入東都，今從隋帝紀。顧睍⑦街衢，謂侍臣曰：「猶大有人在。」意謂曏日⑧平楊玄感，殺人尚少故也⑨。蘇威追論勳格太重，宜加斟酌⑩，樊子蓋固請⑪，以為不宜失信。帝曰：「公欲收物情⑫邪！」子蓋懼，不敢對。帝性吝官賞，初平楊玄感，應授勳者多，乃更置⑬戎秩⑭，建節尉為正六品，次奮武、宣惠、綏德⑮、懷仁、秉義⑯、奉誠、立信等尉，遞降一階⑰；將士守鴈門者萬七千人，得勳者纔千五百人，皆準平玄感勳，一戰得第一勳者，進一階，其先無戎秩者，止得立信尉⑱，三戰得第一勳者至秉義尉，其在行陳而無勳者，四戰進一階，亦無賜。會仍議伐高麗，由是將士無不憤怨。初蕭瑀以外戚有才行，嘗事帝於東宮，累遷至內史侍郎，委以機務(一九)。瑀性剛鯁，數言事忤旨(二〇)，帝漸疏之。及鴈門圍解，帝謂羣臣曰：「突厥狂悖(二一)，勢何能為(二二)，少時未散，蕭瑀遽相恐動(二三)，情不可恕(二四)。」出為河池郡守，即日遣之(二五)(二六)。候衞將軍楊子崇從帝在汾陽宮，知突厥必為寇，屢請早還京師，帝怒曰：「子崇怯懦，驚動眾心，不可居爪牙之官(二七)。」出為離石郡守。子崇，高祖之族弟也(二八)。

(十一)楊玄感之亂，龍舟水殿皆為所焚，詔江都更造，凡數千艘，制度仍大於舊者(二九)。

(十二)壬申，盧明月帥眾十萬寇陳汝(三〇)。

(十三)東海李子通有勇力，先依長白山賊帥左才相，羣盜皆殘忍，而子通獨寬仁，由是人多歸之，未半歲，有眾萬人，才相忌之，子通引去(三一)，度淮，與杜伏威合(三二)。伏威選軍中壯士養為假子(三三)，凡三十餘人，濟陰王雄誕、臨濟(三四)闞稜為之冠。既而李子通謀殺伏威，遣兵襲之，伏威被重創，墜馬，雄誕負之逃葭葦中，收散兵(三五)復振。將軍來整擊伏威，破之，其將西門君儀之妻王氏，勇而多力，負伏威以逃，雄誕帥壯士十餘人，衞之，與隋兵力戰，由是得免㊱。來整又擊李子通，破之，子通帥其餘眾奔海陵㊲，復收兵得二萬人，自稱將軍㊳。

（十四）城父㊴朱粲始為縣佐史，從軍，遂亡命，聚眾為盜，謂之可達寒賊，自稱迦樓羅王，眾至十餘萬，引兵轉掠荊沔㊵，及山南郡縣㊶，所過噍類㊷無遺㊸。

（十五）十二月，庚寅，詔民部尚書㊹樊子蓋發關中兵數萬擊絳賊㊺敬盤陀等，子蓋不分臧否㊻，自汾水之北，村塢㊼盡焚之，賊有降者皆阬之，百姓怨憤，益相聚為盜㊽。詔以李淵代之，有降者淵引置左右㊾，由是賊眾多降，前後數萬人，餘黨入他郡。

【今註】㊀增祕書省官百二十員：《隋書・百官志》下：「隋制，祕書省監丞各一人，郎四人，校書郎十二人，正字四人，錄事二人，著作郎二人，佐郎八人，校書郎、正字各二人。煬帝增置少監一人，減校書郎為十人，加置佐郎四人，又置儒林郎十人，文林郎二十人，增校書郎員四十人，加置楷書郎員三十人。」凡百二十七人。㊁蒱博：蒱，摴蒱，音蒲。㊂精洽：精審博洽。㊃詮次：依類而次第之。㊄複重：猶通言之重複。㊅猥雜：猶《隋書・經籍志》序所云之：「浮雜鄙俚。」

⑦御本：皇家所繕寫之書籍。⑧副本：依正本而寫者曰副本。⑨簡為三品：選分為三等。⑩宮省：宮禁臺省。⑪華淨：華麗潔淨。⑫寶軸錦褾：褾，卷端。《隋書・經籍志》序：「分為三品，上品紅瑠璃軸，中品紺瑠璃軸，下品漆軸。」所云寶軸，即指此而言。⑬廚幔：書櫥之幔幕。⑭施機發：施發動之機關。⑮有宮人執香爐：胡三省曰：「香爐始於漢。漢官典職曰：『尚書郎給女史二人，著潔衣服，執香爐，燒薰香。』」⑯扉：戶扇。⑰復故：復如舊狀。⑱田隨近給：給予之田地，皆以在居處附近者為準。⑲上谷賊帥王須拔……北連突厥，南寇燕趙：按此段乃錄自《隋書・煬帝紀》大業十一年文，字句大致相同。⑳洪水沒都城：洪水淹沒都城。㉑忿：恨。㉒而證其從父弟瞿曇：謂出面證明係其從父弟瞿曇所為。㉓左衞率：全銜為太子左衞率。㉔紹封：襲封。㉕當歲奉國賦之半：當每年以其所封中國收斂賦租之半而贈之。㉖阤：同陀。㉗帝疑其名應讖：帝疑其名應圖讖之言，及高祖洪水沒都城之夢。㉘面告：親告。㉙引決：引故自盡。㉚屏人：屏除左右。㉛仍遣：仍、因，《隋書・李穆附渾傳》作乃遣，意俱可通。㉜表告：上表告發。㉝雜治：共治。㉞反狀：反叛之情形。㉟幾傾：幾遭傾覆。㊱獲全：獲得保全。㊲三月丁酉殺渾敏：按《隋書・煬帝紀》大業十一年文，作五月丁酉，說不相同。㊳初高祖夢洪水沒都城……殺渾、敏、善衡及宗族三十二人：按此段乃錄自《隋書・李穆附渾傳》，字句大致相同。㊴邊徼：邊塞。㊵敏妻亦鴆死：敏妻宇文氏，周天元之女，而帝之姊子。㊶有二孔雀自西苑飛集寶城朝堂殿：胡三省曰：「西苑在洛城西，元年所築也。後唐兵之攻王世充，世充使其弟世偉守寶城，則寶城在洛城羅郭之

內，自為一城；既朝堂在焉，則百司廨署皆在焉，自為一城，附於宮城之東南也。唐因隋制，亦以洛陽為東京。六典云：『東城在皇城之東，皇城在東城之內，百僚廨署如京城之制，皇宮在皇城之北。』吾以此推之，皇城蓋即隋之寶城，在宮城東南也。」㊷親衛校尉：《隋書・百官志》下：「煬帝又加有親侍鷹揚府，領親、勳、武三侍，鷹揚每府置越騎校尉二人，步兵校尉二人。」親衛即親侍。㊸鸞：古稱似鳳，五彩而多青色。㊹無可得驗：無可得作驗證。㊺誠心冥會：謂誠心暗知天意。㊻賜物百段：物指帛言，說已見前。㊼束帛：《儀禮・士冠禮》注：「束帛，十端也。」疏：「束帛十端，每端丈八尺，皆兩端合卷，總為五匹，故曰束帛。」㊽儀鸞殿：取意鸞鳳來儀。㊾己酉，帝行幸太原。夏，四月，幸汾陽宮避暑：按《隋書・煬帝紀》大業十一年文，己酉及以下之事，統列於五月，以避暑推之，似當以作五月為近是。㊿迫隘：迫促狹隘。(51)結草為營而居之：為營猶為屋。(52)承制黜陟：謂凡應行黜陟之事，先行核辦，然後以奏聞之。(53)仍發：因發。(54)龍門：《隋書・地理志》中：「龍門屬河東郡。」(55)以衞尉少卿李淵……擊賊帥毋端兒破之：按此段乃用《舊唐書・高祖紀》之文，字句大致相同。(56)以宗女嫁其弟叱吉讒：《隋書・裴矩傳》，讒作設。《北史・裴佗附矩傳》亦同之，是讒當改作設。(57)寵任：寵幸信任。(58)互市：謂互市易貨物。(59)馬邑下：馬邑郡中。(60)相為斬之：相，語助辭，無義，謂已為汝斬之。(61)初裴矩以突厥始畢可汗……始畢知其狀，由是不朝：按此段乃錄自《隋書・裴矩傳》，字句大致相同。(62)崞縣：《隋書・地理志》中：「崞縣，屬鴈門郡。」音郭。(63)撤民屋：謂拆民屋之木石。(64)可支：可供。(65)趙王杲：帝子。

音槁。(六六)潰圍：猶突圍。(六七)輕騎：輕騎追逐。(六八)豈宜輕動：《隋書・蘇威傳》作：「何宜輕脫。」輕脫謂輕易脫忽，乃六朝之常用語，宜保留之，以印存其時代色彩。(六九)納言蘇威曰……豈宜輕動：按此段乃錄自《隋書・蘇威傳》，字句大致相同。(七〇)儌幸：謂覬非望。(七一)一朝狼狽：一旦狼狽不堪，亦即一旦潰敗。(七二)坐徵：因徵。(七三)撫循：猶撫慰。(七四)厚為勳格：高為功勳之賞格。(七五)不濟：不成。(七六)民部尚書樊子蓋曰……何憂不濟：按此段雖本於《隋書・樊子蓋傳》，而字句間有改易。(七七)可賀敦：突厥可汗之妻，名可賀敦。(七八)預知：參預聞知。(七九)一介：謂一單使。(八〇)借使：為假設語，猶假使。(八一)庸有：豈有。(八二)還事：轉事。(八三)明詔：明為恭維語，與明主之明同意。(八四)人自為戰矣：謂人人自然奮勇作戰矣。(八五)內史侍郎蕭瑀以為……人自為戰矣：按此段乃錄自《舊唐書・蕭瑀傳》，字句大致相同。(八六)重為賞格：按此與上厚為勳格之實質相同，蓋厚為勳格，則所封賞者，自必甚為優渥。(八七)親巡將士：親自巡視將士。(八八)刀筆：古以竹簡作書，須以刀刊削其錯誤者，故與筆常伴隨一起，而曰刀筆。至後代則通曰筆墨。(八九)破汝勳勞：謂毀損汝之勳勞。(九〇)無官直除六品：原無官者，則開端即除封六品之職。(九一)有官以次增益：原有官爵者，則按六品以上以次增加。(九二)眾皆踴躍：眾皆踴躍歡呼。(九三)守令：太守縣令。(九四)隸：屬。(九五)倉猝不能赴援：於倉猝之間，不能前往援救。(九六)引：揭列。(九七)鉦：《說文》：「鐃也，似鈴，柄中，上下通。」(九八)相應：相應和。(九九)望風遁去：《舊唐書・太宗紀》作：「望塵而遁。」蓋此全辭為風塵，用以狀軍行塵土飛騰之態。而此則一作風，一作塵，然二者實皆取風塵之意。(一〇〇)李淵之子世民……定興從之：按此段乃錄自《舊唐書・

太宗紀》上，字句大致相同。㉑忻口：《九域志》：「忻州秀容縣有忻口寨。」《隋書・地理志》中：「秀容縣屬樓煩郡，開皇十八年置忻州。」殆以忻口而為名也。㉒深根固本：深固根本。㉓初然之：初以為是。㉔蘇威言於帝曰……帝初然之：按此段乃錄自《隋書・蘇威傳》，字句大致相同。㉕宜便道：宜由順便之道。㉖宇文述曰從官妻子……自潼關而入：按此段乃錄自《隋書・宇文述傳》，字句大致相同。㉗顧眄：後顧斜視，此處乃謂觀視。㉘曏日：昔日。㉙殺人尚少故也：按故字無意，應刪。㉚宜加斟酌：謂宜加斟酌，稍行抑損。㉛固請：堅決請求。㉜物情：指人心而言。㉝更置：更改處置。㉞戎秩：軍職。㉟次奮武、宣惠、綏德：按《隋書・百官志》下：「奮武從六品，宣惠正七品，綏德從七品。」即所謂遞降一階者也。㊱秉義：《隋書・百官志》下，作守義。㊲戎秩建節尉為正六品……遞降一階：按此段乃用《隋書・百官志》下之材料，而於文字，則另行編組。㊳其先無戎秩者，止得立信尉：按《隋書・百官志》下，立信尉為從九品，而於圍城中所下之令，謂守城有功者，無官直除六品。兩兩相較，知減降固甚多也，誠可謂吝於封賞矣。㊴機務：樞機之事務。㊵忤旨：逆旨。㊶狂悖：狂妄悖逆。㊷勢何能為：於形勢上，何能有所作為。㊸遽相恐動：謂遽即以相恐嚇動搖。㊹恕：宥恕。㊺即日遣之：謂立即遣之赴任。㊻初蕭瑀以外戚有才行……即日遣之：按此段乃錄自《舊唐書・蕭瑀傳》，字句大致相同。㊼爪牙之官：護衞之職。㊽候衞將軍楊子崇……子崇，高祖之族弟也：按此段乃錄自《隋書・楊子崇傳》，字句大致相同。㊾制度仍大於舊者：制度規模，因大於舊者。㊿寇陳汝：《隋書・地理志》中：「陳州，淮陽郡；汝州，襄城郡。」㊂引去：率眾而去。㊂東海李子通有勇力……與杜伏威合：按此段乃錄自《舊唐書・李子通傳》，字句大致相同。㊂選軍中壯士，養為假子：按是時養假子之風頗盛，《北齊書・恩倖和士開傳》：「河清天統以後，威權轉盛，朝士不知廉恥者，多相附會，甚者為其假子。」《舊唐書・輔公祏傳》：「初伏威養壯士三十餘人為假子，分領兵馬，唯闞稜、王雄誕知名。」假子亦有名為義兒者。《舊唐書・張亮傳》：「陝人常德玄告其事，幷言亮有義兒五百人。太宗遣法官按之。……太宗謂侍臣曰：『亮有義兒五百，畜養此輩，將何為也？正欲反耳。』」同書〈高開道傳〉：「時開道親兵數百人，皆勇敢士也，號為義兒，常在閤內。」又有名為養子者。《舊唐書・輔公祏傳》：「伏威潛忌之，為署其養子闞稜為左將軍，王雄誕為右將軍，推公祏為僕射。」闞稜、王雄誕，〈輔公祏傳〉，前名曰養子，後則呼曰假子，足知養子與假子之相同矣。又義含外意，《孟子・告子》：「義，外也，非內也。」是其取意所自。世俗由此引申，凡在外而不從己身所出，如義手、義足、義齒、義髻，屬於人工所假為者，咸名之曰義，是義子更與假子毫無差別。由之，足知假子、義子、養子，名雖不同，而其所指，則實一也。原斯時所以盛行養假子者，以世局擾攘，人思自雄，而所合集之徒，率無仁義之浸潤，鮮救民之遠懷，惟以膂力相尚，利益是競，動致反目水火，轉成仇敵，遂不得不以家人父子之關係，以資羈縻維繫，於是養子義兒之風尚，遂興起而盛行焉。又斯時貪冒之輩，率以能為權貴者之兒為榮。《隋書・宇文述傳》：「然性貪鄙，知人有珍異之物，必求取之。富商大賈及隴右諸胡子弟，述皆接以恩意，呼之為兒。」藉之，又可知該時人為人假子之趨向及情形矣。㉞臨濟：《隋書・地理志》中：「屬齊郡，齊郡舊曰齊州。」故《舊唐書・杜伏威附闞稜傳》，作齊州臨濟人。實皆相同。㉟收散兵：收集潰散兵卒。㊱既而李子通謀殺伏威……與隋兵力戰，由是得免：按此段乃錄自《舊唐書・杜伏威附王雄誕傳》，字句大致相同。㊲海陵：《隋書・地理志》下：「海陵縣，屬江都郡。」㊳來整又擊李子通……自稱將軍：按此段乃錄自《舊唐書・李子通傳》，字句大致相同。㊴城父：《隋書・地理志》中：「城父縣，屬譙郡。」㊵荊沔：《隋書・地理志》下：「荊州，南郡；沔州，沔陽郡。」㊶山南郡縣：謂長安南山之南。《隋書・煬帝紀》大業十二年文作：「漢南諸郡，多為所陷。」山南一作漢南。㊷噍類：謂生存之人口。㊸城父朱粲……所過，噍類無遺：按此段乃錄自《舊唐書・李子通附朱粲傳》，字句大致相同。㊹庚寅，詔民部尚書：按《隋書・煬帝紀》大業十二年文作：「十二月庚辰。」以上之戊寅推之，知以作庚辰為是。㊺絳賊：《隋書・煬帝紀》作：「絳郡賊。」知絳乃指絳郡而言。㊻臧否：善惡。㊼村塢：村，村落；塢，聚居而外築牆垣以資衞護。㊽詔民部尚書樊子蓋……益相聚為盜：按此段乃錄自《隋書・樊子蓋傳》，字句大致相同。㊾有降者，淵引置左右：引置左右，以示親信。

卷一百八十三　隋紀七

司馬光 編集
曲守約 註

起柔兆困敦，盡彊圉赤奮若五月，凡一年有奇。（丙子，西元六一六年）

煬皇帝下

大業十二年（西元六一六年）

㈠春，正月，朝集使不至者二十餘郡㈠，始議分遣使者十二道發兵，討捕盜賊。

㈡詔毗陵通守㈡路道德集十郡兵數萬人，於郡東南起宮苑㈢，周圍十二里，內為十六離宮，大抵倣東都西苑之制，而奇麗過之，又欲築宮於會稽，會亂㈣不果成。

㈢三月，上巳，帝與羣臣飲於西苑水上，命學士杜寶撰水飾圖經㈤，采古水事七十二，使朝散大夫黃袞以木為之㈥，間以妓航㈦酒船，人物自動如生㈧，鍾磬箏瑟能成音曲。

㈣己丑，張金稱陷平恩㈨，一朝殺男女萬餘口，又陷武安、鉅鹿、清河諸縣（一〇），金稱比諸賊尤殘暴，所過民無孑遺（一一）。

㈤夏，四月，丁巳，大業殿西院火，帝以為盜起，驚走入西苑，匿草間，火定，乃還。

㈥帝自八年以後，每夜眠恒驚悸（一二），云有賊，令數婦人搖撫，乃得眠（一三）。

㈦癸亥，歷山飛（一四）別將甄翟兒眾十萬，寇太原，將軍潘長文敗死。

㈧五月，丙戌朔，日有食之，既（一五）。

㈨壬午，帝於景華宮徵求螢火，得數斛，夜出遊山放之，光遍巖谷（一六）。【考異】吳兢貞觀政要：「貞觀八年，上謂侍臣曰，人君之言，不可容易，隋煬帝幸甘泉宮，怪無螢火，勑云捉取少多，於宮照夜，所司遽遣數千人，採拾送五百轝於宮側，小事尚爾，況其大平乎！」今從隋書。

㈩帝問侍臣盜賊，左翊衛大將軍宇文述曰：「漸少。」帝曰：「比從來（一七）少幾何？」對曰：「不能什一（一八）。」納言蘇威引身隱柱（一九），帝呼前問之，對曰：「臣非所司，不委（二〇）多少，但患（二一）漸近。」帝曰：「何謂也？」威曰：「他日（二二），賊據長白山，今近在汜水（二三）（二四），且往日租賦丁役，今皆何在，豈非其人皆化為盜乎？比見（二五）奏賊，皆不以實，遂使失於支計㉖，不時翦除㉗。又昔在鴈門，許罷征遼，今復徵發，賊何由息㉘？」帝不悅而罷。尋屬㉙五月五日，百僚多饋㉚珍玩，威獨獻尚書，或譖之曰：「尚書有五子之歌，威意甚不遜㉛。」帝益怒，頃之，帝問威以伐高麗事，威欲帝知天下多盜，對曰：「今茲㉜之役，願不發兵，但赦羣盜，自可得數十萬，遣之東征，彼喜於免罪，爭務㉝立功，高麗可滅。」帝不懌㉞，威出，御史大夫裴蘊奏曰：「此大不遜㉟，天下何處有許多賊！」帝曰：「老革㊱多姦，以賊脅我㊲，欲批㊳其口，且復隱忍㊴。」蘊知帝意，遣河南白衣㊵張行本奏：「威昔在高陽典選㊶，濫授人官，畏怯㊷突厥，請還京師。」帝令案驗，獄成，下詔數威罪狀㊸，除名為民㊹。後月餘，復有奏威與突厥陰圖不軌㊺者，事下裴蘊推之㊻，蘊處威死㊼。威無以自明，但摧謝㊽而已，帝憫而釋之曰：「未忍即殺㊾㊿。」并其子孫，三世皆除名。

(十)秋，七月，壬戌，濟景公樊子蓋卒(51)。

(十一)江都新作龍舟成，送東都，宇文述勸幸江都，右候衛大將軍酒泉趙才諫曰：「今百姓疲勞，府藏(五二)空竭，盜賊蜂起，禁令(五三)不行，願陛下還京師，安兆庶。」帝大怒，以才屬吏(五四)，旬日意解，乃出之。朝臣皆不欲行，帝意甚堅，無敢諫者。建節尉(五五)任宗上書極諫，即日於朝堂(五六)杖殺之。甲子，帝幸江都，命越王侗與光祿大夫段達、大府卿元文都、檢校民部尚書韋津、右武衛將軍皇甫無逸、右司郎(五七)盧楚等，摠留後事(五八)。津，孝寬之子也。帝以詩留別宮人曰，「我夢江都好，征遼亦偶然(五九)。」奉信郎(六十)崔民象以盜賊充斥，於建國門(六一)上表諫，帝大怒，先解其頤，然後斬之。

(十三)戊辰，馮翊孫華舉兵為盜(六二)。虞世基以盜賊充斥，請發兵屯洛口倉，帝曰：「卿是書生，定猶恇怯(六三)。」戊辰，車駕至鞏(六四)，勅有司移箕山、公路二府(六五)於倉內，仍令築城，以備不虞。至汜水，奉信郎王愛仁復上表請還西京，帝斬之而行，至梁郡，郡人邀車駕(六六)上書曰：「陛下若遂幸(六七)江都，天下非陛下之有。」又斬之。是時李子通據海陵，左才相掠淮北，杜伏威屯六合(六八)，眾各數萬，帝遣光祿大夫陳稜將宿衛精兵八千討之，往往克捷。

⒁八月，乙巳，賊帥趙萬海眾數十萬，自恒山寇高陽。

⒂冬，十月，己丑，許恭公宇文述卒。初述子化及、智及皆無賴[69]，化及事帝於東宮，帝寵昵[70]之，及即位，以為太僕少卿。帝幸榆林，化及、智及冒禁[71]與突厥交市，帝怒，將斬之，已解衣辮髮[72]，既而釋之，賜述為奴。智及弟士及以尚主之故，常輕智及，惟化及與之親昵，述卒，帝復以化及為右屯衛將軍，智及為將作少監[73]。

⒃李密之亡也，往依郝孝德，【考異】韓昱壺關錄曰：「大業十一年正月，歷亭鎮將王該，認形狀獲李密，送宇文述，密佯患足疾，防守者一日不行一二十里，忽至一澗，水深岸險，密跛足寅緣佯足蹶，返撲而墜，乃至良久，狀若未蘇，防守者又無計下取之，遂以手中鏘戟引之，密以手援戟，佯作失勢，推戟向水，守者以危岸，手探不住，遂即放卻，密即得槍，獨守者，二人俱斃，遂投郝孝德於平原。」按密楊玄感之黨，前已詐亡，防者豈得不加械繫，怠慢如此？今不取。孝德不禮之，又入王薄，薄亦不之奇也，密困乏，至削樹皮而食之，匿於淮陽村舍，變姓名[74]，聚徒教授，郡縣疑而捕之，密亡去，抵其妹夫雍丘[75]令丘君明，君明不敢舍[76]，轉寄密於遊俠王秀才家，秀才以女妻之。君明從姪[77]懷義告其事，帝令懷義自齎敕書與梁郡通守楊汪相知[78]收捕。汪遣兵圍秀才宅，適值密出外，由是獲免，君明、秀才皆

死㊄。

㈦韋城㊇翟讓為東都㊇灋曹㊇，坐事當斬，獄吏黃君漢奇其驍勇，夜中潛謂讓曰：「翟灋司，天時人事，抑㊇亦可知，豈能守死獄中㊇乎！」讓驚喜曰：「讓圈牢㊇之豕，死生唯黃曹主㊇所命㊇。」君漢即破械出之㊇，讓再拜曰：「讓蒙再生之恩，則幸矣，奈黃曹主何㊇！」因泣下，君漢怒曰：「本以公為大丈夫，可救生民之命，故不顧其死以奉脫㊈，奈何反效㊈兒女子涕泣相謝㊈乎！君但努力自免，勿憂吾也。」讓遂亡命，於瓦崗㊈為羣盜。同郡單雄信，【考異】唐書云雄信曹州人。今從河洛記。驍健善用馬槊，聚少年往從之。離狐㊈徐世勣家於衞南㊈，年十七，有勇略，說讓曰：「東郡於公與勣，皆為鄉里，人多相識，不宜侵掠，滎陽梁郡，汴水所經，剽㊈行舟，掠商旅，足以自資。」讓然之，引眾入二郡界，掠公私船，資用豐給，附者益眾，聚徒至萬餘人㊈。時又有外黃王當仁、濟陽㊈王伯當，韋城周文舉、雍丘李公逸等，皆擁眾㊈為盜。

㈧李密自雍州亡命，往來諸帥間，說以取天下之策，始皆不信，久之，稍以為然，相謂曰：「斯人公卿子弟(40)，志氣若是，今人人皆云：『楊氏將滅，李氏將興。』吾聞王者不死(41)，斯人再三獲濟(42)，豈非其人乎！」由是漸敬密，密察諸帥唯翟讓最彊，乃因王伯當以見讓，【考異】隋唐書皆云：「密歸翟讓，其中有知密是玄感亡將，潛勸讓害之；密懼，因王伯當以策干讓，讓始敬焉。」按密既亡歸羣盜，必不隱其姓名，誰不知玄感亡將，讓得之，當用以敵隋，何惡於密而害之？今不取。革命記云：「密投賊帥郝孝德，說之曰，若能用密之策，河朔可指揮而定。孝德曰，本緣饑荒求活性命，何敢別圖！國家若知公在此，孝德死亡無日。翟讓等徒眾絕多，請將兵送公於彼。是日孝德以馬一匹，自送至河，執袂飲酒而別，軍中慕從者亦數十人。仍遣兵馬，將送密於翟讓。」今從隋書。為讓畫策，往說諸小盜，皆下之；讓悅，稍親近密(43)，與之計事。密因說讓曰：「劉項(44)皆起布衣(45)，為帝王，今主昏(46)於上，民怨於下，銳兵(47)盡(48)於遼東，和親絕於突厥(49)，方乃巡遊楊越，委棄東都(50)，此亦劉項奮起之會也(51)。以足下雄才大略，士馬精銳，席卷(52)二京，誅滅暴虐，隋氏(53)不足亡也。」讓謝(54)曰：「吾儕羣盜，旦夕偷生草間(55)，君之言者，非吾所及(56)也。」會有(57)李玄英者，自東都逃來，經歷諸賊，求訪李密云：「斯人當代隋家。」人問其故，玄英言：「比來民間謠歌有桃李章(58)曰：『桃李子，皇后繞揚州，宛轉花園裏，勿浪語(59)，誰道許(60)。』桃李子謂逃亡者李氏之子也，皇與后，皆君也，宛轉花園裏，謂天子在揚州，無還日，將轉於溝壑也；莫浪語，誰道許者，密也。」既與密遇，遂委身㉑事之。前宋城㉒尉齊郡房玄藻自負㉓；其才，恨不為時用，預㉔於楊玄感之謀，變姓名亡命，遇密於梁宋㉕之間，遂與之俱遊漢沔㉖，偏入諸賊，說其豪傑，還日，從者數百人，仍為遊客，處於讓營。

讓見密為豪傑所歸，欲從其計，猶豫未決。有賈雄者，曉陰陽占候，為讓軍師，言無不用，密深結於雄，使之託術數以說讓㉗，雄許諾，懷之未發；會議召雄，告以密所言，問其可否，對曰：「吉不可言㉘。」又曰：「公自立，恐未必成，若立斯人，事無不濟。」讓曰：「如卿言，蒲山公㉙當自立，何來從我？」對曰：「事有相因㉚，所以來者，將軍姓翟，翟者澤也，蒲非澤不生，故須㉛將軍也。」讓然之，與密情好日篤㉛。

密因說讓曰：「今四海糜沸㉜不得耕耘，公士眾雖多，食無倉廩，唯資野掠㉞，常苦不給㉟，若曠日㊱持久，加以大敵臨之，必渙然㊲離散。未若先取滎陽，休兵館穀㊳，【考異】革命記：「密說讓曰，洛口倉米逾巨億，請公發一札之令，使密奉之，告諸道英雄，就倉食米，必相雲合響應，受命於公，然後稱帝號，以定中原云云。讓曰，就倉食米，實是上謀，自顧庸賤，寧敢別創餘心！必如此謀，願奉公為主。密懷懼，改容而拜，讓亦拜，於是言宴盡歡，各恨相知之晚。即日，讓作書與密，散告諸處賊頭，並尅期定日，令總會洛口倉食米。」今從隋書。待士馬肥充（三九），然後與人爭利（四〇）。」

讓從之，於是破金隄關（四一），攻滎陽諸縣，多下之。

滎陽太守、郇王慶，弘之子也（四二），不能討，帝徙張須陀為滎陽通守以討之。庚戌，須陀引兵擊讓，讓屢（四三）數為須陀所敗，聞其來，大懼，將避之。密曰：「須陀勇而無謀，兵又驟勝（四四），既驕且狠（四五），可一戰擒也。公但列陳以待，密保（四六）為公破之。」讓不得已，勒兵（四七）將戰，密分兵千餘人伏於大海寺北林間，須陀素輕讓，方陳而前，讓與戰不利，須陀乘之，逐北十餘里，密發伏掩之（四八），須陀兵敗，密與讓及徐世勣、王伯當合軍圍之（四九），須陀潰圍出，左右不能盡出，須陀躍馬復入救之，來往數四，遂戰死（五〇）（五一），所部兵晝夜號哭，數日不止，河南郡縣為之喪氣（五二）。鷹揚郎將（五三）河東賈務本為須陀之副，亦被傷，帥餘眾五千餘人奔梁郡，務本尋卒。詔以光祿大夫裴仁基為河南討捕大使，代領其眾，徙鎮虎牢（五四）。

讓乃令密建牙（五五），別統所部，號蒲山公營。密部分（五六）嚴整，凡號令士卒，雖盛夏皆如背負霜雪(五七)，躬服(五八)儉素(五九)，所得金寶(六〇)，悉頒賜麾下，由是人為之用(六一)。麾下(六二)士卒多為讓士卒所陵辱，以威約(六三)有素，不敢報也。讓謂密曰：「今資糧粗足(六四)，意欲還向瓦崗，公若不往，唯公所適，讓從此別矣。」讓帥輜重東引(六五)，密亦西行，至康城，說下數城，大獲資儲(六六)，讓尋悔，復引兵從密。

(九)鄱陽賊帥操師乞自稱元興王，建元始興(六七)，【考異】隋帝紀作操天成。按唐高祖實錄林士弘傳：「大業末，與其鄉人操師乞起為羣盜，師乞僭號，建元為天成，攻陷豫章郡，入據之。」唐書士弘傳：「操乞師自號元興王。」皆無操天成名，此賊本一人，而隋唐二史各有名號年紀，今參取之。攻陷豫章郡，以其鄉人林士弘為大將軍。詔治書侍御史劉子翊將兵討之，師乞中流矢死，士弘代統其眾，與子翊戰於彭蠡(六八)湖，子翊敗死，士弘兵大振，至十餘萬人。十二月，壬辰，士弘自稱皇帝，國號楚，建元太平，【考異】唐高祖實錄：「士弘自稱南越王，尋僭號，建元延康。」唐書林士弘傳：「操乞師攻陷豫章郡而據之，以士弘為大將軍，乞師既死，士弘代董其眾(六九)，復與劉子翊大戰於彭蠡湖，隋師敗績，子翊死之，士弘大振，兵至十餘萬，十三年，徙據處州稱帝(七〇)。」其國號年名與此同，今從隋書。遂取九江、臨川、南康、宜春等郡，豪傑爭殺隋守令(七一)，以郡縣應之。其地北自九江，南及番禺(七二)，皆為所有(七三)。

(廿)詔以右驍衛將軍唐公李淵為太原留守，以虎賁郎將王威、虎牙郎將高君雅為之副(七四)，將兵討甄翟兒，與翟兒遇於雀鼠谷(七五)，淵眾纔數千，賊圍淵數匝(七六)，李世民將精兵救之，拔淵於萬眾之中(七七)，會步兵至，合擊，大破之(七八)。【考異】新舊唐書本紀皆云：「十三年，拜太原留守。」新書仍云：「擊高陽歷山飛甄翟兒於西河，破之。」今從隋帝紀。

(廿一)帝疏薄骨肉，蔡王智積每不自安(七九)及病，不呼醫，臨終謂所親曰：「吾今日始知得保首領，沒於地矣(八〇)(八一)。」

(廿二)張金稱、郝孝德、孫宜雅、高士達、楊公卿等寇掠河北，屠陷郡縣，隋將帥敗亡者相繼；唯虎賁中郎將(八二)蒲城(八三)王辯、清河郡丞華陰(八四)楊善會數(八五)有功，善會前後與賊七百餘戰，未嘗負敗(八六)。帝遣太僕卿楊義臣討張金稱，金稱營於平恩(八七)東北，義臣引兵直抵臨清(八八)之西，據永濟渠(八九)為營，去金稱營四十里，深溝高壘(九〇)不與戰，金稱日引兵至義臣營西，義臣勒兵擐甲(九一)，約(九二)與之戰，既而不出；日暮，金稱還營，明旦復來，如是月餘，義臣竟不出。金稱以為怯，屢逼其營詈(九三)辱之，義臣乃謂金稱曰：「汝明旦來，我當必戰。」金稱易之(九四)，不復設備，義臣簡(九五)精騎二千，夜自館陶濟河(九六)，伺金稱離營，即入擊其累重(九七)，金稱聞之，引兵還，義臣從後擊之，金稱大敗，與左右逃於清河之東，月餘，楊善會討擒之，吏立木於市，懸其頭，張其手足，令仇家割食之，未死間，歌謳不輟。詔以善會為清河通守。

(廿三)涿郡通守郭絢將兵萬餘人，討高士達，士達自以才略不及竇建德，乃進(九八)建德為軍司馬，悉以兵授之。建德請士達守輜重，自簡精兵七千人拒絢，詐為與士達有隙而叛，遣人請降於絢，願為前驅(九九)，擊士達以自効(一〇〇)。絢信之，引兵隨建德至長河(一〇一)，不復設備(一〇二)，建德襲之，殺虜數千人，斬絢首，獻士達。張金稱餘眾皆歸建德。

楊義臣乘勝至平原，欲入高雞泊討之，建德謂士達曰：「歷觀隋將，善用兵者，無如義臣，今滅張金稱而來，其鋒不可當，請引兵避之，使其欲戰不得，坐費歲月(一〇三)，將士疲倦，然後乘間(一〇四)擊之，乃可破也；不然，恐非公之敵。」士達不從，留建德守營，自帥精兵逆擊義臣，戰小勝，因縱酒高宴(一〇五)，建德聞之曰：「東海公未能破敵，遽自矜大㉖，禍至不久矣。」後五日，義臣大破士達，於陳斬之，乘勝逐北趣其營，營中守兵皆潰㉗，建德與百餘騎亡去至饒陽㉘，乘其無備，攻陷之，收兵得三千餘人。義臣既殺士達，以為建德不足憂，引去，建德還平原，收士達散兵，收葬死者，為士達發喪㉙，軍復大振，【考異】革命記曰：「高士達、高德政與宗族鳩集離散，得五萬人捺渦於四根柳樹，入高雞泊中，德政自號東海公，以建德為長史，俄而德政病死，即有高攆脫繼立為東海公，建德仍依舊任。攆脫領兵刼抄，至晏城府，為城中兵所射而死。賊之異姓皆欲建德為主，高氏一族不欲更立別人，遂分為兩軍，各相猜貳。然高氏兵精強，建德恐被屠，乃詐分為官軍，告高氏併力共擊之，高氏無疑，即合軍共鬭，兵刃纔交，建德自後擊之，高氏兵大亂，建德兩軍擁掠，遣坐簡其驍勇，及頭首千餘人，殺之，遂總統其眾。建德自號長樂王，寇抄州縣，即大業十二年二月也。」今從隋唐書。自稱將軍。先是羣盜得隋官及士族子弟㉚，皆殺之，獨建德善遇之，由是隋官稍以城降之，聲勢日盛，勝兵㉛至十餘萬人㉜。

(卌)內史侍郎虞世基以帝惡聞賊盜，諸將及郡縣有告敗求救者，世基皆抑損表狀㉝，不以實聞，但云：「鼠竊狗盜㉞，郡縣捕逐㉟，行當殄盡㊱，願陛下勿以介懷㊲。」帝良以為然，或杖其使者，以為妄言。由是盜賊徧海內，陷沒郡縣，帝皆弗之知也。楊義臣破降河北賊數十萬，列狀㊳上聞，帝歎曰：「我初不聞賊，頓㊴如此，義臣降賊何多也！」世基對曰：「小竊雖多，未足為慮，義臣克之，擁兵(二〇)不少，久在閫外(二一)，此最非宜。」帝曰：「卿言是也。」遽追義臣，放散其兵，賊由是復盛(二二)。治書侍御史韋雲起劾奏(二三)：「世基及御史大夫裴蘊，職典(二四)樞要(二五)，維持內外(二六)，四方告變，不為奏聞，賊數實多，裁減言少(二七)，陛下既聞賊少，發兵不多，眾寡懸殊(二八)，往皆不克，故使官軍失利，賊黨日滋(二九)，請付有司，結正(三〇)其罪。」大理卿鄭善果奏：「雲起詆訾(三一)名臣(三二)，所言不實，非毀朝政，妄作威權(三三)。」由是左遷(三四)雲起為大理司直(三五)(三六)。

(二五)帝至江都，江淮郡官謁見者，專問禮餉豐薄(三七)，豐則超遷丞守(三八)，薄則率從停解(三九)。江都郡丞王世充獻銅鏡、屏風(四〇)，遷通守(四一)，歷陽郡丞趙元楷獻異味，遷江都郡丞(四二)。由是郡縣競務刻剝(四三)，以充貢獻，民外為盜賊所掠，內為郡縣所賦(四四)，生計無遺(四五)，加之饑饉(四六)無食；民始采樹皮葉，或擣藁(四七)為末，或煑土而食之，諸物皆盡、乃自相食。而官食猶充牣(四八)，吏皆畏濃，莫敢振救。王世充密為帝簡閱(四九)江淮民間美女，獻之，由是益有寵。

(七六)河間賊帥格謙擁眾十餘萬，據豆子䴚，自稱燕王，帝命王世充將兵討斬之(二五〇)。謙將勃海高開道收其餘眾，寇掠燕地，軍勢復振(二五一)。

(七七)初帝謀伐高麗，器械資儲皆積於涿郡，涿郡人物殷阜(二五二)，屯兵數萬，又臨朔宮多珍寶，諸賊競來侵掠，留守官虎賁郎將趙什住等不能拒，唯虎賁郎將雲陽(二五三)羅藝獨出戰，前後破賊甚眾，威名日重，什住等陰忌之(二五四)。藝將作亂，先宣言以激其眾曰：「吾輩討賊數有功，城中倉庫山積(二五五)，制在留守之官(二五六)，而莫肯散施，以濟貧乏，將何以勸將士(二五七)！」眾皆憤怨，軍還，郡丞出城候藝(二五八)，藝因執之，陳兵(二五九)而入，什住等懼，皆來聽命，乃發庫物，以賜戰士，開倉廩以賑貧乏，境內咸服，殺不同己者勃海太守唐禕等數人，威振燕地，柳城、懷遠並歸之。藝黜柳城(二六〇)太守楊林甫，改郡為營州(二六一)，以襄平太守鄧暠為總管，藝自稱幽州總管(二六二)。

(七八)突厥數寇北邊，詔晉陽留守(二六三)李淵帥太原道兵，與馬邑太守王仁恭擊之，時突厥方彊，兩軍眾(二六四)不滿五千，仁恭患之，淵選善騎射者二千人，使之飲食舍止(二六五)一如突厥，或與突厥遇，則伺便擊之，前後屢捷，突厥頗憚之。

【今註】㊀朝集使不至者二十餘郡：天子正旦大朝會，諸郡計吏皆覲，任此使者謂之朝集使，今有二十餘郡不至，乃以阻於盜賊故也。㊁毗陵通守：毗陵郡在江南，轄有江陰、無錫諸縣。通守為次於太守之官，乃煬帝時置。㊂宮苑：宮殿苑囿。㊃會亂：遇亂。㊄水飾圖經：謂水上遊樂裝飾之圖籍。㊅以木為之：以木材仿而製之。㊆妓航：航、船，謂樂妓之船。㊇人物自動如生：此諸人物，率以木材雕成，而能自行動作，宛如生人然。㊈平恩：《隋書・地理志》中：「平恩縣、屬武安郡。」㊉又陷武安、鉅鹿、清河諸縣：《隋書・地理志》中：「武安縣屬武安郡。鉅鹿縣屬襄國郡。」胡三省曰：「清河郡帶清河縣，既郡城堅守，則此縣不陷。詳考隋志，帶郭之清河本武城縣，開皇初改名清河，而清陽縣則舊清河縣，金稱所陷蓋此。」⑪民無孑遺：孑，單，遺、餘，謂無單孑遺餘。⑫驚悸：驚恐心動。⑬令數婦人搖撫乃得眠：搖撫殆同於今之按摩。⑭歷山飛：乃魏刀兒之綽號。⑮既：盡。⑯歷山飛別將甄翟兒……光遍巖谷：按此段乃錄自《隋書・煬帝紀》大業十二年文，字句大致相同。⑰比從來：猶比從前，或比自從有盜賊以來。⑱不能什一：賊今已不足什分之一，意謂減少甚多。⑲引身隱柱：謂移身而隱於柱後，蓋不能詭對，故冀帝不見而免問之。⑳不委：胡三省曰：「不委、不悉。」㉑患：憂。㉒他日：以前。㉓汜水：《隋書・地理志》中：「汜水屬滎陽郡，」音祀。㉔帝問侍臣盜賊……今近在汜水：按此段乃錄自《隋書・蘇威傳》，字句稍有出入。㉕比見：近見。㉖支計：支度按排。㉗不時翦除：不克應時平除。㉘威曰且往日租賦丁役……賊何由息：按此段蘇威言語，不載於《隋書・蘇威傳》及《北史・蘇綽附威傳》，未審《通鑑》自何處錄入。㉙屬五月五日：屬，近。㉚饋：贈送。㉛尚書有五子之歌，威意甚不遜：言威以帝逸豫盤遊不知返，將至失邦，如夏太康也。㉜今茲：今年。㉝爭務：爭求。㉞懌：悅。㉟大不遜：甚不遜順。㊱老革：胡三省曰：「蜀志：『彭羕詆劉備曰，老革荒悖。』注云：『老革皮色枯瘁之形，羕罵備為老革，猶言老兵也。』」㊲以賊脅我：以賊勢之眾威脅於我。㊳批：謂以手擊。㊴隱忍：隱藏而容忍之。㊵白衣：謂無官職之人。《北史・蘇綽附威傳》，則作御史張行本，此從《隋書・蘇威傳》，作白衣。㊶昔在高陽典選：謂九年從帝自遼東還高陽時，典知銓選。㊷畏怯：猶畏懼。㊸數威罪狀：條數威之罪狀。㊹除名為民：除去宦籍姓名，而為平民。㊺不軌：不道。㊻推之：推案之。㊼處威死：處斷威以死罪。㊽摧謝：謂叩頭流血，以謝己罪。㊾即殺：立即殺之。㊿遣河南白衣張行本……未忍即殺：按此段雖本於《隋書・蘇威傳》，（《北史・蘇綽附威傳》，全與《隋書》相同，）而字句間有溢出。(51)濟景公樊子蓋卒：《隋書・樊子蓋傳》：「是日下詔，進爵為濟公，言其功濟天下，特為立名，無此郡國也。」(52)府藏：府庫所藏。(53)禁令：法令。(54)以才屬吏：以趙才付吏案治之。(55)建節尉：《隋書・百官志》下：「建節尉，正六品。」(56)朝堂：朝會之堂。(57)右司郎：《唐六典》：「煬帝三年，尚書都司始置左右司郎各一人，掌都省之職，品同諸曹郎，從五品。」(58)摠留後事：摠同總。總留後事者，帝出巡幸，以後方之事，付留臺官總之。(五九)征遼亦偶然：謂征遼乃屬偶然之舉，非所好也。(六〇)奉信郎：《隋書・百官志》下謁者臺章：「奉信郎，從九品。」(六一)建國門：《隋書・地理志》中：「河南郡，南面三門，東曰長夏，正南曰建國。」(六二)甲子，帝幸江都……馮翊孫華舉兵為盜：按此段乃錄自《隋書・煬帝紀》大業十二年文，字句大致相同。(六三)恇怯：恐懼畏縮，音匡。(六四)鞏：《隋書・地理志》中：「鞏縣，屬河南郡。」(六五)箕山公路二府：胡三省曰：「新唐志，河南有府三十九，有鞏洛府，無箕山、公路二府。疑移於倉內，後遂併為鞏洛府也。」(六六)邀車駕：遮攔車駕。(六七)遂幸：竟幸。(六八)六合：《隋書・地理志》下：「六合縣屬江都郡。」(六九)化及智及皆無賴：《隋書・宇文化及傳》：「性凶險，不循法度，好乘肥挾彈，馳騖道中，由是長安謂之輕薄公子。」是輕薄與無賴二辭之意，固相同也。(七〇)寵昵：寵幸狎昵。(七一)冒禁：冒犯禁令。(七二)辮髮：謂編髮如索，而垂於後，清代曾盛行此俗。(七三)初述子化及、智及皆無賴……智及為將作少監：按此段乃錄自《隋書・宇文化及傳》，字句大致相同。(七四)變姓名：《隋書・李密傳》作：「變姓名，稱劉智遠。」(七五)雍丘：《隋書・地理志》中：「雍丘縣屬梁郡。」(七六)舍：居。(七七)從姪：《隋書・李密傳》作從子，二辭所指相同。(七八)相知：相知照。(七九)李密之亡也……君明、秀才皆死：按此段雖本於《隋書・李密傳》，而事跡間有溢出。(八〇)韋城：《隋書・地理志》中：「韋城縣屬東郡。」(八一)東都：胡三省曰：「東都當作東郡。」(八二)灋曹：《隋書・百官志》下：「郡有西曹、金、戶、兵、法、士等曹。」(八三)抑：語助，無意。(八四)守死獄中：株守待死於獄中。(八五)圈牢：養豕之處。(八六)曹主：獄吏屬法曹，尊稱之則曰曹主，謂其為法曹之首腦也。㊇所命：之所命令。㊈破械出之：破毀刑具，而放出之。㊉奈黃曹主何：如黃曹主何，意謂恐連累之。㊉以奉脫：以持而脫君。㊉效：效法。㊉相謝：相辭謝。㊉瓦岡：胡三省曰：「瓦岡在東郡界。」㊉離狐：《隋書・地理志》中：「濟陰郡、單父郡，後魏曰離狐。」是離狐即隋之單父縣。㊉衞南：《隋書・地理志》中：「衞南屬東郡。」㊉剽：剽劫。㊉離狐徐世勣……聚徒至萬餘人：按此段乃錄自《舊唐書・李勣傳》，字句間有不同。㊉外黃、濟陽：《隋書・地理志》中：「外黃、濟陽俱屬濟陰郡。」㊉擁眾：猶聚眾。㊉斯人公卿子弟：《隋書・李密傳》：「父寬，自周及隋，數經將領，至柱國蒲山郡公。」是其父之爵位，固略當於公卿也。㊉吾聞王者不死：謂吾聞將為王之人，決不致中途死亡。㊉獲濟：獲救。㊉往說諸小盜，皆下之，讓悅，稍親近密：按《隋書・李密傳》作：「讓遣說諸小賊，所至輒降，讓始敬焉。」是說諸小盜乃讓所使，而亦惟有為讓所使，於其成功時，讓始加親敬。故往說上必須添增讓遣二字。㊉劉項：劉邦、項羽。㊉布衣：平民。㊉昏：昏憒。㊉銳兵：精銳之士卒。㊉盡：亡盡。㊉和親絕於突厥：謂與突厥之和親，亦告斷絕。㊉委棄東都：謂棄東都而以之委人。㊉會：際會。㊉席捲：謂盡捲無遺。㊉隋氏：猶隋家或隋室。㊉謝：謝辭。㊉旦夕偷生草間：謂暫時偷生於草莽之間。㊉非吾所及：非吾所敢企及。㊉會有：猶適有。㊉有桃李章：歌謠有桃李之章。㊉浪語：濫語，浪含濫意，說已見上。㊉誰道許：下釋云：「莫浪語，誰道許者，密也。」是誰道許，謂誰可道此，亦即任誰皆不許道此。㊉委身：以身委託之。㊉宋城：《隋書・地理志》中：「宋城縣帶梁郡。」㊉自負：自恃。

㉔預：參預。㉕梁宋：在今河南省。㉖漢沔：謂漢水沔水流域。㉗託術數以說讓：託術數之說以說翟讓。㉘吉不可言：謂太吉而不可言容。㉙蒲山公：乃李密襲父之爵號。㉚相因：相因依。㉛須：須要。㉜日篤：日厚。㉝糜沸：糜，粥，言如糜之沸。㉞唯資野掠：唯資賴於野掠之糧。㉟不給：不供。㊱曠日：時日甚長。㊲渙然：冰消融貌。㊳休兵館穀：休養士卒，駐紮就食其穀。㊴肥充：肥足。㊵密因說讓曰，今四海糜沸……然後與人爭利：按此段雖本於《隋書・李密傳》，且同係李密之言，而文字間有不同，且時有溢出。㊶金隄關：胡三省曰：「金隄關當在滎陽界，以漢金隄名之。」㊷郇王慶，弘之子也：《隋書・河間王弘傳》：「弘，高祖從祖弟，立為河間王，大業六年追封郇王。」㊸曏：昔。㊹驟勝：屢勝。㊺既驕且狠：既驕傲又且兇狠。㊻保：猶今語所言之保證。㊼勒兵：猶領兵。㊽發伏掩之：起伏兵掩擊之。㊾滎陽太守郇王慶……王伯當合軍圍之：按此段乃錄自《隋書・李密傳》，字句大致相同。㊿來往數四，遂戰死：按六朝時以再三一辭，使用煩濫，且深感不能達其極致，遂別撰數四，以代替之。其例證除已見上文外，茲復再舉數例。《陳書・魯廣達傳》：「廣達逐北至營，殺傷甚眾，如是者數四焉。」《隋書・誠節張須陀傳》：「左右不能盡出，須陀躍馬入救之，來往數四，眾皆敗散。」由之，可知此辭在六朝時施用之廣遍矣。(五一)須陀潰圍出……來往數四，遂戰死：按此數句，乃錄自《隋書・誠節張須陀傳》，字句大致相同。(五二)為之喪氣：為之勇氣沮喪。(五三)鷹揚郎將：《隋書・百官志》下：「鷹揚郎將正五品。」(五四)虎牢：在今河南省成皋縣西北境。(五五)建牙：《文選・張衡東京賦》注：「古者天子出，建大牙旗，竿上以象牙

飾之，故云牙旗。」此建牙謂許其獨統一部伍也。(五六)部分：猶處分，意謂處理。(五七)雖盛夏皆如背負霜雪：喻其號令嚴肅。(五八)躬服：猶自行。(五九)儉素：節儉樸素。(六〇)金寶：金銀珠寶。(六一)人為之用：人為其用，之猶其，說見經傳釋詞。(六二)麾下：麾，旗；旗下亦即部下。(六三)威約：猶威令。(六四)粗足：猶差足。(六五)東引：引之向東而行。(六六)資儲：資糧及儲藏之物。(六七)鄱陽賊帥操師乞自稱元興王，建元始興：按《隋書・煬帝紀》大業十二年文，列此事於十二月癸未，《通鑑》則置於十二月之前，且刪去癸未二字，以下書云：「詔治書侍御史劉子翊將兵討之，子翊為林士弘所敗死，壬辰，林士弘自稱皇帝。」以上聞及詔書、出師之往返，決非一二十日，所克奏事，《通鑑》認其與事理不合，遂刪去壬辰二字，且移置於十二月之前，《通鑑》此種更易，實頗符事理。(六八)彭蠡：按即今鄱陽湖。(六九)〔考異〕唐書林士弘傳：「操乞師攻陷豫章郡，乞師既死，士弘代董其眾。」：按《舊唐書・李子通附林士弘傳》，操乞師皆作操師乞，當從乙正。又上之考異亦作操乞師，其乙正與此同。(七〇)〔考異〕士弘十三年徙據處州，稱帝：按《舊唐書・林士弘傳》，處州作虔州，核《隋書・地理志》下：「南康郡，開皇九年置虔州。」正係此地，故處當改作虔。(七一)守令：郡守縣令。(七二)番禺：《隋書・地理志》下：「南海郡、南海縣，舊置南海郡，平陳郡廢，又分置番禺縣，尋廢入焉。」番音潘。(七三)鄱陽賊帥操師乞自稱元興王……南及番禺，皆為所有：按此段乃錄自《舊唐書・李子通附林士弘傳》，字句大致相同。(七四)以虎賁郎將王威，虎牙郎將高君雅為之副：《隋書・百官志》下：「尋改護軍為武賁郎將，正四品，而置武牙郎將六人副焉，從四品。」武乃避虎之諱所改。(七五)雀鼠谷：《隋書・

地理志》中：「西河郡、永安縣，有雀鼠谷。」（七六）數匝：數重。（七七）萬眾之中：即萬軍之中。（七八）李淵將兵討甄翟兒……合擊，大破之：按此段乃本於《舊唐書・太宗紀》，而間有不同。（七九）每不自安：謂恐及於患。（八〇）吾今日始知得保首領，沒於地矣：謂吾今日始知能得善終矣。哀懼之情，溢於言表，故《隋書》本傳，於此言下，接書：「時人哀之。」而帝猜忌之深，亦從可知矣。（八一）帝疏薄骨肉……得保首領沒於地矣：按此段乃錄自《隋書・蔡王智積傳》，字句幾全相同。又按蔡王智積之卒，本傳言為十二年，而未確書其月日，《通鑑》列於十二月之間，乃屬無法而附書者，非蔡王真卒於是月也。又蔡王以後諸文，皆係附書，讀者幸注意焉。（八二）虎賁中郎將：按隋官制，無中郎將，〈王辯傳〉：「辯自鷹揚郎將遷虎賁郎將。」中字衍。（八三）蒲城：《隋書・地理志》上：「蒲城縣，屬馮翊郡。」（八四）華陰：《隋書・地理志》上：「華陰縣，屬京兆郡。」（八五）數：屢。（八六）負敗：負亦敗，二字為複合辭。（八七）平恩：《隋書・地理志》中：「平恩縣，屬武安郡。」（八八）臨清：今山東省臨清縣。（八九）永濟渠：大業初所開。（九〇）高壘：高築營壘之牆。（九一）擐甲：貫甲。（九二）約：約會。（九三）詈：罵。（九四）易之：輕易之。（九五）簡：選。（九六）自館陶濟河：《隋書・地理志》中：「館陶縣，屬武陽郡。」此河乃為清河。（九七）累重：家累輜重。（九八）進：擢升。（九九）前驅：猶先鋒。（一〇〇）以自效：以自効力。（一〇一）長河：《隋書・地理志》中：「長河縣屬平原郡。」（一〇二）不復設備：復為語助詞，無義。（一〇三）坐費歲月：《舊唐書・竇建德傳》作：「空延歲月。」正可互相闡釋。（一〇四）間：間隙。（一〇五）高宴：大宴。（一〇六）遽自矜大：立自矜傲大意。（一〇七）潰：潰散。（一〇八）饒陽：《隋書・地理志》中：「饒陽縣屬河間郡。」（一〇九）發喪：舉行喪事。〔二〇〕士族子弟：即士紳子弟。〔二一〕勝兵：丁男勝任充兵卒者。〔二二〕涿郡通守郭絢……勝兵至十餘萬人：按此段乃錄自《舊唐書‧竇建德傳》，字句大致相同。〔二三〕抑損表狀：抑壓表狀，或損減表狀所言之盜數及情形。〔二四〕鼠竊狗盜：如鼠之竊，似狗之盜，極言其不足畏懼。〔二五〕捕逐：緝捕追逐。〔二六〕行當殄盡：將當殄滅完盡。〔二七〕介懷：蔕芥於心。〔二八〕列狀：陳列於狀表。〔二九〕頓：突然如此。〔三〇〕擁兵：擁率之兵。〔三一〕閫外：國都之外。〔三二〕楊義臣破降河北賊數十萬……賊由是復盛：按此段乃錄自《隋書‧虞世基傳》，字句大致相同。〔三三〕劾奏：糾劾而奏言曰。〔三四〕典：掌。〔三五〕樞要：樞機要務。〔三六〕維持內外：支持內外之局。〔三七〕裁減言少：裁減其數而言不多。〔三八〕眾寡懸殊：眾寡絕異。〔三九〕日滋：日益滋大。〔四〇〕結正：《舊唐書‧韋雲起傳》，結正作詰正，謂詰責而正之以法，當以作詰正為是。〔四一〕詆訾：毀謗。〔四二〕名臣：著名大臣。〔四三〕妄作威權：妄作威勢。〔四四〕左遷：謫遷。〔四五〕大理司直：《隋書‧百官志》下：「煬帝時，大理寺置司直十六人，降為從六品，後加至二十人。」〔四六〕治書侍御史韋雲起劾奏……左遷雲起為大理司直：按此段乃錄自《舊唐書‧韋雲起傳》，字句大致相同。〔四七〕專問禮餉豐薄：專問所送禮餉之厚薄。〔四八〕超遷丞守：越階遷為郡丞郡守。〔四九〕率從停解：多從停職解職之處置。〔五〇〕屏風：器物名，多四扇，樹立之以資屏障。〔五一〕遷通守：《隋書‧王充傳》：「遷江都通守。」是所遷者，乃係江都。〔五二〕歷陽郡丞趙元楷遷江都郡丞：謂自小郡丞遷大郡丞。〔五三〕刻剝：刻暴剝削。〔五四〕所賦：所賦斂。〔五五〕生計無遺：生活之道，毫無遺留。〔五六〕饑饉：無穀曰饑，無蔬果曰饉。〔五七〕擣藁：擣碎稻草。〔五八〕充牣：充滿。〔五九〕簡閱：閱視揀選。〔六〇〕河間賊帥格謙……命王世充將兵討斬之：按此段乃錄自《隋書・王充傳》，字句大致相同。㉛謙將勃海高開道……軍勢復振：按此段乃本於《舊唐書・高開道傳》，字句大致相同。㉜人物殷阜：人物殷富阜盛。㉝雲陽：《隋書・地理志》上：「雲陽縣、屬京兆郡。」㉞陰忌之：暗忌嫉之。㉟倉庫山積：謂倉庫中所存之物，高如山積，山積、喻物之多也。㊱制在留守之官：控制之權，操在留守之官。㊲勸將士：勸勵將士。㊳出城候藝：出城迎候羅藝。㊴陳兵：陳列兵卒。㊵柳城：《隋書・地理志》中：「柳城縣帶遼西郡。」㊶改郡為營州：《隋書・地理志》中：「柳城縣，後魏置營州於和龍城。」蓋改而復用其舊名，又改郡為州，乃以示復開皇之舊。㊷初帝謀伐高麗，器械資儲……藝自稱幽州總管：按此段乃錄自《舊唐書・羅藝傳》，字句大致相同。㊸晉陽留守：晉陽留守即太原留守，太原有晉陽宮，故亦稱晉陽留守。㊹兩軍眾：謂兩軍士眾。㊺舍止：居止。

恭皇帝上

義寧元年㊀（西元六一七年）

㈠春，正月，右禦衛將軍陳稜討杜伏威，伏威帥眾拒之，稜閉壁㊁不戰，伏威遺以婦人之服，謂之陳姥㊂，稜怒出戰，伏威奮擊，大破之，稜僅以身免。【考異】隋陳稜傳云：「往往克捷。」唐杜伏威傳云：「稜僅以身免。」蓋稜先破李子通等，後為伏威所敗也。今從唐書。伏威乘勝破高郵(四)，引兵據歷陽，自稱總管，以輔公祏為長史，分遣諸將徇屬縣(五)，所至輒下(六)，江淮間小盜爭附之。伏威常選敢死之士五千人，謂之上募(七)，寵遇(八)甚厚，有攻戰，輒令上募先擊之，戰罷閱視(九)，有傷在背者，即殺之，以其退而被擊故也。所獲資財，皆以賞軍士，有戰死者，以妻妾徇葬(一〇)，故人自為戰(一一)，所向無敵(一二)(一三)。

(二)丙辰，竇建德為壇於樂壽(一四)，自稱長樂王，置百官，改元丁丑(一五)。【考異】許敬宗太宗實錄、舊唐帝紀皆云：「武德元年二月，建德稱長樂王。」按建德改元丁丑，即是今歲，今從隋帝紀及建德傳。

(三)辛巳，魯郡賊徐圓朗攻陷東平，分兵略地，自琅邪以西，北至東平，盡有之，勝兵二萬餘人(一六)。

(四)盧明月轉掠河南，至於淮北，眾號四十萬，自稱無上王(一七)，帝命江都通守王世充討之，世充與戰於南陽(一八)，大破之，斬明月，餘眾皆散。

(五)二月，壬午，朔方鷹揚郎將梁師都殺郡丞唐世宗，據郡，自稱大丞相，北連突厥(一九)。

㈥馬邑太守王仁恭多受貨賂，不能振施⑳，郡人劉武周驍勇喜任俠㉑，為鷹揚府校尉㉒，仁恭以其土豪，甚親厚之，令帥親兵屯閣㉓下。武周與仁恭侍兒㉔私通，恐事泄，謀作亂，先宣言曰：「今百姓饑饉，僵尸滿道，王府君㉕閉倉不賑卹，豈為民父母之意乎㉖！」眾皆憤怒，武周稱疾臥家，豪傑來候問㉗，武周椎牛縱酒㉘，因大言曰：「壯士豈能坐待溝壑㉙，今倉粟爛積㉚，誰能與我共取之？」豪傑皆許諾。己丑，仁恭坐聽事㉛，武周上謁，其黨張萬歲等隨入，升階斬仁恭，持其首出徇㉜，郡中無敢動者，於是開倉以賑饑民，馳檄㉝境內屬城，皆下之，收兵得萬餘人，武周自稱太守，【考異】創業注云：「二月己丑，馬邑軍人劉武周殺太守王仁恭，據其郡，自稱天子，國號定揚。」按唐書武周據汾陽宮，乃僭號，於時未也。遣使附於突厥㉞。

㈦李密說翟讓曰：「今東都空虛，兵不素練㉟，越王沖幼㊱，留守諸官，政令不壹，士民離心；段達、元文都闍㊲而無謀，以僕料㊳之，彼非將軍之敵。若將軍能用僕計，天下可指麾而定㊴。」乃遣其黨裴叔方覘東都虛實㊵，留守官司㊶覺之，始為守禦之備，且馳表[四二]告江都。密謂讓曰：「事勢如此，不可不發。兵濳曰：『先則制於己[四三]，後則制於人。』今百姓饑饉，洛口倉多積粟，去都百里有餘，將軍若親帥大眾，輕行[四四]掩襲[四五]，彼遠未能救，又先無豫備，取之如拾遺[四六]耳。比[四七]其聞知，吾已獲之，發粟以賑窮乏，遠近孰不歸附？百萬之眾一朝可集[四八]，枕威[四九]養銳[五〇]，以逸待勞，縱彼能來，吾有備矣，然後檄召四方[五一]，引賢豪而資計策[五二]，選驍悍而授兵柄[五三]，除亡隋之社稷，布將軍之政令，豈不盛哉！」讓曰：「此英雄之略[五四]，非僕所堪[五五]，惟君之命，盡力從事[五六]。請君先發，僕為後殿[五七]。」庚寅，密讓將精兵七千人，出陽城[五八]，北踰方山[五九]，自羅口[六〇]襲興洛倉[六一]，破之，開倉，恣民所取，老弱襁負[六二]，道路相屬[六三][六四]。朝散大夫[六五]時德叡以尉氏[六六]應密。前宿城[六七]令祖君彥自昌平[六八]往歸之。君彥，珽之子也，博學強記，文辭贍敏[六九]，著名海內，吏部侍郎薛道衡嘗薦之於高祖，高祖曰：「是歌殺斛律明月人兒邪[七〇]！朕不須此輩。」煬帝即位，尤疾[七一]其名，依常調[七二]選東平書佐[七三]，檢校宿城令[七四]。君彥自負其才，常鬱鬱(七五)思亂，密素聞其名，得之大喜，引為上客(七六)，軍中書檄，一以委之(七七)。

越王侗遣虎賁郎將劉長恭、光祿少卿房崱(七八)，帥步騎二萬五千討密。時東都人皆以密為饑賊盜米，烏合(七九)易破，爭來應募，國子三館學士(八〇)及貴勝親戚(八一)，皆來從軍，器械脩整，衣服鮮華(八二)，旌旗鉦鼓甚盛。長恭等當其前，使河南討捕大使裴仁基等將所部兵，自汜水西入，以掩(八三)其後，約十一日，會於倉城(八四)。【考異】蒲山公傳云：「剋取二十一日，會戰河洛，故曰取其月十三日會戰。」按下有庚子，則非二十一日也。當是十一日。密讓具知其計，東都兵先至，士卒未朝食(八五)，長恭等驅之度洛水，陳於石子河(八六)西，南北十餘里。密讓選驍雄(八七)，分為十隊，令四隊伏横嶺下，以待仁基，以六隊陳於石子河東。長恭等見密兵少，輕之，讓先接戰不利，密帥麾下横衝之，隋兵饑疲，遂大敗，長恭等解衣潛竄(八八)，得免，奔還東都，士卒死者什五六，越王侗釋長恭等罪，慰撫之。密讓盡收其輜重器甲(八九)，威聲大振。

讓於是推密為主，上密號為魏公，庚子，設壇場(九〇)，即位，稱元年，【考異】壺關錄云：「王伯當令密於西垣校射，書王字於朋上如錢，約中者為主，其次以近遠為拜官高下，使賈雄執箭，仰天而誓，密正中字心，遂奉以為主。」其說鄙陋，今不取。河洛記云：「改大業十二年為永平元年。」今從蒲山公傳及隋唐書。大赦，其文書行下(九一)，稱行軍元帥府，其魏公府置三司六衛(九二)，元帥府置長史以下官屬，拜翟讓為上柱國、司徒、東郡公，【考異】河洛記云郡公，蓋後來進封耳，今從蒲山公傳及隋唐書。亦置長史以下官，減元帥府之半。以單雄信為左武候大將軍，徐世勣為右武候大將軍，各領所部；房彥藻為元帥左長史，東郡邴元真為右長史，楊德方為左司馬，鄭德韜為右司馬，祖君彥為記室，其餘封拜各有差(九三)。於是趙魏以南、江淮以北羣盜，莫不響應。孟讓、郝孝德、王德仁、及濟陰房獻伯、上谷王君廓、長平李士才、淮陽魏六兒、李德謙、譙郡張遷、魏郡李文相、譙郡黑社白社、濟北張青特、上洛(九四)周比、洮胡驢賊等，皆歸密，密悉拜官爵，使各領其眾，置百營簿以領之(九五)，道路降者，不絕如流(九六)，眾至數十萬。【考異】二月丙辰，密遣其將，夜襲倉城，二府兵擊退之。己未，又悉眾來攻，而府兵敗，遂入據倉。然二府將士，猶各固小倉城，二十餘日不下，既而外救不至，食又盡，城乃陷，沒死者大半。於是鞏縣長柴孝和、監察御史鄭頲等，舉縣降賊，密開倉招納，降者日數百千人，於是趙魏以南，江淮以北，莫不歸附，自是，賊徒滋蔓矣。壬子，遣劉長恭、房崱等統兵東討，大敗，戊午，還都，王慰撫不責也。於是發教募士庶、商旅、奴等，分置營壁，各立將帥，統領而固守，其諸里居民，皆移入三城之內，於省寺府舍安置焉。又使宋遵貴將兵鎮陝縣太原倉。雜記：「密稱魏公改年，於時倉猶自固守，既而密遣翟讓將兵夜襲倉城，官軍擊退之，明日，又引眾攻倉，連戰三日，陷外城，官軍猶捉子城，月餘，外援不至，城盡陷沒，死者十六七。」按二月壬午朔，無丙辰等日，今從隋書。乃命其護車田茂廣(九七)築洛口城，方四十里(九八)而居之。【考異】壺關錄云周四十八里，今從隋書。密遣房彥藻將兵東略地，取安陸、汝南、淮安(九九)、濟陽(一〇〇)，河南郡縣多陷於密。

(八)鴈門郡丞、河東陳孝意與虎賁郎將王智辯，共討劉武周，圍其桑乾鎮(一〇一)；壬寅，武周與突厥合兵擊智辯，殺之，孝意奔還鴈門。三月，丁卯，武周襲破樓煩郡，進取汾陽宮，獲隋宮人以賂突厥始畢可汗，始畢以馬報之(一〇二)，兵勢益振。又攻陷定襄，突厥立武周為定楊可汗(一〇三)，【考異】新舊唐書，武周皆無國號，惟創業起居注云，國號定楊。遣以狼頭纛(一〇四)。武周即皇帝位，立妻沮氏為皇后，改元天興，以衛士楊伏念為尚書左僕射，妹壻同縣(一〇五)苑君璋為內史令。武周引兵圍鴈門，陳孝意悉力拒守，乘間，出擊武周，屢破之；既而外無救援，遣間使(一〇六)詣江都，皆不報，孝意誓以必死，旦夕向詔敕庫(一〇七)俯伏流涕，悲動左右(一〇八)，圍城百餘日，食盡，校尉張倫殺孝意以降(一〇九)。

(九)梁師都略定雕陰、弘化、延安等郡，遂即皇帝位，國號梁，改元永隆，始畢遺以狼頭纛，號為大度毗伽可汗，師都乃引突厥，居河南之地〔二〇〕，攻破鹽川郡〔二一〕。

(十)左翊衛、蒲城郭子和〔二二〕坐事〔二三〕徙〔二四〕榆林，會郡中大饑，子和潛結敢死士十八人攻郡門，執郡丞王才，數以〔二五〕不恤百姓，斬之，開倉賑施〔二六〕，自稱永樂王，改元丑平〔二七〕，尊其父為太公，以其弟子政為尚書令，子端、子升為左右僕射，有二千餘騎，南連梁師都，北附突厥，各遣子為質以自固〔二八〕。始畢以劉武周為定楊天子，梁師都為解事天子，子和為平楊天子〔二九〕，子和固辭，不敢當，乃更以為屋利設〔三〇〕〔三一〕。

(十一)汾陰〔三二〕薛舉僑居金城，驍勇絕倫〔三三〕，家貲鉅萬〔三四〕，交結豪傑，雄於西邊，為金城府校尉〔三五〕。時隴右〔三六〕盜起，金城〔三七〕令郝瑗募兵得數千人，使舉將而討之。夏，四月，癸未，方授甲〔三八〕，置酒饗士，舉與其子仁果及同黨十三人，於座刼〔三九〕瑗發兵，【考異】唐高祖實錄先作仁果，後作仁杲。新舊高祖太宗紀薛舉傳、柳芳唐曆、柳宗元集，皆作仁杲。太宗實錄、吳兢太宗勳史、革命記、焦璐唐朝年代記、陳嶽唐統紀，皆作仁果。今醴泉昭陵前有石馬六匹，其一銘曰，白蹄烏，平薛仁果時所乘。此最可據，今從之。因郡縣官，開倉賑施，自稱西秦霸王，改元秦興〔四〇〕，以仁果為齊公，少子仁越為晉公，招集羣盜，掠官牧馬〔四一〕，賊帥宗羅睺帥眾歸之，以為義興公。將軍皇甫綰將兵一萬，屯枹罕(三二)，舉選精銳二千人襲之(三三)，岷山(三四)羌酋鍾利俗擁眾二萬歸之，舉兵大振，更以仁果為齊王，領東道行軍元帥，仁越為晉王，兼河州刺史(三五)，羅睺為興王，以副仁果，分兵略地，取西平、澆河二郡(三六)，未幾盡有隴西之地，眾至十三萬(三七)。

(十一)李密以孟讓為總管、齊郡公，【考異】河洛記作孟達，今從隋書。己丑夜，讓帥步騎二千，入東都外郭(三八)，燒掠豐都市(三九)，比曉而去，於是東京居民，悉遷入宮城(四〇)，臺省府寺(四一)皆滿。鞏縣長(四二)柴孝和、監察御史(四三)鄭頲，以城降密。密以孝和為護軍，頲為右長史。裴仁基每破賊，得軍資，悉以賞士卒，監軍御史蕭懷靜不許，士卒怨之，懷靜又屢求仁基長短(四四)，劾奏之，倉城之戰，仁基失期(四五)不至，聞劉長恭等敗，懼不敢進，屯百花谷(四六)，固壘自守，又恐獲罪於朝。李密知其狼狽(四七)，使人說之，啗以厚利，賈務本之子閏甫在軍中，勸仁基降密，仁基曰：「如蕭御史何？」閏甫曰：「蕭君如棲上雞(四八)，若不知機變，在明公一刀(四九)耳。」仁基從之，遣閏甫詣密請降，密大喜，以閆甫為元帥府司兵參軍，兼直記室事(五〇)，使之復命，遣仁基書，慰納之(五一)。仁基還屯虎牢，蕭懷靜密表其事，仁基知之，遂殺懷靜，帥其眾以虎牢降密，密以仁基為上柱國、河東公，仁基子行儼驍勇善戰，密亦以為上柱國、絳郡公(五二)。

密得秦叔寶及東阿(五三)程齩金(五四)，皆用為驃騎(五五)，選軍中尤驍勇者八千人，分隸(五六)四驃騎以自衛，號曰內軍，常曰：「此八千人，足當百萬。」齩金後更名知節，羅士信、趙仁基皆帥眾歸密，密署為總管，使各統所部。

癸巳，密遣裴仁基、孟讓帥二萬餘人襲回洛東倉，破之，遂燒天津橋(五七)，縱兵大掠，東都出兵擊之，仁基等敗走(五八)。密自帥眾屯回洛倉，東都兵尚二十餘萬人，乘城(五九)擊柝(六〇)，晝夜不解甲，密攻偃師(六一)金墉(六二)，皆不克，乙未，還洛口。【考異】略記：「三月辛未，密遣孟讓將二千餘人，夜入都郭，燒豐都市，比曉而去。癸未，密襲據都倉；乙亥，密部眾入自上春門，於宣仁門東街，立柵而住；丙寅，燒上春門及街南北里門樓，火接宣仁門，因逼門為陳，與城上弓矢相接，而退還倉。」雜記：「密遣格謙將兵燒豐都市。三月，越王侗教募人捉宮城守固，官賞有差；撤天津等諸橋，運回洛倉米入城。四日，密攻偃師，圍金墉，東都兵出，密還洛口。五月，裴仁基翻虎牢入賊，自滎陽以東，至陳、譙、下邳、彭城、梁郡皆屬密，賊眾逾盛，幷家口百萬。」蒲山公傳：「三月丁亥，密帥眾入自上東門，攻宣仁門，不克；丙寅，燒上東門而退。」此三書月日交錯，皆不可憑，今從隋唐書。

東都城內乏糧，而布帛山積，至以絹為汲綆(六三)，然布以爨(六四)。越王侗使人運回洛倉米入城，遣兵五千屯豐都市，五千屯上春門，五千屯北邙山，為九營，首尾相應，以備密。

丁酉，房獻伯陷汝陰，淮陽太守趙陁舉郡降密。【考異】隋書作趙佗，今從蒲山公傳。

己亥，密帥眾三萬復據回洛倉，大修營塹，以逼東都，段達等出兵七萬拒之，辛丑，戰於倉北，隋兵敗走。丁未，密使其幕府移檄(六五)郡縣，數煬帝十罪，且曰：「罄南山之竹，書罪無窮(六六)，決東海之波，流惡難盡(六七)。」祖君彥之辭也。

(三)越王侗遣太常丞(六八)元善達間行(六九)賊中，詣江都，奏稱：「李密有眾百萬，圍逼東都，據洛口倉，城內無食，若陛下速還，烏合必散，不然者，東都決沒(七〇)。」因歔欷嗚咽(七一)，帝為之改容。虞世基進曰：「越王年少，此輩誑之(七二)，若如所言，善達何緣(七三)來至！」帝乃勃然(七四)怒曰：「善達小人，敢廷辱我(七五)。」因使經賊中，向東陽(七六)催運，善達遂為羣盜所殺。是後人人杜口(七七)，莫敢以賊聞。

(四)世基容貌沈審(七八)，言多合意，特為帝所親愛，朝臣無與為比，親黨憑之，鬻官賣獄[七九]，賄賂[八〇]公行，其門如市，由是朝野共疾怨之[八一][八二]。內史舍人封德彝託附世基，以世基不閑[八三]吏務，密為指畫[八四]，宣行詔命，諂順[八五]帝意，羣臣表疏忤旨[八六]者，皆屏而不奏[八七]。鞫獄用灋，多峻文[八八]深詆[八九]，論功行賞，則抑削就薄[九〇]，故世基之寵日隆，而隋政益壞，皆德彝所為也[九一]。

(十五)初，唐公李淵娶於神武[九二]肅公竇毅，生四男：建成、世民、玄霸、元吉，一女，適太子千牛備身[九三]臨汾[九四]柴紹。世民聰明勇決，識量[九五]過人，見隋室方亂，陰有安天下之志，傾身下士[九六]，散財結客[九七]，咸得其歡心。世民娶右驍衛將軍長孫晟之女。右勳衛長孫順德，晟之族弟也，與右勳侍[九八]池陽[九九]劉弘基，皆避遼東之役，亡命在晉陽，依淵，與世民善，左親衛竇琮，熾之孫也，亦亡命在太原，素與世民有隙，每以自疑，世民加意待之，出入臥內，琮意乃安[一〇〇]。

晉陽宮監[一〇一]、猗氏[一〇二]裴寂，晉陽令、武功[一〇三]劉文靜，相與同宿，見城上烽火，寂歎曰：「貧賤如此[一〇四]，復逢亂離，將何以自存？」

文靜笑曰：「時事可知，吾二人相得（二五），何憂貧賤。」文靜見李世民而異之，深自結納，謂寂曰：「此非常人，豁達（二六）類漢高，神武同魏祖，年雖少，命世才（二七）也。」寂初未然之（二八）。文靜坐與李密連昏（二九），繫太原獄，世民就省（三〇）之，文靜曰：「天下大亂，非高光之才（三一），不能定也。」世民曰：「安知其無，但人不識（三二）耳！我來相省，非兒女子之情（三三），欲與君議大事也，計將安出（三四）？」文靜曰：「今主上南巡江淮，李密圍逼東都，羣盜殆以萬數，當此之際，有真主（三五）驅駕（三六）而用之，取天下如反掌耳。太原百姓皆避盜入城，文靜為令數年，知其豪傑，一旦收拾，可得十萬人，尊公（三七）所將之兵，復且數萬（三八），一言出口，誰敢不從！以此乘虛入關（三九），號令天下，不過半年，帝業成矣。」世民笑曰：「君言正合我意。」乃陰部署賓客（四〇），淵不之知也。

世民恐淵不從，猶豫久之，不敢言，淵與裴寂有舊，每相與宴語（四一），或連日夜，文靜欲因寂關說（四二），乃引寂與世民交（四三），世民出私錢數百萬，使龍山令（四四）高斌廉與寂博，稍以輸（四五）之，寂大喜，由是日從世民遊，情款益狎㉖，世民乃以其謀告之，寂許諾。

會突厥寇馬邑，淵遣高君雅將兵、與馬邑太守王仁恭并力拒之㉗，仁恭君雅戰不利，淵恐并獲罪，甚憂之。世民乘間屏人說淵曰：「今主上無道，百姓困窮，晉陽城外皆為戰場，大人若守小節，下有寇盜，上有嚴刑，危亡無日㉘。不若順民心，興義兵，轉禍為福，此天授之時也！」淵大驚曰：「汝安得為此言，吾今執汝以告縣官㉙。」因取紙筆欲為表，世民徐曰：「世民觀天時人事如此，故敢發言，必欲執告，不敢辭死。」淵曰：「吾豈忍告汝，汝慎勿出口。」

明日，世民復說淵曰：「今盜賊日繁，遍於天下，大人受詔討賊，賊可盡乎㉚！要之㉛，終不免罪。且世人皆傳李氏當應圖讖，故李金才無罪，一朝族滅，大人設能盡賊，則功高不賞㉜，身益危矣。唯昨日之言，可以救禍，此萬全之策也，願大人勿疑。」淵乃歎曰：「吾一夕思汝言，亦大有理，今日破家亡軀亦由汝，化家為國㉝亦由汝矣。」

先是裴寂私以晉陽宮人侍淵，淵從寂飲酒酣，寂從容言曰：「二郎㉞陰養士馬，欲舉大事，正為寂以宮人侍公，恐事覺㉟并誅，為此急計耳。眾情已協㊱，公意如何？」淵曰：「吾兒誠有此謀，事已如此，當復柰何，正須從之耳。」

帝以淵與王仁恭不能禦寇，遣使者執詣江都，淵大懼，世民與寂等復說淵曰：「今主昏國亂，盡忠無益，偏裨失律㊲，而罪及明公，事已迫矣，宜早定計。且晉陽士馬精彊，宮監㊳蓄積巨萬，以茲舉事，何患無成！代王㊴幼沖，關中豪傑並起，未知所附㊵，公若鼓行㊶而西，撫而有之㊷，如探囊中之物耳。柰何受單使㊸之囚，坐取夷滅乎㊹！」淵然之，密部勒，將發，會帝繼遣使者馳驛赦淵及仁恭，使復舊任，【考異】創業注曰：「隋主遣司直姓名，馳驛繫帝，而斬仁恭。帝自以姓名著於圖錄，太原王氣所在，恐被猜忌，因而禍及，頗有所悔。時皇太子在河東，獨有秦王侍側，耳語謂王曰，隋曆將盡，吾家繼膺符命，不早起兵者，顧爾兄弟未集耳，今遭羑里之厄，爾昆季須會孟津之師，不可從吾同受孥戮，家破身亡，為英雄笑。王泣而啟帝曰，芒碭山澤，是處容人，請同漢祖，以觀時變。帝曰，今遇時來，逢茲錮繫，雖覩機變，何能為也！然天命有在，吾應會昌，未必不以此相啟。今吾激厲，謹當敬天之誡，以卜興亡，自天祐吾，彼焉能害，天必亡我，何所逃刑？乃後數日，果有詔使馳驛而至，釋淵而免仁恭，各依舊檢校所部。」案煬帝若有詔斬仁恭，則比後使之至，仁恭已死矣。又高祖身為留守，且被禁繫，亡去何之？恐此亦非大宗之謀也。今皆不取。」淵謀亦緩。

淵之為河東討捕使也㊺，請大理司直夏侯端為副。端，詳之孫也，善占候及相人，謂淵曰：「今玉牀搖動，帝座不安[26]。參墟得歲[27]，必有真人起於其分，非公而誰乎？主上猜忍[28]，尤忌諸李，金才既死，公不思變通[29]，必為之次矣[30]。」淵心然之。及留守晉陽，鷹揚府司馬[31]、太原許世緒說淵曰：「公姓在圖籙，名應歌謠，握五郡之兵[32]，當四戰之地，舉事則帝業可成，端居[33]則亡不旋踵[34]，唯公圖之[35]！」行軍司鎧文水[36]武士彠、前太子左勳衛[37]唐憲、憲弟儉，皆勸淵舉兵。儉說淵曰：「明公北招戎狄，南收豪傑，以取天下，此湯武之舉也[38]。」淵曰：「湯武非所敢擬[39]，在私[40]則圖存，在公則拯亂[41]，卿姑自重，吾將思之[42]。」憲，邕之孫也。時建成元吉尚在河東，故淵遷延[43]未發。劉文靜謂裴寂曰：「先發制人[44]，後發制於人[45]，何不早勸唐公舉兵，而推遷[46]不已！且公為宮監，而以宮人侍客[47]，公死可爾[48]，何誤唐公也。」寂甚懼，屢趣[49]淵起兵，淵乃使文靜詐為敕書，發[50]太原、西河、鴈門、馬邑民年二十已上，五十已下，悉為兵，期歲暮[51]集涿郡，擊高麗。由是人情恟恟[52]，思亂者益眾。

及劉武周據汾陽宮，世民言於淵曰：「大人為留守，而盜賊竊據離宮，不早建大計，禍今至矣。」淵乃集將佐[三三]謂之曰：「武周據汾陽宮，吾輩不能制[三四]，罪當族滅，若之何？」王威等皆懼，再拜請計，淵曰：「朝廷用兵，動止皆稟節度[三五]，今賊在數百里內，江都在三千里外，加以道路險要，復有他賊據之，以嬰城膠柱之兵[三六]，當巨猾豕突之勢[三七]，必不全矣。進退維谷[三八]，何為[三九]而可！」威等皆曰：「公地兼親賢[四〇]，同國休戚[四一]，若俟奏報，豈及事機，要在平賊[四二]，專之可也。」淵陽若[四三]不得已而從之者，曰：「然則，先當集兵。」乃命世民與劉文靜、長孫順德、劉弘基等，各募兵，遠近赴集，旬日間近萬人，仍[四四]密遣使召建成元吉於河東，柴紹於長安。

王威、高君雅見兵大集，疑淵有異志，謂武士彠曰：「順德、弘基皆背征三侍[四五]，所犯當死，安得將兵？」欲收按之。士彠曰：「二人皆唐公客，若爾[四六]，必大致紛紜[四七]。」威等乃止[四八]。留守司兵[四九]田德平欲勸威等按募人之狀，士彠曰：「討捕之兵，悉隸唐公，威君雅但寄坐耳(二九〇)，彼何能為。」德平亦止(二九一)。

晉陽鄉長(二九二)劉世龍密告淵云：「威君雅欲因晉祠(二九三)祈雨，為不利。」五月，癸亥夜，淵使世民伏兵於晉陽宮城之外，甲子，旦，淵與威君雅共坐視事，使劉文靜引開陽府(二九四)司馬、胙城(二九五)劉政會入立庭中，稱有密狀(二九六)，淵目威等，取狀視之，政會不與，曰：「所告，乃副留守事，唯唐公得視之。」淵陽驚曰：「豈有是邪！」視其狀，乃云：「威、君雅潛引突厥入寇。」君雅攘袂(二九七)大詬(二九八)曰：「此乃反者欲殺我耳。」時世民已布兵塞衢(二九九)路，文靜因與劉弘基、長孫順德等共執威君雅繫獄(三〇〇)。丙寅，突厥數萬眾寇晉陽，輕騎入外郭北門，出其東門，淵命裴寂等勒兵(三〇一)為備，而悉開諸城門，突厥不能測，莫敢進，眾以為威君雅實召之也，淵於是斬威君雅以徇(三〇二)。淵部將王康達將千餘人出戰，皆死，城中忷懼，淵夜遣軍潛出城，旦則張旗鳴鼓，自他道來，如援軍者，突厥終疑之(三〇三)，留城外二日，大掠而去。

(十六)煬帝命監門將軍(三〇四)涇陽(三〇五)龐玉、虎賁郎將霍世舉將關內兵援東都。柴孝和說李密曰：「秦地山川之固，秦漢所憑，以成王業者也。今不若使翟司徒㉖守洛口，裴柱國㉗守回洛，明公自簡精銳，西襲長安，既克京邑㉘，業固㉙兵彊，然後東向以平河洛㉚，傳檄而天下定矣。方今隋失其鹿，豪傑競逐，不早為之，必有先我者，悔無及矣。」密曰：「此誠上策，吾亦思之久矣。但昏主尚存，從兵猶眾，我所部皆山東人，見洛陽未下，誰肯從我西入？諸將出於羣盜，留之各競雌雄㉛，如此，則大業隳㉜矣。」孝和曰：「然則，大軍既未可西上，僕請間行觀釁㉝。」密許之。孝和與數十騎至陝縣㉞，山賊歸之者萬餘人。時密兵鋒甚銳，每入苑㉟，與隋兵連戰，會密為流矢所中，臥營中。丁丑，越王侗使段達與龐玉等，夜出兵陳於回洛倉西北，密與裴仁基出戰，達等大破之，殺傷太半，密乃棄回洛奔洛口。【考異】略記云：「四月戊申，段達等帥關內兵，陳於倉西倉南，密出兵拒戰，大破兇醜，密還固倉。五月丁丑，達等又出兵，陳於倉西倉北，密又來拒，大破之，密奔洛口。」按隋書、北史、新舊唐書皆云：「密為流矢所中，臥營中，東都出兵擊之，密眾大潰，棄回洛倉，奔洛口。」俱無月日。河洛記：「密軍失利，歸於鞏縣，東都復得回洛倉。」蒲山公傳曰：「五月二十八日，越王夜出師，使段達等大戰於倉西北，密軍敗績，歸於鞏縣。」亦不云密連月再敗也。戊申、四月二十八日，丁丑、五月二十八日，蓋趙毅承蒲山公傳，誤以密一敗分為二事也。龐玉，霍世舉軍於偃師㊱，柴孝和之眾聞密退，各散去，孝和輕騎歸密㉗，楊德方、鄭德韜皆死。【考異】楊德方壺關錄作王德仁，今從河洛記。密以鄭頲為左司馬，滎陽鄭乾象為右司馬。【考異】隋唐書皆作虔象，唯壺關錄作乾象，云：「密殺其兄乾覆，乾覆之子會通後從盛彥師殺密。」今從之。

㈦李建成、李元吉棄其弟智雲於河東而去，吏執智雲送長安，殺之，建成、元吉遇柴紹於道，與之偕行㉘。

【今註】㈠義寧元年：是年十一月，李淵克長安，方奉代王即位，改元，《通鑑》因以繫年。㈡閉壁：閉營。㈢姥：老婦，音姆。㈣高郵：《隋書・地理志》下：「高郵縣屬江都郡。」㈤徇屬縣：徇略各屬縣。㈥輒下：便下。㈦上募：高級募士。㈧寵遇：恩寵待遇。㈨閱視：檢閱視察。㈩有戰死者，以妻妾徇葬：按妻妾乃戰死者之妻妾，妻妾上添一其字，則較為明確。⑪人自為戰：謂每人皆自奮力作戰。⑫所向無敵：兵鋒所指，無敢抵禦之者。⑬右禦衞將軍陳稜討杜伏威……所向無敵：按此段乃錄自《舊唐書・杜伏威傳》，字句大致相同。⑭樂壽：《隋書・地理志》中：「樂壽縣屬河間郡。」⑮丙辰，竇建德為壇於樂壽……改元丁丑：按此段乃錄自《隋書・煬帝紀》大業十三年文，字句大致相同。⑯魯郡賊徐圓朗……勝兵二萬餘人：按此段乃錄自《舊唐書・劉黑闥附徐圓朗傳》，字句幾全相同。⑰無上王：意謂至高無上之王。⑱南陽：隋郡名，在今河南省鄧縣東南。⑲朔方鷹揚郎將梁師都……北連突厥：按此段乃錄自《舊唐書・梁師都傳》，字句幾全相同。

⑳不能振施：不能將倉中之積粟，振施百姓。㉑任俠：《漢書・季布傳》注：「任，謂任使氣力；俠之言挾，以權力挾輔人也。」㉒鷹揚府校尉：《隋書・百官志》下：「煬帝時，鷹揚每府置越騎校尉二人，步兵校尉二人，並正六品。」㉓閤：同閣。㉔侍兒：即侍妾。㉕府君：以王仁恭為馬邑郡太守，故稱之曰府君，猶漢代稱州刺史曰使君。㉖為民父母之意乎：意猶義，謂道也，即豈為民父母之道乎。㉗候問：候問疾病。㉘椎牛縱酒：以椎殺牛，縱恣飲酒。㉙豈能坐待溝壑：豈能坐待而死於溝壑。㉚今倉粟爛積：按《舊唐書・劉武周傳》作：「今倉內積粟皆爛。」若改易之，則作今倉粟腐爛，方較合原文之意。㉛聽事：即廳事。㉜持其首出徇：持其首以徇示於眾。㉝馳檄：檄，檄文；馳騎以檄文頒告屬城。㉞馬邑太守王仁恭……遣使附於突厥：按此段乃錄自《舊唐書・劉武周傳》，字句大致相同。㉟兵不素練：謂兵卒平常未有訓練。㊱沖幼：沖亦幼，二字為複合辭。㊲闇：闇昧。㊳料：料度。㊴指麾而定：旌旗一指，即告平定。㊵東都虛實：東都之虛實情形。㊶官司：官員。㊷馳表：馳馬上表。㊸制於己：為己所制。㊹輕行：輕則行速，故輕行亦即急行。㊺掩襲：謂乘其不備而襲之。㊻拾遺：謂拾遺芥，喻甚易也。㊼比：及。㊽可集：可合。㊾枕威：憑藉戰勝之威勢。㊿養銳：儲養銳氣。(51)檄召四方：宣檄而召四方之士。(52)引賢豪而資計策：接引賢豪而資取其計策。(53)選驍悍而授兵柄：選擇驍悍而授以兵權。(54)略：計略。(55)非僕所堪：非僕所能勝任。(56)惟君之命：惟君之命令，而盡力為之。(57)殿：亦後。(58)陽城：《隋書・地理志》中：「陽城縣屬河南郡。」(59)方山：《隋書・地理志》中：「河南郡、

陸渾縣，有方山。」《括地志》：「方山在洛州汜水縣東南三十二里，汜水所出也。」〔六〇〕羅口：《魏書・地形志》：「鞏縣有長羅川。」羅口，蓋即長羅川口。〔六一〕興洛倉：《隋書・地理志》中：「河南郡、鞏縣，有興洛倉。」〔六二〕繈負：謂負糧於背，若以繈為絡，於背負小兒然。〔六三〕相屬：即絡繹不絕。〔六四〕李密說翟讓曰……道路相屬：按此段雖本於《隋書・李密傳》，（《舊唐書・李密傳》與《隋書》全相同，）而多有溢出。〔六五〕朝散大夫：《隋書・百官志》下：「煬帝時，朝散大夫從五品。」〔六六〕尉氏：《隋書・地理志》中：「尉氏縣屬潁川郡。」〔六七〕宿城：《隋書・地理志》中：「宿城縣屬東平郡。」〔六八〕昌平：《隋書・地理志》中：「昌平縣屬涿郡。」〔六九〕贍敏：富贍敏捷。〔七〇〕是歌殺斛律明月人兒邪：歌殺斛律光事，見卷一百七十一陳高宗太建四年。此亦即言彼係祖珽之兒耶。〔七一〕疾：惡。〔七二〕常調：通常調選。〔七三〕東平書佐：據《隋書・百官志》下，隋制，州郡皆有書佐，在祭酒從事之上，視正九品。〔七四〕檢校宿城令：胡三省曰：「檢校官未得為真調。」〔七五〕鬱鬱：不得志貌。〔七六〕引為上客：引接以為上賓。〔七七〕一以委之：全委任之。〔七八〕萴：音側。〔七九〕烏合：謂無紀律無團結之軍旅。〔八〇〕國子三館學士：胡三省曰：「隋以國子、太學、四門為三館。」學士謂館中肄業之生徒。〔八一〕貴勝親戚：貴族勝流，及帝室親戚。〔八二〕鮮華：鮮明華麗。〔八三〕掩：掩襲。〔八四〕倉城：即興洛倉城。〔八五〕未朝食：未食早飯。〔八六〕石子河：《水經注》：「洞水出南溪石泉，世亦名之為石泉水，過鞏東坎欲聚西，而北入於洛，蓋即石子河也。」〔八七〕驍雄：驍勇。〔八八〕解衣潛竄：解去官服，潛自逃竄。〔八九〕器甲：器械鎧甲。〔九〇〕壇場：壇乃設於場中，聚土為之。〔九一〕文書行下：行下之文書。〔九二〕三司六衞：三公六衞，衞各置大將軍一人。(九三)各有差：各有等差。(九四)濟陰、上谷、長平、淮陽、濟北、上洛：皆係郡名，多載《隋書・地理志》中。(九五)置百營簿以領之：置百營簿籍以錄領之。(九六)不絕如流：不絕如流水然。(九七)乃命其護車田茂廣：護車疑作護軍。(九八)方四十里：方當作周回，始符事實。(九九)安陸、汝南、淮安：皆郡名，見《隋書・地理志》中。(一〇〇)濟陽：《隋書・地理志》中：「濟陽縣屬濟陰郡。」(一〇一)桑乾鎮：據《隋書・地理志》中，桑乾鎮在馬邑郡、善陽縣界。(一〇二)以馬報之：以馬報答之。(一〇三)定楊可汗：謂使之平定楊廣也。(一〇四)狼頭纛：《隋書・突厥傳》：「突厥本狼種，故牙門建狼頭纛，示不忘本也。」(一〇五)同縣：謂與劉武周同縣，亦即馬邑人也。(一〇六)間使：伺隙而行之使者。(一〇七)詔敕庫：儲詔敕之庫。(一〇八)悲動左右：悲哀感動左右之人。(一〇九)武周引兵圍鴈門……校尉張倫殺孝意以降：按此段乃錄自《隋書・誠節陳孝意傳》，字句大致相同。(一一〇)河南之地：指今綏遠省黃河以南之地而言。(一一一)梁師都略定雕陰……攻破鹽川郡：按此段乃錄自《舊唐書・梁師都傳》，字句大致相同。(一一二)左翊衞郭子和：郭子和蓋衞士之屬左翊衞府者。(一一三)坐事：坐事犯罪。(一一四)徙：謫徙。(一一五)數以：責以。(一一六)賑施：賑濟施捨。(一一七)改元丑平：《舊唐書・梁師都附李子和傳》，丑平作正平，當改從之。(一一八)各遣子為質以自固：各者乃言郭子和遣子為質於梁師都，及突厥也。《舊唐書・李子和傳》作：「並送子為質以自固。」是其明證。(一一九)平楊天子：平楊亦指平定楊氏而言。(一二〇)屋利設：設乃突厥可汗御下之大官名號。(一二一)左翊衞、蒲城郭子和……乃更以為屋利設：按此段乃錄自《舊唐書・梁師都附李子和傳》，字句大致相同。(一二二)汾陰：《隋書・地理志》中：「汾陰縣屬河東郡。」(一二三)絕倫：絕於倫儕。

㉔鉅萬：萬萬。㉕金城府校尉：《新唐書・地理志》：「金城郡有府二，曰廣武、金城。」校尉其帥。㉖隴右：即隴西，通稱西曰右。㉗金城：隋書地理志上：「金城縣帶金城郡。」㉘方授甲：正當授予甲杖。㉙刼：刼持。㉚改元秦興：謂由秦地而興起也。㉛官牧馬：官牧所養之馬。㉜枹罕：郡名，枹音膚。㉝舉選精銳二千人襲之：按《舊唐書・薛舉傳》，載舉襲皇甫綰而相與戰之經過甚詳，末云：「隋軍大潰，遂陷枹罕。」今雖不書其戰爭經過，然其戰爭結果，亦當言之，以使讀者有所瞭解。本此，則襲下自應添一取字。㉞岷山：《隋書・地理志》上：「臨洮郡、臨洮縣，有岷山。」㉟河州刺史：復以枹罕郡置河州。㊱取西平澆河二郡：《舊唐書・薛舉傳》作：「又剋鄯廓二州。」《通鑑》則以係隋代時事，故改用隋代地名。㊲汾陰薛舉僑居金城……未幾盡有隴西之地，眾至十三萬：按此段乃錄自《舊唐書・薛舉傳》，字句大致相同。㊳東都外郭：古代之城，率為二重，外郭、羅郭也。㊴豐都市：《隋書・百官志》下：「東都東市曰豐都，南市曰大同，北市曰通遠。」是豐都乃東都三市之一。㊵宮城：亦即內城。㊶臺省府寺：四者為各官司府署之名。㊷鞏縣長：大縣為令，小縣為長。㊸監察御史：《隋書・百官志》下：「煬帝時，御史臺增監察御史員十六人，加階為從七品。」㊹屢求仁基長短：此處所重者，為仁基之短，長乃連類而及，無意。㊺失期：違期。㊻百花谷：胡三省曰：「百花谷蓋在汜水縣西，鞏縣東南。」㊼狼狽：困窘不堪。㊽棲上雞：棲，雞棲。㊾一刀：喻殺之之易。㊿兼直記室事：直、同值，謂當值。(51)慰納之：安慰而結納之。(52)裴仁基每破賊……亦以為上柱國，絳郡公：按此段雖本於《隋書・李密附裴仁基

傳》，而事跡頗多溢出。(五三)東阿：《隋書・地理志》中：「東阿縣屬濟北郡。」(五四)程皦金：《舊唐書・程知節傳》：「知節本名皦金。」是皦金乃其本名。(五五)用為驃騎：《隋書・百官志》下：「煬帝改驃騎為鷹揚郎將，正五品。」是驃騎乃開皇時之官制。(五六)分隸：分屬。(五七)天津橋：胡三省曰：「煬帝使宇文愷營造東都，洛水貫都有河漢之象，因名其橋為天津橋。」(五八)癸巳，密遣裴仁基、孟讓……仁基等敗走：按此段乃錄自《隋書・李密傳》，字句大致相同。(五九)乘城：登城。(六〇)擊柝：擊柝以資戒備。(六一)偃師：《隋書・地理志》中：「偃師縣屬河南郡。」(六二)金墉：胡三省曰：「晉金墉城在洛城西北，隋營東都城，東去故都十八里，則金墉亦在都城之東。」(六三)汲綆：汲水之繩。(六四)爨：為炊。(六五)移檄：猶傳檄。(六六)罄南山之竹，書罪無窮：喻罪惡多端，非簡策所能盡載。(六七)決東海之波，流惡難盡：決東海之水，滌惡難盡，亦喻其罪惡之多。(六八)太常丞：《隋書・百官志》下：「太常寺置卿、少卿各一人，丞二人。」(六九)間行：由間道而行。(七〇)東都決沒：東都決必陷沒。(七一)歔欷：悲泣氣咽而抽息也。(七二)詆之：詆騙之。(七三)何緣：何由。(七四)勃然：怒貌。(七五)敢廷辱我：敢於朝廷中辱我。(七六)東陽：胡三省曰：「此東陽蓋指婺州、東陽郡。」(七七)杜口：閉口。(七八)沈審：沈重審慎。(七九)賣獄：出賣訟獄。(八〇)賄賂：以財物私相授受。(八一)朝野共疾怨之：謂朝野人士共恨怨之。(八二)越王侗遣太常丞元善達間行賊中……由是朝野共疾怨之：按此段乃錄自《隋書・虞世基傳》，字句幾全相同。(八三)閑：習。(八四)密為指畫：暗為指示處理之法。(八五)諂順：諂媚順依。(八六)忤旨：逆旨。(八七)屏而不奏：《舊唐書・封倫傳》作：「寢而不奏。」屏乃屏棄，寢乃寢置，意固相似也。(八八)峻文：猶峻法。(八九)深詆：深責。(九〇)抑削就薄：抑降割削，使之薄寡。(九一)內史舍人封德彝……皆德彝所為也：按此段乃錄自《舊唐書・封倫傳》，傳文云：「封倫字德彝，蓋以字行也。」字句與傳所載，大致相同。(九二)神武：《隋書・地理志》中：「神武縣屬馬邑郡。」(九三)太子千牛備身：《隋書・百官志》下：「左右內率府有千牛備身八人，掌執千牛刀。」千牛刀者，取其解千牛而芒刃不鈍。(九四)臨汾：《隋書・地理志》中：「臨汾縣帶臨汾郡。」(九五)識量：見識器量。(九六)傾身下士：降身接士。(九七)結客：結交賓客。(九八)右勳衛、右勳侍：據《隋書・百官志》下，開皇時置親、勳、武三衛，大業初，改為親、勳、武三侍。三衞、三侍皆分左右。順德蓋開皇中為勳衞，弘基則為大業勳侍也。(九九)池陽：胡三省曰：「隋志，雍州有雲陽縣，無池陽。舊唐志云：『貞觀三年，改石門為雲陽，雲陽為池陽。』通鑑據唐書以唐州縣書之也。」(一〇〇)左親衞竇琮……琮意乃安：按此段乃錄自《舊唐書・竇威附琮傳》，字句大致相同。(一〇一)晉陽宮監：《隋書・百官志》下：「行宮所在，皆立總監以司之，上宮正五品，中宮從五品，下宮正七品。」(一〇二)猗氏：《隋書・地理志》中：「猗氏縣屬河東郡。」(一〇三)武功：《隋書・地理志》上：「武功縣屬京兆郡。」(一〇四)貧賤如此：謂貧賤如此情形。(一〇五)吾二人相得：謂若吾二人結交相得。(一〇六)豁達：胸襟寬達。(一〇七)命世才：有名於世之才。(一〇八)初未然之：最初不以為然。(一〇九)連昏：昏同婚。(一一〇)省：省候。(一一一)高光之才：漢高祖及光武之才。(一一二)不識：不知。(一一三)非兒女子之情：謂非似小兒女之純重情感。(一一四)欲與君議大事也，計將安出：按兩句間文氣似欠連貫，《舊唐書・劉文靜傳》作：「時事如此，故來與君圖舉大計，請善籌其事。」則較緊湊多矣。計將上宜添未知二字，方可彌補此缺。㉟真主：按此為隋唐間新構之名辭，以示其為當然之天子，而非人力所能逆拒者。爰略舉數例以實之。《舊唐書》姜謩等傳後史臣曰：「咸遇真主，得為故人。」同書〈崔義玄傳〉：「義玄往說之曰：『唐公據有秦京，名應符錄，此真主也。』」《隋書・藝術蕭吉傳》：「且太子得政，隋其亡乎！當有真人，出治之矣。」真人雖出自《莊子》及道家，而此處實與真主相同，皆示臣民對之須絕對擁戴服從。㊱驅駕：驅馭駕御。㊲尊公：指李世民之父李淵言。㊳復且數萬：亦有數萬。㊴入關：進入關中。㊵部署賓客：謂部署賓客，使擔任各職。㊶宴語：猶燕語，謂閑語。㊷關說：《舊唐書・劉文靜傳》作「開說」。是關乃係通意。㊸晉陽宮監猗氏裴寂……乃引寂與世民交：按此段乃錄自《舊唐書・劉文靜傳》，字句改易處較多。㊹龍山令：《隋書・地理志》中：「太原郡、晉陽縣，後齊置，曰龍山，帶太原郡，開皇初郡廢，十年改縣曰晉陽。」則此時不復有龍山，豈高斌廉在開皇中嘗為令史，而以舊官書之歟！㊺輸：對博時，不勝者納物與勝者曰輸。㊻情款益狎：情誠益親。㊼與馬邑太守王仁恭幷力拒之：胡三省曰：「按王仁恭是年春已死，此必去年，史序李淵起兵來歷，及之。」㊽危亡無日：謂不日危亡將至。㊾縣官：指天子言。㊿賊可盡乎：賊可盡滅之乎！(51)要之：猶總之。(52)則功高不賞：謂功高無法以賞之。(53)化家為國：謂奄有全國以為己家，亦即為天子也。(54)二郎：世民第二，故呼以此稱。(55)事覺：事發。(56)已協：已皆協洽。(57)偏裨失律：偏裨之將違失戎律。(58)宮監：晉陽宮監。(59)代王：代王名侑。(60)未知所附：未知何所歸附。(61)鼓行：擊鼓而行，亦即明目張膽而行。(62)撫而有之：安撫而據有之。

〔四三〕單使：單車之使。〔四四〕世民與寂等復說淵曰……坐取夷滅乎：按此段乃錄自《舊唐書・劉文靜傳》，字句微有不同。〔四五〕淵之為河東討捕使也：大業十一年，淵為使討捕河東。〔四六〕今玉牀搖動，帝座不安：《晉書・天文志》：「北極五星，第二星主帝座太乙之座，謂最赤明者。紫宮門內六星，曰天床，主寢舍解息燕休。又大角一星，在攝提間，大角者，天王帝座也。」〈天官書〉曰：「大角北三星，為帝座，主宴飲酬酢也。」〔四七〕參墟得歲：《左傳》：「參為晉星。」故以晉陽為參墟，得歲，謂歲星居參也。〔四八〕猜忍：猜忌殘忍。〔四九〕變通：諺云：「窮則變，變則通。」故變通亦即為變也。〔五〇〕為之次矣：猶次當及公矣。〔五一〕鷹揚府司馬：《隋書・百官志》下：「煬帝時，鷹揚府各有司馬及兵倉兩司。」〔五二〕五郡之兵：五郡謂：太原、鴈門、馬邑、樓煩、西河。〔五三〕端居：正坐。〔五四〕不旋踵：喻時之短而速。〔五五〕圖之：計之。〔五六〕文水：《隋書・地理志》中：「文水縣屬太原郡。」〔五七〕太子左勳衞：據《隋書・百官志》下，開皇之制，東宮左右衞率府亦有親、勳、翊三衞。〔五八〕此湯武之舉也：此如湯武之舉兵也。〔五九〕擬：比擬。〔六〇〕在私：在己。〔六一〕拯亂：拯救禍亂。〔六二〕儉說淵曰……卿姑自重，吾將思之：按此段乃節錄《舊唐書・唐儉傳》，字句大致相同。〔六三〕遷延：遷易遲延。〔六四〕制人：可制服他人。〔六五〕制於人：為他人所制服。〔六六〕推遷：推故遷延。〔六七〕以宮人侍客：以宮人私侍他人。〔六八〕可爾：猶可耳。〔六九〕趣：讀曰促。〔七〇〕發：徵發。〔七一〕期歲暮：以歲暮為期。〔七二〕恟恟：諠擾。〔七三〕將佐：將領佐吏。〔七四〕制：制止。〔七五〕朝廷用兵，動止皆稟節度：謂用兵時，一舉一動，皆須稟承朝廷之節制。〔七六〕以嬰城膠柱之兵：以據城自守，而須稟承遠地朝廷節制之兵。〔七七〕當巨猾豕突之勢：抵當甚為黠詐而來勢頗為猛疾之敵。(278)進退維谷：進退皆為壑谷，喻進退皆維艱也。(279)何為：猶如何。(280)公地兼親賢：公之地位，國親賢能，兼而具之。(281)同國休戚：與國家之休美戚患相共。(282)要在平賊：主要者乃在平賊。(283)陽若：猶佯若。(284)仍：因。(285)皆背征三侍：二人避役亡命，故曰背征。三侍者，二人曾皆為親、勳、武三衞侍之官，故遂以三侍稱之。(286)若爾：若如此。(287)大致紛紜：謂大致混擾。(288)王威、高君雅見兵大集……威等乃止：按此段乃錄自《舊唐書‧武士彠傳》，字句大致相同。(289)留守司兵：《隋書‧百官志》下：「煬帝時，留守置司功、倉、戶、兵、法、士曹等書佐。」(290)但寄坐耳：坐猶位，謂但寄位，而無實權。(291)留守司兵田德平……德平亦止：按此段乃錄自《舊唐書‧武士彠傳》，字句大致相同。(292)鄉長：開皇初置保長、黨長，鄉長亦係此類。(293)晉祠：晉陽有晉王祠，祀晉王，省稱曰晉祠。(294)開陽府：按《新唐書‧地理志》，太原有府十八，開陽其一也。(295)肸城：《隋書‧地理志》中：「肸城屬東郡。」(296)密狀：謂有狀告密。(297)攘袂：挽袖舉臂，為忿怒而欲決鬬之態。(298)詬：罵。(299)衢：四達謂之衢。(300)淵與威、君雅共坐視事……共執威君雅繫獄：按此段乃錄自《舊唐書‧劉政會傳》，字句大致相同。(301)勒兵：率兵。(302)以徇：以徇示於眾。(303)終疑之：既疑之。(304)監門將軍：《隋書‧百官志》下：「左右監門府，各將軍一人，掌宮殿門禁及守衞事。」(305)涇陽：《隋書‧地理志》上：「涇陽縣屬京兆郡。」(306)翟司徒：翟讓。(307)裴柱國：裴仁基。(308)京邑：京師。(309)業固：王業鞏固。(310)河洛：河南、洛陽，為周之二王城，後遂以為語辭。(311)留之各競雌雄：留之在此，則各爭高位。(312)隳：敗。(313)亹：同釁，隙也。㉔陝縣：今縣名，屬河南省。㉕每入苑：苑即大業初所築之西苑。㉖偃師：今縣名，屬河南省，在洛陽縣東。㉗柴孝和說李密曰……孝和輕騎歸密：按此段乃錄自《隋書・李密傳》，字句大致相同。㉘李建成、李元吉棄其弟……與之偕行：按此段乃揉合〈隱太子建成〉、〈楚王智雲〉，及〈柴紹傳〉而成。

卷一百八十四　隋紀八

起彊圉赤奮若六月，不滿一年。（丁丑，西元六一七年）

司馬光編集
曲守約註

恭皇帝下

義寧元年（西元六一七年）

㈠六月，己卯，李建成等至晉陽。

㈡劉文靜勸李淵與突厥相結，【考異】創業注：「突厥去，覘人來報，文武入賀。帝曰，且勿相賀，當為諸君召而使之。即自手與突厥書。」蓋溫大雅欲歸功高祖耳，今從唐書劉文靜傳。資其士馬㈠，以益兵勢。淵從之，自為手啟，卑辭厚禮，遺始畢可汗，【考異】創業注云：「仍命封題，署云名啟；所司請改啟為書，帝不許。」按太宗云，太上皇稱臣於突厥，蓋謂此時，但溫大雅諱之耳。云：「欲大舉義兵，遠迎主上，復與突厥和親，如開皇之時，若能與我俱南，願勿侵暴百姓㈡；若但和親，坐受㈢寶貨，亦唯可汗所擇。」始畢得啟，謂其大臣曰：「隋主為人，我所知也，若迎以來，必害唐公而擊我，無疑矣。苟唐公自為天子，我當不避盛暑㈣，以兵馬助之。」即命以此意為復書，使者七日而返，將佐皆喜，請從突厥之言，淵不可。裴寂、劉文靜皆曰：「今義兵雖集，而戎馬㈤殊乏，胡兵非所須，而馬不可失，若復稽回㈥，恐其有悔。」淵曰：「諸君宜更思其次。」寂等乃請：「尊天子為太上皇，立代王為帝，以安隋室，移檄郡縣，改易旗幟，雜用絳白㈦，以示突厥。」淵曰：「此可謂掩耳盜鍾㈧。然逼於時事，不得不爾。」乃許之。遣使以此議告突厥。

㈢西河郡不從淵命，甲申，淵使建成、世民將兵擊西河，【考異】創業注云：「命大郎二郎率眾討西河。」高祖太宗實錄但云命太宗徇西河，蓋史官沒建成之名耳。唐殷嶠傳從隱太子攻西河。今從創業注。命太原令太原㈨溫大有與之偕行，曰：「吾兒年少，以卿參謀軍事，事之成敗，當以此行卜之㈩。」時軍士新集(一一)，咸未閱習(一二)，建成、世民與之同甘苦，遇敵則以身先之，近道菜果(一三)，非買不食，軍士有竊之者，輒求其主償之(一四)，亦不詰(一五)竊者，軍士及民皆感悅。至西河城下，民有欲入城者，皆聽其入。郡丞高德儒閉城拒守，己丑，攻拔之，執德儒至軍門，世民數之曰：「汝指野鳥為鸞(一六)，以欺人主，取高官，吾興義兵，正為誅佞人(一七)耳。」遂斬之，自餘不戮一人，秋毫無犯，各尉撫(一八)，使復業，遠近聞之大悅。建成等引兵還晉陽，往返凡九日。淵喜曰：「以此行兵，雖橫行天下(一九)，可也。」遂定入關之計。

㈣淵開倉以賑貧民，應募者日益多，淵命為三軍，分左右，通謂之義士。裴寂等上淵號為大將軍。癸巳，建大將軍府，以寂為長史，劉文靜為司馬，唐儉及前長安尉溫大雅為記室，大雅仍與弟大有共掌機密，武士彠為鎧曹，劉政會及武城(二〇)崔善為、太原張道源為戶曹，晉陽長、上邽(二一)姜謩為司功參軍，太谷(二二)長殷開山為府掾(二三)，長孫順德、劉弘基、竇琮及鷹揚郎將高平王長諧、天水(二四)姜寶誼、陽屯為左右統軍(二五)，自餘文武，隨才授任。又以世子建成為隴西公、左領軍大都督，左三統軍隸(二六)焉，世民為敦煌公、右領軍大都督(二七)，右三統軍隸焉，各置官屬，以柴紹為右領軍府長史。諮議(二八)譙(二九)人劉瞻領西河通守，道源名河，開山名嶠，皆以字行。山，不害之孫也。

㈤李密復帥眾向東都，丙申，大戰于平樂園(三〇)，密左騎右步，中列彊弩，鳴千鼓以衝之，東都兵大敗，密復取回洛倉。

㈥突厥遣其柱國康鞘利等送馬千匹詣李淵，為互市，許發兵送淵入關，多少隨所欲。丁酉，淵引見康鞘利等，受可汗書，禮容㉑盡恭，贈遺康鞘利等甚厚，擇其馬之善者，止市其半。義士請以私錢市其餘，淵曰：「虜饒馬而貪利，其來將不已，恐汝不能市也㉒。吾所以少取者，示貧且不以為急故也，當為汝貰㉓之，不足為汝費㉔。」乙巳，靈壽㉕賊帥郗士陵帥眾數千降於淵，淵以為鎮東將軍、燕郡公，仍置鎮東府，補僚屬，以招撫山東郡縣。己巳，康鞘利北還，淵命劉文靜使於突厥，以請兵，私謂文靜曰：「胡騎入中國，生民之大蠹㉖也，吾所以欲得之者，恐劉武周引之，共為邊患；又胡馬行牧，不費芻粟㉗，聊欲藉之以為聲勢耳。數百人之外，無所用之㉘。」

㈦秋，七月，煬帝遣江都通守王世充將江淮勁卒，將軍王隆帥邛黃蠻，河北大使太常少卿韋霽、河南大使㉙虎牙郎將王辯等，各帥所領，同赴東都，相知討李密㊵，【考異】雜記：「四月，世充帥淮南兵萬人，援東都，世充行至彭城，懼密眾之盛，自以兵少不敵，乃間行，自黎陽濟河而至。七月，士充帥留守兵二萬擊密，無功。」今從略記、蒲山公傳。霽世康之子也。

㈧壬子，李淵以子元吉為太原太守，留守晉陽宮，後事悉以委之(四一)。癸丑，淵帥甲士三萬發晉陽，立軍門誓眾(四二)，幷移檄郡縣，諭以尊立代王之意。西突厥阿史那大奈亦帥其眾以從(四三)。甲寅，遣通議大夫張綸將兵狥稽胡(四四)，丙辰，淵至西河，慰勞吏民，賑贍(四五)窮乏，民年七十以上，皆除散官(四六)，其餘豪俊，隨才授任，口詢功能(四七)，手注官秩(四八)，一日除千餘人，受官皆不取告身(四九)，各分淵所書官名而去。淵入雀鼠谷，壬戌，軍賈胡堡(五〇)，去霍邑(五一)五十餘里。代王侑遣虎牙郎將宋老生帥精兵二萬，屯霍邑，左武候大將軍屈突通屯河東，以拒淵。會積雨，淵不得進，遣府佐沈叔安等，將羸兵(五二)還太原，更運一月糧。乙丑，張綸克離石(五三)，殺太守楊子崇。

㈨劉文靜至突厥，見始畢可汗請兵，且與之約【考異】唐劉文靜傳曰：「始畢曰，唐公起事，今欲何為？文靜曰，皇帝廢冢嫡，傳位後主，致斯禍亂，唐公國之懿戚，不忍坐觀成敗，故起義軍，欲黜不當立者。」創業起居注，先已再遣使至突厥，不容始畢方有此問，今不取。曰：「若入長安，民眾土地入唐公，金玉繒帛歸突厥(五四)。」始畢大喜，丙寅，遣其大臣紇失特勒先至淵軍，告以兵已上道。

㈩淵以書招李密，【考異】壺關錄云：「高祖屯壽陽，遣右衛將軍張仁則齎書招李密。」蒲山公傳：「密答書曰，使至，辱今月十九日書。」按長曆，是月己酉朔，十九日丁卯，不應已還至霍邑。又發書曰，不應猶在壽陽。今皆不取。密自恃兵彊，欲為盟主，使祖君彥復書曰：「與兄派流雖異(五五)，根系本同(五六)，自唯虛薄(五七)，為四海英雄共推盟主，所望左提右挈(五八)，戮力(五九)同心，執子嬰於咸陽(六〇)，殪商辛於牧野(六一)，豈不盛哉！」且欲使淵以步騎數千自至河內，面結(六二)盟約。淵得書，笑曰：「密妄自矜大(六三)，非折簡(六四)可致，吾方有事關中，若遽絕(六五)之，乃是更生一敵，不如卑辭推獎(六六)，以驕其志，使為我塞成皐之道(六七)，綴東都之兵(六八)，我得專意西征(六九)，俟關中平定，據險養威(七〇)，徐觀鷸蚌之勢(七一)，以收漁人之功，未為晚也。」乃使溫大雅復書曰：「吾雖庸劣(七二)幸承餘緒(七三)，出為八使(七四)，入典六屯(七五)，顛而不扶(七六)，通賢(七七)所責，所以大會義兵，和親北狄(七八)，共匡(七九)天下，志在尊隋。天生烝民(八〇)，必有司牧(八一)，當今為牧(八二)，非子而誰(八三)？老夫年逾知命(八四)，願不及此(八五)，欣戴大弟(八六)，攀鱗附翼(八七)，唯弟早膺圖籙(八八)，以寧兆民。宗盟之長(八九)，屬籍見容(九〇)，復封於唐，斯榮足矣(九一)。

殪商辛於牧野，所不忍言，執子嬰於咸陽，未敢聞命。汾晉左右，尚須安輯(九二)，盟津之會，未暇卜期(九三)。」密得書，甚喜，以示將佐(九四)曰：「唐公見推(九五)，天下不足定矣(九六)。」自是信使往來不絕。

(十)雨久不止，淵軍中糧乏，劉文靜未返，或傳突厥與劉武周乘虛襲晉陽，淵召將佐謀北還，裴寂等皆曰：「宋老生、屈突通連兵據險，未易猝下，李密雖云連和，姦謀難測，突厥貪而無信，唯利是視(九七)。武周事胡者也。太原一方都會(九八)，且義兵家屬在焉，不如還救根本，更圖後舉(九九)。」李世民曰：「今禾菽(一〇〇)被野(一〇一)，何憂乏糧！老生輕躁，一戰可擒；李密顧戀(一〇二)倉粟，未遑遠略(一〇三)，武周與突厥，外雖相附，內實相猜，武周雖遠利太原，豈可近忘馬邑(一〇四)。本興(一〇五)大義，奮不顧身，以救蒼生，當先入咸陽，號令天下。今遇小敵，遽已班師，恐從義之徒，一朝解體(一〇六)，還守太原一城之地，為賊耳(一〇七)，何以自全！」李建成亦以為然。淵不聽，促令引發，世民將復入諫，會(一〇八)日暮，淵已寢，世民不得入，號哭於外，聲聞帳中，淵召問之，世民曰：「今兵以義動，進戰則克，退還則散，眾散於前，敵乘於後⑲，死亡無日⑳，何得不悲！」淵乃悟㉑曰：「軍已發，奈何？」世民曰：「右軍嚴㉒而未發，左軍雖去，計亦未遠㉓，請自追之。」淵笑曰：「吾之成敗，皆在爾，知復何言㉔，唯爾所為。」世民乃與建成夜追左軍，復還，【考異】創業注：「帝集文武官人及大郎二郎等，而謂之曰，以天贊我，應無此勢，以人事見機而發，無有不為。借遣吾當突厥武周之地，何有不來之理！諸公謂云何。議者，以老生、屈突通相去不遠，李密譎誑，姦謀難測，突厥見利而行，武周事胡者也，太原一都之會，義兵家屬在焉，愚夫所慮，伏聽教旨。唐公顧謂大郎二郎曰，爾輩何如，對曰，武周位極有志滿，突厥少信而貪利，外雖相附，內實相猜，突厥必欲來利太原，寧肯近忘馬邑？武周悉其此勢，未必同謀同志。老生突厥，奔競來拒，進闕圖南，退窮自北，還無所入，往無所之，畏溺先沈，近於斯矣。今禾菽被野，人馬無憂，坐即有糧，行即得眾，李密戀於倉粟，未遑遠略，老生輕躁，破之不疑，定業取威，在茲一決。諸人保家愛命，言不可聽。雨罷進軍，若不殺老生，兒等敢以死謝。唐公喜曰，爾謀得之，吾其決矣，三占從二，何藉輿言。懦夫之徒，幾敗乃公事耳。」太宗實錄盡以為太宗之策，無建成名，蓋沒之耳。據建成同追左軍，則建成意亦不欲還也。今從創業注。丙子，太原運糧亦至。

(十一)武威鷹揚府司馬㉕李軌家富，好任俠，薛舉作亂於金城，軌與同郡曹珍、關謹、梁碩、李贇、安脩仁等謀曰：「薛舉必來侵暴㉖，郡官庸怯㉗，勢不能禦，吾輩豈可束手，幷妻孥㉘為人所虜邪？不若相與幷力㉙拒之，保據河右，以待天下之變。」眾皆以為然，欲推一人為主，各相讓，莫肯當。曹珍曰：「久聞圖讖，李氏當王，今軌在謀中㉚，乃天命也。」遂相與拜軌，奉以為主。丙辰，軌令修仁集諸胡㉑，軌結民間豪傑，共起兵，執虎賁郎將謝統師、郡丞韋士政，軌自稱河西太涼王，置官屬，並擬開皇故事㉒。關謹等欲盡殺隋官，分其家貲㉓，軌曰：「諸人既逼以為主，當禀㉔其號令，今興義兵，以救生民，乃殺人取貨㉕，此羣盜耳，將何以濟㉖？」於是以統師為大僕卿，士政為大府卿。西突厥闕度設據會寧川，自稱闕可汗，請降於軌㉗。

(十三)薛舉自稱秦帝，【考異】唐高祖實錄：「武德元年四月辛卯，舉稱尊號。」按今冬舉敗，問褚亮亮曰，天子有降事否？是則已稱尊號也。今從唐書舉傳。立其妻鞠氏為皇后，子仁果為皇太子。遣仁果將兵圍天水㉘，克之，舉自金城徙都之。仁果多力，善騎射，軍中號萬人敵㉙，然性貪而好殺，嘗獲庾信子立，怒其不降，磔於火上，稍割以噉軍士，及克天水，悉召富人倒懸之，以醋灌鼻，責其金寶。舉每戒之曰：「汝之才略，足以辦事，然苛虐㉚無恩，終當覆㉛我國家。」舉遣晉王仁越將兵趨劍口㉜，至河池郡，太守蕭瑀拒却之，又遣其將常仲興濟河擊李軌，與軌將李贇戰於昌松㉝，仲興舉軍㉞敗沒㉟，軌欲縱遣之，贇曰：「力戰獲俘，復縱以資敵，將焉用之？不如盡阬㊱之。」軌曰：「天若祚㊲我，當擒其主，此屬終為我有，若其無成，留之何益。」乃縱之。未幾，攻張掖、敦煌、西平、枹罕，皆克之，盡有河西五郡之地㊳。

(十四)煬帝詔左禦衛大將軍、涿郡留守薛世雄，將燕地精兵三萬討李密，命王世充等諸將，皆受世雄節度，所過盜賊，隨便誅翦㊴。世雄行至河間，軍於七里井，竇建德士眾惶懼，悉拔諸城南遁，聲言還入豆子䴚，世雄以為畏己，不復設備，建德謀還襲之。其處去世雄營百四十里，建德帥敢死士二百八十人，先行，令餘眾續發㊵，建德與其士眾約曰：「夜至，則擊其營，已明，則降之㊶。」未至一里所㊷，天欲明㊸，建德惶惑，議降，會天大霧，人咫尺㊹不相辨，建德喜曰：「天贊㊺我也。」遂突入其營擊之，世雄士卒大亂，皆騰柵走㊻，世雄不能禁㊼，與左右數十騎，遁歸涿郡，【考異】革命記：「帝以李密在洛口，征遼回日，令右翊衛將軍薛世雄於留鎮兵內，簡練精銳，及幽易驍勇，討密，經過之處，若有草竊，隨便誅翦。仍令王世充等諸軍，並取世雄處分。世雄乃自領精兵六萬，四月末，至河間郡城下作營，州縣皆備牛酒軍糧，以待薛將軍。時建德以無糧食，兵士先皆分散，餘軍不滿千人，在武強縣境收麥充食，聞世雄兵至河間，惶懼無計，問一女巫，欲走避之，如何？巫云，不免；問欲首，如何？巫云，亦不吉；問欲掩其不備，擊之，如何？巫云，今夜天未明到，大吉。卜時，日巳午，卜處，去河間二百四十里。建德簡精兵二百八十人先行，餘勒續發。建德與眾決云，夜到即打，明即降之，吉凶之事，在此舉耳。遂行，去世雄營二里，天已屬明，又聞吹角聲，擬發，建德惶惑，欲降，須臾，大霧忽起，建德曰，此天助我也。遂引兵入營，攻之，兵遂大亂，世雄左右，先已裝束擬發，世雄遂得上馬奔走，仍中數槍，僅而獲免。幽易之士，並不欲作留鎮兵，先無鬬意，既不知賊多少，悉棄甲奔亡，遂使山東賊勢轉盛。李密先招慰河北州縣，多悉從之，世雄慙憤而卒。」唐實建德傳云：「七月，世雄討之，建德帥敢死七千人襲之，世雄以數百騎遁去。」今從隋薛世雄傳，以建德傳、革命記參之。

慙恚(四八)發病卒。建德遂圍河間(四九)。

(五)八月，己卯，雨霽，庚辰，李淵命軍中曝(五〇)鎧仗行裝，辛巳，出東南，由山足細道(五一)趣霍邑。淵恐宋老生不出，李建成、李世民曰：「老生勇而無謀，以輕騎挑之，理無不出(五二)；脫(五三)其固守，則誣以貳於我(五四)。彼恐為左右所奏，安敢不出？」淵曰：「汝測之善，老生不能逆戰賈胡(五五)，吾知其無能為也。」淵與數百騎先至霍邑城東數里，以待步兵，使建成世民將數十騎至城下，舉鞭指麾，若將圍城之狀，且詬之。老生怒，引兵三萬，自東門南門分道而出，淵使殷開山趣召後軍，後軍至，淵欲使軍士先食而戰，世民曰：「時不可失。」淵乃與建成陳於城東，世民陳於城南，淵建成戰小却(五六)，世民與軍頭(五七)臨淄(五八)段志玄自南原引兵馳下，衝老生陳，出其背(五九)，世民手殺(六〇)數十人，兩刀皆缺(六一)，流血滿袖，灑之(六二)復戰，淵兵復振，因傳呼曰：「已獲老生矣。」老生兵大敗，淵兵先趣其門，門閉，老生下馬投塹(六三)，劉弘基就斬之，僵尸數里。日已暮，淵即命登城，時無攻具，將士肉薄而登(六四)，遂克之。淵賞霍邑之功，軍吏疑奴應募者不得與良人(六五)同，淵曰：「矢石(六六)之間，不辨(六七)貴賤，論勳之際，何有等差(六八)，宜並從本勳授(六九)。」壬午，淵引見霍邑吏民，勞賞(七〇)如西河，選其丁壯，使從軍；關中軍士欲歸者，並授五品散官(七一)，遣歸。或諫以官太濫，淵曰：「隋氏吝惜勳賞，此所以失人心也，奈何效之！且收眾以官(七二)，不勝於用兵乎。」丙戌，淵入臨汾郡，慰撫如霍邑。

庚寅，宿鼓山(七三)，絳郡通守陳叔達拒守，辛卯，進攻，克之，叔達、陳高宗之子，有才學，淵禮而用之。

癸巳，淵至龍門(七四)，劉文靜、康鞘利以突厥兵五百人、馬二千匹來至，淵喜其來緩，謂文靜曰：「吾西行及河，突厥始至，兵少馬多，皆君將命(七五)之功也。」

汾陽薛大鼎(七六)說淵，請勿攻河東，自龍門直濟河，據永豐倉，傳檄遠近，關中可坐取也。淵將從之，諸將請先攻河東，乃以大鼎為大將軍府察非掾(七七)。

河東縣(七八)戶曹(七九)任瓌說淵曰：「關中豪傑，皆企踵(八〇)以待義兵，瓌在馮翊積年(八一)，知其豪傑，請往諭(八二)之，必從風而靡。義師自梁山濟河(八三)，指韓城，逼郃陽(八四)，蕭造文吏，必當望塵(八五)請服，孫華之徒皆當遠迎，然後鼓行而進，直據永豐(八六)，雖未得長安，關中固已定矣。」淵悅，以瓌為銀青光祿大夫(八七)。

時關中羣盜，孫華最彊，丙申，淵至汾陰(八八)，以書招之。己亥，淵進軍壺口(八九)，河濱之民獻舟者，日以百數，仍置(九〇)水軍。壬寅，孫華自郃陽輕騎渡河見淵，淵握手(九一)與坐，慰獎之，以華為左光祿大夫(九二)、武鄉縣(九三)公，領馮翊太守。其徒有功者，委華以次(九四)授官，賞賜甚厚，使之先濟(九五)。繼遣左右統軍王長諧、劉弘基及左領軍長史陳演壽、金紫光祿大夫史大奈，將步騎六千，自梁山濟，營於河西，以待大軍。以任瓌為招慰大使，瓌說韓城，下之。淵謂長諧曰：「屈突通精兵不少，相去五十餘里，不敢來戰，足明其眾不為之用(九六)。然通畏罪，不敢不出，若自濟河擊卿等，則我進攻河東，必不能守，若全軍守城，則卿等絕其河梁(九七)，前扼其喉，後拊(九八)其背，彼不走必為擒矣。」

(十六)驍果從煬帝在江都者多逃去，帝患之，以問裴矩，對曰：「人情非有匹偶(九九)，難以久處(一〇〇)，請聽軍士於此納室。」帝從之，九月，悉召江都境內寡婦處女集宮下(一〇一)，恣(一〇二)將士所敢，或先與姦者，聽自首(一〇三)，即以配之(一〇四)。

(十七)武陽郡丞元寶藏以郡降李密，甲寅，密以寶藏為上柱國、武陽公。寶藏使其客鉅鹿(一〇五)魏徵為啟謝密，且請改武陽為魏州，又請帥所部西取魏郡，南會諸將，取黎陽倉(一〇六)，密喜，即以寶藏為魏州總管，召魏徵為元帥府文學參軍，掌記室。徵少孤貧，好讀書，有大志，落拓(一〇七)不事生業(一〇八)，始為道士，寶藏召典書記，密愛其文辭，故召之(一〇九)。

(十八)初貴鄉(一一〇)長弘農魏德深為政清靜，不嚴而治，遼東之役，徵稅百端(一一一)，使者旁午(一一二)，責成(一一三)郡縣，民不堪命(一一四)，唯貴鄉閭里(一一五)不擾(一一六)，有無相通(一一七)，不竭其力，所求皆給。元寶藏受詔捕賊，數調(二八)器械，動以軍法從事(二九)，其鄰城營造，皆聚於聽事(三〇)，官吏遞(三一)相督責，晝夜喧囂，猶不能濟(三二)；德深聽隨便修營(三三)，官府寂然，恒若無事，唯戒吏以不須過勝(三四)餘縣，使百姓勞苦，然民各自竭心，常為諸縣之最(三五)，民愛之如父母。寶藏深害(三六)其能，遣將千兵赴東都，所領兵聞寶藏降密，思其親戚，輒出都門東向慟哭而返；或勸之降密，皆泣曰：「我與魏明府(三七)同來，何忍棄去(三八)！」

(九)河南、山東大水，餓殍(三九)滿野，煬帝詔開黎陽倉賑之，吏不時給(三〇)，死者日數萬人。徐世勣言於李密曰：「天下大亂，本為饑饉，今更得黎陽倉，大事濟矣。」密遣世勣帥麾下五千人，自原武(三一)濟河，會元寶藏、郝孝德、李文相，及洹水(三二)賊帥張升、清河賊帥趙君德兵，襲破黎陽倉，據之，【考異】河洛記：「今年四月，祖君彥檄云，又得回洛，復取黎陽，天下之倉，盡非隋有。」而九月，魏徵啟，方勸取黎陽。蓋君彥為檄，欲虛張聲勢，非事實也。開倉，恣民就食，浹(三三)旬間，得勝兵二十餘萬(三四)。【考異】唐李勣傳：「勣初得黎陽倉，就食者數十萬人，魏徵、高季輔、杜正倫、郭孝恪，皆客游其所，一見於眾人中，即加禮敬，引之臥內，談謔忘倦。」按徵為元寶藏作啟，方謀取黎陽倉，高季輔已為汲令，杜正倫為羽騎都尉，郭孝恪先在密所，足知此事為虛，今不取。武安、永安、義陽、弋陽(三五)、齊郡，相繼降密。竇建德、朱粲之徒，亦遣使附密。密以粲為揚州總管、鄧公。泰山道士徐洪客獻書於密，以為：「大眾久聚，恐米盡人散，師老厭戰，難可成功，勸密乘進取之機，因士馬之銳，沿㊱流東指㊲，直向江都，執取獨夫㊳，號令天下。」密壯其言，以書招之，洪客竟不出，莫知所之。

【今註】㊀資其士馬：資藉其士馬。㊁若能與我俱南，願勿侵暴百姓：謂若與我南行，則於南行之際，願勿刼掠百姓。㊂坐受：謂不費力安坐而受。㊃不避盛暑：不避盛暑之炎炙。㊄戎馬：軍馬。㊅稽回：稽遲回易。㊆雜用絳白：隋色尚赤，今用絳，而雜之以白，示若不純於隋。㊇掩耳盜鍾：事見《呂氏春秋・自知》，文云：「范氏之亡也，百姓有得鍾者，欲負而走，則鍾大不可負，以椎毀之，鍾況然有音，恐人聞之而奪己也，遽掩其耳。」此行為之悖謬，豈不甚灼然哉！㊈太原：《隋書・地理志》中：「太原郡、太原縣，舊曰晉陽，帶郡，開皇十年分置太原縣。」⑩當以此行卜之：當以此行卜決之。⑪新集：新合。⑫閱習：檢閱練習。⑬近道菜果：臨近道旁之菜果。⑭償之：償還之。⑮詰：詰問。⑯鸞：鳳屬。⑰佞人：巧諂善媚之人。⑱尉撫：尉同慰。⑲横行天下：謂恣意而行，無敢阻拒之者。⑳武城：《隋書・地理志》中：「武城縣屬清河郡。」㉑上邽：《隋書・地理志》上：「上邽縣帶天水郡。」㉒太谷：《隋書・地理志》中：「太谷縣屬太原郡。」㉓長史、司馬、記室、鎧曹、戶曹、司功參軍、府掾：胡三省曰：「此唐公開大將軍府，署置官屬，參用隋親王府、大將軍府、州郡官屬之制也。隋制唯親王有掾、有屬、有記室，大將軍府有鎧曹，州郡有戶曹，皆行參軍也。煬帝改州為郡，郡置諸司書佐，而書佐即參軍之職，行書佐即行參軍之職也。」㉔天水：郡名。㉕統軍：後魏所置之官。㉖隸：屬。㉗左領軍大都督，右領軍大都督：此左右領軍、以總領左右軍而名，非取隋十二衞左右領軍之職而稱。㉘諮議：此大將軍諮府參軍。㉙譙：《隋書・地理志》中：「譙縣屬譙郡。」㉚平樂園：胡三省曰：「此蓋漢魏平樂觀之地為園也。然漢魏平樂觀在洛城西，隋既遷營新都，則平樂園當在都城東。」㉛禮容：禮節容色。㉜恐汝不能市也：恐汝不能盡市之也。㉝貰：賒貸，音世。㉞不足為汝費：勿用汝等出錢。㉟靈壽：《隋書・地理志》中：「靈壽縣屬恒山郡。」㊱生民之大蠹：生民之大害。㊲胡馬行牧、不費芻粟：胡馬只賴牧畜，不耗費芻草粟穀。㊳數百人之外，無所用之：謂所用者，僅數百人已足。㊴河北大使、河南大使：二人蓋皆討捕大使。㊵相知討李密：互相知會聯絡，以討李密。㊶後事悉以委之：後方之事，盡以任之。㊷立軍門誓眾：立於軍門之外，誓戒士眾。㊸西突厥阿史那大奈亦帥其眾以從：大業八年，分大奈之眾居樓煩，故今亦從淵。㊹狥稽胡：狥略稽胡部落之居邠石間者。㊺賑贍：賑濟贍給。㊻民年七十以上，皆除散官：《隋書・百官志》下：「又別置朝議等八郎，武騎等八尉，其品則正六品以下，從九品以上，散官。」所除之散官，即屬此類。又散官者，冗散之官，亦即無實職之謂。㊼口詢功能：口中詢問其功績能幹。㊽手注官秩：手下即注書其官爵之秩品。㊾受官皆不取告身：胡三省曰：「唐志：『補官者皆給以符，謂之告身。』猶今言付身也。」㊿賈胡堡：

《括地志》：「汾州、靈石縣，有賈胡堡。」(五一)霍邑：《隋書・地理志》中：「霍邑屬臨汾郡。」(五二)贏兵：贏弱之兵。(五三)離石：郡名。(五四)金玉繒帛歸突厥：《舊唐書・劉文靜傳》作：「財帛金寶入突厥。」按金寶為隋唐之流行辭語，若如《通鑑》所改，則反非該時之恒言矣。(五五)與兄派流雖異：李淵出於李虎，密出於李弼，是異派也。李弼之先本遼東、襄平人，李虎祖西涼，本隴西成紀人，則是源流亦不相同。(五六)根系本同：所言同者，乃只言其皆姓李耳。(五七)虛薄：謙遜語，謂空虛淺薄。(五八)左提右挈：在左右以提挈輔助之。(五九)戮力：合力。(六〇)執子嬰於咸陽：此以謂代王。(六一)殪商辛於牧野：此以謂煬帝。(六二)面結：面，當面，亦即親也。(六三)矜大：矜誇自大。(六四)折簡：猶後之裁箋，乃致書之意。(六五)遽絕：立即絕之。(六六)推奬：推許奬贊。(六七)塞成皐之道：堵塞成皐之道，使隋山東之兵，不得西向。(六八)綴東都之兵：綴扯東都之兵，使之不獲西援長安。(六九)專意：專心。(七〇)據險養威：憑據險固，養滋威勢。(七一)徐觀鷸蚌之勢：謂徐觀羣雄之互相吞併，而己則坐收漁人之利。(七二)庸劣：凡庸陋劣。(七三)餘緒：餘業。(七四)出為八使：胡三省曰：「漢順帝遣八使，唐公使山西河東，故云然。」(七五)入典六屯：隋制、六軍十二衞，唐公嘗為將軍，故云。(七六)顛而不扶：顛倒時而不加以扶持。(七七)通賢：通達之賢者。(七八)和親北狄：與北狄結和親之好。(七九)匡：正。(八〇)烝民：眾民。(八一)必有司牧：必有司之牧之者。(八二)當今為牧：當今掌牧養者。(八三)非子而誰：非子而更有何人。(八四)年逾知命：《論語・為政》：「五十而知天命。」逾，越。(八五)願不及此：所望者不及於此。(八六)大弟：大乃恭維語。(八七)攀鱗附翼：攀龍鱗，附鳳翼。(八八)早膺圖籙：早受圖籙所載之言。(八九)宗盟之長：謂為同宗盟約之長。(九〇)屬籍見容：以宗屬之籍，而見容納。(九一)斯榮足矣：謂則甚榮矣。(九二)汾晉左右，尚須安輯：謂汾晉一帶之地，尚待安集。(九三)盟津之會，未暇卜期：會於盟津以伐紂之事，尚不克擇定日期。(九四)將佐：將領佐吏。(九五)唐公見推：見推，猶相推，見乃語助辭，無意。(九六)天下不足定矣：謂定之甚易。(九七)唯利是視：所視者唯利。(九八)一方都會：一方域之都會。(九九)後舉：以後之舉止。(一〇〇)菽：眾豆之總名，音叔。(一〇一)被野：猶遍野。(一〇二)顧戀：念戀。(一〇三)未遑遠略：無暇作久遠打算。(一〇四)武周雖遠利太原，豈可近忘馬邑：武周雖以遠方之太原為利，然豈能忘記近身馬邑之禍患，而不顧之。(一〇五)本興：本舉。(一〇六)解體：猶離心。(一〇七)為賊耳：謂將徒為賊有耳。(一〇八)會：適逢。(一〇九)眾散於前，敵乘於後：士眾散離於前，敵人乘危於後。(一一〇)死亡無日：猶死亡甚近。(一一一)乃悟：乃覺悟。(一一二)嚴：裝備。(一一三)計亦未遠：估計之，行亦未遠。(一一四)知復何言：苟知其情，尚有何言。(一一五)武威鷹揚府司馬：胡三省曰：「煬帝時，各郡置鷹揚府，有郎將、副郎將、長史、司馬。」(一一六)侵暴：侵掠肆暴。(一一七)庸怯：昏庸怯懦。(一一八)妻孥：妻子。(一一九)并力：合力。(一二〇)今軌在謀中：今軌在圖讖之中。(一二一)令修仁集諸胡：安氏涼州豪望，世為民夷所附，故使之集諸胡。(一二二)並擬開皇故事：皆仿擬開皇制度。(一二三)貲：同資。(一二四)稟：稟奉。(一二五)取貨：奪取財貨。(一二六)將何以濟：將何以成功。(一二七)武威鷹揚府司馬李軌……自稱闕可汗，請降於軌：按此段乃錄自《舊唐書・李軌傳》，字句大致相同。(一二八)遣仁果將兵圍天水：《舊唐書・薛舉傳》作：「仁果進兵圍秦州。」考《隋書・地理志》上：「天水郡，舊秦州。」《通鑑》雖依《舊唐書》之文，然以此時隋尚未滅，自仍宜用隋之地名，遂改秦州為天水。《通鑑》此等嚴守史法處，非互相對核，無以知之。㉙號萬人敵：謂一人可敵萬人。㉚苛虐：苛酷暴虐。㉛覆：傾覆。㉜劍口：劍門關口。㉝昌松：《隋書・地理志》上：「昌松縣屬武威郡。」㉞舉軍：全軍。㉟薛舉自稱秦帝……仲興舉軍敗沒：按此段乃錄自《舊唐書・薛舉傳》，字句大致相同。㊱阬：同坑。㊲祚：福。㊳軌欲縱遣之……盡有河西五郡之地：按此段乃錄自《舊唐書・李軌傳》，字句大致相同。㊴隨便誅翦：謂順便誅戮翦除。㊵建德帥敢死士二百八十人先行，令餘眾續發：按《舊唐書・竇建德傳》作：「自率敢死士一千人。」此殆《通鑑》之二百八十及其餘眾所共合成之總數歟！㊶已明，則降之：謂若天已明，則投降之。蓋天已明，則雖戰必敗，故不如降之。㊷一里所：一里左右。㊸天欲明：天將明。㊹咫尺：咫、八寸，咫尺謂甚邇近。㊺贊：助。㊻騰柵走：騰踰木柵而走。㊼禁：禁止。㊽恚：恨。㊾煬帝詔左禦衛大將軍、涿郡留守薛世雄……建德遂圍河間：按此段乃揉合《隋書・薛世雄傳》，《舊唐書・竇建德傳》，及《革命記》三文而成。字句大致相同。㊿曝：曬。(51)山足細道：山跟小道。(52)理無不出：謂無不出之理。(53)脫：設若。(54)則誣以貳於我：則誣謗以生有貳心，而欲降我。(55)不能逆戰賈胡：謂淵屯賈胡堡時，老生不能迎戰。(56)小卻：小退。(57)軍頭：胡三省曰：「新唐志曰：『武德元年，改鷹揚郎將曰軍頭。』蓋起兵之初已置軍頭也。」(58)臨淄：《隋書・地理志》中：「臨淄縣屬北海郡。」(59)出其背：出其背後。(60)手殺：親殺。(61)兩刀皆缺：兩刀皆損缺。(62)灑之：洗去之。(63)下馬投塹：投塹乃欲以自盡。(64)肉薄而登：以肉體之軀，迫近城牆而登。(65)良人：猶漢之良家子。(66)矢石：皆戰爭之武器。(67)辨：分。(68)等差：等級差別。(六九)宜並從本勳授：宜皆按其軍功授爵。(七〇)勞賞：慰勞賞賜。(七一)五品散官：按《隋書・百官志》下，煬帝置散職九大夫，朝請大夫正五品，朝散大夫從五品。(七二)收眾以官：以官位收眾庶。(七三)鼓山：在絳郡北。(七四)龍門：《隋書・地理志》中：「龍門縣屬河東郡。」(七五)將命：奉持君命。(七六)汾陽薛大鼎：胡三省曰：「按新唐書，薛大鼎蒲州汾陰人，隋唐志亦皆無汾陽縣，陽當作陰。」(七七)察非掾：胡三省曰：「察非掾，言使之察姦非，若漢刺姦掾也。煬帝時，左右侯衞府增置察非掾。」(七八)河東縣：《隋書・地理志》中：「河東縣帶河東郡。」(七九)戶曹：《隋書・百官志》下：「縣置金、戶、兵、法、士等曹佐。」(八〇)企踵：猶翹足。(八一)瓌在馮翊積年：任瓌、仁壽中為馮翊韓城尉。(八二)諭：曉諭。(八三)自梁山濟河：梁山在韓城縣界，臨河，即《左傳》所謂梁山崩者也。(八四)指韓城，逼郃陽：據《隋書・地理志》上，韓城縣，郃陽縣，俱屬馮翊郡。(八五)望塵：望風塵。(八六)永豐：即永豐倉之省稱。(八七)銀青光祿大夫：《隋書・百官志》下：「煬帝時，銀青光祿大夫從三品。」(八八)汾陰：《隋書・地理志》中：「汾陰縣屬河東郡。」(八九)壺口：《隋書・地理志》中：「文城郡、昌寧縣，有壺口山。」(九〇)仍置：因置。(九一)握手：為古代之禮儀，六朝時更為流行，所以示親切也。(九二)左光祿大夫：《隋書・百官志》下：「煬帝時，左光祿大夫正二品，散職。」(九三)武鄉縣：《隋書・地理志》上：「馮翊郡，馮翊縣，西魏改為武鄉，置武鄉郡，開皇初郡廢，大業初改名馮翊。」是乃以開皇舊縣名封華。(九四)以次：以次第。(九五)先濟：先行渡河。(九六)不為之用：不為其用。(九七)河梁：謂蒲津橋。(九八)拊：擊。(九九)匹偶：配偶。(一〇〇)久處：久居。(一〇一)宮下：《隋書・裴矩傳》，作宮監，蓋謂集於宮監治事之處，以處理之。㉒恣：任聽。㉓或先與姦者聽自首：或先相與私通者，聽其自行首告。㉔驍果從煬帝在江都者……即以配之：按此段乃錄自《隋書・裴矩傳》，字句大致相同。㉕鉅鹿：《隋書・地理志》中：「鉅鹿縣屬襄國郡。」㉖黎陽倉：《隋書・地理志》中：「汲郡、黎陽縣，有黎陽倉。」㉗落拓：散漫而無檢制。㉘生業：治生之業。㉙徵少孤貧……密愛其文辭，故召之：按此段乃錄自《舊唐書・魏徵傳》，字句大致相同。㉚貴鄉：《隋書・地理志》中：「貴鄉縣帶武陽郡。」㉛百端：喻其繁多。㉜旁午：一縱一橫為旁午，猶言交橫。㉝責成：責其完成。㉞民不堪命：民不勝其命令。㉟閭里：地方組織單位之名，猶今言地方。㊱不擾：不擾亂。㊲有無相通：有者與無者，互相通假。㊳調：徵調。㊴動以軍法從事：謂一舉一動，皆以軍法處置。㊵皆聚於聽事：聽同廳，聚於聽事，所以便於監視及督促也。㊶遞：接繼。㊷濟：完成。㊸修營：修繕營造。㊹過勝：太勝。㊺最：指優言。㊻害：嫉害。㊼明府：縣長之尊稱。㊽初貴鄉長弘農魏德深……我與魏明府同來，何忍棄去：按此段乃錄自《隋書・循吏魏德深傳》，字句大致相同。㊾殍：餓死。㊿不時給：不應時而給。(51)原武：《隋書・地理志》中：「原武縣屬滎陽郡。」(52)洹水：《隋書・地理志》中：「洹水縣屬魏郡。」(53)浹：周帀，音夾。(54)河南山東大水……得勝兵二十餘萬：按此段乃錄自《舊唐書・李勣傳》，除稍有溢出外，字句則大致相同。(55)武安、永安、義陽、弋陽：據《隋書・地理志》，皆係郡名。(56)沿：同沿。(57)東指：東向。(58)獨夫：《書・泰誓》：「獨夫受洪維作威。」〈蔡傳〉：「獨夫，言天命已絕，人心已去，但一獨夫耳。」此處指煬帝言。

㈠乙卯，張綸徇㈠龍泉文成等郡，皆下之，獲文成太守鄭元璹。元璹，譯之子也。

㈡屈突通遣虎牙郎將桑顯和將驍果數千人，夜襲王長諧等營，長諧等戰不利，【考異】創業注云：「桑顯和帥驍果精兵數千，夜馳掩襲長諧等軍營，諧及孫華等奉教備豫，故並覺之。伺和赴營，設伏分擊，應時摧散。」唐高祖本紀云：「義師不利，太宗以遊騎數百掩其後，顯和潰散。」按太宗時未過河西，今從高祖實錄及唐史大奈傳。孫華、史大奈以遊騎自後擊顯和，大破之，顯和脫走入城，乃自絕河梁。丙辰，馮翊太守蕭造降於李淵，造、脩之子也。戊午，淵帥諸軍圍河東，【考異】創業注：「戊午，唐公親率諸軍圍河東郡，屈突通不敢出，閉門自守，城甚高峻，不易可攻。唐公觀義士等志，試遣登之，面南千餘人，應時而上，時值雨甚，公命旋師，軍人時速上城，不時速下。公曰，屈突宿衞舊人，解安陣隊，野戰非其所長，嬰城善為捍禦，我師常勝，入必輕之，驍銳先登，恐無還路，今且示威而已。未是攻城之時，殺人得城，知何所用！乃命還。」唐高祖實錄云：「驍勇千餘人已登其南城，高祖在東原，會暴雨，高祖鳴角收眾，由是不克。」溫大雅因為虛美耳，今不取。屈突通嬰城自守。將佐復推淵領太尉，增置官屬，淵從之㈡。

㈢時河東未下，三輔豪傑至者，日以千數，淵欲引兵西趣長安，猶豫未決。裴寂曰：「屈突通擁大眾，憑堅城，吾捨之而去，若進攻長安，不克，退為河東所踵㈢，腹背受敵，此危道也。不若先克河東，然後西上，長安恃通為援，通敗，長安必破矣。」李世民曰：「不然，兵貴神速；吾席[四]累勝之威，撫歸順[五]之眾，鼓行而西，長安之人，望風[六]震駭，智不及謀[七]，勇不及斷[八]，取之若振槁葉耳[九]。若淹留[一〇]自弊[一一]於堅城之下，彼得成謀[一二]，脩備以待我，坐費日月，眾心離沮[一三]，則大事去矣。且關中蜂起之將，未有所屬[一四]，不可不早招懷[一五]也。屈突通自守虜耳[一六]，不足為慮。」淵兩從之，留諸將圍河東，自引軍而西[一七]。朝邑[一八]法曹武功靳孝謨以蒲津、中潬[一九]二城降，華陰[二〇]令李孝常以永豐倉降，仍應接河西諸軍。孝常，圓通之子也。京兆諸縣亦多遣使請降。

(四)王世充、韋霽、王辯及河內通守孟善誼、河陽郡尉[二一]獨孤武都，各帥所領會東都，唯王隆後期不至[二二]。己未，越王侗使虎賁郎將劉長恭等帥留守兵，龐玉等帥偃師兵，與世充等合十餘萬眾，擊李密於洛口，【考異】略記作乙丑，河洛記作十二日，蒲山公傳九月十一日師出東都。按長曆是月己酉朔，乙丑十七日也，今從蒲山公傳。與密夾洛水相守，煬帝詔諸軍皆受世充節度。【考異】略記云：「世充擊密，罔不摧破，露布相續而來，百姓忻忻，歡詠於道。」蒲山公傳云，「自秋徂冬，凡經三十餘戰，世充多敗績。」河洛記云：「四十餘戰，世充無功。」三書相違，莫知孰是，今皆不取，唯勝負有顯者，存之。

㈤帝遣攝㉓江都郡丞馮慈明向東都，為密所獲，密素聞其名，延坐㉔勞問，禮意甚厚，因謂曰：「隋祚㉕已盡，公能與孤㉖立大功乎？」慈明曰：「公家歷事先朝，榮祿兼備，不能善守門閥㉗，乃與玄感舉兵，偶脫罔㉘羅，得有今日，唯圖反噬㉙，未諭高旨㉚。莽、卓、敦、玄㉛，非不彊盛，一朝夷滅㉜，罪及祖宗。僕死而後已㉝，不敢聞命。」密怒，囚之，慈明說防人㉞席務本，使亡走，奉表江都，及致書東都，論賊形勢。至雍丘，為密將李公逸所獲，密又義而釋之㉟，出至營門，翟讓殺之。慈明，子琮之子也㊱。

㈥密之克洛口也，箕山府郎將㊲張季珣固守不下，密以其寡弱，遣人呼之，季珣罵密極口㊳，密怒，遣兵攻之，不能克。時密眾數十萬在其城下，季珣四面阻絕㊴，所領不過數百人，而執志彌固㊵，誓以必死，久之，糧盡水竭㊶，士卒羸病，季珣撫循之，一無離叛㊷，自三月至於是月，城遂陷。季珣見密不肯拜，曰：「天子爪牙㊸，何容拜賊。」密猶欲降之，誘諭㊹終不屈，乃殺之㊺。【考異】隋書季珣傳云：「密攻之，經三年，遂為所陷。」又云，密壯而釋之，翟讓從求金，不得，遂殺之。」河洛記曰：「自三月至九月不下，後為糧盡水竭，乃被攤陷，生獲珣於牙門，遣人宣之，以降為度。珣更張目極罵，不肯低屈，遂殺之。」按密明年已降唐，安得三年？攻守箕山之事，今參取二書，去其牴牾者而已。季珣，祥之子也。

(七)庚申，李淵帥諸軍濟河，甲子，至朝邑，舍於長春宮(四六)，關中士民歸之者如市(四七)。丙寅，淵遣世子建成、司馬劉文靜帥王長諧等諸軍數萬人，屯永豐倉，守潼關，以備東方兵，慰撫使竇軌等受其節度。敦煌公世民帥劉弘基等諸軍數萬人徇渭北，慰撫使殷開山等受其節度。軌，琮之兄也。冠氏(四八)長于志寧、安養(四九)尉顏師古及世民婦兄長孫無忌，謁見淵於長春宮。師古名籀，以字行，志寧，宣敏之兄子，師古，之推之孫也，皆以文學知名，無忌仍(五〇)有才略。淵皆禮而用之，以志寧為記室，師古為朝散大夫(五一)，無忌為渭北行軍典籤(五二)。

(八)屈突通聞淵西入，署鷹揚郎將、湯陰(五三)堯君素領河東通守，使守蒲坂(五四)，自引兵數萬趣長安，【考異】唐書通傳云：「將自武關趨藍田，赴長安。」疑其太迂，今但云趨長安。為劉文靜所遏。將軍劉綱戍潼關，屯都尉南城(五五)，通欲往依之，王長諧先引兵襲斬綱，據城以拒通，通退保北城。淵遣其將呂紹宗等攻河東，不能克。

(九)柴紹之自長安赴太原也，謂其妻李氏曰：「尊公(五六)舉兵，今偕行則不可，留此(五七)，則及禍，奈何？」李氏曰：「君弟(五八)速行，我一婦人，易以潛匿，當自為計。」紹遂行，李氏歸鄠縣(五九)別墅(六〇)，散家貲，聚徒眾(六一)。淵從弟神通在長安，亡入鄠縣山中，與長安大俠史萬寶等起兵以應淵。西域商胡(六二)何潘仁入司竹園為盜，有眾數萬，刼前尚書右丞李綱為長史，李氏使其奴馬三寶說潘仁，與之就神通，合勢攻鄠縣，下之。神通眾逾一萬，自稱關中道行軍總管，以前樂城(六三)長令狐德棻為記室。德棻，熙之子也。李氏又使馬三寶說羣盜李仲文、向善志、丘師利等，皆帥眾從之。仲文，密之從父；師利，和之子也。西京留守屢遣將討潘仁等，皆為所敗。李氏徇盩厔(六四)、武功、始平，皆下之，眾至七萬(六五)。左親衛段綸，文振之子也，娶淵女，【考異】唐太宗實錄云：「隱太子以琅邪長公主妻之。」劉子玄唐高祖實錄及新唐書皆云：「高密大長安主適段綸。」蓋改封。亦聚徒於藍田，得萬餘人。及淵濟河，神通、李氏、綸各遣使迎淵，淵以神通為光祿大夫(六六)，子道彥為朝請大夫(六七)，綸為金紫光祿大夫(六八)。使柴紹將數百騎，並南山(六九)，迎李氏。何潘仁、李仲文、向善志及關中羣盜，皆請降於淵，淵一一以書慰勞授官，使各居其所，受敦煌公世民節度。

(十)刑部尚書領京兆內史(七〇)衛文昇年老，聞淵兵向長安，憂懼成疾，不復預事(七一)，獨左翊衛將軍陰世師、京兆郡丞骨儀，奉代王侑乘城拒守。

(十一)己巳，淵如蒲津，庚午，自臨晉濟渭，至永豐，勞軍，開倉，賑饑民，辛未，還長春宮，壬申，進屯馮翊(七二)。世民所至，吏民及羣盜，歸之如流(七三)，世民收其豪俊，以備僚屬(七四)，營於涇陽(七五)，勝兵九萬。李氏將精兵萬餘會世民於渭北，與柴紹各置幕府(七六)，號娘子軍(七七)(七八)。

(十二)先是平涼奴賊數萬圍扶風太守竇璡，數月不下，賊中食盡(七九)，丘師利遣其弟行恭帥五百人，負米麥持牛酒，詣奴賊營，奴帥長揖(八〇)，行恭手斬之，謂其眾曰：「汝輩皆良人，何故事奴為主(八一)，使天下謂之奴賊！」眾皆俯伏曰：「願改事公。」行恭即帥其眾與師利共謁世民於渭北，世民以為光祿大夫(八二)。璡，琮之從子也。

隰城尉(八三)房玄齡謁世民於軍門，【考異】舊唐書玄齡傳云：「溫彥博又薦焉。」按彥博時在羅藝所，今不取。世民一見如舊識(八四)，署(八五)記室參軍，引為謀主；玄齡亦自以為遇知己，罄竭(八六)心力，知無不為(八七)。

(十三)淵命劉弘基、殷開山分兵西略扶風，有眾六萬，南度渭水，屯長安故城，【考異】創業注云：「敦煌公自涇陽趨司竹，留弘基、開山屯長安故城。」今從唐書弘基傳。城中出戰，弘基逆擊，破之(八八)。世民引兵趣司竹，李仲文、何潘仁、向善志皆帥眾從之，頓於阿城(八九)，勝兵十三萬，軍令嚴整，秋毫不犯。乙亥，世民自盩厔遣使白淵，請期日赴長安(九〇)，淵曰：「屈突東行，不能復西，不足虞(九一)矣。」乃命建成選倉上精兵(九二)，自新豐(九三)趣長樂宮(九四)，世民帥新附諸軍，北屯長安故城，至並聽教(九五)。延安、上郡、雕陰(九六)皆請降於淵。丙子，淵引軍西行，所過離宮、園苑皆罷之，出宮女還其親屬。冬十月，辛巳，淵至長安，營於春明門(九七)之西北，諸軍皆集，合二十餘萬。淵命各依壁壘(九八)，毋得入村落侵暴，屢遣使至城下，諭衛文昇等以欲尊隋之意，不報。辛卯，命諸軍進圍城，甲午，淵遷館於安興坊。

㈣巴陵校尉鄱陽董景珍、雷世猛、旅帥鄭文秀(九九)、許玄徹、萬瓚、徐德基、郭華、沔陽張繡等，謀據郡叛隋，推景珍為主，景珍曰：「吾素(一〇〇)寒賤，不為眾所服，羅川令蕭銑(一〇一)、梁室之後，寬仁大度，請奉之以從眾望。」乃遣使報銑，銑喜，從之，聲言討賊，召募得數千人。銑，巖之孫也。會潁川賊帥沈柳生寇羅川，銑與戰不利，因謂其眾曰：「今天下皆叛，隋政不行，巴陵豪傑起兵，欲奉吾為主，若從其請，以號令江南，可以中興梁祚(一〇二)，以此召柳生，亦當從我矣。」眾皆悅，聽命，乃自稱梁公，改隋服色旗幟，皆如梁舊。柳生即帥眾歸之，以柳生為車騎大將軍。起兵五日，遠近歸附者至數萬人。遂帥眾向巴陵，景珍遣徐德基帥郡中豪傑數百人出迎，未及見銑，柳生與其黨謀曰：「我先奉梁公，勳居第一，今巴陵諸將皆位高兵多，我若入城，返出其下(一〇三)。不如殺德基，質其首領，獨挾梁公進取郡城，則無出我右(一〇四)者矣。」遂殺德基，入白銑，銑大驚曰：「今欲撥亂反正(一〇五)，忽自相殺，吾不能為若(一〇六)主矣。」因步出軍門，柳生大懼，伏地請罪，銑責而赦之。陳兵入城，景珍言於銑曰：「徐德基建義功臣，而柳生無故擅殺之，此而不誅，何以為政！且柳生為盜日久，今雖從義，凶悖不移㉗，共處一城，勢必為變，失今不取，後悔無及。」銑又從之，景珍收柳生斬之，其徒皆潰去。丙申，銑築壇燔燎㉘，自稱梁王，改元鳴鳳㉙㉚。

㈤壬寅，王世充夜度洛水，營於黑石，明日，分守兵營，自將精兵陳於洛北。李密聞之，引兵度洛逆戰，密兵大敗，柴孝和溺死，密帥麾下精騎度洛南，餘眾東走月城㉛，世充追圍之。密自洛南策馬直趣黑石，營中懼，連舉六烽㉜，世充釋月城之圍，狼狽自救，密還與戰，大破之，斬首三千餘級。

㈥甲辰，李淵命諸軍攻城，約毋得犯七廟及代王宗室，違者，夷三族。孫華中流矢卒。十一月，丙辰，軍頭雷永吉先登，【考異】唐高祖實錄作雷紹，今從創業注。遂克長安。代王在東宮，左右奔散，唯侍讀姚思廉侍側，軍士將登殿，思廉厲聲訶㉝之曰：「唐公舉義兵，匡帝室㉞，卿等毋得無禮。」眾皆愕然，布立庭下。淵迎王於東宮，遷居大興殿後㉕，聽思廉扶王至順陽閤下，泣拜而去。思廉，察之子也㉖。淵還舍於長樂宮，與民約法十二條，悉除隋苛禁㉗。淵之起兵也，留守官發其墳墓，毀其五廟。至是衞文昇已卒，戊午，執陰世師、骨儀㉘等，數以貪婪㉙苛酷㉚，且拒義師，俱斬之，【考異】隋書北史衞玄傳皆曰：「城陷，歸於家，義寧中卒。」按文昇與二人俱為留守官，不容獨免，今從唐本紀。死者十餘人，餘無所問。

⑰馬邑郡丞三原㉛李靖素與淵有隙㉜，【考異】柳芳唐歷及唐書靖傳云：「高祖擊突厥於塞外，靖察高祖，知有四方之志，因自鎖上變，將詣江都，至長安，道塞不通，而止。」按太宗謀起兵，高祖尚未知，知之，猶不從，當擊突厥之時，未有異志，靖何從察知之？又上變，當乘驛取疾，何為自鎖也。今依靖行狀云：「昔在隋朝，曾經忤旨，及茲城陷，高祖追責舊言，公忼慨直論，特蒙宥釋。」但行狀題云魏徵撰，非也，按徵以貞觀十七年卒，靖三十三年乃卒，蓋後人為之，託徵名，又敍靖事極怪誕，無取，唯此可為據耳。淵入城，將斬之，靖大呼曰：「公興義兵，欲平暴亂，乃以私怨殺壯士乎！」世民為之固請，乃捨之，世民因召置幕府㉝。靖少負志氣㉞，有文武才略，其舅韓擒虎每撫㉟之曰：「可與言將帥之略者，獨此子耳㊱㊲。」

⑱王世充自洛北之敗，堅壁不出，越王侗遣使勞之，世充慚懼，請戰於密。丙辰，世充與密夾石子河而陳，密布陳南北十餘里，翟讓先與世充戰不利而退，世充逐之，王伯當、裴仁基從旁橫斷其

後，密勒中軍擊之，世充大敗，西走。【考異】前已有丙辰、戊午，欲各敘西京東都事，使不相亂，故重出。

㈨翟讓司馬王儒信勸讓自為大冢宰，總領眾務，以奪密權，讓不從。讓兄柱國滎陽公弘，【考異】河洛記作洪，今從蒲山公傳。粗愚人也，謂讓曰：「天子，汝當自為，奈何與人！汝不為者，我當為之。」讓但大笑，不以為意㉘，密聞而惡之。總管崔世樞自鄢陵㉙初附於密，讓因之私府㉚，責其貨㉛，世樞營求未辨㉜，遽欲加刑，讓召元帥府記室邢義期博，逡巡㉝未就，杖之八十。讓謂左長史房彥藻曰：「君前破汝南，大得寶貨，獨與魏公，全不與我，魏公我之所立，事未可知㉞。」彥藻懼以狀告密，因與左司馬鄭頲共說密曰：「讓貪愎㉟不仁，有無君之心，宜早圖之。」密曰：「今安危未定，遽相誅殺，何以示遠㊱！」頲曰：「毒蛇螫㊲手，壯士解腕㊳，所全者大故也㊴。彼先得志，悔無所及。」密乃從之，置酒召讓，戊午，讓與兄弘及兄子司徒府長史摩侯同詣密，密與讓、弘、裴仁基、郝孝德共坐，單雄信等皆立侍，【考異】河洛記云：「密、讓、讓兄子摩侯、王儒信，同榻而坐。」今從蒲山公傳。房彥藻、鄭頲往來檢校㊵，密曰：「今日與達官㊶飲，不須多人，左右止留給使[42]而已。」密左右皆引去，讓左右猶在，彥藻白密曰：「今方為樂，天時甚寒，司徒[43]左右請給酒食。」密曰：「聽司徒進止[44]。」讓曰：「甚佳。」乃引讓左右盡出，獨密下壯士[45]蔡建德持刀立侍，食未進，密出良弓，與讓習射，讓方引滿，建德自後斫之，踣[46]於牀前，聲若牛吼[47]，并弘、摩侯、儒信皆殺之。徐世勣走出，門者斫之，傷頸，王伯當遙訶[48]止之；單雄信叩頭請命，密釋之，左右驚擾，莫知所為，密大言[49]曰：「與君等同起義兵，本除暴亂，司徒專行暴虐，陵辱羣僚，無復上下[50]，今所誅止其一家，諸君無預也[51]。」命扶徐世勣置幕下，親為傅瘡[52]。讓麾下[53]欲散，密使單雄信前往宣慰，密尋獨騎[54]入其營，歷加撫諭[55]，令世勣、雄信、伯當分領其眾，中外遂定。讓殘忍，摩侯猜忌，儒信貪縱，故死之日，所部無哀之者；然密之將佐，始有自疑之心矣[56]。始王世充知讓與密必不久睦，冀其相圖，得從而乘之，及聞讓死，大失望，歎曰：「李密天資明決[57]，為龍為蛇，固不可測[58]也。」

(廿)壬戌，李淵備灋駕，迎代王即皇帝位於天興殿(五九)，時年十三，大赦改元(六〇)，遙尊煬帝為太上皇。甲子，淵自長樂宮入長安，以淵為假黃鉞(六一)，使持節大都督內外諸軍事、尚書令、大丞相，進封唐王。以武德殿為丞相府，改教稱令(六二)，日於虔化門(六三)視事。乙丑，榆林、靈武、平涼、安定諸郡，皆遣使請命(六四)(六五)。丙寅，詔：「軍國機務，事無大小，文武設官(六六)，位無貴賤，憲章(六七)賞罰，咸歸相府；唯郊祀天地，四時禘祫(六八)，奏聞。」置丞相府官屬，【考異】唐帝紀在十二月癸未，今從創業注。以裴寂為長史，劉文靜為司馬。何潘仁使李綱入見，淵留之，以為丞相府司錄(六九)，專掌選事。又以前考功郎中竇威為司錄參軍，使定禮儀。威，熾之子也。淵傾府庫(七〇)以賜勳人，國用不足，右光祿大夫(七一)劉世龍獻策，以為今義師數萬，並在京師，樵蘇(七二)貴而布帛賤，請伐六街及苑中樹(七三)為樵，以易布帛，可得數十萬匹。淵從之。己巳，以李建成為唐世子，李世民為京兆尹秦公，李元吉為齊公。

(廿一)河南諸郡盡附李密，唯滎陽太守郇(七四)王慶、梁郡太守楊汪尚為隋守，密以書招慶，為陳利害，且曰：「王之家世[七五]，本住山東，本姓郭氏[七六]，乃非楊族，芝焚蕙歎[七七]，事不同此[七八]。」初慶祖父元孫早孤，隨母郭氏養於舅族[七九]，及武元帝[八〇]從周文起兵關中，元孫在鄴，恐為高氏[八一]所誅，冒姓[八二]郭氏，故密云然，慶得書惶恐，即以郡降密，復姓郭氏[八三]。

(廿二)十二月，癸未，追謚唐王淵大父襄公為景王[八四]，考仁公[八五]為元王，夫人竇氏為穆妃。

(廿三)薛舉遣其子仁果寇扶風，唐弼據汧源[八六]拒之，舉遣使招弼，弼乃殺李弘芝[八七]，請降於舉，仁果乘其無備，襲破之，悉幷其眾，弼以數百騎走詣扶風，請降，扶風太守竇璡殺之，舉勢益張[八八]，眾號三十萬，謀取長安。聞丞相淵已定長安，遂圍扶風，淵使李世民將兵擊之，又使姜謩竇軌俱出散關[八九]，安撫隴右。左光祿大夫李孝恭招慰山南，府戶曹[九〇]張道源招慰山東。孝恭，淵之從父兄子也。癸巳，世民擊薛仁果於扶風，大破之，追奔至壠坻[九一]而還，薛舉大懼，問其羣臣曰：「自古天子有降事乎[九二]！」黃門侍郎錢唐[九三]褚亮曰：「趙佗歸漢(九四)，劉禪仕晉(九五)，近世蕭琮，至今猶貴(九六)，轉禍為福，自古有之。」衛尉卿郝瑗趨進曰：「陛下失問(九七)，褚亮之言又何悖也(九八)！昔漢高祖屢經奔敗，蜀先主亟亡妻子(九九)，卒成大業，陛下奈何以一戰不利，遽為亡國之計(一〇〇)乎？」舉亦悔之，曰：「聊以此試君等耳。」乃厚賞瑗，引為謀主(一〇一)。

(七四)乙未，平涼留守張隆，丁酉，河池太守蕭瑀，及扶風漢陽郡相繼來降，以竇璡為工部尚書、燕國公，蕭瑀為禮部尚書、宋國公。

(七五)姜暮竇軌進至長道(一〇二)，為薛舉所敗，引還，淵使通議大夫(一〇三)醴泉(一〇四)劉世讓安集(一〇五)唐弼餘黨，與舉相遇，戰敗，為舉所虜。

(七六)李孝恭擊破朱粲，諸將請盡殺其俘，孝恭曰：「不可，自是以往(一〇六)，誰復肯降矣。」於是自金川(一〇七)出巴蜀，檄書所至，降附者三十餘州(一〇八)。

(七七)屈突通與劉文靜相持(一〇九)月餘，通復使桑顯和夜襲其營，文靜與左光祿大夫段志玄悉力苦戰(一一〇)，顯和敗走，盡俘其眾，通勢益蹙(一一一)。或說通降，通泣曰：「吾歷事兩主(一一二)，恩顧(一一三)甚厚，食人之祿，而違其難㉔，吾不為也。」每自摩其頸曰：「要當為國家受一刀㉕。」勞勉將士，未嘗不流涕，人亦以此懷之㉖。丞相淵遣其家僮召之，通立斬之。及聞長安不守，家屬悉為淵所虜，乃留顯和鎮潼關，引兵東出，將趣洛陽，通適去，顯和即以城降文靜，文靜遣竇琮等將輕騎與顯和追之，及於稠桑㉗，通結陳自固，竇琮遣通子壽往諭之，通罵曰：「此賊何來，昔與汝為父子，今與汝為仇讎。」命左右射之。顯和謂其眾曰：「今京城已陷，汝輩皆關中人，去欲何之？」眾皆釋仗㉘而降。通知不免，下馬，東南向，再拜號哭㉙曰：「臣力屈至此，非敢負國，天地神祇㉚實知之。」軍人執通送長安，【考異】革命記：「高祖令諸將擊通，通走出潼關，仍令通子壽隨軍喚父，至稠桑，追及之，壽告通云，天下今既喪亡，相王舉義兵，平定禍亂，大人須轉禍為福，以自保全？單馬輕身，將欲何往？通叱壽云，此賊何由可耐！引弓射之，壽招喚通兵士，並悉放仗來降，壽乃馳走抱通，請大人屈節歸義。通遂回首，東南向泣，號哭曰，稱至尊，臣力屈，以至於此，非臣敢虧名節，違背國恩。然始收淚赴軍，以見唐王。」今從唐書。唐裴矩傳：「屈突通敗問至江都，煬帝問矩方略。矩曰，太原有變，京畿不靜，遙為處分，恐失事機，唯鑾輿早還，方可平定。」按隋失天下，皆因矩諂諛所致，豈敢輒勸帝西還。蓋矩經事唐朝，其子孫及史官附益此語，欲蓋其惡耳。今所不取。淵以為兵部尚書，賜爵蔣公，兼秦公元帥府長史㉛。

淵遣通至河東城下，招諭堯君素，君素見通，歔欷不自勝㉜，通亦泣下霑衿㉝，因謂君素曰：「吾軍已敗，義旗所指，莫不響應，事勢如此，卿宜早降。」君素曰：「公為國大臣，主上委公以關中，代王付公以社稷，奈何負國生降，乃更為人作說客㉞邪！公所乘馬，即代王所賜也，公何面目乘之哉！」通曰：「吁，君素，我力屈而來㉟。」君素曰：「方今力猶未屈㊱，何用多言㊲。」通慚而退㊳。

(廿八)東都米斗千錢，人餓死者什二三。

(廿九)庚子，王世充軍士有亡降㊴李密者，密問世充軍中何所為，軍士曰：「比見益募兵㊵，再饗將士，不知其故。」密謂裴仁基曰：「吾幾落奴度中㊶，光祿知之乎？吾久不出兵，世充芻㊷糧將竭，求戰不得，故募兵饗士，欲乘月晦㊸，以襲倉城耳。宜速備之。」乃命平原公郝孝德、琅邪公王伯當、齊郡公孟讓，勒兵分屯倉城之側，以待之。其夕三鼓，世充兵果至，伯當先遇之，與戰不利，世充兵即陵城㊹，總管魯儒拒却之，伯當更收兵擊之，世充大敗，斬其驍將費青奴，士卒戰溺死者千餘人。世充屢與密戰不勝，【考異】蒲山公傳云：「自洛北敗至此，七十餘戰。」河洛記云：「四十餘戰，再三失利。」今但雲屢與密戰。越王侗遣使勞之，世充訴以兵少，數戰疲弊，侗以兵七萬益之。

(卅)劉文靜等引兵東略地，取弘農郡，遂定新安㉟以西。

(卅一)甲辰，李淵遣雲陽令詹俊，武功㊱縣正㊲李仲袞徇㊳巴蜀，下之。【考異】創業注：「十一月甲子，遣使慰諭巴蜀。」實錄在十二月甲辰，唐曆在十二月丙午，未知創業注所云者，即俊等邪？為別使也？今從實錄。

(卅二)乙巳，方與㊴賊帥張善安襲陷廬江郡，因度江，歸林士弘於豫章，士弘疑之，營於南塘㊵上。善安恨之，襲破士弘，焚其郛郭㊶而去。士弘徙居南康，蕭銑遣其將蘇胡兒襲豫章，克之，士弘退保餘干㊷。

【今註】㈠徇：狥略。㈡丙辰，馮翊太守蕭造降於李淵……增置官屬，淵從之：按此段乃錄自《舊唐書・高祖紀》，字句大致相同。㈢所踵：所躡逐。㈣席：憑藉。㈤歸順：歸服順從。㈥望風：望風塵。㈦智不及謀：智者不及謀畫。㈧勇不及斷：勇者不及決斷。㈨取之若振槁葉耳：謂若振動樹上枯槁之葉，喻甚易降下。㈩淹留：滯留。⑪自弊：自己疲弊。⑫成謀：完成謀畫。⑬離沮：離散沮喪。⑭所屬：所歸屬。⑮招懷：招集懷徠。⑯自守虜耳：自守之奴虜耳。⑰時河東未下，三輔豪傑至者……自引軍而西：按此段雖本於《舊唐書・裴寂傳》，而溢出甚多，知當另有所據。⑱朝邑：《隋書・地理志》上：「朝邑縣屬馮翊郡。」⑲蒲津中潬：胡三省曰：「朝邑地當蒲津橋西，梁大河為橋，故有中潭。」⑳華陰：《隋書．地理志》上：「華陰縣屬京兆郡。」㉑河陽郡尉：胡三省曰：「河陽非郡也。隋制，舊有兵處，州刺史帶諸軍事，以統之，煬帝罷州置郡，別置都尉領兵，與郡不相知。郡尉當作都尉。」㉒王隆後期不至：王隆帥邛黃蠻者。㉓攝：代理。㉔延坐：請至上座。㉕隋祚：隋之祿位。㉖孤：王及公自謙之稱。㉗門閥：門戶之功績。㉘罔：同網。㉙反噬：反噬其主。㉚未諭高旨：未曉君意所在。㉛莽卓敦玄：王莽、董卓、王敦、桓玄。㉜一朝夷滅：一朝，喻時之短，夷滅、平滅。㉝僕死而後已：《隋書．誠節馮慈明傳》作：「有死而已。」較之《通鑑》，佳勝多多。㉞防人：防守之人。㉟義而釋之：以其為義人而釋放之。㊱帝遣攝江都郡丞馮慈明……慈明，子琮之子也：按此段乃本於《隋書．誠節馮慈明傳》，而字句則多有溢出。㊲箕山府郎將：大業十二年，移箕山、公路二府守洛口倉。又按《隋書．誠節張季珣傳》：「季珣，大業末為鷹擊郎將，其府據箕山為固。」是其所為之郎將，即鷹擊郎將，當從添鷹擊二字。又考《隋書．百官志》下：「煬帝時，又加有親侍鷹揚府，每府置鷹揚郎將一人，正五品，副鷹揚郎將一人，從五品。五年又改副郎將並為鷹擊郎將。」㊳罵密極口：謂極力罵之，既如此，則所罵之語，必不堪入耳。㊴四面阻絕：四面道路斷絕。㊵彌固：愈固。㊶水竭：城在原上，汲道不通，故水竭。㊷一無離叛：猶無一離叛者。㊸天子爪牙：《隋書．張季珣傳》作：「天子爪牙之臣。」加之臣二字，似較莊嚴正大。㊹誘諭：引誘勸諭。㊺密之克洛口也，箕山府郎將……誘諭終不屈，乃殺之：按此段乃錄自《隋書．誠節張季珣傳》，字句大致相同。㊻長春宮：《隋書．地理志》上：

「馮翊郡，朝邑縣，有長春宮。」㊼歸之者如市：謂歸之者如歸市。㊽冠氏：《隋書・地理志》中：「冠氏縣屬武陽郡。」㊾安養：《隋書・地理志》下：「安養縣屬襄陽郡。」㊿仍：猶又。(51)朝散大夫：《隋書・百官志》下：「煬帝時，朝散大夫從五品，散職。」(52)渭北行軍典籤：隋制，自親王府至州郡皆有典籤。(53)湯陰：《隋書・地理志》中：「湯陰縣屬汲郡。」(54)蒲坂：《隋書・地理志》中：「河東郡治河東縣，舊曰蒲坂縣。」(55)都尉南城：隋潼關有守兵，故置都尉。(56)尊公：指公主之父。(57)留此：謂汝留此。(58)弟：同第，但。(59)鄠縣：《隋書・地理志》上：「鄠縣屬京兆郡。」音戶。(60)別墅：按《舊唐書・柴紹傳》作莊所。核此時習用之辭語，非別墅而係莊園、田莊、田園。《隋書・列女鄭善果母傳》：「自非手作及莊園祿賜所得，雖親族禮遺，悉不許入門。」《舊唐書・張嘉貞傳》：「嘉貞雖久歷清要，然不立田園。及在定州，所親有勸植田業者，嘉貞曰：『吾忝歷官榮，曾任國相，未死之際，豈憂飢餒，若負譴責，雖富田莊，亦無用也。比見朝士廣占良田，及身沒後，皆為無賴子弟作酒色之資，甚無謂也。』」同書〈于志寧傳〉：「嘗與右僕射張行成，中書令高季輔俱蒙賜地。志寧奏曰：『行成等新營莊宅，尚少田園，於臣有餘，乞申私讓。』」同書〈狄仁傑傳〉：「上疏曰：『膏腴美業，倍取其多，水碾莊園，數亦非少。』」同書〈李林甫傳〉：「林甫京城邸第，田園水磑，利盡上腴。」以上所引諸例，皆無作別墅者，自當依原文作莊所為是，莊所即莊宅之區所也。(61)柴紹之自長安赴太原也……散家貲，聚徒眾：按此段乃錄自《舊唐書・柴紹附平陽公主傳》，字句大致相同。(62)西域商胡：西域胡之為商者。(63)樂城：《隋書・地理志》中：「樂城縣屬信安郡。」（六四）盩厔：音舟窒，與武功、始平皆屬京兆郡。（六五）淵從弟神通在長安……皆下之，眾至七萬：按此段乃揉合《舊唐書・柴紹附平陽公主》及〈淮安王神通〉二傳而成，字句大致相同。（六六）光祿大夫：《隋書・百官志》下：「煬帝時，光祿大夫從一品，散職。」（六七）朝請大夫：《隋書・百官志》下：「朝請大夫正五品，散職。」（六八）金紫光祿大夫：《隋書・百官志》下：「金紫光祿大夫，正三品，散職。」（六九）並南山：並，猶順。胡三省曰：「自華山而南，接盩厔、鄠、杜諸山，皆長安南山也。」（七〇）領京兆內史：領、兼領，《隋書・百官志》下：「煬帝時，京兆、河南則謂之內史，正三品。」（七一）不復預事：不復參預政事，《隋書・衞玄傳》作：「不知政事。」兩者意固相同。（七二）馮翊：《隋書・地理志》上：「馮翊縣帶馮翊郡。」（七三）如流：如流水。（七四）以備僚屬：以充僚屬。（七五）涇陽：《隋書・地理志》上：「涇陽縣屬京兆郡。」（七六）各置幕府：各自設幕開府。（七七）娘子軍：亦即之夫人軍。（七八）李氏將精兵萬餘……號娘子軍：按此段乃錄自《舊唐書・柴紹附平陽公主傳》，字句大致相同。（七九）食盡：糧盡。（八〇）奴帥長揖：奴帥見行恭，向之行長揖之禮。（八一）事奴為主：奉奴為主上。（八二）先是平涼奴賊數萬圍扶風……世民以為光祿大夫：按此段乃錄自《舊唐書・丘和附行恭傳》，字句大致相同。（八三）尉：《隋書・百官志》下：「縣置令、丞、尉。」（八四）舊識：舊知。（八五）署：署任。（八六）罄竭：盡竭。（八七）隰城尉房玄齡……知無不為：按此段乃錄自《舊唐書・房玄齡傳》，字句大致相同。（八八）淵命劉弘基、殷開山……弘基逆擊破之：按此段乃錄自《舊唐書・劉弘基傳》，字句大致相同。（八九）阿城：即秦阿房宮城。（九〇）請期日赴長安：請赴長安之日期。（九一）虞：

患。（九二）倉上精兵：守永豐倉之精兵。（九三）新豐：《隋書・地理志》上：「新豐縣屬京兆郡。」（九四）長樂宮：漢代之故宮。（九五）至並聽教：並至所期之地聽教令。（九六）延安雕陰：皆郡名。（九七）春明門：《隋書・地理志》上：「京兆郡、雍州城，東面通化、春明、延興三門。」（九八）壁壘：營壘。（九九）巴陵校尉，旅帥鄭文秀：胡三省曰：「煬帝改大都督為校尉，帥都督為旅帥。」（一〇〇）素：平常。（一〇一）羅川令蕭銑：按《隋書・煬帝紀》大業十三年文作：「羅令蕭銑。」同書〈地理志〉下：「巴陵郡屬有羅縣。」是羅川縣即羅縣也。（一〇二）梁祚：梁之祚祿。（一〇三）返出其下：返當改作反。（一〇四）我右：我上。（一〇五）撥亂反正：治亂世使之復正。（一〇六）若：汝。（一〇七）凶悖不移：凶悖之性不可更易。（一〇八）燔燎：謂燔柴以告天。（一〇九）改元鳴鳳：《舊唐書・蕭銑傳》作：「建元為鳳鳴。」（一一〇）巴陵校尉、鄱陽董景珍……改元鳴鳳：按此段乃錄自《舊唐書・蕭銑傳》，字句大致相同。（一一一）月城：胡三省曰：「月城蓋臨洛水，築偃月城，與倉城相應。」（一一二）連舉六烽：以示甚為危急。（一一三）訶：訶斥。（一一四）匡帝室：匡正帝室。（一一五）大興殿後：胡三省曰：「大興殿、隋宮正殿也，未即尊位，故居殿後。」（一一六）代王在東宮……思廉，察之子也：按此段乃錄自《舊唐書・姚思廉傳》，字句大致相同。（一一七）苛禁：苛法。（一一八）骨儀：《舊唐書・高祖紀》作：「滑儀。」此則從《隋書・陰壽附骨儀傳》而入錄。（一一九）貪婪：婪亦貪。（一二〇）數以貪婪苛酷：胡三省曰：「按隋書稱陰世師，（載陰壽附世師及骨儀傳，）少有節槩，性忠厚，多武藝。骨儀性剛鯁，有不可奪之志，于時朝政浸亂，黷貨公行，天下士大夫莫不變節，儀獨厲志守常，介然獨立。如此，則皆隋之良也。唐公特以其發墳墓，毀家廟，拒守不下，而誅之；數以貪婪苛酷，非其罪也。觀通鑑所書，可謂微而顯矣。」㉑三原：《隋書．地理志》上：「三原縣屬京兆郡。」㉒隙：嫌隙。㉓因召置幕府：因召而置於己幕府中，以充僚屬。㉔負志氣：猶抱志氣。㉕撫：撫摩，示親昵意。㉖可與言將帥之略者，獨此子耳：《舊唐書．李靖傳》作：「可與論孫吳之術者，惟斯人矣。」《通鑑》改文，較為親切有致。㉗馬邑郡丞、三原李靖……獨此子耳：按此段乃錄自《舊唐書．李靖傳》，字句大致相同。㉘不以為意：不以去懷。㉙鄢陵：《隋書．地理志》中：「鄢陵縣屬潁川郡。」㉚讓因之私府：讓因之於其己府。㉛責其貨：責其財貨。㉜未辨：未遍，亦即未足。㉝逡巡：卻退，音峻。㉞事未可知：謂將來是否立之，頗不可知。㉟愎：剛愎狠戾。㊱何以示遠：何以示告遠方之人。㊲螫：蟲行毒也。㊳解腕：連腕斷去。㊴所全者大，故也：乃為保全其整個生命之故。㊵往來檢校：謂往來考察飲宴之事。㊶達官：猶顯官。㊷給使：供支使。㊸司徒：乃翟讓之官爵。㊹進止：猶動靜，亦即意見。㊺密下壯士：密部下壯士。㊻踣：仆，音匐。㊼牛吼：牛叫。㊽訶：訶斥。㊾大言：大聲言曰。㊿無復上下：無復上下之禮。(51)諸君無預也：謂不關諸君。(52)傅瘡：傅藥於所斫之瘡。(53)麾下：部下。(54)獨騎：單騎。(55)歷加撫諭：逐一加以撫慰勸諭。(56)始有自疑之心矣：謂開始有不安之意矣。(57)明決：明斷。(58)為龍為蛇，固不可測也：為龍言為天子，為蛇言為凡夫，謂其騰達與否，實不可預測。(59)天興殿：當作大興殿。(60)改元：改元義寧。(61)假黃鉞：假借以黃鉞。(62)改教稱令：教乃其以前所下文告之稱，此後則改名曰命令。(63)虔化門：胡三省曰：「虔化門在大興殿前東偏。」(64)遣使請命：亦即歸服之意。(65)李淵備法駕迎代王……遣使請命：按此段乃錄自《舊唐書・高祖紀》，字句大致相同。（六六）文武設官：所設之文武百官。（六七）憲章：法令。（六八）禘祫：禘，王者禘其祖之所自出，以其祖配之。祫，大合祭先祖親疏遠近。音締洽。（六九）丞相府司錄：錄者，總錄一府之事。（七〇）淵傾府庫：淵傾竭府庫。（七一）右光祿大夫：《隋書・百官志》下：「煬帝時，右光祿大夫從二品，散職。」（七二）樵蘇：採木為樵，取草為蘇。（七三）六街及苑中樹：長安城中有六街，苑城包漢故都，抵渭水。（七四）郇：音旬。（七五）王之家世：謂王之先代。（七六）王之家世，本住山東，本姓郭氏：按二本字於文為複，雖無關宏旨，然究係疵瑕。《隋書・河間王弘附慶傳》，李密遺慶書作：「而王之先代，家住山東，本姓郭氏。」則無此弊矣。（七七）芝焚蕙歎：芝與蕙同類，芝焚蕙歎，喻傷其同類也。（七八）事不同此：事體與此不同。（七九）舅族：猶舅家。（八〇）武元帝：楊忠謚武元皇帝。（八一）高氏：北齊高氏。（八二）冒姓：假冒他人之姓。（八三）密以書招慶，為陳利害……復姓郭氏：按此段乃錄自《隋書・河間王弘附慶傳》，字句大致相同。（八四）大父襄公為景王：大父謂祖父，襄公名虎。（八五）仁公：名昞。（八六）汧源：《隋書・地理志》上：「汧源縣屬扶風郡。」（八七）弼乃殺李弘芝：唐弼立李弘芝，見卷一百八十二大業十年。（八八）益張：愈為張大。（八九）散關：在今陝西省寶雞縣西南大散嶺上，亦曰散關，又稱崤谷。地為秦蜀往來之孔道。（九〇）府戶曹：謂丞相府戶曹。（九一）坻：阪，音邸。（九二）自古天子有降事乎：謂自古以來，天子有歸降之事乎？（九三）錢唐：今浙江省杭縣。（九四）趙佗歸漢：事見漢高祖文帝紀。（九五）劉禪仕晉：事見魏紀晉紀。（九六）近世蕭琮，至今猶貴：謂蕭氏子弟。（九七）陛下失問：陛下所問非宜。（九八）又何悖也：又多逆於事理！（九九）蜀先主亟亡妻子：亟，屢，事見漢獻帝紀。⑩為亡國之計：為亡國之計劃。⑪薛舉遣其子仁果，寇扶風……乃厚賞瑗，引為謀主：按此段乃錄自《舊唐書・薛舉傳》，字句大致相同。⑫長道：《隋書・地理志》上：「長道縣屬漢陽郡。」⑬通議大夫：《隋書・百官志》下：「煬帝時，通議大夫從四品。」⑭醴泉：《隋書・地理志》上：「醴泉縣屬京兆郡。」⑮安集：招安懷集。⑯自是以往：謂自此以後。⑰金川：《隋書・地理志》上：「金川縣帶西城郡。」⑱李孝恭擊破朱粲……降附者三十餘州：按此段乃錄自《舊唐書・河間王孝恭傳》，字句大致相同。⑲相持：相抗拒。⑳悉力苦戰：盡力死戰。㉑益蹙：益為窮蹙。㉒歷事兩主：兩主謂：文帝、煬帝。㉓恩顧：恩德顧遇。㉔違其難：逃其難。㉕受一刀：謂被殺。㉖懷之：懷念之。㉗稠桑：胡三省曰：「虢州湖城縣有稠桑驛。」㉘釋仗：釋器仗。㉙號哭：號，謂哭而且言。㉚神祇：祇，地神，音祁。㉛屈突通與劉文靜相持月餘……兼秦公元帥府長史：按此段乃錄自《舊唐書・屈突通傳》，字句大致相同。㉜歔欷不自勝：《隋書・誠節堯君素傳》作：「歔欷流涕，悲不自勝。」不自勝上添一悲字，似較充暢。㉝衿：同襟。㉞作說客：作遊說客。㉟我力屈而來：謂我因力屈而降，既降，故不得不來。㊱方今力猶未屈：謂我今力猶未屈。㊲何用多言：謂何用作勸降之言。㊳淵遣通至河東城下，招諭堯君素……通慙而退：按此段乃錄自《隋書・誠節堯君素傳》，字句大致相同。㊴亡降：逃亡而降。㊵益募兵：愈募兵。㊶吾幾落奴度中：奴，指王世充言；度，計謀。謂吾幾落於王世充計謀之中。㊷芻：芻秣，牲畜所食者。㊸月晦：指小月之二十九，或大月之三十而言，以該日月最晦暗。㊹陵城：攀登城垣。

㉟新安：《隋書・地理志》中：「新安縣屬河南郡。」㊱雲陽武功：《隋書・地理志》上：「雲陽、武功二縣，皆屬京兆郡。」㊲縣正：《隋書・百官志》下：「煬帝時，改縣尉為縣正。」㊳徇：上見註㊀。㊴方與：《隋書・地理志》下：「方與縣屬彭城郡。」㊵南塘：《水經注》：「南昌縣南塘，本通大江，漢永元中，太守張躬築塘以通南路，大江南江也。」㊶郣郭：郣亦郭，二字為複合辭。㊷餘干：《隋書・地理志》下：「餘干縣屬鄱陽郡。」

卷一百八十五 唐紀一

司馬光編集
曲守約註

起著雍攝提格正月，盡七月，不滿一年。（戊寅，西元六一八年）

高祖神堯大聖光孝皇帝上之上

武德元年㊀（西元六一八年）

㈠春，正月，丁未朔，隋恭帝詔唐王劍履上殿㊁，贊拜不名㊂。唐王既克長安，以書諭㊃諸郡縣，於是東自商洛㊄，南盡巴蜀，郡縣長吏㊅、及盜賊渠帥、氐羌酋長爭遣子弟入見請降，有司復書，日以百數㊆。

㈡王世充既得東都兵，進擊李密於洛北，敗之，遂屯鞏北㊇。辛酉，世充命諸軍各造浮橋㊈，度洛擊密，橋先成者先進，前後不一㊉。虎賁郎將⑪王辯破密外柵，密營中驚擾⑫，將潰⑬，世充不知，鳴角收眾⑭；密因帥敢死士⑮乘之⑯，世充大敗，爭橋溺死者萬餘人，王辯死，世充僅自免⑰，洛北諸軍皆潰，世充不敢入東都，北趣河陽。是夜，疾風㉘寒雨，軍士涉水㉙沾濕㉚，道路凍死者，又以萬數，世充獨與數千人至河陽；【考異】隋書北史李密傳曰：「世充復移營洛北，南對鞏縣，其後，遂於洛水造浮橋，悉眾以擊密，密出擊之，官軍稍却，自相陷溺者數萬人，世充僅而獲免，不敢還東都，遂趣河陽，其夜，雨雪尺餘，眾隨之者，死亡殆盡。」王世充傳曰：「充敗績，赴水溺死者萬餘人，時天寒大雪，兵士既度水，衣皆霑濕，在道凍死者又數萬人。」蒲山公傳曰：「世充移營，就洛水之北，與密隔洛水以相望，密乃築長城，掘深塹，周廻七十里以自固，十五日，世充與密戰於石窟寺東，密軍退敗，世充度洛水以乘之，逼倉城，為營塹，密縱兵疾戰，世充兵馬棄仗奔亡，沉溺死者，不可勝數。密又令露布上府曰，世充以今月十一日平旦，屯兵洛北，偷入月城，其月十五日，世充及王辯才等又於倉城北，偷渡水南，敢逼城堞。」河洛記曰：「十六日，充與密戰於石窟寺東，又曰，其夜遇風寒疾雨，士卒凍死，十不存一，充脫身宵遁，直向河陽。」餘如蒲山公傳。略記曰：「辛酉，王世充移兵洛北，仍令諸軍臨岸布兵，軍別造浮橋，橋先成者輒渡，既前後不一，而李密伏發，我師敗績，爭橋，赴水溺死者十五六。」雜記曰：「十二月，越王遣太常少卿韋霽等率留守兵三萬，並受世充節度。又曰，王辯縱等敗，眾軍亦潰，爭渡，溺水死者太半，王辯縱等皆沒，唯世充敗免，與數百騎走大通城，敗兵得還者，於道遭大雨，凍死者六七千人。世充停留大通十餘日，懼罪，不還。十四年正月。越王遣世充兄世惲往大通慰諭，赦世充喪師之罪。」按李道玄勸進於李密表云：「于時律始太蔟，未宜霡霂，而澍雨忽降，凍殍將盡。」今參取眾書，日從蒲山公傳，雨從河洛記。自繫獄請罪㉛，越王侗遣使赦之，召還東都，賜金帛美女以安其意㉜。世充收合亡散㉝，得萬餘人，屯含嘉城㉞，不敢復出。密乘勝進據金墉城，修其門堞㉟廬舍而居之，鉦鼓㊱之聲，聞於東都；未幾擁兵㊲三十萬，陳於北邙，南逼上春門㊳，乙丑，金紫光祿大夫㊴段達、民部尚書韋津出兵拒之，達望見密兵盛，懼而先還㊵，密縱兵㊶乘之，軍遂潰，韋津死。【考異】隋書列傳不言戰日，蒲山公傳，此戰在四月九日。略記亦云四月乙未，李密率眾，北據邙山，南接上春門，段達韋津出兵拒之，兵未交，而達懼，先還入城，軍遂潰亂。乙未，二十一日也。今據河洛記，正月十九日，世充又與密戰於上春門外，韋津沒焉。又二月，房彥藻與竇建德書，亦云：「幕府以去月十九日，親董貔虎，西取洛邑。」其蒲山公傳，四月已後月日，與事多差互不合，今日從河洛記，事從略記及隋段達傳。於是偃師㉜、柏谷及河陽都尉㉝獨孤武都、檢校河內郡丞㉞柳燮、職方郎㉟柳續等各舉所部㊱降於密，竇建德、朱粲、孟海公、徐圓朗等並遣使奉表勸進㊲；【考異】河洛記云：「盧祖尚亦通表於密。」按祖尚本起兵為隋，事恐不爾，今不取。密官屬裴仁基等亦上表請正位號㊳，密曰：「東都未平，不可議此㊴。」

㈢戊辰，唐王以世子建成為左元帥，秦公世民為右元帥㊵，督諸軍十餘萬人救東都。東都乏食，太府卿㊶元文都等募守城不食公糧者，進散官㊷二品，於是商賈執象而朝者㊸，不可勝數。

㈣二月，己卯，唐王遣太常卿㊹鄭元璹將兵出商洛，徇南陽㊺，左領軍府司馬㊻、安陸馬元規徇安陸及荊襄㊼。

㈤李密遣房彥藻、鄭頲等東出黎陽，分道招慰州縣，以梁郡太守楊汪為上柱國、宋州總管㊽，又以手書㊾與之曰：「昔在雍丘，曾相追捕，射鉤斬袂㊿，不敢庶幾(五一)。」汪遣使往來通意，密亦羈縻(五二)待之，彥藻以書招竇建德，使來見密，建德復書卑辭厚禮，託以羅藝南侵，請捍禦北垂(五三)。彥藻還至衛州(五四)，賊帥王德仁邀(五五)殺之。德仁有眾數萬，據林慮山(56)，四出抄掠，為數州之患。

(六)三月，己酉，以齊公元吉為鎮北將軍、【考異】創業注改太原留守為鎮北府，在去年十一月己巳，蓋因元吉進封齊公言之耳。今從實錄。太原道行軍元帥，都督十五郡諸軍事，聽以便宜從事(57)。

(七)隋煬帝至江都，荒淫益甚，宮中為百餘房，各盛供張(58)，實以美人(59)，日令一房為主人。江都郡丞(60)趙元楷掌供酒饌，帝與蕭后及幸姬(61)歷就(62)宴飲，酒巵(63)不離口，從姬千餘人亦常醉。然帝見天下危亂，意亦擾擾(64)不自安，退朝則幅巾(65)短衣，策杖(66)步遊，偏歷臺館(67)，非夜不止，汲汲(68)顧景(69)，唯恐不足(70)。帝自曉占候卜相，好為吳語，常夜置酒，仰視天文，謂蕭后曰：「外間大有人圖儂(71)；然儂不失為長城公(72)，卿不失為沈后(73)，且共樂飲耳。」因引滿沈醉(74)。又嘗引鏡自照，顧謂蕭后曰：「好頭頸(75)，誰當斫之(76)。」后驚問故，帝笑曰：「貴賤苦樂，更迭為之(77)，亦復(78)何傷。」帝見中原已亂，無心北歸，欲都丹陽(79)，【考異】大業記，帝欲南巡會稽，今從隋書。保據江東，命羣臣廷議(80)之。內史侍郎(81)虞世基等皆以為善；右候衛大將軍(八二)李才極陳(八三)不可，請車駕還長安，與世基忿爭(八四)而出；門下錄事(八五)、衡水(八六)李桐客曰：「江東卑濕，土地險狹(八七)，內奉萬乘，外給三軍，民不堪命(八八)，亦恐終散亂耳(八九)。」御史劾(九〇)桐客謗毀朝政。於是公卿皆阿意(九一)言：「江東之民，望幸已久，陛下過江，撫而臨之(九二)，此大禹之事也(九三)。」乃命治丹楊宮，將徙都(九四)之。時江都糧盡，從駕驍果多關中人，久客(九五)思鄉里，見帝無西意(九六)，多謀叛歸；郎將(九七)竇賢遂帥所部西走，帝遣騎追斬之，而亡者猶不止(九八)。帝患之，虎賁郎將、扶風司馬德戡(九九)素(一〇〇)有寵於帝，帝使領驍果，屯於東城，德戡與所善虎賁郎將元禮、直閤(一〇一)裴虔通謀曰：「今驍果人人欲亡，我欲言之，恐先事受誅(一〇二)；不言，於後事發，亦不免族滅，奈何？又聞關內淪沒(一〇三)，李孝常以華陰(一〇四)叛，上囚其二弟欲殺之，我輩家屬皆在西，能無此慮乎(一〇五)？」二人皆懼曰：「然則計將安出？」德戡曰：「驍果若亡，不若與之俱去。」二人皆曰：「善。」因轉相招引(一〇六)，內史舍人(一〇七)元敏、虎牙郎將(一〇八)趙行樞、鷹揚郎將孟秉、符璽郎(一〇九)牛方裕、直長(一一〇)許弘仁、薛世良、城門郎㉑唐奉義、醫正㉒張愷，勳侍㉓楊士覽等皆與之同謀，日夜相結約㉔，於廣座明論叛計㉕，無所畏避㉖。有宮人白㉗蕭后曰：「外間人人欲反。」后曰：「任汝奏之㉘。」宮人言於帝，帝大怒，以為非所宜言，斬之。其後宮人復白后，后曰：「天下事一朝至此，無可救者，何用言之，徒令帝憂耳。」自是無復言者。

㈧趙行樞與將作少監㉙宇文智及素厚，楊士覽，智及之甥也，二人以謀告智及，智及大喜。德戡等期以三月望日㉚，結黨西遁，智及曰：「主上雖無道，威令尚行㉛，卿等亡去，正如竇賢取死耳。今天實喪隋，英雄並起㉜，同心叛者已數萬人，因行大事㉝，此帝王之業㉞也。」德戡等然之。行樞、薛世良請以智及兄右屯衛將軍㉟、許公化及為主，結約㊱既定，乃告化及，化及性駑怯㊲，聞之變色流汗㊳，既而㊴從之。【考異】蒲山公傳曰：「趙行樞楊士覽以司馬德戡謀告化及，化及兄弟聞之大喜，因引德戡等相見。士及說德戡等曰，聞足下等因百姓之心，謀非常之事，直欲走逃，故非長策。德戡曰，為之奈何？士及曰，官家雖言無道，臣下尚畏服之，聞公叛亡，必急相追捕，竇賢之事，殷鑒在近；不如嚴勒士馬，攻其宮闕，因人之欲，稱廢昏凶，事必克成，然後詳立明哲，天下可安，吾徒無患矣。勳庸一集，公等坐延榮祿，縱事不成，威聲大振，足得官家膽慴，不敢輕相追討，遲疑之間，自延數日，比其議定，公等行亦已遠，如此，則去往之計，俱保萬全，不亦可乎？德戡等大悅，曰，明哲之望，豈惟楊家，眾心實在許公，故是人天協契。士及佯驚曰，此非意所及，但與公等思救命耳。」革命記曰：「帝知歷數將窮，意欲南渡江水，咸言不可，帝知朝士不欲渡，乃將毒藥醞酒二十石，擬三月十六日為宴會，而酖殺百官。南陽公主恐其夫死，乃陰告之，而事泄，為此始謀害帝以免禍，並是兇逆之旅妄搆此詞，于時上下離心，人懷異志，帝深猜忌，情不與人醞，若不虛，藥須分付有處，遣何人，併醞二十石藥酒，必其酒，有酖毒一石，堪殺千人，審欲擬殺羣寮，謀之者必有三五，眾謀自然早泄，豈得獨在南陽？只是虔通恥有殺害之謀，推過惡於人主耳。」隋書化及傳云：「化及弑逆，士及在公主第，弗之知也，智及遣家僮莊桃樹就第殺之，桃樹不忍，執詣智及，久之乃見釋。」南陽公主傳：「責士及云，但謀逆之日，察君不預知耳。」舊唐書士及傳云：「化及謀逆，以其主壻深忌之而不告。」按士及仕唐為宰相，隋書亦唐初脩，或者史官為士及隱惡。賈杜二書之言，亦似可信。但杜儒童自知醞藥酒為虛，則南陽陰告之事，亦非其實。如賈潤甫之說，則弑君之謀皆出士及，而智及為良人矣。今且從隋書，而刪去莊桃樹事及南陽之語，庶幾疑以傳疑。德戡使許弘仁、張愷入備身府㉚，告所識者云：「陛下聞驍果欲叛，多醞㉛毒酒，欲因享會，盡鴆殺之，獨與南人留此。」驍果皆懼，轉相告語，反謀益急。乙卯，德戡悉召驍果軍吏，諭以所為，皆曰：「唯將軍命㉜。」是日，風霾㉝晝昏，晡後㉞，德戡盜御廄馬㉟，潛厲㊱兵刃，是夕元禮、裴虔通直閤下，專主殿內㊲，唐奉義主閉城門㊳，與虔通相知，諸門皆不下鍵㊴。至三更，德戡於東城集兵，得數萬人，舉火與城外相應；帝望見火，且聞外諠囂㊵，問何事，虔通對曰：「草坊㊶失火，外人共救之耳。」時內外隔絕，帝以為然。智及與孟秉於城外㊷集千餘人，刼候衛虎賁㊸馮普樂，布兵分守衢巷，燕王倓㊹覺有變，夜穿芳林門側水竇㊺而入，至玄武門，詭奏㊻曰：「臣猝㊼中風㊽，命懸俄頃㊾，請得面辭㊿。」裴虔通等不以聞，執囚之。丙辰，天未明，德戡授虔通兵以代諸門衛士[五二]，虔通自門將數百騎至成象殿，宿衛者傳呼有賊，虔通乃還閉諸門，獨開東門，驅殿內宿衛者令出，皆投仗而走。右屯衛將軍獨孤盛謂虔通曰：「何物兵勢太異[五三]！」虔通曰：「事勢已然，不預[五三]將軍事，將軍慎毋動。」盛大罵曰：「老賊，是何物語！」不及被甲，與左右十餘人拒戰，為亂兵所殺[五四]。【考異】蒲山公傳：「裴虔通於成象殿前，遇將軍獨孤盛，時內直宿陳兵廊下以拒之，詬曰，天子在此，爾等何敢兇逆！叱兵接戰，兵皆倒戈。虔通謂盛曰，公何暗於機會，恐他人以公為勳耳。盛叱之曰，國家榮寵盛者，正擬今日，且宿衛天居，唯當效之以死。注弦不動，俄為亂兵所擊，斃於階下。」略記：「詰旦諸門已開，而外傳叫有賊，虔通乃還閉諸門，唯開正東一門，而驅殿內執仗者出，莫不投仗亂走，屯衛大將軍獨孤盛揮刀叱之，曰天子在此，爾等走欲何之，然亂兵交萃，俄而斃於階下。」今從隋書亦采略記。盛，楷之弟也。千牛[五五]獨孤開遠[五六]帥殿內兵數百人，詣玄覽門叩閤[五七]請曰：「兵仗尚全，猶堪[五八]破賊，陛下若出臨戰，人情自定；不然、禍今至矣。」竟無應者。軍士稍散，賊執開遠，義而釋之[五九]。

(九)先是帝選驍健官奴[六〇]數百人置玄武門，謂之給使[六一]，以備非常，待遇優厚，至以宮人賜之。司宮[六二]魏氏為帝所信，化及等結之，使為內應，是日，魏氏矯詔[六三]悉聽給使出外，倉猝際制無一人在者[六四]，德戡等引兵自玄武門入，帝聞亂易服[六五]，逃於西閤；虔通與元禮進兵排（六六）左閤，魏氏啟之，遂入永巷，問：「陛下安在？」有美人出指之，校尉令狐行達拔刀直進，帝映窻扉（六七）謂行達曰：「汝欲殺我邪！」對曰：「臣不敢，但欲奉陛下西還耳。」因扶帝下閤。虔通本帝為晉王時親信左右也，帝見之，謂曰：「卿非我故人乎，何恨而反（六八）？」對曰：「臣不敢反，但將士思歸，欲奉陛下還京師耳。」帝曰：「朕方欲歸，正為（六九）上江（七〇）米船未至，今與汝歸耳（七一）。」虔通因勒兵（七二）守之。至旦，孟秉以甲騎迎化及，化及戰栗（七三）不能言，人有來謁之者，但俛首據鞍（七四）稱罪過（七五）；化及至城門（七六），德戡迎謁，引入朝堂，號為丞相。裴虔通謂帝曰：「百官悉在朝堂（七七），陛下須親出慰勞。」進其從騎，逼帝乘之；帝嫌其鞍勒弊（七八），更易新者，乃乘之，虔通執轡，挾刀，出宮門，賊徒喜譟動地（七九）。化及揚言（八〇）曰：「何用持此物出，亟還與手（八一）。」

【今註】（一）是年五月受隋禪，始改元。（二）劍履上殿：《隋書．禮儀志》七：「按漢自天子至於百官，無不佩刀。蔡謨儀曰：『大臣優禮者，皆劍履上殿，非侍臣，解之。』蓋防刃也。近代以木，未詳所起。東齊著令：『謂為象劍，言象於劍。』周武帝時，百官燕會，並帶刀升座。至開皇初，因襲舊式，朝服升殿，亦不解焉。十二年因蔡徵上事，始制凡朝會應登殿坐者，劍履俱脫，其不坐者，勑召奏事，及須升殿，亦就席解劍，乃登。納言、黃門、內史令、侍郎、舍人，既夾侍之官，則不脫，其劍皆真刃，非假。又准晉咸康元年定令故事：『自天子以下，皆衣冠帶劍。』今天子則玉具、火珠鏢首，惟侍臣帶劍上殿，自王公已下，非殊禮，引升殿，皆就席解而後升。」胡三省曰：「複下曰舄，單下曰履，諸非侍臣皆脫履升殿，舄唯冕服及具服著之，履則諸服皆用。」㊂贊拜不名：凡朝會，贊拜則曰某官某，此則令其贊拜不名，蓋所以優異之也。㊃以書諭：謂以文書告諭。㊄商洛：《隋書・地理志》中：「商洛縣屬上洛郡。」㊅郡縣長吏：謂郡守、縣令。㊆以百數：謂以百為單位而數之，亦即數百封書信。㊇鞏北：鞏縣之北。㊈浮橋：以舟相連，浮於水面，以度人畜及其他，是謂浮橋。㊉前後不一：謂部伍有在前者，有在後者。⑪虎賁郎將：《隋書・百官志》下：「武賁郎將正四品。」⑫驚擾：驚惶擾亂。⑬將潰：將崩潰。⑭鳴角收眾：按唐代通以鳴角而止軍行及收軍。《舊唐書・韋雲起傳》：「啟民可汗發騎二萬，受其處分。雲起分為二十營，相去各一里，不得交雜，聞鼓聲而行，聞角聲而止。」皆其例證。⑮敢死士：謂不畏死亡之士卒。⑯乘之：淩轢之。⑰僅自免：僅得自身脫免。⑱疾風：猶烈風。⑲涉水：渡水。⑳沾濕：指淋濕及浸濕。㉑自繫獄請罪：謂自繫身獄中，以請上懲兵敗之罪。㉒以安其意：以安慰之，使其勿咎尤於懷。㉓亡散：逃亡離散。㉔含嘉城：《舊唐書・王世充傳》作：「營於含嘉倉城。」蓋為含嘉倉而設置之城池也。簡稱則曰含嘉城。㉕堞：城上女墻。㉖鉦鼓：《考工記・鳧氏》：「鼓上謂之鉦。」程瑤田云：「鼓上、為鍾體之上段正面也。」音征。㉗擁兵：謂擄兵，此猶率兵。㉘上春門：《隋書・地理志》中河南郡：「洛陽東面三門，北曰上春門。」㉙金紫光祿大夫：《隋書・百官志》下：「金紫光祿大夫正三品。」㉚先還：謂先退還。㉛縱兵：恣縱兵士，謂任其盡力追逐。㉜偃師：今河南省偃師縣，在洛陽縣東。㉝河陽都尉：《隋書・百官志》下：「舊有兵處，則刺史帶諸軍事以統之。至是，別置都尉、副都尉，都尉正四品，領兵，與郡不相知。」《元和郡縣志》卷六：「河陽，隋開皇十六年分溫軹二縣重置，屬懷州，武德四年平王世充後，割屬河南府。」㉞檢校河內郡丞：按檢校乃代理其職，而非真除之官。㉟職方郎：按《隋書・百官志》下：「兵部尚書統兵部、職方侍郎各二人。」《唐六典》卷五：「兵部職方郎中一人，從五品上，隋開皇初，始置職方侍郎一人，煬帝曰職方郎。」㊱各舉所部：謂各將所轄之地及其部屬。㊲勸進：謂勸之進即天子之位。㊳請正位號：謂正式其位號，亦即為天子也。㊴不可議此：謂未可謀議即天子位之事。㊵唐王以世子建成為左元帥，秦公世民為右元帥：《唐六典》卷五兵部郎中條：「凡親王總戎，則曰元帥。」㊶太府卿：《隋書・百官志》下：「太府卿正三品。」㊷散官：散官，無職務之官也，與有職務者正相對。《隋書・百官志》下：「煬帝即位，自一品至九品，置光祿至立信等八尉，以為散職。」文中所言進散官二品，即按此所定散官之品命，而覈進之。㊸執象而朝者：按象即象牙。《隋書・禮儀志》七：「笏，自西魏以降，五品已上，通用象牙，六品已下，兼用竹木。」㊹太常卿：《隋書・百官志》下：「太常卿正三品。」㊺徇南陽：徇，經略。南陽，郡名，屬豫州，見《隋書・地理志》中。

㊻左領軍府司馬：左領軍乃隋煬帝十二衞之一，各府中皆置長史、司馬。具見《隋書・百官志》下。㊼安陸及荊襄：煬帝改安州為安陸郡，荊州為南郡，襄州為襄陽郡，具見《隋書・地理志》中。㊽以梁郡太守楊汪為宋州總管：《隋書・地理志》中：「梁郡、開皇十六年置宋州。」同書〈百官志〉下：「州置總管者，列為上中下三等，總管刺史加使持節。煬帝立，罷諸總管。」是此乃李密沿襲其制而新置者。㊾手書：謂親筆所作之書札。㊿射鉤斬袪：管仲射齊桓公，中帶鉤，桓公用之，以相。晉寺人披伐公子重耳，斬其袪，文公不怨。事見《左傳》，此以袪為袂。(51)不敢庶幾：謂不敢希冀，意為己不配為齊桓晉文，然其行為，則竊慕焉。(52)羈縻：猶籠絡。(53)北垂：垂通陲，謂北境也。(54)衞州：《隋書・地理志》中：「汲郡，東魏置義州，後周為衞州。」此乃復改用舊名。(55)邀：攔遮。(56)林慮山：《隋書・地理志》中：「魏郡、林慮縣，有林慮山。」(57)便宜從事：《漢書・終軍傳》：「軍行郡國，所見便宜以聞。」《舊唐書・韋挺傳》：「詔河北諸州，皆取挺節度，許以便宜從事。」核便宜乃謂於事務便利而適宜也。從事猶施行。(58)各盛供張：謂各房供設，皆甚為豐盛。(59)實以美人：猶中置美人。(60)郡丞：《隋書・百官志》下：「郡置太守、丞、尉。」(61)幸姬：寵幸之姬人。(62)歷就：謂逐房就之。(63)酒巵：巵盛酒漿器。(64)擾擾：惶遽。(65)幅巾：《後漢書・鮑永傳》注：「幅巾謂不著冠，但幅巾束首也。」按《傅子》：「漢末王公多以幅巾為雅，是以袁紹崔豹之徒，雖為將帥，皆著縑巾。」又知其巾皆以縑為之。今煬帝著之，蓋亦欲效古人之風雅耳。(66)策杖：謂拄杖。(67)臺館：臺榭館閣。(68)汲汲：言不息。(69)顧景：謂顧時光。(70)唯恐不足：唯恐光陰

之短暫。（七一）外間大有人圖儂：儂，吳語我也。謂外間有許多人欲圖謀我。（七二）不失為長城公：長城公為陳叔寶，言雖亡國，亦可為陳叔寶，而得封爵以終天年。（七三）沈后：指叔寶后沈氏。（七四）沈醉：爛醉。（七五）好頭頸：謂頭頸甚好。（七六）誰當斫之：謂不知誰將斫之。（七七）更迭為之：迭亦更，謂更互為之。（七八）亦復：按復為語助辭，無意，六朝如此用者甚多。（七九）丹陽：《隋書・地理志》下：「丹陽郡，平陳於石頭城置蔣州。」煬帝改為丹陽。（八〇）廷議：於朝廷中各陳己見，並互相駁辯，是謂廷議。（八一）內史侍郎：《隋書・百官志》下：「內史侍郎正四品。」（八二）右候衛大將軍：《隋書・百官志》下：「左右武、候、領等大將軍，為正三品。」（八三）極陳：猶力陳。（八四）忿爭：忿怒爭抗。（八五）門下錄事：《隋書・百官志》下：「門下省置錄事六人。」（八六）衡水：《隋書・地理志》中：「衡水縣，屬信都郡，開皇十六年置。」（八七）險狹：險阻狹隘。（八八）民不堪命：猶民不聊生。（八九）亦恐終散亂耳：亦恐終將散亡及叛亂耳。（九〇）劾：彈劾。（九一）阿意：阿承其意。（九二）撫而臨之：安撫而臨治之。（九三）此大禹之事也：指禹南巡狩，會諸侯於會稽而言。（九四）徙都：遷徙而建都之。（九五）久客：謂久在外作客。（九六）無西意：無西還之意。（九七）郎將：據《隋書・百官志》下，有鷹揚郎將，正五品，武賁郎將，正四品，武牙郎將，從四品。因文未明言，故未能確知其係何銜，至其品命，則當不外四品或五品二階命也。（九八）亡者猶不止：逃亡者仍不能止息。（九九）戡：音堪。（一〇〇）素：平常。（一〇一）直閣：《隋書・百官志》下：「左右監門府，置直閣各六人，正五品。」直通值，謂輪番值閣之宿衛也。（一〇二）恐先事受誅：謂恐未言訖之前，已被誅戮。（一〇三）淪沒：淪陷覆沒。（一〇四）華陰：今陝西省華陰縣。（一〇五）能無此慮乎：謂豈能無此家屬叛變之憂慮乎？⑯轉相招引：謂輾轉互相招引。⑰內史舍人：《隋書・百官志》下：「內史舍人正六品。」⑱虎牙郎將：按即上之武牙郎將，秩從四品。⑲符璽郎：《隋書・百官志》下：「煬帝即位，改符璽監為郎，為從六品。」⑳直長：按《隋書・百官志》下，門下省統有城門、尚食、尚藥、符璽、御府、殿內等六局，下各設直長數人，正七品。㉑城門郎：《隋書・百官志》下：「城門置校尉一人，後改為城門郎，置員四人，從六品。」㉒醫正：《隋書・百官志》下：「又有侍御醫、司醫、醫佐員。」胡三省曰：「意者，醫正即司醫也。」㉓勳侍：胡三省曰：「勳侍，三侍之一。」㉔相結約：按《隋書・宇文化及傳》作：「日夜聚博，約為刎頸之交。」正釋此結約二字。㉕於廣座明論叛計：謂於大庭廣眾之間，公開討論叛變計劃。㉖畏避：畏懼躲避。㉗白：告。㉘任汝奏之：謂可由汝直奏之。㉙將作少監：《隋書・百官志》下將作監條：「大業五年，改少匠為少監，正五品。」㉚望日：十五日。㉛尚行：謂尚可通行。㉜並起：皆起。㉝因行大事：謂因之而行弒逆之事。㉞帝王之業：帝王之事業。㉟右屯衞將軍：《隋書・百官志》下：「左右屯衞將軍為從三品。」㊱結約：謂結盟約。㊲駑怯：駑劣、畏怯。㊳變色流汗：皆畏怯之狀。㊴既而：既，已；而，語助辭，無意。凡事前者已畢，則必繼興後者，故既而因可釋為接著。㊵備身府：《隋書・百官志》下：「煬帝時，左右領、左右府改為左右備身府。」㊶醞：釀造。㊷唯將軍命：即唯將軍命是從之省。㊸風霾：風而雨土。音埋。㊹晡後：晡，申時，即黃昏六時以後。㊺御廄馬：皇帝廄閑中之馬。㊻厲：磨厲。㊼專主殿內：謂專主殿內宿衞之事。㊽主閉城門：主持關閉城門之任務。

㊴鍵：陳楚謂戶鑰牡為鍵。㊵諠囂：諠譁叫囂。㊶草坊：儲草之坊場。㊷城外：指江都宮城之外。㊸候衞虎賁：《隋書・百官志》下：「左右候掌晝夜巡察，執捕姦非。」馮普樂、蓋虎賁郎將。㊹燕王倓：倓，元德太子昭之子，代王侑之弟，音談。㊺夜穿芳林門側水竇：謂夜經芳林門側流水之竇洞。㊻詭奏：詐奏。㊼猝：突然。㊽中風：中患風疾。㊾命懸俄頃：謂生命繫於頃刻之間。㊿面辭：猶親自辭別。(51)授虔通兵以代諸門衞士：授與虔通以己之部卒，而使之換替原掌諸門之衞士。(52)何物兵勢太異：按何物乃齊隋時之恒語。《北齊書・後主胡后傳》：「其後於太后前作色而言曰：『何物親姪女，作如此言語！』」同書〈文襄六王漁陽王紹信傳〉：「長命欲起，紹信不聽曰：『此何物小人，而主人公為起！』」《隋書・劉行本傳》：「汝何物小人，敢為褻慢！」核諸文何物之意，猶今語之什麼也。而全句文意，乃為：「是什麼兵卒，形勢竟如此殊異。」(53)不預：猶言不干。(54)右屯衞將軍獨孤盛謂虔通曰……拒戰，為亂兵所殺：按此段乃錄自《隋書・誠節獨孤盛傳》，字句大致相同。(55)千牛：《隋書・百官志》下：「左右領、左右府改為左右備身府。統千牛左右十六人，並正六品，千牛掌執千牛刀宿衞。」(56)獨孤開遠：獨孤后之兄子。(57)叩閤：叩擊閤門，以使內中之人聞之。(58)猶堪：謂尚能以。(59)義而釋之：贊其行合道義，而釋捨之。(60)官奴：官家之奴僕。(61)給使：謂給充差使。(62)司宮：胡三省曰：「司宮，蓋即尚宮之職。」(63)矯詔：謂假託詔書。(64)制無一人在者：下制召之，竟無一人在者。(65)易服：變易服裝。(66)排：推擊。(67)映窻扉：窻同窗，謂掩映於窗扉處。(68)何恨而反：謂有何憾恨而竟反叛。(69)正為：猶只為。(70)上江：夏口以上為上

江。(七一)今與汝歸耳：意謂今既如此，則不待上江米船之至，亦將與汝西還。(七二)勒兵：部勒兵，此猶分兵。(七三)戰栗：栗通慄，戰慄乃恐懼發抖之狀。(七四)據鞍：據於馬鞍之上。(七五)稱罪過：謂口中不住言有罪有罪。(七六)城門：謂宮城門。(七七)朝堂：宰相議事之堂。(七八)鞍勒弊：勒，馬頭絡銜；弊，舊弊。(七九)喜譟動地：謂喜譟之聲，震動天地。(八〇)揚言：揚聲大言。(八一)亟還與手：亟還，謂急引之還。與手，胡三省曰：「與手，魏齊間人，率有是言，言與之毒手而殺之也。宋孝建初，薛安都助順有大功，從弟道生亦以軍功，為大司馬參軍，犯罪，為秣陵令薛淑之所鞭；安都大怒，乘馬執矟，從數十人，欲往殺淑之。行至朱雀航，逢柳元景，問何之，安都曰：『薛淑之鞭我從弟，特往刺殺之。』元景曰：『小子無宜適，卿往與手，甚快。』安都既回馬，元景復呼使入車，讓止之。此與手之徵也。」

(一)帝問世基何在，賊黨馬文舉曰：「已梟首㊀矣。」於是引帝還至寢殿，虔通、德戡等拔白刃侍立，帝歎曰：「何我罪至此㊁。」文舉曰：「陛下違棄宗廟，巡遊不息；外勤征討，內極奢淫，使丁壯盡於矢刃㊂，女弱填於溝壑㊃，四民喪業㊄，盜賊蠭起，專任佞諛㊅，飾非㊆拒諫，何謂無罪！」帝曰：「我實負百姓㊇，至於爾輩榮祿兼極㊈，何乃如是(一〇)！今日之事，孰為首邪？」德戡曰：「溥天(一一)同怨，何止一人。」化及又使封德彝數帝罪(一二)，帝曰：

「卿乃士人，何為亦爾(一三)！」德彝赧然(一四)而退。帝愛子趙王杲年十二，在帝側，號慟(一五)不已，虔通斬之，血濺御服。賊欲弒帝，帝曰：「天子死自有法，何得加以鋒刃，取鴆酒(一六)來。」文舉等不許，使令狐行達頓帝令坐(一七)，帝自解練巾授行達，縊殺之。【考異】蒲山公傳河洛記，皆云于洪達縊帝，今從隋書及略記。

(二)初帝自知必及於難，常以罌(一八)貯毒藥自隨，謂所幸諸姬曰：「若賊至，汝曹當先飲之，然後我飲。」及亂，顧索藥(一九)，左右皆逃散，竟不能得。蕭后與宮人撤漆牀板為小棺，與趙王杲同殯於西院流珠堂。

(三)帝每巡幸，常以蜀王秀自隨，囚於驍果營，化及弒帝，欲奉秀立之，眾議不可，乃殺秀及其七男，又殺齊王暕及其二子、幷燕王倓，隋氏宗室外戚、無少長皆死；唯秦王浩(二〇)素與智及往來，且以計全之。齊王暕素失愛於帝，恒相猜忌，帝聞亂，顧蕭后曰：「得非阿孩(二一)邪？」化及使人就第誅暕，暕謂帝使收之，曰：「詔使且緩兒(二二)，兒不負國家(二三)！」賊曳至街中斬之，暕竟不知殺者為誰，父子至死不相明。

㈣又殺內史侍郎虞世基、御史大夫裴蘊、左翊衛大將軍㉔來護兒、祕書監㉕袁充、右翊衛將軍宇文協、千牛宇文皛、梁公蕭鉅等及其子。鉅，琮之弟子也㉖。難將作，江陽㉗長張惠紹馳告裴蘊，與惠紹謀矯詔發郭下兵㉘收化及等，扣門援帝，議定，遣報虞世基，世基疑告反者不實，抑而不許；須臾難作，蘊歎曰：「謀及播郎㉙，竟誤人事㉚。」虞世基宗人伋謂世基子符璽郎熙曰：「事勢已然，吾將濟卿南度㉛，同死何益？」熙曰：「棄父背君㉜，求生何地㉝！感尊之懷㉞，自此決㉟矣㊱。」世基弟世南抱世基號泣請代，化及不許。黃門侍郎㊲裴矩知必將有亂，雖廝役㊳皆厚遇㊴之，又建策為驍果娶婦，及亂作，賊皆曰：「非裴黃門之罪。」既而化及至，矩迎拜馬首，故得免。化及以蘇威不預朝政，亦免之。威名位素重，往參㊵化及，化及集眾而見之，曲加殊禮。百官悉詣朝堂賀，給事郎㊶許善心獨不至，許弘仁馳告之，曰：「天子已崩，宇文將軍攝政，闔朝㊷文武咸集，天道人事自有代終㊸，何預於叔，而低回㊹若此！」善心怒，不肯行，弘仁反走㊺，上馬泣而去；化及遣人就家擒至朝堂，既而釋之；善心不舞蹈㊻而出，化及怒曰：「此人大負氣㊼。」復命擒還殺之。其母范氏年九十二，撫柩不哭，曰：「能死國難，吾有子矣。」因臥不食，十餘日而卒㊽。

㈤唐王之入關也，張季珣之弟仲琰為上洛令㊾，帥吏民拒守，部下殺之以降。宇文化及之亂，仲琰弟琮為千牛左右㊿，化及殺之，兄弟三人皆死國難，時人愧之(51)(52)。化及自稱大丞相，總百揆(53)，以皇后(54)令立秦王浩(55)為帝，居別宮，令發詔畫敕書(56)而已，仍以兵監守之。化及以弟智及為左僕射，士及為內史令，裴矩為右僕射。

㈥乙卯，徙秦公世民為趙公。

㈦戊辰，隋恭帝詔以十郡益唐國，仍以唐王為相國，總百揆，唐國置丞相以下官，又加九錫。王謂僚屬曰：「此諂諛者所為耳，孤秉(57)大政，而自加寵錫(58)，可乎(59)？必若循刺晉之迹，彼皆繁文偽飾，欺天罔(60)人，考其實(61)不及五霸，而求名欲過三王，此孤常所非笑(62)，竊亦恥之。」或曰：「歷代所行，亦何可廢！」王曰：

「堯舜湯武、各因(六三)其時，取與異道，皆推其至誠，以應天順人，未聞夏商之末(六四)，必效(六五)唐虞之禪也！若使少帝(六六)有知，必不肯為，若其無知，孤自尊而飾讓(六七)，平生素心(六八)，所不為也。但改丞相為相國府，其九錫殊禮，皆歸之有司(六九)。」

(八)宇文化及以左武衛將軍(七〇)陳稜為江都太守，綜領留事(七一)，壬申，令內外戒嚴，云欲還長安，皇后六宮皆依舊式為御營，營前別立帳(七二)，化及視事其中，仗衛部伍(七三)，皆擬乘輿(七四)，奪江都人舟檝(七五)，取彭城水路西歸。以折衝郎將(七六)沈光驍勇，使將給使營於禁內(七七)，行至顯福宮，虎賁郎將麥孟才、虎牙郎錢傑(七八)與光謀曰：「吾儕受先帝厚恩，今俛首事讎，受其驅帥(七九)，何面目視息世間哉(八〇)！吾必欲殺之，死無所恨。」光泣曰：「是所望於將軍也。」孟才乃糾合恩舊(八一)，帥所將數千人，期以晨起將發時(八二)，襲化及，語洩，化及夜與腹心走出營外，留人告司馬德戡等，使討之，光聞營內諠，知事覺(八三)，即襲化及營，空無所獲，值內史侍郎(八四)元敏，數而斬之，德戡引兵入圍之，殺光，其麾下數百人皆鬭死(八五)，一無降者，孟才亦死。孟才，鐵杖之子也。

(九)武康(八六)沈法興世為郡著姓(八七)，宗族數千家，法興為吳興太守(八八)，聞宇文化及弒逆，舉兵以討化及為名，【考異】太宗實錄、舊唐帝紀，二月法興據丹楊起兵。按法興起兵討化及，當在弒逆後。比至烏程，得精卒六萬(八九)，遂攻餘杭、毗陵、丹陽(九〇)，皆下之，據江表(九一)十餘郡，自稱江南道大總管，承制置百官(九二)。

(十)陳國公竇抗，唐王之妃兄也，煬帝使行長城(九三)於靈武，聞唐王定關中，癸酉，帥靈武、鹽川(九四)等數郡來降。

(十一)夏，四月，稽胡(九五)寇富平(九六)，將軍王師仁擊破之，又五萬餘人寇宜春，相國府諮議參軍竇軌將兵討之，戰於黃欽山(九七)，稽胡乘高縱火，官軍小却，軌斬其部將十四人，拔隊中小校(九八)代之，勒兵(九九)復戰，軌自將數百騎居軍後，令之曰：「聞鼓聲有不進者，自後斬之(一〇〇)。」既而鼓之，將士爭先赴敵，稽胡射之，不能止，遂大破之，虜男女二萬口(一〇一)。

(十二)世子建成等至東都，軍於(一〇二)芳華苑，東都閉門不出，遣人招諭，不應。李密出軍爭之，小戰，各引去。城中多欲為內應者，趙公世民曰：「吾新定關中，根本未固，雖得東都，不能守也。」遂不受，戊寅，引軍還。世民曰：「城中見吾退，必來追躡㉓。」乃設三伏於三王陵㉔，以待之，段達果將萬餘人追之，遇伏而敗，世民逐北，抵其城下㉕，斬四千餘級，遂置新安、宜陽二郡㉖，使行軍總管史萬寶、盛彥師鎮宜陽，呂紹宗、任瓌將兵鎮新安，而還。

(十三)初五原通守㉗、櫟陽張長遜，以中原大亂，舉郡附突厥，突厥以為割利特勒。郝瑗說薛舉，與梁師都及突厥連兵，以取長安，舉從之。時啟民可汗之子咄苾號莫賀咄設，建牙直五原之北㉘，舉遣使與莫賀咄設謀入寇，莫賀咄設許之。唐王使都水監㉙宇文歆賂莫賀咄設，且為陳利害，止其出兵；又說莫賀咄設遣張長遜入朝，以五原之地歸之中國，莫賀咄設並從之。己卯，武都、宕渠㉚、五原等郡皆降，王即以長遜為五原太守。長遜又詐為詔書與莫賀咄設，示知其謀，莫賀咄設乃拒舉、師都等，不納其使。

(十四)戊戌，世子建成等還長安。【考異】創業注在三月，今從太宗實錄。

(十五)東都號令不出四門，人無固志，朝議郎段世弘等謀應西師㉛，會西師已還，乃遣人招李密，期以己亥夜納之，事覺，越王命王世充討誅之。密聞城中已定，乃還。

(十六)宇文化及擁眾十餘萬，據有六宮，自奉養一如煬帝，每於帳中南面坐，人有白事者，嘿㉒然不對，下牙㉓，方取啟狀，與唐奉義、牛方裕、薛世良、張愷等參決㉔之，以少主浩付尚書省，令衛士十餘人守之，遣令史㉕取其畫敕，百官不復朝參。至彭城，水路不通，復奪民車牛，得二千兩㉖，並載宮人珍寶，其戈甲戎器㉗，悉令軍士負之，道遠疲劇㉘，軍士始怨。司馬德戡竊謂趙行樞曰：「君大謬誤我，當今撥亂㉙，必藉英賢，化及庸暗㉚，羣小在側，事將必敗，若之何？」行樞曰：「在我等耳，廢之何難。」初化及既得政，賜司馬德戡爵溫國公，加光祿大夫㉛，以其專統驍果，心忌之，後數日，化及署諸將分部士卒㉜，以德戡為禮部尚書，外示美遷，實奪其兵柄；德戡由是憤怨，所獲賞賜，皆以賂智及，智及為之言，乃使之將後軍萬餘人，以從。於是德戡、行樞與諸將李本、尹正卿、宇文導師等謀，以後軍襲殺化及，更立德戡為主，遣人詣孟海公，結為外助，遷延㉓未發，待海公報。許弘仁、張愷知之，以告化及，化及遣宇文士及陽為遊獵，至後軍，德戡不知事露，出營迎謁，因執之，化及讓之曰：「與公戮力㉔，共定海內，出於萬死，今始事成，方願共守富貴，公又何反也？」德戡曰：「本殺昏主㉕，苦其淫虐㉖，推立足下，而又甚之，逼於物情㉗，不得已也。」化及縊殺之，并殺其支黨㉘十餘人。孟海公畏化及之彊，帥眾具牛酒迎之。李密據鞏洛㉙以拒化及，化及不得西，引兵向東郡㉚，東郡通守王軌以城降之。

㈦辛丑，李密將井陘㉛王君廓帥眾來降。【考異】太宗實錄曰：「王君愕邯鄲人，君廓寇略邯鄲，君愕往投之，因為君廓陳井陘之險，勸先往據之。君廓從其言，屯井陘山。歲餘，會義師入定關中，乃與君廓率所部萬餘人，歸順，拜大將軍。」與君廓事，皆出太宗實錄，而不同如此，今據高祖實錄，稱李密將王君廓，降從君廓傳。君廓本羣盜，有眾數千人，與賊帥韋寶、鄧豹合軍虞鄉㉜，唐王與李密俱遣使招之，寶、豹欲從唐王，君廓偽與之同，乘其無備，襲擊破之，奪其輜重，奔李密，密不禮之，復來降，拜上柱國㉝，假河內㉞太守。

㈧蕭銑即皇帝位，置百官，準㉟梁室故事，謚其從父琮為孝靖皇帝，祖巖為河間忠烈王，父璿㊱為文憲王，封董景珍等功臣七人皆為王。遣宋王楊道生擊南郡，下之，徙都江陵㊲，修復園廟㊳。引岑文本為中書侍郎㊴，使典文翰㊵，委㊶以機密，又使魯王張繡徇嶺南，隋將張鎮周、王仁壽等拒之，既而聞煬帝遇弒，皆降於銑。欽州㊷刺史寧長真亦以鬱林、始安㊸之地附於銑㊹。

(十九)漢陽太守馮盎㊺以蒼梧㊻、高涼㊼、珠崖㊽、番禺㊾之地，附於林士弘。銑、士弘各遣人招交趾㊿太守丘和，和不從，銑遣寧長真帥嶺南之兵，自海道攻和(51)，和欲出迎之；司法書佐(52)高士廉說和曰：「長真兵數雖多，懸軍(53)遠至，不能持久，城中勝兵(54)，足以當之，奈何望風受制於人？」和從之，以士廉為軍司馬，將水陸諸軍，逆擊(55)破之，長真僅以身免(56)，盡俘其眾(57)。既而有驍果(58)自江都至，得煬帝凶問(59)，亦以郡附於銑。士廉，勱之子也。

(廿)始安郡丞李襲志，遷哲之孫也，隋末散家財，募士得三千人，以保郡城，蕭銑、林士弘、曹武徹迭來(60)攻之，皆不克，聞煬帝遇弒，帥吏民臨(61)三日；或說襲志曰：「公中州貴族(62)，久臨鄙郡(63)，華夷悅服，今隋室無主，海內鼎沸（六四），以公威惠，號令嶺表，尉佗（六五）之業，可坐致也（六六）。」襲志怒曰：「吾世繼忠貞，今江都雖覆，宗社（六七）尚存，尉佗狂僭，何足慕也。」欲斬說者，眾乃不敢言，堅守二年，外無聲援（六八），城陷，為銑所虜，銑以為工部尚書、檢校桂州總管（六九）。於是東自九江（七〇），西抵三峽，南盡交趾，北距漢川（七一），銑皆有之，勝兵四十餘萬。

(廿一)煬帝凶問至長安，唐王哭之慟，曰：「吾北面事人（七二），失道不能救（七三），敢忘哀乎（七四）！」

(廿二)五月，山南撫慰使馬元規擊朱粲於冠軍（七五），破之。

(廿三)王德仁既殺房彥藻，李密遣徐世勣討之，德仁兵敗，甲寅，與武安通守（七六）袁子幹皆來降，詔以德仁為鄴郡（七七）太守。

(廿四)戊午，隋恭帝禪位於唐（七八），遜居代邸（七九）。

(廿五)甲子，唐王即皇帝位於太極殿（八〇），遣刑部尚書（八一）蕭造告天於南郊，大赦，改元（八二）。罷郡置州（八三），以太守為刺史（八四），推五運為土德，色尚黃。

㈣隋煬帝凶問至東都，戊辰，留守官奉越王即皇帝位，大赦，改元皇泰。是時於朝堂宣旨，以時鍾金革㊇，公私皆即日大祥㊈，追謚大行曰明皇帝，廟號世祖，追尊元德太子曰成皇帝，廟號世宗，尊母劉良娣為皇太后；以段達為納言㊉、陳國公，王世充為納言、鄭國公，元文都為內史令㊇、魯國公，皇甫無逸為兵部尚書、杞國公；又以盧楚為內史令，郭文懿為內史侍郎，趙長文為黃門侍郎㊇，共掌朝政㊈，時人號七貴。皇泰主眉目如畫㊈，溫厚仁愛，風格儼然㊈㊈。

㈤辛未，突厥始畢可汗遣骨咄祿特勒㊈來，宴之於太極殿，奏九部樂㊈，時中國人避亂者，多入突厥，突厥彊盛，東自契丹、室韋，西盡吐谷渾、高昌諸國，皆臣之，控弦㊈百餘萬。帝以初起，資其兵馬㊈，前後餉遺㊈，不可勝紀，突厥恃功驕倨，每遣使者至長安，多暴横，帝優容之㊈。

㈥壬申，命裴寂、劉文靜等修定律令，置國子、太學、四門生㊉，合三百餘員，郡縣學亦各置生員㊉。

【今註】㊀梟首：將頭懸於高木之上。㊁何我罪至此：謂為何我罪竟至如此地步。㊂盡於矢刃：謂盡喪生於矢刃之下。㊃女弱填於溝壑：謂婦女老弱死而填塞於溝壑之內。㊄喪業：喪失生業。㊅佞諛：巧佞阿諛之徒。㊆飾非：錯誤者加以修飾，而力言其無咎。㊇負百姓：謂有負於百姓。㊈兼極：謂皆至頂極。㊉何乃如是：謂何竟如此。⑪溥天：全天下。⑫數帝罪：責帝之罪，數與責之不同處，為數乃條疏而責讓之。⑬亦爾：亦復如此。⑭赧然：面色慚赤，音ㄋㄢˇ。⑮號慟：悲號慟哭。⑯鴆酒：以毒鳥鴆羽所浸之酒。⑰頓帝令坐：謂突抑按之，使令坐下。⑱甖：瓦器，音嚶。⑲顧索藥：顧視左右而索所貯之藥。⑳秦王浩：秦王俊之子。㉑阿孩：《隋書・齊王暕傳》：「暕字世朏，小字阿孩。」㉒詔使且緩兒：宣詔之使謂之詔使，此謂希詔使姑且寬緩兒之性命。㉓國家：此謂天子。《漢書・梅福傳》：「此皆輕量大臣，亡所畏忌，國家之權輕，故匹夫欲與上爭衡也。」《後漢書・朱暉傳》：「國家樂聞駮議。」《隋書・宇文化及傳》：「德戡謂許弘仁、張愷曰：『君是良臣，國家任使，出言惑眾，眾必信君。』」皆係上釋之證。㉔左翊衛大將軍：左翊衛大將軍正三品。㉕秘書監：《隋書・百官志》下：「秘書省降監為從三品。」㉖鉅，琮之弟子也：蕭琮，故梁主。㉗江陽：《隋書・地理志》下：「江都郡，江陽縣，舊名廣陵，大業初，更名江陽。」㉘郭下兵：郭城中之兵。㉙播郎：胡三省曰：「播郎、虞世基小字。」按《隋書》及《北史・文苑虞世基傳》，俱不載世基之小字，此殆由上文推測而作說也。㉚難將作，江陽長張惠紹……竟誤人事：按此段乃錄自《隋書・裴蘊傳》，字句大致相同。㉛吾將濟卿南度：謂吾將救卿渡長江而南。㉜棄父背君：謂背棄父君。㉝求生何地：猶何地可容。㉞感尊之懷：尊乃敬人之稱，此指伋言。謂感尊愛護之意。㉟決：《隋書．虞世基傳》，決作訣，二字相通，謂訣別也。㊱虞世基宗人伋……自此決矣：按此段乃錄自《隋書．虞世基傳》，字句大致相同。㊲黃門侍郎：《隋書．百官志》下：「給事黃門侍郎正四品。」《唐六典》卷八門下省黃門侍郎條：「隋置四人，正第四品上。煬帝減二人，去給事之名，直曰黃門侍郎，隋氏用人益重。」㊳廝役：小廝僕役。㊴厚遇：隆厚待遇。㊵往參：往參謁。㊶給事郎：《隋書．百官志》下：「給事（即給事郎）從五品。」《唐六典》卷八：「給事中、煬帝名給事郎，從第五品，掌省讀奏。」㊷闔朝：謂全朝廷。㊸自有代終：謂自有時而告終盡。㊹低回：謂沉吟徘徊，而不決斷。㊺反走：反身而走。㊻舞蹈：按舞蹈乃隋唐大臣對君上所行之禮儀，除此條外，其見於他文者，有《舊唐書．李義琰傳》：「章懷太子之廢也，高宗慰勉宮寮，盡捨罪，令復其位，庶子薛元超等皆舞蹈謝恩，義琰獨引罪涕泣，時論美之。」又同書〈許敬宗傳〉：「善心之心，敬宗舞蹈以求生。」按此舞蹈之態，當與《左傳》僖二十八年魏犨之距躍三百（注：「距躍，超越也。」）之姿式相同，而為此禮儀者，非筋力強勁者莫辦，若年已衰邁，或宿患疾病者，則率不克為之，此由下引二例，可以窺知其中情形。《舊唐書．崔冕傳》：「冕時已衰瘵，載以其順己，引為同列。受命之際，蹈舞絕倒，載趨而扶起，代為謝辭。」又同書〈韓弘傳〉：「弘入覲，對於便殿，拜舞之際，以其足疾，命中使掖之。」由文所述，可知上說雖不中亦不遠矣。㊼大負氣：謂太要強而氣勢凌人。㊽百官悉詣朝堂賀……因臥不食，十餘日而卒：按此段乃錄自《隋書・許善心傳》，字句大致相同。(49)上洛：《隋書・地理志》中：「上洛縣舊置上洛郡，屬豫州。」(50)千牛左右：《隋書・百官志》下：「左右領、左右府改為左右備身府。統千牛左右、司射左右，各十六人，並正六品。」(51)兄弟三人皆死國難，時人愧之：按《隋書・誠節堯君素附張季珣傳》作：「季珣家世忠烈，兄弟俱死國難，論者賢之。」本此，則時人愧之之意，乃為不能徇國難之時人，深對其兄弟有愧。然此雖文意可通，究不如將愧字改為原文賢字之較直接明達也。(52)唐王之入關也……時人愧之：按此段乃錄自《隋書・誠節堯君素附張季珣傳》，字句大致相同。(53)總百揆：謂度百事，總百官。(54)皇后：乃蕭皇后。(55)秦王浩：秦孝王俊子。(56)晝敕書：謂於敕書上晝署可字而已。(57)秉：執。(58)錫：賜。(59)可乎：謂豈可如此乎。(60)罔：欺誣。(61)考其實：考其實蹟。(62)非笑：謂不贊成而嗤笑者。(63)因：憑依。(64)夏商之末：指商周二王之得立，乃以征誅而非禪讓。(65)效：法。(66)少帝：恭帝。(67)飾讓：飾以遜讓。(68)素心：猶本心。(69)其九錫殊禮，皆歸之有司：謂皆歸還於有司，意為不肯受之。(70)左武衛將軍：《隋書・百官志》下：「左右武衛將軍，皆從三品。」(71)綜領留事：綜領留守之事。(72)帳：帳幕。(73)部伍：士卒之配置。(74)皆擬乘輿：謂皆擬仿天子規制。(75)檝：與楫同。(76)折衝郎將：《隋書・百官志》下：「左右領、左右府，有折衝郎將各三人，正四品，掌領驍果。」(77)使營於禁內：既立御營，以御營之內為禁內。(78)虎賁郎將麥孟才，虎牙郎錢傑：《隋書・百官志》下十二衛條：「每衛置護軍四人，尋改護軍為武賁郎將，正四品，而置武牙郎將六人副焉，從四品。」是虎牙郎下當添一將字。(79)驅帥：驅使帥領。(八〇)何面目視息世間哉：視謂看，息謂呼吸，意亦即活著。全意為有何臉面活於人世間。(八一)恩舊：指煬帝與之有恩有舊之吏卒。(八二)將發時：將西發時。(八三)覺：發覺。(八四)內史侍郎：《唐六典》卷九：「中書侍郎、隋初改為內史省侍郎，正第四品下。」(八五)鬬死：戰鬬而死。(八六)武康：《隋書・地理志》下：「武康縣，屬餘杭郡。」(八七)著姓：猶望族。(八八)吳興太守：《隋書・地理志》下：「吳郡、烏程縣，舊置吳興郡，平陳郡廢。」《舊唐書・地理志》三江南東道：「湖州上，隋吳郡之烏程縣，武德四年平李子通，置湖州，領烏程一縣，天寶元年，改為吳興郡。」是此乃用其曩昔之名，而非當時之所命者。(八九)法興為吳興太守，聞宇文化及弒逆，舉兵以討化及為名，比至烏程，得精卒六萬：胡三省曰：「按烏程縣帶吳興郡，沈法興既為吳興守，而云舉兵至烏程者，法興傳云：『大業末，法興為吳興郡守，東陽賊樓世幹略其郡，煬帝詔法興與太僕丞元祐討之。義寧二年，江都亂，法興執祐舉兵，名討宇文化及。三月，發東陽，行收兵，趨江都，下餘杭，比至烏程，眾六萬。』如此，則自東陽至烏程也。」(九〇)餘杭、毗陵、丹陽：按《隋書・地理志》下，三者皆為郡名。(九一)江表：江外，此指江東而言。(九二)承制置百官：謂承天子之制書，得先署置百官，然後奏聞除授。(九三)行長城：循行長城。(九四)靈武、鹽川：據《隋書・地理志》上，二者皆郡名，俱屬雍州。(九五)稽胡：杜佑曰：「稽胡，一名步落稽，蓋匈奴別種，自離石以西，安定以東，方七八百里。」(九六)富平：按《隋書・地理志》上，富平縣屬京兆郡。(九七)寇宜春，竇軌將兵討之，戰於黃欽山：胡三省曰：「宜春當作宜君，隋志，宜君縣屬京兆郡，有清水。」《水經注》：「清水出雲陽縣之石門山，東南流，逕黃欽山西。」(九八)小校：古以將校連稱，是校亦為將屬。(九九)勒兵：猶率兵。(〇〇)聞鼓聲有不進者斬之：按古以鳴鼓為進軍之號令，故云然。(〇一)稽胡寇富平……遂大破之，虜男女二萬口：按此段乃錄自《舊唐書‧竇威附軌傳》，字句大致相同。(〇二)軍於：謂駐軍於。(〇三)追躡：追逐而緊躡其踵。(〇四)三王陵：《水經注》：「三王陵在河南縣西南，柏亭東北。三王或言周景王、悼王、定王也。崔浩曰：『定當為敬。子朝作亂，西周政弱人荒，悼敬二王與景王俱葬於此，故世以三王名陵。』」(〇五)城下：東都城下。(〇六)遂置新安宜陽二郡：《舊唐書‧地理志》一河南道洛州條：「福昌縣，隋宜陽縣，義寧二年置宜陽郡，領宜陽、澠池、永寧三縣。又於新安縣置新安郡，領新安一縣。」(〇七)五原通守：《隋書‧地理志》上：「五原郡屬雍州。」同書〈百官志〉下：「煬帝時，諸郡各加置通守一人，位於太守。」(〇八)直五原之北：謂當五原之北。(〇九)都水監：《隋書‧百官志》下：「煬帝時，都水監改為使者，增為正五品。五年，又改使者為監，四品。」(一〇)武都、宕渠：據《隋書‧地理志》上，二者皆郡名，俱屬於梁州。(一一)西師：謂建成等之師。(一二)嘿：同默。(一三)下牙：胡三省曰：「劉馮事始曰：『兵書曰，牙旗者，將軍之精，凡始建牙，必以制日，制者，其辰在五行，以上剋下之日也。又尚書曰，門旗二口，色紅八幅，大將牙門之旗，出引將軍前列。周禮司常、職主軍旅、會同、置旌門。夫以旌為門，即旗門也。後世軍中遂置牙門將，又有牙兵，典總此名者，以押牙為名。至於官府，早晚軍吏兩謁，亦名為衙，呼謂既熟，雖天子正殿受朝謁，亦名正衙。』」(一四)參決：參商而決斷之。(一五)令史：《隋書‧百官志》下：「門下省，統錄事、通事、令史各六人。」(一六)復奪民車牛得二千兩：按隋唐時，官民乘坐及運輸，率用牛車，玆錄數例，以明該時交通、經濟及士庶生活之一斑。《北齊書・琅邪王儼傳》：「魏氏舊制，中丞出清道，與皇太子分路行，王公皆遙住車，去牛，頓軛於地，以待中丞過。」《舊唐書・李義府傳》：「三原令李孝節，私課丁夫車牛，為其載土築墳。」同書〈劉子玄傳〉：「進議曰：『古者自大夫已上，皆乘車，而以馬為騑服。魏晉已降，逮乎隋代，朝士又駕牛車，歷代經史，具有其事。』」同書〈李巨傳〉：「充東京留守，於城市橋梁稅出入車牛等錢，以供國用，頗有乾沒，士庶怨讟。」又同書〈韋思謙附嗣立傳〉：「轉運木石，人牛不停。」《唐六典》卷三戶部郎中條：「凡親王入朝，皆給車牛馱馬。車牛六十乘，馱馬一百匹，若太妃同來，加車牛十乘，馬二十匹。別敕追馬，給馬六十匹。內外百官家口應合遞送者，皆給人力車牛。一品、手力三十人，車七乘，馬十匹，驢十五頭。二品、手力二十四人，車五乘，馬六匹，驢十頭。……八品、九品，手力五人，車一乘，馬一匹，驢三頭。若別敕給遞者，三分加一，家口少者，不要滿此數。無車牛處，以馬驢代。」㉗戎器：軍器。㉘疲劇：甚為疲勞。㉙撥亂：治理荒亂。㉚庸暗：平庸昏暗。㉛光祿大夫：《隋書・百官志》下：「煬帝時置光祿大夫，從一品。」㉜署諸將分部士卒：謂署任諸將，分領士卒。㉝遷延：遷易遲延。㉞戮力：合力。㉟本殺昏主：謂最初誅殺昏主。㊱淫虐：荒淫暴虐。㊲物情：人情，六朝時用物字，常帶人字之意。㊳支黨：宗支黨與。㊴鞏洛：洛水至鞏入洛，故曰鞏洛。㊵東郡：《隋書・地理志》中：「東郡統白馬縣，舊置東郡，後齊併涼城縣入焉，大業初復置郡。」㊶井陘：《隋書・地理志》中：「恒山郡統井陘縣。」

㉜虞鄉：按《隋書・地理志》中，虞鄉縣屬河東郡。㉝上柱國：《隋書・百官志》下：「上柱國，從一品。煬帝時罷。」蓋唐初又復置之。㉞河內：據《隋書・地理志》中，河內郡屬古之冀州。㉟準：依據。㊱璿：音旋。㊲擊南郡，下之，徙都江陵：《隋書・地理志》下：「南郡、江陵縣，帶南郡，開皇初郡廢，大業初復置郡。」㊳園廟：陵園宗廟。㊴中書侍郎：《唐六典》卷九：「中書侍郎二人，正四品上。晉令，中書侍郎四人，品第四。宋齊梁陳並同，隋初改為內史省侍郎，正第四品下，煬帝十二年，改為內書侍郎。皇朝改為內史侍郎，武德三年改為中書侍郎。」是蕭銑所用者，乃其祖先梁代之官名。㊵文翰：猶文書。㊶委：任。㊷欽州：《隋書・地理志》下：「寧越郡，梁置安州，開皇十八年改曰欽州。」㊸鬱林始安：據《隋書・地理志》下，皆為郡名，在今廣西省地。

㊹蕭銑即皇帝位……亦以鬱林始安之地附於銑：按此段乃錄自《舊唐書・蕭銑傳》，字句大致相同。

㊺漢陽太守馮盎：《新唐書・馮盎傳》：「隋仁壽初，盎平潮成叛獠，拜漢陽太守，隋亡，奔還嶺表，據有諸郡。」㊻蒼梧：《隋書・地理志》下：「蒼梧郡梁置成州，開皇初改為封州。」㊼高涼：《隋書・地理志》下：「高梁郡梁置高州，高涼縣，舊置高涼郡，平陳廢，大業初復置。」㊽珠崖：《隋書・地理志》下：「珠崖郡，梁置崖州。」㊾番禺：《隋書・地理志》下：「南海郡、南海縣，舊置南海郡，平陳郡廢，又分置番禺縣，尋廢入焉，大業初置郡。」㊿交趾：《隋書・地理志》下：「交趾郡，舊曰交州。」(51)欽州刺史甯長真……自海道攻和：按此段乃錄自《舊唐書・丘和傳》，字句大致相同。(52)司法書佐：《隋書・百官志》下：「郡置倉、戶、兵、法、士曹等書佐，

各因郡之大小而為增減。」(53)懸軍：猶提軍。按《文選．司馬遷報任少卿書》：「且李陵提步卒不滿五千，深踐戎馬之地。」提與懸之意正相似，故古用提軍，而六朝後遂改為懸軍焉。(54)勝兵：堪執干戈之兵士。(55)逆擊：迎擊。(56)僅以身免：謂僅以己身一人免。(57)招交趾太守丘和……盡俘其眾：按此段乃錄自《舊唐書．高士廉傳》，字句大致相同。(58)驍果：軍士之名。(59)凶問：凶信。(60)迭來：更迭而來。(61)臨：《左傳》宣十二年：「卜臨於大宮。」杜注：「臨，哭也。」(62)公中州貴族：胡三省曰：「按李襲志之先，隴西狄道人，後為金州安康人。此必出其家傳，以門地自高耳。」核《舊唐書．李襲志傳》，中州貴族作累葉冠族，是中州貴族四字，乃撰《通鑑》者所改書，固未必出其家傳以自高門第也。(63)鄗郡：僻鄗郡邑。(64)鼎沸：如鼎中湯水之沸騰，喻其紛亂之烈。(65)尉佗：尉佗事見漢高帝紀。(66)可坐致也：坐謂不勞手足，全意為不費氣力而可得之。(67)宗社：宗廟社稷。(68)聲援：謂用聲勢以援救之。(69)始安郡丞李襲志……銑以為工部尚書，檢校桂州總管：按此段乃錄自《舊唐書．李襲志傳》，字句間有刪削。(70)九江：《隋書．地理志》下：「九江郡，舊置江州。」(71)漢川：胡三省曰：「此漢川謂漢水以南之地，非漢中之漢川郡。」(72)吾北面事人：猶吾為人之臣。(73)失道不能救：謂以道路不通而不能救。(74)敢忘哀乎：猶豈敢無哀悼之情乎。(75)冠軍：按《隋書．地理志》中，南陽郡統有冠軍縣。(76)武安通守：《隋書．地理志》中：「武安郡，後周置洺州。」(77)鄴郡：《隋書．地理志》中：「魏郡、安陽縣，周大象初置相州及魏郡，因改名鄴。開皇初郡廢。十年，復名安陽，分置相縣，鄴還復舊。大業初廢相入焉，置魏郡。」此則又改魏郡為鄴郡焉。(七八)戊午隋恭帝禪位於唐：按隋開皇元年受禪，歲在辛丑，三主，三十八年而亡。(七九)遜居代邸：按恭帝初封代王，故遜位後，復居於代王府邸。(八〇)太極殿：《舊唐書・高祖紀》：「武德元年五月，改大興殿為太極殿。」(八一)刑部尚書：《唐六典》卷六：「刑部尚書一人，正三品。」(八二)改元：改元武德。(八三)罷郡置州：大業三年，改州為郡，此又復改為州。(八四)以太守為刺史：《舊唐書・職官志》三：「刺史，上州從三品，中州正四品上，下州正四品下。」(八五)時鍾金革：《說文》：「鍾，當。」謂時當兵革之際。(八六)即日大祥：謂即時大祥而禫。(八七)納言：《隋書・百官志》下：「門下省，納言二人，正三品。」(八八)內史令：《隋書・百官志》下：「隋初，內史省置監令各一人，內史令正三品。」(八九)郭文懿為內史侍郎，趙長文為黃門侍郎：《隋書・百官志》下：「給事黃門侍郎（後省作黃門侍郎）、內史侍郎，並正四品。」(九〇)共掌朝政：猶共執朝政。(九一)眉目如畫：猶眉目清秀。(九二)風格儼然：謂風格莊嚴。(九三)留守官奉越王即皇帝位……風格儼然：按此段乃錄自《隋書・元德太子附越王侗傳》，字句大致相同。(九四)骨咄祿特勒：突厥官，子弟曰特勒。(九五)九部樂：胡三省曰：「杜佑曰：『武德初，因隋舊制，九部樂：一讌樂，二清商，三西涼，四扶南，五高麗，六龜茲，七安國，八疏勒，九康國。』前一百八十一卷隋大業四年引杜佑註，九部樂與此不同。」按九部樂之名，《隋書・音樂志》下曾有明確記載，文云：「大業中，煬帝乃定清樂、西涼、龜茲、天竺、康國、疏勒、安國、高麗、禮畢，以為九部樂。」其名目自當以《隋書》為正。又此九部樂常為宴饗嘉賓而演奏之，《舊唐書・丘和傳》：「及謁見，高祖為之興，引入臥內，語及平生，甚歡，奏九部樂以饗之。」是其憑證。㊄控弦：能射箭者。㊅資其兵馬：資藉其兵馬。㊆餉遺：猶餽贈。㊇帝優容之：帝優予寬容之。㊈置國子太學四門生：胡三省曰：「唐六典：『國子生，文武官三品已上，及國公子孫，從二品已上曾孫。太學生，文武官五品已上，及郡縣公子孫，從三品曾孫。四門生，文武官七品已上，及侯伯子男子，若庶人子為俊士生者。』後魏劉芳表云：『太和二十年，立四門博士，於四門置學。按禮記云，天子設四學。鄭玄注，周四郊之虞庠也。今以其遼遠，故置於四門，請移與太學同處，從之。』」㊉生員：即學生。

㈠六月，甲戌朔，以趙公世民為尚書令㈠，黃臺公㈡瑗為刑部侍郎，相國府長史㈢裴寂為右僕射、知政事㈣，司馬劉文靜為納言，司錄竇威為內史令㈤，李綱為禮部尚書，參掌選事㈥，掾殷開山為吏部侍郎，屬趙慈景為兵部侍郎，韋義節為禮部侍郎，主簿陳叔達、博陵㈦崔民幹並為黃門侍郎，唐儉為內史侍郎，錄事參軍裴晞為尚書左丞；以隋民部尚書蕭瑀為內史令，禮部尚書竇璡為戶部尚書㈧，蔣公屈突通為兵部尚書，長安令獨孤懷恩為工部尚書。瑗，上之從子；懷恩，舅子也。

㈡上待裴寂特厚㈨，羣臣無與為比，賞賜服玩，不可勝紀，命尚書奉御日以御膳賜寂[10]，視朝必引與同坐[11]，入閤，則延之臥內[12]，言無不從，稱為裴監而不名[13][14]。

㈢委蕭瑀以庶政[15]，事無大小，無不關掌[16]，瑀亦孜孜[17]盡力，繩違[18]舉過[19]，人皆憚之，毀之者眾，終不自理[20]。上嘗有敕，而內史不時宣行[21]，上責其遲，瑀對曰：「大業之世，內史宣敕，或前後相違[22]，有司不知所從，其易在前[23]，其難[24]在後，臣在省日久[25]，備見其事，今王業經始[26]，事繫安危[27]，遠方有疑，恐失機會，故臣每受一敕，必勘審[28]，使與前敕不違，始敢宣行，稽緩[29]之愆，實由於此。」上曰：「卿用心如是，吾復何憂[30]！」

㈣初帝遣馬元規慰撫山南，南陽[31]郡丞、河東[32]呂子臧獨據郡不從，元規遣使數輩諭之，皆為子臧所殺，及煬帝遇弒，子臧發喪成禮，然後請降，拜鄧州[33]刺史，封南郡[34]公[35]。

㈤廢大業律令，頒新格。

㈥上每視事，自稱名，引貴臣同榻而坐，劉文靜諫曰：「昔王導有言，『若太陽俯同萬物，使羣生何以仰照[36]。』今貴賤失位[37]，非常久之道。」上曰：「昔漢光武與嚴子陵共寢，子陵加足於帝腹㊳，今諸公皆名德舊齒㊴，平生親友㊵，宿昔㊶之歡，何可忘也。公勿以為嫌㊷。」

㈦戊寅，隋安陽令呂珉以相州來降㊸，以為相州刺史。

㈧己卯，祔四親廟主，追尊皇高祖瀛州府君曰宣簡公㊹，皇曾祖司空曰懿王，皇祖景王曰景皇帝，廟號太祖，祖妣曰景烈皇后，皇考元王曰元皇帝，廟號世祖，妣獨孤氏曰元貞皇后，追謚妃竇氏曰穆皇后。每歲祀昊天上帝、皇地祇㊺、神州地祇㊻，以景帝配，感生帝㊼、明堂，以元帝配。

㈨庚辰，立世子建成為皇太子，趙公世民為秦王，齊公元吉為齊王，宗室黃瓜公白駒為平原王，蜀公孝基為永安王，柱國道玄為淮陽王，長平公叔良為長平王，鄭公神通為永康王，安吉公神符為襄邑王，柱國德良為新興王㊽，上柱國博乂為隴西王，上柱國奉慈為勃海王㊾。孝基、叔良、神符、德良，帝之從父弟；博乂，奉慈弟子；道玄，從父兄子也。

㈩癸未，薛舉寇涇州[五〇]，以秦王世民為元帥，將八總管兵以拒之。

(十一)遣太僕卿[五一]宇文明達招慰山東，以永安王孝基為陝州總管[五二]。時天下未定，凡邊要[五三]之州皆置總管府，以統數州之兵。

(十二)乙酉，奉隋帝為酅國公，詔曰：「近世以來，時運遷革[五四]，前代親族，莫不誅夷，興亡之效，豈伊人力[五五]。其隋蔡王智積等子孫，並付所司，量才[五六]選用。」

(十三)東都聞宇文化及西來，上下震懼，有蓋琮者，上疏請說李密，與之合勢拒化及。元文都謂盧楚等曰：「今讎恥未雪，而兵力不足，若赦密罪，使擊化及，兩賊自鬬，吾徐承其弊[五七]，化及既破，密兵亦疲；又其將士，利吾官賞[五八]，易可離間，幷密亦可擒也。」楚等皆以為然，即以琮為通直散騎常侍[五九]，齎敕書賜密。

(十四)丙申，隋信都郡[六〇]丞、東萊[六一]麴稜來降，拜冀州[六二]刺史。

(十五)萬年縣[六三]法曹[六四]、武城[六五]孫伏伽上表，以為：「隋以惡聞其過，亡天下，陛下龍飛晉陽，遠近響應，不朞年[六六]而登帝位，徒知得之之易，不知隋失之之不難也。臣謂宜易其覆轍，務盡下情[六七]，凡人君言動，不可不慎。竊見陛下今日即位，而明日有獻鷂（六八）雛者，此乃少年之事，豈聖主所須（六九）哉。又百戲散樂（七〇），亡國淫聲，近太常於民間借婦女裙襦（七一）五百餘襲（七二），以充妓衣，擬五月五日玄武門（七三）遊戲，此亦非所以為子孫法也。凡如此類，悉宜廢罷。善惡之習，朝夕漸染（七四），易以移人，皇太子諸王參僚（七五）左右，宜謹擇其人，其有門風不能雍睦（七六），為人素無行義（七七），專為奢靡，以聲色遊獵為事者，皆不可使之親近也。自古及今，骨肉乖離（七八），以至敗國亡家，未有不因左右離間而然也。願陛下慎之。」上省表（七九），大悅，下詔褒稱，擢為治書侍御史（八〇），賜帛三百匹，仍（八一）頒示遠近（八二）。

㈥辛丑，內史令、延安靖公竇威薨，以將作大匠竇抗兼納言，黃門侍郎陳叔達判納言（八三）。

㈦宇文化及留輜重於滑臺（八四），以王軌為刑部尚書，使守之，引兵北趣黎陽（八五），李密將徐世勣據黎陽，畏其軍鋒，以兵西保倉城（八六），化及度河，保黎陽，分兵圍世勣。密帥步騎二萬，壁於清淇（八七），與世勣以烽火相應，深溝高壘，不與化及戰，化及每攻倉城，密輒引兵以掎[88]其後，密與化及隔水而語，密數之曰：「卿本匈奴皁隸破野頭[89]耳，父兄子弟並受隋恩，富貴累世，舉朝莫二[90]，主上失德，不能死諫[91]，反行弒逆，欲規[92]篡奪，不追諸葛瞻之忠誠[93]，乃為霍禹[94]之惡逆，天地所不容[95]，將欲何之？若速來歸我，尚可得全後嗣。」化及默然，俯視良久，瞋目[96]大言曰：「與爾論相殺事，何須作書語[97]邪！」密謂從者曰：「化及庸愚如此，忽欲圖為帝王，吾當折杖驅之[98]耳。」化及盛修攻具，以逼倉城[99]，世勣於城外掘深溝以固守，化及阻塹，不得至城下，世勣於塹中為地道，出兵擊之，化及大敗，焚其攻具。時密與東都相持日久，又東拒化及，常畏東都議其後[100]，見蓋琮至，大喜，遂上表乞降，請討滅化及，以贖罪，送所獲雄武郎將[101]于洪建[102]，遣元帥府記室參軍李儉、上開府徐師譽等入見皇泰主，命戮洪建於左掖門外，和斛斯政之法。元文都等以密降為誠實，盛飾賓館[103]於宣仁門[104]東，皇泰主引見儉等，以儉為司農卿[105]，師譽為尚書右丞[106]，使具導從[107]，列鐃吹[108]還館，玉帛酒饌，中使[109]，相望[110]，冊拜[111]密太尉、尚書令、東南道大行臺、行軍元帥、魏國公，令先平化及，然後入朝輔政；以徐世勣為右武候大將軍㉒。仍下詔稱密忠款㉓，且曰：「其用兵機略㉔，一稟魏公節度㉕。」元文都喜於和解，謂天下可定，於上東門㉖置酒作樂，自段達已下皆起舞㉗，王世充作色㉘，謂起居侍郎㉙崔長文曰：「朝廷官爵，乃以與賊，其志欲何為邪！」文都等亦疑世充欲以城應化及，由是有隙，然猶外相彌縫㉚，陽為親善。

⒅秋，七月，皇泰主遣大理卿張權、鴻臚卿崔善福㉛賜李密書曰：「今日以前，咸共刷蕩㉜，使至以後，彼此通懷㉝，七政㉞之重，佇公匡弼，九伐㉟之利，委公指揮。」權等既至，密北面拜受詔書，既無西慮，悉以精兵東擊化及。密知化及軍糧且盡，因偽與和，化及大喜，恣其兵食，冀密饋之，會密下有人獲罪亡抵化及㊱，具言其情，化及大怒，其食又盡，乃度永濟渠，與密戰於童山㊲之下，自辰達西，密為流矢所中㊳，墮馬悶絕㊴，左右奔散，追兵且至，唯秦叔寶獨捍衛㊵之，密由是獲免；叔寶復收兵，與之

力戰，化及乃退〔三一〕。化及入汲郡，求軍糧，又遣使拷掠〔三二〕東郡吏民，以責米粟〔三三〕，王軌等不堪其弊〔三四〕〔三五〕，遣通事舍人〔三六〕許敬宗詣密請降，以軌為滑州總管〔三七〕，以敬宗為元帥府記室，與魏徵共掌文翰。敬宗，善心之子也。房公蘇威在東郡，隨眾降密，密以其隋氏大臣，虛心〔三八〕禮之，威見密初不言帝室艱危，唯再三舞蹈，稱不圖〔三九〕今日，復覩聖明〔四〇〕，時人鄙之。化及聞王軌叛，大懼，自汲郡引兵，欲取以北諸郡，其將陳智略帥嶺南驍果〔四一〕萬餘人，樊文超帥江淮排䜺〔四二〕，張童兒帥江東驍果數千人，皆降於密。文超，子蓋之子也〔四三〕。化及猶有眾二萬，北趣魏縣〔四四〕〔四五〕，密知其無能為，西還鞏洛，留徐世勣以備之。

(十九)乙巳，宣州刺史周超擊朱粲，敗之。

(二十)丁未，梁師都寇靈州〔四六〕，驃騎將軍〔四七〕藺興粲擊破之。

(二十一)突厥闕可汗遣使內附〔四八〕。初闕可汗附於李軌，隋西戎使者〔四九〕曹瓊據甘州〔五〇〕誘之，乃更附瓊，與之拒軌，為軌所敗，竄於達斗拔谷，與吐谷渾相表裏〔五一〕，至是內附，尋為李軌所滅。

(廿二)薛舉進逼高墌(五二)，遊兵(五三)至於豳(五四)岐(五五)，秦王世民深溝高壘，不與戰，會(五六)世民得瘧疾，委軍事於長史納言劉文靜(五七)、司馬殷開山(五八)，且戒之曰：「薛舉懸軍深入，食少兵疲，若來挑戰，慎勿(五九)應也，俟吾疾愈，為君等破之(六〇)。」開山退謂文靜曰：「王慮公不能辦，故有此言耳。且賊聞王有疾，必輕我，宜耀武以威之(六一)。」乃陳於高墌西南，恃眾而不設備，舉潛師掩其後，壬子，戰於淺水原(六二)，八總管皆敗，士卒死者什五六，大將軍慕容羅睺、李安遠、劉弘基皆沒，世民引兵還長安，舉遂拔高墌，收唐兵死者為京觀(六三)(六四)。文靜等皆坐除名(六五)。

(廿三)乙卯，榆林(六六)賊帥郭子和遣使來降，以為靈州總管(六七)。

(廿四)李密每戰勝，必遣使告捷於皇泰主，隋人皆喜，王世充獨謂其麾下曰：「元文都輩刀筆吏(六八)耳，吾觀其勢，必為李密所擒，且吾軍士屢與密戰，沒其父兄(六九)子弟，前後已多，一旦為之下(七〇)，吾屬無類(七一)矣。」欲以激怒其眾，文都聞之，大懼，與盧楚等謀，因世充入朝，伏甲(七二)誅之；段達性庸懦(七三)，恐其事不就(七四)，遣其壻張志以楚等謀告世充（七五）。戊午夜，三鼓，世充勒兵襲含嘉門（七六），【考異】河洛記：「初元文都欲自為御史，盧楚等為宣詔，王世充固執，以為不可，乃止。文都大恨，盧楚私謂文都曰，王世充是外軍一將，非留守達官，比者領軍屢為奔徙，吾方卹外姦，且從捨過，翻更宰制人事，跋扈縱横，此而不除，恐為國患。文都曰，未可即殺，且欲當朝上奏，御前縛之，鏁繫於獄。楚曰，善。文都懷奏入殿，臨欲施行，趙季卿私告之，世充遂奔含嘉以作亂。是時宮中亦遣使傳報世充，為皇姨故也。初世充妻蕭氏早亡，後有胡氏者，復在江都，皇泰主乃以皇姨嫁之，至是爭權，遂起兵焉，文都等令趙方海前後追世充，世充乃託疾，不受召。」按世充正為與文都爭李密事相誅耳，恐事不因此，今不取。元文都聞變，入奉皇泰主（七七）御乾陽殿（七八），陳兵自衞，命諸將閉門拒守，將軍跋野綱將兵出，遇世充，下馬降之，將軍費曜、田闍（七九）戰於門外，不利，文都自將宿衞兵，欲出玄武門（八〇），以襲其後。長秋監段瑜（八一）稱求門鑰不獲，稽留遂久，天且曙，文都復欲引兵出太陽門（八二）逆戰，還至乾陽殿，世充已攻太陽門，得入，皇甫無逸棄母及妻子，斫右掖門（八三），西奔長安，盧楚匿於大官署（八四），世充之黨擒之，至興教門（八五）見世充，世充令亂斬殺之。進攻紫微宮門，皇泰主使人登紫微觀（八六），問：「稱兵（八七）欲何為？」世充下馬謝曰（八八）：「元文都、盧楚等横見規圖（八九），請殺文都，甘從刑典（九〇）。」段達乃令將軍黄桃樹執送文都，文都顧謂（九一）皇泰主曰：「臣今朝死，陛下夕及矣（九二）。」皇泰主慟哭遣之，出興教門，亂斬如盧楚，幷殺盧元諸子（九三）（九四）。

(廿五)段達又以皇泰主命，開門納世充，世充悉遣人代宿衛者(九五)，然後入見皇泰主於乾陽殿，皇泰主謂世充曰：「擅(九六)相誅殺，曾不聞奏(九七)，豈為臣之道乎！公欲肆(九八)，其彊力，敢及我邪？」世充拜伏流涕，謝曰：「臣蒙先皇采(九九)拔，粉骨(一〇〇)非報(一〇一)，文都等苞(一〇二)藏禍心(一〇三)，欲召李密以危社稷，疚(一〇四)臣違異(一〇五)、深積猜嫌(一〇六)，臣迫於救死，不暇聞奏，若內懷不臧(一〇七)，違負陛下，天地日月，實所照臨(一〇八)，使臣闔門殄(一〇九)滅，無復遺類。」詞淚俱發，皇泰主以為誠，引令升殿(一一〇)，與語久之，因與俱入見皇太后(一一一)，世充被髮為誓(一一二)，稱不敢有貳心，乃以世充為左僕射、總督內外諸軍事，比及日中，捕獲趙長文、郭文懿，殺之，然後巡城(一一三)，告諭以誅元盧之意。世充自含嘉城移居尚書省，漸結黨援，恣行威福，用兄世惲為內史令(一一四)，入居禁中，子弟咸典兵馬，分政事為十頭，悉以其黨主之，勢震內外，莫不趨附(一一五)，皇泰主拱手(一一六)而已。

(廿六)李密將入朝，至溫(一一七)，聞元文都等死，乃還金墉。東都大饑，私錢濫惡，大半雜以錫鐶(一一八)，其細如線，米斛直(一一九)錢八九萬。

（廿七）初李密嘗受業於儒生徐文遠，文遠為皇泰主國子祭酒⑳，自出樵采，為密軍所執，密令文遠南面坐，備弟子禮，北面拜之；文遠曰：「老夫既荷㉑厚禮，敢不盡言？未審將軍之志，欲為伊霍㉒，以繼絕扶傾㉓乎？則老夫雖遲暮㉔，猶願盡力；若為莽卓㉕，乘危邀㉖利，則無所用老夫矣。」密頓首曰：「昨奉朝命㉗，備位上公㉘，冀竭庸虐㉙，匡濟㉚國難，此密之本志也。」文遠曰：「將軍名臣之子㉛，失塗㉜至此，若能不遠而復㉝，猶不失為忠義之臣。」及王世充殺元文都等，密復問計於文遠，文遠曰：「世充亦門人也，其為人殘忍徧隘㉞，既乘此勢，必有異圖，將軍前計為不諧㉟矣，非破世充，不可入朝也。」密曰：「始謂先生儒者，不達時事，今乃坐決大計，何其明也㊱！」文遠，孝嗣之玄孫也㊲。

（廿八）庚申，詔隋氏離宮遊幸之所，並廢之。

（廿九）戊辰，遣黃臺公瑗安撫山南。

（卅）己巳，以隋右武衛將軍㊳皇甫無逸為刑部尚書。

（卅一）隋河間郡㊴丞王琮守郡城，以拒羣盜，竇建德攻之，歲餘不下，聞煬帝凶問，帥吏士發喪，乘城者⑳皆哭，建德遣使弔之，琮因使者請降，建德退舍㉑，具饌以待之，琮言及隋亡，俯伏流涕，建德亦為之泣。諸將曰：「琮久拒我軍，殺傷甚眾，力盡乃降，請烹之。」建德曰：「琮忠臣也，吾方賞之，以勸事君㉒，奈何殺之！往在高雞泊為盜，容㉓可妄殺人，今欲安百姓，定天下，豈得害忠良乎！」乃徇軍中曰：「先與王琮有怨，敢妄動者，夷三族。」以琮為瀛州㉔刺史，於是河北郡縣聞之，爭附於建德。先是建德陷景城㉕，執戶曹㉖、河東張玄素將殺之，縣民千餘人號泣，請代其死，曰：「戶曹清慎無比，大王殺之，何以勸善？」建德乃釋之，以為治書侍御史，固辭，及江都敗，復以為黃門侍郎，玄素乃起。饒陽㉗令宋正本博學有才氣，說建德以定河北之策，建德引為謀主，建德定都樂壽㉘，命所居曰金城宮㉙㉚，備置百官。

【今註】㊀以趙公世民為尚書令：《唐六典》卷一：「尚書令一人，正二品。尚書令為端揆之官，魏晉以來，其任尤重。皇朝武德中，太宗初為秦王，嘗親其職，自是闕不復置。其國政樞密，皆委中書八座之官，但受其成事而已。」㊁黃臺公：胡三省曰：「黃臺縣公，東魏置黃臺縣於潁川，大業初廢。」㊂相國府長史：《隋書・百官志》下：「上柱國、嗣王、郡王府長史、司馬、諮議參軍事，視從六品。」㊃知政事：猶掌政事。㊄內史令：《隋書・百官志》下：「內史令，正三品。」㊅參掌選事：謂參預知掌銓選之事。㊆博陵：按《隋書・地理志》中，煬帝改定州為博陵郡。㊇竇璡為戶部尚書：按《唐六典》卷三戶部尚書條：「開皇三年改為民部，皇朝因之，貞觀二十三年改為戶部。」是史家以後來官名而入書也。㊈特厚：特別優厚。㊉命尚書奉御日以御膳賜寂：胡三省曰：「尚書當作尚食。」按《舊唐書・裴寂傳》，亦作尚食奉御，足證胡說之無誤。《唐六典》卷十一：「殿中省、尚食局，奉御二人，正五品下。尚食奉御、掌供天子之常膳，隨四時之禁，適五味之宜，當進食必先嘗。」⑪同坐：同坐於御榻之上。⑫臥內：臥室之內。⑬稱為裴監而不名：寂仕隋為晉陽宮副監，親之，故以舊官稱之。⑭上待裴寂特厚……稱為裴監而不名：按此段乃錄自《舊唐書・裴寂傳》，字句大致相同。⑮庶政：眾政。⑯關掌：關，告知；掌，典掌。⑰孜孜：汲汲。⑱繩違：繩正違失。⑲舉過：糾舉過愆。⑳自理：自行申理。㉑內史不時宣行：隋唐之制，凡王言下內史省，皆宣署申覆，而施行之。㉒相違：相乖違。㉓其易在前：謂詔敕下時，而不加審勘。㉔其難：其困難麻煩。㉕臣在省日久：據《舊唐書・蕭瑀傳》，瑀在隋為內史侍郎甚久。㉖王業經始：王業經營之初。㉗事繫安危：《舊唐書・蕭瑀傳》作：「事涉安危。」全意謂詔書宣行之當否，實有關國家之安危。㉘勘審：勘查審核。㉙稽緩：稽留遲緩。㉚委蕭瑀以庶政……卿用心如是，吾復何憂：按此段乃錄自《舊唐書・蕭瑀傳》，字句大致相同。㉛南陽：《隋書・地理志》中：「南陽郡舊置荊州，開皇初改為鄧州，大業中改是名。」㉒河東：《隋書・地理志》中：「河東郡、河東縣，大業初置河東郡，併蒲坂入。」㉓鄧州：南陽郡復為鄧州。㉔南郡：按《舊唐書・忠義呂子臧傳》，作南陽郡公，南陽郡屬鄧州，故此當從添陽字，而作南陽郡公。㉕初帝遣馬元規……封南郡公：按此段乃錄自《舊唐書・忠義呂子臧傳》，字句大致相同。㉖若太陽俯同萬物，使群生何以仰照：謂太陽若俯抑而與萬物相等，則使群生將何以仰而照映。㉗今貴賤失位：今貴賤違失應有之階位。㉘昔漢光武與嚴子陵共寢，子陵加足於帝腹：事見《後漢書・嚴光傳》。㉙名德舊齒：謂有名望道德之耆宿。㉚平生親友：以前之親戚朋友。㉛宿昔：曩昔。㉜嫌：猶訾。㉝安陽令呂珉以相州來降：《隋書・地理志》中：「魏郡、安陽縣，周大象初置相州及魏郡。開皇初郡廢，十年，復名安陽。」㉞追尊皇高祖瀛州府君曰宣簡公：按皇高祖之仕跡，《舊唐書・高祖紀》云：「重耳生熙，為金門鎮將，領豪傑鎮武川，因家焉。」核府君之稱，歷代頗有變遷，爰略述之，以明此名鎮將為府君之因由焉。錢大昕《恒言錄》卷三曰：「漢人謂郡守為府君。至魏晉以下猶然。晉武帝追祭征西將軍、豫章府君、潁川府君、京兆府君，與宣皇帝、景皇帝、文皇帝，三昭三穆，宣帝曾祖父量豫章太守，祖雋潁川太守，父防京兆尹，故皆稱府君；而征西獨稱將軍，尚有別也。然永和二年有司奏稱征西、豫章、潁川三府君，領司徒蔡謨議，亦稱四府君，（晉書禮志）則征西亦稱府君矣。宋書禮志：『高祖開封府君、曾祖武原府君、皇祖東安府君、皇考處士府君，七世右北平府君、六世相國掾府君。』開封、武原皆縣令，而相國掾處士亦冒府君之稱，自是士大夫敍其先世，亦皆通稱府君矣。」

觀此，則鎮將自可稱為府君矣。㊺祇：《玉篇》：「地神。」祇當作祗，音祁。㊻神州地祇：胡三省曰：「神州地祇，神州、迎州、冀州、戎州、拾州、柱州、營州、咸州、陽州，九州之祇也。」㊼感生帝：胡三省曰：「古者帝王之興，必感五行之氣以生。隋以火德王，祀赤熛怒為感帝，唐以土德王，祀金樞紐為感帝。」㊽柱國德良為新興王：按《舊唐書·高祖紀》武德元年文作：「柱國德良為長樂王。」㊾庚辰，立世子建成為皇太子……上柱國奉慈為勃海王：按此段乃錄自《舊唐書·高祖紀》武德元年文，字句大致相同。㊿涇州：《舊唐書·地理志》一：「涇州上，隋安定郡，武德元年討平薛仁杲，改名涇州。」(51)太僕卿：《舊唐書·職官志》三：「太僕寺，卿一員，從三品，隋品第三。」(52)陝州總管：《舊唐書·地理志》一：「陝州大都督府，隋河南郡之陝縣，義寧元年置弘農郡，武德元年，改為陝州總管府，管陝、鼎、熊、函、穀五州。」(53)邊要：邊陲緊要。(54)遷革：變遷改革。(55)豈伊人力：謂豈由人力所致。(56)量才：量度才能。(57)徐承其弊：徐徐待其困弊。(58)利吾官賞：以我之官爵賞賜為利。(59)通直散騎常侍：《隋書·百官志》下：「通直散騎常侍，正四品。」(60)信都郡：《隋書·地理志》中：「信都郡舊置冀州，統長樂縣，舊曰信都，帶長樂郡，開皇初郡廢，大業初置信都郡。」(61)東萊：《隋書·地理志》中：「東萊郡、掖縣，舊置東萊郡，開皇初廢郡，大業初復置。」(62)冀州：《舊唐書·地理志》二：「冀州上，隋信都郡，武德四年，改為冀州。」是唐乃復其舊名。(63)萬年縣：胡三省曰：「周明帝二年，分長安為萬年縣，與長安並居京城，隋改為大興縣，唐受禪，復為萬年，與長安並為赤縣。萬年縣治宣揚坊，領朱雀街東五十四坊，長安縣治長壽坊，領街西五十四坊。」(六四)法曹：《隋書・百官志》下：「煬帝時縣尉為縣正，尋改正為戶曹法曹分司，以丞郡之六司。」(六五)武城：《舊唐書・地理志》二河北道：「貝州領武城縣，漢曰東武城，舊治古夏城，調露元年，移於今治。」(六六)朞年：一年。(六七)下情：謂臣民之情。(六八)鶬：鷹之一種。(六九)所須：所須要。(七〇)百戲散樂：新《唐書・禮樂志》：「散樂者非部伍之聲，俳優歌舞雜奏。秦漢已來，又有雜伎，其變非一，名為百戲，亦總謂之散樂。自是歷代相承有之。」(七一)襦：顏注〈急就篇〉：「短衣曰襦，自膝以上。」音儒。(七二)五百餘襲：《舊唐書・孫伏伽傳》作：「五百餘具。」是襲猶具也。(七三)玄武門：《唐六典》卷七工部郎中條：「大明宮在禁苑之東南。紫宸殿（即內朝正殿）之北面曰玄武門。」按玄武門亦即唐書諸紀傳所云之北門，以其方位在北，故遂如此稱之。(七四)漸染：漸，漬、浸，亦猶染也。(七五)參僚：參預謀議之僚屬。(七六)雍睦：雍和諧睦。(七七)行義：猶品行。(七八)乖離：乖違離異。(七九)省表：猶覽表。(八〇)治書侍御史：按《隋書・百官志》下：「御史臺有大夫一人，治書侍御史二人。」又《舊唐書・職官志》二：「御史臺中丞二員，正四品。隋諱中改為持（當作治）書御史，為從五品，武德因之，貞觀末避高宗名，改持書御史為中丞。」是此乃用武德時之稱謂。(八一)仍：因。(八二)萬年縣法曹武城孫伏伽上表……仍頒示遠近：按此段乃錄自《舊唐書・孫伏伽傳》，所載之表文，《舊唐書》於此，當係據原表直鈔，甚少改易；而《通鑑》之文，則與〈伏伽傳〉，頗多不同。由此可知《通鑑》引原文時，修改程度之劇烈矣。(八三)竇抗兼納言，陳叔達判納言：兼判皆非正官。(八四)滑臺：《舊唐書・地理志》上：「河南道、滑州望，隋東郡，武德元年改為滑州，以城有古滑臺也。」〔八五〕黎陽：《隋書・地理志》中：「黎陽縣屬汲郡。」〔八六〕倉城：《隋書・宇文化及傳》作：「黎陽倉。」是倉城即黎陽倉城。〔八七〕清淇：《隋書・地理志》中：「汲郡、衛縣，舊曰朝歌，置汲郡。開皇初郡廢，十六年又置清淇縣，大業初置汲郡，改朝歌縣曰衛，廢清淇入焉。」李密蓋壁於故縣也。〔八八〕掎：偏持其足。〔八九〕匈奴皁隸破野頭：皁隸，古賤役之稱；皁，亦作皂。《隋書・宇文述傳》：「本姓破野頭，役屬鮮卑俟豆歸。從其主為宇文氏。」〔九〇〕莫二：無二。〔九一〕死諫：以死諫諍之。〔九二〕規：圖謀。〔九三〕諸葛瞻之忠誠：諸葛瞻，亮之子；蜀之亡也，瞻死之。〔九四〕霍禹：霍禹，光之子。漢宣親政，禹謀為大逆，遂以滅族。〔九五〕不容：不容納。〔九六〕瞋目：怒目，音ㄔㄣ。〔九七〕何須作書語：謂何須作掉書袋語。〔九八〕折杖驅之：謂折木為杖以驅逐之。〔九九〕密與化及隔水而語……以逼倉城：按此段乃錄自《隋書・李密傳》，字句大致相同。〔一〇〇〕議其後：猶謀其後方。〔一〇一〕雄武郎將：《隋書・百官志》下：「其驍果置左右雄武府、雄武郎將以領之。」〔一〇二〕于洪建：按《隋書・宇文化及傳》、〈李密傳〉及《舊唐書・李密傳》，俱作于弘達，當改從之。〔一〇三〕賓館：按賓館即客館。《文選・左思魏都賦》張注：「古者重客館。館，宮室，諸侯傳也。」〔一〇四〕宣仁門：《唐六典》卷七東都條：「東城在皇城之東，東曰宣仁門。」〔一〇五〕司農卿：《隋書・百官志》下：「司農寺置卿一人，正三品。」按《隋書・李密傳》作：「以儉為司農少卿。」當添少字。〔一〇六〕尚書右丞：《隋書・百官志》下：「尚書省屬官，左右丞各一人，從四品。」〔一〇七〕導從：謂出行時在前引導，及在身周隨從之侍衛。〔一〇八〕鐃吹：鐃似鈴無舌，吹指笙簫等類而言，皆用以奏樂者。〔一〇九〕中使：指宦官等充任之使者。㊁相望：謂相望於路，亦即絡繹不絕。㊂冊拜：《唐六典》卷九．中書令條：「凡王言之制有七，一曰冊書，立后建嫡，封樹藩屏，寵命尊賢，臨軒備禮，則用之。」是冊拜乃以示對密甚尊寵之意。㊃右武候大將軍：《隋書．百官志》下：「左右武候大將軍正三品。」㊃忠款：忠誠。㊃機略：機宜謀略。㊄一稟魏公節度：謂全稟承魏公之節制調度。㊅上東門：《唐六典》卷七：「東都東面三門，中曰建春，南曰永通，北曰上東。」㊆置酒作樂，自段達已下皆起舞：按六朝於置酒作樂時，賓主率翩翩起舞。茲再舉二例以明之。《晉書．謝尚傳》：「司徒王導深器之，始到府通謁，導以其有盛會，謂曰：『聞君能作鴝鵒舞，一坐傾想，寧有此理不？』尚曰：『佳。』便著衣幘而舞，導令坐者撫掌擊節，尚俯仰在中，傍若無人。」《舊唐書．燕王忠傳》：「太宗酒酣起舞，以屬群臣，在位於是遍舞，盡日而罷。」㊇作色：變色，指怒而言。㊈起居侍郎：《隋書．百官志》下：「煬帝時，內史省減侍郎員為二人，加置起居舍人員二人，從六品。」《唐六典》卷八：「起居郎從六品上，起居郎因起居注以為名。起居注者，紀錄人君動止之事。漢獻帝及西晉以後，諸帝皆有起居注，皆史官所錄。自隋置為職官，列為侍臣，專掌其事，每季為卷，送付史官。」㊉彌縫：謂彌補其間隙而縫合之，以使其重歸於好。㊉大理卿張權、鴻臚卿崔善福：《隋書．百官志》下：「大理、鴻臚等六卿，正三品。」㊉刷蕩：謂刷洗蕩除。按此辭通作滌蕩。《文選．班固西都賦》：「滌瑕蕩垢。」同人〈東都賦〉：「於是百姓滌瑕蕩穢，而鏡至清。」注：「揚雄曰：『滌瑕蕩穢，而猶若然。』」又作曠蕩。《舊唐書．朱敬則傳》：「上疏曰：『伏願下恬愉之辭，流曠蕩之澤。』」同書〈柳亨傳〉：「則天遺制與褚遂良、韓瑗等，並還官爵，子孫親屬，當時緣坐者，咸從曠蕩。」核曠蕩之意，乃指寬大豁免而言。刷蕩又有作滌洗者。《全唐文．吳武陵遺吳元濟書》：「上以覆載之仁，必保納足下，滌垢洗瑕，以倡四海。」字雖有異，而其係免除罪戾而不追究，則固相同也。㉓通懷：通衷款。㉔七政：《書．舜典》：「在璿璣玉衡，以齊七政。」注：「謂日月與五星也。」㉕九伐：《周禮》：「夏官大司馬，以九伐之法正邦國。」㉖亡抵化及：逃亡而去至化及營中。㉗童山：《舊唐書．秦叔寶傳》作：「密與化及大戰於黎陽童山。」是童山在汲郡之黎陽縣境。㉘密知化及軍糧且盡……密為流矢所中：按此段乃錄自《隋書．李密傳》，字句大致相同。㉙悶絕：氣悶而昏絕。㉚捍衞：捍禦衞護。㉛與密戰於童山之下……與之力戰，化及乃退：按此段乃錄自《舊唐書．秦叔寶傳》，字句幾全相同。㉜拷掠：拷打。㉝以責米粟：以責令其交納米粟。㉞其弊：其困弊。㉟化及入汲郡……王軌等不堪其弊：按此段乃錄自《隋書．宇文化及傳》，字句大致相同。㊱通事舍人：《隋書．百官志》下：「內史省有通事舍人十六人，從六品。」㊲滑州總管：《舊唐書．地理志》一：「河南道滑州望，隋東郡，武德元年改為滑州，以城有古滑臺也。」㊳虛心：謂虛心下氣。㊴不圖：猶不料。㊵復覩聖明：謂復覩聖明之主。㊶嶺南驍果：當是嶺南子弟充驍果者。㊷排穳：穳，兵器名；排穳一排排也。㊸文超，子蓋之子也：樊子蓋事煬帝，有守東都之功。㊹魏縣：《隋書．地理志》中：「武陽郡，後周置魏州，統有魏縣。」㊺化及聞王軌叛，大懼……北趣魏縣：按此段乃錄自《隋書．宇文化及傳》，字句大致相同。㊻靈州：《舊唐書・地理志》一：「關內道、靈州大都督府，隋靈武郡，武德元年，改為靈州總管府。」㊼驃騎將軍：胡三省曰：「義師初起，改隋鷹揚郎將曰軍頭，尋改軍頭曰驃騎將軍。」㊽突厥闕可汗遣使內附：胡三省曰：「西突厥闕度設處於會寧，隋亂，自稱可汗。」按闕可汗之全名，諸書說法不一。《隋書・西突厥傳》作：「令其弟達度闕牧畜會寧郡。」《舊唐書・李軌傳》作：「初突厥曷娑那可汗率眾內屬，遣弟闕達度闕設領部落在會寧川中。」同書〈突厥傳〉下作：「闕達設初居於會寧，有部落三千餘騎，至隋末自稱闕達可汗。」是《通鑑》所云之闕可汗，乃闕達之省略，而《隋書》達度闕之闕，諒係闕之訛。然則其正確之全稱自當為闕達度闕設也。㊾西戎使者：胡三省曰：「蓋隋煬帝所置。」㊿甘州：《舊唐書・地理志》三：「隴右道甘州下，隋張掖郡，武德二年平李軌，置甘州。統有張掖縣，漢武開置張掖郡，後魏孝文置西涼州，尋改為甘州。取州東甘峻山為名。」唐名甘州，蓋復用其舊名。(51)相表裏：謂內外呼應。(52)高墌：《新唐書・地理志》一：「寧州、定平縣，有高墌城。」(53)遊兵：遊徼之兵士。(54)豳：《舊唐書・地理志》一：「邠州，隋北地郡之新平縣，義寧二年，割北地郡之新平、三水二縣，置新平郡，武德元年改為邠州。」按《元和郡縣志》卷三，本年所改者為豳州，以下文開元十三年改豳為邠核之，足知郡縣志之說，較為正確。(55)岐州：《舊唐書・地理志》一：「鳳翔府、隋扶風郡，武德元年改為岐州。」(56)會：適逢。(57)委軍事於長史納言劉文靜：劉文靜以納言為秦王行軍長史。(58)司馬殷開山：按《舊唐書・殷嶠傳》，嶠字開山，本傳中全以嶠為稱，而此則以開山行文，未審何故。又傳言：「從擊薛舉，為元帥府司馬。」是其官職全稱，乃為元帥府司馬。〔五九〕慎勿：謂千萬不要。〔六〇〕且戒之曰，薛舉懸軍深入……為君等破之：按此段乃錄自《舊唐書・劉文靜傳》，字句大致相同。〔六一〕開山退謂文靜曰……宜耀武以威之：按此段乃錄自《舊唐書・殷嶠傳》，字句大致相同。〔六二〕淺水原：《元和郡縣志》卷三：「邠州、宜祿縣，本漢淺水縣地，淺水原即今縣理所。」〔六三〕京觀：《左傳》宣十二年：「潘黨曰：『君盍築武軍，而收晉尸，以為京觀。臣聞克敵必示子孫，以無忘子孫。』楚子曰：『古者，明王伐不敬，取其鯨鯢而封之，以為大戮，於是乎有京觀以懲淫慝。』」注：「積尸封土其上，謂之京觀。」〔六四〕乃陳於高墌西南……收唐兵死者為京觀：按此段乃錄自《舊唐書・薛舉傳》，字句大致相同。〔六五〕除名：除去名籍，亦即罷免。〔六六〕榆林：《舊唐書・地理志》一：「關內道、勝州下都督府，隋置勝州，大業為榆林郡，武德中平梁師都，復置勝州。」是此仍用隋代之名。〔六七〕靈州總管：《舊唐書・地理志》一：「關內道、靈州大都督府，隋靈武郡，武德元年改為靈州總管府。」〔六八〕刀筆吏：謂掌案牘之書吏，而不明大勢。〔六九〕沒其父兄：《隋書・王充傳》作：「殺其父兄。」是沒即殺也。〔七〇〕為之下：為其屬下。〔七一〕無類：無噍類。〔七二〕伏甲：伏甲士。〔七三〕庸懦：凡庸怯懦。〔七四〕不就：不成。〔七五〕李密每戰勝……以楚等謀告世充：按此段乃錄自《隋書・王充傳》，字句大致相同。〔七六〕含嘉門：胡三省曰：「含嘉門蓋以通含嘉城而名。」〔七七〕皇秦主：按秦乃泰之訛。〔七八〕乾陽殿：《唐六典》卷七：「東都城，皇宮在皇城之北，其內曰乾元門，其內曰乾元殿，元正冬至，有時而御焉。」是乾陽當是乾元之異名。

〔七九〕田闍：《隋書・王充傳》作：「田世闍，」當從添世字，闍音都。〔八〇〕玄武門：《唐六典》卷七：

「東都皇城上陽宮，又西曰壽昌門，門北出曰玄武門。」(八一)長秋監段瑜：《隋書・百官志》下：「煬帝時，改內侍省為長秋監。」此失言其官位。(八二)太陽門：按《舊唐書・王充傳》，太陽門乃宮城東門。(八三)右掖門：《唐六典》卷七：「東都，皇城在都城之西北隅，南面三門：中曰瑞門，左曰左掖門，右曰右掖門。」(八四)大官署：《隋書・百官志》下：「光祿寺統大官、肴藏等署。」《唐六典》卷七：「東都，皇城在東城之內，百僚廨署，如京城之制。」(八五)興教門：《唐六典》卷七：「東都，皇宮在皇城之北，南面三門：中曰應天，左曰興教，右曰光政。」(八六)紫微觀：觀、門闕。(八七)稱兵：舉兵。(八八)謝曰：謝罪曰。(八九)橫見規圖：橫、無理，見、語助，猶相，謂無理由而相圖謀。(九〇)甘從刑典：情願服受刑罰。(九一)顧謂：迴視而謂曰。(九二)夕及矣：謂夕及禍矣。(九三)盧元諸子：盧楚元文都諸子。(九四)進攻紫微宮門……並殺盧元諸子：按此段乃錄自《隋書・誠節元文都傳》，字句大致相同。(九五)代宿衛者：代替、亦即更換宿衛之人。(九六)擅：專自。(九七)聞奏：上聞稟奏。(九八)肆：縱恣。(九九)采：通採。(一〇〇)粉骨：謂粉身碎骨。(一〇一)非報：謂不足以報。(一〇二)苞：通包。(一〇三)禍心：為禍之心。(一〇四)疾：惡。(一〇五)違異：違背乖異。(一〇六)猜嫌：猜疑嫌隙。(一〇七)不臧：不善。(一〇八)照臨：映照臨視，謂監臨也。(一〇九)殄：絕。(一一〇)引令升殿：謂令侍臣導引而登至殿上。(一一一)皇太后：皇泰主之母劉良娣。(一一二)被髮為誓：被髮乃指免冠，而免冠乃古謝罪之一儀式。此世充自謂有擅殺大臣之罪，故遂被髮而為誓也。(一一三)巡城：徇示城內。(一一四)內史令：《隋書・百官志》下：「內史令，正三品。」(一一五)趨附：趨餤附勢。(一一六)拱手：謂拱手無為，而全聽於人。(一一七)溫：《隋書・地理志》中，溫縣屬河內府。(一一八)私錢濫惡，大半雜以錫鑞：《隋書・食貨志》：「隋開皇時，見用之錢，皆須和以錫鑞，錫鑞既賤，求利者多，私鑄之錢，不可禁約。五年詔乃禁出錫鑞之處，並不得私有採取。其後姦狡稍漸磨鑪錢郭，取銅私鑄，又雜以錫錢，遞相放效，錢遂輕薄。乃下惡錢之禁，京師及諸州邸肆之上，皆令立榜置樣為准，不中樣者，不入於市。大業已後，王綱弛紊，巨姦大猾，遂多私鑄，錢轉薄惡。初每千猶重二斤，後漸輕至一斤，或剪鐵鍱，裁皮糊紙以為錢，相雜用之。」㉙直：通值。㉚國子祭酒：《隋書・百官志》下：「國子監祭酒，從三品。」㉛荷：蒙。㉜伊霍：伊尹、霍光。㉝扶傾：扶正傾危。㉞遲暮：謂晚暮之年。㉟莽卓：王莽、董卓。㊱邀：要。㊲朝命：朝廷冊命。㊳上公：上云冊拜密太尉、尚書令，此二爵皆係上公之位。㊴庸虛：乃係表謙遜之意。按隋唐以庸為辭根而構成此類謙遜之辭甚多。約有1.庸虛。《隋書・楊素傳》：「手詔勞素曰：『復以庸虛，纂承洪業。』」同書〈藝術庾季才傳〉：「高祖召季才而問曰：『吾以庸虛，受茲顧命。』」2.庸劣。《隋書・外戚高祖外家呂氏傳》：「永吉性識庸劣，職務不理。」3.庸闇。《隋書・外戚蕭巋傳》：「上表曰：『臣以庸闇，曲荷天慈。』」4.庸陋。《舊唐書・長孫無忌傳》：「臣等智效罕施，器識庸陋。」5.庸瑣。《舊唐書・韋思謙附嗣立傳》：「隨班少經術之士，攝職多庸瑣之才。」此外又有作虛薄者。《文選》潘岳在懷縣作：「虛薄乏時用，位微名日卑。」《隋書・楊素傳》：「上表陳謝曰：『臣自惟虛薄，志不及遠。』」亦有作寡薄者。《舊唐書・孫伏伽傳》：「下詔曰：『朕每惟寡薄，恭膺寶命。』」由上諸引文，足知庸虛之意，乃係指庸凡虛薄而言。㊵匡濟：匡正救濟。㊶將軍名臣之子：李密寬之子，寬為周將，以驍勇著名。㉜失塗：謂誤失道路。㉝不遠而復：猶迷途知反。㉞編隘：編小狹隘。㉟不諧：不合。㊱何其明也：謂何其明達時勢也。㊲初李密嘗受業於儒生徐文遠……文遠，孝嗣之玄孫也：按此段乃錄自《舊唐書・儒學徐文遠傳》，字句大致相同。㊳右武衞將軍：《隋書・百官志》下：「右武衞將軍，從三品。」㊴河間郡：《隋書・地理志》中：「河間郡、河間縣，舊置河間郡，開皇初郡廢，大業初復置郡。」㊵乘城者：謂在城上禦守者。㊶退舍：舍，三十里，此當為退軍數里。㊷以勸事君：以勸勵事君之人。㊸容：或許。㊹瀛州：《隋書・地理志》中：「河間郡舊置瀛州。」此乃復改用其舊名。㊺景城：《隋書・地理志》中：「景城縣屬河間郡。」㊻戶曹：《隋書・百官志》下：「縣置令、丞、尉、金、戶、兵、法、士等曹佐。」㊼饒陽：《隋書・地理志》・中：「饒陽縣屬河間郡。」㊽樂壽：《隋書・地理志》中：「河間郡、樂壽縣，舊曰樂城，開皇十八年改為廣城，仁壽初改焉。」㊾金城宮：謂宮城之堅固，如金鐵然。㊿隋河間郡丞王琮守郡城……命所居曰金城宮：按此段乃錄自《舊唐書・竇建德傳》，字句大致相同。

卷一百八十六　唐紀二

司馬光　編集
曲守約　註

起著雍攝提格八月，盡十二月，不滿一年。（戊寅，西元六一八年）

高祖神堯大聖光孝皇帝上之中

武德元年（西元六一八年）

㈠八月，薛舉遣其子仁果㊀進圍寧州㊁，刺史胡演擊却之。郝瑗言於舉曰：「今唐兵新破，關中騷動，宜乘勝直取長安。」舉然之，會有疾而止。辛巳，舉卒㊂，太子仁果立，居於折墌城㊃，謚舉曰武帝㊄。

㈡上欲與李軌共圖秦隴㊅，遣使潛詣涼州㊆，招撫之，與之書，謂之從弟，軌大喜，遣其弟懋入貢，上以懋為大將軍，命鴻臚少卿㊇張俟德冊拜軌為涼州總管，封涼王。

㈢初朝廷以安陽令呂珉為相州刺史㊈，更以相州刺史王德仁為巖州㊉刺史，德仁由是怨憤，甲申，誘山東大使宇文明達入林慮山㊀，而殺之，叛歸王世充。

㈣己丑，以秦王世民為元帥，擊薛仁果。

㈤丁酉，臨洮㊂等四郡來降。

㈥隋江都太守陳稜求得煬帝之柩，取宇文化及所留輦輅鼓吹，粗備天子儀衛㊂，改葬於江都宮西吳公臺㊃下，其王公以下皆列瘞於帝塋之側。

㈦宇文化及之發江都也，以杜伏威為歷陽㊄太守，伏威不受，仍上表於隋，皇泰主拜伏威為東道大總管，封楚王。沈法興亦上表於皇泰主，自稱大司馬、錄尚書事、天門公，承制置百官，以陳杲仁㊅為司徒，孫士漢為司空，蔣元超為左僕射，殷芊為左丞，徐令言為右丞㊆，劉子翼為選部侍郎㊇，李百藥為府掾。百藥，德林之子也㊈㊉。

㈧九月，隋襄國㊁通守陳君賓來降，拜邢州刺史。君賓，伯山之子㊂也。

㈨虞州㊂刺史韋義節攻隋河東通守堯君素，久不下，軍數不利，壬子，以工部尚書獨孤懷恩代之。

(十)初李密既殺翟讓，頗自驕矜㉔，不恤㉕士眾，倉粟雖多，無府庫錢帛，戰士有功，無以為賞，又厚撫初附之人，眾心頗怨。徐世勣嘗因宴會，刺譏其短，密不懌㉖，使世勣出鎮黎陽，雖名委任，實亦疏之。密開洛口倉散米，無防守典當者㉗，又無文券，取之者隨意多少，或離倉之後，力不能致，委㉘棄衢路，自倉城至郭門㉙，米厚數寸，為車馬所轔踐㉚，羣盜來就食者，并家屬近百萬口，無甕盎㉛，織荊筐淘米，洛水十里兩岸之間，望之皆如白沙㉜。密喜謂賈閏甫曰：「此可謂足食矣。」閏甫對曰：「國以民為本，民以食為天㉝，今民所以襁負如流而至者㉞，以所天在此故也，而有司曾無愛吝㉟，屑越㊱如此，竊恐一旦米盡民散，明公孰與㊲成大業哉！」密謝之，即以閏甫判司倉參軍事。密以東都兵數敗，微弱，而將相自相屠滅㊳，謂旦夕㊴可平。王世充既專大權，厚賞將士，繕㊵治器械，亦陰圖取密。時隋軍乏食，而密軍少衣，世充請交易，密難之，長史邴元真等各求私利，勸密許之。先是東都人歸密者，日以百數，既得食，降者益少，密悔而止㊶。

㈩密破宇文化及還，其勁卒良馬多死，士卒疲病，世充欲乘其弊擊之，恐人心不壹，乃詐稱左軍衞士張永通三夢周公，令宣意於世充，當勒兵㊷相助擊賊，乃為周公立廟㊸，每出兵，輒先祈禱。世充令巫宣言：「周公欲令僕射㊹急討李密，當有大功，不即㊺兵皆疫死。」世充兵多楚人，信妖言，皆請戰。世充簡練精銳，得二萬餘人，馬二千餘匹，壬子，出師擊密，旗幡之上，皆書永通字㊻，軍容甚盛㊼。癸丑，至偃師㊽，營於通濟渠㊾南，作三橋於渠上，密留王伯當守金墉，自引精兵出偃師，阻邙山㊿以待之。密召諸將會議，裴仁基曰：「世充悉眾而至，洛下(51)必虛，可分兵守(52)其要路，令不得東，簡精兵三萬，傍河西出，以逼東都，世充還，我且按甲(53)，世充再出，我又逼之，如此，則我有餘力，彼勞奔命(54)，破之必矣。」密曰：「公言大善，今東都兵有三不可當，兵仗(55)精銳，一也；決計深入，二也；食盡求戰，三也。我但乘城(56)固守，蓄力以待之，彼欲鬬不得，求走無路，不過十日，世充之頭可致麾下(五七)(五八)。」陳智略、樊文超、單雄信皆曰：「計世充戰卒甚少，屬經摧破，悉已喪膽，兵法曰：『倍則戰。』況不啻(五九)倍哉？且江淮新附之士，望因此機，展其勳效(六〇)，及其鋒(六一)而用之，可以得志。」於是諸將諠然(六二)，欲戰者什七八，密惑於眾議而從之，仁基苦爭不能得，擊地(六三)歎曰：「公後必悔之。」

(十二)魏徵言於長史鄭頲曰：「魏公雖驟勝(六四)，而驍將銳卒多死，戰士心怠，此二者難以應敵；且世充乏食，志在死戰，難與爭鋒，未若深溝高壘以拒之，不過旬月(六五)，世充糧盡必自退，追而擊之，蔑(六六)不勝矣。」頲曰：「此老生之常譚耳(六七)。」徵曰：「此乃奇策，何謂常譚？」拂衣(六八)而起(六九)。程知節將內馬軍(七〇)，與密同營(七一)在北邙山上，單雄信將外馬軍，營於偃師城北。世充遣數百騎度通濟渠，攻雄信營，密遣裴行儼與知節助之，行儼先馳赴敵，中流矢，墜於地，知節救之，殺數人，世充軍披靡(七二)，乃抱行儼，重騎而還(七三)。為世充騎所逐，刺槊洞過(七四)，知節廻身，捩折(七五)其槊，兼斬(七六)追者，與行儼俱免(七七)。會日暮，各斂兵(七八)還營。密驍將孫長樂等十餘人皆被重創。密新破宇文化及，有輕世充之心，不設壁壘（七九），世充夜遣二百餘騎，潛入北山，伏谿谷中，命軍士皆秣馬蓐食（八〇）（八一），甲寅，旦將戰，世充誓眾曰：「今日之戰，非直爭勝負（八二），死生之分，在此一舉，若其捷也，富貴固所不論，若其不捷，必無一人獲免，所爭者死，非獨為國，各宜勉之。」遲明（八三），引兵薄（八四）密，密出兵應之，未及成列，世充縱兵擊之，世充士卒皆江淮剽勇，出入如飛（八五），世充先索得一人貌類密者，縛而匿（八六）之，戰方酣（八七），使牽以過陳前，譟曰：「已獲李密矣。」【考異】革命記曰：「世充先於眾中，覓得一人眉目狀似李密者，陰畜之，而不令出。師至偃師城下，與李密未大相接，遽令數十騎將所畜人頭來，云殺得李密；充佯不信，遣眾共看，咸言是密頭也。遂於城下勒兵，擲頭與城中人，城中人亦言是密頭也，遂以城降。」今從壺關錄。士卒皆呼萬歲（八八），其伏兵發，乘高而下，馳壓密營，縱火焚其廬舍，密眾大潰，其將張童仁（八九）、陳智略皆降（九〇），密與萬餘人馳向洛口。世充圍偃師，鄭頲守偃師，其部下翻城納世充（九一）（九二）。初世充家屬在江都，隨宇文化及至滑臺，又隨王軌入李密，密留於偃師，欲以招世充，及偃師破，世充得其兄世偉子玄應、虔、恕瓊等，又獲密將佐（九三）裴仁基、鄭頲、祖君彥等數十人，世充於是整兵向洛口，得邴元真妻子、鄭虔象母及密諸將子弟，皆撫慰之，令潛(九四)呼其父兄(九五)。

(一三)初邴元真為縣吏，坐贓亡命(九六)，從翟讓於瓦岡，讓以其嘗為吏，使掌書記，及密開幕府，妙選時英(九七)，讓薦元真為長史，密不得已用之，行軍謀畫，未嘗參預；密西拒世充，留元真守洛口倉，元真性貪鄙，宇文溫謂密曰：「不殺元真，必為公患。」密不應(九八)，元真知之，陰謀叛密，楊慶聞之以告密，密固疑焉，至是，密將入洛口城，元真已遣人潛引世充矣。密知而不發，因與眾謀待世充兵半濟(九九)洛水，然後擊之。世充軍至，密候騎(一〇〇)不時覺(一〇一)，比將(一〇二)出戰，世充軍悉已濟矣，單雄信等又勒兵自據，密自度不能支，帥麾下輕騎奔虎牢，元真遂以城降(一〇三)。初雄信驍捷，善用馬槊(一〇四)，名冠諸軍，軍中號曰：「飛將。」彥藻(一〇五)以雄信輕於去就(一〇六)，勸密除(一〇七)之，密愛其才，不忍也，及密失利，雄信遂以所部降世充。

(一四)密將如黎陽，或曰：「殺翟讓之際，徐世勣幾死(一〇八)，今失利而就之，安可保乎？」時王伯當棄金墉，保河陽(一〇九)，密自虎牢歸之，引諸將共議，密欲南阻河⑳，北守太行，東連黎陽，以圖進取。諸將皆曰：「今兵新失利，眾心危懼㉑，若更停留，恐叛亡不日而盡，又人情不願，難以成功。」密曰：「孤㉒所恃者，眾也，眾既不願，孤道窮矣。」欲自刎以謝眾，伯當抱密號絕㉓，眾皆悲泣。密復曰：「諸君幸不相棄，當共歸關中，密身雖無功，諸君必保富貴。」府掾柳燮㉔曰：「明公與唐公同族，兼有疇昔之好㉕，雖不陪㉖起兵，然阻東都，斷隋歸路，使唐公不戰而據長安，此亦公之功也。」眾咸曰：「然。」密又謂王伯當曰：「將軍室家重大㉗，豈復與孤俱行哉！」伯當曰：「昔蕭何盡帥子弟以從漢王㉘，伯當恨不兄弟俱從，豈以公今日失利，遂輕去就乎㉙！縱身分原野，亦所甘心。」左右莫不感激㉚，從密入關者凡二萬人㉛。於是密之將帥州縣，多降於隋，朱粲亦遣使降隋，皇泰主以粲為楚王。

㈤甲寅，秦州總管㉜竇軌擊薛仁杲不利，驃騎將軍劉感鎮涇州㉝，仁杲圍之，城中糧盡，感殺所乘馬以分將士，感一無所啖㉞，唯煮馬骨，取汁，和木屑食之，城垂陷㉟者數矣，會長平王叔良將士㊱

至涇州，仁果乃揚言食盡，引兵南去，乙卯，又遣高墌人偽以城降，【考異】實錄云：「乙卯，宇文歆攻高墌城，下之。」今從劉感傳。叔良遣感帥眾赴之，己未至城下，扣㉗，城中人曰：「賊已去，可踰城入。」感命燒其門，城上下水灌之，感知其詐，遣步兵先還，自帥精兵為殿，俄而城上舉三烽㉘，仁果兵自南原㉙大下，戰於百里細川，唐軍大敗，感為仁果所擒。仁果復圍涇州，令感語城中云：「援軍已敗，不如早降。」感許之，至城下，大呼曰：「逆賊饑餒，亡在旦夕，秦王帥數十萬眾，四面俱集㉚，城中勿憂，勉之。」仁果怒，執感於城旁埋之，至膝，馳騎射之，至死㉛，聲色逾厲㉜㉝，叔良嬰城固守，僅能自全。感，豐生之孫也㉞。

(十六)庚申，隴州㉟刺史、陝人常達擊薛仁果於宜祿川㊱，斬首千餘級。

(十七)上遣從子襄武公琛、太常卿鄭元璹以女妓遺始畢可汗，壬戌，始畢復遣骨咄祿特勒來㊲。

(十八)癸亥，白馬㊳道士傅仁均造戊寅曆㊴成，奏上行之。

(十九)薛仁果屢攻常達，不能克，乃遣其將仵㊵士政以數百人詐降，達厚撫之，乙丑，士政伺隙，以其徒劫達，擁(四一)城中二千人降於仁果，【考異】新舊唐書皆云，薛舉遣仵士政偽降達，士政刦達以見舉。據實錄薛舉前已死，此月達再擊仁果及士政劫達，皆有日月。今從實錄。達見仁杲，詞色不屈，仁果壯而釋之。奴賊帥張貴謂達曰：「汝識我乎？」達曰：「汝逃死奴賊耳。」貴怒，欲殺之，人救之，得免(四二)。

(廿)辛未，追謚隋太上皇為煬帝。

(廿一)宇文化及至魏縣，張愷等謀去之，事覺，化及殺之，腹心稍盡(四三)，兵勢日蹙，兄弟更無他計，但相聚酣宴，奏女樂。化及醉尤(四四)智及曰：「我初不知由汝為計，強(四五)來立我，今所向無成，士馬日散，負弒君之名，天下所不容(四六)，今者滅族，豈不由汝乎！」持其兩子而泣。智及怒曰：「事捷之日(四七)，初不賜尤，及其將敗，乃欲歸罪，何不殺我以降竇建德。」數相鬪鬩(四八)，言無長幼(四九)，醒而復飲，以此為恒，其眾多亡。化及自知必敗，歎曰：「人生固當死，豈不一日為帝乎(五〇)。」於是鴆殺秦王浩，即皇帝位於魏縣，國號許(五一)，改元天壽，置署百官(五二)。

【今註】㊀薛舉遣其子仁果：按《通鑑》本卷先作仁果，後則作仁杲，殊欠一律。㊁寧州：《元和郡縣志》卷三：「關內道寧州，後魏廢帝三年，改豳州為寧州，以撫寧戎狄為名。後周改為北地郡，隋又為寧州，大業中又為郡，武德元年復為寧州。」㊂辛巳舉卒：《舊唐書・高祖紀》武德元年文作：「八月，壬午，薛舉卒。」二書相差一日。㊃折墌城：《元和郡縣志》卷三：「關內道、涇州、保定縣，折墌故城在縣東十里，西魏涇州刺史乙弗貴所築。隋末薛舉屯據於此城，舉死，仁杲復竊據。」㊄薛舉遣其子仁果進圍寧州……謚舉曰武帝：按此段乃錄自《舊唐書・薛舉傳》，字句大致相同。㊅秦隴：薛舉父子時據秦隴。㊆涼州：《舊唐書・地理志》三：「河西道、涼州中都督府，隋武威郡，武德二年，平李軌，置涼州總管府。」㊇鴻臚少卿：《舊唐書・職官志》三：「鴻臚寺、卿一員，從三品，少卿二人，從四品上。」㊈以安陽令呂珉為相州刺史：《隋書・地理志》中：「魏郡、安陽縣，周大象初置相州，及魏郡，因改名鄴，開皇初，郡廢，十年復名安陽。」相州乃唐初依舊名而復改易者。㊉巖州：《隋書・地理志》中：「魏郡、林慮縣，開皇十六年置巖州，大業初州廢。」此為唐初又復置者。⑪林慮山：《元和郡縣志》卷二十：「相州、林慮縣，林慮山在縣北二十里，南接太行，北連恒岳。」⑫臨洮：《隋書・地理志》上：「臨洮郡，後周武帝逐吐谷渾，以置洮陽郡，尋立洮州，開皇初郡廢，大業初復置。」⑬儀衞：儀仗侍衞。⑭吳公臺：胡三省曰：「今揚州城西北有雷塘，塘西有吳公臺，相傳以為陳吳明徹攻廣陵，所築弩臺，以射城中。」

⑮歷陽：《隋書・地理志》下：「歷陽郡、歷陽縣，舊置歷陽郡，開皇初郡廢，大業初復置郡。」

⑯陳杲仁：《舊唐・書沈法興傳》，陳杲仁作陳果仁。⑰殷芊為左丞，徐令言為右丞：按《舊唐書・

沈法興傳》，左丞右丞，作尚書左丞、尚書右丞，此則俱省去尚書二字。又《隋書・百官志》下：「尚書左丞、尚書右丞，為從四品。」⑱選部侍郎：《唐六典》卷二：「吏部尚書、侍郎之職，掌天下官吏選授、勳封、考課之政令。」是選部即吏部也，特其名稱有更易耳。⑲百藥，德林之子也：李德林歷事齊周隋。⑳沈法興亦上表於皇泰主……百藥，德林之子也：按此段乃錄自《舊唐書・沈法興傳》，字句大致相同。㉑襄國：《隋書・地理志》中：「襄國郡，開皇十六年置邢州。」《元和郡縣志》卷十九邢州條：「大業三年改為襄國郡，武德元年改為邢州。」㉒伯山之子：伯山，陳文帝之子。㉓虞州：胡三省曰：「義寧元年，以安邑、虞鄉、夏三縣，置安邑郡，武德元年曰虞州。」㉔驕矜：驕傲矜誇。㉕不恤：不憐恤。㉖懌：悅。㉗無防守典當者：謂無防守典掌主當者。㉘委：置。㉙郭門：郛郭之門。㉚轥踐：按轥當作轔，車所輾也，音ㄌㄧㄣˇ。㉛甕盎：皆瓦器，可供盛米及淘米之用。㉜望之皆如白沙：狀米漏掉於地壘積之情形。㉝以食為天：猶以食為主。㉞如流而至者：如流水洶涌而至者。㉟愛吝：猶愛惜。㊱屑越：胡三省曰：「屑越，猶言狼藉而棄之也。荀子曰：『貨財粟米者，彼將日月棲遲薛越之中野，我今將畜積，并聚之於倉廩。』」㊲孰與：與誰。㊳自相屠滅：自相屠殺。㊴旦夕：喻時之短速。㊵繕：修。㊶王世充既專大權……密悔而止：按此段乃錄自《隋書・李密傳》，字句大致相同。㊷當勒兵：謂周公當率兵。㊸乃為周公立廟：周公作洛，世充假之以振士氣。㊹僕射：皇泰主前拜世充為尚書左僕射。㊺不即：猶不則。㊻皆書永通字：以張永通宣周公之意，故旗幡書永通字。㊼密破宇文化及還……

軍容甚盛：按此段乃錄自《舊唐書·王世充傳》，字句大致相同。（四八）偃師：《元和郡縣志》卷六，偃師縣屬河南道、河南府。（四九）通濟渠：通濟渠，大業元年所開。（五〇）邙山：《元和郡縣志》卷六：「偃師縣、北邙山，在縣北二里，西自洛陽縣界東入鞏縣界。舊說云：『北邙山是隴山之尾，乃眾山總名。』連嶺修亙四百餘里。」（五一）洛下：洛中。（五二）守：把守。（五三）按甲：謂按甲息兵。（五四）彼勞奔命：彼疲勞於奔赴我方之命令。（五五）兵仗：兵械。（五六）乘城：憑城。（五七）麾下：旗下。（五八）密召諸將會議……世充之頭，可致麾下：按此段乃錄自《隋書·李密附裴仁基傳》，字句大致相同。（五九）不啻：猶不止。（六〇）展其勳效：謂陳獻其勳功。（六一）及其鋒：謂及其鋒銳之時。（六二）諠然：猶譁然。（六三）擊地：謂以足蹈地。（六四）驟勝：屢勝。（六五）旬月：謂十日以至一月。（六六）蔑：無。（六七）此老生之常譚耳：謂此乃老腐書生之普通談論，了無新奇之點。（六八）拂衣：含忿怒意。（六九）魏徵言於長史鄭頲曰……拂衣而起：按此段乃錄自《舊唐書·魏徵傳》，字句大致相同。（七〇）程知節將內馬軍：《舊唐書·程知節傳》：「時密於軍中簡勇士尤異者八千人，隸四驃騎，分為左右以自衛，號為內軍。」（七一）同營：同紮營。（七二）披靡：猶敗潰。（七三）重騎而還：重騎，謂二人共騎一馬。（七四）洞過：通過。（七五）捩折：拗而折之。（七六）兼斬：並斬。（七七）程知節將內馬軍……與行儼俱免：按此段乃錄自《舊唐書·程知節傳》，字句大致相同。（七八）斂兵：收兵。（七九）壁壘：營壘。（八〇）蓐食：於牀蓐中食，亦即黎明吃飯。（八一）密新破宇文化及……皆秣馬蓐食：按此段乃錄自《隋書·王充傳》，字句大致相同。（八二）非直爭勝負：按此直乃係但或只字之意，其最早見者，為《孟子·梁惠王》：「寡人非能好先王之樂也，直好世俗之樂耳。」又見《國策．魏策》秦王使人章：「雖千里不敢易也，豈直五百里哉！」及《韓詩外傳》卷八齊景公謂子貢曰章：「子貢曰：『仲尼聖人也，豈直聖哉！』」厥後六朝以至隋唐，更盛用之。《文選．江淹恨賦》：「直念古者，伏恨而死。」《顏氏家訓．文章》：「此人直以曉算術，解陰陽，故著太玄經，為數子所惑耳。」《全唐文．王績答刺史杜之松書》：「直與同志者為群，不知老之將至。」同書〈魏徵十漸不克終疏〉：「此直意在杜諫者之口，豈曰擇善而行者乎。」《舊唐書．魏玄同傳》：「豈直媿彼清通，昧於甄察，亦將竭其庸妄，糅彼棼絲。」以上所徵，皆其例也。〔八三〕遲明：待明。〔八四〕薄：迫。〔八五〕出入如飛：狀其行動之敏捷。〔八六〕匿：藏。〔八七〕酣：猶烈。〔八八〕士卒皆呼萬歲：以示歡忭。〔八九〕張童仁：按《隋書．宇文化及王充傳》，張童仁俱作張童兒。此則從《舊唐書．王世充傳》而作張童仁。意者以童兒之名欠雅，後來遂改作童仁歟！〔九〇〕其伏兵發，乘高而下……其將張童仁，陳智略皆降：按此段乃錄自《隋書．王充傳》，字句大致相同。〔九一〕翻城納世充：謂倒轉而將城以迎納世充。〔九二〕密與萬餘人，馳向洛口……其部下翻城納世充：按此數句乃錄自《隋書．李密傳》，字句大致相同。〔九三〕將佐：將校僚佐。〔九四〕潛：暗地。〔九五〕初世充家屬在江都……令潛呼其父兄：按此段乃錄自《舊唐書．王世充傳》，字句大致相同。〔九六〕坐贓亡命：坐犯貪贓之罪，而出奔亡命。〔九七〕妙選時英：謂精選當時英俊之士。〔九八〕不應：猶不聽。〔九九〕濟：渡。〔一〇〇〕候騎：斥候之騎兵。〔一〇一〕不時覺：謂未及時發覺。〔一〇二〕比將：猶及將。〔一〇三〕初邴元真為縣吏……元真遂以城降：按此段乃錄自《隋書．李密傳》，字句大致相同。〔一〇四〕馬槊：馬槊為唐初武士喜用之器械，尉遲敬德及齊王元吉俱擅使之，事具諸有關列傳。㉕彥藻：即房彥藻，按此書彥藻，距其是年二月之死已甚久，當全書其姓名，以使讀者有所知曉，不當省其姓而僅書其名。㉖去就：謂離去來就，此乃連類而及之辭，其著重者乃為去字，言其甚易背叛。㉗除：誅除。㉘殺翟讓之際，徐世勣幾死：事見卷一百八十四義寧元年十一月。㉙河陽：《舊唐書・地理志》一：「河南道、河南府，屬有河陽縣。」㉚南阻河：南以河為險阻。㉛危懼：以為危難且生懼心。㉜孤：王公自謙之稱，與寡人頗相類。㉝號絕：號哭而倒絕於地。㉞柳燮：《舊唐書・李密傳》，柳燮作柳奭。㉟兼有疇昔之好：謂自唐公起，與之連和。㊱陪：陪同。㊲重大：猶重要。㊳昔蕭何盡帥子弟以從漢王：《史記・蕭相國世家》：「高祖以蕭何功最盛，封為酇侯，功臣不服。高帝曰：『諸君獨以身隨我，多者兩三人，今蕭何舉宗數十人皆隨我，功不可忘也。』」㊴遂輕去就乎：謂遂輕易離去乎。㊵感激：按此感激乃係感動之意。《晉書・傅玄傳》：「祇以義誠不終，力疾手筆，辭旨深切，覽者莫不感激慷慨。」《北齊書・後主紀》：「武平七年，請帝親勞，為帝撰辭，且曰：『宜慷慨流涕，感激人心。』」。皆為上釋之佐證。㊶欲自刎以謝眾……從密入關者凡二萬人：按此段乃錄自《舊唐書・李密傳》，字句大致相同。㊷秦州總管：《舊唐書・地理志》三：「隴右道、秦州中都督府，隋天水郡、武德二年平薛舉，改置秦州，仍立總管府。」㊸涇州：《舊唐書・地理志》一：「關內道、涇州上，隋安定郡，武德元年討平薛仁杲，改名涇州。」㊹啗：同啖。㊺垂陷：將陷。㊻將士至：胡三省曰：「士當作兵。」然作士亦可通，蓋士即士卒。㊼扣：謂叩城門。㊽舉三烽：以示最為緊急。㊾南原：城南高原之地，古代陝西境內，多以原為名，此亦頗堪注意者也。㉚四面俱集：四面俱合。㉛馳騎射之至死：按此當改作大字，而書為馳騎射之，至死。㉜逾厲：逾通愈，謂愈為嚴厲。㉝驃騎將軍劉感鎮涇州……聲色逾厲：按此段乃錄自《舊唐書・忠義劉感傳》，字句大致相同。㉞感，豐生之孫也：劉豐生，高齊將，死於潁川。㉟隴州：《舊唐書・地理志》一：「關內道、隴州，隋扶風郡之汧源縣，義寧二年置隴東郡，領縣五，武德元年改為隴州。」㊱宜祿川：《元和郡縣志》卷三：「關內道、邠州宜祿縣，後魏廢帝以縣南臨宜祿州，因改名。暨周隋又為白土縣。貞觀二年，分新平縣又置宜祿縣，復魏舊名也。」川名宜祿當以此。㊲上遣從子襄武公琛、太常卿鄭元璹以女妓遺始畢可汗。壬戌，始畢復遣骨咄祿特勒來：按《舊唐書・襄武王琛傳》：「琛義寧中，封襄武郡公，與太常卿鄭元璹賚女妓遺突厥始畢可汗，以結和親。始畢甚重之，贈名馬數百匹，遣骨咄祿特勒隨琛貢方物。」是上遣從子襄武公琛以女妓遺始畢可汗，非本年本月之事，為符事實之時間計，宜於上遣上添一初字。又壬戌以下諸字當改作至壬戌，始畢所遣奉獻方物使者骨咄祿特勒至。㊳白馬：《舊唐書・地理志》一：「河南道、滑州白馬縣，郭下。」㊴戊寅曆：《舊唐書・曆志》一：「高祖受隋禪，傅仁均首陳七事，言：『戊寅歲時，正得上元之首，宜定新曆，以符禪代。』繇是造戊寅曆。」㊵仵：音ㄨˇ。㊶擁：猶裹脅。㊷薛仁果屢攻常達不能克……人救之得免：按此段乃錄自《舊唐書・忠義常達傳》，字句大致相同。㊸稍盡：漸盡。㊹尤：責過。㊺強：猶硬。㊻容：容納。㊼事捷之日：謂事捷之時。㊽閱：很戾。㊾言無長幼：謂措辭不顧長幼之體。㊿豈不一日為帝乎：謂豈可不一日為帝，以自娛乎。(51)國號許：化及襲封許公，因以為國號。㊂宇文化及至魏縣……改元天壽，署置百官：按此段乃錄自《隋書・宇文化及傳》，字句大致相同。

㈠冬，十月，壬申朔，日有食之。

㈡戊寅，宴突厥骨咄祿，引骨咄祿升御坐，以寵之。

㈢李密將至，上遣使迎勞，相望於道㊀，密大喜，謂其徒㊁曰：「我擁眾㊂百萬，一朝解甲㊃歸唐，山東連城數百㊄，知我在此，遣使招之，亦當盡至，比於竇融，功亦不細㊅，豈不以一台司㊆見處㊇乎！」己卯，至長安，有司供待稍薄，所部兵累日㊈不得食，眾心頗怨；既而以密為光祿卿㊉、上柱國㊀，賜爵邢國公㊁，密既不滿望，朝臣又多輕之，執政者或來求賄㊂意甚不平；獨上親禮之，常呼為弟，以舅子獨孤氏妻之㊃㊄。

㈣庚辰，詔右翊衛大將軍、淮安王神通為山東道安撫大使，山東諸軍並受節度，以黃門侍郎崔民幹為副。

㈤鄧州㊅刺史呂子臧與撫慰使馬元規擊朱粲，破之，子臧言於元規曰：「粲新敗，上下危懼㊆，請併力㊇擊之，一舉可滅；若復㊈

遷延⑳，其徒稍集㉑，力殫食盡，致死於我㉒，為患方深。」元規不從，子臧請獨以所部兵擊之，元規不許。既而粲收集餘眾，兵復大振，自稱楚帝於冠軍㉓，改元昌達，進攻鄧州，子臧撫膺㉔謂元規曰：「老夫今坐公死矣㉕。」粲圍南陽㉖，會霖雨，城壞，所親勸子臧降，子臧曰：「安有天子方伯㉗降賊者乎。」帥麾下㉘赴敵而死，俄而城陷，元規亦死㉙。

㈥癸未，王世充收李密美人珍寶及將卒十餘萬人，還東都，陳於闕下。乙酉，皇泰主大赦。丙戌，以世充為太尉、尚書令、內外諸軍事㉚，仍使之開太尉府，備置官屬，妙選人物。世充以裴仁基父子驍勇，深禮之。徐文遠復入東都，見世充，必先拜，或問曰：「君倨見李密㉛，而敬王公，何也？」文遠曰：「魏公，君子也，能容賢士，王公，小人也，能殺故人。吾何敢不拜㉜！」

㈦李密總管李育德以武陟㉝來降，【考異】舊唐書高季輔傳云：「與李厚德來降。」按以武陟來降者乃育德，非厚德也。拜陟州㉞刺史。育德，諤之孫也㉟。其餘將佐劉德威、賈閏甫、高季輔等，或以城邑，或帥眾相繼來降。

(八)初北海[36]賊帥綦公順帥其徒三萬，攻郡城，已克其外郭，進攻子城[37]，城中食盡，公順自謂克在旦夕，不為備；明經[38]劉蘭成糾合[39]城中驍健百餘人，襲擊之，城中見[40]兵繼之，公順大敗，棄營走，郡城獲全。於是郡官及望族，分城中民為六軍，各將之，蘭成亦將一軍。有宋書佐[41]者離間諸軍曰：「蘭成得眾心，必為諸人不利，不如殺之。」眾不忍殺，但奪其兵以授宋書佐，蘭成恐終及禍，亡奔公順，公順軍中喜譟[42]，欲奉以為主，固辭，乃以為長史，軍事咸聽焉。居五十餘日，蘭成簡軍中驍健者五十人，往抄北海，距城四十里，留十人使多芟草[43]，分為百餘積[44]，二十里，又留二十人，各執大旗，五六里，又留三十人伏險要，蘭成自將十人，夜拒城一里許潛伏，餘八十人分置便處，約聞鼓聲，即抄取[45]人畜亟去，仍一時[46]焚積草；明晨城中遠望無煙塵，皆出樵牧，日向中，蘭成以十人直抵城門，城上鉦[47]鼓亂發，伏兵四出，抄掠雜畜千餘頭及樵牧者而去。蘭成度抄者已遠，徐步而還，城中雖出兵，恐有伏兵，不敢急追，又見前有旌旗煙火，遂不敢進而還。既而城中知蘭成前者(四八)眾少，悔不窮迫。居月餘，蘭成謀取郡城，更以二十人直抵城門，城中人競出逐之，行未十里，公順將大兵總至(四九)，郡兵奔馳還城，公順進兵圍之，蘭成一言招諭(五〇)，城中人爭出降，蘭成撫存(五一)老幼，禮遇郡官，見宋書佐，亦禮之如舊，仍資送(五二)出境，內外安堵(五三)。

(九)時海陵(五四)賊帥臧君相聞公順據北海，帥其眾五萬來爭之，公順眾少，聞之大懼，蘭成為公順畫策曰：「君相今去此尚遠，必不為備，請將軍倍道，襲擊其營。」公順從之，自將驍勇五千人，齎熟食(五五)，倍道(五六)襲之，將至，蘭成與敢死士二十人前行，距君相營五十里，見其抄者，負擔(五七)向營，蘭成亦與其徒，負擔蔬米燒器(五八)，詐為抄者，擇空(五九)而行，聽察得其號(六〇)，及主將姓名，至暮與賊比肩(六一)而入，負擔巡營(六二)，知其虛實，得其更號(六三)，乃於空地，燃火營食(六四)，至三鼓，忽於主將幕前交刀亂下，殺百餘人，賊眾驚擾(六五)，公順兵亦至，急攻之，君相僅以身免，【考異】舊書作劉蘭，云：「頗涉經史，善言成敗，然性多凶狡，見隋末將亂，交通不逞，于時北海完富，蘭利其子女玉帛，與羣盜相應，破其鄉城邑。武德中，淮安王神通為山東道安撫大使，蘭率宗黨歸之。」革命記序其事頗詳，今從之。俘斬數千，收其資糧甲仗以還。由是公順黨眾大盛，及李密據洛口，公順以眾附之，密敗，亦來降(六六)。

(十)隋末群盜起，冠軍司兵(六七)李襲譽說西京留守陰世師，遣兵據永豐倉，發粟以賑貧乏，出庫物賞戰士，移檄(六八)郡縣，同心討賊，世師不能用，乃求募兵山南，世師許之。上克長安，自漢中(六九)召還，為太府少卿(七〇)，乙未，附襲譽籍於宗正(七一)。襲譽，襲志之弟也(七二)。

(十一)丙申，朱粲寇淅州(七三)，遣太常卿鄭元璹帥步騎一萬擊之。

(十二)是月，納言竇抗罷為左武候大將軍(七四)。

(十三)十一月，乙巳，涼王李軌即皇帝位，改元安樂。【考異】按軌傳云：「軌稱涼王，即改元安樂。」今據實錄。

(十四)戊申，王軌以滑州(七五)來降。

(十五)薛仁杲之為太子也，與諸將多有隙(七六)，及即位，眾心猜懼(七七)，郝瑗哭舉得疾，遂不起，由是國勢浸弱(七八)。秦王世民至高墌，仁杲(七九)使宗羅睺(八〇)將兵拒之，羅睺數挑戰，世民堅壁不出，諸將咸請戰，世民曰：「我軍新敗，士氣沮喪(八一)，賊恃勝而驕，有輕我心，宜閉壘(八二)以待之，彼驕我奮(八三)，可一戰而克也。」乃令軍中曰：「敢言戰者斬。」相持六十餘日，仁杲糧盡，其將梁胡郎等帥所部來降。世民知仁杲將士離心，命行軍總管梁實營於淺水原(八四)，以誘之，羅睺大喜，盡銳攻之，梁實守際不出，營中無水，人馬不飲者數日，羅睺攻之甚急，世民度賊已疲，謂諸將曰：「可以戰矣。」遲明，使右武候大將軍龐玉陳於淺水原，羅睺併兵(八五)擊之，玉戰幾不能支，世民引大軍自原北，出其不意，羅睺引兵還戰，世民帥驍騎數千(八六)，先陷陳，唐兵表裏(八七)奮擊，呼聲動地(八八)，羅睺士卒大潰，斬首數千級。世民帥二千餘騎追之，竇軌叩馬(八九)苦諫曰：「仁杲猶據堅城，雖破羅睺，未可輕進，請且按兵(九〇)以觀之。」世民曰：「吾慮之久矣，破竹之勢(九一)，不可失也，舅勿復言。」遂進，仁杲陳於城下，世民據涇水臨之，仁杲驍將渾幹等數人，臨陳來降，仁杲懼，引兵入城拒守，日向暮，大軍繼至，遂圍之；夜半守城者爭自投下(九二)，仁杲計窮，己酉，出降，得其精兵萬餘人，男女五萬口。諸將皆賀，因問曰：「大王一戰而勝，遽捨步兵，又無攻具，輕騎直造[九三]城下，眾皆以為不克，而卒取之，何也？」世民曰：「羅睺所將，皆隴外[九四]之人，將驍卒悍，吾特[九五]出其不意而破之，斬獲不多，若緩之[九六]，則皆入城，仁杲撫而用之，未易克也；急之，則散歸隴外，折墌[九七]虛弱，仁杲破膽，不暇為謀，此吾所以克也。」眾皆悅服。世民所得降卒，悉使仁杲兄弟及宗羅睺、翟長孫等將之，與之射獵，無所疑間[九八]，賊畏威銜恩，皆願效死[九九]。

(十六)世民聞褚亮名，求訪，獲之，禮遇甚厚，引為王府文學[一〇〇]。

(十七)上遣使謂世民曰：「薛舉父子多殺我士卒，必盡誅其黨，以謝冤魂。」李密諫曰：「薛舉虐殺不辜，此其所以亡也，陛下何怨焉[一〇一]！懷服之民[一〇二]，不可不撫[一〇三]。」乃命戮其謀首，餘皆赦之。上使李密迎秦王世民於豳州，密自恃智略功名，見上，猶有傲色[一〇四]，及見世民，不覺驚服，私謂殷開山曰：「真英主也，不如是，何以定禍亂乎[一〇五]！」

(十八)詔以員外散騎常侍[一〇六]姜謩為秦州刺史[一〇七]，謩撫以恩信[一〇八]，盜賊悉歸首㊇，士民安之㊈。

㈨徐世勣據李密舊境，未有所屬，魏徵隨密至長安，乃自請安集山東，上以為祕書丞㊉，乘傳㊀至黎陽，遺徐世勣書，勸之早降，世勣遂決計西向，謂長史陽翟㊁郭孝恪曰：「此民眾土地，皆魏公㊂有也，吾若上表獻之，是利主之敗㊃，自為功，以邀㊄富貴也，吾實恥之。今宜籍郡縣、戶口、士馬之數，以啟魏公㊅，使自獻之。」乃遣孝恪詣長安，又運糧以餉淮安王神通。上聞世勣使者至，無表㊆，止有啟與密，甚怪之，孝恪具言㊇世勣意，上乃嘆曰：「徐世勣不背德㊈，不邀功，真純臣也。」賜姓李，以孝恪為宋州㊉刺史，使與世勣經略虎牢以東，所得州縣，委之選補㊀。

㈩癸丑，獨孤懷恩攻堯君素於蒲反㊁，行軍總管趙慈景尚帝女桂陽公主，為君素所擒，梟首城外，以示無降意。

㈩㈠癸亥，秦王世民至長安，斬薛仁杲於市，賜常達帛三百段㊂，贈劉感平原郡公㊃，謚忠壯，撲殺㊄仵士政於殿庭，以張貴尤淫暴，腰斬之。上享勞將士，因謂群臣曰：「諸公共相翊戴㊅，以成帝業，若天下承平(二八)，可共保富貴，使王世充得志，公等豈有種(二九)乎！如薛仁杲君臣，豈可不以為前鑑(三〇)也！」己巳，以劉文靜為戶部尚書，領陝東道行臺左僕射，復殷開山爵位(三一)。

(廿)李密驕貴日久，又自負(三二)歸國之功，朝廷待之不副(三三)本望，鬱鬱不樂，嘗遇大朝會，密為光祿卿(三四)，當進食，深以為恥，退以告左武衛大將軍(三五)王伯當，伯當心亦怏怏(三六)，因謂密曰：「天下事在公度內(三七)耳，今東海公(三八)在黎陽，襄陽公在羅口(三九)，河南兵馬，屈指可計(四〇)，豈得久如此(四一)也！」密大喜，乃獻策於上曰：「臣虛蒙(四二)寵，安坐京師，曾無報效(四三)，山東之眾，皆臣故時(四四)麾下，請往收而撫之，憑藉國威，取王世充如拾地芥(四五)耳。」上聞密故將士，多不附世充，亦欲遣密往收之；羣臣多諫曰：「李密狡猾(四六)好反，今遣之，如投魚於泉，放虎於山，必不反矣。」上曰：「帝王自有天命，非小子所能取(四七)，借使(四八)叛去，如以蒿箭射蒿中耳(四九)，今使二賊交鬭(五〇)，吾可以坐收其弊(五一)。」辛未，遣密詣山東，收其餘眾之未下者(五二)，密請與賈閏甫偕行，上許之，命密及閏甫同升御榻，賜食傳，飲卮酒(五三)，曰：「吾三人同飲是酒，以明同心，善建功名，以副朕意。丈夫一言許人，千金不易(五四)，有人確執(五五)不欲弟行，朕推赤心於弟，非他人所能間(五六)也。」密、閏甫再拜受命，上又以王伯當為密副而遣之。【考異】高祖實錄：「未幾，聞其下兵皆不附王世充，令密收集餘眾以圖洛陽。密言於高祖曰，臣入朝日淺，不願違離；又在朝公卿，未甚委信，願得陛下腹心左右與臣同去。高祖曰，朕推赤心於人，終無疑阻，但有益國利人，即當專決。」今從蒲山公傳。

(廿三)有大鳥五集(五七)於樂壽(五八)，群鳥數萬從之，經日(五九)乃去，竇建德以為己瑞，改元五鳳。宗城(六〇)人有得玄圭獻於建德者，宋正本及景城(六一)丞會稽孔德紹皆曰：「此天所以賜大禹也(六二)，請改國號曰夏。」建德從之，以正本為納言(六三)，德紹為內史侍郎(六四)(六五)。初，王須拔掠幽州(六六)，中流矢死，【考異】革命記云：「須拔眾散，奔突厥，突厥以為南面可汗。」今從唐書。其將魏刀兒代領其眾，據深澤，掠冀定之間(六七)，眾至十萬，自稱魏帝，建德偽與連和，刀兒弛備(六八)，建德襲擊，破之，遂圍深澤，其徒執刀兒降，建德斬之，盡幷(六九)其眾(七〇)。易定等州皆降，唯冀州刺史麴稜不下(七一)，稜壻崔履行，暹之孫也(七二)，自言有奇術，可使攻者自敗，稜信之，履行命守城者皆坐，毋得妄鬭，曰：「賊雖登城，汝曹勿怖，吾將使賊自縛。」於是為壇，夜設章醮(七三)，然後自衣衰絰(七四)，杖竹，登北樓慟哭，又令婦女升屋，四面振裙(七五)。建德攻之急，稜將戰，履行固止之，俄而城陷，履行哭猶未已，建德見稜曰：「卿忠臣也。」厚禮之，以為內史令(七六)。

【今註】(一)相望於道：猶絡繹於途。(二)徒：徒屬。(三)擁眾：據有士眾。(四)解甲：脫去鎧甲而不事武職。(五)連城數百：每邑一城，故連城亦即連邑之意。(六)比於竇融，功亦不細：細，小。竇融以河西歸漢光武，李密自謂過之。(七)台司：指尚書省、中書省、及門下省之令卿而言。(八)見處：相處。(九)累日：猶數日。(一〇)光祿卿：《舊唐書・職官志》三：「光祿寺，卿一員，從三品。卿之職掌邦國酒醴膳羞之事。」(一一)上柱國：《舊唐書・職官志》一：「上柱國，正第二品，勳官。」(一二)邢國公：同上：「嗣王、郡王、國公，從第一品，爵。」(一三)或來求賄：謂或來求索貨財。(一四)舅子獨孤氏妻之：子古代兼指男女而言，此謂舅父之女。(一五)李密將至……以舅子獨孤氏妻之：按此段雖本自《舊唐書・李密傳》，而間有溢出。(一六)鄧州：《舊唐書・地理志》二：「山南東道、鄧州，隋南陽郡，武德二年改為鄧州。」(一七)危懼：以為危殆，而甚惶懼。(一八)併力：合力。(一九)若復：《舊唐書・忠義呂子臧傳》，若復作若更，皆係再意。(二〇)遷延：遷移延遲。(二一)稍集：漸集。(二二)致死於我：謂與我死戰。(二三)冠軍：《舊唐書・地理志》二：「山南東道、鄧州，武德六年，省順陽入冠軍，貞觀元年，省冠軍入新城。」蓋此時尚沿隋之舊置。㉔膺：胸。㉕謂元規曰，老夫今坐公死矣：按〈呂子臧傳〉作：「子臧謂元規曰：『言不見納，以至於此，老夫今坐公死矣。』」核此乃數責元規之語，必須添此二句，意義方足，決不可刪，當從補入。坐猶因、由。㉖南陽：即鄧州。㉗方伯：謂四方諸侯之伯。㉘麾下：猶部下。㉙鄧州刺史呂子臧……元規亦死：按此段乃錄自《舊唐書・忠義呂子臧傳》，字句大致相同。㉚內外諸軍事：胡三省曰：「內外諸軍事上，當有總督二字。」㉛倨見李密：見李密甚倨。㉜徐文遠復入東都……吾何敢不拜：按此段乃錄自《舊唐書・儒學徐文遠傳》，字句大致相同。㉝武陟：《舊唐書・地理志》二：「河北道、懷州、武陟縣，漢懷縣地，故城在今縣西。」㉞陟州：同上：「懷州、修武縣，武德二年李原德（《舊唐書・高季輔傳》作李厚德，原乃厚之訛。）以縣東北濁鹿城歸順，因置陟州及修武縣。」㉟育德，諤之孫也：李諤仕隋為治書侍御史，《隋書》有傳。㊱北海：《隋書・地理志》中：「北海郡，舊置青州，大業初置北海郡。」㊲子城：即內城。㊳明經：劉蘭成蓋嘗應明經科，因稱之。又蘭成為隋末人，則明經之科，隋已有之。㊴糾合：聚集。㊵見：音現。㊶宋書佐：《隋書・百官志》下，煬帝時改諸郡行參軍為行書佐。㊷喜譟：歡喜而大譟呼。㊸芟草：刈草。㊹分為百餘積：積猶今言之堆。㊺抄取：抄掠奪取。㊻仍一時：因同時。㊼鉦：鐸鐲鐃之屬，音征。㊽前者：前次。㊾總至：皆至。㊿招諭：招誘告諭。(51)撫存：安撫存問。(52)資送：謂給以行資而護送之。(53)安堵：猶安居。(54)海陵：《隋書・地理志》下，海陵縣屬江都郡。(55)熟食：即乾糧。(56)倍道：謂晝夜兼程。(57)負擔：負，背負；

擔，挑擔。（五八）燒器：鍋釜之屬。（五九）擇空：揀選行列空疏之處。（六〇）號：軍號。（六一）比肩：並肩。（六二）巡營：巡行其營中。（六三）更號：持更之號。（六四）營食：猶為食。（六五）驚擾：驚恐擾亂。（六六）按自初北海賊帥綦公順。至公順以眾附之，密敗亦來降一段，所述未免太為瑣細，且其人及事，亦無關重要，自宜力加刪削，以求簡淨。（六七）冠軍司兵：《隋書．百官志》下：「冠軍、輔國二將軍為從六品。」則其府司兵，當在流外之列。（六八）移檄：移，《唐六典》卷一：「尚書省左右司郎中，諸司自相質問，其義有三，曰關、刺、移。移謂移其事於他司。」檄，官文書之通稱。（六九）漢中：隋避諱，以漢中為漢川郡，唐武德元年，置梁州總管府。（七〇）太府少卿：《舊唐書．職官志》三：「太府寺，少卿二員，從四品上。」（七一）附襲譽籍於宗正：《舊唐書．李襲志傳》：「襲志本隴西狄道人。」與唐室祖先之籍貫相同，故遂以之附於屬籍，又宗正寺之職，乃掌天子族親屬籍，以別昭穆。（七二）隋末羣盜起……襲志之弟也。按此段乃錄自《舊唐書．李襲志附襲譽傳》，字句頗為相同。（七三）淅州：《舊唐書．地理志》二：「山南東道，鄧州、內鄉縣，漢淅（據通鑑當改作淅）縣地，後周改為中鄉，隋改為內鄉，武德元年置淅州。」（七四）左武候大將軍：按隋書百官志下：「左右武候大將軍，正三品。」而《唐六典》及《舊唐書．職官志》，俱無此名，未審何故。唐之大將軍皆正三品，由之可推此亦必正三品也。（七五）滑州：《舊唐書．地理志》一，滑州屬河南道。（七六）隙：釁隙。（七七）猜懼：猜疑畏懼。（七八）浸弱：漸弱。（七九）仁杲：按上卷皆作仁果，此段則皆作仁杲，致使前後互相違異。（八〇）宗羅睺：按隋唐時，有多人以羅睺為名，如隋有周羅睺，見《隋書》本傳，唐有慕容羅睺，載《舊唐書．薛舉傳》，皆是。原羅睺乃係佛嫡子羅睺羅之省稱。而多人皆採以為名，亦足見隋唐時佛教流行之盛烈，及命名之時代風尚矣。(八一)沮喪：失望灰心。(八二)閉壘：閉壘門。(八三)奮：奮發。(八四)淺水原：《元和郡縣志》卷三：「關內道、邠州、宜祿縣，有淺水原，為今縣理所。」(八五)併兵：合兵。(八六)世民帥驍騎數千：按《舊唐書．太宗紀》數千作數十，又下之二千餘騎，亦作二十餘騎，蓋太宗常喜率數騎馳入敵陣，故此遂皆言其僅為數十騎；而《通鑑》則以如此少數之人，難以克敵，因俱改為千字。其實於太宗言，則二數俱有其可能也。(八七)表裏：內外。(八八)呼聲動地：謂呼喊之聲，震動天地。(八九)叩馬：攔馬。(九〇)按兵：猶停兵。(九一)破竹之勢：《晉書．杜預傳》：「預曰：『兵威已振，譬如破竹，數節之後，迎刃而解。』」(九二)投下：謂投於城下而歸降也。(九三)造：至。(九四)隴外：亦即隴西、隴右。(九五)特：猶只。(九六)若緩之：謂若緩而不追。(九七)折墌：《元和郡縣志》卷三：「關內道、涇州保定縣，折墌故城在縣東十里，西魏涇州刺史乙弗貴所築，隋末薛舉屯據於此城。」(九八)疑間：懷疑間隔。(九九)薛仁杲之為太子也……賊畏威銜恩，皆願效死：按此一大段乃併合《舊唐書．太宗紀》及〈薛舉附仁杲〉二文而成，然字句仍有出入。(一〇〇)王府文學：自隋時，親王府有文學。(一〇一)陛下何怨焉：謂陛下何必怨之乎！(一〇二)懷服之民：懷來歸服之民。(一〇三)撫：安撫。(一〇四)傲色：驕傲之神色。(一〇五)上使李密迎秦王世民……何以定禍亂乎：按此段乃錄自《舊唐書．太宗紀》，字句大致相同。(一〇六)員外散騎常侍：正五品。(一〇七)秦州刺史：《舊唐書．地理志》三：「隴右道、秦州中都督府，隋天水郡，武德二年平薛舉，改置秦州。」(一〇八)暮撫以恩信：按恩信一辭，為隋唐時之所常用，其略見於載籍者，如《舊唐書．徐有功傳》：「為政寬仁，不行杖罰，吏人感其恩信。」同書〈李林甫傳〉：「以堅皇太子妃兄，引居要職，示結恩信，實圖傾之。」又同書〈郭子儀傳〉：「懷恩本臣偏將，其下皆臣之部曲，臣恩信嘗及之。」皆其例也。恩信謂恩德而有信用。⑲歸首：歸服自首。⑳詔以員外散騎常侍姜謩……士民安之：按此數句乃錄自《舊唐書・姜謩傳》，字句大致相同。㉑秘書丞：《唐六典》卷十：「秘書省丞一人，從五品上，掌判省事。」㉒乘傳：乘傳車。㉓陽翟：《隋書・地理志》中，陽翟縣屬襄城郡。㉔魏公：隋皇泰主封李密之爵號。㉕利主之敗：謂以主之敗為有利。㉖邀：求。㉗啟魏公：按啟乃文書之一種。《唐六典》卷一左右司郎中條：「凡下之所以達上，其制亦有六，曰表、狀、牋、啟、辭、牒。表上於天子，其近臣亦為狀，牋啟於皇太子，然於其長亦為之。」核《王勃集》有〈上武侍極啟〉，末云：「伏雷門而假息，謹啟。」由之可洞知其格制矣。此啟乃上啟於魏公而使知之。㉘無表：無上天子之表疏。㉙具言：備言。㉚不背德：謂不背違有恩德之人。㉛宋州：《舊唐書・地理志》一：「河南道、宋州，隋之梁郡，武德四年，平王世充，置宋州。」㉜委之選補：委任之使其得銓選補授。㉝蒲反：《漢書・地理志》作蒲反，後則作蒲坂。㉞賜常達帛三百段：《唐六典》卷三吏部郎中條：「凡賜物十段，則約率而給之，絹三匹、布三端、（注：「羅錦綾緞、紗谷絁紬之屬，以四丈為匹，布則五丈為端，綿則六兩為屯。」）綿四屯。若雜綵十段，則絲布二匹、紬二匹、綾二匹、縵四匹。若賜蕃客，錦綵率下段，則錦一張、綾二匹、縵三匹、綿四屯。」㉟郡公：《舊唐書・職官志》一：「郡公、正第二品。」㊱撲殺：擊殺。㊲翊戴：輔戴。㊳承平：

謂相繼而太平也。㉙種：指子孫言。㉚前鑑：前車之鑑。㉛復殷開山爵位：先是，劉文靜、殷開山皆以淺水原之敗，除名。㉜自負：自恃。㉝不副：不符合。㉞光祿卿：《唐六典》卷十五：「光祿卿之職，掌邦國酒醴膳羞之事，總大官珍羞良醞，掌醢四署之官屬，修其儲備，謹其出納。朝會燕饗，則節其等差，量其豐約，以供焉。」㉟左武衞大將軍：《舊唐書・職官志》一：「左右武衞大將軍，正第三品。」㊱快快：心不滿足。㊲度內：計劃之中。㊳東海公：密封徐世勣為東海公。㊴襄陽公在羅口：胡三省曰：「襄陽公未知為誰，按密將張善相時為伊州刺史，據襄城，自襄城北出則羅口。蓋李密封善相為襄城公，伯當指言之也。襄陽公疑當作襄城公。」㊵屈指可計：謂不久可來歸密。㊶久如此：謂久居人之下。㊷虛蒙：猶空蒙，徒蒙。㊸報效：報答效勞。㊹故時：舊時。㊺拾地芥：顏師古曰：「地芥謂草芥之橫在地上者，俯而拾之，言易而必得也。」㊻狡猾：詭譎多端。㊼非小子所能取：謂小子決不能取得帝王。㊽借使：假使。㊾如以蒿箭射蒿中耳：胡三省曰：「蒿，蓬蒿之屬，叢生於地，人皆賤其無用；剡蒿為箭，射之蒿中，言其無用，而不足惜也。北齊源文宗曰：『國家視淮南，同於蒿箭。』蓋蒿箭之言尚矣。」㊿交鬭：相鬭。(51)弊：困弊。(52)未下者：未投降於王世充者。(53)巵酒：杯酒。(54)千金不易：雖與之千金，亦不改易。(55)確執：堅執。(56)間：離間。(57)集：降。(58)樂壽：《隋書・地理志》中，樂壽縣屬河間郡。(59)經日：謂經一日。(60)宗城：《隋書・地理志》中：「清河郡、宗城縣，舊曰廣宗，仁壽元年改。」(61)景城：《隋書・地理志》中：「河間郡、景城，舊曰成平，開皇十八年改。」(62)此天所以賜大禹也：

禹平水土，錫玄圭，告厥成功，蓋堯錫之也。(六三)納言：《隋書・百官志》下：「門下省，納言二人，正三品。」(六四)內史侍郎：《隋書・百官志》下：「內史侍郎，正四品。」(六五)有大鳥五集於樂壽……德紹為內史侍郎：按此段乃錄自《舊唐書・竇建德傳》，字句大致相同。(六六)幽州：《隋書・地理志》中：「涿郡，舊置幽州，後周平齊，改置總管府，大業初府廢。」蓋此又復改用舊名。(六七)據深澤，掠冀定之間：《隋書・地理志》中，深澤縣屬博陵郡。又博陵郡舊置定州，信都郡舊置冀州，此蓋俱復用舊名。(六八)弛備：弛鬆守備。(六九)盡幷：盡併合。(七〇)初王須拔掠幽州……盡幷其眾：按此段乃錄自《舊唐書・竇建德傳》，而間有溢出。(七一)不下：不降。(七二)崔履行，暹之孫也：崔暹事齊高氏，父子以不畏強禦用。(七三)夜設章醮：乃道家所作之法事。(七四)衰絰：居喪之服，音ㄘㄨㄟ、ㄉㄧㄝˊ。(七五)振裙：謂將裙向空中振抖。(七六)內史令：《隋書・百官志》下：「內史令，正三品。」

㈠十二月，壬申，詔以秦王世民為太尉，使持節㊀陝東道大行臺，其蒲州河北諸府兵馬㊁，竝受節度。

㈡癸酉，西突厥曷娑那可汗自宇文化及所來降㊂。

㈢隋將堯君素守河東，上遣呂紹宗、韋義節、獨孤懷恩相繼攻之，俱不下。時外圍嚴急，君素為木鵞，置表㊃於頸，具論事勢㊄，浮之於河，河陽守者得之，達於東都，皇泰主見而嘆息㊅，拜君素金紫光祿大夫㈦。龐玉、皇甫無逸自東都來降，上悉遣詣城下，為陳㈧利害，君素不從。【考異】高祖實錄，令宇文士及為陳利害。按宇文化及為竇建德所擒，士及乃自歸於唐，實錄誤也。今從隋書。又賜金券㈨，許以不死，其妻又至城下謂之曰：「隋室已亡，君何自苦！」君素曰：「天下名義㈩，非婦人所知。」引弓射之，應弦而倒㈠。【考異】實錄云，妻號慟而去，今從隋書。君素亦自知不濟㈢，然志在守死㈢，每言及國家，未嘗不歔欷㈣，謂將士曰：「吾昔事主上於藩邸㈤，大義不得不死，必若隋祚永終，天命有屬㈥，自當斷頭，以付諸君，聽君等持取富貴。今城池甚固，倉儲豐備，大事猶未可知，不可橫生㈦心也。」君素性嚴明，善御眾㈧，下莫敢叛，久之，倉粟盡，人相食，又獲外人，微知㈨江都傾覆。丙子，君素左右薛宗、李楚客殺君素以降㈩，傳首長安。君素遣朝散大夫㈡解人㈢王行本將精兵七百在他所，聞之，赴救不及，因捕殺君素者黨與數百人，悉誅之，復乘城㈢拒守，獨孤懷恩引兵圍之。

㈣丁酉，隋襄平太守鄧暠以柳城、北平二郡來降，以暠為營州總管㈣。

㈤辛巳，太常卿鄭元璹擊朱粲於商州〔二五〕，破之。

㈥初，宇文化及遣使招羅藝，藝曰：「我隋臣也。」斬其使者，為煬帝發喪，臨三日〔二六〕。竇建德、高開道各遣使招之，藝曰：「建德、開道皆劇賊耳，吾聞唐公已定關中，人望歸之〔二七〕，此真吾主也，吾將從之，敢沮〔二八〕議者斬。」會張道源慰撫山東，藝遂奉表，與漁陽、上谷〔二九〕等諸郡皆來降，癸未，詔以藝為幽州總管〔三〇〕。【考異】創業注，藝以武德元年二月降。舊云三年，新書云二年，皆誤也。今從實錄。薛萬均、世雄之子也〔三一〕，與弟萬徹，俱以勇略為藝所親待，詔以萬均為上柱國、永安郡公〔三二〕，萬徹為車騎將軍、武安縣公〔三三〕〔三四〕。竇建德既克冀州，兵威益盛，帥眾十萬寇幽州，藝將逆戰〔三六〕，萬均曰：「彼眾我寡，出戰必敗，不若使羸兵〔三七〕背城〔三八〕阻水為陳，彼必度水擊我，萬均請以精騎百人，伏於城旁，俟其半度擊之，蔑〔三九〕不勝矣。」藝從之。建德果引兵度水，萬均邀擊〔四〇〕，大破之〔四一〕，建德竟不能至其城下，乃分兵掠霍堡〔四二〕及雍奴〔四三〕等縣，藝復邀擊，敗之，凡相拒百餘日，建德不能克，乃還樂壽。藝得隋通直謁者〔四四〕溫彥博，以為司馬。藝以幽州歸國，彥博贊成之，詔以彥博為幽州總管府長史，未幾，徵為中書侍郎，兄大雅時為黃門侍郎，與彥博對居近密㊺㊻，時人榮之。

㈦以西突厥曷娑那可汗為歸義王㊼，曷娑那獻大珠，上曰：「珠誠至寶，然朕寶王赤心㊽，珠無所用。」竟還之㊾。

㈧乙酉，車駕幸周氏陂，過故墅㊿。

㈨初光豪旁企地(51)以所部附薛舉，及薛仁杲敗，企地來降，留長安，企地不樂，帥其眾數千，叛入南山，出漢川(52)，所過殺掠，武候大將軍龐玉擊之，為企地所敗，行至始州(53)，掠女子王氏與俱，醉臥野外，王氏拔其佩刀，斬首送梁州(54)，其眾遂潰，詔賜王氏號為崇義夫人(55)。

㈩壬辰，王世充帥眾三萬圍穀州(56)，刺史任瓌拒却之。

(十一)上使李密分其麾下之半留華州(57)，將其半出關。長史張寶德預在行中，恐密亡去，罪相及，上封事(58)，言其必叛，上意乃中變，又恐密驚駭，乃降敕書勞來，令密留所部徐行，單騎入朝，更受節度(59)。密至稠桑，得敕，謂賈閏甫曰：「敕遣我去，無故復召我還，天子歸(六〇)云：『有人確執不許，』此讖行矣。吾今若還，無復生理(六一)，不若破桃林縣(六二)，收其兵糧，北走度河，比信(六三)達熊州(六四)，吾已遠矣。苟得至黎陽，大事必成(六五)。公意如何？」闓甫曰：「主上待明公甚厚，況國家姓名(六六)，著在圖讖(六七)，天下終當一統，明公既已委質(六八)，復生異圖(六九)，任瓌、史萬寶據熊穀(七〇)二州，此事朝舉，彼兵夕至，雖克桃林，兵豈暇集(七一)，一稱叛逆，誰復容人(七二)！為明公計，不若且應朝命，以明元無異心，自然浸潤(七三)不行，更欲出就山東，徐思其便(七四)，可也。」密怒曰：「唐使吾與絳灌(七五)同列，何以堪(七六)之！且讖文之應，彼我所共(七七)，今不殺我，聽使東行，足明王者不死(七八)，縱使唐遂定關中，山東終為我有，天與不取，乃欲束手投人(七九)！公、吾之心腹，何意如是(八〇)！若不同心，當斬而後行。」闓甫泣曰：「明公雖云應讖，近察天人(八一)，稍已相違，今海內分崩(八二)，人思自擅(八三)，強者為雄，明公奔亡甫爾(八四)，誰相聽受。且自翟讓受戮之後，人皆謂明公棄恩忘本，今日誰肯復以所有之兵，束手委公(八五)乎？彼必慮公見奪，逆相拒抗，一朝失勢，豈有容足之地哉。自非荷恩殊厚㈧者，詎㈦肯深言不諱㈧乎。願明公熟思之，但恐大福不再，苟明公有所措身㈨，閆甫亦何辭就戮㈩。」密大怒，揮刃㈨欲擊之，王伯當等固請，乃釋之。閆甫奔熊州，伯當亦止密以為未可，密不從。伯當乃曰：「義士之志，不以存亡易心㈨，公必不聽，伯當與公同死耳，然恐終無益也。」密因執使者斬之。庚子旦，密紿㈨桃林縣官㈨曰：「奉詔暫㈨還京師，家人請寄縣舍，乃簡驍勇數十人，著婦人衣，戴羃䍦㈨，藏刀裙下，詐為㈨妻妾，自帥之入縣舍，須臾，變服突出，因據縣城，驅掠徒眾，直趣南山，乘險㈨而東，遣人馳告故將伊州㈨刺史、襄城㈩張善相，令以兵應接。

㈩右翊衞將軍史萬寶鎮熊州，謂行軍總管盛彥師曰：「李密驍賊也，又輔以王伯當，今決策㈩而叛，殆不可當也。」彥師笑曰：「請以數千之眾邀之㈩，必梟其首。」萬寶曰：「公以何策能爾？」彥師曰：「兵法尚詐，不可為公言之。」即帥眾踰熊耳山㈩，南據要道，令弓弩夾路乘高，刀楯伏於溪谷㈩，令之曰：「俟賊半度，一時⑮俱發。」或問曰：「聞李密欲向洛州⑯，而公入山，何也？」彥師曰：「密聲言⑰向洛，實欲出人不意，走襄城就張善相耳。若賊入谷口，我自後追之，山路險隘，無所施力，一夫殿後⑱，必不能制，今吾先得入谷，擒之必矣。」李密既度陝，以為餘不足慮⑲，遂擁眾徐行，果踰山南出，彥師擊之，密眾首尾斷絕，不得相救，遂斬密及伯當，俱傳首長安。【考異】河洛記：「密因執驛使者斬之，城曉入桃林，詐縣官，翻據縣，城中驚悸，莫敢當者，驅掠畜產，趨南山。時左翊衞將軍、上柱國、太平公史萬寶在熊州，既聞密叛，遣將劉善武領兵追躡，善武兄善績往在洛口，為密所屠，善武因此發憤，志在取密，十日十夜，倍道兼行，百方羅捕，無暫休息。追至陸渾縣南七十里，與密相及，連戰轉鬬，一步一前，驅密於邢公山，與王伯當死之。」今從實錄及舊書。彥師以功賜爵葛國公，仍領熊州⑳㉑。李世勣在黎陽，上遣使以密首示之，告以反狀㉓，世勣北面拜伏號慟㉒，表請收葬，詔歸其尸㉔，世勣為之行服㉕，備君臣之禮，大具㉖儀衞，舉軍縞素㉗，葬密於黎陽山南。密素得士心，哭者多歐血㉘㉙。

⒀隋右武衞大將軍李景守北平㉚，高開道圍之，歲餘不能克，遼西㉛太守鄧暠將兵救之，景帥其眾，遷於柳城㉜，後將還幽州，於道為盜所殺，開道遂取北平㉝，進陷漁陽郡㉞，有馬數千匹，眾且

萬，自稱燕王，改元始興，【考異】實錄唐書皆無開道年號，柳燦注正閏位曆，六年號天成，李昉歷代年號亦如之。宋庠紀年通譜，武德元年，開道年號始興，云出歷代紀要。此號未知孰是，今從紀要。都漁陽。

(十四)懷戎(二五)沙門高曇晟因縣令設齋，士民大集，曇晟與僧五千人(二六)擁齋眾而反，殺縣令及鎮將(二七)，自稱大乘(二八)皇帝，立尼靜宣為邪輪皇后，改元法輪，遣使招開道立為齊王，開道帥眾五千人歸之，居數月，襲殺曇晟，悉幷(二九)其眾(三〇)。

(十五)有犯法不至死者，上特命殺之，監察御史(三一)李素立諫曰：「三尺法(三二)、王者所與天下共也，法一動搖，人無所措手足(三三)。陛下甫創洪業，奈何棄法，臣忝法司(三四)，不敢奉詔。」上從之，自是特承恩遇(三五)，命所司授以七品清要官，所司擬雍州司戶(三六)，上曰：「此官要而不清。」又擬祕書郎(三七)，上曰：「此官清而不要。」遂擢授侍御史(三八)。素立，義深之曾孫(三九)也(四〇)。

(十六)上以舞胡(四一)安比奴(四二)為散騎侍郎(四三)，禮部尚書李綱諫曰：「古者樂工不與士齒(四四)，雖賢如子野、師襄(四五)，皆世不易其業(四六)，唯齊末(四七)封曹妙達為王，安馬駒為開府(四八)，有國家者以為殷鑑(四九)。今天下新定，建義(五〇)功臣行賞未遍，高才碩學(五一)猶滯草萊(五二)，而先擢舞胡為五品，使鳴玉(五三)曳組(五四)，趨翔(五五)廊廟，非所以規模(五六)後世也(五七)。」上不從，曰：「吾業已(五八)授之，不可追(五九)也。」陳嶽論曰：「受命之主，發號出令，為子孫法，一不中理(六〇)，則為厲階(六一)。今高祖曰：『業已授之不可追。』苟授之而是，則已(六二)，授之而非，胡(六三)不可追歟！君人之道不得不以業已授之為誡哉(六四)。」

(七)李軌吏部尚書梁碩有智略(六五)，軌常倚之以為謀主，碩見諸胡浸盛(六六)。陰勸軌宜加防察(六七)，由是與戶部尚書安修仁有隙。軌子仲琰嘗詣碩，碩不為禮，乃與脩仁共譖碩於軌，誣以謀反，軌酖(六八)碩，殺之。有胡巫(六九)謂軌曰：「上帝當遣玉女自天而降。」軌信之，發民築臺以候玉女，勞費甚廣(七〇)。河右(七一)饑，人相食，軌傾家財以賑之，不足，欲發倉粟，召群臣議之。曹珍等皆曰：「國以民為本，豈可愛倉粟而坐視其死乎？」謝統師等皆故隋官，心終不服，密與羣胡為黨，排(七二)軌故人，乃詬(七三)珍曰：「百姓饑者，自是羸弱(七四)，勇壯之士，終不至此。國家倉粟以備不虞，豈可散之以飼羸弱！

僕射苟悅㉕人情，不為國計，非忠臣也。」軌以為然，由是士民離怨㉖㉗。

【今註】㈠使持節：較持節之權為大，得先斬部下將吏之違法者，然後奏聞。㈡其蒲州河北諸府兵馬：復以河東郡為蒲州，河北謂大河以北黎相之地，諸府、諸總管府。㈢西突厥曷娑那可汗自宇文化及所來降：隋煬帝以曷娑那自從，煬帝弒，從化及，故今自化及所來降。㈣置表：置表疏。㈤具論事勢：詳論大事之形勢。㈥嘆息：含慨嘆及贊許二意。㈦金紫光祿大夫：《隋書・百官志》下：「金紫光祿大夫、正三品。」㈧陳：說。㈨又賜金券：按金券即鐵券，所以賜功臣以宥其死罪也。《周禮・司約》鄭注：「今俗語有丹書鐵券，然則此約誓之詞，刻在鐵券也。」是周室已有此制矣。厥後漢代因之。《漢書・高帝紀》：「又與功臣剖符作誓，丹書鐵契，金匱石室，藏之宗廟。」補注引《通鑑》胡注：「以鐵為契，以丹書之，謂以丹書盟誓之言於鐵券。」是鐵券之制灼然可觀，降至隋唐，施用益頻，其見於簡牘者，《隋書・李穆傳》：「進封安武郡公，賜以鐵券，恕其十死。」同書〈鄭譯傳〉：「高祖逾加親禮，俄而進位上柱國，恕以十死。」《舊唐書・劉文靜傳》：「文靜初為納言時，有詔以太原元謀立功，尚書令秦王某、尚書左僕射裴寂及文靜，特恕二死。」同書〈劉武周附苑君璋傳〉：「君璋所部，稍稍離散，勢蹙請降，高祖許之，遣使賜以金券。」同書〈桓彥範傳〉：「仍以彥範等五人，嘗賜鐵券，許以不死，乃長流彥範於瀼州。」同書〈梁崇義傳〉：「時羣兇方自疑阻，朝廷將仗大信，欲來而安之，賜鐵券誓之。」又同書〈李懷光傳〉：「詔加太尉，兼賜鐵券。懷光怒甚，投券於地曰：『凡人臣反則賜鐵券，今授懷光，是使反也。』」凡此，皆授鐵券之實證，及其有關之用意焉。⑩天下名義：謂君臣之義。⑪應弦而倒：謂應弦聲而倒。⑫不濟：不成。⑬守死：守死節。⑭歔欷：啼貌。⑮吾昔事主上於藩邸：《隋書・誠節堯君素傳》：「煬帝為晉王時，君素以左右從。」故云然。⑯天命有屬：謂天命另有所屬。⑰橫生：猶亂生。⑱御眾：統御士眾。⑲微知：稍知。⑳隋將堯君素守河東……殺君素以降：按此段乃錄自《隋書・堯君素傳》，字句大致相同。㉑朝散大夫：《隋書・百官志》下：「朝散大夫、從五品。」㉒解人：《舊唐書・地理志》二：「河東道、河中府、解縣，隋虞鄉縣，武德元年改為解縣，屬虞州，蒲州別置虞鄉縣。」㉓乘城：憑城。㉔襄平太守鄧暠以柳城、北平二郡來降，以暠為營州總管：《隋書・地理志》中：「遼西郡，舊置營州，開皇初置總管府。統有柳城，後魏置營州於和龍城，領襄平等縣。」唐初復以遼西郡為營州。又：「北平郡，舊置平州，大業初，置北平郡。」㉕商州：《隋書・地理志》中：「上洛郡、舊置洛州，後周改為商州，大業初復置。」此則復改用舊稱。㉖臨三日：哭臨三日。㉗人望歸之：人皆希望歸之。㉘沮：敗壞。㉙漁陽、上谷：皆郡名，在今河北省界。㉚幽州：《舊唐書・地理志》二：「河北道、幽州大都督府，隋為涿郡，武德元年，改為幽州總管府。」㉛初宇文化及遣使招羅藝……詔以藝為幽州總管：按此段乃錄自《舊唐書・羅藝傳》，字句大致相同。㉜薛萬均世雄之子：薛世雄死見卷一百八十四義寧元年。㉝上柱國永安郡公：《舊唐書・

職官志》一，開國郡公、上柱國，皆正二品。㉞車騎將軍武安縣公：同上，車騎將軍乃諸衛郎將之職，正五品，縣公從二品。㉟薛萬均世雄之子也……武安縣公：按此段乃錄自《舊唐書・薛萬徹傳》，字句大致相同。㊱逆戰：迎戰。㊲羸兵：弱兵。㊳背城：謂背後依城。㊴蔑：無。㊵邀擊：攔擊。㊶竇建德既克冀州……萬均邀擊大破之：按此段乃錄自《舊唐書・薛萬徹附萬均傳》，字句大致相同。㊷霍堡：胡三省曰：「霍堡，蓋世亂，霍氏宗黨築堡以自固，因以為名。」㊸雍奴：《舊唐書・地理志》二：「河北道、幽州大都督府，武清、後漢雍奴縣，屬漁陽郡，歷代不改，天寶元年改為武清。」㊹通直謁者：《隋書・百官志》下：「煬帝時，謁者臺置司朝謁者二人，從五品，通事謁者二十人，從六品，次有議郎二十四人，通直三十六人，皆掌出使。」㊺徵為中書侍郎，兄大雅時為黃門侍郎，與彥博對居近密：黃門侍郎居門下省，謂之東省，中書侍郎居中書省，謂之西省，故曰對居近密。㊻藝得隋通直謁者溫彥博……與彥博對居近密：按此段乃錄自《舊唐書・溫大雅附彥博傳》，字句大致相同。㊼歸義王：《舊唐書・突厥傳》下，歸義王作歸義郡王。按同書《職官志》一，王，正一品。㊽赤心：即忠心。㊾以西突厥曷娑那可汗為歸義王……竟還之：按此段乃錄自《舊唐書・突厥傳》下，字句大致相同。㊿幸周氏陂，過故墅：胡三省曰：「周氏陂在高陵縣界，故墅在高陵縣西十里店，上舊所居也。武德六年，名龍躍宮。」(51)旁企地：按《舊唐書・列女魏衡妻王氏傳》，作房企地。(52)叛入南山出漢川：此自長安南山諸谷出漢川，漢川即漢中。(53)始州：《舊唐・書地理志》二：「山南道、始州，隋普安郡，唐改為始州。」(54)梁州：同志：「梁州興元府，隋漢川郡，武德元年置梁州總管府。」(五五)初羌豪旁企地……號為崇義夫人：按此段乃錄自《舊唐書・列女魏衡妻王氏傳》，而間有溢出。(五六)穀州：《舊唐書・地理志》一：「河南道、河南府、新安縣，隋縣，義寧二年置新安郡，武德元年改為穀州。」(五七)華州：同志一：「關內道、華州，隋京兆郡之鄭縣，義寧元年，割京兆之鄭縣、華陰，乃置華山郡，武德元年，改為華州。」(五八)封事：表外加皂囊密封之，名曰封事。(五九)更受節度：謂另受謀謨。(六〇)曏：昔。(六一)無復生理：無生存之道理。(六二)桃林縣：《隋書・地理志》中：「河南郡，桃林縣，開皇十六年置。」(六三)信：使人。(六四)熊州：《舊唐書・地理志》一：「河南道、河南府、福昌縣，隋宜陽縣，義寧二年置宜陽郡，武德元年，改為熊州。」(六五)苟得至黎陽，大事必成：言欲就徐世勣。(六六)國家姓名：此國家指天子言。(六七)圖讖：按唐人於圖讖所言，甚信重之，其見於傳記者，《舊唐書・劉文靜傳》：「唐公名應圖讖，聞於天下。」同傳〈附劉世龍傳〉：「因相解釋圖讖，即定君臣之契。」圖讖亦有作圖籙者。《舊唐書・劉文靜附許世緒傳》：「言於高祖曰：『公姓當圖籙，名應歌謠。』」同書〈姜謨傳〉：「謂所親曰：『隋祚將亡，必有命世大才，以應圖籙。』」亦有作圖牒者。《舊唐書・唐儉傳》：「儉曰：『明公日角龍庭，李氏又在圖牒，天下屬望，非在近朝。』」又有作符讖者。《舊唐書・劉文靜附劉師立傳》：「姓氏又應符讖。」名稱雖不相同，而其為唐人所視為最神靈之墳典，則一也。(六八)委質：謂委贄為臣。(六九)異圖：異計。(七〇)穀州：見上。(七一)兵豈暇集：謂兵卒無暇得以集合。(七二)誰復容人：按此人字，乃指我言，歷代文墨如此用法者頗多，如《漢書・霍光傳》：「山曰：『今丞相用事，縣官信之，不關尚書，益不信人。』」《宋書・劉鍾傳》：「今若緩兵相守，彼將知人虛實。」《晉書・庾敳傳》：「嘗讀老莊曰：『正與人意闇同。』」同書〈赫連勃勃載記〉：「荊吳僻遠，勢不能為人之患。」《隋書・裴蘊傳》：「須臾難作，蘊嘆曰：『謀及播郎，竟誤人事。』」遂見害。」凡諸人字，自皆係我意無疑。(七三)浸潤：《論語・顏淵》：「浸潤之譖」。鄭注：「譖人之言，如水之浸潤，漸以成之也。」(七四)便：便宜之機。(七五)絳灌：周勃、灌嬰。(七六)堪：忍受。(七七)讖文之應，彼我所共：謂讖文乃言姓李者當為天子，而李密與唐俱屬李姓。(七八)王者不死：謂為王者，決不致中途死亡。(七九)東手投人：束縛雙手而投降於人。(八〇)何意如是：謂何料竟持如此議論。(八一)近察天人：近察天道人心。(八二)分崩：分離崩析。(八三)自擅：自專。(八四)奔亡甫爾：奔亡狼狽，方正如此。(八五)委公：委任於公。(八六)殊厚：特厚。(八七)詎：豈。(八八)不諱：謂不知避諱，亦即明言之也。(八九)措身：軀體有所安置。(九〇)就戮：猶被戮。(九一)揮刃：猶舉刀。(九二)不以存亡易心：謂不以存亡之故而變易其心志。(九三)紿：欺，音殆。(九四)縣官：即縣令。(九五)蹔：同暫。(九六)戴羃䍦：《中華古今注》：「羃䍦者，唐武德貞觀年中，宮人騎馬多著羃䍦，而全身障蔽。」《舊唐書・輿服志》：「武德貞觀之時，宮人騎馬者，依齊隋舊制，多著羃䍦，雖發自戎夷，而全身障蔽，不欲途路窺之。王公之家亦同此制。」(九七)詐為：假裝為。(九八)乘險：此謂凌越險要地區。(九九)伊州：《隋書・地理志》中：「河南郡，陸渾縣，又有東魏北荊州，後周改曰和州，開皇初又改曰伊州，大業初州廢。」按此仍沿用開皇時之稱。(一〇〇)襄城：同志：「襄城郡、東魏置北荊州，後周改曰和州，開皇初改為伊州。」(一〇一)決策：決定計策。(一〇二)邀之：

攔截之。⑬熊耳山：熊耳山在熊州南。⑭令弓弩夾路乘高，刀楯伏於溪谷：按《舊唐書・薛萬徹附盛彥師傳》，弓弩及刀楯下俱有者字，雖省略亦可，然苟添益，則意義將更為明晰。⑮一時：猶同時。⑯洛州：謂洛陽。⑰聲言：謂揚聲。⑱殿後：居後為殿軍。⑲李密既度陝，以為餘不足慮：陝州之兵，既不能邀密，密自以為踰山而南，他無邀阻，更不足慮。⑳仍領熊州：領當依〈盛彥師傳〉作鎮。㉑右翊衞將軍史萬寶鎮熊州……賜爵葛國公，仍領熊州：按此段乃錄自《舊唐書・薛萬徹附盛彥師傳》，字句大致相同。㉒反狀：謂謀反叛之經過情形。㉓號慟：號聲慟哭。㉔歸其尸：謂歸還其尸於李世勣。㉕行服：著喪服。㉖大具：猶盛具。㉗舉軍縞素：全軍皆著白色之喪服。㉘歐血：歐通嘔，吐血。㉙李世勣在黎陽……哭者多歐血：按此段乃錄自《舊唐書・李密傳》，字句大致相同。㉚北平：《隋書・地理志》中：「北平郡、盧龍，大業初置北平郡。」㉛遼西：同志中：「遼西郡、舊置營州，開皇初，置總管府。」㉜柳城：屬遼西郡。㉝景帥其眾遷於柳城，後將還幽州，於道為盜所殺，開道遂取北平：按後將還幽州，於道為盜所殺，乃係連述李景以後之結局，殊不知如此敍述，則於下之開道遂取北平，發生間隔，且有許多人事跡，只應逢事載錄，而無庸連敍其以後之事，故後將還幽州，於道為盜所殺諸字，實應全行刪去。㉞漁陽郡：《隋書・地理志》中：「漁陽郡、無終縣，大業初，置漁陽郡。」㉟懷戎：《隋書・地理志》中，懷戎縣屬涿郡。㊱與僧五千人：按《舊唐書・高開道傳》，五千作五十，疑五千過多，當以五十為近是。㊲鎮將：《隋書・百官志》下：「鎮置將副，戍置主副。」㊳大乘：《寶積經》：「諸佛如來正覺所行之道，彼乘名為大乘。」此乃假借以為稱也。㉙幷：合。㉚隋右武衞大將軍李景守北平……悉幷其眾：按此段乃錄自《舊唐書・高開道傳》，字句大致相同。㉛監察御史：《唐六典》卷十三：「監察御史，正八品上。監察御史掌分察百僚，巡按郡縣，糾視刑獄，肅整朝儀。」㉜三尺法：《史記・杜周傳》：「吾為天子決平，不循三尺法。」《集解》：「以三尺竹簡書法律也。」㉝無所措手足：謂手足不知如何安放，方不違法。㉞臣忝法司：臣忝為掌法之有司。㉟特承恩遇：按《舊唐書・良吏李素立傳》，恩遇作恩顧。核此二辭，含意相類，故唐人屬文，遂隨意選用。其採錄恩遇者，例有《舊唐書・嚴挺之傳》：「玄宗思曩日之奏，擢為刑部侍郎，深見恩遇。」同書〈李昭德傳〉：「陛下恩遇至深，蔽過甚厚。」其施使恩顧者，證有《舊唐書・李林甫傳》：「朝廷受主恩顧，不由其門，則構成其罪。」同書〈楊慎矜傳〉：「慎名授大理評事，甚承恩顧。」除此二辭外，尚有與之意義相似者多則，爰略綜錄之。1.顧待。《隋書・梁睿傳》：「高祖受禪，顧待彌隆。」《舊唐書・劉弘基傳》：「太宗即位，顧待益隆。」2.顧遇。《舊唐書・常衮傳》：「上章陳其利害，代宗甚顧遇之。」3.寵遇。《舊唐書・韋見素傳》：「時兵部侍郎吉溫方承寵遇，上意用之。」4.親顧。《舊唐書・宇文士及傳》：「入為右衞大將軍，甚見親顧。」5.恩寵。《舊唐書・李靖附令問傳》：「令問雖特承恩寵，未嘗干預時政。」6.恩光。《舊唐書・韋思謙附承慶傳》：「左右亦既奉承顏色，能不恃託恩光？」7.恩眄。《舊唐書・尉遲敬德傳》：「特賜金銀一篋，此後恩眄日隆。」同書〈李靖附令問傳〉：「略不以恩眄自恃，閑適郊野。」凡上所引，文雖有異，而其賦意，則實相類似。㊱雍州司戶：按李素立傳，作雍州司戶參軍。又核《舊唐書・職官志》三：「上州司功、司倉、司戶、司兵、司法、司士六曹，參軍事各一人，從七品上。」蓋其全稱為司戶參軍，而簡言之，亦可作司戶也。㊲秘書郎：《唐六典》卷十：「祕書郎四人，從六品上。掌四部之圖籍，分庫以藏之。」㊳侍御史：《唐六典》卷十三：「侍御史四人，從六品下。掌糾舉百僚，推鞫獄訟。」㊴素立、義深之曾孫：義深仕北齊，為梁州刺史。㊵有犯法不至死者……素立，義深之曾孫也：按此段乃錄自《舊唐書・良吏李素立傳》，字句大致相同。又此文特以素立武德初為監察御史，時有犯法不至死者，而書列於武德元年之末，然核其實，究係武德元年，抑係二年三年，則誠未可明。惟以時難確知，遂姑附於本年之尾云。㊶舞胡：胡人之善歌舞者。㊷安比奴：《舊唐書・李綱傳》，安比奴作安叱奴。㊸散騎侍郎：〈李綱傳〉，散騎侍郎作散騎常侍。查《舊唐書・職官志》二：「門下省左散騎常侍二人，從三品。魏晉置散騎常侍、侍郎，與侍中、黃門侍郎共平尚書奏事。其後，用人或雜，江左不重此官，或省或置。隋初省散騎侍郎，置常侍四人，從三品。煬帝又省之。武德初，以為加官，貞觀初置常侍二人，隸門下省。」是唐初只置常侍而無侍郎，言侍郎當有誤。惟常侍為從三品，而下云五品，殊有未合，然唐初為加官，則亦可能為三品之常侍也。㊹士齒：與士為伍。㊺子野、師襄：子野，晉樂師師曠字；襄，魯樂師。㊻皆世不易其業：謂皆子孫世襲為之。㊼齊末：指齊後主。㊽開府：《隋書・百官志》中：「北齊，開府儀同三司為從一品。」㊾殷鑑：謂殷商以夏為鑑誡。㊿建義：〈李綱傳〉作起義，是建猶起也。(51)碩學：偉學。(52)草萊：猶草莽。(53)鳴玉：《隋書・禮儀志》

七：「佩，案禮天子佩白玉。董巴，司馬彪云：『君臣佩玉，尊卑有序，所以章德也。』今參用杜夔之法，天子白玉，太子瑜玉，王山玄玉，自王公已下，皆水蒼玉。」鳴玉謂佩玉行時則相撞而鳴。(54)曳組：《舊唐書・輿服志》：「諸珮綬者皆雙綬。三品，紫綬，三綵紫黃赤，純紫質，長一丈六尺，一百八十，首廣八寸。五品，黑綬，二綵，青紺，純紺質，長一丈二尺，一百，首廣六寸。有綬者則有紛，皆長六尺四寸，廣二尺四分，各隨綬色。」按組即綬也。(55)趨翔：翔，行而張拱，二者皆臣行時示敬之貌。(56)規模：猶垂範。(57)上以舞胡安比奴為散騎侍郎……所以規模後世也：按此段乃錄自《舊唐書・李綱傳》，字句大致相同。(58)業已：已經。(59)追：追回或追改。(60)中理：合理。(61)為之厲階：《左傳》隱四年：「若碏曰：『若猶未也，階之為禍。』」此為之厲階即由此變化而成。又由知厲即禍也。全句意為則為禍患之原因。(62)則已：謂則可不加改易。(63)胡：何。(64)不得不以業已授之為誡哉：核上下文意，若改作焉得不以業已授之為誡哉，似較恰妥。(65)智略：智慧謀略。(66)浸盛：漸盛。(67)防察：防備伺察。(68)酖：酖酒，性毒，能致人於死。(69)胡巫：胡人為巫者。(70)甚廣：猶甚巨。(71)河右：此乃指河西諸郡而言。(72)排：排斥。(73)詬：辱詆。(74)自是羸弱：謂自是由於羸弱。(75)苟悅：謂苟且圖悅。(76)離怨：攜離怨恨。(77)李軌吏部尚書梁碩……由是士民離怨：按此段乃錄自《舊唐書・李軌傳》，字句大致相同。

卷一百八十七　唐紀三

起屠維單閼正月，盡十月，不滿一年。（己卯，西元六一九年）

司馬光編集
曲守約　註

高祖神堯大聖光孝皇帝上之下

武德二年（西元六一九年）

㈠春，正月，壬寅，王世充悉取隋朝顯官名士為太尉府官屬㊀，杜淹、戴胄皆預㊁焉。胄，安陽㊂人也。隋將軍王隆帥、屯衛將軍㊃張鎮周、【考異】高祖實錄作鎮州，今從隋書陳稜傳。都水少監㊄蘇世長等，以山南兵始至東都，王世充專總朝政，事無大小，悉關㊅太尉府，臺省監署莫不関㊆然。世充立三牌於府門外，一、求文學才識堪濟時務㊇者，一、求武勇智略能摧鋒陷敵㊈者，一、求身有寃滯，擁抑不申者㊉。於是上書陳事，日有數百，世充悉引見，躬自省覽㊀，殷勤慰諭㊁，人人自喜，以為言聽計從，然終無所施行。下至士卒廝養㊂，世充皆以甘言悅之，而實無恩施㊃。隋馬軍總管獨孤武都為世充所親任，其從弟司隸大夫⑮機、與虞部郎⑯楊恭慎、前勃海郡主簿⑰孫師孝、步兵總管劉孝元、李儉、崔孝仁，謀召唐兵，使孝仁說武都曰：「王公徒為兒女之態⑱，以悅下愚⑲，而鄙隘貪忍⑳，不顧親舊㉑，豈能成大業哉！圖讖之文，應歸李氏，人皆知之。唐起晉陽，奄有㉒關內，兵不留行㉓，英雄景附㉔，且坦懷待物㉕，舉善責功㉖，不念舊惡，據勝勢㉗以爭天下，誰能敵之？吾屬託身非所㉘，坐待夷滅㉙。今任管公兵，近在新安㉚，又吾之故人㉛也，若遣間使㉜召之，使夜造㉝城下，吾曹㉞共為內應㉟，開門納之，事無不集矣。」武都從之，事泄，世充皆殺之。恭慎，達之子也㊱。

㈡癸卯，命秦王世民出鎮長春宮㊲。

㈢宇文化及攻魏州㊳總管元寶藏，四旬不克，魏徵往說之，丁未，寶藏舉州㊴來降。

㈣戊午，淮安王神通擊宇文化及於魏縣，化及不能抗，東走聊城㊵；神通拔魏縣，斬獲二千餘人，引兵追化及，至聊城，圍之㊶。

甲子，以陳叔達為納言。

㈤丙寅，李密所置伊州刺史張善相來降。

㈥朱粲有眾二十萬，剽掠漢淮之間㊷，遷徙無常㊸，每破州縣，食其積粟㊹，未盡，復他適㊺，將去，悉焚其餘資㊻，又不務稼穡，民餒死者如積㊼。粲無可復掠，軍中乏食，乃教士卒烹婦人嬰兒噉之，曰：「肉之美者，無過於人，但使㊽佗國有人，何憂於餒！」隋著作佐郎㊾陸從典、通事舍人㊿顏愍楚，謫官(51)在南陽(52)，粲初引為賓客，其後無食，闔家(53)皆為所噉。愍楚，之推之子也(54)。又稅諸城堡細弱(55)，以供軍食，諸城堡相帥叛之。淮安(56)土豪楊士林、田瓚起兵攻粲，諸州皆應之，粲與戰於淮源(57)，大敗，帥餘眾數千奔菊潭(58)。士林家世蠻酋，隋末，士林為鷹揚府校尉(59)，殺郡官而據其郡，既逐朱粲，己巳，帥漢東(60)四郡，遣使詣信州總管(61)、廬江王瑗請降，詔以為顯州(62)道行臺，士林以瓚為長史。

㈦初王世充既殺元盧(63)，慮人情未服，猶媚事(64)皇泰主，禮甚謙敬，又請為劉太后假子(65)，尊號曰聖感皇太后；既而漸驕橫(66)，嘗賜食於禁中，還家大吐，疑遇毒，自是不復朝謁(67)。皇泰主知其終不為臣，而力不能制，唯取內庫綵物(六八)大造幡花，又出諸服玩，令僧散施貧乏以求福。世充使其黨張績、董濬守章善、顯福二門(六九)，宮內雜物(七〇)，毫釐不得出。是月世充使人獻印及劍，又言河水清，欲以耀眾(七一)，為己符瑞(七二)云。

(八)上遣金紫光祿大夫(七三)武功靳孝謨安集(七四)邊郡，為梁師都所獲，孝謨罵之極口(七五)，師都殺之。二月，詔追賜爵武昌縣公(七六)，諡曰忠。

(九)初定租庸調法，每丁租二石、絹二匹，綿三兩(七七)，自茲以外，不得橫有(七八)調斂(七九)。

(十)丙戌，詔諸宗姓居官者，在同列之上，未仕者，免其徭役(八〇)，每州置宗師一人，以攝總(八一)，別為團伍(八二)。

(十一)張俟德至涼(八三)，李軌召其群臣廷議曰：「唐天子，吾之從兄，今已正位京邑(八四)，一姓不可自爭天下，吾欲去帝號，受其封爵，可乎？」曹珍曰：「隋失其鹿，天下共逐之，稱王稱帝者，奚啻(八五)一人！唐帝關中，涼帝河右，固不相妨(八六)，且已為天子，奈何復自貶黜？必欲以小事大，請依蕭詧事魏故事(八七)。」軌從之，戊戌，軌遣其尚書左丞鄧曉入見，奉書稱皇從弟、大涼皇帝臣軌，而不受官爵。帝怒拘曉不遣㊇，始議興師討之㊈。

㈩初隋煬帝自征吐谷渾，吐谷渾可汗伏允，以數千騎奔党項㊈，煬帝立其質子㊈順為主，使統餘眾，不果入而還，會中國喪亂，伏允復還，收其故地，上受禪，順自江都還長安㊈，上遣使與伏允連和，使擊李軌，許以順還之；伏允喜，起兵擊軌，數遣使入貢，請順，上遣之㊈。

㈩閏月，朱粲遣使請降，詔以粲為楚王，聽自置官屬，以便宜從事。

㈩宇文化及以珍貨㊈誘海曲諸賊，賊帥王薄帥眾從之，與共守聊城。竇建德謂其羣下㊈曰：「吾為隋民，隋為吾君，今宇文化及弒逆，乃吾讎也，吾不可以不討。」乃引兵趣聊城㊈。淮安王神通攻聊城，化及糧盡請降，神通不許，安撫副使崔世幹勸神通許之，神通曰：「軍士暴露日久㊈，賊食盡計窮，克在旦暮，吾當攻取，以示國威㊈，且散㊈其玉帛，以勞㊉將士，若受其降，將何以為軍賞乎⑪？」世幹曰：「今建德方至，若化及未平，內外受敵，吾軍必敗。夫不攻而下之，為功甚易⑫，奈何貪其玉帛而不受乎？」神通怒，囚世幹於軍中⑬，既而宇文士及自濟北餽之⑭，化及軍稍振，遂復拒戰，神通督兵攻之，貝州⑮刺史趙君德攀堞⑯先登，神通心害⑰其功，收兵不戰，君德大詬而下，遂不克。建德軍且至，神通引兵退⑱，建德與化及連戰，大破之，化及復保聊城，建德縱兵，四面急攻，王薄開門納之，建德入城，生擒⑲化及，先謁隋蕭皇后，語皆稱臣，素服哭煬帝，盡哀，收傳國璽⑳及鹵簿㉑儀仗，撫存㉒隋之百官，然後執逆黨宇文智及、楊士覽、元武達、許弘仁、孟景，集隋官㉓而斬之，梟首軍門㉔之外，以檻車㉕載化及幷二子承基、承趾，至襄國㉖斬之㉗。【考異】隋書云，載之河間，斬之。唐書云，至大陸，斬之。河洛記云：「建德將化及幷蕭后南陽公主隨軍，于時襄國郡，尚為隋守，建德因其廻兵，欲攻之，營於城下，遣大理官引化及出營東南二里許，宣令數其罪，幷二子，一號魏王，一號蜀王，同時受戮。」按蜀王乃士及所封，今不取。化及且死，更無餘言㉘，但云：「不負夏王㉙。」

(十五)建德每戰勝克城，所得資財，悉以分將士，身無所取㉚，又不噉肉，常食蔬茹㉛粟飯㉜，妻曹氏不衣紈綺㉝，所役婢妾纔十許㉞

人，及破化及，得隋宮人千數(二五)，即時散遣之。以隋黃門侍郎(二六)裴矩為左僕射(二七)，掌選事，兵部侍郎崔君肅為侍中，【考異】革命記作君秀，今從舊建德傳。少府令(二八)何稠為工部尚書，右司郎中柳調為左丞(二九)，虞世南為黃門侍郎，歐陽詢為太常卿。詢，訖之子也(三〇)。自餘隨才授職，委以政事，其不願留，欲詣關中及東都者，亦聽之，仍給資糧(三一)，以兵援之(三二)出境。隋驍果尚近萬人，亦各縱遣(三三)，任其所之(三四)。又與王世充結好，遣使奉表於隋皇泰主，皇泰主封為夏王。建德起於群盜，雖建國未有文物(三五)法度，裴矩為之定朝儀，制律令，建德甚悅，每從之諮訪典禮(三六)。

(十六)甲辰，上考第(三七)群臣，以李綱、孫伏伽為第一，因置酒高會(三八)，謂裴寂等曰：「隋氏以主驕臣諂(三九)，亡天下，朕即位以來，每虛心求諫，然惟李綱差盡忠款(四〇)，孫伏伽可謂誠直，餘人猶踵(四一)敝風，俛眉(四二)而已，豈朕所望哉。朕視卿如愛子，卿當視朕如慈父，有懷(四三)必盡，勿自隱(四四)也。」因命捨君臣之敬(四五)，極歡(四六)而罷。

(十七)遣前御史大夫(四七)段確使於朱粲。

(十八)初，上為隋殿內少監(四八)，宇文士及為尚輦奉御(四九)，上與之善，士及從化及至黎陽，上手詔召之，士及潛遣家僮間道詣長安，又因使者獻金環(五〇)，化及至魏縣，兵勢日蹙，士及勸之歸唐，化及不從，內史令封德彝說士及於濟北(五一)徵督軍糧，以觀其變(五二)。化及稱帝，立士及為蜀王，化及死，士及與德彝自濟北來降，時士及妹為昭儀(五三)，由是授上儀同(五四)。上以封德彝隋室舊臣，而諂巧(五五)不忠，深誚(五六)責之，罷遣就舍。德彝以祕策干上(五七)，上悅，尋拜內史舍人(五八)，俄遷侍郎(五九)。

(十九)甲寅，隋夷陵郡丞、安陸許紹帥黔安、武陵，澧陽等諸郡來降(六〇)。【考異】舊書傳云：「世充篡位，乃來降。」按世充篡在四月，實錄紹降在此，今從之。紹幼與帝同學，詔以紹為峽州刺史(六一)，賜爵安陸公。

(廿)丙辰，以徐世勣為黎州(六二)總管。

(廿一)丁巳，驃騎將軍張孝珉以勁卒百人，襲王世充汜水(六三)城，入其郛(六四)，沈米船百五十艘。

(廿二)己未，世充寇穀州，世充以秦叔寶為龍驤大將軍，程知節為將軍，待之皆厚，然二人疾世充多詐，知節謂叔寶曰：「王公器度（六五）淺狹，而多妄語，好為呪誓，此乃老巫嫗耳（六六），豈撥亂（六七）之主乎！」世充與唐兵戰於九曲，叔寶、知節皆將兵在陳，與其徒數十騎西馳百許步，下馬拜世充曰：「僕荷公殊禮，深思報効，公性猜忌，喜信讒言，非僕託身之所，今不能仰事（六八），請從此辭。」遂躍馬來降。【考異】河洛記：「二月，王世充將兵圍新安，將軍程咬金帥其徒以歸義。」按新安乃穀州也。而梁載言十道志，九曲在壽安，壽安乃熊州也。或者世充亦寇熊州乎！世充不敢逼（六九），上使事秦王世民，世民素聞其名，厚禮之，以叔寶為馬軍總管，知節為左三統軍。時世充驍將又有驃騎、武安（七〇）李君羨，征南將軍、臨邑（七一）田留安，亦惡世充之為人，帥眾來降，世民引君羨置左右，以留安為右四統軍。

【今註】（一）太尉府官屬：以世充為太尉，故太尉府之官屬，亦即世充之寮屬也。（二）預：參預。（三）安陽：《舊唐書・地理志》二：「河北道、相州、安陽縣，後周為鄴縣，隋改為安陽縣。」（四）屯衞將軍：《隋書・百官志》下：「煬帝時改領軍為左右屯衞，為從三品。」（五）都水少監：同志：「煬帝時、都水監加置少監，為五品。」（六）關：白。（七）閴：當作闃，音ㄑㄩˋ，靜也。《易・豐》：「闃其无人。」（八）時務：《舊唐書・王世充傳》，時務作世務，由知二者意頗相似。（九）摧鋒陷敵：〈王世充傳〉，陷敵作陷陣，雖意無多異，然究不若陣之又能與鋒相連對。⑽求身有寃滯，擁抑不申者：按〈王世充傳〉作：「求能理寃枉擁抑不申者。」二者意旨，頗有不同。⑾省覽：省視閱覽。⑿慰諭：安慰告諭。⒀廝養：析薪為廝，炊烹為養。⒁世充立三牌於府門外……而實無恩施：按此段乃錄自《舊唐書・王世充傳》，字句大致相同。⒂司隸大夫：《隋書・百官志》下：「煬帝時置司隸臺，大夫一人，正四品，掌諸巡察。」⒃虞部郎：《唐六典》卷七：「虞部郎中一人，從五品上。隋虞部侍郎，煬帝但曰虞部郎，工部尚書領之。」⒄勃海郡主簿：《隋書・地理志》中：「渤海郡，開皇六年置棣州，大業二年為滄州。」主簿約當為正八品。⒅徒為兒女之態：謂小恩惠。⒆下愚：下愚之人。⒇鄙隘貪忍：卑鄙、狹隘、貪婪、殘忍。㉑親舊：親戚故舊。㉒奄有：盡有。㉓兵不留行：兵之行進，毫無停留，意謂所在歡迎，毫無抗拒。㉔景附：謂如響之應聲，如影之隨形。㉕坦懷待物：坦衷待人。㉖舉善責功：銓舉善人而只責其功效。㉗勝勢：形勝之勢。㉘非所：即非地。㉙夷滅：誅滅。㉚任管公兵，近在新安：任瓌以穀州刺史鎮新安，封管國公。㉛故人：猶老友。㉜間使：非正式使者。㉝造：至。㉞吾曹：吾輩。㉟內應：居內接應。㊱恭慎，達之子也：達、隋觀德王雄之弟。㊲長春宮：《舊唐書・地理志》二：「河東道、河中府、河西縣，舊朝邑縣，屬同州，管長春宮。」㊳魏州：《舊唐書・地理志》二：「河北道、魏州，後周於貴鄉縣置魏州，隋改名武陽郡，武德四年，平竇建德，復為魏州。」㊴舉州：猶以州。㊵聊城：《舊唐書・地理志》二：「河北道、博州，隋武陽郡之聊城縣，武德四年，平竇建德，置博州。」㊶淮安王神通擊宇文化及……至聊城，圍之：按此段乃錄自《舊唐書・淮安王神通傳》，字句大致相同。㊷漢淮之間：漢水淮水之間。㊸遷徙無常：遷移無定。㊹積粟：儲積之粟。㊺他適：他去。㊻餘資：此主指糧言。㊼如積：如山積。㊽但使：只要。㊾隋著作佐郎：《唐六典》卷十：「著作佐郎從六品上，隋置八人，正第七品上，煬帝三年，著作二人，增品從第六。」㊿通事舍人：《隋書・百官志》下：「煬帝時，謁者臺又有通事謁者二十人，從六品，即內史通事舍人之職也。」(51)謫官：貶官。(52)南陽：鄧州。(53)闔家：全家。(54)慼楚，之推之子也：顏之推仕於齊隋，著有《顏氏家訓》，傳於世。(55)稅諸城堡細弱：謂令諸城堡交納羸弱之人。(56)淮安：《隋書・地理志》中：「淮安郡，後魏置東荊州，西魏改為淮州，開皇五年又改為顯州，大業初改為淮安郡。」(57)淮源：胡三省曰：「水經注：『淮水出平氏縣桐柏大復山，山南有淮源廟。』唐州桐柏淮源縣碑，漢延熹六年立，其文曰：『淮出平氏，始於大復，潛行地中，見於陽口。』」(58)菊潭：《舊唐書・地理志》二：「山南道、鄧州、菊潭縣，漢涅陽縣地，隋改涅水縣，後廢，開元二十四年，割新城復置，改為菊潭。」(59)鷹揚府校尉：《隋書・百官志》下：「煬帝時，鷹揚每府置越騎校尉二人，掌騎士，步兵校尉二人，領步兵，並正六品。」(60)漢東郡：《舊唐書・地理志》二：「山南道、隋州，隋為漢東郡，武德三年，改為隋州。」(61)信州總管：《隋書・地理志》上：「巴東郡，梁置信州，後周置總管府，大業元年府廢。」此蓋唐初又復置也。(62)顯州：見上淮安注文。(63)元盧：元文都、盧楚。(64)媚事：猶諂事。(65)假子：按為假子之風，隋唐時頗為流行。《北齊書・恩倖和士開傳》：「河清天統以後，威權轉盛，朝士不知廉恥者，多相附會，甚者為其假子。」《舊唐・書輔公祏傳》：「初伏威養壯士三十餘人為假子，分領兵馬，唯闞稜、王雄誕知名。」核假子，即義子也，義子之名，斯時亦有之。《舊唐書・張亮傳》：「陝人常德玄告其事，並言亮有義兒五百人。」即其佐證。(六六)驕橫：驕傲蠻橫。(六七)朝謁：朝見上謁。(六八)綵物：各種綾羅錦絹。(六九)章善顯福二門：《唐六典》卷七工部郎中條：「東都皇城南面三門：中曰應天，左曰興教，右曰光政。興教之內曰會昌，其北曰章善，光政之內曰廣運，其北曰明福。」按胡三省注，明福作顯福，核《舊唐書・文苑員半千傳》：「則天時，與著作佐郎路敬淳分日於顯福門待制。」是明福門、則天時固名顯福門也。(七〇)雜物：猶諸物。(七一)耀眾：誇耀於民。(七二)符瑞：符應祥瑞。(七三)金紫光祿大夫：《舊唐書・職官志》一：「武德初，右光祿大夫及上大將軍比上護軍，金紫光祿大夫及將軍比護軍。」核同志，護軍從第三品。(七四)安集：安撫綏集。(七五)極口：謂用極醜惡之語以罵之。(七六)武昌縣公：《舊唐書・職官志》一：「開國縣公從第二品。」(七七)初定租庸調法，每丁租二石、絹二匹、綿三兩：按唐初所定之租庸調法，詳載於《舊唐書・食貨志》上，文云：「賦役之法，每丁歲入租粟二石。調則隨鄉土所產，綾絹絁各二丈，布加五分之一。輸綾絹絁者，兼調綿三兩，輸布者，麻三斤。凡丁歲役二旬，若不役則收其傭，每日三尺；有事而加役者，旬有五日免其調，三旬則租調俱免，通正役並不過五十日。」(七八)橫有：猶濫有。(七九)斂：賦斂。(八〇)傜役：即上所云之庸。(八一)每州置宗師一人以攝總：按《舊唐書・高祖紀》武德二年文，攝總作攝統，較為佳勝。(八二)別為團伍：《唐六典》卷五兵部郎中條：「凡差衞上、征戍、鎮防，亦有團伍，其善弓馬者為越騎團，餘為步兵團，主帥已下統領之。」團伍者，謂為團中之卒伍。又別為團伍者，乃謂宗姓與庶民不共一起，而自另成團伍也。(八三)張俟德至涼：按《舊唐書．李軌傳》，張俟德作張侯德。(八四)正位京邑：正位謂正式即天子之位。京邑，即京城、京師。(八五)奚啻：何止。(八六)相妨：相妨害。(八七)請依蕭詧事魏故事：其故事乃為蕭詧自稱梁帝，而稱臣於周。(八八)不遣：不遣之還國。(八九)張俟德至涼……始議興師討之：按此段雖錄自《舊唐書．李軌傳》，而不同處較多。(九〇)初隋煬帝自征吐谷渾，吐谷渾可汗伏允，以數千騎奔党項：事見卷一百八十一煬帝大業五年。(九一)質子：謂以子為人質。(九二)順自江都還長安：煬帝既遇弒，順逃還長安。(九三)初隋煬帝自征吐谷渾……請順，上遣之：按此段乃錄自《舊唐書．吐谷渾傳》，而較為簡潔。(九四)珍貨：珍寶財貨。(九五)羣下：謂僚屬。(九六)竇建德謂其羣下曰……乃引兵趣聊城：按《舊唐書．竇建德傳》所載頗繁長，此乃刪削而成。(九七)暴露日久：謂暴露於風雨中，為日甚久，換言之，亦即甚辛苦也。(九八)以示國威：以宣示國家威勢。(九九)散：分散。(一〇〇)勞：慰勞。(一〇一)將何以為軍賞乎：《舊唐書．淮安王神通傳》作：「吾何以藉手乎。」藉手二字，當係唐代俗語，頗新鮮有致，應以保留為是。藉手之意乃為藉之以有所施行。(一〇二)為功甚易：謂如此成功，甚為容易。(一〇三)囚世幹於軍中：胡三省曰：「去年十月遣神通安撫山東，書崔民幹為副，今書世幹，當有一誤。」按〈淮安王神通傳〉，崔世幹作崔幹，知《舊唐書》乃係避世或民之諱，而空闕者，後人以其避諱而刪，遂從而添增之，然不知其究係民抑世字之諱，而隨意添之，致有此作世幹及民幹之歧異焉。(一〇四)餽之：謂餽以糧食。(一〇五)貝州：《舊唐書．地理志》二：「河北道、貝州，隋為清河郡，武德四年，平竇建德，置貝州。」㉖堞：城上女墻。㉗心害：猶心嫉。㉘淮安王神通攻聊城……神通引兵退：按此段乃錄自《舊唐書・淮安王神通傳》，字句大致相同。㉙生擒：猶活捉。㉚傳國璽：《隋書・禮儀志》六：「皇帝八璽，有神璽，有傳國璽，皆寶而不用。神璽明受之於天，傳國璽明受之於運。」㉛鹵簿：《春明夢餘錄》：「鹵簿之制兆於秦，而其名則始於漢。或曰：『鹵、大盾也，以大盾領一部之人，故亦曰鹵部。』或曰：『凡兵衞以甲盾居外，為導從捍禦，其先後皆著之簿籍，故曰鹵簿。』」㉜撫存：撫慰存問。㉝集隋官：集合隋之百官。㉞軍門：《舊唐書・竇建德傳》，軍門作轅門，按軍門以兩車轅豎交之以成，故兩者洵名異而實同。㉟檻車：《釋名・釋車》：「檻車，車上施闌干以格猛獸，亦囚禁罪人之車也。」㊱襄國：《隋書・地理志》中：「襄國郡開皇十六年置邢州，大業初改焉。」㊲建德與化及連戰……至襄國斬之：按此段乃錄自《舊唐書・竇建德傳》，字句大致相同。㊳餘言：猶他言。㊴不負夏王：夏王乃竇建德之稱號，意謂於夏王則對得起。㊵身無所取：身謂本身，亦即己也。言自己毫無所取。㊶茹：亦食。㊷粟飯：〈竇建德傳〉作：「脫粟之飯。」而脫粟之飯乃係指去殼帶糠之米而言。㊸紈綺：皆絹之精細者。㊹十許：十餘。㊺得隋宮人千數：按〈竇建德傳〉作：「得宮人以千數。」核千數與以千數所指，迴不相同。以千數謂以千為單位而數之，其數目最少在二千以上，至於千數則為千餘。此數含餘意，盛行於唐宋之際，爰徵例明之如下：《舊唐書・裴寂傳》：「三輔豪傑歸義者，日有千數。」同書〈常袞傳〉：「故事，每日出內廚食以賜宰相，饌可食十數人。」同書〈董晉傳〉：「晉既受命，唯將幕官傔從等十數人，都不召集兵馬。……未至汴州十數里，鄧惟恭方來迎候。」韓愈《昌黎集・與孟尚書書》：「故自山召至州郭，留十數日。」同集〈清河張君墓誌〉：「醫餌之藥劑錢，至十數萬。」歐陽修《歐陽文忠集・文正范公神道碑》：「初西人籍為鄉兵者十數萬，既而黥以為軍……始退而條列時所宜先者十數事，上之。」㉖黃門侍郎：《隋書・百官志》下：「門下省給事黃門侍郎四人，正四品。」㉗左僕射：同志下：「左僕射從二品。」㉘少府令：同志下：「煬帝時，少府監置監，從三品。後復改監為令。」㉙右司郎中柳調為左丞：《唐六典》卷一：「尚書左司郎中一人，從五品上。案左右司郎中，前代不置，煬帝三年，尚書都司始置左右司郎各一人，品同諸曹郎，從五品，掌都事（胡三省注引作都省，似較符。）之職。」同卷：「左丞一人，正四品上。司馬彪續漢書云：『尚書丞二人，秦所置，漢因之。至光武惟置左右丞各一人，丞者、承也，言承助令僕，總理臺事也。』煬帝左右丞並正四品。」㉚歐陽詢，訖之子也：歐陽訖見卷一百七十陳宣帝太建元年。㉛資糧：資指財用而言。㉜援之：猶護之。㉝縱遣：〈竇建德傳〉，縱遣作放散，即二辭之互釋。㉞任其所之：〈竇建德傳〉作聽其所去，蓋《通鑑》就原意而改作者也。㉟文物：謂典章制度。㊱建德每戰勝克城……每從之諮訪典禮：按此段乃錄自《舊唐書・竇建德傳》，字句大致相同。㊲考第：考核而評其等第。㊳高會：猶大會。㊴臣謟：臣下謟諛。㊵忠款：忠誠。㊶踵：沿承。㊷俛眉：仰眉之反，謂不敢諫也。㊸有懷：心中具有意見。㊹隱：藏。㊺捨君臣之敬：謂去掉君臣間之敬禮。按此語以常使用，唐人遂疑縮為一簡單之辭，即捨敬是也。其見於傳記者，有《舊唐書・竇威附抗傳》：「退朝之後，延入臥內，命之捨敬，縱酒談謔。」又有同書〈姜謨附皎傳〉：「玄宗即位，數召入臥內，命之捨敬，坐侍宴私，與后連榻。」㊻極歡：猶盡歡。㊼遣前御史大夫：前乃昔任此職而今已離去之謂。㊽殿內少監：《隋書・百官志》下：「殿內省置監，正四品，少監，從四品。」㊾尚輦奉御：同志：「殿內省統尚食、尚藥、尚衣、尚舍、尚乘、尚輦等六局，各置奉御二人，正五品。」㊿獻金環：金環言欲還長安。(51)濟北：《隋書・地理志》中，濟北郡，舊置濟州，大業初改。(52)變：變化。(53)昭儀：《舊唐書・后妃傳序》：「唐因隋制，皇后之下有昭儀、昭容、昭媛各一人，為九嬪，正二品。」(54)上儀同：《舊唐書・百官志》一：「開府儀同三司，從第一品。」此開府儀同三司即上儀同也。(55)諂巧：諂媚巧佞。(56)誚：責讓。(57)干上：干謁君上。(58)內史舍人：《舊唐書・職官志》一：「唐初因隋號，武德三年三月，改納言為侍中，內史令為中書令。」《唐六典》卷九：「中書舍人六人，正五品上；中書侍郎二人，正四品上。」(59)上以封德彝隋室舊臣……俄遷侍郎：按此段乃本自《舊唐書・封倫傳》，而間有溢出。(60)隋夷陵郡丞、安陸許紹、帥黔安、武陵、澧陽等諸郡來降：《隋書・地理志》下，夷陵郡，梁置宜州，後周改曰峽州，大業初改為夷陵郡。又安陸郡，梁置南司州，西魏置安州總管府，大業初置安陸郡。同志上，黔安郡，後周置黔州，大業初置黔安郡。同志下，武陵郡，梁置武州，後改曰沅州，平陳為朗州，大業初置武陵郡。又澧陽郡，平陳置松州，大業初置澧陽郡。(61)峽州刺史：峽州見上條。(62)黎州：《舊唐書・地理志》二：「河北道、衛州、黎陽縣，隋黎陽縣，武德二年置黎州總管府。」

(一六三)汜水：《隋書・地理志》中：「滎陽郡、汜水縣，舊曰成皋，即武牢也。開皇初曰鄭州，十八年改成皋曰汜水。」音祀。(一六四)郛：即郭。(一六五)器度：器局度量。(一六六)此乃老巫嫗耳：謂此乃老巫嫗之行為耳。(一六七)撥亂：治亂。(一六八)仰事：仰為謙恭語，謂向上而事奉之。(一六九)世充以秦叔寶為龍驤大將軍……世充不敢逼：按此段乃拼合《舊唐書・秦叔寶》及〈程知節〉二傳而成，字句大致相同。(一七〇)武安：《隋書・地理志》中：「武安郡，後周置洺州，大業初置武安郡。」(一七一)臨邑：同志，臨邑屬齊郡。

㈠王世充因李育德之兄厚德於獲嘉(一)，厚德與其守將趙君頴逐殷州(二)刺史段大師，以城來降，以厚德為殷州刺史。

㈡竇建德陷邢州(三)，執總管陳君賓。

㈢上遣殿內監(四)竇誕、右衛將軍(五)宇文歆，助并州總管、齊王元吉守晉陽。誕，抗之子也(六)，尚帝女襄陽公主。元吉性驕侈，奴客(七)婢妾數百人，好使之被甲，戲為攻戰，前後死傷甚眾，元吉亦嘗被傷，其乳母陳善意苦諫，元吉醉怒，命壯士毆殺(八)之。性好田獵，載罔罟(九)三十車，嘗言：「我寧三日不食，不能一日不獵(一〇)。」常與誕遊獵，蹂(一一)踐人稼禾，又縱左右奪民物，當衢(一二)射人，觀其避箭，夜開府門，宣淫(一三)他室，百姓憤怨；歆屢諫不納，乃表(一四)言其狀，壬戌，元吉坐免官（一五）。

㈣癸未，陟州刺史（一六）李育德攻下王世充河內堡聚（一七）三十一所；乙丑，世充遣其兄子君廓侵陟州，李育德擊走之，斬首千餘級，李厚德歸省（一八）親疾，使李育德守獲嘉，世充併兵攻之，丁卯，城陷，育德及弟三人皆戰死。

㈤己巳，李公逸以雍丘（一九）來降，拜杞州總管，以其族弟善行為杞州刺史。

㈥隋吏部侍郎楊恭仁從宇文化及至河北，化及敗，魏州總管元寶藏獲之，己巳，送長安，上與之有舊（二〇），拜黃門侍郎，尋以為涼州總管（二一）；恭仁素習邊事，曉羌胡情偽（二二），民夷悅服，自蔥嶺已東，並入朝貢（二三）。

㈦突厥始畢可汗將其眾度河，至夏州（二四），梁師都發兵會之，以五百騎授劉武周，欲自句注入寇太原。會始畢卒，【考異】高祖實錄：「六月己酉始畢可汗卒。」疑遣使告喪月日也。今從舊書本紀列傳。子什鉢苾幼，未可立，立其弟俟利弗設為處羅可汗，處羅以什鉢苾為尼步設，使居東偏（二五），直（二六）幽州（二七）之北（二八）。先是、上遣右武候將軍㉙高靜奉幣使於突厥，至豐州㉚，聞始畢卒，敕納於所在之庫㉛，突厥聞之，怒，欲入寇，豐州總管張長遜遣高靜以幣出塞，為朝廷致賻㉜，突厥乃還㉝。

㈧三月，庚午，梁師都寇靈州，長史㉞楊則擊走之。

㈨壬申，王世充寇穀州，刺史史萬寶戰不利。

㈩庚辰，隋北海通守鄭虔符、文登令方惠整及東海、齊郡、東平、任城、平陸、壽張、須昌㉟、賊帥王薄等並以其地來降。

(十一)王世充之寇新安㊱也，外示攻取，實召文武之附己者，議受禪㊲。李世英深以為不可，曰：「四方所以奔馳歸附東都者，以公能中興隋室故也。今九州之地，未清其一㊳，遽㊴正位號，恐遠人皆思叛去矣。」世充曰：「公言是也。」長史韋節、楊續等曰：「隋氏數窮㊵，在理昭然，夫非常之事，固不可與常人議之。」太史令㊶樂德融曰：「昔歲長星出㊷，乃除舊布新之徵㊸，今歲星在角亢，亢鄭之分野㊹，若不亟順天道，恐王氏氣衰息。」世充從之。外兵曹參軍㊺戴胄言於世充曰：「君臣猶父子也，休戚㊻同之，明公莫若竭忠狥國，則家國俱安矣。」世充詭辭㊼稱善，而遣之。世充議受九錫，胄復固諫，世充怒，出為鄭州㊽長史，使與兄子行本鎮虎牢㊾。乃使段達等言於皇泰主，請加世充九錫，皇泰主曰：「鄭公近平李密，已拜太尉，自是以來，未有殊績，俟天下稍平，議之未晚。」段達曰：「太尉欲之。」皇泰主熟視㊿達曰：「任公。」辛巳，達等以皇泰主之詔，命世充為相國，假黃鉞(五一)，總百揆(五二)，進爵鄭王，加九錫，鄭國置丞相以下官。

(十二)初，宇文化及以隋大理卿鄭善果為民部尚書(五三)，從至聊城，為化及督戰，中流矢；竇建德克聊城，王琮獲善果，責之曰：「公名臣之家(五四)，隋室大臣，奈何為弒君之賊効命苦戰，傷痍(五五)至此乎！」善果大慙，欲自殺，宋正本馳往救止之，建德復不為禮，乃奔相州(五六)，淮安王神通送之長安，庚午，善果至，上優禮之，拜左庶子(五七)檢校內史侍郎(五八)(五九)。

(十三)齊王元吉諷(六〇)并州交老詣闕(六一)留己，甲申，復以元吉為并州總管。

(十四)戊子，淮南五州皆遣使來降。

(十五)辛卯，劉武周寇并州。

(十六)壬辰，營州(六二)總管鄧暠擊高開道，敗之。

(十七)甲午，王世充遣其將高毗寇義州(六三)。

(十八)東都道士桓法嗣獻孔子閉房記於王世充，言相國當代隋為天子，世充大悅，以法嗣為諫議大夫。世充又羅取雜鳥，書帛繫頸(六四)，自言符命(六五)，而縱之(六六)；有得鳥來獻者，亦拜官爵(六七)。於是段達以皇泰主命，加世充殊禮，世充奉表三讓，百官勸進，設位於都堂(六八)；納言(六九)蘇威年老，不任朝謁，世充以威隋氏重臣，欲以眩耀士民，每勸進，必冠威名(七〇)，及受殊禮之日，扶威置百官之上，然後南面正受坐受之。

(十九)夏，四月，劉武周引突厥之眾，軍於黃蛇嶺(七一)，兵鋒甚盛，齊王元吉使車騎將軍張達以步卒嘗寇(七二)，達辭以兵少不可往，元吉強遣之，至則俱沒。達忿恨，庚子，引武周襲榆次(七三)，陷之(七四)。

(廿)散騎常侍(七五)段確性嗜酒，奉詔慰勞朱粲於菊潭(七六)，辛丑，乘醉侮粲曰：「聞卿好噉人，人作何味。」粲曰：「噉醉人三如糟藏彘(七七)肉。」確怒罵曰：「狂賊入朝，為一頭奴耳(七八)，復得噉人乎！」粲於座收確及從者數十人，悉烹之，以噉左右，遂屠菊潭，奔王世充，世充以為龍驤大將軍(七九)。

(廿一)王世充令長史韋節、楊續等，及太常博士(八〇)、衡水(八一)孔穎達，造禪代儀，遣段達、雲定興等十餘人入奏皇泰主曰：「天命不常，鄭王功德甚盛，願陛下遵唐虞之迹(八二)。」皇泰主斂膝據按(八三)，怒曰：「天下高祖之天下，若隋祚(八四)未亡，此言不應輒發(八五)，必天命已改，何煩禪讓。公等或祖禰(八六)舊臣，或台鼎(八七)高位，既有斯言，朕復何望。」顏色凜冽(八八)，在廷者皆流汗。退朝，泣對太后。世充更使人謂之曰：「今海內未寧，須立長君，俟四方安集，當復子明辟(八九)，必如前誓(九〇)。」癸卯，世充稱皇泰主命，禪位於鄭，遣其兄世惲幽皇泰主於含涼殿(九一)，雖有三表陳讓，及敕書敦勸(九二)，皇泰主皆不知也。遣諸將引兵入清宮城，又遣術人以桃湯葦火拔除(九三)禁省。

(廿二)隋將帥郡縣及賊帥，前後繼有降者，詔以王薄為齊州總管(九四)，伏德為濟州總管，鄭虔符為青州總管(95)，綦公順為淮州總管(96)，王孝思為滄州總管(97)。

(73)甲辰，遣大理卿(98)新樂(99)郎楚之安撫山東，祕書監(100)夏侯端安撫淮左(101)。

(74)乙巳，王世充備法駕入宮，即皇帝位，丙午，大赦，改元開明。

(75)丁未，隋禦衛將軍(102)陳稜以江都來降，以稜為揚州總管。

(76)戊申，王世充立子玄應為太子，玄恕為漢王，餘兄弟宗族十九人皆為王，奉皇泰主為潞國公，以蘇威為太師，段達為司徒，雲定興為太尉，張僅為司空，楊續為納言，韋節為內史(103)，王隆為左僕射，韋霽為右僕射，齊王世惲為尚書令(104)，楊汪為吏部尚書，杜淹為少吏部(105)，鄭頲為御史大夫(106)。世惲，世充之兄也。又以國子助教(107)、吳人(108)陸德明為漢王(109)師，令玄恕就其家行束脩禮(110)，德明恥之，服巴豆散(111)，臥稱病，玄恕入，跪牀下，對之遺利(112)，竟不與語(113)。德明名朗，以字行。世充於闕下及玄武門(114)等數處，皆設榻坐無常所，親受章表，或輕騎歷衢市，亦不清道(115)，民但避路而已。世充按轡㉖徐行，語之曰：「昔時天子深居九重㉗，在下事情，無由聞徹㉘，今世充非貪天位㉙，但欲救恤㉚時危，正如一州刺史，親覽庶務㉛，當與士庶共評朝政，尚恐門有禁限㉜，今於門外，設坐聽朝，宜各盡情。」又令西朝堂㉝納寃抑，東朝堂㉞納直諫，於是獻策上書者，日有數百，條流既煩㉟，省覽㊱難遍，數日後，不復更出㊲。

（廿七）竇建德聞王世充自立，乃絕之㊳，始建天子旌旗，出警入蹕㊴，下書稱詔，追謚隋煬帝為閔帝。齊王暕之死也，有遺腹子㊵政道，建德立以為鄖公，然猶依倚突厥，以壯其兵勢，隋義成公主㊶遣使迎蕭皇后及南陽公主，建德遣千餘騎送之，又傳宇文化及首以獻義成公主㊷。

（廿八）丙辰，劉武周圍幷州，齊王元吉拒卻之。戊午，詔太常卿㊸李仲文將兵救幷州。

（廿九）王世充將軍丘懷義居門下內省，召越王君度，漢王玄恕、將軍郭士衡，雜妓妾㊹飲博，侍御史㊺張蘊古彈之㊻，世充大怒，令散手執君度(三七)、玄恕，批(三八)其耳數十，又命引入東上閤(三九)，杖之各數十，懷義、士衡不問，賞蘊古帛百段，遷太子舍人(四〇)。君度，世充之兄子也。世充每聽朝，殷勤誨諭(四一)，言詞重複，千端萬緒(四二)，侍衛之人不勝倦弊(四三)。百司奏事，疲於聽受(四四)，御史大夫蘇良諫曰：「陛下語太多而無領要(四五)，計云爾即可(四六)，何煩許辭也(四七)。」世充默然良久，亦不罪良，然性如是，終不能改也。

(卅)王世充數攻伊州(四八)，總管張善相拒之，糧盡，援兵不至，癸亥，城陷，善相罵世充，極口而死。帝聞歎曰：「吾負(四九)善相，善相不負吾也。」賜其子襄城郡公(五〇)(五一)。

(卅一)五月，王世充陷義州(五二)，復寇西濟州(五三)，遣右驍衛大將軍(五四)劉弘基將兵救之。

(卅二)李軌將安修仁兄興貴仕長安，表請說軌，諭(五五)以禍福。上曰：「軌阻兵(五六)恃險，連結吐谷渾、突厥，吾興兵擊之，尚恐不克，豈口舌所能下乎！」興貴曰：「臣家在涼州，奕世(五七)豪望(五八)，為民夷所附(五九)，弟修仁為軌所信任，子弟在機近(六〇)者以十數，臣往說之，軌聽臣固善，若其不聽，圖之肘腋（六一），易矣（六二）。」上乃遣之，興貴至武威，軌以為左右衛大將軍，興貴乘間說軌曰：「涼地不過千里，土薄民貧，今唐起太原，取函秦（六三），宰制（六四）中原，戰必勝，攻必取，此殆天啟（六五），非人力也（六六）。不若舉河西歸之，則竇融之功（六七），復見於今日矣。」軌曰：「吾據山河之固，彼雖彊大，若我何（六八）？汝自唐來，為唐遊說耳。」興貴謝曰：「臣聞富貴不歸故鄉，如衣繡夜行（六九），臣闔門受陛下榮祿（七〇），安肯附唐，但欲效（七一）其愚慮，可否在陛下耳。」於是退與修仁陰結諸胡，起兵擊軌，軌出戰而敗，嬰城自守。興貴狥曰（七二）：「大唐遣我來誅李軌，敢助之者，夷三族。」城中人爭出就興貴，軌計窮，與妻子登玉女臺，置酒為別（七三），庚辰，興貴執之，以聞，河西率平（七四）。鄧曉在長安舞蹈稱慶，上曰：「汝為人使臣（七五），聞國亡不慼（七六），而喜以求媚於朕，不忠於李軌，肯為朕用乎（七七）！」遂廢之終身。軌至長安，并其子弟皆伏誅。以安興貴為右武候大將軍（七八）、上柱國（七九）、涼國公，賜帛萬段，安修仁為左武候大將軍、中國公（八〇）。

㈦隋末離石㈧胡劉龍兒擁兵數萬，自號劉王，以其子季真為太子，虎賁郎將㈢梁德擊斬龍兒，至是季真與弟六兒復舉兵為亂，引劉武周之眾，攻陷石州，殺刺史王儉，季真自稱突利可汗，以六兒為拓定王，六兒遣使請降，詔以為嵐州㈣總管。

㈧壬午，以秦王世民為左武候大將軍，使持節涼㈣甘㈤等九州諸軍事、涼州總管，其太尉、尚書令、雍州牧、陝東道行臺並如故。遣黃門侍郎楊恭仁安撫河西。

㈤丙戌，劉武周陷平遙㈥。

㈥癸巳，梁州總管㈦山東道安撫副史陳政為麾下所殺㈧，攜其首奔王世充。政，茂之子也。

㈦王世充以禮部尚書裴仁基、左輔大將軍裴行儼有威名㈨，忌之，仁基父子知之，亦不自安，乃與尚書左丞宇文儒童、儒童弟尚食直長溫㈩、散騎常侍崔德本謀殺世充及其黨，復尊立皇泰主，事泄，皆夷㈠三族㈡。齊王世惲言於世充曰：「儒童等謀反，正為㈢皇泰主尚在故也，不如早除之。」世充從之，遣兄子唐王仁則(九四)及家奴梁百年酖皇泰主，皇泰主曰：「更為請太尉，以往者之言，未應至此(九五)。」百年欲為啟陳，世惲不許，又請與皇泰后辭訣(九六)，亦不許，乃布席(九七)焚香禮佛(九八)，願自今已往(九九)不復生帝王家，飲藥不能絕(一〇〇)，以帛縊殺之，謚曰恭皇帝(一〇一)。世充以其兄楚王世偉為太保，齊王世惲為太傅，領尚書令。

【今註】㊀獲嘉：《元和郡縣志》卷二十：「懷州、獲嘉縣，本漢縣也，武帝將幸緱氏，至汲縣之新中鄉，得南越相呂嘉首，因立為獲嘉縣。」㊁殷州：《隋書・地理志》中：「河內郡、獲嘉縣，後周置修武郡，開皇初郡廢，十六年置殷州，大業初州廢。」此蓋王世充所復置者。㊂邢州：《舊唐書・地理志》二：「河東道、邢州，隋襄國郡，武德元年改為邢州總管府。」㊃殿內監：《隋書・百官志》下：「煬帝時，殿內省置監，正四品。」唐以不避中諱，遂改為殿中省，此蓋尚沿用隋之官號。㊄右衛將軍：《舊唐書・職官志》三：「左右衛，大將軍各一員，正三品，將軍各二員，從三品。」㊅誕，抗之子也：竇抗，后兄也。㊆奴客：奴僕賓客。㊇歐殺：歐通毆。㊈罔罟：罟，罔之總名；罔通網。㊉不能一日不獵：謂卻不能一日不田獵。⑪蹂：踏。⑫當衢：當街衢。⑬宣淫：宣行淫亂。⑭乃表：乃上表。⑮元吉性驕侈……元吉坐免官：按此段乃錄自《舊唐書・巢王元吉傳》，字句大致相同。⑯陟州刺史：《舊唐書・地理志》二：「河北道、懷州、修武，漢山陽縣地，修武古名也，隋因之。武德二年，李原（據《通鑑》當作育）德以縣東北濁鹿城歸順，因置陟州。」⑰河內堡聚：河內，隋郡名，唐武德二年置懷州，屬河北道。堡，城之小者；聚，聚落。⑱省：省視。⑲雍丘：《隋書·地理志》中：「梁郡、雍丘，後魏置陽夏郡，開皇初郡廢，十六年置杞州，大業初廢州為縣。」⑳有舊：有故舊之誼。㉑涼州總管：《舊唐書·地理志》三：「河西道涼州，隋武威郡，武德二年平李軌，置涼州總管府。」㉒情偽：實虛。㉓隋吏部侍郎楊恭仁……自蔥嶺已東，並入朝貢：按此段乃錄自《舊唐書·楊恭仁傳》，字句大致相同。㉔夏州：《舊唐書·地理志》一：「關內道、夏州，隋朔方郡，貞觀二年討平梁師都，改為夏州都督府。」疑武德時已改為夏州，貞觀二年特不過設夏州都督府而已，史志於此，當有缺遺。㉕東偏：猶東鄙。㉖直：當。㉗幽州：《舊唐書·地理志》二：「河北道、幽州，隋為涿郡，武德元年，改為幽州總管府。」㉘突厥始畢可汗將其眾度河……直幽州之北：按此段乃錄自《舊唐書·突厥傳》上，字句大致相同。㉙右武候將軍：《唐六典》卷二十五：「左右金吾衛大將軍各一人，正三品，將軍各二人，從三品。隋置左右武候府，大業三年，改為左右武候衛，皇朝因之，龍朔二年，改為左右金吾衛。」㉚豐州：《隋書·地理志》上：「五原郡，開皇五年置豐州，仁壽元年置總管府，大業元年，府廢。」《舊唐書·地理志》一：「關內道、豐州，隋文帝置，後廢，貞觀四年，以突厥降附，置豐州都督府。」㉛敕納於所在之庫：納者謂納使突厥所奉之幣。㉜賻：以財助喪。音ㄈㄨˋ。㉝先是上遣右武候將軍高靜……突厥乃還：按此段乃錄自《舊唐書·劉文靜附張長遜傳》，字句幾全相同。㉞靈州長史：《舊唐書・地理志》一：「關內道、靈州，隋靈武郡，武德元年改為靈州總管府。」同書〈職官志〉三：「上州刺史一員，長史一人，從五品上。」㉟隋北海通守鄭虔符、文登令方惠整、及東海、齊郡、東平、任城、平陸、壽張、須昌：《隋書・地理志》，北海郡，舊置青州，大業初改置郡。文登屬東萊郡。東海郡，東魏為海州，大業初改置郡。齊郡舊曰齊州，大業初改置郡。東平郡，開皇十年置鄆州，大業初改置郡。須昌屬東平郡。任城、平陸二縣，屬魯郡。壽張屬濟北郡。㊱新安：《舊唐書・地理志》一，新安縣屬河南道、河南府。㊲禪：禪位。㊳未清其一：謂連一州尚未肅清。㊴遽：急。㊵數窮：曆數已盡。㊶太史令：《隋書・百官志》下：「秘書省領著作、太史二曹，太史曹置令丞各二人。太史令從七品。」㊷昔歲長星出：《隋書・天文志》下：「大業十三年六月，有星孛於太微、五帝座，色黃赤，長三四尺所，數日而滅。」㊸除舊布新：按二者俱指政言。㊹今歲星在角亢，亢鄭之分野：《晉書・天文志》：「自軫十二度至氐四度，為壽星於辰，在辰、鄭之分野。」胡三省曰：「陳卓、鬼谷先生、京房、張衡、譙周並云：『角亢氐，鄭兗州。』」㊺外兵曹參軍：胡三省曰：「外兵曹，隋官無之，世充取魏晉以來官制而置之耳。」㊻休戚：美苦。㊼詭辭：詐辭。㊽鄭州：《舊唐書・地理志》一：「河南道、鄭州，隋滎陽郡，武德四年，平王世充，置鄭州於武牢。」㊾外兵曹參軍戴胄……使與兄子行本鎮虎牢：按此段雖本自《舊唐書・戴胄傳》，而刪削處頗多。核舊書原文亦非繁蕪，蓋若欲進諫，則絕不能僅措一二語，必須酣暢言之，方合體統，及不淺窘。故兩者之長短，實各得其分寸。㊿熟視：仔細端詳甚久。(五一)假黃鉞：謂假之以黃鉞，蓋持黃鉞，則可以專行征伐。(五二)總百揆：總理國之大政。(五三)民部尚書：《唐六典》卷三：「戶部尚書，隋初曰度支尚書，開皇三年改為民部，皇朝因之，貞觀二十三年，改為戶部。」(五四)公名臣之家：鄭善果父誠討尉遲迴，以力戰死，由是為隋名臣。(五五)痍：亦傷。(五六)相州：《舊唐書・地理志》二：「河北道、相州，隋魏郡，武德元年，置相州總管府。」(五七)左庶子：《唐六典》卷二十六：「太子左春坊、左庶子二人，正四品上。」(五八)內史侍郎：《舊唐書・職官志》二：「中書省中書侍郎二員，武德初為內史侍郎，三年改為中書侍郎，正四品。」(五九)初宇文化及以隋大理卿鄭善果……檢校內史侍郎：按此段乃錄自《舊唐書・鄭善果傳》，字句大致相同。(六〇)諷：諷示。(六一)闕：宮闕。(六二)營州：《舊唐書・地理志》二：「河北道、營州，隋柳城郡，武德元年，改為營州總管府。」(六三)義州：同志：「河北道、衞州汲縣，漢縣，隋因之，武德元年置義州，領汲縣及新鄉縣。」(六四)書帛繫頸：書字於帛，而繫於鳥頸之上。(六五)符命：符瑞受命之應。(六六)縱之：《舊唐書・王世充傳》，作散放之，即係釋其意。(六七)東都道士桓法嗣……有得鳥來獻者，亦拜官爵：按此段乃錄自《舊唐書・王世充傳》，字句大致相同。(六八)都堂：猶唐之政事堂，乃宰相理政事之處。(六九)納言：《隋書・百官志》下：「門下省，納言二人，正三品。」(七〇)必冠威名：將蘇威之名，列於最前。(七一)黃蛇嶺：胡三省曰：「嶺在榆次縣北。」(七二)嘗寇：試敵。(七三)榆次：《舊唐書・地理志》二：榆次縣屬河東道、北京太原府。(七四)劉武周引突厥之眾……引武周襲榆次，陷之：按此段乃錄自《舊唐書・巢王元吉傳》，字句大致相同。(七五)散騎常侍：胡三省曰：「是年二月段確以前御史大夫出使，今書散騎常侍，蓋續命之。」按《舊唐書・李子通附朱粲傳》，作假散騎常侍段確，假乃暫加之官，卑官出使，類多畀予此銜。《舊唐書・職官志》二：「散騎常侍，正三品。」（七六）菊潭：已見上注。（七七）彘：豬之一種。（七八）為一頭奴耳：頭乃計人數之稱，意猶一口。（七九）散騎常侍段確……世充以為龍驤大將軍：按此段乃錄自《舊唐書・李子通附朱粲傳》，字句大致相同。（八〇）太常博士：《隋書・百官志》下：「太常博士從七品。」（八一）衡水：《舊唐書・地理志》二：「河北道、冀州、衡水縣，古無此名，隋開皇十七年，河北大使郎蔚之分信都北界，武邑西界，下博南界置衡水縣，特築此城。」（八二）遵唐虞之迹：迹、行迹，此指讓位。（八三）據按：按當作案，謂几案。（八四）祚：祚祿。（八五）輒發：隨便發出。（八六）禰：《公羊傳》隱元年注：「生稱父，死稱考，入廟稱禰。」（八七）台鼎：指宰輔言。（八八）凜冽：嚴厲。（八九）辟：君。（九〇）必如前誓：謂去年七月，禁中被髮之誓。（九一）王世充令長史韋節、楊續等……幽皇泰主於含涼殿：按此段乃錄自《舊唐書・王世充傳》，字句大致相同。（九二）敦勸：篤勸。（九三）拔除：拔，當作祓，攘除。（九四）齊州總管：《舊唐書・地理志》一：「河南道、齊州，漢濟南郡，隋為齊郡，武德元年改為齊州，二年、置總管府。」（九五）青州總管：同志：「河南道、青州，隋北海郡，武德四年，置青州總管府。」（九六）綦公順為淮州總管：按綦公順本起北海，則其最初所封之職，當以鄰近之地為宜。核《舊唐書・地理志》一：「河南道、青州、北海縣，武德二年於縣置濰州，領北海、連水等十七縣。」本是，則淮當係濰之訛。（九七）滄州總管：《舊唐書・地理志》二：「河北道、滄州，漢渤海郡，隋因之，武德元年改為滄州。」（九八）大理卿：《舊唐書・職官志》三：「大理寺，卿一員，從三品，古或名廷尉。」㊈新樂：《舊唐書·地理志》二：「河北道、定州、新樂縣，古鮮虞子國，漢新市縣，屬中山郡，隋改為新樂。」㊉祕書監：《唐六典》卷十：「祕書省監一人，從三品。」㊀淮左：謂淮水以東之州縣。㊁隋禦衞將軍：《隋書·百官志》下：「左右禦衞所領，名射聲。左右禦衞將軍從三品。」㊂韋節為內史：胡三省曰：「內史下當有令字。」㊃齊王世惲為尚書令：《隋書·百官志》下：「尚書省事無不總，置令、左右僕射各一人。尚書令為正二品，左右僕射為從二品。」㊄少吏部：即吏部侍郎。㊅御史大夫：《隋書·百官志》下：「御史大夫從三品。」㊆國子助教：同志：「國子監國子學，置博士，正五品，助教從七品，員各一人。」㊇吳人：《隋書·地理志》下：「吳郡、陳置吳州，平陳改曰蘇州，大業初，復曰吳州。」㊈漢王：《舊唐書·儒學陸德明傳》：「王世充僭號，封其子為漢王。」㊉束脩禮：《論語·述而》：「自行束脩以上，吾未嘗無誨焉。」朱注：「脩，脯也，十脡為束，古者相見，必執贄以為禮，束脩其至薄者。」㊁巴豆散：巴豆有毒，能痢人，散係藥劑之名，寒食散乃其例證。㊂遺利：利通痢，謂拉痢也。㊃又以國子助教吳人陸德明……竟不與語：按此段乃錄自《舊唐書·儒學陸德明傳》，字句大致相同。㊃玄武門：唐六典卷七：「東都、皇城，玉京門西北出曰僊桃門，又西曰壽昌門，門北出曰玄武門。」㊄亦不清道：天子清道而後行。㊅按轡：猶抑轡。㊆九重：《漢書·禮樂志·郊祀歌》：「九重開，靈之斿。」注：「天有九重。」㊇徹：通達。㊈天位：天子之位。㊉恤：救。㊀庶務：眾務。㊁門有禁限：為門禁所阻。㊂西朝堂：即唐之中書省。㊃東朝堂：即唐之門下省。㊄條流既煩：按《舊唐書・王世充傳》，條流作條疏，條疏即章表也。㉖省覽：省視。㉗世充於闕下……數日後，不復更出：按此段乃錄自《舊唐書・王世充傳》，字句大致相同。㉘乃絕之：謂與之斷絕關係。㉙警蹕：《漢書・梁孝王傳》注：「警者，戒肅也；趕（通蹕），止行人也。言出入者，互文耳。」㉚遺腹子：父死時尚未降生之子。㉛義成公主：隋公主，嫁於突厥。㉜竇建德聞王世充自立……以獻義成公主：按此段乃錄自《舊唐書・竇建德傳》，字句幾全相同。㉝太常卿：《唐六典》卷十四：「太常寺，卿一人，正三品。」㉞雜妓妾：猶共妓妾。㉟侍御史：《隋書・百官志》下：「御史臺，大夫一人，治書侍御史二人，侍御史八人。侍御史從五品。」㊱彈之：彈劾之。㊲令散手執君度：胡三省曰：「散手者，散手仗也。凡朝會之仗，三衞番上，分為五仗：一曰供奉仗，以左右衞為之；二曰親仗，以親衞為之；三曰勳仗，以勳衞為之；四曰翊仗，以翊衞為之，皆服鶡冠、緋衫裌；五曰散手仗，以親勳翊衞為之，服緋絁裲襠，繡野馬，列坐於東西廊下。唐謂之衙內五衞，唐蓋因隋制，世充自亦因隋也。」㊳批：擊。㊴東上閤：胡三省曰：「東都皇宮，正殿曰乾陽殿，殿左曰東上閤，右曰西上閤。」㊵太子舍人：《隋書・百官志》下：「太子舍人從六品。」㊶殷勤誨諭：謂誨諭不厭其詳。㊷千端萬緒：謂頭緒繁多。㊸侍衞之人，不勝倦弊：以世充每聽朝，則講話甚多，費時甚久，故侍衞之人，皆甚為疲困。㊹疲於聽受：謂世充聽受，為之倦疲。㊺領要：猶要領。㊻計云爾即可：謂計應如此即可。㊼何煩許辭也：許，許多，謂何煩講許多無用之語。㊽伊州：《舊唐書・地理志》一：「河南道、汝州，隋襄城郡，武德四年，平王世充，改為伊州。」㊾負：猶今語對不起。〔五〇〕賜其子襄城郡公：胡三省曰：「子下當有爵字。」按《舊唐書・忠義張善相傳》作：「封其子為襄城郡公。」由知可有兩式以宣示此意。〔五一〕王世充數攻伊州……賜其子襄城郡公：按此段乃錄自《舊唐書・張善相傳》，字句大致相同。〔五二〕義州：《舊唐書・地理志》二：「河北道、衛州、衛縣，漢朝歌縣，大業二年改為衛縣，仍置汲郡於縣治。初屬義州，州廢，屬衛州。」〔五三〕西濟州：同志：「河北道、懷州，隋河內郡，武德二年，於濟源立西濟州。」〔五四〕右驍衛大將軍：《唐六典》卷二十四：「左右驍衛大將軍，各一人，正三品。」〔五五〕諭：曉諭。〔五六〕阻兵：阻謂以兵為險阻，故猶恃也。〔五七〕奕世：累世。〔五八〕豪望：豪室望族。〔五九〕所附：所歸附。〔六〇〕機近：機要近密。〔六一〕圖之肘腋：肘腋、喻近，謂於內中圖之。〔六二〕易矣：甚易。〔六三〕取函秦：謂函谷關以西全秦之地。〔六四〕宰制：猶控制。〔六五〕天啟：謂天意之所啟導。〔六六〕非人力也：謂非人力所能為也。〔六七〕竇融之功：竇融事見漢光武紀。〔六八〕若我何：謂能如我何。〔六九〕臣聞富貴不歸故鄉，如衣繡夜行：乃項羽之言，見《史記・項羽本紀》。〔七〇〕榮祿：榮位俸祿。〔七一〕效：致。〔七二〕狥曰：徇於眾曰。〔七三〕置酒為別：置酒與妻子相別。〔七四〕河西率平：河西相率平定。〔七五〕汝為人使臣：人指他人，謂汝為他人之使臣。〔七六〕慼：音戚，憂也。〔七七〕肯為朕用乎：謂豈肯為朕用乎。〔七八〕右武候大將軍：見上注。〔七九〕上柱國：《舊唐書・職官志》一：「上柱國，正二品，勳官。」〔八〇〕李軌將安修仁兄興貴仕長安……安修仁為左武候大將軍，申國公：按此段乃錄自《舊唐書・李軌傳》，字句大致相同。〔八一〕離石：舊唐書地理志二：「河東道、石州、離石縣，漢縣，後周改為昌化郡，隋復為離石，州所治。」〔八二〕虎賁郎將：《隋書・百官志》下：「煬帝時，尋改護軍為武賁郎將，正四品。」（六三）嵐州：《舊唐書・地理志》二：「河東道、嵐州，隋樓煩郡之嵐城縣，武德四年平劉武周，置東會州。其年，仍自故郡城移嵐州於廢東會州，置嵐州。」音ㄌㄢˊ。（六四）涼州：同志三：「河西道、涼州，隋武威郡，武德二年，平李軌，置涼州總管府。」（六五）甘州：同志：「河西道、甘州，隋張掖郡，武德二年平李軌，置甘州。」（六六）平遙：同志二：「河東道、汾州、平遙縣，漢平陶縣，後魏廟諱，改陶為遙，武德時因之。」（六七）梁州總管：同志二：「山南西道、梁州興元府，隋漢川郡，武德元年置梁州總管府。」（六八）陳政為麾下所殺：按《隋書・陳茂傳》作：「政歸大唐，卒於梁州總管。」未言被殺之事，與《通鑑》有異。（六九）王世充以左輔大將軍裴行儼有威名：《隋書・李密附裴仁基傳》：「世充僭尊號，署行儼為左輔大將軍，行儼每有攻戰，所當皆披靡，號為萬人敵，世充憚其威名。」其威名乃指上事而言。（七〇）宇文儒童弟尚食直長溫：按〈裴仁基傳〉作：「與尚食直長陳謙等謀反，令陳謙於上食之際，持匕首以劫世充。」或尚食直長中有一宇文溫，列傳失書，而《通鑑》據他書以入錄歟！然陳謙於此事件中，既擔當一重要職務，則絕對不可漏略，必須據以添入。又按《唐六典》卷十一：「尚食局，直長五人，正七品上。隋開皇初置直長四人，從七品下，大業三年加置六人，增品為正第七品上。」（七一）夷：猶誅。（七二）王世充以禮部尚書裴仁基……事泄，皆夷三族：按此段乃錄自《隋書・李密附裴仁基傳》，字句大致相同。（七三）正為：只為。（七四）遣兄子唐王仁則：按《隋書・越王侗傳》及《舊唐書・王世充傳》作：「世充遣其姪行本。」說不相同。（七五）以往者之言，未應至此：胡三省曰：「謂世充往有復子明辟之言，既不能踐，今不應遽殺之也。」(九六)辭訣：辭別。(九七)布席：謂佈席於地上。(九八)禮佛：向佛行禮，今言拜佛。(九九)願自今已往：按〈越王侗傳〉作：「從今以去。」往去之意相同，皆指以後而言。(一〇〇)絕：絕氣，指死言。(一〇一)齊王世惲言於世充曰……謚曰恭皇帝：按此段雖錄自《隋書・越王侗傳》，而間有溢出。

(一)六月，庚子，竇建德陷滄州(一)。初易州(二)賊帥宋金剛有眾萬餘，與魏刀兒連結(三)，刀兒為竇建德所滅，金剛救之，戰敗，帥眾四千，西奔劉武周，武周聞其善用兵，得之，甚喜，號曰宋王，委以軍事，中分家貲(四)以遺(五)之。金剛亦深自結，出其故妻(六)，納武周之妹，因說武周圖晉陽，南向爭天下。武周以金剛為西南道大行臺(七)，使將兵三萬寇并州。丁未，武周進逼介州(八)，沙門道澄以佛幡(九)縋之(一〇)入城，遂陷介州。詔左武衛大將軍姜寶誼、行軍總管李仲文擊之，武周將黃子英往來雀鼠谷(一一)，數以輕兵(一二)挑戰，兵纔接，子英陽(一三)不勝而走，如是再三，寶誼、仲文悉眾(一四)逐之，伏兵發，唐兵大敗，寶誼仲文皆為所虜(一五)，【考異】舊裴寂傳云：「寶誼仲文相次陷沒。」按實錄二人敗處，皆在雀鼠谷，賊將黃子英陽不勝，以誘之，遇伏而沒。事迹並同。必一時共戰，皆被擒耳。既而俱逃歸，上復使二人將兵擊武周(一六)。

(二)己酉，突厥遣使來告始畢可汗之喪，上舉哀於長樂門(一七)，廢朝三日⑱，詔百官就館⑲弔其使者，又遣內史舍人⑳鄭德挺弔處羅可汗，賻帛三萬段㉑㉒。

㈢上以劉武周入寇為憂，右僕射裴寂請自行，癸亥，以寂為晉州㉓道行軍總管，討武周，聽以便宜從事。

㈣秋，七月，初置十二軍，分關內諸府以隸焉，皆取天星為名㉔，以車騎府統之，每軍、將副各一人㉕，取威名素重者為之，督以耕戰之務，由是士馬精彊㉖，所向無敵。

㈤海岱㉗賊帥徐圓朗以數州之地請降㉘，拜兗州總管㉙，封魯國公。

㈥王世充遣其將羅士信寇穀州㉚，士信帥其眾千餘人來降。先是、士信從李密擊世充，兵敗，為世充所得，世充厚禮之，與同寢食㉛，既而得邴元真等，待之如士信，士信恥之，士信有駿馬，世充兄子趙王道詢欲之，不與，世充奪之，以賜道詢，士信怒，故來降。上聞其來，甚喜，遣使迎勞，廩食㉜其所部，以士信為陝州㉝道行軍總管。世充左龍驤將軍、臨涇㉞席辯與同列㉟楊虔安、李君義皆帥所部來降。

(七)丙子，王世充遣其將郭士衡寇穀州，刺史任瓌大破之，俘斬且盡[三六]。甲申，行軍總管劉弘基遣其將种如願襲王世充河陽城，毀其河橋而還[三七]。

(八)乙酉，西突厥統葉護可汗、高昌王麴伯雅各遣使入貢。初西突厥曷娑那可汗入朝於隋，隋人留之[三八]，國人立其叔父，號射匱可汗。射匱者，達頭可汗之孫也。既立，拓地東至金山[三九]，西至海[四〇]，遂與北突厥為敵，建庭[四一]於龜茲北三彌山。射匱卒，子統葉護立，統葉護勇而有謀，北并鐵勒，控弦[四二]數十萬，據烏孫故地，又移庭於石國北千泉[四三]，西域諸國皆臣之，葉護各遣吐屯監之，督其征賦[四四][四五]。

(九)辛卯，宋金剛寇浩州[四六]，浹旬[四七]而退。

(十)八月，丁酉，酅公薨，謚曰隋恭帝[四八]，無後，以族子行基嗣。

(十一)竇建德將兵十餘萬，趣洺州[四九]，淮安王神通帥諸軍退保相州[五〇]，已亥，建德兵至洺州城下。

(十二)丙午，將軍秦武通軍至洛陽，敗王世充將葛彥璋。

(十三)丁未，竇建德陷洺州，總管袁子幹降之。【考異】實錄作甲子，蓋奏到之日，今從革命記。乙卯，引兵趣相州，淮安王神通聞之，帥諸軍就李世勣於黎陽。

(十四)梁師都與突厥合數千騎寇延州(五一)，行軍總管段德操兵少，不敵，閉壁不戰，伺(五二)師都稍怠，九月，丙寅，遣副總管梁禮將兵擊之，師都與禮戰，方酣，德操以輕騎，多張(五三)旗幟，掩(五四)擊其後，師都軍潰，逐北二百里，破其魏州(五五)，虜男女二千餘口(五六)(五七)，德操、孝先之子也(五八)。

(十五)蕭銑遣其將楊道生寇峽州(五九)，刺史許紹擊破之，銑又遣其將陳普環帥舟師上峽，規取(六〇)巴蜀，紹遣其子智仁及錄事參軍(六一)李弘節等追至西陵(六二)，大破之，擒普環。銑遣兵戍安蜀城及荊門城(六三)(六四)。先是、上遣開府李靖詣夔州(六五)，經略蕭銑(六六)，靖至峽州，阻銑兵(六七)，久不得進，上怒其遲留(六八)，陰敕許紹斬之，紹惜其才，為之奏請，獲免(六九)。

(十六)己巳，竇建德陷相州，殺刺史呂珉。【考異】實錄作庚辰，蓋亦奏到之日。今從革命記。

(十七)民部尚書(七〇)魯公劉文靜自以才略(七一)功勳，在裴寂之右(七二)，而位居其下，意甚不平，每廷議(七三)，寂有所是，文靜必非之，數侵侮寂(七四)，由是有隙。文靜與弟通直散騎常侍(七五)文起飲酒酣，怨望，拔刀擊柱曰：「會當(七六)斬裴寂首。」家數有妖(七七)，文起召巫，於星下披髮銜刀為厭勝(七八)，文靜有妾無寵，使其兄上變告之，上以文靜屬吏(七九)，遣裴寂、蕭瑀問狀(八〇)，文靜曰：「建義之初，忝(八一)為司馬，計(八二)與長史位望略同(八三)，今寂為僕射，據甲第(八四)，臣官賞不異眾人，東西征討，老母留京師，風雨無所庇(八五)，實有觖望(八六)之心，因醉怨言，不能自保(八七)。」上謂羣臣曰：「觀文靜此言，反明白矣(八八)。」李綱、蕭瑀皆明(八九)其不反，秦王世民為之固請，曰：「昔在晉陽，文靜先定非常之策，始告寂知(九〇)，及克京城，任遇懸隔(九一)，令文靜觖望則有之，非敢謀反。」裴寂言於上曰：「文靜才略，實冠時人(九二)，性復麤(九三)險，今天下未定，留之必貽(九四)後患。」上素親寂，低回(九五)久之，卒用寂言(九六)，【考異】高祖實錄、唐書、唐歷等，皆以文靜之死，由於裴寂。今據實錄，此年六月，裴寂為晉州道行軍總管，討劉武周，此月丁丑，為宋金剛敗於介州，去文靜死，才七日，此時，不當在京師。實錄曰高祖低首者，久之，蓋寂未行時，先有此言，高祖未忍殺，至是乃決意耳。辛未，文靜及文起坐死，籍沒其家(九七)。

(十八)沈法興既克毗陵(九八)，謂江淮之南指撝可定，自稱梁王，都毗陵，改元延康，置百官，性殘忍，專尚(九九)威刑，將士小有過(一〇〇)，即斬之，由是其下離怨(一〇一)。時杜伏威據歷陽(一〇二)，陳稜據江都，李子通據海陵(一〇三)，俱有窺江表之心(一〇四)。法興軍數敗，會子通圍稜於江都，稜送質求救於法興及伏威，法興使其子綸將兵數萬，與伏威共救之，伏威軍清流(一〇五)，綸軍揚子(一〇六)，相去數十里，子通納言毛文深獻策，募江南人，詐(一〇七)為綸兵，夜襲伏威營，伏威怒，復遣兵襲綸，由是二人相疑，莫敢先進，子通得盡銳(一〇八)攻江都，克之，稜奔伏威，子通入江都，因縱擊綸，大破之，伏威亦引去。子通即皇帝位，國號吳，改元明政，丹陽(一〇九)賊帥樂伯通帥眾萬餘降之，子通以為左僕射(一一〇)。

(十九)杜伏威請降，丁丑，以伏威為淮南安撫大使、和州(一一一)總管。

(廿)裴寂至介休(一一二)，宋金剛據城拒之，寂軍于度索原，營中飲澗水，金剛絕之，士卒渴乏(一一三)，寂欲移營就水，金剛縱兵擊之，寂軍遂潰，失亡略盡(一一四)，寂一日一夜，馳至晉州(一一五)。先是劉武周屢遣兵攻西河，浩州刺史劉贍拒之㉖，李仲文引兵就之，與共守西河，及裴寂敗，自晉州以北城鎮俱沒，唯西河獨存。姜寶誼復為金剛所虜，謀逃歸，金剛殺之。裴寂上表謝罪，上慰諭之，復使鎮撫河東。劉武周進逼并州，齊王元吉紿㉗其司馬劉德威曰：「卿以老弱守城，吾以彊兵出戰。」辛巳，元吉夜出兵，攜其妻妾，棄州奔還長安。元吉始去，武周兵已至城下，晉陽土豪㉘薛深以城納武周。上聞之，大怒，謂禮部尚書李綱曰：「元吉幼弱，未習時事，故遣竇誕、宇文歆輔之，晉陽彊兵數萬，食支十年，興王之基，一旦棄之，聞宇文歆首畫此策，我當斬之。」綱曰：「王年少驕逸㉙，竇誕曾無規諫㉚，又掩覆㉛之，使士民憤怨，今日之敗，誕之罪也。歆諫王不悛㉜，尋皆聞奏，乃忠臣也，豈可殺哉。」明日，上召綱入升御座㉝，曰：「我得公，遂無濫刑㉞，元吉自為不善，非二人所能禁也。」并誕赦之㉟。衞尉少卿㊱劉政會在太原為武周所虜，政會密表㊲論武周形勢㊳。武周據太原，遣宋金剛攻晉州，拔之，虜右驍衞大將軍劉弘基，弘基逃歸㊴，金剛進逼絳州㉚，陷龍門㉛。

(廿)西突厥曷娑那可汗與北突厥有怨，曷娑那在長安，北突厥遣使請殺之，上不許，群臣皆曰：「保一人㉜而失一國，後必為患。」秦王世民曰：「人窮來歸，我殺之，不義。」上遲迴㉝久之，不得已，丙戌，引曷娑那於內殿宴飲，既而送中書省，縱北突厥使者使殺之㉞㉟。

(廿一)禮部尚書李綱領太子詹事㊱，太子建成始甚禮之，久之，太子漸昵近㊲小人，疾㊳秦王世民功高，頗相猜忌，綱屢諫不聽，乃乞骸骨。上罵之曰：「卿為何潘仁長史，乃恥為朕尚書邪！且方使卿輔導㊴建成，而固求去，何也？」綱頓首曰：「潘仁，賊也，每欲妄殺人，臣諫之即止，為其長史，可以無愧；陛下創業明主，臣不才，所言如水投石㊵，言於太子亦然，臣何敢久汙天臺㊶，辱東朝乎㊷！」上曰：「知公直士，勉留輔吾兒。」戊子，以綱為太子少保㊸、尚書詹事如故。綱復上書諫太子飲酒無節㊹，及信讒慝，疏骨肉，太子不懌㊺，而所為如故，綱鬱鬱不得志，是歲，固稱老病辭職，詔解(46)尚書，仍為少保(47)。

(廿三)淮安王神通使慰撫使張道源鎮趙州，庚寅，竇建德陷趙州(48)，【考異】實錄，今年三月，建德陷趙州。此又云，陷趙州。蓋重複。或三月，是貝州。唐統紀唯有九月陷趙州，今從之。執總管張志昂及道源，建德以二人及邢州(49)刺史陳君賓不早下，欲殺之，國子祭酒凌敬諫曰：「人臣各為其主用(50)，彼堅守不下，乃忠臣也，今大王殺之，何以勵群下(51)乎！」建德怒曰：「吾至城下，彼猶不降，力屈就擒，何可捨也！」敬曰：「今大王使大將高士興拒羅藝於易水(52)，藝纔至，興即降(53)，大王之意，以為何如？」建德乃悟(54)，即命釋之(55)。

(廿四)乙未，梁師都復寇延州，【考異】太宗實錄云：「經數月，師都又來寇。」按丙寅、九月朔，寇延州，乙未、九月晦也。今從高祖實錄。段德操擊破之，斬首二千餘級，師都以百餘騎遁去，德操以功拜柱國，賜爵平原郡公。鄜州(56)刺史、鄜城壯公梁禮戰沒。

(廿五)冬，十月，己亥，就加涼州(57)總管楊恭仁納言(58)，賜幽州總管(59)、燕公羅藝姓李氏，封燕郡王(60)。

(廿六)辛丑，李藝破竇建德於衡水(61)。

(七七)癸卯，以左武候大將軍龐玉為梁州(六二)總管，時集州(六三)獠反，玉討之，獠據險自守，軍不得進，糧且盡，熟獠(六四)與反者皆鄰里親黨，爭言賊不可擊，請玉還；玉揚言：「秋穀將熟，百姓毋得收刈(六五)，一切供軍，非平賊，吾不返。」聞者大懼，曰：「大軍不去吾曹皆將餒死其中。」壯士乃入賊營，與所親潛謀，斬其渠帥(六六)，而降，餘黨皆散，玉追討，悉平之。

(七八)劉武周將宋金剛進攻澮州(六七)，陷之，軍勢甚銳，裴寂性怯(六八)，無將帥之略，唯發使駱驛(六九)，趣虞泰二州(七〇)居民入城堡(七一)，焚其積聚，民驚擾愁怨，皆思為盜，夏縣(七二)民呂崇茂聚眾自稱魏王，以應武周，寂討之，為所敗(七三)。詔永安王孝基、獨孤懷恩、陝州總管于筠，內史侍郎(七四)唐儉等將兵討之。時王行本猶據蒲反(七五)，未下(七六)，亦與武周相應，關中震駭。上出手敕(七七)曰：「賊勢如此，難與爭鋒，宜棄大河以東，謹守關西(七八)而已。」秦王世民上表曰：「太原王業所基(七九)，國之根本，河東富實(八〇)，京邑(八一)所資(八二)，若舉而棄之，臣竊憤恨，願假臣精兵三萬，必冀平殄(八三)武周，克復汾晉。」上於是悉發關中兵以益世民所統，使擊武周。乙卯，幸華陰，至長春宮以送之（一八四）。

（廿九）竇建德引兵趣衛州（一八五），建德每行軍，常為三道，輜重細弱居中央，步騎夾左右，相去三里許。建德以千騎前行，過黎陽（一八六）三十里，李世勣遣騎將丘孝剛，將三百騎偵（一八七）之，孝剛驍勇，善馬槊（一八八），與建德遇，遂擊之，建德敗走，右方（一八九）兵救之，擊斬孝剛，建德怒，還攻黎陽，克之，【考異】實錄黎陽陷，在十一月丙子，蓋亦奏到之日。今從革命記。虜淮安王神通、李世勣父蓋、魏徵、及帝妹同安公主，唯李世勣以數百騎走，度河數日，以其父故（一九〇），還詣建德降，衛州聞黎陽陷，亦降。建德以李世勣為左驍衛將軍，使守黎陽，【考異】革命記，使與其將高雅賢守新鄉。按是時，新鄉猶屬王世充，使劉黑闥守之，世勣既事建德，乃為建德攻下新鄉，虜黑闥耳。今從唐書。常以其父蓋自隨為質，以魏徵為起居舍人。滑州（一九一）刺史王軌奴殺軌，攜其首詣建德降，建德曰：「奴殺主，大逆，吾何為受之！」立命斬奴，返其首於滑州，吏民感悅，即日請降。於是其旁州縣及徐圓朗等，皆望風歸附。己未，建德還洺州，築萬春宮，徙都之（一九二），置淮安王神通於下博（一九三），待以客禮。

(卅)行軍總管羅士信帥勇士，夜入洛陽外郭，縱火焚清化里，而還，壬戌，士信拔青城堡(九四)。

(卅一)王世充自將兵狥地至滑臺，臨黎陽，尉氏(九五)城主時德叡、汴州(九六)刺史王要漢、亳州(九七)刺史丁叔則遣使降之，以德叡為尉州刺史。要漢，伯當之兄也。

(卅二)夏侯端至黎陽，李世勣發兵送之，自澶淵(九八)濟河，傳檄州縣，東至於海，南至於淮，二十餘州皆遣使來降。行至譙州(九九)會汴亳降於王世充，還路遂絕，端素得眾心，所從二千人，雖糧盡不忍委去(一〇〇)，端坐澤中，殺馬以饗士，因歔欷(一〇一)謂曰：「卿等鄉里皆已從賊，特(一〇二)以共事之情，未能見委，我奉王命，不可從卿，卿有妻子，無宜效我(一〇三)，可斬吾首歸賊，必獲富貴。」眾皆流涕曰：「公於唐室非有親屬，直以忠義，志不圖存(一〇四)，某等雖賤，心亦人也(一〇五)，寧(一〇六)有害公以求利乎！」端曰：「卿不忍見殺(一〇七)，吾當自刎。」眾抱持之，乃復同進(一〇八)，潛行五日，餒死及為賊所擊奔潰相失(一〇九)者，太半，唯餘五十二人同走，采萱豆(一一〇)生食之，端持節(一一一)未嘗離身，屢遣從者散自求生，眾又不可。時河南之地，皆入世充，唯杞州㉒刺史李公逸為唐堅守，遣兵迎端，館給之㉓。世充遣使召端，解衣遺之㉔，仍送除書㉕，以端為淮南郡公、尚書少吏部㉖，端對使者焚書毀衣，曰：「夏侯端天子大使，豈受王世充官乎！汝欲吾往，唯可取吾首耳。」因解節旄㉗懷之，置刃於竿㉘，自山中西走，無復蹊徑㉙，冒㉚踐荊棘，晝夜兼行㉛，得達宜陽㉜，從者墜崖溺水，為虎狼所食，又喪其半，其存者鬢髮禿落，無復人狀㉝。端詣闕見上，但謝㉞無功，初㉟不自言艱苦，上復以為秘書監㊱㊲。

(四三)郎楚之至山東㊳，亦為竇建德所獲，楚之不屈，竟得還。

(四四)王世充遣其從弟世辨以徐亳之兵攻雍丘㊴，李公逸遣使求救，上以隔賊境，不能救，公逸乃留其屬李善行㊵守雍丘，身帥輕騎入朝，至襄城，為世充伊州刺史張殷所獲㊶，世充謂曰：「卿越鄭㊷臣唐，其說安在？」公逸曰：「我於天下，唯知有唐，不知有鄭。」世充怒斬之，善行亦沒。上以公逸子為襄邑公㊸㊹。

(四五)甲子，上祠華山㊺

【今註】㊀滄州：《舊唐書・地理志》二：「河北道、滄州，漢渤海郡，隋因之，武德元年，改為滄州。」㊁易州：同志：「河北道、易州，隋上谷郡，武德四年，討平竇建德，改為易州。」㊂連結：連合。㊃中分家貲：謂將家產平半分之。㊄遺：贈。㊅出其故妻：與其舊妻離異。㊆大行臺：行臺謂行尚書臺事，此大行臺，謂於所轄區內，一切軍政俱聽由其專決也。㊇介州：《舊唐書・地理志》二：「河東道、汾州，隋西河郡，義旗初，割介休、平遙二縣屬介休郡，武德元年，以介休郡為介州。」㊈佛幡：幡、旗幟之屬。㊉縋之：懸引之。⑪雀鼠谷：《元和郡縣志》卷十七：「汾州、介休縣，雀鼠谷在縣西十二里。」⑫輕兵：謂馬軍。⑬陽：猶佯。⑭悉眾：全軍。⑮所虜：所俘虜。⑯初易州賊帥宋金剛……上復使二人將兵擊武周：按此段乃錄自《舊唐書・劉武周傳》，字句大致相同。⑰長樂門：《唐六典》卷七：「京城，宮城在皇城之北，南面三門：中曰承天，東曰長樂，西曰永安。」⑱廢朝三日：按重臣死，則廢朝以示哀悼，其制乃起於隋唐。《舊唐書・蘇瓌附頲傳》：「韋述上疏曰：『臣伏見貞觀、永徽之時，每有公卿大臣薨卒，皆輟朝舉哀，所以成終始之恩，厚君臣之義，上有旌賢錄舊之德，下有生榮死哀之美，列於史冊，以示將來。』」至廢朝之期限，則有一日者。《舊唐書・馬懷素傳》：「懷素病卒，上特為之舉哀，廢朝一日。」有三日者。《隋書・突厥傳》：「沙鉢略可汗卒，上為廢朝三日。……是歲啟民可汗疾終，上為之廢朝三日。」《舊唐書・房玄齡傳》：「尋薨，廢朝三日。」同書〈李光弼傳〉：「廣德二年薨，輟朝三日。」有五日者。《舊唐書・郭子儀傳》：「六月，薨，時年八十五。德宗聞之震悼，廢朝五日，詔曰：『雖賻禮加等，輟朝增日，悼之流涕，曷可弭忘！』」其最多竟有達七日者。《舊唐書・李勣傳》：「尋薨，帝為之舉哀，輟朝七日。」以德宗詔文及諸列傳觀之，知以三日以下為常限，其逾越三日者，皆為具有特殊勳伐之臣，然此種人物實占最少數字，而不可視為通例。又廢朝亦作輟朝，此觀於上之引文自明。蓋廢輟皆謂停止參朝，不理政事，故二字遂得任意採用也。⑲就館：就其客館。⑳內史舍人：《唐六典》九：「中書舍人六人，正五品上。隋初改曰內史舍人，專掌詔誥，正第六品上。煬帝十二年，改曰尚書舍人，皇朝改曰內史舍人，武德三年，改曰中書舍人。」㉑賻帛三萬段：按既曰段，則係雜物，非全為帛，當如《舊唐書》作物為是。㉒突厥遣使來告始畢可汗之喪……吊（當作弔）處羅可汗，賻帛三萬段：按此段乃錄自《舊唐書・突厥傳》上，字句大致相同。㉓晉州：《舊唐書・地理志》二：「河東道、晉州，隋臨汾郡，武德元年，改為晉州。」㉔初置十二軍，分關內諸府以隸焉，皆取天星為名：《新唐書・兵志》：「以萬年道為參旗軍，長安道為鼓旗軍，富平道為玄戈軍，醴泉道為井鉞軍，同州道為羽林軍，華州道為騎官軍，寧州道為折威軍，峽州道為平道軍，豳州道為招搖軍，西麟州道為苑游軍，涇州道為天紀軍，宜州道為天節軍。」㉕每軍將副各一人：謂每軍將軍副將各一人。㉖精彊：精銳彊盛。㉗海岱：謂其所跨據之地，東至瀛海，西距岱嶽。㉘徐圓朗以數州之地請降：按《舊唐書・劉黑闥附徐圓朗傳》：「初附於李密，密敗歸王世充，及洛陽平，歸國，拜兗州總管。」此則列於王世充未平之前，說不相同。㉙兗州總管：《隋書・地理志》下：「魯郡，舊兗州，大業二年，改為魯郡。」《舊唐書・地理志》一：「河南道、兗州，隋郡，武德五年平徐圓朗，置兗州。」㉚穀州：《舊唐書・地理志》一：「河南道、河南府、新安縣，武德元年，改為穀州。」㉛與同寢食：極言其優款之狀。㉜廩食：以倉廩所儲之粟供給之。㉝陝州：《舊唐書・地理志》一：「河南道、陝州，隋河南郡之陝縣，義寧元年，置弘農郡，武德元年，改為陝州總管府。」㉞臨涇：同志：「關內道、涇州，統有臨涇縣。」㉟同列：猶同僚。㊱且盡：將盡。㊲襄王世充河陽城，毀其河橋而還：《元和郡縣志》卷六：「河南郡、河陽縣，造浮橋架黃河為之，以船為腳，竹簹互之。晉陽秋云：『杜元愷造河橋于富平津。』即此是也。」是河陽河上造橋，由來蓋已甚久。㊳初西突厥曷娑那可汗入朝於隋，隋人留之：事見卷一百八十一煬帝大業七年。㊴金山：胡三省曰：「按開元中以西州為金山都督府，又突厥之先興於金山，在高昌西北，則知是山近高昌。」㊵西至海：此指西海而言。㊶建庭：建宮庭。㊷控弦：謂能射之士。㊸石國北千泉：胡三省曰：「石國，康居枝庶之分王者也，治拓折城，漢時大宛北鄙也。」㊹征賦：征收賦稅。㊺初西突厥曷娑那可汗入朝於隋……各遣吐屯監之，督其征賦：按此段乃錄自《舊唐書・西突厥傳》，字句大致相同。㊻浩州：《舊唐書・地理志》二：「河東道、汾州，隋西河郡，武德元年，以西河郡為浩州，三年，改浩州為汾州。」㊼浹旬：盈旬。㊽八月丁酉，酅公薨，謚曰隋恭帝：按《舊唐書・高祖紀》作：「武德二年五月己卯，酅國公薨，追崇為隋帝，謚曰恭。」所載月日有異。㊾洺州：《舊唐書・地理志》二：「河北道、洺州，隋武安郡，武德元年，改為洺州。」音名。㊿相州：同志：「河北道、相州，隋為魏郡，武德元年，置相州總管府。」(五一)延州：同志一：「關內道、延州，隋延安郡，武德元年，改為延州總管府。」(五二)伺：窺知。(五三)張：設。(五四)掩：掩襲。(五五)魏州：《舊唐書・地理志》一：「關內道、綏州、城平縣，隋舊縣，武德三年，又置魏州。」(五六)二千餘口：《舊唐書・梁師都傳》，二千作二百。(五七)梁師都與突厥合數千騎……虜男女二千餘口：按此段乃錄自《舊唐書・梁師都傳》，字句大致相同。(五八)德操，孝先之子也：段孝先柄用於高齊之季。(五九)峽州：《舊唐書・地理志》二：「山南道、硤州，隋夷陵郡，武德二年平蕭銑，置硤州。」(六〇)規取：圖取。(六一)錄事參軍：《唐六典》卷三十：「上州，刺史一人，從三品。錄事參軍事一人，從七品上。」(六二)西陵：《水經》：「江水逕夷陵縣南，又東逕流頭灘、狼尾灘、黃牛山之黃牛灘，而後逕西陵峽，出峽東南流，而後逕步闡壘。」此乃由下游追至西陵峽之路線也。(六三)銑遣兵戍安蜀城及荊門城：胡三省曰：「安蜀城在公安縣界，荊門城在長林縣界，皆荊州西南要地。」(六四)蕭銑遣其將楊道生寇峽州……遣兵戍安蜀城及荊門城：按此段乃錄自《舊唐書・許紹傳》，字句大致相同。(六五)夔州：《舊唐書・地理志》二：「山南道、夔州，隋巴東郡，武德元年改為信州，二年，又改信州為夔州。」(六六)經略蕭銑：《舊唐書・李靖傳》作：「時蕭銑據荊州，遣靖安輯之。」是經略乃為安輯之意。(六七)阻銑兵：為銑兵所阻。(六八)遲留：遲緩稽留。(六九)先是上遣開府李靖……為之奏請，獲免：按此段乃錄自《舊唐書・李靖傳》，字句大致相同。(七〇)民部尚書：《舊唐書・職官志》一：「戶部尚書一員，正三品，隋為民部尚書，貞觀二十三年改為戶部。」(七一)才略：才氣謀略。(七二)右：上。(七三)廷議：朝廷百官議論之時。(七四)數侵侮寂：謂屢侵犯侮辱裴寂。(七五)通直散騎常侍：《舊唐書・職官志》一：「門下省左散騎常侍，從三品。」(七六)會當：要當。(七七)妖：妖怪。(七八)厭勝：厭妖而勝之。(七九)屬吏：屬之於司法之吏。(八〇)問狀：問其事狀。(八一)忝：自謙語，猶辱也。(八二)計：核計。(八三)計與長史位望略同：《舊唐書・職官志》三：「上州，刺史一員，長史一人，從五品上，司馬一人，從五品下。」是位望略相同也。(八四)甲第：甲等之第宅。(八五)無所庇：無所庇蔽。(八六)觖望：怨望。(八七)不能自保：保猶持，謂不能自持，因醉而發此怨言。(八八)反明白矣：謂欲反甚明。(八九)皆明：猶皆言。(九〇)文靜先定非常之策，始告寂知：事見卷一百八十四隋恭帝義寧元年。(九一)懸隔：懸絕，謂相隔甚遠。(九二)冠時人：謂為時人之冠。(九三)麤：同粗。(九四)貽：留。(九五)低回：謂沈吟思量。(九六)民部尚書魯公劉文靜……卒用寂言：按此段乃錄自《舊唐書・劉文靜傳》，字句大致相同。(九七)籍沒其家：籍沒，謂依據簿籍所載，而一一收沒之。(九八)毗陵：《舊唐書・地理志》三：「江南道、常州，隋毗陵郡，武德三年，杜伏威歸化，置常州。」(九九)專尚：猶專重。(一〇〇)小有過：稍有過。(一〇一)沈法興既克毗陵……由是其下離怨：按此段乃錄自《舊唐書・沈法興傳》，字句大致相同。(一〇二)歷陽：《舊唐書・地理志》三：「淮南道、和州，隋歷陽郡，武德三年，杜伏威歸國，改為和州。」(一〇三)海陵：《同志三》：「淮南道、揚州、海陵縣，漢縣，至隋屬南兗州，武德三年屬揚州。」(一〇四)窺江表之心：窺圖江外之意。(一〇五)清流：《舊唐書・地理志》三：「淮南道、滁州，屬有清流縣。」(一〇六)揚子：同志：「淮南道、揚州、揚子縣，永淳元年，分江都縣置。」(一〇七)詐：偽。(一〇八)盡銳：以全軍精銳之卒。(一〇九)丹陽：《舊唐書・地理志》三：「江南道、潤州，武德三年，杜伏威歸國，置潤州於丹陽縣。」(一一〇)會子通圍稜於江都……子通以為左僕射：

按此段乃錄自《舊唐書・李子通傳》，字句大致相同。㉑和州：見上歷陽注。㉒介休：已見上注。㉓渴乏：渴燥困乏。㉔失亡略盡：《舊唐書・裴寂傳》作：「死散略盡。」失亡即死散也。㉕裴寂至介休……一日一夜，馳至晉州：按此段乃錄自《舊唐書・裴寂傳》，字句大致相同。㉖劉武周屢遣兵攻西河，浩州刺史劉贍拒之：《舊唐書・地理志》二：「河東道，汾州，隋西河郡，義旗初割介休、平遙二縣屬介休郡。武德元年，以介休郡為介州，西河郡為浩州。」㉗紿：詐、誑。㉘土豪：《舊唐書・劉政會傳》作：「豪右。」是土豪即本地之豪右也。㉙驕逸：驕傲逸樂。㉚規諫：規勸諫諍。㉛掩覆：遮掩覆蓋。㉜悛：改，音ㄑㄩㄢ。㉝上召綱入升御座：按唐高祖為示優禮大臣，常引升御座，以與之談論。此舉動散見諸列傳中，茲不詳。㉞濫刑：淫濫之刑。㉟劉武周進逼幷州，……幷誕赦之：按此段乃錄自《舊唐書・巢王元吉傳》，字句大致相同。㊱衞尉少卿：《唐六典》卷十六：「衞尉少卿二人，從四品上。」㊲密表：祕密上表。㊳衞尉少卿劉政會……論武周形勢：按此段乃錄自《舊唐書・劉政會傳》，字句大致相同。㊴武周據太原……弘基逃歸：按此數句乃錄自《舊唐書・劉弘基傳》，字句大致相同。㊵絳州：《舊唐書・地理志》二：「河東道、絳州，隋絳郡，武德元年置絳州總管府。」㊶龍門：同志，河東道、河中府，屬有龍門縣。㊷保一人：謂保護一人。㊸遲迴：猶躊躇。㊹縱北突厥使者使殺之：核文意使殺之使字應刪去，蓋縱已有任使之意，則下不當復有使字。㊺西突厥曷娑那可汗……縱北突厥使者使殺之：按此段乃錄自《舊唐書・突厥傳》下，字句大致相同。㊻太子詹事：《唐六典》卷二十六：「太子詹事府，詹事一人，正三品。統東宮三寺十率府之政令，舉其綱紀，而修其職務。」㊲昵近：親近。㊳疾：惡。㊴輔導：匡輔誘導。㊵所言如水投石：胡三省曰：「言以水投石，雖沾濕而不能受水。」㊶天臺：謂尚書省。㊷東朝：謂東宮。㊸太子少保：《唐六典》卷二十六：「太子少師一人，少傅一人，少保一人，並正二品。太子三少，掌奉皇太子以觀三師之道德，而教諭焉。」㊹節：節度。㊺懌：悅。㊻解：解罷。㊼禮部尚書李綱領太子詹事……仍為少保：按此段乃錄自《舊唐書·李綱傳》，字句大致相同。㊽趙州：《舊唐書·地理志》二：「河北道、趙州，隋置趙郡於平棘縣，武德元年張志昂以郡歸國，改為趙州。」㊾邢州：同志：「河北道、邢州，隋襄國郡，武德元年，改為邢州總管府。」㊿人臣各為其主用：謂人臣各為其主而用。(51)羣下：即羣臣。(52)易水：源出於今河北省易縣境。(53)今大王使大將高士興拒羅藝於易水，藝纔至，興即降：按《舊唐書·竇建德傳》，興即降作士興即降。核古代於二字之名，稱時省去其一，頗不乏例。晉文公重耳，《左傳》定四年稱晉重，乃其最早見者。至於唐代，則尤為廣遍，爰舉數例如下：《舊唐書·李靖傳》：「令問孫彥芳，鳳翔府司錄參軍，太宗賜芳絹二百匹，衣服靴笏以酬之。」同書〈郭子儀傳〉：「宰相元載，內侍魚朝恩共出錢三十萬，置宴於子儀第，恩出羅錦二百匹為子儀纏頭之費，極歡而罷。」同書〈李皋傳〉：「皋單騎假稱使者，徑入國良壘中，良匍匐叩頭請罪。」韓愈《韓昌黎集·曹成王碑》：「初觀察使虐，使將國良往戍界，良以武岡叛。」（注韓曰：「邵州賊王國良，本湖南衙將。」方注曰：「國良只稱良，猶南齊雲只稱雲，李光顏只稱顏也。」）同集〈平淮西碑〉：「顏、胤、武合攻其北，大戰十六。」（按顏，李光顏；胤，烏重胤；武，韓公武。）〔五四〕悟：覺悟。〔五五〕竇建德陷趙州……即命釋之：按此段乃錄自《舊唐書・竇建德傳》，字句間有不同。〔五六〕鄜州：《舊唐書・地理志》一：「關內道、鄜州，隋上郡，武德元年改為鄜州。」音膚。〔五七〕涼州：同志三：「河西道、涼州，隋武威郡，武德二年，平李軌，置涼州。」〔五八〕納言：《舊唐書・職官志》二：「門下省，侍中二員，隋曰納言，又名侍內，武德為納言，又改為侍中，正三品。」〔五九〕幽州總管：《舊唐書・地理志》二：「河北道、幽州，隋為涿郡，武德元年，改為幽州總管府。」〔六〇〕燕公羅藝封燕郡王：《唐六典》卷二：「司封郎中掌邦之封爵，凡有九等：二曰郡王，從一品，食邑五千戶；三曰國公，從一品，食邑三千戶。」〔六一〕衡水：胡三省曰：「衡水縣，屬薊州。宋白曰：『衡水縣本漢桃縣，隋開皇十六年置衡水縣。』」〔六二〕梁州：《舊唐書・地理志》二：「山南道、梁州，隋漢川郡，武德元年置梁州總管府。」〔六三〕集州：同志：「山南道、集州，隋漢川郡之難江縣，武德元年置集州。」〔六四〕熟獠：近邊者為熟獠，遠者為生獠。〔六五〕刈：割。〔六六〕渠帥：大帥。〔六七〕澮州：《舊唐書・地理志》二：「河東道、絳州，隋絳郡，武德元年置絳州總管府。又將翼城、絳、小鄉三縣，改為澮州。」〔六八〕怯：畏怯。〔六九〕駱驛：通絡繹，謂相繼不斷。〔七〇〕虞泰二州：《新唐書・地理志》：「河東道、河中府，義寧元年以蒲州之安邑、虞鄉、夏置安邑郡，武德元年曰虞州。」又：「義寧元年，以蒲州之汾陰、龍門置汾陰郡，武德元年曰泰州。」〔七一〕城堡：大曰城，小曰堡。〔七二〕夏縣：《隋書・地理志》中：「河東郡屬有夏邑，舊置安邑郡，開皇初郡廢，有稷山、虞坂。」〔七三〕劉武周將宋金剛進攻澮州……寂討之，為所敗：按此段乃錄自《舊唐書・裴寂傳》，字句大致相同。(七四)內史侍郎：《舊唐書・職官志》二：「中書侍郎二員，隋置內書省，改為中書侍郎，正四品，武德初為內史侍郎。三年改為中書侍郎。」(七五)蒲反：《隋書・地理志》中：「河東郡、河東縣，舊曰蒲坂縣。」(七六)時王行本猶據蒲反，未下：去年十二月，隋將堯君素死，王行本據蒲反，事見上卷。(七七)手敕：親手所書之敕。(七八)謹守關西：謹守，嚴守；關西，指蒲津關以西。(七九)王業所基：猶王業所本。(八〇)河東富實：《舊唐書・太宗紀》上，富實作殷實，是殷即富也。(八一)京邑：即京城、京師。(八二)所資：所資藉。(八三)殄：滅。(八四)關中震駭，上出手敕曰……至長春宮以送之：按此段乃錄自《舊唐書・太宗紀》上，字句幾全相同。(八五)衞州：《舊唐書・地理志》二：「河北道、衞州，隋汲郡，本治衞縣，武德元年改為衞州。」(八六)黎陽：胡三省曰：「黎陽縣、在衞州東北百二十里。」(八七)偵：偵察。(八八)善馬槊：按馬槊為唐初諸將軍所常用者。(八九)右方：此謂建德兵之在右者。(九〇)以其父故：以其父被虜之故。(九一)滑州：《舊唐書・地理志》一：「河南道、滑州，隋東郡，武德元年改為滑州，以城有古滑臺也。」(九二)還攻黎陽，克之……築萬春宮，徙都之：按此段乃錄自《舊唐書・竇建德傳》，字句大致相同。(九三)下博：《舊唐書・地理志》二：「河北道、深州、下博縣，漢縣，隋舊，武德四年屬冀州，貞觀元年改屬深州。」(九四)青城堡：胡三省曰：「蓋因青城宮為堡。」(九五)尉氏：今河南省尉氏縣。(九六)汴州：《舊唐書・地理志》一：「河南道、汴州，隋滎陽郡之浚儀縣也，武德四年平王世充，置汴州總管府。」(九七)亳州：同志：「河南道、亳州，隋譙郡，武德四年平王世充，改為亳州。」(九八)澶淵：在今河北省濮陽縣西南。(九九)譙州：《舊唐書・

地理志》一：「河南道、亳州、臨渙縣，隋置譙州，領縣四，貞觀十七年省。」⑳委去：棄去。㉑歔欷：啼貌，音虛希。㉒特：但。㉓我奉王命，不可從卿，卿有妻子，無宜效我：按《舊唐書·忠義夏侯端傳》作：「端盡殺私馬，以會軍士，因歔欷曰：『今王師已敗，諸處並沒，卿等土壤，悉皆從偽，特以共事之情，未能見委。然我奉王命不可從，卿有妻子，無宜效我，可斬吾首，持歸於賊。』」按二文，一多一卿字，一則否，而此多少一卿字，於效字之解釋，關係至巨。蓋如《通鑑》之多一卿字，則效自應訓為效力，而如舊唐書之少一卿字，則除仿效外，固無他釋也。字之增減，其影響他字意義之巨，竟有如此者。㉔存：生存。㉕心亦人也：謂亦如他人之心。㉖寧：豈。㉗見殺：相殺。㉘同進：一同進發。㉙相失：相散失。㉚營豆：野豆，音勞。㉛持節：持旄節。㉜杞州：《舊唐書·地理志》一：「河南道、汴州、雍丘，隋縣，武德四年，於縣置杞州。」㉝館給之：使居於客館，而供給其資糧。㉞遺之：贈之。㉟除書：任命之文書，猶今之委任狀。㊱尚書少吏部：〈夏侯端傳〉作：「吏部尚書。」此則為吏部侍郎，兩書有異。㊲旄：《說文通訓定聲》：「旄，旄旛竿飾也。本用犛牛尾，注於旗之竿首，故曰旄；後又用羽。」㊳置刃於竿：按竿即解去旄後所餘之竿。㊴蹊徑：山中小道。㊵冒：冒犯。㊶晝夜兼行：晝夜皆行。㊷宜陽：唐熊州。㊸無復人狀：無復人形。㊹謝：辭謝。㊺初：按初乃始終之省，而始終猶全及絕也。㊻秘書監：《唐六典》卷十：「秘書省，監一人，從三品。」㊼夏侯端至黎陽……上復以為秘書監：按此段乃錄自《舊唐書·忠義夏侯端傳》。字句大致相同。㊽郎楚之至山東：郎楚之於本年四月與夏侯端同出使。㉙雍丘：屬杞州，見上注。㉚其屬李善行：《舊唐書・忠義李公逸傳》作：「族弟李善行。」㉛至襄城，為世充伊州刺史張殷所獲：《舊唐書・地理志》一：「河南道、汝州，隋襄城郡，武德四年，平王世充，改為伊州。屬有襄城縣。」㉜越鄭：越踰鄭國。㉝襄邑公：〈李公逸傳〉作：「襄邑縣公。」蓋此乃縣公之爵。查《唐六典》卷二司封郎中條：「五曰縣公，從二品，食邑一千五百戶。」㉞王世充遣其從弟世辨……上以公逸子為襄邑公：按此段乃錄自《舊唐書・忠義李公逸傳》，字句大致相同。㉟上祠華山：《唐六典》卷四：「立秋之日，祭西嶽華山於華州。」是祀華山乃載於唐之祀冊。

卷一百八十八　唐紀四

司馬光編集
曲守約註

起屠維單閼十一月，盡重光大荒落二月，凡一年有奇。（己卯至庚辰，西元六一九年至六二〇年）

高祖神堯大聖孝皇帝中之上

武德二年（西元六一九年）

（一）十一月，己卯，劉武周寇浩州〔一〕。

（二）秦王世民引兵自龍門乘冰堅度河〔二〕，屯柏壁〔三〕，與宋金剛相持，時河東州縣〔四〕，俘掠之餘，未有倉廩，人情恇〔五〕擾，聚〔六〕入城堡，徵斂無所得，軍中乏食，世民發教〔七〕諭民，民聞世民為帥而來，莫不歸附，自近及遠，至者日多，然後漸收其糧食，軍食以充，乃休兵秣馬，唯令偏裨〔八〕乘間抄掠，大軍堅壁〔九〕不戰，由是賊勢日衰。世民嘗自帥輕騎覘〔一〇〕敵，騎皆四散，世民獨與一甲士登丘〔一一〕而寢，俄而賊兵四合，初〔一二〕不之覺，會有蛇逐鼠，觸甲士之面，甲士驚寤〔一三〕，遂白世民，俱上馬，馳百餘步，為賊所及，世民以大羽箭射，殪⑭其驍將，賊騎乃退。

㈢李世勣欲歸唐⑮，恐禍及其父，謀於郭孝恪，孝恪曰：「吾⑯新事竇氏，動則見疑，宜先立效⑰以取信，然後可圖⑱也。」世勣從之，襲王世充獲嘉⑲，破之，多所俘獲，以獻建德，建德由是親之。初，漳南⑳人劉黑闥㉑少驍勇狡獪㉒，與竇建德善，後為羣盜，轉事㉓郝孝德、李密、王世充，世充以為騎將，每見世充所為，竊笑㉔之，世充使黑闥守新鄉㉕，李世勣擊虜之，獻於建德，建德署㉖為將軍，賜爵漢東公，常使將奇兵東西掩襲㉗，或潛入敵境，覘視虛實，黑闥往往乘間奮擊㉘，克獲而還㉙。

㈣十二月，庚申，上獵於華山。

㈤于筠說永安王孝基急攻呂崇茂，獨孤懷恩請先成攻具㉚然後進，孝基從之。崇茂求救於宋金剛，金剛遣其將善陽㉛尉遲敬德、尋相將兵奄至㉜夏縣，孝基表裏㉝受敵，軍遂大敗，【考異】高祖實錄云，戰於下邽縣。按下邽乃在關中，去夏縣殊遠，實錄之誤也。今從舊書孝基傳。孝基、懷恩、筠、唐儉及行軍總管劉世讓，皆為所虜。敬德名恭，以字行。上徵裴寂入朝，責其敗軍，下吏[34]，既而釋之，寵待彌厚[35]。尉遲敬德、尋相將還澮州，秦王世民遣兵部尚書殷開山、總管秦叔寶等邀之於美良川，大破之，斬首二千餘級，頃之，敬德、尋相潛引精騎援王行本於蒲坂，世民自將步騎三千從間道夜趨安邑[36]，邀擊大破之，敬德、相僅以身免，悉俘其眾，復歸柏壁。諸將咸請與宋金剛戰，世民曰：「金剛懸軍[37]深入，精兵猛將，咸聚於是。武周據太原，倚金剛為扞蔽[38]，軍無蓄積，以虜掠為資[39]，利在速戰；我閉營養銳，以挫其鋒，分兵汾隰[40]，衝其心腹，彼糧盡計窮，自當遁走，當待此機，未宜速戰[41]。」永安壯王孝基謀逃歸，劉武周殺之。

(六)李世勣復遣人說竇建德曰：「曹戴二州[42]，戶口完實[43]，孟海公竊有其地，與鄭人[44]外合內離[45]，若以大軍臨之，指期[46]可取，既得海公，以臨徐兗[47]，河南可不戰而定也。」建德以為然，欲自將徇[48]河南，先遣其行臺曹旦等將兵五萬濟河，【考異】實錄在來年正月，今從革命記。世勣引兵三千會之。

【今註】(一)浩州：《舊唐書・地理志》二：「河東道、汾州，隋西河郡，武德元年，以西河郡為浩州。」㈡乘冰堅度河：因冰堅可以勝人馬之載重也。㈢栢壁：《元和郡縣志》卷十四：「絳州、正平縣，栢壁在縣西南二十里。後魏明帝元年，於此置栢壁鎮。按栢壁高二丈五尺，週迴八里。」㈣時河東州縣：此河東乃通言大河以東，而非專指河東一郡。㈤恇：懼。㈥聚：集聚。㈦教：王之命令為教令。㈧偏裨：副將。㈨堅壁：堅守營壁。㈩覘：窺察。⑪丘：丘阜。⑫初：猶曾。⑬驚寤：驚醒。⑭殪：死。⑮歸唐：歸附於唐。⑯吾新事竇氏：按此吾即吾輩，意乃指李世勣。⑰立效：立功效。⑱然後可圖：謂然後可圖歸唐之事。⑲獲嘉：《舊唐書・地理志》二：「河北道、懷州，屬有獲嘉縣。」故城在今河南省新鄉縣西南。⑳漳南：同志：「河北道、貝州、漳南縣，漢、東陽縣，隋改為漳南縣。」㉑闥：音ㄊㄚ。㉒狡獪：猶詭詐。㉓轉事：謂輾轉而事，轉上應添一輾字。㉔竊笑：暗笑。㉕新鄉：《舊唐書・地理志》二：「河北道、懷州、新鄉縣，隋割汲、獲嘉二縣地，於古新樂城置新鄉縣。」今河南省新鄉縣。㉖署：任。㉗掩襲：謂乘其不備而擊之。㉘奮擊：奮力而擊之。㉙初漳南人劉黑闥……乘間奮擊，克獲而還：按此段乃錄自《舊唐書・劉黑闥傳》，字句大致相同。㉚先成攻具：先完成攻具。㉛善陽：《舊唐書・地理志》二：「河東道、朔州、善陽縣，後魏置桑乾郡，隋為善陽邑。」㉜奄至：遽至。㉝表裏：內外。㉞下吏：下之於吏，亦即命法司鞫訊之。㉟彌厚：益厚。㊱安邑：今山西省安邑縣。㊲懸軍：猶提軍。㊳扞蔽：扞禦遮蔽。㊴以虜掠為資：謂以虜掠為本。㊵汾隰：《舊唐書・地理志》二：「河東道、汾州，隋西河郡，武德三年，改浩州為汾州。」又：「隰州，隋龍泉郡，武德元年改為隰州。」㊶尉遲敬德尋相將還澮州……當待此機，未宜速戰：按此段乃錄自《舊唐書・太宗紀》上，而稍有溢出。㊷曹戴二州：《舊唐書・地理志》一：「河南道、曹州，隋濟陰郡，武德四年改為曹州。」又：「宋州、單父，古邑，隋於縣置戴州，大業廢，武德五年復置戴州。」㊸完實：完足殷實。㊹鄭人：鄭，王世充之國號。㊺外合內離：猶貌合神離。㊻指期：指定期限。㊼以臨徐兗：王世充時遣王世辯據徐州，徐圓朗據兗州。㊽徇：經略。

三年（西元六二〇年）

㈠春，正月，將軍秦武通攻王行本於蒲反，行本出戰而敗，糧盡援絕，欲突圍走，無隨之者，戊寅，開門出降。辛巳，上幸蒲州㊀，斬行本。秦王世民輕騎謁上於蒲州。宋金剛圍絳州㊁。癸巳，上還長安。

㈡李世勣謀俟竇建德至河南，掩襲其營，殺之，冀得其父幷建德土地，以歸唐。會建德妻產，久之，不至，曹旦，建德之妻兄也，在河南多所侵擾㊂，諸賊羈屬㊃者，皆怨之。

㈢賊帥魏郡㊄李文相號李商胡，【考異】革命記作傷胡，今從河洛記。聚五千餘人，據孟津中潬(六)，母霍氏亦善騎射，自稱霍總管。【考異】革命記，商胡母張氏，號女將軍。今從河洛記。世勣結商胡為昆弟，入拜商胡之母，母泣謂世勣曰：「竇氏無道，如何(七)事之？」世勣曰：「母無憂，不過一月，當殺之，相與歸唐(八)耳。」世勣辭去，母謂商胡曰：「東海公許我共圖此賊，事久變生，何必待其來，不如速決(九)。」是夜商胡召曹旦偏裨二十三人，飲之酒，盡殺之。旦別將高雅賢、阮君明尚在河北，未濟，商胡以巨舟四艘濟河北之兵三百人，至中流(一〇)，悉殺之。有獸醫(一一)游水得免，至南岸告曹旦，旦嚴警為備。商胡既舉事，始遣人告李世勣，世勣與曹旦連營(一二)，郭孝恪勸世勣襲旦，世勣未決，聞旦已有備，遂與孝恪帥數十騎來奔。商胡復引精兵二千，北襲阮君明，破之，高雅賢收眾去，商胡追之，不及而還。建德羣臣請誅李蓋，建德曰：「世勣唐臣，為我所虜，不忘本朝，乃忠臣也，其父何罪。」遂赦之。甲午，世勣、孝恪至長安，曹旦遂取濟州(一三)，復還洺州(一四)。

(四)二月，庚子，上幸華陰(一五)。

㈤劉武周遣兵寇潞州，陷長子、壺關㊅，潞州刺史郭子武不能禦，上以將軍河東王行敏助之，行敏與子武不叶㊆，或言子武將叛，行敏斬子武以徇。乙巳，武周復遣兵寇潞州，行敏擊破之。

㈥壬子，開州㊇蠻冉肇則陷通州。

㈦甲寅，遣將軍桑顯和等攻呂崇茂於夏縣。

㈧初工部尚書獨孤懷恩攻蒲反，久不下，失亡多，上數以敕書誚讓㊈之，懷恩由是怨望。上嘗戲謂懷恩曰：「姑之子皆已為天子㊉，次應至舅之子㊁乎！」懷恩亦頗以此自負，或時扼腕㊂曰：「我家豈女獨貴乎㊃！」遂與麾下㊄元君寶謀反，會懷恩、君寶與唐儉皆沒㊄於尉遲敬德，君寶謂儉曰：「獨孤尚書近謀大事，若能早決㊅，豈有此辱哉。」及秦王世民敗敬德於美良川，懷恩逃歸，上復使之將兵攻蒲反，君寶又謂儉曰：「獨孤尚書遂拔難得還㊆，復在蒲反，可謂王者不死㊇。」儉恐懷恩遂成其謀，乃說尉遲敬德請使劉世讓還，與唐連和，敬德從之，遂以懷恩反狀聞㊈。時王行本已降，懷恩入據其城，上方濟河，幸㊉懷恩營，已登舟矣，世讓適至，上大驚曰：「吾得免，豈非天也(三一)！」乃使召懷恩，懷恩未知事露，輕舟來至，即執以屬吏，分捕(三二)黨與，甲寅，誅懷恩及其黨(三三)。

(九)竇建德攻李商胡，殺之，建德至洺州，勸課農桑(三四)，境內無盜，商旅野宿(三五)。

(十)突厥處羅可汗迎楊政道(三六)，立為隋王，中國士民在北者，處羅悉以配之(三七)，有眾萬人，置百官，皆依隋制，居於定襄(三八)(三九)。

(十一)三月，乙丑，劉武周遣其將張萬歲寇浩州，李仲文擊走之，俘斬數千人。

(十二)改納言為侍中，內史令為中書令，給事郎為給事中(四〇)。

(十三)甲戌，以內史侍郎封德彝為中書令(四一)。

(十四)王世充將帥州縣來降者(四二)，時月(四三)相繼，世充乃峻其法(四四)，一人亡叛，舉家無少長就戮(四五)，父子兄弟夫婦許相告而免之；又使五家為保，有舉家亡者，四鄰不覺(四六)，皆坐誅，殺人益多，而亡者益甚。至於樵采(四七)之人，出入皆有限數(四八)，公私愁窘(四九)，人不聊生(五〇)。

又以宮城為大獄(五一)，意所忌(五二)者，幷其家屬收繫宮中，諸將出討，亦質其家屬於宮中，禁止者常不減(五三)萬口，餒死者日有數十(五四)。世充又以臺省官為司、鄭、管、原、伊、殷、梁、湊、嵩、谷、懷、德等十二州營田使(五五)，丞郎(五六)得為此行者，喜若登僊(五七)。

(十五)甲申，行軍副總管張綸敗劉武周於浩州，俘斬千餘人。

(十六)西河公張綸、真鄉公李仲文引兵臨石州(五八)，劉季真懼而詐降，乙酉，以季真為石州總管，賜姓李氏，封彭山郡王。

(十七)蠻酋冉肇則寇信州(五九)，趙郡公孝恭與戰，不利，李靖將兵八百襲擊，斬之，俘五千餘人，己丑，復開通二州。孝恭又擊蕭銑東平王闍提(六〇)，斬之。【考異】舊書蕭銑傳云：「孝恭討之，拔其開通二州，斬其偽東平王蕭闍提。」按實錄云：「冉肇則陷我通州。」又云：「孝恭復開通二州。」若二州本屬銑，不當云我與復，蓋肇則先據開州，又陷通州，以地附銑，銑使闍提助之耳。

(十八)夏，四月，丙申，上祠華山，壬寅，還長安。

(十九)置益州道行臺(六一)，以益、利、會、鄜、涇、遂六總管隸焉(六二)。

(廿)劉武周數攻浩州，為李仲文所敗。

(廿一)宋金剛軍中食盡，丁未，金剛北走，秦王世民追之。

(廿二)羅士信圍慈澗(六三)，王世充使太子玄應救之，士信刺玄應墜馬，人救之，得免。

(廿三)壬子，以顯州(六四)道行臺楊士林為行臺尚書令。

(廿四)甲寅，加秦王世民益州道行臺尚書令。

(廿五)秦王世民追及尋相於呂州(六五)，大破之，乘勝逐北，一晝夜行二百餘里，戰數十合(六六)，至高壁嶺，總管劉弘基執轡諫曰：「大王破賊，逐北至此，功亦足矣，深入不已，不愛身乎(六七)！且士卒飢疲，宜留壁(六八)於此，俟兵糧畢集(六九)，然後復進，未晚也。」世民曰：「金剛計窮而走，眾心離沮(七〇)，功難成而易敗，機難得而易失，必乘此勢取之，若更淹留(七一)，使之計立備成(七二)，不可復攻矣。吾竭忠徇國，豈顧身乎。」遂策馬而進，將士不敢復言飢，追及金剛於雀鼠谷，一日八戰，皆破之，俘斬數萬人，夜宿於雀鼠谷西原，世民不食二日，不解甲三日矣。軍中止有一羊，世民與將士分而食之。丙辰，陝州總管于筠自金剛所逃來。世民引兵趣介休(七三)，金剛尚有眾二萬，出西門背城(七四)布陳，南北七里，世民遣總管李世勣與戰，小却(七五)，為賊所乘，世民帥精騎擊之，出其陳後，金剛大敗，斬首三千級。金剛輕騎走(七六)，世民追之數十里，至張難堡(七七)，浩州行軍總管樊伯通、張德政據堡自守，世民免冑(七八)示之，堡中喜譟(七九)，且泣，左右告以王不食，獻濁酒脫粟飯(八〇)。尉遲敬德收餘眾守介休，世民遣任城王道宗、宇文士及往諭之，敬德與尋相舉介休及永安(八一)降。世民得敬德甚喜，以為右一府統軍(八二)，使將其舊眾八千，與諸營相參(八三)，屈突通慮其變(八四)，驟以為言，世民不聽(八五)。劉武周聞金剛敗，大懼，棄幷州走突厥，金剛收其餘眾欲復戰，眾莫肯從，亦與百餘騎走突厥(八六)。世民至晉陽，武周所署僕射楊伏念以城降，唐儉封府庫(八七)以待世民，武周所得州縣皆入於唐。未幾，金剛謀走上谷，突厥追獲，腰斬之。嵐州(八八)總管劉六兒從宋金剛在介休，秦王世民擒斬之，其兄季真棄石州，奔劉武周將馬邑高滿政，滿政殺之。武周之南寇也，其內史令苑君璋諫曰：「唐主舉一州(八九)之眾，直取長安，所向無敵，此乃天授(九〇)，非人力也。晉陽以南，道路險隘(九一)，縣(九二)軍深入，無繼於後(九三)，若進戰不利，何以自還？不如北連突厥，南結唐朝，南面稱孤，足為長策。」武周不聽，留君璋守朔州，及敗，泣謂君璋曰：「不用君言，以至於此。」久之，武周謀亡歸馬邑，事泄，突厥殺之。突厥又以君璋為大行臺，統其餘眾，仍令郁射設督兵助鎮(九四)(九五)。

(廿六)庚申，懷州(九六)總管黃君漢擊王世充太子玄應於西濟州(九七)，大破之。熊州(九八)行軍總管史萬寶邀之於九曲，又破之。

(廿七)辛酉，王世充陷鄧州(九九)。

(廿八)上聞幷州平，大悅，壬戌，宴群臣，賜繒帛，使自入御府(一〇〇)盡力取之，復唐儉官爵，仍以為幷州道安撫大使，所籍獨孤懷恩田宅資財，悉以賜之。世民留李仲文鎮幷州，劉武周數遣兵入寇，仲文輒擊破之，下城堡百餘所(一〇一)，詔仲文檢校幷州總管(一〇二)。

(廿九)五月，竇建德遣高士興擊李藝於幽州，不克，退軍籠火城，藝襲擊大破之，斬首五千級。建德大將軍王伏寶勇略冠軍中(一〇三)，諸將疾之(一〇四)，言其謀反，建德殺之，伏寶曰：「大王奈何聽讒言，自斬左右手(一〇五)乎(一〇六)！」

(卅)初尉遲敬德將兵助呂崇茂守夏縣，上潛遣使赦崇茂罪，拜夏州刺史㉗，使圖㉘敬德，事泄，敬德殺之，敬德去，崇茂餘黨復據夏縣拒守，秦王世民引軍自晉州還攻夏縣，壬午，屠之。【考異】高祖實錄：「帝曰，平薛舉之初，不殺奴賊，致生叛亂，若不盡誅，必為後患。詔勝兵者悉斬。」疑作實錄者，歸太宗之過於高祖，今不取。辛卯，秦王世民至長安。

(卅一)是月，突厥遣阿史那揭多獻馬千匹於王世充，且求昏，世充以宗女妻之，幷與之互市。

(卅二)六月，壬辰，詔以和州㉙總管、東南道行臺、尚書令、楚王杜伏威為使持節總管江淮以南諸軍事、揚州刺史、東南道行臺尚書令、淮南道安撫使，進封吳王，賜姓李氏，以輔公祏㉚為行臺左僕射，封舒國公。

(卅三)丙午，立皇子元景為趙王，元昌為魯王，元亨為酆王㉛。顯州㉜行臺尚書令、楚公楊士林雖受唐官爵，而北結王世充，南通蕭銑，詔廬江王瑗與安撫使李弘敏討之，兵未行，長史田瓚為士林所忌，甲寅，瓚殺士林，降於世充，世充以瓚為顯州總管。

(卌四)秦王世民之討劉武周也，突厥處羅可汗遣其弟步利設帥二千騎助唐，武周既敗，是月，處羅至晉陽，總管李仲文不能制㉓㉔，又留倫特勒使將數百人，云助仲文鎮守，自石嶺㉕以北，皆留兵戍之，而去。

(卌五)上議擊王世充，世充聞之，選諸州鎮驍勇，皆集洛陽，置四鎮將軍，募人分守四城㉖。秋，七月，壬戌，詔秦王世民督諸軍擊世充，陝東道行臺㉗屈突通二子在洛陽，上謂通曰：「今欲使卿東征，如卿二子何㉘？」通曰：「臣昔為俘囚㉙，分當就死㉚，陛下釋縛，加以恩禮，當是之時，臣心口相誓㉛，期以更生㉜餘年，為陛下盡節㉝，但恐不獲死所耳。今得備㉞先驅，二兒何足顧㉟乎？」上歎曰：「徇義之士，一至㊱此乎㊲！」

(卌六)癸亥，突厥遣使潛詣王世充，臺州總管李襲譽邀擊，敗之，虜牛羊萬計。

(卌七)驃騎大將軍可朱渾定遠㊳告并州總管李仲文與突厥通謀，欲俟洛陽兵交，引胡騎直入長安。甲戌，命皇太子鎮蒲反以備之；又遣禮部尚書唐儉安撫幷州，暫廢幷州總管府，徵㉙仲文入朝。

㊽壬午，秦王世民至新安㉚。【考異】高祖實錄，丙戌至新安。蓋據奏到之日，今從河洛記。王世充遣魏王弘烈鎮襄陽㉛，荊王行本鎮虎牢，宋王泰鎮懷州，齊王世惲檢校南城㉜，楚王世偉守寶城，太子玄應守東城，漢王玄恕守含嘉城，魯王道徇守曜儀城㉝。世充自將戰兵，左輔大將軍楊公卿帥左龍驤二十八府騎兵，右游擊大將軍郭善才帥內軍二十八府步兵，左游擊大將軍跋野綱帥外軍二十八府步兵，總三萬人，以備唐。弘烈、行本，世偉之子；泰，世充之兄子也。

㊾梁師都引突厥稽胡兵入寇，行軍總管段德操擊破之，斬首千餘級。

㊿羅士信將前軍圍慈澗㉞，世充自將兵三萬救之，己丑，秦王將輕騎前覘㉟世充，猝與之遇，眾寡不敵，道路險阸㊱，為世充所圍，【考異】太宗實錄云：「師次穀州，世充以兵三萬來拒戰，太宗帥輕騎挑之，眾寡不敵，太被圍數重；太宗引弓馳射，皆應弦而倒，獲其大將燕頎，賊乃退。」舊書太宗紀云：「太宗命左右先歸，獨留後殿，世充驍將單雄信數百騎，夾道來逼，交鋒競進，太宗幾為所敗。太宗左右射之，無不應弦而倒，獲其大將燕頎。」單雄信傳云：「太宗圍逼東都，雄信出軍拒戰，援槍而至，幾及太宗，徐世勣呵止之，曰，此秦王也，雄信惶懼，遂退，太宗由是獲免。」按劉餗小說：「英公勣、與海陵王元吉圍洛陽，元吉恃膂力，每親行圍，王世充召雄信，酌以金椀，雄信盡飲，馳馬而出，槍不及海陵者一尺。勣惶遽，連呼曰，阿兄，此是勣王，雄信乃攬轡而

止，顧笑曰，胡兒，不緣你且竟。」舊書蓋承此致誤耳。雄信若知是秦王，則取之尤切，安肯惶懼而退。借如小說所云，雄信既受世充之命，指取元吉，亦安肯以勳故而捨之，況元吉之圍東都，勳乃從太宗在武牢。今不取。

世民左右馳射，獲其左建威將軍燕琪，【考異】高祖實錄作燕頎，太宗實錄作燕傾，舊太宗紀作燕頎，今從河洛記。世充乃退。世民還營，塵埃覆面，軍不復識㊲，欲拒之，世民免冑自言，乃得入。旦日㊳，帥步騎五萬進軍慈澗。世充拔慈澗之戍，歸於洛陽。世民遣行軍總管史萬寶自宜陽南據龍門㊴，將軍劉德威自太行東圍河內㊵，上谷公王君廓自洛口斷其餉道㊶，懷州總管黃君漢自河陰攻迴落城，大軍屯於北邙，連營以逼之㊷。世充洧州㊸長史、繁水㊹張公謹與刺史崔樞，以州城㊺來降。

(四一)八月，丁酉，南寧西爨蠻遣使入貢，初，隋末蠻酋爨翫反誅㊻，諸子沒為官奴，棄其地，帝即位，以翫子弘達為昆州㊼刺史，令持其父尸歸葬，益州㊽刺史段綸因遣使招諭㊾，其部落皆來降。

(四二)己亥，竇建德共州縣令㊿唐綱殺刺史，以州來降。

(四三)鄧州土豪(五一)執王世充所署刺史來降。

(四四)癸卯，梁師都石堡留守(五二)張舉帥千餘人來降。

(四五)甲辰，黃君漢遣校尉張夜叉以舟師襲迴洛城(五三)，克之，獲其將達奚善定，斷河陽南橋而還，降其堡聚(五四)二十餘。世充使太子玄應帥楊公卿等攻迴洛，不克，【考異】革命記作公鄉，河洛記唐書作公卿，今從之。乃築月城(五五)於其西，留兵戍之。世充陳於青城宮(五六)，秦王世民亦置陳當之，世充隔水謂世民曰：「隋室傾覆，唐帝關中，鄭帝河南，世充未嘗西侵，王忽舉兵東來，何也？」世民使宇文士及應之曰：「四海皆仰皇風(五七)，唯公獨阻聲教(五八)，為此而來。」世充曰：「相與息兵講好，不亦善乎！」又應之曰：「奉詔取東都，不令講好也。」至暮各引兵還(五九)。

(四六)上遣使與竇建德連和，建德遣同安長公主隨使者俱還(六〇)。乙卯，劉德威襲懷州，入其外郭(六一)，下其堡聚(六二)。

(四七)九月，庚午，梁師都將劉旻以華池(六三)來降，以為林州總管。

(四八)癸酉，王世充顯州總管田瓚以所部二十五州來降，自是襄陽聲問與世充絕(六四)。史萬寶進軍甘泉宮(六五)。丁丑，秦王世民遣右武衛將軍王君廓攻轘轅(六六)，拔之，王世充遣其將魏隱等擊君廓，君廓偽遁，設伏，大破之，遂東徇地，至管城(六七)而還。

(四九)先是王世充將郭士衡、許羅漢掠唐境，君廓以策擊却之，詔勞之曰：「卿以十三人破賊一萬，自古以少制眾(六八)，未之有也。」世充尉州刺史時德叡帥所部杞、夏、陳、隨、許、潁、尉七州來降(六九)，秦王世民以便宜，命州縣官並依世充所署，無所變易，改尉州為南汴州。於是河南郡縣相繼來降。

(五十)劉武周降將尋相等多叛去，諸將疑尉遲敬德(七〇)，囚之軍中，行臺左僕射屈突通、尚書殷開山言於世民曰：「敬德驍勇絕倫(七一)，今既囚之，心必怨望(七二)，留之，恐為後患，不如遂殺之(七三)。」世民曰：「不然，敬德若叛，豈在尋相之後邪！」遽(七四)，命釋之，引入臥內(七五)，賜之金曰：「丈夫意氣相期(七六)，勿以小嫌(七七)介意(七八)，吾終不信讒言，以害忠良，公宜體之(七九)，必欲去者，以此金相資(八〇)，表一時共事之情(八一)也(八二)。」辛巳，世民以五百騎行戰地(八三)，登魏宣武陵(八四)，王世充帥步騎萬餘猝至，圍之，單雄信引槊(八五)直趨世民，敬德躍馬大呼，橫刺(八六)雄信墜馬，世充兵稍却，敬德翼(八七)世民出圍；世民敬德更帥騎兵還戰，出入世充陳，往反無所礙(八八)，屈突通引大兵繼至，世充兵大敗，僅以身免，擒其冠軍大將軍陳智略，【考異】實錄：「丙戌，太宗與世充相遇於宣武陵，擊大破之，斬數千級，獲陳智略。」舊書敬德傳(八九)：「太宗既釋之，是日，從獵於榆窠，世充引步騎數萬來戰，單雄信直趨太宗，敬德刺雄信墜馬，翼太宗出圍，更帥騎兵交戰，擒陳智略。」據擒智略，則宣武榆窠之戰，共是一事也。實錄據奏到日，河洛記在二十一日，今從之。斬首千餘級，獲排矟(九〇)兵六千。世民謂敬德曰：「公何相報之速(九一)也。」賜敬德金銀一篋，自是，寵遇日隆(九二)。敬德善避矟，每單騎入敵陳中，敵叢矟(九三)刺之，終莫能傷，又能奪敵矟，返刺之。齊王元吉以善馬矟自負(九四)，聞敬德之能，請各去刃，相與校勝負(九五)，敬德曰：「敬德謹當去之，王勿去也。」既而元吉刺之，終不能中。秦王世民問敬德曰：「奪矟與避矟，孰難(九六)？」敬德曰：「奪矟難。」乃命敬德奪元吉矟，元吉操矟躍馬，志在刺之，敬德須臾三奪其矟，元吉雖面相歎異(九七)，內甚恥之(九八)。

(五一)叛胡陷嵐州(九九)。

(五二)初，王世充以邴元真為滑州行臺僕射，濮州(一〇〇)刺史杜才幹、李密故將也，恨元真叛密，詐以其眾降之，元真恃其官勢(一〇一)，自往招慰，才幹出迎，延入就坐，執而數(一〇二)之曰：「汝本庸才(一〇三)，魏公置汝元僚(一〇四)，不建毫髮之功，乃構滔天之禍(一〇五)，今來送死，是汝之分㊁。」遂斬之，遣人齎其首至黎陽，祭密墓，壬午，以濮州來降。

㊂突厥莫賀咄設寇涼州，總管楊恭仁擊之，為所敗，掠男女數千人而去。

㊃丙戌，以田瓚為顯州總管，賜爵蔡國公。

【今註】㊀蒲州：《舊唐書・地理志》二：「河東道、河中府，隋河東郡，武德元年置蒲州。」㊁絳州：同志：「河東道、絳州，隋絳郡，武德元年置絳州總管府。」㊂侵擾：侵略騷擾。㊃羈屬：羈縻附屬。㊄魏郡：《隋書・地理志》中：「魏郡、安陽縣，大業初置魏郡。」㊅孟津中潬：《元和郡縣志》卷六河南府河陽縣：「南城在縣西，四面臨河，即孟津之地，亦謂之富平津。中潬城、東魏孝恭帝元象元年築之，仍置河陽關。」㊆如何：猶為何。㊇相與歸唐：謂與共歸唐。㊈速決：迅作決斷。㊉濟河北之兵三百人，至中流：謂濟渡曹旦留在河北之兵三百人，南過黃河及至河之中流。㊀㊁獸醫：獸醫以能醫牛馬從軍。㊀㊂連營：營寨相連接。㊀㊃曹旦遂取濟州：胡三省曰：「武德之初，張青特據濟北，濟北郡即濟州，是後、建德與唐相持於虎牢，張青特運糧，為唐所獲，蓋先以濟州降曹旦也。」㊀㊃洺州：見上卷注文。㊀㊄華陰：今陝西省華陰縣。㊀㊅寇潞州，陷長子壺關：《舊唐書・地理志》二：「河東道、潞州，隋上黨郡，武德元年改為潞州。屬有上黨縣，漢壺關縣，隋分置上黨，州所治壺關。又屬有長子縣。」㊀㊆不叶：不和叶。㊀㊇開州：胡三省曰：「舊志：

『開州、隋巴東郡之盛山縣。義寧元年，析巴東之盛山、新浦，通州之萬世、西流，置萬州，武德元年，改開州。通州，漢岩渠縣地，元魏改通州，隋為通州郡，武德元年，復為通州。』」⑲誚讓：斥責。⑳姑之子、皆已為天子：謂隋煬帝及上。㉑舅之子：《舊唐書・外戚獨孤懷恩傳》：「懷恩元貞皇后弟之子也。」故云然。㉒扼腕：乃忿恨不平之意。㉓我家豈女獨貴乎：周明帝后、隋文帝后、及高祖母皆獨孤氏。㉔麾下：猶部下。㉕沒：陷沒。㉖早決：早作決斷。㉗遂拔難得還：謂竟於難中拔出，而得歸還。㉘可謂王者不死：謂天命使為王者，決不中途而死。㉙聞：謂聞之於上。㉚幸：天子之至為幸。㉛豈非天也：謂非天意乎。㉜分捕：分頭捉捕。㉝初工部尚書獨孤懷恩攻蒲反……誅懷恩及其黨：按此段乃錄自《舊唐書・外戚獨孤懷恩傳》，字句大致相同。㉞勸課農桑：勸諭考課力農植桑。㉟商旅野宿：以喻其治安之平定，商旅雖露宿於野，亦無驚擾之虞。㊱楊政道：楊政道齊王暕之遺腹子。㊲悉以配之：悉以配屬之。㊳定襄：此蓋隋之定襄郡，治大利城，見《隋書・地理志》中。㊴突厥處羅可汗迎楊政道……居於定襄：按此段乃錄自《舊唐書・突厥傳》上，字句大致相同。㊵改給事郎為給事中：《唐六典》卷八：「給事中四人，正五品上。漢儀注：『諸給事中日上朝謁，平尚書奏事，分為左右，以有事殿中，故曰給事中。』隋初於門下省置給事中二十人，掌陪從朝直，煬帝名給事郎，從第五品，掌省讀奏。皇朝又曰給事中。」㊶內史侍郎封德彝為中書令：《唐六典》卷九：「中書令正三品，中書侍郎正四品上。」㊷王世充將帥州縣來降者：王世充之將帥及所屬州縣來降者。㊸時月：每季每月。㊹峻其法：嚴峻其法禁。㊺舉家無少長就戮：謂全家無論少長，皆被誅戮。㊻不覺：不覺察。㊼樵采：謂打柴採薪。㊽限數：限制之數目。㊾愁窘：愁苦困窘。㊿人不聊生：謂人無物賴以為生。(51)獄：監獄。(52)忌：畏忌。(53)不減：不少於。(54)王世充將帥州縣來降者……餒死者日有數十：按此段乃錄自《舊唐書・王世充傳》，字句大致相同。(55)又以臺省官為司、鄭、管、原、伊、殷、梁、湊、嵩、谷、懷、德等十二州營田使：胡三省曰：「世充以洛州為司州，汜水為鄭州，管城為管州，沁水為原州，襄城為伊州，獲嘉為殷州，睢陽為梁州，湊州、闕，九域志，鄭州古跡有湊水，當置湊州於此，嵩陽為嵩州，太谷為谷州，河內為懷州，武德為德州。」營田謂經營屯田之一切事務。(56)丞郎：謂尚書左右丞及諸曹郎。(57)喜若登僊：以能得免於愁窘故也。(58)石州：《舊唐書・地理志》二：「河東道、石州，隋離石郡，武德元年改為石州。」(59)信州：《舊唐書・地理志》二：「山南道、夔州，隋巴東郡，武德元年改為信州。二年又改信州為夔州。」(60)孝恭又擊蕭銑東平王闍提：按《舊唐書・蕭銑傳》作：「孝恭斬偽東平郡王蕭闍提。」是東平乃王之封號，而其全名為蕭闍提也。(61)置益州道行臺：按行臺即行臺尚書省之簡稱。(62)以益利會鄜涇遂六總管：胡三省曰：「益州，隋之蜀郡；利州，隋之義城郡；會州，隋之梁川縣會寧鎮，西魏之會州也；鄜州，隋之上郡；涇州，隋之安定郡；遂州，隋之遂寧郡。是時益州行臺所統，起蜀跨隴而東北。」(63)慈澗：《元和郡縣志》卷六：「河南府、壽安縣，少水今名慈澗，水出縣北。」(64)顯州：胡三省曰：「宋白云：『後魏置東荊州於比陽，後改淮州，隋文帝改顯州，取界內顯望岡為名。』」(65)呂州：《舊唐書・地理志》二：「河東道、晉州、霍邑，漢彘縣，後漢改為永安，隋於此置汾州，尋改為呂州，領霍邑、趙城、汾西、靈石四縣。」(六六)數十合：謂數十次交鋒。(六七)不愛身乎：謂不愛性命乎。(六八)留壁：留營。(六九)畢集：完全齊集。(七〇)離沮：離異沮喪。(七一)淹留：淹滯稽留。(七二)備成：防備完成。(七三)介休：今山西省介休縣。(七四)背城：城在背後，與負城同意。(七五)小却：稍退。(七六)世民引兵趣介休……金剛輕騎走：按此段乃錄自《舊唐書・劉武周傳》，字句大致相同。(七七)張難堡：胡三省曰：「張難蓋人姓名，築堡自守，因以名之。」(七八)免冑：謂脫去兜鍪。(七九)喜譟：忭喜而諠譟。(八〇)脫粟飯：謂粟僅脫去殼糠，乃飯之甚粗糲者。(八一)永安：《舊唐書・地理志》二：「河東道、汾州、孝義，漢中陽縣，後魏曰永安，貞觀元年改為孝義。」(八二)右一府統軍：謂秦王府統軍右面第一隊。(八三)相參：謂相參於一起。(八四)慮其變：慮其叛變。(八五)尉遲敬德收餘眾守介休……驟以為言，世民不聽：按此段乃錄自《舊唐書・尉遲敬德傳》，字句大致相同。(八六)劉武周聞金剛敗……亦與百餘騎走突厥：按此數句乃錄自《舊唐書・劉武周傳》，文字大致相同。(八七)封府庫：封鎖府庫，以示毫無私取。(八八)嵐州：《舊唐書・地理志》二：「河東道、嵐州，隋樓煩郡之嵐城縣，武德四年平劉武周，置東會州，其年仍自故郡城移嵐州於廢東會州，置嵐州。」(八九)舉一州：猶以一州。(九〇)天授：天意所授。(九一)險隘：險阻狹隘。(九二)縣：通懸，猶提。(九三)無繼於後：後不克繼。(九四)助鎮：輔助鎮守。(九五)武周之南寇也……仍令郁射設督兵助鎮：按此段乃錄自《舊唐書・劉武周傳》，其字句不相同處，明為《通鑑》之所潤色，茲將〈劉武周傳〉之被改易處摘錄之，以明其究竟，兼藉為措辭推敲之範例焉。〈劉武周傳〉文為：「初武周引兵南侵，苑君璋說曰：

『唐主舉一州之兵，定三輔之地，郡縣影附，所向風靡，此固天命，豈曰人謀！且幷州已南，地形險阻，若懸軍深入，恐後無所繼；不如連和突厥，結援唐朝，南面稱孤，足為上策。』」(九六)懷州：《舊唐書・地理志》二：「河北道、懷州，隋河內郡，武德二年於濟源西南柏崖城置懷州。」(九七)西濟州：同志：「河北道、懷州，武德二年，於濟源立西濟州。」(九八)熊州：同志：「河南道、河南府、福昌，隋宜陽縣，義寧二年置宜陽郡，武德元年，改宜陽郡為熊州。」(九九)鄧州：同志：「山南東道、鄧州，隋南陽郡，武德二年，改為鄧州。」(一〇〇)使自入御府：唐御府蓋屬內侍省內府局。《唐六典》卷十二：「內府令掌中宮藏寶貨，給納名數。凡朝會，五品已上賜絹及雜綵金銀器於殿庭者，並供之。」(一〇一)仲文下城堡百餘所：謂馬邑郡界城堡。(一〇二)檢校幷州總管：檢校官非為真除。(一〇三)勇略冠軍中：謂勇略為軍中之冠。(一〇四)疾之：《舊唐書・竇建德傳》疾作嫉，言妬嫉之。(一〇五)自斬左右手：人之行動，端賴雙手，今若斬左右手，則必無法施為矣。(一〇六)竇建德遣高士興擊李藝於幽州……自斬左右手乎：按此段乃錄自《舊唐書・竇建德傳》，字句大致相同。(一〇七)拜夏州刺史：胡三省曰：「蓋以夏縣為夏州。」(一〇八)圖：圖謀。(一〇九)和州：《舊唐書・地理志》三：「淮南道、和州，隋歷陽郡，武德三年，杜伏威歸國，改為和州。」(一一〇)祏：音石。(一一一)六月壬辰詔以和州總管……元亨為酆王：按此段乃錄自《舊唐書・高祖紀》武德三年文，而稍有溢出。(一一二)顯州：已見上注。(一一三)是月處羅至晉陽，總管李仲文不能制：按《舊唐書・突厥傳》：「處羅至幷州，總管李仲文出迎勞之，留三日，城中美婦人多為所掠，仲文不能制。」是仲文不能制者，乃不能制止其掠刦婦女也。宜於是月處羅至晉陽下添留三月，掠刦婦女等字。㉔突厥處羅可汗遣其弟步利涉……李仲文不能制：按此段乃錄自《舊唐書・突厥傳》，字句大致相同。㉕石嶺：胡三省曰：「石嶺關在代州。杜佑曰：『忻州定襄縣有石嶺關，甚嶮固。』」㉖四城：謂洛陽四城。㉗陝東道行臺：按《舊唐書・屈突通傳》：「尋以本官判陝東道行臺僕射。」是其官爵乃為行臺僕射。㉘如卿二子何：謂恐於卿二子有礙。㉙俘囚：猶囚虜。㉚分當就死：謂本分當被殺戮。㉛心口相誓：謂心與口之所誓約。㉜更生：再生。㉝盡節：盡己之節操。㉞備：猶充。㉟顧：顧慮。㊱一至：猶竟至。㊲陝東道行臺屈突通二子在洛陽……一至此乎：按此段乃錄自《舊唐書・屈突通傳》，而字句間有改易。㊳可朱渾定遠：可朱渾為虜三字姓。㊴徵：徵召。㊵新安：在今河南省鐵門縣東。㊶襄陽：《舊唐書・地理志》二：「山南道、襄州，隋襄陽郡，武德四年平王世充，改為襄州。」㊷檢校南城：南城，洛陽城之南城，檢校謂檢察南城防守之事。㊸楚王世偉守寶城，太子玄應守東城，漢王玄恕守含嘉城，魯王道徇守曜儀城：《唐六典》卷七：「東都皇城在都城之西北隅，東城在皇城之東，皇城在東城之內，皇宮在皇城之北。」胡三省曰：「以地望準之，南城蓋在皇城之南，端門之外，曜儀城蓋在東城之東，含嘉城則含嘉倉城，寶城即寶城、朝堂，蓋皇城也。」㊹慈澗：《隋書・地理志》中：「河南郡、壽安縣，有慈澗。」㊺覘：覘視。㊻險阨：險阻困阨。㊼軍不復識：復為語助，無意，謂軍士皆不認識。㊽旦日：明日。㊾自宜陽南據龍門：宜陽今河南省、宜陽縣。龍門乃伊闕之龍門。《元和郡縣志》卷六河南府：「初煬帝嘗登邙山，觀伊闕，顧曰：『此非龍門耶？自古何因不建都於此？』」㊿河內：隋郡名。(51)餉道：運糧餉之道。(42)秦王將輕騎前覘世充……大軍屯於北邙，連營以逼之：按此段乃錄自《舊唐書・太宗紀》上，字句大致相同。(43)洧州：《隋書・地理志》中：「潁川郡、鄢陵縣，東魏置許昌郡，後齊廢縣，開皇初郡廢，七年復鄢陵縣，十六年置洧州，大業初州廢。」蓋世充又復置也。(44)繁水：《舊唐書・地理志》二：「河北道、魏州、昌樂縣，隋廢昌樂縣入繁水，武德五年復置。」(45)以州城：謂以州及縣。(46)隋末爨翫反誅：爨翫見卷一百八十七隋文帝開皇十七年、十八年。(47)昆州：《新唐書・地理志》：「昆州本隋置，隋亂廢，武德元年開南中復置，領晉寧、秦、臧等縣。」(48)益州：《舊唐書・地理志》四：「劍南道、成都府，隋蜀郡，武德元年改為益州。」(49)招諭：招徠曉諭。(50)共州縣令：《舊唐書・地理志》二：「河北道、衛州、共城，漢共縣，隋因之，武德元年置共州，領共城、凡城二縣。」是其縣乃名共城。(51)土豪：本地之豪右。(52)梁師都石堡留守：胡三省曰：「此石堡蓋在夏州東，非開元天寶間與吐蕃爭之石堡也。」(53)以舟師襲迴洛城：以舟師自懷州度河，襲破迴洛。(54)堡聚：城堡聚落。(55)月城：以城如月牙形而得名。(56)青城宮：胡三省曰：「今世以郊天齋宿大次為青城宮，其地當在都城之南，此青城宮若在洛城西北。按六典：『洛城西禁苑，北拒北邙，西至孝友，南帶洛水支渠，穀洛二水會於其間，中有合璧、翠微、宿羽、青城等十一宮。』」(57)皆仰皇風：皇風指唐天子而言。(58)聲教：聲威與教化。(59)世充隔水謂世民曰……至暮各引兵還：按此段雖本於《舊唐書・王世充傳》，而字句多有不同。(60)建德遣同安長公主隨使者俱還：同安長公主、上同母妹，黎陽之破，沒於竇建德。(61)外郭：郭，郛郭，亦即外城。(62)下其堡聚：攻下其堡聚。(63)華池：

胡三省曰：「慶州華池縣，西魏之蔚州也。隋仁壽初，置華池縣，今置林州。」（六四）自是襄陽聲問與世充絕：聲問猶音信。胡三省曰：「世充使王弘烈鎮襄陽，自襄陽至洛，路出南陽，鄧州既屬唐，南陽之路，不可由矣。則自顯州出蔡汝以至洛，顯州今又降唐，故襄陽聲問絕。」（六五）史萬寶進軍甘泉宮：胡三省曰：「漢甘泉宮在京兆醴泉縣，史萬寶自新安進軍逼洛陽，不應至漢之甘泉宮。隋志：『河南壽安縣，後魏之甘棠縣，有顯仁宮。』或者以顯仁宮為甘棠宮也。泉恐當作棠。」（六六）轘轅：《元和郡縣志》卷六：「河南府、緱氏縣，轘轅山在縣東南四十六里。左傳：『欒盈過周，王使候出諸轘。』注曰：『緱氏縣東南有轘轅關，道路險隘，凡十三曲，將去復還，故曰轘轅。』」（六七）管城：《隋書・地理志》中：「滎陽郡，管城縣，舊曰中牟，開皇十六年析置管城縣，十八年、省內牟入焉。」又《舊唐書・地理志》一：「河南道，鄭州，隋滎陽郡，武德四年平王世充，於管城縣置管州，領管城等四縣。」（六八）自古以少制眾：謂自古以來以少制眾。（六九）尉州刺史時德叡帥所部杞、夏、陳、隨、許、潁、尉七州來降：胡三省曰：「王世充蓋置杞州於雍丘，夏州於陽夏，陳州於宛丘，隨州無所考，意洧州之誤也，許州於長社，潁州於汝陰，尉州於尉氏。」（七〇）疑尉遲敬德：《舊唐書・尉遲敬德傳》作：「諸將疑敬德必叛。」是所疑者乃為其叛變也。特以上文有多叛去三字，故此雖省必叛二字，而意亦可推知。此所謂冒上而省之文例也。（七一）絕倫：倫儕中之所無者。（七二）怨望：望亦怨意，蓋所望不遂，怨自生矣。（七三）遂殺之：謂因而殺之。（七四）遽：立即。（七五）臥內：寢室之內。（七六）丈夫意氣相期：按六朝已降，血性之士，甚重意氣，其稱頌於文字者。謝承《後漢書》：「揚喬曰：『侯生為意氣刎頸。』」《文選・袁陽源效白馬篇》：「意氣深自負，肯事郡邑權！」歐陽修《歐陽文忠集・黃夢升墓誌銘》：「夢升兄弟皆好學，尤以文章意氣自豪。……久而握手噓嚱，相飲以酒，夜醉起舞，歌呼大噱。予益悲夢升志雖衰，而少時意氣尚在也。」王安石《臨川集・祭周幾道文》：「意氣豪悍，崩山決澤。」文中雖或明言或未明言，而其嘖嘖贊嘆之音，固已迴蕩於言表矣。（七七）小嫌：〈尉遲敬德傳〉作小疑，是小嫌即小嫌疑也。（七八）介意：謂置於懷中。（七九）公宜體之：公宜體會之，亦即公宜知之。（八〇）相資：相資助。（八一）表一時共事之情：謂以表示一度同事之情誼。（八二）劉武周降將尋相等多叛去……表一時共事之情也：按此段乃錄自《舊唐書・尉遲敬德傳》，字句大致相同。（八三）行戰地：行視戰地。（八四）魏宣武陵：魏宣武陵曰景陵，在北邙山，魏世宗諡宣武帝。（八五）引槊：猶持槊。（八六）橫刺：由旁側刺擊。（八七）翼：翼衛。（八八）無所礙：無有阻礙。（八九）考異曰舊書敬德傳：按考異所引舊書敬德傳，文字多有省刪，知考異所引原書，文字亦非完全符同。（九〇）排矟：謂成排列之執矟者，矟同槊。（九一）公何相報之速：謂公何報答之速，相為語助，無意。（九二）自是寵遇日隆：〈尉遲敬德傳〉作：「此後恩眄日隆。」蓋恩眄與寵遇之意相似，《通鑑》為示換易，遂改作寵遇。與恩眄、寵遇意義相類之辭，尚有多則，可參閱上注恩顧條。（九三）叢矟：〈尉遲敬德傳〉作：「賊矟攢刺。」正釋叢矟之意。（九四）自負：猶自豪。（九五）請各去刃，相與校勝負：〈尉遲敬德傳〉作：「命去矟刃，以竿相刺。」是乃去刃之情況也。（九六）孰難：謂何者較難。（九七）面相歎異：謂表面頗為贊嘆。（九八）辛巳世民以五百騎行戰地……雖面相歎異，內甚恥之：按此段乃錄自《舊唐書・尉遲敬德傳》，字句大致相同。

又此段所敍，決非同日同月之事，由齊王元吉以善馬矟自負以下諸文可知之，特以俱係敬德所為，遂連類而幷書之，此著重日月，所不可不注意者也。㊾嵐州：《舊唐書・地理志》二：「河東道、嵐州，隋樓煩郡之嵐城縣，武德四年平劉武周，置東會州，其年仍自故郡城，移嵐州，於廢東會州置嵐州。」㊿濮州：同志一：「河南道、濮州，隋東郡之鄄城縣也，武德四年置濮州。」㉛官勢：官位及威勢。㉜數：責。㉝庸才：平凡之才。㉞魏公置汝元僚：謂李密以為長史。㉟滔天之禍：滔天、謂水漫天，極喻其為禍之大。㊱是汝之分：是汝分所當然。

㈠冬，十月，甲午，王世充大將軍張鎮周來降。

㈡甲辰，行軍總管羅士信襲王世充硤石堡㈠，拔之，【考異】河洛記作峽山堡，今從實錄。士信又圍千金堡㈡，堡中人罵之，士信夜遣百餘人，抱嬰兒數十，至堡下，使兒啼呼，詐云：「從東都來歸羅總管。」既而相謂曰：「此千金堡也，吾屬誤矣。」即去，堡中以為士信已去，來者洛陽亡人，出兵追之，士信伏兵於道，伺㈢其門開，突入，屠之㊃㊄。

㈢竇建德之圍幽州也㈥，李藝告急於高開道，開道帥二千騎救之，建德引兵去，開道因藝㈦遣使來降，戊申，以開道為蔚州㈧總管，賜姓李氏，封北平郡王(九)。開道有矢鏃在頰，召醫出之，醫曰：「鏃深不可出(一〇)。」開道怒斬之，別召(一一)一醫，曰：「出之恐痛。」又斬之，更召一醫曰：「可出。」乃鑿骨置楔(一二)其間，骨裂寸餘，竟出其鏃，開道奏妓(一三)進膳不輟。

(四)竇建德帥眾二十萬復攻幽州，建德兵已攀堞(一四)，薛萬均、萬徹帥敢死士百人，從地道出其背(一五)，掩擊(一六)之，建德兵潰走，斬首千餘級。李藝兵乘勝薄(一七)其營，建德陳於營中，填塹(一八)而出，奮擊(一九)大破之，建德逐北，至其城下，攻之，不克而還(二〇)。

(五)李密之敗也，楊慶歸洛陽，復姓楊氏(二一)，及王世充稱帝，慶復姓郭氏，世充以為管州總管，妻以兄女；秦王世民逼洛陽，慶潛遣人請降，世民遣總管李世勣將兵往據其城，慶欲與其妻偕來，妻曰：「主上使妾侍巾櫛者(二二)，欲結君之心也；今君既辜付託(二三)，徇利求全(二四)，妾將如君何！若至長安，則君家一婢耳，君何用為？願送至洛陽，君之惠也。」慶不許，慶出，妻謂侍者曰：「若唐遂(二五)勝鄭，則吾家必滅，鄭若勝唐，則吾夫必死，人生至此，何用生為？」遂自殺㉖。庚戌，慶來降，復姓楊氏，拜上柱國、郇㉗國公。時世充太子玄應鎮虎牢，軍於滎汴之間㉘，聞之引兵趣管城，玄應李世勣擊却之，使郭孝恪為書說滎州㉙刺史魏陸，陸密請降，玄應遣大將軍張志就陸㉚徵兵，丙辰，陸擒志等四將，舉州來降。陽城令王雄帥諸堡來降，秦王世民使李世勣引兵應之，以雄為嵩州刺史㉛，嵩南㉜之路始通。魏陸使張志詐為玄應書，停其東道之兵，令其將張慈寶且還汴州，又密告汴州刺史王要漢，使圖慈寶，要漢斬慈寶以降。玄應聞諸州皆叛，大懼，奔還洛陽。詔以要漢為汴州總管，賜爵郳國公。

㈥王弘烈據襄陽，上令金州總管府㉝司馬、涇陽㉞李大亮安撫樊鄧㉟，以圖之。十一月，庚申，大亮攻樊城鎮，拔之，斬其將國大安，下其城柵㊱十四㊲。

㈦蕭銑性褊狹㊳，多猜忌，諸將恃功恣橫㊴，好專誅殺㊵，銑患之，乃宣言㊶罷兵營農，實欲奪諸將之權。大司馬董景珍弟為將軍，怨望，謀作亂，事泄，伏誅㊷；景珍時鎮長沙㊸，銑下詔赦之，召還江陵(四四)，景珍懼，甲子，以長沙來降，詔峽州刺史許紹出兵應之(四五)(四六)。

(八)雲州(四七)總管郭子和先與突厥、梁師都相連結，既而襲師都寧朔城(四八)，克之，又詗(四九)得突厥亹隙(五〇)，遣使以聞；為突厥候騎(五一)所獲，處羅可汗大怒，囚其弟子升，子和自以孤危(五二)，請帥其民南徙，【考異】子和傳云：「四年，拔戶口南徙。」按處羅可汗以今年卒，故置此。詔以延州(五三)故城處之(五四)。

(九)張舉、劉旻之降也，梁師都大懼，遣其尚書陸季覽說突厥處羅可汗曰：「比者(五五)中原喪亂，分為數國，勢均力弱，故皆北面歸附突厥(五六)，今定楊可汗(五七)既亡，天下將悉為唐有，師都不辭灰滅，亦恐次及(五八)可汗；不若及其未定(五九)，南取中原，如魏道武所為(六〇)，師都請為鄉導。」處羅從之，謀使莫賀咄設入自原州(六一)，泥步設與師都入自延州，突利可汗與奚(六二)、霫(六三)、契丹(六四)、靺鞨(六五)，入自幽州，【考異】舊突厥傳：「大業中，突利年數歲，始畢遣領東牙之兵，號泥步設。頡利嗣位，以為突利可汗。」按梁師都傳，此際有泥步設，又有突利可汗，然則突利，處羅時已為小可汗，非頡利嗣位後也。高祖實錄云：「處羅欲分兵大掠中國，於懷戎、鴈門、靈武、涼州四道俱入。」今從舊書梁師都傳。會竇建德之師，自滏口(六六)西入，會於晉絳(六七)(六八)。莫賀咄者，處羅之弟咄苾也；突利者，始畢之子什鉢苾也。處羅又欲取幷州以居楊政道，其羣臣多諫，處羅曰：「我父失國，賴隋得立，此恩不可忘。」將出師，而卒。義成公主(六九)以其子奧射設醜弱(七〇)，廢之，更立莫賀咄設，號頡利可汗。乙酉，頡利遣使告處羅之喪，上禮之如始畢之喪(七一)(七二)。

(十)戊子，安撫大使李大亮取王世充沮華二州(七三)。

(十一)是月，竇建德濟河擊孟海公。【考異】實錄在十二月丙午，蓋於時，唐始聞之，遣劉世讓攻洛州之日也。今從革命記。初王世充侵建德黎陽，建德襲破殷州(七四)以報之，自是二國交惡，信使(七五)不通；及唐兵逼洛陽，世充遣使求救於建德，【考異】隋季革命記曰：「世充亦自遣使求救於建德，云，夏王或率領軍師，來相救援，王取東都河洛之地，北收幷汾，南盡楊越，充乃取京師蒲絳以西，通蜀荊襄之境，並據山河之險，長為弟兄之國。」按世充止有河洛之地，豈肯遽以賂建德，借有是言，建德亦何由肯信？今從河洛記。建德中書侍郎劉彬說建德曰：「天下大亂，唐得關西(七六)，鄭得河南，夏得河北，共成鼎足之勢，今唐舉兵臨鄭，自秋涉(七七)冬，唐兵日增，鄭地日蹙(七八)，唐彊鄭弱，勢必不支，鄭亡、則夏不能獨立矣，不如解仇除忿(七九)，發兵救之，夏擊其外，鄭攻其內，破唐必矣。唐師既退，徐觀其變(八〇)，若鄭可取則取之，幷二國之兵，乘唐師之老(八一)，天下可取也。」建德從之，遣使詣世充，許以赴援；又遣其禮部侍郎李大師等詣唐，請罷洛陽之兵。秦王世民留之，不荅(八二)。

(十二)十二月，辛卯，王世充許、亳(八三)等十一州皆請降。

(十三)壬辰，燕郡王李藝又擊竇建德軍於籠火城，破之。

(十四)辛丑，王世充隨州(八四)總管徐毅舉州降。

(十五)癸卯，峽州刺史許紹攻蕭銑荊門鎮(八五)，拔之，紹所部與梁鄭鄰接(八六)，二境得紹士卒，皆殺之，紹得二境士卒，皆資給(八七)遣之(八八)，敵人愧感(八九)，不復侵掠，境內以安(九〇)。蕭銑遣其齊王張繡攻長沙，董景珍謂繡曰：「前年醢彭越，往年殺韓信(九一)，卿不見之乎，何為相攻？」繡不應，進兵圍之，景珍欲潰圍走，為麾下所殺。銑以繡為尚書令，繡恃功驕橫(九二)，銑又殺之。由是功臣諸將皆有離心(九三)，兵勢益弱(九四)。

(十六)王世充遣其兄子代王琬、長孫安世(九五)詣竇建德報聘，且乞師。

(十七)突厥倫特勒在幷州，大為(九六)民患，幷州總管劉世讓設策擒之，上聞之，甚喜。張道源從竇建德在河南，密遣人詣長安，請出兵攻洛州(九七)，以震山東。丙午，詔世讓為行軍總管，使將兵出土門(九八)，趣洛州。

(十八)己酉，瓜州(九九)刺史賀拔行威執驃騎將軍達奚暠，舉兵反。

(十九)是歲，李子通度江攻沈法興，取京口(一〇〇)，法興遣其僕射蔣元超拒之，戰於庱亭(一〇一)，元超敗死，法興棄毗陵奔吳郡，於是丹楊、毗陵等郡皆降於子通(一〇二)。子通以法興府掾李百藥為內史侍郎、國子祭酒。杜伏威遣行臺左僕射輔公祏將卒數千攻子通，以將軍闞稜、王雄誕為之副，公祏度江攻丹楊，克之，進屯溧水(一〇三)，子通帥眾數萬拒之。公祏簡(一〇四)精甲千人，執長刀，為前鋒，又使千人踵(一〇五)其後，曰：「有退者，即斬之。」自帥餘眾，復居其後。子通為方陳而前，公祏前鋒千人，殊死戰(一〇六)，公祏復張左右翼以擊之，子通敗走，公祏逐之，反為所敗(一〇七)，還閉壁不出。王雄誕曰：「子通無壁壘，又狃(一〇八)於初勝，乘其無備，擊之，可破也。」公祏不從，雄誕以其私屬(一〇九)數百人，夜出擊之，因風縱火(一一〇)，子通大敗，降其卒數千人(一一一)。子通食盡，棄江都，保京口，江西之地(一一二)盡入於伏威，伏威徙居丹楊。子通復東走太湖㉓，收合亡散㉔，得二萬人，襲沈法興於吳郡，大破之㉕，法興帥左右數百人棄城走，吳郡賊帥聞人遂安㉖遣其將葉孝辯迎之，法興中塗而悔，欲殺孝辯，更向會稽，孝辯覺之，法興窘迫，赴江溺死㉗。子通軍勢復振，徙都餘杭㉘，盡收法興之地，北自太湖，南至嶺㉙，東包會稽，西拒宣城㉚，皆有之㉛。

(廿)廣新二州㉜賊帥高法澄、沈寶徹㉝殺隋官，據州，附於林士弘，漢陽太守馮盎㉞擊破之；既而寶徹兄子智臣復聚兵於新州，盎引兵擊之，賊始合，盎免冑㉟大呼曰：「爾識㊱我乎！」賊多棄仗㊲，肉袒而拜㊳，遂潰，擒寶徹、智臣等，嶺外㊴遂定㊵。

(廿一)竇建德行臺尚書令、恒山㊶胡大恩請降。

【今註】　㈠硤石堡：《水經注》：「穀水自新安縣東流，逕千秋亭，又東逕雍谷溪，迴岫縈紆，石路阻峽，故亦有峽石之稱。」　㈡千金堡：此乃於古千金堨築堡。《水經注》：「穀水逕周乾祭門北，東至千金堨。」《洛陽記》：「千金堨舊堨穀水，魏時更修此堨，謂之千金堨。」　㈢伺：候。　㈣屠之：《舊唐書・忠義羅士信傳》作：「殺無遺類。」是乃屠之之義。　㈤士信又圍千金堡……伺其門開，突入，屠之：按此段乃錄自《舊唐書・羅士信傳》，字句大致相同。[六]竇建德之圍幽州：是年五月，建德兵攻幽州。[七]因藝：猶藉藝。[八]蔚州：《舊唐書・地理志》二：「河東道、蔚州，隋雁門郡之靈丘縣，武德六年置蔚州。」[九]竇建德之圍幽州也……封北平郡王：按此段乃錄自《舊唐書・高開道傳》，字句大致相同。[一〇]鏃深不可出：謂鏃深陷頰中，而不可拔出。[一一]別召：猶另召。[一二]楔：物有罅隙，入物以補其缺曰楔，音屑。[一三]奏妓：謂令妓女奏歌而聆聽之。[一四]堞：城上短墻。[一五]出其背：謂出其背後。[一六]掩擊：襲擊。[一七]薄：迫。[一八]填塹：填塞營外之溝塹。[一九]奮擊：奮力猛擊。[二〇]竇建德帥眾二十萬復攻幽州……攻之，不克而還：按此段乃錄自《舊唐書・竇建德傳》，字句大致相同。[二一]楊慶歸洛陽，復姓楊氏：楊慶歸密改姓事，見卷一百八十四義寧元年十一月。[二二]主上使妾侍巾櫛者：侍巾櫛，謂侍盥沐。《舊唐書・列女楊慶妻王氏傳》作：「鄭國以妾奉箕帚。」而箕帚則謂灑掃，二者皆婦女侍夫所為之事，故《通鑑》為示不蹈襲，遂改箕帚為巾櫛焉。[二三]辜付託：辜負付託。[二四]求全：尋求安全。[二五]遂：竟。[二六]楊慶歸洛陽，復姓楊氏……何用生為，遂自殺：按此段乃錄自《舊唐書・列女楊慶妻王氏傳》，字句大致相同。[二七]郇：音荀。[二八]軍於滎汴之間：胡三省曰：「滎當作滎，言軍於滎澤汴水之間。」[二九]滎州刺史：胡三省曰：「王世充蓋以滎陽縣置滎州，作滎亦誤也。」[三〇]就陸：至陸處。[三一]陽城令王雄帥諸堡來降，以雄為嵩州刺史：《舊唐書・地理志》一：「河南道、河南府、告成，隋陽城縣，武德四年，割陽城、嵩陽、陽翟置嵩州。」[三二]嵩南：謂嵩山以南。[三三]金州總管府：《舊唐書・地理志》二：「山南道、金州，隋西城郡，武德元年，改為金州，三年、置總管府。」㉞涇陽：今陝西省、涇陽縣。㉟樊鄧：《舊唐書・地理志》二：「山南道、襄州、鄧城，漢鄧縣，屬南陽郡，故樊城也。宋改安養縣。」此時樊城鎮當在安養縣界。㊱柵：以木所為之營寨。㊲王弘烈據襄陽……下其城柵十四：按此段乃錄自《舊唐書・李大亮傳》，字句大致相同。㊳編狹：編小狹隘。㊴恣橫：縱恣暴橫。㊵好專誅殺：謂不奏聞於上，而擅行誅殺。㊶宣言：揚言。㊷伏誅：伏罪被誅。㊸長沙：今湖南省長沙縣。㊹江陵：今湖北省江陵縣。㊺應之：接應之。㊻蕭銑性編狹多猜忌……許紹出兵應之：按此段乃錄自《舊唐書・蕭銑傳》，字句大致相同。㊼雲州：《隋書・地理志》中：「定襄郡，開皇五年置雲州總管府，大業元年府廢。」此乃唐初所復置者。㊽寧朔城：《舊唐書・地理志》一：「關內道、夏州，屬有寧朔縣。」㊾詗：偵察，音偵。㊿舋隙：間隙；舋通釁。(51)候騎：斥候之騎。(52)孤危：孤單危險。(53)延州：《舊唐書・地理志》一：「關內道、延州，隋延安郡，武德元年改為延州總管府。」(54)雲州總管郭子和……詔以延州故城處之：按此段乃錄自《舊唐書・梁師都附李子和傳》，字句幾全相同。(55)比者：近者。(56)故皆北面歸附突厥：按《舊唐書・梁師都傳》作：「所以北附突厥。」文雖省而意則相同。(57)定楊可汗：突厥封劉武周之號，見《舊唐書・劉武周傳》。(58)次及：依次而達及。(59)及其未定：謂及其國勢未定。(60)如魏道武所為：事見晉孝武帝紀。(61)原州：《舊唐書・地理志》一：「關內道、原州，隋平涼郡，武德元年平薛仁杲，置原州。」(62)奚：《舊唐書・北狄奚傳》：「奚國，蓋匈奴之別種也，所居亦鮮卑故地，即東胡之界也。」(63)霫：《舊唐書・北狄霫傳》：「霫，匈奴之別種也，居於潢水北，亦鮮卑之故地。」(六四)契丹：《隋書・契丹傳》：「契丹之先，與庫莫奚異種而同類，並為慕容氏所破，俱竄於松漠之間，其後稍大，居黃龍之北。」(六五)靺鞨：《舊唐書・北狄靺鞨傳》：「靺鞨蓋肅慎之地，後魏謂之勿吉，在京師東北六千餘里。」(六六)滏口：滏口，滏水之口，在磁州滏陽縣界。(六七)晉絳：《舊唐書・地理志》二：「河東道、晉州，隋臨汾郡，武德元年改為晉州。」又：「河東道、絳州，隋絳郡，武德元年置絳州總管府。」(六八)張舉劉旻之降也……自滏口西入，會於晉絳：按此段乃錄自《舊唐書・梁師都傳》，字句大致相同。(六九)義成公主：據《隋書・突厥傳》，義成公主乃隋帝宗室之女。(七〇)醜弱：醜陋孱弱。(七一)上禮之如始畢之喪：見去年四月文。(七二)義成公主以其子奧射設醜弱……禮之如始畢之喪：按此段乃錄自《舊唐書・突厥傳》，字句大致相同。(七三)取王世充沮華二州：《隋書・地理志》下：「襄陽郡、南漳縣，西魏立南襄陽郡，後周置沮州，尋廢。開皇十八年，改縣曰南漳。」此乃王世充所置者。同志：「襄陽郡、漢南縣，宋曰華山，置華山郡，西魏改縣為漢南。」此亦王世充沿舊名而設置者。(七四)殷州：殷州治獲嘉縣。(七五)信使：信亦使。(七六)關西：關中及其以西之地。(七七)涉：歷。(七八)蹙：縮削。(七九)除忿：除去忿恨。(八〇)變：變化。(八一)老：疲老。(八二)是月竇建德濟河擊孟海公……秦王世民留之，不答：按此段乃錄自《舊唐書・竇建德傳》，字句大致相同。(八三)許亳：《舊唐書・地理志》一：「河南道、許州，隋潁川郡，武德四年平王世充，改為許州。」又：「亳州，隋譙郡，武德四年平王世充，改為亳州。」(八四)隨州：同志二：「山南道、隋州，隋為漢東郡，武德三年改為隋州。」(八五)荊門鎮：在今湖北省宜都縣西北長江南岸，與北岸虎牙山相對。其鎮當在此處。(八六)紹所部與梁鄭鄰接：峽州北境，接鄭之襄州，東境接梁之荊門。(八七)資給：予之衣資。(八八)遣之：遣還之。(八九)愧感：羞愧感激。(九〇)峽州刺史許紹攻蕭銑荊門鎮……境內以安：按此段乃錄自《舊唐書．許紹傳》，字句大致相同。(九一)前年醢彭越，往年殺韓信：引漢高祖殺功臣事，以恐動繡。(九二)驕橫：驕慢專橫。(九三)離心：攜離之意。(九四)蕭銑遣其齊王張繡攻長沙……兵勢益弱：按此段乃錄自《舊唐書．蕭銑傳》，字句大致相同。(九五)世充遣其兄子代王琬、長孫安世：按《舊唐書．王世充傳》作：「遣其兄子琬及內史令長孫安世報聘。」是長孫安世之官位乃為內史令，而長孫乃其姓氏。(九六)大為：猶甚為。(九七)請出兵攻洺州：竇建德都洺州。(九八)土門：《元和郡縣志》卷二十一：「恒州、獲鹿縣，井陘口今名土門口，縣西南十里，即太行八陘之第五陘也。述征記曰：『其山首自河內，有八陘，井陘第五。四面高，中央低，似井，故名之。』」(九九)瓜州：《舊唐書．地理志》三：「隴右道、瓜州，隋燉煌郡之常樂縣，武德五年置瓜州。」(一〇〇)京口：《舊唐書．地理志》三：「江南道、潤州、丹徒，漢縣，吳為京口戍，隋為延陵鎮，因改為延陵縣。」(一〇一)庱亭：在毗陵西北。(一〇二)是歲李子通度江攻沈法興……於是丹楊毗陵等郡皆降於子通：按此段乃錄自《舊唐書．沈法興傳》，字句大致相同。(一〇三)度江攻丹楊，克之，進屯溧水：《隋書．地理志》下，丹陽郡治江寧，屬有溧水縣，舊曰溧陽，開皇十八年更名。(一〇四)簡：選。(一〇五)踵：繼。(一〇六)殊死戰：猶拚命作戰。(一〇七)杜伏威遣行臺左僕射輔公祏……公祏逐之，反為所敗：按此段乃錄自《舊唐書．輔公祏傳》，字句大致相同。(一〇八)狃：習、狎。(一〇九)私屬：親兵不在大軍名籍者。(一一〇)縱火：放火。(一一一)王雄誕曰……子通大敗，降其卒數千人：按此段乃錄自《舊唐書・輔公祏附王雄誕傳》，字句大致相同。㉒江西之地：指廬和等州而言。㉓太湖：太湖在蘇州、吳縣東南五十里。㉔亡散：逃亡散失。㉕子通食盡……襲沈法興於吳郡，大破之：按此段乃錄自《舊唐書・李子通傳》，字句大致相同。㉖聞人遂安：胡三省曰：「聞人複姓，今吳中亦以為著姓。」㉗法興帥左右數百人……法興窘迫，赴江溺死：按此段乃錄自《舊唐書・沈法興傳》，字句大致相同。㉘餘杭：今浙江杭縣。㉙南至嶺：嶺，五嶺。㉚宣城：今安徽省宣城縣。㉛子通軍勢復振……西拒宣城，皆有之。：此段乃錄自《舊唐書・李子通傳》，字句大致相同。㉜廣新二州：《隋書・地理志》下：「南海郡，舊置廣州，平陳置總管府。」又：「信安郡、新興縣，梁置新州，大業初州廢。」㉝沈寶徹：按《舊唐書・馮盎傳》，沈作洗，查嶺南多姓洗者，馮盎母即姓此姓，疑沈乃洗之訛。㉞漢陽太守馮盎：馮盎自大業之亂歸嶺南後，未受朝命，故書隋官。㉟免胄：〈馮盎傳〉作：「卻兜鍪。」《通鑑》取其意而改書作免胄。㊱識：認識。㊲棄仗：棄同棄，謂棄去兵仗。㊳肉袒而拜：謂脫去上衣而拜，以示欲伏罪。㊴嶺外：即嶺南或嶺表。㊵廣新二州賊帥……嶺外遂定：按此段乃錄自《舊唐書・馮盎傳》，字句幾全相同。㊶恒山：《舊唐書・地理志》二：「河北道、鎮州，漢置恒山郡，周隋改為恒州，後廢，義旗初復置恒州。」

四年（西元六二一年）

㈠春，正月，癸酉，以大恩為代州㈠總管，封定襄郡王，賜姓李氏，代州石嶺之北，自劉武周之亂，寇盜充斥，大恩徙鎮鴈門㈡，討擊，悉平之。

㈡稽胡酋帥㈢劉仚成部落數萬為邊寇，辛巳，詔太子建成統諸軍討之。

㈢王世充梁州總管㈣程嘉會以所部來降。

㈣杜伏威遣其將陳正通、徐紹宗帥精兵二千，來會秦王世民，擊王世充，【考異】舊書伏威傳：「太宗之圍王世充，遣使招之，伏威請降，高祖遣使就拜東南道行臺尚書令，江淮以南安撫大使、上柱國，封吳王，賜姓李氏。」按伏威封吳王，在太宗討王世充前，今從高祖太宗實錄。

㈤丙戌，黔州㈥、刺史田世康攻蕭銑五州四鎮，皆克之。

㈥秦王世民選精銳千餘騎，皆皂衣玄甲㈦，分為左右隊，使秦叔寶、程知節、尉遲敬德、翟長孫分將之，每戰，世民親被玄甲帥之，為前鋒，乘機進擊，所向無不摧破，敵人畏之。行臺僕射屈突通、贊皇㈧公竇軌引兵按行營屯，猝與王世充遇，戰不利，秦王世民帥玄甲救之，世充大敗，獲其騎將葛彥璋。【考異】太宗實錄云：「初羅士信取千金堡，太宗令屈突通守之，世充自來攻堡，通懼舉烽請救，太宗度通力堪自守，且緩救，以驕世充。通舉三烽，以告急，太宗方出援之，左右未獲從，以兩騎而進，遇賊騎將葛彥璋，射之，應弦而墜，擒之於陳，後軍亦繼至。通軍復振，表裏奮擊，世充大敗，俘斬六千餘人，幾獲世充。」今從河洛記。俘斬六千餘人，世充遁歸。

(七)李靖說趙郡王孝恭以取蕭銑十策，孝恭上之。【考異】高祖實錄：「孝恭獻平銑之策，帝嘉納之。」太宗實錄李靖傳：「靖說趙郡王孝恭，陳伐蕭銑之計，獻以十策，高祖以孝恭未更戎旅，三軍之任，一以委靖，授靖行軍總管，兼攝孝恭長史事。」孝恭傳：「時李靖亦奉使江南，以策干孝恭，孝恭善之，委以軍事。」蓋靖畫策，使孝恭上之耳。二月，辛卯，改信州為夔州⑨，以孝恭為總管，使大造舟艦，習水戰，以孝恭未更軍旅，以靖為行軍總管，兼孝恭長史，委以軍事。靖說孝恭悉召巴蜀酋長子弟，量才授任⑩，置之左右，外示引擢⑪，實以為質⑫。

(八)王世充太子玄應將兵數千人，自虎牢運糧入洛陽，秦王世民遣將軍李君羨邀擊⑬，大破之，玄應僅以身免。世民使宇文士及奏請進圍東都，上謂士及曰：「歸語爾王，今取洛陽，止於息兵⑭，克城之日，乘輿法物、圖籍器械，非私家所須者⑮，委汝收之⑯，其餘子女玉帛並以分賜將士。」辛丑，世民移軍青城宮⑰，壁壘未立，王世充帥眾二萬自方諸門出⑱，憑故馬坊垣⑲，塹臨穀水⑳，以拒唐兵，諸將皆懼；世民以精騎陳於北邙，登魏㉑宣武陵以望之，謂左右曰：「賊勢窘矣，悉眾而出，徼幸一戰㉒，今日破之，後不敢復出矣。」命屈突通帥步卒五千度水擊之，戒通曰：「兵交則縱煙㉓。」煙作㉔，世民引騎南下，身先士卒，與通合勢力戰㉕，世民欲知世充陳厚薄，與精騎數十衝之，直出其背，眾皆披靡㉖，殺傷甚眾，既而限以長堤㉗，與諸騎相失，將軍丘行恭獨從世民，世充數騎追及之，世民馬中流矢而斃，行恭回騎射追者，發無不中，追者不敢前，乃下馬以授世民㉘，行恭於馬前步執長刀㉙，距躍㉚大呼，斬數人，突陳而出，得入大軍㉛。世充亦帥眾殊死戰，散而復合者數四㉜，自辰至午，世充兵始退，世民縱兵乘之，直抵城下，俘斬七千人，遂圍之。驃騎將軍段志玄與世充兵力戰，深入，馬倒，為世充兵所擒，兩騎夾持其髻㉝，將渡洛，志玄踴身而奮㉞，二人俱墜馬，志玄馳歸，追者數百騎不敢逼㉟。初驃騎將軍王懷文為唐軍斥候，為世充所獲，世充欲慰悅之，引置左右，壬寅，世充出右門㊱，臨洛水為陳，懷文忽引槊㊲刺世充，世充衷甲㊳，槊折㊴不能入，左右猝出不意，皆愕眙㊵，不知所為，懷文走趣唐軍，至寫口(四一)，追獲，殺之。世充歸，解去衷甲，袒示(四二)群臣曰：「懷文以槊刺我，卒不能傷，豈非天所命乎(四三)！」

(九)先是御史大夫鄭頲不樂仕世充，多稱疾，不預事，至是謂世充曰：「臣聞佛有金剛(四四)不壞身(四五)，陛下真是也，臣實多幸(四六)，得生佛世，願棄官削髮(四七)為沙門，服勤精進，以資(四八)陛下之神武。」世充曰：「國之大臣，聲望(四九)素重，一旦入道(五〇)，將駭物聽(五一)，俟兵革休息(五二)，當從公志。」頲固請不許，退謂其妻曰：「吾束髮(五三)從官(五四)，志慕名節(五五)，不幸遭遇亂世，流離至此，側身(五六)猜忌之朝，累足危亡之地(五七)，智力淺薄，無以自全，人生會有死(五八)，早晚何殊(五九)，姑從吾所好，死亦無憾(六〇)。」遂削髮，被僧服。世充聞之，大怒曰：「爾以我為必敗，欲苟免(六一)耶，不誅之，何以制眾(六二)。」遂斬頲於市，頲言笑自若(六三)，觀者壯之。詔贈王懷文上柱國、朔州(六四)刺史。

(十)并州安撫使唐儉密奏：「真鄉公(六五)李仲文與妖僧志覺有謀反語(六六)，又娶陶氏之女以應桃李之謠，諂事可汗，甚得其意，可汗許立為南面可汗，及在幷州，贓賄（六七）狼籍（六八）。」上命裴寂、陳叔達、蕭瑀雜鞫（六九）之，乙巳，仲文伏誅。

(十)庚戌，王泰棄河陽走（七〇），其將趙夐等以城來降，別將單雄信、裴孝達與總管王君廓相持於洛口（七一），秦王世民帥步騎五千援之，至轘轅，雄信等遁去，君廓追敗之。

(十一)壬子，延州總管段德操擊劉仚成，破之，斬首千餘級。

(十二)乙卯，王世充懷州刺史陸善宗以城降。

(十三)秦王世民圍洛陽宮城（七二），城中守禦甚嚴，大礮飛石，重五十斤，擲二百步，八弓弩（七三），箭如車輻，鏃如巨斧，射五百步，世民四面攻之，晝夜不息，旬餘不克。城中欲翻（七四）城者凡十三輩，皆不果發（七五）而死。唐將士皆疲弊思歸，總管劉弘基等請班師，世民曰：「今大舉而來，當一勞永逸（七六），東方諸州已望風款服（七七），唯洛陽孤城，勢不能久，功在垂成（七八），奈何棄之而去。」乃下令軍中曰：「洛陽未破，師必不還，敢言班師者斬。」眾乃不敢復言。上聞之，亦密敕世民使還（七九），世民表稱洛陽必可克，又遣參謀軍事封德彝入朝，面論(八〇)形勢，德彝言於上曰：「世充得地雖多，率皆羈屬(八一)，號令所行，唯洛陽一城而已，智盡力窮，克在朝夕，今若旋師(八二)，賊勢復振，更相連結，後必難圖。」上乃從之(八三)。世民遺世充書，諭以禍福(八四)，世充不報。

(十五)戊午，王世充鄭州司兵(八五)沈悅遣使詣左武候大將軍李世勣請降(八六)。左衛將軍王君廓夜引兵襲虎牢，悅為內應，遂拔之，獲其荊王行本及長史戴胄。悅，君理之孫也(八七)。

(十六)竇建德克周橋，虜孟海公。

【今註】㊀代州：《舊唐書．地理志》二：「河東道、代州，隋為雁門郡，武德元年置代州總管府。」㊁鴈門：同志：「代州、鴈門，漢廣武縣，隋為鴈門縣。」㊂酋帥：按此稱乃由酋長渠帥凝合而成。㊃王世充梁州總管：胡三省曰：「後魏置梁州於浚儀，因古大梁城以名州也。此時以浚儀為汴州，而隋之梁郡治宋城縣，宋城，古睢陽也，後梁國都之，後魏以來，以睢陽為梁郡，王世充當於此置梁州。」㊄梁：《舊唐書．地理志》二：「河南道、汝州，隋襄城郡，武德四年平王世充，改為伊州，領承休、梁、郟城三縣。」所云之梁，即此是也。㊅黔州：《舊唐書．地理志》三：「江南道、黔州，隋黔安郡，武德元年改為黔州。」㊆皂衣玄甲：皂玄皆黑色。㊇贊皇：《舊唐書．地理志》二：「河北道、趙州、贊皇，古無其名，隋置，取贊皇山為名。」㊈改信州為夔州：同志：「山南道、夔州，隋巴東郡，武德元年改為信州。」至是又改為夔州。㊉授任：授以官而任使之。⑪引擢：引攜拔擢。⑫質：人質。⑬邀擊：截擊。⑭息兵：休兵，謂期再無戰爭。⑮所須者：所須有者。⑯委汝收之：委任汝負責收封。⑰青城宮：《唐六典》卷七：「東都，禁苑在皇都之西北，周迴一百二十六里，中有青城等十一宮。」⑱自方諸門出：東都城西連禁苑，方諸門蓋自都城出而至禁苑之門。⑲垣：墻。⑳穀水：《唐六典》卷七：「禁苑在皇都之西，北拒北邙，西至孝水，南帶洛水支渠，穀洛二水會於其間。」㉑登魏：按此二字宜改書作大字。㉒徼幸一戰：謂企圖徼幸而獲勝捷，換言之，即於此戰役，毫無勝利把握。㉓縱煙：縱放煙燄。㉔作：起。㉕世民移軍青城宮……與通合勢力戰：按此段乃本於《舊唐書・太宗紀》，而間有溢出。㉖披靡：仆倒四散。㉗限以長隄：謂為長隄所隔阻。㉘乃下馬以授世民：謂下馬而以己馬授與世民。㉙步執長刀：步行而執長刀。按此長刀為唐代所慣用者，又名陌刀，爰舉例明之如下：《舊唐書・輔公祏傳》：「公祏簡甲士千人，皆使執長刀，仍令千餘人隨後。」同書〈闞稜傳〉：「稜善用大刀，長一丈，施兩刃，名為陌刀，每一舉輒斃數人，前無當者。」同書〈李嗣業傳〉：「于時諸軍初用陌刀，咸推嗣業為能，每為隊頭，所向必陷。……高仙芝奉詔總軍專征勃律，選嗣業與郎將田珍為左右陌刀將。……嗣業引步軍持長刀上山頭，拋礌蔽空而下，嗣業乃脫衣徒搏，執長刀立於陣前大呼，當嗣業刀者，人馬俱碎……前軍之士盡執長刀而出，如墻而進。」又同書〈崔光遠傳〉：「分命驍勇持陌刀呼而斬之，殺賊徒二千餘人。」㉚距躍：超距而跳躍。㉛世民欲知世充陳厚薄……突陣而出，得入大軍：按此段乃錄自《舊唐書・丘和附子行恭傳》，字句幾全相同。㉜散而復合者數四：按數四一辭，起於晉宋。《世說新語・文學》支道林條：「支初作改轍遠之，數四交，不覺入其玄中。」同書〈文學〉：「孫安國往殷中軍許共論，往反精苦，左右進食，冷而復煖者數四。」厥後南北朝文士屬文，亦沿用之，而至唐代，仍襲用不衰，爰將唐世錄載此辭之文，擇引數則。《舊唐書・姜謨傳》：「乃下勑曰：『私謂朕曰，太上皇即登九五，王必為儲副，凡如此者數四。』」同書〈崔光遠傳〉：「每進擬官，皆御筆，超拜之者數四。」又同書〈郭子儀傳〉：「上表曰：『一人之身，兼官數四。……每賊兼乘數四。』」核三謂再三，此數四亦即再四之意。㉝夾持其髻：謂二騎兵左右夾持其髮髻，以防其逃逸。㉞踴身而奮：身軀一挺，而奮力抗拒之。㉟驃騎將軍段志玄……追者數百騎，不敢逼：按此段乃錄自《舊唐書・段志玄傳》，字句大致相同。㊱世充出右門：《唐六典》卷七：「東都，皇城在都城之西北隅，南面三門：中曰端門，左曰左掖門，右曰右掖門。」胡三省曰：「洛水逕三門之前，有天津、永濟、中橋三橋。」㊲引槊：挺槊。㊳衷甲：內著鎧甲。㊴槊折：槊折斷。㊵愕眙：驚愕相顧而視。㊶寫口：胡三省曰：「洛城中水，於此寫放，以流其惡，因名之為寫口。」㊷袒示：袒懷以示。㊸豈非天所命乎：豈非天使如此乎。㊹金剛：謂如金之剛勁，佛家常用此辭，如金剛三昧，金剛頂經皆是。㊺不壞身：不可毀壞之身軀。㊻多幸：甚幸運。㊼削髮：斷髮。㊽資：資助。㊾聲望：聲譽威望。㊿入道：皈依佛門。(51)物聽：人物之觀聽。(52)兵革休息：戰爭停止。

(五三)束髮：幼小總角時。(五四)從官：猶為宦。(五五)名節：名譽貞節。(五六)側身：猶廁身。(五七)累足危亡之地：累足謂足聚一處而不敢邁步前行，亦即畏懼也。全意為惶懼於危亡之地。(五八)會有死：合有死。(五九)早晚何殊：死早死晚，有何殊異。(六〇)憾：恨。(六一)苟免：苟免於禍。(六二)制眾：制服眾人。(六三)自若：自如。(六四)朔州：《舊唐書・地理志》二：「河東道、朔州，隋馬邑縣，武德四年置朔州。」(六五)真鄉公：胡三省曰：「真鄉縣公也，西魏置真鄉縣，時屬綏州。」(六六)謀反語：謀反之言。(六七)贓賄：贓貨。(六八)狼籍：雜亂甚多貌。(六九)雜鞫：共鞫訊之。(七〇)王泰棄河陽走：去年七月，世充使泰守河陽。(七一)相持於洛口：相持，相抗拒。《元和郡縣志》卷六：「河南府、鞏縣，洛水東經洛汭，北對琅琊渚，入河，謂之洛口，亦名什谷。」(七二)宮城：《唐六典》卷七：「東都，皇宮在皇城之北，東西四里一百八十步，南北二里八十五步，周回十三里二百四十一步。」按宮城當即指此皇宮而言。(七三)八弓弩：謂八張弓箭圍連一起，如車之輻輳然。(七四)飜：飜同翻，謂欲踰城而投降也。(七五)果發：舉動成功。(七六)一勞永逸：謂一舉平之，而求永遠安逸。(七七)款服：納誠降服。(七八)垂成：將及於成。(七九)使還：使其還師。(八〇)面論：當面奏論，亦即親論之意。(八一)羈屬：《舊唐書・封倫傳》作：「羈縻相屬。」謂以羈縻之故，而始相附屬。(八二)旋師：〈封倫傳〉作：「還兵。」即旋師之意。(八三)又遣參謀軍事封德彝入朝……後必難圖，上乃從之：按此段乃錄自《舊唐書・封倫傳》，字句大致相同。(八四)諭以禍福：曉諭以禍福之道，亦即勸其投降，以求福也。(八五)司兵：當即隋州刺史下之司馬。（見《隋書・百官志》下。）(八六)詣李世勣請降：世勣時屯管城。(八七)悅，君理之孫也：沈君理仕陳為僕射。

卷一百八十九　唐紀五

起重光大荒落三月，盡十二月，不滿一年。（辛巳，西元六二一年）

司馬光編集
曲守約　註

高祖神堯大聖光孝皇帝中之中

武德四年（西元六二一年）

㈠三月，庚申，以靺鞨渠帥突地稽為燕州總管㊀。

㈡太子建成獲稽胡㊁千餘人，釋其酋帥數十人，授以官爵，使還招其餘黨，劉仚成亦降。建成詐稱增置州縣，築城邑㊂，命降胡年二十以上皆集，以兵圍而殺之，死者六千餘人；【考異】實錄，前言四千餘戶，後云六千餘計，蓋前言戶，後言。仚成覺變，亡奔梁師都㊃。

㈢行軍總管劉世讓攻竇建德黃州，拔之。洺州嚴備，世讓不得進，會突厥將入寇，上召世讓還。竇建德所署普樂㊄令、平恩㊅程名振來降，上遙除名振永寧㊆令，使將兵徇㊇，河北，名振夜襲鄴㊈，俘其男女千餘人，去鄴八十里，閱婦人[一〇]乳有湩者[一一]九十餘人，悉縱遣⑬之，鄴人感其仁，為之飯僧⑭。

(四)突厥頡利可汗承父兄之資⑮，士馬雄盛，有憑陵⑯中國之志，妻隋義成公主，公主從弟善經避亂在突厥，與王世充使者王文素共說頡利曰：「昔啟民為兄弟所逼，脫身奔隋，賴文皇帝之力，有此土宇⑰，子孫享之，今唐天子非文皇帝子孫，可汗宜奉楊政道以代之⑱，以報文皇帝之德。」頡利然之。上以中國未寧，待突厥甚厚，而頡利求請無厭⑲，言辭驕慢⑳，甲戌，突厥寇汾陰㉑。

(五)唐兵圍洛陽，掘塹築壘而守之，城中乏食，絹一匹直粟三升，布十匹直鹽一升，服飾珍玩，賤如土芥㉒，民食草根木葉皆盡，相與澄取浮泥㉓，投米屑㉔作餅食之，皆病身腫腳弱㉕，死者相枕倚於道。皇泰主之遷民入宮城㉖也，凡三萬家，至是無三千家，雖貴為公卿，糠覈㉗不充，尚書郎以下㉘親自負戴㉙，往往餒死。竇建德使其將范願守曹州，悉發孟海公、徐圓朗之眾西救洛陽，至滑州，王世充行臺僕射韓洪開門納之，己卯，軍於酸棗㉚。

(六)壬午，突厥寇石州㉛，刺史王集擊卻㉜之。

㈦竇建德陷管州(三三)，殺刺史郭士安，又陷滎陽、陽翟(三四)等縣，水陸並進，汎舟運糧，泝河西上(三五)。王世充之弟徐州行臺世辯，遣其將郭士衡將兵數千會之，合十餘萬，號三十萬，軍於成皐之東原(三六)，築宮板渚(三七)，遣使與王世充相聞(三八)。先是建德遺秦王世民書，請：「退軍潼關(三九)，返鄭侵地(四〇)，復修前好。」世民集將佐(四一)議之，皆請避其鋒，郭孝恪曰：「世充窮蹙(四二)，垂將面縛(四三)，建德遠來助之，此天意欲兩亡之也。宜據武牢(四四)之險以拒之，伺間(四五)而動，破之必矣(四六)。」記室薛收曰：「世充保據東都，府庫充實，所將之兵，皆江淮精銳，即日之患(四七)，但乏糧食耳，以是之故，為我所持(四八)，求戰不得，守則難久；建德親帥大眾，遠來赴援，亦當極其精銳(四九)，若縱之至此，兩寇合從(五〇)，轉(五一)河北(五二)之粟，以饋(五三)洛陽，則戰爭方始，偃兵(五四)無日，混一(五五)之期，殊未有涯(五六)也。今宜分兵守洛陽，深溝高壘，世充出兵，慎勿(五七)與戰，大王親帥驍銳，先據成皐，厲兵訓士(五八)，以待其至，以逸待勞，決可克也。建德既破，世充自下，不過二旬，兩主就縛(五九)矣。」世民善之。收，道衡之子也(六一)。蕭瑀(六二)、屈突通、封德彝皆曰：「吾兵疲老，世充憑守堅城，未易猝拔(六三)，建德席勝(六四)而來，鋒銳(六五)氣盛，吾腹背受敵，非完策也(六六)。不若退保新安，以承其弊(六七)。」世民曰：「世充兵摧(六八)食盡，上下離心，不煩(六九)力攻，可以坐克(七〇)；建德新破海公(七一)，將驕卒惰(七二)，吾據武牢，扼其咽喉(七三)，彼若冒險爭鋒，吾取之甚易，若狐疑(七四)不戰，旬月之間(七五)，世充自潰，城破兵彊，氣勢自倍，一舉兩克，在此行矣。若不速進，賊入武牢，諸城新附，必不能守，兩賊併力(七六)，其勢必彊，何弊之承(七七)？吾計決矣。」通等又請解圍據險，以觀其變(七八)，世民不許，中分麾下(七九)，使通等副齊王元吉(八〇)圍守東都，世民將驍勇三千五百人東趣武牢(八一)。時正晝出兵，歷北邙，抵河陽，趨鞏而去(八二)，王世充登城望見，莫之測也，竟不敢出。

(八)癸未，世民入武牢，甲申，將驍騎五百出武牢東二十餘里，覘(八三)建德之營，緣道分留從騎，使李世勣、程知節、秦叔寶分將之，伏於道旁，纔餘四騎，與之偕進(八四)。世民謂尉遲敬德曰：「吾執弓矢，公執槊相隨，雖百萬眾，若我何(八五)？」又曰：「賊見我而還，上策也。」去建德營三里所，建德遊兵遇之，以為斥候(八六)也，世民大呼曰：「我秦王也。」引弓(八七)射之，斃其一將，建德軍中大驚，出五六千騎逐之，從者咸失色(八八)，世民曰：「汝弟前行(八九)，吾自與敬德為殿(九〇)。」於是按轡(九一)徐行，追騎將至，則引弓射之，輒斃(九二)一人，追者懼而止，止而復來，如是再三，每來必有斃者，世民前後射殺數人，敬德殺十許人(九三)，追者不敢復逼。世民逡巡(九四)稍却，以誘之，入於伏內，世勣等奮擊，大破之，斬首三百餘級，獲其驍將殷秋，石瓚以歸(九五)。乃為書報建德，諭以：「趙魏之地，久為我有，為足下所侵奪，但以淮安見禮，公主得歸(九六)，故相與坦懷(九七)釋怨。世充頃與足下修好，已嘗反覆，今亡在朝夕，更飾辭(九八)相誘，足下乃以三軍之眾，仰哺他人(九九)，千金之資，坐供外費(一〇〇)，良非上策。今前茅(一〇一)相遇，彼遽崩摧，郊勞未通(一〇二)，能無懷愧，故抑止鋒銳，冀聞擇善(一〇三)，若不獲命(一〇四)，恐雖悔難追(一〇五)。」

(九)立秦王世民之子泰為衞王。

㈩夏，四月，己丑，豐州㉖總管張長遜入朝，時言事者多云：「長遜久居豐州，為突厥所厚㉗，非國家之利。」長遜聞之，請入朝，上許之。會太子建成北伐稽胡，長遜帥所部會之，因入朝，拜右武候將軍㉘㉙。益州行臺左僕射竇軌帥巴蜀兵來會秦王，擊王世充，以長遜檢校益州行臺右僕射㉚。

(十一)己亥，突厥頡利可汗寇鴈門，李大恩擊走之。

(十二)壬寅，王世充騎將楊公卿、單雄信引兵出戰，齊王元吉擊之不利，行軍總管盧君諤戰死。

(十三)太子還長安。

(十四)王世充平州刺史㉛周仲隱以城來降。

(十五)戊申，突厥寇幷州。初處羅可汗與劉武周相表裏㉜，寇幷州，上遣太常卿㉝鄭元璹往，諭以禍福㉞，處羅不從，未幾，處羅遇疾卒，【考異】舊書鄭元璹傳作叱羅可汗，今從實錄。國人疑元璹毒之，留不遣㉟，上又遣漢陽公瓌賂頡利可汗以金帛，頡利欲令瓌拜，瓌不從，亦留之㊱，又留左驍衛大將軍㊲長孫順德。上怒，亦留其使者㊳。瓌，孝恭之弟也。

(十六)甲寅，封皇子元方為周王，元禮為鄭王，元嘉為宋王，元則為荊王，元茂為越王⑲。

(十七)竇建德迫於武牢，不得進，留屯累月，【考異】舊書停留七十餘日，新書六十餘日。案二月戊午，沈悅始以武牢降唐，至五月己未，建德敗，纔六十二日。若沈悅今日降唐，明日建德即至，亦不能自固。又吳兢太宗勳史：「三月己卯，建德率兵十二萬，次於酸棗。」去敗纔四十一日，故但云留屯累月。戰數不利，將士思歸。丁巳，秦王世民遣王君廓將輕騎千餘，抄⑳其糧運，又破之，獲其大將軍張青特。凌敬言於建德曰：「大王悉兵濟河，攻取懷州、河陽，使重將守之，更鳴鼓建旗㉑，踰太行入上黨㉒，徇汾普，趣蒲津，如此有三利：一、則蹈㉓無人之境，取勝可以萬全㉔；二、則拓地㉕收眾，形勢益彊；三、則關中震駭，鄭圍自解。為今之策，無以易此㉖。」建德將從之，而王世充遣使告急，相繼於道，王琬、長孫安世朝夕涕泣，請救洛陽，又陰㉗以金玉啗建德諸將，以撓㉘其謀。諸將皆曰：「凌敬書生，安知戰事㉙，其言豈可用也！」建德乃謝敬曰：「今眾心甚銳㉚，天贊㉛我也，因之決戰，必將大捷，不得從公言。」敬固爭之，建德怒，令扶出㉜。其妻曹氏謂建德曰：「祭酒之言㉝，不可違也。

今大王自滏口㉞，乘唐國之虛，連營漸進，以取山北㉟，又因突厥西抄關中，唐必還師自救，鄭圍何憂不解？若頓㊱兵於此，老師費財㊲，欲求成功，在於何日。」建德曰：「此非女子所知，吾來救鄭，鄭今倒懸，亡在朝夕㊳，吾乃捨之而去，是畏敵而棄信也，不可㊴。」諜者告曰：「建德伺唐軍芻㊵盡，牧馬於河北㊶，將襲武牢。」五月，戊午，秦王世民北濟河，南臨廣武㊷，察敵形勢，因留馬千餘匹牧於河渚㊸，以誘之，夕還武牢。己未，建德果悉眾㊹而至，自板渚出牛口，置陳，北距大河㊺，西薄汜水㊻，南屬鵲山㊼，亘㊽二十里，鼓行而進、諸將皆懼。世民將數騎升高丘而望之，謂諸將曰：「賊起山東，未嘗見大敵，今度險而囂㊾，是無紀律，逼城而陳，有輕我心；我按甲㊿不出，彼勇氣自衰，陳久卒飢，勢將自退，追而擊之，無不克者。與公等約，甫過(51)日中，必破之矣(52)。」

㈥建德意輕唐軍，遣三百騎涉汜水，距唐營一里所止，遣使與世民相聞(53)曰：「請選銳士數百，與之劇(54)。」世民遣王君廓將長槊二百以應之，相與交戰，乍〔五五〕進乍退，兩無勝負，各引還。王琬乘隋煬帝驄馬，鎧仗〔五六〕甚鮮〔五七〕，迴出陳前以誇眾〔五八〕，世民曰：「彼所乘，真良馬也。」尉遲敬德請往取之，世民止之曰：「豈可以一馬喪猛士。」敬德不從，與高甑生、梁建方三騎直入其陳，擒琬，引其馬馳歸，眾無敢當者〔五九〕。世民使召河北馬，待其至，乃出戰，建德列陳，自辰至午〔六〇〕，士卒飢倦，皆坐列〔六一〕，又爭飲水，逡巡欲退〔六二〕，世民命宇文士及將三百騎，經建德陳，西馳而南上，戒之曰：「賊若不動，爾宜引歸；動則引兵東出。」士及至陳前，陳果動，世民曰：「可擊矣。」時河渚馬亦至，乃命出戰，世民帥輕騎先進，大軍繼之，東涉汜水，直薄其陳，建德羣臣方朝謁，唐騎猝來，朝臣趨就建德，建德召騎兵使拒唐兵，騎兵阻朝臣不得過〔六三〕，建德揮朝臣令卻〔六四〕，進退之間〔六五〕，唐兵已至，建德窘迫，退依東陂，竇抗引兵擊之，戰小不利，世民帥騎赴之，所向皆靡〔六六〕；淮陽王道玄挺身〔六七〕陷陳，直出其後，復突陳而歸，再入再出，飛矢集其身如蝟毛〔六八〕，勇氣不衰，射人皆應弦而仆〔六九〕，世民給以副馬，使從己(七〇)。於是諸軍大戰，塵埃漲天(七一)，世民帥史大奈、程知節、秦叔寶、宇文歆等卷(七二)旆(七三)而入，出其陳後，張唐旗幟，建德將士顧見之，大潰，追奔三十里，斬首三千餘級，建德中槊，竄匿(七四)於牛口渚，車騎將軍白士讓、楊武威逐之，建德墜馬，士讓援槊欲刺之，建德曰：「勿殺我，我夏王也，能富貴汝(七五)。」武威下擒之，載以從馬(七六)，來見世民，世民讓之曰：「我自討王世充，何預(七七)汝事，而來越境，犯我兵鋒(七八)？」建德曰：「今不自來，恐煩遠取(七九)。」建德將士皆潰去，所俘獲五萬人，世民即日散遣之，使還鄉里。封德彝入賀，世民笑曰：「不用公言，得有今日(八〇)，智者千慮，不免一失乎！」德彝甚慙。建德妻曹氏與左僕射齊善行將數百騎，遁歸洺州。

㈨甲子，世充偃師、鞏縣皆降。乙丑，以太子左庶子(八一)鄭善果為山東道撫慰大使。世充將王德仁棄故洛陽城而遁(八二)，亞將(八三)趙季卿以城降。秦王世民囚竇建德、王琬、長孫安世、郭士衡等至洛陽城下，以示世充，世充與建德語而泣，仍遣(八四)安世等入城言敗狀。

世充召諸將議突圍南走襄陽(八五)，諸將皆曰：「吾所恃者夏王，夏王今已為擒，雖得出，終必無成。」【考異】舊書世充傳云：「諸將皆不答。」今從河洛記。丙寅，世充素服，帥其太子、羣臣二千餘人詣軍門(八六)降，世民禮接之，世充俯伏流汗(八七)，世民曰：「卿常以童子見處(八八)，今見童子，何恭之甚邪！」世充頓首謝罪，於是部分諸軍(八九)，先入洛陽，分守市肆，禁止侵掠，無敢犯者。丁卯，世民入宮城，命記室房玄齡先入中書門下省，收隋圖籍制詔，已為世充所毀，無所獲，命蕭瑀、竇軌等封府庫(九〇)，收其金帛，頒賜將士。收世充之黨罪尤大者段達、王隆、崔洪丹、薛德音、楊汪、孟孝義、單雄信、楊公卿、郭什柱、郭士衡、董叡、張童兒(九一)、王德仁、朱粲、郭善才等十餘人，斬於洛水之上(九二)。

(廿)初，李世勣與單雄信友善，誓同生死，及洛陽平，世勣言雄信驍健絕倫(九三)，請盡輸己之官爵(九四)，以贖之；世民不許，【考異】舊傳云：「高祖不許。」按太宗得洛城，即誅雄信，何嘗稟命於高祖。蓋太宗時史臣，敘高祖時事，有不厭眾心者，皆稱高祖之命，以掩太宗之失。如屠夏縣之類，皆是也。世勣固請，不能得，涕泣而退。雄信曰：「我固知汝不辦事(九五)。」世勣曰：

「吾不惜餘生，與兄俱死，但既以此身許國(九六)，事無兩遂(九七)，且吾死之後，誰復視(九八)兄之妻子乎！」乃割股肉以啗雄信，曰：「使此肉隨兄為土(九九)，庶幾不負昔誓也。」士民疾(一〇〇)朱粲殘忍，競投瓦礫(一〇一)擊其尸，須臾如冢(一〇二)。囚韋節、楊續、長孫安世等十餘人送長安。士民無罪為世充所囚者，皆釋之，所殺者，祭而誄之(一〇三)。

(廿)初秦王府屬杜如晦叔父淹事王世充，淹素與如晦兄弟不協(一〇四)，譖如晦兄殺之，又囚其弟楚客，餓幾死，楚客終無怨色(一〇五)，及洛陽平，淹當死，楚客涕泣請如晦救之，如晦不從，楚客曰：「曩者叔已殺兄，今兄又殺叔，一門之內，自相殘而盡，豈不痛哉！」欲自剄。如晦乃為之請於世民，淹得免死(一〇六)。

(廿一)秦王世民坐閶闔門(一〇七)，蘇威請見，稱老病不能拜，世民遣人數(一〇八)之曰：「公隋室宰相，危不能扶，使君弒國亡，見李密王世充皆拜伏(一〇九)舞蹈，今既老病，無勞相見。」及至長安，又請見，不許，既老，且貧，無復官爵(一一〇)，卒於家，年八十二(一一一)。

(廿二)秦王世民觀隋宮殿。歎曰：「逞侈心(一一二)，窮人欲，無亡得乎(二三)！」命撤端門樓(二四)，焚乾陽殿(二五)，毀則天門(二六)及闕，廢諸道場，城中僧尼留有名德者各三十人，餘皆返初(二七)。

【今註】㈠以靺鞨渠帥突地稽為燕州總管：《隋書・東夷靺鞨傳》：「靺鞨在高麗之北，凡有七種：其一號粟末部，與高麗相接，其二曰伯咄部，其三曰安車骨部，其四曰拂涅部，其五曰號室部，其六曰黑水部，其七曰白水部。」《舊唐書・靺鞨傳》：「有酋帥突地稽者，隋末率其部千餘家內屬，處之於營州，煬帝授突地稽金紫光祿大夫，遼西太守。武德初遣間使朝貢，以其部落置燕州，仍以突地稽為總管。」此靺鞨種落之概略，及其受封前與隋唐往還之梗概也。又《舊唐書・地理志》二，河北道燕州：「隋遼西郡寄治於營州，武德元年，改為燕州總管府，領遼西、瀘河、懷遠三縣。」㈡稽胡：乃步落稽之簡稱，為胡之一種。㈢詐稱增置州縣築城邑：《舊唐書・隱太子建成傳》：「乃揚言增置州縣，須有城邑，悉課羣胡執板築之。」蓋新增之胡地州郡，舊無城郭，故必須新營築之，此築城邑，即為新增州縣所營者也。㈣太子建成獲稽胡千餘人……仚成覺變，亡奔梁師都：按此段乃錄自《舊唐書・隱太子建成傳》，字句大致相同。㈤普樂：《新唐書・地理志》，洺州所領雞澤縣有普樂縣，竇建德平後，廢入雞澤。㈥平恩：《舊唐書・地理志》二：「河北道、洺州、平恩，漢縣，隋自斥漳城移於平恩故城，置。」㈦永寧：從魏置，明清皆屬河南省河南府，民國改為洛寧縣。㈧徇：徇略。㈨鄴：故城在今河南省臨漳縣西。㈩閱媍人：媍同婦，謂檢閱婦人。(一一)乳有湩者：湩，音涷，乳汁，謂乳有乳汁，亦即有孕或尚哺乳其嬰兒者。㊂縱遣：縱放而遣歸之。㊂鄴人感其仁，為之飯僧：按此飯僧乃期以報恩。《舊唐書・程務挺傳》：「閔婦人有乳汁者九十餘人，悉放遣之，鄴人感其仁恕，為之設齋，以報其恩。」此外又有為祈福者，《舊唐書・張文瓘傳》：「文瓘常有疾，繫囚相與齋禱，願其視事，當時咸稱其執法平恕，以比戴胄。」同書〈狄仁傑傳〉：「豫因次於寧州，父老迎而勞之曰：『我狄使君活汝輩耶！』相攜哭於碑下，齋三日而後行。」亦有為攘禍者。《舊唐書・酷吏郭霸傳》：「聖曆中，屢見思微，甚惡之，嘗因退朝，遽歸，命家人曰：『速請僧轉經設齋。』」亦有為慶賀者。《舊唐書・崔玄暐傳》：「則天謂曰：『自卿改職以來，選司大有罪過，或聞令史乃設齋自慶，此欲盛為貪惡耳。今要卿復舊任。』又除天官侍郎。」亦有為資冥助者。《舊唐書・虞世南傳》：「下制曰：『昨因夜夢，忽覩其人，宜資冥助，申朕思舊之情。可於其家為設五百僧齋，並為造天尊象一區。』」凡此皆齋僧之用意也。又飯僧、齋僧、及設齋，皆係指一事，蓋飯僧之食，例為齋素，而設齋亦多係延請僧侶，故知其名雖異，而實質則固相同也。㊃竇建德所署普樂令平恩程名振來降……鄴人感其仁，為之飯僧：按此段乃錄自《舊唐書・程務挺傳》，字句大致相同。㊄頡利可汗承父兄之資：頡利為啟民之子，始畢處羅之弟。資，資業。㊅憑陵：憑踐陵轢。㊆土宇：猶疆土。㊇宜奉楊政道以代之：楊政道時居定襄。㊈求請無厭：厭，足，謂求請不知厭足。㊉驕慢：驕傲悖慢。㊁汾陰：胡三省曰：「汾陰縣、本屬蒲州，時為泰州治所。」㊂賤如土芥：謂不值錢宛如泥土草芥。㊂澄取浮泥：謂以水澄之，而取其漂浮在上之泥，蓋泥土之最細纖者。㉔投米屑：猶攙以米屑。㉕皆病身腫腳弱：皆病身體腫脹及兩足輭弱無力，此乃因食泥土之所致也。㉖皇泰主之遷民入宮城：見卷一百八十三隋義寧元年四月。㉗糠覈：覈，麥糠中之不破者。㉘尚書郎以下：《隋書・百官志》：「煬帝即位，尚書省六曹各侍郎一人，並正四品，諸曹侍郎並改為郎。」是此乃指四品以下之官而言。㉙負戴：負以肩背，戴以首頂。㉚酸棗：胡三省曰：「酸棗縣隋屬鄭州，此時屬東梁州。」㉛石州：《隋書・地理志》中：「離石郡，後齊置西汾州，後周改為石州。」此又改復昔名。㉜擊却：擊退。㉝管州：《舊唐書・地理志》一：「河南道、鄭州，隋滎陽郡，武德四年平王世充，置鄭州於武牢；又於管城縣置管州，領管城、須水、圃田、清池四縣。」㉞陽翟：故治在今河南省禹縣。㉟沂河西上：按沂當作泝，逆流而上謂之泝。㊱成皐之東原：胡三省曰：「成皐即虎牢，東原即東廣武。」㊲板渚：《水經》：「河水過成皐而東，合汜水，又東逕板城北。」注云：「有津謂之板城渚口。」㊳竇建德使其將范願守曹州……遣使與王世充相聞：按此段除壬午突厥寇石州，刺史王集擊却之一小節外，餘均本自《舊唐書・竇建德傳》，字句大致相同。㊴退軍潼關：謂將軍伍撤退至潼關。㊵返鄭侵地：謂返還所侵占鄭之土地。㊶集將佐：集合將校僚佐。㊷窮蹙：窮困蹙削。㊸面縛：雙手反縛於背後。㊹武牢：唐諱虎，改虎牢為武牢。㊺伺間：窺伺間隙。㊻郭孝恪曰……伺間而動，破之必矣：按此段雖本自《舊唐書・郭孝恪傳》，而字句多有不同，乃《通鑑》自行改易之故。㊼即日之患：猶目前之患。㊽為我所持：為我所操持。㊾極其精銳：謂盡其精銳。㊿合從：即合縱。(51)轉：轉運。(52)河北：此泛指黃河以北而言。(五三)饋：以物與人。音匱。(五四)偃兵：息兵。(五五)混一：同一，亦即統一。(五六)涯：畔。(五七)慎勿：猶切勿。(五八)厲兵訓士：《舊唐書．薛收傳》作：「訓兵坐甲。」是乃謂訓練士卒也。(五九)就縛：猶成擒。(六〇)收，道衡之子也：薛道衡為隋煬帝所殺，《隋書》有傳。(六一)記室薛收曰……收，道衡之子也。按此段雖本自《舊唐書．薛收傳》，而字句多有不同，蓋《通鑑》於原文發議論處，多力事潤色，以求古雅，遂致與原書多有不同。而此等經《通鑑》改竄之處，率較原著為勝，讀者可參較之，自知上言之不誣矣。(六二)瑀：音禹。(六三)猝拔：驟下。(六四)席勝：席藉勝利之勢。(六五)鋒銳：兵鋒甚為銳利。(六六)非完策：非完全之策。(六七)以承其弊：以伺承其疲弊。(六八)兵摧：兵士摧敗。(六九)不煩：不勞。(七〇)可以坐克：可以坐而克之，喻至易也。(七一)建德新破海公：按若出自對方之口，則當稱其全名，此海公當作孟海公為是。(七二)將驕卒惰：謂將校驕傲，士卒怠惰。(七三)咽喉：在人之喉嚨，以喻其地位之重要。(七四)狐疑：猶猶豫。(七五)旬月之間：《舊唐書．太宗紀》上，作旬日間，此處兩字之差，甚關重要。(七六)併力：合力。(七七)何弊之承：謂有何疲弊之可乘哉。(七八)觀其變：觀其變化。(七九)麾下：猶部下。(八〇)使通等副齊王元吉：使通等為齊王元吉之副。(八一)蕭瑀、屈突通、封德彝皆曰……東趣武牢：按此段乃錄自《舊唐書．太宗紀》上，字句大致相同。(八二)時正晝出兵，歷北邙，抵河陽，趨鞏而去：胡三省曰：「鞏在東都之東一百一十里，時世民大軍，據都城西北，以臨世充而圍之，故出兵向武牢，歷北邙，抵河陽，而趨鞏。」(八三)覘：窺視。(八四)偕進：猶俱進。(八五)若我何：謂能如我何。(八六)斥候：伺望候視，乃用以測探敵人之行動者。(八七)引弓：猶彎弓。(八八)咸失色：謂皆驚駭面無人色。

(八九)汝弟前行：弟通第；第，但也。謂汝但放膽前行。(九〇)為殿：為殿後。(九一)按轡：謂按抑韁轡。(九二)輒斃：謂便斃，後代辭語中之便，有部份係由輒字轉譯而來。(九三)十許人：十餘人，《舊唐書‧尉遲敬德傳》作：「十數人。」數在唐代，亦即餘之意也。(九四)逡巡：却退貌，逡音竣。(九五)甲申、將驍騎五百出武牢東二十餘里……獲其驍將殷秋、石瓚以歸：按此段雖本自《舊唐書‧尉遲敬德傳》，而加詳甚多，此固可表揚秦王之英俊驍勇，然亦未免過於瑣細，稍加刪省，似亦未嘗不可也。(九六)但以淮安見禮，公主得歸：武德二年竇建德盡取趙魏，虜淮安王神通及同安公主，待淮安以客禮，次年八月，遣公主歸。(九七)坦懷：坦白之懷，亦即誠懷。(九八)飾辭：謂矯飾辭語。(九九)仰哺他人：謂仰首而受他人之哺，亦即受制於人。(一〇〇)外費：興師在外之費。(一〇一)前茅：《左傳》宣十二年：「前茅慮無。」杜預注：「軍行前有斥候踰伏，茅，明也，備慮有無也。或曰：『以茅為旌識。』」(一〇二)郊勞未通：胡三省曰：「古者諸侯相見，有郊勞之禮，言建德來救世充，阻於唐兵，使命不得通也。」(一〇三)冀聞擇善：欲使之擇善而從。(一〇四)若不獲命：謂若不獲回報聽從之音訊。(一〇五)雖悔難追：與悔之晚矣同意。(一〇六)豐州：《舊唐書‧地理志》一：「關內道、豐州，隋文帝置，後廢，貞觀四年，以突厥降附，置豐州都督府，不領縣。」(一〇七)為突厥所厚：謂為突厥所親厚。(一〇八)右武候將軍：《唐六典》卷二十五：「左右金吾衛，隋置左右武候府，各大將軍一人，將軍三人，大業三年，改為左右武候衛，皇朝因之，龍朔二年，改為左右金吾衛，將軍各二人，從三品。」(一〇九)豐州總管張長遜入朝……拜右武候將軍：按此段乃錄自《舊唐書‧劉文靜附張長遜傳》，字句大致相同。(一一〇)檢校益州行臺右僕射：其全稱為檢校益州行臺右僕射事，乃代理之職，而非真除者。㉑王世充平州刺史：胡三省曰：「洛州河陰縣，古平陰也，王世充當於此置平州。」㉒與劉武周相表裏：謂與劉武周內外相呼應。㉓太常卿：《舊唐書・職官志》三：「太常寺，卿一員，正三品。」㉔諭以禍福：曉諭以禍福之道。㉕留不遣：留而不遣之歸。㉖漢陽公瓌……瓌不從，亦留之：按此數句，乃節錄自《舊唐書・河間王孝恭傳》，字句大致相同。㉗左驍衛大將軍：《唐六典》卷二十四：「左右驍衛大將軍各一人，正三品。」㉘初處羅可汗與劉武周相表裏……上怒亦留其使者：按此段乃本自《舊唐書・突厥傳》上，詳略稍有不同。㉙甲寅封皇子元方為周王……元茂為越王：按此段乃錄自《舊唐書・高祖紀》武德四年文，字句完全相同。㉚抄：抄掠。㉛建旗：建立旌旗。㉜上黨：隋置上黨縣為郡治，即今山西長治縣。㉝蹈：履行。㉞取勝可以萬全：謂取勝而決無敗折之虞。㉟拓地：拓闢土地。㊱無以易此：謂無策可以與此相換易者，亦即此乃惟一之良策也。㊲陰：暗。㊳撓：阻撓。㊴凌敬書生，安知戰事：按書生之稱，雖起於後漢，（見《後漢書・費長房傳》，）然每代對之所抱之觀感，頗不相同，以言隋唐之時，則率含有輕蔑之意，爰再增列數例，以明此有關文化學術思想、倫常重要份子之身份焉。《隋書・虞世基傳》：「帝不從，但答云：『卿是書生，定猶恇怯。』」《舊唐書・岑文本傳》：「文本自以出自書生，每懷撝損。」同書〈孝友李日知傳〉：「日知曰：『書生至此，已過本分，人情無厭，若恣其心，是無止足之日。』」《新唐書・魏徵傳》：「封德彝曰：『皆欲治不能，非能治不欲，徵書生，好虛論，徒亂國家，不可聽。』」《全唐詩・高適詩》：「魯連真義士，陸遜豈書生！」由之，可窺知隋唐時關於書生之消息矣。〔三〇〕甚銳：甚為銳厲。〔三一〕贊：助。〔三二〕建德怒，令扶出：謂令人強扶出之，以使其不得繼續作言。〔三三〕祭酒之言：凌敬蓋為建德國子祭酒。〔三四〕滏口：《元和郡縣志》：「鼓山亦名滏山，滏水出焉；亦名滏口，即太行之第四陘也。」〔三五〕山北：此指幷代汾晉諸州而言。〔三六〕頓：停頓。〔三七〕老師費財：謂師徒疲老，資財耗費。〔三八〕朝夕：以言時間之短促。〔三九〕竇建德迫於武牢，不得進……是畏敵而棄信也，不可：按此段乃錄自《舊唐書・竇建德傳》，字句大致相同。〔四〇〕芻：馬所食之草。〔四一〕牧馬於河北：指唐軍言，蓋芻盡自須牧馬於郊野，然後乘其隙而襲之。〔四二〕廣武：胡三省曰：「此西廣武也。」〔四三〕渚：水中可居者，亦即小洲也，音煮。〔四四〕悉眾：盡眾。〔四五〕北距大河：猶北臨黃河。〔四六〕汜水：《水經注》：「汜水南出浮戲山，亦謂之方山，北逕虎牢城東，又北流，注於河。」音祀。〔四七〕自板渚出牛口，置陣，西薄汜水，南屬鵲山：按此列陣之地勢，《元和郡縣志》卷六曾載之，文云：「汜水縣坂渚在縣東北三十五里。初竇建德眾數十萬，自於坂渚結陣，南屬鵲山，以臨汜水。太宗帥輕騎擊之，賊眾大潰，建德竄於牛口渚，將軍白士讓生獲之。」〔四八〕亘：綿亘。〔四九〕囂：喧嘩。〔五〇〕按甲：謂按甲兵不動，甲兵乃武裝精良之軍隊也。〔五一〕甫過：剛過。〔五二〕世民將數騎，升高丘……甫過日中，必破之矣：按此段乃錄自《舊唐書・太宗紀》上，字句大致相同。〔五三〕遣使與世民相聞：聞謂使其聞知，亦即相告也，猶遣使告世民曰。〔五四〕與之劇：謂與之遊戲。〔五五〕乍：忽。〔五六〕鎧仗：鎧甲兵仗。〔五七〕甚鮮：謂鮮麗而光彩奪目。〔五八〕迴出陣前以誇眾：遠遠立於陣之前面，以誇示眾卒。〔五九〕王琬乘隋煬帝驄馬……引其馬馳歸，眾無敢當者：按此段乃錄自《舊唐書・尉遲敬德傳》，字句大致相同。(六〇)自辰至午：謂自清晨六時至正午十二時。(六一)坐列：謂隊伍皆坐於地上。(六二)建德列陳，自辰至午……逡巡欲退：按此段乃錄自《舊唐書・太宗紀》上，字句幾全相同。(六三)騎兵阻朝臣不得過：騎兵為朝臣行列所阻，不得通過。(六四)揮朝臣令却：指揮朝臣，令其後退。(六五)進退之間：謂正在進退之際。(六六)所向皆靡：所向皆披靡而敗。(六七)挺身：謂挺豎身軀，以示勇敢而不畏懼。(六八)如蝟毛：喻其中箭之多。(六九)應弦而仆：謂弦響時，敵人立中箭倒地。(七〇)淮陽王道玄挺身陷陳……世民給以副馬，使從己：按此段乃本於《舊唐書・淮陽王道玄傳》，而文字則為加詳。(七一)漲天：漲騰天際。(七二)卷：通捲。(七三)旆：大旗。(七四)竄匿：逃竄藏匿。(七五)我夏王也，能富貴汝：胡三省曰：「言得我以獻，則富貴也。」(七六)從馬：從者之馬。(七七)預：干預。(七八)兵鋒：兵士之鋒銳。(七九)建德曰，今不自來，恐煩遠取：建德此言，可謂卑怯諂佞甚矣，《舊唐書・太宗紀》上，於建德發此言時，用股慄二字以容之，可謂將其情態，宣繪無遺，為求其更為真切，股慄二字，實不可省。(八〇)得有今日：謂方得有今日。(八一)太子左庶子：《舊唐書・職官志》三：「太子左春坊左庶子二人，正四品上。」(八二)棄故洛陽城而遁：此漢魏故都之城也。(八三)亞將：猶副將。(八四)仍遣：因遣。(八五)議突圍南走襄陽：胡三省曰：「欲走襄陽就王弘烈、王泰。」(八六)軍門：營門。(八七)俯伏流汗：此乃因恐懼之故。(八八)卿常以童子見處：童子指幼稚無知，見語助，猶相，全意謂卿於吾，常以無知之童子相待。(八九)部分諸軍：謂部署諸軍。(九〇)世民入宮城……命蕭瑀竇軌等封府庫：按此段乃錄自《舊唐書・太宗紀》上，字句大致相同。(九一)收世充之黨罪尤大者，楊汪、楊公卿、董叡、張童兒：按《舊唐書・王世充傳》，作楊注、陽公卿、董濬、張童仁，皆有歧異。(九二)洛水之上：即洛水之旁，蓋古言水上之上，其意皆為旁也。(九三)驍健絕倫：謂驍勇矯健，冠於倫輩。(九四)輸己之官爵：猶捐己之官爵。(九五)我固知汝不辦事：謂我固知汝不能辦理此事。(九六)許國：許與國家。(九七)兩遂：兩成。(九八)視：看顧。(九九)使此肉隨兒為土：謂使此肉隨兒之死而俱變為糞土。(一〇〇)疾：恨。(一〇一)瓦礫：謂磚瓦石塊。(一〇二)須臾如冢：謂不久磚石堆積如墳冢之高。(一〇三)所殺者，祭而誄之：胡三省曰：「古者卿大夫歿，則君命有司累其功德，為文以哀之，曰誄。今誄之者，哀其無罪而死也。」(一〇四)不協：不協合。(一〇五)楚客終無怨色：按《舊唐書・杜如晦附楚客傳》作：「楚客竟無怨色。」核終謂始終，而竟則係轉折辭，謂應有怨色而竟無之，二字之意，頗有不同。(一〇六)初秦王府屬杜如晦叔父淹……淹得免死：按此段乃錄自《舊唐書・杜如晦附楚客傳》，字句大致相同。(一〇七)閶闔門：胡三省曰：「晉都洛陽，其城西面北來第三門曰閶闔，隋營新都，唐六典所載都城、皇城宮城、苑城諸門，皆無閶闔，蓋唐改之也。」(一〇八)數：責。(一〇九)拜伏：謂伏地而拜。(一一〇)無復官爵：謂再無官爵。(一一一)秦王世民坐閶闔門……卒於家，年八十二：按此段乃錄自《北史・蘇綽附威傳》，字句大致相同。(一一二)逞侈心：逞快奢侈之心。(一一三)無亡得乎：謂雖欲不亡，豈可得乎！(一一四)端門樓：端門上之城樓。胡三省曰：「唐六典：『東都皇城南面三門，中曰端門。』」按廣雅書局本《唐六典》卷七，端門則作瑞門，疑誤。(一一五)乾陽殿：胡三省曰：「乾陽殿、唐後於此起乾元殿。」《唐六典》卷七：「皇宮在皇城之北，其內曰乾元門，其內曰乾元殿。」(一一六)則天門：胡三省曰：「宮城南面三門，中曰應天門，蓋隋之則天門也。」㊲返初：返初服。

(一)前真定㊀令周法明、法尚之弟也，隋末，結客襲據黃梅㊁，遣族子孝節攻蘄春，兄子紹則攻安陸㊂，子紹德攻沔陽㊃，皆拔之，庚午，以四郡來降。

(二)壬申，齊善行以洛、相、魏等州來降。【考異】革命記云：「五月七日，善行等至洛州。」實錄云：「壬申，洛相魏等州降。」蓋降使到之日也。月末又云：「裴矩等以八璽降。」蓋璽到之日也。時建德餘眾走至洛州，欲立建德養子㊄為主，徵兵以拒唐，又欲剽掠居民，還向海隅為盜；善行獨以為不可，曰：「隋末喪亂，故吾屬相聚草野㊅，苟求生耳㊆，以夏王㊇之英武，平定河朔㊈，士馬精彊，一朝為擒，易如反掌，豈非天命有所屬㊉，非人力所能爭邪！今喪敗如此⑪，守亦無成⑫，逃⑬亦不免，等⑭為亡國，豈可復遺毒⑮於民。不若委心⑯請命於唐⑰，必欲得繒⑱帛者，當盡散府庫之物，勿復殘民也。」於是運府庫之帛數十萬段，置萬春宮⑲東街，以散將卒⑳，凡三晝夜，乃畢，仍布兵守坊巷㉑，得物者即出，無得更入人家㉒，士卒散盡㉓，然後與僕射裴矩、行臺曹旦帥其百官，奉建德妻曹氏及傳國八璽㉔，并破宇文化及所得珍寶，請降於唐，上以善行為秦王左二護軍㉕仍厚賜之。

㈢初竇建德之誅宇文化及也，隋南陽公主有子曰禪師，建德虎賁郎將於士澄問之曰：「化及大逆，兄弟之子，皆當從坐㉖，若不能捨㉗禪師，當相為留之。」公主泣曰：「虎賁既隋室貴臣㉘，茲事何須見問㉙？」建德竟殺之，公主尋請為尼，及建德敗，公主將歸長安，與宇文士及遇於洛陽，士及請與相見，公主不可，士及立於戶外，請復為夫婦，公主曰：「我與君仇家，今所以不手刃君者㉚，但謀逆之日，察君不預知㉛耳！」訶㉜令速去，士及固請，公主怒曰：「必欲就死㉝，可相見也。」士及知不可屈，乃拜辭而去㉞。

㈣乙亥，以周法明為黃州總管㉟。

㈤戊寅，王世充徐州行臺、杞王世辯以徐、宋等三十八州，詣河南道安撫大使任瓌請降，世充故地悉平。

㈥竇建德博州㊱刺史馮士羨復推淮安王神通為慰撫山東使，徇下三十餘州，建德之地悉平。

(七)己卯，代州總管李大恩擊苑君璋，破之。

(八)突厥寇邊，長平靖王叔良㊲督五將擊之㊳，叔良中流矢，師旋，六月，戊子，卒於道㊴。

(九)戊戌，孟海公餘黨蔣善合以鄆州㊵，孟噉㊶鬼以曹州來降。噉鬼，海公之從兄也。

(十)庚子，營州㊷人石世則執總管晉文衍，舉州叛㊸，奉靺鞨突地稽為主㊹。

(十一)黃州總管周法明攻蕭銑安州㊺，拔之，獲其總管馬貴遷。

(十二)乙巳，以右驍衛將軍㊻盛彥師為宋州㊼總管，安撫河南。

(十三)乙卯，海州㊽賊帥臧君相以五州來降，拜海州總管。

(十四)秋，七月，庚申，王世充行臺王弘烈、王泰、左僕射豆盧行褒㊾、右僕射蘇世長以襄州來降。上與行褒、世長皆有舊，先是屢以書招之，行褒輒殺使者㊿，既至長安，上誅行褒，而責世長，世長曰：「隋失其鹿，天下共逐之，陛下既得之矣，豈可復忿同獵之徒(五一)，問爭肉(五二)之罪乎！」上笑而釋之，以為諫議大夫(五三)。【考異】舊本紀及唐曆年代記、唐會要，皆云：「五年六月，置諫議大夫。」按世長自諫議歷陝州長史、天策府軍諮祭酒，四年十一月，已預十八學士。據舊職官志，四年，置諫議大夫。今從之。嘗從校獵(五四)高陵(五五)，大獲禽獸，上顧羣臣曰：「今日畋(五六)樂乎？」世長對曰：「陛下遊獵，薄廢(五七)萬機，不滿十旬，未足為樂。」上變色，既而笑曰：「狂態復發邪！」對曰：「於臣則狂(五八)，於陛下甚忠。」嘗侍宴披香殿(五九)，酒酣，謂上曰：「此殿、煬帝之所為邪？」上曰：「卿諫似直，而實多詐，豈不知此殿朕所為，而謂之煬帝(六〇)乎！」對曰：「臣實不知，但見其華侈，如傾宮鹿臺(六一)，非興王(六二)之所為故也。若陛下為之，誠非所宜。臣昔侍陛下於武功，見所居宅，僅庇風雨(六三)，當時亦以為足，今因(六四)隋之宮室，已極侈矣，而又增之，將何以矯(六五)其失乎(六六)！」上深然之。

(十五)甲子，秦王世民至長安，世民被黃金甲(六七)，齊王元吉、李世勣等二十五將從其後，鐵騎(六八)萬匹，前後部鼓吹，俘王世充、竇建德及隋乘輿御物(六九)，獻于太廟，【考異】李勣傳云：「太宗為上將，勣為下將，與太宗俱服金甲，乘戎輅，告捷于太廟。」今從唐曆。行飲至(七〇)之禮，以饗之(七一)(七二)。

(十六)乙丑，高句麗王建武遣使入貢(七三)。建武，元之弟也。

(十七)上見王世充而數之，世充曰：「臣罪固當誅，然秦王許臣不死。」丙寅，詔赦世充為庶人，與兄弟子姪處蜀(七四)(七五)，斬竇建德於市。

(十八)丁卯，以天下略定(七六)，大赦百姓；給復一年(七七)，陝、鼎、函、虢、虞、芮(七八)六州，轉輸勞費(七九)，幽州管內(八〇)久隔寇戎(八一)，並給復二年，律令格式(八二)，且用開皇舊制。赦令既下，而王竇餘黨(八三)尚有遠徙者，治書侍御史孫伏伽上言：「兵食可去，信不可去(八四)，陛下已赦而復徙之，是自違本心(八五)，使臣民何所憑依。且世充尚蒙寬宥，況於餘黨，所宜縱釋(八六)(八七)。」【考異】伏伽表云：「今月二日，發云雨之制。」而赦書乃十二日，或脫十字也。又云：「常赦所不免，咸赦除之。」今赦無此文，豈實錄錄赦文不盡歟！上從之。

(十九)王世充以防夫(八八)未備，置雍州廨舍(八九)。獨孤機之子定州刺史修德帥兄弟至其所，矯稱敕，呼(九〇)鄭王，世充與兄世惲趨出，修德等殺之(九一)，【考異】舊傳作獨孤修，今從河洛記。詔免修德官，其餘兄弟子姪等，於道亦以謀反誅。

(廿)隋末錢幣濫薄〔九二〕，至裁皮糊紙為之，民間不勝其弊，至是初行開元通寶錢，重二銖四參〔九三〕，積十錢重一兩，輕重大小，最為折衷〔九四〕，遠近便之，命給事中〔九五〕歐陽詢撰其文，幷書，迴環可讀〔九六〕。

【考異】薛璫唐聖運圖云：「初進蠟樣文德皇后掐一甲，故錢上有甲痕云。」凌璠唐錄政要云竇皇后。按時竇皇后已崩，文德皇后未立，今皆不取。

(廿一)以屈突通為陝東道大行臺右僕射，鎮洛陽，以淮陽王道玄為洛州總管，李世勣父蓋竟無恙而還，詔復其官爵。

(廿二)竇軌還益州，軌將兵征討，或經旬月〔九七〕不解甲，性嚴酷，將佐有犯，無貴賤〔九八〕立斬之，鞭撻〔九九〕吏民，常流血滿庭，所部重足屏息〔一〇〇〕〔一〇一〕。

(廿三)癸酉，置錢監於洛、幷、幽、益等諸州〔一〇二〕，秦王世民、齊王元吉賜三鑪〔一〇三〕，裴寂賜一鑪，聽鑄錢〔一〇四〕，自餘敢盜鑄者，身死，家口配沒〔一〇五〕〔一〇六〕。

(廿四)河北既平，上以陳君賓為洛州刺史，將軍秦武通等將兵屯洛州，欲使分鎮東方諸州，又以鄭善果等為慰撫大使，就洛州選補山東州縣官〔一〇七〕。竇建德之敗也，其諸將多盜匿庫物〔一〇八〕，及居閭里，暴橫為民患，唐官吏以法繩之（一九），或加捶撻，建德故將皆驚懼不安。高雅賢、王小胡家在洺州，欲竊其家以逃（二〇），官吏捕之，雅賢等亡命至貝州（二一），會上徵建德故將范願、董康買、曹湛及雅賢等，於是願等相謂曰：「王世充以洛陽降唐，其將相大臣段達、單雄信等皆夷滅（二二），吾屬（二三）至長安，必不免矣。吾屬自十年以來，身經百戰，當死久矣，今何惜餘生，不以之立事（二四）！且夏王得淮安王，遇以客禮（二五），唐得夏王，即殺之（二六），吾屬皆為夏王所厚，今不為之報仇，將無以見天下之士。」乃謀作亂，卜之，以劉氏為主吉，因相與之漳南（二七），見建德故將劉雅，以其謀告之。雅曰：「天下適安定（二八），吾將老於耕桑，不願復起兵。」眾怒，且恐泄（二九）其謀，遂殺之。故漢東公劉黑闥時屏居（三〇）漳南，諸將往詣（三一）之，告以其謀，黑闥欣然從之，黑闥方種蔬，即殺耕牛，與之共飲食，定計（三二），聚眾得百人，甲戌，襲漳南縣，據之（三三）。**【考異】**革命記：「七月二十七日，眾立黑闥為漢東王，建元天造，即入漳南城，鏁縣官於獄，發使告貝州及諸鎮戍等云：今漢東王為夏王起義兵於漳南，請軍會戰。」今據實錄，甲戌七月十九日，又黑闥陷相州乃稱王改元，在五年正月，今不取。

（三四）是時諸道有事，則置行臺尚書省，無事則罷之，朝廷聞黑闥作亂，乃置山東道行臺於洺州，魏、冀、定、滄並置總管府，丁丑，以淮安王神通為山東道行臺右僕射。

(廿六)辛巳，褒州道安撫使郭行方攻蕭銑鄀州〔二四〕，拔之。

(廿七)孟海公與竇建德同伏誅，戴州〔二五〕刺史孟噉鬼不自安，挾海公之子義，以曹、戴二州反，以禹城令蔣善合〔二六〕為腹心，善合與其左右同謀，斬之。

(廿八)八月，丙戌，朔，日有食之。

(廿九)丁亥，命太子安撫北邊。

(卅)丁酉，劉黑闥陷鄃縣〔二七〕，魏州刺史權威、貝州刺史戴元祥與戰，皆敗死，黑闥悉取其餘眾及器械，竇建德舊黨稍稍〔二八〕出歸之，眾至二千人，為壇於漳南，祭建德，告以舉兵之意，自稱大將軍〔二九〕。詔發關中步騎三千，使將軍秦武通、定州總管藍田〔三〇〕李玄通擊之，又詔幽州總管李藝引兵會擊〔三一〕黑闥。

(卅一)癸卯，突厥寇代州，總管李大恩遣行軍總管王孝基拒之，舉軍〔三二〕皆沒，甲辰，進圍崞縣〔三三〕。乙巳，王孝基自突厥逃歸，李大恩眾少，據城自守，突厥不敢逼，月餘引去。

(卅三)上以南方寇盜尚多，丙午，以左武候將軍㉞張鎮周為淮南道行軍總管，大將軍陳智略為嶺南道行軍總管，鎮撫之。

(卅二)丁未，劉黑闥陷歷亭㉟，執屯衞將軍王行敏，使之拜，不可㊱，遂殺之。

(卅四)初洛陽既平，徐圓朗請降，拜兗州總管，封魯郡公㊲，劉黑闥作亂，陰與圓朗通謀，上使葛公㊳盛彥師安集河南，行至任城㊴，辛亥，圓朗執彥師，舉兵反，黑闥以圓朗為大行臺元帥，兗、鄆、陳、杞、伊、洛、曹、戴等八州豪右皆應之㊵，圓朗厚禮彥師，使作書與其弟，令舉虞城㊶降。彥師為書曰：「吾奉使無狀㊷，為賊所擒，為臣不忠，誓之以死，汝善侍老母，勿以吾為念。」圓朗初色動㊸，而彥師自若㊹，圓朗乃笑曰：「盛將軍有壯節㊺，不可殺也。」待之如舊㊻。河南道安撫大使任瓌行至宋州，屬圓朗反，副使柳濬勸瓌退保汴州㊼，瓌笑曰：「柳公何怯也！」圓朗又攻陷楚丘㊽，引兵將圍虞城，瓌遣步將崔樞、張公謹自鄢陵㊾帥諸豪右質子百餘人守虞城，濬曰：「樞與公謹皆王世充將，諸州質子父兄皆反，恐必為變。」壞不應。樞至虞城，分質子使與土人(五〇)合隊(五一)，共守城，賊稍近，質子有叛者，樞斬其隊帥，於是諸隊帥皆懼，各殺其質子，樞不禁，梟其首於門外，遣使白(五二)壞。壞陽(五三)怒曰：「吾所以使與質子俱者，欲招其父兄耳，何罪(五四)而殺之！」退謂濬曰：「吾固知崔樞能辦此也。縣人既殺質子，與賊深仇，吾何患(五五)乎！」賊攻虞城，果不克而去(五六)。

(七五)初竇建德以鄱陽(五七)崔元遜為深州(五八)刺史，及劉黑闥反，元遜與其黨數十人謀於野，伏(五九)甲士於車中，以禾覆其上，直入聽事(六〇)，自禾中呼譟而出，執刺史裴晞，殺之，傳首黑闥(六一)。

(七六)九月，乙卯，文登賊帥淳于難請降，置登州(六二)，以難為刺史。

(七七)突厥寇幷州，遣左屯衛大將軍(六三)竇琮等擊之。戊午，突厥寇原州，遣行軍總管尉遲敬德等擊之。

(七八)辛酉，徐圓朗自稱魯王。

【今註】　㈠真定：《隋書・地理志》中：「真定縣屬恒山郡。」㈡黃梅：今湖北省黃梅縣，在蘄春縣東。㊂安陸：今湖北省安陸縣。㊃沔陽：今湖北省沔陽縣。㊄養子：收養他人之子以為己子，是為養子。隋唐時此風頗為流行。㊅吾屬相聚草野：亦即為盜也，特以為盜甚醜惡，故改辭以言之。㊆苟求生耳：謂苟且以求活命耳。㊇夏王：指竇建德。㊈河朔：即河北。㊉豈非天命有所屬：《舊唐書・竇建德傳》作：「豈非天命有所歸也。」是屬即歸屬之意。⑪令喪敗如此：令當係今之訛。⑫守亦無成：謂守亦不能成功。⑬迯：同逃。⑭等：猶同。⑮毒：毒害。⑯委心：委任心志。⑰請命於唐：向唐請求性命，亦即投降之意。⑱繒：帛之總名，音增。⑲萬春宮：萬春宮竇建德所築。⑳以散將卒：以分散於將卒。㉑守坊巷：謂守坊及巷之進入口處。㉒人家：即民家。㉓士卒散盡：士卒歸散完畢。㉔傳國八璽：《隋書・禮儀志》六：「皇帝八璽，有神璽，有傳國璽，皆寶而不用。又有六璽：其一皇帝行璽，封命諸侯及三公用之；其二皇帝之璽，與諸侯及三公書用之；其三皇帝信璽，發諸夏之兵用之；其四天子行璽，封命蕃國之君用之；其五天子之璽，與蕃國之君書用之；其六天子信璽，徵蕃國之兵用之。六璽皆白玉為之，方之寸五分，高寸，螭獸紐。」㉕以善行為秦王左二護軍：秦王所統，置左三府、右三府，各有統軍護軍。㉖從坐：從而坐罪。㉗捨：離捨。㉘貴臣：顯貴之臣。㉙玆事何須見問：意乃謂自不欲離捨之。㉚手刃君者：謂親手殺君者。㉛不預知：謂不參預而知其事。㉜訶：亦作呵，大言而怒也。㉝必欲就死：猶必欲找死。㉞初竇建德之誅宇文化及也……乃拜辭而去：按此段乃錄自《隋書・列女南陽公主傳》，字句大致相同。㉟黃州總管：《舊唐書・地理志》三：「江南道、黃州，隋永安郡，武德三年改為黃州總管，治黃岡。」㊱博州：《隋書・地理志》中：「武陽郡、聊城縣，開皇十六年置博州，大業初州廢。」此蓋因舊名而復置也。㊲長平靖王叔良：按《舊唐書・長平王叔良傳》作：「諡曰肅。」與靖有異。㊳督五將擊之：《舊唐書》本傳作：「率五軍擊之。」蓋五將每將各領一軍，故五將與五軍，所指實為相同。㊴突厥寇邊，長平靖王叔良……戊子，卒於道：按此數句乃錄自《舊唐書・長平王叔良傳》，字句大致相同。㊵鄆州：《舊唐書・地理志》一：「河南道、鄆州，武德四年於鄆城置鄆州。」音運。㊶噉：ㄉㄢˋ。㊷營州：《舊唐書・地理志》二：「河北道、營州，隋柳城郡，武德元年改為營州總管府，領遼燕二州。」㊸舉州叛：謂以州叛。㊹奉靺鞨突地稽為主：《舊唐書・靺鞨傳》：「有酋帥突地稽者，隋末率其部千餘家內屬，處之於營州，煬帝授以遼西太守，武德初遣間使朝貢，以其部落置燕州，仍以突地稽為總管。」故石世則叛後，遂奉以為主。㊺攻蕭銑安州：胡三省曰：「蕭銑蓋亦置安州於隋安陸郡界。」㊻右驍衛將軍：《唐六典》卷二十四：「左右驍衛將軍各二員，從三品。」㊼宋州：《舊唐書・地理志》一：「河南道、宋州，隋之梁郡，武德四年平王世充，置宋州。」㊽海州：《舊唐書・地理志》一：「河南道、海州，隋東海郡，武德四年置海州總管府。」㊾左僕射豆盧行褒：按《舊唐書・蘇世長傳》，皆作豆盧褒，無行字。㊿輒殺使者：意謂凡來者皆殺之。(51)同獵之徒：同獵之人。(52)爭肉：指爭鹿而言，此乃避重複，而改鹿作肉。(53)諫議大夫：《唐六典》卷八：「諫議大夫四人，正五品上。」(54)校獵：《漢書・司馬相如傳》：「天子校獵。」注：「校獵者以木相貫穿，總為闌校，遮止禽獸而獵取之。」(55)高陵：今陝西省高陵縣，在長安縣東北。（五六）畋：畋獵。（五七）薄廢：猶忽廢。（五八）於臣則狂：謂於臣則為狂亂。（五九）披香殿：胡三省曰：「程大昌雍錄：『慶善宮有披香殿。』又云：『慶善宮高祖舊第也，在武功渭水北。』余按下文世長言昔侍於武功，若此殿正在武功舊宅，世長縱是譎諫，不應引以為言。恐此殿不在慶善宮。」（六〇）而謂之煬帝乎：全文為而謂煬帝之所為乎！（六一）傾宮鹿臺：紂所建者。（六二）興王：興業之王。（六三）僅庇風雨：《舊唐書・蘇世長傳》作：「纔蔽風霜。」是僅庇猶纔蔽也。（六四）因：藉。（六五）矯：矯正。（六六）庚申、王世充行臺王弘烈……將何以矯其失乎：按此段乃錄自《舊唐書・蘇世長傳》，字句大致相同。又嘗從校獵高陵以下，諒非同時間之事，乃連類而書於一處者。（六七）甲：鎧甲。（六八）鐵騎：以壯馬之健強。（六九）御物：皇帝所用之物。（七〇）飲至：古時有朝、會、盟、伐諸事，既歸而飲於宗廟，謂之飲至。（七一）行飲至之禮以饗之：按《舊唐書・太宗紀》上作：「高祖大悅，行飲至禮，以享焉。」是以饗之者，乃高祖饗秦王世民及有功之將軍也，行飲上當添一上字，方符當時事實。（七二）秦王世民至長安……行飲至之禮以饗之：按此段乃錄自《舊唐書・太宗紀》上，字句大致相同。（七三）高句麗王建武遣使入貢：按《舊唐書・高麗傳》，高麗王姓高，其全名乃為高建武。（七四）處蜀：徙居於蜀。（七五）上見王世充而數之……與兄弟子姪處蜀：按此段乃錄自《舊唐書・王世充傳》，字句大致相同。（七六）略定：大略平定。（七七）給復一年：謂免百姓一年之賦役。（七八）陝鼎函虢虞芮：《舊唐書・地理志》一，河南道：「隋河南郡之陝縣，武德元年改為陝州總管府。」又：「武德元年，改鳳林為鼎州。」又：「峽石，隋崤縣，武德二年割屬函州。」又：「義寧元年，仍於盧氏置虢郡，武德元年改為虢州。」

又：「安邑，隋為虞州郭下。」又：「芮城，隋縣，武德二年置芮州。」（七九）勞費：辛勞費財。（八〇）幽州管內：《舊唐書・地理志》二：「河北道，幽州大都督府，隋為涿郡，武德元年，改為幽州總管府。」管內謂其轄境之內。（八一）久隔寇戎：謂久為戎狄寇盜所阻隔，亦即久淪於戎狄也。（八二）律令格式：格式與律令，約略相似，而係臨時制定，及暫時使用者，此乃其不同之處。（八三）王竇餘黨：謂王世充竇建德之殘餘黨羽。（八四）兵食可去，信不可去：按此乃檃括《論語・顏淵》之文，文云：「子貢問政，子曰：『足食足兵，民信之矣。』……子貢曰：『必不得已而去，於斯三者何先？』曰：『去食。自古皆有死，民無信不立。』」（八五）自違本心：是自違其欲赦之本心。（八六）縱釋：縱放釋捨。（八七）孫伏伽上言……所宜縱釋：按此段乃錄自《舊唐書・孫伏伽傳》，而刪節處甚多。（八八）防夫：防監之役夫。（八九）雍州廨舍：胡三省曰：「按雍錄都城坊里圖，雍州廨舍後為京兆府，在光德坊。」（九〇）矯稱敕呼：謂託稱詔敕招呼。（九一）修德等殺之：武德二年正月，獨孤機兄弟為世充所殺，故修德報仇。（九二）錢幣濫薄：謂錢幣惡濫薄小。（九三）二銖四參：《漢書・律歷志》應劭註：「十黍為絫，十絫為銖。」參當係絫之誤。（九四）折衷：謂增損而得其中也。（九五）給事中：《唐六典》卷八：「給事中，漢儀注：『以有事殿中，故曰給事中。』唐屬門下省，正五品上。」（九六）歐陽詢撰其文，並書，迴環可讀：按其情形，《舊唐書・食貨志》二，言之甚詳，文云：「初開元錢之文，給事中歐陽詢制詞及書，時稱其功。其字含八分及隸體，其詞先上後下，次左後右讀之，自上及左，迴環讀之，其義亦通。流俗謂之開通元寶錢。」」（九七）旬月：謂一旬或一月。（九八）無貴賤：謂不論貴賤。（九九）撻：打，音ㄊㄚˋ。（一〇〇）重足屏息：重足猶累足，謂足聚一起而不敢前；屏息謂不敢喘氣，皆畏懼之態。⑪竇軌還益州……所部重足屏息：按此段乃錄自《舊唐書・竇威附軌傳》，字句大致相同。⑫置錢監於洛幷幽益等諸州：按等諸二字意複，可任刪其一。⑬秦王世民、齊王元吉賜三鑪：《舊唐書・食貨志》作：「各賜三鑪。」此各字不可少，當添入。鑪同爐。⑭聽鑄錢：聽任其自鑄錢以牟利。⑮家口配沒：家口籍沒而配徙之。⑯置錢監於洛幷幽益……家口配沒：按此段乃錄自《舊唐書・食貨志》，字句大致相同。⑰就洛州選補山東州縣官：謂於洛州就近選補山東州縣官員。⑱庫物：公庫之物。⑲以法繩之：以法繩治之。⑳欲竊其家以逃：欲竊攜其家眷而逃。㉑貝州：《舊唐書・地理志》二：「河北道、貝州，隋為清河郡，武德四年平竇建德，置貝州。」㉒夷滅：誅滅。㉓吾屬：猶吾輩。㉔立事：謂建立事業。㉕遇以客禮：以客禮待遇之。㉖即殺之：此即猶則，謂則殺之。㉗漳南：《舊唐書・地理志》二：「河北道、貝州、漳南縣，漢東陽縣，後魏省，隋分棗強清平二縣地，復置於古東陽城，仍改為漳南縣。」㉘適安定：方安定。㉙泄：泄漏。㉚屏居：屏絕人事而定居。㉛詣：造。㉜定計：製定計劃。㉝會上徵建德故將范願……襲漳南縣據之：按此段乃錄自《舊唐書・劉黑闥傳》，字句大致相同。㉞褒州道安撫使郭行方攻蕭銑鄀州：胡三省曰：「褒州當作襄州，詳見辯誤。」《新唐書・地理志》：「武德四年以竟陵之樂鄉，及襄州之率道、上洪置鄀州。」鄀音若。㉟戴州：《新唐書・地理志》：「武德四年，以曹州之成武、宋州之單父、楚丘置戴州。」㊱禹城令蔣善合：胡三省曰：「禹城縣屬齊州，隋之祝阿也。新舊志皆云：『天寶元年，改祝阿為禹城。』

此時未有禹城，當考。又前書蔣善合以鄆州來降，此以禹城令書之，亦未知為誰所令也。」㉗鄃縣：《舊唐書・地理志》二：「河北道、貝州、夏津縣，舊鄃縣，天寶元年改為夏津。」音輸。㉘稍稍：猶漸漸。㉙劉黑闥陷鄃縣……自稱大將軍：按此段乃錄自《舊唐書・劉黑闥傳》，字句大致相同。㉚藍田：今陝西省藍田縣。㉛會擊：合擊。㉜舉軍：全軍。㉝崞縣：今山西省崞縣，音郭。㉞左武候將軍：《唐六典》卷二十五：「左右金吾衞大將軍各一人，正三品，將軍各二人，從三品。隋置左右武候府，大業三年，改為左右武候衞，皇朝因之，龍朔二年，改為左右金吾衞。」㉟歷亭：《舊唐書・地理志》二：「河北道、貝州、歷亭，漢東陽地，隋分鄃縣置歷亭縣。」㊱不可：即不拜。㊲拜兗州總管，封魯郡公：《隋書・地理志》下：「魯郡，舊兗州，大業二年，改為魯郡。」唐則復改為兗州，故拜封如上焉。㊳葛公：《舊唐書・劉黑闥附徐圓朗傳》，作葛國公，蓋以古地名為封號也。㊴任城：《舊唐書・地理志》一：「河南道、兗州、任城縣，漢縣，北齊於縣置高平郡，隋廢，縣屬兗州。」㊵初洛陽既平，徐圓朗請降……八州豪右皆應之：按此段乃錄自《舊唐書・徐圓朗傳》，字句大致相同。㊶虞城：《舊唐書・地理志》一：「河南道、宋州、虞城縣，隋分下邑縣置，武德四年屬宋州。」㊷無狀：無善狀。㊸初色動：謂初時怒氣暴發。㊹自若：謂仍自如曩昔。㊺壯節：壯烈之志節。㊻圓朗厚禮彥師……待之如舊：按此段乃錄自《舊唐書・薛萬徹附盛彥師傳》，字句幾全相同。㊼退保汴州：胡三省曰：「宋州西至汴州，二百八十五里。」㊽楚丘：胡三省曰：「楚丘縣，後魏之已氏縣，隋開皇六年更名，時屬戴州。」㊾鄢陵：今河南省鄢陵縣，在許昌縣東北。(五〇)土人：土著之人。(五一)合隊：合成一隊。(五二)白：告。(五三)陽：猶佯。(五四)何罪：為何罰其罪。(五五)患：憂。(五六)河南道安撫大使任瓌……賊攻虞城，果不克而去：按此段乃錄自《舊唐書・任瓌傳》，字句大致相同。(五七)鄱陽：今江西省鄱陽縣。(五八)深州：《舊唐書・地理志》二：「河北道、深州，武德四年平竇建德，於河間郡之饒陽縣置深州，領安平、饒陽、蕪蔞三縣。」(五九)伏：埋伏。(六〇)聽事：聽事之堂。時多書作廳事。(六一)傳首黑闥：謂傳首於黑闥，亦即將首級傳而送於黑闥。(六二)文登賊帥淳于難請降，置登州：《舊唐書・地理志》一：「河南道、登州、文登，隋舊縣，武德四年置登州。」今山東省文登縣。(六三)左屯衛大將軍：《唐六典》卷二十四：「左軍領軍衛大將軍各一人，正三品。北齊領軍府，將軍一人。煬帝大業三年，改左右屯衛。皇朝因隋屯衛名，置大將軍、將軍。」

(一)隋末，歙州(一)賊汪華據黟、歙等五州，有眾一萬，自稱吳王，甲子，遣使來降，拜歙州總管。

(二)隋末，弋陽(二)盧祖尚糾合(三)壯士，以衛鄉里，部分(四)嚴整，羣盜畏之，及煬帝遇弒，鄉人奉之為光州(五)刺史，時年十九，奉表於皇泰主，及王世充自立，祖尚來降，丙子，以祖尚為光州總管。

【考異】實錄：「丙子，以光州豪右盧祖尚為光州總管。」按舊傳，世充自立，祖尚遂舉州歸款，而實錄至此始見之。蓋當時止稱刺史，至此，方遷總管耳。

㈢己卯，詔括天下戶口[六]。

㈣徐圓朗寇濟州[七]，治中[八]吳伋論擊走之。

㈤癸未，詔以大常樂工[九]皆前代因罪配沒[一〇]，子孫相承，多歷年所[一一]，良可哀愍[一二]，宜並蠲[一三]除為民，且令執事[一四]，若仕宦入流[一五]，勿更追集[一六]。

㈥甲申，靈州總管楊師道擊突厥，破之。師道，恭仁之弟也。

㈦詔發巴蜀兵，以趙郡王孝恭為荊湘道[一七]行軍總管，李靖攝[一八]行軍長史，統十二總管，自夔州順流東下，以盧江王瑗為荊郢[一九]道行軍元帥，黔州[二〇]刺史田世康出辰州[二一]道，黃州總管周法明出夏口[二二]道，以擊蕭銑。是月，孝恭發夔州，時峽江[二三]方漲，諸將請俟水落進軍，李靖曰：「兵貴神速[二四]，今吾兵始集，銑尚未知，若乘江漲，倏忽抵[二五]其城下，掩[二六]其不備，此必成擒[二七]，不可失也。」孝恭從之[二八]。

㈧淮安王神通將關內兵，至冀州，與李藝兵合，又發邢、洺、相、魏、恒、趙等兵合五萬餘人[二九]，與劉黑闥戰於饒陽[三〇]城南，布陳十餘里，黑闥眾少，依隄單行㉛而陳以當之，會風雪，神通乘風擊之，既而風返，神通大敗，士馬軍資失亡三分之二。李藝居西偏，擊高雅賢，破之，逐奔㉜數里，聞大軍不利，退保藁城㉝，黑闥就擊之，藝亦敗，薛萬均、萬徹皆為所虜，截髮㉞驅之，萬均兄弟亡歸藝，引兵歸幽州。黑闥兵勢大振。

㈨上以秦王功大，前代官皆不足以稱之，特置天策上將㉟，位在王公上。冬，十月，以世民為天策上將，領司徒㊱、陝東道大行臺、尚書令，增邑二萬戶㊲，仍開㊳天策府，置官屬㊴。以齊王元吉為司空。世民以海內浸平㊵，乃開館於宮西，延㊶四方文學之士，出教㊷，以王府屬㊸杜如晦、記室房玄齡、虞世南、文學褚亮、姚思廉、主簿李玄道、參軍蔡允恭、薛元敬、顏相時、諮議典籤蘇勗、天策府從事中郎于志寧、軍諮祭酒蘇世長、記室薛收、倉曹李守素、國子助教㊹陸德明、孔穎達、信都蓋文達、宋州總管府戶曹許敬宗，並以本官兼文學館學士，【考異】舊書，參軍薛元敬、承許敬宗下，今從太宗實錄。諮議典籤蘇勗，舊書作軍諮典籤，今從實錄。宋州總管府戶曹許敬宗舊書褚亮傳作著作佐郎，攝記室；敬宗傳，擬漣州別駕。今從實錄。分為三番㊺，更㊻直㊼

宿，供給珍膳(四八)，恩禮優厚。世民朝謁(四九)公事之暇，輒至館中，引(五〇)諸學士討論文籍(五一)，或夜分(五二)乃寢。又使庫直(五三)閻立本圖像(五四)，褚亮為贊(五五)，號十八學士，士大夫得預其選者，時人謂之登瀛洲(五六)(五七)。允恭，大寶之弟子(五八)；元敬，收之從子；相時，師古之弟；立本，毗之子也(五九)。初杜如晦為秦王府兵曹參軍，俄遷陝州長史，時府僚多補外官，世民患之。房玄齡曰：「餘人不足惜，至於杜如晦王佐之才(六〇)，大王欲經營四方，非如晦不可。」世民驚曰：「微公(六一)言，幾失之。」即奏為府屬，與玄齡常從世民征伐，參謀帷幄(六二)，軍中多事，如晦剖決(六三)如流(六四)(六五)。世民每破軍克城，諸將佐爭取寶貨，玄齡獨收采(六六)人物，致之幕府(六七)，又將佐有勇略者，玄齡必與之深相結(六八)，使為世民盡死力(六九)。世民每令玄齡入奏事，上歎曰：「玄齡為吾兒陳事，雖隔千里，皆如面談(七〇)。」李玄道嘗事李密為記室，密敗，官屬為王世充所虜，懼死，皆達曙(七一)不寐，獨玄道起居自若，曰：「死生有命，非憂可免(七二)。」眾服其識量(七三)。

(十)庚寅，劉黑闥陷瀛州(七四)，殺刺史盧士叡，觀州(七五)人執刺史雷德備，以城降之。

(十一)辛卯，蕭銑鄂州(七六)刺史雷長穎以魯山(七七)來降。

(十二)趙郡王孝恭帥戰艦二千餘艘東下，蕭銑以江水方漲，殊不為備，孝恭等拔其荊門、宜都(七八)二鎮，進至夷陵(七九)。銑將文士弘將精兵數萬屯清江(八〇)，癸巳，孝恭擊走之，獲戰艦三百餘艘，殺溺死者萬計(八一)，追奔至百里洲(八二)，士弘收兵復戰，又敗之，進入北江(八三)，銑江州總管(八四)蓋彥舉以五州來降。

(十三)毛州(八五)刺史趙元愷性嚴急，下不堪命，丁卯，州民董燈明等作亂，殺元愷以應劉黑闥。

(十四)盛彥師自徐圓朗所逃歸，王薄因說青、萊、密(八六)諸州，皆下之。

(十五)蕭銑之罷兵營(八七)農也，纔留宿衞數千人，聞唐兵至，文士弘敗，大懼，倉猝徵兵，皆在江嶺之外(八八)，道塗阻遠，不能遽集(八九)，乃悉見(九〇)兵出拒戰。孝恭將擊之，李靖止之，曰：「彼救敗之師，策非素立(九一)，勢不能久，不若且泊南岸(九二)，緩之一日，彼必分其兵，或留拒我，或歸自守，兵分勢弱，我乘其懈而擊之，蔑(九三)不勝矣。今若急之(九四)，彼則併力(九五)死戰，楚兵剽銳(九六)，未易當也。」孝恭不從，留靖守營，自帥銳師出戰，果敗，走趣南岸，銑衆委舟(九七)收，掠(九八)軍資，人皆負重，靖見其衆亂，縱兵奮擊(九九)，大破之，乘勝，直抵江陵，入其外郭(一〇〇)，又攻水城，拔之，大獲舟艦。李靖使孝恭盡散之江中，諸將皆曰：「破敵所獲，當藉其用，奈何棄以資敵！」靖曰：「蕭銑之地，南出嶺表，東距洞庭(一〇一)，吾懸軍深入，若攻城未拔，援軍四集，吾表裏(一〇二)受敵，進退不獲，雖有舟楫(一〇三)，將安用之？今棄舟楫使塞江(一〇四)而下，援兵見之，必謂江陵已破，未敢輕進，往來覘(一〇五)伺，動淹旬月(一〇六)，吾取之必矣。」銑援兵見舟艦，果疑不進。其交州(一〇七)刺史丘和、長史高士廉、司馬杜之松將朝江陵，聞銑敗，悉詣孝恭降。孝恭勒兵圍江陵，銑內外阻絕(一〇八)，問策於中書侍郎岑文本，文本勸銑降，銑乃謂羣下曰：「天不祚(一〇九)梁，不可復支(一一〇)矣，若必待力屈，則百姓蒙患(一一一)，奈何以我一人之故，陷百姓於塗炭(一一二)乎！」乙巳，銑以太牢告於太廟，下令開門出降，**【考異】**高祖實錄：「癸巳，趙郡王孝恭與蕭銑將文士弘相遇於清江合口，擊之，獲其戰艦千餘艘，下宜昌、當陽、枝江、松滋四縣。」舊書孝恭傳：「攻其水城，克之，所得船，散於江中。諸將皆曰，虜得賊船，當藉其用，何為棄之？無乃資賊邪？孝恭曰，不然，蕭銑偽境，南極嶺外，東至洞庭，若攻城未拔，援兵復到，我則內外受敵，進退不可，雖有舟楫，何所用之？今銑緣江州鎮，忽見船舸亂下，必知銑敗，未敢進兵，來去覘伺，動淹旬月，用緩其救，吾克之必矣。銑救兵至巴陵，見船被江而下，果狐疑，不敢輕進。」太宗實錄孝恭傳：「進師至清江，銑遣其將文士弘以兵拒戰，擊走之，追奔至於百里洲，士弘收兵復戰，又敗之，追入北江，銑悉兵以拒之。孝恭將戰，李靖止之，曰，楚人輕銳，難與爭鋒，今新失荊門，盡兵出戰，此救敗之師也，非其本圖，勢不能久，一日不戰，賊必兩分，留輕兵抗我，退羸師以自守，此即勢攜力弱，擊之必捷。孝恭不從，遣靖撫營，自以銳師水戰，孝恭果敗，奔于南岸，賊委舟大掠，人皆負重，靖見其軍亂，進兵擊之，賊大敗，乘勝進軍，入其郛郭，攻其水城，剋之，悉取其舟楫散於江中，賊救兵見之，謂城已陷，莫敢輕進。銑內外阻絕，城中攜貳，由是懼而出降。」唐曆：「孝恭、靖乘勝進兵，攻其水城，剋之，悉取其船艦，散於江中。諸將曰，棄之，無乃資敵！靖曰，不然云云。如舊書所載孝恭語，既而銑救兵見之，謂城已陷，莫敢輕進，銑由是懼而出降。」按十道志，荊門在峽州宜都縣界，夷陵峽州縣名，清江在峽州巴山縣界，百里洲在荊州枝江縣界，江自此洲泒別，去江陵已近，故銑悉兵死戰，太宗實錄，近為得實，今從之。其餘則參取四書之語，孝恭以李靖為謀主，蓋靖畫策而孝恭為諸將言之，今從唐曆。

守城者皆哭，銑帥羣臣，緦縗㉓布幘㉔詣軍門，曰：「當死者唯銑耳，百姓無罪，願不殺掠㉕。」孝恭入據其城，諸將欲大掠，岑文本說孝恭曰：「江南之民，自隋末以來，困於虐政，重以㉖羣雄虎爭㉗，今之存者皆鋒鏑㉘之餘，跂踵㉙延頸，以望真主㉚，是以蕭氏君臣，江陵父老，決計歸命，庶幾有所息肩㉛。今若縱兵俘掠，恐自此㉜以南，無復向北㉝之心矣。」孝恭稱善，遽㉞禁止之㉟。

（十六）諸將又言：「梁之將帥與官軍拒鬬㊱死者，其罪既深㊲，請籍沒其家㊳，以賞將士。」李靖曰：「王者之師，宜使義聲先路㊴，彼為其主鬭死〔三〇〕，乃忠臣也，豈可同叛逆之科〔三一〕，籍其家乎！」於是城中安堵〔三二〕，秋毫無犯〔三三〕，南方州縣聞之，皆望風款附〔三四〕〔三五〕。銑降數日，援兵至者十餘萬，聞江陵不守，皆釋甲而降。孝恭送銑於長安，上數之，銑曰：「隋失其鹿，天下共逐之，銑無天命〔三六〕，故至此，若以為罪，無所逃死〔三七〕。」竟斬於都市〔三八〕〔三九〕。詔以孝恭為荊州總管，李靖為上柱國〔四〇〕，賜爵永康縣〔四一〕公，仍使之安撫嶺南，得承制拜授〔四二〕。先是銑遣黃門侍郎、江陵劉洎略地嶺表，得五十餘城，未還而銑敗，洎以所得城來降，除南康州都督府〔四三〕長史〔四四〕。

(十七)戊申，徐圓朗昌州治中劉善行以須昌來降〔四五〕。

(十八)庚戌，詔陝東道大行臺尚書省，自令僕至郎中主事〔四六〕，品秩〔四七〕皆與京師同，而員數差少〔四八〕，山東行臺及總管府，諸州並隸〔四九〕焉。其益州、襄州、山東、淮南、河北等道，令僕以下各降京師一等〔五〇〕，員數〔五一〕又減焉。行臺尚書令得承制補署〔五二〕，其秦王、齊王府官之外，各置左右六護軍府〔五三〕，及左右親事帳內府〔五四〕。

(十九)閏月，乙卯，上幸稷州〔五五〕。

(廿)己未，幸武功舊墅，壬戌，獵于好畤(五六)，乙丑，獵於九嵕(五七)，丁卯，獵於仲山，戊辰，獵於清水谷(五八)，遂幸三原(五九)，辛未，幸周氏陂(六〇)，壬申，還長安。

(廿一)十一月，甲申，上祀圓丘(六一)。

(廿二)杜伏威使其將王雄誕擊李子通，子通以精兵守獨松嶺(六二)，雄誕遣其將陳當(六三)將千餘人，乘高據險以逼之，多張(六四)旗幟，夜則縛炬火(六五)於樹，布滿山澤，子通懼，燒營走，保杭州，雄誕追擊之，又敗之於城下(六六)，庚寅，子通窮蹙請降，【考異】實錄：「是月，景申，會稽賊帥李子通伏誅。」按子通因杜伏威入朝，始謀叛伏誅，於時未也。舊紀，是月，子通以其地來降，新紀，庚寅，李子通降，丙申，謀反。亦不啻伏威未入朝也。伏威執子通幷其左僕射樂伯通送長安，上釋之(六七)。先是，汪華據黟、歙，稱王十餘年，雄誕還軍擊之，華拒之於新安洞口(六八)，甲兵甚銳，雄誕伏精兵於山谷，帥羸弱(六九)數千犯其陳，戰纔合，陽(七〇)不勝，走還營，華進攻之，不能克，會日暮引還，伏兵已據其洞口，華不得入，窘迫請降(七一)，聞人遂安據崑山(七二)，無所屬(七三)，伏威使雄誕擊之，雄誕以崑山險隘(七四)，難以力勝，乃單騎造(七五)其城下，陳國威靈(七六)，示以禍福(七七)，遂安感悅，帥諸將出降〔七八〕，於是伏威盡有淮南、江東之地，南至嶺，東距海，雄誕以功除歙州總管，賜爵宜春郡〔七九〕公。

(廿三)壬辰，林州總管〔八〇〕劉旻〔八一〕擊仚成，大破之，仚成僅以身免，部落皆降。

(廿四)李靖度嶺，遣使分道招撫諸州，所至皆下〔八二〕。蕭銑桂州〔八三〕總管李襲志帥所部來降，趙郡王孝恭即以襲志為桂州總管，明年入朝，以李靖為嶺南撫慰大使，檢校〔八四〕桂州總管，引兵下九十六州，得戶六十餘萬〔八五〕。

(廿五)壬寅，劉黑闥陷定州，執總管李玄通，黑闥愛其才，欲以為大將，玄通不可，故吏有以酒肉饋之者，玄通曰：「諸君哀吾幽辱〔八六〕，幸以酒肉來相開慰〔八七〕，當為諸君一醉。」酒酣，謂守者曰：「吾能劍舞，願假吾刀。」守者與之，玄通舞竟，太息曰：「大丈夫受國厚恩，鎮撫方面〔八八〕，不能保全所守〔八九〕，亦何面目視息世間〔九〇〕哉！」即引刀自刺，潰腹〔九一〕而死，上聞為之流涕，拜其子伏護為大將〔九二〕〔九三〕。

(廿六)庚戌，杞州人周文舉殺刺史王文矩，以城應徐圓朗。

(廿七)幽州大饑，高開道許以粟賑之，李藝遣老弱詣開道就食，開道皆厚遇之，藝喜，於是發民三千人（九四），車數百乘，驢馬千餘匹往受粟，開道悉留之，告絕（九五）於藝，復稱燕王（九六），北連突厥，南與劉黑闥相結，引兵攻易州，不克，大掠而去；又遣其將謝稜詐降於藝，請兵援接，藝出兵應之，將至懷戎（九七），稜襲擊破之。開道與突厥連兵，數入為寇，恒、定、幽、易，咸被其患（九八）。

(廿八)十二月，乙卯，劉黑闥陷冀州，殺刺史麴稜，黑闥既破淮安王神通，移書（九九），趙魏（一〇〇），故竇建德將卒，爭殺唐官吏以應黑闥。庚申，遣右屯衞大將軍（一〇一）、義安王孝常將兵討黑闥，黑闥將兵數萬進逼宗城，黎州總管（一〇二），李世勣先屯宗城（一〇三），棄城走保洺州。【考異】實錄：「世勣與黑闥戰於宋州，我師敗績。」革命記：「李勣為大總管，張仕貴為副，領兵三萬人入宋州，勣以五百騎自探，聞黑闥到南宮，馳至宋州，不入城，而西過至洺州，騎馬於南門外喚陳君賓、黨仁弘、秦武通等，棄城西拔，永年縣令程名振見武通狼狽走出，馳馬向縣，取家口入城，城人恐相刼掠，即閉城門自守，名振乃於城北門上，以繩懸下，將母妻男女，步走西去，不踰四五里，母妻等被刼散失，名振脫身而免。黑闥攻宋城，破之，仕貴以輕騎突圍而走，投相州，數日，黑闥大軍至洺州。」案舊地理志：「武德四年置宗州於宗城縣，」宋字皆當作宗。世勣名將，必不至如革命記所云，但力不能拒而棄城耳。今從舊書黑闥傳。甲子，黑闥追擊世勣等，破之，殺步卒五千人，世勣僅以身免（一〇四）。丙寅，洺州土豪翻城㉕應黑闥，黑闥於城東南告天及祭竇建德而後入，後旬日，引兵攻拔相州，【考異】實錄，黑闥陷相州在來年正月乙酉，蓋奏到之日也。今從革命記。執刺史房晃㉖，右武衛將軍㉗張士貴潰圍㉘走，黑闥南取黎衛二州，半歲之間，盡復建德舊境，又遣使北連突厥，頡利可汗遣俟斤宋邪那帥胡騎從之。右武衛將軍秦武通，洺州刺史陳君賓、永寧令㉙程名振皆自河北遁歸長安。

(廿九)丁卯，命秦王世民、齊王元吉討黑闥。

(卅)昆彌遣使內附。昆彌，即漢之昆明㉚也。巂州㉛治中吉弘緯通南寧㉜，至其國，說之，遂來降。

(卅一)己巳，劉黑闥陷邢州、趙州，庚午，陷魏州，殺總管潘道毅，辛未，陷莘州㉝。【考異】實錄作莘州，新書作業州。按地理志無業州，必莘州也。十道志，開皇十六年，於莘縣置莘州。舊志武德五年置。

(卅二)壬申，徙宋王元嘉為徐王。

【今註】㊀歙州：《舊唐書・地理志》三：「江南道、歙州，隋新安郡，武德四年平汪華，置歙州總管，屬有黟縣。」歙音攝，黟音一。㊁弋陽：故城在今河南省潢川縣西南。㊂糾合：聚合。㊃部分：猶處置。㊄光州：胡三省曰：「弋陽、漢縣，南齊為郡，梁置光州。」㊅括天下戶口：謂搜括天下之戶口而登錄其數目。㊆濟州：《隋書・地理志》中：「濟北郡、舊置濟州。」㊇治中：胡三省曰：「漢置州刺史，其屬有治中從事、別駕從事，自是兩官。唐武德元年，改郡太守曰州刺史，郡丞曰別駕，未嘗置治中。今書濟州治中吳伋論，豈即以別駕為治中耶？下文又書徐圓朗昌州治中，蓋此時官稱猶未定於一。」㊈大常樂工：《唐六典》卷十四：「太常寺，太樂令，凡樂人及音聲人應教習，皆著簿籍，覈其名數而分番上下。短番散樂一千人，諸州有定額，長上散樂一百人。」由知唐代樂工人數之眾多矣。⑩皆前代因罪配沒：按六朝時，多以籍沒之人，配為樂戶。其例證為：《魏書・刑罰志》：「諸彊盜殺人者，首從皆斬，妻子同籍配為樂戶。」《隋書・藝術萬寶常傳》：「由是寶常被配為樂戶，因而妙達鍾律，遍工八音，造玉磬以獻於齊。」然在唐代，雖有此次蠲除為民之詔，而後來之樂工，仍以籍沒者配充，《唐六典》卷六都官郎中條：「凡初配沒，有伎藝者，從其能而配諸司。每年十月，都官案比，男年十三已上，在外州者十五已上，容貌端正，送大樂，十六已上送鼓吹及少府教習，有工能官奴婢，亦唯此業成，準官戶例分番。其父兄先有伎藝堪傳習者，不在簡例。」即其明證。此研究中古時期樂工來源，所不可不知者也。㊁年所：猶年代。㊂愍：憐。㊃蠲：除免，音涓。㊃且令執事：謂姑令各事其業。㊄若仕宦入流：入流謂入九品之流內者，此為唐代之特殊術語，全句意為若仕宦已至流內之九品及以上者。㊅勿更追集：勿再追召而集合之，以使其復為樂工。㊆荊湘道：《舊唐書・地理志》三：「江南道、潭州、長沙，晉懷帝置湘州，至梁初不改。煬帝改為長沙郡，武德復為潭州。」荊湘道乃以南朝荊湘所部言之。㊇攝：代理。㊈郢州：《舊唐書・地理志》二：「山南道、郢州，長壽縣，漢竟陵縣地，屬江夏郡，武德四年於縣置郢州。」⑳黔州：《舊唐書・地理志》二：「江南西道、黔州，隋黔安郡，武德元年改為黔州。」㉑辰州：《舊唐書・地理志》二：「江南道、辰州，隋沅陵縣，武德四年平蕭銑，置辰州。」㉒夏口：即漢口。㉓峽江：長江逕三峽處，謂之峽江。㉔神速：謂其速如神。㉕抵：至。㉖掩：掩襲。㉗成擒：謂成擒獲之功。㉘時峽江方漲……不可失也，孝恭從之：按此段乃錄自《舊唐書・李靖傳》，字句大致相同。㉙合五萬餘人：以上文有合字，為避免重複，此合當改作共字。㉚饒陽：今河北省饒陽縣，東北瀕滹沱河。㉛依隄單行：蓋依滹沱河之隄防，而單行為陣。㉜逐奔：追逐奔亡者。㉝藁城：胡三省曰：「藁城縣，本屬恒州，時屬廉州。」㉞截髮：斷截其髮。㉟天策上將：意為天神所策命之上將。㊱領司徒：謂簿錄司徒府事。㊲增邑二萬戶：胡三省曰：「唐爵九等，王食邑萬戶，今倍之。」㊳仍開：謂因開。㊴仍開天策府，置官屬：胡三省曰：「天策府置長史、司馬各一人，從事中郎二人，並掌通判府事；軍諮祭酒二人，謀軍事，贊相禮儀，應接賓客；典籤四人，掌宣傳導引之事；主簿二人，掌省覆教命，錄事二人，記室參軍事二人，掌書疏表啟，宣行教命；功、倉、兵、騎、鎧、士六曹參軍各二人，參軍士六人。」㊵浸平：漸平。㊶延：延聘。㊷出教：諸王出命稱教。㊸王府屬：王府僚屬。㊹國子助教：《唐六典》卷二十一：「國子監、國子助教二人，從六品上。」㊺番：次。按此為中古新興之辭。《文選・曹植求通親親表》：「羣臣百寮，番休遞上。」《隋書・食貨志》：「開皇三年，減十二番，每歲為二十日役。……武帝保定二年，丁為十二番，匠則六番。」《舊唐書・褚亮傳》：「諸學士並給珍膳，分為三番，良直宿於閤下。」迄今日本用之第幾番，亦乃沿此而來。㊻更日：換日。㊼直：通值。㊽供給珍膳：按古代官吏於寺署治事時，率由公家供以飲食。據搜得資料所示，漢代即有此制。《唐六典》卷一尚書左司郎中條：「漢制，尚書郎、大官供食物，湯官供餅餌，五熟果食，五日一美食，下天子一等。」乃其佐證。至唐代，則有關之記載益多。《舊唐書・褚亮傳》：「諸學士並給珍膳，分為三番。」同書〈馬周傳〉：「上疏曰：『騶子倡人，鳴玉曳履，與夫朝賢君子，比肩而立，同坐而食，臣竊恥之。』」同書〈常袞傳〉：「故事，每日出內廚食以賜宰相，饌可食十數人，袞特請罷之，迄今便為故事。」《李文公集・韓公（愈）行狀》：「入遷國子祭酒，有直講能說禮而陋於容，學官多豪族子，擯之，不得共食。公命吏曰：『召直講來，與祭酒共食。』學官由此不敢賤直講。」《石林燕語》卷四：「崔祐甫奏：『待制官候奏事官盡，然後趨出，於內廊賜食，待進止，至酉時放。』是也。」而介述每品官員供膳資料最詳細者，則莫過於《唐六典》卷四膳部郎中條，文云：「凡親王已下常食料，各有差，每日細白米二升，粳米粱米各一斗五升，粉一升，油五升，鹽一升，醋二升，蜜三合，粟一斗，梨七顆，酥一合，乾棗一升，木橦十根，炭十斤，蔥韭豉蒜薑椒之類各有差，每月給羊二十口，豬肉六十斤，魚三十頭，各一尺，酒九斗。三品已上常食料九盤，每日細米二升二合，粳米八合，麪二升四合，酒一升半，羊肉四分，醬四合，醋四合，瓜三顆，鹽豉蔥薑葵韭之類各有差，木橦、春二分，冬三分五釐，炭、春三斤，冬五斤。四品五品常食料七盤，每日細米二升，麪二升三合，酒一升半，羊肉三分，瓜兩顆，餘並同三品。若斷屠及決囚日，停肉，給油一合，小豆三合；三品已上亦同此。六品已下、九品已上常食料五盤，每日白米二升，麪一升一合，油三勺，小豆一合，醬三合，醋三合，豉鹽葵韮之類各有差，木橦、春二分，冬三分。凡諸王已下皆有小食料，午時粥料各有差，復有設食料、設會料，每事皆加常食料，蕃客在館，食料五等，蕃客設食料、蕃客設會料，各有等差焉。」以上所述，似多指在京城者而言，殊不知州縣之官員，於廨舍理事時，亦例皆供膳。《舊唐書・蕭俛附倣傳》：「倣出為廣州刺史，性公廉，南海雖富珍奇，月俸之外，不入其門。家人疾病，醫工治藥須烏梅，左右於公廚取之，倣知而命還，促買於市。」所云公廚即公家供官吏膳食之廚房也。由之，藉可推知唐代州縣官吏亦供膳矣。此種制度頗具意義，故不憚廣徵博引以闡述焉。㊾朝謁：謂朝參謁君。㊿引：接引。(51)文籍：文章典籍。(52)夜分：夜半。(53)庫直：胡三省曰：「庫直隸親事府。」按《唐六典》卷二十九親事府條，無庫直之稱，未審胡說之據。(54)閻立本圖像：《舊唐書・閻立德附立本傳》：「立本雖有應務之才，而尤善圖畫，工於寫真，秦府十八學士圖，及貞觀中凌煙閣功臣圖，並立本之跡也，時人咸稱其妙。」由之，可知立本為此十八學士圖，在藝術上之價值矣。又圖像即畫像也。(55)為贊：為贊辭。(56)時人謂之登瀛洲：自來相傳海中有三神山，蓬萊、方丈、瀛洲，人不能至，至則成仙矣。登瀛洲猶登仙籍。(57)乃開館於宮西……時人謂之登瀛洲：按此段乃錄自《舊唐書・褚亮傳》，字句大致相同。(58)允恭，大寶之弟子：蔡大寶輔後梁主蕭詧。(59)立本，毗之子也：閻毗以巧思事隋煬帝。(60)王佐之才：謂弼佐創建王業之才。(61)微公：無公。(62)帷幄：軍帳。

(六三)剖決：《舊唐書・杜如晦傳》作：「剖斷。」知決即斷也。(六四)如流：謂快暢如流水然。(六五)初杜如晦為秦王府兵曹參軍……如晦剖決如流：按此段乃錄自《舊唐書・杜如晦傳》，字句大致相同。(六六)采：通採。(六七)致之幕府：猶獻之於幕府。(六八)深相結：謂深相結納。(六九)世民每破軍克城……使為世民盡死力：按此段乃錄自《舊唐書・房玄齡傳》，字句大致相同。(七〇)皆如面談：謂皆如面談之懇到。(七一)達曙：至旦。(七二)非憂可免：謂非憂懼而可免患。(七三)識量：見識器量。(七四)瀛州：《舊唐書・地理志》二：「河北道、瀛州，隋河間郡，武德四年，討平竇建德，改為瀛州。」(七五)觀州：《舊唐書・地理志》二：「河北道、景州，漢鬲縣地，屬平原郡，隋置弓高縣，屬渤海郡，武德四年於縣置觀州，領弓高、蓨、阜城、東光、安陵、胡蘇等縣。」(七六)鄂州：《舊唐書・地理志》三：「江南道、鄂州，隋江夏郡，武德四年平蕭銑，改為鄂州。」(七七)魯山：《元和郡縣志》卷二十八：「沔州、漢陽縣、魯山，在縣東北一百步，其山前枕蜀江，北帶漢水。」(七八)宜都：胡三省曰：「蕭銑置宜都鎮於峽州夷道縣。」(七九)夷陵：《舊唐書・地理志》二，夷陵屬江南道硤州。(八〇)清江：胡三省曰：「按水經注，清江即佷山夷水也，水色清照，十丈分沙，蜀人見其澄清，因名清江，隋為清江縣。」(八一)殺溺死者萬計：謂殺死及溺死者，以萬為單位而計數之。(八二)百里洲：胡三省曰：「自清江而東，過歸州、峽州，而後至百里洲。」(八三)北江：胡三省曰：「百里洲在枝江縣江中，江水至此分流，出百里洲北而東流者，因謂之北江。」(八四)銑江州總管：胡三省曰：「梁以漢夷道縣置宜都郡、宜昌縣，後周置江州，隋廢為巴山縣，屬清江郡，蕭銑蓋復置江州於此。」(八五)毛州：《舊唐書・地理志》二：

「河北道、魏州、館陶縣，武德五年置毛州，割魏州之館陶、冠氏、堂邑，貝州之臨清、清水。」（八六）密州：《舊唐書・地理志》一：「河南道、密州，隋高密郡，武德五年，改為密州。」（八七）營：為。（八八）江嶺之外：謂在江南及嶺南。（八九）遽集：立合。（九〇）見：讀作現。（九一）素立：早立。（九二）且泊南岸：江陵南岸即馬頭岸。（九三）蔑：無。（九四）急之：急攻之。（九五）併力：合力。（九六）剽銳：剽悍驍銳。（九七）委舟：棄舟。（九八）收掠：收拾搶掠。（九九）奮擊：奮力而擊之。（一〇〇）外郭：猶外城。蓋古代城多為二重，外重則名為郭城。（一〇一）洞庭：在今湖南省境，環湖為岳陽、華容諸縣。（一〇二）表裏：猶內外。（一〇三）楫：舟旁撥水之具，長者曰櫂，短者曰楫。（一〇四）塞江：充塞江上。（一〇五）覘：窺視。（一〇六）動淹旬月：謂一動常淹遲旬月。（一〇七）交州：《舊唐書・地理志》四：「嶺南道、安南都督府，隋交趾郡，武德五年，改為交州總管府。」（一〇八）阻絕：阻隔斷絕。（一〇九）祚：福祚。（一一〇）支：支持。（一一一）蒙患：受患。（一一二）塗炭：爛泥炭火。（一一三）緦縗：緦，以熟布為之，音思；縗，以麻布為之，被於胸前者，音崔；皆喪服名。（一一四）幘：包髮之巾，音責。原其所以著布幘者，以冠已解去，而不得不以此裹髮，至著緦縗布幘，乃亡國者謝罪之儀式也。（一一五）銑乃謂羣下曰……願不殺掠：按此段乃錄自《舊唐書・蕭銑傳》，字句大致相同。（一一六）重以：加以。（一一七）虎爭：如虎之相爭。（一一八）鋒鏑：鋒刃箭鏃，鏑音ㄉㄧˊ。（一一九）跂踵：舉踵。（一二〇）真主：按此為隋唐稱新興天子之新撰稱謂，一時甚為風行，爰舉數例以實之。《舊唐書・劉文靜傳》：「但須真主驅駕取之，誠能應天順人，舉旗大呼，則四海不足定也。」同書〈崔義玄傳〉：「義玄往說之曰：『唐公據有秦京，名應符籙，此真主也。』」同書〈岑文本傳〉：「文本進說孝恭曰：『自隋室無道，羣雄鼎沸，四海延頸，以望真主。』」又同書〈王及善傳〉：「按甲以觀時變，擁眾而歸真主，此富貴可圖也。」核此稱謂乃由真人演化而來。真人最初之含意，雖為得道之人，（如《文子》：「得天地之道，故謂之真人。」《莊子・天下》：「關尹老聃乎，古之博大真人哉！」）然遞傳至後代，則已改具真命天子之意，其例證為《史記・秦始皇本紀後附班孟堅記》曰：「楚兵已屠關中，真人翔灞上。」《文選・張衡南都賦》：「今天地之睢剌，帝亂其政，豺虎肆虐，真人革命之秋也。」《隋書・藝術蕭吉傳》：「且太子得政，隋其亡乎！當有真人，出治之矣。」《舊唐書・忠義夏侯端傳》：「端頗知玄象，善相人，說高祖曰：『金玉牀搖動，此帝座不安，參墟得歲，必有真人起於實沈之次。』」由之，知真主之由真人衍化而來，信確鑿而無疑問矣。㉑息肩：肩，仔肩，謂負荷。息肩言釋去負荷，而得以休息也。㉒自此：此指江陵言。㉓向北：指向唐言。㉔遽：立。㉕諸將欲大掠……孝恭稱善，遽禁止之：按此段乃錄自《舊唐書・岑文本傳》，字句多有不同，乃《通鑑》將原文大加修改之故。㉖與官軍拒鬬：《舊唐書・李靖傳》作：「與官軍拒戰。」知鬬即戰，而應與拒互相連讀。㉗死者其罪既深：死者探下文知指蕭銑之將帥而言，所以認其死而有罪者，以其死乃係壯烈作戰之故，而如此則其殺傷之唐兵必多，故認為其罪甚深。㉘籍沒其家：據其家簿籍所載之人口財物，而逐一沒收之，是謂籍沒。㉙宜使義聲先路：謂宜使義聲先聞於遠方。㉚鬬死：戰鬬而死。㉛同叛逆之科：同懲處叛逆之律。㉜安堵：猶安居。㉝無犯：無侵犯。㉞款附：納誠歸附。㉟諸將又言梁之將帥……皆望風款附：按此段雖本於《舊唐書・李靖傳》，而字句多不相同，殆《通鑑》取其意而改撰者。(三六)無天命：謂無天之授命。(三七)逃死：逃避死罪。(三八)都市：都邑之市，亦即京城之市。(三九)銑降數日……竟斬於都市：按此段乃錄自《舊唐書·蕭銑傳》，字句大致相同。(四〇)上柱國：《舊唐書·職官志》一：「上柱國，勳官，正第二品。」(四一)永康縣：今浙江省永康縣。(四二)承制拜授：謂先行拜授，然後表聞，而詔除之。(四三)南康州都督府：《舊唐書·地理志》四：「嶺南道、康州，隋信安郡之端溪縣，武德四年置康州都督府，督端、康、封、新、宋、隴等州。」(四四)先是銑遣黃門侍郎江陵劉洎……除南康州都督府長史：按此段乃錄自《舊唐書·劉洎傳》，字句大致相同。(四五)徐圓朗昌州治中劉善行以須昌來降：胡三省曰：「圓朗蓋以鄆州之須昌置昌州。」(四六)詔陝東道大行臺尚書省，自令僕至郎中主事：胡三省曰：「六典云：『漢官云，光祿勳有南北廬主事，三署主事，於諸郎之中，察茂材高第者為之，秩四百石，次補尚書郎，出宰百里。』謝承後漢書唐胡伯蕃、范滂、公沙穆，並以俊才舉孝廉，除郎中、光祿勳主事。後魏尚書吏部儀曹、三公虞曹、都官二千石比部，各量事置掌故主事員，門下置主事令史，並從八品上。隋初臺省並置主事令史，煬帝三年，並去令史之名，其主事隨曹閑劇而置，每十令史置一主事，不滿十者亦置一人，雜用才術之士，至唐並用流外入流者補之。」(四七)品秩：品級秩命。(四八)差少：猶較少。(四九)隸：隸屬。(五〇)各降京師一等：此承上文，謂品秩各降京師一等。(五一)員數：人員數目。(五二)補署：補充署任。(五三)其秦王齊王府官之外，各置左右六護軍府：護軍惟秦齊二府有之，他國則不得置。(五四)左右親事帳內府：《唐六典》卷二十九：「親王親事府，典軍二人，正五品上。副典軍二人，從五品上，親王帳內府亦同之。」(五五)稷州：《舊唐書・地理志》一：「京兆府、武功，武德三年分武功、好畤、盩厔、扶風四縣置稷州，因后稷封邰為名。其年割郿州之郿、鳳泉二縣來屬。」(五六)好畤：《舊唐書・地理志》一：「京兆府、好畤，武德二年分醴泉縣置，因漢舊名。音ㄓ。(五七)九嵕山：在雍州醴泉縣。(五八)清水谷：《隋書・地理志》上，京兆郡、宜君縣有清水。(五九)三原：今陝西省三原縣。(六〇)陂：澤障，亦即池，音ㄆㄧ。(六一)祀圜丘：《舊唐書・禮儀志》一：「武德初定令，每歲冬至祀昊天上帝於圜丘，以景帝配，其壇在京城明德門外道東二里。」(六二)獨松嶺：胡三省曰：「自宣州廣德縣東南，過獨松嶺，至湖州，嶺路險狹。」(六三)陳當：胡三省曰：「陳當之下，合有世字，蓋唐史避太宗諱去世字也。」(六四)張：設立。(六五)炬火：束薪而灼之曰炬。(六六)杜伏威使其將王雄誕……又敗之於城下：按此段乃錄自《舊唐書・杜伏威附王雄誕傳》，字句大致相同。(六七)子通窮蹙請降……送長安，上釋之：按此段乃錄自《舊唐書・李子通傳》，字句大致相同。又送長安，上釋之，決非一時之事，乃連類而併書者。(六八)汪華據黟歙……華拒之於新安洞口：胡三省曰：「唐歙州，隋之新安郡也，新安洞口即歙州隘道之口。」(六九)嬴：當作羸，瘦弱。(七〇)陽：猶佯。(七一)先是汪華據黟歙……華不得入，窘迫請降：按此段乃錄自《舊唐書・杜伏威附王雄誕傳》，字句大致相同。核此事在庚寅子通窮蹙請降之後，亦係連類而附書者。(七二)崑山：今江蘇省崑山縣。(七三)無所屬：無所從屬。(七四)險隘：險阻狹隘。(七五)造：至。(七六)陳國威靈：陳唐國威靈。(七七)示以禍福：示以禍福之道。(七八)聞人遂安據崑山……遂安感悅，帥諸將出降：按此段乃錄自《舊唐書・杜伏威附王雄誕傳》，字句大致相同。(七九)宜春郡：《舊唐書・地理志》三：「江南西道、袁州，隋宜春郡。」此仍用舊稱以為爵號。(八〇)林州總管：《舊唐書・地理志》一：「關內道、慶州、華池縣，武德四年，於此置林州總管府，管永州，其林州領華池一縣。」(八一)旻：音珉。(八二)皆下：猶皆降。(八三)桂州：《舊唐書・地理志》四：「嶺南道、桂州，隋始安郡，武德四年平蕭銑，置桂州總管府。」(八四)檢校：謂攝理。(八五)以李靖為嶺南撫慰大使……得戶六十餘萬：按此段乃錄自《舊唐書・李靖傳》，字句大致相同。(八六)哀吾幽辱：謂憐吾幽囚困辱。(八七)開慰：開導勸慰。(八八)方面：謂一方一面。(八九)所守：所守之土。(九〇)視息世間：視，看；息，呼吸。亦即活於世間。(九一)潰腹：猶剖腹。(九二)劉黑闥陷定州……拜其子伏護為大將：按此段乃錄自《舊唐書・忠義李玄通傳》，字句大致相同。又上(九三)拜其子伏護為大將：按所拜除者，必有具體官銜，今云大將，乃史失其職，而籠統以書之耳。(九三)劉黑闥陷定州……聞為之流涕，及以下，雖時日不同，然以係其一人之事，不得不附書之，以明其結局之情形焉。(九四)發民三千人：按《舊唐書・高開道傳》作：「發兵三千人。」兵民二字，於此事甚關重要，不能亂書。(九五)告絕：告絕交。(九六)復稱燕王：《舊唐書・高開道傳》：「武德元年，自立為燕王。」後廢罷，故此云復稱燕王。(九七)懷戎：《舊唐書・地理志》二：「河北道、嬀州、懷戎，後漢潘縣，屬上谷郡，北齊改為懷戎，嬀水經其中，州所治也。」(九八)幽州大饑……恒定幽易，咸被其患：按此段乃錄自《舊唐書・高開道傳》，字句大致相同。(九九)移書：移為文書之一種，猶告白也。(一〇〇)趙魏：以戰國時趙魏大界言之。(一〇一)右屯衛大將軍：《唐六典》卷二十四：「左右威衛大將軍，各一人，正三品，隋初置左右領軍府，煬帝改為左右屯衛，皇朝因之。」(一〇二)黎州總管：《舊唐書・地理志》二：「河北道、衞州、黎陽，隋黎陽縣，武德二年置黎州總管府。」㉓宗城：《舊唐書‧地理志》二：「河北道、貝州、宗城，隋舊，武德四年置宗州。」㉔黑闥移書趙魏……世勣僅以身免：按此段乃錄自《舊唐書‧劉黑闥傳》，字句大致相同。㉕翻城：謂將城翻轉。㉖晃：音ㄏㄨㄤ。㉗右武衞將軍：《唐六典》卷二十四：「左右武衞將軍各二人，從三品。」㉘潰圍：猶突圍。㉙永寧令：胡三省曰：「永寧當作永年。」按《舊唐書‧地理志》二：「河北道、洺州、永年縣，州治所。」知必為洺州之永年，無疑。㉚昆彌即漢之昆明：胡三省曰：「昆明蠻在爨蠻西，以西洱河為境，西洱河即葉榆河也。」㉛巂州：《舊唐書‧地理志》四：「劍南道、巂州，隋越巂郡，武德元年改為巂州。」音髓。㉜南寧：胡三省曰：「南寧、古南、中味、升麻諸縣之地，武德四年置南寧州。」㉝莘州：《舊唐書‧地理志》二：「河北道、魏州，武德四年割莘、臨黃、武陽三縣置莘州。」

卷一百九十　唐紀六

司馬光編集
曲守約註

起玄黓敦牂，盡閼逢涒灘五月，凡二年有奇。（壬午至甲申，西元六二二年至六二四年）

高祖神堯大聖光孝皇帝中之下

武德五年（西元六二二年）

㈠春正月，劉黑闥自稱漢東王，改元天造㈠，定都洺州，以范願為左僕射，董康買為兵部尚書，高雅賢為右領軍，徵㈡王琮為中書令，劉斌為中書侍郎。竇建德時文武，悉復本位㈢，其設法㈣行政，悉師建德，而攻戰勇決過之㈤㈥。

㈡丙戌，同安賊帥殷恭邃以舒州㈦來降。

㈢丁亥，濟州別駕㈧劉伯通執刺史竇務本，以州附徐圓朗。

㈣庚寅，東鹽州㈨治中王才藝殺刺史田華，以城應劉黑闥。

㈤秦王世民軍至獲嘉㈩，劉黑闥棄相州退保洺州，丙申，世民復取相州，【考異】實錄云：「祿州人殺刺史獨孤徹，以城應黑闥。」按地理志無祿州，蓋字誤耳。新書作相州，尤誤也。進軍肥鄉㈡，列營洛水之上，以逼之。

㈥蕭銑既敗，散兵㉒多歸林士弘，軍勢復振㉓。

㈦己酉，嶺南俚帥楊世略以循、潮二州㉔來降。

㈧唐使者王義童下泉、睦、建三州㉕。

㈨幽州總管李藝將所部兵數萬，會秦王世民，討劉黑闥，黑闥聞之，留兵萬人，使范願守洺州，自將兵拒藝，夜宿沙河㉖。程名振載鼓六十具，於城西二里隄上急擊之，城中地皆震動，范願驚懼，馳告黑闥，黑闥遽還，遣其弟十善與行臺張君立，將兵一萬擊藝於鼓城㉗，壬子，戰於徐河㉘，十善、君立大敗，所失亡八千人㉙。

㈩洺水㉚人李去惑據城來降，秦王世民遣彭公王君廓將千五百騎赴之，入城共守。二月，劉黑闥引兵還攻洺水，癸亥，行至列人㉛，秦王世民使秦叔寶邀擊㉜，破之。【考異】實錄：「癸亥，秦王擊劉黑闥於列人，大破之。」革命記：「十一月，太宗度河入相州，劉黑闥從洺州勒兵拒王師，置營於鄴縣東三十里，每日兩軍皆挑戰，而大兵皆不出，經十餘日，洺水縣人李去惑、李潘買、李開弼等為車騎驃騎領兵，在劉黑闥營，去惑等背賊營來入洺州，誑人云，劉黑闥已敗，先走得歸，乃喚得宗室子弟二百餘人守城。定遣使間道以告太宗，太宗遣彭國公王君廓，領馬軍一千五百騎入洺州，經十許日，黑闥引兵攻洺州，行至故列人城西，秦叔寶等以五千騎擊之，叔寶等為闥所敗，又以伏兵從河下起橫擊黑闥，敗之，會日暮收軍。其夜三更，賊兵總至洺州城東營，即於城西門掘壕豎柵，防王廓之走，洺州城四面有水，闊五十步已上，深皆三四尺，黑闥於東北角兩處填柴運土，作甬道，以撞車攻城。太宗三度將兵擊之，賊置陣拒官軍，攻城愈急。」按高祖太宗實錄，皆以去年十二月，命太宗討黑闥，今年正月始至河北，無十一月度河之事。太宗實錄亦無列人戰事，蓋叔寶破賊，秦王奏之耳。又按洺水、洺州屬縣，去惑君廓所據者，洺水縣城，水字誤作州耳。

(十一)豫章賊帥張善安以虔、吉㉓等五州來降，拜洪州㉔總管。

(十二)戊辰，金鄉㉕人陽孝誠叛徐圓朗，以城來降。

(十三)己巳，秦王世民復取邢州。辛未，并州㉖人馮伯讓以城來降。【考異】實錄作并州。按并州未嘗失城，蓋是時於井陘縣置并州，字之誤也。

(十四)丙子，李藝取劉黑闥定、欒、廉㉗、趙四州，【考異】實錄作定、率、廉、隋四州。按河北無率隋二州，今從唐統紀。獲黑闥尚書劉希道，引兵與秦王世民會洺州。

(十五)劉黑闥攻洺水甚急，城四旁皆有水，廣五十餘步，黑闥於城東北築二甬道㉘以攻之，世民三引兵救之，黑闥拒之，不得進。世民恐王君廓不能守，召諸將謀之，李世勣曰：「若甬道達城下，城必不守。」行軍總管、鄴㉙勇公羅士信請代君廓守之，世民乃登城南高冢，以旗招君廓，君廓帥其徒力戰，潰圍而出，士信帥左右二百人乘之㉚入城，代君廓固守。黑闥晝夜急攻，會大雪，救兵不得往，凡八日，丁丑，城陷，黑闥素聞㉛其勇，欲生之，士信詞色不屈㉜，乃殺之，時年二十㉝。【考異】高祖實錄：「王君廓知不可守，潰圍而出。秦王謂諸將曰，誰能代者。士信曰，願以死守。因遣之。」按君廓若已潰圍而出，則黑闥圍守益固，士信何以復得入城？革命記曰：「太宗知賊勢盛，恐王君廓不能固，以問諸將，士信以為無慮，太宗使士信入守之。太宗登段王墓，以旗招王君廓，從南門突圍不得，即向北門，併兵攻，捉門人少退，得出，士信亦以左右二百人入城，經八日，晝夜被攻，木石俱盡，士信被左右執之以降賊。五年正月，城陷，李去惑以數十人突圍出歸太宗，去惑後授秦州都督，李潘買拜檀州刺史，李開弼城陷而沒，贈上柱國，以公禮葬。」今從之。高祖實錄，士信死時年二十八，舊傳云年二十。按士信始從張須陀擊王薄等，時年十四，若死時年二十八，則在大業四年，於時王薄未為盜，年二十，則在大業十二年，是歲須陀死。今從之。

(十六)戊寅，汴州總管王要漢攻徐圓朗杞州，拔之，獲其將周文舉。

(十七)庚辰，延州㉞道行軍總管段德操擊梁師都石堡城，師都自將救之，德操與戰，大破之，師都以十六騎遁去，上益㉟其兵，使乘勝進攻夏州，克其東城，師都以數百人保西城，會突厥救至，詔德操引還。

(十八)辛巳，秦王世民拔洺水。三月，世民與李藝營於洺水之南，分兵屯水北，黑闥數挑戰，世民堅壁㊱不應，別遣奇兵絕其糧道。壬辰，黑闥以高雅賢為左僕射，軍中高會㊲，李世勣引兵逼其營，雅賢乘醉，單騎逐之，世勣部將潘毛刺之墜馬，左右繼至，扶歸，未至營而卒，甲午，諸將復往逼其營，潘毛為王小胡所擒，黑闥運糧於冀、貝、滄、瀛諸州，水陸俱進，程名振以千餘人邀之，沈其舟，焚其車。

(十九)宋州總管盛彥師帥齊州總管王薄攻須昌，徵軍糧於潭州(三八)，刺史李義滿與薄有隙(三九)，閉倉不與，及須昌降，彥師收義滿，繫齊州獄，詔釋之，使者未至，義滿憂憤，死獄中。薄還過潭州，戊戌夜，義滿兄子武意執薄殺之。彥師亦坐死(四〇)。

(廿)上遣使賂突厥頡利可汗，且許結婚，頡利乃遣漢陽公瓌、鄭元璹、長孫順德等還。庚子，復遣使來脩好，上亦遣其使者特勒熱寒、阿史那德等還(四一)。并州總管劉世讓屯鴈門，頡利與高開道、苑君璋合眾攻之，月餘乃退(四二)。【考異】舊世讓傳云：「時鴻臚卿鄭元璹先使在蕃，可汗令元璹來說之，世讓厲聲曰，大丈夫乃為夷狄作說客邪！經月餘，虜乃退。及元璹還，述世讓忠貞勇幹，高祖下制褒美之。」按高祖稱元璹蘇武弗之過，安肯為可汗遊說，脫或果爾，則元璹唯恐帝知之，安肯稱世讓忠貞，說之不下邪？據實錄，世讓傳無此事，今不取。

(廿一)甲辰，以隋交趾太守丘和為交州總管，和遣司馬士廉奉表，請入朝，詔許之，遣其子師利迎之(四三)(四四)。

(廿二)秦王世民與劉黑闥相持(四五)六十餘日，黑闥潛師襲李世勣營，世民引兵掩(四六)其後，以救之，為黑闥所圍，尉遲敬德帥壯士犯(四七)圍而入，世民與略陽公道宗乘之得出，道宗、帝之從子也。世民度㊽黑闥糧盡，必來決戰，乃使人堰洺水上流㊾，謂守吏曰：「待我與賊戰，乃決㊿之。」丁未，黑闥帥步騎二萬，南度洺水，壓唐營而陳(51)，世民自將精騎擊其騎兵，破之，乘勝蹂(52)其步兵，黑闥帥眾殊死戰(53)，自午至昏，戰數合(54)，黑闥勢不能支，王小胡謂黑闥曰：「智力盡矣，宜早亡去。」遂與黑闥先遁，餘眾不知，猶格戰(55)，守吏決堰，洺水大至，深丈餘，黑闥眾大潰，斬首萬餘級，溺死數千人，黑闥與范願等二百騎奔突厥，山東悉平(56)。

(廿三)高開道寇易州，殺刺史慕容孝幹。

(廿四)夏，四月，己未，隋鴻臚卿(57)寧長真以寧越、鬱林(58)之地，請降於李靖，交愛(59)之道始通，以長真為欽州總管。

(廿五)以夔州總管、趙郡王孝恭為荊州總管。

(廿六)徐圓朗聞劉黑闥敗，大懼，不知所出，河間人劉復禮說圓朗曰：「有劉世徹者，其才不世出(60)，名高東夏(61)，且有非常之相(62)，真帝王之器(63)，將軍若自立，恐終無成，若迎世徹而奉之，天下指揮可定。」圓朗然之，使復禮迎世徹於浚儀(六四)。或說圓朗曰：「將軍為人所惑，欲迎劉世徹而奉之，世徹若得志，將軍豈有全地(六五)乎！僕不敢遠引前古，將軍獨不見翟讓之於李密乎？」【考異】革命記云：「盛彥師以世徹有虛名於徐兗，恐二人相得，為患益深，因說圓朗，使不納。」按實錄，彥師奔王薄，與薄共殺李義滿，三月戊戌，王薄死，丁未，黑闥乃敗。彥師在圓朗所，時黑闥未敗也。今稱或說，以闕疑。圓朗復以為然，世徹至，已有眾數千人，頓(六六)於城外，以待圓朗出迎，圓朗不出，使人召之，世徹知事變，欲亡走，恐不免，乃入謁，圓朗悉奪其兵，以為司馬，使徇(六七)譙，杞二州，東人素聞其名，所向皆下，圓朗遂殺之。秦王世民自河北引兵將擊圓朗，會上召之，使馳傳(六八)入朝，乃以兵屬(六九)齊王元吉。庚申，世民至長安，上迎之於長樂(七〇)，世民具陳(七一)取圓朗形勢，上復遣之，詣黎陽，會大軍，趨濟陰(七二)。

(廿七)丁卯廢山東行臺(七三)。

(廿八)壬申，代州總管、定襄王李大恩為突厥所殺。先是、大恩奏稱突厥饑饉，馬邑可取，詔殿內少監(七四)獨孤晟將兵與大恩共擊苑君璋，期以二月會馬邑，失期(七五)不至，大恩不能獨進，頓兵新城(七六)，頡利可汗遣數萬騎與劉黑闥共圍大恩，上遣右驍衛大將軍(七七)李高遷救之，未至，大恩糧盡，夜遁，突厥邀之，眾潰(七八)而死(七九)，上惜之，獨孤晟坐減死徙邊(八〇)。

(廿九)丙子，行臺民部尚書(八一)史萬寶攻徐圓朗陳州，拔之。

(卅)戊寅，廣州賊帥鄧文進、隋合浦太守甯宣、日南太守李晙並來降。

(卅一)五月，庚寅，瓜州(八二)土豪王幹斬賀拔行威(八三)以降，瓜州平。

(卅二)突厥寇忻州(八四)，李高遷擊破之。

(卅三)六月，辛亥，劉黑闥引突厥寇山東，詔燕郡王李藝擊之。

(卅四)癸丑，吐谷渾寇洮、旭、疊三州(八五)，岷州(八六)總管李長卿擊破之。

(卅五)乙卯，遣淮安王神通擊徐圓朗。

(卅六)丁卯，劉黑闥引突厥寇定州。

(卅七)秋，七月，甲申，為秦王世民營弘義宮(八七)，使居之。

(卅八)世民擊徐圓朗，下十餘城，聲震淮泗(八八)，杜伏威懼，請入朝，世民以淮濟(八九)之間略定，使淮安王神通、行軍總管任瓌、李世勣攻圓朗，乙酉，班師。

(三九)丁亥，杜伏威入朝，延升御榻(九〇)，拜太子太保(九一)，仍兼行臺尚書令，留長安，位在齊王元吉上，以寵異(九二)之(九三)。以闞稜為左領軍將軍(九四)。李子通謂樂伯通曰：「伏威既來，江東未定(九五)，我往收舊兵，可以立大功。」遂相與亡至藍田關(九六)，為吏所獲，俱伏誅(九七)(九八)。

(四十)劉黑闥至定州，其故將(九九)曹湛、董康買亡命在鮮虞(一〇〇)，復聚兵應之；甲午，以淮陽王道玄為河北道行軍總管，以討之。

(四一)丙申，遷州(一〇一)人鄧士政執刺史李敬昂以反。

(四二)丁酉，隋漢陽太守馮盎承李靖檄(一〇二)，帥所部來降，以其地為高、羅、春、白、崖、儋、林、振(一〇三)八州，以盎為高州總管(一〇四)，封耿國公。先是(一〇五)，或說盎曰：「唐始定中原，未能及遠，公所領二十州地，已廣於趙佗(一〇六)，宜自稱南越王。」盎曰：「吾家居此五世矣(一〇七)，為牧伯(一〇八)者，不出吾門(一〇九)，富貴極矣，常懼不克負荷(一一〇)，為先人羞，敢效(一一一)趙佗自王一方乎？」遂來降，於是嶺南悉平(一一二)。

(四三)八月，辛亥，以洺、荊、交、并、幽五州為大總管府。

㊹改葬隋煬帝於揚州雷塘㉓。【考異】實錄武德三年六月癸巳，已有詔葬隋帝及子孫，此又云葬煬帝。蓋三年李子通猶據江都，雖有是詔，不果葬也。

㊺甲戌，吐谷渾寇岷州㉔，敗總管李長卿，詔益州行臺右僕射竇軌、渭州㉕刺史且洛生救之。

㊻乙卯，突厥頡利可汗寇邊，遣左武衛將軍段德操、雲州總管李子和㉖，將兵拒之，子和本姓郭，以討劉黑闥有功，賜姓。丙辰，頡利十五萬騎入鴈門，己未，寇并州，別遣兵寇原州㉗。庚子，命太子出幽州道，秦王世民出秦州道㉘以禦之，李子和趨雲中㉙，掩㉚擊可汗，段德操趨夏州㉛，邀其歸路。辛酉，上謂羣臣曰：「戰與和孰利㉜？」太常卿鄭元璹曰：「戰則怨深，不如和利㉝。」中書令封德彝曰：「突厥恃犬羊之眾㉞，有輕中國之意，若不戰而和，示之以弱，明年，將復來。臣愚以為不如擊之，既勝而後與和，則恩威㉟兼著矣㊱。」上從之。己巳，并州大總管、襄邑王神符破突厥於汾東，汾州㊲刺史蕭顗㊳破突厥，斬首五千餘級。

(四七)吐谷渾寇洮州，遣武州㉙刺史賀亮禦之。

(四八)丙子，突厥寇廉州，戊寅，陷大震關㉚，上遣鄭元璹詣頡利；是時，突厥精騎數十萬，自介休至晉州，數百里間，填㉛溢山谷，元璹見頡利，責以負約㉜，與相辨詰㉝，頡利頗慚，元璹因說頡利曰：「唐與突厥，風俗不同，突厥雖得唐地，不能居也，今虜掠所得，皆入國人㉞，於可汗何有㉟？不如旋師，復脩和親㊱，可無跋涉㊲之勞，坐受金幣㊳，又皆入可汗府庫，孰與棄昆弟㊴積年㊵之歡㊶，而結子孫無窮之怨乎！」頡利悅，引兵還㊷。元璹自義寧以來，五使突厥，幾死者數㊸焉。

(四九)九月，癸巳，交州㊹刺史權士通、弘州㊺總管宇文歆，靈州㊻總管楊師道擊突厥於三觀山，破之。乙未，太子班師。丙申，宇文歆邀突厥於崇岡鎮，大破之，斬首千餘級。壬寅，定州總管雙士洛擊突厥於恒山之南，丙午，領軍將軍㊼安興貴擊突厥於甘州㊽，皆破之。

(五十)劉黑闥陷瀛州，殺刺史馬匡武，鹽州㊾人馬君德以城叛附黑闥。高開道寇蠡州(五〇)。

(五一)冬，十月，己酉，詔齊王元吉討劉黑闥於山東，壬子，以元吉為領軍大將軍、并州大總管。癸丑，貝州(五一)刺史許善護與黑闥弟十善戰於鄃縣(五二)，善護全軍皆沒，甲寅，右武候將軍(五三)桑顯和擊黑闥於晏城(五四)，破之。觀州刺史劉會以城叛附黑闥。

(五二)契丹寇北平(五五)。

(五三)甲子，以秦王世民領左右十二衞大將軍(五六)。

(五四)乙丑，行軍總管、淮陽壯王道玄與劉黑闥戰於下博(五七)，【考異】高祖實錄謚曰忠，本傳謚曰壯，蓋後來改謚也。軍敗，為黑闥所殺。時道玄將兵三萬，與副將史萬寶不協(五八)，道玄帥輕騎先出犯陳，使萬寶將大軍繼之，萬寶擁兵(五九)不進，謂所親曰：「我奉手敕云：『淮陽小兒(六〇)，軍事皆委老夫。』今王輕脫(六一)妄進，若與之俱，必同敗沒，不如以王餌賊(六二)，王敗，賊必爭進，我堅陳以待之，破之必矣。」由是道玄獨進，敗沒，萬寶勒兵(六三)將戰，士卒皆無鬬志，軍遂大潰，萬寶逃歸。道玄數從秦王世民征伐，死時年十九，世民深惜之，謂人曰：「道玄常從吾征伐，見吾深入賊陳，心慕効(六四)之，以至於此。」為之流涕(六五)。世民自起兵以來，前後數十戰，常身先士卒，輕騎深入，雖屢危殆(六六)，而未嘗為矢刃所傷。

(五五)林士弘遣其弟鄱陽王藥師攻循州(六七)，刺史楊略與戰，斬之，其將王戎以南昌州(六八)降，士弘懼，己巳，請降；尋復走保安成(六九)山洞，袁州(七〇)人相聚應(七一)之，洪州總管若干則遣兵擊破之(七二)，會士弘死，其眾遂散(七三)。

(五六)淮南王道玄之敗也，山東震駭(七四)，洺州總管、廬江王瑗棄城西走，州縣皆叛附(七五)於黑闥，旬日間黑闥盡復故地，乙亥，進據洺州，十一月，庚辰，滄州刺史程大買為黑闥所迫，棄城走。齊王元吉畏黑闥兵彊，不敢進(七六)。

(五七)上之起兵晉陽也，皆秦王世民之謀，上謂世民曰：「若事成，則天下皆汝所致(七七)，當以汝為太子。」世民拜且辭，及為唐王，將佐亦請以世民為世子，上將立之，世民固辭而止。太子建成性寬簡(七八)，喜酒色遊畋(七九)，齊王元吉多過失，皆無寵於上。世民功名日盛，上常有意以代建成，建成內不自安(八〇)，乃與元吉協謀(八一)，共傾(八二)世民，各引樹黨友(八三)。上晚年多內寵，小王且二十人(八四)，其母競交結諸長子以自固，建成與元吉曲意事諸妃嬪，諂諛(八五)賂遺，無所不至(八六)，以求媚(八七)於上。或言蒸(八八)於張婕妤、尹德妃，宮禁深祕，莫能明也(八九)。是時東宮諸王公妃主之家，及後宮親戚，橫長安中(九〇)，恣(九一)為非法，有司不敢詰(九二)，世民居承乾殿(九三)，元吉居武德殿(九四)後院，與上臺(九五)東宮，晝夜通行，無復禁限(九六)。太子二王出入上臺，皆乘馬，攜弓刀雜物，相遇如家人禮，太子令、秦齊王教(九七)，與詔敕並行(九八)，有司莫知所從，唯據得之先後為定(九九)。世民獨不奉事諸妃嬪，諸妃嬪爭譽(一〇〇)建成元吉，而短(一〇一)世民，世民平洛陽，上使貴妃等數人詣洛陽，選閱(一〇二)隋宮人，及收府庫珍物，貴妃等私從世民求寶貨(一〇三)，及為親屬求官，世民曰：「寶貨皆已籍奏(一〇四)，官當授賢才有功者。」皆不許，由是益怨。世民以淮安王神通有功，給田數十頃，張婕妤之父因婕妤(一〇五)求之於上，上手敕(一〇六)賜之，神通以教(一〇七)給在先，不與；婕妤訴於上曰：「敕賜妾父田，秦王奪之以與神通。」上遂發怒，責世民曰：「我手敕不如汝教邪㉘。」它日謂左僕射裴寂曰：「此兒久典兵㉙在外，為書生所教㉚，非復昔日子也㉛。」尹德妃父阿鼠驕橫，秦王府屬杜如晦過其門，阿鼠家童數人曳如晦墜馬，毆㉜之，折一指，曰：「汝何人㉝，敢過我門㉞而不下馬！」阿鼠恐世民訴於上，先使德妃奏云：「秦王左右，陵暴㉟妾家。」上復怒，責世民曰：「我妃嬪家猶為汝左右所陵，況小民㊱乎！」世民深自辯析㊲，上終不信。世民每侍宴宮中，對諸妃嬪思太穆皇后早終㊳，不得見上有天下，或歔欷流涕，上顧㊴之不樂。諸妃嬪因密共譖㊵世民曰：「海內幸無事㊶，陛下春秋高㊷，唯宜相娛樂，而秦王每獨涕泣，正是憎疾㊸妾等。陛下萬歲後㊹，妾母子必不為秦王所容㊺，無孑遺矣㊻。」因相與泣，且曰：「皇太子仁孝，陛下以妾母子屬㊼之，必能保全。」上為之愴然，由是無易太子意，待世民浸疏㊽，而建成元吉日親矣㊾。【考異】高祖實錄曰：「建成幼不拘細行，荒色嗜酒，好畋獵，常與博徒遊，故時人稱為任俠。高祖起義于太原，建成時在河東，本既無寵，又以今上首建大計，高祖不之思也。而今上白高祖，遣使召之，盤遊不即往，今上急難情切，遽以手書諭之。建成乃與元吉間行赴太原。隋人購求之，幾為所獲。及義旗建，而方至，高祖亦喜其獲免，因授以兵。又曰建成帷簿不脩，有禽犬之行，聞於遠邇，今上以為恥，嘗流涕諫之，建成慙而成憾。又曰，太宗每揔戎律，惟以撫接才賢為務，至於參請妃媛，素所不行。」太宗實錄曰：「隱太子始則流宕河曲，逸遊是好，素無才略，不預經綸，於後雖統左軍，非眾所附，既陞儲兩，坐搆猜嫌。太宗雖備禮竭誠，以希恩睦，而妬害之心，日以滋甚。又巢刺王姓本兇愎，志識庸下，行同禽獸，兼以棄鎮失守，罪戾尤多，反害太宗之能，於是潛苞毀譖，同惡相濟，膚受日聞，雖大名徽號，禮冠羣后，而情疏意隔，寵異曩時。」按建成元吉雖為頑愚，既為太宗所誅，史臣不無抑揚誣諱之辭，今不盡取。

(五八)太子中允[三〇]王珪、洗馬[三一]魏徵說太子曰：「秦王功蓋天下[三二]，中外歸心，殿下[三三]但以年長，位居東宮，無大功以鎮服[三四]海內。今劉黑闥散亡之餘，眾不滿萬，資糧匱[三五]乏，以大軍臨之，勢如拉朽[三六]，殿下宜自擊之，以取功名，因結納山東豪傑，庶可自安。」太子乃請行於上，上許之[三七]。珪，頍之兄子[三八]也。甲申，詔太子建成將兵討黑闥，其陝東道大行臺及山東道行軍元帥、河南、河北諸州，並受建成處分[三九]，得以便宜從事[四〇]。

(五九)乙酉，封宗室略陽公道宗等十八人為郡王，道宗，道玄從父弟也，為靈州總管，梁師都遣弟洛兒[四一]引突厥數萬圍之，道宗乘間出擊，大破之，突厥與師都相結，遣其郁射設入居故五原[四二]，道宗逐出之，斥地[四三]千餘里。上以道宗武幹如魏任城王彰[四四]，乃立為任城郡王[四五]。

(六〇)丙申，上幸宜州[四六]。

(六一)己亥，齊王元吉遣兵擊劉十善於魏州，破之。

(六二)癸卯，上校獵於富平(二四七)。

(六三)劉黑闥擁兵而南，自相州以北州縣皆附之，唯魏州總管田留安勒兵(二四八)拒守，黑闥攻之不下，引兵南拔元城(二四九)，復還攻之。【考異】實錄，十二月甲子，黑闥攻魏州。蓋晉安破黑闥奏到之日也。案革命記，黑闥攻魏州在十一月，今從之。

(六四)十二月，庚戌，立宗室孝友等八人為郡王。孝友，神通之子也。

(六五)丙辰，上校獵於華池(二五〇)。

(六六)戊午，劉黑闥陷恒州，殺刺史王公政。

(六七)庚申，車駕至長安。癸亥，幽州大總管李藝復廉定二州。

(六八)甲子，田留安擊劉黑闥，破之，獲其莘州(二五一)刺史孟柱，降將卒六千人。是時山東豪傑多殺長吏(二五二)，以應黑闥，上下相猜(二五三)，人益離怨(二五四)，留安待吏民獨坦然無疑，白(二五五)事者無問親疏，皆聽直入臥內，每謂吏民曰：「吾與爾曹(二五六)皆為國禦賊，固宜同心協力，必欲棄順從逆者，但自斬吾首去。」吏民皆相戒(二五七)曰：「田公推至誠以待人，當共竭死力報之，必不可負(二五八)。」有苑竹林者，本黑闥之黨，潛有異志，留安知之，不發(二五九)其事，引置左右，委以管鑰(二六〇)，竹林感激(二六一)，遂更歸心(二六二)，卒收(二六三)其用，以功進封道國公。乙丑，幷州刺史成仁重擊范願，破之。

(六九)劉黑闥攻魏州，未下，太子建成、齊王元吉大軍至昌樂(二六四)，黑闥引兵拒之，再陳，皆不戰而罷。魏徵言於太子曰：「前破黑闥，其將帥皆懸名處死(二六五)，妻子係虜(二六六)，故齊王之來，雖有詔書赦其黨與(二六七)之罪，皆莫之信，今宜悉解其囚俘(二六八)，慰諭遣(二六九)之，則可坐視離散矣(二七〇)。」太子從之，黑闥食盡，眾多亡，或縛其渠帥(二七一)以降。黑闥恐城中兵出，與大軍表裏擊之，遂夜遁，至館陶(二七二)，永濟橋(二七三)未成，不得度，壬申，太子齊王以大軍至，黑闥使王小胡背水(二七四)而陳，自視作橋，成即過橋西，眾遂大潰，【考異】高祖實錄：「壬申，太子與黑闥戰於魏州城下，破之，闥抽軍北遁，甲戌，追闥於毛州，賊背永濟渠而陳，接戰，又破之。」舊傳：「六年二月，太子破黑闥於館陶。」革命記：「闥遁至館陶，二十五日，官軍至，闥敗走。」按館陶即毛州也。長曆十二月壬申二十五日，甲戌二十七日，蓋實錄據奏到之日也。舊傳尤疏，今從革命紀。太宗實錄云：「黑闥重反，高祖謂太宗曰，前破黑闥，欲令盡殺其黨，使空山東，不用吾言，致有今日。及隱太子征闥平之，將遣唐儉往，使男子年十五已上，悉阬之，小弱及婦女，總驅入關以實京邑。太宗諫曰，臣聞唯德動天，唯恩容眾，山東人物之所，河北蠶綿之鄉，而天府委輸，待以成績，今一旦見其反覆，盡戮無辜，流離寡弱，恐以殺不能止亂，非行弔伐之道。其事遂寢。」新書隱太子傳云：「黑闥敗於洺水，太子建成問於洗馬魏徵曰，山東其定乎？對曰：黑闥雖敗，殺傷太甚，其魁黨皆縣名處死，妻子係虜，欲降無繇，雖有赦令獲者必戮，不大蕩宥，恐殘賊嘯結，民未可安。既而黑闥復振，廬江王瑗棄洺州，山東亂，命齊王元吉討之，有詔降者赦罪，眾不信，建成至，獲俘，皆撫遣之，百姓欣悅，賊懼，夜奔，兵追戰，黑闥眾猶盛，乃縱囚，使相告曰，褫而甲，還鄉里，若妻子獲者，既已釋矣。眾乃散。或縛其渠長降，遂禽黑闥。」按高祖雖不仁，亦不至有欲空山東之理，史臣專欲歸美太宗，其於高祖，亦太誣矣。今采革命記及新書。捨仗㉟來降，大軍度橋追黑闥，度者纔千餘騎，橋壞，由是黑闥得與數百騎亡去。

(七十)上以隋末戰士多沒於高麗，是歲賜高麗王建武書，使悉遣還，亦使州縣索高麗人在中土者，遣歸其國，建武奉詔，遣還中國民，前後以萬數㊱㊲。

【今註】㊀天造：其意殆猶天所授命。㊁徵：徵召。㊂本位：即本職。㊃設法：猶制法。㊄而攻戰勇決過之：謂攻戰時之勇敢果決，則越過之。㊅劉黑闥自稱漢東王……而攻戰勇決過之：按此段乃錄自《舊唐書・劉黑闥傳》，字句大致相同。㊆舒州：《舊唐書・地理志》三：「淮南道、舒州，隋同安郡，武德四年，改為舒州。」㊇別駕：《舊唐書・職官志》三：「上州，別駕一人，從四品下；中州，別駕一人，正五品下。」㊈東鹽州：《舊唐書・地理志》二：「河北道、滄州、鹽山，漢高城，隋改為鹽山，武德四年置東鹽州，領縣一，五年又割景州之清池來屬。」㊉獲嘉：《舊唐書・地理志》二：「河北道、懷州、獲嘉縣，漢縣名。唐仍之。」⑪肥鄉：今河北省肥鄉縣。⑫散兵：散亡之兵。⑬軍勢復振：林士弘為張善安所敗，兵勢自此衰，見卷一百八十四義寧元年。⑭循潮二州：《舊唐書・地理志》四：「嶺南道、循州，隋龍川郡，武德五年改為循州總管府。」《隋書・

地理志》下：「義安郡，梁置東揚州，後改曰瀛州，及陳州廢，平陳置潮州。」㉕泉睦建三州：《舊唐書・地理志》三：「江南道、泉州，隋建安郡，又為泉州。」又：「睦州，隋遂安郡，武德四年平汪華，改為睦州。」又：「建州，隋建安郡之建安縣，武德四年置建州。」㉖沙河：今河北省沙河縣。有水流，即古渦水。㉗鼓城：《舊唐書・地理志》二：「河北道、鎮州、鼓城，隋分稾城於下曲陽故城東五里置昔陽縣，尋改為鼓城。」㉘徐河：《水經》：「徐水出廣昌縣東南大嶺下，東北逕五回縣，又逕北平鎮界，東南出山，又東逕清苑城北，又東至高陽，入河。」㉙十善擊藝於鼓城……所失亡八千人：按此數句乃錄自《舊唐書・羅藝傳》，字句大致相同。㉚洺水：《舊唐書・地理志》二：「河北道、洺州，隋武安郡，武德元年改為洺州，領永平、洺水、平恩、清漳四縣。」是洺水乃洺州之一屬縣。㉛列人：故城在今河北省肥鄉縣東北十五里。㉜邀擊：截擊。㉝虔吉：《舊唐書・地理志》三：「江南道、虔州，隋南康郡，武德五年平江左，置虔州。」又：「吉州，隋廬陵郡，武德五年討平林士弘，置吉州。」㉞洪州：同志三：「洪州，隋豫章郡，武德五年平林士弘，置洪州總管府。」㉟金鄉：今山東省金鄉縣。㊱并州：《舊唐書・地理志》二：「河北道、鎮州、井陘，義寧元年置井陘郡，武德元年改為并州。」㊲欒廉：胡三省曰：「隋開皇十六年，分趙州廣阿縣置欒州，大業初州廢，併為趙州。新志，武德五年，改趙州為欒州。按趙州治平棘，欒州治廣阿，竇建德劉黑闥相繼跨有山東，蓋自置欒州，是年黑闥破走之後，始并趙州為欒州也。」《舊唐書・地理志》二：「河北道、鎮州、稾城，唐初置鉅鹿郡，武德元年改為廉州。」㊳甬道：兩邊立墻之道。㉙郯：故城在今山東省郯城縣西南境，音談。㉚乘之：謂乘其潰圍混戰之際。㉛素聞：早、或久聞。㉜不屈：不撓折。㉝士信帥左右二百人乘之入城……時年二十：按此段乃錄自《舊唐書・忠義羅士信傳》，字句大致相同。㉞延州：《舊唐書・地理志》一：「關內道、延州，隋延安郡，武德元年改為延州總管府。」㉟益：增益。㊱堅壁：堅守營壁。㊲高會：猶大會。㊳潭州：潭當作譚，《舊唐書・地理志》一：「河南道、齊州、章丘，漢陽丘縣，隋為章丘，武德二年於平陵縣置譚州。」㊴隙：間隙。㊵彥師亦坐死：坐死者，朝廷以義滿之死為彥師罪，而殺之。按彥師之死，《舊唐書・薛萬徹附盛彥師傳》，僅云：「賊平，彥師竟以罪賜死。」而未明言其所犯之罪。《通鑑》此段，乃別有所據而入書者。㊶頡利乃遣順德等還……阿史那德等還：按此段乃錄自《舊唐書・突厥傳》，字句大致相同。㊷幷州總管劉世讓屯鴈門……月餘乃退：按此段乃錄自《舊唐書・薛萬徹附劉世讓傳》，字句大致相同。㊸遣其子師利迎之：《舊唐書・丘和傳》：「子師利，行恭率其眾與師利共謁太宗於渭北。」是師利先已降唐，故今遣師利迎之。㊹以隋交趾太守丘和為交州總管……遣其子師利迎之：按此段乃錄自《舊唐書・丘和傳》，字句大致相同。㊺相持：相抗拒。㊻掩：掩襲。㊼犯：衝犯。㊽度：料度。㊾堰洺水上流：謂於洺水上游築堰以遏水流。㊿決：開。(51)壓唐營而陳：壓，凌，亦即緊在其營前擺成行陣。(52)蹂：躪。(53)殊死戰：猶拼命作戰。(54)數合：數交。(55)格戰：拒戰。(56)黑闥帥步騎二萬……山東悉平：按此段乃錄自《舊唐書・太宗紀》上，次序雖有更易，而字句則大致相同。(57)隋鴻臚卿：《隋書・百官志》下：「鴻臚卿，正三品。」(58)寧越鬱林：《舊唐書・地理志》四：「嶺南道、欽州，隋寧越郡，武德四年平蕭銑，改為欽州總管府。」又：「鬱林州，隋鬱林郡之石南縣，貞觀中置鬱林州。」（五九）交愛：交，交州，即隋交趾郡。《舊唐書・地理志》四：「嶺南道、愛州，隋九真郡，武德五年置愛州。愛州至京師，八千八百里。」（六〇）不世出：謂非每代所有，與曠代頗相同。（六一）東夏：指山東河北一帶之地而言。（六二）非常之相：相，相貌，此乃謂天子。（六三）器：器宇。（六四）浚儀：舊縣名，故城在今河南省開封縣西北。（六五）全地：安全之地。（六六）頓：停駐。（六七）徇：徇略。（六八）馳傳：傳，傳車，謂乘傳車而急馳也。（六九）屬：付。（七〇）長樂：胡三省曰：「長樂坂，在長安城東。」（七一）具陳：詳陳。（七二）濟陰：隋置濟陰縣，為曹州治，故地在今山東省曹縣西北。（七三）廢山東行臺：以劉黑闥敗走故。（七四）殿內少監：《唐六典》卷十一：「殿中省，大業三年置殿內省，皇朝因改為殿中省，少監二人，從四品上。」（七五）失期：猶後期。（七六）新城：胡三省曰：「新城一名平城，後移於馬邑，即今郡城也。新城，即魏之新平城也。」（七七）右驍衞大將軍：《唐六典》卷二十四：「左右驍衞大將軍各一人，正三品。」（七八）潰：潰散。（七九）代州總管定襄王李大恩為突厥所殺……眾潰而死：按此段乃錄自《舊唐書・突厥傳》上，字句大致相同。（八〇）坐減死徙邊：坐敗軍之罪，而減死罪一等，配徙邊裔。（八一）民部尚書：《唐六典》卷三：「戶部尚書，開皇三年改為民部，皇朝因之，貞觀二十三年改為戶部。」（八二）瓜州：《舊唐書・地理志》三：「隴右道、瓜州，隋敦煌郡之常樂縣，武德五年置瓜州。」（八三）賀拔行威：賀拔行威反事，始見卷一百八十八。（八四）忻州：《舊唐書・地理志》二：「河東道、忻州，隋樓煩郡之秀容縣，義旗初置新興郡，領秀容一縣，武德元年改為忻州。」音欣。（八五）洮旭疊三州：《舊唐書・地理志》三：「隴右道、洮州，隋臨洮郡，武德二年置洮州。」胡三省曰：「後周武帝逐吐谷渾，置旭州於洮源。後周書曰：『於河州雞鳴防置旭州。』」《舊唐書・地理志》三：「疊州、隋臨洮郡之合州縣，武德二年置疊州。」（八六）岷州：《舊唐書・地理志》三：「隴右道、岷州，隋臨洮郡之臨洮縣，義寧二年置岷州，武德四年為總管府。」（八七）弘義宮：胡三省曰：「弘義宮後改為大安宮，在宮城外西偏。」（八八）淮泗：謂淮水泗水流域。（八九）淮濟：淮水濟水。（九〇）延升御榻：引升而坐於帝牀之上。（九一）太子太保：《舊唐書・職官志》一：「太子太保，正第一品。」（九二）寵異：優寵殊異。（九三）杜伏威入朝……以寵異之：按此段乃錄自《舊唐書・杜伏威傳》，字句大致相同。（九四）左領軍將軍：《唐六典》卷二十四：「左右領軍衞，將軍各二人，從三品。」（九五）江東未定：謂江東無人鎮撫，未克穩定。（九六）藍田關：在今陝西省藍田縣。（九七）伏誅：伏罪被誅。（九八）李子通謂樂伯通曰……為吏所獲，俱伏誅：按此段雖錄自《舊唐書・李子通傳》，而修改甚多，其修改處皆較原文為佳，可取二文比較觀之。（九九）故將：舊將。（一〇〇）鮮虞：今河北省正定縣西北有新市城，即鮮虞之故都也。（一〇一）遷州：胡三省曰：「西魏以房陵置遷州，大業初改曰房州，武德初復曰遷州。」（一〇二）承李靖檄：承接李靖檄文。（一〇三）高羅春白崖儋林振：胡三省曰：「高州、高涼郡，羅州、石城郡，春州、陽春郡，白州、南昌郡，崖州、珠崖郡，林州、桂林郡，振州、臨振郡。崖儋振皆在海外。」（一〇四）高州總管：《舊唐書・馮盎傳》作：「高羅總管。」核唐代所置之總管，率以一重要之州為名，無兼言二州者，《通鑑》改作高州總管，較符。（一〇五）先是：先此，為追述舊事之慣用術語。⑯趙佗：趙佗見漢紀。⑰吾家居此五世矣：馮氏居高涼，事始見卷一百六十三梁簡文帝大寶元年。⑱牧伯：州牧、諸侯之伯。⑲不出吾門：不離吾門，亦即皆在吾門中。⑳負荷：猶承擔。㉑敢効：豈敢効。㉒隋漢陽太守馮盎……於是嶺南悉平：按此段雖錄自《舊唐書・馮盎傳》，而潤色處頗多，其潤色者多較原文為勝。㉓揚州雷塘：胡三省曰：「雷塘，漢所謂雷陂也，在今揚州城北平岡上。」㉔岷州：《舊唐書・地理志》三：「隴右道、岷州，隋臨洮郡之臨洮縣，義寧二年置岷州，武德四年為總管府。」㉕渭州：同志：「隴右道、渭州，隋隴西郡，武德元年置渭州。」㉖雲州總管李子和：胡三省曰：「郭子和，武德三年以榆林郡降，榆林之地，本屬雲州，隋割置勝州、榆林郡，子和以榆林降，因命之為雲州總管。」㉗原州：《舊唐書・地理志》一：「關內道、原州，隋平涼郡，武德元年平薛仁杲，置原州。」㉘命太子出幽州道，秦王世民出秦州道：按《舊唐書・突厥傳》，幽州作豳州，秦州作蒲州。蓋出豳州以禦原州之寇，出蒲州以禦并州之寇，故二者當改從〈突厥傳〉之文。㉙雲中：唐之雲中郡，故治在今山西省大同縣。㉚掩：掩襲。㉛夏州：《舊唐書・地理志》一：「關內道、夏州，隋朔方郡，貞觀二年討平梁師都，改為夏州都督府。」㉜孰利：何者為利。㉝不如和利：不如議和之為有利。㉞突厥恃犬羊之眾：犬羊乃詬詈語，蓋視突厥為犬羊也。㉟恩威：恩德威勢。㊱中書令封德彝曰……則恩威兼著矣：按此段乃錄自《舊唐書・封倫傳》，而間有改易。㊲汾州：《舊唐書・地理志》二：「河東道、汾州，隋西河郡，武德元年，以介休郡為介州，西河郡為浩州，三年改浩州為汾州。」㊳顗：音一。㊴武州：《舊唐書・地理志》三：

「隴右道、武州，隋武都郡，武德元年置武州。」㉚突厥寇廉州，戊寅陷大震關：《舊唐書・地理志》二：「河北道、定州，武德四年置總管府，管趙、宗、觀、廉、幷、邢等州，貞觀元年，以廢廉州之鼓城來屬。」胡三省曰：「大震關在隴州汧源縣，當隴山之路。程大昌曰：『漢武帝至此，遇雷大震，因以為名。』按寇廉州者，幷州之寇，陷大震關者，原州之寇也。」㉛填：滿。㉜負約：違背約誓。㉝辨詰：辯論詰難。㉞皆入國人：《舊唐書・鄭善果附元璹傳》作：「皆入將士。」當作將士，以求顯明。㉟於可汗何有：謂於可汗何利之有。㊱和親：和好結親。㊲跋涉：草行曰跋，水行曰涉。㊳金幣：黃金幣帛。㊴昆弟：兄弟。㊵積年：猶累年。㊶歡：好。㊷上遣鄭元璹詣頡利……頡利悅，引兵還：按此段乃錄自《舊唐書・鄭善果附元璹傳》，而間有改易。㊸數：猶屢。㊹交州：胡三省曰：「西魏置北秦州於上郡，廢帝三年，改曰交州。」㊺弘州：《隋書・地理志》上：「弘化郡，弘化縣，開皇十八年置弘州，大業初州廢。」㊻靈州：《舊唐書・地理志》一：「關內道、靈州，隋靈武郡，武德元年，改為靈州總管府。」㊼領軍將軍：《唐六典》卷二十四：「左右領軍衛，將軍各二人，從三品。」㊽甘州：《舊唐書・地理志》三：「隴右道、甘州，隋張掖郡，武德二年平李軌，置甘州。」㊾鹽州：胡三省曰：「此鹽州即東鹽州。」㊿蠡州：胡三省曰：「武德五年，以瀛州之博野、清苑，定州之義丰，置蠡州，因漢蠡吾亭以名州也。」(51)貝州：《舊唐書・地理志》二：「河北道、貝州，隋為清河郡，武德四年平竇建德，置貝州。」(52)鄃縣：同志：「貝州、夏津，舊鄃縣，天寶元年改為夏津。」音輸。(53)右武候將軍：《唐六典》卷二十五：「左右金吾衞大將軍，至隋置左右武候府，大業三年，改為左右武候衞，皇朝因之。將軍各二人，從三品。」(五四)晏城：《隋書・地理志》中：「信都郡，舊置冀州，屬鹿城縣，開皇十六年置晏城，大業初廢入。」(五五)北平：《隋書・地理志》中：「北平郡，舊置平州。」(五六)左右十二衞大將軍：《唐六典》卷二十四：「十二衞：左右衞、左右驍衞、左右武衞、左右屯衞、左右領軍衞、左右候衞。」(五七)下博：《舊唐書・地理志》二：「河北道、冀州，隋信都郡，武德四年改為冀州，六年置總管府，移治所於下博。」(五八)不協：不和協。(五九)擁兵：據兵。(六〇)淮陽小兒：按《舊唐書・淮陽王道玄傳》作：「吾奉手詔，言：『淮陽小兒，雖名為將，而軍之進止，皆委於吾。』」則小兒乃係輕蔑之辭，而此之小兒，則係年幼之意。上下文遭有增刪，而小兒一辭之涵意，遂迥有不同。(六一)輕脫：輕躁佻脫。(六二)以王餌賊：以王為賊之餌，藉以獲賊，蓋此乃以釣而為喻也。(六三)勒兵：部勒兵卒。(六四)慕効：景慕而効法之。(六五)行軍總管淮陽壯王道玄……為之流涕：按此段乃錄自《舊唐書・淮陽王道玄傳》，字句大致相同。(六六)危殆：危險困殆。(六七)循州：《舊唐書・地理志》四：「嶺南道、循州，隋龍川郡，武德五年，改為循州總管府。」(六八)南昌州：《舊唐書・地理志》三：「江南道、洪州、建昌縣，武德五年分置南昌州，領建昌、龍安、永修三縣。」(六九)安成：同志三：「江南道、吉州、安福縣，吳置安城郡於此，隋廢為安復，後改為安福。」(七〇)袁州：同志三：「江南道、袁州，隋宜春郡，武德四年平蕭銑，置袁州。」(七一)應：響應。(七二)洪州總管若干則遣兵擊破之：按《舊唐書・李子通附林士弘傳》作：「王戎於是召士弘，藏之於宅，招誘舊兵，更謀作亂。其年洪州總管張善安密知其事，發兵討之，會士弘死，部兵潰散，戎為善安所虜。」兩書紀載，頗有不同。然以事實之時代考之，林士弘走保安成山洞，袁州人相聚應之之時，其率兵擊之者乃為洪州總管若干則，至士弘死，部眾潰散，而發兵以擒王戎者，則為洪州總管張善安。（可參看《舊唐書・李子通附張善安傳》）雖同為洪州總管，且同係討林士弘，而人員則有更迭，斯總管之姓名雖不相同，而於事實則固不相背也。(七三)林士弘遣其弟鄱陽王藥師……其眾遂散：按此段乃錄自《舊唐書・李子通附林士弘傳》，字句大致相同。(七四)震駭：震動驚駭。(七五)叛附：叛變而歸附。(七六)淮南王道玄之敗也……齊王元吉畏黑闥兵彊，不敢進：按此段乃本於《舊唐書・劉黑闥傳》，而敍事則稍有增溢。(七七)所致：猶所創獲。(七八)寬簡：寬弘簡易。(七九)遊畋：遊獵。(八〇)內不自安：猶心不自安。(八一)協謀：合謀。(八二)傾：傾排。(八三)黨友：黨羽友朋。(八四)小王且二十人：《舊唐書・高祖二十二子傳序》：「高祖二十二男，尹德妃生酆王元亨，莫嬪生荊王元景，孫嬪生漢王元昌，宇文昭儀生韓王元嘉，魯王靈夔，崔嬪生鄧王元裕，楊嬪生江王元祥，小楊嬪生舒王元名，郭婕妤生徐王元禮，劉婕妤生道王元慶，楊美人生虢王鳳，張美人生霍王元軌，張寶林生鄭王元懿，柳寶林生滕王元嬰，王才人生彭王元則，魯才人生密王元曉，張氏生周王元方。」且者將也，謂將近二十人之譜。(八五)諂諛：諂媚阿諛。(八六)無所不至：謂無處不至。(八七)求媚：求媚幸。(八八)蒸：謂以下淫上。(八九)宮禁深秘、莫能明也：謂宮禁深邃秘密，外間莫能悉其底蘊。(九〇)橫長安中：橫行於長安中。(九一)恣：縱恣。(九二)詰：責問。(九三)承乾殿：胡三省曰：「閣本太極宮圖，月華門內有承慶殿，無承乾殿。按新書承乾殿在西宮，又按王溥會要，承乾殿在宮中，蓋皆指太極宮。」

（五四）武德殿：《唐六典》卷七：「左曰虔化門，虔化之東曰武德西門，其內有武德殿。」胡三省曰：「武德殿在東宮西。按閣本太極宮圖，武德殿在虔化門東，入門，過內倉廩、立政殿、萬春殿，即東上閤門。」（五五）上臺：胡三省曰：「上臺謂帝居。」（五六）禁限：禁止限隔。（五七）太子令、秦齊王教：太子所下之命令為令，秦齊二王所下者則曰教。（五八）並行：同行，亦即發生同等效力。（五九）唯據得之先後為定：謂唯據所得上述三者之先後次第以為準繩，其意乃為先得者則先施行之，而後至者則屏而不問。（六〇）譽：稱譽。（六一）短：短毀。（六二）選閱：閱視而選擇之。（六三）寶貨：珍寶財貨。（六四）籍奏：謂已登入簿籍而上奏訖。（六五）婕妤：《舊唐書・后妃傳》：「唐因隋制，皇后之下有貴妃、淑妃、德妃、賢妃各一人為夫人，正一品。……婕妤九人，正三品。」（六六）手敕：親手書寫之詔敕。（六七）教：指秦王之教。（六八）我手敕不如汝教邪：《舊唐書・隱太子建成傳》作：「我詔敕不行，爾之教命，州縣即受。」意義較為具體，《通鑑》則以其俗淺，而改如上文，然二者實各有其長短焉。（六九）典兵：掌兵。（七〇）為書生所教：《舊唐書・隱太子建成傳》作：「為讀書漢所教。」按漢人在六朝五胡亂華之際，率為夷狄隸屬，其地位極卑，直與奴婢相埒，故稱漢乃所以詬之。此讀書漢，實當時卑視讀書人之詈罵語，應保存之為是。（七一）非復昔日子也：謂非復如昔日之順良。（七二）毆：毆擊。（七三）汝何人：《舊唐書・隱太子建成傳》作：「汝是何人。」是汝何人之全釋乃為汝是何人。（七四）敢過我門：謂竟敢過我之門前。（七五）陵暴：欺陵侵暴。（七六）小民：謂凡人百姓。（七七）辯析：辯論剖析。（七八）思太穆皇后早終：據《舊唐書・后妃傳》，高祖太穆皇后竇氏，帝未即位先崩，上元元年改上尊號曰太穆順聖皇后。（七九）顧：猶視。

⑳譖：謗毀。㉑幸無事：幸無事故。㉒春秋高：年齡高。㉓憎疾：憎惡疾恨。㉔萬歲後：謂死後，核人壽無過萬歲者，故言萬歲後，亦即死後也。㉕容：容納。㉖無孑遺矣：言必皆誅翦，無有孑然見遺者也。㉗屬：屬託。㉘浸疏：稍漸疏淡。㉙世民居承乾殿……而建成元吉日親矣：按此段乃錄自《舊唐書・隱太子建成傳》，次序雖有顛倒，而文字則大致相同。㉚太子中允：《唐六典》卷二十六：「太子左春坊，太子中允二人，正五品下。後漢太子官屬有中允，在中庶子下，洗馬上，此後無聞。皇朝貞觀初，改太子中舍人為中允。」㉛洗馬：《唐六典》卷二十六：「司經局，洗馬二人，從五品下。漢太子少傅屬官有太子洗馬，後漢員十六人，職如謁者，太子出，則當直者一人在前導威儀，蓋洗馬之義也。」㉜功蓋天下：謂功勳掩蓋天下，亦即高於天下之人。㉝殿下：呼太子之稱謂。㉞以鎮服海內：以鎮壓人心，而使海內歸服。㉟亶：亦乏。㊱拉朽：謂如摧枯拉朽，二者皆以枯木為喻。㊲太子中允王珪……太子乃請行於上，上許之：按此段乃本於《舊唐書・隱太子建成傳》，而微有溢出。㊳珪，頍之兄子：王頍，僧辯之子，死於隋漢王諒反時。㊴處分：猶處置。㊵得以便宜從事：謂得根據事體之便利適宜，而先行處理，然後再以奏聞。㊶梁師都遣弟洛兒：《舊唐書・江夏王道宗傳》，洛兒作洛仁。㊷故五原：《隋書・地理志》上：「鹽川郡、五原縣，後魏置郡曰大興，西魏改為五原，大業初置鹽川郡。」㊸斥地：開拓土地。㊹如魏任城王彰：胡三省曰：「魏任城王彰，曹操之子，擊烏丸有功。」㊺封宗室略陽公道宗等十八人為郡王……乃立為任城郡王：按此段乃錄自《舊唐書・江夏王道宗傳》，字句大致相同。㊻宜州：《舊唐書・地

理志》一：「關內道、京兆府、華原縣，舊宜州，領華原、宜君、同官、土門四縣。」㊼富平：今陝西省富平縣。㊽勒兵：猶率兵。㊾元城：《舊唐書・地理志》二：「河北道、魏州、元城，隋縣，治古殷城，古殷城在朝城東北十二里。」㊿華池：同志一：「關內道、京兆府、三原縣，隋縣，武德四年，移治清父南故任城，改為池陽縣，六年又移故所，改為華池縣。」(51)莘州：同志二：「河北道、魏州、莘縣，隋置新州，武德五年改為莘州，領莘、臨黃、武陽、武水四縣。」(52)長吏：州縣中之重要官員，如別駕、長史、司馬、丞、主簿等皆是。(53)猜：猜疑。(54)離怨：攜離怨恨。(55)白：告、陳。(56)爾曹：爾輩。(57)戒：告戒。(58)負：背負。(59)發：發舉。(60)管鑰：管鍵鑰匙。(61)感激：感動。(62)遂更歸心：遂改而歸心。(63)收：獲。(64)昌樂：《舊唐書・地理志》二：「河北道、魏州、昌樂縣，隋廢昌樂縣入繁水，武德五年復置。」(65)其將帥皆懸名處死：胡三省曰：「言亡命者，先書其名，處以死罪也。」(66)係虜：係通繫，謂縛繫而囚虜之。(67)黨與：黨徒及相與者。(68)囚俘：即上之係虜。(69)遣：遣歸。(70)則可坐視離散矣：完全之文句為則可坐視其黨與之離散矣。(71)渠：魁。(72)館陶：今山東省館陶縣，在臨清縣西南，衛河東岸。(73)永濟橋：隋煬帝鑿永濟渠，渠上之橋，取永濟以為名。(74)背水：背部負水。(75)捨仗：捨棄兵仗。(76)遣還中國民，前後以萬數：按《舊唐書・高麗傳》作：「建武悉搜括華人，以禮賓送，前後至者萬數。」查唐代之萬數，乃係萬餘，而《通鑑》之以萬數，則係以萬為單位而計算之，其數目至少為兩萬以上，與萬數之大小，迥不相同。《通鑑》若無他據，而只依行文慣例，視萬數為以萬數，則殊違唐代萬數之義，而與當時實際人數大有出入矣。㉚上以隋末戰士，多沒於高麗……前後以萬數：按此段乃用《舊唐書・高麗傳》之文，而稍加隱括。

六年（西元六二三年）

㈠春，正月，己卯，劉黑闥所署㊀饒州㊁刺史諸葛德威執黑闥，舉城降，時太子遣騎將劉弘基追黑闥，黑闥為官軍所迫，奔走不得休息，至饒陽，從者纔百餘人，餒甚，德威出迎，延黑闥入城，黑闥不可，德威涕泣固請，黑闥乃從之，至城旁市中憩㊂止，德威饋之食，食未畢，德威勒兵執之，送詣太子，并其弟十善，斬於洺州。【考異】革命記：「劉黑闥走至深州，崔元遜為偽深州總管，黑闥欲至城中，陳列三千餘兵，擬納黑闥，據城拒守，北勾突厥，諸葛德威為車騎，領當城之兵，有張善護者，先任鄉長，來就軍中，語三五少年曰，可捉黑闥以取富貴，今若不捉，在後終是擾亂山東，廢我等作生活。諸少年咸云，非諸葛車騎不可。善護知德威非得酒食，不肯出師，乃於家宰一肥豬，出酒一石，延德威而語之，德威許諾。黑闥至，元遜乃請之入城，而不許，唯就市中遣鋪設而坐食，元遜請以城出兵呈閱，言並精銳，必堪拒守，黑闥食而許之。元遜乃召兵以呈之，德威以前領軍卒出，即就市擒劉黑闥，送於洺州皇太子所。元遜與數十人奔突厥，斬黑闥於洺州城西，臨刑乃嘆云云。」今從實錄，亦兼采革命記。黑闥臨刑，嘆曰：「我幸在家鉏菜㊃，為高雅賢輩所誤至此。」

㈡壬午，巂州㊄人王摩沙舉兵，自稱元帥，改元進通，遣驃騎將軍衛彥討之。

㈢庚子，以吳王杜伏威為太保⑥。

㈣二月，庚戌，上幸驪山⑦溫湯，甲寅，還宮。

㈤平陽昭公主⑧薨，戊午，葬公主，詔加前後部鼓吹⑨，班劍⑩四十人，武賁⑪甲卒⑫；太常奏禮婦人無鼓吹⑬，上曰：「鼓吹、軍樂也，公主親執金鼓⑭，興義兵，以輔成⑮大業，豈與常婦人比乎⑯！」

㈥丙寅，徐圓朗窮蹙，與數騎棄城走，為野人⑰所殺，其地悉平⑱。

㈦林邑王梵志⑲遣使入貢。初，隋人破林邑⑳，分其地為三郡㉑，及中原喪亂，林邑復國，至是始入貢。

㈧幽州總管李藝請入朝，庚午，以藝為左翊衛大將軍㉒。

㈨廢參旗等十二軍㉓。

㈩三月，癸未，高開道掠文安㉔、魯城㉕，驃騎將軍平善政邀擊，破之。

⑾庚子，梁師都將賀遂、索同以所部十二州來降。

⑿乙巳，前洪州總管張善安反，遣舒州㉖總管張鎮周等擊之。

㈢夏，四月，吐谷渾寇芳州㈦。刺史房當樹奔松州㈧。

㈣張善安陷孫州㈨，執總管王戎而去。

㈤乙丑，鄜州道行軍總管段德操擊梁師都，至夏州，俘其民畜而還。

㈥丙寅，吐谷渾寇洮㈩岷二州。

㈦丁卯，南州㈡刺史龐孝恭、南越州民寧道明、高州首領馮暄俱反，陷南越州，進攻姜州，合州刺史寧純引兵救之。

㈧壬申，立皇子元軌為蜀王，鳳為豳王，元慶為漢王。【考異】實錄以皇子元真為邵王，鶴為豳王。新本紀，封元璹為蜀王。按高祖子無名元真、鶴、元璹、及封郡王者，今從舊傳及唐歷。

㈨癸酉，以裴寂為左僕射，蕭瑀為右僕射，楊恭仁為吏部尚書㈢兼中書令，封德彝為中書令。

㈩五月，庚辰，遣岐州㈢刺史柴紹救岷州。

㈡庚寅，吐谷渾及党項寇河州㈣，刺史盧士良擊破之。

㈡丙申，梁師都將辛獠兒引突厥寇林州㈤。

㈢戊戌，苑君璋將高滿政寇代州，驃騎將軍林寶言擊走之。

㈣癸卯，高開道引奚㈢騎寇幽州，長史王詵擊破之。劉黑闥之叛也，突地稽引兵助唐，徙其部落於幽州之昌平㈢城，高開道引突厥寇幽州，突地稽將兵邀擊，破之。

㈤六月，戊午，高滿政以馬邑來降。先是，前幷州總管劉世讓除廣州總管，將之官，上問以備邊之策，世讓對曰：「突厥比數㈢為寇，良以馬邑為之中頓㈢故也，請以勇將戍崞城㈣，多貯金帛，募有降者厚賞之，數出騎兵掠其城下，蹂㈣其禾稼，敗其生業㈣，不出歲餘，彼無所食，必降矣。」上然其計，曰：「非公誰為勇將？」即命世讓戍崞城㈣，馬邑病之㈣。是時馬邑人多不願屬突厥，上復遣人招諭㈣苑君璋，高滿政說苑君璋盡殺突厥戍兵，降唐，君璋不從，滿政因眾心所欲，夜襲㈣君璋，君璋覺之，亡奔突厥，滿政殺君璋之子及突厥戍兵二百人而降㈣。

㈥壬戌，梁師都以突厥寇匡州㈣。

㈦丁卯，苑君璋與突厥吐屯設寇馬邑，高滿政與戰，破之，以滿政為朔州㈣總管，封榮國公。

(廿八)瓜州(五〇)總管賀若懷廣按部(五一)至沙州，值州人張護、李通反，懷廣以數百人保子城(五二)，涼州總管楊恭仁遣兵救之，為護等所敗。

(廿九)癸酉，柴紹與吐谷渾戰，為其所圍，虜乘高(五三)射之，矢下如雨，紹遣人彈胡琵琶，二女子對舞，虜恠(五四)之，駐弓矢(五五)相與聚觀，紹察其無備，潛(五六)遣精騎出虜陳後擊之，虜眾大潰(五七)。

(卅)秋，七月，丙子，苑君璋以突厥寇馬邑，右武候大將軍(五八)李高遷及高滿政禦之，戰於臘河谷，破之。

(卅一)張護、李通殺賀若懷廣，【考異】實錄上云張護，此云高護，今從上。立汝州(五九)別駕竇伏明為主，進逼瓜州，長史趙孝倫擊却之。高開道掠赤岸鎮(六〇)及靈壽、九門、行唐三縣(六一)而去。

(卅二)丁丑，嵐州(六二)刺史馮士翽(六三)據新會反，廣州刺史劉感討降之，使復其位(六四)。

(卅三)辛巳，高開道所部弘陽、統漢二鎮(六五)來降。

(卅四)癸未，突厥寇原州，乙酉，寇朔州(六六)，李高遷為虜所敗，行軍總管尉遲敬德將兵救之。己亥，遣太子將兵屯北邊(六七)，秦王世民屯幷州(六八)，以備突厥。八月，丙辰，突厥寇真州(六九)，又寇馬邑。

(卌五)壬子，淮南道行臺僕射輔公祏反。【考異】舊傳云：「沈法興據毗陵，公祏擊破之。」按法興武德三年已為李子通所滅，舊傳誤也。 初杜伏威與公祏相友善，公祏年長，伏威兄事之(七〇)，軍中謂之伯父，畏敬與伏威等。伏威浸(七一)忌之，乃署其養子闞稜為左將軍，王雄誕為右將軍。潛奪其兵權，公祏知之，怏怏(七二)不平，與其故人左遊仙陽(七三)為學道辟穀(七四)以自晦(七五)，及伏威入朝，留公祏守丹陽(七六)，令雄誕典兵為之副，陰謂雄誕曰：「吾至長安，苟不失職(七七)，勿令公祏為變(七八)。」伏威既行，左遊仙說公祏謀反(七九)，而雄誕握兵，公祏不得發，乃詐稱得伏威書，疑雄誕有貳心，雄誕聞之不悅，稱疾不視事(八〇)，公祏因奪其兵，使其黨西門君儀諭以反計，雄誕始寤(八一)而悔之，曰：「今天下方平(八二)，吳王又在京師，大唐兵威(八三)，所向無敵，奈何無故自求族滅乎？雄誕有死而已，不敢聞命。今從公為逆，不過延百日之命(八四)耳，大丈夫安能愛斯須(八五)之死，而自陷於不義乎！」公祏知不可屈，縊殺之。雄誕善撫(八六)士卒，得其死力，又約束(八七)嚴整，每破城邑，秋毫無犯，死之日，江南軍中及民間皆為之流涕(八八)。公祏又詐稱伏威不得還江南，貽書(八九)令其起兵，大脩鎧仗(九〇)，運糧儲(九一)，尋(九二)稱帝於丹楊，國號宋，脩陳故宮室(九三)而居之，署置百官，以左遊仙為兵部尚書、東南道大使、越州(九四)總管，與張善安連兵，以善安為西南道大行臺(九五)。

(卅六)己未，突厥寇原州。

(卅七)乙丑，詔襄州道行臺僕射趙郡王孝恭以舟師趣江州(九六)，【考異】實錄，八月乙丑已云遣孝恭率兵趣江州，至九月戊子又云，蓋因徐紹宗等侵邊而言之也。嶺南道大使李靖以交、廣、泉、桂之眾趣宣州(九七)，懷州總管黃君漢出譙、亳(九八)，齊州總管李世勣出淮泗(九九)，以討輔公祏。孝恭將發，與諸將宴集(一〇〇)，命取水，忽變為血，在坐者皆失色(一〇一)，孝恭舉止自若，曰：「此乃公祏授首(一〇二)之徵(一〇三)也。」飲而盡之，眾皆悅服(一〇四)。

(卅八)丙寅，吐谷渾內附(一〇五)。

(卅九)辛未，突厥陷原州之善和鎮，癸酉，又寇渭州(一〇六)。

(四十)高開道以奚侵幽州，州兵擊卻之。

(四一)九月，太子班師(一〇七)。

（四二）戊子，輔公祏遣其將徐紹宗寇海州（一八），陳政通寇壽陽（一九）。

（四三）卭州（二〇）獠反，遣沛公鄭元璹討之。

（四四）庚寅，突厥寇幽州。

（四五）壬辰，詔以秦王世民為江州道行軍元帥。

（四六）乙未，竇伏明以沙州（二一）降。【考異】實錄云伏明斬賀拔威，以城來降。按五年五月，實錄瓜州人王幹殺賀拔威以降，則威死久矣，此誤也。按上文作賀若懷廣死，而立竇伏明為沙州主，當考。

（四七）高昌王麴伯雅卒，子文泰立（二二）。

（四八）丙申，渝州（二三）人張大智反，刺史薛敬仁棄城走。

（四九）壬寅，高開道引突厥二萬騎寇幽州。

（五十）突厥惡弘農公劉世讓為己患，遣其臣曹般陀來言世讓與可汗通謀，欲為亂，上信之。冬，十月，丙午，殺世讓，籍其家（二四）（二五）。

（五一）秦王世民猶在幷州，己未，詔世民引兵還。

（五二）上幸華陰。

（五三）張大智侵涪州（二六），刺史田世康等討之，大智以眾降。

（五四）初上遣右武候大將軍李高遷助朔州總管高滿政守馬邑，苑君璋引突厥萬餘騎至城下，滿政擊破之，頡利可汗怒，大發兵攻馬邑，高遷懼，帥所部二千人斬關㉗宵遁㉘，虜邀之，失亡者半。頡利自帥眾攻城，滿政出兵禦之，或一日戰十餘合，上命行軍總管劉世讓救之，至松子嶺，不敢進，還保崞城。會頡利遣使求婚，上曰：「釋㉙馬邑之圍，乃可議婚。」頡利欲解兵，義成公主固請攻之，頡利以高開道善為攻具，召開道與之攻馬邑甚急，頡利誘滿政使降，滿政罵之，糧且盡，救兵未至，滿政欲潰圍㉚走，朔州右虞候㉛杜士遠以虜兵盛，恐不免，壬戌，殺滿政，降於突厥㉜。苑君璋復殺城中豪傑與滿政同謀者三十餘人，上以滿政子玄積為上柱國㉝，襲爵。丁卯，突厥復請和親，以馬邑歸唐，上以將軍秦武通為朔州總管。

㊅突厥數為邊患，并州大總管府長史竇靜表請於太原置屯田㉞，以省餽運㉟。議者以為煩擾，不許，靜切論㊱不已，敕徵靜入朝，使與裴寂、蕭瑀、封德彝相論難㊲於上前，寂等不能屈，乃從靜議，歲收穀數千斛。上善之，命檢校并州大總管。靜，抗之子也㊳。十

一月，辛巳，秦王世民復請增置屯田於并州之境，從之。

(五六)黃州總管周法明將兵擊輔公祏，張善安據夏口(二九)拒之，法明屯荊口鎮(三〇)，壬午，法明登戰艦飲酒，善安遣刺客數人，詐乘魚艓(三一)而至，見者不以為虞(三二)，遂殺法明而去。

(五七)甲申，舒州(三三)總管張鎮周等擊輔公祏將陳當世於猷州(三四)之黃沙，大破之。

(五八)丁亥，上校獵於華陰。己丑，迎勞秦王世民於忠武頓(三五)。

(五九)十二月，癸卯，安撫使李大亮誘張善安，執之，大亮擊善安於洪州，與善安隔水而陳，遙相與語，大亮諭以禍福，善安曰：「善安初無反心，正為將士所誤(三六)，欲降，又恐不免。」大亮曰：「張總管有降心，則與我一家耳(三七)。」因單騎度水入其陳，與善安執手共語(三八)，示無猜間(三九)，善安大悅，遂許之降。既而善安將數十騎詣大亮營，大亮止其騎於門外，引善安入，與語久之，善安辭去，大亮命武士執之，從騎皆走(四〇)。善安營中聞之，大怒，悉眾而來，將攻大亮，大亮使人諭之曰：「吾不留總管，總管赤心(四一)歸國，謂我曰：『若還營，恐將士或有異同㊷；為其所制㊸。』故自留不去耳。卿輩何怒於我？」其黨復大罵曰：「張總管賣我以自媚於人㊹。」遂皆潰去，大亮追擊，多所虜獲，送善安於長安，善安自稱不與輔公祏交通，上赦其罪，善遇之。及公祏敗，得所與往還㊺書，乃殺之㊻。

(六十)甲寅，車駕至長安。

(六一)己巳，突厥寇定州，州兵擊走之。

(六二)庚申，白簡、白狗羌㊼並遣使入貢。

【今註】㊀署：任。㊁饒州：胡三省曰：「饒陽縣，前漢屬涿郡，隋屬河間郡，唐屬深州，黑闥分置饒州。」㊂憩：休息，音ㄑㄧˋ。㊃我幸在家鉏菜：鉏通作鋤，猶我原在家中種植蔬菜。㊄巂州：《舊唐書・地理志》四：「劍南道、巂州，隋越巂郡，武德元年改為巂州。」音髓。㊅以吳王杜伏威為太保：唐制，太師、太傅、太保謂之三師，正一品，天子所師法，無所統職，功德崇重者，乃使居之。㊆驪山：在今陝西省臨潼縣東南，與藍田縣藍田山相連。山下有溫泉，唐玄宗起華清宮於此。㊇平陽昭公主：《舊唐書・柴紹傳附平陽公主傳》：「公主，高祖第三女，太穆皇后所生。」㊈前後部鼓吹：謂前部後部，共為二部。㊉班劍：班，列也，持劍成列，夾道而行。⑪武賁：即虎賁，唐以避諱改作武賁，謂勇猛之士。⑫甲卒：鎧甲精銳之士卒。⑬太常奏禮婦人無鼓吹：按此太常所奏之疏，以列傳未載，故其所言理由，殊不可知。然後來中宗應韋庶人之請，而命自妃主及命婦宮官葬日請給鼓吹時，唐臨（附唐紹傳後）所諫之章，則昭然具在，爰錄之以明婦人不可用鼓吹之理由。文云：「竊聞鼓吹之樂，本為軍容，昔黃帝涿鹿有功，以為警衛，故棡鼓曲有靈夔、吼鵰、鶚爭、石墜崖、壯士怒之類，自昔功臣備禮，適得用之，丈夫有四方之功，以恩加寵錫。假如郊天祀地，誠是重儀，惟有宮懸，本無案據。故知軍樂所備，尚不洽於神祇，鉦鼓之音，豈能接於閨閫？準式、公主王妃已下葬禮，惟有團扇、方扇、綵帷、錦鄣之色，加之鼓吹，歷代未聞。」⑭金鼓：金，鉦鑼之屬。⑮輔成：佐成。⑯平陽昭公主薨……豈與常婦人比乎：按此段乃錄自《舊唐書・柴紹附平陽公主傳》，字句大致相同。⑰野人：田野之人。⑱徐圓朗窮蹙……其地悉平：按此段乃錄自《舊唐書・劉黑闥附徐圓朗傳》，字句幾全相同。⑲林邑王梵志：按《舊唐書・林邑傳》，其王姓范，名范梵志。⑳初隋人破林邑：見卷一百八十隋大業九年。㉑分其地為三郡：《隋書・地理志》下：「比景郡、海陰郡、林邑郡，皆大業元年平林邑置。」㉒左翊衛大將軍：《唐六典》卷二十四：「左右衛大將軍，各一人，正三品，煬帝大業十三年復置左右衛為左右翊衛。」㉓廢參旗等十二軍：十二軍詳見卷一百八十八，二年。㉔文安：今河北省文安縣。㉕魯城：《隋書・地理志》中：「河間郡、魯城，開皇十六年置。」河間郡唐改為瀛州。㉖舒州：《舊唐書・地理志》三：「舒州，隋同安郡，武德四年改為舒州。」㉗芳州：胡三省曰：「西魏逐吐谷渾，置同昌郡及封德等縣。後周以縣立芳州。武德元年，以同昌之常芬縣置芳州。」㉘松州：胡三省曰：「後魏時，白水羌舒彭遣使朝貢，始置甘松縣。隋改甘松縣為嘉誠縣，屬同昌郡，武德初，置松州，取甘松嶺為名。」㉙孫州：《新唐書・地理志》：「武德五年，以洪州南昌縣置孫州，以建昌縣置南昌州。」㉚洮州：《舊唐書・地理志》三：「隴右道、洮州，隋臨洮郡，武德二年置洮州。」㉛南州：胡三省曰：「武德四年，以合浦郡之南昌、合浦地置南州，六年改白州，合浦郡舊置越州，隋改合州，武德四年復曰越州，加南字，以別會稽之越州也。」《舊唐書・地理志》四：「嶺南道、廉州、封山，隋縣，武德五年置姜州。」同志：「雷州，隋合浦郡之海康縣，武德五年平蕭銑，置南合州。」㉜以裴寂為左僕射……楊恭仁為吏部尚書：按此段乃錄自《舊唐書・高祖紀》武德六年文，字句大致相同。㉝岐州：《舊唐書・地理志》一：「關內道、鳳翔府，隋扶風郡，武德元年改為岐州。」㉞河州：同志三：「隴右道、河州，隋枹罕郡，武德二年平李軌，置河州。」㉟林州：同志一：「關內道、慶州、華池，隋舊縣，武德四年，於此置林州總管府。」㊱奚：《舊唐書・北狄奚傳》：「奚國，蓋匈奴之別種也，所居亦鮮卑故地，即東胡之界也。」㊲昌平：今河北省昌平縣，地當居庸關南口。㊳比數：近屢。㊴中頓：謂中途有城有糧，可以駐食也。唐人多言供頓或置頓。㊵崞城：今山西省崞縣，音郭。㊶蹂：踐踏。㊷生業：賴以為生之業，亦即產業。㊸先是前幷州總管劉世讓……即命世讓戍崞城：按此段乃錄自《舊唐書・薛萬徹附劉世讓傳》，字句大致相同。㊹病：患。㊺招諭：招誘勸諭。㊻襲：暗擊。㊼是時馬邑人多不願屬突厥……殺突厥戍兵二百人而降：按此段乃錄自

《舊唐書・劉武周附苑君璋傳》，字句大致相同。㊽匡州：《舊唐書・地理志》一：「關內道、綏州、延福縣，隋縣，武德六年置匡州，領安定、源泉二縣。」㊾朔州：同志二：「河東道、朔州，隋馬邑縣，武德四年置朔州。」㊿瓜州：同志三：「隴右道、瓜州，隋燉煌郡之常樂縣，武德五年置瓜州，仍立總管府。」(51)按部：古名州曰部，按部即按行州中。(52)子城：謂內城。(53)乘高：憑高。(54)恠：同怪。(55)駐弓矢：停駐弓矢。(56)潛：暗。(57)柴紹與吐谷渾戰……虜眾大潰：按此段乃錄自《舊唐書・柴紹傳》，字句大致相同。(58)右武候大將軍：《唐六典》卷二十五：「左右金吾衛大將軍，各一人，正三品。大業三年改為左右武候衛，皇朝因之，龍二年改為左右金吾衛。」(59)汝州：胡三省曰：「汝當作沙。」(60)赤岸鎮：《九域志》：「定州唐縣有赤岸鎮。」(61)靈壽、九門、行唐三縣：據《舊唐書・地理志》二，三縣皆在河北道、鎮州境內。(62)崗州：《隋書・地理志》下：「南海郡、新會，開皇十一年改為允州，後又改為崗州，大業初州廢。」《舊唐書・地理志》四：「嶺南道廣州，武德四年討平蕭銑，置廣州總管府，管廣東、衞、洭、南綏、岡五州。十三年省岡州，以義寧、新會二縣並屬廣州。」(63)翽：ㄏㄨㄟˋ。(64)使復其位：使復其原有之官位。(65)弘陽統漢二鎮：鎮乃軍事區域之稱，周隋時小曰防，大曰鎮。(66)朔州：《舊唐書・地理志》二：「河東道、朔州，隋馬邑縣，武德四年置朔州。」(67)遣太子將兵屯北邊：乃以備原州之寇。(68)秦王世民屯幷州：乃以備朔州之寇。(69)真州：胡三省曰：「舊志，武德二年置綏州總管府，管雲、銀、真等十一州，真州蓋置於銀州真鄉縣也。」按武英殿本《舊唐書》，真皆作貞。(70)伏威兄事之：伏威以兄禮事之。(七一)浸：漸。(七二)怏怏：意不平貌。(七三)陽：猶佯。(七四)學道辟穀：道指老氏之道，辟通避，謂不食穀粒。(七五)以自晦：以自韜晦。(七六)丹陽：此南朝之舊丹楊郡。(七七)苟不失職：苟若不失爵職。(七八)為變：為變亂。(七九)初杜伏威與公祏相友善……左遊仙說公祏謀反：按此段乃錄自《舊唐書・杜伏威附輔公祏傳》，字句大致相同。(八〇)視事：謂視閱文書，亦即理事。(八一)寤：覺悟。(八二)今天下方平：《舊唐書・杜伏威附王雄誕傳》作：「當今方太平。」是平即太平也。(八三)兵威：兵之威勢。(八四)百日之命：百日之生命。(八五)斯須：猶須臾。(八六)撫：撫循。(八七)約束：本傳作：「約勒。」是乃為管理之意，然約束二字，若單獨用之，則常與法律相類。(八八)而雄誕握兵……軍中及民間皆為之流涕：按此段乃錄自《舊唐書・王雄誕傳》，字句大致相同。(八九)貽書：與書札。(九〇)鎧仗：鎧甲器仗。(九一)糧儲：糧粟及軍用儲積之物。(九二)尋：不久。(九三)陳故宮室：陳國之舊宮室。(九四)越州：《舊唐書・地理志》三：「江南道、越州，隋會稽郡，武德四年平李子通，置越州總管。」(九五)西南道大行臺：蓋為西南道大行臺之尚書令或僕射。(九六)江州：《舊唐書・地理志》三：「江南道、江州，隋九江郡，武德四年平林士弘，置江州。」(九七)宣州：同志三：「江南道、宣州，隋宣城郡，武德三年杜伏威歸化，置宣州總管府。」(九八)譙亳：同志一：「河南道亳州，隋譙郡，武德四年平王世充，改為亳州。」是譙亳乃指一地而言，以其舊係譙郡，且較馳名，故遂與亳而連言之。(九九)淮泗：自泗水入淮。(一〇〇)宴集：猶宴會。(一〇一)失色：變色。(一〇二)授首：謂獻出首級，亦即被殺。(一〇三)徵：徵驗。(一〇四)孝恭將發……眾皆悅服：按此段乃錄自《舊唐書・河間王孝恭傳》，字句幾全相同。(一〇五)內附：猶來附。(一〇六)渭州：《舊唐書・

地理志》三：「隴右道、渭州，隋隴西郡，武德元年置渭州。」⑰太子班師：自豳州道班師。⑱海州：《舊唐書・地理志》一：「河南道、海州，隋東海郡，武德四年置海州總管府。」⑲壽陽：今安徽省壽縣。⑳邛州：《舊唐書・地理志》四：「劍南道、邛州，隋臨邛郡之依政縣，武德元年割雅州之依政、臨邛、蒲江、火井五縣，置邛州於依政縣。」㉑沙州：同志三：「隴右道、沙州，隋燉煌郡，武德二年置瓜州，五年改為西沙州，貞觀七年去西字。」㉒九月，高昌王麴伯雅卒，子文泰立：按《舊唐書・高昌傳》作：「武德二年，伯雅死，子文泰嗣，遣使來告哀，高祖遣前河州刺史朱惠表往弔之。」二文年時有異。㉓渝州：胡三省曰：「渝州、巴郡，漢江州縣地。」㉔籍其家：《舊唐書・薛萬徹附劉世讓傳》作：「籍沒其家。」按籍其家，乃欲沒收之，故籍之舉，有時實含沒義，因之有沒無沒，其意皆相同也。㉕突厥惡弘農公劉世讓為己患……籍其家：按此段乃錄自《舊唐書・薛萬徹附劉世讓傳》，字句大致相同。㉖涪州：胡三省曰：「涪州、涪陵郡，武德元年以渝州之涪陵鎮置。」音孚。㉗斬關：斬開城門之管鍵。㉘宵遁：夜遁。㉙釋：解。㉚潰圍：突圍。㉛右虞候：胡三省曰：「隋文帝於東宮置左右虞候府，掌斥候，是後州鎮各置虞候以為衙前之職，以備候不虞名官。」㉜壬戌殺滿政降於突厥：胡三省曰：「通鑑據新唐書高祖本紀，自丙午至壬戌，排日書之，但十七日間先書殺劉世讓，後復書命世讓救馬邑及退保事，蓋通鑑序突厥陷馬邑事，書之不詳排日之遠近也。」核胡所言甚當，惟《通鑑》於先書劉世讓被殺，及後言世讓引兵救援，於後之救援事前曾加一初字，以明其事情早已發生，而非在世讓死後方始進行。故通鑑所敍亦次第釐然，絕非荒謬乖忤。讀此段及解此段時，於初字實不宜輕忽放過。（此條係本自李玄伯先生之說。）㉓上柱國：《舊唐書・職官志》一：「上柱國，正第二品，勳官。」㉔屯田：軍隊屯紮而從事墾殖。㉕以省餽運：謂以省餽運之費。㉖切論：頻切議論。㉗論難：謂辯論詰難。㉘突厥數為邊患……靜，抗之子也：按此段乃錄自《舊唐書・竇威附靜傳》，字句大致相同。㉙夏口：在今湖北省武昌縣西黃鵠山上。㉚荊口鎮：胡三省曰：「蓋當荊江之口置鎮，其地在漢陽界。」㉛魚艓：丁度曰：「舟名。」㉜虞：猶慮。㉝舒州：《舊唐書・地理志》三：「淮南道、舒州，隋同安郡，武德四年改為舒州。」㉞猷州：同志三：「江南道、宣州、涇縣，武德三年置猷州，領涇、南陽、安吳三縣。」㉟忠武頓：頓乃行路時暫行停駐而能取得飲食宿住之處。㊱正為將士所誤：《舊唐書・李子通附張善安傳》作：「但為將士所誤。」是正但二字之意，明明相同，而其實亦即只也。㊲則與我一家耳：按意為則與我一家人耳。㊳執手共語：〈張善安傳〉作：「握手交言。」文異而意則相同。㊴猜間：猜間疑間隙。㊵安撫使李大亮誘張善安執之……命武士執之，從騎皆走：按此段乃錄自《舊唐書・李子通附張善安傳》，字句大致相同。㊶赤心：猶誠心。㊷或有異同：謂或有不同之見。㊸制：牽制。㊹以自媚於人：以自求媚幸於人。㊺往還：猶往來。㊻送善安於長安……得所與往還書，乃殺之：按此段乃錄自《舊唐書・張善安傳》，字句大致相同。又此事距張善安之被執，時間當甚久，蓋乃以同人之故，而連及者。㊼白簡白狗羌：胡三省曰：「白簡恐當作白蘭，隋書西域附國傳：『附國有白狗、白蘭等種，其風俗略同於党項，或役屬吐谷渾，或附附國。』」《新唐書・白蘭傳》：「白蘭羌，吐蕃謂之丁零，左屬党項，右與多彌接，勝兵萬人，勇戰鬬，善作兵器。武德六年使者入朝，明年，以其地為維恭二州。」又同書〈白狗傳〉：「白狗羌與東會州接，勝兵纔千人。」

七年（西元六二四年）

㈠春，正月，依周齊舊制，每州置大中正一人，掌知㊀州內人物，品量㊁望第㊂，以本州門望㊃高者領之，無品秩㊄。

㈡壬午，趙郡王孝恭擊輔公祏別將於樅陽㊅，破之。

㈢庚寅，鄒州㊆人鄧同穎殺刺史李士衡反。

㈣丙申，以白狗等羌地置維、恭二州㊇。

㈤二月，輔公祏遣兵圍猷州㊈，刺史左難當嬰城㊉自守，安撫使李大亮引兵擊公祏，破之。趙郡王孝恭攻公祏鵲頭鎮㊁，拔之。

㈥丁未，高麗王建武遣使來請班曆㊂，遣使冊㊃建武為遼東郡王、高麗王，以百濟王扶餘璋為帶方郡王，新羅王金真平為樂浪郡王㊃。

㈦始州㊄獠反，遣行臺僕射竇軌討之。

㈧己酉，詔諸州有明一經以上未仕者㊅，咸以名聞㊆，州縣及鄉皆置學[一八]。

(九)壬子，行軍副總管權文誕破輔公祏之黨於猷州，拔其枚洄等四鎮。

(十)丁巳，上幸國子監，釋奠[一九]，詔諸王公子弟各就學。

(十一)戊午，改大總管為大都督府[二〇]。

(十二)己未，高開道將張金樹殺開道來降，開道見天下皆定，欲降，自以數反覆不敢[二一]，且恃突厥之眾，遂無降意；其將卒皆山東人，思鄉里，咸有離心[二二]，開道選勇敢士數百，謂之假子[二三]，常直[二四]閤內，使金樹領之。故[二五]劉黑闥將張君立亡在開道所，與金樹密謀取開道，金樹遣其黨數人入閤內，與假子遊戲，向夕[二六]潛[二七]斷其弓弦，藏刀槊於牀下，合暝[二八]，抱之趨出，金樹帥其黨大譟[二九]攻開道閤，假子將禦之，弓弦皆絕，刀槊已失，爭出降，君立亦舉火於外，與相應，內外惶擾[三〇]，開道知不免，乃擐甲[三一]持兵[三二]坐堂上，與妻妾奏樂酣飲，眾憚其勇，不敢逼，天且明，開道縊妻妾及諸子，乃自殺[三三]。金樹陳兵，悉收假子斬之，幷殺君立，死者五百餘人，遣使來降，詔以其地置嬀州〔三四〕〔三五〕，壬戌，以金樹為北燕州〔三六〕都督。

(十三)戊辰，洋集二州〔三七〕獠反，陷隆州〔三八〕晉城〔三九〕。

(十四)是月，太保吳王杜伏威薨。輔公祏之反也，詐稱伏威之命，以給〔四〇〕其眾，及公祏平，趙郡王孝恭不知其詐，以狀聞，詔追除伏威名籍〔四一〕，沒其妻子〔四二〕，及太宗即位，知其寃，赦之，復其官爵〔四三〕。

(十五)三月，初定令，以太尉、司徒、司空為三公〔四四〕，次尚書門下、中書、祕書、殿中、內侍為六省，次御史臺，次太常，至太府，為九寺〔四五〕，次將作監，次國子學，次天策上將府〔四六〕，次左右衛至左右領衛為十四衛〔四七〕，東宮置三師、三少詹事〔四八〕及兩坊〔四九〕、三寺〔五〇〕、十率府〔五一〕，王公置府佐國官〔五二〕，公主置邑司〔五三〕，並為京職事官〔五四〕，州縣鎮戍為外職事官〔五五〕，自開府儀同三司至將仕郎二十八階，為文散官〔五六〕，驃騎大將軍至陪戎副尉三十一階，為武散官〔五七〕，上柱國至武騎尉十二等，為勳官〔五八〕。

(十六)丙戌，趙郡王孝恭破輔公祏於蕪湖〔五九〕，拔梁山〔六〇〕等三鎮。辛卯，安撫使任瓌拔楊子城，廣陵城主〔六一〕龍龕降。

(十七)丁酉，突厥寇原州。

(十八)戊戌，趙郡王孝恭克丹楊(六二)，先是輔公祏遣其將馮慧亮、陳當世將舟師三萬，屯博望山(六三)，【考異】舊趙郡王孝恭傳作陳當時，舊李靖傳云屯當塗。今皆從高祖實錄。陳正通、徐紹宗將步騎三萬，屯青林山(六四)，仍(六五)於梁山連鐵鎖，以斷江路，築却月城(六六)，延袤(六七)十餘里，又結壘江西，以拒官軍。孝恭與李靖帥舟師次舒州(六八)，李世勣帥步卒一萬度淮，拔壽陽(六九)，次硤石，慧亮等堅壁不戰(七〇)；孝恭遣奇兵絕其糧道，慧亮等軍乏食，夜遣兵薄(七一)孝恭營，孝恭堅臥(七二)不動(七三)，孝恭集諸將議軍事，皆曰：「慧亮等擁(七四)強兵，據水陸之險，攻之不可猝拔，不如直指(七五)丹楊，掩(七六)其巢穴，丹楊既潰，慧亮等自降矣。」孝恭將從其議，李靖曰：「公祏精兵雖在此水陸二軍，然所自將亦不為少，今博望諸柵(七七)，尚不能拔，公祏保據石頭(七八)，豈易取哉。進攻丹楊，旬月(七九)不下，慧亮躡(八〇)吾後，腹背受敵，此危道也。慧亮、正通皆百戰餘賊(八一)，其心非不欲戰，正以(八二)公祏立計，使之持重(八三)，欲以老(八四)我師耳。我今攻其城以挑(八五)之，一舉可破也(八六)。」孝恭然之，使羸兵先攻賊營，而勒精兵結陳以待之，攻壘者不勝而走，賊出兵追之，行數里遇大軍，與戰，大破之。闞稜免冑謂賊眾曰：「汝曹不識我邪？何敢來與我戰！」賊多稜故部曲，皆無鬭志，或有拜者(八七)，由是遂敗。孝恭、靖乘勝逐北，轉戰百餘里，博山、青林兩戍皆潰，慧亮正通等遁歸，殺傷及溺死者萬餘人。李靖兵先至丹楊，公祏大懼，擁兵數萬，棄城東走，欲就左遊仙於會稽(八八)，李世勣追之，公祏至句容(八九)，從兵能屬者，纔五百人，夜宿常州(九〇)，其將吳騷等謀執之，公祏覺之，棄妻子，獨將腹心數十人，斬關走至武康(九一)，為野人所攻，西門君儀戰(九二)死，執公祏送丹楊，梟首，分捕(九三)餘黨，悉誅之，江南皆平。

(九)己亥，以孝恭為東南道行臺右僕射，李靖為兵部尚書；頃之，廢行臺，以孝恭為揚州大都督(九四)，靖為府長史。上深美(九五)靖功，曰：「靖，蕭輔之膏肓也(九六)。」闞稜功多，頗自矜伐(九七)，公祏誣稜與己通謀，會趙郡王孝恭籍沒賊黨田宅，稜及杜伏威、王雄誕田宅在賊境者，孝恭并籍沒之，稜自訴理(九八)，忤(九九)孝恭，孝恭怒，以謀反誅之[一〇]。

(廿)夏，四月，庚子朔，赦天下，是日頒[一一]新律令，比開皇舊制，增新格五十三條[一二]。

(廿一)初定均田租庸調法，丁中之民[一三]，給田一頃，篤疾減什之六[一四]，寡妻妾[一五]減七，皆以什之二為世業[一六]，八為口分[一七]，每丁歲入租粟二石[一八]，調隨土地所宜，綾絹絁布[一九]，歲役二旬[二〇]，不役，則收其傭[二一]日三尺[二二]，有事而加役者，旬有五日，免其調，三旬租調俱免[二三]。水旱蟲霜為災，什損四以上免租，損六以上免調，損七已上課役俱免[二四]。凡民貲[二五]業分九等[二六]，百戶為里，五里為鄉，四家為鄰，四鄰為保[二七]。【考異】唐曆云四家為鄰，五家為保。按通典，四鄰為保，唐曆誤也。在城邑者為坊，田野者為村，食祿之家[二八]，無得與民爭利[二九]，工商雜類無預士伍[三〇]，男女始生為黃[三一]，四歲為小，十六為中，二十為丁[三二]，六十為老，歲造計帳[三三]，三年造戶籍[三四][三五]。

(廿二)丁未，党項寇松州[三六]。

(廿三)庚申，通事舍人[三七]李鳳起擊萬州[三八]反獠，平之。

(廿四)五月，辛未，突厥寇朔州。

(廿五)甲戌，羌與吐谷渾同寇松州，遣益州行臺左僕射竇軌自翼州㉙道，扶州㉚刺史蔣善合自芳州道，擊之。

(廿六)丙戌，作仁智宮於宜君㉛。

(廿七)丁亥，竇軌破反獠於方山，俘二萬餘口。

【今註】 ①掌知：掌管。②品量：品評衡量。③望第：資望門第。④門望：門第聲望。⑤無品秩：六朝之大中正，皆無品秩及利祿。⑥樅陽：《隋書‧地理志》下：「同安郡、同安縣，舊曰樅陽，並置樅陽郡，開皇初郡廢，十八年縣改名焉。」⑦鄒州：《舊唐書‧地理志》一：「齊州、臨濟縣，武德元年於縣置鄒州，領臨濟、蒲臺、高苑、長山、鄒平五縣。」⑧以白狗等羌地置維恭二州：《舊唐書‧地理志》三：「劍南道、維州、薛城，漢已前徼外羌冉駹之地，蜀劉禪時，蜀將姜維馬忠等討汶山叛羌，即此地也，今州城，即姜維故壘也。武德七年，白苟羌酋鄧賢佐內附，乃於姜維城置維州，領金川、定廉二縣。」又：「笮州，貞觀七年，白苟羌降附，置西恭州，八年改為笮州也。」⑨猷州：《舊唐書‧地理志》三：「江南道、宣州、涇縣，漢涇縣，屬丹陽郡，武德三年置猷州，領涇、南陽、安吳三縣。」⑩嬰城：嬰繞城池而據守也。⑪鵲頭鎮：《新唐書‧地理志》：「宣州南陵縣、有鵲頭鎮。」⑫班曆：班賜也，謂請賜曆以便奉正朔。⑬冊：冊封。⑭丁未，高麗王建武遣使來請班曆……金真平為樂浪郡王：按此段乃錄自《舊唐書・高祖紀》武德七年文，字句大致相同，惟丁未作己酉，較後二日，蓋遣使來請班曆之日，與冊封之日，稍有間隔，而《通鑑》則連書於一起也。⑮始州：《舊唐書・地理志》四：「劍南道、劍州、普安，漢梓潼縣，廣漢郡治也。西魏改為始州，武德三年復為始州，皆治於普安也。」⑯諸州有明一經以上未仕者：全文應為諸州有明一經以上而未仕者。⑰咸以名聞：皆以其姓名上聞。⑱詔諸州有明一經……州縣及鄉皆置學：按此段乃錄自《舊唐書・禮儀志》四，字句大致相同。⑲上幸國子監釋奠：按唐代釋奠之禮，具載於《舊唐書・禮儀志》四，文曰：「二仲行釋奠之禮，初以儒官自為祭主，直云博士姓名，昭告於先聖。又州縣釋奠，亦以博士為主。敬宗等又奏曰：『按禮記文王世子，凡學官春釋奠於其先師。鄭注云，官謂詩書禮樂之官也。彼謂四時之學，將習其道，故儒官釋奠，各於其師，既非國學，行禮所以不及先聖。至於春秋二時合樂之日，則天子視學，命有司典秩，即總祭先聖先師焉。秦漢釋奠無文可檢，至於魏武，則使太常行事，自晉宋已降，時有親行，而學官主祭，全無典實。且名稱國學，樂用軒懸，罇俎威儀，蓄皆官備，在於臣下，理不合專。況凡在小神，猶皆遣使行禮，釋奠既準中祀，據理必須稟命，今請國學釋奠，令國子祭酒為初獻，祝辭稱皇帝謹遣，仍令司業為亞獻，國子博士為終獻；其州學，刺史為初獻，上佐為亞獻，博士為終獻；縣學，令為初獻，丞為亞獻，博士既無品秩，請主簿及尉通為終獻，若有闕，並以次差攝。州縣釋奠，既請各刺史縣令親獻主祭，望準祭社，同給明衣，修附禮令，以為永則。』」⑳改大總管為大都督府：《舊唐書・職官志》三：「大都督府，魏黃初二年，始置都督諸州軍事之名，後代因之，至隋改為總管府，武德四年又改為都督。督一員，從二品。」㉑不敢：乃不敢降之省文。㉒離心：離散之心。㉓假子：《舊唐書・高開道傳》作：「義兒。」二者字異而義則相同。㉔直：通值，值宿衞。㉕故：〈高開道傳〉作：「先是。」是此故乃係前意。㉖向夕：傍暮。㉗潛：〈高開道傳〉作：「陰。」是其的釋。㉘合暝：〈高開道傳〉作：「迨暝。」謂及至夜色深黑。而合暝之意，乃為及夜色四合而暝昧不可認人。㉙譟：喧譟。㉚惶擾：惶恐擾攘。㉛擐甲：貫甲。㉜持兵：持兵器。㉝開道縊妻妾及諸子，乃自殺：〈高開道傳〉作：「開道先縊其妻妾及諸子，而後自殺。」胡注於縊下加縊之反切，似以縊為句，非是。㉞嬀州：《舊唐書・地理志》二：「河北道、嬀州，隋涿郡之懷戎縣，武德七年討平高開道，置北燕州。貞觀八年改名嬀州，取嬀水為名。」㉟高開道將張金樹殺開道來降……詔以其地置嬀州：按此段乃錄自《舊唐書・高開道傳》，字句大致相同。㊱北燕州：見上文。㊲洋集二州：《舊唐書・地理志》二：「山南西道、洋州，隋漢川郡之西鄉縣，武德元年，割梁州三縣置洋州。」又：「集州，隋漢川郡之難江縣，武德元年置集州，仍割巴州之符陽、長地、（據胡注，應作池。）白石三縣來屬。」㊳隆州：同志四：「劍南道閬州，隋巴西郡，武德元年改為隆州，領閬中、南部、倉溪等十縣。」㊴晉城：同志：「閬州、晉安，漢閬中縣地，梁為金遷郡，隋省郡，改為晉城，武德改為晉安也。」㊵紿：欺，音殆。㊶追除伏威名籍：《舊唐書・杜伏威傳》：「伏威請降，封吳王，賜姓李氏，預宗正屬籍。」名籍即指宗正屬籍之名姓而言。㊷沒其妻子：謂沒收其妻子，以為官奴婢。㊸是月，太保吳王杜伏威薨……赦之，復其官爵：按此段乃錄自《舊唐書・杜伏威傳》，字句大致相同。又此乃將多年以後之事，連書於一起者。蓋此為編年體之所短，而不得不加以變通者也。㊹太尉、司徒、司空為三公：《舊唐書・職官志》一：「太尉、司徒、司空，正第一品。」㊺次御史臺、次太常、至太府為九寺：按〈職官志〉一及《唐六典》卷七，九寺為：「太常、光祿、衞尉、宗正、太僕、大理、鴻臚、司農、太府。」㊻天策上將府：乃特以位李世民者。㊼次左右衞至左右領衞為十四衞：按〈職官志〉一，十四衞為：「左右衞、左右驍衞、左右領軍、左右武候、左右監門、左右屯、左右領。」㊽詹事：《唐六典》卷二十六：「太子詹事府，詹事一人，正三品。太子詹事之職，統東宮三寺、十率府之政令，舉其綱紀而修其職務。」㊾兩坊：《唐六典》卷二十六：「左春坊，左庶子二人，正四品上。北齊有門下坊，中庶子四人領之，有典書坊，庶子四人領之。隋門下坊置左庶子二人領之，典書坊置右庶子二人領之，至是始改為左右矣。皇朝因之。」㊿三寺：《唐六典》卷二十七：「三寺，太子家令寺，太子率更寺，太子僕寺。」(51)十率府：《舊唐書・職官志》一：「左右衞率府，左右宗衞率府，左右虞候率府，左右監門率府，左右內率府為十率府。」(52)王公置府佐國官：〈職官志〉三：「親王府佐：傅、咨議參軍、友、文學、東西閣祭酒、長史、司馬、掾屬、主簿、史、記室參軍事、錄事參軍事、錄事、功、倉、戶、兵、騎、法、士等七曹參軍事，參軍事、行參軍事、典籤。」又：「親王國官：令、大農、尉、丞、錄事、典衞、舍人、學官長、食官長、丞、廄牧長、丞、典府長、丞。」(53)公主置邑司：〈職官志〉三：「公主邑司：令、丞、錄事、主簿、謁者、舍人、家吏。公主司邑官，各掌主家財貨出入，田園徵封之事，其制度皆隸宗正寺。」(五四)京職事官：京在京城，職事官乃有職事可處理者，與散官恰正相反。(五五)外職事官：外指京外，乃對京內而言。(五六)自開府儀同三司至將仕郎二十八階，為文散官：〈職官志〉一：「文散官：開府儀同三司從一品，特進正二品，光祿大夫從二品，金紫光祿大夫正三品，銀青光祿大夫從三品，正議大夫正四品上，通議大夫正四品下，太中大夫從四品上，中大夫從四品下，中散大夫正五品上，朝議大夫正五品下，朝請大夫從五品上，朝散大夫從五品下，朝議郎正六品上，承議郎正六品下，奉議郎從六品上，通直郎從六品下，朝請郎正七品上，宣德郎正七品下，朝散郎從七品上，宣議郎從七品下，給事郎正八品上，徵事郎正八品下，承奉郎從八品上，承務郎從八品下，儒林郎正九品上，登仕郎正九品下。」(五七)驃騎大將軍至陪戎副尉三十一階，為武散官：〈職官志〉一：「武散官為：驃騎大將軍從一品，輔國大將軍正二品，鎮軍大將軍從二品，冠軍大將軍、懷化大將軍正三品，雲麾將軍、歸德將軍從三品，忠武將軍正四品上，壯武將軍正四品下，宣威將軍從四品上，明威將軍從四品下，定遠將軍正五品上，寧遠將軍正五品下，游擊（《唐六典》作游騎，當改從。）將軍從五品上，遊擊將軍從五品下，昭武校尉正六品上，昭武副尉正六品下，振威校尉從六品上，振威副尉從六品下，致果校尉正七品上，致果副尉正七品下，翊麾校尉從七品上，翊麾副尉從七品下，宣節校尉正八品上，宣節副校尉正八品下，禦侮校尉從八品上，禦侮副尉從八品下，仁勇校尉正九品上，仁勇副尉正九品下，陪戎校尉從九品上，陪戎副尉從九品下。」按《唐六典》卷五作：「郎中一人，掌考武官之勳祿品命，以二十有九階，承而敍焉。」是三十一當改作二十九。(五八)上柱國至武騎尉十二等，為勳官：〈職官志〉一：「勳官十有二等：上柱國正二品，柱國從二品，上護軍正三品，護軍從三品，上輕車都尉正四品上，輕車都尉從四品上，上騎都尉正五品上，騎都尉從五品上，驍騎尉正六品上，飛騎尉從六品上，雲騎尉正七品上，武騎尉從七品上。」所云十二等亦即十二轉，上柱國為十二轉，柱國十一轉，餘可依次類推。(五九)蕪湖：今安徽省蕪湖縣。(六〇)梁山：胡三省曰：「在和州歷陽縣南七十里，臨江。」(六一)拔楊子城，廣陵城主：《舊唐書・地理志》三：「淮南道、揚州、江都，漢縣，屬廣陵國；楊子，永淳元年分江都縣置。」城主亦即城中之長，蓋隋唐時屬於軍事方面之官稱。(六二)丹楊：《舊唐書・地理志》三：「江南道、潤州，隋江都郡之延陵縣，武德三年杜伏威歸國，置潤州於丹陽縣。」按《舊唐書・輔公祏傳》，亦作丹陽，是楊當作陽。(六三)博望山：胡三省曰：「天門山在宣州當塗縣西南三十里，又名蛾眉山，夾江對峙，東曰博望，西曰梁山。」(六四)青林山：《水經注》：「即水出盧江郡之東陵鄉，禹貢所謂：『過九江，至於東陵』者也。西南流，水積為湖，湖西有青林山。」又今當塗縣東南有青山。(六五)仍：因。(六六)却月城：即鈎月城。(六七)延袤：綿延周長。(六八)舒州：《舊唐書・地理志》三：「江南道、舒州，隋同安郡，武德四年改為舒州，治懷寧。」懷寧今安徽省懷寧縣。(六九)壽陽：同志三：「淮南道、壽州、壽春，漢縣，晉改為壽陽，武德為壽州，皆以壽春為治所。」今安徽省壽縣。(七〇)堅壁不戰：堅守壁壘而不出戰。(七一)薄：迫。(七二)堅臥：猶固臥。(七三)趙郡王孝恭克丹楊……孝恭堅臥不動：按此段乃拼用《舊唐書・河間王孝恭傳》、〈李靖傳〉及〈李勣傳〉，字句大致相同。(七四)擁強兵：〈李靖傳〉作：「握強兵。」是擁即握也。(七五)直指：猶直向。(七六)掩：掩襲。(七七)柵：豎木為柵，以為營壘。(七八)石頭：山名，在南京市西。《建康志》：「北緣大江，南秦淮口。六朝以來，皆守此為固。諸葛亮所謂石頭虎踞是也。」(七九)旬月：一旬以至一月。(八〇)躡：追躡。(八一)皆百戰餘賊：謂身經百戰之賊，餘謂殘餘也。(八二)正以：〈李靖傳〉作：「止為。」是正即止意。(八三)持重：不輕舉妄動。(八四)老：疲老。(八五)挑：挑致。(八六)孝恭集諸將議軍事……一舉可破也：按此段乃錄自《舊唐書・李靖傳》，字句大致相同。(八七)闞稜免胄謂賊眾曰……或有拜者：按此段乃錄自《舊唐書・杜伏威附闞稜傳》，字句大致相同。(八八)孝恭靖乘勝逐北……欲就左遊仙於會稽：按此段乃錄自〈李靖傳〉，字句大致相同。(八九)句容：今江蘇省句容縣。(九〇)常州：《舊唐書・地理志》三：「江南道、常州，隋毗陵郡，武德三年杜伏威歸化，置常州。治於晉陵。」(九一)武康：今浙江省、武康縣。(九二)西門君儀戰死：《舊唐書・河間王孝恭傳》作：「孝恭命騎將追之，至武康，擒公祏及其偽僕射西門君儀等數十人，致於麾下。」說不相同。(九三)分捕：分道捕捉。(九四)以孝恭為東南道行臺右僕射……以孝恭為揚州大都督：按此數句乃錄自《舊唐書・河間王孝恭傳》。(九五)深美：甚贊美。(九六)靖，蕭輔之膏肓也：膏肓乃致死之疾，全意謂靖乃蕭銑輔公祏之剋星。(九七)矜伐：矜持誇伐。(九八)訴理：訴訟申理。(九九)忤：逆。(一〇〇)闞稜功多……以謀反誅之：按此段乃錄自《舊唐書・杜伏威附闞稜傳》，字句大致相同。(一〇一)頒：頒佈施行。(一〇二)是日頒新律令，比開皇舊制，增新格五十三條：《舊唐書・刑法志》：「及受禪，詔納言劉文靜與當朝通識之士，因開皇律令而損益之，盡削大業所由煩峻之法，又制五十三條格，務在寬簡，取便於時。」㉓丁中之民：《舊唐書・食貨志》作：「丁男中男。」乃丁中之民之具體闡釋。㉔篤疾減什之六：〈食貨志〉作：「篤疾廢疾，給四十畝。」篤，重也。㉕寡妻妾：謂妻妾皆寡孀者。㉖皆以什之二為世業：世業謂永世之田產，而不交還於公家者。〈食貨志〉：「世業之田，身死則承戶者便授之。」是其明確之詮釋。㉗八為口分：謂什之八為口份之田，〈食貨志〉於此亦有說明，云：「口分則收入官，更以給人。」㉘歲入租粟二石：每歲納入官家田租之粟米二石。㉙調隨土地所宜，綾絹絁布：〈食貨志〉：「調則隨鄉土所產，綾絹絁各二丈，布加五分之一，輸綾絹絁者，兼調綿三兩，輸布者麻三斤。」絁，粗紬似布，音施。㉚歲役二旬：〈食貨志〉：「凡丁歲役二旬。」是此丁乃承上文每丁而省略者，讀時應嚴加注意。㉛收其傭：收其傭直。㉜日三尺：每日絹三尺。㉝三旬租調俱免：按此下〈食貨志〉尚錄有其他規定，云：「通正役並不過五十日。」核通乃通共之意，謂包括正役之二旬在內，總共不得過五十日。㉞課役俱免：課謂徵課，乃指上之租調而言，謂租調及役，俱行蠲免。㉟貲：同資。㊱分九等：上中下間各有三等。㊲四家為鄰，四鄰為保：考異曰：「唐歷云：『四家為鄰，五家為保。』按通典，四鄰為保，唐歷誤也。」核《舊唐書・食貨志》亦作：「四家為鄰，五家為保。」然此組織之規定原則，類為遞層而升，及由小而大，雖《唐歷》〈食貨志〉之所載相同，然以其不合制定原則，故仍當以《通典》所言為正焉。㊳食祿之家：食俸祿者，亦即官吏。㊴無得與民爭利：其含意乃謂不得兼營工商二業。㊵無預士伍：不得參預士人之流。㊶男女始生為黃：即通俗所稱之黃口。㊷二十為丁：〈食貨志〉

作：「二十一為丁。」說不相同。㉓歲造計帳：〈食貨志〉作：「每歲一造計帳。」計帳、謂關於人口田賦數目狀況之簿冊也。㉔戶籍：戶口之簿籍。㉕初定均田租庸調法……三年造戶籍：按此段乃錄自《舊唐書．食貨志》，字句大致相同。㉖松州：《舊唐書．地理志》四：「劍南道、松州，隋同昌郡之嘉誠縣，武德元年置松州。」㉗通事舍人：《舊唐書．職官志》一：「通事舍人，從六品上。」㉘萬州：胡三省曰：「隋改為南浦，屬信州，武德元年，分置萬州南浦郡。」㉙翼州：《舊唐書．地理志》四：「劍南道、翼州，隋汶山郡之翼針縣，武德元年分置翼州。」㉚扶州：同志四：「劍南道扶州，隋同昌郡，武德元年改為扶州。」㉛宜君：今陝西省宜君縣，在沮水支流東岸。

卷一百九十一　唐紀七

司馬光編集
曲守約註

起閼逢涒灘六月，盡柔兆閹茂八月，凡二年有奇。（甲申至丙戌，西元六二四年至六二六年）

高祖神堯大聖光孝皇帝下之上

武德七年（西元六二四年）

㈠六月，辛丑，上幸仁智宮避暑。

㈡辛亥，瀧州㊀、扶州獠作亂，遣南尹州㊁都督李光度等擊平之。

㈢丙辰，吐谷渾寇扶州，刺史蔣善合擊走之。

㈣壬戌，慶州㊂都督楊文幹反。初，齊王元吉勸太子建成除秦王世民曰：「當為兄手刃㊃之。」世民從上幸元吉第，元吉伏護軍宇文寶於寢內㊄，欲刺世民，建成性頗仁厚，遽止之，元吉慍曰：「為兄計耳，於我何有㊅㊆！」建成擅募㊇長安及四方驍勇二千餘人為東宮衛士，分屯左右長林㊈，號長林兵；【考異】舊傳云：「建成私召四方驍勇，幷募長安惡少年二千餘人，畜為宮甲，分屯左右長林，號長林兵。」實錄云：「元吉見秦王有大功，每懷妬害，言論醜惡，譖害日甚。每謂建成曰，當為大哥手刃之。建成性頗仁厚，初止之，元吉數言不已，建成後亦許之。元吉因令速發，遂與建成各募壯士，多匿罪人賞賜之，圖行不軌，其記室榮九思為詩以刺之曰，丹青飾成慶，王帛擅專諸。而弗悟也。典籤裴宣儼因免官，改事秦府，謂泄其事，又鴆之自殺，斯人已後，人皆振恐，知其事莫有敢言。後乃連結宮闈，與建成俱通德妃尹氏，以為內援。」舊傳又云：「厚賂中書令封德彝，以為黨助，由是高祖頗疏太宗，而加愛元吉。」今但擇取其可信者，書之。又密使右虞候率、可達志從燕王李藝發幽州突騎⑩三百，置宮東諸坊，欲以補東宮長上⑪。為人所告，上召建成責之，流可達志於嶲州⑫。

(五)楊文幹嘗宿衛東宮，建成與之親厚，私使募壯士⑬送長安，上將幸仁智宮，命建成居守，世民元吉皆從，建成使元吉就圖⑭世民，曰：「安危之計，決在今歲。」又使郎將爾朱煥、校尉橋公山以甲⑮遺⑯文幹，二人至豳州上變⑰，告太子使文幹舉兵，使表裏相應⑱；【考異】統記云：「建成遣郎將爾朱煥、校尉橋公山齎甲以賜文幹，令起兵。煥等行至豳州，懼罪，告之。」劉餗小說云人妄告東宮。今從實錄。又有寧州人杜鳳舉亦詣宮⑲言狀⑳。上怒，託㉑他事手詔㉒召建成，令詣行在，建成懼，不敢赴，太子舍人㉓徐師謩勸之據城舉兵，【考異】統紀作師譽，今從實錄。詹事主簿㉔趙弘智勸之貶損㉕車服，屏從者㉖，詣上謝罪。建成乃詣仁智宮，未至六十里，悉留其官屬於毛鴻賓堡㉗，以十餘騎往見上，叩頭謝罪，奮身自擲㉘，幾至於絕㉙。上怒不解，是夜置之幕下㉚，飼以麥飯㉛，使殿中監陳福防守㉜。遣司農卿㉝宇文穎馳㉞召文幹，穎至慶州，以情告之，文幹遂舉兵反，上遣左武衛將軍錢九隴與靈州都督㉟楊師道擊之。甲子，上召秦王世民謀之，世民曰：「文幹豎子㊱，敢為㊲狂逆，計府僚已應擒戮㊳，若不爾㊴，正應遣一將討之耳。」上曰：「不然，文幹事連建成，恐應之者眾，汝宜自行，還立汝為太子，吾不能效隋文帝自誅其子，當封建成為蜀王，蜀兵脆弱，他日㊵苟能事汝，汝宜全之㊶，不能事汝，汝取之易耳㊷。」上以仁智宮在山中，恐盜兵猝發，夜帥宿衛南出山外，行數十裏，東宮官屬繼至，皆令三十人為隊，分兵圍守之㊸，明日復還仁智宮。【考異】實錄云：「高祖之出山也，建成憂憤，臥於幕下，天策兵曹杜淹請因亂襲之，建成左右亦有斯請，今上並拒而不納。」唐統紀云：「太宗之從內出，夜經建成幕，度建成侍衛左右唯有十人，並來跪捧太宗足，皆云今日之時，一聽王旨，若遣屏除，今其時也。太宗叱而止之。既而還向府僚說其事，眾僚文武並進曰，文幹為儲君作逆，天下共知，假手宮臣，正合天意。太宗曰，寡人始奉恩旨，何忍旋踵，即有所違，卿與之言，必無此理。府僚又請，終拒而不聽。」按是時高祖無誅建成意，左右何敢輒殺之。今不取。

(六)世民既行，元吉與妃嬪更迭為㊹建成請，封德彝復為之營解於外㊺，上意遂變，復遣建成還京師居守，惟責以兄弟不睦，歸罪於太子中允㊻王珪、左衛率㊼韋挺、天策兵曹參軍杜淹，並流於巂州。挺，沖之子也㊽。初洛陽既平，杜淹久不得調㊾，欲求事建成，房玄齡以淹多狡數(五〇)，恐其教導建成，益為世民不利(五一)，乃言於世民，引入天策府(五二)。

(七)突厥寇代州之武周城(五三)，州兵擊破之。

(八)秋，七月，己巳，苑君璋以突厥寇朔州，總管秦武通擊却之。

(九)楊文幹襲陷寧州(五四)，驅掠吏民，出據百家堡(五五)，秦王世民軍至寧州，其黨皆潰，癸酉，文幹為其麾下(五六)所殺，傳首京師，獲宇文穎誅之。

(十)丁丑，梁師都行臺白伏願來降。

(十一)戊寅，突厥寇原州，遣寧州刺史鹿大師救之，又遣楊師道趨大木根山(五七)；庚辰，突厥寇隴州，遣護軍(五八)尉遲敬德擊之。

(十二)吐谷渾寇岷州，辛巳，吐谷渾、党項寇松州。

(十三)癸未，突厥寇陰盤(五九)。

(十四)甲申，扶州刺史蔣善合擊吐谷渾於松州赤磨鎮，破之。

(十五)己丑，突厥吐利設與苑君璋寇并州。

(十六)甲子，車駕還京師(六〇)。

㈦或說上曰：「突厥所以屢寇關中者，以子女玉帛皆在長安故也，若焚長安而不都，則胡寇自息(六一)矣。」上以為然，遣中書侍郎宇文士及踰南山，至樊鄧(六二)，行(六三)可居之地，將徙都之。太子建成，齊王元吉裴寂皆贊成其策，蕭瑀等雖知其不可，而不敢諫，秦王世民諫曰：「戎狄為患，自古有之，陛下以聖武龍興，光宅(六四)中夏(六五)，精兵百萬，所征無敵，奈何以胡寇擾邊，遽遷都以避之，貽四海之羞(六六)，為百世之笑乎！彼霍去病漢廷一將，猶志滅匈奴，況臣忝備(六七)藩維(六八)，願假數年之期，請係(六九)頡利之頸，致之闕下；若其不効(七〇)，遷都未晚(七一)。」上曰：「善。」建成曰：「昔樊噲欲以十萬眾橫行匈奴中(七二)，秦王之言，得無似之(七三)！」世民曰：「形勢各異，用兵不同，樊噲小豎(七四)，何足道乎(七五)！不出十年，必定漠北，非虛言也。」上乃止。建成與妃嬪因共譖世民曰：「突厥雖屢為邊患，得賂(七六)即退，秦王外託(七七)禦寇之名，內欲總兵權，成其篡奪(七八)之謀耳。」

㈧上校獵(七九)城南，太子、秦、齊王皆從，上命三子馳射角勝(八〇)，建成有胡馬，肥壯而喜蹶，以授世民，曰：「此馬甚駿，能超(八一)數丈澗，弟喜騎，試乘之。」世民乘以逐鹿，馬蹶(八二)，世民躍立於數步之外(八三)，馬起，復乘之，如是者三，顧謂宇文士及曰：「彼欲以此見殺(八四)，死生有命，庸(八五)何傷乎！」建成聞之，因令妃嬪譖之於上曰：「秦王自言我有天命(八六)，方為天下主，豈有浪死(八七)！」上大怒，先召建成元吉，然後召世民入，責之曰：「天子自有天命，非智力可求，汝求之一何(八八)急邪！」世民免冠頓首(八九)，請下灋司(九〇)案驗(九一)，上怒不解，會有司奏突厥入寇，上乃改容，勞勉世民，命之冠帶(九二)，與謀突厥(九三)。閏月，己未，詔世民、元吉將兵出豳州，以禦突厥，上餞之於蘭池(九四)。上每有寇盜，輒命世民討之，事平之後，猜嫌益甚。

(九)初隋末，京兆韋仁壽為蜀郡司灋書佐(九五)，所論囚，至市(九六)猶西向為仁壽禮佛，然後死(九七)。唐興，爨弘達帥西南夷內附，朝廷遣使撫(九八)之，類皆(九九)貪縱(一〇〇)，遠民(一〇一)患之，有叛者，仁壽時為巂州都督長史(一〇二)，上聞其名，命檢校(一〇三)南寧州都督，寄治(一〇四)越巂(一〇五)，使之歲一至其地慰撫之。仁壽性寬厚，有識度⑯，既受命，將兵五百人至西洱河，周歷⑰數千里，蠻夷豪帥⑱皆望風歸附，來見仁壽，仁壽承制置七州十五縣⑲，各以其豪帥為刺史、縣令，灋令清肅⑳，蠻夷悅服。將還，豪帥皆曰：「天子遣公都督南寧，何為遽去？」仁壽以城池未立為辭㉑，蠻夷即相帥為仁壽築城，立廨舍㉒，旬日而就㉓。仁壽乃曰：「吾受詔但令巡撫，不敢擅留。」蠻夷號泣㉔送之，因各遣子弟入貢，壬戌，仁壽還朝，上大悅，命仁壽徙鎮南寧，以兵戍之㉕㉖。

(廿)苑君璋引突厥寇朔州。

(廿一)八月，戊辰，突厥寇原州。

(廿二)己巳，吐谷渾寇鄯州㉗。

(廿三)壬申，突厥寇忻州㉘，丙子，寇并州，京師戒嚴，戊寅，寇綏州㉙，刺史劉大俱擊却之。是時、頡利、突利二可汗舉國入寇，連營南上㉚，秦王世民引兵拒之，會關中久雨，糧運阻絕㉛，士卒疲於征役，器械頓弊㉜，朝廷及軍中咸以為憂。世民與虜遇於豳州，勒兵將戰，己卯，可汗帥萬餘騎奄至㉓城西，陳於五隴阪㉔，將士震恐。世民謂元吉曰：「今虜騎憑陵㉕，不可示之以怯，當與之一戰，汝能與我俱乎？」元吉懼曰：「虜形勢如此，奈何輕出，萬一失利，悔可及乎㉖！」世民曰：「汝不敢出，吾當獨往，汝留此觀之。」世民乃帥騎馳詣虜陳，告之曰：「國家與可汗和親，何為負約㉗深入我地？我秦王也，可汗能鬭，獨出與我鬭，若以眾來，我直㉘以此百騎相當耳㉙。」頡利不之測，笑而不應。世民又前㉚，遣騎告突利曰：「爾往與我盟，有急相救，今乃引兵相攻，何無香火之情㉛也！」突利亦不應。世民又前，將渡溝水，頡利見世民輕出，又聞香火之言，疑突利與世民有謀㉜，乃遣止世民曰：「王不須度㉝，我無它意，更欲與王申固盟約耳㉞。」乃引兵稍卻㉟。是後㊱霖雨益甚，世民謂諸將曰：「虜所恃者，弓矢耳，今積雨彌時㊲，筋膠俱解㊳，弓不可用，彼如飛鳥之折翼；吾屋居火食，刀槊犀利㊴，以逸制勞，此而不乘㊵，將復何待？」乃潛師夜出，冒㊶雨而進，突厥大驚，世民又遣說突利以利害，突利悅聽命，頡利欲戰，突利不可，乃遣突利與其夾畢特勒、阿史那思摩來見世民，請和親，世民許之。思摩，頡利之從叔也。突利因自託〔四二〕於世民，請結為兄弟，世民亦以恩意撫之，與盟而去〔四三〕。

(廿四)庚寅，岐州刺史柴紹破突厥於杜陽谷〔四四〕。

(廿五)壬申，突厥阿史那思摩入見，上引升御榻〔四五〕慰勞之，思摩貌類胡，不類突厥，故處羅〔四六〕疑其非阿史那種，歷處羅頡利世，常為夾畢特勒，終不得典兵為設，既入朝，賜爵和順王。

(廿六)丁酉，遣左僕射裴寂使於突厥。

(廿七)九月，癸卯，日南〔四七〕人姜子路反，交州都督王志遠擊破之。

(廿八)癸卯，突厥寇綏州，都督劉大俱擊破之，獲特勒三人〔四八〕。

(廿九)冬，十月，己巳，突厥寇甘州〔四九〕。

(卅)辛未，上校獵於鄠〔五〇〕之南山，癸酉，幸終南〔五一〕。

(卅一)吐谷渾及羌人寇疊州，陷合川〔五二〕。

(卅二)丙子，上幸樓觀謁老子祠〔五三〕，癸未，以太宰〔五四〕祭隋文帝陵。

(卅三)十一月，丁卯，上幸龍躍宮〔五五〕，庚午，還宮。

(卌)太子詹事㊱裴矩權檢校㊲侍中㊳。

【今註】㊀瀧州：《舊唐書・地理志》四：「嶺南道、瀧州，隋永熙郡之瀧水縣，武德四年平蕭銑，置瀧州。」㊁南尹州：同志四：「嶺南道、貴州，隋鬱林郡，武德四年平蕭銑，置南尹州總管府。」㊂慶州：同志一：「關內道、慶州，隋弘化郡，武德元年改為慶州。」㊃手刃：親殺之。㊄寢內：臥室之內。㊅於我何有：據《舊唐書・巢王元吉傳》，謂於我有何害哉。㊆世民從上幸元吉第……於我何有：按此段乃錄自《舊唐書・巢王元吉傳》，字句大致相同。㊇擅募：謂未得君上允許而專自召募。㊈左右長林：東宮有左右長林門。㊉突騎：衝鋒陷陣之精銳騎兵。⑪欲以補東宮長上：《唐六典》卷五：「凡應宿衞官，各從番第，諸衞將軍、中郎將、郎將、及諸衞率、副率、千牛備身、備身左右、太子千牛、並長上折衝、果毅應宿衞者，並一日上，兩日下。」長上，謂長值宿衞。⑫嶲州：《舊唐書・地理志》四：「劍南道、嶲州，隋越嶲郡，武德元年改為嶲州。」⑬募壯士：《舊唐書・隱太子建成傳》作：「募健兒。」按健兒乃隋唐呼兵士之特殊稱謂，其例證為《隋書・房陵王勇傳》：「又東宮宿衞之人，侍官已上名籍，悉令屬諸衞府，有健兒者，咸屏去之。」《舊唐書・楊國忠傳》：「召募劍南健兒等使。」同書〈李國貞附錡傳〉：「以胡奚雜類虬鬚者為一將，名曰蕃落健兒。」同書〈李峘傳〉：「上皇在成都，健兒郭千仞夜謀亂。」又李翱〈韓公行狀〉：「公大聲曰：『實不知公共健兒語未得，乃大錯。』」核此健兒雖指兵士，然實欲使之顧名思義而振作勇氣，觀薛萬徹臨刑時之言：「薛萬徹大健兒，留為國家效死力，固好。」（載《舊唐書・薛萬徹傳》。）即可洞知其中消息。同此，亦有稱官健者，《舊唐書・食貨志》上：「胡落池每年採鹽約一萬四千餘石，供振武天德兩軍及營田水運官健。」更有簡稱為健者。《舊唐書・崔寧傳》：「英乂減將健糧賜，人心怨怒。」夫唐代既特稱兵士為健兒，則自宜保留此時代特殊稱謂，而不應以泛泛之壯士易之，致使千古辭語相同，而平淡無光也。⑭就圖：就便圖謀。⑮甲：鎧甲。⑯遺：贈。⑰上變：向上告變。⑱告太子使文幹舉兵，使表裏相應：按二使字陷重複，乃行文疏忽所致，上使字可改為令字。⑲詣宮：至宮廷。⑳言狀：言謀反之情狀。㉑託：假託。㉒手詔：親手草詔。㉓太子舍人：《舊唐書・職官志》三：「太子舍人四人，正六品上。」㉔詹事主簿：同志三：「詹事主簿一人，從七品上。」㉕貶損：貶抑減損。㉖屏從者：屏去從者。㉗毛鴻賓堡：宋白《續通典》：「三原縣有鴻賓柵，後魏孝昌中，蕭寶夤亂，毛鴻賓立柵捍之，其故城在縣北一十五里。」㉘奮身自擲：謂舉身自投。㉙絕：絕氣。㉚幕下：《舊唐書・隱太子建成傳》作：「幕中。」是下即中也。㉛麥飯：乃極粗劣之食物。㉜使殿中監陳福防守：《隱太子・建成傳》作：「陳萬福。」㉝司農卿：《唐六典》卷十九：「司農寺卿一人，從三品。」㉞馳：馳驛。㉟靈州都督：《舊唐書・地理志》一：「關內道、靈州大都督府，隋靈武郡，武德元年改為靈州總管府。」㊱豎子：乃詈人語，蓋譏其卑鄙幼稚。㊲敢為：謂竟敢為。㊳計府僚已應擒戮：據〈隱太子建成傳〉，意乃為計料州府官司已足擒戮之。㊴爾：如此。㊵他日：猶將來。㊶汝宜全之：汝宜保全之。㊷上召秦王世民謀之……汝取之易耳：按此段乃錄自《舊唐書・隱太子建成傳》，字句大致相同。㊸分兵圍守之：按之乃指東宮之官屬。㊹更迭為：謂又互相為。㊺營解於外：〈隱太子建成傳〉作：「又外為遊說。」是營解之法，乃為遊說。㊻太子中允：《舊唐書・職官志》三：「太子中允二人，正五品下。」㊼左衛率：同志三：「太子左右衛率府，率各一員，正四品上。」㊽挺，沖之子也：韋沖事隋文帝，招撫叛胡，以赴長城之役，又著績於南方。㊾調：遷調。㊿淹多狡數：《舊唐書・杜如晦附淹傳》作：「長其姦計。」是狡數即姦計也。(51)益為世民不利：改作益於世民不利，似較佳勝。(52)初洛陽既平……引入天策府：按此段乃錄自《舊唐書・杜如晦附淹傳》，字句大致相同。(53)代州之武周城：《舊唐書・地理志》二：「河東道、朔州、善陽，漢定襄地，有秦時馬邑城武周塞。唐為善陽縣。」(54)寧州：同志一：「關內道、寧州，隋北地郡，武德元年改為寧州。」(55)百家堡：胡三省曰：「百家堡在慶州馬嶺縣。」(56)麾下：猶部下。(57)大木根山：胡三省曰：「大木根山在雲中河之西，拓拔氏之先所居也。」(58)護軍：《舊唐書・職官志》一：「護軍，勳官，從三品。」(59)陰盤：《舊唐書・地理志》一：「關內道、涇州、良原，隋陰盤縣，天寶元年改為潘源縣。」(60)甲子車駕還京師：按《舊唐書・高祖紀》武德七年七月文作：「甲午、至自仁智宮。」以《通鑑》上文之己丑推之，當以作甲午為是。(61)自息：自然平息。(62)踰南山至樊鄧：自長安南山出商州，即至樊鄧。(63)行：行視。(64)光宅：大居。(65)中夏：猶中原。(66)貽四海之羞：謂為四海之所羞恥。(67)忝備：忝辱而備位。(68)藩維：藩屏維紘。(69)係：通繫。(70)不效：無效。(71)或說上曰……遷都未晚：按此段乃本於《舊唐書・

太宗紀》，而稍有溢出。〔七二〕昔樊噲欲以十萬眾橫行匈奴中：事見卷十二漢惠帝三年。〔七三〕得無似之：猶豈不似之。〔七四〕小豎：與豎子之詈人相似，而程度則較過之。〔七五〕何足道乎：猶何足言乎。〔七六〕賂：賄賂。〔七七〕託：假託。〔七八〕篡奪：篡奪太子位。〔七九〕校獵：校閱田獵。〔八〇〕角勝：猶比較勝負。〔八一〕超：超越。〔八二〕蹶：顛仆。〔八三〕躍立於數步之外：跳離馬身而挺立於數步之外。〔八四〕見殺：相害。〔八五〕庸：豈、詎。〔八六〕天命：上天所授之性命。〔八七〕豈有浪死：浪，濫，謂豈有濫死之理。〔八八〕一何：為何字之加重語。〔八九〕免冠頓首：為謝罪之儀式。〔九〇〕灋司：執法之有司。〔九一〕案驗：推案考驗。〔九二〕命之冠帶：命之著冠束帶，亦即不罪之意。〔九三〕與謀突厥：謂與之謀伐突厥之事。〔九四〕餞之於蘭池：胡三省曰：「蘭池即秦始皇遇盜之地。史記正義曰：『括地志：蘭池陂，即古之蘭池，在咸陽縣界。秦紀曰，始皇引渭水為池，築為蓬瀛，刻石為鯨，長二百丈，遇盜之處也。』」〔九五〕蜀郡司法書佐：《隋書‧百官志》下：「煬帝時，置東西曹掾、主簿、司功、倉、戶、兵、法、士曹等書佐，各因郡之大小，而為增減。」〔九六〕至市：謂至市受斬決也。古代迄隋唐，決死囚皆於市廛。〔九七〕猶西向為仁壽禮佛，然後死：意謂韋仁壽所論之囚，皆無冤枉，故死者雖死時，亦西向禮佛，（因佛生於西方，）為之祈福。〔九八〕撫：安撫。〔九九〕類皆：率皆。〔一〇〇〕貪縱：貪墨縱恣。〔一〇一〕遠民：《舊唐書‧良吏韋仁壽傳》作：「邊人。」即其的釋。〔一〇二〕嶲州都督長史：都督下，韋仁壽傳有一府字，當添入。〔一〇三〕檢校：乃攝代之意。〔一〇四〕寄治：治所寄置於。〔一〇五〕越嶲：《舊唐書‧地理志》四：「劍南道、嶲州、越嶲，漢郡名，武帝置今縣。」〔一〇六〕識度：見識器度。〔一〇七〕周歷：周回經歷。〔一〇八〕豪帥：豪右渠帥。〔一〇九〕仁壽承制置七州十五縣：

〈韋仁壽傳〉作：「承制，置八州十七縣。」⑩清肅：清明嚴肅。⑪為辭：猶為言。⑫廨舍：署廨之屋舍。⑬就：完成。⑭號泣：猶啼泣。⑮以兵戍之：以兵戍守之。⑯初隋末京兆韋仁壽……以兵戍之：按此段乃錄自《舊唐書・良吏韋仁壽傳》，字句大致相同。⑰鄯州：《舊唐書・地理志》三：「隴右道、鄯州，隋西平郡，武德二年平薛舉，置鄯州。」按乃故禿髮氏所都之地。⑱忻州：同志二：「河東道、忻州，隋樓煩郡之秀容縣，義旗初置新興郡，領秀容一縣，武德元年改為忻州。」⑲綏州：同志一：「關內道、綏州，隋雕陰郡，武德三年於延州豐林縣置綏州總管府。其綏州領上斌、城平、綏德、延福五縣。」⑳南上：通習往南曰下，此南上亦宜作南下。㉑阻絕：阻隔斷絕。㉒頓弊：頓讀曰鈍；弊，破弊。㉓奄至：突至。㉔阪：音反。㉕憑陵：猶陵轢。㉖悔可及乎：正意謂悔不可及。㉗負約：違背約誓。㉘直：只。㉙相當耳：相敵當耳。㉚又前：又向前。㉛何無香火之情：胡三省曰：「古者盟誓，質諸天地、山川、鬼神，歃血而已。後世有對神立誓者，有禮佛立誓者，始有香火之事。」㉜有謀：有計謀。㉝王不須度：按上既作渡，則此亦當同之。㉞申固盟約耳：重申及加強盟約耳。㉟是時，頡利突利二可汗……乃引兵稍却：按此段乃錄自《舊唐書・突厥傳》上，字句大致相同，而間有溢出。㊱是後：此後。㊲彌時：猶多時。㊳筋膠俱解：筋指弓弦，膠乃造弓箭所用之材料，以久雨之故，皆融解鬆弛。㊴屋居火食，刀槊犀利：犀，堅。屋居火食，乃言氣候乾燥之故，夫若此，則弓矢刀槊，以不受潮溼，自必如舊犀利。㊵此而不乘：謂若不趁此良機。㊶冒：蒙冒。㊷自託：自託附。㊸突利悅聽命……與盟而去：按此段乃錄自《舊唐書・突厥傳》上，字句大致相同。㊹杜陽谷：孔穎達《詩譜》：「周原者，岐山陽地，屬杜陽，地形險阻，而原田肥美。杜陽漢縣，屬扶風，有杜陽山，山北有杜陽谷。」㊺御榻：皇帝所坐之牀。㊻處羅：即處羅可汗。㊼日南：《舊唐書・地理志》四：「嶺南道、驩州，隋日南郡，貞觀二年置驩州都督府。」㊽獲特勒三人：特勒乃突厥之重官，惟不典兵。㊾甘州：《舊唐書・地理志》三：「隴右道、甘州，隋張掖郡，武德二年平李軌，置甘州。」㊿鄠：胡三省曰：「鄠縣屬京兆，在南山下，北至長安城六十里。」音戶。(51)終南：胡三省曰：「酈道元曰：『武功縣太白山，古文以為終南山在武功縣西南。』按鄠長安之西南山，皆曰終南山。」(52)寇疊州，陷合川：《舊唐書・地理志》三：「隴右道、疊州、合川，秦漢已來為諸羌保據，後周武帝逐諸羌，始有其地，置合川縣，仍於縣置疊州，取羣山重疊之義。舊治吐谷渾馬牧城，武德三年移於交戍城。」(53)幸樓觀謁老子祠：胡三省曰：「岐州盩厔縣，有樓觀老子祠。」(54)太牢：牛羊豕。(55)龍躍宮：胡三省曰：「京兆高陵縣西四十里，有龍躍宮。」按龍躍亦即龍興之義。(56)太子詹事：《唐六典》卷二十六：「太子詹事府，詹事一人，正三品，統東宮三寺、十率府之政令。」(57)權檢校：謂暫且攝理。(58)侍中：唐改隋納言為侍中，《舊唐書・職官志》一：「侍中，正三品。」

八年（西元六二五年）

㈠春，正月，丙辰，以壽州(一)都督張鎮周為舒州都督。鎮周以舒州(二)本其鄉里，到州就故宅，多市酒肴，召親戚故人(三)與之酣宴，散髮箕踞(四)，如為布衣(五)時，凡十日，既而分贈金帛，泣與之別曰：「今日張鎮周猶得與故人歡飲，明日之後，則舒州都督治百姓耳(六)，君民禮隔(七)，不得復為交遊(八)。」自是親戚故人犯灋，一無所縱(九)，境內肅然。

㈡丁巳，遣右武衛將軍段德操徇(一〇)夏州(一一)地。

㈢吐谷渾寇疊州。

㈣是月，突厥、吐谷渾各請互市(一二)，詔皆許之。先是中國喪亂，民乏耕牛，至是資於戎狄(一三)，雜畜被野(一四)。

㈤夏，四月，乙亥，党項寇渭州(一五)。

㈥甲申，上幸鄠縣，校獵於甘谷(一六)，營太和宮(一七)於終南山，丙戌，還宮。

㈦西突厥統葉護可汗(一八)遣使請昏(一九)，上謂裴矩曰：「西突厥道遠，緩急不能相助，今求昏，何如？」對曰：「今北狄方彊，為國家今日計，且當遠交而近攻，臣謂宜許其昏，以威頡利[二〇]，俟數年之後，中國完實[二一]，足抗北夷，然後徐思其宜[二二]。」上從之。【考異】新舊傳皆云封德彝之謀，今從實錄。遣高平王道立至其國，統葉護大喜[二三]。道立，上之從子也。

(八)初上以天下大定，罷十二軍，既而突厥為寇不已，辛亥，復置十二軍，以太常卿[二四]竇誕等為將軍，簡練[二五]士馬，議大舉擊突厥。

(九)甲寅，涼州[二六]胡睦伽陀引突厥襲都督府，入子城[二七]，長史[二八]劉君傑擊破之。

(十)六月，甲子，上幸太和宮。

(十一)丙子，遣燕郡王李藝屯華亭[二九]縣及彈箏峽，水部郎中[三〇]姜行本斷石嶺道[三一]，以備突厥。丙戌，頡利可汗寇靈州[三二]，丁亥，以右衞大將軍張謹為行軍總管以禦之，以中書侍郎溫彥博為長史。先是，上與突厥書，用敵國禮[三三]。秋，七月，甲辰，上謂侍臣曰：「突厥貪婪無厭[三四]，朕將征之，自今勿復為書，皆用詔敕[三五]。」

(十二)丙午，車駕還宮。

(十三)己酉，突厥頡利可汗寇相州㊱。

(十四)睦伽陀攻武興㊲。

(十五)丙辰，代州都督藺謩與突厥戰於新城㊳，不利，復命行軍總管張瑾屯石嶺，李高遷趨大谷㊴以禦之。丁巳，命秦王出屯蒲州，以備突厥。【考異】舊本紀：「八月六日，突厥寇定州㊵，命皇太子往幽州，秦王往幷州，以備突厥。」唐曆亦同。今據實錄，七月秦王出蒲州。八月無太子往幽州，秦王往幷州事。

(十六)八月，壬戌，突厥踰石嶺寇幷州，癸亥，寇靈州，丁卯，寇潞、沁、韓三州㊶。

(十七)左武候大將軍安脩仁擊睦伽陀於且渠川㊷，破之。

(十八)詔安州大都督李靖出潞州道，行軍總管任瓌屯太行，以禦突厥。頡利可汗將兵十餘萬，大掠朔州。壬申，幷州道行軍總管張瑾與突厥戰於太谷，全軍皆沒，瑾脫身奔李靖，行軍長史溫彥博為虜所執，虜以彥博職在機近㊸，問以國家兵糧虛實㊹，彥博不對，虜遷之陰山㊺。庚辰，突厥寇靈武，【考異】實錄統紀並云寇廣武。按北邊地名無廣武，下云靈州都督敗之，蓋靈武字誤耳。㊻甲申，靈州都督任城王道宗擊破之。丙戌，突厥寇綏州㊼，丁亥，頡利可汗遣使請和而退。

(十九)九月，癸巳，突厥沒賀咄設陷并州一縣，丙申，代州都督藺謩擊破之。

(廿)癸卯，初令太府(四八)檢校諸州權量(四九)。

(廿一)丙午，右領軍將軍王君廓破突厥於幽州，俘斬二千餘人。突厥寇藺州(五〇)。

(廿二)冬，十月，壬申，吐谷渾寇疊州，遣扶州刺史蔣善合救之。

(廿三)戊寅，突厥寇鄯州(五一)，遣霍公柴紹救之。

(廿四)十一月，辛卯朔，上幸宜州(五二)。

(廿五)權檢校侍中裴矩罷判黃門侍郎(五三)。

(廿六)戊戌，突厥寇彭州(五四)。

(廿七)庚子，以天策司馬(五五)宇文士及權檢校侍中。辛丑，徙蜀王元軌為吳王，漢王元慶為陳王。癸卯，加秦王世民中書令，齊王元吉侍中(五六)。

(廿八)丙午，吐谷渾寇岷州(五七)。

(廿九)戊申，眉州(五八)山獠反。

(卌)十二月，辛酉，上還至京師。庚辰，上校獵於鳴犢泉，辛巳，還宮。

(卌一)以襄邑王神符檢校揚州大都督，始自丹楊徙州府及居民於江北㊴。

【今註】㊀壽州：《舊唐書・地理志》三：「淮南道、壽州，隋為淮南郡，武德三年杜伏威歸國，改為壽州。」㊁舒州：同志三：「淮南道、舒州，隋同安郡，武德四年改為舒州。治懷寧。」今為安徽省懷寧縣。㊂故人：舊友。㊃散髮箕踞：皆放誕隨便之態，而毫無官僚之氣。㊄布衣：平民。㊅則舒州都督治百姓耳：則為舒州都督而治理若輩百姓。㊆君民禮隔：謂官民之間，禮守不同。㊇交遊：猶朋友。㊈縱：縱容。㊉徇：徇略。⑪夏州：《舊唐書・地理志》一：「關內道、夏州，隋朔方郡，貞觀二年討平梁師都，改為夏州。」⑫互市：交互市易貨物。⑬資於戎狄：取資於戎狄，亦即市買戎狄之牛馬。⑭被野：猶遍野，以喻其蕃多。⑮渭州：《舊唐書・地理志》三：「隴右道、渭州，隋隴西郡，武德元年置渭州。」⑯甘谷：胡三省曰：「鄠縣有甘亭，夏啟與有扈氏戰之地。甘水出南山甘谷，北流，逕秦萯陽宮西，又北逕甘亭西。」⑰太和宮：胡三省曰：「長安城南五十里，有太和谷、太和宮。」⑱統葉護可汗：突厥大臣曰葉護，西突厥可汗，自葉護為可汗，因號統葉護可汗。⑲昏：通婚。⑳以威頡利：以威嚇頡利可汗。㉑完實：完足充實。㉒徐思其宜：

謂徐徐考慮可應為之舉。㉓西突厥統葉護可汗遣使請昏……統葉護大喜：按此段乃錄自《舊唐書・突厥傳》下，字句大致相同。㉔太常卿：《唐六典》卷十四：「太常寺卿一人，正三品，掌邦國禮樂郊廟社稷之事。」㉕簡練：選擇訓練。㉖涼州：《舊唐書・地理志》三：「隴右道、涼州，隋武威郡，武德二年平李軌，置涼州總管府。」㉗子城：即內城。㉘長史：按〈地理志〉三，涼州為中都督府。又據《舊唐書・職官志》三：「中都督府，長史一人，正五品上。」㉙華亭：《舊唐書・地理志》一：「關內道、隴州、華亭，隋縣。」㉚水部郎中：《唐六典》卷七：「水部郎中一人，從五品上。掌天下川瀆陂池之政令，以導達溝洫，堰決河渠，凡舟楫溉灌之利，咸總而舉之。」㉛斷石嶺道：謂堵塞石嶺道，而使之斷絕不通。㉜靈州：《舊唐書・地理志》一：「關內道，靈州，隋靈武郡，武德元年改為靈州總管府。」㉝用敵國禮：用兩國平等之禮。㉞貪婪無厭：婪亦貪，謂貪得而不知滿足。婪音ㄌㄢˊ。㉟自今勿復為書，皆用詔敕：按書為平行，詔敕乃以上示下，故自此廢書而改用詔敕。㊱寇相州：胡三省曰：「相州疑當作桓州，此時突厥兵不能至相州也。」㊲武興：胡三省曰：「蜀有武興鎮，此非睦伽陀所攻者也，按晉書地理志：『永寧中，張軌為涼州刺史，鎮武威，上表請合秦雍流移民於姑臧西北，置武興郡。』睦伽陀所攻者，即此武興故城。」㊳新城：在馬邑南。㊴大谷：當作太谷。今山西省太谷縣，在榆次縣西南。㊵〔考異〕舊本紀，八月六日突厥寇定州：按《舊唐書・高祖紀》：「武德八年六月，突厥寇定州。」是六日乃六月之誤，而又妄加八月二字也。此四字當刪改作六月。　㊶潞沁韓三州：《舊唐書・地理志》二：「河東道，潞州，隋上黨郡，武德元年改為潞州。」又：「沁州，隋上黨郡之沁源縣，義寧元年置義寧郡，領沁源、銅鞮、綿上，武德元年改為沁州。」又：「潞州，襄垣，隋縣，武德元年於縣置韓州，領襄垣、黎城、涉、銅鞮、武鄉五縣。」㊷且渠川：胡三省曰：「且渠川，沮渠氏之墟也，沮渠蒙遜據涼州川，以是得名。」㊸職在機近：中書侍郎乃機近之官。㊹問以國家兵糧虛實：《舊唐書・溫大雅附彥博傳》作：「問以國家虛實，及兵馬多少。」是其詳釋。㊺并州道行軍總管張瑾……虜遷之陰山：按此段乃錄自《舊唐書・溫彥博傳》，字句大致相同。㊻〔考異〕實錄統紀並云寇廣武，按北邊地名無廣武，下云靈州都督敗之，蓋靈武字誤耳：胡三省曰：「今按舊唐志，代州鴈門，漢廣武縣。或者寇廣武，即太谷乘勝之兵歟！史臣以漢古縣名稱鴈門為廣武耳。」按二者所言，皆有理據，然以突厥寇靈武，而下文為靈州都督任城王道宗擊破之，及史臣書事皆以今地名為準推之，則《通鑑》之說，似較為近確。㊼綏州：《舊唐書・地理志》一：「關內道、綏州，隋雕陰郡，武德三年，於延州丰林縣置綏州總管府。綏州領上斌、城平、綏德、延福五縣。」㊽令太府：《唐六典》卷二十：「太府寺，卿一人，掌邦國財貨之政令，總京都四市平準，左右藏，常平八署之官屬，舉其綱目，修其職務，以二法平物，一曰度量，二曰權衡。」㊾檢校諸州權量：檢核校量其輕重大小。㊿蘭州：胡三省曰：「蘭州當置於漢西河郡蘭縣界，而新舊志並不載。」下又曰：「突厥既能寇鄯州，則上之蘭州為蘭州，未可知也。」(五一)鄯州：《舊唐書・地理志》三：「隴右道、鄯州，隋西平郡，武德二年平薛舉，置鄯州。」(五二)宜州：同志一：「關內道、京兆府、華原，舊宜州，領華原、宜君、同官、土門四縣，貞觀十七年省宜州。」(五三)判黃門侍郎：按其全稱為判黃門侍郎事，乃代理之職，非真除也。(五四)彭州：《舊唐書・地理志》一：「關內道、寧州、彭原、隋縣、武德元年置彭州，領彭原一縣。」(五五)天策司馬：即天策上將府司馬。(五六)以天策司馬宇文士及……齊王元吉侍中：按此段乃本於《舊唐書・高祖紀》武德八年文，字句大致相同。(五七)岷州：《舊唐書・地理志》三：「隴右道、岷州，隋臨洮郡之臨洮縣，義寧二年置岷州。」(五八)眉州：同志四：「劍南道、眉州，隋眉山郡之通義縣，武德二年割嘉州之通義、丹稜、洪雅、青神、南安五縣，置眉州。」(五九)始自丹楊徙州府及居民於江北：同志三：「淮南道、揚州大都督府，江都，漢縣，屬廣陵國，隋為江都郡，武德九年改為揚州都督府，以江都為治所。」又此數句，乃錄自《舊唐書・襄邑王神符傳》，字句大致相同。

九年（西元六二六年）

㈠春，正月，己亥，詔太常少卿㊀祖孝孫等更定㊁雅樂。

㈡甲寅，以左僕射裴寂為司空㊂，日遣㊃員外郎㊄一人，更直其第㊅。

㈢二月，庚申，以齊王元吉為司徒㊆。

㈣丙子，初令州縣祀社稷，又令士民里閈相從立社㊇，各申祈報㊈，用洽㊉鄉黨之歡。戊寅，上祀社稷。

㈤丁亥，突厥寇原州，遣折威將軍㊀楊毛擊之。

㈥三月，庚寅，上幸昆明池㊁，壬辰，還宮。

㈦癸巳，吐谷渾，党項寇岷州。

㈧戊戌，益州道行臺尚書郭行方擊眉州叛獠，破之。

㈨壬寅，梁師都寇邊，陷靜難鎮。

㈩丙午，上幸周氏陂㊂。

㈩㈠辛亥，突厥寇靈州。

㈩㈡乙卯，車駕還宮。

㈩㈢癸丑，南海公歐陽胤奉使在突厥，帥其徒五十人，謀掩襲可汗牙帳㊃，【考異】實錄云五千人。按奉使安得五千人，蓋十字誤作千字耳。事泄，突厥囚之。

㈩㈣丁巳，突厥寇涼州㊄，都督長樂王幼良擊走之。

㈩㈤戊午，郭行方擊叛獠於洪雅二州㊅，大破之，俘男女五千口。

㈩㈥夏，四月，丁卯，突厥寇朔州，庚午，寇原州，癸酉，寇涇州。

㈩㈦戊寅，安州大都督李靖與突厥頡利可汗戰於靈州之硤石，自旦至申(一七)，突厥乃退。

(十八)太史令(一八)傅奕上疏請除佛灋曰：「佛在西域，言妖(一九)路遠，漢譯胡書，恣其假託(二〇)，使不忠不孝，削髮(二一)而揖君親(二二)，遊手遊食(二三)，易服(二四)以逃租賦(二五)，偽起三塗(二六)，謬張(二七)六道(二八)，恐愒愚夫(二九)，詐欺庸品(三〇)，乃追懺(三一)既往(三二)之罪，虛規(三三)將來之福，布施萬錢(三四)，希萬倍之報，持齋(三五)一日，冀百日之糧，遂使愚迷(三六)妄求功德(三七)，不憚(三八)科禁(三九)，輕犯憲章(四〇)；有造為惡逆(四一)，身墜刑網(四二)，方乃獄中禮佛(四三)，規免(四四)其罪。且生死壽夭，由於自然，刑德威福，關之人主(四五)，貧富貴賤，功業(四六)所招；而愚僧矯詐(四七)，皆云由佛，竊人主之權，擅(四八)造化(四九)之力，其為害政(五〇)，良可悲矣。降自羲農(五一)，至於有漢(五二)，皆無佛法，君明臣忠，祚長年久，漢明帝始立胡神(五三)，西域桑門(五四)，自傳其法，西晉以上，國有嚴科(五五)，不許中國之人，輒行髡髮(五六)之事；洎於(五七)苻石(五八)，羌胡(五九)亂華，主庸臣佞(六〇)，政虐祚短，梁武齊襄，足為明鏡(六一)。今天下僧尼，數盈十萬，剪刻繒綵(六二)，裝束泥人(六三)，競為厭魅(六四)，迷惑萬姓，請令匹配(六五)，即成十萬餘戶，產育〔六六〕男女，十年長養，一紀〔六七〕教訓，可以足兵〔六八〕。四海免蠶食之殃〔六九〕，百姓知威福所在，則妖惑〔七〇〕之風自革，淳朴之化〔七一〕還興〔七二〕。竊見齊朝章仇子佗表言：『僧尼徒眾〔七三〕糜損〔七四〕國家，寺塔奢侈，虛費金帛。』為諸僧附會宰相〔七五〕，對朝讒毀〔七六〕，諸尼依託妃主〔七七〕，潛行謗讟〔七八〕，子佗竟被囚縶，刑於都市〔七九〕。周武平齊，制〔八〇〕封〔八一〕其墓。臣雖不敏〔八二〕，竊慕其蹤〔八三〕。」上詔百官議其事。

唯太僕卿〔八四〕張道源稱奕言合理；蕭瑀曰：「佛，聖人也，而奕非之，非聖人者無灋〔八五〕，當治其罪。」奕曰：「人之大倫〔八六〕，莫如君父，佛以世嫡而叛其父〔八七〕，以匹夫而抗天子〔八八〕，蕭瑀不生於空桑〔八九〕，乃遵無父之教〔九〇〕，非孝者無親，瑀之謂矣〔九一〕。」瑀不能對，但合手〔九二〕曰：「地獄之設，正為是人〔九三〕〔九四〕。」上亦惡沙門〔九五〕道士〔九六〕苟避〔九七〕征徭〔九八〕，不守戒律〔九九〕，皆如奕言，又寺觀鄰接廛邸〔一〇〇〕，溷雜屠沽〔一〇一〕，辛巳，下詔命有司沙汰〔一〇二〕天下僧尼、道士、女冠〔一〇三〕，其精勵練行〔一〇四〕者，遷居大寺觀，給其衣食，毋令闕乏〔一〇五〕，庸猥〔一〇六〕麤穢者，悉令罷道〔一〇七〕，勒〔一〇八〕還鄉里，京師留寺〔一〇九〕三所，觀二所，諸州各留一所，餘皆罷之[20]。傅奕性謹密[21]，既職在占候[22]，杜絕[23]交遊，所奏災異，悉焚其藁，人無知者。

(十九)癸未，突厥寇西會州[24]。

(廿)五月，戊子，虔州[25]胡成郎等殺長史叛歸梁師都，都督劉旻追斬之。

(廿一)壬辰，党項寇廓州[26]。

(廿二)戊戌，突厥寇秦州。

(廿三)壬寅，越州[27]人盧南反，殺刺史甯道明。

(廿四)丙午，吐谷渾、党項寇河州[28]。

(廿五)突厥寇蘭州[29]。丙辰，遣平道將軍[30]柴紹將兵擊胡。

(廿六)六月，丁巳，太白經天[31]秦王世民既與太子建成、齊王元吉有隙，以洛陽形勝之地，恐一朝有變[32]，欲出保之[33]，乃以行臺工部尚書溫大雅鎮洛陽，遣秦府車騎將軍、榮陽張亮將左右[34]王保等千餘人之洛陽，陰結納山東[35]豪傑，以俟變[36]，多出金帛，恣[37]其所用。元吉告亮謀不軌[38]，下吏考驗[39]，亮終無言[40]，乃釋之，使還洛陽(三一)。建成夜召世民飲酒而酖之，世民暴心痛(三二)，吐血數升，淮安王神通扶之還西宮(三三)；上幸西宮問世民疾，敕建成曰：「秦王素(三四)不能飲，自今無得復夜飲。」因謂世民曰：「首建大謀，削平海內，皆汝之功，吾欲立汝為嗣，汝固辭，且建成年長，為嗣日久，吾不忍奪也。觀汝兄弟似不相容(三五)，同處京邑(三六)，必有紛競(三七)，當遣汝還行臺，居洛陽，自陝以東皆主之(三八)，仍命汝建(三九)天子旌旗，如漢梁孝王故事(四〇)。」世民涕泣，辭以不欲遠離膝下，上曰：「天下一家，東西兩都，道路甚邇(四一)，吾思汝即往，毋煩(四二)悲也。」將行，建成元吉相與謀曰：「秦王若至洛陽，有土地甲兵，不可復制(四三)，不如留之長安，則一匹夫耳(四四)，取之易矣。」乃密令數人上封事(四五)，言：「秦王左右聞往洛陽，無不喜躍，觀其志趣(四六)，恐不復來。」又遣近幸(四七)之臣以利害說上，上意遂移(四八)，事復中止。

(七)建成元吉與後宮(四九)日夜譖訴世民於上(五〇)，上信之，將罪世民；陳叔達諫曰：「秦王有大功於天下，不可黜(五一)也。且性剛烈(五二)，若加挫抑，恐不勝憂憤，或有不測之疾(五三)，陛下悔之何及！」上乃止。元吉密請殺秦王，上曰：「彼有定天下之功，罪狀未著(五四)，何以為辭(五五)？」元吉曰：「秦王初平東都，顧望(五六)不還，散錢帛以樹私恩，又違敕命，非反而何？但應速殺，何患(五七)無辭！」上不應(五八)。秦府僚屬皆憂懼不知所出，行臺考功郎中(五九)房玄齡謂比部郎中(六〇)長孫無忌曰：「今嫌隙(六一)已成，一旦禍機(六二)竊發(六三)，豈惟府朝(六四)塗地(六五)，乃實社稷之憂(六六)。莫若勸王行周公之事(六七)，以安家國，存亡之機，間不容髮(六八)，正在今日。」無忌曰：「吾懷此(六九)久矣，不敢發口(七〇)，今吾子所言，正合吾心，謹當白(七一)之。」乃入言世民，世民召玄齡謀之，玄齡曰：「大王功蓋天地，當承大業，今日憂危，乃天贊也，願大王勿疑。」乃與府屬杜如晦共勸世民誅建成元吉(七二)。

(廿)建成元吉以秦府多驍將，欲誘之使為己用，密以金銀器一車贈左二副護軍(七三)尉遲敬德，并以書招之曰：「願迂(七四)長者之眷(七五)，以敦布衣之交(七六)。」敬德辭曰：「敬德蓬戶甕牖(七七)之人，遭隋末亂離(七八)，久淪逆地(七九)，罪不容誅，秦王賜以更生之恩(八〇)，今又策名(八一)藩邸(八二)，唯當殺身以為報，於殿下(八三)無功，不敢謬(八四)當重賜，若私交殿下，乃是貳心(八五)，狥利(八六)忘忠，殿下亦何所用(八七)！」建成怒，遂與之絕。敬德以告世民，世民曰：「公心如山嶽(八八)，雖積金至斗(八九)，知公不移(九〇)，相遺但受，何所嫌(九一)也。且得以知其陰計，豈非良策；不然，禍將及公。」既而元吉使壯士夜刺敬德，敬德知之，洞開重門(九二)，安臥不動，刺客屢至其庭，終不敢入。元吉乃譖敬德於上，下詔獄(九三)訊治，將殺之，世民固請，得免(九四)。又譖左二馬軍總管程知節，出為康州(九五)刺史。知節謂世民曰：「大王股肱羽翼(九六)盡矣，身何能久，知節以死不去(九七)，願早決計(九八)(九九)。」又以金帛誘右二護軍段志玄，志玄不從。建成謂元吉曰：「秦府智略之士，可憚者獨房玄齡、杜如晦耳。」皆譖之於上，而逐之。世民腹心唯長孫無忌尚在府中，與其舅雍州治中高士廉(一〇〇)、右候車騎將軍(一〇一)三水侯君集及尉遲敬德等，日夜勸世民誅建成元吉，世民猶豫未決，問於靈州大都督(一〇二)李靖，靖辭，問於行軍總管李世勣，世勣辭，世民由是重二人。【考異】統紀云：「秦王懼不知所為，李靖李勣數言，大王以功高被疑，靖等請申犬馬之力。」劉餗小說：「太宗將誅蕭牆之惡，以主社稷，謀於衛公靖，靖辭，謀於英公徐勣，勣亦辭。帝由是珍此二人。」二說未知誰得其實。然劉說近厚，有益風化，故從之。舊建成傳又云：「封德彝密勸太宗誅建成，世民不從，德彝更言於上曰，秦王既有大功，終不為太子之下(一〇三)，若不立之，願早為之所。又說建成作亂曰，夫為四海者，不顧其親，漢高乞羹，此之謂矣。」按許敬宗傳云：「敬宗父善心及虞世南兄世基，皆為宇文化及所殺，封德彝時為內史舍人，備見其事，嘗謂人曰，世基被誅，世南匍匐而請代，善心之死，敬宗舞蹈以求生，人以為口實。敬宗銜之。及為德彝立傳，盛加其惡。」此亦近誣，今不取。

(廿九)會突厥郁射設將數萬騎屯河南㉔，入塞圍烏城㉕，建成薦元吉代世民督諸軍北征，上從之，命元吉督右武衛大將軍李藝、天紀將軍㉖張瑾等救烏城，元吉請尉遲敬德、程知節、段志玄及秦府右三統軍秦叔寶等與之偕行㉗，簡閱秦王帳下精銳之士，以益元吉軍。率更丞㉘王晊密告世民曰：「太子語齊王，今汝得秦王驍將精兵，擁㉙數萬之眾，吾與秦王餞㉚汝於昆明池，使壯士拉殺㉛之於幕下，奏云『暴卒』，主上宜無不信。【考異】舊傳以為建成實有此言，而晊告之。按建成前酖秦王，高祖已知之，今若明使壯士拉殺，而欺云暴卒，高祖豈有肯信之理，此說殆同兒戲。今但云晊告建成等，則事之虛實，皆未可知，所謂疑以傳疑也。吾當使人進說，令授吾國事。敬德等既入汝手，宜悉坑之，孰敢不服㉜！」

(卅)世民以晊言告長孫無忌等，無忌等勸世民先事㉝圖㉞之，世民歎曰：「骨肉相殘，古今大惡，吾誠知禍在朝夕㉟，欲俟其發，然後以義㊱討之，不亦可乎！」敬德曰：「人情誰不愛其死，今眾人以死奉王，乃天授也㊲，禍機垂㊳發，而王猶晏然㊴不以為憂，大王縱自輕(二〇)，如宗廟社稷何(二一)！大王不用敬德之言，敬德將竄身草澤(二二)，不能留居大王左右，交手(二三)受戮也。」無忌曰：「不從敬德之言，事今敗矣，敬德等必不為王有，無忌亦當相隨而去，不能復事大王矣。」世民曰：「吾所言，亦未可全棄(二四)，公更(二五)圖之。」敬德曰：「王今處事有疑，非智也，臨難不決(二六)，非勇也，且大王素所畜養勇士八百餘人，在外者今已入宮擐甲(二七)執兵(二八)，事勢已成，大王安得已乎(二九)！」世民訪之府僚，皆曰：「齊王凶戾(三〇)，終不肯事其兄，比聞(三一)護軍薛實(三二)嘗謂齊王曰：『大王之名，合之成唐字，大王終主唐祀(三三)。』齊王喜曰：『但除秦王(三四)，取東宮如反掌(三五)耳。』彼與太子謀亂未成，已有取太子之心，亂心無厭(三六)，何所不為？若使二人得志，恐天下非復唐有。以大王之賢，取二人如拾地芥(三七)耳，奈何狥匹夫之節(三八)，忘社稷之計乎！」世民猶未決，眾曰：「大王以舜為何如人？」曰：「聖人也。」眾曰：「使舜浚井(三九)不出，則為井中之泥(四〇)，塗廩(四一)不下，則為廩上之灰(四二)，安能澤(四三)被天下，灋施後世乎！是以小杖則受，大杖則走(四四)，蓋所存(四五)

者大故也(四六)。」世民命卜之，幕僚(四七)張公謹自外來，取龜投地(四八)，曰：「卜以決疑，今事在不疑，尚何卜乎(四九)？卜而不吉，庸(五〇)得已乎！」於是定計(五一)(五二)。【考異】唐歷云：「布卦未畢，張公謹適自外至，諫曰，夫事不可疑而疑者，其禍立至，今假使卜之不吉，其可已乎！遂折蓍。秦王曰善。」今從舊唐書。

(卅一)世民令無忌密召房玄齡等，曰(五三)：「敕旨不聽復事王，今若私謁(五四)，必坐死(五五)，不敢奉教(五六)。」世民怒謂敬德曰：「玄齡如晦豈叛我邪！」取所佩刀授敬德曰：「公往觀之，若無來心(五七)，可斷其首以來。」敬德往與無忌共諭之曰：「王已決計，公宜速入共謀之，吾屬四人，不可羣行(五八)道中。」乃令玄齡如晦著道士服，與無忌俱入，敬德自它道亦至。己未，太白復經天，傅奕密奏：「太白見秦分(五九)，秦王當有天下。」上以其狀授世民(六〇)(六一)，於是世民密奏建成元吉淫亂後宮，且曰：「臣於兄弟無絲毫負(六二)，今欲殺臣，似為世充建德報讎，臣今枉死(六三)，永違(六四)君親(六五)，魂歸地下，實恥見諸賊。」上省(六六)之愕(六七)然，報曰(六八)：「明(六九)當鞫問，汝宜早參(七〇)。」

【今註】㊀太常少卿：《唐六典》卷十四：「太常寺，少卿二人，正四品上。率太樂之官屬，設樂縣以供其事，燕會亦如之。」㈡更定：更改制定。㈢司空：《舊唐書・職官志》一：「司空、正一品。」㈣日遣：謂每日派遣。㈤員外郎：同志一：「諸司員外郎，武德令吏部員外郎正六品上，諸司員外郎正六品下，貞觀二年改為從六品上。」㈥更直其第：更番值奉於其第宅。㈦司徒：《舊唐書・職官志》一：「司徒，正一品。」㈧里閈相從立社：上卷末云百戶為里。閈，里門。此謂里閭相率立社神之廟。㈨各申祈報：申，表達，春夏祈而秋冬報。㈩用洽：以資融洽。⑪折威將軍：胡三省曰：「折威將軍，十二軍將軍之一也，寧州道為折威軍。」⑫昆明池：在今陝西省長安縣西南。⑬周氏陂：陂為澤障，亦即池也。⑭牙帳：謂建牙旗之帳幕，亦即突厥之王庭。⑮涼州：《舊唐書・地理志》三：「河西道，涼州，隋武威郡，武德二年平李軌，置涼州總管府。」⑯洪雅二州：胡三省曰：「歷考新舊志，劍南有雅州，無洪州，或曰即眉州洪雅縣，二州二字衍。隋開皇十三年，以西魏嘉州洪雅鎮置。」⑰申：午後三時四時。⑱太史令：《舊唐書・職官志》二：「中書省，司天臺，舊太史局，監一人，從三品，本太史局，令從五品下。太史令掌觀察天文，稽定曆數，凡日月星辰之變，風雲氣色之異，率其屬而占候之。」⑲言妖：謂言論妖異。⑳恣其假託：縱其妄行假託。㉑削髮：按與祝髮、髡髮、絕髮之意相同，即斷髮也。㉒揖君親：謂對君上及雙親，僅行長揖，而不跪拜。㉓遊手遊食：謂遊手好閒，遊食四方，而不事生產。㉔易服：改易服裝，即披袈裟。㉕以逃租賦：為僧侶則可不納租稅田賦。㉖三塗：佛家三塗：一火塗，地獄道猛火所燒之處；二血塗，畜生道互相噉食之處；三刀塗，餓鬼道被刀劍等逼迫之處。言人之為惡者，必墮此也。㉗謬張：謬設。㉘六道：佛家語，謂天道、人道、阿修羅道、畜生道、餓鬼道、地獄道也。此六處為眾生輪廻之道途，故曰六道。㉙恐愒愚夫：《舊唐書‧傅奕傳》，愒作嚇，二者之意相同。㉚庸品：凡人。㉛懺：釋氏以自陳悔過為懺。㉜既往：以往。㉝虛規：猶妄求。㉞布施萬錢：布通佈，謂敷佈施捨，萬，〈傅奕傳〉作一，以下文希萬倍之報推之，當以作一為是。㉟持齋：謂茹素。㊱愚迷：愚蠢迷信之徒。㊲功德：《大乘義章》：「功謂功能，善有資潤福利之功，故名為功，此功是善行家德，名為功德。」㊳不憚：不畏。㊴科禁：猶法律。㊵憲章：亦猶法律。㊶造為惡逆：謂為惡為逆。㊷刑網：法網，以鳥獸之網羅為喻，故云法網。㊸禮佛：猶敬佛，今則謂之念佛。㊹規免：圖免。㊺刑德威福，關之人主：謂刑德威福，乃人主所執。㊻功業：此功業亦即功德。㊼矯詐：假託欺詐。㊽擅：專擅。㊾造化：猶天地。㊿害政：妨害政事。(51)羲農：伏羲神農。(52)至於有漢：按〈傅奕傳〉作漢魏，然佛於東漢時已入中土，不得云魏無佛法，故《通鑑》遂刪去魏字，而改作有漢云。(53)胡神：即釋迦牟尼。(54)桑門：即僧徒。(55)嚴科：嚴法。(56)髡髮：斷髮。(57)洎於：至於。(58)符石：苻堅、石勒。符當作苻。(59)羌胡：苻為氐羌，石則東胡族。(60)主庸臣佞：主上昏庸，臣下諂佞。(61)梁武齊襄，足為明鏡：謂梁武帝餓死臺城，齊文襄為膳奴所弒，明鏡即明鑑，謂借之可以鑑戒。(62)繒綵：俱絲綢之屬。(63)泥人：即佛像。(64)厭魅：厭咒魅術。(65)請令匹配：謂請令僧尼婚配。(66)產育：生產養育。(67)紀：十二年。(68)足兵：兵源充足。(69)四海免蠶食之殃：謂天下免被敵人蠶食之禍。(70)妖惑：妖異惑眾。(71)淳朴之化：淳厚朴質之教化。(72)還興：猶復興。

(七三)徒眾：徒亦眾，二字為複合辭。(七四)靡損：靡費損耗。(七五)附會宰相：猶攀結宰相。(七六)對朝讒毀：謂對朝廷而肆讒毀。(七七)妃主：妃嬪公主。(七八)讟：誹謗，音ㄉㄨˊ。(七九)刑於都市：刑於國都之市，言被殺也。(八〇)制：制詔。(八一)封：封土修飭。(八二)不敏：猶不才。(八三)蹤：行跡。(八四)太僕卿：《唐六典》卷十七：「太僕寺，卿一人，從三品，掌邦國廄牧車輿之政令。」(八五)非聖人者，無法：無法，謂無視法律，亦即今所云之無法無天。(八六)大倫：重大倫常之道。(八七)佛以世嫡而叛其父：〈傅奕傳〉作：「而佛踰城出家，逃背其父。」所云叛者乃指此。(八八)以匹夫而抗天子：匹夫謂一匹之夫，只有妻而無妾也，即今所謂之平民。釋氏之法，不拜君親，故云然。(八九)空桑：胡三省曰：「昔有莘氏女，採桑於伊川，得嬰兒於空桑中，言其母孕於伊水之濱，夢神告之曰：『臼水出而東走。』母明而視之，臼水出焉，告其隣居而走，顧望其邑，咸為水矣。其母化為空桑，子在其中，莘女取而獻之，長有賢德，教以為尹，是謂伊尹。」(九〇)無父之教：無父之教化。(九一)非孝者，無親，瑀之謂矣：抨擊孝道者，是無父也，蓋乃正謂蕭瑀矣。此引《孝經》之言，以為詰難。(九二)合手：猶合掌，為佛家敬禮之一，兩掌相合，表心之專一。兩掌十指，故又稱合十。《觀音經義疏》：「合掌者，此方以拱手為恭，外國以合掌為敬。」(九三)地獄之設，正為是人：釋氏之說，謂為善者則昇天堂，為惡者墮地獄。是人、此人，指傅奕而言。(九四)太史令傅奕上疏……地獄之設，正為是人：按此段乃錄自《舊唐書・傅奕傳》，字句大致相同。(九五)沙門：指僧侶言。(九六)道士：指奉道教者言。(九七)苟避：不以正道而苟且逃避，謂苟避。(九八)征徭：征課徭役。(九九)戒律：釋氏語。戒，防非止惡；律，法律。(一〇〇)廛邸：

市廛邸舍。㉑溷雜屠沽：與屠肆酒店，混雜一起。㉒沙汰：如汰沙然，亦即簡擇之謂。㉓女冠：女道士。㉔練行：猶修行。㉕闕乏：空闕困乏。㉖庸猥：凡庸猥瑣。㉗罷道：罷停其修道。㉘勒：勒迫。㉙寺：僧居所。㉚上亦惡沙門道士……諸州各留一所，餘皆罷之：按此段乃錄自《舊唐書・高祖紀》武德九年文，字句大致相同。㉛謹密：謹慎周密。按謹密為唐代官吏所致力之目標，亦即典型員吏之特徵。《舊唐書・張儉傳》：「延師廉謹周慎，典羽林屯兵前後三十餘年，未嘗有過。」同書〈韋思謙附承慶傳〉：「易曰：『君子終日乾乾，夕惕若厲，無咎。』敬慎之謂也。」又同書〈楊再思傳〉：「然恭慎畏忌，未嘗忤物。或問之，對曰：『世路艱難，直者受禍，苟不如此，何以全其身哉！』」皆其例也。㉜占候：占驗候望。㉝杜絕：杜塞，此謂斷絕。㉞西會州：胡三省曰：「武德二年，以平涼郡之會寧鎮，置西會州。」㉟虔州：胡三省曰：「虔州當作慶州。」㊱廓州：《舊唐書・地理志》三：「隴右道、廓州，隋澆河郡，武德二年置廓州。」㊲越州：同志四：「嶺南道、廉州，隋合浦郡，武德五年置越州，領合浦。」㊳河州：同志三：「隴右道、河州，隋枹罕郡，武德二年平李軌，置河州。」㊴蘭州：同志三：「隴右道、蘭州、隋金城郡，武德二年平賊，置蘭州。」㊵平道將軍：《新唐書・兵志》：「岐州道為平道軍。」㊶太白經天：胡三省曰：「漢天文志曰：『太白經天，天下革民更王。』永康注云：『謂出東入西，出西入東也。太白陰星，出東當伏東，出西當伏西，過午則經天。』晉灼曰：『日陽也，日出則星亡，晝見午上為經天。』劉向五紀論曰：『太白少陰，弱不得專行，故以已未為界，不得經天而行，經天則晝見，其占為兵喪，為不臣，為更王，彊國弱，小國彊。』」㉒一朝有變：謂一旦發生變故。㉓保之：猶據守之。㉔將左右：謂將世民左右之人。㉕山東：此指廣義之山東。㉖以俟變：以等待變故之發作。㉗恣：猶任聽。㉘不軌：即不道。㉙考驗：考訊案驗。㉚終無言：謂始終不言。㉛以洛陽形勝之地……乃釋之，使還洛陽：按此段乃錄自《舊唐書・張亮傳》，字句大致相同。㉜暴心痛：突心痛。㉝西宮：胡三省曰：「西宮蓋即弘義宮。新書曰：『秦王居西宮之承乾殿。』」㉞素：平素。㉟相容：相容納。㊱京邑：即京城。㊲紛競：糾紛爭競。㊳自陝以東皆主之：秦王時領陝東道大行臺。主、主持。㊴建：立。㊵如漢梁孝王故事：梁孝王事，見漢景帝紀。㊶東西兩都，道路甚邇：《舊唐書・地理志》一：「河南道、河南府，在西京之東八百五十里。」㊷煩：勞。㊸制：控制。㊹不如留之長安，則一匹夫耳：蓋留之長安，則在建成元吉掌握之中，其勢力之孤單，實與一匹夫無異。㊺封事：奏疏外以黑布囊封盛之，故曰封事。㊻志趣：猶志向。㊼近幸：親近寵幸。㊽移：轉移。㊾後宮：即尹德妃、張婕妤等。㊿建成夜召世民飲酒而酖之……日夜譖訴世民於上：按此段乃錄自《舊唐書・隱太子建成傳》，字句大致相同。(51)黜：罷黜。(52)剛烈：剛強暴烈。(53)不測之疾：乃重病而死之諱言。(54)著：彰著。(55)何以為辭：猶以何為藉口。(56)顧望：回顧觀望。(57)患：憂。(58)元吉密請殺秦王，上曰……何患無辭！」上不應：按此段乃錄自《舊唐書・巢王元吉傳》，字句大致相同。(59)行臺考功郎中：《唐六典》卷二：「吏部尚書屬有考功郎中一人，從五品上，掌內外文武官吏之考課。」(60)比部郎中：《唐六典》卷六：「刑部尚書屬有比部郎中一人，從五品上，掌司諸司百寮俸料、公廨、贓贖、戍上中下為差。」(六一)嫌隙：嫌疑釁隙。(六二)禍機：禍之機鋒。(六三)竊發：不光明正大而發。(六四)府朝：胡三省曰：「府朝猶言府廷也。漢時郡僚謂本郡為郡朝，亦此類。」(六五)塗地：謂血流塗地。(六六)豈惟府朝塗地，乃實社稷之憂：按《舊唐書・房玄齡傳》作：「非直禍及府朝，正恐傾危社稷。」文相偶對，似較《通鑑》改易者為佳。(六七)勸王行周公之事：指誅管蔡而言。(六八)間不容髮：喻空隙甚小，直不能容髮。(六九)懷此：指懷此意。(七〇)發口：發之於口，〈房玄齡傳〉作：「披露。」亦係此意。(七一)白：告、陳。(七二)房玄齡謂比部郎中長孫無忌曰……共勸世民誅建成元吉：按此段乃錄自《舊唐書・房玄齡傳》，字句不同之處，乃係《通鑑》所改易者。(七三)左二副護軍：時秦齊府各置左右六府護軍。(七四)迂：猶煩。(七五)眷：顧。(七六)以敦布衣之交：謂以篤貧賤之交，蓋貧賤之交，較牢固也。(七七)蓬戶甕牖：以蓬葦為戶扉，以甕嵌墻間而為窗牖，喻甚貧乏也。(七八)亂離：荒亂流離。(七九)久淪逆地：指事劉武周言。(八〇)秦王賜以更生之恩：事見卷一百八十八，三年。更生謂再生。(八一)策名：《左傳》僖二十三年：「策名委質，貳乃辟也。」杜注：「名書於所臣之策。」疏：「策，簡策也。」(八二)藩邸：指世民之府第言。(八三)殿下：太子其兄弟為王者，皆可稱曰殿下。(八四)謬：猶濫。(八五)貳心：攜貳之心。(八六)狥利：猶貪利。(八七)殿下亦何所用：謂此等忘義不忠之徒，殿下亦安能用之。(八八)公心如山嶽：謂公心如山嶽之牢穩。(八九)積金至斗：胡三省曰：「斗謂北斗，唐人詩曰：『身後堆金柱北斗。』蓋時人常語也。」(九〇)不移：不可動移。(九一)嫌：疑。(九二)洞開重門：謂各層門皆大行開敞。(九三)詔獄：奉詔訊鞫之案曰詔獄。(九四)密以金銀器一車，贈左二副護軍尉遲敬德……世民固請，得免：

按此段乃錄自《舊唐書．尉遲敬德傳》，字句大致相同。(九五)康州：胡三省曰：「武德元年，以成州同谷縣置西康州。」(九六)股肱羽翼：謂腿臂羽翅，亦即言其全身之肢體也。(九七)以死不去：猶冒死而不離去。(九八)決計：決定大計。(九九)又譖左一馬軍總管……願早決計：按此段乃錄自《舊唐書．程知節傳》，字句大致相同。(一〇〇)與其舅雍州治中高士廉：《舊唐書．高士廉傳》：「士廉妹先適隋右驍衞將軍長孫晟，生子無忌及女，晟卒，士廉迎妹及甥於家，恩情甚重，見太宗潛龍時非常人，因以晟女妻焉，即文德皇后也。」是舅乃今之所云內舅也。治中，漢置治中從事史，為州之佐吏，居中治事，主眾曹文書，故名治中。隋為郡官，唐改為司馬。(一〇一)右候車騎將軍：胡三省曰：「右候車騎將軍，以車騎將軍屬右候衞也。」(一〇二)靈州大都督：《舊唐書．職官志》三：「大都督府，督一員，從二品。」(一〇三)〔考異〕舊建成傳云：「德彝更言於上曰，秦王既有大功，終不為太子之下。」：按《舊唐書．隱太子建成傳》作：「倫反言於高祖曰：『秦王恃有大勳，不服居太子之下。』」核既云引原書，則自宜將原書之文，據實錄入，而此亦作改易，未免有違引書體制。(一〇四)河南：此乃指塞外黃河之南。(一〇五)烏城：胡三省曰：「烏城蓋在鹽州五原縣烏鹽池。或曰：『在朔方烏水上。』」杜佑曰：『武威郡南二里，有烏城守捉。』」(一〇六)天紀將軍：胡三省曰：「關內十二軍，涇州道曰天紀軍，置將軍一人。」(一〇七)偕行：俱行。(一〇八)率更丞：《唐六典》卷二十七：「太子率更寺令一人，從四品上，丞一人，從七品上。率更令之職掌宗族次序、禮樂刑罰、及漏刻之政令。」(一〇九)擁：猶握。(一一〇)餞：祖餞。(一一一)拉殺：謂將繩繫於頸部，而兩人各持繩之一端，用力緊拉，與縊殺有相似處。(一一二)元吉請尉遲敬德程知節……孰敢不服：按此段乃錄自〈隱太子建成傳〉，字句大致相同。㉓先事：於事發之先。㉔圖：謀。㉕禍在朝夕：《舊唐書・尉遲敬德傳》作：「禍在須臾。」是朝夕即須臾也。㉖以義：以道義之理由。㉗乃天授也：乃天授君以成功之機。㉘垂：將。㉙晏然：安然。㉚自輕：自輕其性命。㉛如宗廟社稷何：正意謂將無顏以對宗廟社稷。㉜將竄身草澤：謂將逃奔至江湖之間，而為亡命之徒。㉝交手：兩手縛綑一起。㉞全棄：完全廢棄，亦即完全無效。㉟更：另。㊱臨難不決：臨大難而不決斷。㊲擐甲：貫甲。㊳執兵：執兵器。㊴世民歎曰，骨肉相殘……大王安得已乎：按此段雖錄自《舊唐書・尉遲敬德傳》，而改易處頗多。㊵凶戾：凶狠戾虐。㊶比聞：近聞。㊷薛實：《舊唐書・巢王元吉傳》作：「薛寶。」㊸終主唐祀：謂終主唐之祚祀。㊹但除秦王：謂只要能得除去秦王。㊺如反掌：以喻其易。㊻厭：足。㊼如拾地芥：如檢拾地上之草芥，亦為喻其容易。㊽節：名節。㊾浚：疏浚。㊿則為井中之泥：《舊唐書・巢王元吉傳》作：「向使舜浚井不出，自同魚鱉之斃。」意致較為鮮明生動。(51)塗廩：塗抹修理倉廩。(52)則為廩上之灰：言被燒死而成灰燼。(53)澤：德澤。(54)是以小杖則受，大杖則走：《家語》：「孔子曰：『舜事瞽瞍，小杖則受，大杖則走。』」蓋當用大杖時，恐因傷而殘，貽父以累，故見則走而避之。(55)所存：所存圖者。(56)世民訪之府僚，皆曰……蓋所存者大故也：按此段雖本於《舊唐書・巢王元吉傳》，而間有改易。(57)幕僚：幕府僚佐。(58)取龜投地：謂勿須卜也。(59)尚何卜乎：謂尚有何可卜者乎。(60)庸：豈。(61)於是定計：據上文語氣，此以改作於是計遂定為較恰。(62)世民命卜之……於是定計：按此段乃錄自《舊唐書・張公謹傳》，字句大致相同。(五三)密召房玄齡等，曰：按此曰乃房玄齡等所曰。(五四)私謁：私自進謁。(五五)坐死：坐私謁之罪而被殺。(五六)教：王之命令為教。(五七)來心：即來意，古心志意，常相互用之。(五八)羣行：猶共行。(五九)見秦分：見秦之分野，斯時世民領雍州牧，故秦實指世民之封土而言。(六○)以其狀授世民：謂以其情狀告知世民。(六一)己未太白復經天……上以其狀授世民：按此段乃錄自《舊唐書・天文志》下，字句大致相同。(六二)無絲毫負：謂無絲毫違負。今語則為無絲毫對不起。(六三)枉死：非其罪而死，故曰枉死。(六四)違：暌違。(六五)君親：指高祖言。(六六)省：覽。(六七)愕：驚愕。(六八)報曰：為天子省奏疏後批答之辭。(六九)明：明日。(七○)早參：早來朝參。

㈠庚申，世民帥長孫無忌等入，伏兵於玄武門㊀，張婕好竊知世民表意㊁，馳語建成，建成召元吉謀之，元吉曰：「宜勒㊂宮府兵㊃，託疾不朝，以觀形勢。」建成曰：「兵備已嚴㊄，當與弟入參㊅，自問㊆消息。」乃俱入趣玄武門，上時已召裴寂、蕭瑀、陳叔達等，欲按其事，建成元吉至臨湖殿，覺變，即跋馬㊇東歸宮府，世民從而呼之，元吉張弓射世民，再三不彀㊈，世民射建成，殺之，尉遲敬德將七十騎繼至，左右射元吉墜馬，世民馬逸入林下，為木枝所絓㊉，墜不能起，元吉遽至，奪弓將扼(一一)之，敬德躍馬叱之，元吉步欲趣武德殿㉒，敬德追射殺之㉓。翊衛車騎將軍㉔馮翊、馮立聞建成死，歎曰：「豈有生受其恩，而死逃其難乎！」乃與副護軍薛萬徹、屈咥、直府左車騎萬年㉕謝叔方帥東宮齊府精兵二千，馳趣玄武門，張公謹多力，獨閉關㉖以拒之，不得入。雲麾將軍㉗敬君弘掌㉘宿衞兵，屯玄武門，挺身㉙出戰，所親止之曰：「事未可知，且徐觀變㉚，俟兵集，成列㉛而戰，未晚也。」君弘不從，與中郎將㉜呂世衡大呼而進，皆死之。君弘，顯雋之曾孫也㉝。守門兵與萬徹等力戰，良久，萬徹鼓譟㉞，欲攻秦府，將士大懼，尉遲敬德持建成元吉首示之，宮府兵遂潰，萬徹與數十騎亡入終南山㉟，馮立既殺敬君弘，謂其徒㊱曰：「亦足以少報太子矣。」遂解兵，逃於野。

㈡上方泛舟海池㊲，世民使尉遲敬德入宿衞，敬德擐甲持矛，直至上所，上大驚，問曰：「今日亂者㊳，誰邪？卿來此何為？」對曰：「秦王以太子齊王作亂，舉兵誅之，恐驚動陛下，遣臣宿衞㊴㊵。」上謂裴寂等曰：「不圖㊶今日乃見此事，當如之何？」

蕭瑀陳叔達曰：「建成元吉本不預義謀，又無功於天下，疾(三二)秦王功高望重(三三)，共為姦謀，今秦王已討而誅之，秦王功蓋宇宙，率土(三四)歸心，陛下若處以元良(三五)，委之國事，無復事矣(三六)。」上曰：「善，此吾之夙心也(三七)。」時宿衛及秦府兵與二宮(三八)左右戰猶未已，敬德請降手敕，令諸軍並受秦王處分(三九)，上從之，天策府司馬宇文士及自東上閤門(四〇)出宣敕，眾然後定(四一)。上又使黃門侍郎裴矩至東宮曉諭諸將卒，皆罷散。上乃召世民，撫之(四二)曰：「近日以來，幾有投杼之惑(四三)。」世民跪而吮上乳(四四)，號慟(四五)久之。建成子安陸王承道、河東王承德、武安王承訓、汝南王承明、鉅鹿王承義(四六)，元吉子梁郡王承業、漁陽王承鸞、普安王承獎、江夏王承裕、義陽王承度，皆坐誅，仍絕屬籍(四七)(四八)。初建成許元吉以正位(四九)之後，立為大弟(五〇)(五一)，故元吉為之盡死(五二)。諸將欲盡誅建成元吉左右百餘人，籍沒其家，尉遲敬德固爭曰：「罪在二凶，既伏其誅(五三)，若及支黨(五四)，非所以求安(五五)也。」乃止(五六)。是日，下詔赦天下，凶逆之罪止於建成元吉，自餘黨與一無所問(五七)，其僧尼道士女冠並宜依舊[五八]國家庶事，皆取[五九]秦王處分。辛酉，馮立、謝叔方皆自出，薛萬徹亡匿，世民屢使諭之，乃出，世民曰：「此皆忠於所事[六〇]，義士也。」釋之[六一]。癸亥，立世民為皇太子[六二]，又詔：「自今軍國庶事[六三]，無大小[六四]悉委太子處決[六五]，然後聞奏[六六]。」

臣光曰：「立嫡以長，禮之正也。然高祖所以有天下，皆太宗之功，隱太子以庸劣[六七]居其右[六八]，地嫌勢逼[六九]，必不相容，曏[七〇]使高祖有文王之明[七一]，隱太子有泰伯之賢[七二]，太宗有子臧之節[七三]，則亂何自而生矣[七四]？既不能然，太宗始欲俟其先發，然後應[七五]之，如此，則事非獲已[七六]，猶為愈也[七七]。既而為羣下[七八]所迫，遂至蹀血[七九]禁門，推刃[八〇]同氣[八一]，貽譏千古，惜哉！夫創業垂統[八二]之君，子孫之所儀刑[八三]也，彼中明肅代之傳繼[八四]，得非有所指擬[八五]，以為口實[八六]乎！」

㈢戊辰，以宇文士及為太子詹事[八七]，長孫無忌、杜如晦為左庶子[八八]，高士廉、房玄齡為右庶子，尉遲敬德為左衞率[八九]，程知節為右衞率，虞世南為中舍人[九〇]，褚亮為舍人[九一]，姚思廉為洗馬[九二]，悉以齊王國司[九三]金帛什器[九四]賜敬德。初洗馬魏徵常勸太子建成早除秦王，及建成敗，世民召徵謂曰：「汝何為離間我兄弟？」眾為之危懼(九五)，徵舉止自若，對曰：「先太子(九六)早從徵言，必無今日之禍。」世民素重其才，改容禮之，引為詹事主簿(九七)(九八)，亦召王珪、韋挺於巂州，皆以為諫議大夫(九九)。世民命縱(一〇〇)禁苑鷹犬，罷四方貢獻，聽百官各陳治道，政令簡肅(一〇一)，中外大悅。以屈突通為陝東道行臺左僕射，鎮(一〇二)洛陽，益州行臺僕射竇軌與行臺尚書韋雲起、郭行方不協(一〇三)，雲起弟慶儉及宗族多事(一〇四)太子建成，建成死，軌誣雲起與建成同反，收(一〇五)斬之，行方懼，逃奔京師，軌追之不及(一〇六)。

(四)吐谷渾寇岷州。

(五)突厥寇隴州，辛未，寇渭州，遣右衛大將軍柴紹擊之。

(六)廢益州大行臺，置大都督府。

(七)壬申，上以手詔賜裴寂等曰：「朕當加尊號為太上皇。」

(八)辛巳，幽州大都督廬江王瑗反，右領軍將軍(一〇七)王君廓殺之，傳首(一〇八)。初上以瑗懦怯非將帥才，使君廓佐之，君廓故羣盜(一〇九)，勇悍險詐，瑗推心(一一〇)倚仗之，許為婚姻(一一一)，太子建成謀害秦王，密與瑗相結，建成死，詔遣通事舍人㉒崔敦禮馳驛召瑗，瑗心不自安，謀於君廓，君廓欲取瑗以為功，乃說曰：「大王若入，必無全理，今擁兵數萬，奈何受單使㉓之召，自投罔罟㉔乎？」因相與泣，瑗曰：「我今以命㉕託公，舉事決矣。」乃劫㉖敦禮，問以京師機事㉗，敦禮不屈，瑗囚之，發驛㉘徵兵，且召燕州㉙刺史王詵赴薊㉚與之計事，兵曹參軍㉛王利涉說瑗曰：「王君廓反覆，不可委以機柄㉜，宜早除去，以王詵代之。」瑗不能決，君廓知之，往見詵，詵方沐，握髮而出㉝，君廓手斬之㉞，持其首告眾曰：「李瑗與王詵同反，囚執敕使㉟，擅自徵兵，今詵已誅，獨有李瑗，無能為也㊱。汝寧隨瑗族滅乎？欲從我以取富貴乎㊲？」眾皆曰：「願從公討賊。」君廓乃帥其麾下千餘人，踰西城而入，瑗不之覺，君廓入獄，出㊳敦禮，瑗始知之，遽㊴帥左右數百人被甲而出，遇君廓於門外，君廓謂瑗眾曰：「李瑗為逆，汝何為隨之入湯火乎！」眾皆棄兵而潰㊵，唯瑗獨存㊶，罵君廓曰：「小人賣我，行㊷自及矣。」遂執瑗縊之。壬午，以王君廓為左領軍大將軍㊸兼幽州都督，以瑗家口㉞賜之。敦禮，仲方之孫也㉟㊱。

(九)乙酉，罷天策府㊲。

(十)秋，七月，己丑，柴紹破突厥於秦州，斬特勒㊳一人，士卒首千餘級。

(十一)以秦府護軍秦叔寶為左衛大將軍㊴，又以程知節為右武衛大將軍，尉遲敬德為右武候大將軍。【考異】唐歷，三人除官皆在癸巳。今從實錄。

(十二)壬辰，以高士廉為侍中，房玄齡為中書令，蕭瑀為左僕射，長孫無忌為吏部尚書㊵，杜如晦為兵部尚書。癸巳，以宇文士及為中書令，封德彝為右僕射㊶，又以前天策府兵曹參軍杜淹為御史大夫㊷，中書舍人顏師古、劉林甫為中書侍郎㊸，左衛副率㊹侯君集為左衛將軍，左虞候段志玄為驍衛將軍，副護軍薛萬徹為右領軍將軍，右內副率㊺張公謹為右武候將軍，右監門率㊻長孫安業為右監門將軍㊼，右內副率李客師為領左右軍將軍㊽。安業，無忌之兄；客師，靖之弟也。

(十三)太子建成齊王元吉之黨，散亡在民間，雖更赦令㊾，猶不自安，徵幸者爭告捕[五〇]以邀賞[五一]，諫議大夫王珪以啟太子，丙子，太子下令：「六月四日已前，事連東宮[五二]及齊王，十七日前連李瑗者，並不得相告言，違者反坐[五三]。」【考異】太宗實錄，六月丙申，唐歷脫七月，而在壬辰下。按六月無丙申，丙申、七月十日也。今從唐歷。丁酉，遣諫議大夫魏徵宣慰山東，聽以便宜從事[五四]。徵至磁州[五五]，遇州縣錮送[五六]前太子千牛[五七]李志安、齊王護軍李思行詣京師，徵曰：「吾受命之日，前宮[五八]齊府左右皆赦不問，今復送思行等，則誰不自疑，雖遣使者[五九]，人誰信之。吾不可以顧身嫌，不為國慮[六〇]，且既蒙國士之遇，敢不以國士報之乎！」遂皆解縱之[六一]。太子聞之甚喜[六二]。右衛率府鎧曹參軍[六三]唐臨出為萬泉丞[六四]，縣有繫囚十許人，會春雨，臨縱之，使歸耕種，皆如期[六五]而返[六六]。臨，令則之弟子也[六七]。

㈣八月，丙辰，突厥遣使請和。壬戌，吐谷渾遣使請和。

㈤癸亥，制傳位於太子，太子固辭，不許，甲子，太宗即皇帝位於東宮顯德殿，赦天下，關內及蒲、芮、虞、泰、陝、鼎[六八]六州免二年租調，自餘給復一年[六九]。詔以宮女眾多，幽閾[七〇]可愍，宜簡出之，各歸親戚(七二)，任其適人(七三)。

(十六)初稽胡酋長劉仚成帥眾降梁師都，師都信讒，殺之，由是所部猜懼(七四)，多來降者。師都浸(七五)衰弱，乃朝於突厥，為之畫策，勸令入寇(七六)，於是頡利突利二可汗合兵十餘萬，寇涇州(七七)，進至武功(七八)，京師戒嚴。

(十七)丙子，立妃長孫氏為皇后。后少好讀書，造次(七九)必循禮灋，上為秦王，與太子建成齊王元吉有隙，后奉事高祖，承順妃嬪(八〇)，彌縫(八一)其闕(八二)，甚有內助。及正位中宮，務存節儉，服御取給而已。上深重之，嘗與之議賞罰，后辭曰：「牝雞之晨，唯家之索(八三)，妾婦人(八四)，安敢豫(八五)聞政事？」固問之，終不對(八六)。

(十八)己卯，突厥進寇高陵(八七)，辛巳，涇州道行軍總管尉遲敬德與突厥戰於涇陽(八八)，大破之，獲其俟斤(八九)阿史德烏沒啜，斬首千餘級。癸未，頡利可汗進至渭水便橋之北(九〇)，遣其腹心執失思力入見，以觀虛實，思力盛稱(九一)：「頡利——突利二可汗，將兵百萬，今至矣。」上讓(九二)之曰：「吾與汝可汗面結(九三)和親，贈遺金帛，前後無算[94]，汝可汗自負[95]盟約，引兵深入，於我無愧，汝雖戎狄，亦有人心[96]，何得全忘大恩，自誇彊盛！我今先斬汝矣。」思力懼而請命[97][98]，蕭瑀封德彝請禮遣之[99]，上曰：「我今遣還，虜謂我畏之，愈肆憑陵[100]。」乃囚思力於門下省。上自出玄武門，與高士廉、房玄齡等六騎逕詣[101]渭水上[102]，與頡利隔水而語，責以負約，突厥大驚，皆下馬羅拜[103]。俄而諸軍繼至，旌甲蔽野[104]，頡利見執失思力不返，而上挺身[105]輕出，軍容[106]甚盛，有懼色，上麾[107]諸軍使却而布陳，獨留與頡利語，蕭瑀以上輕敵，叩馬[108]固諫，上曰：「吾籌[109]之已熟，非卿所知，突厥所以敢傾國而來，直抵郊甸[110]者，以我國內有難[111]，朕新即位，謂我不能抗禦故也。我若示之以弱，閉門拒守，虜必放兵[112]大掠，不可復制，故朕輕騎獨出，示若輕之[113]，又震曜[114]軍容，使之必戰[115]，出虜不意，使之失圖[116]，虜入我地既深，必有懼心，故與戰則克，與和則固矣，制服突厥，在此一舉。卿第[117]觀之。」是日，頡利來請和，詔許之，上即日還宮。乙酉，又幸城西，斬白馬，與頡利盟於便橋之上，突厥引兵退。【考異】

劉餗小說：「武德末年，突厥至渭水橋，控弦四十萬，太宗初親庶政，驛召衛公問策。時發諸州軍未到長安，居人勝兵不過數萬，胡人精騎騰突，挑戰日數合，帝怒欲擊之。靖請傾府庫賂以求和，潛軍邀其歸路。帝從其言，胡兵遂退，於是據險邀之，虜棄老弱而遁，獲馬數萬匹，金帛一無遺焉。」今據實錄紀傳，結盟而退，未嘗掩襲。小說所載為誤。

㈨蕭瑀請於上曰：「突厥未和之時，諸將爭請戰，陛下不許，臣等亦以為疑㉘；既而虜自退。其策安在？」上曰：「吾觀突厥之眾，雖多而不整，君臣之志唯賄㉙是求，當其請和之時，可汗獨在水西㉚，達官㉛皆來謁我，我若醉而縛之，因襲擊其眾，勢如拉朽㉜。又命長孫無忌、李靖伏兵於幽州㉝以待之，虜若奔歸，伏兵邀㉞其前，大軍躡㉟其後，覆之㊱如反掌耳。所以不戰者，吾即位日淺㊲，國家未安，百姓未富，且當靜㊳以撫之。一與虜戰，所損甚多，虜結怨既深，懼而脩備，則吾未可以得志矣。故卷甲韜㊴戈，啗㊵以金帛，彼既得所欲，理當自退，志意驕墮㊶，不復設備，然後養威伺釁㊷，一舉可滅也。將欲取之，必固㊸與之，此之謂矣。卿知之乎？」瑀再拜曰：「非所及也㊹㊺。」

【今註】㈠玄武門：宮城北門。㈡表意：表章中所言之意。㈢勒：率。㈣宮府兵：東宮及齊王府之兵。㈤已嚴：已具備。㈥入參：入內參朝。㈦自問：親自訊問。㈧跋馬：胡三省曰：「跋馬者，搖竦馬銜，偏促一轡，又以兩足搖鼓馬腹，使之迴走。」[九]不彀：控弦不開，所以不至於彀，蓋倉皇失措之所致也。[一〇]絓：牽纏。[一一]扼：雙手用力相攏。[一二]武德殿：《唐六典》卷七：「宮城，虔化門之東曰武德西門，其內有武德殿。」[一三]尉遲敬德將七十騎繼至……敬德追射殺之：按此段乃錄自《舊唐書・尉遲敬德傳》，字句大致相同。[一四]翊衛車騎將軍：《唐六典》卷二十八：「太子左右率府、親府、勳府、翊府中郎將各一人，掌其府校尉、旅帥、及親勳翊衛之屬，以宿衛而總其府事。」此車騎將軍乃隸屬於翊衛者。[一五]萬年：《舊唐書・地理志》一：「關內道、京兆府、萬年縣，隋大興縣，武德元年改為萬年。」[一六]閉關：猶閉門。[一七]雲麾將軍：《唐六典》卷五：「從三品曰雲麾將軍，秩中二千石。」[一八]掌：管領。[一九]挺身：謂挺胸而出。[二〇]觀變：觀事之變化。[二一]成列：成行列。[二二]中郎將：《舊唐書・職官志》一：「左右千牛衛、左右監門衛、中郎將，正四品下。」[二三]君弘，顯雋之曾孫也：敬顯雋仕北齊，官至尚書右僕射。[二四]鼓譟：擊鼓喧囂。[二五]萬徹鼓譟……與數十騎亡入終南山：按此段乃錄自《舊唐書・薛萬徹傳》，字句大致相同。[二六]徒：眾。[二七]海池：胡三省曰：「閣本太極宮圖，太極宮中凡有三海池：東海池在玄武門內之東，近凝雲閣；北海池在玄武門內之西；又南有南海池，近咸池殿。」[二八]亂者：為亂者。[二九]宿衛：《舊唐書・尉遲敬德傳》作：「侍衛。」是兩者之意，大部相同。[三〇]上方泛舟海池……遣臣宿衛：按此段乃錄自《舊唐書・尉遲敬德傳》，字句大致相同。[三一]不圖：不料。[三二]疾：怨。[三三]望重：名望隆重。[三四]率土：境域之全部。[三五]元良：太子謂之元良。[三六]無復事矣：謂無復可憂之事矣。[三七]上謂裴寂等曰……此吾之夙心也：按此段乃錄自《舊唐・書隱太子建成傳》，字句大致相同。㊳二宮：指建成元吉言，元吉乃連類而及者。㊴時宿衛及秦府兵……並受秦王處分：按此段乃錄自《舊唐書・尉遲敬德傳》，字句大致相同。㊵東上閤門：《唐六典》卷七：「宮城、其北曰太極門，其內曰太極殿，有東上西上二閤門。」按閤閣二字同。㊶定：平靜。㊷撫之：安撫之。㊸投杼之惑：曾參居費，費有同姓名者殺人，人遽告曾子之母曰，「曾參殺人。」母初不信，俄而告者有三，其母投杼踰牆而走。見《國策・秦策》。全意謂幾為人言所誤。㊹跪而吮上乳：跪而舐上之乳房，以示為孺子時無間之態。㊺慟：大哭。㊻上乃召世民撫之曰……鉅鹿王承義：按此段乃錄自《舊唐書・隱太子建成傳》，字句大致相同。㊼仍絕屬籍：因斷絕宗屬之籍貫。㊽元吉子梁郡王承業……仍絕屬籍：按此段乃錄自〈巢王元吉傳〉，字句大致相同。㊾正位：正式即天子位。㊿大弟：大讀作太。(51)初建成許元吉以正位之後，立為大弟：按此二句乃錄自《舊唐書・巢王元吉傳》。(52)盡死：盡死力。(53)伏其誅：謂伏其誅戮之刑。(54)支黨：猶羽黨。(55)求安：求安定。(56)諸將欲盡誅建成元吉左右……非所以求安也，乃止：按此段乃錄自《舊唐書・尉遲敬德傳》，字句大致相同。(57)一無所問：猶全不追問。(58)其僧尼道士女冠並宜依舊：按本年四月曾下詔，命有司沙汰天下僧尼道士女冠，至此又復下詔，廢止前規，而令其並依舊額。(59)取：猶聽。(60)所事：所事之主。(61)薛萬徹亡匿……義士也，釋之：按此段乃錄自《舊唐書・薛萬徹傳》，字句大致相同。(62)立世民為皇太子：按皇太子之稱，雖起於漢，（《白虎通》爵：「漢制，天子稱皇帝，其嫡嗣稱皇太子。」）而隋唐時則更為流行，《隋書・高祖紀》：「開皇二十年十一月，以晉王廣為皇太子。」同書〈禮儀志〉七：「皇太子袞冕，垂白珠九旒。」同書〈房陵王勇傳〉：「臣奉勅向京，令皇太子檢校劉居士餘黨。」《北史・隋宗室諸王房陵王勇傳》：「恐汝以今日皇太子之心，忘昔時之事。」皆其證也。(六三)庶事：眾事。(六四)無大小：謂無論大小。(六五)處決：與上之處分及處置，意均相同。(六六)聞奏：謂上聞上奏。(六七)庸劣：庸碌陋劣。(六八)右：上。(六九)地嫌勢逼：地位在嫌疑之間，形勢居逼迫之境。(七〇)鼂：早。(七一)有文王之明：文王舍伯邑考而立武王。(七二)有泰伯之賢：泰伯讓國於弟王季歷。(七三)有子臧之節：子臧辭曹國而不受。(七四)矣：猶乎。(七五)應：應付。(七六)獲已：得已。(七七)猶為愈也：謂尚為良好。(七八)群下：群部下。(七九)蹀血：《漢書・文帝紀》：「新喋血京師。」師古曰：「喋本字當作蹀，蹀謂履涉之耳。」《說文繫傳校勘記》段玉裁曰：「喋血者，蹀血也，謂流血滿地汙足下也。」(八〇)推刃：《公羊傳》注：「一往一來曰推刃。」(八一)同氣：猶同胞。(八二)垂統：垂緒。(八三)儀刑：刑式、法則，亦即模範之意。(八四)中明肅代之傳繼：明皇不稱廟號而稱帝號者，乃溫公避宋朝之諱。傳，傳統；繼，繼位。中宗肅宗之季，玄宗代宗，並以兵清內難，而後繼大統。(八五)指擬：標指摹擬。(八六)口實：亦即話柄或藉口。(八七)太子詹事：《唐六典》卷二十六：「太子詹事府，詹事一人，正三品。」(八八)左庶子：《唐六典》卷二十六：「太子左春坊，左庶子二人，正四品上。掌侍從、贊相禮儀、駁正啟奏、監省封題。」(八九)左衛率：《唐六典》卷二十八：「太子左右衛率府率各一人，正四品上，掌東宮兵仗羽衛之政令，以總諸曹之事。」(九〇)中舍人：《舊唐書・職官志》三：「太子右春坊，中舍人二人，正五品上。」(九一)舍人：同志三：「太子右春坊，舍人四人，正六品上。」(九二)洗馬：《唐六典》卷二十六：「司經局洗馬二人，從五品下。掌經史子集四庫圖書刊輯之事，立正本、副本、貯本，以備供進。凡天下之圖書上於東宮者，皆受而藏之。」(九三)齊王國司：《唐六典》卷二十九：「親王府，國令大農掌通判國司事。」(九四)齊王國司金帛什器：謂齊王國司所儲藏之金帛什器。(九五)危懼：危險恐懼。(九六)先太子：已故去之太子曰先太子。(九七)詹事主簿：《唐六典》卷二十六：「太子詹事府，主簿一人，從七品上，掌付所受諸司之移判及彈頭之事，而勾會之。」(九八)初洗馬魏徵常勸太子建成……引為詹事主簿：按此段乃錄自《舊唐書・魏徵傳》，字句大致相同。(九九)諫議大夫：《唐六典》卷八：「諫議大夫四人，正五品上。」(一〇〇)縱：放釋。(一〇一)簡肅：簡易嚴肅。(一〇二)鎮：鎮守。(一〇三)協：協和。(一〇四)事：事奉。(一〇五)收：收捕。(一〇六)益州行臺僕射竇軌……軌追之不及：按此段乃錄自《舊唐書・竇威附軌傳》，字句大致相同。(一〇七)右領軍將軍：《舊唐書・職官志》三：「左右領軍衞，將軍各二員，從三品。」(一〇八)傳首：傳首京師。(一〇九)故群盜：《舊唐書・廬江王瑗傳》作：「故嘗為盜。」是群盜亦乃為盜之意。(一一〇)推心：謂推心置其腹中。(一一一)許為婚姻：謂許結為婚姻。(一一二)通事舍人：《唐六典》卷九：「通事舍人十六人，從六品上。掌朝見引納及辭謝者，於殿廷通奏。」(一一三)單使：〈廬江王瑗傳〉作：「一使。」是單即一也。(一一四)罔罟：罔通網，即網罟。(一一五)命：性命。(一一六)劫：劫持。(一一七)機事：軍機政事。(一一八)發驛：發人馳驛。(一一九)燕州：《舊唐書・地理志》二：「河北道、燕州，隋遼西郡，寄治於營州，武德元年改為燕州總管府。六年自營州南遷，寄治於幽州城內。」(一二〇)薊：薊州。(一二一)兵曹參軍：《舊唐書・職官志》三：「大都督府，功曹戶兵法士六曹參軍事，並正七品下。」㉒機柄：指兵柄言。㉓方沐，握髮而出：握髮而出，正方沐未畢之狀。㉔手斬之：謂自斬之。㉕敕使：亦即詔使。㉖無能為也：不能有所作為。㉗汝寧隨瑗族滅乎？欲從我以取富貴乎：按寧字於此，含於二者中選擇其一之意。故應釋為寧肯。㉘出：釋出。㉙遽：急。㉚潰：潰散。㉛存：猶留。㉜行：將。㉝左領軍大將軍：《舊唐書・職官志》三：「左右領軍衛，大將軍各一員，正三品。」㉞家口：指兄弟妻孥僮僕而言，意謂全家之人口也。㉟敦禮，仲方之孫也：崔仲方仕周，獻平齊之策。㊱幽州大都督廬江王瑗反……敦禮，仲方之孫也：按此段乃錄自《舊唐書・廬江王瑗傳》，字句大致相同。㊲罷天策府：置天策府，見卷一百八十九，四年。㊳特勒：特勒為突厥之重要官職。㊴左衛大將軍：按《舊唐書・職官志》一，諸大將軍皆正品三。㊵以高士廉為侍中，房玄齡為中書令，長孫無忌為吏部尚書：按上諸官，據《舊唐書・職官志》一，俱為正三品。㊶封德彝為右僕射：同志一：「左右僕射，從二品。」㊷杜淹為御史大夫：同志一：「御史大夫，從三品。」㊸顏師古、劉林甫為中書侍郎：同志一：「中書侍郎，正四品上。」㊹左衛副率：《唐六典》卷二十八：「太子左右衛率府副率各二人，從四品上。」㊺右內副率：《唐六典》卷二十八：「太子左右內率府副率各一人，從四品上。」㊻右監門率：同卷：「太子左右監門率府率各一人，正四品上。」㊼將軍：據《舊唐書・職官志》一，將軍皆從三品。㊽李客師為領左右軍將軍：胡三省曰：「領字當在左右之下，左右二字亦當去其一，但未知當去何字耳。」㊾更赦令：經赦宥之命令。㊿爭告捕：爭為告發及捕拿。(51)以邀賞：以邀請賞賜。(52)事連東宮：

行事與東宮相關連者。(五三)反坐：以其所告人之罪而反罰之。(五四)聽以便宜從事：謂苟於事有宜，即可憑意處置。(五五)磁州：《舊唐書・地理志》二：「河北道、磁州，隋魏郡之滏陽縣，武德元年置磁州，領滏陽、臨水、成安三縣。」(五六)錮送：加刑具而以檻車押送之。(五七)前太子千牛：《舊唐書・職官志》三：「太子左右內率府，率各一人，正四品上，千牛十六人。」(五八)前宮：即前東宮。(五九)雖遣使者：指遣魏徵宣慰山東。(六〇)吾不可以顧身嫌，不為國慮：《舊唐書・魏徵傳》作：「寧可慮身，不可廢國家大計。」按慮身猶危身憂身，如此則二文之意，方大致相似。又顧身嫌乃謂顧念已陷嫌疑。(六一)解縱之：解開而縱捨之。(六二)遣諫議大夫魏徵宣慰山東……太子聞之甚喜：按此段乃錄自《舊唐書・魏徵傳》，字句大致相同。(六三)右衞率府鎧曹參軍：《唐六典》卷二十八：「太子左右衞率府，胄曹參軍事各一人，從八品下，隋置為鎧曹，皇朝因之。」(六四)萬泉丞：《舊唐書・地理志》二：「河東道、河中府、萬泉縣，武德三年分稷山界，於薛通城置萬泉縣，屬泰州，州廢入絳州，後又隸河中府。」又丞，上中縣，從八品下。(六五)如期：如所約之期。(六六)右衞率府鎧曹參軍唐臨……皆如期而返：按此段乃錄自《舊唐書・唐臨傳》，字句大致相同。(六七)臨，令則之弟子也：唐令則事隋太子勇，勇廢被誅。(六八)芮虞泰鼎：《舊唐書・地理志》一：「河南道、陝州大都督府，芮城，隋縣，武德二年置芮州，領芮城、河北二縣。」同志一：「河南道、陝州、安邑，隋為虞州郭下，置安邑縣，領安邑、解、桐鄉四縣。」同志二：「河中府、寶鼎，漢汾陰縣，隋屬泰州，貞觀十七年廢泰州。」同志一：「河南道、虢州，漢弘農郡，隋廢郡為弘農縣，義寧元年改為鳳林郡，仍於盧氏置虢郡。武德元年改鳳林為鼎州。」(六九)自餘給復一年：自餘謂除上述六州之外，給復一年，謂免賦役一年。(七〇)閟：
閉，音祕。(七一)親戚：有時專指父母而言。(七二)適人：猶嫁人。(七三)詔以宮女眾多，幽閟可愍，宜簡出
之，各歸親戚，任其適人：按此次放出者，據《舊唐書・太宗紀》上，為三千餘人，又云日為癸酉，
是詔以上當添癸酉二字。(七四)猜懼：猜疑恐懼。(七五)浸：漸。(七六)初稽胡酋長劉仚成……勸令入寇：按
此段乃錄自《舊唐書・梁師都傳》，字句大致相同。(七七)寇涇州：《舊唐書・太宗紀》武德九年八月
文作：「甲戌，突厥頡利突利寇涇州。」寇上當添甲戌二字。(七八)武功：今陝西省武功縣。(七九)造次：
倉卒急遽。(八〇)承順妃嬪：謂承順高祖之妃嬪。(八一)彌縫：彌補縫合。(八二)闕：間隙。(八三)牝雞之晨，唯
家之索：見《書・牧誓》，〈蔡傳〉：「索，蕭索也，牝雞而晨，則陰陽反常，是為妖孽，而家道索
矣。」(八四)妾婦人：古代婦人自稱皆曰妾，謂妾乃婦人。(八五)豫：參豫。(八六)立妃長孫氏為皇后……固
問之，終不對：按此段乃錄自《舊唐書・太宗文德皇后傳》，字句大致相同。(八七)高陵：高陵縣在長
安東北七十里。(八八)涇陽：涇陽縣在長安北七十里。(八九)俟斤：突厥官二十八等，俟斤在吐屯之下。
(九〇)渭水便橋之北：自長安出咸陽，過渭水便橋。(九一)思力盛稱：《舊唐書・突厥傳》作：「思力因張
形勢云。」似較《通鑑》所改為佳。(九二)讓：責。(九三)面結：猶親結。(九四)無筭：無數。(九五)負：違負。
(九六)亦有人心：〈突厥傳〉作：「亦須頗有人心。」必如此，方符原來之意。(九七)請命：請貸其死命。
(九八)涇州道行軍總管尉遲敬德……思力懼而請命：按此段乃錄自《舊唐書・突厥傳》，字句大致相同。
(九九)請禮遣之：謂請以禮節而遣歸之。(一〇〇)憑陵：蹂躪陵轢。(一〇一)徑詣：直至。(一〇二)渭水上：即渭水濱，

水上之上，乃指濱或旁言。㉓羅拜：羅列而拜。㉔蔽野：蔽遍原野。㉕挺身：猶鼓胸而出。㉖軍容：軍之儀容。㉗麾：以旗指揮。㉘叩馬：攔馬。㉙籌：計劃。㉚甸：郊外。㉛以我國內有難：謂方有殺建成元吉之難。㉜放兵：放縱。㉝示若輕之：表示若輕視之。㉞震曜：震誇炫曜。㉟使之必戰：〈突厥傳〉作：「使知必戰。」意較符，當改從之。㊱使之失圖：〈突厥傳〉作：「乖其本圖。」與上較為連貫。㊲第：但。㊳臣等亦以為疑：謂臣等亦以陛下之不許為非。㊴賄：財。㊵水西：渭水之西。㊶達官：顯達之官。㊷拉朽：摧枯拉朽，喻甚易也。㊸幽州：胡三省曰：「幽州當作豳州，自渭北北歸，歸路正經豳州，此史書傳寫誤耳。」㊹邀：截攔。㊺躡：緊跟蹤其足後。㊻覆之：傾覆之。㊼淺：短少。㊽靜：安靜，亦即不事戰爭。㊾韜：藏。㊿啗：猶餵。(51)驕惰：驕傲懈惰。(52)釁：通釁。(53)固：定。(54)非所及也：謂非予知之所及也，亦即見不及此之意。(55)乃囚思力於門下省……瑀再拜曰，非所及也：按此段乃錄自《舊唐書・突厥傳》，字句大致相同。

卷一百九十二　唐紀八

起柔兆閹茂九月，盡著雍困敦七月，凡二年。（丙戌至戊子，西元六二六年至六二八年）

司馬光編集
曲守約註

高祖神堯大聖光孝皇帝下之下

武德九年（西元六二六年）

㈠九月，突厥頡利獻馬三千匹，羊萬口㈠，上不受㈡，但詔歸所掠中國戶口㈢，徵溫彥博還朝㈣。丁未，上引諸衞將卒，習射於顯德殿庭，諭之曰：「戎狄侵盜㈤，自古有之，患在邊境少安，則人主逸遊㈥忘戰，是以寇來，莫之能禦；今朕不使汝曹穿池㈦築苑，專習弓矢，居閑無事，則為汝師，突厥入寇，則為汝將，庶幾中國之民，可以少安乎。」於是日引數百人，教射於殿庭，上親臨試㈧，中多者賞以弓刀帛㈨，其將帥亦加上考㈩。羣臣多諫曰：「於律，以兵刃至御在所者絞，今使卑碎之人㈡，張弓挾矢於軒陛之側，陛下親在其間，萬一有狂夫竊發，出於不意，非所以重社稷也（一三）。」韓州（一四）刺史封同人詐乘驛馬，入朝切諫，上皆不聽，曰：「王者視四海如一家，封域（一五）之內，皆朕赤子（一六），朕一一推心置其腹中（一七），奈何宿衛之士（一八），亦加猜忌乎！」由是人思自勵，數年之間，悉為精銳。

㈡上嘗言：「吾自少經略（一九）四方，頗知用兵之要（二〇），每觀敵陳，則知其彊弱，常以吾弱當其彊，彊當其弱、彼乘吾弱（二一），逐奔不過數十百步（二二），吾乘其弱，必出其陳後反擊之，無不潰敗，所以取勝，多在此也。」

㈢己酉，上面定（二三）勳臣長孫無忌等爵邑，命陳叔達於殿下唱名示之（二四），且曰：「朕敍卿等勳賞，或未當，宜各自言。」於是諸將爭功，紛紜（二五）不已。淮安王神通曰：「臣舉兵關西，首應義旗（二六），今房玄齡、杜如晦等專弄刀筆（二七），功居臣上，臣竊（二八）不服。」上曰：「義旗初起，叔父雖首唱（二九）舉兵，蓋亦自營脫禍（三〇）及竇建德吞噬山東，叔父全軍覆沒（三一），劉黑闥再合餘燼（三二），叔父望風奔北。玄齡等運籌帷幄（三三），坐安社稷（三四），論功行賞，固宜居叔父之先。叔父國之至親，朕誠無所愛㉟，但不可以私恩濫與勳臣同賞耳㊱。」諸將乃相謂曰：「陛下至公，雖淮安王尚無所私㊲，吾儕何敢不安其分㊳！」遂皆悅服。房玄齡嘗言秦府舊人未遷官者，皆嗟怨㊴曰：「吾屬奉事㊵左右，幾何年矣㊶，今除官返出前宮㊷齊府人之後。」上曰：「王者至公無私，故能服天下之心，朕與卿輩日所衣食，皆取諸民者也，故設官分職㊸，以為民也，當擇賢才而用之，豈以新舊為先後哉㊹。必也新而賢，舊而不肖㊺，安可捨新而取舊乎！今不論其賢不肖，而直言嗟怨，豈為政之體㊻乎！」

㈣詔民間不得妄立妖祠㊼，自非卜筮正術㊽，其餘雜占，悉從禁絕㊾㊿。上於弘文殿聚四部書二十餘萬卷(51)，置弘文館於殿側(52)，精選天下文學之士虞世南、褚亮、姚思廉、歐陽詢、蔡允恭、蕭德言等，以本官兼學士，令更日(53)宿直(54)，聽朝之隙，引入內殿，講論前言往行(55)，商榷(56)政事，或至夜分(57)乃罷。又取三品已上子孫，充弘文館學士(58)。

㈤冬，十月，丙辰朔，日有食之。

㈥詔追封故太子建成為息王(五九)，謚曰隱(六〇)，齊王元吉為剌王(六一)，以禮改葬，葬日，上哭之於宜秋門(六二)，甚哀(六三)。魏徵、王珪表請陪送至墓所，【考異】高祖實錄、建成元吉傳，太宗踐阼，改葬加謚。太宗實錄及本紀，皆不書葬月日。唯唐曆在此年十月。貞觀政要，此表在二年。據此年七月魏徵為諫議大夫，宣慰山東，王珪亦未為黃門侍郎，葬建成元吉恐在後，但別無月日可附，今且從唐曆。上許之，命宮府舊僚(六四)皆送葬。

㈦癸亥，立皇子中山王承乾為太子，生八年矣。庚辰，初定功臣實封，有差(六五)。

㈧初蕭瑀薦封德彝於上皇，上皇以為中書令，及上即位，瑀為左僕射，德彝為右僕射，議事已定，德彝數反於上前(六六)，由是有隙。時房玄齡、杜如晦新用事，皆疏瑀而親德彝，瑀不能平(六七)，遂上封事論之，辭指寥落(六八)，由是忤(六九)旨。會瑀與陳叔達忿爭於上前，庚辰，瑀、叔達皆坐不敬(七〇)，免官(七一)。【考異】舊傳：「太宗以玄齡等功高，由是忤旨，廢於家，俄拜少師，復為左僕射，坐與叔達忿爭，免。」按實錄，忿爭在作少師前，今從之。

㈨甲申，民部尚書(七二)裴矩奏民遭突厥暴踐(七三)者，請戶給絹一匹，上曰：「朕以誠信御(七四)下，不欲虛有存恤(七五)之名，而無其實，戶有大小，豈得雷同(七六)給賜乎！」於是計口為率(七七)。

(十)初上皇欲彊宗室以鎮天下，故皇再從三從弟(七八)及兄弟之子，雖童孺皆為王，王者數十人。上從容問羣臣：「徧封宗子(七九)，於天下利乎？」封德彝對曰：「前世唯皇子及兄弟乃為王，自餘非有大功，無為王者。上皇敦睦九族，大封宗室，自兩漢以來，未有如今之多者，爵命(八〇)既崇(八一)，多給力役(八二)，恐非示天下以至公也。」上曰：「然，朕為天子，所以養百姓也，豈可勞百姓以養己之宗族乎？」十一月，庚寅，降宗室郡王皆為縣公(八三)，惟有功者數人不降。

(十一)丙午，上與羣臣論止盜，或請重灋以禁之，上哂(八四)之曰：「民之所以為盜者，由賦繁役重，官吏貪求(八五)，饑寒切身(八六)，故不暇顧廉恥耳。朕當去奢省費，輕傜薄賦(八七)，選用廉吏，使民衣食有餘，則自不為盜，安用(八八)重灋邪！」自是數年之後，海內升平(八九)，路不拾遺，外戶不閉，商旅野宿(九〇)焉。上又嘗謂侍臣曰：「君依於國，國依於民，刻(九一)民以奉君，猶割肉以充腹，腹飽而身斃，君富而國亡，故人君之患，不自外來，常由身出(九二)，夫欲盛則費廣(九三)，費廣則賦重，賦重則民愁，民愁則國危，國危則君喪(九四)矣。朕常以此思之，故不敢縱欲也。」

(十二)十二月，己巳，益州大都督(九五)竇軌奏稱獠反，請發兵討之。上曰：「獠依阻山林(九六)，時出鼠竊，乃其常俗，牧守(九七)苟能撫以恩信，自然帥服(九八)，安可輕動干戈，漁獵(九九)其民，比之禽獸，豈為民父母之意邪！」竟不許。

(十三)上謂裴寂曰：「比多上書言事者，朕皆粘之屋壁，得出入省覽(一〇〇)，每思治道，或深夜方寢，公輩亦當恪(一〇一)勤職業，副(一〇二)朕此意。」上厲精求治，數引魏徵入臥內，訪以得失，徵知無不言，上皆欣然嘉納。上遣使點兵(一〇三)，封德彝奏：「中男(一〇四)雖未十八，其軀幹壯大者，亦可并點(一〇五)。」上從之，敕出，魏徵固執(一〇六)以為不可，不肯署敕(一〇七)，至於數四(一〇八)，上怒，召而讓之曰：「中男壯大者，乃姦民詐妄，以避征役(一〇九)，取之何害？而卿固執至此。」對曰：「夫兵在御(一一〇)之得其道，不在眾多，陛下取其壯健，以道御之，足以無敵於天下，何必多取細弱(一一一)，以增虛數乎！且陛下每云：『吾以誠信御天下㉒，』欲使臣民皆無欺詐，今即位未幾，失信者數㉓矣。」上愕然曰：「朕何為失信㉔？」對曰：「陛下初即位，下詔云：『逋負㉕官物，悉令蠲免㉖。』有司以為負秦府國司㉗者，非官物，徵督㉘如故。陛下以秦王升為天子，國司之物，非官物㉙而何？又曰：『關中免二年租調，關外給復一年。』既而繼有敕云：『已役已輸者，以來年㉚為始。』散還之後㉛，方復更徵，百姓固已不能無怪，今既徵得物，復點為兵，何謂以來年為始乎？又陛下所與共治天下者，在於守宰，居常㉜簡閱，咸以委之，至於點兵，獨疑其詐，豈所謂以誠信為治乎！」上悅曰：「曏者朕以卿固執，疑卿不達㉝政事，今卿論國家大體㉞，誠盡其精要。夫號令不信，則民不知所從，天下何由而治乎？朕過深矣。」乃不點中男，賜徵金甕一。

(一四)上聞景州錄事參軍㉟張玄素名，召見，問以政道，對曰：「隋主好自專庶務，不任㊱羣臣，羣臣恐懼，唯知稟受奉行㊲而已，莫之敢違。以一人之智，決㊳天下之務，借使得失相半，乖謬已多㊴，下詇上蔽(三〇)，不亡何待(三一)！陛下誠能謹擇羣臣，而分任以事，高拱穆清(三二)，而考(三三)其成敗，以施刑賞，何憂不治。又臣觀隋末亂離(三四)，其欲爭天下者，不過十餘人而已，其餘皆保鄉黨(三五)，全妻子，以待有道(三六)而歸之耳，乃知百姓好亂者亦鮮(三七)，但人主不能安之耳(三八)。」上善其言，擢為侍御史(三九)(四〇)。

(十五)前幽州記室、直中書省(四一)張蘊古上大寶箴，其略曰：「聖人受命，拯溺亨屯(四二)，故以一人治天下，不以天下奉一人。」又曰：「壯九重於內(四三)，所居不過容膝(四四)，彼昏不知(四五)，瑤其臺而瓊(四六)其室，羅八珍(四七)於前，所食不過適口，惟狂罔念(四八)，丘其糟而池其酒(四九)。」又曰：「勿沒沒(五〇)而闇，勿察察(五一)而明，雖冕旒(五二)蔽目，而視於未形(五三)，雖黈纊塞耳(五四)，而聽於無聲。」上嘉之，賜以束帛(五五)，除大理丞(五六)(五七)。

(十六)上召傅奕賜之食，謂曰：「汝前所奏(五八)，幾為吾禍，然凡有天變，卿宜盡言皆如此，勿以前事為懲(五九)也。」上嘗謂奕曰：「佛之為教，玄妙(六〇)可師，卿何獨不悟(六一)其理？」對曰：「佛乃胡中桀黠(六二)，誑耀(六三)彼土，中國邪僻(六四)之人，取莊老玄談，飾以妖幻(六五)之語，用欺愚俗(六六)，無益於民，有害於國，臣非不悟，鄙(六七)不學也。」上頗然(六八)之(六九)。

(七)上患吏多受賕(七〇)，密使左右試賂之，有司門令史(七一)受絹一匹(七二)，上欲殺之，民部尚書裴矩諫曰：「為吏受賂，罪誠當死，但陛下使人遺之而受，乃陷人於灋也，恐非所謂道之以德，齊之以禮(七三)。」上悅，召文武五品已上告之曰：「裴矩能當官(七四)力爭，不為面從(七五)，儻每事皆然，何憂不治！」

臣光曰：「古人有言：『君明臣直(七六)。』裴矩佞於隋而忠於唐，非其性之有變也，君惡聞其過，則忠化為佞，君樂聞直言，則佞(七七)化為忠，是知君者表也(七八)，臣者景也，表動則景隨矣。」

(八)是歲，進皇子長沙郡王恪為漢王，宜陽郡王祐為楚王(七九)。

(九)新羅、百濟、高麗三國有宿仇(八〇)，迭相(八一)攻擊，上遣國子助教(八二)朱子奢往諭指(八三)，三國皆上表謝罪(八四)。

【今註】 ㊀羊萬口：按羊之計算單位，有言口者，亦有言頭者。㊁上不受：自是年八月甲子以後，凡稱上者，皆太宗也。㊂突厥頡利獻馬三千匹……詔歸所掠中國戶口：按此段乃錄自《舊唐書・突厥傳》，字句大致相同。㊃徵溫彥博還朝：彥博沒於突厥，見上卷，八年。㊄侵盜：侵陵盜竊。㊅逸遊：淫逸遊樂。㊆穿池：猶鑿池，而載籍中則多用穿字。㊇親臨試：親自蒞臨，加以驗試。㊈賞以弓刀帛：《舊唐書・太宗紀》武德九年文作：「弓刀布帛。」當從添布字，以求文之整齊。㊉上考：唐考功之法，上中下皆分三等。上考，上等之考績也。⑪今使卑碎之人：〈太宗紀〉作：「裨卒之人。」卑疑裨之訛。⑫非所以重社稷也：蓋社稷之安危，繫於君主之存亡，故云然。⑬上引諸衞將卒……非所以重社稷也：按此段乃錄自《舊唐書・太宗紀》武德九年文，字句大致相同。⑭韓州：《舊唐書・地理志》一：「關內道、同州，武德三年，仍割河西、韓城、郃陽三縣，於河西置西韓州。」⑮封域：謂封疆內之區域。⑯赤子：爛漫無邪之孺子。⑰推心置其腹中：喻相信之深刻。⑱奈何宿衞之士：謂奈何於宿衞之士。⑲經略：經營徇略。⑳要：要點。㉑彼乘吾弱：彼乘吾脆弱之卒。㉒數十百步：謂數十以至一百步也，此數之最大限制，不過一百而已。㉓面定：親定。㉔唱名示之：高呼其名而告示之。㉕紛紜：紛亂喧囂。㉖義旗：起義時高舉反抗之旗幟，此旗幟名曰義旗。㉗專弄刀筆：亦即所謂之刀筆吏。㉘竊：私。㉙首唱：首先倡導。㉚自營脫禍：自求免禍。㉛叔父全軍覆沒：事見卷一百八十八武德二年。㉜餘燼：剩餘之煨燼。㉝帷幄：帳幕。㉞坐安社稷：坐而使社稷安定。㉟愛：吝惜。㊱上面定勳臣長孫無忌等爵邑……濫與勳臣同賞耳：按此段乃錄自《舊唐書・淮安王神通傳》，字句大致相同。㊲私：偏私。㊳安其分：安其所定之名分，亦即安其所定之爵位。㊴嗟怨：嗟嘆怨恨。㊵奉事：奉候服事。㊶幾何年矣：謂多少年矣。㊷前宮：即先太子之宮。㊸分職：分配職位。㊹豈以新舊為先後哉：謂豈以新舊為任命先後之準繩乎。㊺不肖：不似，亦即不賢之意。㊻為政之體：為政之體統。㊼詔民間不得妄立妖祠：按《舊唐書・太宗紀》武德九年九月文作：「壬子詔。」詔上當添壬子二字。㊽卜筮正術：以龜曰卜，以蓍曰筮，正術、正當之術數。㊾禁絕：禁止斷絕。㊿詔民間不得妄立妖祠……悉從禁絕：按此段乃錄自《太宗紀》上，字句大致相同。(51)上於弘文殿聚四部書二十餘萬卷：《新唐書・藝文志序》：「歷代盛衰，文章與時高下，然其變態百出，不可窮極，何其多也！自漢以來，史官列其名氏篇第，以為六藝、九種、七略，至唐始分為四類，曰經史子集，兩都各聚書四部，以甲乙丙丁為次，列經史子集四庫。」(52)置弘文館於殿側：《唐會要》：「武德四年，於門下省置脩文館，至九年三月，改為弘文館，至其年九月，太宗即位，於弘文殿聚四部書二十餘萬卷，於殿側置弘文館，貞觀三年，移於納義門西。」按閣本太極宮圖，弘文館在門下省東，而不載弘文殿，納義門在嘉德門之西。(53)更日：隔日。(54)宿直：入宿而值事。(55)前言往行：前人之言行。(56)商榷：商量。(57)夜分：夜半。(58)充弘文館學士：此學士乃學習之意。(59)息王：息、古國名。(60)隱：謚法、隱拂不成曰隱。(61)刺王：謚法、不思忘愛曰刺，暴戾無親曰刺。(62)宜秋門：太極宮圖，宜秋門在千秋殿之西，百福門之東。《唐六典》卷七亦同之。(63)詔追封故太子建成為息王……哭之於宜秋門，甚哀：按此段乃錄自《舊唐書・隱太子建成傳》，字句大致相同。(64)宮府舊僚：東宮、齊王府舊日僚屬。(65)初定功臣實封有差：《唐六典》卷二：「司封郎中、員外郎掌邦之封爵，凡有九等：一曰王，正一品，食邑一萬戶；二曰郡王，從一品，食邑五千戶；三曰國公，從一品，食邑三千戶；四曰郡公，正二品，食邑二千戶；五曰縣公，從二品，食邑一千五百戶；六曰縣侯，從三品，食邑一千戶；七曰縣伯，正四品，食邑七百戶；八曰縣子，正五品，食邑五百戶；九曰縣男，從五品，食邑三百戶。舊制、戶皆三丁已上，一分入國，開元中定制，以三丁為限，租賦全入封家。」(六六)議事已定，德彝數反於上前：《舊唐書・蕭瑀傳》：「倫素懷險詖，與商量將為可奏者，至太宗前盡變易之。」此乃德彝數反及受厭惡之真情也。(六七)不能平：亦即怨忿之意。(六八)寥落：謂枯澀而欠條暢。(六九)忤：逆。(七〇)不敬：謂於上前，態度不恭。(七一)初蕭瑀薦封德彝於上皇……坐不敬，免官：按此段乃錄自《舊唐書・蕭瑀傳》，字句大致相同。(七二)民部尚書：《唐六典》卷三：「戶部尚書一人，正三品，隋初曰度支尚書，開皇三年改為民部，皇朝因之，貞觀二十三年，改為戶部。」(七三)暴踐：凶暴蹂踐。(七四)御：駕御，此猶理治。(七五)存恤：存問撫恤。(七六)雷同：相同。(七七)計口為率：以按口數計算為規式。(七八)再從三從弟：同曾祖為再從兄弟，同高祖為三從兄弟。(七九)宗子：宗室之子。(八〇)爵命：爵位秩命。(八一)崇：高、尊。

(八二)多給力役：《唐六典》卷三：「凡京司文武職事官，皆有防閤，一品九十六人，二品七十二人，三品三十八人，四品三十二人，五品二十四人，六品給庶僕十二人，七品八人，八品三人，九品二人。凡州縣官僚皆有白直，二品四十人，三品三十二人，四品二十四人，五品十六人，六品十人，七品七人，八品五人，九品四人。凡州縣官及在外監官，皆有執衣，以為驅使，二品十八人，三品十五人，四品十二人，五品九人，六品七品各六人，八品九品各三人。執衣並以中男充。凡諸親王府屬並給士力，其品數如白直。」(八三)降宗室郡王皆為縣公：《舊唐書・職官志》一：「王，正一品；開國郡公，正二品；開國縣公，從二品。」(八四)哂：譏笑。(八五)貪求：要索無度。(八六)切身：逼迫於己。(八七)輕徭薄賦：輕徭役，薄賦斂。(八八)安用：何用。(八九)升平：治平。(九〇)商旅野宿：商賈行旅宿於郊野。(九一)刻：掊刻。(九二)身出：已出。(九三)費廣：費用廣大。(九四)喪：亡。(九五)益州大都督：是年六月廢大行臺，置大都督府。《舊唐書・職官志》三：「大都督府，督一員，從二品。」(九六)依阻山林：謂依山林以為險阻。(九七)牧守：州牧郡守。(九八)帥服：相帥服從。(九九)漁獵：猶捕捉。(一〇〇)省覽：省視觀覽。(一〇一)恪：敬。(一〇二)副：猶稱。(一〇三)點兵：點召兵卒。(一〇四)中男：《舊唐書・食貨志》上：「男女始生者為黃，四歲為小，十六為中，二十一為丁。」(一〇五)並點：並於一起而點召之。(一〇六)固執：固執己見。(一〇七)署敕：胡三省曰：「按唐制，中書舍人則署敕，魏徵時為諫議大夫，抑太宗亦使之連署耶？」署敕，謂大臣簽名於詔敕之上，蓋必如此，詔敕始能生效。(一〇八)數四：六朝以嫌再三為數尚少，不足表其意念，故常有添益而作數四者，數四亦即再四也。(一〇九)中男壯大者，乃姦民詐妄，以避征役：意謂中男壯大者，現已不止十六歲，率在十七八之譜，特姦民詐減，而以避征役耳。(一一〇)御：猶用。(一一一)細弱：小弱。(一一二)御天下：此御猶治之德。(一一三)數：屢。(一一四)何為失信：謂何事失信。(一一五)逋負：欠負。(一一六)蠲免：除免。(一一七)國司：已見上，謂所掌司國家之財物。(一一八)徵督：徵收督責。(一一九)官物：官家之物，亦即公家之物，蓋官即公也，古代此二辭，常隨意施用。(一二〇)來年：明年。(一二一)散還之後：言既散還其已輸之物，而復徵之。㉒居常：猶平常。㉓達：通。㉔大體：重要之事。㉕景州錄事參軍：《舊唐書・地理志》二：「河北道、景州，漢蓨縣地，隋置弓高縣，屬渤海郡，武德四年於縣置觀州，貞觀二年，又於弓高縣置景州。」同書〈職官志〉三：「上州，錄事參軍事一人，從七品上。」㉖不任：不信任。㉗稟受奉行：謂稟受成命，奉而行之。㉘決：決斷。㉙得失相半，乖謬已多：謂即得失相半，而一半已乖謬矣，夫一半乖謬，焉得不謂之多乎！㉚下諛上蔽：在下者諂諛，在上者被蔽。㉛不亡何待：謂惟有亡而已。㉜高拱穆清：高拱、高居不事之狀，穆清、肅穆清靜。㉝考：考覈。㉞亂離：喪亂分離。㉟鄉黨：猶鄉里。㊱有道：有道之主。㊲鮮：少。㊳不能安之耳：謂不能使之安定耳。㊴侍御史：《舊唐書・職官志》一：「侍御史，舊從七品上，垂拱令改從六品下。」㊵上聞景州錄事參軍張玄素名……擢為侍御史：按此段乃錄自《舊唐書・張玄素傳》，而改易處頗多。㊶前幽州記室直中書省：胡三省曰：「唐諸州無記室，唯王國有記室參軍，從六品上，蘊古蓋廬江王瑗督幽州時為記室也。唐制，資序未至，以它官入省者為直。」㊷亨屯：使屯蹇者亨利。㊸壯九重於內：九重、天子所居之宮室，謂於內庭修築壯麗之宮室。㊹容膝：容膝之地，極喻地之狹小。㊺彼昏不知：彼昏昧無知之君。㊻瑤瓊：皆玉屬。㊼八珍：八種珍味。《周禮・天官・膳夫》：「珍用八物。」注：「珍謂淳熬、淳母、炮豚、炮牂、擣珍、漬、熬、肝膋也。」㊽惟狂罔念：惟狂惑之人，不加思念。㊾丘其糟而池其酒：謂麴糟成丘山而酒漿盈池沼也。㊿沒沒：惑溺。(51)察察：分析明辨。(52)冕旒：冕而前旒，所以蔽明。(53)未形：形欲見未見之時。(54)黈纊塞耳：《文選・東京賦》

注：「黈纊，言以黃綿大如丸，懸冠兩邊當耳，不欲妄聞不急之言也。」黈，音ㄊㄡˇ。(55)束帛：《周禮・春官・大宗伯》疏：「束者十端，每端丈八尺，皆兩端合卷，總為五匹，故云束帛也。」(56)大理丞：《唐六典》卷十八：「大理寺丞六人，從六品上，掌分判寺事，凡有犯皆據其本狀，以正刑名。」(57)前幽州記室直中書省張蘊古上大寶箴……除大理丞：按此段乃摘錄自《舊唐書・文苑張蘊古傳》，字句幾全相同。(58)汝前所奏：事見上卷，九年六月。(59)懲：懲誡。(60)玄妙：玄虛微妙。(61)悟：猶曉。(62)桀黠：猶狡黠。(63)誑耀：誑詐炫耀。(64)邪僻：不正。(65)妖幻：妖異詭幻。(66)愚俗：即愚民。(67)鄙：謂以為鄙陋。(68)然：是。(69)上召傅奕賜之食……上頗然之：按此段乃錄自《舊唐書・傅奕傳》，字句大致相同。(70)賕：枉法受賂，音求。(71)司門令史：《舊唐書・職官志》二：「刑部司門郎中一員，從五品上，主事二人，從九品上，令史六人。郎中掌天下諸門及關出入往來之籍賦，而審其政。」(72)絹一匹：《舊唐書・食貨志》：「天寶九載敕：『至有五丈為疋者，理甚不然，濶一尺八寸，長四丈，同文共軌，其事久行。』」(73)但陛下使人遺之而受，乃陷人於法也，恐非所謂道之以德，齊之以禮：按《舊唐書・裴矩傳》作：「但陛下以物試之，即行極法，所謂陷人以罪，恐非導德齊禮之義。」兩兩相核，似原文較勝，夫既若此，則自不煩更易矣。道之以德，謂誘導之以德化；齊之以禮，謂齊飭之以禮義。二句乃《論語》孔子之言。(74)當官：為官時。(75)面從：謂在君面前，君所言行，皆依從也。(76)君明臣直：君上清明則臣下正直。(77)佞：佞媚。(78)表：所立以測時之木表。(79)是歲，進皇子長沙郡王恪為漢王，宜陽郡王祐為楚王：按此事《新唐書・太宗紀》

武德九年文載之，而《舊唐書．吳王恪傳》僅言：「武德三年封蜀王，十年又徙封吳王。」而無為長沙王及轉為漢王事。〈祐傳〉則云：「武德八年封宜陽王，其年改封楚王。」與《新唐書》《通鑑》所載，頗不相同。⑳新羅百濟高麗三國有宿仇：《舊唐書．新羅傳》：「高祖既聞海東三國，舊結怨隙，遞相攻伐，以其俱為藩附，務在和睦，乃問其使，為怨所由。對曰：『先是百濟往伐高麗，詣新羅請救，新羅發兵大破百濟國，因此為怨，每相攻伐，新羅得百濟王殺之，怨由此始。』」同書〈高麗傳〉：「武德九年，新羅百濟遣使訟建武云：『閉其道路，不得入朝。』又相與有隙，屢相侵掠。詔員外散騎侍郎朱子奢往和解之，建武奉表謝罪，請與新羅對使會盟。」㉑迭相：互相。㉒國子助教：《唐六典》卷二十一：「國子助教二人，從六品上。掌佐傅士分經以教授焉。」㉓論指：曉諭天子之意旨。㉔上謂裴寂曰，比多上書言事者……三國皆上表謝罪：按上諸條，皆無月日可稽，而附錄於十二月後者，非盡為十二月間之事，讀者幸注意焉。

太宗文武大聖大廣孝皇帝上之上

貞觀元年（西元六二七年）

㈠春，正月，乙酉，改元。

㈡丁亥，上宴羣臣，奏秦王破陳樂㊀，上曰：「朕昔受委㊁專征，民間遂有此曲，雖非文德之雍容㊂，然功業由茲而成，不敢忘本。」封德彝曰：「陛下以神武平海內，豈文德之足比㊃！」上曰：「戡㊄亂以武，守成㊅以文，文武之用，各隨其時，卿謂文不及武，斯言過㊆矣。」德彝頓首謝㊇㊈。

㈢己亥，制：「自今中書、門下及三品以上入閤議事(一〇)，皆命諫官隨之，有失輒(一一)諫。」

㈣上命吏部尚書長孫無忌等與學士灋官更議定律令，寬(一二)絞刑五十條為斷右趾，上猶嫌其慘(一三)，曰：「肉刑廢已久，宜有以易之。」蜀王灋曹參軍(一四)裴弘獻請改為加役(一五)流徙三千里，居作(一六)三年，詔從之(一七)。【考異】新舊刑法志，皆云居作二年，今從王溥會要。

㈤上以兵部郎中(一八)戴胄忠清公直，擢為大理少卿(一九)。上以選人多詐冒資蔭(二〇)，敕令自首(二一)，不首者死。未幾有詐冒事覺(二二)者，上欲殺之，胄奏據灋應流(二三)，上怒曰：「卿欲守灋，而使朕失信乎！」對曰：「敕者、出於一時之喜怒(二四)，灋者，國家所以布大信於天下也(二五)，陛下忿選人之多詐，故欲殺之，而既知(二六)其不可，復斷之(二七)

以濬，此乃忍小忿，而存㉘大信也。」上曰：「卿能執濬，朕復㉙何憂！」胄前後犯顏㉚執濬，言如涌泉㉛，上皆從之，天下無寃獄㉜。

㈥上令封德彝舉賢，久無所舉，上詰㉝之，對曰：「非不盡心，但於今未有奇才耳。」上曰：「君子用人如器㉞，各取所長，古之致治者，豈借才於異代㉟乎！正㊱患己不能知，安可誣一世之人㊲！」德彝慚而退。御史大夫㊳杜淹奏諸司㊴文案㊵，恐有稽失㊶，請令御史就司檢校㊷。上以問封德彝，對曰：「設官分職，各有所司㊸，果有愆違㊹，御史自應糾舉㊺，若徧歷諸司，搜擿㊻疵纇㊼，太為煩碎㊽。」淹默然，上問淹：「何故不復論執㊾？」對曰：「天下之務㊿，當盡(51)至公，善則從之，德彝所言，真得大體，臣誠心服，不敢遂非(52)。」上悅曰：「公等各能如是，朕復何憂。」

㈦右驍衛大將軍長孫順德受人餽絹(53)，事覺(54)，上曰：「順德果能有益國家，朕與之共有府庫(55)耳，何至貪冒(56)如是乎！」猶惜(57)其有功，不之罪，但於殿庭賜絹數十匹。大理少卿胡演曰：「順德枉灋[五八]受財，罪不可赦，奈何復賜之絹？」上曰：「彼有人性[五九]，得絹之辱，甚於受刑，如不知愧[六〇]，一禽獸耳[六一]！殺之何益[六二]。」

(八)辛丑，天節將軍[六三]燕郡王李藝據涇州[六四]反，藝之初入朝也[六五]，恃功驕倨[六六]，秦王左右至其營，藝無故毆之[六七]，上皇怒，收藝繫獄，既而釋之。上即位，藝內[六八]不自安，曹州妖巫李五戒謂藝曰：「王貴色已發[六九]。」勸之反。藝乃詐稱奉密敕[七〇]勒兵入朝，遂引兵至豳州，豳州治中[七一]趙慈皓馳出謁之，藝入據豳州。詔吏部尚書長孫無忌等為行軍總管，以討之。趙慈皓聞官軍將至，密與統軍楊岌圖之，事洩，藝囚慈皓，岌在城外，覺變[七二]，勒兵[七三]攻之，藝眾潰[七四]，棄妻子，將奔突厥，至烏氏[七五]，左右斬之，傳首長安。弟壽為利州都督[七六]，亦坐誅[七七]。

(九)初，隋末喪亂，豪傑並起[七八]，擁眾據地，自相雄長[七九]，唐興，相帥來歸，上皇為之割置州縣，以寵祿之[八〇]，由時州縣之數，倍於開皇大業之間。上以民少吏多，思革其弊，二月，命大加併省[八一]，因山川形便，分為十道：一曰關內，二曰河南，三曰河東，四曰河北，五曰山南，六曰隴右，七曰淮南，八曰江南，九曰劍南，十曰嶺南(八二)。

(十)三月，癸巳，皇后帥內外命婦親蠶(八三)。

(十一)閏月，癸丑朔，日有食之。

(十二)壬申，上謂太子少師(八四)蕭瑀曰：「朕少好弓矢，得良弓十數(八五)，自謂無以加(八六)。近以示弓工，乃曰皆非良材。朕問其故，工曰：『木心不直(八七)，則脉理(八八)皆邪，弓雖勁，而發矢不直。』朕始悟曏者辯(八九)之未精也。朕以弓矢定四方，識之(九〇)猶未能盡，況天下之務，其能徧知乎。」乃令京官(九一)五品以上，更宿(九二)中書內省，數延見(九三)，問以民間疾苦(九四)，政事得失。

(十三)涼州都督長樂王幼良性麤(九五)暴，左右百餘人，皆無賴子弟(九六)，侵暴(九七)百姓，又與羌胡互市。或告幼良有異志，上遣中書令宇文士及馳驛代(九八)之，幷按(九九)其事。左右懼，謀刼幼良入北虜(一〇〇)，又欲殺士及，據有河西(一〇一)，復有告其謀者。夏，四月，癸巳，賜幼良死(一〇二)。

(十四)五月，苑君璋帥眾來降。初，君璋引突厥陷馬邑，殺高滿政(一〇三)，退保恒安〔一〇四〕，其眾皆中國人，多棄君璋來降，君璋懼，亦降，請捍〔一〇五〕北邊以贖罪。上皇許之。君璋請約契〔一〇六〕，上皇使鴈門人元普賜之金券〔一〇七〕，頡利可汗復遣人招之，君璋猶豫未決，恒安人郭子威說君璋以：「恒安地險城堅，突厥方彊，且當倚之以觀變〔一〇八〕，未可束手〔一〇九〕於人。」君璋乃執元普送突厥，復與之合，數與突厥入寇。至是，見頡利政亂，知其不足恃，遂帥眾來降，上以君璋為隰州〔一一〇〕都督、芮國公〔一一一〕〔一一二〕。

(十五)有上書請去佞臣者，上問佞〔一一三〕臣為誰，對曰：「臣居草澤，不能的知〔一一四〕其人，願陛下與羣臣言，或陽〔一一五〕怒以試之，彼執理不屈者，直臣也，畏威順旨〔一一六〕者，佞臣也。」上曰：「君、源也，臣、流也，濁其源而求其流之清，不可得矣。君自為詐，何以責臣下之直乎！朕方以至誠治天下，見前世帝王，好以權譎〔一一七〕小數〔一一八〕接〔一一九〕其臣下者，常竊恥之。卿策雖善，朕不取也。」

(十六)六月，辛巳，右僕射、密明公〔一二〇〕封德彝薨。壬辰，復以太子少師蕭瑀為左僕射。

(七)戊申，上與侍臣論周秦修短㉑，蕭瑀對曰：「紂為不道，武王征之，周及六國無罪，始皇滅之；得天下雖同，失人心則異。」上曰：「公知其一，未知其二。周得天下，增修仁義，秦得天下，益尚詐力㉒，此修短之所以殊也。蓋取之或可以逆得㉓，守之不可以不順㉔故也。」瑀謝不及㉕。

(八)山東大旱，詔所在賑恤㉖，無出今年租賦。

(九)秋，七月，壬子，以吏部尚書長孫無忌為右僕射，無忌與上為布衣交㉗，加以外戚㉘有佐命功㉙，上委以腹心，其禮遇，羣臣莫及，欲用為宰相者數矣㉚，文德皇后固請曰：「妾備位椒房㉛，家之貴寵極矣，誠不願兄弟復執國政，呂、霍、上官㉜，可為切骨㉝之戒㉞，幸陛下矜察㉟。」上不聽，卒用之㊱。

(廿)初突厥性淳厚㊲，政令質略㊳，頡利可汗得華人趙德言委用之，德言專其威福，多變更舊俗，政令煩苛㊴，國人始不悅；頡利又好信任諸胡，而疏突厥，胡人貪冒，多反覆㊵，兵革㊶歲動㊷，會大雪深數尺，襍畜多死，連年饑饉，民皆凍餒。頡利用度不給㊸，重斂㊹諸部，由是內外離怨㊺，諸部多叛，兵浸㊻弱。言事者多請擊之，上以問蕭瑀、長孫無忌曰：「頡利君臣昏虐㊼，危亡可必㊽，今擊之，則新與之盟，不擊，恐失機會，如何而可？」瑀請擊之，無忌對曰：「虜不犯塞，而棄信勞民㊾，非王者之師也。」上乃止。

㉑上問公卿以享國久長之策，蕭瑀言：「三代封建㊿而久長，秦孤立而速亡。」上以為然，於是始有封建之議。

㉒黃門侍郎(51)王珪有密奏，附侍中高士廉，寢而不言(52)，上聞之。八月，戊戌，出士廉為安州大都督(53)。

㉓九月，庚戌，朔，日有食之。

㉔辛酉，中書令宇文士及罷為殿中監御史大夫(54)，杜淹參豫朝政，【考異】實錄云杜淹署位，不知所謂署位，何也？今從新書宰相表。是時宰相無定名，或云參預朝政，或云參知機務之類甚眾，不知其入銜否也？如李靖三兩日一至門下中書平章政事，魏徵朝章國典，參議得失之類，則決不入銜矣。它官參豫政事，自此始。淹薦刑部員外郎(55)邸懷道，上問其行能，對曰：「煬帝將幸江都，召百官問行留(56)之計，懷道為吏部主事(57)，獨言不可，臣親見之。」上曰：「卿稱懷道為是，何為自不正諫？」對曰：「臣爾時不居重任，又知諫不從，徒死(58)

無益。」上曰：「卿知煬帝不可諫，何為立其朝？既立其朝，何得不諫？卿仕隋容可云(五九)位卑，後仕王世充，尊顯矣，何得亦不諫？」對曰：「臣於世充非不諫，但不從耳。」上曰：「世充若賢而納諫，不應亡國，若暴而拒諫，卿何得免禍？」淹不能對。上曰：「今日可謂尊任(六〇)矣，可以諫未(六一)？」對曰：「願盡死(六二)。」上笑。

(廿五)辛未，幽州都督王君廓謀叛，道死，君廓在州驕縱(六三)多不灋，徵入朝。長史(六四)李玄道，房玄齡從甥也，憑君廓附書(六五)，君廓私發之，不識草書，疑其告己罪，行至渭南(六六)，殺驛吏(六七)而逃，將奔突厥，為野人所殺。

(廿六)嶺南酋長馮盎、談殿等迭相攻擊，久未入朝，諸州奏稱盎反，前後以十數(六八)，上命將軍藺謩等發江嶺數十州兵討之，魏徵諫曰：「中國初定，嶺南瘴癘險遠，不可以宿(六九)大兵，且盎反狀未成，未宜動眾。」上曰：「告者道路不絕(七〇)，何云反狀未成！」對曰：「盎若反，必分兵據險，攻掠州縣，今告者已數年，而兵不出境，此不反明矣。諸州既疑其反，陛下又不遣使鎮撫，彼畏死，故不敢入朝，若遣信臣(七一)示以至誠，彼喜於免禍，可不煩兵(七二)而服。」上乃罷兵。

(廿七)冬，十月，乙酉，遣員外散騎侍郎(七三)李公掩持節(七四)慰諭之，盎遣其子智戴隨使者入朝；上曰：【考異】魏文貞公故事作李公淹，又有前蒲州刺史韋叔諧偕行。今從實錄。「魏徵令我發一介之使，而領表(七五)遂安，勝十萬之師。不可不賞。」賜徵絹五百匹。

(廿八)十二月，壬午，左僕射蕭瑀坐事免。

(廿九)戊申，利州都督李孝常等謀反，伏誅。孝常因入朝，留京師，與右武衛將軍劉德裕、及其甥統軍(七六)元弘善、監門將軍長孫安業，互說符命(七七)，謀以宿衛兵作亂。安業，皇后之異母兄也，嗜酒無賴，父晟卒，弟無忌及后並幼，安業斥還舅氏(七八)，及上即位，后不以舊怨為意(七九)，恩禮甚厚，及反，事覺，后涕泣，為之固請曰：「安業罪誠當萬死，然不慈於妾(八〇)，天下知之，今寘以極刑(八一)，人必謂妾所為，恐亦為聖朝之累(八二)。」由是得減死(八三)，流嶲州。

(卅)或告右丞魏徵私其親戚，上使御史大夫(八四)溫彥博按之，無狀(八五)，彥博言於上曰：「徵不存形迹，遠避嫌疑，心雖無私，亦有可責。」上令彥博讓徵，且曰：「自今宜存(八六)形迹。」它日，徵入見，言於上曰：「臣聞君臣同體(八七)，宜相與盡誠(八八)，若上下俱存形迹(八九)，則國之興喪，尚未可知(九〇)，臣不敢奉詔(九一)。」上瞿然(九二)曰：「吾已悔之。」徵再拜曰：「臣幸得奉事陛下，願使臣為良臣，勿為忠臣。」上曰：「忠良有以異乎？」對曰：「稷契皐陶，君臣協心(九三)，俱享尊榮，所謂良臣；龍逢比干，面折(九四)廷爭，身誅國亡，所謂忠臣。」上悅，賜絹五百匹。上神采(九五)英毅(九六)，羣臣進見者，皆失舉措(九七)，上知之，每見人奏事，必假以辭色(九八)，冀聞規諫(九九)。嘗謂公卿曰：「人欲自見其形，必資(一〇〇)明鏡，君欲自知其過，必待忠臣，苟其君愎諫自賢(一〇一)，其臣阿諛(一〇二)順旨，君既失國，臣豈能獨全！如虞世基等諂事煬帝，以保富貴，煬帝既弒，世基等亦誅(一〇三)。公輩宜用此為戒，事有得失，毋惜盡言(一〇四)。」

(卅一)或上言：「秦府舊兵，宜盡除(一〇五)武職，進入宿衞。」上謂之曰：「朕以天下為家，惟賢是與，豈舊兵之外，皆無可信者乎！汝之此意，非所以廣朕德於天下也。」

(卌二)上謂公卿曰：「昔禹鑿山治水而民無謗讟(二六)者，與人同利故也。秦始皇營(二七)宮室，而人怨叛者，病人(二八)以利己故也。夫靡麗(二九)珍奇，固人之所欲，若縱(三〇)之不已，則危亡立至。朕欲營一殿，材用(三一)已具，鑒秦(三二)而止，王公以下，宜體(三三)朕此意。」由是二十年間，風俗素朴，衣無錦繡，公私富給(三四)。

(卌三)上謂黃門侍郎(三五)王珪曰：「國家本置中書門下，以相檢察(三六)，中書詔敕(三七)或有差失，則門下當行駁正，人心所見，互有不同，苟論難往來(三八)，務求至當，捨己從人(三九)，亦復何傷。比來或護(四〇)己之短，遂成怨隙(四一)，或苟避(四二)私怨，知非不正(四三)，順一人之顏情(四四)，為兆民之深患(四五)，此乃亡國之政也。煬帝之世，內外庶官，務(四六)相順從，當是之時，皆自謂有智，禍不及身(四七)，及天下大亂，家國兩亡，雖其間，萬一(四八)有得免者，亦為時論所貶，終古不磨(四九)。卿曹(五〇)各當徇公忘私，勿雷同(五一)也。」

(四四)上謂侍臣曰：「吾聞西域賈胡(二三二)得美珠，剖身以藏之，有諸？」侍臣曰：「有之。」上曰：「人皆知彼之愛珠，而不愛其身也。吏受賕抵灋(二三三)，與帝王徇奢欲而亡國者，何以異於彼胡之可笑邪(二三四)！」魏徵曰：「昔魯哀公謂孔子曰：『人有好忘者，徙宅(二三五)而忘其妻。』孔子曰：『又有甚者，桀紂(二三六)乃忘其身。』亦猶是也(二三七)。」上曰：「然，朕與公輩宜戮力(二三八)相輔(二三九)，庶(二四〇)免為人所笑也。」

(四五)青州(二四一)有謀反者，州縣逮捕支黨(二四二)，收繫滿獄，詔殿中侍御史(二四三)、安喜(二四四)崔仁師覆按(二四五)之；仁師至，悉脫去杻械，與飲食湯沐(二四六)，寬慰之，止坐(二四七)其魁(二四八)首十餘人，餘皆釋之。還報，敕使(二四九)將往決(二五〇)之，大理少卿(二五一)孫伏伽謂仁師曰：「足下平反(二五二)者多，人情誰不貪生，恐見徒侶得免，未肯甘心(二五三)，深為足下憂之。」仁師曰：「凡治獄當以平恕(二五四)為本，豈可自規(二五五)免罪，知其寃而不為伸(二五六)邪！萬一(二五七)闇短(二五八)，誤有所縱(二五九)，以一身(二六〇)易十囚之死，亦所願也。」伏伽慙而退。及敕使至，更訊諸囚，皆曰：「崔公平恕，事無枉濫(二六一)，請速就死。」無一人異辭者(二六二)(二六三)。

(卌六)上好騎射，孫伏伽諫，以為：「天子居則九門(二六四)，行則警蹕(二六五)，非欲苟自尊嚴(二六六)，乃為社稷生民之計也(二六七)。陛下好自走馬射的(二六八)，以娛悅近臣，此乃少年為諸王時所為，非今日天子事業(二六九)也。既非所以安養聖躬，又非所以儀刑(二七〇)後世，臣竊為陛下不取(二七一)。」上悅，未幾以伏伽為諫議大夫(二七二)(二七三)。【考異】韓琬御史臺記：「伏伽武德中自萬年主簿上疏極諫，太宗怒，命引出斬之，伏伽曰：臣寧與關龍逢遊于地下，不願事陛下。太宗曰：朕試卿耳，卿能若是，朕何憂社稷！命授之三品。宰臣曰：伏伽匡陛下之過，自主簿授之三品，彰陛下之過深矣，請授之五品，遂拜為諫議大夫。」按高祖實錄，武德元年伏伽自萬年縣法曹上書，高祖詔授治書侍御史，御史臺記誤也。今據魏徵故事。

(卌七)隋世選人，十一月集(二七四)，至春而罷，人患其期促，至是吏部侍郎、觀城(二七五)劉林甫奏四時(二七六)聽選(二七七)，隨闕注擬(二七八)，人以為便。唐初士大夫以亂離(二七九)之後，不樂仕進(二八〇)，官員不充(二八一)，省符(二八二)下諸州，差人(二八三)赴選，州府(二八四)及詔使多以赤牒(二八五)補官，至是盡省(二八六)之，勒(二八七)赴省選(二八八)，集者七千餘人，林甫隨才銓敘(二八九)，各得其所，時人稱之(二九〇)。詔以關中米貴，始分人於洛州選(二九一)，上謂房玄齡曰：「官在得人，不在員多(二九二)。」命玄齡併省(二九三)，留文武總六百四十三員。

(卌八)隋秘書監(二九四)、晉陵(二九五)劉子翼有學行(二九六)，性剛直，朋友有過，常面責㉗之，李百藥常稱：「劉四㉘雖復㉙罵人，人終不恨㉚。」是歲，有詔徵之，辭以母老不至。

(三九)鄃令㉛裴仁軌私役門夫㉜，上怒，欲斬之，殿中侍御史㉝長安李乾祐諫曰：「灋者、陛下所與天下共也㉞，非陛下所獨有也。今仁軌坐輕罪而抵㉟極刑，臣恐人無所措手足㊱。」上悅，免仁軌死，以乾祐為侍御史㊲。

(四〇)上嘗語及關中山東人，意有同異㊳，殿中侍御史、義豐㊴張行成跪奏曰：「天子以四海㊵為家，不當有東西之異，恐示人以隘㊶。」上善其言，厚賜之，自是每有大政，常使預議。

(四一)初突厥既彊，敕勒諸部分散，有薛延陀、迴紇、都播、骨利幹、多濫葛、同羅、僕固、拔野古、思結、渾、斛薛、結、阿跌、契苾、白霫㊷等十五部，皆居磧北，風俗大抵與突厥同。【考異】舊書敕勒作鐵勒，新書云即元魏時高車，或曰敕勒，訛為鐵勒，今從新書。舊書多濫葛作多覽葛，又作多臘葛，今從實錄。唐統紀。又舊書僕固或作樸骨，按胡語難明，以中國字寫之，故訛謬不壹，今從陳子昂集及僕固懷恩傳。薛延陀於諸部為最彊，西突厥曷薩那可汗方彊㊸，敕勒諸部皆臣之，曷薩那徵稅㊹無度，諸部皆怨，曷薩那誅其渠帥㊺百餘人，敕勒相帥叛之，共推契苾哥楞為易勿真莫賀可汗，居貪于山㉖北，又以薛延陀乙失鉢為也咥小可汗，居燕末山北。及射匱可汗兵復振，薛延陀、契苾二部並去可汗之號，以臣之㉗。回紇等六部在鬱督軍山㉘者，東屬始畢可汗，統葉護可汗勢衰，乙失鉢之孫夷男帥部落七萬餘家，附於頡利可汗㉙。【考異】舊鐵勒傳云：「貞觀二年，葉富可汗死，其國大亂，夷男始附于頡利。」按突厥傳，元年薛延陀已叛頡利，擊走其欲谷設，安得二年始附頡利乎？頡利政亂，薛延陀與回紇拔野古等相帥叛之，頡利遣其兄子欲谷設將十萬騎討之，回紇酋長菩薩將五千騎與戰於馬鬣山，大破之，欲谷設走，菩薩追至天山，部眾多為所虜，回紇由是大振㉚。薛延陀又破其四設，頡利不能制，頡利益衰，國人離散，會㉛大雪，平地數尺，羊馬多死，民大饑。頡利恐唐乘其弊㉜，引兵入朔州㉝境上，揚言㉞會獵㉟，實設備焉㊱。鴻臚卿㊲鄭元璹使突厥還，言於上曰：「戎狄興衰，專以羊馬為候㊳，今突厥民饑畜瘦，此將亡之兆㊴也，不過三年㊵。」上然之㊶。羣臣多勸上乘間擊突厥，上曰：「新與人盟㊷，而背之，不信，利人之災，不仁，乘人之危以取勝，不武，縱使㊸其種落盡叛，六畜無餘，朕終不擊，必待有罪，然後討之㉔。」西突厥統葉護可汗【考異】高祖實錄止云葉護，舊傳作統葉護。今從之。遣真珠統俟斤與高平王道立來，獻萬釘寶鈿金帶㉕馬五千匹，以迎公主；頡利不欲中國與之和親，數遣兵入寇，又遣人謂統葉護曰：「汝迎唐公主，要須㉖經我國中過。」統葉護患之，未成昏㉗㉘。

【今註】㊀奏秦王破陳樂：《舊唐書．音樂志》一：「貞觀元年宴群臣，始奏秦王破陳之曲。太宗謂侍臣曰：『朕昔在藩，屢有征討，世間遂有此樂，豈意今日登於雅樂！然其發揚蹈厲，雖異文容，功業由之，致有今日，所以被於樂章，示不忘於本也。』其後令魏徵、虞世南、褚亮、李百藥改制歌辭，更名七德之舞，增舞者至百二十人，被甲執戟，以象戰陣之法焉。」㊁委：任。㊂雍容：從容閑雅。㊃足比：猶可比。㊄戡：平。㊅守成：守太平之成果。㊆過：誤。㊇謝：謝所言不當之罪。㊈上宴群臣……德彝頓首謝：按此段乃錄自《舊唐書．音樂志》一，字句大致相同。㊉入閤議事：程大昌曰：「唐西內太極殿，即朔望受朝之所，蓋正殿也。太極之北有兩儀殿，即常日視朝之所。太極殿兩廡有東西二上閤，則是兩閤，皆有門可入，已又可轉北而入兩儀也。此太宗時入閤之制也。至高宗以後，多居東內，御宣政前殿，則謂之衙，衙有仗，御紫宸便殿，則謂之入閤；其不御宣政前殿而御紫宸也，乃自正衙換仗，由閤門而入，百官候朝於衙者，因隨而入見，謂之入閤。」⑪輒：便。⑫寬：謂寬減。⑬慘：慘苦。⑭蜀王法曹參軍：《舊唐書．職官志》三：「王府官屬，功、倉、戶、兵、騎、法、士參軍事各一人，正七品上。」⑮加役：增加役作。⑯居作：在流徙處，勞作三年。⑰上命吏部尚書長孫無忌……居作三年，詔從之：按此段乃錄自《舊唐書・刑法志》，字句大致相同。⑱兵部郎中：《唐六典》卷五：「兵部郎中二人，從五品上，掌考武官之勳祿品命。」⑲大理少卿：《唐六典》卷十八：「大理寺少卿二人，從四品上。」⑳詐冒資蔭：詐偽冒充資歷門蔭。㉑自首：自己告發。㉒事覺：事情發覺。㉓據法應流：按據法律應處以流徙之刑。㉔出於一時之喜怒：此乃指君上而言。㉕國家所以布大信於天下也：此國家宜指天子或朝廷言，方與天下二字，不相衝突。㉖既知：已知。㉗斷之：決斷之。㉘存：含圖行意。㉙復：猶尚。㉚犯顏：犯君上之顏色，亦即令其忿怒。㉛言如涌泉：喻吐言之噴涌條暢。㉜上以兵部郎中戴胄……天下無寃獄：按此段乃錄自《舊唐書・戴胄傳》，字句大致相同。㉝詰：責問之。㉞用人如器：謂用人如用器皿。㉟借才於異代：借用人才於他朝代。㊱正：只。㊲安可誣一世之人：謂何可誣罔一世之無人才。㊳御史大夫：《唐六典》卷十三：「御史臺，御史大夫一人，從三品，掌邦國刑憲典章之政令，以肅正朝列。」㊴諸司：諸省寺。㊵文案：猶文書，文書而留存案者，則謂之文案。㊶稽失：稽遲違失。㊷檢校：檢核考校。㊸所司：所知掌。㊹愆違：愆失乖違。㊺糾舉：糾劾彈舉。㊻摘：挑發。音擲。㊼疵纇：瑕疵、纇亦疵。音ㄌㄟˋ。㊽煩碎：煩擾瑣碎。㊾論執：謂辯論而堅執之。㊿務：事務。(51)盡：止於。(52)遂非：成其非說。(53)餽絹：贈絹。(54)事覺：《舊唐書・長孫順德傳》作：「事發」。知覺即發也。(55)共有府庫：共有國家之府庫。(56)貪冒：猶貪汙、貪墨。(57)惜：

憐惜。(五八)枉法：屈法。(五九)彼有人性：長孫順德傳作：「人生性靈。」是人性即人之性靈。(六〇)愧：恥。(六一)一禽獸耳：全句為乃一禽獸耳。(六二)右驍衞大將軍長孫順德……殺之何益：按此段乃錄自《舊唐書・長孫順德傳》，字句大致相同。(六三)天節將軍：《新唐書・兵志》：「武德三年，更以宜州道為天節軍，軍置將副各一人。」(六四)涇州：《舊唐書・地理志》一：「關內道、涇州，隋安定郡，武德元年討平薛仁杲，改名涇州。」(六五)藝之初入朝也：武德五年，藝引兵與太子建成會討劉黑闥，遂入朝。(六六)驕倨：驕矜倨傲。(六七)毆之：毆擊之。(六八)內：指心言。(六九)王貴色已發：謂王將富貴之神色已行發動。(七〇)奉密敕：奉高祖之密敕。(七一)治中：《唐六典》卷三十，州之官員無治中之職，惟云：「後漢則皆有定所，所屬官有別駕、治中、主簿、功曹從事諸曹掾等員。」是治中約當於長史也。(七二)覺變：覺悟有變故發生。(七三)勒兵：率兵。(七四)潰：潰散。(七五)烏氏：胡三省曰：「漢烏氏縣，屬安定郡，故城在彈箏峽東。」(七六)弟壽為利州都督：當依《舊唐書・羅藝傳》，於為上添一時字，以明其被誅時所居之官職。(七七)天節將軍燕郡王李藝……弟壽為利州都督亦坐誅：按此段乃錄自《舊唐書・羅藝傳》，字句大致相同。(七八)並起：皆起。(七九)自相雄長：自己稱雄為長，相，語助，無意。(八〇)寵祿之：貴寵而祿食之。(八一)併省：併合減省。(八二)初隋末喪亂……十曰嶺南：按此段乃錄自《舊唐書・地理志》序，字句稍有溢出。(八三)皇后帥內外命婦親蠶：《唐六典》卷二：「內命婦宮內女官，自貴妃至侍巾，亦分九品。外命婦，有六王、嗣王、郡王之母妻為妃，一品之國公母妻為國夫人，三品以上母妻為郡夫人，四品母妻為郡君，五品母妻為縣君，勳官四品有封者，母妻為鄉君。凡外命婦朝參，視夫子之品。」《新唐書・禮樂志》五：「皇后以季春吉巳享先蠶，遂以親桑。」下尚有多文，玆不具載。(八四)太子少師：《舊唐書・職官志》一：「太子少師，從二品。」(八五)十數：十餘。(八六)自謂無以加：謂自以為乃最良之弓。(八七)木心不直：謂木之年輪上下不直。(八八)脈理：木猶人然，其內部亦有脈理。(八九)辯：通辨，辨別。(九〇)識之：知之。(九一)京官：即在京職事官。(九二)更宿：更換宿值。(九三)延見：延引召見。(九四)民間疾苦：民間所視為疾苦而不便者。(九五)麤：同粗。(九六)無賴子弟：《史記・高祖紀》注：「或曰江淮之間，謂小兒多詐狡猾為無賴。」按《舊唐書・長平王叔良附幼良傳》，無賴作不逞。核不逞乃唐代之特殊辭語，除此傳外，又見於《新唐書・兵志》，文云：「募坊市不逞，誣捕大姓，沒產為賞。」其意乃為犯法為非，既若此，則自宜以加保存為是。(九七)侵暴：侵占暴虐。(九八)代：代替。(九九)按：考按。(一〇〇)北虜：即突厥。(一〇一)河西：即涼州。(一〇二)涼州都督長樂王幼良……賜幼良死：按此段乃錄自《舊唐書・長平王叔良附幼良傳》，字句大致相同。(一〇三)引突厥陷馬邑，殺高滿政：事見卷一百九十卷高祖武德六年。(一〇四)恒安：《舊唐書・地理志》二：「河東道、雲中，隋雲內縣之恒安鎮，武德六年置恒州。今治即後魏所都平城也。」(一〇五)捍：捍衛。(一〇六)約契：蓋指金契而言。(一〇七)金券：按金券即鐵券也，此制起於古代，而《後漢書・祭遵傳》之「丹書鐵券，傳於無窮。」是其明證。迄隋唐時，更為盛行。《隋書・李穆傳》：「進封安武郡公，賜以鐵券，恕其十死。」同書〈鄭譯傳〉：「高祖逾加親禮，俄而進位上柱國，恕以十死。」同書〈誠節堯君素傳〉：「大唐又賜金券，待以不死。」《舊唐書・劉文傳》：「文靜初為納言時，有詔以太原元謀立功尚書令秦王某、尚書左僕射裴寂、及文靜，特恕二死。」同書〈敬暉傳〉：「罷知政事，仍賜鐵券，恕十死。」又同書〈桓彥範傳〉：「仍以彥範等五人，嘗賜鐵券，許以不死，乃長流彥範於瀼州。」皆其例證。又由文知凡賜鐵券，皆必書恕其幾死，而言恕其幾死，亦必書於鐵券之上，以為憑據焉。⑱觀變：觀伺變化。⑲束手：雙手縛束於一起，與交臂酷相似。⑳隰州：《舊唐書・地理志》二：「河東道、隰州，隋龍泉郡，武德元年改為隰州。」㉑芮國公：芮，古國名。㉒苑君璋帥眾來降……為隰州都督、芮國公：按此段乃錄自《舊唐書・劉武周附苑君璋傳》，字句大致相同。㉓佞：諂佞。㉔的知：確知。㉕陽：猶佯。㉖順旨：隨順君上之意旨。㉗權譎：權變譎詐。㉘小數：小術。㉙接：猶待。㉚密明公：謚法、思慮果遠曰明。㉛論周秦修短：謂論周秦國祚之長短。㉜詐力：詐偽暴力。㉝可以逆得：謂不依理而得，亦即不事仁義而專恃詐力。㉞不可以不順：謂不可不以仁義治之。㉟謝不及：謝見不及此。㊱賑恤：賑濟撫卹。㊲布衣交：猶貧賤交。㊳加以外戚：無忌皇后之兄。㊴佐命功：佐誅建成元吉。㊵欲用為宰相者數矣：《新唐書・百官志》序：「自漢以來，位號不同，而唐世宰相，名尤不正。初唐因隋制，以三省之長中書令、侍中、尚書令共議國政，此宰相職也。其後以太宗嘗為尚書令，臣下避不敢居其職，由是僕射為尚書省長官，與侍中、中書令號為宰相，其品位既崇，不欲輕以授人，故常以他官居宰相職，而假以他名。自太宗時，杜淹以吏部尚書參議朝政，魏徵以秘書監參預朝政，其後或曰參議得失，參知政事之類，其名非一，皆宰相職也。」㊶椒房：皇后所居之處。㊷呂、霍、上官：皆漢代之外戚。㊸切骨：謂鏤心刻骨。㊹戒：鑒戒。㊺矜察：矜憐明察。㊱無忌與上為布衣交……上不聽，卒用之：按此段乃錄自《舊唐書・太宗文德皇后傳》，字句大致相同。㊲淳厚：淳樸敦厚。㊳政令質略：政治法令，質樸簡略。㊴煩苛：煩瑣苛刻。㊵多反覆：反覆不常。㊶兵革：謂戰爭。㊷動：興、起。㊸不給：不能供給，亦即不充。㊹斂：賦斂。㊺離怨：攜離怨恨。㊻浸：漸。㊼昏虐：昏昧暴虐。㊽危亡可必：猶一定危亡。㊾棄信勞民：廢棄信約，煩勞士民。㊿封建：分封宗室，建立邦國。(51)黃門侍郎：《唐六典》卷八：「門下省黃門侍郎二人，正四品上。掌貳侍中之職，凡政之弛張，事之與奪，皆參議焉。」(52)黃門侍郎王珪有密奏附侍中高士廉，寢而不言：按《舊唐書・高士廉傳》：「貞觀元年擢拜侍中。時黃門侍郎王珪有密表附士廉以聞，士廉寢而不言。」是高士廉下當復添士廉二字，然後文意方明。又寢，置也。(53)黃門侍郎王珪有密奏……出士廉為安州大都督：按此段乃錄自《舊唐書・高士廉傳》，字句大致相同。(54)殿中監御史大夫：《舊唐書・太宗紀》：「貞觀元年九月，中書令宇文士及為殿中監、御史大夫，檢校吏部尚書。」同書〈職官志〉三：「殿中省，監一員，從三品。」(55)刑部員外郎：《唐六典》卷六：「刑部員外郎二人，從六品上。掌貳尚書侍郎，舉其典憲而辨其輕重。」(56)行留：或行或留。(57)吏部主事：《唐六典》卷二：「吏部主事四人，從八品下。隋煬帝初置，為從九品下，開元二十四年升為八品。」(58)徒死：空死。(59)容可云：或可云。(60)尊任：爵位甚尊崇。(61)諫未：諫否。(62)願盡死：同文為願盡死以諫。(63)驕縱：驕倨縱恣。(64)長史：《舊唐書・職官志》三：「中都督府，長史一人，正五品上，下都督府，長史一人，從五品上。」(65)憑君廓附書：猶托君廓捎書。

(六六)渭南：今陝西省渭南縣。(六七)驛吏：掌郵驛之吏。(六八)以十數：以十為單位而計數之，其數目最少在二十以上。(六九)宿：屯駐。(七〇)告者道路不絕：謂告者絡繹於途。(七一)信臣：信，使，即使臣。(七二)煩兵：勞兵。(七三)員外散騎侍郎：《唐六典》卷八：「左散騎常侍，二人，從三品，開皇六年省員外散騎常侍，煬帝三年又省散騎常侍郎、散騎侍，武德初散騎常侍加官。」(七四)持節：持旌節。(七五)領表：領當作嶺。(七六)統軍：《新唐書・兵志》：「武德六年，以天下既定，遂廢十二軍，改驃騎曰統軍，車騎曰別將。太宗貞觀十年，更號統軍為折衝都尉。」(七七)符命：符籙命數。(七八)斥還舅氏：無忌及后之舅為高士廉，此謂斥逐而遷居於舅家。(七九)為意：猶介意。(八〇)妾：皇后自云之謙稱。(八一)極刑：謂死刑。(八二)累：疵累。(八三)安業，皇后之異母兄……由是得減死：按此段乃錄自《舊唐書・太宗文德皇后傳》，字句大致相同。(八四)御史大夫：《唐六典》卷十三：「御史大夫一人，從三品。掌邦國刑憲典章之政令，以肅正朝列。」(八五)無狀：無其事狀。(八六)存：猶事。(八七)同體：同一肢體。(八八)相與盡誠：互相盡其至誠。(八九)若上下俱存形迹：謂若上下俱以存有形迹為圖，則凡所為者，必非出於至誠，而徒藉以沽名釣譽而已。(九〇)則國之興喪，尚未可知：意謂國必喪亡。(九一)奉詔：遵奉詔旨所示。(九二)瞿然：驚駭貌。(九三)協心：同心。(九四)面折：在君主面前，折撓其非。(九五)神采：精神風采。(九六)英毅：英俊剛毅。(九七)失舉措：因畏懼而舉措失常。(九八)假以辭色：藉以溫和之辭令顏色，使進見者得不懼而盡其辭。(九九)規諫：規勸諫諍。(一〇〇)資：借。(一〇一)愎諫自賢：謂任性不聽諫言，而自以為是。(一〇二)阿諛：阿循諛媚。(一〇三)煬帝既弒，世基等亦誅：事見卷一百八十五高祖武德元年。(一〇四)毋惜盡言：謂勿吝惜而不肯盡其所言。⑤除：除拜。⑥謗讟：謗毀痛怨。⑦營：造。⑧病人：猶損人。⑨靡麗：華靡美麗。⑩縱：縱恣。⑪材用：材料費用。⑫鑒秦：鑒於秦以之而亡。⑬體：體會。⑭富給：富足充給。⑮黃門侍郎：《唐六典》卷八：「黃門侍郎二人，正四品上。掌貳侍中之職，凡政之弛張，事之與奪，皆參議焉。」⑯檢察：檢覈考察。⑰中書詔敕：《唐六典》卷九：「中書舍人掌侍奉進奏，參議表章。凡詔旨制敕及璽書冊命，皆按典故起草進畫，既下，則署而行之。」胡三省曰：「唐制，中書舍人起草進畫，既下而過門下省，有不便者，塗竄而奏還，謂之塗歸。」⑱論難往來：謂往復論難。⑲捨己從人：捨己之見而從他人。⑳護：袒護。㉑怨隙：怨恨釁隙。㉒苟避：苟且避免。㉓知非不正：謂知其非而不加駮正。㉔顏情：顏色情面。㉕深患：猶大患。㉖務：專務。㉗皆自謂有智，禍不及身：皆自以為智識甚高，決可避免禍患。㉘萬一：謂萬中之一，極言其少。㉙終古不磨：惡名終古不可磨滅。㉚卿曹：猶卿輩。㉛雷同：雷之發聲，物無不同時應者。以喻人云亦云。㉜賈胡：胡之為商賈者。㉝受賕抵法：受賄而當之以法。賕音求。㉞何以異於彼胡之可笑邪：謂與彼胡之可笑，有何異哉。㉟徙宅：遷居。㊱桀紂：按紂乃紂之訛。㊲亦猶是也：亦同此也。㊳戮力：合力。㊴輔：輔佐。㊵庶：即庶幾之省文，謂差不多。㊶青州：《舊唐書・地理志》一：「河南道、青州，隋北海郡，武德四年置青州總管府，治益都。」今山東省益都縣。㊷支黨：支屬羽黨。㊸殿中侍御史：《唐六典》卷十三：「殿中侍御史六人，從七品下。」㊹安喜：《舊唐書・地理志》二：「河北道、定州、安喜縣，漢盧奴縣，武德四年為安喜，州所治也。」㊺覆按：再按訊之。(二六)湯沐：以熱水供其沐浴。(二七)坐：坐以法。(二八)魁：亦首。(二九)敕使：凡奉敕出使者，皆謂之敕使。(三〇)決：斬決。(三一)大理少卿：《唐六典》卷十八：「大理寺少卿二人，從四品上。」(三二)平反：平亭而反改者多，即有罪而判為無罪。(三三)甘心：心甘情願。(三四)平恕：公平仁恕。《舊唐書・崔仁師傳》，皆作仁恕。(三五)規：圖。(三六)伸：伸理。(三七)萬一：猶脫有。(三八)闇短：猶糊塗錯誤。(三九)誤有所縱：錯有所縱捨。(四〇)一身：猶一命。(四一)枉濫：寃枉浪濫。(四二)無一人異辭者：謂所執之言辭皆同。(四三)青州有謀反者……無一人異辭者：按此段乃錄自《舊唐書・崔仁師傳》，字句大致相同。(四四)天子居則九門：胡三省曰：「天門九重，人主之門，亦曰九重。所謂禁衞九重，虎豹九關，皆言九門也。」(四五)行則警蹕：謂出警入蹕，蹕乃止行者清道。(四六)非欲苟自尊嚴：《舊唐書・孫伏伽傳》作：「此非極尊其居處。」文較明恰。(四七)乃為社稷生民之計也：〈孫伏伽傳〉作：「乃為社稷生靈之大計耳。」意較符稱。若作乃為社稷生靈計耳，亦可。(四八)走馬射的：本傳作：「走馬射帖。」按帖乃射戲之一種，當具體言之而改作射帖。(四九)天子事業：謂非天子所應為之事。(五〇)儀刑：則法。(五一)臣竊為陛下不取：謂臣竊不取陛下此行。(五二)諫議大夫：《唐六典》卷八：「諫議大夫四人，正五品上，掌侍從贊相、規諫諷諭。」(五三)上好騎射……未幾，以伏伽為諫議大夫：按此段乃錄自《舊唐書・孫伏伽傳》，字句大致相同。(五四)十一月集：十一月集於京師。(五五)觀城：今山東省觀城縣。(五六)四時：四季。(五七)聽選：聽其銓選。(五八)隨闕注擬：隨有空闕，吏部即可注載所擬者之姓名。(五九)亂離：喪亂流離。(六〇)仕進：進而為仕。(六一)不充：不足。(六二)省符：尚書省之符令。(六三)差人：遣人。(六四)州府：州郡。㉕赤牒：按赤牒乃唐初未經銓司正式注擬，而由在下有司所順之赤牒以委署者。此情形當時頗為繁夥。《舊唐書・劉祥道傳》：「時天下初定，州府及詔使多有赤牒授官，至是停省。」同書〈許敬宗傳〉：「武德初，赤牒擬漣州別駕，太宗聞其名，召補秦府學士。」又同書〈劉仁軌傳〉：「武德初任瓌甚異之，遂赤牒補息州參軍。」皆其證也。㉖省：停省。㉗勒：逼限。㉘省選：尚書省之選。㉙銓敍：銓選敍錄。㉚隋世選人十一月集……時人稱之：按此段乃錄自《舊唐書・劉祥道傳》，字句大致相同。㉛始分人於洛州選：始分一部分應選者於洛陽而銓敍之。㉜不在員多：不在員數之眾多。㉝併省：併合裁省。㉞隋秘書監：《唐六典》卷十：「秘書省監，隋秘書監正第三品，煬帝三年降為從第三品。」㉟晉陵：今江蘇省武進縣治。㊱學行：學識德行。㊲面責：當其面而責之。㊳劉四：劉子翼第四，唐以第行相呼，故稱之曰劉四。按唐呼第行之風，頗為流行，爰舉數例如下。《舊唐書・姜謩傳》：「玄宗數召入臥內，與后妃連榻，間以擊毬門雞，常呼之為姜七（指姜皎）而不名也。」同書〈王琚傳〉：「玄宗益喜，與之為友，恨相知晚，呼為王十一。」又同書〈宋璟傳〉：「當時朝列皆以二張內寵，不名官，呼易之為五郎，昌宗為六郎。」《全唐詩・劉長卿餞別王十一南遊》，〈江州重別薛六柳八二員外〉，〈王維送崔九〉，又〈白居易問劉十九〉。皆其風俗流行之例證也。㊴復：語助，無義，六朝時常如此用之。㊵終不恨：謂始終不恨。㊶鄃令：隋置，唐改曰夏津，故城在今山東省夏津縣東北。音輸。㊷私役門夫：私自役使門下之役夫，亦即以官役夫供其私作。㊸殿中侍御史：《唐六典》卷十三：「殿中侍御史，六人，從七品下。」㊹所與天下共也：按下文作：「非陛下所獨有也。」知共下之有字，乃探下文而省。(三五)抵：當。(三六)無所措手足：不知如何舉動，意為深恐一動，則得重罪。(三七)侍御史：《唐六典》卷十三：「侍御史四人，從六品下，掌糾舉百僚，推鞫獄訟。」(三八)意有同異：猶意有厚薄。蓋唐之近祖，遷居武川，為河東人，而關中則係其征服之地，故語及關中及山東人時，自不免厚山東而薄關中焉。(三九)義豐：《舊唐書．地理志》二：「河北道，定州，義豐，漢安國縣，隋自鄚城移於鄭德堡，置今縣治，後仍改為義豐。」(四〇)四海：猶天下。(四一)隘：狹隘。(四二)敕勒諸部分散，有薛延陀、迴紇、都播、骨利幹、多濫葛、同羅、僕固、拔野古、思結、渾、斛薛、結、阿跌、契苾、白霫：胡三省曰：「敕勒，即鐵勒也。薛延陀先與薛種雜居，後滅延陀部，有之，號薛延陀，姓一利咥氏。回紇，先曰袁紇，亦曰烏護，曰烏紇，至隋曰韋紇，後稱回紇，姓藥葛羅氏，居薛延陀北娑陵水上，距長安七千里。都播亦曰都波，其地北瀕小海，西堅昆，南回紇。骨利幹居瀚海北。多濫葛亦曰多覽葛，在薛延陀東，瀕同羅水。同羅在薛延陀北，多濫葛之東，距長安七千里而贏。僕固亦曰僕骨，在多濫葛之東，地最北。拔野古漫散磧北，地千里，直僕固，鄰於靺鞨。思結在延陀故牙，渾在諸部最南。斛薛居多濫葛北。奚結在同羅北。阿跌一曰訶跌，或為跌跌。契苾一曰契苾羽，在焉耆西北鷹娑川，多濫葛之南。白霫居鮮卑故地，直京師東北五千里，與同羅僕固接，避薛延陀，保奧支水令陘山。斛薛之下、結之上，當有奚字。」(四三)西突厥曷薩那可汗方彊：《舊唐書．突厥傳》下：「西突厥處羅可汗，隋大業中與其弟闕達設及特勒大奈入朝，仍從煬帝征高麗，賜號為曷薩那可汗。」是曷薩那可汗即舊唐書諸傳所言之處羅可汗。㉔徵稅：猶徵斂。㉕渠帥：《舊唐書・鐵勒傳》作：「酋帥。」是渠帥即酋帥大帥之屬。㉖貪于山：胡三省曰：「新唐書作貪汗山。」㉗初突厥既彊……並去可汗之號以臣之：按此段乃錄自《舊唐書・鐵勒傳》，字句大致相同。㉘鬱督軍山：《舊唐書・鐵勒傳》：「夷男復建牙於大漠之北鬱督軍山下，在京師西北六千里。」㉙回紇等六部在鬱督軍山者……附於頡利可汗：按此段乃錄自《舊唐書・鐵勒傳》，字句大致相同。㉚頡利政亂……回紇由是大振：按此段乃錄自《舊唐書・迴紇傳》，字句大致相同。㉛會：適逢。㉜乘其弊：乘其困弊。㉝朔州：《舊唐書・地理志》二：「河東道、朔州，隋馬邑縣，武德四年置朔州。」㉞揚言：揚聲大言，凡言揚聲者，皆言與行動殊歧。㉟會獵：合獵。㊱頡利益衰……實設備焉：按此段乃錄自《舊唐書・突厥傳》，字句大致相同。㊲鴻臚卿：《唐六典》卷十八：「鴻臚寺卿一人，從三品，掌賓客及凶儀之事。」㊳專以羊馬為候：專以羊馬之蕃肥與否為占候之標準。《舊唐書・鄭元璹傳》作：「唯以羊馬為準。」足知占候下所應添用者，當為準字。㊴兆：朕兆。㊵不過三年：〈鄭元璹傳〉，不過三年下又有「必當覆滅」四字，當依益之，以使文意充足。㊶鴻臚卿鄭元璹使突厥還……不過三年，上然之：按此段乃錄自《舊唐書・鄭元璹傳》，字句大致相同。又〈元璹傳〉言此事為貞觀三年出使還所奏，是此段應否拼敍於此，實成問題，且即可拼述於此，而其所括及之年代已遠，於編年體之一年只述一年內之事端者，實為違忤。㊷人盟：謂與他人定盟，此人實指他人而言。㊸縱使：為轉折辭之假設語。㊹羣臣多勸上乘間擊突厥……必待有罪，然後討之：按此段雖本於《舊唐書・突厥傳》，而改易處頗多。㊳萬釘寶鈿金帶：萬釘寶鈿謂馬鞍上飾以多點之寶鈿，金帶則係以金所製之勒帶，而所獻之五千匹馬，每馬皆具有此飾。㊴要須：猶必須。㊵昏：通婚。㊶西突厥統葉護可汗……未成昏。按此段乃錄自《舊唐書・突厥傳》下，字句大致相同。

二年（西元六二八年）

㈠春，正月，辛亥，右僕射長孫無忌罷㈠。時有密表㈡稱㈢無忌權寵㈣過盛者，上以表示之曰：「朕與卿，洞然㈤無疑，若各懷所聞㈥而不言，則君臣之意有不通㈦。」又召百官謂之曰：「朕諸子皆幼，視無忌如子，非它人所能間㈧也。」無忌自懼滿盈，固求遜位㈨，皇后㈩又力為之請，上乃許之，以為開府儀同三司⑪。

㈡置六司侍郎㈢，副六尚書㈣，并置左右司郎中各一人㈤。

㈢癸丑，吐谷渾寇岷州，都督李道彥擊走之。

㈣丁巳，徙漢王恪為蜀王，衛王泰為越王，楚王祐為燕王。

㈤上問魏徵曰：「人主何為㈥而明？何為而暗？」對曰：「兼聽㈦則明，偏信㈧則暗。昔堯清問下民，故有苗之惡，得以上聞㈨，舜明四目，達四聰⑳，故共鯀驩兜㉑，不能蔽也㉒。秦二世偏信趙高，以成望夷㉓之禍，梁武帝偏信朱异，以取臺城之辱㉔，隋煬帝偏信虞世基，以致彭城閣之變㉕。是故人君兼聽廣納㉖，則貴臣不得擁蔽㉗，而下情得以上通㉘也。」上曰：「善。」上謂黃門侍郎王珪曰：「開皇十四年大旱，隋文帝不許賑給㉙，而令百姓就食山東，比至末年，天下儲積可供五十年。煬帝恃其富饒㉚，侈心無厭㉛，卒亡天下。但使倉廩之積，足以備凶年㉜，其餘何用哉㉝！」

㈥二月，上謂侍臣曰：「人言天子至尊，無所畏憚㉞，朕則不然，上畏皇天之監臨㉟，下憚羣臣之瞻仰㊱，兢兢業業㊲，猶恐不合天意，未副㊳人望。」魏徵曰：「此誠致治之要，願陛下慎終如始㊴，則善矣。」

㈦上謂房玄齡等曰：「為政莫若至公。昔諸葛亮竄廖立、李嚴於南夷，亮卒而立嚴皆悲泣㊵，有死者㊶，非至公，能如是乎！又高熲為隋相，公平識治體㊷，隋之興亡，繫熲之存沒。朕既慕前世之明君，卿等不可不灋前世之賢相也。」

㈧三月，戊寅，朔，日有食之㊸。

㈨壬子，大理少卿胡演進每月囚帳㊹，上命自今大辟㊺，皆令中書、門下四品已上㊻及尚書議之，庶無冤濫。既而引囚㊼至岐州刺史㊽鄭善果，上謂胡演曰：「善果雖復有罪，官品㊾不卑，豈可使與諸囚為伍㊿！自今三品以上犯罪，不須引過(51)，聽於朝堂俟進止(52)。」

㈩關內旱饑，民多賣子(53)以接衣食(54)。己巳，詔出御府金帛為贖之，歸其父母。庚午，詔以去歲霖雨，今茲(55)旱蝗，赦天下。詔書略曰：「若使年穀豐稔，天下乂安(56)，移災朕身，以存萬國(57)，是所願也。甘心無吝(58)。」會(59)所在有雨，民大悅。

(十一)夏，四月，己卯，詔以隋末亂離，因之饑饉(60)，暴骸(61)滿野，傷人心目，宜令所在官司收瘞。

(十二)初，突厥突利可汗建牙(62)，直(63)幽州之北，主東偏(64)，奚霫等數十部，多叛突厥來降，頡利可汗以其失眾，責之，及薛延陀回紇等敗欲谷設，頡利遣突利討之，突利兵又敗，輕騎奔還，頡利怒，拘之十餘日，而撻之，突利由是怨，陰欲叛頡利。頡利數徵兵於突利，突利不與，表請(六五)入朝，上謂侍臣曰：「曏者突厥之彊(六六)，控弦(六七)百萬，憑陵中夏(六八)，用是(六九)驕恣，以失其民，今自請入朝，非困窮，肯如是乎(七〇)！朕聞之且喜且懼，何則？突厥衰則邊境安矣，故喜，然朕或失道(七一)，它日亦將如突厥，能無懼乎(七二)！卿曹(七三)宜不惜(七四)苦諫，以輔朕之不逮(七五)也。」頡利發兵攻突利，丁亥，突利遣使來求救；上謀於大臣曰：「朕與突利為兄弟(七六)，有急，不可不救，然頡利(七七)亦與之有盟，奈何？」兵部尚書杜如晦曰：「戎狄無信，終當負約(七八)。今不因(七九)其亂而取之，後悔無及。夫取亂侮亡(八〇)，古之道也。」

(十三)丙申，契丹酋長帥其部落來降，頡利遣使請以梁師都易契丹(八一)，上謂使者曰：「契丹與突厥異類，今來歸附，何故索之？師都、中國之人，盜我土地(八二)，暴我百姓，突厥受而庇(八三)之，我興兵致討(八四)，輒來救之，彼如魚游釜中，何患不為我有！借使(八五)不得，亦終不以降附之民易之也。」

(十四)先是上知突厥政亂，不能庇梁師都，以書諭(八六)之，師都不從，上遣夏州都督長史劉旻、司馬劉蘭成㈧㈦圖之，旻等數遣輕騎踐其禾稼，多縱反間，離其君臣㈧㈧，其國漸虛，降者相屬㈧㈨；其名將李正寶等謀執師都，事洩㈨㈩來奔，由是上下益相疑㈨㈠。旻等知可取，上表請兵，上遣右衞大將軍柴紹、殿中少監㈨㈡薛萬均擊之，又遣旻等據朔方東城㈨㈢以逼之。師都引突厥兵至城下，劉蘭成偃旗臥鼓㈨㈣，不出，師都宵遁，蘭成追擊，破之，突厥大發兵救師都，柴紹等未至朔方數十里，與突厥遇，奮擊㈨㈤，大破之，遂圍朔方，突厥不敢救，城中食盡，壬寅，師都從父弟歸仁殺師都，以城降，以其地為夏州㈨㈥。

㈤太常少卿㈨㈦祖孝孫以梁陳之音多吳楚㈨㈧，周齊之音多胡夷㈨㈨，於是斟酌南北，考以古聲，作唐雅樂，凡八十四調㈩㈩三十一曲㈩㈠、十二和㈩㈡，詔協律郎㈩㈢張文收與孝孫同修定。六月，乙酉，孝孫等奏新樂。上曰：「禮樂者蓋聖人緣情㈩㈣以設教㈩㈤耳，治之隆替㈩㈥，豈由於此！」御史大夫杜淹曰：「齊之將亡，作伴侶曲㈩㈦，陳之將亡，作玉樹後庭花㈩㈧，其聲哀思，行路㈩㈨聞之，皆悲泣，何得言治之隆替不在樂也！」上曰：「不然，夫樂能感人，故樂者聞之，則喜，憂者聞之，則悲，悲喜在人心，非由樂也。將亡之政，民必愁苦⑳。故聞樂而悲耳，今二曲具存，朕為公奏之㉑，公豈悲乎！」右丞㉒魏徵曰：「古人稱：『禮云禮云，玉帛云乎哉！樂云樂云，鐘鼓云乎哉㉓！』樂誠在人和，不在聲音也㉔。」

⒃臣光曰：「臣聞垂㉕能目制㉖方圓，心度曲直，然不能以教人㉗，其所以教人者，必規矩而已矣。聖人不勉而中㉘，不思而得㉙，然不能以授人，其所以授人者，必禮樂而已矣。禮者，聖人之所履㉚也，樂者，聖人之所樂也，聖人履中正而樂和平，又思與四海共之，百世傳之，於是乎作禮樂焉。故工人執垂之規矩而施之器㉛，是亦垂之功㉜已，王者執五帝三王之禮樂而施之世，是亦五帝三王之治㉝已。五帝三王其違世㉞已久，後之人見其禮，知其所履，聞其樂，知其所樂，炳然㉟者猶存於世焉，此非禮樂之功㊱邪。夫禮樂有本、有文㊲，中和者、本也，容聲㊳者、末也，二者不可偏廢㊴。先王守禮樂之本，未嘗須臾去於心，行禮樂之文，未

嘗須臾遠(三〇)於身，興於閨門(三一)，著於朝廷，被於鄉遂比鄰(三二)，達於諸侯(三三)，流(三四)於四海，自祭祀軍旅至於飲食起居，未嘗不在禮樂之中，如此數十百年(三五)，然後治化周浹(三六)，鳳凰來儀(三七)也。苟無其本，而徒(三八)有其末，一日行之，而百日捨(三九)之，求以移風易俗，誠亦難矣！是以漢武帝置協律(四〇)，歌天瑞(四一)，非不美也，不能免哀痛之詔(四二)；王莽建羲和(四三)，考律呂，非不精也，不能救漸臺之禍(四四)；晉武制笛尺(四五)，調金石，非不詳(四六)也，不能弭平陽之災(四七)；梁武帝立四器(四八)，調八音，非不察(四九)也，不能免臺城之辱(五〇)。然則韶、夏、濩、武(五一)之音，具存於世，苟其餘不足以稱之，曾不能化一夫(五二)，況四海乎(五三)？是猶執垂之規矩，而無工與材(五四)，坐而待器之成，終不可得也。況齊陳淫昏(五五)之主，亡國之音，暫(五六)奏於庭，烏(五七)能變一世之哀樂乎！而太宗遽云治之隆替不由於樂，何發言之易(五八)，而果於(五九)非聖人也如此！夫禮非威儀(六〇)之謂也，然無威儀，則禮不可得而行矣，樂非聲音之謂也，然無聲音，則樂不可得而見矣(六一)，譬諸山(六二)，取其一土一石而謂之山，則不可，然土石皆去，山於何在哉(六三)！故曰無本不立，無文不行，奈何以齊陳之音不驗(六四)於今世，而謂樂無益於治亂，何異睹拳石(六五)而輕泰山乎！必若(六六)所言，則是五帝三王之樂皆妄也(六七)。君子於其不知，蓋闕如也(六八)，惜哉(六九)！」

(十七)戊子，上謂侍臣曰：「朕觀隋煬帝集，文辭奧博(七〇)，亦知是堯舜而非桀紂，然行事何其反也(七一)！」魏徵對曰：「人君雖聖哲，猶當虛己以受人(七二)，故智者獻其謀，勇者竭其力。煬帝恃其俊才，驕矜自用(七三)，故口誦堯舜之言，而身為桀紂之行，曾不自知以至覆亡也。」上曰：「前事不遠，吾屬師也。」

(十八)畿內有蝗，辛卯，上入苑中，見蝗，掇(七四)數枚，祝之曰：「民以穀為命，而汝食之，寧食(七五)吾之肺腸。」舉手欲吞之，左右諫曰：「惡物或成疾。」上曰：「朕為民受災，何疾之避！」遂吞之。是歲蝗不為災(七六)。

(十九)上曰：「朕每臨朝，欲發一言，未嘗不三思，恐為民害，是以不多言。」給事中(七七)知起居事(七八)杜正倫曰：「臣職在記言，陛下之失，臣必書之，豈徒有害於今，亦恐貽譏(七九)於後。」上悅，賜帛二百段。

(廿)上曰：「梁武帝君臣惟談苦空〔一八〇〕，侯景之亂，百官不能乘馬〔一八一〕，元帝為周師所圍，猶講老子，百官戎服以聽〔一八二〕。此深足為戒。朕所好者，唯堯舜周孔之道，以為如鳥有翼，如魚有水，失之則死，不可暫無〔一八三〕耳。」

(廿一)以辰州〔一八四〕刺史裴虔通、隋煬帝故人，特〔一八五〕蒙寵任，而身〔一八六〕為弒逆〔一八七〕，雖時移事變，屢更〔一八八〕赦令，倖免族夷〔一八九〕，不可猶使牧民〔一九〇〕，乃下詔除名，流驩州〔一九一〕〔一九二〕。虔通常言：「身除隋室，以啟大唐〔一九三〕。」自以為功，頗有觖望〔一九四〕之色〔一九五〕，及得罪，怨憤而死。

(廿二)秋，七月，詔宇文化及之黨〔一九六〕、萊州刺史牛方裕、絳州刺史薛世良、廣州都督長史唐奉義、隋武牙郎將〔一九七〕元禮〔一九八〕，並除名徙邊〔一九九〕。

(廿三)上謂侍臣曰：「古語有之：『赦者、小人之幸，君子之不幸，一歲再赦，善人喑啞〔二〇〇〕。』夫養稂莠〔二〇一〕者害嘉穀，赦有罪者賊良民，故朕即位以來，不欲數赦，恐小人恃之，輕犯憲章〔二〇二〕故也。」

【今註】 (一)辛亥，右僕射長孫無忌罷：按《舊唐書．太宗紀》作辛丑，《新唐書》紀則作辛亥，以下之紀日考之，當以辛亥為是。㊁密表：秘密上表。㊂稱：猶言。㊃權寵：權位寵幸。㊄洞然：通明。㊅各懷所聞：謂各抱藏所聞之事。㊆則君臣之意有不通：《舊唐書・長孫無忌傳》作：「則君臣之意，無以獲通。」文氣較為充酣。㊇間：離間。㊈遜位：讓位。(一〇)皇后：即文德皇后。(一一)開府儀同三司：《舊唐書・職官志》一：「開府儀同三司，從一品。」(一二)右僕射長孫無忌罷……以為開府儀同三司：按此段乃錄自《舊唐書・長孫無忌傳》，字句大致相同。(一三)置六司侍郎：按《舊唐書・職官志》一，吏部侍郎正四品上，餘皆正四品下。(一四)副六尚書：謂為六尚書之佐貳。(一五)並置左右司郎中各一人：《舊唐書・職官志》二：「尚書都省，尚書省領二十四司，左丞勾吏部、戶部、禮部十二司，右丞管兵部、刑部、工部十二司。左右司郎中各一員，並從五品上，左右司郎中各掌副十有二司之事，以舉正稽違，省署符目焉。」(一六)何為：猶如何。(一七)兼聽：謂並聽多人之言。(一八)偏信：猶專聽一人之意。(一九)昔堯清問下民，故有苗之惡得以上聞：《書・呂刑》：「皇帝清問下民，鰥寡有辭於苗。」〈蔡傳〉：「清問，虛心而問。」(二〇)舜明四目達四聰：亦即兼視兼聽之意，言四者全以表示兼意。(二一)共鯀驩兜：共，共工，上乃堯時四凶中之三人。(二二)不能蔽也：不能蔽堯之聰耳明目，因而三人皆不能逃其罪戾。(二三)望夷：宮名，胡亥被弒之處。(二四)梁武帝偏信朱异，以取臺城之辱：事見梁紀。(二五)隋煬帝偏信虞世基，以致彭城閣之變：事見隋煬帝紀及高祖武德元年。(二六)廣納：廣納眾人之論。(二七)擁蔽：猶壅蔽。(二八)得以上通：謂得以通於在上之人。(二九)賑給：賑濟賜給。(三〇)富饒：富庶饒足。(三一)厭：足。(三二)足以備凶年：意謂足以備凶年即可。(三三)其餘何用哉：全文為其餘有何用哉。㉞畏憚：憚亦畏。㉟監臨：蒞臨而監視之。㊱瞻仰：仰首瞻視。㊲兢兢業業：畏慎小心貌。㊳未副：未稱。㊴慎終如始：謹慎為懷，以期終所行者，能如開端者然。㊵昔諸葛亮竄廖立、李嚴於南夷，亮卒，而立嚴皆悲泣：事見卷七十二魏明帝青龍二年。㊶有死者：謂至有因悲而致死者。㊷識治體：知為政之體要。㊸三月戊寅朔，日有食之：按新、舊《唐書・太宗紀》貞觀二年文，俱作三月戊申，當改從之。㊹囚帳：載囚徒之帳簿。㊺大辟：死刑。㊻皆令中書門下四品已上：自二省長貳而下，至諫議大夫。㊼引囚：牽引囚徒。㊽刺史：《舊唐書・職官志》三：「上州刺史一員，從三品。」㊾官品：官之品秩。㊿為伍：猶在一起。(51)不須引過：謂不須牽引而來。(52)聽於朝堂俟進止：胡三省曰：「太極宮承天門左右，有東西朝堂。」謂可使彼於朝堂處聽進止之命令。與上文不須牽引而來，正相關連。(53)賣子：即賣子女，而古代女亦名子，故可以子兼概女字。(54)接衣食：接濟衣食。(55)今茲：今年。(56)乂安：治平無事，乂亦作艾。(57)以存萬國：謂以使萬國之民得存。(58)吝：恨惜。(59)會：適逢。(60)因之饑饉：謂又且因有饑饉。(61)暴骸：暴露骸骨。(62)建牙：立幕上建牙旗，謂之建牙，即突厥之王庭也。(63)直：當。(64)主東偏：主管東鄙之種落。(65)表請：上表請求。(66)突厥之疆：按《通鑑》彊俱誤作疆，其誤不暇一一指出，爰特在此總括言之，讀者每遇誤處，自行改正可也。(67)控弦：能騎射者。(68)中夏：猶中華。(69)用是：猶以此。(70)肯如是乎：謂豈肯如此乎。(71)失道：失君道。(72)能無懼乎：謂豈能不恐懼乎。(73)卿曹：猶卿輩。(74)惜：吝。(75)不逮：不及。(76)朕與突利為兄弟：結兄弟事，見上卷高祖武德七年。(77)然頡利：謂然於頡利。（七八）負約：違負盟約。（七九）因：憑。（八〇）侮亡：猶攻亡。（八一）易契丹：謂換易契丹酋長及其部落。（八二）盜我土地：謂竊我土地。（八三）庇：庇護。（八四）致討：猶施討。（八五）借使：猶假使。（八六）諭：曉諭。（八七）夏州都督長史劉旻、司馬劉蘭成：《舊唐書・職官志》三：「中都督府，長史一人，正五品上，司馬一人，正五品下。」劉蘭成，《舊唐書・梁師都傳》作劉蘭，無成字。（八八）離其君臣：離間其君臣。（八九）相屬：〈梁師都傳〉作：「相繼。」是屬之的釋。（九〇）洩：洩露。（九一）疑：猜疑。（九二）殿中少監：《唐六典》卷十一：「殿中少監二人，從四品上。」（九三）朔方東城：《舊唐書・地理志》一：「關內道、夏州、朔方，隋巖銀縣，貞觀二年改為朔方縣。」（九四）偃旗臥鼓：謂不建旗鳴鼓。（九五）奮擊：奮力攻擊。（九六）先是上知突厥政亂……以其地為夏州：按此段乃錄自《舊唐書・梁師都傳》，字句大致相同。（九七）太常少卿：《唐六典》卷十四：「太常少卿二人，正四品上。太常卿之職，掌邦國禮樂、郊廟、社稷之事。少卿為之貳。」（九八）梁陳之音多吳楚：《舊唐書・祖孝孫傳》作：「以陳梁舊樂，雜用吳楚之音。」乃是句之詳明詮釋。（九九）周齊之音多胡夷：〈祖孝孫傳〉作：「周齊舊樂，多涉胡戎之伎。」（一〇〇）凡八十四調：《新唐書・禮樂志》十一：「鄭譯牛弘又以一律為七音，音為一調，凡十二律，為八十四調。」（一〇一）三十一曲：按〈祖孝孫傳〉，三十一作三十二。《舊唐書・音樂志》一，則作三十一，此從〈音樂志〉。（一〇二）十二和：胡三省曰：「十二和者，一曰豫和，二曰順和，三曰永和，四曰肅和，五曰雍和，六曰壽和，七曰舒和，八曰泰和，九曰昭和，十曰休和，十一曰正和，十二曰承和。」〈按胡說乃本於《舊唐書・音樂志》一，特〈音樂志〉文甚繁多，且又未標明次第，故遂捨之而轉錄胡文云。）⑬協律郎：《唐六典》卷十四：「協律郎二人，正八品。掌和六律六呂，以辨四時之氣，八風五音之節。」⑭緣情：緣隨情感。⑮以設教：以施教化。⑯隆替：隆盛衰替。⑰伴侶曲：胡三省曰：「北齊之時，陽俊之多作六言歌辭，淫蕩而拙，世俗流傳，言為陽王伴侶。」⑱玉樹後庭花：杜佑曰：「玉樹後庭花、堂堂黃鸝留、金釵兩鬢垂，並陳後主所造，恒與宮中女學士及朝臣唱和為詩，太樂令何胥採其尤輕艷者，為此曲。」⑲行路：行路之人。⑳愁苦：憂愁悽苦。㉑奏之：演奏之。㉒右丞：即尚書右丞。《舊唐書・職官志》二：「尚書都省，左右丞各一員，左丞正四品上，右丞正四品下。」㉓古人稱禮云禮云，玉帛云乎哉，樂云樂云，鍾鼓云乎哉：按此乃《論語・陽貨篇》文。朱傳云：「敬而將之以玉帛則為禮，和而發之以鍾鼓則為樂，遺其本而專事其末，則豈禮樂之謂哉。」㉔太常少卿祖孝孫……不在聲音也：按此段乃錄自《舊唐書・音樂志》一，字句大致相同。㉕垂：古之巧人。㉖目制：目定。㉗然不能以教人：謂不能將以教人。㉘不勉而中：不勉強而即中於道。㉙不思而得：不思索而便得其理。㉚履：行。㉛而施之器：即而施之於器之省。此句亦可作而施於器。㉜功：猶工巧。㉝之治：之為政。㉞違世：離去世間。㉟炳然：昭然。㊱功：功效。㊲文：文彩，與質正相對。㊳容聲：容屬禮，聲屬樂。㊴二者不可偏廢：此謂二者不可有一廢棄。㊵遠：與上句之去，互文同意。㊶閨門：房室之內。㊷鄉遂比鄰：鄉遂二者乃古地方組織單位之名稱。比鄰謂近鄰。㊸諸侯：此指邦國言。㊹流：猶上文之被。㊺數十百年：謂數十年以至一百年。㊻周浹：周匝融洽。㊼鳳凰來儀：儀亦來，謂來歸也。古以鳳凰來儀，為治化周浹之徵驗。（三八）徒：但，空。（三九）捨：捨棄。（四〇）協律：協律都尉。（四一）歌天瑞：歌頌天降之祥瑞。（四二）不能免哀痛之詔：謂而結果不能免下哀痛之詔，哀痛之詔，指哀悼戾太子而言。（四三）建義和：謂設歷官。（四四）漸臺之禍：事見漢淮陽王紀。（四五）晉武制笛尺：晉武帝使荀勗定鍾律。（四六）詳：詳盡。（四七）弭平陽之災：弭，止；平陽之災，指懷愍二帝蒙塵而言。（四八）梁武帝立四器：四器謂制四通也，事見卷一百四十五天監元年。（四九）察：明察。（五〇）不能免臺城之辱：臺城之辱，見卷一百六十二太清三年。（五一）韶夏濩武：舜樂曰韶，禹樂曰夏，湯樂曰濩，周武王樂曰武。（五二）化一夫：化一匹夫。（五三）況四海乎：全文為況四海之人乎。（五四）無工與材：無工匠及器材。（五五）淫昏：淫亂昏庸。（五六）蹔：同暫。（五七）烏：安。（五八）發言之易：謂說話之容易。（五九）果於：猶勇決。（六〇）威儀：威容儀式。（六一）而見矣：而表現矣。（六二）譬諸山：即譬之於山。（六三）山於何在哉：意謂則山亦不存。（六四）不驗：不靈驗，亦即不合。（六五）拳石：小石。（六六）若：如。（六七）則是五帝三王之樂皆妄也：謂則是所言五帝三王樂之善美，皆妄語也。（六八）君子於其不知，蓋闕如也：乃《論語》孔子之言，謂不知者，則闕而不言可也。（六九）惜哉：可惜哉，蓋含有惋惜其美中不足之意。（七〇）奧博：邃奧淹博。（七一）何其反也：何其相反。（七二）虛己以受人：謂虛己以受人言。（七三）自用：猶自恃其才智。（七四）掇：拾取。（七五）寧食：猶不如。（七六）畿內有蝗……是歲蝗不為災：按此段乃錄自《舊唐書．五行志》，字句大致相同。（七七）給事中：《唐六典》卷八：「給事中四人，正五品上。掌侍奉左右，分判省事。」（七八）知起居事：《唐六典》卷八：「起居郎二人，從六品上。隋始置起居舍人二員，皇朝因之，貞觀二年省起居舍人，移其職於門下，置起居郎二員。起居郎掌錄天子之動作法度，以修記事之史。」胡三省曰：「其以它官兼者，謂之知起居注、知起居事。」(七九)貽譏：貽留譏議。(八〇)惟談苦空：胡三省曰：「言所談者，惟苦行空寂。」(八一)侯景之亂，百官不能乘馬：按梁代百官不能乘馬之況，《顏氏家訓》涉務言之甚詳。文云：「梁世士大夫皆尚褒衣博帶，大冠高履，出則車輿，入則扶侍，郊郭之內，無乘馬者。周弘正為宣城王所愛，給一果下馬，常服御之，舉朝以為放達。至乃尚書郎乘馬，則糾劾之，及侯景之亂，膚脆骨柔，不堪行步，體羸氣弱，不耐寒暑，坐死倉猝者，往往而然。」(八二)元帝為周師所圍，猶講老子，百官戎服以聽：事見卷一百六十五梁元帝承聖三年。(八三)不可暫無：謂不可一時而無之。(八四)以辰州：《舊唐書・地理志》三：「江南道、辰州，隋沅陵縣，武德四年平蕭銑，置辰州。」胡三省曰：「按通鑑紀事各為段，凡改段處，率空一字，別為一節。此段頭既空字，以字之上，合有上字，文乃明。」(八五)特：特殊。(八六)身：親。

(八七)辰州刺史裴虔通，隋煬帝故人，而身為弒逆：事見卷一百八十五高祖武德元年。(八八)屢更：屢經。

(八九)族夷：族滅。(九〇)牧民：猶治民。(九一)驩州：《舊唐書・地理志》四：「嶺南道、驩州，隋日南郡，武德五年置南德州，貞觀初改為驩州。」(九二)以辰州刺史裴虔通……乃下詔除名，流驩州：按此段乃錄自《舊唐書・太宗紀》貞觀二年文，字句大致相同。(九三)以啟大唐：謂以啟大唐之運。(九四)觖望：怨望。(九五)色：神色。(九六)七月，詔宇文化及之黨：按此詔，新、舊《唐書・太宗紀》俱列於七月戊申，當從添戊申二字。(九七)武牙郎將：即虎牙郎將，唐以避諱，改虎曰武。(九八)元禮：新、舊《唐書・太宗紀》貞觀二年文，皆作高元禮，當從添高字。(九九)徙邊：即流於邊裔。(一〇〇)瘖啞：即瘖瘂，謂口不能言。㊁稂莠：《爾雅·釋草》：「稂，童粱。」注：「稂莠類也。」稂音郎。㊂憲章：猶法令。

卷一百九十三　唐紀九

司馬光編集
曲守約　註

起著雍困敦九月，盡重光單閼，凡三年有奇。（戊子至辛卯，西元六二八年至六三一年）

太宗文武大聖大廣孝皇帝上之中

貞觀二年（西元六二八年）

㈠九月，丙午，初令致仕官在本品之上㈠。

㈡上曰：「比見羣臣屢上表賀祥瑞，夫家給人足而無瑞，不害為堯舜㈡，百姓愁怨㈢而多瑞，不害為桀紂。後魏之世，吏焚連理木，煑白雉而食之㈣，豈足為至治乎！」丁未，詔自今大瑞聽表聞㈤，自外諸瑞㈥，申所司而已㈦。嘗有白鵲構巢於寢殿槐上，合歡如腰鼓㈧，左右稱賀，上曰：「我常笑隋煬帝好祥瑞，瑞在得賢㈨，此何足賀！」命毀其巢，縱㈩鵲於野外㈡。

㈢天少雨㈢，中書舍人㈢李百藥上言：「往年雖出宮人，竊聞太上皇宮及掖庭㈣宮人，無用者尚多，豈惟虛費衣食，且陰氣鬱積㈤，亦足致旱。」上曰：「婦人幽[一六]閉深宮，誠為可愍[一七]，灑掃之餘[一八]，亦何所用，宜皆出之，任求伉儷[一九]。」於是遣尚書左丞戴冑、給事中洹水[二〇]杜正倫於掖庭西門簡出之[二一]，前後所出三千餘人。

（四）己未，突厥寇邊，朝臣或請修古長城[二二]，發民乘堡障[二三]，上曰：「突厥災異相仍[二四]，頡利不懼而修德，暴虐滋甚[二五]，骨肉相攻，亡在朝夕，朕方為公掃清沙漠，安用勞民遠修障塞[二六]乎！」

（五）壬申，以前司農卿[二七]竇靜為夏州都督，靜在司農，少卿趙元楷善聚斂，靜鄙之，對官屬大言曰：「隋煬帝奢侈重斂，司農非公不可[二八]，今天子節儉愛民，公何所用哉！」元楷大慙。

（六）上問王珪曰：「近世為國者，益不及前古[二九]，何也？」對曰：「漢世尚儒術，宰相多用經術士，故風俗淳厚，近世重文[三〇]輕儒，參以法律[三一]，此治化[三二]之所以益衰也。」上然之。

（七）冬，十月，御史大夫參預朝政、安吉襄公杜淹薨[三三]。

（八）交州都督、遂安公壽[三四]以貪得罪，上以瀛州[三五]刺史盧祖尚才兼文武，廉平公直，徵入朝，諭以交趾久不得人[三六]，須[三七]卿鎮撫，祖尚拜謝而出，既而悔之，辭以舊疾，上遣杜如晦等諭旨(三八)曰：「匹夫猶敦然諾(三九)，奈何既許朕而復悔之！」祖尚固辭，戊子，上復引見諭之，祖尚固執不可，上大怒曰：「我使人不行(四〇)，何以為政！」命斬於朝堂(四一)，尋悔之，他日與侍臣論齊文宣帝何如人，魏徵對曰：「文宣狂暴，然人與之爭事(四二)，理屈則從之，有前青州長史魏愷使於梁還，除光州長史，不肯行(四三)，楊遵彥(四四)奏之，文宣怒召而責之，愷曰：『臣先任大州，使還有勞(四五)無過，更得小州，此臣所以不行也。』文宣顧謂遵彥曰，『其言有理，卿赦之。』此其所長也。」上曰：「然，曏者盧祖尚雖失人臣之義(四六)，朕殺之，亦為太暴(四七)，由此言之，不如文宣矣。」命復其官蔭(四八)。

(九)徵狀貌不逾中人(四九)，而有膽略(五〇)，善回(五一)人主意，每犯顏苦諫(五二)，或逢上怒甚，徵神色不移(五三)，上亦為霽威(五四)。嘗謁告上冢(五五)，還言於上曰：「人言陛下欲幸南山，外皆嚴裝(五六)已畢，而竟不行，何也？」上笑曰：「初實有此心，畏卿嗔(五七)，故中輟耳。」上嘗得佳鷂，自臂之(五八)，望見徵來，匿(五九)懷中，徵奏事固久不已(六〇)，鷂竟死懷中。

㈩十一月，辛酉，上祀圜丘(六一)。

㈩十二月，壬午，以黃門侍郎王珪為守侍中(六二)。上嘗閒居，與珪語(六三)，有美人侍側；上指示珪曰：「此廬江王瑗(六四)之姬也，瑗殺其夫(六五)而納之。」珪避席曰(六六)：「陛下以廬江納之為是邪，非邪？」上曰：「殺人而取其妻，卿何問是非(六七)？」對曰：「昔齊桓公知郭公之所以亡(六八)，由善善而不能用，然棄其所言之人，管仲以為無異於郭公。今此美人尚在左右，臣以為聖心是之(六九)也(七〇)。」上悅，即出之，還其親族。【考異】實錄、新舊書皆云：「帝雖不出此美人，而甚重其言。」按太宗賢主，既重珪言，何得反棄而不用乎？且是人汎侍左右，又非嬖寵著名之人，太宗何愛而留之？今從貞觀政要。

㈩上使太常少卿祖孝孫教宮人音樂，不稱旨，上責之；溫彥博、王珪諫曰：「孝孫雅士(七一)，今乃使之教宮人，又從而譴(七二)之，臣竊以為不可。」上怒曰：「朕寘卿等於腹心，當竭忠直以事我，乃附下罔上(七三)，為孝孫遊說邪！」彥博拜謝(七四)，珪不拜曰：「陛下責臣以忠直，今臣所言，豈私曲邪！此乃陛下負臣(七五)，非臣負陛下。」

上默然而罷。明日，上謂房玄齡曰：「自古帝王納諫誠難(七六)，朕昨責溫彥博王珪，至今悔之，【考異】魏文貞公故事：「太宗曰，人皆以祖孝孫為知音，今教聲曲，多不諧韻，此其未至精妙，為不存意乎？乃勅所司，令舉其罪。公進諫曰，陛下生平，不愛音聲，今忽為教女樂責孝孫，臣恐天下怪愕。太宗曰，汝等並是我心腹，應須中正，何乃附下罔上，為孝孫辭？溫彥博等拜謝，公及王珪進曰，陛下不以臣等不肖，置之樞近，今臣所言，豈是為私！不意陛下責臣至此，常奉明旨，勿以臨時嗔怒，即便曲從，成我大過。臣等不敢失墜，所以每觸龍鱗，今以為責，只是陛下負臣，臣終不負陛下。太宗怒未已，懍然作色，公又曰，祖孝孫學問立身，何如白明達？陛下平生禮遇孝孫，復何如白明達？今過聽一言，便謂孝孫可疑，明達可信，臣恐羣臣眾庶有以窺陛下。太宗怒乃解。」今從舊傳。公等勿為此不盡言也(七七)。」

(十三)上曰：「為朕養民(七八)者，唯在都督刺史，朕常疏(七九)其名於屏風，坐臥觀之，得其在官善惡之跡，皆注(八〇)於名下，以備黜陟(八一)。縣令尤為親民(八二)，不可不擇。」乃命內外(八三)五品已上各舉堪為縣令者，以名聞(八四)。

(十四)上曰：「比有奴告其主反者，此弊事(八五)，夫謀反不能獨為，必與人共之，何患不發，何必使奴告(八六)邪！自今有奴告主者，皆勿受，仍斬之(八七)。」

(十五)西突厥統葉護可汗為其伯父所殺，伯父自立，是為莫賀咄侯屈利俟毗可汗，國人不服，弩矢畢部推泥孰莫賀設為可汗(八八)，泥孰不可，統葉護之子咥力特勒(八九)避莫賀咄之禍，亡在康居，泥孰迎而立之，是為乙毗鉢羅肆葉護可汗，與莫賀咄相攻，連兵不息，俱遣使來請昏㊈〇，上不許曰：「汝國方亂，君臣未定，何得言昏㊈一。」且諭以各守部分㊈二，勿復相攻。於是西域諸國及敕勒先役屬㊈三西突厥者，皆叛之㊈四。突厥北邊諸姓多叛，頡利可汗歸薛延陀，共推其俟斤夷男為可汗，夷男不敢當。上方圖頡利，遣遊擊將軍㊈五喬師望間道齎冊書㊈六，拜夷男為真珠毗伽可汗，賜以鼓纛㊈七，夷男大喜，遣使入貢，建牙於大漠之鬱督軍山下，東至靺鞨，西至西突厥，南接沙磧㊈八，北至俱倫水，迴紇、拔野古、阿跌、同羅、僕骨、霫諸部皆屬焉。

【今註】㊀初令致仕官在本品之上：《舊唐書．太宗紀》：「是時，詔內外文武羣官，年老致仕者，參朝之日，宜在本品見任之上。」㊁不害為堯舜：猶不妨其為堯舜。㊂愁怨：愁苦怨嗟。㊃後魏之世，吏焚連理木，煮白雉而食之：連理木、白雉，皆祥瑞之物，言焚言煮，乃示當時祥瑞之多也。㊄自今大瑞聽表聞：《唐六典》卷四：「禮部郎中條，凡祥瑞應見，皆辨其物名。若大瑞，大瑞謂：景星、慶雲、黃星、真人、河精、麟、鳳鸞、比翼鳥、同心鳥、永樂鳥、富貴吉利、神龜、龍、騶虞、白澤神馬、澤馬、白馬、赤髦馬、白馬、朱騣之類，周帀角端、獬豸、比肩獸、六足獸、茲白騰黃、騶駼、白象、一角獸、天鹿、鼈封、酋耳、豹犬、露犬、玄珪、明珠、玉英、山稱萬歲、慶山、山車、象車、烏車、根車、金車、朱草、屈軼、蓂莢、平露、箑脯、蒿柱、金牛、玉馬、玉猛獸、玉瓮、神鼎、銀瓮、丹甑、醴泉、浪井、河水清、江河水五色、海水不揚波之類，皆為大瑞也。」聽表聞，謂許以表奏聞。㈥自外諸瑞：按《唐六典》卷四，除大瑞外，又有上瑞、中瑞、下瑞，即此文所云之自外諸瑞也。此諸瑞《唐六典》俱有詳細臚列，茲從略。㈦申所司而已：《唐六典》卷八：「其他，並年終，員外郎具表以聞。」㈧合歡如腰鼓：按《舊唐書・五行志》作：「其巢合歡如腰鼓。」意殆謂其巢兩者相連，如腰鼓然。㈨瑞在得賢：謂所云祥瑞，端在得有賢臣。㈩縱放。㈡嘗有白鵲構巢於寢殿槐上……縱鵲於野外：按此段乃錄自《舊唐書・五行志》，字句大致相同。㈢天少雨：天雨甚少。㈢中書舍人：《舊唐書・職官志》二：「中書舍人，正五品上。」㈣掖庭：后妃宮中。㈤鬱積：鬱塞叢積。㈥幽：禁。㈦愍：憐。㈧灑掃之餘：猶灑掃之外。㈨伉儷：相敵之匹耦。㈩洹水：胡三省曰：「洹水縣，周建德六年，分臨漳東北界置，屬魏州。」㈡上曰婦人幽閉深宮……於掖庭西門簡出之：按此段乃錄自《舊唐書・太宗紀》貞觀二年文，字句大致相同。㈢修古長城：胡三省曰：「古長城，秦蒙恬所築者也，自漢至隋，沿邊所築城障非一處，而長城之延袤，未有如秦者也。」㈢乘堡障：登堡障據守。堡，小城；障，亭障。㈣相仍：相因藉。㈤滋甚：愈甚。㈥障塞：塞指長城而言。㈦司農卿：《唐六典》卷十九：「司農寺卿一人，從三品，少卿二人，從四品上。司農卿之職，掌邦國倉儲委積之政令，少卿為之貳。」㈧司農非公不可：謂司農之任，惟公為最適宜。㉙益不及前古：謂愈不及往古之人。㉚重文：重文章。㉛參以法律：參益以法律，亦即兼重法律。㉜治化：政治教化。㉝十月御史大夫杜淹薨：按新、舊《唐書・太宗紀》貞觀二年文，皆作十月庚辰，當從添庚辰二字。㉞交州都督、遂安公壽：凡不稱其姓者，皆天子之宗室。㉟瀛州：《舊唐書・地理志》二：「河北道、瀛州，隋河間郡，武德四年討平竇建德，改為瀛州。」㊱久不得人：久未得賢人以治理之。㊲須：需要。㊳諭旨：諭以君上之意旨。㊴敦然諾：猶重然諾，言既許人，則必踐言。㊵我使人不行：謂我命使人，而人不聽。㊶朝堂：胡三省曰：「閣本太極宮圖，東西朝堂在承天門左右，承天門外朝也，東朝堂之前有肺石，西朝堂之前有登聞鼓。」㊷爭事：爭論事宜。㊸不肯行：猶不肯赴任。㊹楊遵彥：楊愔字遵彥，相齊文宣帝，大見親任。㊺勞：功勞。㊻人臣之義：謂人臣之行誼。㊼太暴：太為凶暴。㊽復其官蔭：復其官則得蔭其子若孫。唐制，凡用蔭，一品子正七品上，二品子正七品下，三品子從七品上，從三品子從七品下，正四品子正八品上，從四品子正八品下，正五品子從八品上，從五品又國公子，從八品下，三品以上蔭曾孫，五品以上蔭孫，孫降子一等，曾孫降孫一等，贈官降正官一等，死事者與正官同，郡縣公子視從五品孫，縣男以上子降一等，勳官二品子又降一等，二王後孫視正三品。㊾狀貌不逾中人：謂身長不超過中等身材之人。㊿膽略：膽量謀略。(51)回：回轉。(52)犯顏苦諫：犯冒人主顏色而苦苦諫諍。(53)移：轉移。(54)霽威：霽猶雨霽，謂威怒消褪。(55)上冢：即祭掃先人之墳墓。(56)嚴裝：備裝。(57)嗔：盛氣，音ㄔㄣ。(58)自臂之：自以臂架之。(59)匿：藏。(60)固久不已：謂故意延長時間而不停止。(六一)十一月辛酉，上祀圜丘：《舊唐書・禮儀志》一：「武德初定令，每歲冬至祀昊天上帝於圜丘，以景帝配。」(六二)十二月壬午，以黃門侍郎王珪為守侍中：按《舊唐書》太宗二年文作：「十二月癸未。」《新唐書・太宗紀》作：「壬辰。」兩書雖不相同，然相差不過一日，足知二書所載之近確。《通鑑》日期則與二書相差太遠，當改從二書之任一日期。以卑職攝高位曰守。(六三)上嘗間居與珪語：按此非十二月壬午日事，乃連類而附書者。(六四)廬江王瑗：廬江王瑗反死，見卷一百九十一武德九年。(六五)瑗殺其夫：即瑗殺其先夫。(六六)避席曰：起身離席而言，乃古代卑者對尊者發言之禮儀。(六七)卿何問是非：意謂此事是非甚明，卿何須問。(六八)昔齊桓公知郭公之所以亡：按此事，《舊唐書・王珪傳》述其始末甚詳，爰移錄之，以明其全貌。文云：「臣聞於管子曰：『齊桓公之郭，問其父老曰，郭何故亡？父老曰，以其善善而惡惡也。桓公曰，若子之言，乃賢君也，何至於亡？父老曰，不然，郭君善善而不能用，惡惡而不能去，所以亡也。』」(六九)是之：以為是。(七〇)上嘗間居……聖心是之也：按此段乃錄自《舊唐書・王珪傳》，字句稍有改易。(七一)雅士：典雅之士。(七二)譴：責。(七三)附下罔上：結附在下位之人，以罔誣君上。(七四)拜謝：謂拜伏謝罪。(七五)負臣：辜負臣意。(七六)誠難：良難。(七七)上使太常少卿祖孝孫教宮人音樂……公等勿為此不盡言也：按此段乃錄自《舊唐書・王珪傳》，字句大致相同。(七八)養民：猶牧民。(七九)疏：書列。(八〇)注：亦書。(八一)黜陟：黜貶陟升。(八二)縣令尤為親民：謂縣令更為親民之官。(八三)內外：京內外。(八四)以名聞：以名聞於上。(八五)弊事：罪弊之事。(八六)告：告發。(八七)仍斬之：因而斬之。(八八)弩矢畢部推泥孰莫賀設為可汗：胡三省曰：「西突厥有五弩矢畢部，泥孰亦一啜之部帥。」(八九)統葉護之子咥力特勤：按《舊唐書・突厥傳》下，統上多一時字，用時字以作二事之連接，文章中常施用之，故此亦當據以增添。(九〇)昏：通婚。(九一)何得言昏：謂何能言請婚之事。(九二)各守部分：謂各守所部及所分疆域。(九三)役屬：為役使及附屬。(九四)西突厥統葉護可汗……先役屬西突厥者皆叛之：按此段乃錄自《舊唐書・突厥傳》下，字句幾全相同。(九五)遊擊將軍：《唐六典》卷五：「從五品下曰游擊將軍。」(九六)冊書：以封拜者。(九七)纛：羽葆幢，音毒。(九八)沙磧：沙漠。

三年（西元六二九年）

㈠春，正月，戊午，上祀太廟，癸亥，耕藉於東郊(一)。

㈡沙門法雅坐妖言誅，司空裴寂嘗聞其言，辛未，寂坐免官，遣還鄉里；寂請留京師，上數(二)之曰：「計(三)公勳庸(四)，安得至此！直(五)以恩澤(六)為羣臣第一，武德之際，貨賂公行(七)，紀綱紊亂，皆公之由也。但以故舊(八)，不忍盡法(九)，得歸守墳墓，幸已多矣。」寂遂歸蒲州(一〇)，未幾，又坐狂人信行言寂有天命(一一)，寂不以聞，當死，流靜州(一二)。會山羌作亂(一三)，或言刼寂為主，上曰：「寂當死，我生之，必不然也。」俄聞寂率家僮破賊，上思其佐命⑭之功，徵入朝，會卒⑮。

㈢二月，戊寅，以房玄齡為左僕射，杜如晦為右僕射，以尚書右丞魏徵守秘書監⑯，參預朝政⑰。

㈣三月，己酉，上錄⑱繫囚，有劉恭者頸有勝文⑲，自云當勝天下⑳，坐是繫獄，上曰：「若天將興之，非朕所能除㉑，若無天命，勝文何為㉒？」乃釋之。

㈤丁巳，上謂房玄齡、杜如晦曰：「公為僕射，當廣求賢人，隨才授任，此宰相之職也㉓。比聞聽受辭訟㉔，日不暇給㉕，安能助朕求賢乎！」因敕尚書細務㉖屬㉗左右丞㉘，唯大事應奏者，乃關㉙僕射。玄齡明達政事，輔以文學，夙夜㉚盡心，惟恐一物㉛失所。用法寬平㉜，聞人有善若己有之，不以求備取人，不以己長格物㉝㉞，與杜如晦引拔士類，常如不及㉟。至於臺閣㊱規模，皆二人所定。上每與玄齡謀事，必曰：「非如晦不能決㊲。」及如晦至，卒用玄齡之策，蓋玄齡善謀，如晦能斷故也。二人深相得，同心徇國㊳，故唐世稱賢相，推房杜焉。玄齡雖蒙寵待，或以事被譴，輒累日㊴詣朝堂，稽顙請罪，恐懼若無所容㊵㊶。玄齡監修國史，上語之曰：「比見漢書載子虛上林賦㊷，浮華無用，其上書論事，詞理切直㊸者，朕從與不從，皆當載之。」

㈥夏，四月，乙亥，上皇徙居弘義宮，更名大安宮㊹。上始御太極殿㊺，謂羣臣曰：「中書門下機要之司，詔敕有不便者，皆應論執㊻。比來唯睹順從，不聞違異㊼，若但行文書，則誰不可為，何必擇才也！」房玄齡等皆頓首謝。故事，凡軍國大事，則中書舍人各執所見㊽，雜署㊾其名，謂之五花判事㊿，中書侍郎、中書令省審(51)之，給事中、黃門侍郎駁正(52)之，上始申明(53)舊制，由是，鮮有敗事。

㈦茌平(54)人馬周客遊長安，舍於中郎將(55)常何之家。六月，壬午，以旱詔文武官極言(56)得失，何武人，不學(57)，不知所言，周代之陳便宜(58)二十餘條，【考異】舊傳云貞觀五年。據實錄詔在此年，五年不見有詔令百官上封事。今從唐歷附此。(59)上怪其能，以問何，對曰：「此非臣所能，家客馬周為臣具草(60)耳。」上即召之，未至，遣使督促者數輩㊅㊁，及謁見，與語，甚悅，令直㊅㊂門下省，尋除監察御史㊅㊂，奉使㊅㊃稱旨，上以常何為知人，賜絹三百匹㊅㊄。

㈧秋，八月，己巳，朔，日有食之。

㈨丙子，薛延陀毗伽可汗遣其弟統特勒入貢，上賜以寶刀及寶鞭，謂曰：「卿所部有大罪者斬之，小罪者鞭之㊅㊅。」夷男甚喜，突厥頡利可汗大懼，始遣使稱臣，請尚公主，修壻禮。代州都督張公謹上言突厥可取之狀㊅㊆，以為：「頡利縱欲逞暴㊅㊇，誅忠良，暱㊅㊈姦佞㊆㊀，一也；薛延陀等諸部皆叛，二也；突利拓設欲谷設㊆㊁皆得罪，無所自容㊆㊂，三也；塞北霜旱，糇糧㊆㊂乏絕，四也；頡利疏其族類，親委㊆㊃諸胡，胡人反覆，大軍一臨，必生內變，五也；華人入北，其眾甚多，比聞所在嘯聚㊆㊄，保據山險㊆㊅，大軍出塞，自然響應㊆㊆，六也㊆㊇。」上以頡利可汗既請和親，復援梁師都，丁亥，命兵部尚書李靖為行軍總管，討之，以張公謹為副。九月，丙午，突厥俟斤九人帥三千騎來降，戊午，拔野古、僕骨、同羅、奚酋長，並帥眾來降。

(十)冬，十一月，辛丑，突厥寇河西，肅州(七九)刺史公孫武達、甘州(八〇)刺史成仁重與戰，破之，捕虜千餘口。

(十一)上遣使至涼州，都督李大亮有佳鷹，使者諷(八一)大亮使獻之，大亮密表曰：「陛下久絕畋遊(八二)，而使者求鷹，若陛下之意(八三)，深乖(八四)昔旨；如其自擅(八五)，乃是使非其人。」癸卯，上謂侍臣曰：「李大亮可謂忠直。」手詔褒美，賜以胡缾及荀悅漢紀(八六)(八七)。

(十二)庚申，以行幷州都督李世勣為通漢道行軍總管(八八)，兵部尚書李靖為定襄道行軍總管，華州刺史柴紹為金河道行軍總管，靈州大都督薛萬徹為暢武道行軍總管(八九)，眾合十餘萬，皆受世勣節度，分道出擊突厥。乙丑，任城王道宗擊突厥於靈州，破之。十二月，戊辰，突利可汗入朝，上謂侍臣曰：「往者太上皇以百姓之故，稱臣於突厥(九〇)，朕常痛心。今單于稽顙(九一)，庶幾可雪前恥。」壬午，靺鞨遣使入貢，上曰：「靺鞨遠來，蓋突厥已服之故也。昔人謂禦戎無上策(九二)，朕今治安中國(九三)，而四夷自服，豈非上策乎！」

(十三)癸未，右僕射杜如晦以疾遜位(九四)，上許之。

㈣乙酉，上問給事中孔穎達曰：「論語：『以能問於不能，以多問於寡，有若無，實若虛(九五)。』何謂也？」穎達具釋(九六)其義以對，且曰：「非獨匹夫如是，帝王亦然。帝王內蘊(九七)神明，外當玄默(九八)，故易稱以蒙養正(九九)，以明夷莅眾(一〇〇)，若位居尊極，炫耀聰明(一〇一)，以才陵(一〇二)人，飾非(一〇三)拒諫，則下情不通(一〇四)，取亡之道也。」上深善其言。

㈤庚寅，突厥郁射設帥所部來降。

㈥閏月，丁未，東謝酋長謝元深，南謝酋長謝強來朝，諸謝皆南蠻別種，在黔州之西(一〇五)，詔以東謝為應州，南謝為莊州，隸黔州(一〇六)都督。是時、遠方諸國來朝貢者甚眾，服裝詭異(一〇七)，中書侍郎顏師古請圖寫(一〇八)以示後，作王會圖(一〇九)，從之(一一〇)。【考異】實錄新舊傳皆云正會圖。按汲冢周書有王會篇，柳宗元鐃鼓歌，呂述黠戛斯朝貢圖，皆作王會，今從之。乙丑，牂柯酋長謝能羽(一一一)及充州蠻(一一二)入貢，詔以牂柯為牂州。

㈦党項酋長細封步賴來降，以其地為軌州，各以其酋長為刺史。党項地亘(一一三)三千里，姓別為部(一一四)，不相統壹，細封氏、費聽氏、往利氏、頗超氏、野辭氏、旁當氏、米擒氏、拓跋氏，皆大姓也，步賴既為唐所禮，餘部相繼來降，以其地為峿、奉、巖、遠四州〔二五〕。

(十八)是歲，戶部奏中國人自塞外歸及四夷前後降附〔二六〕者，男女一百二十餘萬口。

(十九)房玄齡、王珪掌內外官考〔二七〕，治書侍御史、萬年〔二八〕權萬紀奏其不平〔二九〕，上命侯君集推之〔三〇〕，魏徵諫曰：「玄齡珪皆朝廷舊臣，素〔三一〕以忠直為陛下所委，所考既多，其間能無一二人不當〔三二〕，察其情〔三三〕，終非阿私〔三四〕，若推得其事，則皆不可信，豈得復當重任。且萬紀比來恒在考堂〔三五〕，曾無駁正〔三六〕，及身〔三七〕不得考〔三八〕，乃始陳論，此正欲激陛下之怒，非竭誠徇國〔三九〕也。使推之得實，未足裨益朝廷，若其本虛〔四〇〕，徒失陛下委任大臣之意〔四一〕。臣所愛者治體〔四二〕，非敢苟私〔四三〕二臣。」上乃釋不問。

(廿)濮州〔四四〕刺史龐相壽坐貪汙解任，自陳嘗在秦王幕府，上憐之，欲聽還舊任，魏徵諫曰：「秦王左右〔四五〕中外甚多〔四六〕，恐人人皆恃恩私〔四七〕，足使為善者懼〔四八〕。」上欣然納之，謂相壽曰：「我昔為秦王，乃一府之主，今居大位，乃四海之主〔四九〕，不得獨私故人，大臣所執㊃如是，朕何敢違！」賜帛遣之，相壽流涕而去。

【今註】㊀癸亥、耕藉於東郊：《舊唐書．禮儀志》四：「孟春吉亥，祭帝社於藉田，天子親耕。」至於藉於東郊，則頗有一段辯論，同志四載云：「初議藉田方面所在。給事中孔穎達曰：『禮天子藉田於南郊，諸侯於東郊，晉武帝猶於東南，今於城東置壇，不合古禮。』太宗曰：『禮緣人情，亦何常之有！且虞書云，平秩東作，則是堯舜敬授人時，已在東矣。又乘青輅，推黛耜者，所以順於春氣，故知合在東方。且朕見居少陽之地，田於東郊，蓋其宜矣。』於是遂定。」㊁數：責。㊂計：計核。㊃勳庸：庸亦功勳。㊄直：只。㊅恩澤：澤指雨露之沾潤草木，而此正係恩德之謂，故恩與澤遂常連結一起，而成為恩澤焉。㊆貨賂公行：賄賂公然施行。㊇故舊：即舊人。㊈盡法：《舊唐書．裴寂傳》作極法，謂應按法律所須得之罪而處分之。㊉蒲州：〈裴寂傳〉：「寂，蒲州桑泉人。」㊁狂人信行言寂有天命：按〈裴寂傳〉，天命作天分。核天分乃唐代之特殊辭語，理應加以保存。其例證甚多，玆略舉數則如下：《舊唐書．劉文靜附劉世龍傳》：「然始謂云，綦連耀有天分，公因之以得富貴。」同書〈淮安王神通附孝逸傳〉：「承嗣等又使人誣告孝逸，往任益州，常自解逸字云：『是遶兔者，常在月中，月既近天，合有天分。』則天以孝逸常有功，減死配徙儋州。」又同書〈桓彥範傳〉：「時司僕卿張昌宗，坐遣眾人李弘泰占己有天分，御史中丞宋璟請收付制獄，窮理其罪。」由文所述，知天分即天子之分也。然則此辭豈非新鮮而饒有意致乎！而其應予保存，自無疑矣。⑫靜州：《舊唐書・地理志》四：「嶺南道、富州，隋始安郡之龍平縣，武德四年平蕭銑，置靜州。」⑬會山羌作亂：按〈裴寂傳〉：「俄逢山羌為亂，或言反獠刼寂為主。」是山羌與獠，當係指此同一之為亂者。由知此山羌與獠，乃隨意使用，固不可拘泥求之，若為求符合實際，則山羌實以改作山獠或山蠻為宜。⑭佐命：輔佐王命。⑮沙門法雅坐妖言誅……徵入朝會卒：按此段乃錄自《舊唐書・裴寂傳》，字句大致相同。又未幾又坐狂人信行流靜州，及會山羌作亂，徵入朝，皆決非同時短期內之事，夫既若此，則自應力加考稽，而分按月日條析繫之，固不宜連書一處，而致於編年體例，違忤甚巨也。（此條乃本自李玄伯先生之說。）⑯二月戊寅，以房玄齡為左僕射，杜如晦為右僕射，以尚書右丞魏徵守秘書監：按此敍述格式，全與《新唐書》本紀相同，而《舊唐書》本紀，於述大臣升黜之事，皆先詳書其舊銜，然後再錄其新職。如述此段事，《舊唐書》則作：「二月戊寅，中書令、刑國公、房玄齡為尚書左僕射，兵部尚書、檢校侍中、蔡國公、杜如晦為尚書右僕射。」實職、加官、封號，一併錄入，實屬徒費筆墨。而《舊唐書》本紀則皆採如此格式，尤其末季諸帝紀，幾連篇累牘，皆為大臣之職銜，既無關宏旨，且又浪費篇幅。若能本《新唐書》及《通鑑》載述之例，而施以刪削，則《舊唐書》本紀卷帙，不知將減少幾許篇幅也。⑰參預朝政：亦即為宰相之職。⑱錄：錄問。⑲頸有勝文：謂頸上有文理酷似勝字。⑳自云當勝天下：以其頸上生有勝字，遂由勝字而傳會曰當勝天下。㉑除：除滅。㉒勝文何為：謂雖有勝文，有何用乎！㉓公為僕射，此宰相之職也：《唐六典》卷一：「尚書左丞相一人，從二品，隋置左右僕射，從二品，皇朝因之。左右丞相掌總領六官，紀綱百揆。」㉔聽受辭訟：辭訟亦即獄訟，二辭之含意相同。㉕日不暇給：亦即為時不足之意。㉖尚書細務：謂尚書省之微小事務。㉗屬：付。㉘左右丞：即尚書左右丞。㉙闕：白或通。㉚夙夜：朝夕。㉛一物：此指人言，六朝常以人物連言，而所云者，實為人也。㉜寬平：寬恕公平。㉝不以己長格物：不以己之所長而拒不長之人。㉞玄齡明達政事……不以己長格物：按此段乃錄自《舊唐書・房玄齡傳》，字句大致相同。㉟常如不及：謂惟恐有遺賢。㊱臺閣：指禁省中諸寺署而言。㊲決：即下文之斷。㊳徇國：謂一心一意為國。㊴累日：數日。㊵若無所容：謂若無地自容。㊶玄齡雖蒙寵待……恐懼若無所容：按此段乃錄自《舊唐書・房玄齡傳》，字句大致相同。㊷子虛上林賦：皆司馬相如所作，而載於其本傳中。㊸切直：懇切誠直。㊹上皇徙居弘義宮，更名大安宮：《唐會要》：「武德五年營弘義宮，以帝有尅定天下之功，別建此宮以居之。既禪位，高祖以弘義宮有山林勝景，雅好之，遂徙居焉，改名大安宮。馬周所謂大安宮，在城之西者也。」㊺上始御太極殿：高祖傳位時，太宗即位於東宮之顯德殿，至是，帝始御太極殿。㊻論執：駁論而執持之。㊼違異：違拒及持異議。㊽中書舍人各執所見：《唐六典》卷九：「中書舍人六人，正五品上。」故云各執所見。㊾雜署：共同簽署。㊿五花判事：《新唐書・韋陟傳》：「陟封郇公，常以五采牋為書記，使侍妾主之，其裁答授意而已，皆有楷法，陟惟署名。自謂所書陟字，若五朵雲，時人慕之，號郇公五雲體。」按五花當與五雲相類，乃唐代簽字通行之格式也。(51)省審：省視審核。(52)駮正：駮議改正。(53)申明：申述宣明。(54)茌平：今山東省茌平縣。(55)中郎將：

《舊唐書・職官志》一：「左右千牛衛、左右監門衛中郎將，正四品下。」（五六）極言：謂盡言而無有所諱。（五七）不學：無學識。（五八）便宜：謂便於事宜於物者。（五九）〔考異〕舊傳云貞觀五年，據實錄，詔在此年，五年不見有詔，令百官上封事。今從唐歷附此：按《通鑑》下文云：「及謁見，與語甚悅，令直門下省，尋除監察御史。」查《舊唐書・馬周傳》：「貞觀五年，太宗令百寮上書言得失，六年授監察御史。」夫授監察御史既為貞觀六年，則後於貞觀三年之事，自不得云尋，惟有舊書所云之五年以後，方可為尋。夫舊書載此二事之年月，至為昭晰，且又符合情理，自宜依舊書所言為準。且唐太宗詔群臣言事，頻頻有之，史官以其繁夥，常略而不書，故絕不可以實錄五年不見有詔為由，而改書於三年六月之下。本此二條，知此事年月，實以遵照《舊唐書》所載為宜。（六〇）具草：撰具草稿。（六一）遣使督促者數輩：按〈馬周傳〉作：「遣使者催促數四。」似較佳。（六二）直：通值。（六三）監察御史：《唐六典》卷十三：「監察御史十人，正八品上。掌分察百僚，巡按郡縣，糾視刑獄，肅整朝儀。」（六四）奉使：奉使命。（六五）茌平人馬周……上以常何為知人，賜絹三百匹：按此段乃錄自《舊唐書・馬周傳》，字句大致相同。（六六）卿所部有大罪者斬之，小罪者鞭之：全文當為卿所部有大罪者，以此寶刀斬之，小罪者以此寶鞭鞭之。（六七）狀：情形。（六八）逞暴：猶恣為暴虐。（六九）暱：親暱。（七〇）姦佞：姦邪諂佞。（七一）拓設欲谷設：胡三省曰：「拓設即阿史那社爾，與欲谷設分統敕勒諸部。欲谷設即為回紇所破者也。按舊書李大亮傳，頡利既亡之後，拓設諸種散在伊吾。」（七二）無所自容：猶無可容身。（七三）糇：乾食，音侯。（七四）親委：親任。（七五）嘯聚：謂呼嘯以聚合之。（七六）山險：山谷險阻。（七七）響應：如響之應聲。(七八)代州都督張公謹上言……自然響應，六也：按此段乃錄自《舊唐書・張公謹傳》，字句大致相同。(七九)肅州：《舊唐書・地理志》三：「隴右道、肅州，隋張掖郡，武德二年分置甘州，領酒泉、福祿二縣。」(八〇)甘州：同志三：「隴右道、甘州，隋張掖郡，武德二年平李軌，置甘州，領張掖、刪丹二縣。」(八一)諷：示意。(八二)畋遊：皆指獵言。(八三)若陛下之意：按《舊唐書・李大亮傳》作：「若是陛下之意。」當從添是或為字。(八四)乖：違。(八五)擅：專。(八六)賜以胡餅及荀悅漢紀：上賜該二物之用意，《舊唐書・李大亮傳》備載之，文云：「今賜卿胡餅一枚，雖無千鎰之重，是朕自用之物。又賜荀悅漢紀一部，此書敍致既明，論議深博，極為治之體，盡君臣之義，今以賜卿，宜加尋閱。」餅同瓶。(八七)上遣使至涼州……賜以胡餅及荀悅漢紀：按此段乃錄自《舊唐書・李大亮傳》，字句大致相同。(八八)李世勣為通漢道行軍總管：按此與《舊唐書・太宗紀》之文相同。然同書〈李勣傳〉則作：「為通漠道行軍總管。」《新唐書・太宗紀》亦同之。又後高宗朝裴行儉遣兵，掩取阿史那伏念輜重，亦係由通漠道。本此，故通漢當改作通漠。(八九)靈州大都督薛萬徹為暢武道行軍總管：按《新唐書・太宗紀》作：「營州都督薛萬淑為暢武道行軍總管。」查同書〈薛萬均傳〉：「萬淑亦以戰功顯，歷右領軍將軍、梁郡公、暢武道行軍總管。」是薛萬徹當係薛萬淑之誤。胡三省曰：「暢武非地名也，營州帶於東胡，故命萬徹（當作萬淑）為總管，使之宣暢威武，以美名寵之耳。」由上諸證，藉知靈州亦係營州之訛。(九〇)太上皇以百姓之故，稱臣於突厥：事見卷一百八十四隋恭帝義寧元年。(九一)稽顙：猶頓首。(九二)昔人謂禦戎無上策：胡三省曰：「嚴尤諫王莽曰：『匈奴為害，所從來久，周秦漢征之，皆未有得上策者也。周得中策，漢得下策，秦無策焉。』」(九三)治安中國：使中國治安。
(九四)遜位：讓位。(九五)論語以能問於不能，以多問於寡，有若無，實若虛：按此乃《論語·泰伯篇》曾子之言。(九六)具釋：猶詳釋。(九七)內蘊：內藏。(九八)玄默：猶靜默。(九九)易稱蒙以養正：《易·蒙》：「蒙以養正，聖功也。」疏：「能以蒙昧隱默自養正道，乃成至聖之功。」(一〇〇)以明夷莅眾：《易·明夷》：「象曰，明入地中，明夷、君子以莅眾，用晦而明。」意謂夷，傷也，曰入地中，明而見傷之象。故在上位者臨眾，須用韜晦而政始能大明。(一〇一)炫耀聰明：誇耀聰明。(一〇二)陵：憑陵。(一〇三)飾非：文飾錯誤。(一〇四)下情不通：謂下情不能上達。(一〇五)諸謝皆南蠻別種，在黔州之西：《舊唐書·東謝蠻傳》：「東謝蠻，其地在黔州之西數百里。」(一〇六)黔州：《舊唐書·地理志》三：「江南道，黔州下都督府，隋黔安郡，武德元年改為黔州。貞觀四年置都督府，督務、施、業、辰、智、牂、充、應、莊等州。」(一〇七)服裝詭異：詭異猶奇異。按所云服裝詭異，東謝酋長謝元深所著者，即係如此，爰錄以示例。《舊唐書》云：「貞觀三年，元深入朝，冠烏熊皮冠，若今之髦頭，以金銀絡額，身披毛帔，為皮行縢而著履。」其實蠻夷亦非好為奇服，特不過隨其土俗而已。惟自向所未見之華人觀之，不免視為詭異耳。(一〇八)圖寫：猶圖畫。(一〇九)作王會圖：考異曰：「實錄、新舊傳皆云正會圖。按汲冢周書有王會篇，柳宗元鐃鼓歌、呂述黠戛斯朝貢圖皆作王會，今從之。」按《舊唐書·東謝傳》、《新唐書·兩爨蠻傳》，皆作王會，而不作正會，未審考異何所據而云然？又正會一辭亦有釋，蓋即正旦之大朝會也。而此朝會，各王侯、藩鎮、州郡及四夷率遣使朝賀，其儀式至為隆重，故就而圖之，實常情之所應有者。至王會則係會集而朝參天子之意。故兩名皆可通焉。㉚東謝酋長謝元深……作王會圖，從之：按此段乃錄自《舊唐書・東謝蠻傳》，字句大致相同。㉛牂柯酋長謝能羽：按《舊唐書・牂柯傳》，《新唐書・兩爨蠻傳》，皆作謝龍羽，當改從之。牂音臧。㉜及充州蠻：按《舊唐書・牂柯傳》：「其地北去兗州一百五十里。」《新唐書・兩爨蠻傳》亦同作兗州。夫既與牂柯相偕入貢，則充疑當係兗之訛。㉝亘：綿亘。㉞姓別為部：每姓各為一部。㉟党項酋長細封步賴來降……以其地為崌奉巖遠四州：按此段乃錄自《舊唐書・党項傳》，字句大致相同。㊱及四夷前後降附：按新、舊《唐書・太宗紀》皆作：「開四夷為州縣者。」蓋開四夷為州縣者，謂凡在四夷開州縣之處，其所居之人，例皆編入戶口之內，是與降附之意，微有不同。故此句實宜襲用新舊唐書之文。

㊲掌內外官考：《唐六典》卷二：「每年別敕定京官位望高者二人，其一人校京官考，一人校外官考。凡考課之法有四善：一曰德義有聞，二曰清慎明著，三曰公平可稱，四曰恪勤匪懈。善狀之外，有二十七最：一曰獻可替否，拾遺補闕，為近侍之最；二曰銓衡人物，擢盡才良，為選司之最；三曰揚清激濁，褒貶必當，為考校之最；四曰禮制儀式，動合經典，為禮官之最；五曰音律克諧，不失節奏，為樂官之最；六曰決斷不滯，與奪合理，為判事之最；七曰部統有方，警守無失，為宿衞之最；八曰兵士調集，戎裝充備，為督領之最；九曰推鞫得情，處斷平允，為法官之最；十曰讎校精審，明於刊定，為校正之最；十一曰承旨敷奏，吐納明敏，為宣納之最；十二曰訓導有方，生徒充業，為學官之最；十三曰賞罰嚴明，攻戰必勝，為將帥之最；十四曰禮義興行，肅清所部，為政教之最；十五

曰詳錄典正，詞理兼舉，為文史之最；十六曰訪察精審，彈舉必當，為糾正之最；十七曰明於勘覆，稽失無隱，為句檢之最；十八曰職事修理，供承強濟，為監掌之最；十九曰功課皆充，丁匠無怨，為役使之最；二十曰耕耨以時，收穫成課，為屯官之最；二十一曰謹於蓋藏，明於出納，為倉庫之最；二十二曰推步盈虛，究理精密，為曆官之最；二十三曰占候醫卜，效驗居多，為方術之最；二十四曰譏察有方，行旅無壅，為關津之最；二十五曰市廛不擾，姦濫不行，為市司之最；二十六曰牧養肥碩，蕃息孳多，為牧官之最；二十七曰邊境肅清，城隍修理，為鎮防之最。一最已上有四善為上上，一最已上有三善，或無最而有四善為上中，一最已上有二善，或無最而有三善為上下，一最已上有一善，或無最而有二善為中上，一最已上，或無最而有一善為中中，職事粗理，善最弗聞為中下，愛憎任情，處斷乖理為下上，背公向私，職務廢闕為下中，居官諂詐，貪濁有狀為下下。」㉘萬年：《舊唐書・地理志》一：「關內道、京兆府、萬年縣，隋大興縣，武德元年改為萬年。」㉙不平：不公平。㉚推之：推案之。㉛素：平素。㉜其間能無一二人不當：全文為其間豈能無一二人不當，意謂定有數人考校錯誤。㉝察其情：猶察其內心。㉞阿私：阿比偏私。㉟考堂：考校之堂。㊱駁正：駁論校正。㊲身：指己言，六朝常有如此用法。㊳不得考：謂考而不如其意。㊴徇國：犧牲一切而為國家。㊵若其本虛：謂若其根本虛妄。㊶徒失陛下委任大臣之意：謂天子不能信任大臣。㊷治體：治之大體。㊸苟私：苟且私袒。㊹濮州：《舊唐書・地理志》一：「河南道、濮州，隋東郡之鄄城縣也，武德四年置濮州。」㊺秦王左右：季振宜云：「宋刻作秦府左右。」㊻中外甚多：謂為京中京外之官甚多。㊲恩私：猶恩親。㊳足使為善者懼：謂足使為善者畏懼，而不能執法以糾繩之。㊴主：主上。㊵所執：所執之議。

四年（西元六三〇年）

㈠春，正月，李靖帥驍騎三千自馬邑進屯惡陽嶺㊀，夜襲定襄㊁，破之。突厥頡利可汗不意㊂靖猝至，大驚曰：「唐不傾國㊃而來，靖何敢孤軍至此！」其眾一日數驚，乃徙牙於磧口㊄。靖復遣諜離其心腹，頡利所親康蘇密以隋蕭后㊅及煬帝之孫政道來降，乙亥，至京師。先是有降胡言中國人或潛通書啟㊆於蕭后者，至是中書舍人楊文瓘請鞫㊇之，上曰：「天下未定，突厥方彊，愚民無知，或有斯事。今天下已安，既往㊈之罪，何須問也！」李世勣出雲中㊉，與突厥戰於白道⑪，大破之。

㈡二月，己亥，上幸驪山溫湯。

㈢甲辰，李靖破突厥頡利可汗於陰山⑫。先是頡利既敗，竄於鐵山⑬，餘眾尚數萬，遣執失思力入見⑭謝罪，請舉國⑮內附，身自(一六)入朝，上遣鴻臚卿(一七)唐儉等慰撫之(一八)，又詔李靖將兵迎頡利；頡利外為卑辭(一九)，內實猶豫，欲俟草青馬肥，亡入漠北。靖引兵與李世勣會白道，相與謀曰：「【考異】舊書靖傳，以為謀出於靖，勣傳，以為謀出於勣，蓋相與謀耳。頡利雖敗，其眾猶盛，若走度磧北，保依九姓(二〇)，道阻(二一)且遠，追之難及，今詔使(二二)至彼，虜必自寬(二三)，若選精騎一萬，齎二十日糧，往襲之，不戰可擒矣(二四)。」以其謀告張公謹，公謹曰：「詔書已許其降，使者在彼，奈何擊之？」靖曰：「此韓信所以破齊也(二五)，唐儉輩何足惜(二六)！」遂勒兵夜發，世勣繼之，軍至陰山，遇突厥千餘帳，俘以隨軍。頡利見使者大喜，意自安，靖使武邑(二七)蘇定方帥二百騎為前鋒，乘霧(二八)而行，去牙帳七里，虜乃覺(二九)之，頡利乘千里馬先走，靖軍至，虜眾遂潰，【考異】舊書靖傳曰：「靖軍逼其牙帳十五里，虜始覺。」定方傳曰：「靖使定方為前鋒，乘霧而行，去賊一里許，忽然霧歇，望見其牙帳，掩擊，殺數十百人，頡利畏威，先走。」今從唐曆。唐儉脫身得歸，靖斬首萬餘級，俘男女十餘萬，獲雜畜(三〇)數十萬，殺隋義成公主(三一)，擒其子疊羅施。頡利帥萬餘人欲度磧，李世勣軍於磧口，頡利至，不得度，其大酋長皆帥眾降，世勣虜五萬餘口而還(三二)，斥(三三)地自陰山，北至大漠，露布[三四]以聞。

㈣丙午，上還宮。

㈤甲寅，以克突厥，赦天下。以御史大夫溫彥博為中書令，守侍中王珪為侍中，守戶部尚書戴胄為戶部尚書[三五]，參預朝政，太常少卿蕭瑀[三六]為御史大夫，與宰臣參議朝政。

㈥三月，戊辰，以突厥夾畢特勒阿史那思摩為右武候大將軍，四夷君長詣闕請上為天可汗[三七]，上曰：「我為大唐天子，又下行可汗事乎[三八]！」羣臣及四夷皆稱萬歲[三九]，是後以璽書賜西北君長，皆稱天可汗[四〇]。庚午，突厥思結俟斤帥眾四萬來降。丙子，以突利可汗為右衛大將軍，北平郡王。初始畢可汗以啟民母弟蘇尼失為沙鉢羅設，督部落五萬家，牙直[四一]靈州西北，及頡利政亂，蘇尼失所部獨不攜貳[四二]，突利之來奔也，頡利立之為小可汗，及頡利敗，走往依之[四三]，將奔吐谷渾，大同道行軍總管任城王道宗引兵逼之，使蘇尼失執送頡利，頡利以數騎夜走，匿於荒谷[四四]，蘇尼失懼，馳追獲之[四五]。庚辰，行軍副總管張寶均[四六]帥眾奄[四七]至沙鉢羅營，俘頡利，送京師，蘇尼失舉眾來降，【考異】太宗實錄云：「蘇尼失舉眾歸國，因以頡利屬於軍吏。」舊紀云：「蘇尼失子忠禽頡利以獻。」蓋實均禽之，而蘇尼失使忠獻之也。漢南之地遂空(48)。

(七)蔡成公杜如晦(49)疾篤，上遣太子(50)問疾，又自臨(51)視之，甲申，薨，上每得佳物，輒思如晦，遣使賜其家。久之，語及如晦，必流涕，謂房玄齡曰：「公與如晦同佐(52)朕，今獨見公，不見如晦矣(53)！」

(八)突厥頡利可汗至長安。夏四月，戊戌，上御順天樓(54)，盛陳文物(55)，引見頡利，數之(56)曰：「汝藉父兄之業(57)，縱淫虐以取亡(58)，罪一也；數與我盟而背(59)之，二也；恃彊好戰，暴骨如莽(60)，三也；蹂(61)我稼穡，掠(62)我子女，四也；我宥汝罪，有汝社稷，而遷延(63)不來，五也。然自便橋以來(64)，不復大入為寇，以是得不死耳。」頡利哭謝而退，詔館(65)於太僕(66)，厚廩食之(67)(68)。上皇聞擒頡利，歎曰：「漢高祖困白登，不能報(69)，今我子能滅突厥，吾託付得人，復何憂哉。」上皇召上與貴臣十餘人及諸王妃主(70)，置酒凌煙閣(71)，酒酣，上皇自彈琵琶(72)，上起舞(73)，公卿迭起(74)為壽(75)，逮(76)夜而罷。

㈨突厥既亡，其部落或北附薛延陀，或西奔西域，其降唐者尚十萬口，詔羣臣議區處（七七）之宜（七八）；朝士多言：「北狄自古為中國患，今幸而破亡，宜悉徙之河南兗豫之間（七九），分其種落（八〇），散居州縣，教之耕織，可以化胡虜為農民，永空塞北（八一）之地（八二）。」中書侍郎顏師古以為：「突厥、鐵勒，皆上古所不能臣（八三），陛下既得而臣之，請皆寘之河北（八四），分立酋長，領其部落，則永永無患矣。」禮部侍郎李百藥以為：「突厥雖云一國，然其種類區分，各有酋帥，今宜因其離散，各即本部，署（八五）為君長，不相臣屬，縱欲存立阿史那氏，唯可使存其本族而已。國分，則弱而易制，勢敵（八六），則難相吞滅（八七），各自保全，必不能抗衡（八八）中國。仍請於定襄置都護府，為其節度（八九），此安邊之長策也。」

夏州都督竇靜以為：「戎狄之性，有如禽獸，不可以刑法威（九〇），不可以仁義教，況彼首丘（九一）之情，未易忘也，置之中國，有損無益，恐一旦變生，犯我王略（九二）。莫若因其破亡之餘（九三），施以望外（九四）之恩，假之（九五）王侯之號，妻以宗室之女，分其土地，析（九六）其部落，使其權弱(九七)勢分，易為羈制(九八)，可使常為藩臣，永保邊塞(九九)。」

(十)溫彥博以為：「徙於兗豫之間，則乖違物性(一〇〇)，非所以存養之(一〇一)也。請準(一〇二)漢建武(一〇三)故事，置降匈奴於塞下，全其部落，順其土俗(一〇四)，以實空虛之地，使為中國扞蔽(一〇五)，策之善者也。」

(十一)魏徵以為：「突厥世為寇盜，百姓之讎也，今幸而破亡，陛下以其降附，不忍盡殺，宜縱之使還故土，不可留之中國。夫戎狄人面獸心，弱則請服，彊則叛亂，固其常性。今降者眾近十萬，數年之後，蕃息倍多(一〇六)，必為腹心之疾，不可悔也。晉初諸胡與民雜居中國(一〇七)，郭欽江統皆勸武帝驅出塞外，以絕亂階(一〇八)，武帝不從，後二十餘年，伊洛之間(一〇九)，遂為氈裘(一一〇)之域，此前事之明鑑(一一一)也。」

彥博曰：「王者之於萬物，天覆地載(一一二)，靡有所遺(一一三)，今突厥窮來歸我，奈何棄之而不受乎？孔子曰：『有教無類(一一四)。』若救其死亡，授以生業(一一五)，教之禮義，數年之後，悉為吾民，選其酋長，使入宿衞，畏威懷德(一一六)，何後患之有？」上卒用彥博策，處突厥降眾，東自幽州，西至靈州，分突利故所統之地(一一七)，置順、祐、化、長四州都督府；又分頡利之地為六州，左置定襄都督府(一八)，右置雲中都督府(一九)，以統其眾(二〇)。

(十二)五月，辛未，以突利為順州(二一)都督，使帥部落之官。上戒之曰：「爾祖啟民挺身奔隋，隋立以為大可汗，奄有(二二)北荒(二三)，爾父始畢，反為隋患(二四)，天道不容(二五)，故使爾今日亂亡(二六)如此。我所以不立爾為可汗者，懲(二七)啟民前事故也。今命爾為都督，爾宜善守中國法，勿相侵掠，非徒(二八)欲中國久安，亦使爾宗族永全(二九)也(三〇)。」

(十三)壬申，以阿史那蘇尼失為懷德郡王，阿史那思摩為懷化郡王。頡利之亡也，諸部落酋長皆棄頡利來降，獨思摩隨之，竟與頡利俱擒，上嘉其忠，拜右武候大將軍，尋以為北開州都督，使統頡利舊眾(三一)。【考異】舊傳云為化州都督。按化州，乃突利故地，安得云統頡利部落也？丁丑，以右武衛大將軍史大奈為豐州都督(三二)，其餘酋長至者，皆拜將軍、中郎將(三三)，布列朝廷，五品已上百餘人，殆與朝士(三四)相半，因而入居長安者近萬家(三五)(三六)。

(十四)辛巳，詔自今訟者，有經尚書省判不服，聽於東宮上啟(三七)，委太子裁決(三八)，若仍不伏，然後聞奏。

(十五)丁亥，御史大夫蕭瑀劾奏：「李靖破頡利牙帳，御軍㊴無法㊵，突厥珍物，虜掠俱盡，請付法司㊶推科㊷。」【考異】舊傳：「御史大夫溫彥博害其功，譖靖軍無綱紀，致令虜中奇寶，散於亂兵之手。」據實錄，彥博二月已為中書令，三月始禽頡利，今從實錄。上特敕勿劾㊸，及靖入見，上大加責讓，靖頓首謝，久之，上乃曰：「隋史萬歲破達頭可汗，有功不賞，以罪致戮㊹，朕則不然，錄㊺公之功，赦公之罪。」加靖左光祿大夫㊻，賜絹千匹，加真食邑㊼，通前㊽五百戶。未幾，上謂靖曰：「前有人讒公，今朕意已寤，公勿以為懷㊾。」復賜絹二千匹㊿。

(十六)林邑獻火珠(51)，有司以其表辭(52)不順，請討之，上曰：「好戰者亡，隋煬帝、頡利可汗皆耳目所親見也，小國勝之不武，況未可必(53)乎，語言之間，何足介意(54)。」

(十七)六月，丁酉，以阿史那蘇尼失為北寧州都督，以中郎將史善應(55)為北撫州都督，壬寅，以右驍衛將軍康蘇為北安州都督。

(十八)乙卯，發卒修洛陽宮，以備巡幸，給事中張玄素上書諫，以為：「洛陽未有巡幸之期，而預修宮室，非今日之急務。昔漢高祖納婁敬之說，自洛陽遷長安(五六)，豈非洛陽之地，不及關中之形勝(五七)邪！景帝用晁錯之言，而七國構禍(五八)。陛下今處突厥於中國，突厥之親，何如七國(五九)？豈得不先為憂，而宮室可遽興(六〇)，乘輿可輕動哉！臣見隋氏初營宮室，近山無大木，皆致之遠方(六一)，二千人曳一柱，以木為輪，則戛摩(六二)火出，乃鑄鐵為轂(六三)，行一二里，鐵轂輒破，別使(六四)數百人齎鐵轂，隨而易之(六五)，盡日(六六)，不過行二三十里，計一柱之費，已用數十萬功(六七)，則其餘可知矣。陛下初平洛陽，凡隋氏宮室之宏侈(六八)者，皆令毀之(六九)，曾未十年，復加營繕(七〇)，何前日惡(七一)之，而今日效(七二)之也！且以今日財力，何如隋世？陛下役瘡痍(七三)之人，襲(七四)亡隋之弊，恐又甚於煬帝矣。」上謂玄素曰：「卿謂我不如煬帝，何如桀紂？」對曰：「若此役(七五)不息，亦同歸於亂耳(七六)。」上歎曰：「吾思之不熟，乃至(七七)於是。」顧謂房玄齡曰：「朕以洛陽土中(七八)，朝貢道均(七九)，意欲便民，故使營之，今玄素所言誠有理，宜即為之罷役，後日或以事至洛陽，雖露居(八〇)亦無傷(八一)也。」仍賜玄素綵(八二)二百匹(八三)。

(十九)秋，七月，甲子朔，日有食之。

(廿)乙丑，上問房玄齡、蕭瑀曰：「隋文帝何如主也？」對曰：「文帝勤於為治，每臨朝或至日昃(八四)，五品已上，引坐論事(八五)，衛士傳飧而食(八六)，雖性非仁厚，亦勵精(八七)之主也。」上曰：「公得其一，未知其二。文帝不明而喜察(八八)，不明、則照有不通(八九)，喜察、則多疑於物(九〇)，事皆自決(九一)，不任羣臣(九二)，天下至廣，一日萬機(九三)，雖復(九四)勞神苦形(九五)，豈能一一中理(九六)。羣臣既知主意，唯取決受成(九七)，雖有愆違(九八)，莫敢諫爭，此所以二世而亡也。朕則不然，擇天下賢才，寘之百官(九九)，使思天下之事，關(一〇〇)由宰相，審熟便安(一〇一)，然後奏聞，有功則賞，有罪則刑(一〇二)，誰敢不竭心力(一〇三)以修職業(一〇四)？何憂天下之不治乎！」因敕百司：「自今詔敕行下，有未便者，皆應執奏(一〇五)，毋得阿從，不盡己意。」

(廿一)癸酉，以前太子少保李綱為太子少師，以兼御史大夫蕭瑀為太子少傅(一〇六)。李綱有足疾，上賜以步輿(一〇七)，使之乘至閤下，數引入禁(一〇八)中，問以政事，每至東宮，太子親拜之。太子每視事，上令綱與房玄齡侍坐(二九)。先是蕭瑀與宰相參議朝政，瑀氣剛而辭辯(三〇)，房玄齡等皆不能抗(三一)，上多不用其言。【考異】舊傳云：「玄齡等心知其是，不用其言。」按玄齡若用心如此，安得為賢相？且事之用捨在太宗，非由玄齡。今不取。玄齡、魏徵、溫彥博嘗有微過，瑀劾奏之，上竟不問。瑀由此怏怏(三二)自失(三三)，遂罷御史大夫，為太子少傅，不復預聞朝政。

(廿二)西突厥種落散在伊吾(三四)，詔以涼州都督李大亮為西北道安撫大使，於磧口(三五)貯糧，來者賑給(三六)，使者招慰(三七)，相望於道(三八)。大亮上言：「欲懷遠者(三九)，必先安近，中國如本根，四夷如枝葉，疲中國以奉(四〇)四夷，猶拔本根以益枝葉也。臣遠考秦漢，近觀隋室，外事戎狄，皆致疲弊。今招致西突厥，但見勞費，未見其益；況河西(四一)州縣蕭條，突厥微弱以來，始得耕穫，今又供億此役(四二)，民將不堪(四三)，不若且罷招慰為便(四四)。伊吾之地，率皆沙磧，其人或自立君長，求稱臣內屬者，羈縻(四五)受之，使居塞外，為中國藩蔽(四六)，此乃施虛惠而收實利也。」上從之(四七)。

(廿三)八月，丙午，詔以常服未有差等，自今三品以上服紫，四品五品服緋㉘，六品七品服綠，八品服青㉙，婦人從其夫色㉚㉛。

(廿四)甲寅，詔以兵部尚書李靖為右僕射，靖性沈厚，每與時宰參議㉜，恂恂㉝如不能言。

(廿五)突厥既亡，營州都督薛萬淑遣契丹酋長貪沒折，說諭東北諸夷，奚、霫、室韋等十餘部皆內附。萬淑，萬均之兄也。

(廿六)戊午，突厥欲谷設來降。欲谷設，突利之弟也。頡利敗，欲谷設奔高昌，聞突利為唐所禮，遂來降。

(廿七)九月，戊辰，伊吾城主㉞入朝，隋末、伊吾內屬，置伊吾郡，隋亂，臣於突厥，頡利既滅，舉其屬㉟七城來降，因以其地置西伊州。

(廿八)思結部落飢貧，朔州刺史、新豐㊱張儉招集之，其不來者，仍居磧北，親屬私㊲相往還㊳，儉亦不禁，及儉徙勝州㊴都督，州司㊵奏思結將叛，詔儉往察之，儉單騎入其部落說諭㊶，徙之代州，即以儉檢校㊷代州都督，思結卒無叛者；儉因勸之營田㊸，歲大稔㊹，儉恐虜蓄積多，有異志㊺，奏請和糴㊻，以充邊儲，部落喜，營田轉力(二二七)，而邊備實(二二八)焉(二二九)。

(廿九)丙子，開南蠻地，置費州、夷州(二三〇)。

(卅)己卯，上幸隴州(二三一)(二三二)。

(卅一)冬，十一月，壬辰，以右衞大將軍侯君集為兵部尚書(二三三)，參議朝政。

(卅二)甲子，車駕還京師。

(卅三)上讀明堂鍼灸(二三四)書，云：「人五藏之系，咸附(二三五)於背。」戊寅詔，自今毋得笞囚背。

(卅四)十二月，甲辰，上獵於鹿苑(二三六)，乙巳，還宮。

(卅五)甲寅，高昌王麴文泰入朝，西域諸國咸欲因(二三七)文泰遣使入貢，上遣文泰之臣厭怛紇干往迎之。魏徵諫曰：「昔光武不聽西域送侍子(二三八)(二三九)，置都護，以為不以蠻夷勞中國，今天下初定，前者(二四〇)文泰之來，勞費已甚，今借使(二四一)十國入貢，其徒旅不減千人(二四二)，邊民荒耗(二四三)，將不勝其弊(二四四)，若聽(二四五)其商賈往來，與邊民交市(二四六)，則可矣。儻以賓客遇(二四七)之，非中國之利也。」時厭怛紇干已行，上遽(二四八)

令止之〔二六九〕。

(四六)諸宰相侍宴，上謂王珪曰：「卿識鑒〔二七〇〕精通，復善談論，玄齡以下，卿宜悉加品藻〔二七一〕，且自謂與數子何如〔二七二〕？」對曰：「孜孜〔二七三〕奉國〔二七四〕，知無不為，臣不如玄齡；才兼文武，出將入相〔二七五〕，臣不如李靖；敷奏〔二七六〕詳明，出納惟允〔二七七〕，臣不如溫彥博；處繁〔二七八〕治劇〔二七九〕，眾務畢舉〔二八〇〕，臣不如戴冑；恥君不及堯舜〔二八一〕，以諫爭為己任，臣不如魏徵。至於激濁〔二八二〕揚清〔二八三〕，嫉惡好善，臣於數子，亦有微長。」上深以為然，眾亦服其確論〔二八四〕〔二八五〕。

(四七)上之初即位也，嘗與羣臣語及教化，上曰：「今承大亂之後，恐斯民〔二八六〕未易化〔二八七〕也。」魏徵對曰：「不然，久安之民驕佚〔二八八〕，驕佚則難教，經亂〔二八九〕之民愁苦，愁苦則易化，譬猶飢者易為食，渴者易為飲也。」上深然之。封德彝非之曰：「三代以還〔二九〇〕，人漸澆訛〔二九一〕，故秦任法律，漢雜霸道，蓋欲化〔二九二〕而不能，豈能之而不欲邪！魏徵書生〔二九三〕，未識時務，若信其虛論〔二九四〕，必敗國家。」徵曰：「五帝三王不易民而化，昔黃帝征蚩尤，顓頊誅九黎〔二九五〕，湯放桀，武王伐紂，皆能身致太平，豈非承大亂之後邪！若謂古人淳朴㉖，漸至澆訛，則至於今日，當悉化為鬼魅㉗矣。人主安得而治之！」上卒從徵言㉘。元年，關中饑，米斗直㉙絹一匹，二年、天下蝗，三年、大水，上勤㉚而撫之，民雖東西就食，未嘗嗟怨。是歲，天下大稔，流散者咸歸鄉里，米斗不過三四錢，終歲斷死刑纔二十九人，東至於海，南極五嶺，皆外戶不閉㉛，行旅不齎糧，取給於道路焉㉜。上謂長孫無忌曰：「貞觀之初，上書者皆云：『人主當獨運㉝威權，不可委之臣下。』又云：『宜震耀㉞威武，征討四夷。』唯魏徵勸朕偃武㉟修文，中國既安，四夷自服，朕用其言。今頡利成擒，其酋長並帶刀宿衞，部落皆襲衣冠㊱，徵之力也，但恨不使封德彝見之耳！」徵再拜謝曰：「突厥破滅，海內康寧㊲，皆陛下威德，臣何力焉㊳？」上曰：「朕能任公，公能稱所任㊴，則其功豈獨在朕乎！」

(卅)房玄齡奏閱㊵府庫甲兵㊶，遠勝隋世，上曰：「甲兵武備誠不可闕㊷，然煬帝甲兵，豈不足邪！卒亡天下。若公等盡力，使百姓乂安㉓，此乃朕之甲兵也㉔。」

㊾上謂祕書監㉕蕭璟㉖曰：「卿在隋世，數見皇后乎？」對曰：「彼兒女㉗且不得見，臣何人，得見之！」魏徵曰：「臣聞煬帝不信齊王㉘，恒有中使㉙察之，聞其宴飲，則曰：『彼營㉚何事，得遂㉛而喜。』聞其憂悴㉜，則曰：『彼有他念㉝故爾。』父子之間，且猶如是，況他人乎？」上笑曰：「朕今視楊政道，勝煬帝之於齊王遠矣。」璟，瑀之兄也。

㊿西突厥肆葉護可汗，既先可汗之子㉞，為眾所附，莫賀咄可汗所部酋長多歸之，肆葉護引兵擊莫賀咄，莫賀咄兵敗，逃於金山，為泥熟設所殺；諸部共推肆葉護為大可汗㉟。

【今註】㊀自馬邑進屯惡陽嶺：《舊唐書・地理志》二：「河東道、朔州，隋馬邑縣，武德四年置朔州，領善陽、常寧二縣。」胡三省曰：「惡陽嶺在定襄古城南，善陽嶺在白道川南。」㊁襲定襄：同志同州：「善陽縣，漢定襄地，有秦時馬邑城、武周塞，後魏置桑乾郡，隋為善陽縣。」㊂不意：不料。㊃傾國：傾盡全國之兵。㊄磧口：大磧之口。㊅以隋蕭后：蕭后入突厥，見卷一百八十八高祖武德二年。㊆書啟：書牋啟事。㊇鞫：鞫訊。㊈既往：已往。㊉雲中：《新唐書・地理志》

三：「河東道、雲州、雲中，本馬邑郡雲內之恒安鎮，貞觀十四年置，曰定襄縣，開元十八年更名。有陰山道、青坡道，皆出兵路。」⑪白道：《水經注》：「又有芒於水，出塞外，南逕陰山，東西千餘里。芒於水又西南，逕白道南谷口，有城在右，策帶長城，背山面澤，謂之白道。自北出，有高阪，謂之白道嶺。芒於水又南西，逕雲中城北。」⑫二月己亥、上幸驪山溫湯。甲辰、李靖破突厥頡利可汗於陰山。按此數句乃錄自《新唐書・太宗紀》，字句幾全相同。⑬鐵山：胡三省曰：「鐵山蓋在陰山北。」⑭入見：《舊唐書・突厥傳》作：「入朝。」較佳。⑮舉國：全國。⑯身自：親自。⑰鴻臚卿：《唐六典》卷十八：「鴻臚寺卿一人，從三品。掌賓客及凶儀之事。」⑱先是頡利既敗……遣鴻臚卿唐儉等慰撫之：按此段乃錄自《舊唐書・突厥傳》，字句大致相同。⑲卑辭：卑遜之言辭。⑳保依九姓：胡三省曰：「是時所謂九姓，即拔野古、延陀、回紇之屬。」㉑道阻：道路險阻。㉒詔使：宣布詔勅之使者。㉓自寬：即《舊唐書・李勣傳》之弛備。㉔相與謀曰……不戰可擒矣：按此段乃錄自《舊唐書・李勣傳》，字句大致相同。㉕此韓信所以破齊也：胡三省曰：「謂漢遣酈食其說下齊，韓信乘其無備襲破之。」㉖惜：可惜。㉗武邑：今河北省武邑縣。㉘乘霧：猶冒霧。㉙覺：發覺。㉚雜畜：馬駝牛羊之屬。㉛以其謀告張公謹……殺隋義成公主：按此段乃錄自《舊唐書・李靖傳》，字句大致相同。㉜頡利帥萬餘人欲度磧……世勣虜五萬餘口而還：按此段乃錄自《舊唐書・李勣傳》，字句大致相同。㉝斥：斥拓。㉞露布：《封演聞見記》：「露布捷書之別名也。諸軍破賊則以帛書建諸竿，上兵部，謂之露布，亦謂之露板；魏武奏事云：『有警急輒露板插羽。』是也。」㉟守戶部尚書戴胄為戶部尚書：按新、舊《唐書・太宗紀》，皆作民部尚書戴胄以本官檢校吏部尚書。《舊唐書・戴胄傳》亦云：「三年，進拜民部尚書，後詔令兼攝吏部尚書，其民部、庶子、諫議並如故。」是當改如本紀之文。又查《唐六典》卷三：「戶部尚書，開皇三年改為民部，皇朝因之，貞觀二十三年改為戶部。」此時既尚未改名，則自宜仍從舊名而作民部。㊱太常少卿蕭瑀：按《舊唐書・太宗紀》及〈蕭瑀傳〉，與《新唐書・太宗紀》，俱作太常卿，當刪去少字。㊲天可汗：天含至尊之意，謂至尊極高之可汗也。㊳下行可汗事乎：謂下而兼攝諸國可汗之事乎。㊴羣臣及四夷皆稱萬歲：稱萬歲乃勸進及慶賀之意。㊵是後以璽書賜西北君長，皆稱天可汗：璽書之文，鐫天可汗諸字。㊶牙直：營幕值當。㊷攜貳：離貳。㊸初始畢可汗以啟民母弟蘇尼失……及頡利敗，走往依之：按此段乃錄自《新唐書・突厥傳》，字句幾全相同。㊹荒谷：荒幽之山谷。㊺大同道行軍總管任城王道宗……馳追獲之：按此段乃錄自《舊唐書・江夏王道宗傳》，字句大致相同。㊻行軍副總管張寶均：按《舊唐書・太宗紀》及〈突厥傳〉上，《新唐書・突厥傳》，皆作張寶相，當改從之。㊼奄：遽。㊽漠南之地遂空：謂漠南之地，遂空無突厥之人。㊾蔡成公杜如晦：按《舊唐書・杜如晦傳》，如晦先封蔡國公，薨後，徙封萊國公。賀琛《謚法》：「佐相克敵曰成，民和臣福曰成。」㊿大子：即太子。〔五一〕臨：蒞臨。〔五二〕佐：輔佐。〔五三〕蔡成公杜如晦疾篤……不見如晦矣：按此段乃錄自《舊唐書・杜如晦傳》，字句大致相同。〔五四〕四月戊戌，上御順天樓：按《舊唐書・太宗紀》作四月丁酉，兩者相差一日，《通鑑》之戊戌，係用《新唐書・太宗紀》

之文。《唐六典》卷七：「宮城在皇城之北，南面三門，中曰承天，隋開皇二年作，初曰廣陽門，仁壽元年改曰昭陽門，武德元年改曰順天門，神龍元年改曰承天門。若元正冬至大陳，設燕會，赦過宥罪，除舊布新，受萬國之朝貢，四夷之賓客，則御承天門以聽政，蓋古之外朝也。」順天樓即順天門樓。(五六)文物：器仗珍寶之屬。(五七)數之：責之。(五八)縱淫虐以取亡：縱恣荒淫暴虐，以取滅亡。(五九)背：違背。(六〇)暴骨如莽：暴露骸骨如草莽然。(六一)蹂：蹂躪。(六二)掠：掠劫。(六三)遷延：遷徙遲延。(六四)便橋以來：便橋事見卷一百九十一高祖武德九年。(六五)館：猶居。(六六)太僕：《唐六典》卷十七：「太僕寺卿一人，從三品，掌邦國廄牧車輿之政令。」(六七)厚廩食之：謂優厚供給其膳食所用之物。(六八)上御順天樓……厚廩食之：按此段乃本於《新唐書・突厥傳》，而字句亦間有不同。(六九)不能報：不能報仇。(七〇)妃主：妃嬪公主。(七一)凌煙閣：胡三省曰：「閣本太極宮圖，兩儀殿之北為延嘉殿，延嘉殿之東為功臣閣，功臣閣之東為凌煙閣。」按即後貞觀十七年圖長孫無忌等二十四人形像之閣。(七二)酒酣上皇自彈琵琶：按北朝及隋唐時甚重琵琶，雖大讌會，亦鼓奏之，且往往由君王親自彈演，其例證除上載外，尚有數處，爰引錄之，以明其為該時流行習尚之一斑。《北齊書・廣寧王孝珩傳》：「後周武帝在雲陽，宴齊君臣，自彈胡琵琶，命孝珩吹笛，辭曰：『亡國之音，不足聽也。』」《周書・蕭詧附巋傳》：「及酒酣，高祖又命琵琶自彈之，仍謂巋曰：『當為梁主盡歡。』巋乃請舞。」又《隋書・李穆附敏傳》：「及進見上，上親御琵琶，遣敏歌舞，既而大悅。」(七三)上起舞：按太宗於酒宴中，常起舞以資歡洽，除此則外，尚有一條，載於《舊唐書・燕王忠傳》，文云：「太宗酒酣起舞，以屬羣臣，在位於是遍舞，盡日而罷。」由是可知太宗之風流倜儻，活躍不拘矣。(七四)迭起：更起。(七五)為壽：奉觴上壽，亦即敬酒之謂。(七六)逮：及、至。(七七)區處：區分處置。(七八)之宜：謂適宜之法。(七九)徙之河南兗豫之間：此兗豫乃指禹九州之兗豫。(八〇)種落：種族部落。(八一)塞北：長城以北。(八二)突厥既亡，其部落或北附薛延陀……永空塞北之地：按此段乃錄自《舊唐書・突厥傳》上，字句大致相同。(八三)所不能臣：謂所不能臣服。(八四)河北：指黃河之北，河朔一帶地。(八五)署：署任。(八六)勢敵：謂勢均力敵。(八七)吞滅：吞併滅亡。(八八)抗衡：相抗相齊。(八九)節度：節制度劃。(九〇)不可以刑法威：不可以刑罰法律威嚇之。(九一)首丘：《禮記・檀弓》：「古之人有言曰：『狐死正丘首。』仁也。」疏：「所以正首而嚮丘者，丘是狐窟穴根本之處，雖狼狽而死，意猶嚮此丘。」(九二)王略：猶王法。(九三)破亡之餘：《舊唐書・竇威附靜傳》作：「破亡之後。」二者字異而意則相同。(九四)望外：冀望之外。(九五)假之：假借之。(九六)析：分。(九七)權弱：權力微弱。(九八)羈制：羈勒轄制。(九九)夏州都督竇靜以為……永保邊塞：按此段乃錄自《舊唐書・竇威附靜傳》，字句大致相同。(一〇〇)物性：此指人物之性。(一〇一)非所以存養之：《舊唐書・突厥傳》上作：「故非含育之道。」二文俱頗典雅。(一〇二)準：依。(一〇三)建武：漢光武年號。(一〇四)土俗：本土風俗。(一〇五)扞蔽：扞禦遮蔽。(一〇六)蕃息倍多：《舊唐書・突厥傳》作：「今降者幾至十萬，數年之間，孳息百倍。」所言百倍，雖太誇大，然由之足知此倍多應釋為數倍之多。(一〇七)中國：猶中原。(一〇八)亂階：禍亂之階梯，亦即亂源。(一〇九)伊洛之間：伊水洛水之間。(一一〇)氈裘：戎狄所著用之服具，因以指戎狄而言。(一一一)明鑑：明鏡。(一一二)天覆地載：如天之覆，如地之載。㉓靡有所遺：無所遺餘。㉔有教無類：謂所教者不分貧富貴賤。㉕生業：為生之資業。㉖懷德：懷念德澤。㉗所統之地：所統轄之地。㉘定襄都督府：《舊唐書・地理志》一：「關內道，定襄都督府，寄治寧朔縣界。」㉙雲中都督府：同志一：「關內道，雲中都督府，党項部落寄在朔方縣。」又按朔方及寧朔，俱屬隋之朔方郡，唐之夏州都督府。可參看〈地理志〉一夏州都督府條。㉚溫彥博以為徙於兗豫之間……右置雲中都督府，以統其眾：按此一大段乃錄自《舊唐書・突厥傳》上，字句大致相同。㉛順州：《舊唐書・地理志》二：「河北道、順州，貞觀六年置，寄治營州南五柳城。」㉜奄有：覆有、或大有。㉝北荒：北方荒服之地。㉞爾父始畢反為隋患：事見卷一百八十二煬帝大業十一年。反為隋患言反而為患於隋。㉟不容：不能容忍。㊱亂亡：《舊唐書・突厥傳》上作：「散亂死亡。」正為亂亡之詳釋。㊲懲：戒。㊳非徒：非但。㊴永全：永得保全。㊵以突利為順州都督……亦使爾宗族永全也：按此段乃錄自《舊唐書・突厥傳》上，字句大致相同。㊶阿史那思摩為懷化郡王……使統頡利舊眾：按此段乃錄自《舊唐書・突厥傳》上，字句大致相同。㊷豐州都督：《舊唐書・地理志》一：「關內道、豐州，隋文帝置，後廢，貞觀四年，以突厥降附置豐州都督府，不領縣，唯領蕃戶。」㊸將軍中郎將：《舊唐書・職官志》一：「將軍從三品，中郎將正四品下。」㊹朝士：朝廷之官員。㊺因而入居長安者近萬家：以在長安為官，故其家屬遂亦偕來居於長安。㊻其餘酋長至者……因而入居長安者近萬家：按此段乃錄自《舊唐書・突厥傳》上，字句大致相同。㊼上啟：上牋啟。㊽裁決：裁度決斷。㊾御軍：統御軍士。

㊵無法：無有法度。㊶法司：猶法官。㊷推科：推案而科以罪。㊸劾：彈劾。㊹隋史萬歲破達頭可汗，有功不賞，以罪致戮：事見卷一百七十九隋文帝開皇二十年。㊺錄：簿錄。㊻左光祿大夫：《舊唐書・職官志》一：「光祿大夫，文散官，從二品。」㊼加真食邑：按漢代皆言食封邑或食邑若干戶，然六朝時以喪亂頻仍，人口傷亡遷徙至巨，故縣邑之戶，常僅存虛數，而與實際相差甚遠，為求頒賜俸祿之正確計，遂改以時有之真實戶口為準，於是遂有真食與實食二名。其用真食者，以隋代及唐初為最盛。《隋書・衞王爽傳》：「沙鉢略可汗中重創而遁，高祖大悅，賜爽真食梁安縣千戶。」同書〈楊素傳〉：「進爵郢國公，邑三千戶，真食長壽縣千戶。」同書〈賀若弼傳〉：「進爵宋國公，真食襄邑三千戶。」《舊唐書・宇文士及傳》：「代封倫為中書令，真食益州七百戶。」同書〈劉弘基傳〉：「九年以佐命功，真食九百戶。」又同書長〈孫順德傳〉：「太宗踐祚，真食千二百戶。」凡此，皆施用真食一名之例證也。然於唐初同時，竟又改採實食一稱，且愈後愈烈，及至中葉，幾全取真食而代之。對此，爰復舉數例，藉以明其概況。《舊唐書・高士廉傳》：「賜實封九百戶。」同書〈李勣傳〉：「三年加太子太師，增食實封通前一千一百戶。」又同書〈尉遲敬德傳〉：「與長孫無忌、房玄齡、杜如晦四人，並食實封千三百戶。」至唐初食實封數目多寡之演變，及其為制之利弊，亦有可得而言者。《舊唐書・韋思謙附嗣立傳》：「上疏曰：『臣聞自封茅土，裂山河，皆須業著經綸，功申草昧，然後配宗廟之享，承帶礪之恩。皇運之初，功臣共定天下，當時食封才上三二十家，今以尋常特恩，遂至百家已上，國家租賦，大半私門，私門則資用有餘，國家則支計不

足，有餘則或致奢侈，不足則坐致憂危，制國之方，豈謂為得！封戶之物，諸家自徵，或是官典，或是奴僕，多挾勢騁威，淩突州縣，凡是封戶，不勝侵擾。或輸物多索裹頭，或相知要取中物，百姓怨歎，遠近共知。復有因將貨易轉更生釁，徵打紛紛，曾不寧息，貧乏百姓，何以克堪！若必限丁物送太府，封家但於左藏請受，不得輒自徵催，則必免侵擾，人冀蘇息。」由之，可知唐代食實封之梗概矣。又真與實本係一意，特每朝鼎革時，於文物制度必多所改革，以期一新國民耳目，而真之變實，亦不過期以改換視聽中之一事物耳。㊽通前：連以前通共。㊾為懷：猶去懷。㊿御史大夫蕭瑀劾奏……勿以為懷，復賜絹二千匹：按此段乃錄自《舊唐書・李靖傳》，字句大致相同。(五一)林邑獻火珠：《舊唐書・南蠻林邑傳》：「貞觀四年，其王范頭黎遣使獻火珠，大如雞卵，圓白皎潔，光照數尺，狀如水精，正午向日，以艾蒸之，即火燃。」此有關火珠之特徵也。(五二)表辭：奏表之辭語。(五三)未可必：全文為未可必勝。(五四)介意：猶耿耿於心。(五五)以中郎將史善應：胡三省曰：「史善應亦阿史那種，史單書其姓耳。」(五六)昔漢高祖納婁敬之說，自洛陽遷長安：事見卷十一漢高帝五年。(五七)形勝：形勢佳勝。(五八)景帝用晁錯之言，而七國構禍：事見卷十六漢景帝三年。(五九)何如七國：於七國何如。(六〇)遽興：驟興。(六一)皆致之遠方：《舊唐書・張玄素傳》作：「多從豫章採來。」知古代求大木，乃多於豫章。(六二)戛摩：摩擦。(六三)轂：輪之中為轂，空其中，軸所貫也。音穀。(六四)別使：另使。(六五)易之：壞則易以新者。(六六)盡日：猶整日。(六七)功：一人一日之計算單位。(六八)宏侈：宏壯侈靡。(六九)凡隋氏宮室之宏侈者，皆令毀之：事見卷一百八十九武德四年。(七〇)營繕：營造繕修。(七一)惡：厭惡。(七二)效：

效法。(七三)瘡痍：受傷，又為民生凋敝之意。(七四)襲：因襲。(七五)役：工役。(七六)亦同歸於亂耳：謂亦與桀紂同歸於敗亂耳。(七七)乃至：竟至。(七八)洛陽土中：謂洛陽居中國之中。(七九)朝貢道均：朝貢之道里平均，無過遠之弊。(八〇)露居：露天而居。(八一)傷：害。(八二)綵：有彩色之帛。(八三)發卒修洛陽宮……仍賜玄素綵二百匹：按此段乃錄自《舊唐書・張玄素傳》，字句大致相同。(八四)日昃：日過午。(八五)引坐論事：引接使坐而論事，此乃敬大臣之禮。(八六)衞士傳飡而食：侍衞未得下衙，不遑坐食，故立駐傳飡而食。(八七)勵精：振勵精神，以圖治平。(八八)察：譏察。(八九)則照有不通：謂則知有所不達。(九〇)物：人物。(九一)決：斷決。(九二)不任群臣：不委任於群臣。(九三)萬機：萬種機務。(九四)復：語助，無意。(九五)苦形：勞苦形骸。(九六)中理：猶合理。(九七)受成：受成規。(九八)愆違：猶愆失。(九九)寘之百官：置之百官之位。(一〇〇)闢：通。(一〇一)審熟便安：經審覈熟慮，而認為方便安穩。(一〇二)刑：罰。(一〇三)竭心力：竭盡心力。(一〇四)以修職業：以修治自己之職務。(一〇五)執奏：執以上奏。(一〇六)以前太子少保李綱為太子少師，以兼御史大夫蕭瑀為太子少傅：《舊唐書・職官志》一：「太子少師、太子少傅、太子少保，從二品。」(一〇七)步輿：胡三省曰：「即步挽輿。」按令大臣宮省中乘輿，乃唐代優禮大臣禮制之一。其輿，除步輿外，又有肩輿。《舊唐書・馬懷素傳》：「與褚无量同為侍讀，每次閤門，則令乘肩輿以進。」同書〈苗晉卿傳〉：「時晉卿年已衰暮，又患兩足，上特許肩輿至中書，入閤不趨，累日一視事。」又同書〈崔祐甫傳〉：「至冬被疾，肩輿入中書，臥而承旨。」原肩輿之制，乃轎輿由二負者置於肩上而抬之。此外又有腰輿。《舊唐書・褚无量傳》：「復為侍讀，以其年老，每隨仗出入，特許緩行，又為造腰輿，令內給使輿於內殿。」意腰輿之得名，乃輿轎由二負者置於腰際而抬之。至言擔輿（見《舊唐書・房玄齡傳》），小輿（見《舊唐書・濮王泰傳》，）則係泛指諸輿而言，而未克具體名之，然大體言之，當不越上述之三類也。⑱禁：宮禁。⑲李綱有足疾……上令綱與房玄齡侍坐：按此段乃錄自《舊唐書・李綱傳》，字句大致相同。⑳辭辯：辭令巧辯。㉑抗：抗禦。㉒怏怏：心不滿足。㉓自失：猶不快。㉔伊吾：《舊唐書・地理志》三：「隴右道、伊州、伊吾即漢伊吾廬之地，在大磧外，東去陽關二千七百三十里。貞觀四年置伊吾縣，及伊州於其地。」㉕磧口：此磧即伊吾東之磧。㉖來者賑給：來歸者則賑給之。㉗使者招慰：遣使者來，則招撫而慰勞之。㉘相望於道：亦即絡繹不絕。㉙懷遠者：懷徠遠方之人。㉚奉：供奉。㉛河西：指甘、涼、瓜、沙、肅等州而言。㉜此役：此使役。㉝不堪：不勝其任。㉞為便：謂較為便利。㉟羈縻：聯繫之意，此為唐習用之辭語。㊱藩蔽：藩籬屏蔽。㊲詔以涼州都督李大亮為西北道安撫大使……此乃施虛惠而收實利也，上從之：按此段乃錄自《舊唐書・李大亮傳》，字句間有改易。㊳緋：赤色，音非。㊴八品服青：胡三省曰：「自四品以下，緋綠青有深淺之異，九品則服淺青。」㊵婦人從其夫色：全文為婦人從其夫所著服之色。㊶詔以常服未有差等……婦人從其夫色：按此段乃錄自《舊唐書・輿服志》，字句幾全相同。㊷參議：參預議論政事。㊸恂恂：謹厚貌。音荀。㊹城主：謂城之首長。㊺屬：屬下或所屬。㊻新豐：故址在今陝西省臨潼縣東北。㊼私：私自。㊽往還：猶往來。㊾勝州：《舊唐書・地理志》一：「關內道、勝州，隋置勝州，大業為榆林郡，武德中平梁師都，復置勝州。」

〔四〇〕州司：州官。〔四一〕說諭：勸說曉諭。〔四二〕檢校：攝代。〔四三〕營田：治田。〔四四〕稔：丰熟。〔四五〕有異志：《舊唐書・張儉傳》作：「易生驕侈。」〔四六〕和糴：和議價格而收糴之。〔四七〕轉力：謂更為用力。〔四八〕實：充實。〔四九〕思結部落饑貧……而邊備實焉：按此段乃錄自《舊唐書・張儉傳》，字句大致相同。〔五〇〕置費州夷州：《舊唐書・地理志》三：「江南道、費州、隋黔安郡之涪川縣，貞觀四年分思州之涪川、扶陽二縣置費州。夷州、隋明陽郡之綏陽縣，武德四年置夷州於思州寧夷縣。貞觀四年，復置夷州於黔州都上縣。」〔五一〕己卯上幸隴州：按《舊唐書・太宗紀》四年文作：「十月壬辰，幸隴州。」此與《新唐書・太宗紀》同。〔五二〕隴州：《舊唐書・地理志》一：「關內道隴州，隋扶風郡之汧源縣，義寧二年置隴東郡，武德元年改為隴州。」〔五三〕十一月壬辰，以右衞大將軍侯君集為兵部尚書：按《新唐書・太宗紀》四年文作：「十一月壬戌。」以下文之甲子，及《舊唐書》之十月壬辰推之，當以作壬戌為是。〔五四〕明堂鍼灸：《新唐書・藝文志》三有《黃帝明堂經》三卷，《明堂五臟圖》一卷，《明堂偃側人圖》十二卷，《明堂孔穴》五卷，皆鍼灸之書也。〔五五〕附：附著。〔五六〕鹿苑：《舊唐書・地理志》一：「關內道、京兆府，武德二年分高陵置鹿苑縣。貞觀元年，廢鹿苑入高陵縣。」〔五七〕因：藉。〔五八〕侍子：遣子入朝侍奉天子。〔五九〕光武不聽西域送侍子：事見卷四十三漢光武建武二十三年。〔六〇〕前者：猶往者。〔六一〕借使：猶假設。〔六二〕不減：不下、不少。〔六三〕荒耗：荒廢損耗。〔六四〕弊：困弊。〔六五〕聽：聽任。〔六六〕交市：猶互市。〔六七〕遇：待遇。〔六八〕遽：立即。〔六九〕高昌王麴文泰入朝……上遽令止之：按此段乃錄自《舊唐書・魏徵傳》，字句大致相同。〔七〇〕識鑒：識見及鑒別能力。〔七一〕品藻：品評藻鑑。

(一九二)且自謂與數子何如：《舊唐書．王珪傳》作：「又可自量，孰與諸子賢。」是上句之的釋。(一九三)孜孜：汲汲。(一九四)奉國：侍奉天子。(一九五)出將入相：出則為將，以統兵征討，入則為相，以理國事。(一九六)敷奏：敷宣詔命，陳奏事務。(一九七)惟允：皆甚公允。(一九八)處繁：處理繁雜之事。(一九九)治劇：治理繁劇之務。(二〇〇)畢舉：皆辦。(二〇一)恥君不及堯舜：以君上不能及堯舜為恥辱。(二〇二)激濁：汰去汙濁之人。(二〇三)揚清：揚舉清高之輩。(二〇四)確論：議論正確。(二〇五)諸宰相侍宴……眾亦服其確論：按此段乃錄自《舊唐書．王珪傳》，字句幾全相同。(二〇六)斯民：此民。(二〇七)未易化：未易教化。(二〇八)驕佚：驕奢淫佚。(二〇九)經亂：經歷變亂。(二一〇)以還：猶以降，以下。(二一一)澆訛：《新唐書．魏徵傳》作：「澆詭。」是訛即詭，亦即詐也。(二一二)蓋欲化：同書〈魏徵傳〉作：「蓋欲治。」是此化亦即治意。(二一三)書生：隋唐時視書生為死讀經傳，不通世務，空虛而不切實際之人，說已見上。(二一四)虛論：空論。(二一五)昔黃帝征蚩尤，顓頊誅九黎：神農氏世衰，蚩尤為暴虐，黃帝征之，禽殺蚩尤，少皞氏衰，九黎亂德，顓頊誅之。俱見《史記．五帝本紀》。(二一六)淳朴：淳厚朴實。(二一七)魅：怪物。(二一八)上之初即位也……人主安得而治之，上卒從徵言：按此段與《新唐書．魏徵傳》所載，大致相同。(二一九)直：通值。(二二〇)勤：猶勞。(二二一)外戶不閉：《禮記．禮運》疏：「外戶，扉從外闔也，但為風塵入寢，故設扉耳，無所捍拒，故從外而掩也。」(二二二)行旅不齎糧，取給於道路焉：具見沿途旅舍之稠密，行旅之眾多，熙來攘往，雞犬相聞，一片昇平景象，直呼之欲出。(二二三)獨運：獨自行使。(二二四)震耀：猶誇耀。(二二五)偃武：息武。(二二六)襲衣冠：猶著衣冠。(二二七)康寧：安寧。(二二八)臣何力焉：謂臣有何力焉。(二二九)稱所任：猶稱職。(二三〇)閱：檢閱。(二三一)甲兵：鎧甲兵杖。

㉒闕：猶無。㉓乂安：治平無事。㉔此乃朕之甲兵：蓋百姓乂安，天下方能長治久安，而甲兵之作用，亦正在此，故云此乃朕之甲兵也。㉕秘書監：《舊唐書・職官志》一：「秘書監，從三品。」㉖蕭璟：隋煬帝蕭后，璟同產也，故帝問及之。㉗彼兒女：謂彼之兒女。㉘齊王：齊王暕，煬帝子。㉙中使：以宦官所為之使。㉚營：經營。㉛遂：成。㉜憂悴：憂悽憔悴。㉝他念：猶異志。㉞西突厥肆葉護可汗，既先可汗之子：按《舊唐書・突厥傳》下，肆葉護之父為統葉護可汗：㉟西突厥肆葉護可汗……共推肆葉護為大可汗。按此段乃錄自《舊唐書・突厥傳》下，字句大致相同。

五年（西元六三一年）

㈠春，正月，詔僧尼道士致拜父母㈠。

㈡癸酉，上大獵於昆明池，四夷君長咸從，甲戌，宴高昌王文泰及羣臣，丙子，還宮，親獻禽㈡於大安宮㈢。

㈢癸未，朝集使㈣趙郡王孝恭等上表，以四夷咸服，請封禪，上手詔不許。

㈣有司上言皇太子當冠㈤，用二月吉，請造兵備儀仗。上曰：「東作㈥方興，宜改用十月。」少傅蕭瑀奏：「據陰陽，不若二月。」上曰：「吉凶在人，若動依㊆陰陽，不顧禮義，吉可得乎？循正而行，自與吉會㊇，農時最急，不可失也㊈。」

㈤二月，甲辰，詔諸州有京觀[一〇]處，無問新舊，宜悉剗削[一一]，加土為墳，掩蔽枯朽[一二]，勿令暴露[一三]。

㈥己酉，封皇弟元裕為鄶王，元名為譙王，靈夔為魏王[一四]，元祥為許王，元曉為密王。庚戌，封皇子愔為梁王，惲為郯王，貞為漢王，治為晉王，慎為申王，囂為江王，簡為代王。

㈦夏，四月，壬辰，代王簡薨[一五]。

㈧壬寅，靈州斛薛叛[一六]，任城王道宗追擊破之。

㈨隋末中國人多沒[一七]於突厥，及突厥降，上遣使以金帛贖之。五月，乙丑，有司奏凡得[一八]男女八萬口。

㈩六月，甲寅，太子少師、新昌貞公李綱薨，初周齊王憲女孀居[一九]無子，綱贍恤甚厚[二〇]，綱薨，其女以父禮喪之[二一]。

(十一)秋，八月，甲辰，遣使詣高麗，收隋氏[二二]戰亡骸骨，葬而祭之。

(十二)河內人李好德得心疾[二三]，妄為妖言，詔按[二四]其事。大理丞[二五]張蘊古奏：「好德被疾有徵[26]，法不當坐。」治書侍御史權萬紀劾奏：「蘊古貫[27]在相州[28]，好德之兄厚德為其刺史，情在阿縱[29]，按事不實。」上怒，命斬之於市[30]，既而悔之，因詔自今有死罪，雖令即決[31]，仍三覆奏[32]，乃行刑[33]。權萬紀與侍御史[34]李仁發俱以告訐[35]，有寵於上，由是諸大臣數被譴怒。魏徵諫曰：「萬紀等小人，不識大體，以訐為直，以讒為忠，陛下非不知其無堪[36]，蓋取其無所避忌，欲以警策[37]羣臣耳。而萬紀等挾恩依勢，逞[38]其姦謀，凡所彈射[39]，皆非有罪，陛下縱未能舉善以厲俗[40]，奈何昵姦[41]以自損乎！」上默然，賜絹五百匹，久之，萬紀等姦狀自露[42]，皆得罪。

(十三)九月，上修仁壽宮，更命曰九成宮[43]，又將修洛陽宮。民部尚書戴胄表諫以：「亂離甫爾[44]，百姓彫弊[45]，帑藏[46]空虛，若營造不已，公私[47]勞費[48]，殆不能堪[49]。」上嘉之曰：「戴胄於我非親，但以忠直體國[50]，知無不言，故以官爵酬[51]之耳[52]。」久之，竟命將作大匠[53]竇璡修洛陽宮，璡鑿池築山，彫飾華靡，上遽命毀之，免璡官[54]。

(十四)冬，十月，丙午，上逐兔於後苑(五五)，左領軍將軍執失思力諫曰：「天命陛下，為華夷父母，奈何自輕(五六)！」上又將逐鹿，思力脫巾解帶(五七)，跪而固諫，上為之止。

(十五)初，上令羣臣議封建，魏徵議以為：「若封建諸侯，則卿大夫咸資俸祿，必致厚斂(五八)，又京畿賦稅不多(五九)，所資畿外(六〇)，若盡以封國邑(六一)，經費頓闕(六二)；又燕、秦、趙、代俱帶外夷(六三)，若有警急，追兵內地，難以奔赴。」禮部侍郎李百藥以為：「運祚脩短(六四)，定命自天(六五)，堯舜大聖，守之而不能固，漢魏微賤，拒之而不能却(六六)，今使勳戚子孫，皆有民有社(六七)，易世(六八)之後，將驕淫自恣(六九)，攻戰相殘(七〇)，害民尤深，不若守令之迭居(七一)也(七二)。」中書侍郎顏師古以為：「不若分王諸子，勿令過大，間以州縣(七三)，雜錯(七四)而居，互相維持(七五)，使各守其境，協力(七六)同心，足扶京室(七七)，為置官寮，皆省司(七八)選用，法令之外，不得擅作威刑，朝貢禮儀，具為條式(七九)，一定此制，萬世無虞(八〇)。」十一月，詔皇家(八一)宗室(八二)及勳賢之臣，宜令作鎮藩部(八三)，貽厥子孫，非有大故，毋或黜免，所司明為條例，定等級(八四)以聞。

(十六)丁巳，林邑獻五色鸚鵡(八五)，丁卯，新羅獻美女二人，魏徵以為不宜受，上喜曰：「林邑鸚鵡，猶能自言苦寒(八六)，思歸其國，況二女遠別親戚乎！」并鸚鵡(八七)各付使者而歸之。

(十七)倭國遣使入貢，上遣新州刺史高表仁持節(八八)往撫(八九)之，表仁與其王爭禮(九〇)，不宣命(九一)而還(九二)。

(十八)丙子，上祀圜丘。

(十九)十二月，太僕寺丞(九三)李世南開党項之地十六州、四十七縣。

(廿)上謂侍臣曰：「朕以死刑至重，故令三覆奏(九四)，蓋欲思之詳熟(九五)故也。而有司須臾之間，三覆已訖。又古刑人，君為之徹樂(九六)減膳，朕庭無常設之樂，然常為之不啖酒肉(九七)，但未有著令(九八)。又百司斷獄，唯據律文(九九)，雖情在可矜(一〇〇)，而不敢違法，其間豈能盡無冤乎！」丁亥，制：「決死囚者，二日中五覆奏，下諸州者(一〇一)三覆奏，行刑之日，尚食(一〇二)勿進酒肉，內教坊(一〇三)及太常(一〇四)不舉樂，皆令門下覆視(一〇五)，有據法當死(一〇六)而情可矜者，錄狀(一〇七)以聞。」由是全活甚眾。其五覆奏者，以決前一二日，至決日又三覆奏(一八)。唯犯惡逆者(一九)，一覆奏而已(二〇)。

(廿一)己亥，朝集使、利州都督武士彠等復上表請封禪，不許。

(廿二)壬寅，上幸驪山溫湯，戊申，還宮。

(廿三)上謂執政曰：「朕常恐因喜怒，妄行賞罰，故欲公等極諫。公等亦宜受人諫，不可以己之所欲，惡人違(二一)之，苟自不能受諫，安能諫人？」

(廿四)康國(二二)求內附，上曰：「前代帝王，好招來絕域(二三)，以求服遠(二四)之名，無益於用，而糜弊(二五)百姓。今康國內附，儻有急難，於義(二六)不得不救，師行萬里，豈不疲勞！勞百姓以取虛名，朕不為也(二七)。」遂不受，謂侍臣曰：「治國如治病，病雖愈猶宜將護，儻遽自放縱，病復作，則不可救矣。今中國幸安(二八)，四夷俱服，誠自古所希(二九)。然朕日慎一日(三〇)，唯懼不終，故欲數聞卿輩諫爭也。」魏徵曰：「內外治安，臣不以為喜，唯喜陛下居安思危(三一)耳。」

(廿五)上嘗與侍臣論獄，魏徵曰：「煬帝時嘗有盜發，帝令於士澄捕之，少涉疑似㉒，皆拷訊㉓取服㉔，凡二千餘人，帝悉令斬之。大理丞張元濟佐㉕其多，試尋其狀㉖，內五人嘗為盜，餘皆平民，竟不敢執奏㉗，盡殺之。」上曰：「此豈唯煬帝無道㉘，其臣亦不盡忠，君臣如此，何得不亡？公等宜戒之。」

(十六)是歲，高州總管馮盎入朝，未幾羅竇諸洞㉙獠反，敕盎帥部落二萬為諸軍前鋒，獠數萬人屯據險要，諸軍不得進，盎持弩謂左右曰：「盡吾此矢，足知勝負矣。」連發七矢，中七人，獠皆走，因縱兵乘之㉚，斬首千餘級。上美其功，前後賞賜不可勝數。盎所居地方二千里㉛，奴婢萬餘人，珍貨充積，然為治勤明㉜，所部愛之㉝。

(十七)新羅王真平卒㉞，無嗣，國人立其女善德為王㉟。

【今註】㊀致拜父母：謂向父母致跪拜之禮。㊁獻禽：禽總括禽獸而言。㊂大安宮：時為太上皇所居。㊃朝集使：胡三省曰：「此元正朝集既畢，將歸者。唐制，凡天下朝集使，皆以十月二十五日至京師，十一月一日，戶部引見訖於尚書省，與群官禮見，然後集於考堂，應考績之事，元日，陳其貢篚於殿庭。」㊄皇太子當冠：皇太子冠禮詳見《新唐書‧禮樂志》七。㊅東作：《書‧孔傳》：

「歲起於東而始就耕，謂之東作。」㊆動依：謂一舉一動皆依。㊇會：合。㊈不可失也：謂不可失時。㊉京觀：封戰死者骸骨，以為大墳，名曰京觀。⑪剗削：削去其地上之部。⑫枯朽：枯朽尸骨。⑬勿令暴露：勿令暴露於外。⑭封皇弟元裕為鄶王，元名為譙王，靈夔為魏王：按《新唐書・太宗紀》貞觀五年文作：「封弟元裕為鄶王，元名譙王，靈夔魏王。」自元名下皆刪為字。由知此種敍述，共有二法：一以一見之為字冒下諸句，而以下諸句盡行省去，此為最經濟之辦法；一則每句皆嵌以為字，以使每句之意見而即知。此二法皆有其長處，作者隨意選用可也。⑮己酉、封皇弟元裕為鄶王……代王簡薨：按此段乃錄自《舊唐書・太宗紀》貞觀五年文，字句幾全相同。⑯靈州斛薛叛：薛斛部內附，處之靈州，今叛。⑰沒：淪沒。⑱凡得：謂凡贖得。⑲孀居：寡居。⑳綱贍恤甚厚：《舊唐書・李綱傳》：「綱自以齊王故吏，贍恤甚厚。」是綱乃以齊王故吏之分，而厚加贍恤，其行誼自為高卓可風。贍恤謂贍給賙恤。㉑太子少師李綱薨……其女以父禮葬之：按此段乃錄自《舊唐書・李綱傳》，字句大致相同。㉒隋氏：隋室。㉓心疾：《舊唐書・刑法志》作：「李好德風疾瞀亂，有妖妄之言，……張蘊古奏，好德癲病有徵。」按此皆精神病之異稱。㉔按：按驗。㉕大理丞：《唐六典》卷十八：「大理丞六人，從六品上。」㉖有徵：有證。㉗貫：籍貫。㉘相州：《舊唐書・地理志》二：「河北道、相州，安陽州治。」安陽今河南省安陽縣。㉙阿縱：阿比縱容。㉚上怒，命斬之於市：按《新唐書・太宗紀》貞觀五年文作：「八月戊申，殺大理丞張蘊古。」據此，上怒下當添戊申二字。蓋若此，則殺之月日亦得括錄，豈非資料更為完備乎！㉛即決：

立即斬決。㉜三覆奏：《舊唐書．刑法志》：「太宗謂侍臣曰：『比來決囚，雖三覆奏，須臾之間，三奏便訖，都未得思，三奏何益！自今已後，宜二日中五覆奏，下諸州，三覆奏。』」㉝河內人李好德得心疾……仍三覆奏乃行刑：按此段乃錄自《舊唐書．刑法志》，字句大致相同。㉞侍御史：《舊唐書．職官志》一：「侍御史，從六品下。」㉟訐：攻發人之陰私，音揭。㊱無堪：不足任使。㊲警策：警惕鞭策。㊳逞：縱。㊴彈射：猶彈擊。㊵厲俗：砥礪世俗。㊶昵姦：親昵姦邪之人。㊷露：敗露。㊸九成宮：《元和郡縣志》卷二：「九成宮在陝西省麟遊縣西一里，即隋仁壽宮。每歲避暑，春往冬還，義寧元年廢，唐貞觀五年復修舊宮避暑，改名九成。」㊹甫爾：謂剛纔如此。㊺彫弊：衰彫疲弊。㊻貉藏：貯藏財貨之庫。㊼公私：猶官民。㊽勞費：辛勞耗費。㊾堪：勝任。㊿體國：猶為國。(51)酬：酬報。(52)上修仁壽宮……故以官爵酬之耳：按此段乃錄自《舊唐書．戴胄傳》，字句大致相同。(53)將作大匠：《唐六典》卷二十三：「將作監，大匠一人，從三品。掌供邦國修建土木工匠之政令。」(54)久之，竟命將作大匠竇璡……免璡官：按此段乃錄自《舊唐書．竇威附璡傳》，字句大致相同。(55)上逐兔於後苑：《唐六典》卷七：「禁苑在大內宮城之北，北臨渭水，東拒滻川，西盡故都城，其周一百二十里。」程大昌曰：「唐太極宮之北，有內苑，有禁苑。太極宮居都城之北，內苑又居宮北，禁苑又居內苑之北。禁苑廣矣，西面全包漢之都城，東抵霸水，其西南兩面，攙出太極宮前，與承天門相齊。承天門之西，排立三門，皆禁苑之門也，曰光化，曰芳林，曰景耀。」(56)奈何自輕：謂奈何自輕其性命乎！(57)脫巾解帶：乃謝罪之儀式，謂知固諫此事，必當得罪，故遂脫巾解帶，以乞謝之。(五八)則卿大夫咸資俸祿，必致厚斂：謂卿大夫皆資賴俸祿，則必須重加賦斂，以給予之。(五九)京畿賦稅不多：謂京畿所能徵收之賦稅不多。(六〇)所資畿外：謂多資賴於京畿以外之州縣。(六一)若盡以封國邑：謂若以國邑盡封王公。(六二)頓闕：立即空闕。(六三)俱帶外夷：謂俱領帶扞禦外夷之任。(六四)脩短：長短。(六五)定命自天：謂天實命令並決定之。(六六)漢魏微賤，拒之而不能卻：《舊唐書・李百藥傳》作：「雖魏武攜養之資，漢高徒役之賤，非止意有覬覦，推之亦不能去也。」二句即由此凝縮而成。卻含去意。(六七)有社：猶有土。(六八)易世：謂封者之父祖死後。(六九)恣：恣肆。(七〇)相殘：相殘殺。(七一)迭居：更迭居位。(七二)禮部侍郎李百藥以為……不若守令之迭居也：按此段雖錄自《舊唐書・李百藥傳》，然原文係一篇皇皇巨製，而《通鑑》則減刪之為寥寥數句，未免節略太甚。(七三)間以州縣：以州縣間隔之。(七四)雜錯：猶雜列。(七五)維持：猶維繫。(七六)協力：合力。(七七)京室：即京師，亦即皇室。(七八)省司：謂尚書省之有司。(七九)條式：條例格式。(八〇)無虞：無憂。(八一)皇家：即皇室，以避下之宗室而改者也。(八二)宗室：宗屬。(八三)藩部：藩落衝要之地以及州郡。(八四)等級：封建之等級。(八五)五色鸚鵡：胡三省曰：「萬震南州志曰：『鸚鸚有三種，一種白，一種青，一種五色，交州以南，諸國盡有之，白及五色者，性尤慧解。』陸佃埤雅：『鵡鵡人舌能言，青羽赤喙，蓋青者，又凡種也。』」(八六)苦寒：謂北國天氣甚寒。(八七)幷鸚鵡：全文為將二女幷鸚鵡。(八八)持節：持節旄。(八九)往撫：往安撫。(九〇)與其王爭禮：《舊唐書・倭國傳》作：「與王子爭禮。」(九一)不宣命：不宣敷詔命。(九二)倭國遣使入貢……不宣命而還：按此段乃錄自《舊唐書・倭國傳》，字句幾全相同。

(九三)太僕寺丞：《唐六典》卷十七：「太僕寺丞四人，從六品上。」(九四)三覆奏：三次重複奏聞。(九五)詳熟：詳盡純熟。(九六)徹樂：去除奏樂。(九七)不啖酒肉：亦即茹素。(九八)未有著令：謂未著於命令。(九九)律文：法律條文。(一〇〇)矜：矜憫。(一〇一)下諸州者：謂文書下諸州者。(一〇二)尚食：《唐六典》卷十一：「殿中省，尚食局，奉御二人，正五品下。掌供天子之常膳，隨四時之禁，適五味之宜。」(一〇三)內教坊：胡三省曰：「武德中置內教坊於禁中，有內教博士。」(一〇四)太常：《唐六典》卷十四：「太常寺有太樂署，令一人，從七品下。掌教樂人調合鍾律，以供邦國之祭祀饗燕。又有鼓吹署，令一人，從七品下。掌鼓吹施用調習之節，以備鹵簿之儀。」(一〇五)令門下覆視：令門下省有司重複省視。(一〇六)當死：《舊唐書·刑法志》作：「合死。」知此二字義同，而可任意施用。(一〇七)錄狀：錄述情狀。(一〇八)其五覆奏者，以決前一二日，至決日又三覆奏：按〈刑法志〉：「帝謂侍臣曰：『自今已後，宜二日中五覆奏。』……其五覆奏以決前一日二日覆奏，決日又三覆奏。」據文載，知二日覆奏之日字，顯係衍文。《通鑑》雖知其誤，然不得改正之方，遂誤書作一二日，殊不知以決前一二日之正確文字乃為以決前一日二覆奏也。（此條乃本自李玄伯先生之說。）(一〇九)唯犯惡逆者：胡三省曰：「隋立十惡之科，四曰惡逆，謂毆及謀殺祖父母、父母，殺伯叔父母、姑兄子、外祖父母、夫、夫之祖父母、父母者。唐遵用之。」(一一〇)上謂侍臣曰，朕以死刑至重……一覆奏而已：按此段乃錄自《舊唐書·刑法志》，字句大致相同。(一一一)違：違背。(一一二)康國：《新唐書·西域傳》：「康者一曰薩末鞬，亦曰颯秣建，元魏所謂悉萬斤者。其君姓溫，本月氏人，始居祁連北昭武城，為突厥所破，稍南依蔥嶺，即有其地。」

㉓絕域：絕遠地域之國家。㉔服遠：服柔遠國。㉕糜弊：糜費困弊。㉖於義：於道義。㉗康國求內附……朕不為也：按此與《新唐書・西域康傳》所載，字句大致相同。㉘幸安：徼幸安定。㉙誠自古所希：全文為誠自古以來所希有者。㉚日慎一日：謂日益加慎。㉛居安思危：居安定之境而思或將發生之危亂之事，蓋如此，則必兢兢業業，而不敢弛懈矣。㉜疑似：可疑及類似。㉝拷訊：問訊時施以刑具，謂之拷訊。㉞取服：取其款服。㉟恠：同怪。㊱尋其狀：尋求其情狀。㊲執奏：執其狀以上奏。㊳無道：無君道。㊴羅竇諸洞：《舊唐書・地理志》四：「嶺南道、竇州，隋永熙郡懷德縣，武德四年置南扶州。貞觀六年改為竇州，取州界有羅竇洞為名也。」㊵乘之：猶陵之。㊶方二千里：謂每邊皆二千里。㊷勤明：勤勞明睿。㊸是歲、高州總管馮盎入朝……所部愛之：按此段乃錄自《舊唐書・馮盎傳》，字句大致相同。㊹新羅王真平卒：按《舊唐書・新羅傳》，云其王姓金，名金真平。然《通鑑》述異域國王義例，如高昌王麴文泰，常亦僅稱其名，而略其姓，故真平卒上，加金字與否，皆可也。㊺新羅王真平卒……立其女善德為王：按此數句乃錄自《舊唐書・新羅傳》，字句大致相同。

卷一百九十四　唐紀十

司馬光編集
曲守約註

起玄黓執徐，盡強圉作噩四月，凡五年有奇。（壬辰至丁酉，西元六三二年至六三七年）

太宗文武大聖大廣孝皇帝上之下

貞觀六年（西元六三二年）

㈠春，正月，乙卯朔，日有食之。

㈡癸酉，靜州㊀獠反，將軍李子和討平之。

㈢文武官復請封禪㊁，上曰：「卿輩皆以封禪為帝王盛事，朕意不然，若天下乂安㊂，家給人足㊃，雖不封禪，庸㊄何傷乎？昔秦始皇封禪㊅，而漢文帝不封禪，後世豈以文帝之賢，不及始皇邪！且事天掃地而祭㊆，何必登泰山之巔，封數尺之土，然後可以展㊇其誠敬乎！」羣臣猶請之不已，上亦欲從之；魏徵獨以為不可，【考異】實錄、唐書志及唐統紀皆以為太宗自不欲封禪，而魏文貞公故事及王方慶文貞公傳錄，以為太宗欲封大山，徵諫而止。意頗不同，今兩存之。上曰：「公不欲朕封禪者，以功未高邪？」曰：「高矣。」「德未厚邪？」

曰：「厚矣。」「中國未安邪？」曰：「安矣。」「四夷未服邪？」曰：「服矣。」「年穀未豐邪？」曰：「豐矣。」「符瑞(九)未至邪？」曰：「至矣。」「然則，何為不可封禪？」對曰：「陛下雖有此六者，然承隋末大亂之後，戶口未復(一〇)，倉廩尚虛，而車駕東巡，千乘(一一)萬騎，其供頓勞費(一二)，未易任(一三)也。且陛下封禪，則萬國咸集，遠夷君長皆當扈從(一四)，今自伊洛以東，至於海岱(一五)，煙火(一六)尚希(一七)，灌莽(一八)極目(一九)，此乃引戎狄入腹中(二〇)，示之以虛弱也。況賞賚(二一)不貲(二二)，未厭(二三)遠人之望，給復(二四)連年，不償百姓之勞，崇(二五)虛名而受實害，陛下將焉用之(二六)！」會河南北數州大水，事遂寢。

(四)上將幸九成宮，通直散騎常侍(二七)姚思廉諫，上曰：「朕有氣疾(二八)，暑輒頓(二九)劇，往避之耳。」賜思廉絹五十匹。監察御史(三〇)馬周上疏：「以為東宮在宮城之中(三一)，而大安宮乃在宮城之西，制度比於宸居(三二)，尚為卑小，於四方觀德(三三)，有所不足，宜增修高大，以稱(三四)中外之望。又太上皇春秋(三五)已高，陛下宜朝夕視膳，今九成宮去京師三百餘里，太上皇或時思念陛下，陛下何以赴之㊱？又車駕此行，欲以避暑，太上皇尚留暑中㊲，而陛下獨居涼處，溫凊㊳之禮，竊所未安㊴。今行計㊵已成，不可復止，願速示返期，以解眾惑。又王長通、白明達皆樂工㊶，韋槃提、斛斯正止能調馬㊷，縱使技能出眾㊸，正可賚之金帛㊹，豈得超授官爵，鳴玉曳履㊺，與士君子㊻比肩㊼而立，同坐而食㊽！臣竊恥之㊾。」上深納之㊿。

㈤上以新令無三師官(五一)。二月，丙戌，詔特置之。

㈥三月，戊辰，上幸九成宮。

㈦庚午，吐谷渾寇蘭州(五二)，州兵擊走之。

㈧長樂公主(五三)將出降，上以公主皇后所生，特愛之，敕有司資送，倍於永嘉長公主(五四)。魏徵諫曰：「昔漢明帝欲封皇子，曰：『我子豈得與先帝子比！』皆令半楚、淮陽(五五)，今資送(五六)公主倍於長主，得無(五七)異於明帝之意乎？」上然其言，入告皇后，后歎曰：「妾亟(五八)聞陛下稱重(五九)魏徵，不知其故，今觀其引禮義以抑(六〇)人主之情，乃知真社稷之臣也。妾與陛下結髮(六一)為夫婦，曲承恩禮，每言必先候(六二)顏色，不敢輕犯威嚴，況以人臣之疏遠，乃能抗言(六三)如是，陛下不可不從。」因請遣中使齎錢四百緡、絹四百匹以賜徵(六四)，【考異】舊文德皇后傳云：「使齎帛五百匹，詣徵第賜之(六五)。」魏文貞公故事云：「遣中使齎錢二十萬，絹百匹，詣公宅宣命。」今從舊魏徵傳。且語之曰：「聞公正直，乃今(六六)見之，故以相賞。公宜常秉(六七)此心，勿轉移也。」上嘗罷朝，怒曰：「會須殺此田舍翁。」后問為誰，上曰：「魏徵，每廷辱我(六八)。」后退具朝服，立於庭(六九)，上驚問其故，后曰：「妾聞主明臣直(七〇)，今魏徵直，由陛下之明故也。妾敢不賀(七一)？」上乃悅。

(九)夏，四月，辛卯，襄州都督、鄒襄公張公謹卒，明日，上出次(七二)發哀，有司奏辰日忌哭(七三)，上曰：「君之於臣，猶父子也，情發於衷，安避辰日。」遂哭之(七四)。

(十)六月，己亥，金州(七五)刺史、酆悼王元亨薨。辛亥，江王囂薨。

(十一)秋，七月，丙辰，焉耆王突騎支遣使入貢。初，焉耆入中國由磧(七六)路，隋末閉塞，道由高昌，突騎支請復開磧路以往來，上許之。由是高昌恨之，遣兵襲焉耆(七七)，大掠而去(七八)。

(十二)辛未，宴三品已上於丹霄殿，上從容言曰：「中外乂安，皆公卿之力，然隋煬帝威加夷夏，頡利跨有北荒(七九)，統葉護雄據西域，今皆覆亡，此乃朕與公等所親見，勿矜(八〇)彊盛以自滿也。」

(十三)西突厥肆葉護可汗發兵擊薛延陀，為薛延陀所敗。肆葉護性猜狠(八一)信讒，有乙利可汗(八二)功最多，肆葉護以非其族類，誅滅之，由是諸部皆不自保(八三)。肆葉護又忌莫賀設之子泥孰，陰欲圖之，泥孰奔焉耆。設卑達官與弩失畢二部攻之，肆葉護輕騎奔康居，尋卒；國人迎泥孰於焉耆，而立之，是為咄陸可汗，遣使內附(八四)。丁酉，遣鴻臚少卿(八五)劉善因立咄陸為奚利邲咄陸可汗(八六)。【考異】舊傳冊為吞阿妻狀奚利邲咄陸可汗，新傳(八七)冊號吞阿婁拔利邲咄陸可汗。今從實錄。

(十四)閏月，乙卯，上宴近臣於丹霄殿，長孫無忌曰：「王珪、魏徵昔為仇讎(八八)，不謂(八九)今日得此同宴(九〇)！」上曰：「徵、珪盡心所事(九一)，故我用之。然徵每諫我不從，我與之言輒不應，何也？」魏徵對曰：「臣以事為不可，故諫，陛下不從，而臣應之，則事遂施行，故不敢應。」上曰：「且應而復諫，庸(九二)何傷？」對曰：「昔舜戒羣臣，爾無面從，退有後言（九三），臣心知其非，而口應陛下，乃面從也，豈稷契事舜之意邪！」上大笑曰：「人言魏徵舉止疏慢（九四），我視之更覺嫵媚（九五），正為此耳。」徵起拜謝曰：「陛下開臣使言（九六），故臣得盡其愚，若陛下拒而不受，臣何敢數犯顏色（九七）乎（九八）！」

（十五）戊辰，秘書少監（九九）虞世南上聖德論（一〇〇），上賜手詔稱：「卿論太高，朕何敢擬上古（一〇一）！但比近世差勝（一〇二）耳。然卿適覩（一〇三）其始，未得其終（一〇四），若朕能慎終如始，則此論可傳，如或不然，恐徒使後世笑卿也（一〇五）。」

（十六）九月，己酉，幸慶善宮（一〇六），上生時故宅也，因與貴人宴（一〇七），賦詩，起居郎、清平（一〇八）呂才被之管絃（一〇九），命曰功成慶善樂，使童子八佾為九功之舞（一一〇），大宴會，與破陳舞偕奏於庭。同州（一一一）刺史尉遲敬德預宴，有班（一一二）在其上者，敬德怒曰：「汝何功，坐我上！」任城王道宗次其下（一一三），諭解（一一四）之，敬德拳毆（一一五）道宗，目幾眇（一一六），【考異】唐歷云：「嘗因內宴，於御前毆宇文士及，曰汝有何功，合居吾上。太宗慰諭之，方止。」今從舊傳。上不懌（一一七）而罷。謂敬德曰：「朕見漢高祖誅滅功臣，意常尤（一一八）之，故欲與卿等共保富貴，令子孫不絕；然卿居官數犯法，乃知韓彭菹醢，非高祖之罪也㉙。國家綱紀唯賞與罰，非分㉚之恩，不可數得，勉自修飾㉛，無貽後悔。」敬德由是始懼而自戢㉜㉝。

(十七)冬，十月，乙卯，車駕還京師。帝侍上皇宴於大安宮，帝與皇后更獻㉞飲膳及服御㉟之物，夜久乃罷，帝親為上皇捧輿㊱至殿門，上皇不許，命太子代之。

(十八)突厥頡利可汗鬱鬱㊲不得意，數與家人相對悲泣，容貌羸憊㊳，上見而憐之，以虢州㊴地多麋鹿，可以游獵，乃以頡利為虢州刺史；頡利辭不願往，癸未，復以為右衞大將軍㊵。十一月，辛巳，契苾酋長何力帥部落六千餘家詣沙州㊶降，詔處之於甘涼之間㊷，以何力為左領軍將軍。

(十九)庚寅，以左光祿大夫㊸陳叔達為禮部尚書，帝謂叔達曰：「卿武德中有讜言㊹，故以此官相報。」對曰：「臣見隋室父子相殘，以取亂亡，當日之言，非為陛下，乃社稷之計耳㊺㊻。」

(廿)十二月，癸丑，帝與侍臣論安危之本，中書令溫彥博曰：「伏願陛下常如貞觀初，則善矣。」帝曰：「朕比來怠於為政乎？」魏徵曰：「貞觀之初，陛下志在節儉，求諫不倦，比來營繕㊲微多，諫者頗有忤旨㊳，此其所以異耳。」帝拊掌㊴大笑曰：「誠有是事。」

（廿一）辛未，帝親錄㊵繫囚，見應死者，閔㊶之，縱㊷使歸家，期以來秋㊸來就死，仍敕天下死囚皆縱遣，使至期來詣京師。

（廿二）是歲，党項羌前後內屬者三十萬口。

（廿三）公卿以下請封禪者，前後相屬㊹，上諭以舊有氣疾，恐登高增劇，公等勿復言。

（廿四）上謂侍臣曰：「朕比來決事，或不能皆如律令，公輩以為事小，不復執奏㊺，夫事無不由小而致大，此乃危亡之端也。昔關龍逢忠諫而死，朕每痛㊻之，煬帝驕暴而亡，公輩所親見也，公輩常宜為朕思煬帝之亡，朕常為公輩念關龍逢之死，何患君臣不相保㊼乎！」

（廿五）上謂魏徵曰：「為官擇人，不可造次㊽，用一君子，則君子皆至，用一小人，則小人競㊾進矣。」對曰：「然，天下未定，則專取其才，不考㊿其行，喪亂既平，則非才行兼備，不可用也。」

【今註】㊀靜州：《舊唐書・地理志》四：「嶺南道，富州，隋始安郡之龍平縣，武德四年平蕭銑，置靜州。」㊁文武官復請封禪：去年諸州朝集使請封禪。㊂乂安：《舊唐書・禮儀志》三作：「太平，」知二辭之意相同。㊃家給人足：謂家家皆能供給，人人皆甚充足。㊄庸：豈。㊅昔秦始皇封禪：見卷七始皇二十八年。㊆且事天掃地而祭：《禮記・郊特牲》：「郊之祭也，大報天也，兆於南郊，就陽位也，掃地而祭，於其質也。」㊇展：陳。㊈符瑞：符命祥瑞。㊉未復：未恢復。⑪千乘：千輛車輿。⑫供頓勞費：供給頓止時之辛勞費用。⑬任：負擔。⑭扈從：隨從天子車駕。⑮海岱：指今山東省言。⑯煙火：猶人煙。⑰希：通稀。⑱灌莽：灌、木叢生，莽、草深茂。⑲極目：盡目所及之處。⑳入腹中：入心腹之中。㉑賚：賜，音睞。㉒不貲：猶無限。㉓厭：足。㉔給復：蠲免賦役。㉕崇：崇尚。㉖魏徵獨以為不可……陛下將焉用之：按此段乃錄自《舊唐書・魏徵傳》，字句大致相同。㉗通直散騎常侍：《唐六典》卷八：「左散騎常侍二人，從三品。」按文中云：「天監六年詔曰：『帶騎常侍、員外散騎常侍、通直散騎常侍為清望，宜革選參舊例。』自是散騎視侍中，通直視中丞，員外視黃門侍郎。」核《唐六典》及《舊唐書・職官志》，俱不載通直散騎常侍之位，以天監之官職推之，疑通直亦或減散騎常侍一等而為正四品上也。㉘氣疾：氣喘之疾。㉙頓：突。㉚監察御史：《唐六典》卷十三：「監察御史十人，正八品上。」㉛東宮在宮城之中：此因大安宮在西，遂謂帝所居為東宮耳。㉜宸居：天子之居，蓋以北辰為喻也。㉝觀：觀覽天子之德行。㉞稱：副。㉟春秋：年齡。㊱何以赴之：謂何以來赴。㊲暑中：暑所之中。㊳溫清：謂冬日溫之禦其寒，夏日清之致其涼。㊴竊所未安：乃以為未妥之客氣語。㊵行計：出行之計劃。㊶樂工：樂師。㊷調馬：調習馬匹。㊸出衆：超出衆人之上。㊹縱使技能出衆，正可賚之金帛：按《舊唐書・馬周傳》，正可作乍可。核乍正皆為止、只之意。而唐代用乍，更不乏其例。《舊唐書・元稹傳》：「因表謝上，自敍曰：『若遣他人商量，乍可與臣遠處方鎮，豈肯遣臣附近闕廷！』」同書〈忠群程千里傳〉：「仰首告諸騎曰：『非吾戰之過，此天也，為我報諸將士，乍可失帥，不可失城。』軍人聞之泣下。」夫既若此，則於斯原有之特殊文字，自以保留而不改更為宜。㊺鳴玉曳履：鳴玉佩，曳文履，按皆乃達官之服飾。㊻士君子：此指士大夫言。㊼比肩：並肩。㊽同坐而食：按唐代朝廷及寺署，供在公官吏之膳食，已詳載《唐六典》卷四，而無煩複書。茲所言者，乃唐廷一蔑視同僚而擯之使不得共食之軼事。李翺〈韓公（愈）行狀〉：「入遷國子祭酒，有直講能說禮而陋於容，學官多豪族子，擯之不得共食。公命吏曰：『召直講來，與祭酒共食。』學官由此不敢賤直講。」夫陋於容尚不肯與之共食，則出身闒茸之輩，士大夫烏有不視與共食為奇恥大辱也哉！㊾臣竊恥之：謂臣竊引以為恥。㊿監察御史馬周上疏……臣竊恥之，上深納之：按此段乃錄自《舊唐書・馬周傳》，字句大致相同。(51)三師官：《唐六典》卷一：「太師一人、太傅一人、太保一人，俱正一品，三師訓導之官，大抵無所統職。」(五二)蘭州：《舊唐書・地理志》三：「隴右道、蘭州，隋金城郡，武德二年平薛舉，置蘭州。」(五三)長樂公主：《唐會要》，長樂公主下嫁長孫沖。(五四)永嘉長公主：《新唐書・諸公主傳》：「房陵公主始封永嘉，下嫁竇奉節，又嫁賀蘭僧伽。」《唐六典》卷二：「皇姑封大長公主，皇姊妹封長公主，皇女封公主，皆視正一品。」(五五)昔漢明帝欲封皇子……皆令半楚、淮陽：事見卷四十五漢明帝永平十五年。(五六)資送：資給餽送。(五七)得無：豈得無。(五八)亟：屢。(五九)稱重：稱歎器重。(六〇)抑：抑制。(六一)結髮：猶幼年，亦即原配之意。(六二)候：候望。(六三)抗言：猶直言。(六四)長樂公主將出降……絹四百匹以賜徵：按此段乃錄自《舊唐書・太宗文德皇后傳》，字句大致相同。(六五)〔考異〕舊文德皇后傳云：「使齎帛五百匹，詣徵第賜之。」：按《舊唐書・文德皇后傳》作：「后因請遣中使齎帛五百疋，詣徵宅以賜之。」既曰引錄原文，則宜依原文，一字不易而移載之，本此，則使齎帛當添作遣中使齎帛。(六六)乃今：謂竟於今。(六七)秉：持。(六八)上嘗罷朝，怒曰：「會須殺此田舍翁。」后問為誰，上曰：「魏徵每廷辱我。」：按此段文字乃錄自《隋唐嘉話》，該文為：「太宗罷朝，怒曰：『會殺此田舍漢。』文德后問誰觸忤陛下，帝曰：『豈過魏徵，每事廷辱我，使我常不自得。』」查《嘉話》之田舍漢，《通鑑》改為田舍翁，經更改後，則殊失原來粗野之罵人意味。蓋漢乃六朝之詈人語，以六朝時，五胡常君臨中夏，而漢人則屢為亡國奴虜，故稱某人曰漢，亦即等於呼之為奴虜也。若改之為翁，則全失此蔑賤之含意矣。考田舍二字，實自田家演變而成，《文選・楊惲報孫會宗書》：「田家作苦，歲時伏臘，烹羊炮羔，斗酒自勞。」同書〈應璩百一詩〉：「田家無所有，酌醴焚枯魚。」二者皆係指農家而言。而因農人之地位低卑，故在晉代已以此為蔑譏之辭。《世說・文學》：「殷中軍嘗至劉尹所清言，良久，殷理小屈，遊辭不已，劉亦不復答。殷去後，乃云：『田舍兒強作爾馨語。』」惟此兒乃同於子字，而古代之子，亦即人也，故田舍兒實指田舍人而言，亦即《隋唐嘉話》所云之田舍漢，及今人所言之莊稼漢。本此，故實以仍沿用原文之田舍漢為是。(69)后退具朝服，立於庭：《新唐書・車服志》：「皇后之服，三褘衣者受冊、助祭、朝會大事之服也。深青織成，為之畫翬，赤質，五色十二等，素紗中單黼領朱羅，縠褾襈，蔽膝隨裳色，以緅領為緣，用翟為章，三等，青衣革帶大帶隨衣色，裨紐約佩綬如天子，青韈舄加金飾。首飾大小華十二樹，以象袞冕之旒，又有兩博鬢。」(70)主明臣直：謂主明然後臣直。(71)妾敢不賀：謂妾豈敢不賀乎。(72)出次：至喪次，亦即喪所。(73)辰日忌哭：《舊唐書・張公謹傳》作：「有司奏言：『準陰陽書，日子在辰，不可哭泣。又為流俗所忌。』」是陰陽書及流俗皆忌辰日哭泣。(74)襄州都督鄒襄公張公謹卒……安避辰日，遂哭之：按此段乃錄自《舊唐書・張公謹傳》，字句大致相同。(75)金州：《舊唐書・地理志》二：「山南西道金州，隋西城郡，武德元年改為金州，治西城。」(76)磧：沙堆。音ㄑㄧˋ。(77)高昌恨之，遣兵襲焉耆：《舊唐書・焉耆傳》：「焉耆東接高昌。」(78)焉耆王突騎支遣使入貢……襲焉耆，大掠而去：按此段乃錄自《舊唐書・焉耆傳》，字句大致相同。(79)北荒：北方荒漠之地。(80)矜：矜誇。(81)猜狠：猜忌狠戾。(82)乙利可汗：《舊唐書・突厥傳》下：「乙利可汗者，於肆葉護功最多，由是授小可汗。」(83)皆不自保：〈突厥傳〉下作：「莫能自固。」

是固亦保也，謂不敢保證其是否安全。(八四)內附：謂歸附朝廷。(八五)鴻臚少卿：《唐六典》卷十八：「鴻臚寺少卿二人，從四品下。佐卿掌賓客及凶儀之事，若諸蕃大酋渠有封建禮命，則受冊，而往其國。」(八六)西突厥肆葉護可汗……立咄陸為奚利邲咄陸可汗：按此段乃錄自《舊唐書·突厥傳》下，字句幾全相同。(八七)〔考異〕舊傳冊為吞阿婁拔奚利邲咄陸可汗，新傳冊號吞阿婁拔利邲咄陸可汗，今從實錄：按《舊唐書·突厥傳》下，亦作吞阿婁拔奚利邲咄陸可汗，未審《通鑑》據何本而入錄？又新傳之利邲上乃誤脫奚字，非其原名無奚字也。今《通鑑》遵依實錄，則與諸書皆相符矣。(八八)王珪、魏徵昔為仇讎：謂其事隱太子，勸之圖帝。(八九)不謂：猶不料。(九〇)今日得此同宴：謂今日得於此同宴。(九一)盡心所事：全文為盡心於所事之人。(九二)庸：詎。(九三)爾無面從，退有後言：乃《書·益稷篇》文。〈蔡傳〉：「爾無面諛以為是，而背毀以為非。」(九四)疏慢：疏簡怠慢。(九五)我視之更覺娬媚：按《舊唐書·魏徵傳》，娬媚作嫵媚，似更饒意致。二辭之意，皆謂令人喜愛。(九六)陛下開臣使言：〈魏徵傳〉，開臣作導之，是開即導也。(九七)顏色：謂神色。(九八)上曰徵珪盡心所事……臣何敢數犯顏色乎：按此段乃錄自《舊唐書·魏徵傳》，字句大致相同。(九九)秘書少監：《唐六典》卷十：「秘書少監二人，從四品上。」(一〇〇)聖德論：謂論為天子之德操。(一〇一)敢擬上古：謂敢比擬上古之君王。(一〇二)差勝：稍勝。(一〇三)適覩：只覩。(一〇四)未得其終：全文為未得見其終，乃蒙上文而省。(一〇五)徒使後世笑卿也：謂但使後世笑卿之妄論也。(一〇六)慶善宮：《新唐書·地理志》一：「關內道、京兆府、武功縣，有慶善宮，臨渭水，武德元年高祖以舊第置宮，後廢為慈德寺。」(一〇七)貴人宴：謂顯要官員之宴會。(一〇八)清平：《舊唐書・地理志》二：「河北道、博州、清平，漢貝丘縣，隋改為清平。」⑲被之管絃：謂依詩製成樂譜，而以管絃演奏之。⑳命曰功成慶善樂，使童子八佾，為九功之舞：《新唐書・禮樂志》十一：「起居郎呂才被之管絃，名曰功成慶善樂，以童兒六十四人，冠進德冠，紫袴褶，長裳，漆髻，屣履而舞，號九功舞，進蹈安徐，以象文德。」又云：「七德舞者，本名秦王破陣樂。」㉑同州：《舊唐書・地理志》一：「關內道、同州，隋馮翊郡，武德元年改為同州。」㉒班：班列。㉓次其下：位在其下。㉔諭解：曉諭勸解。㉕毆：毆擊。㉖眇：瞎。㉗懌：悅。㉘尤：責斥。㉙乃知韓彭葅醢，非高祖之罪也：意乃謂實咎由自取。㉚分：本分所應得者。㉛修飾：《舊唐書・尉遲敬德傳》作修飭，謂修治飭整，意似較佳。㉜戢：止、斂。㉝同州刺史尉遲敬德預宴……敬德由是始懼而自戢：按此段乃錄自《舊唐書・尉遲敬德傳》，字句大致相同。㉞更獻：更番而獻。㉟服御：服着御用。㊱捧輿：扶輿。㊲鬱鬱：沈悶貌。㊳羸憊：羸瘦疲憊。㊴虢州：《舊唐書・地理志》一：「河南道、虢州，漢弘農郡，武德元年改為虢州。」㊵突厥頡利可汗鬱鬱不得意……復以為右衞大將軍：按此段乃錄自《舊唐書・突厥傳》上，字句大致相同。㊶沙州：《舊唐書・地理志》三：「隴右道、沙州，隋燉煌郡，武德二年置瓜州，五年改為西沙州，貞觀七年去西字。」㊷甘涼之間：胡三省曰：「甘涼相去五百里。」㊸左光祿大夫：《舊唐書・職官志》一：「光祿大夫，文散官，從二品。」㊹卿武德中有讜言：見卷一百九十一高祖武德九年。讜音黨，善言、直言。㊺乃社稷之計耳：按若作乃為社稷計耳，似較佳勝。㊻以左光祿大夫陳叔達……乃社稷之計耳：按此段乃錄自《舊唐書・陳叔達傳》，而稍有增益。㊲營繕：營造繕修。㊳諫者頗有忤旨：謂以諫者為忤旨，亦即不欲求諫之意。㊴拊掌：擊掌。㊵錄：錄問。㊶閔：通憫，憐也。㊷縱：放。㊸來秋：明年秋季。㊹屬：連屬。㊺執奏：執以奏諫。㊻痛：痛惜。㊼不相保：謂不相保全。㊽造次：急遽苟且。㊾競：競爭。㊿考：考校。

七年（西元六三三年）

㈠春，正月，更名破陳樂曰七德舞①。癸巳，宴三品已上及州牧②、蠻夷酋長於玄武門，奏七德、九功之舞。太常卿蕭瑀上言：「七德舞形容聖功③，有所未盡，請寫④劉武周、薛仁果、竇建德、王世充等擒獲之狀。」上曰：「彼皆一時英雄，今朝廷之臣，往往嘗北面事之⑤，若覩其故主屈辱之狀，能不傷其心乎⑥！」瑀謝曰：「此非臣愚慮所及⑦。」魏徵欲上偃武⑧修文，每侍宴，見七德舞，輒俛首不視，見九功舞，則諦⑨觀之。

㈡三月，戊子，侍中王珪坐漏泄禁中語⑩，左遷⑪同州刺史。庚寅，以秘書監⑫魏徵為侍中。

(三)直太史(一三)、雍人(一四)李淳風奏靈臺候儀(一五)制度疏略(一六)，但有赤道，請更造渾天黃道儀(一七)，許之，癸巳，成而奏之。

(四)夏，五月，癸未，上幸九成宮。

(五)雅州(一八)道行軍總管張士貴擊反獠，破之。

(六)秋，八月，乙丑，左屯衛大將軍、譙敬公周範卒；上行幸(一九)，常令範與房玄齡居守(二〇)，範為人忠篤(二一)嚴正，疾甚不肯出外(二二)，竟終於內省(二三)，與玄齡相抱而訣(二四)曰：「所恨不獲再奉聖顏(二五)。」

(七)辛未，以張士貴為龔州(二六)道行軍總管，使擊反獠。

(八)九月，山東河南四十餘州水，遣使賑之。

(九)去歲所縱天下死囚，凡三百九十人，無人督帥(二七)，皆如期自詣朝堂(二八)，【考異】四年，實錄云天下斷死罪止二十九人，今年實錄乃有二百九十九人，何頓多如此？事已可疑。又白居易樂府云，死囚四百來歸獄。舊本紀、統紀、年代記皆云二百九十人，今從新書刑法志。無一人亡匿者，上皆赦之。

(十)冬，十月，庚申，上還京師。

(十一)十一月，壬辰，以開府儀同三司長孫無忌為司空，無忌固辭曰：「臣忝預外戚(二九)，恐天下謂陛下為私(三〇)。」上不許曰：「吾為官擇人，惟才是與㉛，苟或不才，雖親不用，襄邑王神符是也㉜；如其有才，雖讎不棄，魏徵等是也。今日所舉，非私親㉝也㉞。」

(十二)十二月，甲寅，上幸芙蓉園㉟，丙辰，校獵少陵原㊱，戊午，還宮，從上皇置酒故漢未央宮㊲，【考異】舊高祖紀：「八年，閱武於城西，高祖親自臨視，還，置酒於未央宮。」高祖實錄不記年月，據太宗實錄，八年正月頡利可汗死，今從唐曆。上皇命突厥頡利可汗起舞，又命南蠻酋長馮智戴㊳詠詩，既而笑曰：「胡越一家㊴，自古未有也。」帝奉觴上壽㊵曰：「今四夷入臣，皆陛下教誨㊶，非臣智力所及㊷。昔漢高祖亦從太上皇置酒此宮，妄自矜大㊸，臣所不取也。」上皇大悅，殿上皆呼萬歲㊹。

(十三)帝謂左庶子于志寧、右庶子杜正倫㊺曰：「朕年十八，猶在民間，民之疾苦情偽㊻，無不知之，及居大位，區處㊼世務，猶有差失，況太子生長深宮，百姓艱難，耳目所未涉㊽，能無驕逸乎！卿等不可不極諫㊾。」太子好嬉戲，頗虧禮法，志寧與右庶子孔穎達數直諫，上聞而嘉之，各賜金一斤、帛五百匹。

(十四)工部尚書段綸奏徵巧工楊思齊，上令試之，綸使先造傀儡，上曰：「得巧工庶供國事(五〇)，卿令先造戲具，豈百工相戒，無作淫巧之意邪(五一)！」乃削綸階(五二)。

(十五)嘉陵州(五三)獠反，命邗江府統軍(五四)牛進達擊破之。

(十六)上問魏徵曰：「羣臣上書可采(五五)，及召對，多失次(五六)，何也？」對曰：「臣觀百司奏事，常數日思之，及至上前，三分不能道一(五七)，況諫者拂意觸忌(五八)，非陛下借之(五九)辭色(六〇)，豈敢盡其情哉！」上由是接羣臣，辭色愈溫(六一)，嘗曰：「煬帝多猜忌(六二)，臨朝對羣臣，多不語，朕則不然，與羣臣相親，如一體耳(六三)。」

【今註】 ㈠更名破陳樂曰七德舞：《左傳》宣十二年：「楚莊王曰：『夫武有七德，禁暴、戢兵、保大、定功、安民、和眾、丰財者也。』」是七德舞者，正乃表彰武功之意也。杜佑《通典》：「破陳樂舞圖，左圓右方，先偏後伍，魚麗鵝鸛，箕張翼舒，交錯屈伸，首尾回互，以象戰陣之形。凡為三變，每變有四陣，有來往疾徐擊刺之象，以應歌節，發揚蹈厲，聲韻慷慨。」㈡州牧：州之長官曰刺史，其為諸州之首者則曰牧，故常尊稱之曰州牧。㈢聖功：此指太宗之功。㈣寫：圖畫。㈤北面事之：即為其臣。㈥能不傷心乎：謂豈能不傷心乎！㈦太常卿蕭瑀上言……此非臣愚慮所及：按此段乃錄自《新唐書‧禮樂志》十一，字句大致相同。㈧偃武：息武。㈨諦：審。㈩漏泄禁中語：

漏泄禁中秘密。㈡左遷：貶降曰左遷。㈢秘書監：《唐六典》卷十：「秘書省，監一人，從三品。掌邦國經籍圖書之事。」㈢直太史：《唐六典》卷十：「太史局，令二人，從五品下，掌觀察天文，稽定曆數，凡日月星辰之變，風雲氣色之異，率其屬而占候焉。」㈣雍人：《舊唐書・地理志》一：「關內道、鳳翔府、天興縣，隋雍縣，至德二年分雍縣置天興縣。」㈤候儀：候望之儀器。㈥疏略：粗疏陋略。㈦請更造渾天黃道儀：按淳風之奏章及黃道儀之體制，具載《舊唐書・李淳風傳》及《新唐書・天文志》一，今依《新唐書》加以徵錄。文曰：「貞觀初，淳風上言：『舜在璿璣玉衡，以齊七政，則渾天儀也。周禮、土圭正日景，以求地中，有以見日行黃道之驗也。暨於周末，此器乃亡。漢洛下閎作渾儀，其後賈逵張衡等，亦各有之，而推驗七曜，並循赤道。按冬至極南，夏至極北，而赤道常定於中國，無南北之異。蓋渾儀無黃道久矣。』太宗異其說，因詔為之，至七年儀成。表裏三重，下據準基，狀如十字，末樹鼇足，以張四表：一曰六合儀，有天經雙規，金渾緯規、金常規、相結於四極之內，列二十八宿、十日、十二辰、經緯三百六十五度；二曰三辰儀，圓徑八尺，有璿璣規、月遊規、列宿距度，七曜所行，轉於六合之內；三曰四游儀，玄樞為軸，以連結玉衡游筩，而貫約矩規。又玄樞、北樹、北辰、南矩、地軸，傍轉於內，玉衡在玄樞之間，而南北游仰，以觀天之辰宿，下以識器之晷度，皆用銅。」㈧雅州：《舊唐書・地理志》四：「劍南道、雅州，隋臨邛郡，武德元年改為雅州。」㈨行幸：即出行。㈩居守：居中留守。⑪忠篤：忠厚、篤實。⑫不肯出外：謂不肯離開宮省，而至家中。⑬內省：謂臺省。⑭訣：訣別。⑮不獲再奏聖顏：謂不能再奉侍天子。㉖龔州：《舊唐書・地理志》四：「嶺南道、龔州，隋永平郡之武林縣，貞觀三年置鷰州，七年移鷰州於今州東，仍於鷰州之舊所置龔州。」㉗督帥：督促帥領。㉘朝堂：在禁省內，為行政事之堂。㉙忝預外戚：忝，辱，謂辱預外戚之列。㉚私：偏私。㉛惟才是與：《舊唐書・長孫無忌傳》作：「必擇才行。」蓋行亦為重要條件之一，且上下文皆才與行連言，則此亦當兼言其行，而增益行字。㉜襄邑王神符是也：《新唐書・襄邑王神符傳》：「然少威嚴，不為下所畏。以足不良，改光祿大夫，歸第。」此其不才之徵也。㉝私親：私於親戚。㉞以開府儀同三司長孫無忌為司空……非私親也：按此段乃錄自《舊唐書・長孫無忌傳》，字句大致相同。㉟芙蓉園：《景龍文館記》：「芙蓉園在京師羅城東南隅，本隋世之離宮也，青林重複，綠水瀰漫，帝城勝景也。」㊱少陵原：胡三省曰：「少陵原在長安城南，屬萬年縣界。」㊲故漢未央宮：胡三省曰：「漢故未央宮，在長安宮城北禁苑之西偏。」㊳南蠻酋長馮智戴：馮智戴乃馮盎之子，見《舊唐書・馮盎傳》。㊴胡越一家：胡越諸種，成為一家之人。胡謂頡利，而越則謂馮智戴也。㊵上壽：即敬酒。㊶今四夷入臣，皆陛下教誨：《舊唐書・高祖紀》，下句作：「皆由上禀聖算。」聖算即聖策，似較教誨為佳。㊷從上皇置酒故漢未央宮……非臣智力所及：按此段乃錄自《舊唐書・高祖紀》，字句大致相同。㊸昔漢高祖亦從太上皇置酒此宮，妄自矜大：《漢書・高祖紀》下：「九年冬十月未央宮置酒，奉玉巵為太上皇壽，曰：『始大人常以臣亡賴，不能治產業，不如仲力，今某之業所就，孰與仲多？』」此其矜大之例證也。㊹殿上皆呼萬歲：殿上謂殿上之群臣。㊺左庶子于志寧、右庶子杜正倫：《唐六典》卷二十六：「太子左春坊左庶子二人，正四品上。掌侍從，贊相禮儀，駁正啓奏，監省封題。右庶子二人、正四品下。掌侍從三右，獻納啓奏，宣傳令言。」㊻情偽：情實詐偽。㊼區處：區分處理。㊽所未涉：所未歷涉。㊾極諫：盡力諫諍。㊿得巧工庶供國事：庶、冀，謂得巧工乃冀以供國家興建之事。(51)豈百工相戒無作淫巧之意邪：《禮記・月令》：「季春之月，百工咸理，監工日號，毋悖于時，毋或作為淫巧，以蕩上心。」(52)乃削綸階：工部尚書正三品，削其階，則不得立於三品班中。(53)嘉陵州：《舊唐書・地理志》四：「劍南道、嘉州，隋眉山郡，武德元年改為嘉州。陵州，隋隆山郡，武德元年改為陵州。」(54)邗江府統軍：胡三省曰：「唐揚州有邗江府兵。」音ㄏㄢˊ。(55)群臣上書可采：謂群臣上書言事，意見有可採者。(56)多失次：謂語無倫次。(57)三分不能道一：謂所準備者，三分不能說出一分。(58)拂意觸忌：拂逆上意，動觸忌諱。(59)借之：假借之。(60)辭色：辭令顏色。(61)溫：溫和。(62)猜忌：猜疑忌嫉。(63)如一體耳：如父子兄弟。

八年（西元六三四年）

㈠春，正月，癸未，突厥頡利可汗卒，命國人從其俗，焚尸葬之㈠。

㈡辛丑，行軍總管張士貴討東西王洞反獠㈡，平之。

㈢上欲分遣大臣為諸道黜陟(三)大使，【考異】實錄、舊本紀但云遣蕭瑀等巡省天下。按時止有十道，而會要統紀皆云發十六道黜陟大使，據姓名止有十三人，皆所未詳，故但云諸道。未得其人，李靖薦魏徵，上曰：「徵箴規(四)朕失，不可一日離左右。」乃命靖與太常卿蕭瑀等凡十三人(五)，分行天下，察長吏(六)賢不肖，問民間疾苦，禮高年(七)，賑窮乏，起淹滯(八)，俾使者所至，如朕親覩。

㈣三月，庚辰，上幸九成宮。

㈤夏，五月，辛未朔，日有食之。

㈥初，吐谷渾(九)可汗伏允【考異】實錄：「十年，立諸曷鉢，詔稱伏允為順步薩鉢。」今從舊傳。遣使入貢，未返，大掠鄯州(一〇)而去，上遣使讓之(一一)，徵伏允入朝，稱疾不至，仍為其子尊王求婚，上許之，令其親迎；尊王又不至，乃絕昏。伏允又遣兵寇蘭廓二州(一二)，伏允年老，信其臣天柱王之謀，數犯邊，又執唐使者趙德楷(一三)，上遣使諭之，十返；又引其使者臨軒(一四)，親諭以禍福(一五)，伏允終無悛(一六)心。六月，遣左驍衛大將軍段志玄為西海道行軍總管。左驍衛將軍樊興為赤水道(一七)行軍總管，將邊兵及契苾党項之眾以擊之(一八)。【考異】實錄，六年三月，吐谷渾寇蘭州。不云遣志玄擊之。吐谷渾寇蘭廓二州，無年月，新本紀，此夏遣志玄，實錄，十月志玄破吐谷渾，故參酌置此。又新書本紀，是夏吐谷渾寇涼州，遣志玄等伐之。實錄，十月辛丑，志玄破吐谷渾，而不書遣將日月。新紀亦無破吐谷渾月日，實錄，寇涼州在十一月。今參用之。

(七)秋，七月，山東、河南、淮海⑲之間大水。

(八)上屢請上皇避暑九成宮，上皇以隋文帝終於彼⑳，惡之。冬，十月，營大明宮㉑，以為上皇清暑㉒之所，未成而上皇寢疾㉓，不果居。

(九)辛丑，段志玄擊吐谷渾，破之，追奔八百餘里，去青海㉔二十餘里，吐谷渾驅牧馬而遁。

(十)甲子，上還京師。

(十一)右僕射李靖以疾遜位，許之。十一月，辛未，以靖為特進㉕，封爵如故，祿賜吏卒並依舊給，俟疾小瘳㉖，每三兩日㉗至門下㉘、中書，平章政事㉙㉚。

(十二)甲申，吐蕃贊普棄宗弄讚㉛，【考異】太宗實錄，贊普作贊府，高宗實錄，棄宗作器宗，今從舊傳。遣使入貢，仍請昏。吐蕃在吐谷渾西南，近世浸彊㉜，蠶食他國，土宇㉝廣大，勝兵㉞數十萬，然未嘗通中國。其王稱贊普，俗不言姓，王族皆曰論㉟，宦族皆曰尚，棄宗弄讚有勇略，四鄰畏之。上遣使者馮德遐往慰撫之。

(十三)丁亥，吐谷渾寇涼州，己丑，下詔大舉，討吐谷渾。【考異】舊傳云：「吐谷渾拘趙德楷，太宗遣使宣諭，十餘返，竟無悛心。九年，詔李靖等討伐。」太宗實錄：「己丑，吐谷渾拘我行人趙德楷，即下此詔。十二月，遣李靖等。」今從實錄。據舊傳，拘德楷在前，據實錄，先遣使宣諭，後拘德楷，即下詔伐之，今兩存之。上欲得李靖為將，為其老，重勞之㊱，靖聞之，請行，上大悅。十二月，辛丑，以靖為西海道行軍大總管，節度㊲諸軍，兵部尚書侯君集為積石道，刑部尚書任城王道宗為鄯善道，涼州都督李大亮為且末道，岷州都督李道彥為赤水道㊳，利州刺史尚甑生㊴為鹽澤道㊵行軍總管，幷突厥、契苾之眾擊吐谷渾㊶。

(十四)帝聘隋通事舍人㊷鄭仁基女為充華㊸，詔已行，冊使㊹將發，魏徵聞其嘗許嫁㊺士人陸爽，遽上表諫，帝聞之，大驚，手詔深自克責㊻，命停冊使。房玄齡等奏稱：「許嫁陸氏無顯狀㊼，大禮㊽既行，不可中止。」爽亦表言初㊾無婚姻之議，帝謂徵曰：「羣臣或容希合㊿，爽亦自陳，何也？」對曰：「彼以為陛下外雖捨之，或陰(五一)加罪譴(五二)，故不得不然。」帝笑曰：「外人意或當如是，朕之言未能使人必信如此邪！」

(十五)中牟(五三)丞(五四)皇甫德參上言：「修洛陽宮勞人，收地租(五五)厚斂(五六)，俗好高髻，蓋宮中所化(五七)。」上怒謂房玄齡等曰：「德參欲國家不役一人，不收斗租(五八)，宮人皆無髮，乃可(五九)其意邪！」欲治其謗訕(六〇)之罪。魏徵諫曰：「賈誼當漢文帝時，上書云：『可為痛哭者一，可為流涕者二(六一)。』自古上書不激切(六二)，不能動人主之心，所謂狂夫之言，聖人擇焉(六三)。唯陛下裁察(六四)。」上曰：「朕罪斯人，則誰敢復言！」乃賜絹二十匹。他日，徵奏言：「陛下近日不好直言，雖勉強含容(六五)，非曩時之豁如(六六)。」上乃更加優賜，拜監察御史。

(十六)中書舍人(六七)高季輔上言：「【考異】貞觀政要，季輔疏在三年，會要在八年。按舊傳，季輔貞觀初拜御史，累轉中書舍人，故從會要置此。外官卑品(六八)，猶未得祿，飢寒切身(六九)，難保清白(七〇)，今倉廩浸實，宜量加優給(七一)，然後可責(七二)以不貪，嚴設科禁(七三)。又密王元曉等皆陛下之弟，比見帝子拜諸叔，叔皆答拜，紊亂昭穆(七四)，宜訓之以禮。」書奏，上善之(七五)。

(十七)西突厥咄陸可汗卒，其弟同娥設立，是為沙鉢羅咥利失可汗(七六)。

【今註】　㈠突厥頡利可汗卒……焚尸葬之：按此數句乃錄自《舊唐書・突厥傳》上，字句大致相同。㈡張士貴討東西王洞反獠：按《舊唐書・太宗紀》八年文，王洞作五洞，當改從之。㈢黜陟：黜貶陟升，無績則黜貶，有績則陟升。㈣箴規：箴砭規諫。㈤乃命靖與太常卿蕭瑀等凡十三人：十三人之名，具載《舊唐書・太宗紀》貞觀八年，茲不具。㈥長吏：州縣官吏。㈦禮高年：尊禮老者。㈧起淹滯：拔舉在仕途淹留停滯之人。㈨吐谷渾：谷音浴。㈩鄯州：《舊唐書・地理志》三：「隴右道、鄯州，隋西平郡，武德二年平薛舉，置鄯州。」宋白曰：「鄯州西南至廓州廣城縣故承風嶺吐谷渾界，一百九十五里。」⑪讓：責讓。⑫蘭廓二州：《舊唐書・地理志》三：「隴右道、蘭州，隋金城郡，武德二年平賊，置蘭州。又廓州、隋澆河郡，武德二年置廓州。」⑬又執唐使者趙德楷。按新舊唐書太宗紀，皆列於十一月，而非在六月之前，當以改從本紀為是。⑭臨軒：臨朝廷軒檻之處。⑮諭以禍福：謂諭以禍福之道。⑯悛：改，音ㄑㄩㄢ。⑰赤水道：胡三省曰：「吐谷渾中有赤水城，近河源。」⑱初吐谷渾可汗伏允……及契苾党項之眾以擊之：按此段雖錄自《舊唐書・吐谷渾傳》，而間有溢出。⑲淮海：淮水以迄東海。⑳請上皇避暑九成宮，上皇以隋文帝終於彼：九成宮即隋之仁壽宮，隋文帝仁壽四年崩於仁壽宮。㉑大明宮：胡三省曰：「大明宮，在禁苑東南，西接宮城之東北隅，曰東內。程大昌曰：『大明宮地，本太極宮之後苑東南面射殿也，地在龍首山上，龍朔二年，高宗染風痺，惡太極宮卑下，就修大明宮，改曰蓬萊宮。』」㉒清暑：避暑。㉓寢疾：臥疾。㉔青海：闞駰曰：「漢金城郡、臨羌縣，西有卑禾羌海，世謂之青海，東去西平二百五十里。」㉕右僕射李靖以疾遜位，許之。十一月辛未，以靖為特進：按《舊唐書・太宗紀》貞觀八年文作：「十一月辛未，右僕射代國公李靖以疾辭官，授特進。」《新唐書・太宗紀》則作：「十一月辛未，李靖罷。」是其罷無疑乃在十一月辛未。意者李靖之提出辭呈，乃早在數日之前，而其獲得允准，則在辛未耳。又君上為優寵功臣，率於其罷免同時，而又頒授新職、斯二者皆發生於同一日也。本此，則右僕射李靖以疾遜位，許之一條，宜移於十一月辛未之下，藉以洞明其確切日期。㉖瘳：愈。㉗每三兩日：乃不定期之辭，與兩三日程度之深淺有別。㉘門下：唐初政事堂在門下省。㉙平章政事：《新唐書・百官志》一：「貞觀八年，詔李靖疾小瘳，三兩日一至中書門下平章事，而平章事之名蓋起於此。」按同卷下文有：「詔太子承乾於東宮平決庶政。」是平章猶平決也。㉚以靖為特進……至門下中書平章政事：按此段乃錄自《舊唐書・李靖傳》，字句大致相同。㉛吐蕃贊普、棄宗弄讚：《新唐書・吐蕃傳》：「吐蕃本西羌屬，蓋百有五十種，散處河湟江岷間，有發羌唐旄等，然未始與中國通，居析支水西。祖曰鶻提勃悉野，健武多智，稍并諸羌據其地，蕃發聲近，故其子孫曰吐蕃，而姓勃窣野。或曰南涼禿髮利鹿孤之後，二子，曰樊尼，曰傉檀，傉檀嗣，為乞佛熾盤所滅，樊尼挈殘部臣沮渠蒙遜，以為臨松太守，蒙遜滅，樊尼率兵西濟河，逾積石，遂撫有群羌云。其俗謂彊雄曰贊，丈夫曰普，故號君長曰贊普。」㉜浸彊：漸彊。㉝土宇：猶國土。㉞勝兵：勝任為兵卒者。㉟王族皆曰論：《新唐書・吐蕃傳》上：「其官有大相曰論茝，副相曰論茝扈莽各一人，亦號大論小論。」㊱重勞之：重，難，以其年老，難勞之以征伐之事。㊲節度：節制度劃。㊳西海道、積石道、鄯善道，且末道、赤水道：《隋書・地理志》上：「鄯善郡，大業五年平吐谷渾置，置在鄯善城，即古樓蘭城也，並置且末、西海、河源總四郡。」又：「且末郡，置在古且末城。」又：「西海郡置在古伏俟城，即吐谷渾國都。」又：「河源郡置在古赤水城，有積石山，河所出。」㊴利州刺史尚甑生：按下文及新、舊《唐書・太宗紀》皆作高甑生，當改作高。㊵鹽澤道：《隋書・地理志》上：「西海郡有青海鹽池。」鹽澤即鹽池也。㊶以李靖為西海道行軍大總管……擊吐谷渾。按此段乃錄自《舊唐書・吐谷渾傳》，字句大致相同。㊷隋通事舍人：《隋書・百官志》下：「通事舍人為從六品。」㊸充華：按新、舊《唐書・后妃傳》，九嬪中有充儀、充容、充媛，而無充華。㊹冊使：冊封使者。㊺許嫁：允許嫁與。㊻克責：克制責備。㊼無顯狀：無顯明事狀。㊽大禮：謂冊命。㊾初：從前。㊿或容希合：謂或許希冀迎合旨意。（五一）陰：暗。（五二）罪譴：罪責譴罰。（五三）中牟：今河南省中牟縣。（五四）丞：《唐六典》卷三十：「諸州上縣丞一人，從八品下，佐貳縣令。」（五五）地租：田地租賦。（五六）厚斂：重斂。（五七）俗好高髻蓋宮中所化：《後漢書・馬廖傳》：「長安語曰：『城中好高髻，四方高一尺。』」此即所謂為宮中束裝之所化染。（五八）斗租：古代言斗酒、斗粟、斗租，皆含少意。（五九）可：猶滿。（六〇）訕：謗毀，音山。（六一）賈誼當漢文帝時，上書云：「可為痛哭者一，可為流涕者二」：見卷十四漢文帝六年。（六二）激切：激烈切直。（六三）狂夫之言，聖人擇焉：胡三省曰：「漢書李左車有是言。」（六四）裁察：裁斷詳察。（六五）含容：包含容忍。（六六）豁如：開闊寬宏。（六七）中書舍人：《唐六典》卷九：「中書舍人六人，正五品上。掌侍奉、進奏、參議表章，凡詔旨制敕、及璽書冊命，皆按典故起草進畫，既下，則署而行之。」(六八)外官卑品：京外之官品秩卑者。(六九)饑寒切身：謂本人饑寒迫切。(七〇)清白：清廉潔白。(七一)宜量加優給：宜斟酌從優給予。(七二)責：求。(七三)科禁：猶法令。(七四)紊亂昭穆：《舊唐書・高季輔傳》作：「顛倒。」是紊亂之的釋。昭穆謂左昭右穆，亦即行輩之意。(七五)中書舍人高季輔上言……宜訓之以禮，書奏，上善之：按此段乃錄自《舊唐書・高季輔傳》，字句大致相同。(七六)西突厥咄陸可汗卒……是為沙鉢羅咥利失可汗：按此段乃錄自《舊唐書・突厥傳》下，字句大致相同。

九年（西元六三五年）

㈠春，正月，党項先內屬㊀者，皆叛歸吐谷渾。三月，庚辰，洮州㊁羌叛入吐谷渾，殺刺史孔長秀。

㈡壬辰，赦天下㊂。

㈢乙酉，鹽澤道行軍總管高甑生擊叛羌，破之。

㈣庚寅，詔民貲分三等，未盡其詳，宜分九等㊃㊄。

㈤上謂魏徵曰：「齊後主，周天元皆重斂百姓，厚自奉養，力竭㊅而亡。譬如饞人㊆自噉其肉，肉盡而斃，何其愚也！然二主孰㊇為優劣？」對曰：「齊後主懦弱，政出多門(九)，周天元驕暴，威福(一〇)在己，雖同為亡國，齊主尤劣也。」

(六)夏，閏四月，癸酉，任城王道宗敗吐谷渾於庫山，【考異】舊道宗傳云：「賊聞軍至，走入嶂山，已行數千里，諸將議欲息兵，道宗固請追討，李靖然之，而君集不從。道宗遂帥偏師，并行兼道，去大軍十日，追及之，賊據險苦戰，道宗潛遣千餘騎，踰山襲其後，賊表裏受敵，一時奔潰。」庫山嶂山不知其所以為同異。據嶂山已行數千里，今不取。今即以為庫山之戰也。吐谷渾可汗伏允悉燒野草，輕兵(一一)走入磧。諸將以為馬無草疲瘦，未可深入，侯君集曰：「不然，鄉者段志玄軍還，纔及鄯州，虜已至其城下(一二)，蓋虜猶完實(一三)，眾為之用，故也。今一敗之後，鼠逃鳥散(一四)，斥候亦絕(一五)，君臣攜離，父子相失，取之易於拾芥(一六)，此而不乘，後必悔之。」李靖從之，【考異】舊道宗傳云：「道宗固請追討，李靖然之，而君集不從。」靖傳云：「軍次伏俟城，吐谷渾燒去野草，以餒我師，退保大非川。諸將咸言，春草未生，馬已羸瘦，不可赴敵。唯靖決計而進，深入敵境，遂踰積石山。」按實錄：「庫山之捷，可汗謀將入磧以避官軍，道宗復曰，栢海近河源，古來罕有至者，賊既西走，未知的處，今段之行，實資馬力，今馬疲糧少，遠入為難，未若且向鄯州，待馬肥之後，更圖進取。君集曰，不然，段志玄曩者纔至鄯州，賊眾便到城下，良由彼國尚完，兇徒阻命，今者一敗以後，斥候亦絕，君臣相失，父子攜離，乘其迫懼，取同俯拾，栢海雖遙，便可鼓行而至也。靖又然之。」道宗傳與實錄相違，今從實錄。中分(一七)其軍為兩道，靖與薛萬均、李大亮由北道，君集與任城王道宗由南道。戊子，靖部將薛孤兒敗吐谷渾於曼頭山，斬其名王，大獲雜畜，以充軍食。癸巳，靖等敗吐谷渾於牛心堆(一八)，又敗諸赤水源。【考異】

實錄：「癸巳，李靖、侯君集、任城王道宗等破吐谷渾於赤水源。」按本文：「自庫山中分士馬為兩道，靖趣北路，出曼頭山踰赤水，君集道宗趣南路，歷破邏真谷。」然則赤水之戰，君集道宗不在彼也。今刪去其名。又吐谷渾傳，護其高昌王慕容孝雋，不知在何戰，今亦刪去。侯君集、任城王道宗引兵行無人之境二千餘里，盛夏降霜，經破邏真谷，其地無水，人齕⑲冰，馬噉雪。五月，追及伏允於烏海⑳，與戰，大破之，獲其名王，薛萬均、薛萬徹又敗天柱王於赤海㉑。【考異】舊萬徹傳作赤水源，契苾何力傳作赤水川，今從實錄。

(七)上皇自去秋得風疾，庚子，崩於垂拱殿㉒。甲辰，羣臣請上準㉓遺誥㉔，視㉕軍國大事，上不許，乙巳，詔太子承乾於東宮平決庶政。

(八)赤水之戰，薛萬均、薛萬徹輕騎先進，為吐谷軍所圍，兄弟皆中槍，失馬㉖步鬬㉗，從騎死者什六七；左領軍將軍契苾何力將數百騎救之，竭力奮擊，所向披靡㉘，萬均萬徹由是得免。李大亮敗吐谷渾於蜀渾山，獲其名王二十人。將軍執失思力敗吐谷渾於居茹川。李靖督諸軍經積石山河源至且末，窮其西境，聞伏允在突倫川，【考異】吐谷渾傳云，伏允西走圖倫磧，蓋即突倫川，虜語轉耳。今從契苾何力傳。將奔于闐，契苾何力欲追襲之，薛萬均懲㉙其前敗，固言不可，何力曰：「虜非有城郭，隨水草遷徙，若不因其聚居襲取之，一朝雲散㉚，豈得復傾㉛其巢穴邪！」自選驍騎千餘，直趣突倫川，萬均乃引兵從之。【考異】吐谷渾傳云：「萬均率輕銳追奔入磧數百里，及其餘黨，破之。」蓋何力先進，而萬均從之也。磧中乏水，將士刺馬血飲之，襲破伏允牙帳，斬首數千級，獲雜畜二十餘萬㉜，伏允脫身走，俘其妻子㉝。侯君集等進逾星宿川，至柏海，還與李靖軍合。【考異】吐谷渾傳，栢海作栢梁，今從實錄。實錄及吐谷渾傳皆云，君集與李靖會於大非川。按十道圖，大非川在青海南，烏海、星宿海、栢海並在其西，且末又在其西，極遠。據靖已至且末，又過烏海、星宿川，至栢海，豈得復會於大非川？於事可疑，故不敢著其地。吐谷渾傳又云：「兩軍會於大非川，至破邏真谷，大寧王順乃降。」按實錄，歷破邏真谷，又行月餘日，乃至星宿川。然則破邏真谷在星宿川東甚遠矣。豈得返至其處邪？今從實錄。大寧王順，隋氏之甥，伏允之嫡子也，為侍中於隋㉞，久不得歸，伏允立侍子為大子㉟，及歸，意常怏怏㊱，會李靖破其國，國人窮蹙，怨天柱王，順因眾心，斬天柱王，舉國㊲請降，伏允帥千餘騎逃磧中，十餘日，眾散稍盡㊳，為左右所殺，【考異】吐谷渾傳云，自縊而死。今從實錄。國人立順為可汗。壬子，李靖奏平吐谷渾。乙卯，詔復其國，以慕容順為西平郡王、趉故呂烏甘豆可汗㊴。上慮順未能服其眾，仍命李大亮將精兵數千，為其聲援㊵。

㈨六月，己丑，羣臣復請聽政，上許之，其細務仍委太子，太子頗能聽斷〔四二〕，是後上每出行幸，常令居守監國〔四三〕。

（十）秋，七月，庚子，鹽澤道行軍副總管劉德敏擊叛羌，破之〔四四〕。

（十一）丁巳，詔山陵依漢長陵故事〔四五〕，務存隆厚〔四六〕，期限〔四七〕既促，功不能及〔四八〕。秘書監虞世南上疏，以為：「聖人薄葬其親，非不孝也，深思遠慮，以厚葬適足〔四九〕為親之累〔五〇〕，故不為耳。昔張釋之有言：『使〔五一〕其中有可欲，雖錮南山〔五二〕，猶有隙〔五三〕。』劉向言：『死者無終極〔五四〕，而國家有廢興〔五五〕。釋之之言，為無窮計〔五六〕也。』其言深切，誠合至理。伏惟陛下聖德度越〔五七〕唐虞，而厚葬其親，乃以秦漢為法，臣竊為陛下不取。雖復不藏金玉，後世但見丘壟〔五八〕，如此其大，安知〔五九〕無金玉邪？且今釋服已依霸陵〔六〇〕，而丘壟之制，獨依長陵，恐非所宜。伏願依白虎通〔六一〕，為三仞〔六二〕之墳，器物制度，率皆節損〔六三〕，仍刻石立之陵旁，別書一通〔六四〕，藏之宗廟，用為子孫永久之灋。」疏奏，不報〔六五〕。世南復上疏，以為：「漢天子即位，即營山陵，遠者五十餘年，今以數月之間，為數十年之功，恐於人力，有所不逮〔六六〕。」上乃以世南疏授有司，令詳處其宜〔六七〕，房玄齡等議以為：「漢長陵高九丈，原陵(六八)高六丈，今九丈則太崇(六九)，三仞則太卑，請依原陵之制。」從之。

(十二)辛亥，詔國初草創，宗廟之制未備，今將遷祔(七〇)，宜令禮官詳議。諫議大夫(七一)朱子奢請立三昭三穆(七二)，而虛太祖之位。於是增修太廟，祔弘農府君(七三)及高祖幷舊神主四，為六室(七四)。房玄齡等議以涼武昭王(七五)為始祖。左庶子于志寧議以為武昭王非王業所因(七六)，不可為始祖。上從之。

(十三)党項寇疊州(七七)。

(十四)李靖之擊吐谷渾也，厚賂党項，使為鄉導，党項酋長拓跋赤辭來謂諸將曰：「隋人無言，喜暴掠(七八)我，今諸軍苟無異心，我請供其資糧；如或不然，我將據險以塞(七九)諸軍之道。」諸將與之盟而遣之。赤水道行軍總管李道彥行至闊水(八〇)，見赤辭無備，襲之，獲牛羊數千頭，於是羣羌怨怒，屯野狐峽，道彥不得進，赤辭擊之，道彥大敗，死者數萬，退保松州(八一)，左驍衛將軍樊興逗遛(八二)失軍期，士卒失亡多。乙卯，道彥興皆坐減死(八三)徙邊(八四)，上遣使勞諸將於大斗拔谷。薛萬均排毀(八五)契苾何力，自稱己功，何力不勝忿(八六)，拔刀起，欲殺萬均，諸將救止之(八七)。上聞之，以讓何力，何力具言其狀(八八)，上怒，欲解萬均官以授何力(八九)，何力固辭曰：「陛下以臣之故，解萬均官，羣胡無知(九〇)，以陛下為重胡輕漢，轉相誣告(九一)，馳競(九二)必多。且使胡人謂諸將皆如萬均，將有輕漢之心。」上善之而止。尋令宿衞北門檢校屯營事(九三)，尚宗女臨洮縣主(九四)(九五)。

(十五)岷州都督、鹽澤道行軍總管高甑生後軍期(九六)，李靖按之(九七)，甑生恨靖，誣告靖謀反，按驗無狀(九八)。八月，庚辰，甑生坐減死徙邊(九九)。或言甑生秦府功臣，寬其罪，上曰：「甑生違李靖節度，又誣(一〇〇)其反，此而可寬，法將安施(一〇一)？且國家自起晉陽，功臣多矣，若甑生獲免，則人人犯法，安可復禁(一〇二)乎！我於舊勳，未嘗忘也，為此不敢赦耳(一〇三)。」李靖自是闔門(一〇四)杜絕賓客，雖親戚不得妄見(一〇五)也(一〇六)。

(十六)上欲自詣園陵(一〇七)，羣臣以上哀毀羸瘠，固諫而止。

(十七)冬，十月，乙亥，處月初遣使入貢，處月、處密皆西突厥之別部也。

(十八)庚寅，葬太武皇帝於獻陵(一八)，廟號高祖，以穆皇后(一九)祔葬，加號太穆皇后。

(十九)十一月，庚戌，詔議於太原立高祖廟(二〇)；秘書監(二一)顏師古議以為：「寢廟應在京師，漢世郡國立廟，非禮。」乃止。

(廿)戊午，以光祿大夫蕭瑀為特進，復令參預政事(二二)。上曰：「武德六年以後，高祖有廢立之心而未定，我不為兄弟所容，實有功高不賞(二三)之懼，斯人(二四)也不可以利誘，不可以死脅(二五)，真社稷臣也。」因賜瑀詩曰：「疾風知勁草，板蕩(二六)識誠臣。」又謂瑀曰：「卿之忠直，古人不過，然善惡太明，亦有時而失(二七)。」瑀再拜謝。魏徵曰：「瑀違眾孤立，唯陛下知其忠勁，羈(二八)不遇聖明(二九)，求免、難矣(三〇)(三一)。」

(廿一)特進李靖上書，請依遺誥，御常服(三二)，臨正殿，弗許。

(廿二)吐谷渾甘豆可汗久質中國，國人不附(三三)，竟為其下所殺，子燕王諾曷鉢立，諾曷鉢幼，大臣爭權，國中大亂(三四)。十二月，詔兵部尚書侯君集等將兵援之，先遣使者諭解㉟，有不奉詔者，隨宜㊱討之。

【今註】㈠內屬：歸屬朝廷者。㈡洮州：《舊唐書・地理志》三：「隴右道、洮州，隋臨洮郡，武德二年置洮州。」㈢三月壬辰，赦天下：按新、舊《唐書・太宗紀》九年文，俱作：「三月壬午，大赦。」又以下之乙酉核之，實以作壬午為是。㈣詔民貲分三等，未盡其詳，宜分九等：未盡其詳，猶未克詳盡。《唐會要》：「武德六年三月，令天下戶量其資產，定為三等。」今分九等，蓋於三等各分上中下也。㈤三月庚辰，洮州羌叛入吐谷渾……宜分九等：按此數條乃錄自《舊唐書・太宗紀》九年文，字句大致相同。㈥力竭：謂國力竭。㈦饞人：貪食而多取之為饞。㈧孰：誰。㈨多門：猶多途、多人。㈩威福：謂作威作福。⑪輕兵：輕騎。⑫其城下：謂至鄯州城下。⑬完實：完整充實。⑭鼠逃鳥散：謂如鼠之逃，如鳥之散。⑮斥候亦絕：謂斥候之卒，亦行斷絕。⑯拾芥：拾草芥。⑰中分：猶平分。⑱牛心堆：《水經注》：「湟水自臨羌縣東流，合龍駒川水，又東合晉昌川水，又東合長寧川水，又東合牛心川水，水出西南遠山，東北流，逕牛心堆，又東逕西平亭西，東北入於湟水。」⑲齕：齧，音紇。⑳烏海：《隋書・地理志》上：「河源郡有七烏海。」㉑赤海：赤海蓋即赤水深廣處。㉒崩於垂拱殿：《舊唐書・高祖紀》作：「崩於大安宮之垂拱前殿，年七十。」㉓準：依。㉔遺誥：太上皇卒時所下之詔誥。㉕視：省視。㉖失馬：即亡馬。㉗步闘：

徒步而鬬。〔二八〕披靡：披散靡倒。〔二九〕懲：懲戒。〔三〇〕一朝雲散：《舊唐書・契苾何力傳》作：「便恐鳥驚魚散。」較為生動明晰。〔三一〕傾：傾覆。〔三二〕獲雜畜二十餘萬：〈契苾何力傳〉作：「獲駞馬牛羊二十餘萬頭。」是雜畜即指上述諸畜而言。〔三三〕赤水之戰……伏允脫身走，俘其妻子：按此段乃錄自《舊唐書・契苾何力傳》，字句大致相同。〔三四〕為侍中於隋：《舊唐書・吐谷渾傳》，侍中作侍子，雖下言於隋拜金紫光祿大夫，然不及侍子事件之重要，故侍中當改作侍子。〔三五〕伏允立侍子為大子：據〈吐谷渾傳〉，侍子當作他子，大子當作太子。〔三六〕及歸，意常怏怏：順歸，見卷一百八十七高祖武德二年。怏怏，不平貌。〔三七〕舉國：以國。〔三八〕稍盡：漸盡。〔三九〕趉故呂烏甘豆可汗：按新、舊《唐書・吐谷渾傳》，故呂皆作胡呂，當改從之。〔四〇〕為其聲援：為其聲勢上之援助。〔四一〕大寧王順，隋氏之甥……為其聲援：按此段乃錄自《舊唐書・吐谷渾傳》，字句大致相同。〔四二〕聽斷：聽事而決斷之。〔四三〕其細務仍委太子……常令居守監國：按此段乃錄自《舊唐書・恒山王承乾傳》，字句大致相同。〔四四〕庚子，鹽澤道行軍副總管劉敏擊叛羌，破之：按此句與《新唐書・太宗紀》，文字完全相同。〔四五〕依漢長陵故事：長陵，漢高祖陵。皇甫謐曰：「長陵東西廣百二十步，高十三丈。」〔四六〕務存隆厚：《舊唐書・虞世南傳》，務存作務從，二字皆可通。〔四七〕期限：〈虞世南傳〉作程限，程限之意較豐，且為唐之恒用語，當以沿用為是。〔四八〕功不能及：本傳作：「功役勞弊。」所括較廣，當遵依之。〔四九〕適足：正足。〔五〇〕累：累贅。〔五一〕使：猶假令，為虛擬語。〔五二〕錮南山：錮藏於南山隧中。〔五三〕猶有隙：謂猶有可取物之空隙。〔五四〕死者無終極：死者死後之日期，無有終盡。〔五五〕而國家有廢興：按是句主旨為國家將不免滅亡，興字不過連類及之，以求其委婉含蓄耳。(五六)為無窮計：為無盡時之計劃。(五七)度越：踰越。(五八)丘壟：墳墓。(五九)安知：焉知。(六〇)今釋服已依霸陵：本傳云：「且臣下除服，用三十六日，已依霸陵。」是釋服期間，乃為三十六日。(六一)白虎通：班固等述《白虎通義》六卷。(六二)仞：《說文》：「仞，伸臂一尋八尺。」(六三)節損：節約減損。(六四)一通：一卷。(六五)不報：猶不許。(六六)詔山陵依漢長陵故事……恐於人力有所不逮：按此段乃錄自《舊唐書・虞世南傳》，字句大致相同。(六七)詳處其宜：詳研處其適宜之法。(六八)原陵：漢光武陵。(六九)崇：高。(七〇)祔：後死者合食於先祖。(七一)諫議大夫：《唐六典》卷八：「諫議大夫四人，正五品上，掌侍從贊相，規諫諷諭。」(七二)諫議大夫朱子奢諸立三昭三穆：按諸字於文無意，當有訛誤，據《舊唐書・禮儀志》五：「朱子奢建議曰。」是諸當改作議。(七三)弘農府君：《舊唐書・高祖紀》：「歆生重耳，仕魏為弘農太守。」(七四)詔國初草創……並舊神主四為六室：按此段乃錄自《舊唐書・禮儀志》五，字句大致相同。(七五)涼武昭王：涼王李暠謚武昭。(七六)因：依，藉。(七七)疊州：《舊唐書・地理志》三：「隴右道、疊州，隋臨洮郡之合州縣，武德二年置疊州。」(七八)暴掠：為暴及刼掠。(七九)塞：堵塞。(八〇)闊水：當在党項羈縻闊州界。（見《舊唐書・地理志》四，劍南道。）(八一)松州：《舊唐書・地理志》四：「劍南道，松州都督府，督羈縻二十五州。」(八二)逗遛：遲留不進。(八三)坐減死：謂坐罪減死一等。(八四)李靖之擊吐谷渾也……皆坐減死徙邊：按《通鑑》載此事，與新、舊《唐書・党項傳》多不相同，未知其原依資料，出自何書。(八五)排毀：排斥毀詆。(八六)忿：忿怒。(八七)救止之：《舊唐書・契苾何力傳》作：「勸止之。」較佳。（八八）具言其狀：具言赤水之戰，拔萬均兄弟於圍中，及見排毀之狀。（八九）以授何力：〈契苾何力傳〉作：「迴授何力。」按迴，轉也，為唐代之恒語，當以沿用為宜。（九〇）羣胡無知：本傳：「何力，其先鐵勒別部之酋長也。」本此，故傳文皆云諸蕃，此亦當沿用諸蕃為是。（九一）誣告：虛詐傳告。（九二）馳競：鑽馳營競。（九三）宿衛北門檢校屯營事：北門，玄武門也。按《會要》，貞觀十二年，於玄武門置左右屯營，以諸衛將軍領之，其兵名曰飛騎。（九四）臨洮縣主：臨洮，今甘肅省岷縣治。《唐六典》卷二：「王之女封縣主，視正二品。」（九五）上遣使勞諸將於大斗拔谷……尚宗女臨洮縣主：按此段乃錄自《舊唐書・契苾何力傳》，字句大致相同。（九六）後軍期：遲晚誤期。（九七）李靖按之：《舊唐書・李靖傳》作：「靖薄責之。」較為具體，且與下文事端相符。（九八）無狀：無謀反之情狀。（九九）岷州都督高甑生後軍期……甑生坐減死徙邊：按此段乃錄自《舊唐書・李靖傳》，字句大致相同。（一〇〇）誣：誣告。（一〇一）安施：何行。（一〇二）禁：禁止。（一〇三）為此不敢赦耳：謂惟其不忘舊勳，故不敢赦，以免其干犯科禁也。（一〇四）闔門：閉門。（一〇五）妄見：猶濫見。（一〇六）李靖自是闔門……不得妄見也：按此數句乃錄自《舊唐書・李靖傳》，字句幾全相同。（一〇七）園陵：謂獻陵。（一〇八）獻陵：《新唐書・地理志》一：「京兆府，三原縣，獻陵在東十八里。」（一〇九）穆皇后：《舊唐書・高祖太穆皇后傳》：「后初葬壽安陵，後祔葬獻陵。」（一一〇）詔議於太原立高祖廟：謂詔大臣論議於太原立高祖廟之事。（一一一）秘書監：據《舊唐書・顏師古傳》，師古前後二次所為者，皆為秘書少監，監上當添少字。（一一二）十一月戊午，以光祿大夫蕭瑀為特進，復令參預政事：按《新唐書・太宗紀》，列特進蕭瑀參豫朝政於十一月壬戌，《舊唐書》本紀則於十二月甲戌，俱不相同。㉓功高不賞：謂功高無以賞之。㉔斯人：指蕭瑀言。㉕死脅：以死威脅之。㉖板蕩：板與蕩並《詩・大雅》篇名，後沿用為亂世之代辭。㉗善惡太明，亦有時而失：善惡之念，太為分明，亦有時而不免過分。㉘讒：謂讒使，乃假設語。㉙聖明：聖明之主。㉚求免難矣：《舊唐書・蕭瑀傳》作：「不遇明聖，必及於難。」是求免即求免於難也。㉛以光祿大夫蕭瑀為特進……求免難矣：按此段乃錄自《舊唐書・蕭瑀傳》，字句大致相同。㉜御常服：謂著用通常之吉服。㉝不附：不歸附。㉞吐谷渾甘豆可汗……國中大亂：按此段乃錄自《舊唐書・吐谷渾傳》，字句大致相同。㉟諭解：曉諭解勸。㊱隨宜：隨便宜。

十年（西元六三六年）

㈠春，正月，甲午，上始親聽政。

㈡辛丑，以突厥拓設阿史那社爾為左驍衛大將軍；社爾、處羅可汗之子也，年十一，以智略①聞，可汗以為拓設，建牙②於磧北，與欲谷設分統敕勒諸部，居官十年，未嘗有所賦歛③，諸設或鄙其不能為富貴④，社爾曰：「部落苟豐，於我足矣。」諸設⑤慙服。及薛延陀叛，攻破欲谷設⑥，社爾兵亦敗，將其餘眾走保西陲(七)。頡利可汗既亡，西突厥亦亂，咄陸可汗兄弟爭國，社爾詐往降之，引兵襲破西突厥，取其地幾半，有眾十餘萬，自稱荅布可汗。社爾乃謂諸部曰：「首為亂破我國者，薛延陀也，我當為先可汗報仇，擊滅之。」諸部皆諫(八)曰：「新得西方，宜且留鎮撫(九)，今遽(一〇)捨之遠去，西突厥必來取其故地。」社爾不從，擊薛延陀於磧北，連兵百餘日，會咥利失可汗立，社爾之眾，苦於久役(一一)，多棄社爾逃歸(一二)，薛延陀縱兵擊之，社爾大敗，走保高昌。其舊兵在(一三)者纔萬餘家，又畏西突厥之逼，遂帥眾來降；敕處其部落於靈州(一四)之北，留社爾於長安，尚皇妹南陽長公主(一五)，典屯兵於苑內(一六)(一七)。

㈢癸丑，徙趙王元景為荊王，魯王元昌為漢王，鄭王元禮為徐王，徐王元嘉為韓王，荊王元則為彭王，滕王元懿為鄭王，吳王元軌為霍王，豳王元鳳為虢王，陳王元慶為道王，魏王靈夔為燕王，蜀王恪為吳王，越王泰為魏王，燕王祐為齊王，梁王愔為蜀王，郯王惲為蔣王，漢王貞為越王，申王慎為紀王(一八)。

㈣二月，乙丑，以元景為荊州都督，元昌為梁州都督，元禮為徐州都督，元嘉為潞州都督，元則為遂州都督，靈夔為幽州都督，恪為潭州都督，泰為相州都督，祐為齊州都督，愔為益州都督，惲為安州都督，貞為揚州都督，泰不之官，以金紫光祿大夫張亮行都督事⑲。上以泰好文學，禮接士大夫，特命於其府別置文學館，聽自引召學士⑳。

㈤三月，丁酉，吐谷渾王諾曷鉢遣使請頒曆行年號㉑，遣子弟入侍，並從之。丁未，以諾曷鉢為河源郡王、烏地也拔勤豆可汗㉒㉓。

㈥癸丑，諸王之藩，上與之別曰：「兄弟之情，豈不欲常共處邪！但以天下之重㉔，不得不爾。諸子尚可復有，兄弟不可復得。」因流涕嗚咽不能止。

㈦夏，六月，壬申，以溫彥博為右僕射，太常卿㉕楊師道為侍中。

㈧侍中魏徵屢以目疾，求為散官㉖，上不得已，以徵為特進，仍知門下事，朝章國典，參議㉗得失，徒流以上罪㉘，詳事聞奏，其祿賜吏卒，並同職事㉙。

(九)長孫皇后性仁孝儉素(30)，好讀書，常與上從容商略(31)古事，因而獻替(32)裨益(33)弘多(34)。上或以非罪譴(35)怒宮人，后亦陽怒，請自推鞫(36)，因命囚繫(37)，俟上怒息，徐為申理(38)，由是宮壺(39)之中，刑無枉濫。豫章公主(40)早喪其母，后收養之，慈愛逾於所生。妃嬪以下有疾，后親撫視(41)，輟己之藥膳以資之，宮中無不愛戴。訓諸子常以謙儉為先(42)，太子乳母遂安夫人(43)，嘗白后以東宮器用少，請奏益之(44)，后不許曰：「為太子患在德不立，名不揚，何患無器用(45)邪！」上得疾，累年(46)不愈，后侍奉，晝夜不離側(47)，常繫毒藥於衣帶曰：「若有不諱(48)，義不獨生。」后素有氣疾(49)，前年從上幸九成宮，柴紹等中夕(50)告變，上擐甲(51)出閤問狀(52)，后扶疾以從，左右止之，后曰：「上既震驚，吾何心(53)自安！」由是疾遂甚。太子言於后曰：「醫藥備盡(54)，而疾不瘳，請奏赦罪人及度人入道(55)，庶獲冥福(56)。」后曰：「死生有命，非智力所移(57)，若為善有福，則吾不為惡，如其不然，妄求何益。赦者、國之大事，不可數下(58)，道釋異端之教(59)，蠹國(60)病民，皆上素(61)所不為，奈何以吾一婦人，使上為所不為乎！必行汝言(六二)，吾不如速死。」太子不敢奏，私以語房玄齡，玄齡白上，上哀之，欲為之赦，后固止之。及疾篤(六三)，與上訣，時房玄齡以譴歸第，后言於帝曰：「玄齡事陛下久，小心慎密，奇謀秘計，未嘗宣泄(六四)，苟無大故(六五)，願勿棄之。妾之本宗，因緣葭莩(六六)，以致祿位(六七)，既非德舉(六八)，易致顛危(六九)，欲使其子孫保全，慎勿處之權要(七〇)，但以外戚奉朝請(七一)足矣。妾生無益於人，不可以死害人，願勿以丘壟(七二)勞費天下，但因山(七三)為墳，器用瓦木而已(七四)。仍願陛下親君子，遠小人，納忠諫，屏讒慝(七五)，省作役，止遊畋(七六)，妾雖沒於九泉，誠無所恨。兒女輩不必令來，見其悲哀，徒亂人意。」因取衣中毒藥以示上曰：「妾於陛下不豫(七七)之日，誓以死從乘輿(七八)，不能當呂后之地耳。」己卯，崩於立政殿(七九)。

(十)后嘗采自古婦人得失事，為女則三十卷(八〇)；又嘗著論駁漢明德馬后以：「不能抑退外親，使當朝貴盛(八一)(八二)，徒戒其車如流水馬如龍，是開其禍敗之源，而防其末流(八三)也。」及崩，宮司(八四)并女則奏之，上覽之悲慟，以示近臣曰：「皇后此書，足以垂範(八五)百世，朕非不知天命(八六)，而為無益之悲，但入宮不復聞規諫之言，失一良佐(八七)，故不能忘懷(八八)耳(八九)！」乃召房玄齡，使復其位。

(十)秋，八月，丙子，上謂羣臣曰：「朕開直言之路，以利國也。而比來上封事者，多訐人細事(九〇)，自今復有為是者，朕當以讒人罪之。」

(十一)冬，十一月，庚午，葬文德皇后於昭陵(九一)。

(十二)將軍段志玄、宇文士及分統士眾，出肅章門(九二)，帝夜使宮官(九三)至二人所，士及開營內(九四)之，志玄閉門不納，曰：「軍門(九五)不可夜開。」使者曰：「此有手敕(九六)。」志玄曰：「夜中不辯(九七)真偽。」竟留使者至明，帝聞而歎曰：「真將軍也。」帝復為文刻之石(九八)，稱：「皇后節儉，遺言(九九)薄葬，以為盜賊之心，止求珍貨(一〇〇)，既無珍貨，復何所求！朕之本志，亦復如此。王者以天下為家，何必物在陵中，乃為己有！今因九嵕山(一〇一)為陵，鑿石之工纔百餘人，數十日而畢，不藏金玉，人馬器皿皆用土木(一〇二)，形具(一〇三)而已，庶幾姦盜息心，存沒無累(一〇四)，當使百世子孫，奉以為灋。」上念后不已，於苑中作層觀⑮，以望昭陵，嘗引魏徵同登，使視之，徵熟視之曰：「臣昏眊⑯不能見。」上指示之，徵曰：「臣以為陛下望獻陵⑰，若昭陵則臣固見之矣。」上泣⑱，為之毀觀⑲⑳。

(十四)十二月，戊寅，朱俱波、甘棠遣使入貢，朱俱波在葱嶺之北，去瓜州二千八百里，甘棠在大海南㉑。上曰：「中國既安，四夷自服，然朕不能無懼；昔秦始皇威振胡越㉒，二世而亡，唯諸公匡其不逮耳㉓。」

(十五)魏王泰有寵於上，或言三品以上多輕魏王，上怒，引三品以上，作色讓之㉔曰：「隋文帝時，一品以下，皆為諸王所顛躓㉕，彼豈非天子兒邪！朕但不聽諸子縱橫㉖耳。聞三品以上皆輕之，我若縱之㉗豈不能折辱公輩乎！」房玄齡等皆惶懼，流汗拜謝㉘，魏徵獨正色㉙曰：「臣竊計㉚當今羣臣，必無敢輕魏王者，在禮㉛，臣子一也㉜，春秋、王人雖微，序於諸侯之上㉝，三品以上皆公卿㉞，陛下所尊禮，若紀綱大壞，固所不論㉟，聖明在上㊱，魏王必無頓辱羣臣之理。隋文帝驕其諸子，使多行無禮，卒皆夷滅，又足法乎㉗！」上悅曰：「理到㉘之語，不得不服。朕以私愛忘公義㉙，曏者之忿，自謂不疑㉚，及聞徵言，方知理屈，人主發言，何得容易乎㉛！」

（十六）上曰：「灋令不可數變，數變則煩㉜，官長不能盡記，又前後差違㉝，吏得以為姦，自今變灋，皆宜詳慎而行之㉞。」

（十七）治書侍御史權萬紀上言：「宣饒二州㉟銀，大發采㊱之，歲可得數百萬緡。」上曰：「朕貴為天子，所乏者非財也，但恨無嘉言可以利民耳。與其多得數百萬緡，何如得一賢才㊲。卿未嘗進一賢，退一不肖，而專言稅銀㊳之利。昔堯舜抵璧於山，投珠於谷㊴，漢之桓靈，乃聚錢為私藏㊵，卿欲以桓靈俟我㊶邪！」是日，黜萬紀使還家。

（十八）是歲，更命統軍為折衝都尉㊷，別將為果毅都尉㊸，凡十道，置府六百三十四，而關內二百六十一，皆隸諸衛㊹及東宮六率㊺，凡上府兵千二百人，中府千人，下府八百人，三百人為團，團有校尉，五十人為隊，隊有正，十人為火，火有長。每人兵甲糧裝各有數，皆自備，輸之庫㊻，有征行，則給之。年二十為兵，六十而免。其能騎射者為越騎㊼，其餘為步兵。每歲季冬㊽，折衝都尉帥其屬教戰；當給馬者，官予其直㊾市之。凡當宿衛者，番上㊿，兵部以遠近給番(51)，遠疏近數(52)，皆一月而更(53)(54)。

【今註】㊀智略：智謀勇略。㊁建牙：建牙帳。㊂賦斂：謂征斂賦稅。㊃或鄙其不能為富貴：此乃指富言，貴為連類而及者。㊄諸設：突厥謂子弟典兵者為設。㊅及薛延陀叛，攻破欲谷設：事見卷一百九十二，元年。㊆陲：邊陲。㊇諸部皆諫：諸部當指諸部酋長而言。㊈鎮撫：鎮壓安撫。⑩遽：突。⑪久役：長久戰役。⑫逃歸：逃歸咥利失。⑬在：存在。⑭靈州：《舊唐書・地理志》一：「關內道、靈州，隋靈武郡，武德元年改為靈州總管府。」⑮尚皇妹南陽長公主：按《舊唐書・阿史那社爾傳》，及《新唐書・諸公主》，與〈阿史那社爾傳〉，皆作衡陽長公主，當改從之。⑯苑內：禁苑內。⑰以突厥拓設阿史那社爾……典屯兵於苑內：按此段乃錄自《舊唐書・阿史那社爾傳》，字句大致相同。⑱癸丑，徙趙王元景為荊王……申王慎為紀王：按此段乃錄自《舊唐書・太宗紀》十年文，字句完全相同。⑲以金紫光祿大夫張亮行都督事：胡三省曰：「唐制，凡注官，階卑而擬高者則曰守，階高而擬卑則曰行，今張亮行都督事，乃用宋齊諸王典方面置行事之例，與注官之行不同。」⑳上以泰好文學……聽自引召學士：按此段乃錄自《舊唐書・濮王泰傳》，字句大致相同。（二一）請頒曆行、年號：請頒唐所行之曆法及年號，亦即奉唐之正朔也。（二二）烏地也拔勤豆可汗：按新、舊《唐書・吐谷渾傳》，勤皆作勒，當改從之。（二三）吐谷渾王諾曷鉢……烏地也拔勤豆可汗：按此段乃錄自《新唐書・吐谷渾傳》，字句幾全相同。（二四）但以天下之重：謂但以天下託付之重。（二五）太常卿：《唐六典》卷十四：「太常寺卿一人，正三品。掌邦國禮樂、郊廟社稷之事。」（二六）散官：與職事官有別。（二七）參議：參預議論。（二八）徒流以上罪：指死刑言。（二九）其祿賜吏卒，並同職事：特進，散官，祿賜吏卒同職事官，所以優賢也。（三〇）儉素：猶儉樸。（三一）商略：商量，商榷。（三二）獻替：謂有所貢獻，有所廢替。（三三）裨益：裨補增益，音卑。（三四）弘多：弘大夥多。（三五）譴：責。（三六）推鞫：推按鞫訊。（三七）囚繫：囚而繫之。（三八）申理：申述辨理。（三九）宮壼：壼，宮中道，音閫。合言之，亦即宮闈。（四〇）豫章公主：《新唐書・諸公主傳》：「豫章公主下嫁唐義識。」（四一）撫視：撫慰省視。（四二）為先：猶為首。（四三）太子乳母遂安夫人：胡三省曰：「唐制，太子乳母封郡夫人。」遂安，《舊唐書・地理志》三：「江南道、睦州，隋遂安郡，武德四年平汪華，改為睦州。」（四四）請奏益之：請奏聞而增益之。（四五）器用：謂使用之器物。（四六）累年：積年。（四七）不離側：不離上側。（四八）若有不諱：謂不可諱言之事，亦即死也。（四九）氣疾：哮喘之疾。（五〇）中夕：夜中。（五一）擐甲：貫甲。（五二）問狀：問叛變之狀況。（五三）何心：猶何忍。（五四）備盡：備亦盡，謂醫藥已盡。（五五）度人入道：度其離俗而入道釋。（五六）冥福：陰福。（五七）所移：所能移轉。（五八）數下：屢下。（五九）異端之教：邪異之宗教。（六〇）蠹國：害國。（六一）素：平素。（六二）必行汝言：謂若必行汝言。（六三）疾篤：《舊唐書・太宗文德皇后傳》作：「將大漸。」大漸乃疾之最嚴重階段。(六四)宣泄：宣告泄漏。(六五)大故：大事故，亦即大罪戾。(六六)葭莩：《漢書・中山靖王傳》注：「葭，蘆也，莩者其筩中白皮至薄者也。」按乃以喻親之薄者。(六七)祿位：俸祿爵位。二者乃係一事，蓋有俸祿者，必有爵位，而有爵位者，亦必有俸祿也。(六八)德舉：以德行銓舉。(六九)顛危：顛覆傾危。(七〇)權要：權勢機要之地。(七一)奉朝請：朔望隨百官入至朝廷參謁。(七二)丘壟：墳墓。(七三)因山：藉山。(七四)訓諸子常以謙儉為先……器用瓦木而已：按此段乃錄自《舊唐書・太宗文德皇后傳》，字句大致相同。(七五)屏讒慝：屏棄讒慝者之言。(七六)止遊畋：廢止遊獵。(七七)不豫：不逸豫，亦即有病之意。(七八)誓以死從乘輿：謂誓以死從乘輿於地下。(七九)立政殿：《唐六典》卷七：「太極殿之北，有兩儀殿，兩儀殿之東曰萬春殿，兩儀之左曰獻春門，獻春門之左曰立政門，其內曰立政殿。」(八〇)為女則三十卷：《舊唐書・文德皇后傳》作十卷，《新唐書》同傳作十篇，又〈藝文志〉二，長孫皇后《女則要錄》十卷，是三十卷當改作十卷為是。(八一)使當朝貴盛：謂使其當政貴盛。(八二)駮漢明德馬后，以不能抑退外親，使當朝貴盛：見卷四十六漢章帝建初二年。(八三)而防其末流：謂其無益於戢止禍患。(八四)官司：《唐六典》卷十二：「尚儀二人，正五品，司籍二人，正六品。司籍掌四部經籍、教授、筆札、几案之事。」奏《女則》者，蓋司籍也。(八五)垂範：垂示軌範。(八六)朕非不知天命：指人之壽命有定。(八七)良佐：賢良之弼佐。(八八)忘懷：忘於胸懷。(八九)后嘗采自古婦人得失事……故不能忘懷耳：按此段乃錄自《舊唐書・太宗文德皇后傳》，字句大致相同。(九〇)訐人細事：攻訐他人細微之事。(九一)十一月庚午，葬文德皇后於昭陵：按新、舊《唐書・太宗紀》十年文，庚午皆作庚寅，當改從之。又據《新唐書・地理志》一，昭陵在京兆府醴泉縣西北六十里。（九二）肅章門：《唐六典》卷七：「宮城太極殿，次北曰朱明門，左曰虔化門，右曰肅章門。」（九三）宮官：指宦官言。（九四）內：讀作納。（九五）軍門：猶營門。（九六）手敕：天子親手所書之敕。（九七）辯：通辨，辨別。（九八）帝復為文刻之石：全文為帝復為文刻之於石。（九九）遺言：猶遺令。（一〇〇）珍貨：珍寶財貨。（一〇一）九嵕山：即昭陵所在。（一〇二）皆用土木：謂皆以土木為之。（一〇三）形具：謂具備形式。（一〇四）存沒無累：謂生者死者皆可無牽累。（一〇五）層觀：多層之高觀。（一〇六）眊：目不明之貌。（一〇七）臣以為陛下望獻陵：高祖陵名獻陵，蓋諷以宜眷念慈親。（一〇八）上泣：謂上聞之為之感泣。（一〇九）為之毀觀：以示不溺戀夫妻之私。（一一〇）上念后不已……為之毀觀：按此段乃錄自《新唐書・魏徵傳》，字句幾全相同。（一一一）朱俱波甘棠遣使入貢，朱俱波在葱嶺之北，甘棠在大海南：《新唐書・西域傳》上：「朱俱波亦名朱俱槃，漢子合國也。直于闐西千里，葱嶺北三百里。甘棠在海南，崑崙人也。」按二國皆位於西域之間，不可因文有大海，而行妄釋。（一一二）威振胡越：猶威振四夷。（一一三）上曰中國既安……唯諸公匡其不逮耳：按《新唐書・西域疏勒傳》，亦引有此語，然意雖相類，而文字則多不同。（一一四）作色讓之：作怒色以責讓之。（一一五）顛躓：猶困頓磨折。（一一六）諸子縱橫：謂諸子縱橫妄為。（一一七）縱之：縱容之。（一一八）拜謝：拜伏謝罪。（一一九）正色：正顏厲色。（一二〇）計：計數。（一二一）在禮：在禮儀上。（一二二）臣子一也：謂天子之臣與天子之子，其地位相等。（一二三）春秋、王人雖微，序於諸侯之上：《春秋》：「僖八年，公會王人、齊侯、宋公、衞侯，許男、曹伯、陳世子款、鄭世子華盟於洮。」《公羊傳》曰：「王人者何？微者也。曷為序乎諸侯之上？先王命也。」（一二四）皆公卿：皆係公卿之位。㉕固所不論：實不能論。㉖聖明在上：聖明上宜添一今字，條理方為清晰。㉗又足法乎：謂又豈足為法式乎！㉘理到：猶有理。㉙公義：猶大義。㉚自謂不疑：謂自以為甚為正當。㉛何得容易乎：猶何得隨便乎。㉜煩：煩擾。㉝差違：差異違改。㉞皆宜詳慎而行之：謂皆宜行之以詳慎，而不可輕率從事。㉟宣饒二州：《舊唐書・地理志》三：「江南西道、宣州，隋宣城郡，武德三年置宣州。治宣城。」宣城，今安徽省宣城縣。又饒州，同志三：「隋鄱陽郡、武德四年置饒州，治鄱陽。」鄱陽，今江西省鄱陽縣。㊱發采：猶開採。㊲與其多得數百萬緡，何如得一賢才：與其何如為雙偶連接辭，其著重點乃在後者，謂豈及得一賢才。㊳稅銀：歛採銀者之稅。㊴昔堯舜抵璧於山，投珠於谷：抵猶擊碎。胡三省曰：「陸賈新語曰：『聖人不用珠玉，而寶其身，故舜棄黃金於嶄巖之山，損珠玉於五湖之川，以杜淫邪之欲也。』」㊵漢之桓靈，乃聚錢為私藏：事見卷五十七漢靈帝光和元年。㊶俟我：待我。㊷折衝都尉：《新唐書・百官志》三：「折衝都尉府，每府，折衝都尉一人，上府正四品上，中府從四品下，下府正五品下。」㊸果毅都尉：《新唐書・百官志》三：「折衝都尉府、左右果毅都尉各一人，上府從五品下，中府正六品上，下府正六品下。」㊹皆隸諸衞：《唐六典》卷二十四：「左右衞大將軍，至隋始置左右衞、左右武衞、左右候衞、左右武候、左右領軍、左右率府、各有大將軍一人，謂十二衞大將軍也。皇朝因之。」㊺東宮六率：《唐六典》卷二十八：「太子左右衞率府率，隋文帝始分置左右衞率、左右宗衞率、左右監門率、左右虞候率、左右內率。」唐代則先因前六者而置六率，後則增置而為十率焉。㊻每人兵甲糧裝各有數，皆自備，輸之庫：《新唐書・兵志》：「人具弓一、矢三十、胡祿橫刀、礪石、觽、氈帽、氈裝、行縢皆一，麥飯九斗，米二斗，皆自備，並其介冑戎具藏於庫。」㊼其能騎射者為越騎：越騎者，言其勁勇，能超越也。㊽季冬：十二月。㊾予其直：直通值，謂予其馬之值價。㊿番上：番，次，謂輪次而上。(51)以遠近給番：以道里遠近為依據而給番次。《新唐書・兵志》：「五百里為五番，千里七番，一千五百里八番，二千里十番，外為十二番，皆一月上。若簡留直衞者，五百里為七番，千里八番，二千里十番，外為十二番，亦月上。」(52)遠疏近數：遠方者，每次輪番之人數較少，故以全府計之，其整個輪番之次數，自為疏曠，而近處輪番之人數較多，（每府輪番之人數，乃係以番數除一府之人數，）故其輪番次數，自為頻夥，此所以言遠疏近數也。(53)皆一月而更：謂凡當宿衞者，皆為期一月，然後方行更代。(54)是歲、更命統軍為折衝都尉……皆一月而更：按此段乃錄自《新唐書・兵志》，字句大致相同。

十一年（西元六三七年）

㈠春，正月，徙鄶王元裕為鄧王㈠，譙王元名為舒王。

㈡辛卯，以吳王恪為安州都督，晉王治為幷州都督，紀王慎為秦州都督，將之官，上賜書戒敕曰：「吾欲遺汝珍玩，恐益驕奢，不如得此一言耳㈡。」

㈢上作飛山宮㈢，庚子，特進魏徵上疏，以為：「煬帝恃其富彊，不虞㈣後患，窮奢極欲㈤，使百姓困窮，以至身死人手㈥，社稷為墟㈦。陛下撥亂返正㈧，宜思隋之所以失㈨，我之所以得，撤㈩其峻宇㈡，安於卑宮，若因基而增廣㈢，襲舊㈢而加飾，此則以亂易亂㈣，殃咎㈤必至，難得易失㈥，可不念哉㈦！」

㈣房玄齡等先受詔定律令，以為：「舊法：『兄弟異居，蔭㈧不相及，而謀反連坐皆死㈨。祖孫有蔭，而止應配流㈢。』據禮論情，深為未愜㈡。今定律：『祖孫與兄弟緣坐者，俱配役㈢。』」從之。自是比古死刑除其太半，天下稱賴焉。玄齡等定律五百條，立刑名二十等㈢，比隋律減大辟㈣九十二條，減流入徒者七十一條，凡削煩去蠹㈤，變重為輕者，不可勝紀。又定令一千五百九十餘條㈥。

㈤武德舊制，釋奠於太學，以周公為先聖，孔子配饗，玄齡等建議，停祭周公，以孔子為先聖，顏回配饗㈦。

㈥又刪武德以來敕格㉘，定留㉙七百條，至是頒行之。又定枷、杻、鉗、鏁、杖、笞皆有長短廣狹之制㉚。自張蘊古之死㉛，法官以出罪為戒㉜，時有失入者㉝，又不加罪㉞。上嘗問大理卿㉟劉德威曰：「近日刑網稍密㊱，何也？」對曰：「此在主上，不在羣臣。人主好寬則寬，好急㊲則急，律文失入減三等㊳，失出㊴減五等，今失入無辜㊵，失出更獲大罪㊶，是以吏各自免㊷，競就深文㊸，非有教使之然㊹，畏罪故耳。陛下儻一斷㊺以律，則此風立變矣。」上悅，從之，由是斷獄平允㊻㊼。

㈦上以漢世豫作山陵㊽，免子孫蒼猝㊾勞費，又志在儉葬，恐子孫從俗㊿奢靡。二月，丁巳，自為終制(51)，因山為陵(52)，容棺而已。

㈧甲子，上行幸洛陽宮。上至顯仁宮(53)，官吏以缺儲偫(54)有被譴者，魏徵諫曰：「陛下以儲偫譴官吏，臣恐承風(55)相扇，異日(56)民不聊生(57)，殆非行幸之本意也。昔煬帝諷(58)郡縣獻食，視其豐儉以為賞罰(59)，故海內叛之，此陛下所親見，奈何欲效之乎！」上驚曰：「非公，不聞此言(60)。」因謂長孫無忌等曰：「朕昔過此，買飯而食，儆舍(六一)而宿，今供頓(六二)如此，豈得嫌(六三)不足乎！」

(九)三月，丙戌，朔，日有食之。

(十)庚子，上宴洛陽宮西苑，泛積翠池(六四)，顧謂侍臣曰：「煬帝作此宮苑(六五)，結怨於民，今悉為我有，正由宇文述、虞世基(六六)、裴蘊之徒內為諂諛，外蔽聰明(六七)故也，可不戒哉(六八)？」房玄齡、魏徵上所定新禮一百三十八篇，丙午，詔行之。

(十一)以禮部尚書王珪為魏王泰師(六九)，上謂泰曰：「汝事珪當如事我。」泰見珪輒先拜，珪亦以師道自居。珪子敬直尚南平公主(七〇)。先是公主下嫁，皆不以婦禮事舅姑，珪曰：「今主上欽明(七一)，動循禮法(七二)，吾受公主謁見，豈為身榮(七三)，所以成國家之美耳(七四)。」乃與其妻就席坐(七五)，令公主執笄(七六)，行盥饋之禮(七七)。是後公主始行婦禮，自珪始(七八)。

(十二)羣臣復請封禪，上使秘書監顏師古等議其禮，房玄齡裁定(七九)之。

(十三)夏，四月，己卯，魏徵上疏以為：「人主善始者多，克終(八〇)者寡，豈取之易而守之難乎？蓋以殷憂(八一)，則竭誠以盡下，安逸則驕恣而輕物，盡下、則胡越同心，輕物、則六親離德(八二)，雖震之以威怒，亦皆貌從而心不服故也(八三)。人主誠能見可欲則思知足，將興繕(八四)則思知止，處高危則思謙降(八五)，臨滿盈則思挹損(八六)，遇逸樂則思撙節(八七)，在宴安則思後患，防壅蔽則思延納(八八)，疾讒邪則思正己(八九)，行爵賞則思因喜而僭，施刑罰則思因怒而濫(九〇)，兼是十思(九一)，而選賢任能，固可以無為而治，又何必勞神苦體，以代百司之任哉(九二)。」

【今註】 ㊀正月，徙鄶王元裕為鄧王：按新、舊《唐書．太宗紀》十一年文，徙上有丁亥二字，當從添。㊁將之官，上賜書戒敕曰：「吾欲遺汝珍玩，恐益驕奢，不如得此一言耳」：按不如得此一言耳之一言，《通鑑》並未言明。查《舊唐書．吳王恪傳》：「及將赴職，太宗書誡之曰：『汝地居茂親，寄惟藩屏，勉思橋梓之道，善侔間平之德，以義制事，以禮制心，三風十愆，不可不慎。』」核此即所謂不如得此一言之一言也，而《通鑑》不察，竟將上文全行刪去，僅留末端數語，而不悟竟致懸空之咎也。宜將上所錄文，撮要書於篇中。㊂作飛山宮：胡三省曰：「觀明年廢明德宮及飛山宮之玄圃院，以給洛人之遭水壞廬舍者，則知飛山宮亦在洛陽。」按《新唐書．魏徵傳》，飛山作飛仙，仙字有意，當改從之。㊃虞：憂。㊄窮奢極欲：謂窮奢侈，極私欲。㊅身死人手：身死他人之手。㊆為墟：為丘墟，亦即毀滅之意。㊇撥亂返正：謂治亂世使之復正。㊈隋之所以失：謂隋之所以失天下。⑩撤：拆毀。⑪峻宇：高峻之宮宇。⑫若因基而增廣：《舊唐書・魏徵傳》作：「因其基以廣之。」是其的釋。⑬襲舊：沿舊。⑭以亂易亂：謂以次一亂者，以易換前一亂者。⑮殃咎：猶禍患。⑯難得易失：謂天下難得，而失則甚易。⑰庚子、特進魏徵上疏……可不念哉：按此段乃錄自《舊唐書・魏徵傳》，字句大致相同。⑱蔭：餘蔭、指賜官爵等言。⑲謀反連坐皆死：謂謀反者及兄弟之連坐者，皆服死刑。⑳配流：配置而流徙之。㉑據禮論情，深為未愜：愜，當。按《舊唐書・刑法志》：「玄齡等復定議曰：『案禮，孫為王父尸，案令，祖有蔭孫之義。然則孫重而兄弟屬輕，蔭重反流，合輕翻死。』」夫既若此，則據禮論情，自甚未愜。㉒今定律，祖孫與兄弟緣坐者俱配役：〈刑法志〉：「玄齡等復定義曰：『今定律祖孫與兄弟緣坐，俱配沒，其以惡言犯法，不能為害者，情狀稍輕，兄弟免死，配流為允。』從之。」是祖孫與兄弟緣坐，以罪情輕重稍有不同，而處罰分有兩種：一為俱配沒，（即籍沒，）二為免死配流。《通鑑》為省文而將此二種不同處罰，併括作俱配役，雖已得其梗概，然究未盡切當也。㉓立刑名二十等：〈刑法志〉：「有笞杖徒流死為五刑。笞刑五條，自笞十至五十；杖刑五條，自杖六十至杖一百；徒刑五條，自徒一年，遞加半年至三年；流刑三條，自流二千里，遞加五百里至三千里；死刑二條，絞斬。大凡二十等。」㉔大辟：死刑。㉕去蠹：去為害於民者。㉖房玄齡等先受詔定律令……又定令一千五百九十餘條：按此段乃錄自《舊唐書・刑法志》，字句大致相同。㉗玄齡等建議，停祭周公，以孔子為先聖，顏回配饗：按此事《新唐書・禮樂志》五列於貞觀二年，文云：「左僕射房玄齡博士朱子奢建言：『大業以前，皆孔子為先聖，顏回為先師。』乃罷周公，升孔子為先聖，以顏回配。」既如此，則自不當置於此年，而宜移錄於貞觀二年之下。㉘敕格：格常與式連，為唐代特殊用語，亦即法令也。㉙定留：謂經刪定而留有。㉚又定枷、杻、鉗、鏁、杖、笞，皆有長短廣狹之制：械其頸曰枷，械其手曰杻，鉗以鐵劫束之，鏁以鐵琅當之。《舊唐書・刑法志》：「其杖皆削去節目，長三尺五寸。訊囚杖，大頭徑三分二釐，小頭二分二釐；常行杖，大頭二分七釐，小頭一分七釐；笞杖，大頭二分，小頭一分半。㉛自張蘊古之死：見上卷，五年。㉜以出罪為戒：以免及出罪人之罪為警戒。㉝有失入者：謂不當罪而誤罪之者。㉞又不加罪：謂又不處此種誤失之法官以罪。㉟大理卿：《唐六典》卷十八：「大理寺卿一人，從三品。掌邦國折獄詳刑之事。」㊱稍密：稍為促密。㊲好急：好急峻。㊳失入減三等：謂誤入人罪，則減削三等。㊴失出：誤出人於罪。㊵今失入無辜：今失入且又無罪。㊶失出更獲大罪：指張蘊古之事而言。㊷吏各自免：謂吏各求自免於罪。㊸競就深文：文指文法，謂競用重法羅織。㊹非有教使之然：謂非有教導者使之如此。㊺一斷：完全處斷。㊻由是斷獄平允：〈刑法志〉作「斷獄者漸為平允。」較符事理，應依添漸為二字。㊼又刪武德以來敕格……由是斷獄平允：按此段乃錄自《舊唐書・刑法志》，字句大致相同。㊽漢世豫作山陵：漢制，於皇帝登極後，即起始築陵，直至其薨而止。㊾蒼猝：謂因時間短促，行動張惶。㊿從俗：隨從流俗。(51)終制：終薨之制。(52)因山為陵：《新唐書・太宗紀》十一年文作：「營九嵕山為陵。」蓋此山乃九嵕山也。(53)顯仁宮：《隋書・地理志》中：「河南郡，壽安，有顯仁宮。」(54)侍：

儲物以待用，音峙。〔五五〕承風：沿承風尚，互相扇動。〔五六〕異日：猶來日。〔五七〕民不聊生：聊，賴；民無法賴以生存。〔五八〕諷：諷示。〔五九〕昔煬帝諷郡縣獻食，視其丰儉，以為賞罰：見卷一百八十三大業十二年。〔六〇〕非公不聞此言：謂惟有公始肯作此言。〔六一〕僦舍：租賃房舍。〔六二〕供頓：頓駐時之供給。〔六三〕嫌：惡。〔六四〕洛陽宮西苑，泛積翠池：《唐六典》卷七：「禁苑在皇都之西，北拒北邙，西至孝水，南帶洛水，支渠穀洛二水，會於其間。周迴一百二十六里。以穀洛二水或泛溢，出內庫和顧，修三陂以禦之。一曰積翠，二曰月陂，三曰上陽。」〔六五〕煬帝作此宮苑：築西苑見卷一百八十大業元年。〔六六〕正由宇文述、虞世基：胡三省曰：「按隋煬帝大業二年，令宇文愷作洛陽西苑，述恐當作愷。」〔六七〕聰明：猶耳目。〔六八〕可不戒哉：謂豈可不警戒之哉。〔六九〕以禮部尚書王珪為魏王泰師：《唐六典》卷二十九：「親王府傅一人，從三品。漢高祖初置諸侯王，有太傅輔導王。隋皇叔昆弟皇子為親王者，置師，皇朝因之，開元初改為傅。王傅掌傅相訓導，而匡其過失。」〔七〇〕南平公主：太宗女。〔七一〕欽明：恭敬通明。〔七二〕動循禮法：謂一舉一動，皆依禮法。〔七三〕身榮：己榮。〔七四〕所以成國家之美耳：此國家指天子言，謂所以成天子之美德耳。〔七五〕就席坐：猶坐於席上。〔七六〕笲：竹器，以盛棗栗腶脩。〔七七〕行盥饋之禮：盥以盤水沃洗手，婦以特豚饋。《儀禮．士昏禮》：「舅坐于阼階西面，姑坐于房外南面，婦執笲棗栗，東面拜，奠于舅席訖；婦又執腶脩升進，北面拜，奠于姑席。舅姑入于室，婦盥、饋特豚，明婦順也。左胖載之舅俎，右胖載之姑俎，各以南為上。」〔七八〕以禮部尚書王珪為魏王泰師……是後公主始行婦禮，自珪始：按此段乃錄自《舊唐書．王珪傳》，字句幾全相同。〔七九〕裁定：裁斷而決定之。(八〇)克終：謂能全終。(八一)殷憂：盛憂。(八二)蓋以殷憂，則竭誠以盡下，安逸則驕恣而輕物。盡下，則胡越同心，輕物，則六親離德：按此節《通鑑》引《舊唐書・魏徵傳》，每句皆有改易，茲將原文錄出，以明其改易之狀況。原文為：「夫在殷憂，必竭誠以待下，既得志，則縱情以傲物，竭誠則胡越為一體，傲物則骨肉為行路。」兩兩相較，似不如原作為佳。(八三)雖震之以威怒，亦皆貌從而心不服故也：按本傳作：「雖董之以嚴刑，振之以威怒，終苟免而不懷仁，貌恭而不心服。」文雖駢偶可刪，然卻無故也二字，而此二字，實毫無意義，理應加以省除。(八四)興繕：興建修繕。(八五)謙降：本傳作：「謙沖。」似較佳。(八六)挹損：抑損。(八七)撙節：撙抑節制。(八八)延納：謂延納人言。(八九)疾讒邪則思正己：疾，憎惡。本傳作：「想讒邪則思正身以黜惡。」堪充此文之詮釋。(九〇)行爵賞則思因喜而僭，施刑罰則思因怒而濫：按本傳作：「思所加，則思無因喜以謬賞，罰所及，則思無因怒而濫刑。」所宣示之意蘊，甚為清晰。《通鑑》以不取原文之駢偶，而改為散體，然經矯改後，以每句為字數所限，而不免生加刪削，致使文意反陷晦澀，欲逃除舊之桎梏，而不料竟陷於新之束縛，恐亦作者之所未注意者也。(九一)兼是十思：本傳作：「總此十思。」沿用原文已可，不必改撰。(九二)魏徵上疏，以為人主善始者多……以代百司之在哉：按此段乃錄自《舊唐書・魏徵傳》，至其改易之跡，則已略舉於上，讀者自核案可也。

卷一百九十五　唐紀十一

司馬光編集
曲守約註

起彊圉作噩五月，盡上章困敦，凡三年有奇。（丁酉至庚子，西元六三七年至六四〇年）

太宗文武大聖大廣孝皇帝中之上

貞觀十一年（西元六三七年）

㈠五月，壬申，魏徵上疏以為：「陛下欲善㈠之志，不及於昔時，聞過必改，少虧㈡於曩日㈢，譴罰㈣積多，威怒微厲㈤，乃知貴不期驕，富不期侈㈥，非虛言也。且以隋之府庫倉廩、戶口甲兵之盛，考之今日，安得擬倫㈦？然隋以富彊，動之而危，我以寡弱，靜之而安㈧，安危之理，皎然㈨在目。昔隋之未亂也，自謂必無亂，其未亡也，自謂必無亡，故賦役㈩無窮，征伐不息，以至禍將及身，而尚未之寤㈡也。夫覽形莫如止水，鑒敗莫如亡國㈢，伏願取覽於隋㈢，去奢從約，親忠遠佞㈣，以當今之無事，行疇昔之恭儉，則盡善盡美，固無得而稱焉㈤。夫取之實難㈥，守之甚易，陛下能得其所難，豈不能保其所易乎(一八)！」

(二)六月，右僕射、虞恭公溫彥博薨(一九)。彥博久掌機務(二〇)，知無不為，上謂侍臣曰：「彥博以憂國之故，精神耗竭(二一)，我見其不逮(二二)，已二年矣，恨不縱(二三)其安逸，竟夭天年(二四)。」

(三)丁巳，上幸明德宮(二五)。

(四)己未，詔荊州都督荊王元景等二十一王所任刺史，咸令子孫世襲(二六)。戊辰，又以功臣長孫無忌等十四人為刺史，亦令世襲，非有大故，無得(二七)黜免。己巳，徙許王元祥為江王。

(五)秋，七月，癸未，大雨，穀洛溢入洛陽宮(二八)，壞官寺(二九)民居，溺死者六千餘人。

(六)魏徵上疏以為：「文子曰：『同言而信，信在言前(三〇)，同令而行，誠在令外(三一)。』自王道休(三二)明，十有餘年，然而德化(三三)未洽(三四)者，由待下之情未盡誠信(三五)故也。今立政致治(三六)，必委(三七)之君子，事有得失，或訪之小人；其待君子也敬而疏(三八)，遇(三九)小人也輕而狎(四〇)，狎則言無不盡，疏則情不上通(四一)。夫中智之人，豈無小慧，然才非經國㊷，慮不及遠，雖竭力盡誠，猶未免有敗，況內懷姦宄㊸，其禍豈不深乎！夫雖君子不能無小過，苟不害於正道，斯㊹可略矣。既謂之君子，而復疑其不信，何異立直木，而疑其影之曲乎？陛下誠能慎選君子，以禮信用之㊺，何憂不治？不然，危亡之期，未可保也㊻㊼。」上賜手詔褒美㊽曰：「昔晉武帝平吳之後，志意驕怠㊾，何曾位極台司㊿，不能直諫，乃私語子孫，自矜明智(51)，此不忠之大者也。得公之諫，朕知過矣，當置之几案，以比弦韋(52)。」

㈦乙未，車駕還洛陽(53)，詔洛陽宮為水所毀者，少加修繕，纔令可居，自外(54)眾材，給城中壞廬舍者。令百官各上封事，極言(55)朕過。壬寅，廢明德宮及飛山宮之玄圃院，給遭水者(56)。

㈧八月，甲子，上謂侍臣曰：「上封事者，皆言朕遊獵(57)太頻，今天下無事，武備(58)不可忘，朕時與左右獵於後苑，無一事煩民，夫亦何傷。」魏徵曰：「先王惟恐不聞其過，陛下既使之上封事，止得恣(59)其陳述，苟其言可取，固有益於國，若其無取，亦無所損。」上曰：「公言是也。」皆勞而遣之(六〇)。

(九)侍御史(六一)馬周上疏以為：「三代及漢，歷年多者八百，少者不減四百，良以恩結人心(六二)，人不能忘故也。自是以降(六三)，多者六十年，少者纔二十餘年，皆無恩於人，本根不固故也。陛下當隆(六四)禹湯文武之業，為子孫立萬代之基，豈得但持當年(六五)而已。今之戶口不及隋之什一，而給役(六六)者，兄去弟還，道路相繼，陛下雖加恩詔，使之裁損(六七)，然營繕(六八)不休，民安(六九)得息？故有司徒行文書，曾無事實(七〇)。昔漢之文景，恭儉養民，武帝承其豐富之資，故能窮奢極欲，而不至於亂。曏使高祖之後，即傳武帝，漢室安得久存乎！又京師及四方所造乘輿(七一)器用，及諸王妃主(七二)服飾，議者皆不以為儉。夫昧爽丕顯，後世猶怠(七三)，陛下少居民間，知民疾苦，尚復如此，況皇太子生長深宮，不更外事？萬歲之後(七四)，固聖慮所當憂也。臣觀自古以來，百姓愁怨(七五)，聚為盜賊，其國未有不亡者，人主雖欲追改，不能復全(七六)。故當脩於可脩之時，不可悔之於已失之後也。蓋幽厲嘗笑桀紂矣，煬帝亦笑周齊矣，不可使後之笑今，如今之笑煬帝也。貞觀之初，天下饑歉(七七)，斗米直匹絹(七八)，而百姓不怨者，知陛下憂念不忘故也。今比年豐穰(七九)，匹絹得粟十餘斛，而百姓怨咨(八〇)者，知陛下不復念之，多營不急之務故也。自古以來，國之興亡，不以畜積多少，在於百姓苦樂。且以近事驗(八一)之，隋貯洛口倉，而李密因(八二)之，東都積布帛，而世充資(八三)之，西京府庫，亦為國家之用，至今未盡。夫畜積固不可無，要當(八四)人有餘力，然後收之，不可強斂，以資(八五)寇敵也。夫儉以息人，陛下已於貞觀之初，親所履(八六)行，在於今日為之，固不難也。陛下必欲為久長之謀，不必遠求上古(八七)，但如貞觀之初，則天下幸甚。陛下寵遇諸王，頗有過厚者(八八)，萬代之後，不可不深思也。且魏武帝愛陳思王(八九)，及文帝即位，囚禁諸王，但無縲絏耳(九〇)。然則武帝愛之，適(九一)所以苦之也。又百姓所以治安，唯在刺史縣令，苟選用得人，則陛下可以端拱(九二)無為，今朝廷唯重內官(九三)，而輕州縣之選(九四)，刺史多用武人，或京官不稱職，始補外任(九五)，邊遠之處，用人更輕(九六)，所以百姓未安，殆由於此(九七)。」疏奏，上稱善久之，謂侍臣曰：

「刺史朕當自選，縣令宜詔京官已上(九八)各舉一人。」

(十)冬，十月，癸丑，詔勳戚亡者，皆陪葬山陵(九九)。

(十一)上獵於洛陽苑(〇〇)，有羣豕突出林中，上引弓四發，殪(〇一)四豕，有豕突前及馬鐙(〇二)，民部尚書(〇三)唐儉，投馬(〇四)搏(〇五)之，上拔劍斬豕，顧笑曰(〇六)：「天策長史(〇七)，不見上將(〇八)擊賊邪！何懼之甚。」對曰：「漢高祖以馬上得之，不以馬上治之(〇九)，陛下以神武定四方，豈復逞(一〇)雄心於一獸。」上悅，為之罷獵，尋加光祿大夫(一一)(一二)。

(十二)安州都督吳王恪數出畋獵，頗損(一三)居人，侍御史柳範奏彈(一四)之，丁丑，恪坐免官，削戶三百(一五)。上曰：「長史權萬紀事吾兒，不能匡(一六)正，罪當死。」柳範曰：「房玄齡事陛下，猶不能止畋獵，豈得獨罪萬紀！」上大怒，拂衣(一七)而入，久之，獨引(一八)範謂曰：「何面折我(一九)？」對曰：「陛下仁明，臣不敢不盡愚直(二〇)。」上悅(二一)。

(十三)十一月，辛卯，上幸懷州(二二)，丙午，還洛陽宮。

(十四)故荊州都督武士彠女年十四，上聞其美，召入後宮為才人(二三)。

【考異】舊則天本紀，崩時年八十三。唐歷、焦璐唐朝年代記、統紀、馬總唐年小錄、聖運圖、會要，皆云八十一。唐錄政要貞觀十三年入宮。據武氏入宮年十四，今從吳兢實錄，為八十二，故置此年。

【今註】㊀欲善：謂欲為善。㊁少虧：少虧損。㊂曩日：猶昔時。㊃譴罰：《舊唐書・魏徵傳》作：「責罰。」是其的釋。㊄厲：凶厲。㊅乃知貴不期驕，富不期侈：《書・周官》：「位不期驕，祿不期侈。」孔安國注：「貴不與驕期，而驕自至，富不與侈期，而侈自至。」是魏徵乃引注說，而《通鑑》則改用正文也。㊆擬倫：比擬等倫。㊇然隋以富彊，動之而危，我以寡弱，靜之而安：本傳作：「然隋氏以富強，而喪敗動之也，我以貧寡，而安寧靜之也。靜之則安，動之則亂，人皆知之。」即此二句之詳細詮釋。㊈皎然：昭然。㊉賦役：賦稅徭役。⑪寤：覺悟。⑫夫覽形莫如止水，鑒敗莫如亡國：本傳作：「夫鑒形之美惡，必就於止水，鑒國之安危，必取於亡國。」是上文之確解。止水謂靜止之水，而水靜止，則能以照人。⑬伏願取覽於隋：覽與鑒雖同意，然不若據故實而用鑒為佳。⑭遠佞：去除佞邪之人。⑮則盡善盡美，固無得而稱焉：蓋既盡善盡美，則自無有最優者，亦無最劣者，既若此，則有何點可得而稱乎？此二句驟看來頗不合道理，但仔細體會，卻是最有道理。⑯夫取之實難：此言取天下實難。⑰豈不能保其所易乎：謂豈不能保持其所易為者乎。⑱魏徵上疏以為陛下欲善之志……豈不能保其所易乎：按此段乃錄自《舊唐書・魏徵傳》，字句間有改易。⑲六月，右僕射虞恭公溫彥博薨：按新、舊《唐書・太宗紀》十一年文，皆作六月甲寅，當從添甲寅二字。《謚法》：「尊賢敬讓曰恭，執事堅固曰恭，執禮御賓曰恭。」⑳機務：樞機之事務。㉑耗竭：損耗盡竭。㉒我見其不逮：謂我見其精神大不如前。㉓縱：縱使。㉔竟夭天年：按以病而壽終，則不能言折其天年。《舊唐書・溫大雅附彥博傳》作：「致夭性靈。」意謂損其身體，較合事理，當改從之。㉕明德宮：顯慶二年，改明德宮監為東都苑南面監。㉖世襲：世世繼襲。㉗無得：不得。㉘穀洛溢入洛陽宮：《唐六典》卷七：「禁苑在皇都之西，北拒北邙，西至孝水，南帶洛水支渠，穀洛二水會於其間。開元二十四年，上以為穀洛二水或泛溢，疲費人功，遂敕河南尹李適之出內庫和雇，修三陂以禦之，一曰積翠，二曰月陂，三曰上陽，爾後二水無力役之患也。」㉙官寺：《舊唐書・五行志》：「貞觀十一年，穀水溢入洛陽宮，毀宮寺一十九。」是官寺，當作宮寺，謂宮殿寺觀。㉚同言而信，信在言前：相同之言，而有信有不信，其信者乃在未言之前，其所言行，已令人相信。㉛同令而行，誠在令外：上句意略與上同，至誠在令外者，乃謂其能行者，其誠意早在令外，人已洞悉。㉜休：美。㉝德化：道德治化。㉞未洽：未融洽者。㉟未盡誠信：謂未能盡到誠信。㊱致治：致獲治平。㊲委：任。㊳敬而疏：恭敬而卻疏遠。㊴遇：待遇。㊵狎：狎習。㊶情不上通：內情不克上達。㊷經國：猶治國。㊸宄：亦姦，音軌。㊹斯：猶則。㊺以禮信用之：謂以禮以信而任用之。㊻危亡之期，未可保也：謂不可保證危亡之不至。㊼魏徵上疏以為文子曰……未可保也：按此段乃錄自《舊唐書・魏徵傳》，字句大致相同。㊽褒美：褒獎贊美。㊾驕怠：驕傲怠惰。㊿位極台司：官高至宰相之位。(51)乃私語子孫，自矜明智：事見卷八十七晉懷帝永嘉三年。(52)當置之几案，以比弦韋：用董安于、西門豹事。(53)車駕還洛陽：自明德宮還洛陽宮。(54)自外：猶其外，古代遇此等例，自其常隨意用之。(55)極言：盡極言之。(56)令百官各上封事……給澧水者：按此段乃錄自《舊唐書・五行志》，字句幾全相同。(57)遊獵：畋獵。(58)武備：武事備禦。(五九)恣：任縱。(六〇)皆勞而遣之：皆慰勞而遣歸之。(六一)侍御史：《唐六典》卷十三：「侍御史四人，從六品下。掌糾舉百僚，推鞫獄訟。」(六二)恩結人心：恩澤結於人心。(六三)以降：猶以還、以下。(六四)隆：昌隆。(六五)但持當年：當年謂當生存之年，全意為只保持當活著之時。(六六)給役：供役。(六七)使之裁損：《舊唐書・馬周傳》作：「減省。」是其的釋。(六八)營繕：營造繕修。(六九)安：何。(七〇)有司徒行文書，曾無事實：本傳作：「有司徒行文書，役之如故。」是其明詮。徒，但、只。(七一)乘輿：天子。(七二)妃主：妃嬪公主。(七三)昧爽丕顯，後世猶怠：《左傳》昭三年：「叔向曰：『讒鼎之銘曰，昧旦丕顯，後世猶怠。』」杜注：「昧旦，早起也；丕，大也。言夙興以務大顯，後世猶懈怠。」(七四)萬歲之後：猶天子薨後。(七五)愁怨：愁苦怨毒。(七六)不能復全：本傳作：「未有重能安全者。」是全即安全之意。(七七)歉：《穀梁傳》：「一穀不升曰歉。」(七八)斗米直匹絹：全文為一斗米值一匹絹。(七九)穰：豐熟。(八〇)怨咨：愁怨咨嗟。(八一)驗：證。(八二)因：藉。(八三)資：資藉之。(八四)要當：重要者應當。(八五)資：資助。(八六)履：行。(八七)不必遠求上古：本傳作：「不煩遠采上古之術。」文較詳盡。(八八)陛下寵遇諸王，頗有過厚者：時魏王泰有寵於帝，故周言及之。(八九)陳思王：曹植之封號。(九〇)囚禁諸王，但無縲紲耳：本傳作：「防守禁閉，有同獄囚。」文字雖異，而意實相同。朱熹曰：「縲，黑索也，紲，攣也，古者獄以黑索拘攣罪人。」(九一)適：正。(九二)端拱：謂端正拱手，亦即正坐而無所事事。(九三)內官：京內之官。(九四)州縣之選：即選擇之州縣官吏。(九五)始補外任：始補授京外之任。(九六)用人更輕：用人更為輕率。(九七)侍御史馬周上疏……百姓未安，殆由於此：按此一大段乃錄自《舊唐書・馬周傳》，字句大致相同。（九八）宜詔京官已上：季振宜曰：「宋刻作京官五品已上。」當添五品二字。（九九）勳戚亡者，皆陪葬山陵：勳戚謂勳舊親戚。胡三省曰：「唐制，凡功臣密戚請陪陵葬者，聽之。以文武分為左右而列，若宮人陪葬，則陵戶為之成壙。唐會要載昭陵陪葬者，宮嬪、公主、主壻、勳貴、及祖父陪陵而子孫從葬者、及四夷君長入宿衞而陪葬者，名氏最多，用此詔也。」（〇〇）洛陽苑：《唐六典》卷七：「禁苑在皇都之西，北拒北邙，西至孝水，南帶洛水支渠，穀洛二水會於其間。東面十七里，南面二十九里，西面五十里，北面二十里，周廻一百二十六里。」（〇一）殪：斃。（〇二）及馬鐙：及於馬鐙之處，言將躡上足，情至危險。（〇三）民部尚書：即後之戶部尚書。（〇四）投馬：謂自馬背而躍至地上。（〇五）搏：以手相鬭曰搏。（〇六）顧笑曰：顧視之而笑曰。（〇七）天策長史：武德中，帝開天策上將府，以唐儉為長史。（〇八）上將：乃上自呼其舊號。（〇九）漢高祖以馬上得之，不以馬上治之：胡三省曰：「漢陸賈諫高祖之言。」（一〇）逞：快。（一一）光祿大夫：《舊唐書・職官志》一：「光祿大夫，從二品。」（一二）損：損害。（一三）上獵於洛陽苑……尋加光祿大夫：按此段乃錄自《舊唐書・唐儉傳》，字句幾全相同。（一四）奏彈：奏而糾彈之。（一五）削戶三百：削去食邑三百戶。（一六）匡：正。（一七）拂衣：謂拂動衣袖，以示怒意。（一八）引：引召。（一九）面折我：謂當面折辱我。（二〇）陛下仁明，臣不敢不盡愚直：按《舊唐書・柳亨附範傳》，陛下上有：「臣聞主聖臣直。」六字，以文勢衡之，當從添。（二一）安州都督吳王恪數出畋獵……臣不敢不盡愚直，上悅：按此段乃錄自《舊唐書・柳亨附範傳》，字句大致相同。（二二）懷州：《舊唐書・地理志》二：「河北道、懷州，隋河內郡，武德二年於濟源西南柏崖城置懷州。」（二三）才人：《舊唐書・后妃傳》序：「皇后之下，有才人九人，正五品。」

十二年（西元六三八年）

㈠春，正月，乙未，禮部尚書王珪奏：「三品已上遇親王於路，皆降乘㊀，非禮。」上曰：「卿輩苟自崇貴㊁，輕我諸子。」特進魏徵曰：「諸王位次三公㊂，今三品皆九卿八座㊃，為王降乘，誠非所宜當㊄。」上曰：「人生壽夭難期㊅，萬一㊆太子不幸㊇，安知諸王它日不為公輩之主，何得輕之。」對曰：「自周以來，皆子孫相繼，不立兄弟㊈，所以絕庶孽㊉之窺窬⑪，塞禍亂之源本，此為國者所深戒⑫也。」上乃從珪奏⑬。

㈡吏部尚書高士廉、黃門侍郎韋挺、禮部侍郎令狐德棻、中書侍郎岑文本撰氏族志成，上之。先是山東⑭人士崔盧李鄭諸族，好自矜地望⑮，雖累葉陵夷⑯，苟他族欲與為昏姻，必多責⑰財幣，或捨其鄉里⑱，而妄稱名族⑲，或兄弟齊列⑳，而更以妻族相陵㉑。上惡之，命士廉等徧責天下譜諜，質㉒諸史籍，考其真偽，辯其昭穆㉓，第㉔其甲乙，褒進忠賢，貶退姦逆，分為九等。士廉等以黃門侍郎崔民幹為第一，上曰：「漢高祖與蕭、曹、樊、灌皆起閭閻㉕布衣㉖，卿輩至今推仰㉗，以為英賢，豈在世祿㉘乎！高氏㉙偏㉚據山東，梁陳僻在江南，雖有人物，蓋何足言㉛！況其子孫才行㉜衰薄㉝，官爵陵替㉞，而猶卬然㉟以門地自負，販鬻松檟㊱，依託富貴，棄廉忘恥，不知世人何為貴之？今三品以上，或以德行，或以勳勞，或以文學，致位貴顯㊲，彼衰世㊳舊門㊴，誠何足慕㊵，而求與為昏，雖多輸㊶金帛，猶為彼所偃蹇㊷，我不知其解何也㊸？今欲釐正㊹訛謬，捨名取實，而卿曹猶以崔民幹為第一，是輕我官爵，而徇㊺流俗之情也。」乃更命判定㊻，專以今朝品秩㊼為高下。於是以皇族㊽為首，外戚次之，降崔民幹為第三㊾，凡二百九十三姓，千六百五十一家，頒於天下㊿。

㈢二月，乙卯，車駕西還(51)，癸亥，幸河北(52)，觀砥柱。

㈣甲子，巫州(53)獠反，夔州(54)都督齊善行敗之，俘男女三千餘口。

㈤乙丑，上祀禹廟(55)，丁卯，至柳谷(56)，觀鹽池，庚午，至蒲州。

刺史趙元楷課(五七)父老服黃紗單衣，迎車駕，盛飾廨舍(五八)樓觀，又飼羊百餘頭，魚數百頭，以饋(五九)貴戚(六〇)。上數之曰：「朕巡省河洛，凡有所須，皆資庫物(六一)，卿所為，乃亡隋之弊俗(六二)也。」甲戌，幸長春宮。

(六)戊寅，詔曰：「隋故鷹擊郎將(六三)堯君素，雖桀犬吠堯，有乖(六四)倒戈之志，而疾風勁草(六五)，實表(六六)歲寒之心，可贈蒲州刺史，仍訪其子孫以聞。」

(七)閏月，庚辰，朔，日有食之。

(八)丁未，車駕至京師。

(九)三月，辛亥，著作佐郎(六七)鄧世隆表請集上文章(六八)，上曰：「朕之辭令有益於民者，史皆書之，足為不朽，若為無益，集之何用？梁武帝父子、陳後主、隋煬帝皆有文集行於世，何救於亡？為人主患無德政，文章何為(六九)！」遂不許。

(十)丙子，以皇孫生，宴五品以上於東宮，上曰：「貞觀之前，從朕經營天下，玄齡之功也，貞觀以來，繩愆(七〇)糾繆，魏徵之功也。」

皆賜之佩刀㈦一。上謂徵曰：「朕政事何如往年？」對曰：「威德所加，比貞觀之初，則遠矣㈦二，人悅服則不逮也㈦三。」上曰：「遠方畏威慕德故來服，若其不逮，何以致之？」對曰：「陛下往以未治為憂，故德義日新㈦四，今以既治為安，故不逮。」上曰：「今所為、猶往年也，何以異？」對曰：「陛下貞觀之初，恐人不諫㈦五，常導之㈦六使言，中間㈦七悅而從之。今則不然，雖勉㈦八必之，猶有難色，所以異也。」上曰：「其事可聞歟㈦九？」對曰：「陛下昔欲殺元律師，孫伏伽以為法不當死，陛下賜以蘭陵公主㈧〇園，直百萬，或云賞太厚，陛下云：『朕即位以來，未有諫者，故賞之。』此導之使言也。司戶柳雄妄訴隋資㈧一，陛下欲誅之，納戴冑之諫，而止，是悅而從之也。近皇甫德參上書諫修洛陽宮，陛下恚㈧二之，雖以臣言而罷，勉從之也。」上曰：「非公，不能及此㈧三，人苦不自知耳㈧四。」

㈩夏，五月，壬申，弘文館學士㈧五、永興㈧六文懿公㈧七虞世南卒，上哭之慟，世南外和柔而內忠直，上嘗稱世南有五絕㈧八：一德行，二忠直，三博學，四文辭(八九)，五書翰(九〇)(九一)。

(十二)秋，七月，癸酉，以吏部尚書高士廉為右僕射。

(十三)乙亥，吐蕃寇弘州(九二)。

(十四)八月，霸州(九三)山獠反，燒殺刺史向邵陵及吏民百餘家。

(十五)初，上遣使者馮德遐撫慰(九四)吐蕃，吐蕃聞突厥、吐谷渾皆尚公主，遣使隨德遐入朝，多齎金寶，奉表求婚，上未之許。使者還言於贊普棄宗弄讚曰：「臣初至唐，唐待我甚厚，許尚公主，會吐谷渾王入朝，相離間，唐禮遂衰(九五)，亦不許昏。」弄讚遂發兵擊吐谷渾，吐谷渾不能支，遁於青海之北，民畜多為吐蕃所掠，吐蕃進破党項、白蘭諸羌，帥眾二十餘萬，屯松州西境，遣使貢金帛，云來迎公主；尋進攻松州，敗都督韓威。羌酋閻州刺史別叢臥施、諸州刺史把利步利(九六)並以州叛歸之，連兵不息，其大臣諫不聽而自縊者，凡八輩(九七)。壬寅，以吏部尚書侯君集為當彌道行軍大總管，甲辰，以右領軍大將軍執失思力為白蘭道、左武衛將軍牛進達為闊水道、左領軍將軍劉簡為洮河道、行軍總管(九八)，督步騎(九九)

五萬擊之。吐蕃攻城十餘日，進達為先鋒。九月，辛亥，掩其不備⑳，敗吐蕃於松州城下，斬首千餘級，弄讚懼，引兵退，遣使謝罪，因復請婚，上許之㉑。

(十六)甲寅，上問侍臣：「創業與守成㉒孰難？」房玄齡曰：「草昧㉓之初，與羣雄並起，角力㉔而後臣之，創業難矣。」魏徵曰：「自古帝王，莫不得之於艱難，失之於安逸，守成難矣。」上曰：「玄齡與吾共取天下，出百死得一生，故知創業之難。徵與吾共安天下，常恐驕奢生於富貴㉕，禍亂生於所忽㉖，故知守成之難。然創業之難，既已往矣㉗，守成之難，方當與諸公慎之。」玄齡等拜曰：「陛下及此言㉘，四海之福也㉙。」

(十七)初突厥頡利既亡，北方空虛，薛延陀真珠可汗帥其部落，建庭於都尉揵山北，獨邏水南㉚，勝兵二十萬，立其二子拔酌頡利苾主南北部㉛，上以其彊盛，恐後難制，癸亥，拜其二子皆為小可汗，各賜鼓纛㉜，外示優崇㉝，實分其勢。

(十八)冬，十月，乙亥，巴州㉞獠反。

（十九）己卯，畋于始平㉕，乙未，還京師。

（廿）鈞州獠反，遣桂州都督張寶德討平之。

（廿一）十一月，丁未，初置左右屯營飛騎㉖於玄武門，以諸將軍領之㉗，又簡飛騎才力驍健善騎射者，號百騎，衣五色袍，乘駿馬㉘，以虎皮為韉，凡遊幸則從焉㉙。

（廿二）己巳，明州㉚獠反，遣交州都督李道彥討平之。

（廿三）十二月，辛巳，左武候將軍上官懷仁擊反獠於壁州㉛，大破之，虜男女萬餘口。

（廿四）是歲，以給事中馬周為中書舍人，周有機辯㉜，中書侍郎岑文本常稱：「馬君論事，援引事類㉝，揚榷㉞古今，舉要刪煩，會文切理㉟，一字不可增，亦不可減，聽之靡靡㊱，令人忘倦㊲。」

（廿五）霍王元軌好讀書，恭謹自守，舉措㊳不妄，為徐州刺史，與處士劉玄平為布衣交㊴，人問玄平王所長，玄平曰：「無長。」問者怪之，玄平曰：「夫人有所短，乃見所長，至於霍王無所短，吾何以稱其長哉㊵㊶！」

(廿六)初西突厥咥利失可汗分其國為十部，每部有酋長一人㉜，仍各賜一箭，謂之十箭，又分左右廂㉝，左廂號五咄陸，置五大啜㉞，居碎葉以東，右廂號五弩失畢，置五大俟斤㉟，居碎葉㊱以西，通謂之㊲十姓。咥利失失眾心，為其臣統吐屯所襲，咥利失兵敗，與其弟步利設走保焉耆㊳；統吐屯等將立欲谷設為大可汗，會統吐屯為人所殺，欲谷設兵亦敗，咥利失復得故地。至是西部竟立欲谷設為乙毗咄陸可汗，乙毗咄陸既立，與咥利失大戰，殺傷甚眾，因中分其地，自伊列水㊴以西屬乙咄陸，以東屬咥利失㊵。

(廿七)處月處密與高昌共攻拔焉耆五城，掠男女一千五百人，焚其廬舍而去㊶。

【今註】㊀皆降乘：皆自輿下，以致敬禮。㊁苟自崇貴：苟且自求高貴。㊂諸王位次三公：諸王位列次於三公之後。㊃八座：隋唐以左右僕射及令、六尚書為八座。㊄宜當：當亦宜，與宜為複合辭。㊅人生壽夭難期：謂人之壽夭，難以逆料。㊆萬一：假設語，與脫同意。㊇不幸：指死亡言。㊈不立兄弟：亦即《舊唐書．魏徵傳》所云之：「立嫡必長。」㊉庶孽：除嫡子外之子，皆為庶孽，庶與孽之身份相同。⑪窺窬：窬，門旁小竇，此猶窺伺。⑫所深戒：謂所宜深戒。⑬禮部尚書王珪奏……上乃從珪奏：按此段乃錄自《舊唐書．魏徵傳》，字句大致相同。⑭山東：此指廣義之山東。⑮矜地望：矜，誇；地，籍貫。⑯陵夷：猶陵遲。⑰責：求。⑱捨其鄉里：謂不言其鄉里。⑲妄稱名族：謂只稱氏族。⑳齊列：齊等。㉑而更以妻族相陵：謂而另以妻族之地望相陵轢。㉒質：正。㉓昭穆：左昭右穆，指行輩言。㉔第：品第。㉕閭閻：閻，里中門；閭閻，猶閭里。㉖布衣：平民。㉗推仰：推重仰慕。㉘世祿：即世世為宦。㉙高氏：北齊。㉚偏：猶僻。㉛蓋何足言：正意謂無足言。㉜才行：才能德行。㉝衰薄：衰微薄弱。㉞陵替：陵遲廢替。㉟卬然：通昂，謂昂頭高視，揚揚自得。㊱販鬻松檟：猶古之所謂負薪，乃最卑賤之職位。㊲致位貴顯：使官位貴顯。㊳衰世：世代衰微。㊴舊門：古老門第。㊵誠何足慕：謂有何可慕。㊶輸：猶贈送。㊷偃蹇：偃抑蹇遲。㊸我不知其解何也：謂我不知其對此作何看法。㊹釐正：改正。㊺徇：徇從。㊻判定：判斷審定。㊼品秩：品級秩命。㊽皇族：皇室宗族。㊾降崔民幹為第三：九第之次，皇族為上之上，外戚為上之中，崔民幹為上之下。㊿吏部尚書高士廉、黃門侍郎韋挺……頒於天下：按此段乃錄自《舊唐書．高士廉傳》，間有顛倒及溢出處。(51)車駕西還：自洛陽西還長安。(52)河北：《舊唐書．地理志》一：「河南道、陝州、平陸，隋河北縣，天寶三載改為平陸縣。」(53)巫州：同志三：「江南西道、巫州，貞觀八年，分辰州龍標縣置巫州。」(54)夔州：同志二：「山南東道、夔州，隋巴東郡，武德元年，改為信州，二年，改信州為夔州。」(55)上祀禹廟：禹都安邑，後人立廟於其地。(56)至柳谷，觀鹽池：《新唐書．地理志》三：「河東道、河中府、安邑，有鹽池，與解為兩池。」然則柳谷亦當在安邑。(五七)課：課責。(五八)廨舍：廨署房舍。(五九)饋：饋遺。(六〇)貴戚：權貴親戚。(六一)皆資庫物：謂皆取資於官庫之物。(六二)弊俗：猶弊風。(六三)鷹揚郎將：《隋書・百官志》下：「煬帝時，又加有親侍鷹揚府，每府置鷹揚郎將一人，正五品。」(六四)乖：違。(六五)疾風勁草：疾風知勁草。(六六)表：標表。(六七)著作佐郎：《唐六典》卷十：「著作佐郎四人，從六品上。著作郎掌修撰碑誌、祝文、祭文，與佐郎分判局事。」(六八)集上文章：將天子文章集於一起。(六九)文章何為：猶文章何用。(七〇)繩愆：糾正失誤。(七一)皆賜之佩刀：《舊唐書・輿服志》：「上元元年八月，又制一品已下，帶手巾、算袋，仍佩刀子、礪石，武官欲帶者聽之。」按佩刀即古之帶劍，為優待大臣之禮。(七二)則遠矣：則遠勝矣。(七三)則不逮也：謂則不及往年。(七四)德義日新：謂德義日進。(七五)恐人不諫：惟恐人之不諫。(七六)導之：引導之。(七七)中間：諫而中於間隙。(七八)勉：勉強。(七九)其事可聞歟：謂其事可得聞歟。(八〇)蘭陵公主：《新唐書・諸公主傳》：「蘭陵公主，太宗女，名淑，字麗貞，下嫁竇懷悊，薨。」(八一)隋資：隋朝所授官資。(八二)恚：怒。(八三)不能及此：不能剖析精審如此。(八四)人苦不自知耳：謂人所憂者，乃在不知己過。(八五)弘文館學士：《唐六典》卷八：「宏文館學士無員數。後漢有東觀，魏有崇文館，宋元嘉有玄史兩館，宋太始至齊永明有總明館，梁有士林館，北齊有文林館，後周有崇文館。或典校理，或司撰著，或兼訓生徒，若今宏文館之任也。武德初置修文館，武德末改為宏文館。自武德貞觀以來，皆妙簡賢良為學士。故事，五品已上稱為學士，六品以下為直學士，所置學士，並無員數，皆以他官兼之。」按弘與宏通。(八六)永興：今湖南省、永興縣。(八七)文懿公：《謚法》：

「溫柔賢善曰懿。」(八八)有五絕：謂有五事，為人所不能企及。(八九)文辭：猶文章。(九〇)書翰：猶尺牘。(九一)弘文館學士、永興文懿公……五書翰：按此段乃錄自《舊唐書・虞世南傳》，字句大致相同。(九二)吐蕃寇弘州：胡三省曰：「弘恐當作松。」(九三)霸州：《舊唐書・地理志》四：「劍南道、松州，隋同昌郡之嘉誠縣，武德元年置松州。儀鳳二年都督羈縻三十州麻州霸州等。」(九四)撫慰：安撫慰問。(九五)唐禮遂衰：猶唐禮遂薄。(九六)羌酋閻州刺史別叢臥施，諸州刺史把利步利：《舊唐書・地理志》四：「劍南道、松州，貞觀二年督闊諸等二十五羈縻州。」閻疑闊之訛。(九七)八輩：即八人。(九八)左領軍將軍劉簡為洮河道行軍總管：按新、舊《唐書・吐蕃傳》，劉簡皆作劉蘭，當改從之。(九九)督步騎：謂督率步騎。(一〇〇)掩其不備：謂掩襲其不備。(一〇一)初上遣使者馮德遐撫慰吐蕃……因復請昏，上許之：按此段乃錄自《舊唐書・吐蕃傳》上，字句大致相同。(一〇二)守成：看守已成之業。(一〇三)草昧：世界未開化之狀。(一〇四)角力：較量氣力。(一〇五)常恐驕奢生於富貴：謂常恐由於富貴，而生驕奢之意。(一〇六)忽：忽略。(一〇七)既已往矣：謂已成過去。(一〇八)陛下及此言：謂陛下能有此言。夫既能有此言，則必能行之。(一〇九)四海之福也：謂四海黎庶之福。(一一〇)建庭於都尉揵山北，獨邏水南：胡三省曰：「按薛延陀建庭之地，在鬱督軍山東南，距京師纔三千里而贏。新書曰：『烏德鞬山左右，嗢昆河獨邏河皆屈曲東北流，嗢昆在南，獨邏在北。』」(一一一)主南北部：主管南北部。(一一二)鼓纛：鼓旗。(一一三)外示優崇：外面表示優異尊崇。(一一四)巴州：《舊唐書・地理志》二：「山南道、巴州，隋清化郡，武德元年改為巴州。」(一一五)始平：同志一：「關內道、京兆府、興平，隋始平縣，天授二年隸稷州。」(一一六)飛騎：謂馳行如飛，以喻其矯捷。㉗以諸將軍領之：《新唐書・兵志作》：「領以諸衞將軍。」是諸下應添一衞字。㉘乘駿馬：同志作：「乘六閑駁馬。」按駁謂顏色斑駁，正與衣五色袍相映配，是駿當改作駁為是。㉙初置左右屯營……凡遊幸則從焉：按此段乃錄自《新唐書・兵志》，字句大致相同。㉚明州：《舊唐書・地理志》四：「嶺南道、驩州、越裳縣，吳置，武德五年於縣置明州。」㉛壁州：《新唐書・地理志》四：「山南道、壁州始寧郡，下，武德八年析巴州之始寧縣地置。」㉜機辯：機辯之才。㉝事類：相類之事，蓋能援引相類之事，則於其本事，自能洞悉而解決之。㉞揚榷：毛晃曰：「揚榷，大舉又掎也，舉而引之也。」㉟會文切理：合於文辭，切於事理。㊱靡靡：順耳。㊲是歲以給事中馬周為中書舍人……令人忘倦：按此段乃據〈馬周傳〉之十二年轉中書舍人，而載錄於此。然此僅係述周個人之優劣，無甚重要，故不錄亦可。㊳舉措：舉止。㊴布衣交：平民交。㊵至於霍王無所短，吾何以稱其長哉：按此即上文所謂之無得而稱者也。㊶霍王元軌好讀書……吾何以稱其長哉：按此段乃錄自《舊唐書・霍王元軌傳》，字句大致相同。又核本傳：「十年改封霍王，授絳州刺史，尋轉徐州刺史，二十三年為定州刺史。」是在徐州之期甚長，則此自未必定係本年之事。今錄於本年之末，乃係於其任期內隨意擇時而敘述者。㊷分其國為十部，每部有酋長一人：《舊唐書・突厥傳》下作：「每部令一人統之，號為十設。」㊸左右廂：廂，邊。㊹左廂號五咄陸，置五大啜：《舊唐書・突厥傳》下：「咄陸五啜：一曰處木昆律啜，二曰胡祿居闕啜，三曰攝舍提敦啜，四曰突騎施賀邏施啜，五曰鼠尼施處半啜。」㊺五大俟斤：同傳：「弩失畢有五俟斤：一曰阿悉結闕俟斤，二曰哥舒闕俟斤，三曰拔塞幹暾沙鉢俟斤，四曰阿悉結泥孰俟斤，五曰阿舒虛半俟斤。」㊱碎葉：胡三省曰：「碎葉城在焉耆碎葉川，出安西西北，千里至碎葉。」㊲通謂之：總謂之。㊳焉耆：《新唐書・西域焉耆傳》：「焉耆國直京師西七千里而嬴，橫六百里，縱四百里，東高昌，西龜茲，南尉犁，北烏孫。」㊴伊列水：胡三省曰：「伊列水亦名伊麗水。」㊵初西突厥咥利失可汗……以東屬咥利失：按此段乃錄自《舊唐書・突厥傳》下，字句大致相同。㊶處月處密與高昌……焚其廬舍而去：按此段乃錄自《舊唐書・焉耆傳》，字句完全相同。

十三年（西元六三九年）

㈠春，正月，乙巳，車駕謁獻陵㈠，丁未，還宮。

㈡戊午，加左僕射房玄齡太子少師，玄齡自以居端揆㈡十五年㈢，男遺愛尚上女高陽公主，女為韓王妃㈣，深畏滿盈，上表請解機務，上不許。玄齡固請不已，詔斷表㈤，乃就職。太子欲拜玄齡，設儀衞待之，玄齡不敢謁見而歸，時人美其有讓。玄齡以度支㈥繫天下利害，嘗有闕㈦，求其人未得，乃自領之㈧。

㈢禮部尚書、永寧㈨懿公王珪薨。珪性寬裕㈩，自奉養甚薄，於令、三品已上皆立家廟㈡，珪通貴㈢已久，獨祭於寢，為法司所劾，上不問，命有司為之立廟，以愧之㈢。

㈣二月，庚辰，以光祿大夫尉遲敬德為鄜州都督。上嘗謂敬德曰：「人或言卿反，何也？」對曰：「臣反是實。臣從陛下征伐四方，身經百戰，今之存者，皆鋒鏑㈣之餘也，天下已定，乃更疑臣反乎！」因解衣投地，出其瘢痍㈤，上為之流涕曰：「卿復服㈥，朕不疑卿，故語卿，何更恨邪！」上又嘗謂敬德曰：「朕欲以女妻卿，何如？」敬德叩頭謝曰：「臣妻雖鄙陋，相與共貧賤久矣，臣雖不學，聞古人富不易妻，此非臣所願也。」上乃止。戊戌，尚書奏：「近世掖庭㈦之選，或微賤之族，禮訓蔑聞㈧，或刑戮之家，憂怨所積㈨，請自今後宮及東宮內職有闕，皆選良家有才行者充，以禮聘納㈩，其沒官口㈡及素㈢微賤之人，皆不得補用。」上從之。

㈤上既詔宗室羣臣襲封刺史，左庶子㈢于志寧以為古今事殊，恐非久安之道，上疏爭之。侍御史㈣馬周亦上疏，以為：「堯舜之父，猶有朱均之子[25]，儻有孩童嗣職，萬一驕愚，兆庶被其殃[26]，而國家受其敗[27]，正欲絕之也，則子文之治猶在[28]，正欲留之也，而欒黶之惡已彰[29]，與其毒害於見存之百姓，則寧使割恩於已亡之一臣[30]，明矣。然則，向所謂愛之者，乃適[31]所以傷之也。臣謂宜賦[32]以茅土[33]，疇其戶邑，必有材行，隨器授官，使其人得奉大恩，而子孫終其福祿。」會司空、趙州刺史長孫無忌等皆不願之國，上表固讓，稱：「承恩以來，形影相弔，若履春冰，宗族憂虞，如寘湯火，緬惟三代封建，蓋由力不能制，因而利之，禮樂節文，多非己出；兩漢罷侯置守，蠲除曩弊，深協事宜。今因臣等，復有變更，恐紊聖朝綱紀，且後世愚幼不肖之嗣，或抵冒邦憲，自取誅夷。更因延世之賞，致成勦絕之禍，良可哀愍。願停渙汗之旨，賜其性命之恩。」無忌又因子婦長樂公主固請於上，且言：「臣披荊棘事陛下，今海內寧一，奈何棄之外州，與遷徙何異？」上曰：「割地以封功臣，古今通義，意欲公之後嗣輔朕子孫，共傳永久；而公等乃復發言怨望，朕豈強公等以茅土邪！」

庚子，詔停世封刺史。

㈥高昌王麴文泰多遏絕㉞西域朝貢，伊吾先臣西突厥，既而㉟內屬，文泰與西突厥共擊之，上下書切責㊱，徵其大臣阿史那矩，欲與議事，文泰不遣，遣其長史麴雍來謝罪。頡利之亡也，中國人在突厥者，或奔高昌，詔文泰歸之，文泰蔽匿㊲不遣；又與西突厥共擊破焉耆，焉耆訴之。上遣虞部郎中㊳李道裕往問狀，且謂其使者曰：「高昌數年以來，朝貢脫略㊴，無藩臣禮，所置官號，皆準天朝㊵，築城掘溝，預備攻討，我使者至彼，文泰語之云：『鷹飛於天，雉伏於蒿㊶，貓遊於堂，鼠噍㊷於穴，各得其所，豈不能自生邪！』又遣使謂薛延陀曰，『既為可汗，則與天子匹敵，何為拜其使者？』事人無禮，又間㊸鄰國為惡，不誅，善何以勸，明年當發兵擊汝。」三月，薛延陀可汗遣使上言：「奴受恩思報㊹，請發所部為軍導㊺，以擊高昌。」上遣民部尚書唐儉、右領軍大將軍執失思力齎繒帛賜薛延陀，與謀進取㊻。

㈦夏，四月，戊寅，上幸九成宮。初突厥突利可汗之弟結社率從突利入朝，歷位中郎將[四七]，居家無賴，怨突利斥之，乃誣告其謀反，上由是薄之[四八]，久不進秩[四九]。結社率陰結故部落，得四十餘人，謀因晉王治[五〇]四鼓[五一]出宮，開門辟仗[五二]，馳入宮門，直指御帳[五三]，可有大功。甲申，擁突利之子賀邏鶻夜伏於宮外，會大風，晉王未出，結社率恐曉，遂犯行宮[五四]，踰四重幕[五五]，弓矢亂發，衛士死者數十人，折衝[五六]孫武開等帥眾奮擊[五七]，久之，乃退，馳入御廄[五八]，盜馬二十餘匹，北走度渭，欲奔其部落，追獲斬之，原[五九]賀邏鶻，投於嶺表[六〇]。

(八)庚寅，遣武候將軍上官懷仁[六一]擊巴、壁、洋、集四州反獠，平之，虜男女六千餘口。

(九)五月旱，甲寅，詔五品以上上封事。魏徵上疏，以為：「陛下志業[六二]，比貞觀之初，漸不克終者，凡十條，」其間一條以為：「頃年[六三]以來，輕用[六四]民力，乃云百姓無事則驕逸[六五]，勞役則易使，自古未有因百姓逸而敗，勞而安者也。此恐非興邦之至言。」上深加獎歎，云：「已列諸屏障[六六]，朝夕瞻仰[六七]，并錄付史官[六八]。」

仍賜徵黃金十斤，廄馬二匹。

(十)六月，渝州(六九)人侯弘仁自牂柯開道，經西趙，出邕州(七〇)，以通交桂，蠻俚(七一)降者二萬八千餘戶。

(十一)丙申，立皇弟元嬰為滕王。

(十二)自結社率之反，言事者多云突厥留河南(七二)不便。秋，七月，庚戌，詔右武候大將軍、化州都督懷化郡王李思摩為乙彌泥孰俟利苾可汗，賜之鼓纛。突厥及胡在諸州安置者，並令度河還其舊部(七三)，俾世作藩屏(七四)，長保邊塞。突厥咸憚薛延陀，不肯出塞，上遣司農卿(七五)郭嗣本賜薛延陀璽書，言：「頡利既敗，其部落咸來歸化(七六)，我略(七七)其舊過，嘉其後善，待其達官(七八)皆如吾百寮，部落皆如吾百姓，中國貴尚禮義，不滅人國(七九)，前破突厥，止為頡利一人為百姓害，實不貪其土地，利其人畜。恒欲更立可汗，故置所降部落於河南，任其畜牧，今戶口蕃滋(八〇)，吾心甚喜，既許立之，不可失信，秋中(八一)，將遣突厥度河，復其故國。爾薛延陀受冊(八二)在前，突厥受冊在後，後者為小，前者為大，爾在磧北，突厥在磧南，各守土疆，鎮撫部落，其踰分(八三)故相抄掠(八四)，我則發兵，各問其罪。」薛延陀奉詔，於是遣思摩帥所部建牙於河北。上御齊政殿餞之，思摩涕泣，奉觴上壽曰：「奴等破亡之餘(八五)，分為灰壤(八六)，陛下存其骸骨(八七)，復立為可汗，願萬世子孫恒事陛下。」又遣禮部尚書、趙郡王孝恭等齎冊書，就其種落，築壇於河上(八八)，而立之(八九)。上謂侍臣曰：「中國，根幹也(九〇)，四夷，枝葉也，割根幹以奉枝葉(九一)，木安得滋榮(九二)？朕不用魏徵言，幾致狼狽(九三)。」又以左屯衛將軍阿史那忠為左賢王，左武衛將軍阿失那泥熟為右賢王。忠，蘇尼失之子也。上遇之甚厚，妻以宗女，及出塞，懷慕中國，見使者必泣涕請入侍，詔許之。

(十三)八月，辛未，朔，日有食之。

(十四)詔以：「身體髮膚，不敢毀傷(九四)，比來訴訟者，或自毀耳目，自今有犯(九五)，先笞四十，然後依法(九六)。」

(十五)冬，十月，甲申，車駕還京師(九七)。

(十六)十一月，辛亥，以侍中楊師道為中書令。戊辰，尚書左丞劉洎為黃門侍郎，參知政事(九八)。

(十七)上猶冀(九九)高昌王文泰悔過，復下璽書，示以禍福，徵之入朝，文泰竟稱疾(一〇〇)不至。十二月，壬申，遣交河行軍大總管(一〇一)、吏部尚書侯君集、副總管兼左屯衞大將軍薛萬均等將兵擊之(一〇二)。

(十八)乙亥，立皇子福為趙王。

(十九)己丑，吐谷渾王諾曷鉢來朝，以宗女為弘化公主，妻之。

(二十)壬辰，上畋於咸陽，癸巳，還宮。

(廿一)太子承乾頗以遊畋廢學，右庶子張玄素諫，不聽。

(廿二)是歲，天下州府凡三百五十八、縣一千五百一十一。

(廿三)太史令(一〇三)傅奕精究(一〇四)術數之書，而終不之信，遇病不呼醫餌藥(一〇五)，有僧自西域來，善呪術(一〇六)，能令人立死(一〇七)，復呪之，使蘇(一〇八)，上擇飛騎(一〇九)中壯者試之，皆如其言，以告奕，奕曰：「此邪術也。臣聞邪不干正(一一〇)，請使呪臣，必不能行。」上命僧呪奕，奕初無所覺(一一一)，須臾，僧忽僵仆(一一二)，若為物所擊，遂不復蘇。又有婆羅門(一一三)僧言得佛齒，所擊，前無堅物，長安士女輻湊(一一四)如市，奕時臥疾，謂其子曰：「吾聞有金剛石㉕，性至堅，物莫能傷，唯羚羊角㉖能破之，汝往試焉。」其子往見佛齒，出角叩之，應手而碎㉗，觀者乃止。奕臨終，戒其子無得學佛書，時年八十五，又集魏晉以來駁佛教者，為高識傳十卷，行於世。

(卌四)西突厥咥利失可汗之臣俟利發，與乙毗咄陸可汗通謀作亂，咥利失窮蹙，逃奔鏺汗㉘而死，弩失畢部落迎其弟子薄布特勒立之，是為乙毗沙鉢羅葉護可汗。沙鉢羅葉護既立，建庭於雖合水北，謂之南庭，自龜茲、鄯善、且末、吐火羅、焉耆、石、史、何、穆、康等國㉙皆附之。咄陸建牙於鏃曷山西，謂之北庭㉚，自厥越失拔悉彌駮馬結骨火燖觸水昆等國㉛皆附之，以伊列㉜水為境㉝。【考異】沙鉢羅葉護傳云，東以伊列河為界。按乙毗咄陸傳云，自伊列河以西屬咄陸，以東屬咥利失。沙鉢羅葉護既因咥利失之地，應云西以伊列河為界。今未知二傳孰誤，故但云伊列水為境。

【今註】㊀車駕謁獻陵：胡三省曰：「唐謁陵之制，設行宮，距陵十里，設坐於齋室，設小次於陵所道西南，大次於寢西南。侍臣次於大次西南，陪位者次又於西南，皆東向，文官於北，武官於南，朝集使又於其南，皆相地之宜。皇帝至行宮，即齋室，陵令以玉冊進署，設御位於陵東南隅，西向，有岡麓之閡，則隨地之宜。又設位於寢宮之殿東陛之東南，西向，尊坫陳於堂戶東南。百官行從，宗室客使位神道左右寢宮，則分方序立大次前。其日未明五刻，陳黃麾仗於陵寢，三刻，行事官及宗室親五等、諸親三等以上，及客使之當陪者就位。皇帝素服乘馬，華蓋繖扇，侍臣騎從，詣小次，出次，至位，再拜又再拜，在位者皆再拜又再拜；少選，太常卿請辭，皇帝再拜又再拜；奉禮曰奉辭，在位者再拜，皇帝還小次，乘馬詣大次，仗衛列立以俟行，百官宗室諸親客使序立次前，皇帝步至寢宮南門，仗衛止，乃入，由東序進殿陛東南位，再拜，升自東階，北向，再拜又再拜。入省服玩，拭帳簣，進太牢之饌，加珍羞，皇帝出尊所酌酒，入三奠爵，北向立，太祝二人持玉冊立於戶外，東向跪讀，皇帝再拜又再拜，乃出戶當前，北向立，太常卿請辭，皇帝再拜，出東門，還大次，宿行宮。」㈡端揆：左右僕射為尚書省長官，故曰端揆。㈢居端揆十五年：胡三省曰：「按武德九年房玄齡為中書令，貞觀三年為左僕射。至是才十一年，未及十五年也。」㈣女為韓王妃：高祖子韓王元嘉。㈤斷表：胡三省曰：「今之讓官者，奉表三讓，不許，勅斷來章，則閤門不復受其表，即唐制之斷表也。」㈥度支：《唐六典》卷三：「度支郎中掌支度國用，租賦多少之數，物產豐約之宜，水陸道路之利，每歲計其所出而支其所用。」㈦嘗有闕：嘗有官位空闕。㈧乃自領之：乃自兼領之。㈨永寧：《舊唐書．地理志》一：「河南道、河南府、永寧縣，顯慶元年改隸洛州。」㈩寬裕：寬弘舒裕。㈡於令、三品已上，皆立家廟：胡三省曰：「唐制，三品已上得立廟，祭三代。」㈢通貴：通達顯貴。㈢禮部尚書永寧懿公王珪薨……為之立廟以愧之：按此段乃錄自《舊唐書．王珪傳》，字句大致相同。㈣鋒鏑：鋒刃箭鏃。㈤瘢痍：刀刃之創傷，痍音夷。㈥卿復服：卿請著衣。㊼掖庭：宮庭，以宛在肘腋之間，故名掖庭。㊽微賤之族，禮訓蔑聞：謂由侍兒及歌舞得進者，故未聞禮訓。㊾或刑戮之家，憂怨所積：謂緣坐沒入掖庭者。㊿以禮聘納：以禮節及幣帛聘納。㉑其沒官口：其沒入官之人。㉒素：平常。㉓左庶子：《唐六典》卷二十六：「太子左庶子二人，正四品上，掌侍從贊相禮儀，駁正啓奏，監省封題。」㉔侍御史，《唐六典》卷十三：「侍御史四人，從六品下，掌糾舉百僚，推鞫獄訟。」㉕朱均之子：謂丹朱商均之子。㉖被其殃：被其禍殃。㉗受其敗：受其敗毀。㉘則子文之治猶在：《左傳》：「楚鬭椒作亂，莊王滅若敖氏，既而思子文之治楚國也，曰：『子文無後，何以勸善！』使其孫箴尹克黃，復其所。」㉙而欒黶之惡已彰：《左傳》：「秦伯問於士鞅曰：『晉大夫其誰先亡？』對曰：『其欒氏乎？欒黶汰虐已甚，猶可以免，其在盈乎！』秦伯曰：『何故？』對曰：『武子之德在民，如周人之思召公焉，愛其甘棠，況其子乎？欒黶死，盈之善未及民，武子所施沒矣，而黶之怨實彰，將於是乎在。』」㉚則寧使割恩於已亡之一臣：指立功勳而封刺史者。㉛適：正。㉜賦：與。㉝茅土：《文選・李陵答蘇武書》注引《尚書・緯》：「天子社東方青，南方赤，西方白，北方黑，上冒以黃土。將封諸侯，各取方土，苴以白茅以為社。」㉞遏絕：止絕。㉟既而：已而。㊱切責：嚴切責斥。㊲蔽匿：隱蔽匿藏。㊳虞部郎中：《唐六典》卷七：「虞部郎中一人、從五品上。掌天下虞衡山澤之事，而辨其時禁。」㊴脫略：脫忽疏略。㊵天朝：此指唐朝言。㊶蒿：蓬蒿。㊷噍：齧。音ㄐㄧㄠ。㊸間：間離。㊹遣使上言奴受恩思報：奴即臣妾，而清代大臣對君主自言奴才，實由此啓之。㊺為軍導：

為軍嚮導。㊻高昌王麴文泰多遏絕西域朝貢……與謀進取：按此段乃錄自《舊唐書・高昌傳》，字句大致相同。㊼中郎將：《舊唐書・職官志》一：「左右監門等衞中郎將，正四品下。」㊽薄之：輕視之。㊾進秩：進加秩階。㊿晉王治：即後之高宗。(51)四鼓：猶四更。(52)辟：謂避開衞仗，通避。(53)御帳：天子之帳。(54)行宮：此指九成宮言。(55)踰四重幕：越過四層帳幕。(56)折衝：折衝都尉之省。(57)奮擊：奮力擊之。(58)御廄：天子之馬廄。(59)原：原宥。(60)初突厥突利可汗之弟結社率……投於嶺表：按此段乃錄自《舊唐書・突厥傳》上，而稍有增益。(61)遣武候將軍上官懷仁：據上十二年文，武候上當有左字。(62)志業：志趣功業。(63)頃年：近年。(64)輕用：謂不加慎重而使用之。(65)驕逸：驕縱逸怠。(66)已列諸屏障：謂已書於屏障。(67)瞻仰：猶省視。(68)並錄付史官：並抄錄而付予史官，以便撰史時採入。(69)渝州：《舊唐書・地理志》二：「山南道、渝州，隋之巴郡，武德元年置渝州。」(70)自牂柯開道，經西趙，出邕州：胡三省曰：「東謝蠻西接牂柯蠻，南接西趙蠻，牂柯之別帥曰羅殿，今廣西之買馬路。自桂州至邕州橫山寨，二十餘程，自橫山至杞國二十二程，又至羅殿十程，此即侯弘仁所通者也。」《舊唐書・地理志》四：「嶺南道、邕州，隋鬱林郡之宣化縣，武德四年置南晉州，貞觀六年改為邕州都督府。」(71)蠻俚：俚乃蠻之一種。(72)河南：謂北河之南，漢衞青擊匈奴所收河南地是也。(73)舊部：昔日之部落。(74)藩屏：藩籬屏障。(75)司農卿：《舊唐書・職官志》一：「司農卿，從三品。」(76)歸化：歸從王化。(77)略：忽略。(78)達官：顯達之官。(79)人國：謂他人之國。(80)蕃滋：蕃殖滋多。(81)秋中：秋間。(82)受冊：受冊封。(83)踰分：踰越分土。(八四)抄掠：抄刦掠奪。(八五)破亡之餘：謂破亡之殘虜。(八六)分為灰壤：謂本分應誅戮而化為灰土。(八七)存其骸骨：猶存其軀體。(八八)河上：河旁，此指黃河言。(八九)詔右武候大將軍、化州都督……築壇於河上而立之：按此段乃錄自《舊唐書・突厥傳》上，而稍有溢出。(九〇)中國，根幹也：謂中國譬猶根幹也。(九一)奉枝葉：奉養枝葉。(九二)滋榮：滋長榮茂。(九三)幾致狼狽：指結社率之變。(九四)身體髮膚，不敢毀傷：《孝經》孔子之言。(九五)有犯：干犯此舉者。(九六)然後依法：謂然後依法處斷其所訴之事。(九七)車駕還京師：自九成宮還。(九八)冬十月甲申，車駕還京師……劉洎為黃門侍郎，參知政事：按此段乃錄自《新唐書・太宗紀》，字句幾全相同。(九九)猶冀：尚望。(一〇〇)稱疾：假言有疾。(一〇一)壬申，遣交河行軍大總管：按日期，此與《新唐書・太宗紀》同，《舊唐書・太宗紀》則作丁丑。又交河下當添一道字。(一〇二)上猶冀高昌王文泰悔過……薛萬均等將兵擊之：按此段乃錄自《舊唐書・高昌傳》，字句幾全相同。(一〇三)太史令：《唐六典》卷十：「太史局令二人，從五品下。掌觀察天文，稽定曆數，凡日月星辰之變，風雲氣色之異，率其屬而占候焉。」(一〇四)精究：精專究盡。(一〇五)餌藥：猶食藥。(一〇六)呪術：呪禁之術，能發神驗，除災患。(一〇七)立死：立即死亡。(一〇八)使蘇：使之復活。(一〇九)飛騎：驍健士卒之兵。(一一〇)干正：犯正。(一一一)覺：感覺。(一一二)僵仆：僵硬而仆於地上。(一一三)婆羅門：即天竺。(一一四)輻湊：如車輻之湊聚然，極喻其繁密。(一一五)金剛石：即俗稱之金鋼鑽，供裝飾品，鑿岩器及琢磨寶石，裁截玻璃之用。(一一六)羚羊角：陶弘景曰：「羚羊今出建平宜都蠻中及西域，多兩角，一角者為勝。角甚多節，蹙蹙圓繞。」(一一七)應手而碎：謂手所至處，應時而碎，簡言之，亦即隨手。(一一八)鍛汗：《新唐書・西域傳》

下：「寧遠者本拔汗那，或曰鏺汗，元魏時謂破洛那。去京師八千里，居西鞬城，在真珠河之北。」

㉙自龜茲、鄯善、且末、吐火羅、焉耆、石、史、何、穆、康等國：胡三省曰：「龜茲一曰丘茲，一曰屈茲，東距京師七千里而嬴。自于闐東關東行，入大流沙，行千里，至故折摩馱那，古且末也。又千里，至故納縛波，古樓蘭也。吐火羅元魏謂之吐呼羅，居葱嶺烏滸河之南，古大夏也。石國或曰拓支，曰柘折，曰赭時，漢大宛北鄙，也去京師九千里，東北距西突厥，王姓石，治柘折城，故康居小王窳匿城也。史或曰佉沙，曰羯霜那，居獨莫水南，康居小王蘇薤城故地。南四百里，抵吐火羅。何或曰出霜彌伽，曰貴霜匿，即康居小王附墨城故地。新書：『康，漢康居也，枝庶分王，曰安，曰曹，曰米，曰何，曰火尋，曰戊地，曰史，世謂九姓。』意者，穆亦康國枝庶歟！」㉚謂之北庭：《新唐書》：「自焉耆西北七日行，至其南庭，又正北八日行，至其北庭。」㉛自厥越失、拔悉彌、駮馬、結骨、火燖、觸水昆等國：胡三省曰：「拔悉彌蓋即拔悉蜜，在葛邏祿之西。駮馬或曰弊剌，曰遏邏支，直突厥之北，距京師萬四千里，北極於海，以馬耕田，雖畜馬而不乘，資湩酪以食，馬色皆駁，故以名國。結骨古堅昆國也，當伊吾西，焉耆北白山之旁，堅昆後語訛為結骨，稍號紇骨，亦曰紇扢斯，又曰黠戛斯。火燖或為貨利習彌，曰過利，居烏滸水之陽，西南與波斯接，西北抵突厥。」

㉜伊列：胡三省曰：「伊切，漢時西域故國，在康居北。陳湯與甘延壽謀郅友，曰：『北擊伊列，西取安息。』此其證也。」㉝西突厥咥利失可汗之臣……以伊列水為境：按此段乃錄自《舊唐書・突厥傳》下，字句大致相同。

十四年（西元六四〇年）

㈠春，正月，甲寅，上幸魏王泰第，赦雍州長安繫囚大辟以下，免延康里今年租賦㊀，賜泰府僚屬及同里老人有差㊁。

㈡二月，丁丑，上幸國子監，觀釋奠㊂，命祭酒㊃孔穎達講孝經，賜祭酒以下至諸生高第㊄，帛有差。是時上大徵天下名儒為學官，數幸國子監，使之講論，學生能明一大經已上㊅，皆得補官㊆。增築學舍千二百間，增學生滿二千二百六十員，自屯營飛騎亦給博士㊇，使授以經，有能通經者，聽得貢舉㊈。於是四方學者，雲集京師，乃至㊉高麗、百濟、新羅、高昌、吐蕃諸酋長，亦遣子弟，請入國學，升講筵者⑪，至八千餘人。【考異】舊傳曰八十餘人。今從新書。上以師說多門⑫，章句繁雜⑬，命孔穎達與諸儒撰定五經疏⑭，謂之正義⑮，令學者習之⑯。

㈢壬午，上行幸驪山溫湯，辛卯，還宮。

㈣乙未，詔求近世名儒梁皇甫侃、褚仲都、周熊安生、沈重、陳沈文阿、周弘正、張譏、隋何妥、劉炫等子孫，以聞，當加引擢㈦。

㈤三月，竇州㈧道行軍總管黨仁弘擊羅竇反獠，破之㈨，俘七千餘口。

㈥辛丑，流鬼國遣使入貢㈩，去京師萬五千里，濱於北海，南鄰靺鞨，未嘗通中國，重三譯㈡而來，上以其使者佘志為騎都尉㈢。

㈦丙辰，置寧朔大使以護突厥㈣。

㈧夏，五月，壬寅，徙燕王靈夔為魯王。

㈨上將幸洛陽，命將作大匠㈤閻立德行清暑之地㈥。秋，八月，庚午，作襄城宮於汝州西山㈦。立德，立本之兄也。

㈩高昌王文泰聞唐兵起，謂其國人曰：「唐去我七千里，沙磧居其二千里，地無水草，寒風如刀，熱風如燒，安能致大軍乎㈧？往吾入朝㈨，見秦隴㈩之北，城邑蕭條，非復有隋㈡之比，今來伐我，發兵多，則糧運不給㈢，三萬已下，吾力能制之，當以逸待勞，坐收其弊㈢。若頓兵㈣城下，不過二十日，食盡，必走，然後從而虜㈤

之，何足憂也。」及聞唐兵臨磧口，憂懼，不知所為，發疾卒。子智盛立，軍至柳谷(三六)，詗者(三七)言：「文泰刻日(三八)將葬，國人咸集於彼(三九)(四〇)。」諸將請襲之，侯君集曰：「不可，天子以高昌無禮，故使吾討之，今襲人於墟墓之間，非問罪之師也。」於是鼓行而進，至田城(四一)，【考異】實錄作田地城，今從舊傳。諭之不下，詰朝(四二)攻之，及午而克，虜男女七千餘口，以中郎將(四三)辛獠兒為前鋒，夜趨其都城，高昌逆戰而敗，大軍繼至，抵(四四)其城下，智盛致書於君集曰：「得罪於天子者，先王也，天罰所加，身已物故(四五)，智盛襲位未幾，惟尚書憐察(四六)。」君集報曰：「苟能悔過，當束手軍門(四七)。」智盛猶不出，君集命填塹(四八)攻之，飛石雨下，城中人皆室處(四九)；又為巢車(五〇)，高十丈，俯瞰(五一)城中，有行人及飛石所中(五二)，皆唱言之(五三)(五四)。先是文泰與西突厥可汗相結，【考異】舊傳云與欲谷設約。按欲谷設去歲已敗死，今不取。約有急相助，可汗遣其葉護(五五)屯可汗浮圖城(五六)，為文泰聲援。及君集至，可汗懼，而西走千餘里，葉護以城降(五七)，智盛窮蹙，癸酉，開門出降(五八)。君集分兵略地，下其二十二城，戶八千四十六，口一萬七千七百。【考異】

舊傳戶八千，口二萬七千七百。今從實錄。地東西八百里，南北五百里。

（十）上欲以高昌為州縣，魏徵諫曰：「陛下初即位，文泰夫婦首來朝（五九），其後稍驕倨（六〇），故王誅加之，罪止文泰，可矣（六一）；宜撫其百姓（六二），存其社稷，復立其子，則威德被於遐荒（六三），四夷皆悅服矣。今若利其土地，以為州縣，則常須千餘人鎮守，數年一易，往來死者什有三四，供辦衣資（六四），違離親戚，十年之後，隴右虛耗（六五）矣。陛下終不得高昌撮粟尺帛（六六），以佐（六七）中國，所謂散有用（六八）以事無用，臣未見其可。」上不從，九月，以其地為西州（六九），以可汗浮圖城為庭州（七〇），各置屬縣，乙卯，置安西都護府於交河城，留兵鎮之。君集虜高昌王智盛及其羣臣豪傑而還（七一）。於是唐地東極於海，西至焉耆，南盡林邑，北抵大漠，皆為州縣，凡東西九千五百一十里，南北一萬九百一十八里。侯君集之討高昌也，遣使約焉耆與之合勢（七二），焉耆喜，聽命，及高昌破，焉耆王詣軍門（七三），謁見君集，且言焉耆三城，先為高昌所奪，君集奏并高昌所掠焉耆民，悉歸之（七四）。

(十二)冬，十月，甲戌，荊王元景等復表請封禪，上不許。

(十三)初陳倉(七五)折衝都尉(七六)魯寧坐事繫獄，自恃高班(七七)，慢罵陳倉尉(七八)、尉氏(七九)劉仁軌，仁軌杖殺之，州司(八〇)以聞，上怒，命斬之，猶不解(八一)曰：「何物縣尉(八二)，敢殺吾折衝！」命追至長安，面詰(八三)之，仁軌曰：「魯寧對臣百姓(八四)，辱臣如此，臣實忿而殺之。」辭色自若(八五)。魏徵侍側曰：「陛下知隋之所以亡乎？」上曰：「何也？」徵曰：「隋末百姓彊而陵官吏(八六)，如魯寧之比(八七)是也。」上悅，擢仁軌為櫟陽丞(八八)。

(十四)上將幸同州校獵(八九)，仁軌上言：「今秋大稔(九〇)，民收穫者什纔一二，使之供承獵事，治道葺橋(九一)，動(九二)費一二萬功，實妨農事，願少留鑾輿(九三)旬日，俟其畢務(九四)，則公私俱濟(九五)。」上賜璽書嘉納之，尋遷新安令(九六)(九七)。閏月，乙未，行幸同州，庚戌，還宮。

(十五)丙辰，吐蕃贊普遣其相祿東贊獻金五千兩及珍玩數百(九八)，以請昏，上許以文成公主妻之(九九)。

(十六)十一月，甲子，朔，冬至，上祀南郊，時戊寅曆(一〇〇)以癸亥為朔，宣義郎㉑李淳風表稱㉒：「古曆分日，起於子半，今歲甲子朔旦冬至，而故太史令傅仁均減餘稍多，子初為朔，遂差三刻，用乖㉓天正，請更加考定。」眾議以：「仁均定朔微差，淳風推校㉔精密，請如淳風議。」從之㉕。

(十七)丁卯，禮官奏：「請加高祖父母服齊衰五月，嫡子婦服朞，嫂叔弟妻夫兄舅皆服小功㉖。」從之。

(十八)丙子，百官復表請封禪，詔許之，更命諸儒詳定儀注㉗，以太常卿韋挺等為封禪使。

(十九)司門員外郎㉘韋元方給給使過所，稽緩㉙，給使奏之，上怒，出元方為華陰㉚令。魏徵諫曰：「帝王震怒㉛，不可妄發，前為給使，遂夜出敕書，事如軍機㉜，誰不驚駭？況宦者之徒，古來難養㉝，輕為言語㉞，易生患害，獨行遠使㉟，深非事宜㊱，漸不可長㊲，所宜深慎。」上納其言。

(廿)尚書左丞㊳韋悰句㊴司農㊵木橦㊶價，貴於民間，奏其隱沒㊷，上召大理卿㊸孫伏伽書司農罪㊹，伏伽曰：「司農無罪。」上怪問其故，對曰：「只為官橦貴，所以私橦賤，向使官橦賤，私橦無由賤矣㉕。但見司農識大體㉖，不知其過也。」上悟㉗，屢稱其善，顧謂韋悰曰：「卿識用㉘不逮伏伽遠矣。」

(廿)十二月，丁酉，侯君集獻俘於觀德殿㉙，行飲至禮㉚，大酺㉛三日，尋以智盛為武衛將軍、金城郡公。上得高昌樂工，以付太常㉜，增九部樂為十部㉝。

(廿一)君集之破高昌也，私取其珍寶，將士知之，競為盜竊，君集不能禁，為有司所劾，詔下君集等獄㉞。中書侍郎岑文本上疏，以為：「高昌昏迷㉟，陛下命君集等討而克之，不踰旬日，並付大理㊱，雖君集等自掛網羅㊲，恐海內之人，疑陛下唯錄其過，而遺㊳其功也。臣聞命將出師，主於㊴克敵，苟能克敵，雖貪可賞，若其敗績，雖廉可誅。是以漢之李廣利、陳湯，晉之王濬，隋之韓擒虎㊵，皆負罪譴，人主以其有功，咸受封賞。由是觀之，將帥之臣，廉慎者寡，貪求㊶者眾，是以黃石公軍勢曰：『使智使勇，使貪使愚。』故智者樂立其功，勇者好行其志㊷，貪者急趨其利，愚者不計(四三)其死，伏願錄(四四)其微勞，忘其大過，使君集重升朝列(四五)，復備驅馳，雖非清貞(四六)之臣，猶得貪愚之將(四七)，斯則陛下雖屈法而德彌顯，君集等雖蒙宥(四八)，而過更彰矣。」上乃釋之(四九)。又有告薛萬均私通(五〇)高昌婦女者，萬均不服，內出(五一)高昌婦女付大理，與萬均對辯，魏徵諫曰：「臣聞君使臣以禮，臣事君以忠(五二)，今遣大將軍(五三)與亡國婦女對辯帷箔之私(五四)，實(五五)則所得者輕，虛(五六)則所失者重。昔秦穆飲盜馬之士(五七)，楚莊赦絕纓之罪(五八)，況陛下道高堯舜，而曾二君(五九)之不逮乎！」上遽(六〇)釋之。侯君集馬病蚛(六一)顙，行軍總管趙元楷親以指霑其膿，而齅(六二)之，御史劾奏其諂(六三)，左遷栝州(六四)刺史。高昌之平也，諸將皆即受賞(六五)，行軍總管阿史那社爾以無敕旨，獨不受(六六)，及別敕既下，乃受之，所取唯老弱故弊(六七)而已，上嘉其廉慎，以高昌所得寶刀及雜綵千段(六八)，賜之。

(廿三)癸卯，上獵於樊川(六九)，乙巳，還宮。

(廿四)魏徵上疏以為：「在朝羣臣，當樞機(七〇)之寄(七一)者，任之雖重，信之未篤(七二)，是以人或自疑，心懷苟且(七三)。陛下寬於大事，急(七四)於小罪，臨時責怒，未免愛憎(七五)。夫委大臣以大體(七六)，責小臣以小事，為治之道也。今委之以職，則重大臣，而輕小臣，至於有事(七七)，則信小臣，而疑大臣，信其所輕(七八)，疑其所重，將求致治，其(七九)可得乎！若任以大官，求其細過(八〇)，刀筆之吏，順旨成風(八一)，舞文弄法(八二)，曲成其罪，自陳也，則以為心不伏辜(八三)，不言也，則以為所犯皆實，進退維谷(八四)，莫能自明(八五)，則苟求免禍，矯偽(八六)成俗矣。」上納之。

(廿五)上謂侍臣曰：「朕雖平定天下，其守之甚難。」魏徵對曰：「臣聞戰勝易，守勝難(八七)，陛下之及此言(八八)，宗廟社稷之福也。」

(廿六)上聞右庶子(八九)張玄素在東宮數諫爭，擢為銀青光祿大夫(九〇)，行左庶子(九一)。太子嘗於宮中擊鼓，玄素叩閤(九二)切諫，太子出其鼓，對玄素毀之。太子久不出見官屬，玄素諫曰：「朝廷選俊賢以輔至德(九三)，今動經時月(九四)，不見宮臣(九五)，將何以裨益(九六)萬一？且宮中唯有婦人，不知有能如樊姬者乎(九七)？」太子不聽。玄素少為刑部令史(九八)，上嘗對朝臣問之曰：「卿在隋何官？」對曰：「縣尉(九九)。」

又問：「未為尉時，何官？」對曰：「流外(一〇)。」又問：「何曹？」玄素恥之，出閤殆不能步(一一)，色如死灰。諫議大夫(一二)褚遂良上疏，以為：「君能禮其臣，乃能盡其力(一三)，玄素雖出寒微，陛下重其才，擢至三品(一四)，翼贊(一五)皇儲，豈可復對羣臣，窮其門戶(一六)，棄宿昔之恩，成一朝之恥，使之鬱結於懷，何以責其伏節(一七)死義乎？」上曰：「朕亦悔此問，卿疏深會(一八)我心(一九)。」遂良，亮之子也。孫伏伽與玄素在隋皆為令史，伏伽或於廣坐(二〇)自陳往事，一無所隱(二一)。

(廿七)戴州刺史賈崇以所部有犯十惡者(二二)，御史劾之，上曰：「昔唐虞大聖，貴為天子，不能化其子(二三)，況崇為刺史，獨(二四)能使其民比屋(二五)為善乎！若坐是(二六)貶黜，則州縣互相掩蔽(二七)，縱捨(二八)罪人，自今諸州有犯十惡者，勿劾刺史，但令明加糾察(二九)，如法施罪(三〇)，庶(三一)以肅清姦惡耳。」

(廿八)上自臨治兵(三二)，以部陳(三三)不整，命大將軍張士貴杖中郎將(三四)等，怒其杖輕(三五)，下士貴吏(三六)。魏徵諫曰：「將軍之職，為國爪牙(三七)，使之執杖，已非後法(三八)，況以杖輕下吏乎！」上亟釋之。

(廿九)言事者多請上親覽表奏，以防壅蔽㉙，上以問魏徵，對曰：「斯人不知大體，必使陛下一一親之，豈惟朝堂㉚，州縣之事，亦當親之矣！」

【今註】 ①赦雍州長安繫囚大辟以下，免延康里今年租賦：胡三省曰：「魏王泰第在長安城中延康里。按雍州二赤縣，長安萬年皆治長安城中，今止赦長安囚，蓋延康里屬長安縣管。」②有差：各有等級。③上幸國子監，觀釋奠：按唐國子監在安上門西。據《唐六典》卷二十一，仲春仲秋之上丁，釋奠於文宣王，以祭酒、司業、博士三獻。④祭酒：《唐六典》卷二十一：「國子監祭酒一人，從三品。掌邦國儒學訓導之政令。」⑤諸生高第：諸生等第高者。⑥學生能明一大經已上：《唐六典》卷二：「吏部員外郎掌天下貢舉之職。其明經各試所習業，文注精熟，辨明義理，然後為通。正經有九，禮記左傳為大經，毛詩、周禮、儀禮，為中經，周易、尚書、公羊、穀梁為小經。通二經者，一大一小，若兩中經；通三經者，大小中各一；通五經者，大經並通；其孝經論語，並須兼習。」⑦補官：補署官職。⑧自屯營飛騎亦給博士：《舊唐書・儒學傳》上作：「其玄武門屯營飛騎亦給博士。」足知自與其皆係助辭，而可隨意選用之。⑨貢舉：謂貢於吏部或禮部，而銓選之。⑩乃至：猶以至。⑪升講筵者：登講席者，此指聽講言。⑫師說多門：師說之不同，家法甚多。⑬章句繁雜：注解文字，繁多雜亂。⑭五經疏：疏乃詮詁之一體，凡經與注晦而不明者，則由疏疏導而暢通之。⑮撰定五經疏，謂之正義：按此書之全名為《五經正義》，乃有關五經著作中之最有價值者。⑯上幸國子監觀釋奠……令學者習之：按此段乃錄自《舊唐書・儒學傳》上，字句大致相同。⑰詔求近世名儒梁皇甫侃……當加引擢：按此段乃錄自《舊唐書・太宗紀》十四年文，字句大致相同。⑱竇州：《舊唐書・地理志》四：「嶺南道、竇州，隋永熙郡懷德縣，武德四年置南扶州，貞觀六年改南扶州為竇州。」⑲竇州道行軍總管黨仁弘擊羅竇反獠，破之：按《新唐書・太宗紀》十四年文：「羅竇二州獠反，廣州總管黨仁弘敗之。」是羅竇乃二州名，又竇州總管亦有作廣州者。⑳流鬼國遣使入貢：《新唐書・流鬼國傳》：「流鬼去京師萬五千里，直黑水靺鞨東北少海之北，三面皆阻海，其北莫知所窮。人依嶼散居，多沮澤，有魚鹽之利。南與莫曳靺鞨鄰，東南航海十五日行乃至。」㉑重三譯：〈流鬼國傳〉作：「更三譯。」謂經歷三次翻譯。㉒上以其使者佘志為騎都尉：本傳作：「貞觀十四年，其王遣子可也佘莫貂皮更三譯來朝。」是佘志乃其簡稱，而其詳名，則乃如上文所云。《舊唐書・職官志》一：「騎都尉、從五品上，勳官。」㉓流鬼國遣使入貢……佘志為騎都尉：按此段乃錄自《新唐書・東夷流鬼國傳》，字句大致相同。㉔置寧朔大使，以護突厥：寧朔謂安定朔方，護含監督之意。㉕將作大匠：《唐六典》卷二十三：「將作監大匠一人，從三品。掌供邦國修建土木工匠之政令。」㉖行清暑之地：謂行求清涼消暑之地。㉗作襄城宮於汝州西山：《新唐書・地理志》二：「河南道、汝州、臨汝，先天元年置，有清暑宮在鳴皐山南，貞觀中置。」㉘高昌王文泰聞唐兵起，謂其國人曰：「唐去我七千里，沙磧居其二千里，地無水草，寒風如刀，熱風如燒，安能致大軍乎」：按此段乃敍述遠征西域，地理困難情形之最珍貴資料，惟其如此，故爰將《舊唐書・侯君集傳》文之不載於《通鑑》者，為錄出之，以明沙漠行軍之艱難焉。〈侯君集傳〉云：「文泰聞王師將起，謂其國人曰：『唐國去此七千里，沙磧濶二千里，地無水草，冬風凍寒，夏風如焚，風之所吹，行人多死。常行百人，不能得至，安能致大軍乎！』」又同書〈褚遂亮傳〉亦有相類之敍述，云：「上疏曰：『高昌途路，沙磧千里，冬風冰冽，夏風如焚，行人去來，遇之多死。』」其危苦情形，可謂宇內之所罕見。而我漢唐先烈，常出生入死，以開拓之，其冒死犯難之精神，能不令人肅然起敬哉。㉙往吾入朝：入朝見卷一百九十三，四年。㉚秦隴：指今陝西甘肅二省言。㉛有隋：有為助辭，無意，常用以冠於國名之前。㉜不給：不供。㉝坐收其弊：坐而收其困弊之效。㉞頓：停頓。㉟虜：俘虜。㊱柳谷：《新唐書・地理志》四：「隴右道、西州、交河郡中都督府。交河，自縣又北入谷百三十里，經柳谷渡。」㊲詗者：偵察，音偵。㊳刻日：定日。㊴國人咸集於彼：彼指葬地。㊵往吾入朝……國人咸集於彼：按此段乃錄自《舊唐書・高昌傳》，字句大致相同。㊶至田城：考異曰：「實錄作田地城，今從舊傳。」按舊傳即《舊唐書》之列傳也。然《舊唐書・侯君集傳》則作田地，〈高昌傳〉則作田地城，俱有地字，未審考異何以云然。胡三省曰：「按田城即田地城也。麴嘉之王高昌也，置田地太守，封其二子，一為交河公，一為田地公。新書曰：『田地城即漢戊己校尉所治地。』宋白曰：『西州高昌縣本晉田地縣之地。』輿地志曰：『晉咸和二年，置高昌郡，立田地縣，唐改高昌縣。』」皆田下應有地字之證。㊷詰朝：明旦。㊸中郎將：《舊唐書・職官志》三：「中郎將，正四品下。」㊹抵：至。㊺物故：亡故。㊻憐察：明察而哀憐之。㊼束手軍門：束手猶面縛。謂面縛而自至唐之軍門。㊽填塹：填塞城之濠塹。㊾皆室處：謂皆居於室中，而不敢外出。㊿巢車：《左傳》成十六年：「楚子登巢車以望晉軍。」《釋文》：「兵車高如巢，以望敵也。」(五一)俯瞰：俯視。(五二)有行人及飛石所中：〈侯君集傳〉，所中下有處字，謂所中之處。(五三)唱言之：謂大聲言之，藉以恫嚇敵人，使不敢出至室外。(五四)諸將請襲之……皆唱言之：按此段乃錄自《舊唐書・侯君集傳》，字句大致相同。(五五)遣其葉護：葉護突厥達官，為大臣之首。(五六)屯可汗浮圖城：胡三省曰：「自交河城至浮圖城，三百七十里。」(五七)先是文泰與西突厥可汗相結……葉護以城降：按此段乃錄自《舊唐書・高昌傳》，字句大致相同。(五八)智盛窮蹙，開門出降：〈高昌傳〉：「高昌自麴嘉有國，至智盛，凡九世，一百三十四年而滅。」(五九)文泰夫婦首來朝：首，首先。文泰入朝，見四年。(六〇)驕倨：驕慢倨傲。(六一)罪止文泰，可矣：《舊唐書・高昌傳》，可矣作斯亦可矣，意謂如此作亦可矣。(六二)撫其百姓：安撫其百姓。(六三)遐荒：遐遠之荒服。(六四)供辦衣資：《新唐書・兵志》：「人具弓一、矢三十、胡祿橫刀、礪石、大觿氈帽、氈裝、行縢皆一，麥飯九斗，米二斗，皆自備。」是其證。(六五)虛耗：空虛減耗。(六六)撮粟尺帛：皆極少之意。(六七)佐：〈高昌傳〉作助，是其的釋。(六八)散有用：謂耗散有用之物。(六九)以其地為西州：《舊唐書・地理志》三：「隴右道、安西大都護府，貞觀十四年，侯君集平高昌，置西州都護府，治在西州。」(七〇)以可汗浮圖城為庭州：同志三：「隴右道、北庭都護府，金滿，後漢軍師後三庭，貞觀十四年平高昌後，置庭州。」(七一)智盛窮蹙……及其羣臣豪傑而還：按此段乃錄自《舊唐書・高昌傳》，字句大致相同。(七二)合勢：猶合兵。(七三)軍門：猶營門。(七四)侯君集之討高昌也……所掠焉耆民，悉歸之：按此段乃錄自《舊唐書・焉耆傳》，字句大致相同。(七五)陳倉：今陝西省寶雞縣。(七六)折衝都尉：《新唐書・兵志》：「太宗貞觀十年，更號統軍曰折衝都尉，別將為果毅都尉。凡天下十道，置府六百三十四，皆有名號。府置折衝都尉一人。」(七七)高班：高位。(七八)陳倉尉：《舊唐書・職官志》三：「畿縣尉正九品下，上縣尉從九品上，中下縣尉從九品下。」(七九)尉氏：今河南省尉氏縣。(八〇)州司：州官。(八一)猶不解：謂怒猶不解。(八二)何物縣尉：《舊唐書・劉仁軌傳》作：「是何縣尉。」知何物亦即何也。何物一辭在隋唐頗為流行，今《通鑑》採此當時恒言，可謂得其體矣。(八三)詰：責問。(八四)魯寧對臣百姓：謂魯寧當臣百姓之前。(八五)辭色自若：自若，自如，意為毫不畏懼。(八六)陵官吏：欺陵官吏。(八七)比：類。(八八)櫟陽丞：故城在今陝西省臨潼縣西南，音藥。《舊唐書・職官志》三：「畿縣丞，從八品下。」(八九)校獵：校雖為校閱，而此亦指獵言。(九〇)稔：豐收。(九一)葺橋：修葺橋樑。(九二)動：一動。(九三)鑾輿：車駕。(九四)俟其畢務：〈劉仁軌傳〉作：「收刈總了。」即此所云之畢務。(九五)俱濟：俱得完成。(九六)新安令：故治在今河南省鐵門縣。據《舊唐書・職官志》三，畿縣令正六品下，上縣從六品上，中縣正七品上，下縣從七品下。(九七)上將幸同州校獵……尋遷新安令：按此段乃錄自《舊唐書・劉仁軌傳》，字句大致相同。(九八)及珍玩數百：按珍玩之單位，或曰件，或曰事，《舊唐書・吐蕃傳》作數百事，當添一事或件字。(九九)吐蕃贊普遣其相祿東贊……以文成公主妻之：按此段乃錄自《舊唐書・吐蕃傳》，字句幾全相同。(〇〇)戊寅曆：行戊寅曆，見卷一百八十七武德三年。(〇一)宣義郎：《舊唐書・職官志》一：「宣議郎，文散官，從七品下。」(〇二)表稱：上表言曰。(〇三)用乖：以違。(〇四)推校：推算校覈。(〇五)宣義郎李淳風表稱……請如淳風議，從之：按此段乃錄自《新唐書・歷志》一，字句幾全相同。(〇六)禮官奏請加高祖父母服齊衰五月，嫡子婦服朞，嫂叔弟妻夫兄舅皆服小功：按舊服及加後之期限，具詳《舊唐書・禮儀志》七，文曰：「謹按曾祖父母舊服齊衰三月，請加為齊衰五月；嫡子婦舊服大功，請加為朞；眾子婦小功，今請與兄弟子婦同為大功九月；嫂叔舊無服，今請服小功五月；報其弟妻及夫兄亦小功五月；舅服緦麻，請與從母同服小功。制可之。」(〇七)儀注：儀式文字。(〇八)司門員外郎：《唐六典》卷六：「司門員外郎一人，從六品上。掌天下諸門及關出入往來之籍賦，而審其政。」(〇九)給給使過所稽緩：同上：「凡度關者，先經本部本司請過所，在京則省給之，在外，州給之，雖非所部，有來文者，所在給之。」給使，禁中給使令者，宦官也。唐內給使無常員，凡無官品者，號內給使，屬宮闈署令。過所，猶古代之傳，乃通過關津所持之證明文件。稽緩、稽延遲緩。(一〇)華陰：今陝西省華陰縣。(一一)震怒：謂發怒如雷霆之震動。(一二)事如軍機：事如軍機之緊急。(一三)古來難養：乃自古以來所謂難以教養者也。(一四)輕為言語：隨意發言吩咐。(一五)獨行遠使：令其一人獨行，且使於遠方。(一六)深非事宜：謂甚非事之所宜。(一七)漸不可長：浸漸不可任其滋長。(一八)尚書左丞：《唐六典》卷一：「尚書左丞一人，正四品上。左右丞，掌管轄省事，糺舉憲章，以辨六官之儀制，而正百僚之文法，分而視焉。」(一九)句：句檢，亦即考核之意，讀曰勾。(二〇)司農：

《唐六典》卷十九：「司農寺卿之職，掌邦國倉儲委積之政令，總上林、太倉、鉤盾、導官四署與諸監之官屬，謹其出納，而修其職務。」此則指司農寺知此事之官言，非定為司農卿也。㉑木橦：胡三省曰：「橦，木一截也。唐式，柴方三尺五寸為一橦。按通典，韋悰句司農木，橦七十價，百姓四十價，奏其乾沒。」㉒隱沒：謂中飽公款。㉓大理卿：《唐六典》卷十八：「大理寺卿一人，從三品。掌邦國折獄詳刑之事。」㉔書司農罪：謂草擬司農之罪。㉕只為官橦貴，所以私橦賤，向使官橦賤，私橦無由賤矣；詳味四句之意，乃為因官橦貴而民競採伐或栽植，因伐植之多，故價遂大落，若無官價之貴以誘導之，焉能產量大增而廉賤哉！㉖但見司農識大體：由上所釋，知司農實識事物之大要。㉗悟：領悟。㉘識用：見識器用。㉙觀德殿：胡三省曰：「觀德殿，射殿也。閻本太極宮圖，射殿在宜春門北。」㉚飲至禮：《左傳》桓二年：「凡公行告於宗廟，反行，飲至、舍爵、策勳焉，禮也。」㉛大酺：大飲酒，音蒲。㉜太常：《唐六典》卷十四：「太常寺卿一人，正三品。掌邦國禮樂，郊廟社稷之事。」㉝增九部樂為十部：同上：「凡大燕會，則設十部之伎於庭，以備中外。一曰燕樂伎，有景雲樂之舞，慶善樂之舞，破陣樂之舞，承天樂之舞，二曰清樂伎，三曰西涼伎，四曰天竺伎，五曰高麗伎，六曰龜茲伎，七曰安國伎，八曰疏勒伎，九曰高昌伎，十曰康國伎。」㉞詔下君集等獄：謂詔下君集等於獄。㉟高昌昏迷：指其不知歸化。㊱大理：大理寺，掌邦國折獄詳刑之事。（見《唐六典》卷十八。）㊲網羅：《舊唐書・侯君集傳》，作網羅，當改從之。㊳遺：遺略。㊴主於：猶要在。㊵是以漢之李廣利、陳湯，晉之王濬、隋之韓擒虎：李廣利事、見卷二十漢武帝太初四年。陳湯事見卷二十九漢元帝竟寧元年。王濬事見卷八十一晉武帝太康元年。韓擒虎事見卷一百七十七隋文帝開皇九年。(四一)貪求：貪得而妄求。(四二)好行其志：謂逞勇也。(四三)計：計較，亦即顧意。(四四)錄：簿錄。(四五)朝列：猶朝班。(四六)清貞：清廉貞正。(四七)猶得貪愚之將：按此本傳、猶得作猶是，似較恰當。(四八)宥：宥捨。(四九)君集之破高昌也……而過更彰矣，上乃釋之：按此段乃錄自《舊唐書‧侯君集傳》，字句大致相同。(五〇)私通：謂有姦情。(五一)內出：謂由宮內遣出。(五二)臣聞君使臣以禮，臣事君以忠：《論語》孔子答魯定公語。(五三)今遣大將軍：《舊唐書‧薛萬徹附萬均傳》：「追至河源，萬均此後官至左屯衛大將軍。」故云然。(五四)帷箔之私：簾帷內之男女私事。(五五)實：謂若得其真實。(五六)虛：謂若事屬虛偽。(五七)昔秦穆飲盜馬之士：《呂氏春秋》：「秦穆公亡馬，岐下野人得而共食之者三百人，吏逐得，欲法之。公曰：『君子不以畜害人，吾聞食馬肉不飲酒者，傷人。』乃飲之酒。其後穆公伐晉，三百人者聞穆公為晉所圍，推鋒爭死，以報食馬之德，於是穆公獲晉侯以歸。」(五八)楚莊赦絕纓之罪：《說苑》：「楚莊王賜羣臣酒，日暮酒酣，燭滅，有引美人衣者，美人援絕其冠纓，告王趣火，火來，上視絕纓者。王曰：『賜人酒，使醉，失禮，奈何欲顯婦人之節而辱士乎？』乃命左右曰：『今日與寡人飲，不絕冠纓者不歡。』羣臣皆絕去其纓，而上火，盡歡而罷。後晉與楚戰，有一臣常在前，五合，五獲首，卻敵，卒勝之。莊王怪問，乃夜絕纓者報王也。」（按此事《韓詩外傳》亦載之。）(五九)二君：秦穆、楚莊。(六〇)遽：立。(六一)蚺：蟲食曰蚺。(六二)齅：同嗅。(六三)謟：謟佞。(六四)栝州：《舊唐書‧地理志》三：「江南道處州，隋永嘉郡，武德四年平李通，置括州。括州領括蒼、麗水二縣。」本此，則栝當作括。(六五)皆即受賞：謂皆就地取物，以充賞賜。(六六)不受：以下文之所取證之，亦即不取之意。(六七)老弱故弊：老弱之人，及破舊之物。(六八)雜綵千段：《唐六典》卷三：「凡賜物十段，則約率而給之。若雜綵十段，則絲布二匹，紬二匹，綾二匹，縵四匹。」(六九)樊川：程大昌曰：「樊川一名御宿川，在萬年縣南三十五里。」(七〇)樞機：中樞機密。(七一)寄：寄任。(七二)篤：猶深。(七三)苟且：不循正軌。(七四)急：苟急。(七五)臨時責怒，未免愛憎：臨時責怒臣下時，常不免愛憎在懷，而不得其當。(七六)大體：以下之小事證之，大體猶大事也。(七七)事：此指非常之事言。(七八)所輕：所輕之臣。(七九)其：猶豈，釋見《助字辨略》。(八〇)細過：小過。(八一)成風：成為風氣。(八二)舞文弄法：文亦法，即舞弄法律。(八三)則以為心不伏辜：辜、罪。謂則天子以為其心不伏所處之罪。(八四)進退維谷：《毛傳》：「谷，窮也。」言進退俱窮，而無所適。(八五)莫能自明：謂莫能自明其罪之有無。(八六)矯偽：矯託虛偽。(八七)戰勝易，守勝難：謂戰勝敵人易，而能守戰勝之成果則難。(八八)陛下之及此言：猶陛下能言及此。(八九)右庶子：《唐六典》卷二十六：「太子右春坊，右庶子二人，正四品下。掌侍從三右，獻納啓奏，宣傳令言。」(九〇)銀青光祿大夫：《舊唐書・職官志》一：「銀青光祿大夫，文散官，從三品。」(九一)行左庶子：同志一：「左庶子，正四品上。」按銀青光祿大夫為從三品，而知正四品上左庶子之事，故曰行也。(九二)叩閤：叩開閤門。(九三)至德：指太子言，猶稱天子曰聖人。(九四)今動經時月：謂今一動即歷一季或一月。(九五)宮臣：東宮之臣。(九六)裨益：裨補增益。(九七)不知有能如樊姬者乎：胡三省曰：「樊姬，楚莊王姬也，莊王好田，樊姬為不食禽獸之肉；鄙笑虞丘子，虞丘子愧之；進孫叔敖為相，莊王以霸。」〔一八〕刑部令史：令史無秩，《唐六典》卷六，刑部主事從九品上，而此則在其下，足知其卑賤矣。〔一九〕縣尉：《隋書・百官志》下：「上縣尉，（已前上階）中縣尉為從九品。」〔二〇〕流外：胡三省曰：「按隋之視品，即唐之流外銓也。」宋白曰：「唐制，吏部郎中一人，掌考天下之文吏班秩階品，一人掌小銓，亦分九品，通謂之行署，以其在九流之外，故謂之流外銓，亦謂之小選。」〔二一〕殆不能步：《舊唐書・張玄素傳》作：「殆不能移步。」是其詳釋。〔二二〕諫議大夫：《唐六典》卷八：「諫議大夫四人，正五品上。掌侍從贊相，規諫諷諭。」〔二三〕君能禮其臣，乃能盡其力：按本傳作：「居上能禮其臣，臣始能盡力以奉其上。」是乃能盡其力，係指臣言，既如此，則乃上當添一臣字，然後主體乃明。〔二四〕三品：即銀青光祿大夫。〔二五〕翼贊：輔翼襄贊。〔二六〕窮其門戶：窮究其門地。〔二七〕伏節：猶死節。〔二八〕深會：深合。〔二九〕上聞右庶子張玄素在東宮數諫爭……卿疏深會我心：按此段乃錄自《舊唐書・張玄素傳》，字句大致相同。〔三〇〕廣坐：眾多之坐。〔三一〕隱：匿藏。〔三二〕十惡：《舊唐書・刑法志》：「十惡之條：一曰謀反，二曰謀大逆，三曰謀叛，四曰謀惡逆，五曰不道，六曰大不敬，七曰不孝，八曰不睦，九曰不義，十曰內亂。」〔三三〕化其子：教化其子。〔三四〕獨：獨豈。〔三五〕比屋：比連之家。〔三六〕坐是：坐此罪。〔三七〕掩蔽：遮掩蓋蔽。〔三八〕縱捨：放捨。〔三九〕糾察：糾舉檢察。〔四〇〕如法施罪：依法施刑。〔四一〕庶：冀。〔四二〕治兵：校閱軍旅。〔四三〕部陳：部伍行陣。陳讀曰陣。〔四四〕中郎將：《舊唐書・職官志》一：「左右千牛衞、左右監門衞中郎將，親勳、翊衞、羽林中郎將，正四品下。」〔四五〕杖輕：杖責甚輕。〔四六〕下士貴吏：下士貴於法吏，而訊問之。㊲為國爪牙：為國鷹犬，蓋必須賴之以資馳驅。㊳已非後法：謂已不足垂法於後。㊴壅蔽：壅遏蒙蔽。㊵豈惟朝堂：謂豈但朝堂之事。

資治通鑑今註十五冊出版進度表

冊　次	紀　年	出版時間
1	周紀　秦紀　漢紀	100 年 11 月
2	漢紀	100 年 11 月
3	漢紀	101 年 1 月
4	漢紀　魏紀	101 年 2 月
5	晉紀	101 年 3 月
6	晉紀	101 年 4 月
7	宋紀　齊紀	101 年 4 月
8	齊紀　梁紀	101 年 5 月
9	梁紀　陳紀	101 年 5 月
10	隋紀　唐紀	101 年 6 月
11	唐紀	101 年 7 月
12	唐紀	101 年 8 月
13	唐紀	101 年 9 月
14	後梁紀　後唐紀	101 年 10 月
15	後唐紀　後晉紀 後漢紀　後周紀	101 年 10 月

資治通鑑今註 第十冊
隋紀 唐紀

主編◆國立編譯館中華叢書編審委員會
校註者◆李宗侗 夏德儀等
發行人◆施嘉明
總編輯◆方鵬程
執行編輯◆葉幗英 徐平 王窈姿
校對◆趙蓓芬 梁庭瑄
美術設計◆吳郁婷

出版發行：臺灣商務印書館股份有限公司
臺北市重慶南路一段三十七號
電話：（02）2371-3712
讀者服務專線：0800056196
郵撥：0000165-1
網路書店：www.cptw.com.tw
E-mail：ecptw@cptw.com.tw

局版北市業字第 993 號
初版一刷：1975 年 12 月
二版一刷：2012 年 6 月
定價：新台幣 1700 元

ISBN 978-957-05-2720-9（精裝）

資治通鑑今註. 第十冊. 隋紀唐紀／李宗侗, 夏德儀等註譯；國立編譯館中華叢書編審委員會主編. --二版. -- 臺北市：臺灣商務, 2012. 06
面 ； 公分.

ISBN 978-957-05-2720-9(精裝)

1. 資治通鑑 2.注釋

610.23 101008735

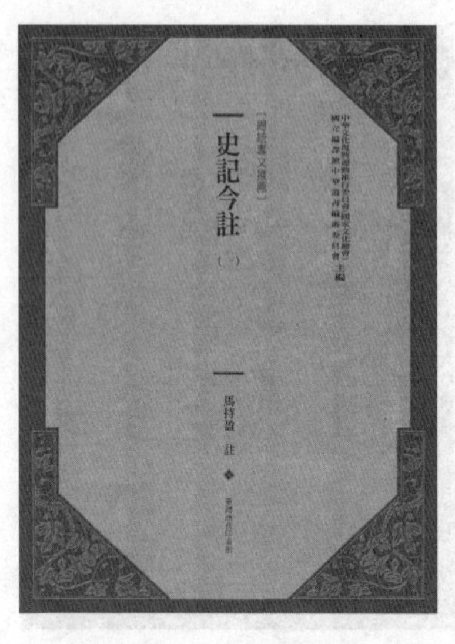

《史記今註》一～六冊

馬持盈　註

史記一書，篇幅浩繁，凡五十二萬餘言；所收集之歷史資料，上自黃帝，下至漢武帝，上下三千年間凡政治經濟、天文地理，無所不談。本書以現代人最易瞭解的語言文字註譯其文，全書共六冊，並著重關於中華文化之重要部分、政治經濟之起伏變化及文句組織奇突難解之處註譯，使讀者能融會貫通，研讀自由，輕鬆愉快的閱讀。

讀者回函卡

感謝您對本館的支持，為加強對您的服務，請填妥此卡，免付郵資寄回，可隨時收到本館最新出版訊息，及享受各種優惠。

姓名：＿＿＿＿＿＿＿＿＿＿　性別：□ 男　□ 女

出生日期：＿＿＿＿年＿＿＿＿月＿＿＿＿日

職業：□學生　□公務（含軍警）□家管　□服務　□金融　□製造　□資訊　□大眾傳播　□自由業　□農漁牧　□退休　□其他

學歷：□高中以下（含高中）□大專　□研究所（含以上）

地址：＿＿＿＿＿＿＿＿＿＿＿＿＿＿＿＿＿＿＿＿

電話：(H)＿＿＿＿＿＿＿＿＿＿ (O)＿＿＿＿＿＿＿＿

E-mail：＿＿＿＿＿＿＿＿＿＿＿＿＿＿＿＿

■ 購買書名：＿＿＿＿＿＿＿＿＿＿＿＿＿＿＿＿

■ 您從何處得知本書？

□網路　□DM廣告　□報紙廣告　□報紙專欄　□傳單

□書店　□親友介紹　□電視廣播　□雜誌廣告　□其他

您喜歡閱讀哪一類別的書籍？

□哲學・宗教　□藝術・心靈　□人文・科普　□商業・投資

□社會・文化　□親子・學習　□生活・休閒　□醫學・養生

□文學・小說　□歷史・傳記

您對本書的意見？（A/滿意　B/尚可　C/須改進）

內容＿＿＿＿編輯＿＿＿＿校對＿＿＿＿翻譯＿＿＿＿

封面設計＿＿＿＿價格＿＿＿＿其他＿＿＿＿

■ 您的建議：＿＿＿＿＿＿＿＿＿＿＿＿＿＿＿＿

※ 歡迎您隨時至本館網路書店發表書評及留下任何意見

臺灣商務印書館　The Commercial Press, Ltd.

台北市100重慶南路一段三十七號　電話：(02)23115538

讀者服務專線：0800056196　傳真：(02)23710274

郵撥：0000165-1號　E-mail：ecptw@cptw.com.tw

網路書店網址：http://www.cptw.com.tw　部落格：http://blog.yam.com/ecptw

臉書：http://facebook.com/ecptw

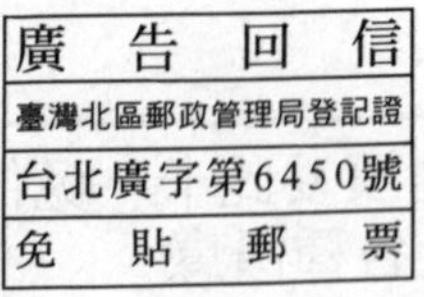

100台北市重慶南路一段37號

臺灣商務印書館 收

對摺寄回，謝謝！

傳統現代　並翼而翔

Flying with the wings of tradtion and modernity.